智慧之旅

下

朱邦复 著

华东师范大学出版社

目 录

第三部 炎夏（1973—1995）/ 001

序 / 003

1 宿孽（成见 错误 北屋 电影）/ 005

2 立夏（内功 大周 三大 溪头）/ 023

3 电脑（仓颉 天龙 零壹 汉卡）/ 044

4 小满（知音 观念 科技 命运）/ 064

5 荆棘（生意 专利 哀思 献曝）/ 078

6 芒种（标准 离台 认同 雷达）/ 094

7 飘泊（博爱 智能 东进 计划）/ 111

8 夏至（回归 深圳 学生 园区）/ 128

9 两仪（字库 小王 识人 聚珍）/ 145

10 小暑（评估 标准 合作 阴霾）/ 155

11 神秘（“解严” 国荣 预言 返台）/ 167

12 大暑（视窗 笔战 天机 归隐）/ 174

第四部 金秋（1995 年以后）/ 193

序 / 195

1 归藏（归隐田园 都兰山麓）/ 196

2 立秋（物种进化 时间流程）/ 215

3 化育（教学思维 人的能力）/ 235

4　处暑（科学知识　层次分类）/ 253
5　境界（人生信念　思想行为）/ 271
6　白露（感觉认知　概念基因）/ 286
7　概念（概念分类　中国文字）/ 301
8　秋分（自然语言　中文结构）/ 320
9　文化（中华文化　易经的关系）/ 338
10　寒露（野人献曝　各种构想）/ 357
11　时代（社会现况　时代对决）/ 377
12　霜降（不二老人　智慧电脑）/ 393

第三部　炎夏

（一九七三—一九九五）

智慧之旅

人生没有偶然，宇宙的变化有因有果，在迂回的时空中，一切都是定数。

造物者慈悲，它将真相掩饰在时空的背后，允许人们在自己心中营造一些意志活动的空间。人保留了自尊，激起了生存的斗志，奔向目标前程。

造物者明智，它把朱门深锁，一任道上过客来往。人们在自以为是的自由选择下，为所欲为，万象毕陈，清浊才能于兹有别。

人生有如一团迷雾，有人谨慎地摸索其间，有人恣意横冲直撞。我过去太鲁莽，现在望乡情怯，斗室独酌，何必在意谁共我明月？

序

南宋大词人辛弃疾有首《贺新郎》：

> 绿树听鹈鴂，更那堪，鹧鸪声住，杜鹃声切。啼到春归无寻处，苦恨芳菲都歇。算未抵人间离别。马上琵琶关塞黑，更长门，翠辇辞金阙，看燕燕，送归妾。　将军百战身名裂，向河梁，回头万里，故人长绝。易水萧萧西风冷，满座衣冠似雪。正壮士，悲歌未彻。啼鸟还知如许恨，料不啼清泪长啼血。谁共我，醉明月。

作者生在不同的时代，却与辛弃疾一般“苦恨芳菲都歇”，更是同样不啼清泪长啼血。所幸金阙已辞，归妾已送，始能逍遥山林之中。将军百战身名裂，向河梁，回头万里，故人绝，壮士悲歌也歇。冥冥之中，马上琵琶关塞黑，遥远的过去与鲜活的今夕，相连不过微微一脉。

人生没有偶然，宇宙的变化有因有果，在迂回的时空中，一切都是定数。

造物者慈悲，它将真相掩饰在时空的背后，允许人们在自己心中营造一些意志活动的空间。人保留了自尊，激起了生存的斗志，奔向目标前程。

造物者明智，它把朱门深锁，一任道上过客来往。人们在自以为是的自由选择下，为所欲为，万象毕陈，清浊才能于兹有别。

人生有如一团迷雾，有人谨慎地摸索其间，有人恣意横冲直撞。我过去太鲁莽，现在望乡情怯，斗室独酌，何必在意谁共我明月？

本书为《智慧之旅》第三部，是作者自 1973 年在巴西得悟后，回台致力于中文电脑以及钻研中华文化的过程。直到 1993 年，二十载的苦斗，终于兵败稷倾。最后在叶隆雄君的接纳下，归隐都兰。

很可能这个改变中的社会正迈向大同的康庄大道，也有可能是被一种不可抗拒的时代风潮驱使着。是是？是非？人若果真具有智慧，就不能不反省检讨，以便对自己、对社会作一个交待。

我不讳言自己对这个时代失望到了极处，所幸我在失落的文化中找到了真相，最后我解脱了。我写这本自传，目的就是为了剖析自我的心路历程，以供读者参考。倘若还有值得努力之处，我会不厌其烦地详加解说。但对那些明知属于人性的无可救药的一面，我觉得没有多谈的必要，一笔带过便是了。

书中所述乃作者本着良知，以求真的精神，谨记其实。唯人名、时间或事件等，或因涉及当事者之人格，故有所隐瞒；或因记忆不明，恐与事实略有出入。此外，限于篇幅，故仅撷取与“智慧”有关者予以申论。是非善恶，历史自有公断，希读者知意而忘言，本书之主旨为示人以天意，无意冒犯时贤之不韪。

种豆得豆，种瓜得瓜，原系自然界之真理。我从幼到老，有幸处处落人之后，侧身旁观，得以历览此一大时代之景况。百年之后，苟人类尚幸存地球之上，有人欲知前事，在各种歌功颂德的佳文之外，本书或可借镜于万一也。

我从事中文电脑锲而不舍，电脑界称我为活化石！殊不料从事写作，文化界则说我是“文白夹杂，天马行空的跳跃式逻辑”！企业界把我当作怪胎，政界认为我不识抬举！我是谁？我就是我，是中华传统与这个西化时代激荡下的畸形产品！

朱邦复

1995 年 4 月

1 宿孽

成见　错误　北屋　电影

人生之初，心尚未形成，当然对人生没有一点成见。然习惯成自然，生存的环境、事物，在成长过程中，便成为生活认知的一部分。生命体有适应的本能，其所适应的环境就是生命的一部分。这个部分就是经验，有了经验，人才能应付环境变化中所产生的各种问题。

当一个环境长时期保持不变时，人的经验可以说就是成功的保障。反之，环境一变，大部分的经验也随之失效，人必须经过另一段适应期，以取得新的经验。所以，经验也可以说是人对某些事物已经固化了的见解，故又称“成见”。

成见只是一种权宜的认知与解决问题的借镜，它不是真理，不是万灵的仙丹。但是成见却是人们判断事物的标准与生存生活的保障，只要是人，就有成见。

人的成见虽然不断地随着环境而变异，由于生存的本质不变，人性依旧，所以也有恒久流传的成见。我们不妨把中外古今、一切人类的所作所为分析一下，当不难发现，“自私”是人类共同的“成见”。

我不敢说自己一点私心都没有，但由于多年来已经养成了观察分析的习惯。我很容易觉察自己或他人的私心，也因此我力求超然，体谅他人在生存竞争中的无奈。

小时候听说有人居住在沙漠中，当时我无从理解，为什么有人会甘愿住在那酷热无比、缺水缺粮的沙漠里？随着年纪与阅历的增长，看得多了，才领略到造物者设计之奥妙。环境是人所认知的一切，自幼成长在沙漠中的人，他的成见就把沙漠当作宇宙的全部。在个人因成见而塑造的宇宙中，唯我独尊，就是主观的意识中心。

意识中心以各种刺激与一己的利害为判断的基础，利令人感到快乐莫名，害则觉得痛苦万分。这些刺激不过是感官所接触到的能量变化，通过大脑皮层细胞，与既有的经验结合成为利或害的综合信息。

快乐与痛苦不过是人体或人心感受到的比较情况，经过习惯形成成见，驱使着人不断追求快乐、避免痛苦。一个人的成见若成型于沙漠中，则沙漠环境的各种刺激便成为他感知的一切。换个立场看，沙漠中的居民也一定以我们生存的环境为异的。

这原是一种稳定的力量，使人们得以安居立业，形成社会、国家。人们群居一处，生存得到保障，人口不断繁殖，空间与资源又将因生存竞争而渐趋匮乏。外在的环境改变了，成功者占有了社会资源，失败者不得不离乡背井，到他方另起炉灶。

人类生存的环境，对占有空间的身体而言，当然指的是地缘与物质条件。人的精神领域呢？所有的学术、职业又何尝不是因应环境而产生的？正因为人有适应能力，人类在不断的扩展之余，由一块大陆迁徙到另一块，一个岛屿辗转到另一个。人类的认知更是上穷碧落下黄泉，从具象的“物”，到抽象的“心”，其中无所不包。

如果不是环境的变迁，如果不是生存的竞争，如果没有成功与失败，人与其他动物真没有什么区别。

为什么只有人能达到今天的境地呢？造物者很幽默，早已将“今天”设计好了，却让人在无知中摸索。在人还没有到达“今天”之前，人的所作所为不符合今天的标准，便被视为“错误”。甚至于连今天的所作所为，对明天而言也都是错误的！因为今天永远不会停留，永远无法到达！人就永生地在今天之前犯错不已！

听来似乎很荒唐，殊不知在所有的生物中，唯有人会犯错、知错。也正因为人犯了错，才会在错误中学到教训，在教训下改进，由改进后有了认识。终于，人不再仅仅只是一具有生命的机体，而是知道对错，明辨是非的“万物之灵”。

人类文明之形成，也就是这种是非的积累。今人在今天之前，根据这一条线索，得以追溯人生，了解人性。

恐龙在地球上生存了七千万年，今天它们在地球上绝迹了，留下的只是一些化石。人类呢？自有历史记载以来，也还不到恐龙时代的万分之一。当然我们不能希望与宇宙同寿，但是，以万物之灵与只仅仅体大命长的爬虫来比，又将留下些什么在天地之间呢？

在经验中，犯了错会受到责罚或处置，于是人人怕错，不愿认错。渐渐地，人类社会形成了另一种成见，以犯错多少为价值标准。于是在同一个模子下，制造出了千百万个“不错”的复制品，美其名为知识分子。

知识分子是社会的中坚，是时代的主流。他们用自己的模式去塑造下一代，用自己的成见去规范一切，一代一代地沿袭下来。时到如今，人类浑忘了人的灵性所在，只知道保护自己意识所在的方寸之地，变本加厉地排除异己！

我认为犯错越多，人的价值越高。当然，前题在此人必须知道什么是对错。比如说在三岔路口上，狗用鼻子一嗅，就能找到方向。对狗而言，它从来不用怀疑，只要撒泡尿就行了。可是记性再好的人，除非常常经过，养成了习惯，否则人总会犹豫不决，要在各个岔路试探一番，才能确定。

恐龙的身体对环境的适应比人体还来得有效率些，但是造物者也犯了错！恐龙没有活到今天！人会犯错，但却因此多了一种试探的机会。在无数次的探索中，错的一定大于对的，失败多于成功。这些就是经验，等到人的认知范围扩大了，适应能力也相对的增加。这种试探的机会才是人类所独具的，也是有异于其他生物的最大特色。

俗话说：“不做不错，少做少错，多做多错。”人一定会犯错，犯了错才有百尺竿头更进一步的机会。只是犯了错以后，不仅要知道错在哪里，而且要改，否则白错一次！

信息界的巨人IBM，即国际商业机器公司，在公司壮大之前，有一个单位主管犯了大错，使公司损失惨重。董事长召他去，他惶恐不已，以为一定会被革职，不料反而晋升了一级，他诧问道：“为什么我犯了这样重大的过错，却没有被开除呢？”

董事长说：“我花了那么多钱，给你买了个经验，当然更要借重你！”

言下之意很明显，如果这个主管没有犯过错，就不会了解什么才是对的。怕错、不认错的人，充其量只是一只活恐龙罢了！

不过，错误虽是学习的必经过程，但要有错就改，越改错误越少。对已经过了学习阶段，而且权高位重的人来说，千万错不得一步。这种人若犯了错，很可能会使他丧失了生存的权利。而一群人的成败，则在于这个团体领导者一念之间，在上位者岂能不慎？

从进化史上看，很多物种都绝迹了，各有各的因素与理由。到目前为止，还有一种因素还没有发生过，就是该物种自己犯下的错误，导致了全体的灭绝，所谓："天作孽，犹可活，自作孽，不可活。"人类有多大的创造能力，也就有多大的毁灭能力。

不幸的是，我所看到的人总是在学习时期力求避免错误，等到学以致用之时，竟是错误百出！

我犯过无数错误，正如周处除三害一般，当人发现了真正的罪魁祸首竟是自己时，在反省自律之下，人才能发挥最高的价值。

在外飘流了多年，浪费了最宝贵的青春年华，终于倦游知返。我抱着赎罪的心情，打算献身于中华文化，以下半生从事中文打字机的研究。

这时台湾更繁荣了，一回到阔别三年的生长之地，居然家园变了，变成一座高楼。我多方打听之下，才知道继母以五百万元（新台币）的代价，把土地卖给了和泰汽车公司。

我该不该去找她呢？与她在一起生活是一种挑战，能避免最好。可是不论如何，她总是我的继母，至少我也要把所有事情交待清楚，免得大家都难以安心。

我决定先找到她，表明卖房子的钱都是她的。我则离得远远的，另谋生计，以便专心从事自己的工作。

堂兄朱星垣告诉我，继母搬到新店的中央新村去了，江述凡与她相处得很好。我听了大为宽心，幸而有老江这种朋友，否则我真无法原谅自己。

继母一个人在家，见我突然出现面前，她大吃一惊："邦复，是你吗？"

"是我，妈，我回来了。"

她停了一下，打量着我，然后说："你回来得正好，我的钱都被你的朋友骗光了！"

我一听，心想糟了，怎么会变成这局面？为了求证，我再问一遍："你是说江述凡骗了你的钱？"

"倒也不是骗……"她嚅嚅地欲言又止，改口说，"他一直打算骗我的钱，其实我哪里有钱？你知道，我嫁给你爸爸时……"

我这才放下心来，她的想法我很清楚，她不希望我知道她还有钱。钱是她的命根子，一个没有谋生能力的老人，总会用尽一切手段保护自己。

"钱的事请不要担心，如果你有，好好存起来，不要动用……"

“我哪里有钱？卖房子的钱还债都不够，可怜我一个老太婆，你马大哥也不管……”

“妈，我们能不能暂时不谈钱？我刚回来，一切慢慢商量。”

“是你提起钱的呀！我一个老太婆，哪里有钱？”

我不得不承认，这次看来她是失策了。在这种情形下，只好用点手段再说：“妈，我不久就要回巴西去，我打算在巴西定居，只是回来看看你的。”

“啊，那你什么时候走？”她显然很高兴。

“过几天吧，办完事就走。”

“江述凡说你们的公司失败了，你回去怎么办？”

“我跟几个朋友在做进出口生意。”

看她并不关心我的去留，我就放心了，她能不依赖我，对我而言是利多于弊。

江述凡回来，一见到我真像久别的兄弟一般，忙把我拉到他的房中。先略述了彼此的近况，然后才谈到我的继母。

“邦复，老人家实在可怜，我完全是看在你的面子上。总之，你回来了，我的责任也了了。你打算怎么办？”

“我不知道，我有责任养她，可是她不见得愿意跟我住在一起。加上我还有自己要做的工作，我也很为难。”

“这点你倒不必过虑，我跟老人家相处久了，知道她是个好人，只是她说的和想的不一样罢了。她应该是有点钱，可以平安地过一辈子，只是你千万不要向她提钱。”

“我想离她远一点，说不定到南部去。”

“不可以，别管她说什么，先住一阵子再说，我有好些计划，正好一起商量。”

原来他正与中影谈一部电影的制作，是以毛公鼎为题材，正准备写剧本。既然我在，可以帮帮他的忙。我提起打字机的事，他似乎没什么兴趣，我也就放在一边。

花了一个多月，剧本完成了，可能是我写得不好，也可能有其他原因，结果没有被采用。而整天萦回脑中的，总是文字与编码的问题，其他的事我都难得放在心上。

我曾试着找亲友们沟通，由于以往的信用不佳，他们听说我又改行做文字研究，没有一个人赞成。好在目前生活全由江述凡支持，我只要能有些起码的收入，利用闲时一个人也可以自行研究。想来想去，最自由的生活方式应该是写作。于是花了两个多月，把参加嬉皮以迄于得悟的经过，写成《巴西狂欢节》一书。

老江在文化界关系不错，他看了书后颇表欣赏。但他认为如果我想以写作维生，就应该迎合大众的口味，多谈些嬉皮的生活，外加一些性的描述。不要在书中讨论太多思想问题，否则曲高和寡，连找人出版都不可能。

我同意他的看法，既然研究中文是唯一的目标，何必顾首忌尾呢？于是我加了些想象的虚构情节，老江找到道声出版社答允为我出版。这家出版社是基督教会所办，主持人是殷牧师，他要我站在基督教的立场，以本书作为我改邪归正的见证。

显然这样做有违事实，我能吗？如果只是为了求生，怎样写都无所谓。但站在写作的立场，我得考虑清楚能不能自欺欺人？

老江认为不论什么宗教，只要有助于世道人心就好，劝我不要太执着。谈判了很久，大家都觉得这本书很有价值，不应就此埋没。双方各做了些让步，我把书中有关佛教与禅宗的内容删掉，另外加了些含糊的字眼，承认了“主”的存在。书名也被改为《巴西狂欢节的迷惘》，暗示一个人在迷惘中得到“主”的指引，重获新生。

据老江说，当时有一位刚出道的女作家玄小佛，“道声”打算把她捧成琼瑶第二。有人在看了我的书后，则打算捧我。先决条件是我得写些大家能接受的故事，我考虑之下，觉得不值得，我不想做一个通俗的文学作家。我知道得很清楚，如果要精益求精，一个人不可能分心两用。再若书写成功了，就会被出版商、读者牵着鼻子走，忙得不可开交。那么我的目的呢？怎么可能还有闲暇从事中文研究？

书出版后，据说道声出版社里有位人士认为书中性的描写太大胆，有违他们出版社的宗旨，因此取消了广告等促销活动。结果这本书并没有给我带来预期的效果，以写作来支持研究的想法，显然是行不通的。

继母看出我没有回巴西的打算，且跟江述凡走得很近，又开始游说我结婚，找个正当的职业。她说只要我结婚成家，她就给我买房子，买汽车，而且比马大哥的还要好。

这时我才知道，原来马大哥已经回台湾了，在某单位服务。

她的那位德国媳妇素有洁癖，每次继母到她家去，她就当着继母的面，先在沙发上铺一层布。如果继母要抽烟，她就会捧着烟灰缸，站在一旁等着。待有了一点烟灰，她就去清洗一次。她甚至不让继母与孙子亲热，说会传染疾病。

继母把她恨得牙痒痒的，看来看去，我还有个优点，就是未婚。她老实对我说，马大哥是天下第一，我则可封第二。既然德国媳妇绝了指望，如果我能讨个她喜欢的媳妇，即使隔了层肚皮，也不离谱了。

谁叫我许了地藏王菩萨的大愿呢？她是我的继母，我如果不能先救她脱离苦海，还奢谈什么“地狱不空，誓不成佛”的空道理？成家结婚，迟早难逃这一关，若要保持清净，何不出家做和尚？

思来想去，我的目的既然是中文打字机，其他的都可以施舍。于是，我对继母说，任由她帮我挑，只要她满意，我决不多说一句。

“那怎么可以！是你讨老婆呀，当然要你喜欢。”

“妈，我相信你的眼光，你能生那样好的儿子，当然能找到好的媳妇。”

于是，她开始为我物色，我则心不在焉地扮演着乖宝宝，相了几次亲。每次回到家，继母便开始问我，我也同样的回答，差不多总是类似的模式：

“这个女孩子你觉得怎样？”

“很好，你喜欢就行。”

“你这个傻孩子，又不是我娶媳妇。”她笑了起来。

“可是，她要侍候你呀！”

“所以我一直对你爸爸说，你的心肠最好，可是你爸爸……”

“这女孩你满意吗？”我赶快打断她。

“你看她的手，细细嫩嫩的，娇生惯养！我侍候她还差不多！”

前后大概看了四五双细细嫩嫩的手，我很内疚，满足了继母，却害了别人。这不是我的私心吗？我怎能任一些待字闺中的少女，眼睁睁地让一位陌生人挑精择瘦，却又从此一去杳然！

同住新村的一位易伯伯，在父亲任职湖北民政厅长时，曾为应山县县长，与江述凡也有亲戚关系。他看在故人面上，对我继母照顾有加，我也曾去致谢。他的长女常来我家打牌，过从甚密。我则全心一志想着我的编码，其他一概都不注意。

有一次，他们正在搓麻将，突然大门被人捶得咚咚作响。我开门一看，一个小鬼，愣头愣脑地一直冲到厨房去。只见他打开冰箱，拿出水瓶，对着嘴便咕噜咕噜直灌。喝完了连冰箱都不关，一溜烟又冲到外面去。

怎么会有这样没有家教的孩子？虽然我儿时也很淘气，自己印象所及，却不曾到别人家中撒野。这种孩子不好好管教，将来长大了，积习已深，岂不遗害社会？

过了些时，继母很慎重地对我说：

“邦复，我先警告你，易家的姑娘是个寡妇。你如果跟她结婚，我就和你一刀两断，永远不跟你往来，车子、房子也别想了！”

看她煞有其事的样子，我吓了一跳，这是怎么回事？易家姑娘？是打牌的那位吧？我不认识呀！再说，她言下之意好像我的所作所为，都是为了贪图她的房子！车子！

“妈，我说过娶媳妇由你选，易家姑娘是谁我也不知道。再说房子汽车我并不想要，如果妈不要我住在这里，我可以立刻搬走。”

“我不是这个意思，因为易家姑娘很喜欢你。我怕你一时糊涂，和马大哥一样，讨错了老婆，我就白疼你了。”

“易家姑娘是谁？我连认都不认识，你想得太远了。”

“就是易伯伯的大女儿，我是好心告诉你，自从你回来后，她就常常来打牌。她是个寡妇，还带着个像土匪一样的小孩子，脾气坏得不得了。她第一次结婚就是私奔的！我不许你跟她来往，我一个老太婆，一个人轻轻松松，每天打打牌，多舒服。到时候家里多一个小孩子，吵都要把人吵死，我找那个麻烦做什么？”她越说越气。

我总算明白了，要渡尽地狱众生，必须知道地狱何在，而地狱就是人间的生、老、病、死。人怎能避免生命的这些历程呢？我的继母只是一个平凡人，像她这样的世上不知还有多少？即使我以毕生精力使她无忧无虑，并且还有通天的本领，不会伤害到别人。难道这就是我的目的？难道我的大悲愿心，只是服侍一个人？

我必须先让她安心，很显然她并不希望我成家，但她却不能这样说。主动权在我，为了不使她为难，我来做不孝之子吧！

追求人生真理，原本就必须独自一人走完这漫漫的长路。她不愿意依靠我，岂不正是我求之不得的大好良机？为了避免社会的责难，最理想的方法是让她做抉择。目前情势极为微妙，正好由我运用。

每一个犯错的人，都有千万个自我辩解的理由，其实个中只有一个正确——愚昧！人常在追求的过程中忘了真正的目的，虽然以手指月，看到的却还是手指，以致糊里糊涂越陷越深。

我决定与易家姑娘结婚，果然一如所料，我成功地逃离了一个桎梏。也如此这般地，又陷于另一个更深更大、更难以自拔的牢狱中。

婚姻这档子戏码，从古到今上演不缀。导演是冥冥中的生命主宰，男女演员被一厢情愿的假设冲昏了头，接着好戏连台。直到人神智清明，才发现已落溷秽之中。

我的剧本与他人没有多大的分别，演出时也一样乏善可陈。我太自以为是，认定自己有无匹的理性，绝不致让婚姻成为前途的绊脚石。更何况要了解人生，这段险阻也必须通过。万一我没顶其间，那也是修为不足，再期来生吧。

剧情一如肥皂剧，翻来覆去，整整十年。在心焦舌敝之后，我终于认识到了真相。人生宛如一根纤细的蛛丝，下面悬吊着沉重的猎物，风吹草动，摇摇欲坠。人从蛛丝上感到阵阵颤动的信息，不然而然，脑海中便泛起各种起落的念头。

蛛丝的另一端是什么？在没有到口之前，有谁知道呢？正因为不知道，在想象中便掺和了许多期望，既然是期望，又有谁不刻意地加以美化呢？

当食物入口时，或许滋味有别，但食物仍是食物，绝不会比期望中的更美。万一蛛丝断了，美梦破灭了，那种期望又将浮现在下一个机会上。

所谓的理性，是摒除期望的本相，是事物不增不减的真实。只有在真相前，人才能勇敢地正视，用智慧去因应，而免除痛苦惊怖的虚幻臆测。

诗人会说这种想法是多么乏味啊，我们怎能以冰冷的概念去覆盖丰富多彩的万象以及热情奔发的心灵呢！其实，诗人的批判不过是另一种冰冷概念的掩饰罢了。红花绿叶是美丽的，它们的美丽绝不会因为多一分少一分虚伪而有增减。蓝天白云是轻灵的，也从未因为它们具有重量，而从天上掉落下来。

待我放弃了诗人的遐想，进入了绝对的理性世界，却已是十多年后的事了。那些情节已成云烟，水只有喝进口里才有冷暖的感觉。至于各人对冷暖的感受，则纯属主观的范畴，当视生命主宰的幽默感而定了。

结了婚，一片浮云化为骤雨，虽然有失，却也有得。至少，从此我必须死心塌地地工作，按部就班地设法实现中文打字机的心愿。若非死心塌地，怎能让我拾起淹没在浩瀚典籍中的精华，驰骋在文化与思维的天地中。

1974 年，为了生活我又回到本行，在华视翻译影片，但因节目不多，收入有限。庄灵对我这个朋友的支持一向是不遗余力，在了解我的生活状况后，便介绍我为“台北房屋服务公司”制作一个名叫“今日房屋”的社教性电视节目。

北屋的董事长兼总经理叶条辉，是个短小精悍的年轻人。他很满意我设计的“今日房屋”节目，彼此谈得也很投机，他很想做一番事业，如办学校、开医院等。他问我的理想是什么，我简单地说了一下，他立即说：

“能不能这样？由我来支持你的研究，但你得先帮我做五年房地产！”

五年不算长，如果他真肯支持，对我而言等于水到渠成。于是，我成为他的特别助理，负责电视广告与文宣等事宜。

在叶条辉的理念中，当时台湾的经济日渐繁荣，人口增长率在千分之十八上下。每年需要住屋约十五万户，而房屋兴建每年不足四万。因此他认为建筑业必然成为“火车头工业”，可以带动水泥、钢筋、建材、加工制造等工业，而有利于社会大众。

房地产业需要很大的资本，相对的利润也高，屋价往往非一般低收入的市井小民所能负担。在工业先进国家中，由银行负责贷款，房地产界负责规划兴建。但台湾的银行界非常保守，没有不动产做抵押，绝对无法贷到一分一毫。结果造成没有不动产的小市民，永远借不到钱，而有了房子的人，则不断地抵押周转，社会上贫富差距越来越大。

不知是谁提出了一种变通的办法（最早应该是华美建设的张克东）：在当时都市中拥有土地的人极多，很乐意与人以拆账的方式合作，只要地主提出土地使用证，由建筑师设计，且取得建筑执照，房屋还没有盖，就可以先公开销售了。

销售时，有一种相当于分期付款的策略，买者按照工程进度付款，待房款付清时，房屋也建造妥当。这样可以提供一般小市民成家置产的机会，也可以免付银行的利息。在整个过程中，建筑公司其实仅扮演房屋中介的角色，经常凭着三寸不烂之舌，不要一文本钱，大笔钞票就有如雪片般地飞来。

从 1976 年开始，房地产市场异军突起，用这种策略带动了经济全面的跃进。然而有利也必然有弊，中国人原本重视信用，安分守己。起初，建筑公司多能遵守一纸承诺，赚合理的利润，建造货真价实的房屋。可是这种赚钱的方法太容易，建筑公司如雨后春笋般林立于各大都市之中。有人是心存侥幸，能捞一笔就捞，有人则是有样学样，根本不知道自己在做什么。

建筑公司水平参差不齐，这种新兴事业又无法令管理，遂助长了唯利是图的歪风。有时买者缴了钱，建筑公司却恶性倒闭了。再不然房屋虽建妥，却是偷工减料。甚至有的土地权利未明，而房屋已经开始兴建。各种纠纷层出不穷，闹得社会上风风雨雨，只苦坏了存钱购屋的劳苦民众。

我进台北房屋公司不久，就看到这种弊端，遂建议叶条辉向“政府”反映。也曾邀请了“政府”的官员共同研究，以期由“政府”与银行出面，主动管理参与贷款的工作。“政府”则认为最好任由市场淘汰选择，以期符合自由经济的原则。

自由经济适合于工商业发达的社会，当时台湾正在转型，一不小心就会造成长久的遗害。房地产界如同失去了照料的孤儿，从业者在暴利之下，无所不用其极。以至于到后来市场大乱，有些公司被大财团兼并，有的倒闭成为经济犯，卷款逃亡国外。

这三年中我所认识的房地产界人士，后来因案发坐牢的有十几位。而卷款逃往国外，动辄以上亿台币计的，也有五六位之多，其中出身北屋公司者就有两位。这些钱都是无数小老百姓毕生辛苦工作，一分一文省吃俭用而来的血汗结晶！

在弱肉强食下，社会公义破产，获利者目无法纪，受害者亦纷起效尤。余毒所及，国人传统勤俭诚实的善良风习荡然无存，昨日种因，今天结果，社会乱象已然形成。

叶条辉很能识人，但却不会用人。他对谁都信任，从不加以考核。他仗义疏财，不问是非，不计后果。他能冲能撞，能扩展业务，公司恶性膨胀的结果，使得行政管理上一塌糊涂。他把股份分送给员工，结果不但没有人感谢他，反而因此大权旁落。最后，在某一财团鲸吞蚕食之下，北屋一败涂地，叶条辉下场凄凉。

北屋是一场典型的商业斗争，叶条辉则是注定的悲剧英雄。在他最成功时，其营业遍及全省，平均每三天有一个代销案，每两个月有一栋自建大楼，营业额达数亿，关系企业有十多个。他手下的人物鱼龙混杂，有因案退休的调查局人员，有失意的官场政客，也有媒体高手、学者专家等。几年之间，他不断地呼风唤雨，成为炙手可热的人物。

翻翻历史，兴邦三日，败亡一时的例子太多了，人应该学得教训才是。在我刚进入公司时，我的意见他还听得进去。可是，我所看到的都是缺点，说多了他无法接受，便把我冷藏在一边。这原不是我进公司的初旨，中文文字的工作才是我该尽心尽力的，既然他不肯听，我只好噤口不言。

叶条辉有很多长处，他厉害之处，是敢于利用人们心中的欲望，知道如何把屋价定得让人又恨又爱。他曾经叫我设计了一个合理的计价公式，却只用来作参考，与实际售价总是有相当大的差别。他认为买房屋的人多半是为了置产，如果房价太低，就不值得投资。要想卖得成功，就必须维持“房价在涨”的表象。这种表象导致了“现在买虽然贵，可是现在不买，下次会更贵”的投机心理。

正因为如此，房价定得适当与否，经常是卖得成功与否的先决条件。为了准确地掌握人们的反应，他还有一个绝招，就是先做广告，而不定价。直到客户询问的电话统计完毕以后，再根据各界反应的好坏，决定售价的高低。

十几年后，我常常听到有人抱怨台湾的房价贵得离谱，“无壳蜗牛”比比皆是。我身历这一场房屋浩劫，洞悉所有的因果关系，如果要把责任全推给叶条辉是不公平的。问题出在贪婪的人心，那些推波助澜，唯恐房价不涨而获利的屋主，才是罪魁祸首。

公司里的经理有十多个，都比我年轻，有的才刚出校门。由于赚钱容易，几乎每位经理都有外快，他们嚣张的程度，实在令人发指。每夜都有赌局不说，每次输赢无不在数十万元以上。玩女人、泡明星更视为家常便饭。有几位经理上班后第一件事，便是从口袋中抽出几张百元大钞，大家来赌数字定输赢。

没有人问过以正常的薪水，哪里有这些钱来挥霍？谁都知道羊毛出在羊身上，收红包，拿回扣，几年下来，好几位经理都有千万的身价！

由于我不要钱，人人视我为眼中钉。我向叶条辉反映，他则支吾其词，认为“爱钱不是坏事”。在这种情形下，迟早的土崩瓦解事小，到时连身败名裂都有可能！我辞职了好几次，基于他挽留时的义气，也为了利用安定的工作做研究，所以一再地忍耐下来。

他们卖房子的方法，充分利用人心贪图厚利的弱点，每次先大做广告。广告预算约占总价的一成，包括制作精美的样品屋、说明书。到了公开的日子，公司员工便携家带眷，齐集销售现场。只见一片旗海飘扬，爆竹爆鸣，声势慑人！

如果人潮不够，则不惜花钱请些黄牛来排队。等门外排起了长龙，门内已经严阵以待。把关的大汉一次只容许少数客户进入，而一进门就看到人人争购的假象。那种紧张的利多气氛，让袋中有金的投资客，无不眼红心跳。

房屋销售是门艺术，在《水浒传》中，王婆计授西门庆，如此这般地博得潘金莲的芳心。如今时空颠倒，换个舞台，颇有几分神似。

客人不来，此事便休了，既来排队，就有一分光景。不肯进门，此事又休了，进门落坐，便有二分光景。桌上有本图文并茂的说明书，客人一翻阅，便有三分光景。销售人员过来，再略事渲染，就有四分光景。此时如若客人走了（多半是另一家销售公司派来的同业间谍），此事便休了，如果还在问东问西，则有五分光景了。

时代不同了，五分应以十分用，否则不合经济效益。当销售人员发现客人的目光移向挂在墙上的房屋销售看板时，那就是紧要关头了！一旦客人挑中哪间房屋的编号，就一定会有“别的客人”同时争着要买。在这种情形下，本来还在犹豫不定的，一时也来不及考虑，王婆的十两银子就此落实。

因此，北屋公司的销售业绩一直领先同行，有好几次都是百分之百的销售一空。成绩一好，人人争功夺赏。哪怕是刚进公司才几天的业务人员，一个个无不趾高气扬。只要有半点不满意，便挟着刚学会的一套骗术，另组公司，自做老板。以我所知，至少有十几家所谓的建筑公司，是出自北屋这间号称“房屋界的少林寺”。

我进公司后，便建议成立资料中心，目的是借此建立客户资料。我收集了资料，并制作了问卷，对客户从媒体接触到房屋选购都作了详尽的分析。最初房屋部非常不合作，认为这些纸上作业没有大用。不久却证明了根据这些资料，就得以完全掌握客户的来源与我们广告的诉求方向。

调查中发现女性客户占绝大多数，而其中百分之八十以上的客户都看电视，看报纸的只占百分之四十。买卖房屋全靠广告，我们当时的广告费用占全部房屋销售的一成，动辄千万，但却没有做过电视广告。

我向条辉建议应该做电视广告，他立即同意，并交给我负责。此举马上遭到负责广告的企划部激烈的反对，该部经理对我敌视之深，在三年同事中，没有主动跟我说过一句话。后来我才知道广告界拿回扣之风极盛，有的高达两成，一千万即有二百万的回扣。可是我一文不收，全部缴还公司，如此挡人财路，怎不令人恨入骨髓?

我正式参加的作业是“站前广场大厦”的广告制作，我知道每当遇到广告时，观众经常会转到他台。所以我的策略是三台都买同一时段，而且力求安排在同一时间。由于三台我都熟识，加上是电视上的第一宗房屋广告，所以很容易就谈妥了。

这个案子是一家地产公司委托我们销售的，原建筑商很不看好，因此交给我们“包销”。售价由我们决定，先扣下十分之一的广告费，若销售率达到百分之百，我们就有百分之二十的佣金。若不能达到“完全销售”，每低百分之十，我们的佣金将减少百分之二十，同时我们也要分摊二成预扣的广告费用。

公司中除了叶条辉，其他的人都没有信心做到完全销售。大家议论纷纷，认为做包销太危险，不如稳稳当当地代销了事。

有一次，叶条辉带我去与客户谈判细节，我问他：“你真有信心做到完全销售吗？”

“开玩笑！谁有？可是我们非赌不可，我有预感，这次就是机会！”

照他的计算，如果这次成功的话，公司可以净赚三千万。有了这三千万，下面几个大案子都可以着手进行了。至于失败呢？我从来没有听他提过。他最崇拜拿破仑，他们俩也有点相像，而且字典中都没有失败的字眼！

“你的电视广告真有效吗？”他很能掌握重点。

“有把握，我估计全省至少有三百万人会看到！”我买的是黄金时段“三台联播”，而且一连三天，说三百万是最保守的了。

由于费用充足，我手中还有四十万的制作费。我请了一位朋友，以台北车站的人潮流量为诉求，拍了几套广告片，颇能把握那种繁忙热闹的脉动。

果然是满堂红，百分之百的完全销售，北屋的成绩令地产界大感振奋。事后的调查显示，电视广告的影响力竟达百分之九十五！只是在权利斗争下，我的资料中心与电视广告工作，不久也被剥夺了。

卖得好并不表示建得好，1976 年 6 月，我们公司在台中兴建的“东海花园别墅”出了很多问题，没有人肯负责任。刚好这时公司内部的几位经理联合起来斗争我，我也正想辞职。叶条辉便乘机把我调开，派我去台中善后。

叶条辉给我的任命是经理，这一来大触主流之忌：“凭朱邦复也能做经理？”

有几位经理冲进了叶条辉办公室，大肆咆哮。

叶条辉反问：“凭什么他不能？”

谁在乎在台北房屋做个经理呢？如果不是叶条辉的义气，我还以在那里工作为耻哩！我对叶条辉说，何不挂个副经理？省得大家烦恼！

我到现场一看，发觉问题之严重，已经不可救药！我马上作了一份报告，预测如不立即设法改善，五年以后公司将损失上亿元！

东海花园别墅在台中销售之前，人人认为台中没有市场。但是位于东海大学山顶一片风沙的两百户别墅，却在一天之中销售一空。建筑界惊艳，莫不视为奇迹。更大的奇迹是，过了几天，又推出两百户，也在一天之内卖得精光。

同样一块土地，怎么会由两百户变成四百户呢？房子当然不能生房子，但是人就有此神通！

在这个时代，多少只猎食者贪婪的眼睛不断地搜寻着，媒体、广告正是众所瞩目的媒介。因为当时社会上游资没有出处，北屋把握机会，大肆宣传，人人把购屋当作投资保值的不二法门。加上北屋打着“保证出租”、“五年还本”的口号。既有还本的保证，又可享受租金与增值的厚利，一般民众闻之无不心动，纷纷抢购。

我一看，建筑水平差得离谱，不要说不可能租出去。到了还本之日，公司得一口气拿出庞大的现金来收购这些毫无价值的废墟。有哪家公司有这种实力？出租费加上还本本金，为数可观，若真的要包租、还本，立刻有面临破产的危机。

至于所建造的四百户“高级别墅”，建筑面积缩水、偷工减料不说了，四百户中就有四百户水管漏水、电线走火、下水道堵塞、墙线不直、地面凹凸。

仅仅这些尚不足列入吉尼斯纪录，令人叹为观止的是竟有四户别墅，其楼梯的上下距离只有三尺高！人要爬着才能通过！另有两户的窗子离地八尺，几乎接近屋顶！在贫民窟中，这种事都不能发生，为什么会堂堂出现在高级别墅中？

我刚做完调查，送走了报告，台中下了一场大雨。结果那四百户平顶的房子由于偷工减料，一概未铺油毛毡！雨水降落在水泥屋顶，加上下水管不通，一律向下渗漏。室内全部变成了游泳池！四百户家家漏雨，没有一户例外！

天下再荒唐的事莫过于此，我进一步深查，才发现是人谋不臧。除了上下勾结，拿了回扣外，还要克扣工资，拖延付款。发包时层层剥削，价钱已经低出常情，致使有好几家小承包商面临破产，愤而蓄意破坏。劳务部门不理不睬，公司里上上下下竟无人知晓！

我的报告没有获得叶条辉采信，公司里人人责备我故意夸大其词。不得已，我亲身北返，坚邀叶条辉与我一同到台中来，否则我立刻辞职！

所幸天助我一臂之力，连日大雨不止，证据确凿，无可抵赖！

那时工地中有一户，且为仅有的一户，已经交屋，屋主也搬入居住。那是台中一位姓黄的重量级地方人士，所以得到公司通融，提前兴建完成。这家人对公司毫无怨言，所有缺失都自行修补。又花了百余万元，把室内装潢得美轮美奂。

叶条辉到时，正值大雨滂沱，雾气朦胧，一栋栋白色的建筑矗立在滚滚黄河一般的浊流之中。司机打着伞，叶条辉东张西望，大家走得飞快。

他说：“朱邦复，好得很嘛，你是不知道，工地就是这个样子。”

那位黄夫人听说叶条辉要来，早就在院子门口等着。一见到他，大叫道：“叶董事长，我有事找你，麻烦过来一下！”

大家在雨中寒暄了几句，黄夫人就把叶条辉往屋子里让。叶条辉本来就提着裤管，深怕被水溅湿了。这时也毫不客气，一提脚，大步跨进大门。

正是说时迟，那时快！但见水花迸溅，“哗”的一声，我们的董事长成了落汤鸡。

黄夫人久积的愤怒，立刻喷出漫天的烈焰，把叶条辉与台北房屋骂得狗血淋头！

结果公司加拨了五百万元从事修补，还有二十多户空屋，是某些主管分到的，现在也急于脱手了。不知道谁又出了点子，公司决定再贴上五百万，在当年秋天假“修复”的东海花园，举办全台湾第一届“室内设计名家大展”，以作促销！

一个人的无知，旁观者虽觉得可笑，但谁都没有损失。几个人无知，虽难免行为逾矩，所幸还能阻止，有损失也不会太大。若无知的人太多，多到连旁观者都参与了，那将是一场悲剧！然而比悲剧更可悲的，是当事者没有得到教训，变本加厉，继续胡作非为。社会于是变成一个大染缸，前面有人做过，后面就有人依样画葫芦！

北屋的宣传一向是钱花得越多，经手人所得越丰厚（盖投资金额与经济成长为正比）。于是这项大手笔，全台湾人尽皆知。还有人怕寂寞，又加了风筝大赛、师生郊游、儿童写生，唯恐东海不乱！至于筹备规划，一如夫子所说“君子远庖厨”，没人放在心上！

事过境迁，回忆中只是恶梦一场，述之无益。人类无知的愚行就像电视上的各种肥皂剧，都可以用固定的公式套出来。然而任何一个事件都不是孤立的，知其因果总会对后人有点助益。在此我提供一些值得借镜的题目，读者设身处地，也有他山之石可以攻错之效，毕竟真相与梦幻泡影是一体的两面！

题目一：东海后山平日风势很大，秋日更烈，试想风筝大赛进行之盛况。

题目二：山上别无设备，当日上山的群众约有两万多人，吃喝排泄如何解决？

题目三：室内装潢都用高级地毯，外面尚是砂土泥地，参观者如何入内？

题目四：台中各小学学生约万人，白天陆续徒步上山，夜晚如何同时下山？

当时参与此盛举的儿童，如今都已成人，相信心有余悸者不在少数。可是外人知道的有多少呢？各媒体记者，入夜都在北屋的精心安排下，参加各式的庆功宴去了。次日各报但闻一片好评，说不定有天会列入台中市志，见证经济的起飞哩！

事后北屋公司中只见人人得奖、分红，却未见一人负起应担的责任。地基早蚀，栋梁已腐，难道这些受过高等教育的精英会看不见吗？大家相互欺骗，竞权争利，当然各有打算。既然公司已为俎上鱼肉，人心如何就不问可知了！

我的得悟有什么用呢？只是自己免于痛苦烦恼，难道以眼见别人的愚昧为乐？不错，是因为这个畸形的社会，畸形的环境，畸形的观念，迫使我逃向解脱的彼岸！但这不表示我就可以做一个自了汉，平步天国！

北屋只是一个小小的公司，再看看我们的台湾吧，又有多少分别呢？若住屋中已见到几只白蚁翩翩起舞，居住的人又该如何呢？

“乱邦不居，危邦不入”，古有明训，这并非一句空话。人的智慧来自前人的经验，我再此蹉跎下去，只为了盖几栋好房屋？那未免太轻视自己了！

离职时，我眼见北屋内部人事倾轧，叶条辉不善斗争，大权旁落，已被架空。一位被调查局解职的能者以四两拨千斤的手法，摆平了公司某笔税务问题，故跃登龙门。在他的推荐下，现台中长亿集团的掌门人杨天生成为公司的副董事长。

叶条辉还要留我，他完全不愿相信公司上下会离心离德。我劝他另起炉灶，他也充耳不闻。最后，有一次杨天生召开主管会议，他先来个下马威，拍桌子骂人。

我本来就不愿意为这五斗米折腰，也把桌子一拍，对他吼道：“你凭什么拍桌子？”

“你凭什么拍桌子！”他显然不知道北屋还有这等字号。

“凭什么？我不是你的部属！”

“为什么不是？我是你的副董事长！”真有人把芝麻看得很大！

“错了，你不是，我已经辞职不干了！”

说完我大摇大摆地走出会场，叶条辉也不再挽留了。

三年下来所见所闻，真是罄竹难书。本来打算详述之以供警世，再一想，在这个愚昧的时代，哪里又有例外？凡是利越大之处，其弊也越大。后来见得更多，无一不是肮脏龌龊，卑鄙汗颜。兽性人欲原本如斯，莫如忘诸脑后，好为人世保留一点清白！

这期间还有段我未忘情于电影的插曲，有一天宫天美与但汉章两人来找我，他们是李行的副导演。

天美拿着一叠稿纸，一见我就说：“这次你非帮我的忙不可！”不由分说，他把稿子递了过来。

“帮什么忙？”很久没见了，他留了点小胡子，很像个半吊子的艺术家。

“你先看看这个剧本，我们明天再来！”说完他们就走了。

宫天美很了解我的毛病，激将遣将对我都发生不了作用，但是看到不满意的事，我就不请自来。这剧本名为《吾土吾民》，是张永祥的作品。我一翻之下，就知道宫天美的意思了。

这本剧本之糟，也只有吾土吾民够格。且不说它是法国名著《最后一课》的“全抄版”，且多断句、掉字，前言不对后语！更糟的却是以日寇侵华为背景，一大堆莫名其妙的人在一个小村庄里喊八股口号。

第二天他们一到，我开口就说：“你们要拍这部戏，但是又不敢惹张永祥，是不是？”

“是！是！李导演也说是个烫手蕃芋，丢给我们两个，就跑到美国度假去了。我们看了又看，实在想不出好法子，只好来找你！”宫天美嗫嗫地说。

“好吧！我可以改写，使它有血有肉。”我一口答应，宫天美自幼就是我的小兄弟，我非常乐意帮他的忙，何况这个剧本真的激起了我的斗志。

“改写？要多久？李导演下个星期就回来了。”但汉章急得如热锅上的蚂蚁。

“六个工作日足够了，但是有个条件！”

“什么条件？”但汉章有点紧张。

“我负责重写，由你们出名，条件是绝对不可透露有我这个人，怎么样？”原因很简单，这是个人性游戏。李导与张永祥是老搭档，在台湾睥睨一世，虽不见得知道怎样把戏拍好，但拍得多了，坏到什么程度总还是心里有数的。

人最难避免的，就是离“我”远近亲疏的圈圈，所谓党同伐异，就是为了保护自己。戏当然要拍好，但必须是自己人拍的，绝对不能容许外人比自己人好。对他而言，宫、但二人是自己人，我是外人。剧本如果改得不好，当然不会用；万一改好了，竟然是外人改的，自己人受到威胁，那将是场灾难！

他们答应了，我在戏中加了些必然的因果，删了些口号、说教，又把日本人人性化，我不能苟同时贤的逻辑观：凡是敌人就坏到杀无赦！

宫天美与但汉章两人看了大喜过望，高高兴兴地走了。不幸，我忘了天美过于天真善良的人性，少提醒了一句。

李导回来，这两个年轻人说剧本修改好了，李导也很高兴。宫天美却一时“良心不安”，坦白承认这剧本是另请高手改的！

“混账！”李导立刻暴跳如雷，“这个剧本是张永祥写的！张永祥写的！知道吗？普天之下，有谁够资格改！算了！就用原剧本开拍！”

“烫芋”充数也不是自今日始，电影事业风光如昔，谁有损失呢？

《吾土吾民》上映三天，算不错了。宫天美为此退出了电影圈，到美国从商去了。最不幸的，是但汉章也愤而赴美进修，一年后却因车祸魂葬异域！

2 立夏

内功　大周　三大　溪头

在北屋一晃就是三年，为了坚守对叶条辉的诺言，我守株待兔。中文的研究工作虽未停顿，却进展得十分缓慢。可是树大也必须根深，条辉送我二十万股金，我用十七万买了栋公司兴建的公寓。离开北屋时，有房子可以安身，又有点存款。省吃俭用的话，一年半载生活不成问题，我正好全心全力在家里重新开始排字。

我买了十多本中文小字典，把每一个字都剪下来。再根据早先已经研究妥当的构想，在纸上画出横、直座标。横轴以字首为索引，纵轴则取字身，各预留26区。我先找出字首和字身比较多的，当作索引符号，每种符号各占一格。然后再把剪下来的字，照字首、字身的索引位置，一一贴在索引所指向的空位上。

所有的字都贴完后，我再检查整张纸上空位与文字的分布情形。我知道唯有文字平均地分布在索引表中，编码成功的机率最高。如果空位太多，就表示索引分配不合理，如果有些位置上文字太多，则该字必须再行分解。

前前后后一共剪贴了十多张，每剪贴一次，起码要用上两本字典。时间上则长短不等，有时做到一半，我就知道不可行，毁掉重来。如果顺利，全部贴完则要半个月。

又剪又贴，还要思考，我一个人工作，经常顾前不顾后，事倍功半。我求助于内人，她这半生尚不知道世上居然有这样单调无味的工作。她一坐下来，便呵欠不停。剪不到几个字，总会想起有件非做不可的事，说是马上回来，结果总是不见人影。

不得已，只好一个人孤军奋斗。半年下来，我以八千字为例，每字取三码，以52个字母（即英文的大小写），完成了中文编码。

当时，我还未忘情中国功夫。我对形意拳很有兴趣，同时也因为编码的原理是根据中文的形声法则，故而定名为“形意检字法”。为了保障自己研究工作的进行，我到内政部找到表姐陈玉洁，请她协助登记了专利。

我对这次的结果并不满意，52键实在太多了，我想减至26键。但是难度太高，一个人做，限于思考的过程一面要用原有的字典顺序查字，这一点我已经不够熟练，又要立刻转变为新的索引位置，脑筋不停地转来转去，很容易疲劳。

我想找人帮忙，如果两个人一起做，每个人负责一种索引系统，效率就高得多。效率提高了，我们可以一而再，再而三地做到理想为止。但是找人谈何容易，内人不愿帮忙，而我又没有足够的资金。

这时有一位电影界的朋友雷俊，找我写一本武侠片的剧本。缘因有一门功夫叫做“霆斩”，在媒体宣传下，颇受人注目。正好他也有些渊源，想利用霆斩的知名度拍部电影。据他说拍电影并不难，只要有关系，有引人的剧本，定好担纲演出的明星，先卖南洋各地的版权，就能拿到数以百万的订金。

雷俊本人并没有钱，但是关系很好，目前所缺的只是剧本。为了兴趣，也希望能赚点钱，我答应帮忙。这一来，我又卷进了那阵子的功夫狂热中。

霆斩的掌门人是个二十来岁的青年，他本人弱不禁风，可是他的弟弟“彭二”练就了一手铁臂功，可以任人用木棒子捶打。他们姓彭，自称是彭祖之后，兄弟俩都自台大毕业。

他家有一册祖传《霆斩秘笈》，几十年来一直没有人愿意下功夫苦练。由于一时的好奇，他们按照书中的方法练了一阵。其兄本来有心脏病，结果身体竟然练好了，但浅尝辄止。弟弟却在哥哥的指导下，练成一身“金钟罩铁布衫”的本事。

我自幼看武侠小说，总认为所谓的武功只不过是文人的幻想而已。尤其是那些过于夸大的“踏雪无痕”、“隔山打牛”等完全没有科学根据。这次目睹彭二用锋利的水果刀，对着右臂猛砍，臂上除了一些青白色的痕迹外，果真没有受伤！

“霆斩门”本来在南昌街开馆，每人每月收费60元，名气不大，知者也不多。后来有位从美国回台的跆拳道教练看到他们的功夫后，叹为观止。双方谈妥合作，学费增加到3000元，并请了记者大肆宣传。立刻各地学生慕名而来，车水马龙，门为之塞。

彭氏兄弟赚了大钱，却不肯对馆中同甘共苦的教练略施小惠。不久便有两位教练另起炉灶，取名“天斩”，还搬了位毫不知情的老和尚出来，说是出自少林真传！有谁管什么真假呢？吹者得利，信者有福。混了一段时间，我们的电影虽然没有拍成，可是却因为认识他们，我对中国功夫才有了初步的了解。

我仔细研究分析之后，写了本《功夫生理学》，因找不到人出版，原稿已不知何在。1981 年又逢武当派在台开山门，掌门人廉广全是支持我做中文电脑的几位江湖朋友之一。在他的介绍下，我也拜了师父，成为武当弟子，对中国功夫认识更深。

中国功夫是一种有效的方法，能达到强身、健身的目的，其原理不外乎物理与生理学。但是明理的人少，自夸自擂的人多，以讹传讹的结果，便有了很多愚己愚人的神话。

生命体精妙的结构与功能，今多已为科学家所悉。中国古代知识虽然不发达，人们却在经验中掌握了生命力的基本因素，那就是“营养”与“空气”。

碳氢化合物的糖类，可因结构变化达到贮存与分解热能的功效。糖类被身体吸收后，贮存在肝脏内者叫肝糖，输送到血液中则为血糖。血糖在肌肉中与氧气结合，并放出热能、二氧化碳，如果氧化作用不全，则产生乳酸。热能是刺激肌肉运动的动力，乳酸则导致神经疼痛，以提醒人们身体内因为氧气不足，急需补充。

糖类来自食物，可以贮存于体内。氧气则来自呼吸，经过肺中的肺泡渗入血液，随时消耗。血液则靠心脏加压，泵入血管。由于糖类已经贮存在身体中，所以呼吸空气以与泵入血管两者，才是运动最重要的生理作用。

要汽车的马力大，先决条件是要有充分的油与气相混合，并且有效地送入引擎中，使之完全燃烧，产生爆发的功率。同理，我们要使人体发挥最大的潜力，也必须有足够的空气与血液量，使之能快速将空气与营养传送到肌肉细胞中，增加肌肉的能量。

功夫就是一种将空气与血液有效地输送到身体各部位的锻炼方法，因此又名之为“气功”。严格说来，中国功夫分成“外家”与“内家”两种，外家讲究“技击”，以训练人体四肢的灵活性、感官反应的正确性以及动作劲道的快速性为主。这种技击适用于防身、制敌，也可以当作一种运动或舞蹈，娱人娱己。

据考证，内功是以达摩祖师从天竺携来之瑜伽术为源，再加上中国道教的吐纳、练气之术，逐步发展而成的。因为佛、道两家的修行人士终日静坐，身体机能缺乏运动，易生疾病。遂在静坐之余，研究出一种简易的方法。练时，四肢不需运动，仅以呼吸作用即可促进容氧率增加，使血液循环量加大而得到与运动相等的效果，故称之为内功。

现代社会中很多人终日坐在办公室里，其身体与心理状况和古代修行人相去无几，只是仰仗营养与药物维持健康，暂得免于疾病。如果内功真有强身的效验，则对现代人将是一大福音。只是要征信于人，必须要有科学的佐证。

我的骨架很壮，身体有 80 公斤，但身高只有 1.7 米。自中学以后，我就很少参加激烈的运动。大学时虽然是篮球校队的，上场时往往力不从心，不过充当龙套而已。记得在台视时，有一次公司内部举行篮球赛，我上场打了一分多钟，结果身上贴了十几片沙隆巴斯，而被戏称为沙隆巴斯先生。

等我做了内功练习以后，气力明显地增加。打一个钟头的球，一点都不觉得累，精神也好得多。尤其是二十多年来我从事中文电脑与写作的工作，每天连续不断，从未休假或是休息。除了我的宿疾皮肤病与气管炎外，身体其他部位从未生病（后来我才发现跟随我的弟子们，人人都因久坐而饱受肌肉疼痛之苦）。

内功有很多专有名词，在此略而不提，仅以粗浅的与生理有关的用语来说明。内功最重呼吸的方法，原则上男性多用腹式呼吸法，女性则用胸腔呼吸。这是基于生理的限制，女性腰细，腹腔较小。这也是男女生理天生不平等的一种结构，因为女性的腹腔以子宫为主体，只有在骨盆扩张时，腹腔才能向外增涨。

腹腔呼吸的原理是以胸腹之间的横隔膜为泵浦，向下压时，一方面空气进入胸腔的肺叶中，一方面迫使腹腔中之血液流回心脏。腹腔中约有百分之四十的血液停滞其间，其中有一部分在肝、脾中，以调节血液的化学成分，完成新陈代谢作用。腹腔静脉管则容纳了大量从身体下半部循环回来的静脉血液，在此等待着被泵回心脏。

人体血管的构造历经了千万年的演进，运动是动物生存的本能，因此下半身血液要泵回心脏，全靠肌肉的收缩。血管中有一种三尖瓣结构，可以防止血液的倒流。如果运动量不足，则血液到了腹腔静脉，基于重力作用，便淤积在那里。其多余的糖类，常被腹腔组织所吸收，变成皮下脂肪，从外表看上去就是大腹便便。

野生动物在奔跑时，前后肢交互移动，正好压迫了具有伸缩性的贮藏着大量血液的腹腔，故得以增加运动所需的能量。人类在直立以后就丧失了这种机能，但却发展出足部强而有力的肌肉，以协助血液的循环。一旦不常走动，足部肌肉的压力降低，人体的各种机能即因血液循环之不良，而导致疾病或体能衰弱。

至于胸腔呼吸则要靠肋间肌的伸缩，肋间肌很薄而且空间变化小，因此呼吸量甚浅。内功所强调的第一点就是要加强腹式呼吸，以便加大肺腔的扩张容量。并且要尽力压缩腹部空间，一方面可以按摩腹腔内各个器官，增进其新陈代谢作用；一方面压迫淤积的血液，使之回到心脏，再进入肺中，以排除二氧化碳，吸收氧气。

腹腔有两个向外的通道，一是十二指肠，食物由此进入，经过消化后，再从骨盆下端之肛门或尿道排出；另一则是静脉，血液由此返回心脏。做内功时必须使食物通道封闭，再对腹腔加压，这样才会得到增加血液回流的真正效果。

内功锻炼的方法很多，原则上不外用腹式呼吸法，在吸气时尽量使横隔膜向腹部下压。同时提起肛门的括约肌并收缩腰肌、腹肌，使腹腔向内压缩，容量减小。这时血液立刻通达全身，人感到身体发热、皮肤发胀，这就相当于身体运动的效果。

在做这种动作时，应该充分注意以下几点：一、空气一定要新鲜，污浊的空气对人体反而有害；二、身上的穿着要松软，以免压迫了血管，使血液循环不良；三、避免在饱食或是长时间饥饿后进行，前者会因胃部缺血而有碍消化，后者徒令身体更形虚弱。还有一点更应注意，就是头、颈部肌肉要完全放松，否则将导致头痛，严重时更可能有脑充血之虞（俗称走火入魔）。

一般说来，练习不可躁进。初练一日呼吸三次，每日渐渐增加，不要超过体能的极限。练到一个月后，一次能做三十次呼吸。腹中受压时会感到中心处坚实发热，在练功的人说来，那里就叫做“丹田”。其位置大约在肚脐下有一个“田”字形肌肉的中央，其感觉如同练“丹”发热，且位置集中似丹，故称丹田。

这种练气的方式叫做“气沉丹田”，又称为逆式呼吸。练到相当程度后，有些派别还要练“正呼吸”，那是在压下横隔膜作深呼吸时，要把腹部肌肉放松，在吐出空气时，再压迫腹部。这是为了减轻“氧债”以及破除执着于强练压缩式呼吸的习惯，到最后在任何情况下，都能维持呼吸的功能。

如果只为了健身，每天只要几分钟的练习就够了，所以非常适合现代社会中时间与精力都有限的人士。不过在做逆式呼吸之初，最好先做些柔软体操，放松身体各部之肌肉，不仅效果更佳，且可避免身体受到不必要的伤害。

比较正式的练功法应该采用坐姿，因为人在专心练习时，要微闭双目（全闭易致昏睡），这时因为感觉全集中在身体内部，会影响到站立时的平衡。而坐姿也有一定的方法，原则上是两腿的大腿肌着地，肛门悬空。这样一方面身体较平稳，不致使踝骨受到压力。另一方面大腿肌承载了全身的重量，也同时提供了静脉压力，有增加血液循环的功能。

在理论上说，如果坐得安稳，不依靠身体之骨骼与肌肉机构支撑，其休息的效率远比睡倒为高。因为在平躺时，全身肌肉放松，呼吸浅慢，血压降低。而恢复体力的主要功能，全靠血液所输送的氧气将肌肉中所积存的废物乳酸再加以氧化，或携回至肝脏中，再合为肝糖。乳酸刺激神经末梢，是人感到疼痛和疲倦的原因。乳酸消除的速度就是体力复原的效率所在，而睡倒后血液循环缓慢，故效率低。

相反地，坐姿不耗体力，加上深呼吸氧气足，腿部又提供静脉压，血液大量地带着新鲜血液清洗乳酸、修护器官的损耗，其功效自比卧睡超出甚多。还有一个非常重要的原则，是野外求生训练所必知的。那就是在寒冷的野外，如果在疲劳过度时睡倒，会使散热的面积加大，容易导致身体“失热”而休克死亡。在这种情况下，最好采用坐姿，既可恢复体力，兼以散热面积小，比较安全有效。

人类所有的发明都是为了方便，方便的结果，却往往抵消了大自然原来设计的人体功能，椅子就是其中之一。当人坐在地上时，双腿盘起，肌肉自然受到压力，故能保持血液正常运行。可是坐在椅子上，双腿下垂，肌肉松弛，血液得不到静脉压，便经常停滞在脚部。一旦坐久了，血液循环功能削弱，反而更觉疲倦。常坐飞机的人便知道，时间长了脚部会发胀，有时连鞋都穿不上（易罹静脉炎），以后不妨试试打坐。

理想的坐姿应该是将双腿互盘，在瑜伽术中称为“双趺坐”。这种坐姿必须从小练习，成人骨骼业已硬化，两腿怎样也盘不起来。其次是“单趺坐”，也就是把一只腿放在另一只上，其效果较差。还有一种不得已的坐法，是将两腿交叉，这种坐姿全靠两个腿背和屁股支撑，与地面接触不匀，最好在坐处垫以柔软之物，以分散身体的压力。

人们在过了多年文明的生活后，上述的坐姿不是在短时间就可以习惯的。在练习时，千万要注意下列事项：坐姿最重要的是要保持脊椎骨的正直，坐处太软时，身体常会倾斜。脊椎骨会在不知不觉中，随着重心的调整而歪曲。其次胸膛要挺起，以保持呼吸正常。这时可以利用横隔膜的下压，使腰间充气，再将尾椎骨向后挺，身体就自然正直了。总之，坐姿的练习不宜躁进，持之有恒，时间一久就会习惯。

为了更进一步增加运动能量或者是训练神经之反应，便要练习“导引”。导引使血液在意识的指导下，引向身体各部，使生理充分发挥其应有的机能。

人体中有随意肌与不随意肌两种肌肉，把血液导向随意肌中尚不难，只要经常练习、运用，就可以达到效果。然而导引真正的价值，在于将血液导入不随意肌中（练习日久也可随意控制），甚至于导入身体的任何部位，这样不仅能强身健体，还可以达到“生理治疗”的效果。

不论医药如何进步，人体的恢复与健康都是靠生理机能的自疗能力。血管是交通网络，血液是交通工具，满载着侦查队、救火队、军警、保健人员，还有各种补给、器材等。一个国家的强盛，首要的条件便是交通。一个强健的身体，则必定有健全的血液循环系统。

当神经感受到某种刺激，且其脉冲强度超过某一临界点后，肾上腺素立刻大量分泌。心脏迅即加速将血液泵送到血管中，并传送到身体各部，以便补充能量。

如果血管细小，在这种瞬间加速的情况下，血管会因受到压力而膨胀。就像原本已拥挤不堪的高速公路上，突然间又加入了大批的军警车辆，其后果可以想象。人在年轻时血管尚有弹性，足资应付一般情况。然而年岁一长，在高速血液经常的冲刷下，管壁就容易硬化，循环机能也就相对地降低了。

尤其在高度发展的工业国家，人们运动量本来就少，加上烟酒等刺激物质的沉淀，血管很容易硬化。又生活在高度的紧张中，不时受到兴奋、沮丧等情绪影响，各种刺激都可能导致心脏病，使之成为严重的杀手。

导引的理论是仅增加血液的流通量而不提高心脏的压力，使血管经常在大量血液的流通下，加强其伸缩的弹性。这样即使年岁渐长，循环的机能仍然保持着相当的活力，足以应付任何特殊的情况。

血液流通量的增加，是因为腹腔静脉中百分之四十的血液，在丹田的压力下，大约有一半会被泵入心脏。如此血液流量约增加三分之一，血管也会膨胀三分之一。血量多了，加上空气充足，身体的氧气供应量也增多。血管在胀缩下增加了弹性，故心脏能保持正常运作。

在中国，练功夫的人常要测试是否能在各种激烈的运动下，面不红气不喘。因为在急剧运动时，大量肾上腺素的分泌，刺激了心脏以及肺部加速运作，这样就会面红气喘。气功若练到相当程度时，就能充分利用呼吸，提供足够的氧气而不致于气喘。同时血管能扩大，血液循环畅通，不会淤积在皮下组织中，所以不会脸红。

其实任何人只要经常运动，达到了起码的运动量，多多少少就能有这种面不红气不喘的能耐。因为在运动中自然而然地需要深呼吸，也就自动绷紧了腹部肌肉，只是“功夫”特别强调这种功能而已。至于内功则是可以不必经过激烈的运动，只通过“运气”与“导引”两种精简的方法，以达到上述的目的。

练习导引前，先要用自己的意志力。“想象”有一股“力”从丹田起，慢慢地通过身体的血管，运到身体各部。根据各家记载，其运行的途径都不相同，当然效果也各异。但是对强身健体而言，有一种叫做“小周天”的方法，练来既简单又特具效力。

所谓小周天是指人体机构的基本区域，不包括四肢在内。相对的，“大周天”则率指全身，有所谓的“七经八脉”各种复杂的运行方式。这些理论原为道教修仙、炼丹等研究之副产品。后来有道术之士用之行医，就产生了“针灸”。

小周天包含了身体的五脏六腑，以及头脸、背脊等部位，同时又经过“经脉”中之任督两脉。如果能给予适当的按摩，使气血贯注其间，必然可以增进其功能。然而这些区域并没有随意肌供我们运动，而且也不是外表的按摩即可奏功。因此必须先利用想象力，不断地练习。时日一久，意到气随，神经原在经常的刺激下，就会产生一些反应。

这种反应会令意念所经路线上之不随意肌产生一些紧张的感觉，而这种感觉足够使血管伸缩，达到预期的效果。功夫深厚了，神经原因刺激频繁而加强，肌肉也因之健壮，即可对该处的组织或器官发挥保护作用。

原则上，当气沉丹田后，便将意念下移到下腹。再移向肛门、尾闾，循着脊骨向上升，直冲到颈项（这段最难，起码要坚持一个月以上才有效应）。再送到头顶，翻过前额，循鼻准、唇舌直返丹田。这其中还有些神话，据说一定要把舌尖顶住口腔上端，是为长生之源。而根据我的实验，在静坐或导引时由于精神贯注，口中津液常会不自觉地滑向咽喉而容易呛到，舌尖上顶可以堵住咽喉以避免这种意外。此外口中会集聚一些津液，在久坐喉间干燥之际，咽津也会感到舒服些。

这样导引的结果，尤其是对中年以上的人，能加强背部的抗寒能力。同时背脊是全身神经的主要干道，运动其附近的肌肉，也有保护反射神经机能的作用。

人体中的肌肉纤维细胞数量恒定，一生之中只会减少而不可能增加。肌肉纤维两端以肌腱附着在骨骼上，肌腱是结缔组织，韧性很强，在不断的刺激之下，只要有足够的营养补充，便会继续地加强及增大。

此外肌肉纤维如果受到外力的破坏，也是由结缔组织加以修补，运动员健壮的肌肉实际上就是结缔组织补充的结果。肌肉的健壮并不代表机能的正常，真正对健康有益处的，是增强肌腱的张力而不破坏肌肉。内功的基本作用就在此，只是需要相当的耐性与持续的练习。在时间与环境都受限制的条件下，不失为理想的运动方式。

我年轻时深深为各种疾病所苦，尤其是感冒、气管炎，几乎从年初到年尾接连不断。自从修习内功后，十多年来已不常发。只是在鼻腔与气管管壁处，我感觉到有一个极为敏感的“疤”，常常在身体还没有察觉外界温度变化之前，那块疤就开始发痒，喷嚏、咳嗽相继而至。一经发作，伤疤发炎溃疡，细菌再一侵入，就药石无功了。

我了解了这个原因后，每次只要一感到痒，我就用含有薄荷的凉气去“熏”，并运气“按摩”。那个疤一接触到凉气，毛孔就自动收缩，细菌不能继续侵入。加上运气按摩，刺激血液流通，等到血液中的巨噬细胞、白血球将入侵的细菌消除后，病就不会发作。此外我原有便秘的毛病，后来应用导引的方法慢慢地压迫大肠，依着排泄的方向运气，立时畅通。这也算是我修习内功后的一点心得，提供读者做参考。

至于功夫中有关于竞技方面的诀窍，我认为没有多谈的必要。只有一点我想说明，就是为什么有人能将身体练到刀砍不入的地步。我们在历史书上以及许多现代人的事后之明中，常说那种“刀枪不入”的功夫是愚民的神话。在许多娱乐场合中，也有不少艺人表演过类似的节目，可是中国人在民族自信心完全丧失后，如非经过“外国人”的验证、承认，中国的学者专家们往往对这些现象嗤之以鼻，以表示他们是有科学精神的明智之士。

真理不是人云亦云，要有理论，且必须经得起实际验证。刀枪不入在一定的条件下是可以成立的，但只限于以人使刀使枪，而不是高速的子弹。理论上说来，皮肤在相当的锻炼后抗力会增加，若再浸泡一种药酒，则表皮紧缩坚实，有如处理过后的皮革。在刀锋接触表皮的刹那，如果表皮的抗力大于刀锋单位面积的压力（但不能割，用割的压力会增加），反作用力就可以把刀弹开，就像砍在充满空气的皮球上一样（皮球也不耐割）。

我认为西方文明之值得借镜，并不在于他们目前所得到的结果，而是他们勇于探索真相的精神。过去中国的知识分子口中喊着“格物致知”，却不屑于追究流传于民间的这类事件。现代的学者专家则连抄袭模仿西方科技尚自不及，更遑论其他！然而这些埋没了很久的宝藏，才是中国人真正值得努力探索的。若将之整理成为有系统的学问，必能强身强国，利己利人。

话说回来，从技术的角度来看，功夫的锻炼确能提高一到两倍的人体潜能。但这并不表示功夫可以练到草上飞、隔山打牛等神奇地步（台湾武当门的几位弟子，曾在廉师兄的督导下苦练了一年多，证明完全不可行）。

1985 年，我住在美国洛杉矶，有天看到当地的《世界日报》上登载着几个大字："中国功夫挑战西洋拳。"

我很有兴趣，一看，竟是霆斩的彭氏兄弟，在一位华人医生的推荐下，来美参加职业拳击竞赛。由于美国职业拳击协会有一定的制度，彭二要参加职业比赛之前，必须先胜过若干有排名的业余拳手，第一场比赛的对手是一名墨西哥选手。

这位记者以几乎整版的篇幅，详细介绍了霆斩功夫的神奇性。而且预言中国功夫在彭氏兄弟的推广下，必将拳打西洋，令外国人刮目相看！

第二天，我等着看消息，但找来找去，报上却只有短短几行的报道。原来彭二虽然不怕刀砍，却没有练成脑袋不怕打的功夫。在我印象中，报道的内容实在不堪。

> ［本报讯］昨日在一场挑战赛中，彭 ×× 往场中一站，墨国选手一记左钩拳，彭氏立即倒地不起。全部比赛时间不过三秒，如此功夫，真是丢人丢到美国！

中国人就是如此极端，相信时不问究里捧之上天，不相信时则不顾现实贬得一文不值。

我们拍电影的计划也胎死腹中，因为雷俊无法排定演员阵容。电影版权卖不出，电影不能拍了，钱也赚不到了。我不能再耽搁下去，只好回头另找资金。

在北屋时，我只有一个清白的朋友林俊甫，他知道我的计划后，介绍我认识了"大周建设公司"的倪邦宁建筑师。在倪的推荐下，大周决定支持我，谈好以半年为期。他们给了我一间办公室，几个工作人员的名额，每人每月四千块，我则不计薪酬。

1978 年 6 月，我登了一则分类广告，征求中文系毕业生，到大周公司来面试。当时共有十多人报名，但面试时只来了五位。一听月薪四千块（当时一位中学老师的月薪约为一万二千），有两位立刻打了退堂鼓。

只有三个人接受了面试，试题中有一项是与分类和记忆有关的。另一项则是性向测验："如果一个玻璃瓶子里面有一个鸡蛋，试问怎样才能拿出来？"

这种题目没有标准答案，但却能看出一个人的个性与态度。其中有一人与我争将起来，他说这种题目没有意义，不应该拿来考他。当然这种人我不敢用，迟早总会发生一些事情，让他振振有词，对我大肆攻击。

有个面试的女孩，她老老实实地把瓶子翻来覆去，想把蛋倒出去、夹出来。这种个性对我的工作极有帮助。因为她不会作怪，不论事情大小，必能认真执行。

她名叫沈红莲，是台大中文系的应届毕业生。我录取了她，果然我的判断很正确，她一做就做了几十年。而且随我东奔西走、流浪天涯，最后成为我得力的助手和人生追求的道侣。

她对中文自是驾轻就熟，工作进度比以往快了数倍以上。后来她又找来两位同班同学，不到三个月我们就成功地用 26 个字母，把一万多字作了全面的编码。

我最关心的是重码字，用键少，重码就多。为了避免重码，我们一再把字母与辅助符号放在不同的键位上，一次一次地重编。重编只不过是苦功，难的是判断标准，在当时没有任何成例可资参考。

字母与辅助字形的统一性、重码字的比率、取码数的上限、规则的例外因素等，在在都是问题。而且相互矛盾，又相互纠结影响。

我的解决方法是以"形声法则"为依据，以中文的"全方位功能"为目标。因此，字母应有文字的代表性与基础性，辅助符号则要有视讯的联想性，但不宜过多，否则难以辨识。在字母确定后，取码数也就没有变通的余地。

我把形部视作字首，声部作为字身。字首约有数百，以 26 键而言，取一至两码是理之必然。同理，字身有数千个之多，则要取一到三码。取码规则是最后才考虑的，在避免重码字的前提下，所有有效的方法都是规则。

有了指导原则，大家在同一个理念下工作，一切都能迎刃而解。1978 年 9 月，我们的编码告一段落，定名为"中文输入研究"。为了节省排版的时间，我一笔一笔地亲自抄写，然后送去照相制版。在 10 月 6 日，由大周出版，印了一千本。

据我的猜想，大周支持这个计划的原意，不过是看在林与倪二位的面子上。待这本书印出来后，他们看不出其中的意义，以致不愿继续支持。

后来证明，连信息界都找不到任何人能了解这本书的价值，我至少送出去好几百本，结果都是石沉大海，连浪花都没有激起一朵。

人在走头无路的情况下，总会设法经由各种渠道，以求多增进一点认知。

我的岳母极力推荐台北大桥下一所命馆——国安堂，叫我去试试看。沈红莲与她的同学们听了，非常好奇，大感兴趣。反正没有事，前途未卜，我们就结伴而去，且装作互不相识，看那先生如何说法。

国安堂在桥下一个小巷中，要先挂号，缴费十元。算命先生是成大机械系毕业的，年纪与我相若，却已是白发皓首。他是原堂主的义子，原堂主退休后，他才继承家业。据他说这种工作比从事机械难多了，但是为了不负养父之命，义无反顾。

他看了我的命，说是在 42 足岁之前飘流四海，虽有齐天的本领，依然一事无成。这倒是一点不假，是不是我的外表或者什么地方泄漏了机密呢？再一算，当时我应该算 41 了，今年有没有希望呢？他说，我在今年生日以前只能算是 40 岁，这两年还要熬，必须过 42 岁才会一帆风顺。

沈的两位同学，据那位先生说，都与目前的工作无缘。一位即将赴美，一位亦将离职，且都会相夫教子，以家为业。

轮到沈红莲，那位先生说："你这个工作很适合，会做下去。"

沈红莲已经订了婚，原本打算在未婚夫出"国"后，继续深造。她便问道："我想继续读书，可以吗？"

"不可能。"

果然，那两位不久就离开了。沈红莲则为了献身中文电脑与中华文化，到现在还是日以继夜地埋头苦干，不要说出"国"深造，连结婚生子都耽搁了。

大周对我们后续的计划爱莫能助，当时我们的办公室位于南京东路，是向"名将室内设计"借用的。名将的负责人被我们的工作热忱所感动，很有意支持。但是我知道他们力量也有限，下面所要努力的工作还很多，只得婉拒了。

薪水已经没有了，前途一片荆棘。沈红莲的个性很坚强，不愿被挫折所击倒。她宁愿去做家教维持生计，决心要继续下去。

受到她的鼓励，我当然更不会退让。我们根据电话本，把当时位于台北市的多家电脑公司地址抄下来，决定每天一家一家地去拜访。这分明是"科学"，白纸黑字，每一个中文都已经编码完成，我们认为电脑公司的从业人员一定有识货的。

不幸，当时台北市有二十多家电脑公司，家家口气都完全一样。没有一家认为"中文电脑"可行，甚至有人说有台"中文终端机"也就够了。当时我并不了解这两者的分别，但是从他们的神情以及谈话中中英夹杂的事实，我看得出来，中文电脑早已被他们否定了。

我们改弦易辙，到各大学的电机系（当时尚无信息系）去，看看有没有学校愿意合作。想不到学校比商人更现实，商人只是否定中文电脑的商业价值，教授们则更武断地说：中文早就该淘汰了！这种老古董，害得中国沦落到今天地步，还不快趁电脑来临的机会将它丢掉！

甚至于某校有位颇享盛名的博士教授，不齿地说："你知道吗？英语即将成为国际语，是世界上最理想的文字。我们要生活在世界上，就要全面放弃中文，大家来学英语！"

这种干云的豪气，只差一点令我作呕。我不仅不能"受教"，而且激起了我的斗志，我一定要让这些"洋化白痴"看看老古董的价值。

庄灵知道了我的遭遇，他说他曾经采访过一位青年才俊，是台大电机系的教授，创办了一家电子公司。庄灵慎重地介绍我去，他认为一定会有结果。

我们制作了一个计划，去见那位教授。果然，他没有否定中文，叫我们把计划留下，他要仔细地评估。

过了一个星期，他找我们去，问我的计划要多少钱。

"只要能实现中文电脑我就满足了，多少钱不重要。"我说。

"那么，朱先生，我很不客气地告诉你。如果你自己都看不出它的价值，我的看法是，它根本没有价值！"

我们痛定思痛，原来这个世界已经疯了。好吧，我把计划中加了一条，索价一千万台币。没想到沈红莲送去打字时，因为气不过，偷偷地把一改为六，变成了六千万！

我想到真正了解中文电脑重要性的，应该是"政府"。当时孙震在台湾负责"经济建设的机构"任副主任委员，我便去征求他的意见。他看了我的计划，觉得很有价值，由于主持信息事宜的是工业研究院，他便代我转交给院长方贤齐。

过了一个多星期，工研院回了一封公文，文中劝我不要"闭门造车"，叫我去研究王安公司的产品。

我不知道王安的产品是什么，但却知道一点，绝对不是中文电脑，否则为什么人人都认为中文亡定了？我们不愿死心，前后花了半年的时间，几乎跑遍了各个"政府机关"、基金会、学校。

结果所有的答案都是否定的，且口径统一，认定世界村即将到来，没有中文电脑的必要。

计划的挫败、生活的压力，无一不是严重的考验。所幸沈红莲和我都有一股倔劲，我们不信自己是错的，也不甘心就这样承认失败。此外，我不能否认，人在无助的情况下，命运是最后的依仗了。我记得国安堂说过，一定要过42岁才会一帆风顺。那么再坚持一年多，再苦也可以熬过去。

1979年5月，岳父告诉我说有位同乡曹育东，任职台湾“三军大学”电脑中心主任。他提及有位叶博士向“三大”建议开发中文电传，“三大”上报后，台湾军事机构批准了。叶博士要求两百万美金供买器材之用，“三大”却因为经费无着，将计划束之高阁。最近台湾军事机构查询计划进度，“三大”的校长蒋纬国将军便交待下来，一定要找人来研究中文电传！

曹育东四处诉苦，说打着手电筒也找不到一个懂中文电传的人。刚好碰到另一位同乡，谈起有这样一个人，神里神经的，在搞什么中文打字机。于是曹育东找到我岳父，问我愿不愿意帮他一个忙。他那里没有职位也没有薪水，但有一台电脑，可以由我去玩。唯一的条件是，如果碰到有人来调查，必须承认是在研究中文电传。

能有台电脑研究一番，总比我目前走投无路要好，尤其是我设计的是中文打字机，但却声称是中文电脑。至于电脑是什么样子，老实说唯一的印象，是那《2001：太空漫游》科幻片中的“红眼睛”。我当然愿意去，沈红莲也没有反对。

曹育东见到我们，说得非常清楚，我们只要能应付来调查的官员就够了，根本不需要做出什么东西来。至于在“三大”，我们既没有权利，也没有义务，如此而已。

然后曹主任便带我们到一间教室似的空房间，中间有一列长条木桌，上面放着一台“电视”机，桌子旁放着一个方盒子，其余什么都没有。

电脑呢？曹育东指着那台电视，说：“这是最新型的王安2000T电脑，一台售价160万元。现在交给你了，只要不弄坏，你尽量用吧！其他我不管了。”

这叫电脑？太令我失望了，但是我又怎能在曹育东面前示弱？他要是知道这是我第一次亲眼见到电脑，不把我赶出去才怪！

沈红莲也楞住了，好在空空的教室中无人打扰，我们研究了半天，还是摸不着头脑。中午休息时间，有人来玩“电玩”软件。我乘机在一旁偷招，暗自记下各种操作应用的细节。等他们走后，我再一步一步地模仿，直到熟练为止。

中心里有一位程序师熊黎民，他有时会来修改程序，这又是我偷招的好机会。两三天后，我差不多已偷学到了电脑的作业以及软件制作的方式。因为王安这部电脑中存有一万多个中文字形，都“存”在旁边那个叫“可携式硬碟”的方盒子里。要用时可以“叫出来”，但只能“放”在荧光屏最下面一行，且最多显示十个中文字，用处不大。

由于王安电脑用的是三角检字法，我略一翻阅就想到一个方法，我可以将王安的三角号码与我的输入码作一对照表，这样立刻就可以把我的输入法实现在电脑上了。其次，我的输入法还有造字的功能，既然能把字叫出来，当然更可以将字“画出来”。

于是，我请熊黎民帮我写程序，熊丢了本书给我，说：“你要写程序？自己看书吧！”

我一看，书名为“BASIC”，又是一头雾水，从何下手呢？我一向不是个好学生，英文更是鸦鸦乌，现在要我以四十高龄的老贡生，来学这些？

我不是许过愿的吗？如果连这一点难关都过不了，我还够资格谈什么愿心？许愿是很容易的，一时冲动人人都做得到，但要坚守诺言却要真正的奉献牺牲。我必须先把自己的“我”心去掉，否则就不要自欺欺人！

心中凛然，立时清除杂念，专心一意翻开书本，一个字一个字地吞食、噬嗑。心中空灵，目标明确，不到几天，我就完全看懂了。而且也试着写了几段程序，都正确无误。我又在熊黎民追踪程序的过程中，学会了渗透到机器内部的技巧。根据推想，我认为王安的中文字形一定是贮存在那方盒子的硬碟中。

我又花了两天时间，由沈红莲帮我记录，我则一步一步地追踪，果然被我找到中文字的点阵。这时我在巴西学的画地毯技术立刻派上用场了，原来，这些点阵就是地毯图形。我试着用地毯的坐标方式，把所得的二进位资料，在纸上以平面展开，果然，字形出现了。

最后一步，是我选了几个王安的字，将之改成我们的码，再用程序一调！奇迹一般，键盘敲处，我们辛辛苦苦编的字码，就变成了屏幕上的中文！

当然，程序还有些问题，我找熊黎民来看，请他指导。

他一看，大吃一惊：“朱先生，这个程序是你写的？”

“是呀，不过还有些问题，我……”

“这些事应该由我来做的，你告诉我就好了，不必你动手。”

我追忆之下，了解电脑大约花了六天，由学到写出程序来，大约也是一个星期。其中唯一的诀窍，就是瞄准目标、心无旁骛（后来我才知道，居然有人怎么都学不通）。

一个月后，沈红莲把王安与我们的字码，全部列成一个总表。熊黎民则将表用在输出入程序上，我们再向王安公司借来一台终端机，分别把两台机器放在两个教室中。我们能做到在任何一个教室中输入，都可以将信息显示在另一端的屏幕上。于是，有线的中文通讯终于大功告成。

实际上，中文无线通讯也同样可行，技术问题解决了，所剩下的只是设计与生产的细节而已。我也将之写成计划，可以按步实施，只是不记得当时预估的成本如何。

再一次见到了蒋纬国将军，他依旧是神采奕奕，精神抖擞。他问我这个输入法叫什么名字，我说叫“形意输入法”。

将军一听就说：“不好，俗话说名不正言不顺，你这个输入法，应该叫做仓颉输入法。因为仓颉是创造中国文字的始祖，你则是继承他的造字，将之发扬光大。”

的确，“仓颉”这个名字恢宏响亮，但若非蒋将军赐用，我是不敢僭越的。

自后电脑中心成为展示中心，每天都有来自各军种与各单位的参观人潮，“三大”的学员更是不用说了。蒋将军听我讲解了几次以后，立刻掌握了重点，其智慧之高，实在少见。到后来我只介绍开场，其他应用与发展，都由蒋将军做“辅助”说明。

在那阵子的展示中，我们所见到的“星星”，真比天上的还要多。有一次，在教室中坐了四十多人，星星多的在前，少的在后，沈红莲直数到最后一位，还是两颗星。

我把这套成果呈献给蒋将军，蒋将军又呈给台湾“有关军事当局”。我以为今后必然否极泰来，“有关军事当局”采用后，我们就不愁没有支助了。再加上这么多“星星”做证，就算“有关军事当局”看不上，总有一两颗星有兴趣。再不济，有蒋将军做后台，还担心什么？

我找了个机会，又去国安堂，告诉他这个好消息。哪知他看了看所占的卦，无动于衷，说：“你的运还没有到，连皇帝都帮不上忙！”

“可是，我现在已经成功了呀！”我觉得他太主观了。

“你看吧，不会有什么实质结果的。”

果然，在“三大”的一年内，我们接待过许多“高级官员”，人人赞好，但都无下文。最后“有关军事当局”的回文也到了，上面写着：“已通令三军参考。”根据不成文的惯例，“参考”的意思就是参参考考，爱用不用。

1979 年夏天（月份已忘），“三大”派我去参加一个“中文电脑编码会议”。我丝毫不知道此行的目的和意义，但是为了学习和见识，我搭上了交通车。

会场在台大的溪头林场，是著名的观光胜地。在台北房屋时，我曾经随大伙来过一次，很喜欢这宁静安祥的环境。

领队的是何宜慈博士，同车还有三十多位学者专家，都属岛内电脑界一时之选，只是我一个都不认识。印象中好像电信局的专家最多，其次是各校的教授。至于军方的，却仅有我这一位冒牌货。

时正值炎夏，一上山，清新沁凉的空气与葱翠叠嶂的山峦，就令人心旷神怡。待得到了溪头，那一排一排参天的古树，搭配着掩映在林间的木屋，天是青的，地也是青的，在行走间，连地上的影子都似染上了浓浓的青色。

甫到溪头，我就发现这是一个青色的会议，充满了幼稚、冷淡、敌对的气氛。从分配宿舍这样简单的小事起，有两派人马就几乎争执了几个小时，各不相让。

与我分配到同一房间的是一位电信研究所的工程师，经他感叹地谈起，我才知道乌鸦不仅仅只是鸟。这场会议是为了分赃，为了争取研究经费，与会的有好几个派系彼此之间已经到了水火不相容的地步。

“各做各的研究，有什么好争的呢？”我并不想探听什么，只是顺口说说。

“有什么好争的？”他不懂居然有我这种白痴，“涉及上亿的经费呢！因为主办方主持发展研究经费，但他们会里没有人懂电脑，所以想借这次会议选择一种方案。你想想，要是谁的计划被采纳了，其中利害有多大！”

我更是糊涂了，据我所知这个会议是来讨论电脑的内码。各家用各家的内码，就像各人在家中说不同的方言一样，凭什么来订定“行业标准”？目前参加的都只是与电脑技术有关的专家学者，没有一个文字学者在场，怎能越俎代庖？

“什么‘台湾行业标准’？是文字标准吗？由我们来讨论吗？”我问。

“当然，因为电脑涉及生产，必须有统一的标准。”

“可是，为什么没有文字学者参加呢？”

他理直气壮地说：“文字学者不懂电脑呀！”

“难道电脑专家就懂文字吗？”虽然我们才第一次相谈，我却忍不住要反驳他。

“我们又不是来研究文字，只是把我们要用的字编序而已，有什么多大的学问？难的是怎么摆平各人的利益！”

这就是了，电脑专家都以为自己是高级科技人才，字谁不认识？殊不知文字识别的难度远高于电脑技术。然而在这个“工匠当道”的时代，西风压倒东风。读书人所读的不再是人生大道理，只是钻研技术，人人成了工匠，各比刀斧神通。

果然，第一天的会场上，在接近讲台的两侧，左右分明地各坐了一个小集团。另外在较远的外围，又零零落落地坐了一些人，我亦忝属其中之一。

何宜慈一到，就呼吁大家向前坐，集中一点，以便讨论。

室内的宁静与室外的山光水色交融成一片，那份安祥有如佛寺中的大雄宝殿，五百罗汉纹风不动。

何宜慈不得已，只好扯开了嗓门，先来个开场白：“兄弟这次奉命主持这个会议，实在是不得已……”

我后面传来愤愤不平的声音：“骗人！以为别人都是傻瓜！”我回头一看，有几个人在低低私语，手中拿着笔记本，好像是几个记者。

“兄弟不懂电脑，年纪也到了，要学也学不会……”会场上零星地响起了认可的笑声，何宜慈自己也笑着说，“所以，兄弟只负责主持，请各位专家学者表示意见。”

会场立时又冷静下来，似乎人人有主见，个个没话说。

过了半晌，在我身后有人站起来说：“我是《经济日报》的记者，这次会议集合了台湾政、学、产各界的精英，各界都抱着极高的期望，能不能请何副主委先说明本会议的首要目标？”

“是的，是的，”何宜慈忙接着说，“我只希望大家先沟通一下，目标当然有的，就是要决定中文电脑的‘行业标准码’！”

这句话立刻像是一颗炸弹，震撼了原本冷清的会场。尤其是讲台下靠左侧的那一群，纷纷交头接耳，乱成一片。

“决定中文电脑的‘行业标准码’？难道就这样草率？”有人抗声说。

“当然不是今天！”何宜慈连忙解释，“我们的会议一共是三天，大家手上都有程序表，请看看……”

“笑话！中文电脑在哪里？有谁看到了中文电脑？有谁够资格来定标准！”不知是谁又丢了一颗炸弹，足证明理的人还是不少。

何宜慈大不以为然：“在场各位哪一位不是专家，而且是台湾第一流的，当然该由我们来决定，先有了标准，大家才有方向！”

会场上更乱了，人人都有话要说了。只有台下右侧的一群，仿佛胸有成竹，深以何宜慈的看法为然。

有一位老先生拿了一大堆资料，要上台说话，却与何宜慈在台上争执起来。我从坐在后面的记者口中，渐渐了解了全场的概略情况。

那位老先生是一种“首次尾”中文输入法的发明人，他自费来此，目的就是为了介绍他的中文输入方法。台下左侧的一群被称为“民派”，以台湾“交通大学”的谢清俊教授为首，尚有发明“三角检字法”的黄克东、胡立人等学者。而右侧的则是以台湾“电信局”为班底的“官派”，以王金土为代表。

据说这次的会议就是要以台湾“电信局”的方案为准，假借会议之名，强渡关山，将之定为岛内中文电脑的标准。

这个会议的起因，则是年初 ISO 国际标准机构在马尼拉举办了一次会议，因为以往的汉字编码采用日本国家工业标准（JIS）。有一位美国学者知会了谢清俊教授，认为中国人必须出面争取，否则一旦订定国际标准，对中文将有负面的影响。

谢清俊为此提出计划，建议台湾“有关部门”派员参加，但台湾“有关部门”婉拒了。于是谢清俊邀请了黄克东等人，自费出席马尼拉的会议，并据理力争。认为日本工业标准只有七千余字，即使在日本也只被认定为“工业标准”，当然不能代表约有十万余字的中国汉字。

中国（大陆）派了代表参加，且提出以 6763 个“国标码”作为中文标准，是日本“工业标准”的翻版，比日文汉字还要少。

ISO 也同意这种看法，决定将讨论延至次年。但却指明如果中国人自己提不出可行的方案，则不论好歹，必将决定一种。

谢清俊回台后，他所提的什么标准不标准并没有人重视，只因为中国大陆参加了会议，才有重量级人士从梦中惊醒，发觉连文字也是一个战场。于是一道命令，近水楼台先得月，台湾“电信局”立刻将电信明码加以扩充，从 8000 字加到 16000 字。

其实谢清俊一直在从事中文文字的编码工作，他的编码当时已有数万字，当然不能接受电信扩充码。

在双方争执不下之际，才有这次溪头会议的产生。各媒体无不将之视为“官派”、“民派”之间的角力与斗法。

再观与会者，电脑公司约有七八位，记者四五位，其余不是“官派”就属“民派”。唯有我什么都不是，原先是为了学习而来，这时才知道我是来削董狐笔的！

下午的会议由王金土博士主持，他说他有种划时代的发明，称为“跳号编码法”。这种编码法与 BASIC 语言的编写相似，即是令程序的条目隔开，以便于增加修改。王博士的跳号编码只编双数，单数留空。也就是说，两编码之间，还可以再加一个字。可是目前只收万余字，中国字有近十万，只能加一个字，够吗？

王博士的理论是，当然够！根据台湾“交通大学”的统计，报纸上 8000 个常用字已代表了 99% 的中文：“我们现在所收的字集，已有一万多字，那 1% 有什么用？更何况跳号编码还可以增加一倍！”

数学是非常奇妙的魔术，我经常看到有人玩这种所谓“1%”的游戏，确实能唬拦人。报纸是日常生活的媒体，目的是方便快速，过目即忘。为了顾及普罗大众的文化水平，常用的 99%，最多只能代表 1% 的文化。是 99% 重要，抑或 1% 重要（15 年后台湾的户籍电脑系统问世时，人名用字已高达 59000，请问这些人怎么办）？

再若顾及专业用字、科学名词、动植物学名词、新生造字以及古文用字等，更难以计数。图书馆是信息的总库，如若图书馆用字不能满足文化的需求，则信息中心不可能成立！若无信息中心，全台湾信息的交流与应用，则又是另一个幻想。

信息只是一台电脑吗？只为了供人写写信，记记账吗？如果户籍不能用电脑、财税不能用电脑、海关不能用电脑、军警不能用电脑、学界不能用电脑、图书馆不能用电脑，我真不知道电脑还有什么用？

电脑的最大功能在于全面连接，在信息上互通有无，每一个使用者都可以借着电脑无远弗届的功能，大量且迅速地处理各种资料。如果只把电脑当作个人应用的文字工具，仅以常用字为明定的标准，是则不仅失去了信息的整体价值，而且扼杀了中国文字继往开来的生机。

有人认为基于技术瓶颈，与其不能达到，望梅不能止渴，何不暂且因陋就简，恶法亦法，胜于无法？说这种话的人，经常是那些高高在上，尸位素餐，任用亲信，急功近利之徒。因为中文电脑的可行与否，是一加一等于二的技术问题，只要公正公开，不循私，不苟且，虚心求证，再来说这种话也不迟。

当时我人微言轻，虽然对中文电脑已有了部分的答案，且一再详细解说，而与会的专家学者们竟无一人愿意就技术观点深入讨论。大家所关心的，只是两派之中究竟何派成为主流。因此，这种形式性的会议，我可以断言，不外乎一场“科技秀”。其草率的决定，必将为中文信息长期的发展，带来无可弥补的祸害。

我仍然一本初衷，坚信文化大业不是一两场战役所能决定的。眼前这些人还没有认识到文化与信息的关系，一时有什么好争的，尤其是在这个唯利是图的时代！

几天的讨论下来，更是令我大开眼界！“岛内第一流”的专家们，“官派”、“民派”所争的“微言大义”，竟然只是究竟应以部首或笔画为先的排列顺序之争！

王金土攻击谢清俊说因为谢的姓笔画太多，排名太后，所以才主张先部首后笔画。而谢清俊正好反击，说王金土在争排名的先后，所以坚持先笔画后部首。

说来似乎是笑话，令人匪夷所思，我确实听不懂其妙何在。对电脑而言，先笔画或先部首究竟有什么分别呢？时到今日我个人从事中文电脑，少说也有二十来年了，始终没有想通在技术与应用上，部首与笔画之先后到底有何奥妙？

在两派水火不容的情况下，会而无议，议而未决。官当然偏官，民必然是卫民，至于新闻记者，早已司空见惯，人人等着看笑话。而几十个“台湾的精英”中，只有我这个“冒牌军”没有立场，再加上无欲则刚，挺身而出没有任何阻力。

我花了不少唇舌，先与王金土沟通，希望他稍让一步。好不容易才得到他的首肯，同意放弃其伟大的发明。然后再去找谢清俊，他倒是不想争这些，只是不满意“官方”的态度。我们终于决定了一个折中案，不妨说是“官方”的修订版，扬弃了王金土的跳号编码，但却采用他的笔画顺序。

这就成为何宜慈出掌“资策会”的尚方宝剑——溪头码，后来由何全力促成、并行改定为13053字的“标准码”。这套内码虽然使不少人获利，不幸对中文电脑却毫无助益。反正纳税人是沉默的，大把大把的研究经费，不断地喂专家、养蚊虫，黄狗身上白，白狗身上肿！

其实，已有完整的中文系统上市，但是利之所趋，有些人就是闭着眼睛，死也不肯相认。这种现象能怪谁呢？在一个只重物质享受，只重名利地位的社会中，人人为己被视为天经地义。即令有人贪赃枉法，也有人夸夸其言：“有钱不是罪恶！”

喜欢浑水摸鱼的人，决不会到清澈的溪流去，也不可能喜好明净的环境。社会是社会人共同组合而成的，社会风习则是社会中每一分子相互影响形成的，果若人人只顾近利，竭泽而渔，还有谁看得到明天？

溪头会议虽然开了，中文电脑依然是个不可企及的神话。我在“三大”的表现虽然得到蒋将军的赏识，可是没有资金与人员，仍然是一场空。

3 电脑

仓颉　天龙　零壹　汉卡

听说在我还没到“三大”以前，有一位先生发明了用水来代替汽油，并曾表演给蒋将军看。蒋将军认为如能以水取代汽油，对“国计民生”将有大利。于是介绍了一位高雄拆船业的巨子，准备投资生产。

这时，蒋将军想到了中文电脑，也劝这位拆船巨子投资。不幸那位以水代油的发明人一口咬定要先付钱，否则拒绝接受化验。我的中文电脑更有如神话，尚在未定之天，自然更令人却步。

蒋将军介绍大同公司与我合作，大同公司也很有兴趣。林挺生先生请我吃饭、合影留念，并令其技术人员与我讨论了所有的技术问题。最后，大同公司慎重其事，由律师给我开出合作的条件：我负责提供所有的技术，他们全权生产销售；我的全部报酬，则是一台中文电脑。

我看了合约，简直是匪夷所思！我便向蒋将军报告，他听了只含蓄地说：“邦复，别急，我会给你找一位有见识、有能力的人来合作。”

蒋将军再接再厉，又找了一从由海军退役的应先生，他的夫人是位有名的模特儿。夫因妻贵，应先生经营服装赚了钱，他特别向蒋将军表示，要以实际行动，回馈社会。

自与应先生初次见面后，每次讨论时，应先生都带着一位律师。谈到实质问题时，我说需要三四位研究人员，他听了大为讶异：“要三四位研究人员做什么？蒋将军说已经可以生产了。”

“即使可以生产，也要设计应用程序，开发新产品呀！”我耐着性子，一一地为他解说。

他颇不以为然：“那么研究人员薪资要多少呢？”

我已经看出来，连三四个工作人员都计较的人，一谈到钱可能就吹了。为了使计划成功，我只开出一般行情的一半，每个人每月 12000 元。

“12000 元？我们服装公司薪水最高的才 10000 元！”

“应先生，搞电脑不是卖衣服呀！”

我谈不下去了，我倒不是想与服装公司的人比什么，而是看出来应先生的格局不外乎指挥一条船、管理一个店面而已。

虽然以后还陆陆续续地谈了几次，问题却越谈越多。到最后我才知道，在他的想象中，所谓中文电脑事业是坐在办公室里打打字，印出几个中文字来。

一再的失败，我很难向蒋将军报告，难道都是别人不对吗？但是我自信没有做错，只是蒋将军介绍的人大半醉翁之意不在酒，在将军前后都有两套嘴脸。

我决定自己去找，找谁呢？有个朋友介绍了一位上海籍的企业家，说是有名的鬼才，最能赏识有创意的科技，而且在好些有名的电子公司都有投资。

我邀了沈红莲同往，为的是怕说错话弄砸了大好机会。

会面的地方是中山北路一所高级餐厅，我诉求的重点是投资报酬的利润。谈了一会，他很礼貌地打断我说：“你有没有想过一个问题？”

“什么问题？”

“要做事就要有钱，对吧！搞什么中文呢？当中国人都要改用英语时，在做生意的立场来看，这就叫做机会，谁会放着赚钱的机会不做？”

沈红莲听了，差点气炸。我们痛定思痛，决定不再求人，最好自行筹钱，自己动手！

说来简单，到哪里去筹钱？而且还不是一笔小数目。我们打听了一下，当时王安电脑的 2200T 售价是 160 万元。东元只有终端机（主机是大电脑，连想都不要想），售价 60 万。伏羲也有中文终端机，可以独立操作，售价记得是 200 万元，神通电脑公司则声称半年后他们也将推出中文终端机。

几乎要放弃了，突然看到一则广告，是一部称为“小教授”的学习机，售价不到 10 万元。虽然是学习机，却是唯一买得起的“电脑”。生产小教授的是宏碁公司，我特别到他们公司去，看看还有什么更好的机会。

当时的宏碁公司还在民生东路，一栋四层楼的公寓，他们占用了一半。“小教授”名副其实是一部学习机，连屏幕都没有。由于当时宏碁主要的业务是电动玩具与电子零件，不像王安和神通那样，有着宽敞的门面与操作展示的陈列室。我非常失望，只好把死马当作活马医，临走时，顺便问他们一下，有没有卖电脑。

接待我们的业务员也姓朱，叫朱和昌。他说："当然有，有微电脑，也有发展系统，我们卖了好几台呢！"

好几台？一定是太贵了，没有几个人买得起。我小心地问："大概多少钱一台？"我心里猜，一定在300万以上。

"MCZ售价70万，发展系统另加……"

"是电脑吗？ 70万？"我的心都要跳出来了。

"当然价钱还可以谈，要看你要些什么……"

70万！可是到哪里去找70万？我想向叶条辉借，回到台北房屋一看，发现情况不对。各关系企业都在，只有台北房屋的招牌不见了。

所幸工作人员都还认识，打听之下才知道公司已经被杨天生副董事长接管。叶条辉只保住了"台北房屋"这个老字号，早就被扫地出门了。

剩下唯一的希望是把房子卖掉，打听了一下，目前市价可以卖到100多万。可是行得通吗？不要说开口跟家里商量，我自己都认为不妥当。

有一天，廉广全和雷俊到我家来，廉广全说要从军中退休，可以拿到一笔退休金，但是不知道投资什么才好。我便顺口提到中文电脑的事，他们听了都很感兴趣。

"那么开个公司要投资多少钱？"雷俊问。

"开公司倒不要多少，一二十万足够了。但是我要先把机器做出来，要做就得先买设备，目前还差几十万块。"我说得很含糊。

"几十万？那算什么？我们几个哥们一凑，不就出来了？"雷俊拍着胸脯说，他在黑白两道还有些朋友，这些钱对他应该不成问题。

果然，不到三天，雷俊找来了几个功夫界的朋友，加上廉广全、赵蓝平等，他们每个人各凑了十来万，共有百把万。其中六十五万借给我做样品，其余的打算投资组织公司，连名称都有了：豪邦电脑公司，甚至连办公室也找到了。

江湖人做事总是大刀阔斧的，也就难免粗心大意，一切想当然耳。

"你们现在就把公司成立起来，不怕花冤枉钱吗？"我问他们。

"哪里？你看我们这个名字取得多好，笔画是名家算过的，上上大吉。'豪'是指豪侠，'邦'就是你老哥的名字，电脑公司！嘿嘿！"赵蓝平答非所问。

看他们那股劲，我也不忍心多说。但公司做什么生意呢？买卖电脑要大本钱，我的东西还没有做出来。即令做出来了，也不是凭一个空办公室就有生意上门的。

不过，我倒想到一种事业可以让他们开始，就是教别人用电脑。这种工作只要懂一点技术就好了，就算他们不懂，以我学习电脑的诀窍，也可以负责训练。

“不行！不行！我学什么？打架还差不多！”蓝平说得很坦白。

“我也不能学，这么一把年纪了，只能学做老板。”雷俊也说。

“这样好了，我们请些小姐来，你负责训练她们……”廉广全比较冷静。

“对！对！我负责管小姐！”这边叫。

“我负责挑选小姐！”那边喊。

于是，我向宏碁公司买了一台 MCZ（Micro Computer of ZILOG），价钱是 65 万。为了安心工作，我离开了台湾“三军大学”，和沈红莲两个人，在内湖丽山街租了一间房子当作我们的实验室，正式下海。

老实说，我当时对电脑根本是门外汉，只懂一点 BASIC 语言。要问我凭什么敢这样孤注一掷，我确实说不上来。但是，我有信心我能从头学起，不破釜沉舟，还谈什么奉献？再说，既然电脑是人做的，别人能，我就没有学不会的理由。

最重要的，是我完全没有想到成功与失败的问题，我只觉得应该做。冥冥之中似乎有一根绳子，早已把我栓得牢牢的，非得走上这条路不可。至于万一失败呢？我不大相信有这种可能，大不了从头再来。事实上自从我觉悟的那一刹以后，整个人的身心都起了变化。“我”只是一个残留在世间的机体，该做什么就做什么。至于怎样才叫“应该”，判断的原则也很简单，即以长远的大利为依归。

总之，我开始学习 Z80 的组合语言，研究电脑的硬件结构。几天下来，我立刻找到了问题核心——这部电脑没有图形功能，所有英文字符都由硬件提供。而没有图形态，我又不能改变它的硬件，就不可能显示中文。

解决方案之一，是加图形功能，再不然得由显示器的英文字符产生器下手。

我立刻打电话给朱和昌，说明当前情况。他建议另加图形卡，要价 10 万。并对我买电脑的动机极感兴趣，特别来我的实验室造访。

朱和昌听了我的介绍后说：“听起来很有意思，但是我不懂技术，能不能请我们总经理来看看？说不定我们能够合作，对大家都有好处。”

第二天，宏碁的总经理施振荣和朱和昌来到我们的实验室。在仔细听完我的讲解后，施振荣慎重地考虑了一会，说："我不太懂你的做法，可是假如能做成功，我们公司很有兴趣合作生产。你愿不愿意到我们公司去，向我们的工程师讲解一下？"

我原本就希望找人合作，宏碁虽然规模不大（当时的确如此），但却有眼光。无论如何，以他们的技术与人力、设备，哪一点都比我强，当然能合作最好。

那时他们公司总共有二三十人，我讲解时，所有主要成员都到齐了。小小会议室中，坐了十来个人。我画了一张流程图，由于不是科班出身，只会土法炼钢。每逢有分支的流程，我就在流程下方贴上一小张纸片，展开来好像乱七八糟的刺猬。

内行与外行的分别，就在于会不会说"行话"，也就是所谓的专门术语。我所用的"行话"都是自己发明的，对宏碁的专家而言，无异天书。

讲了一个上午，从他们的眼神以及若干人的睡姿中，我心里早有了最坏的准备。这原本就是我自己的责任，有宏碁参加最好，不参加，我也得做，没有什么分别。

等我讲完了，施振荣站起来，对大家说："说老实话，我还是没有听懂，问题很单纯，你们看可行不可行！"他面向前排左方，一位眯着双眼，仿佛还没有睡饱的青年说："施崇堂，你看做得到吗？"

我一听，完了，在我讲解的过程中，他多半双目紧闭。要问他，准没指望。

施崇堂慢条斯理，带着百思不得其解的神情说："以他这种做法，不仅可行，而且简单得不可思议。"真想不到他会有这样的认知，接着他转过身去，像是征求大家的意见："我觉得奇怪的是，这么简单的方法，怎么会没有人想到过？"

会场上激起了各种回响，施振荣又紧跟着问道："那你看要多少人多久时间做出来呢？"

施崇堂想了一下，肯定地说："三个人，半年可以完成！"

这是1979年12月底，我们签定了合约，将来销售所得，提出10%做我的专利费。至于豪邦电脑公司，则由宏碁负责提供各种协助以及各种优惠待遇。基于感恩图报，我也捐出我所得的10%，以降低豪邦的成本。

豪邦的兄弟们对这些倒没有什么意见，只是他们整天在办公室里晃来晃去，面对一大堆我送过去的电脑资料（全是英文的），简直不知从何下手。

赵蓝平心直口快："妈的！咱们来搞中文电脑，为什么还要学这些洋玩意呢？”

雷俊把脚跷到桌子上：“这就是做总经理的好处，孩子们，你们好好学吧！”

不知是谁替他们请来一位从加拿大回来的电脑博士，来审核我的计划。结果这位博士给大家浇了一头冷水，他首先认定中文电脑在技术上绝不可能。其次，根本就没有中文电脑的市场！至于宏碁公司，他不屑地说：“台北电脑界我熟得很，什么宏碁公司？没听说过！再说，计划谁不会做，但失败的占绝大多数。尤其是中文电脑，连美国政府和 IBM 公司都做不出来，你凭什么？不到产品上市，亲眼看到东西，打死我，我也说不可能。”

谁能反对专家呢？尤其是归国的电脑博士？这群豪客人人听得面如土色，他们决定散伙。实在难怪，几个两肋可以插刀、胳膊上能走马的彪形大汉，天天窝在办公室中，面对如山的“蝌蚪文”资料，全身的力气都使不出来，他们能委屈多久？

我还没嚣张到认定中文电脑只有我做得出来的地步，可是天下事变化万千，时机非常重要。假如“天龙”晚几年问世，谁知道中文电脑又将是如何呢？就以我这段历史而言，如果要评功论赏，这几位江湖汉子才是真正的幕后英雄。好在中国游侠一贯的精神就是不居功、不贪荣禄，大家聚是缘，散也是缘。在飞沙走石的大漠里，或是山道崎岖的绿林中，刀光剑影，马嘶人啸，笑谈千古佳事，亦一乐也！

后来我在台湾“中央日报”上看到有一位姓许的教授发表了一篇文章，说美国空军研究部门曾与 IBM 公司合作研究中文电脑的内幕。自 1960 年至 1970 年，前后 10 年，共耗资六千万美元，动员的专家以千计，最后只得到一个结论：中文不能在电脑上使用。

但对我们而言，一切进度都在控制之中。我与沈红莲负责系统分析与资料结构，施崇堂则带着两位工程师郭钦阳与黄丰约编写程序。

由于我的目的明确，对自己的设计深具信心，所以很容易看出过程的症结。在他们每写一段程序之前，我先详细解说处理的方法与原则。施崇堂很谦虚明理，他总是耐着性子，仔细聆听。黄丰约则不然，他认为我从来没有写过组合语言程序，理想归理想，实践归实践，所以有些方法不见得行得通。

我在解说的过程中，等于已经把组合语言全面浏览了一遍，精要已能掌握。施崇堂采用组合语言是绝对正确的，不仅是执行的效率高，更能够直接控制一应的细节。我之所以能够在电脑界站住脚，施崇堂的帮助至大，因为第一步走对了，以后才能水到渠成。

人与人的沟通是门大学问，要有会讲的人，尤其难的是要有会听的人。好几次程序不能执行，他们认为我的理念有问题，我则指着程序，一条条地说出错误所在。后来黄丰约干脆把印出的程序锁在抽屉中，不让我看。这一来，又激起了我的斗志。花了两天时间，我自己写了一段程序，交给施崇堂，请他测试。

黄丰约笑得很暧昧："朱先生，程序写起来很容易，但是要能够执行才行！"

施崇堂则把程序仔细地看了一遍，说："朱先生是对的，只有这样才行得通，你照这样去改过来。"

几个月的合作，虽然难免小有争执，但大家相处得非常愉快。由于施崇堂的指点，我发觉组合语言很像武侠小说中的筑基功夫，是认知逻辑的根本。学者要有耐性，要有恒心，更要心思灵活，不断地练习，以致成为一种本能式的反应。这时，人便能专心思索所面对的问题，通过精简有效的步骤，加以实现。

不错，很多人都会写程序，不会的，花上几个月也能熟练。但是组合语言真正的价值并不在于把程序完成就好，段数的高低全看其中处理的过程、采取的解决方案。因为组合语言相当于机器码，直截了当，对电脑有绝对的控制力，其实现的方式最具效率。

人的能力大小，说穿了也就是效率的高低。了解了组合语言的效率根源，人在不断练习的过程中，再加上自我的反复印证，思考力绝对可以提升。当然，只把组合语言当作吃饭工具的家伙，等于是卖《金刚经》的书商，只为赚钱，是得不到明心见性的智慧的。

我们的做法有两大特色，一是小键盘的中文输入设置，一是图形与中文字库。当时所有的中文输入观念都把中文当作特殊的例外，不是用 2400 键的大键盘，就是约 300 键上下的中键盘。唯一的小键盘是王安的三角号码，但它只用数字键而非英文键（注：当时的中文系统皆为"终端机"式，王安的三角号码用十个数字键。工技院"中华一号"到"中华三号"，采用 228 键。神通 CCRT 280 中文终端机采用 332 键。台大之研究计划中，采用江德耀教授的字根输入法，有 40 键。东元采用周俊良之注音与四角号码输入法，有 100 键。通用伏羲 4674，采叶晨辉博士的大键盘输入，每页有 2400 键）。

我的理念则不然，既然有英文文字键，而英文系统已经成为举世通用的标准，所以中文必须与英文键共用，仅留一键供中英文的选择。可是当时同意我观点的人不多，甚至与宏碁合作时，还有人建议改用大键盘。其立场是为了便于行销，因为当时至少有二三万个打字小姐都已熟悉了大键盘的操作，不需要再教育，马上就可以进入市场。

我坚定不移，再加上成本的考量，施振荣也全力支持，所以小键盘才能定案。此外，字库是成功的关键，我用矢量组字法，把每一个字的坐标值设计成为一种压缩式的资料，以仓颉输入码的字首与字身分别指向其字形资料。当使用者输入仓颉码时，立刻可以找到该笔资料，并根据资料结构立即画在所指定的位置上。

我们收取的字根，足可排列组合成三四万个有效的字形，仅需不到60KB的空间。话虽如此，当时我们所用的MCZ，其最大容量只有64KB，全给了字库，别的工作就不能做了。施崇堂提出了一个巧妙的解决方法，是叠加一块记忆板供产生中文字形用。在工作时，若要中文便转换过来，待字组成了，再转回去。

我们的理想是全用中文操作，且有中文的语言程序。由于人手不足，宏碁大肆招兵买马，每天都有新气象，随时会见到来来往往的新面孔。办公室也扩充了，计划中的项目越来越多，生产、文宣、包装一一浮上台面。每个人都兴奋不已，到处忙碌的人们像是处身在刚发现花蜜的蜂巢中一般。

6月初，雏型完成了，字库也好了。几位小姐在沈红莲的指导下，在键盘上飞舞地敲打着中文，我不禁志得意满。原是一些萦绕在脑海中的构想，由无到有，一一实现成为具体的成果。这些字形虽然在屏幕上已经不太美观，但还能接受。一旦把中文印在纸上，我又开始惭愧了，这些长得七丑八怪的中文，能够见人吗？

我找施振荣商量，想找些美工，尤其是要字写得好的，重新调整字形。施振荣正忙得不亦乐乎，一会是会计谈钱，一会是生产谈零件，一会文宣谈主题。

施振荣抽空问我：“朱先生，你想做什么？要用电脑来印书？”

“为什么不？”这才是我真正的目的，自从在巴西四月文化公司看到了他们的出版效率，我早已决定了人生努力的方向。

“朱先生，这是电脑，不是印书机……”又来了一批人，他实在太忙，我只好告退。其实也没有什么好急的，我何妨自行规划，以后再说。

我也没有忘记国安堂的预言，他曾斩钉截铁地断言，我不过42岁生日不可能成功。10月就是我42岁的生日了，早一两个月也应该算是说准了。

国安堂的情况还是一样，暗暗的厅堂，静坐排队等候的人群，神秘的气氛。偶而随着算命先生的一句话，引来一阵惊讶的回响，我又与沈红莲坐了下来。

待我意兴风发地把近况一说，算命先生抬起白发陡增、更形苍老的脸，显然记起了我这个执着的客人。我注意到他是先看米卦所排出的卦象，然后掐指算了又算，这才去看我的生辰八字。

最后，他放下手中的字条，慢吞吞地摇摇头对我说："没有办法，卦象不好，你的命又硬，秋天的木头！不管你做什么，一定要到秋天，而且要过了中秋节以后。"

施崇堂听了我的转述，笑得非常可爱："朱先生，想不到你居然相信这些？放心吧，我们已经决定在阳历 7 月推出，不必等到秋天，夏天的木头长得更茂盛！"

这时，宏碁公司已经把办公室扩大到整栋大楼，货进货出，上上下下热闹非凡。最忙碌的要数文宣部门了，宏碁原有一份刊物《园丁的话》，为了这个划时代的中文电脑问世，史无前例，文案人员简直伤透了脑筋。宣传文件、介绍资料、教学题材、应用手册等，无一不是破天荒的创举。

由宏碁公司动员的情况看来，我也深庆能与他们合作。否则以我的条件，绝不可能把一个新产品变成人尽皆知的大震撼。从这件事我不禁想起当年在台北房屋推出专案的盛况，商业到底就是商业。尤其在今天的社会上，人们习惯了包装良好的成品，至于里面装的是什么，价钱的高低如何，反倒并不重要了。

我的工作已经告一段落，紧接着是中文系统、程序语言与应用软件等的制作。施崇堂更忙了，手下增加了四五个新来的工程师，又要教导，又要自行动手。这些工作我只能提供些建议，此外完全帮不上忙，只好在一旁看武侠小说。

产品的命名是一项大学问，在台北房屋时我曾领教过。他们征求我的意见，我正好在看金庸的《天龙八部》，心中想的是《易经》的飞龙在天，便说："天龙。"他们认为太俗，可是想来想去，这个不妥，那个太差，选来选去，还是决定了用"天龙"中文电脑（只惜当时尚未看到《倚天屠龙记》，否则就不会有后来的倚天了）。

7 月在一片混乱中过去了，所有一应准备工作都已就绪，但是"龙胎"却严重难产。施崇堂面色苍白，疲倦得眼睛都睁不开，几个工程师面面相觑，却一直找不到毛病。

施振荣天天临场督战，急得直叫：“你总得告诉我什么时间能够完成呀！不要希望做得十全十美，只要能够公开展示就行了！你看，展示场地要预订，媒体广告也要配合，到底8月底行不行？”

施崇堂眼中泛着红丝，慢条斯理地说：“8月底？我没有把握。”

“老天，那9月呢？9月再不行，10月就来不及了。10月节庆太多，场地、广告早被定光了！怎么样？9月初？”看看这些工作人员，施振荣实在不忍心再逼下去，下定决心说：“这样好了，我们定在9月28号教师节，还有两个月，可以吧！”

1980年9月28日，“天龙”中文电脑在师范大学正式与台湾人见面。十多年后，有不少后见之明的人，还在争论谁先发明了中文电脑。但在当时天龙中文电脑之问世，却不啻一颗炸弹爆炸，让中外专家学者们纷纷跌破了眼镜。

我不认为是我“发明”了中文电脑，电脑本不分中外，增加了中文算不上是发明。我对中文电脑的贡献是“中文字母”的观念，只可惜台湾人太轻视观念了，以致看得不远。当年若非天龙适时出击，后来中文电脑的发展方向，很可能是大键盘当道。人们一旦习以为常，就会认为理所当然，压根儿也不知道天下还有另一种更好的选择！

不少才智之士略有成就即沾沾自喜，从此陷入名利的漩涡中。我的目标太远，远得自己都看不到。就算有达到的一天，我也知道还有更大的目标在前面，永远没有自满的一天。就以眼前为例，我对字形不满意，决定做一套可供电脑排版的中文字库。等字形做完，还有辨识、语音、语意等在排队等着。

“天龙”中文电脑只是一个开始，打破了中文不适合电脑的迷信。今天所有曾经反对中文电脑的人，都已噤口不言，甚至有些人摇身一变，又成为中文电脑界的先驱。谁都难免因一时成见，以致判断错误。可怕的是电脑本是科学技术，一片清静的净土，如果太多投机分子因利之所趋而大军集结，电脑天下必将乱矣！

“天龙”是飞龙在天了，我却仍处于潜龙勿用的境地。“政府”颁发“行政院长奖”给我和宏碁，我却拒领了，因为我不需要任何奖励。至于与宏碁的合作，也到了必须分手的时候。我还要继续改进，施振荣则认为我过于理想化，不切实际。我们的看法在各方面都是南辕北辙，我认为电脑未来的趋势必是越来越小，小到能放在口袋里，施振荣则认为大型的迷你电脑才是主流。我们争得面红耳赤，各行其是才是上策。

宏碁公司信守诺言，前后付了300多万专利费给我，我以此创办了零壹科技公司，开始了另一段艰苦的奋斗岁月。

事后我才发现，“天龙”公开的日子，正是中秋节后三天。由于这件事情的印证，国安堂的预言深烙我心，使我不断徘徊在科学与玄秘的道路之间，不能自已。

我的公司取名“零壹”当然是因为电脑的二进位码，然而却还有一个更深的意义，那就是用零壹象征“阴阳”。我想用电脑来研究易理，过去读书人尊《易经》为百经之首，今天《易经》却沦落为算命、卜卦的工具。

有人视《易经》为真理，有人则说是迷信，到底孰是孰非？真正有心追究真相的人，何妨先行了解再说！人不可能接受所不明了的观念和事物，而《易经》的确难懂，连孔老夫子都自怨自艾：“加我数年，五十以学易，可以无大过矣。”

我曾问过国安堂的那位算命先生，《易经》是不是很难学。他说：“不是难学，而是难通！”

道理很简单，《易经》是以有限的符号，象征无限的时空组合变化。一个人就算能耐着性子，把符号和文字概念连接起来，这已经要花上几十年的功夫。等到具备了人生足够的经验，悟出了那些符号与时空变化的关系时，人生已近黄昏，时不我予了。

这个千古的悬案，时到今日，应该是水落石出的时刻了。因为有了电脑，电脑的优点正好弥补人之不足。用电脑来研究《易经》，应该是事半功倍。

话说回来，怎样教电脑了解《易经》呢？不论是先有鸡或是先有蛋，当前总要有其中之一才是。我继续推理下去，如果我先学《易经》，再用电脑分析，看似可行，其实此路不通。因为等我学会易理时，已经是求仁而得仁，还要用电脑研究什么？如此说来，先让电脑学《易经》才是最理想的捷径。可是，什么叫做“让电脑学《易经》呢”？

设身处地地想，我学《易经》只要花些功夫，认真去学习书中的文字概念，终有一天能懂它说的是什么。更进一步，能知道《易经》为什么这样说，这就算通了。从这个逻辑推理中，我突然发现，根本的问题是我如何了解文字概念。如果电脑能了解文字概念，则不仅是《易经》，几乎天下所有的事都可以交给它去处理。

我一直在思考这个问题，在潜意识中，我经常同时平行处理很多问题。我一方面设法改进中文字库，一方面动手设计中文打字机，另一方面，我要彻底了解一个人类始终未能解决的大玄秘，就是人是怎样认识这个世界的。

零壹公司成立的宗旨，是以中文电脑的推广与应用为唯一的目标。最初只有我和沈红莲，正好，“三大”的刘世文与熊黎民退役了，我一并邀请他们加入。由于要做的事很多，人手不足，便登报招请员工。我原指望找四位中文人才、一位美工、四五位学电子的。结果除了学中文的来了不少外，其余的一个也没有。

我相信缘分，也不愿强求，好在人才可以训练，而机会却不是我所能控制的。中文的人才济济，我选上杨美芬、许其清、姜有谟三位。第二批则有辅大物理系毕业的林维江，另外一位中兴大学统计系的林晓星，由于态度诚恳，也加入了我们的阵营。

我用人从不作严格要求，全凭个人兴趣自由发挥。在招聘员工时，我特别设计了一张卡片，由刘世文、沈红莲、熊黎民三个人各持一张，把守头关。通过了他们，才轮到我来面试。卡片上有三个人所标的暗记，以便参酌他们的意见。

林维江进来时，显得有些紧张，手足无措。我一看，是学物理的，那时我正在研究一些课题，很喜欢与学物理的人讨论。

“你是学物理的？”我顺口就问。

“唉呀，别谈物理啦！那是现代的神话！”他的手势也很绝，就像在赶苍蝇一般。

我心里想，这种人能用吗？可是再一想，我又好到哪里去？

“你懂电脑吗？”

“可以说懂，也可说不懂！”他倒是很诚实。我再一看第一关所做的暗记，居然三个人意见一致，建议无条件录用！

“那你认为适合什么工作呢？”

“有什么就做什么！”他不安地在座椅上扭来扭去，好像在游泳池里挣扎。

“我们缺少一位工友。”这样调侃很不合“君无戏言”，但我不想做皇帝。

“没问题！”

后来，我有一次曾有意无意地问林维江为什么愿意来我们公司，他说：“因为那时候你们公司不像个公司的样子，我喜欢自由。”这就是林维江，他思想很乱，但为人心热肠快，做什么都很投入，颇具唐·吉诃德的任侠精神。

他一进公司就看出我们人手不足，常主动到处拉人。在展览会场中，他结识了两位台湾“交大”的学生林梦辉与周至元，他认为是不可多得的人才，由我们提供助学金，以便毕业后为我们工作。又在一个朋友那里找来林嘉勋，成为硬件部经理。甚至于在公共汽车上结识了陈建全，就请陈替我们介绍业务。

有人能替我分忧，让我全神贯注于研究工作，自是求之不得，我便任他发挥。我面对的问题是如何改进字库，字库改进后，有什么便宜而可行的电脑，使之具有中文的能力。此外，我不能忘情中文打字机，我在“三军大学”时，曾偷了几箱报废的电子零件。打算以那些零件，用克难的方式，自行动手，做一台样品。

不料电子技术进步飞快，那几箱报废的零件果真完全报废，一点都没有派上用场。为了能专心设计打字机，我花高薪请了一位程序设计师来写字库的程式。真是人算不如天算，前后整整耗了半年，我费尽口舌，这位程序师就是无法苟同我的观点。有一天，他又来啰唆，认为我说的是天方夜谭，根本不可能实现。

我早就耐不住了，所有的细节在心中不知流过多少次，程序虽然没有写出来，但原稿都在脑海中。当时气往上冲，不禁大吼一声：“你不必做了，我来写，保证在一个星期内写出来！”

他笑着说：“那你就自己写吧，一年也行。”

我日以继夜地写，果真以一个星期的时间完成了他认为绝对不可能的一段程序。当然，他无颜再做下去，而我也决定自己动手，不再求人。从此我由硬件改行进入软件，也幸而有这个机缘，令我得识软件无限的发展空间，成为一个虔诚的逐梦者。

林维江不甘寂寞，自动跑起业务来。他找到了全亚电脑公司，因为宏碁的天龙中文电脑售价 70 多万，而全亚的 PA 800 仅售台币 8 万元，而性能却相去不远。于是我们与全亚合作，将之改为中文电脑，并以 4 万元一台的价格，大量上市。

1980 年 12 月，我们初次参加在松山机场举行的信息展览，所展出的产品是四台全亚的 PA 800。我一向反对宣传广告，所以只印了一张实实在在的“工作报告”。而且在最醒目的地方，用大字印出我们的主题：“中文电脑——中国人的骄傲！”

下面则是中心思想：“为天地立心，为生民立命，为往圣继绝学，为万世开太平。”

在整个会场上百家厂商中，我们是唯一以中文电脑为诉求者。结果不仅门可罗雀，即使偶尔拉了几个人进来，我们简陋的设备，寒酸的装潢也令参观者浑身不自在。到底在这个势利的社会中，有没有中文没有几个人关心，有钱有势才是人人所向往的。

林维江在外面很热心地散发“工作报告”，他对学生尤其抱着期望。他的看法是老一辈的人观念已经定型，只有年轻的学生才是我们应该争取的对象。

有两个身着大学制服的青年，从我们摊位前走过。林维江忙迎上前去，送上了两张工作报告。那两个学生瞄了一眼，双双丢在地上。说：“妈的！什么中国人的骄傲？”

林维江气得头上冒火，捡起被丢在地上的纸，就打算冲上去理论。幸而同事们都看到了，一齐拥上把他拦住。

这种事我已经司空见惯，而且对那些看不见中文电脑者的心态，也颇表同情。学生接受师长的教导，而师长们则是社会的中坚。在上上下下都还没有认同中文电脑之前，凭什么学生能有见识？

不久，一场电脑风暴到临了，苹果机被翻制上市。由于当年电动娱乐器的大量盛行，台湾大小厂商竞相投入生产抄袭，而导致各种电动玩具泛滥成灾。“有关机构”凛于情况之严重，下令取缔。所有生产厂商一时血本无归，便纷纷翻制苹果电脑。大家一窝风的结果，互相贱价竞销，一片主机板在最便宜时只要台币五千元就买得到。

苹果电脑的功能与 MCZ 相近，而它最大的好处是其主机板上有七个插槽，可以任意扩展。且其软硬件资料开放，人人可以成为体制中之一员，以争高下。在当时这是一种革命性的观念，因为电脑公司都有钱有势，雇用了大批工程师，不论软硬，大小通吃，外人难以分羹。

苹果机是一个高中生乔布斯，在其车库中自行装配而成。他请不起工程师，便将电脑的资料公开，欢迎一般大众或工程师来共同开发。此举立即引起了社会的共鸣，有了共同的硬件环境，软件工程师们就可以大展身手。一时，全美有数以千计的软件工作间成立，蔚为风尚。

我们也看到了这个机会，立即动手设计中文汉卡。先将中文字库改成苹果机的机器码，再把其系统程序之字符输入处加上了中文的功能。当时周至元参与了部分作业，尤其是最后的收尾工作，可是他却在画面上擅自加上自己的名字，制成硬件后我才发现。

这是个人英雄主义的表现，明示他不会甘居人下。刚好，神通又委托我们代为设计小型的中文电脑“小神通”。我便把全部工作交给周至元与他的同学林梦辉二人，这一招是中华文化的精华，我学自《左传》的《郑伯克段于鄢》。

果然，产品完成后，周至元向我提起神通想用高薪挖他们二人。

“我们公司小，薪水不可能提高，我赞成你们去神通。”我淡淡地说。

“朱先生，我并没有说要去神通。”周至元解释说。

“为什么不去呢？”

“我们在这里比较有前途，因为神通公司大，发挥机会小。”

“我同意，可是别忘了，我的目的不在于做生意而是做研究。”

“你做你的研究，只要你肯把公司交给我们两个来经营，保证我们可以比乔布斯还要成功！”他们信心满满。

“我相信你们有这种能力，可是这却有违我个人的宗旨。既然你们的理想不在研究发展，我倒有个建议，你们俩与陈建全合组一个公司，正好大大发展一番。为了目前的生计，小神通的案子送给你们，台湾‘电信局’的终端机也算你们的，而且我的中文技术也同意你们免费使用！”他们一听，愣了半晌，作声不得。

当时还有一件案子，是陈建全介绍来的，台湾“电信局”有一批中文终端机交给我们设计。设计者是林梦辉，进展得不错。但是我有一次听到林梦辉抱怨，他认为“为人作嫁”很不值得。此外，陈建全一直劝我好好做生意，全力把台湾“电信局”的终端机接下来，就可以大干特干，与其他知名的大公司分庭抗礼了。

他们都是对的，但是人各有志，我不想做生意，也不想误了他们。早就希望把他们撮合在一起，短期于我虽然有损，但在推广中文电脑的大业上，却多了一个力量！

他们志同道合，立刻合组了“众鼎电脑公司”，大展宏图。

林维江是个义人，全心全力在为公司奔走。这些人都是他找来的，我在事后才告诉他。他非常气愤，认为这些人不讲义气。

我说：“义气不是交易，义（義）字的原意是‘羊我’，羊是牺牲的祭品，以自我为祭。我们只要求自己有义，何必管他人？”

“可是他们怎能把我们的生意带走呢？这样我们损失太大了！”

“不带生意，他们会走吗？如果是志同道合的人，五个十个都不算多。否则眼睛里揉不进一粒沙子，观念不合的人再因循下去，迟早会出问题的，那又何苦？”

“可是我们的财务怎么办？”他不禁忧心忡忡。

“别担心，有你这个福将，一定能化险为夷。”

他真是福将，神通公司不找众鼎，又委托我们代为设计“汉通中文终端机”。这次我改派沈红莲与林晓星出马，因为我了解神通的问题所在，他们有的是软硬件技术人才，所需要的只是中文解决方案而已。

我的建议是完全以他们的终端机为主，我们只要将中文字库与字码的程序转过去，与他们的系统界面连接就可以了。这种转换技术，只要沈红莲与林晓星就足够了。

果然，这个重大的任务，不到两个月工作完成了。以产品而言，汉通颇为成功，尤其是当初卖到祖国大陆就有数百台之多，不像小神通，风大雨小。

苹果汉卡完成了，林维江又找了一个年轻人侯建耀来，是“佳佳电脑公司”的总经理。他因为抄袭日本的电动玩具发了财，想要转行，打算全权代理我们的汉卡。

我正为销售的问题头痛，因此欣然同意，付了订金签了约，侯建耀将这片中文卡命名为“汉卡”。由于他们是破密专家，深悉个中三昧，深怕别人翻制，便在卡上动了不少手脚，既加明胶，又加暗线，把汉卡弄成了一块砚台。

汉卡的售价也高，一片卖 18000 元钱，当然比起其他中文电脑而言，已经是不可同日而语了。但苹果主机板只卖几千，比起来汉卡就显得奇贵无比。为了能让学生早日接触中文电脑，我便另外开发了一种学生专用的版本。

正常的汉卡中有 35000 个中文字形，而学生版中则删去了近 1000 个次常用字，售价降为 12000 元，一时大受学生欢迎。

佳佳代理的条件是正常版本每片专利费 2000 元，学生版 1000，每季支付一次。签约时看去不过 2000 元，不觉得有多少，但一到付款，总数竟有近百万元。

侯建耀抱怨专利费付得太多，我对他说：“研究开发是很辛苦的，我们要有经费继续开发新产品。”

“我知道，可是你只要做一次，就可以收一辈子。我们每一片都要成本，生产、包装、销售、服务，一层一层地分摊下去，赚的没有你多！”

“如果你认为我赚多了，我倒有个解决办法！”

“什么办法？”

“今后我不再收你的专利费！”人只要不计己利，条条大路都可行。

“什么？你不要钱？”他实在难以相信自己的耳朵。

“是的，我的目标是要推广中文电脑。我不要钱，你才能卖得便宜。你卖得便宜，使用者才得到实惠，最后成功的是我！”我据实以告。

“你说话算话？我要找律师来作证的啰！”他犹自半信半疑。

“当然，只是有个交换条件，你独家销售的权利也撤消，人人可卖。”

他高兴不起来了，考虑了一会，说：“大家都能卖？大家都没有好处呀！”

“大家都有好处，比如说，你有，因为成本降低了；其他厂商有，有产品可以卖；用户有，板子一定便宜；我也有，中文电脑普及了！”

“不，没有这样简单，一定有问题，我回去想想再说。”他犹豫了。

天下的问题实在简单不过，只缘人心中有个天平，总希望自己的利益多些。要自己多，好解决；要别人少，也不难；但一个人想通吃，问题就大了。

过了几天，侯建耀打电话来。他提出条件，其他厂商只限五家，每家我都必须收费，而且要我把各家的名字告诉他！

我同意了，又是林维江发挥想象力的时候了，他一天内就在中华商场找到五家零售商。每家以五万元台币的代价，一次卖断，以后任他们自由销售，不再收受分文。我通知侯建耀，他则把这五家邀集一堂，希望大家联合经营，由佳佳统一生产。

孰料林维江所找的五家都有小小的生产规模，各有降低成本的神通。最后他们谈判破裂，在自由竞争下，每片售价最便宜时仅要一千多元。是以汉卡大获成功，奠定了中文电脑的市场，自后战场转移了，逐渐进入战国群雄的局面。

在汉卡的强大压力下，各家厂商才看出，原来中文电脑也有价值！除了神通公司外，我们还设计了诚洲的仓颉中文终端机、经纬公司的中文终端机。其中最成功的个案，是我们看中了“爱普生”（Epson）打印机，在汉卡上附送了列印的中文界面，不到三个月，爱普生打印机就卖了一万多台。

此外，我们专门修改电脑系统，使之中文化。那是一种高难度的技术挑战，因为当时所有的电脑都是封闭系统。没有线路图、技术手册、系统规格等，甚至于委托我们修改的经销厂商完全不知道那些资料有什么用。

我唯一的法门是下死功夫的方式，每种机器任命一两位工程师，将其系统程序从头到尾，一步一步地追踪下去。只要找到有空隙之处，就硬性填上一个入口，将其键盘输入之界面直接改到我们这边来。

好在当时的电脑多半采用 Z80 CPU，所以对我们的字库而言，反而比用在汉卡上还要容易得多。我们改过的机器不下十余种，但目前记得的仅有下列各类：NEC、TOSHIBA、SHARP、ALTOS、NORTH-STAR 等。

做多了，这种技术堪称举世一绝，但是我坚持仅以推广中文为唯一目的，不发展应用软件，故公司的财务状况一直没有起色。前述的中文电脑修改工作收费不一，最多不超过三十万，我们的期望全在几个终端机上，每套有五千元的专利收入。

神通电脑公司的中文部经理刘大卫常在晚上打完牌后，买几个肉包子，过来聊天。他虽然从事电脑工作，却是个性情中人，我们很谈得来，但各有立场，互不退让。

他说，不论如何，即使神通公司关门，也绝不用仓颉输入法，为的是一个“气”字，因为神通最初是国内电脑界的龙头，花了数年，投资了数千万元，发展了一套大键盘的中文终端机。他们公司对这个计划重视无比，倒不是为了生意，而是抱着文化传承的自我期许！结果天龙破云而出，一个外行的“黑手”与当时电脑界的小兵宏碁突然冒了出来。神通空有神通，却闹得名财两空！

我们每次见面便辩个不休，每次沈红莲都在场。她正在学习观察“人性”，所以一会儿给我帮腔，一会儿替他说项，弄得刘大卫经常笑也不是恼也不是。

对我而言，与性格明朗的人交手，的确是一种人性的研究课题。以一个从事科技的人来说，刘大卫反应之敏锐，非常罕见。他很有能力，也极有见解，但心中那座堡垒牢不可破。我修道多年，深知“执着”是最大的障碍，而他的执着正是我的借镜。

他最大的恨事，是我与一个藉藉无名的小公司宏碁合作，打了神通一个耳光！事实上，神通是我最先求助的电脑公司之一，奈何公司名气大了，其员工就算没有神通，也有太多的神气！

“你为什么不直接来找我？”他更神气！

“找你？那要过五关斩六将，我可不是关云长！”

“怎么可能？我们公司开放得很，专门招贤纳才！”

“这叫成长的极限！你们是台湾电脑界的牛首，当牛长得过于壮大时，就只能进栏中食，而无法低头吃新鲜的青草了！”

有次，他又带了包子来，告诉我一个好消息，说我们设计的汉通卖得不错。专利费下来了，总数有一百多万，可以立刻给我。但是！他有一个先决条件，否则便不付钱，连打官司都在所不惜！

我知道他的条件，就是要把我们纳入神通的旗下。历史不能倒溯，早先神通如果能接受我的技术，中文电脑史决非后来的模样。但木已成舟，现在为了中文电脑的前途，我不能有私利，不能具有任何色彩。我笑着对他说："老刘，你的钱留着吧，你不付，我也不要！"

"咦？你还没问我条件，怎么就拒绝了？"

"你的条件是要我与神通全面合作，把其他公司排除在外。"

"这有哪点不好？你可以安心做研究了。"他认为是施恩于我。

"中文电脑已经不是技术问题，这是文化，文化是属于全民的，不能以个人的利害为导向。我再苦都有办法熬过去，但是如果文化的方向操纵在少数人手中，后果将十分严重。我虽然很辛苦，但今天只要有一分力量，就要坚持一天。"

"什么操纵不操纵？有神通公司帮你推广，中文电脑成功不更快吗？"

"不见得，就以你为例，为什么不用仓颉输入法？"

"我说过！不管你怎么说，我还是这样说！宏碁用了我就不用！"

"对了，这就叫门户之见！宏碁已非昔日吴下阿蒙，如果神通用我的技术，他们就会排斥！其他的厂商何独不然？谁不想独占市场？今天中文电脑技术尚未成熟，我必须保持中立，让大家都能参与，否则会危害中文电脑的前途！"

"你是谁？难道你能主宰中文电脑市场？"

"当然不能，所以我劝你不要找我，天下有能力的人很多，正需要你们支持。"

"真是笑话！天下哪有你这样谈生意的人？"

"我不是生意人！"我的确不是，我只是不慎踏进了这个行业。

"老哥！你要活命，这里有十几个员工，他们也要生存呀！"

"那不表示我就必须卑躬屈膝，被人牵着鼻子走！"

"喂！喂！谁要你卑躬屈膝？"刘大卫的肉包子咬了一半，有些火大了，"你可是要搞清楚，我是好心帮你解决问题！"

"谢了，我也是好心告诉你，我有我的原则！"

老刘果然不付钱，我也真的不要。不久，消息传到经纬公司，他们中文部的王经理打电话问我，我承认是事实。王经理听了，也决定不付，而我更是如同茅坑里的石头，不付拉倒！

结果那几个月我们过得非常艰苦，所幸同仁们颇能谅解，大家同意领半薪。我到处借钱，沈红莲也帮我借来20万，才能勉强度过（不过这两家公司的款项，在我出奔美国后，他们还是付清了）。

就在我们财务最困难的时候，香港有位梁医师给我们寄来美元一千元，说是赞助我们研究。此外还有一位无名氏，也赠了五百美元。虽然数目不大，但对我们精神上的鼓励，却不是金钱可以衡量的。我很感激他们，也更严格地自我要求，坚持立场。

金宝公司有位董事周永嘉，是老友孙振先的亲戚，老孙介绍他来投资。他对中文没有兴趣，只希望有个符合市场需求的事业。正好我在做字库，看到了一个新的方向就是电脑绘图。我仔细分析过，认为将是市场的明日之星。在硬件上可以利用电玩系统改良，而软件则只是一些绘图程序而已。

我便建议周永嘉从事电脑绘图，技术全部由我负责。至于资金，不过每个月五六十万，支付一些工程师费用。周永嘉听了，认为我说的是科幻小说，他说："能不能有什么现成的实在的事业呢？"

"你认为什么最实在呢？"

"我不知道，所以来找你。"

"别人没有做过的，或者没有做成功过的，那实在吗？"

"当然不，我希望保险一点的。"

"别人都会做，人人在赚钱的，这总够实在了吧？"

"我不同意，金宝公司很赚钱，但是没有特色，赚得很辛苦。"

"是了，要别人不会，而自己又能赚钱的。"

"对了，最好马上能兑现的，你能出什么点子吗？"

"对不起，我没有。"

这是老实话，要做别人不会的，就要自行研究。要一定能赚钱的，则需要市场的肯定。这两者之间有矛盾，产品在没有研究出来以前，不可能上市，更免谈保证了。

4 小满

知音　观念　科技　命运

从零到壹虽然不容易，但因为一切操之在己，所以对我而言，反而不是问题。我以为有了基础，从壹到贰应该轻松得多，事实证明我错了。

人在成长过程中，身体只要有足够的营养，其他皆毋庸担心。知识则只要有环境，加上自我的努力，多多少少可以学到一些，足够安身立命。而智慧的成长就难了，不仅要有机缘，先得明心见性之妙，还要锲而不舍，不断追求，稍微把持不住，就会前功尽弃。

一般人的问题在于自律困难，只知向外看，严于要求别人。我则恰恰相反，自我约束已经成为本能的一部分，常忽略了别人没有自制能力。每每看到别人的问题，总以为是他们缺乏机会，没有人开导。既然我已经有了正确的观念，就应该创造一个好环境，提供一个沟通的渠道，通过理性的分析，天下事没有一件解决不了。

然而，在零壹那批人中，沈红莲是唯一成功的例子。虽然对一般人说来，她的天分不差，有良好的学习基础。她从教学严格的新竹女中，到台大中国文学系，在学业上已算是顶尖的了。可是在我的标准中，她只能算是中等智力，在早期并没有对她寄以厚望。

后来，我渐渐发现了她过人的特征，做事认真，心思细密。对任何工作，连扫地在内，绝不因循苟且。她做人也很有原则，一旦决定了，就坚持到底。真正令我激赏的，是她讲义气，直言不讳，大有红线、聂隐之风。就为这一点，我们志同道合，声气与共。

工作认真只是做事的基本条件，虽然对我帮助很大，但这种人处处可寻。坚持原则也不能算是优点，当人的意识形态相异时，双方的坚持只有使事态恶化。或许正是物以类聚吧！我常常感慨惋叹，当今这个物质王朝中，人人为己，私欲横行。利之所趋，人们无所不用其极，政治、法律固早已沦为私具，学术思想界更是“尊私重盗”，并且推出了种种美轮美奂、精致微妙的理论，劝君“勿忘自我”！

我知道，人世就是一个自我良知与私心抗争的战场，也可以说是精神与物质永恒的对峙。不错，在每一场战役中，都是人的私心占了上风。但是每一场战役的参与者，都已随风化为尘埃。只有人无私的精神，仍旧闪耀在每一个阴暗的角落。

这不正是文化的内涵吗？人成长的环境，在人性的互动下，演绎出成形的轨迹。当具有私心私利的人体，一具一具地腐朽，一个一个地埋葬在过去后。只有众人向往的公利，始终难以企及。于是，期望升华成为意念，意念永恒地流传在人间。

当然，没有私心的义人比比皆是，正因为不私故不群，不私不群则没有力量。话说回来，力量本来就是唯物的，必须有一能量的中心，才能发生作用！因此，崇拜力量的人一定绕着私心旋转，坚持正义者不忮不求，永远散布在离心的外围。

沈红莲的生父在她三岁时因病去世，母亲带着两个女儿，生活艰苦。在她 8 岁时，母亲经人介绍，认识了沈少逸先生。他可怜这两个没有父亲的小女孩，便与她母亲结了婚，将这两个小孩视同己出。

沈少逸先生，江苏南通人，自祖国大陆来台后即在警界服务。由于为人不群不党，不贪不阿，于是职位便越调越偏僻，最后在桃园县杨梅镇做了几十年的基层警察。

家世是人心的动力源泉，有个不贪的父亲，经济条件不可能丰裕。在这种情形下，人心最容易向两个极端发展。一是私念占了上风，结果必然重视利益，力求弥补过去所缺者。而另一种可能，则是子女将对父母的敬爱，化为行为上的圭臬。

学习环境对人也有莫大的影响，在受教育的过程中，有两位老师对沈红莲的影响甚大。一位是杨梅国中的许静和老师，许老师国学涵养深厚，教学敏锐犀利，在她的鞭策之下，奠定了沈红莲的文学基础。另一位是新竹女中的林彩贞老师，林老师在教历史时，总设法把书本中未提及的因果影响，客观而深入地传达给学生。

沈红莲更常常在上课之余，向老师讨教人生的方向与意义，潜移默化的结果，终使她走上了追求人生真理的途径。

沈红莲学的是中国文学，是中华文化的正统传人。家世环境加上传统，或许还有一种难以解释的“根性”，令她的血液中，贯流着这个时代所缺乏的侠义正气！

当大周决定不再支持我的研究工作后，我告诉仅有的两位工作同仁——沈红莲与另一位女同事马毓德，我无力支付她们的薪资，请她们另谋高就。

马毓德含着泪，默默地走了。沈红莲却稳坐在她的位子上，继续做着未完成的工作。我当时以为她只是想把手中的事告一段落，也就未加理会。

第二天我到办公室的时候，她已经来了，而且还在工作。我大感诧异：“不必做了，这种工作不是短时期可以完成的，谢谢你，你走吧！”

“你叫我走？你以为这是你一个人的事？这也是我的责任呀！”

她这一句话，立刻令我刮目相看，想不到她居然有此见识。

“可是，我发不出薪水来呀！”我本来要说，这是我的事。但却立刻想到，我不能这样说，我不能把这种工作当作私事！

“你能不拿薪水，我也能！”

“可是你还要帮助妹妹读书，不像我还有些积蓄。”她是长女，家中还有两个弟弟与妹妹。大学几年，她都是靠兼任家教撑过来的。

“放心，我昨天已经找到家教了！”

尽管如此，我一直怀疑她是否经得住考验。我的目标非常明确，中文研究只是阶段性的工作，思想才是终极。她到底能走多远呢？历史上有出众的女文学家、艺术家，甚至也有军事家、政治家，但却从来没有一个女性的思想家！

为了避免被假象所误导，贻害了她的终生，我开始介绍自己的思想，解释奋斗的方向。同时我特别强调自我控制的重要性，必须摒除私念，杜绝物欲。

她领悟力不差，行为上也颇符合我的准则。但是，她总会一而再，再而三地为了一些在我看来微不足道的原因，以致情绪失控。

我承认对女性了解不够，也从来不认为有必要花功夫去深入研究。说穿了，女性的特性，因先天生理与后天生活的影响，自有其必然的认知与行为。但是环境不断地在变化，时到今日，男女除了性别与体质的不同外，其他的状况必然都得因应环境而改变。

比如说，女性比较重视感情与家庭，那是社会需求所赋予的。在体力至上的环境中，女性是依附者，感情与家庭正是依附的结果。换个角度看，如果有一种社会，生存的保障完全依赖女性，则感情与家庭势将成为男性的专利。

这是再现实不过的问题，男女间的平等不是仅靠诉求与争取就可以改变的，女性如果能以行为证明她们可以独立于男性的呵护之外，则男女自然而然就平等了。要做到这一点，首先是思想上要能平等，因为只有思想能创造环境，改变环境！

每次，当她情绪失控时，我就在一旁观察。看她是否已濒临崩溃的边缘，以便决定下一步要采取的对策。

出乎意料之外的，是她那种过人的韧性。她若是情绪发作，便一句话也不说，只是埋头工作。就好像一座发电厂，屹立在汹涌的怒涛中，将所有内心的冲突都转化为能量。

尽管如此，我仍然毫不纵容，一条一条地数说她犯下的错误。她若坚持不下去，趁着年轻，离开得越早越好。否则我要把握机会，加强她的思想训练！

每一次我都以为是最后一遭，每一次她都若无事然地度过。而且她生气的频率渐渐少了，生气的时间也渐渐短了。二十多年来，她从一个正常的少女，怀着对人生的憧憬，到洞悉天人，慈悲济众，最后成为我不可或缺的左右手。

比如说，人人都知道仓颉输入法是我发明的，却很少有人知道我只赋予仓颉法以生命，是沈红莲细心地呵护它、照料它。多年来，她从来没有跟我谈过权利，也没有要求过名望、声誉。她只是默默地、不停地，埋首在那永无止境的工作中！

一男一女，二十年的朝夕相处，如果要说没有一点爱情的火花，那定是骗人的神话。但是，对自命觉悟、奉献人世的我，如果自陷情网不能自拔，这半生的修为也就化为流水了。更何况沈红莲也是个觉者，我们若不能把感情化为力量，同为中华文化奉献心力，那么所谓的觉悟，岂不是对人类精神、思想的绝大讽刺？

我也必须承认，曾经有段时期，我面临了最大的考验。那时我对婚姻失望之极，一再扪心自问，究竟该如何自处？我不认为道德是合理的选择，也不相信爱情是最终的途径。可是，即使要顺遂自然，也必须先厘清自然的定义。

在文明社会中，夫妻父子的关系原是人类血脉相承的策略。而社会发展到今天，人口的滋长已经成了人类文明灭绝的肇因，我自命为得悟者，究竟所悟者为何？

家庭不是我追求的方向，结婚就是不可原宥的错误，如果任我选择，我当然会放弃婚姻。沈红莲是我志同道合的唯一伴侣，是探索未来不可或缺的助手，我们必须并肩作战。偏偏我师法的对象，却是重视伦理道德的中华文化，不容我自以为是！

道德伦理与时代认知的矛盾，愿望理想与现实人生的矛盾赤裸裸地摊在眼前。古往今来，没有前例可循，也没有现成的理论依据。唯一可以信赖的，是多年来自我训练出来的理性，我必须在理性中找到一条明路。

人生是无奈的，人的理性终究逃不出经验的极限。但是，人生却在造物者精心的安排下，万事有得有失。这两种矛盾观念的分别，即在于一线之间，就是私心的多少。

我先把私利放到一边，否定了个人的爱恶，不计世人的褒贬，且从根本来分析。我认为这种永生的矛盾，来自于人的生理需求。人本是一种动物，造物者给了人类性的需求，并非为了供人欢乐，而是诱使人因此传宗接代。在群体生活中，人类又认识到人具有野兽所缺乏的理性。理性是一种反省式的再认知，可以经由现象而洞悉本源，未必一定要依循过去的模式。

在理性的认知下，人了解到若忽略本能，感官将因此付出痛苦的代价。如若完全依顺本能，则人与兽则毫无分别。由于早期社会民智未开，智者为了调和鼎鼐，特别设计了各种制度、律法，都不过只是权宜之计而已。

时到今日，人类的智慧虽然尚在萌芽阶段，但是知识却已积累如山。尤其是物质文明的兴盛，人已经知道利用各种能源，解决了生存的问题。人也了解了生命的机能，性的需求与种族的延续已无绝对的关连。新时代的权宜之计，便是追求感官的刺激，放任自我私欲的满足。

这一来，兽性戴上了崭新的桂冠，只是猎食者与被猎者之间，实力消长日益悬殊。这不可能是造物者的初衷！除非人类理性尽泯，否则在理性的反思下，从得失之间，一定能体验到冥冥之中的玄机！

正当我在天人交战之际，一件玄事发生了，那是廉广全拜师学艺，成为在台武当派的掌门人。在他的推荐之下，我也入了武当门。师父问我要学什么功夫，我记得儿时曾在北京看过一些奇事，为了探索神秘的真相，决定学习“五鬼搬运法”。

老师父说：“不是我不愿教，而是一向没有人肯学。因为学五鬼搬运法有个先决条件，学者必须先在神前盟誓，自愿接受神的制约，代价非常高。”

“我愿意接受。”我不必考虑，既然自愿下地狱，刀山油锅，还有什么？

“你知道代价是什么吗？一是终生穷困，二是肢体残废，三是绝子绝孙。当然，可能是其中之一，也可能全部灾难到临。”

几个师兄弟都劝我不要学，赵蓝平在学“灵魂出窍”，那是我教他挑选的。

他觉得我这个人不可思议，学五鬼搬运做什么？难道想做小偷？

其实我的想法很实际，不论灵魂出窍是否真练得成，因限于主观，无从证明其真假。五鬼搬运是客观的现象，只要占有空间的物体，能被精神意志所搬运，哪怕只移动了分寸，在科学上就是一个不折不扣的大革命！

"师父，我早考虑过，只要能学会五鬼搬运法，生死荣辱，在所不计。"

"可是要学很久啊，而且在学习期间，不可吃荤，不能近女色，否则无效。"老师父还举了些例子，一再强调其难度。

我一一奉行，虽然五鬼搬运法没有学成功，誓言却应验了。除了肢体残废之外，我算得上是穷困半生了，至于绝子绝孙，保证如假包换！

其实我的收获大得难以估计，可能是另外一种搬运吧！在这次练习过程中，我成功地摒除了性的困扰。性的问题没有了，灵台一片空明，肉体成了真正的道场。一天一天的，我的私心越来越淡，所有的事物看去都是一片透明，直达真如。

难怪古今中外修行者都必须避免性生活，这不正是人生的真相吗？在造物的设计中，每个人有其特殊的功能。大多数的人生生不息，正好提供了社会基础。社会是无奈的，继承了物种进化的积习，是人类自省反思的素材。人若能反思，必可认知造物的原旨——真理。欲知真理，必先辨明感官之伪，而唯有能免于生殖奴役者，始能得之。

这种玄机，在我一生的遭遇中，未必尽是偶然。自幼母亲就灌注了我神佛的观念，中学时又沉迷在还珠楼主的仙侠境界中。及至成长，所见的社会百态，无一值得效法。是以从头摸索便成为仅有的法门，加上既未曾得，也就无所失。恰好在这个新时代中，处处生机，毋需落人窠臼，便随意闯出一片天地来。

没有了性的困扰，不计人间的得失。在纯精神的世界里，沈红莲与我之间更能精诚合作，二十年来始终相敬如宾。

她对我的帮助无与伦比，我的个性大开大阖，兴趣广泛，举凡宇宙中的事物、人世间的观念几乎无所不涉，无理不容。然而人受到时空的限制，有一得就有一失，我往往会疏于细节而沦于虚幻。沈红莲刚刚与我相反，她就学认真，做事扎实，不弄到通透不肯罢休。我每每拿她做试金石，可怜的她，跟着我东学学、西看看，忙得不亦苦乎。

她最初只帮我编码，后来专做资料结构。当我在美国最缺人手的时候，她又开始写字库程序。待我做自然语言时，她负责语意以及辨识的核心部分。我写书撰文都由她整理校对，修辞求证（我常常是想当然耳）。教智慧学时，她则负责记录、整理资料（仅仅是我上课的录音带，就已经有了数百卷之多）。

除了工作之外，她还负责照料我的生活起居，让我充分享有一个无后顾之忧的环境。在这种情形下，我已经被逼上梁山，不“替天行道”就有亏职守了。

零壹公司成立时，我的思想尚未完全成熟。仅凭一腔热血，以为人人都应该看到人类文明的危机，而且只要看到了，一定会奋不顾身地投入这一具有极大使命的事业。

公司成立不久后，有一次我对员工解说中文电脑应该发展的方向以及社会上急功近利、短视媚行所将导致的文化上难以弥补的祸害。我发现同仁们竟然漠不关心，有位也是台大中文系的女同事，甚至面带不满之色。我颇为讶异，就问她说：“你不同意吗？”

“你是老板，你爱怎么说就怎么说，与我同不同意有什么相干？”

这句话令我自我检讨了好多天，她的话不无道理，我的理想只是我个人经历的回响。文化是个复杂的大题目，别人对文化的认知并不见得与我相同。她虽然学的是中文，中文的领域也极广阔。再说她来此的目的，也不过为了有个工作，以求生存。我怎么可以空空洞洞地喊句口号，就希望别人赞同呢？

常常听到人说：“那个人没有文化，这个人有文化”。怎样才是有文化呢？过去也有人悲伤地呻吟：“台湾是文化沙漠。”文化沙漠又是什么呢？

日子久了，听得多了，我才了解一般人认可的文化不外乎应用的知识、装饰的艺术、享受的认知与可资炫耀的社会行为！

多可悲啊！人不知道自己的认知从何而来，不了解自我意识的根源，不重视历史教训。人人标榜科学，却不懂科学是种求真的精神与验证的方法！不懂倒也罢了，竟然舍本逐末，把科学技术的成品视为真理！人人崇拜民主，更不知民主的真谛，让国家大事、人类前途，由大多数毫无主见、受媒体影响的人画个卯来决定。

当幼稚的儿童登上讲台时，当酒醉的司机驾车冲入高速公路时，当物欲堵塞了人的良知时，当人类丧失了认知的判断力时，人生已经没有任何值得探讨的意义了，还奢谈什么文化呢？但是不谈文化岂不贻笑大方吗？赶快抓一些杂碎来充数吧！

要知道，文化是一个民族世世代代在漫长岁月的生活中，历经了风霜世局，最后所累积的人性与环境的认知！今人连近在眼前的问题都束手无策，怎会有千秋万世的远见？即令有文化，所看到的不过是色相，所感到的不过是情欲而已！

人的眼光受限于生理的结构，人对文化的认知则受限于社会环境，一个声色犬马的社会，就有声色犬马的文化！一个玩权弄利的社会，就有吹牛拍马的主流力量！一个自由放纵的社会，就有自私自利，只顾自己利害，不管整体存亡的人心！

这就是现实人间，在西方物质文明的主导下，百年来的教育就是教人如何数典忘祖！人从初生时的无知，到接受环境的无知，逐步积累了主观的无知。再从无知中堆砌了无尽而虚幻的期望，还要把自己的期望加诸他人。

是呀！我怎么也有着同样的无知，居然也堆砌着这种虚幻的期望？

自后，我不再在公开场合讨论自我的理想，但却以实际行动，以身作则，以期唤起若干同仁的自觉。

实际上科技界才是一个超级的无知大本营，全世界起码有百分之十的人口在从事科技工作。但是在这些人中，又有几个真知真觉？除了一个模仿一个，一套抄袭一套，将地球堆成一个超级垃圾堆之外，几十年来，近亿的高级知识分子，又有几个对世道人心，对人类环境有正面的贡献？

这也难怪，人只有后知后觉的能力，一切认知都必须仰仗视觉。人固然能学习、认知，却仅限于眼睛能够看到、手能摸到的事物。人类所有的发明或发现都只是建立了一种界面，使人能通过此界面，扩大视觉与触觉的认知范围而已。

我认识一位工程师，他受过严格的正统训练，思想明晰，判断正确，工作能力很强。由于我学识基础不足，经常会向人请教。我往往有些新的创意，也无意藏私，常公开与人讨论，反正自己无意于此，也不怕被别人学去。

在“三军大学”时，有次蒋校长指派我演讲，我讲的题目是《利用微电脑与电磁波的技术发展无线电话》（无线电话相当于今天的手机）。认识了这位工程师后，便想求证一下一些技术的可行性。他听了，认为没有这种可能，我便从技术观点，针对他的疑惑，一一分析说明。到最后，他竟然说：“果真如此简单，为什么美国人没有做？”

事后证明，美国人做了，等我们知道别人已经做了再认为可行，已经又落居人后。对当今的技术而言，领先与落后之差往往只有一步，而这一步就是有知与无知之别。台湾倘若堂堂皇皇落于人后，俨然“老二”之尊，靠出卖生产劳力赚了些漂漂亮亮的美钞，如果这就值得称做“开创历史新纪元”，那么我们传统傲世的文化呢？

我在台视工作时，常向吴炳钟教授讨教，因而获益良多。他无所不知，却就是不知道自己有什么看法。从好处看，他绝对客观。但从另一个角度看，他只是一座活生生的资料库，很少有自我的独特的创见。

沈红莲也说过同样的话，我曾问她：“你们学中国文学的，文笔好、技术佳，为什么很少从事文学创作？”

她的答案一针见血：“写什么？我们学的、看的文章，哪一篇不是好到了极致？如果写不出那样好的作品，为什么要写？”

我认为这就是束缚，对别人的心血结晶了解越多，越是深入，也就越难摆脱其影响。当然任何知识的获得都必须经过学习的阶段，自不可能完全有绝对独立的思想、认知。只是有些知识在长时期的考验下，已经受到肯定（间或有新的发现，能将以往的认知全盘否定者，但极为有限），有些则尚未成熟，随时可能改变。

电脑正是尚未成熟的一种技术，由其进步速度之快、改变幅度之大可见一斑。稍有见识即可知目前在这个行业中，谁都算不上有真正的成就。或许能享片时之名，得若干物质之利，然而过不了多久，必将消逝在市场的洪涛之中。

已经有人在做而且做得很好的事，我不愿意做。一方面是避免恶性竞争，一方面是自己要做的事已经太多，时间不够分配。我所看到的是中华文化在信息时代所应该发展的方向，以我们全公司的人力全力以赴，尚嫌不足，哪里还有时间顾及其他？

我决定第一步专做中文字库，字库完成后，再做排版系统。有了排版系统，大量的书籍有待重印，则电脑的文字辨识就有必要了。最后行有余力，则做语音、语意辨识。当时我只能想到这些，而这些都已经在设计仓颉码之初就考虑到了。

有了计划，下一步是选定一种硬件机种作为长期发展的基础，当时完全没有想到电脑的变化简直比天气还要快，每一年市场上就来一次大更新。偏巧在这一段时期，我正徘徊在一种迷离境界之中，思想又回到混沌未开的状况。

在宗教垄断的时代，祭坛是神的实验室，人们战战兢兢地俯首在坛前，虔诚地接受神的考验。牺牲不仅只是一种仪式，它象征着人用自己的血汗收获与神签约。这个契约的第一道考验是人有信与否，第二道考验则是神有信与否。

在封建时代，堡垒是领主的实验室，奴隶辛勤地工作，无非为了向神一般的主子们奉献出他们的血汗成果。而今信息时代到了，实验室还在，社会就是祭坛。知识成了新的神祇，人与知识之间，仍在进行着信仰与否的游戏，且与日俱增。

在神权时代，人曾经把全部的信仰谦卑地奉献在神的脚下。人智渐开后，才发觉人与人之间的团结与依赖，远比神的庇佑更可靠，于是君权成为主流。当人了解更多，发现人性才是症结时，认知、思想才浮上台面。

政治学家认为君权之后是民权，我不敢苟同。民权虽是动人的口号，多数人只是投票的机器，在一些利益集团的操纵下，不得已继续地对神祇不断地奉献而已。

那么君权的继承者又是什么呢？我认为是“金权”。君权腐化在金权之下，民权只是金权的糖衣。我们不妨客观地想一想，有哪一个人民是被供奉在神殿之上？有哪一位人民享受到了他的信徒的献礼？除了盲目的“投票权”外，还有什么叫“权”？

事实的真相是在无数无尽的实验中，人类永远是牺牲者，永远以自己的信仰作为换取某种契约的代价。如果一个人能在这种行为中，得到他信仰的报酬，他就成为真正的信徒。一个真正的信徒，才有可能成为教主。若人的信仰动摇了，开始怀疑牺牲的意义，他不是成了迷失的羔羊，便是变成饥饿的馋狼。

教主、信徒们集聚在主殿之上，齐声唱着圣歌，领受神恩。在金碧辉煌的神殿之外，则是饥餐露宿的迷途羔羊，祈求着神的恩典。如果神的力量大，殿堂广袤连绵，则在各个偏殿之间，尚有着各种神职人员共襄盛举。

群羊的牺牲一代一代地进行着，即使神祇换了新装，仍然要靠信仰的奉献。失望的哀声不是教主所听得到的，纵使听到了，也无法体会旷野的寒凉。因为经过了层层神职人员的手，再大的冰块也都溶成了滚滚热流。

神权建立在人的希望上，人只要愿意相信，就可随时进入他的天堂。君权则建立在人的依赖上，人在愿意之外，还要有些人际关系才能成为入幕之宾。金权建立在人的欲望上，人当然愿意，正因为人人都相信，得利者除了有绝对的虔诚外，还要配合各种机会。正巧工业发展激发了能源的需求，能源正是难得的机会，成就了 20 世纪的金权盛世。

在各个时代的权利交割中，总会有些残留的力量，融入了新的素材，又会形成新的小环境。神权进化成为哲学、宗教，君权有的维持着专制、独裁，有的则蜕变为企业、组织。然而不论是什么形式，其原始的形态仍然在人间传布着。

是不是人生就此停留在金权世界里？金权是否是真理？是否能永恒？如果是的，一旦成了金权永恒帝国的反叛者，其无边的悲惨命运，不问已知！

如果不是，那么下一个神祇呢？有没有可能另一个新的王朝已经在时空的某处形成了呢？这种问题才是像我这种寻梦者，生生世世追究的课题。

我们再设想一下吧！有什么比神权、君权、金权更大的力量呢？有什么力量能取代人性中根深蒂固的欲求呢？

我认为是知识，也就是“知权”。君权需要知识的扶持，金权更要知识的维护，唯有的例外是初期的神权。它不追求知识，所以当知识由无生有，由有而普及人间时，神权就只得退居天国了。

由于知识的发达，事物的变化加快，金权的力量日益彰显。有人美其名说时代在进步，只是进步也有代价，代价是催化下一个时代的到来。下一个时代之主子早已寄生在人间，只待他的信徒们一天一天、一点一滴地建立起新的殿堂。在那个殿堂中，一切都是资料，一切都是排列组合的可能；那是个没有七情六欲，不具生老病死的机体。人类仅是奠基的石材、装饰的灯具，在时间空间结构下运作的一种流程。

新的神祇就是电脑，它的生命是知识，它的机体是知识的结晶。目前还是个初生的婴儿，但是成长的速度却与人类知识的总和成正比。它领受着各种恩宠，在世人的祝福声中，一步步地走上了宇宙的殿堂。当电脑完成了知识的传承后，人类还能贡献什么呢？电脑能在亿万分之一秒中，把人类千万年来辛辛苦苦累积的知识重新演绎一次！

1977年，我写了《层次论》一书，书中的推论是电脑在下一个世纪将主宰人类。出版时朋友建议我把最后一章结论删掉，他们认为这太悲观，太武断，可能会引起无谓的困扰。当时我的确不具有任何电脑的知识，不能凭着一点不成熟的推想，便妄然以先知的姿态胡言呓语。因此我改用乐观的态度，含糊交待了事。

在此之前，我早就开始追究人的思想结构。由于没有可供参考的资料，也没有具体的理论基础，只凭借自己的心和大脑作自我分析。因为自信对人的思维有了正确的认知，当然对各种可以实现的技术感受特别敏锐。虽然我不懂电脑，但顾名思义，却可想象出什么是电子的大脑。即使今天它还很幼稚，以科技发展的加速度，谁知道明天又如何？

从技术的观点来看，电脑硬件相当于人体，软件则是人心。目前电脑的硬件已经可以模拟生物的感觉、控制、行为，软件也能够任意地设计。剩下的问题只是人对自己的了解。如果不了解，当然无从下手，一旦了解了，电脑就可以比美人的思维。

困难之处在于人类的矛盾情结，从进化的过程可知，人类并不具备在未来世界竞争的条件。就像所有在过去岁月中曾经光辉灿烂不可一世的物种、文化、社会或人物，盛极必衰，最后都将埋葬在新时代的阴影下。作为“人”，与人类有着遗传以及血缘的关系，眼看人类败亡在即，我对自己所知的这种知识，究竟应该抱着什么态度呢？

我衷心地反对电脑，也对科技有着深刻的疑惧，但是又知大势所趋，人类的淘汰必将发生在这一两代之中。在造物者的设计中，人性的动机就是求变，变向更有效率，不论感性或理性，都牢牢地被吸引到下一波的变化。

我该如何呢？没有答案，甚至直到今天仍然没有。我必须承认，站在宇宙进化的立场，自从知识掌控了人的欲望，这场风暴早已腐蚀了人类社会。今天的人类宛似被覆绿色大地的蝗虫，贪婪无度，恨不得将整个家园吃个精光。作为人类的一分子，即令我有这种能力，究竟应该抱残守缺，或是识时务呢？

在我日思夜想，不知何去何从之际，由于意志集中，对周边一切有关的信息都有特别敏锐的感应。此时有一件事发生了，由此我接触到人生最玄秘的核心，从而了解了自然的真实。人只是原野中的一片落叶，风吹叶扬，我又能决定什么？

不过我必须在此声明，人生的境界不断地变迁，三千大千世界中，一层高过一层。上善者不可拘泥于一得，要有逆水行舟的精神，否则所得不过死水一滩！

我以往所认知的宇宙是绝对理性的，包括我在巴西那一刹的“得道”，都能用抽象思维的方法加以解释。可是如今理性终于受到了挑战，有很长一段时间，我日夜陷入理性与虚无的矛盾中。直到我在“迷信”与科学交相攻击下，把“迷信”整理成为理论，把科学当作工具，扩大了理性的认知范畴后，才得到了妥协。

我曾研究过《麻衣相法》《紫微斗数》《星平会海》《子平四柱》《梅花易数》以至于《周易》。当然，要想完全了解其中的奥妙，绝非一年半载可以竟功，至少在中文研究没有完成之前，我不可能有时间分心旁骛。但同时我又认定文字所表达的是文化，如果不知道中华文化的内涵，怎能掌握中国文字的精要？

其实上述诸书所载都是科学技术，是以统计资料为基础，辨识为手段，远在统计学与辨识学成为科学之前，先发展出来的技术。

我认为《麻衣相法》是根据人类行为在长时期的习惯中，刻画在皮肤表面的蛛丝马迹。《星平会海》则是以天体运动的实证，影射到现实环境中，以供行事的参考。《子平四柱》是命学之大全，是以人之生辰八字为索引，以求知时间流程与个人之关系。《紫微斗数》脱胎于子平四柱，相当于一种图解式的命学。

只有《周易》才是宇宙时、空的基本命题，因为《周易》是万事万物的概念分类。如果要了解人生的一切，必先从《易》开始。但是谈何容易，连孔老夫子那么高的智慧都说“五十以学易”，我凭什么狂妄?

我当然记得国安堂的预言，但在深究原委之前，我是宁愿存疑的。至少有一点反证令我无法接受预言的精确性，八字之排列组合共有262800种变化，当前全世界人口已有50亿，平均应有一万多人八字相同。也就是说，有一万多人可以视为有着相同的命运。也许有人会说八字相同未必遭遇相同，果真如此，人又何从得知(有关我对命理的研究有《易经明道录》与《易理探微》两书)?

再回想国安堂的预言似乎很正确，但详探之却又似是而非。他说我42岁会成功，什么叫做成功?不错，第一步是跨出去了，可是与我的目标相比，简直差得难以想象。在一般人的眼中，地位与权利才是成功的标准，而我这样一个小公司又算得了什么?可是从另一个角度来看，国安堂算命先生的几句话给予我的心理安抚，却是不能否认的。

总之，我宁愿相信命运与努力是并行不悖的。我们有绝对的自由去争取自己的理想，只是我们需要充分了解到人世不是为任何一个你或我所创造的，切勿期望一切尽如所愿。在某方面牺牲一点，在另一方面就会多一点收获。

我希望有命运，却又不愿受命运的束缚，显然我心犹在。也许造物者有意显现命运的存在，使人类得知宇宙有真理，人生有永恒。人唯有日新又新，始能精进不止，就如《易经》上所言“天行健，君子以自强不息”。具有这种智慧，就会得到真正幸福的人生。但从另一个角度看，命运弄人，“好”不是自己的成绩，“坏”也不是自己的错误，这我能苟同吗?

人最缺乏的能力，就是对未来的认知。人类文明的历程，也就是在无知的状况下，不断探索知识的轨迹。

造物是明智的，人体正如时空的樊笼，将人的自我局限其中，任何人最大的极限也不过能掌握那一瞬即逝的现在。人重视自我的利害，希望将之牢牢地保存在方寸之中，努力设法巩固他的堡垒。因为堡垒仅仅属于他个人所有，所以称为“私”。

私心重的人，有堡垒尚嫌不足，又在外围兴建了深沟高壑。然而保护得越周严，人就越感到孤寂，只能通过有限的利害关系，以了解隔绝的时空真貌。于是，人惶恐了，唯一的安慰是使自己成为各个城堡的中心，终日设法抓紧不放……

人生的机缘建立在自我的努力上，努力是没有止境的历程，因果全在其中。命运虽是既定的流程，然限于人智，有谁知道这流程的真相呢?有人认为既然不能知道，命运就没有意义。有人则不管有没有，到处求神问卜，这样的人生果真毫无意义了。

不论如何，人应该具有一种信念，造物者绝对公平，创造了一种自由自在的生存机会。人若只知循私为己，自有得失是非，终生循环在喜怒哀乐七情六欲之中。若觉于一念之间，钻破茧壳，上体天心，努力克己，助人济世，总有回归本体的一天。

真理往往就在我们的身边，但却要有智慧去分辨出来。记得在《金刚经》中须菩提问佛说：

“您有这么大的神通，为什么不一举将世人渡尽，让大家都进入极乐世界呢？”

佛说：

“世人执着于自我，如果不自行觉悟，就算全部进入极乐世界，那极乐世界又与现在的人世有什么分别？”

这句话的道理实在明显不过，人间既是无边地狱也是极乐世界，端视人心而定。所有最适合人类生存的条件都在这里，空气、日光、流水、食物，人还需要什么？人如果只顾自己，而排斥其他的“自己”，不论人在哪里，又有什么能让人满足？

人世原本就是真理的一部分，有人执着于自我，有人追求解脱。不论朝东向西，在在都属于真理的一面。

人生只是永恒无尽中的一个环节，人间所见所闻，都只是偏颇不全的一小部分。仅以时间的横断面来看，似乎一切都是“现实”的，可是时间无垠地向前延伸，“自我”只存在于这个生死的环节之间，如果抱着不放，不肯面对全部的真相，今生如此，生生世世又有什么分别？

我一直向往着宗教生活，那种恬宁的精神层次，可以使人超凡入圣，远离人世的骚扰。在人类历史上，宗教曾经扮演过重要的角色，但并没有为人间带来真正的解脱。目前我的责任只是完成中文电脑拓荒的使命，以后呢？我应该跳出国家民族的小圈子，放眼整个世界，为所有不幸的人，所有需要解脱的心灵，探索出一条康庄大道。

我有没有这种能力并不重要，在从事中文电脑之前，我对电脑的认识有如一张白纸。只要勇于牺牲，克服自我的惰性，天下没有学不会的事。重要的是我既然决定走这条路，就要身体力行，要先断绝私心，净化性灵，以为未来作好准备。

从此以后，我虽然仍旧坚守着工作岗位，却已然摆脱了人间的七情六欲，如同在深山修道的苦行僧一般。只是在这个时代中，我不能只顾自己的修行而忽视眼前的责任以及未来应该面对的更艰巨的工作。

5 荆棘

生意　专利　哀思　献曝

零壹公司成立之初，美国弗吉尼亚州的欧道明（Old Dominio University）大学理学院院长郑天任博士来看我。他的尊大人是“三军大学”的教官，借着郑天任这次返国之便，特地介绍他与我认识。

郑天任比我大两岁，他才是真正的电脑专家，对中文也情有独钟。我们一见如故，双方决定技术合作，我立刻把字库的原程序交付给他。

郑天任回美之后，成立了东方电脑公司，后来与美国新闻处签约，设计了一套中文专用的信息通讯系统。

一年后，蒋纬国将军离开了“三军大学”，调任“联勤总司令”。特召我去，要我替联勤设计供军中使用的中文无线电传输系统。

将军语重心长地对我说：“邦复，我做事比谁都辛苦，做得好，别人说那是应该的！稍微做得不好，各种指责交相发难。今天有个很重要的任务给你，但是我却没有经费。你自己斟酌一下，如果你愿意不妨先做，做成功了我才能跟你谈下一步。”

有感于蒋将军的知遇之恩，这种事自是义不容辞。然而，没有经费，巧妇也难为无米之炊！我想到了郑天任，立刻打了个长途电话，看他有何建议。

“没问题，这是我的本行，你先寄一万美元过来，三个月可以交货。”

那时零壹公司财源有限，员工都领半薪，一万美元是四十万台币，钱从哪里来?

说不得，只好借吧！那时叶条辉只剩下一个“台北房屋”，境况不佳，但是比起来他拔根毛也比我的胳膊粗。我硬着头皮去找他，说明了来意。

“照理说四十万不成问题，可是我没有现金，全靠票子转来转去。”他一边说着，一边在一本账簿中翻着。一会儿，他找到一张票子，对我说："这张面额最接近了，可是只有三十五万，够不够？"

像他这样仗义疏财的人，世不多见，只惜不能用人，落得西楚霸王一般的下场。两年后，我去了美国，公司财务好转，而叶条辉已经回到台中。刘世文特别亲自到台中去还钱，那时条辉一眼已眇，情况不太理想。说起来别人欠他岂止千万，自从他失败后，还钱给他的，前后仅有这一笔！

三个月后，我如约去美国取机器，没想到郑天任所做的只是一台中文终端机而已。这事不能怪他，我们事先没有谈妥规格，只凭一句话，当然会出问题。

机器是运回来了，可是无法派上用场，因为性能连汉卡都比不上。联勤的任务该怎么办？好在这时宏碁已经颇有规模，我只好请他们帮忙，以宏碁的系统与军用的无线通讯系统连接，完成了中文无线通讯。

这次在联勤总部的发布会规模不小，由蒋总司令亲自主持，动员了不少单位。那天的气氛诡谲怪异，我原以为是专为我们所办，一到会场，才发觉还有一批素未谋面的技术人员。这还不说，以往一到总部，就有总司令的副官陪送我去总司令会客室。这次则不然，一位少校把我拦下来，要我直接去会场。

我从来不在意这些细节，但心中已有预感，一定是有重要人士来抢这笔"生意"。如同一道闪电，我心中一亮，这不是好事吗？如果有人想为台湾做点事，我凭什么硬要出头呢？为了这次的展示，我已经焦头烂额，经常要陪着宏碁的技术人员到联勤的工厂去，自己公司都无法兼顾。我正在担心如果事情成功了，我能放手不管吗？当然，这是大生意，可是，我能赚蒋将军的钱吗？

一个我熟识的少校悄悄地告诉我，说来抢着服务的是王金土博士，他不知怎样得到消息，便央请卜少夫出面说项。这本是好事，蒋将军当然不会反对，只是指示下属，由我先演讲与示范。等我们示范完毕，如果还有时间，再由他们来表演。

原定的计划是从早上 9 点钟开始，我演讲约一个半小时，现场操作示范半小时，剩下一小时由各军种人员自由练习。我决定把时间缩短，留下一个多小时给他们，如果他们的东西好，技术高，就由他们来为台湾服务。

基于这种理念，我们 10 点半左右就结束了示范。王博士有备而来，印妥了厚厚一本资料，每位与会者都送上一本，偏偏漏了我的。我心中有数，一句话都不说。王博士开讲了，他完全不提传输通讯，每句话都是以我的仓颉输入法为靶子。

蒋将军一听就懂，他一眼看到我桌上没有资料，特别止住王博士，笑着问道：“怎么只有朱先生没有资料？”

王金土尴尬不已，连忙说：“报告总司令，资料印得不多，刚好发光了！”

“是不是这里面有军事机密？”

“报告总司令，没有什么机密。”

蒋将军便把他自己的那一本递给我，笑说：“既然没有军事机密，你就用我这本吧！”

王博士很有想象力，他不仅在资料中累有说明，也在会场上一再强调，他说：“军事行动最重要的是正确性，假如说有这么一个命令：‘旭日东升，攻击开始。’如用仓颉输入法，便成了：‘九日日东升，攻击开始。’”

为什么他一口咬定仓颉输入法会把“旭”字拆成“九日”呢？孙子兵法有言“知己知彼，百战百胜”。我不知何以王博士如此，不知彼不能胜，所以我高挂免战牌。

这次事件之后，蒋将军的副官来说，总司令要我先研究王博士的资料，再去司令面前“申覆”。我则说，总司令要用哪一套，敬请自决。

第二天，那位副官又到我们公司来，说总司令叫我申覆是给我面子，我怎么这样不识抬举！我一听，老毛病又发了，我说：“请你回去上报总司令，我是做研究的，不懂生意！”

“谁跟你谈生意？只要你去解释一下。”

“没什么好解释的！”

“这是什么意思？”

“解释什么呢？说别人的不好，只有我的好，那不等于狗咬狗吗？那么说别人的好，我的不好，那我去又为了什么呢？”

“总司令哪能什么都懂？你该秉公处理呀！”他也上火了。

“我是当事人，当然有成见。中文输入法一天比一天多，我自己的工作都来不及做，哪有时间去研究别人的输入方法！”

事后冷静下来，我是错了，但是我也是不得已。蒋将军做事再辛苦，他却从来不必为生存、生活操心，我呢？为了这事已经损失不赀，再下去公司要关门了！

宏碁该付的钱都付清了，我们虽有些零星的收入，但已捉襟见肘，天天为钱操心。我想靠专利赚点钱，那时我已有三项发明专利，还有五六件在申请中。

一个国家的工业水平，看看专利申请的状况就可知其全貌。因为技术全靠创见，没有创见就没有技术，没有技术便只好沦于抄袭模仿。

数年前为了发展闪光灯，我曾吃过被专利所误的亏。但我认为那只是个案，不能因为一粒老鼠屎而怀疑整个制度。这次申请的专利中，除了中文字形产生器外，还有中文打字机以及一个模拟人脑设计的“电路器”，是以不绝缘的塑料粉与导电的金属粉充分拌和，密封成为一体。体外有接脚，在接脚间，施以高压电流，在程序控制下使之短路导通。导通后便成为一块立体的电路板，为人工脑的一部分。

专利下来了，却没有人感兴趣。大家都认为理论是理论，做不做得出来不说，能不能赚钱才重要。至于能赚钱的产品，到时照抄就是，今日投资才是傻瓜！

更令我灰心的，是在 1980 年申请的“热转印色带”专利。那是为了配合另一个专利“热转印中文打字机”所申请的，我把它分为两个部分，一是“电热堆”式的打字头，一是“热转”的色带。前者一次就核准了，后者被打回两次。

第一次专利局说理论不成立，需要样品。我临时用“奇异墨汁”浇在包香烟的塑料纸上。等干了后，把铅字烧热了，在纸上一按，字就印出来了。我把样品再度送上，过些时，又给我退回了。理由是：“本项技术没有实用价值！”奇妙无比！专利局怎能管什么实用价值？

我没有再申诉，花时间、金钱不说，还要生无谓的气，何苦来哉？

我申请专利的目的本为造福他人，但须防别人告我盗窃。后来一想，何不把自己的构想写出，公之于众？于是我动手整理，从日常生活到高科技，以至于未来的新材料等，共有数百件。草稿定名为《一千零一件》，然因飘泊经年，原稿散失无存。

专利局指责我的发明没有价值，而五年之后，日本的热转写打字机大行其道，不知道赚了多少钞票。不过话又说回来，日本人赚钱是应该的，谁叫他们的制度上轨道？

1982 年，有位严道律师（现为董氏基金会的董事）代表香港的董之英先生，找到我们，表示愿意投资。我们见面商谈了几次，董先生也特别从香港赶来，彼此都有志为社会做一点有意义的工作，所以倒是一拍即合。

董先生对中文电脑兴趣不大，看中的是中文打字机，这更令我兴奋。这时我手中已经有了两个中文打字机的专利，其中一个是以仓颉码为索引，控制一个缩影的中文字模底片。当所找的字定位以后，字形便投影在一个由集成电路所制的“电热堆”打字头上。另一端就可以用前述热印的方式，通过可熔色带，把字印出。

总之，有了董先生的投资，我便立即动手进行各项工程的设计。如字模、投影控制等，我们很快就做好了样品。字头则委托台湾“清华大学”的一位教授代为设计与实验，理论与设计细节上都有了共识，经费约需三四百万，董先生也同意了。

剩下来是“热转写”的部分，董先生也同意另请专利律师代为申请。在我的计划中，将来每台生产成本，如果以每月生产一万台计，约需五十美元。产量每增加一倍，成本就可以降低一个指数。

我们约签了，董先生第一批付款约一百多万也汇到了。久旱逢甘霖，公司中一片喜气。我隐隐约约地感觉到，自己不像是生意人，每次谈到钱就觉得满心屈辱。做生意能不谈钱吗？当然，我可以找经营管理的人来主持，可是那又有什么分别呢？

我的长处是思想，我的假想敌是人的私心，做生意能没有私心吗？让别人代我循私，我就可以唱高调了吗？当然，要生存在这个社会上不能没有钱，要想发扬自己的思想，更不能没有钱。这是一个根本的问题，要以非凡的智慧才能解决。今天我还未具备这种智慧，万一先向金钱投降了，我还有获得那种智慧的机会吗？

金钱本身是清白的，它只是一种信用的代表，问题在于取得金钱的方式。赚合理的钱？什么叫合理？什么标准是合理？

在当前的社会，合理是种自由心证。在我的理想中，未来由电脑负责所有物质的生产、供应，一定能使人人具备相同的生存权。至于多余的享受，那就没有必要平等，也不可能平等。这样既符合人类整体的公平，又符合人性的私心，才能称作合理。

在目前的阶段，如果有一笔庞大的资金，就算是我“良知的借贷”吧。先发展出这种电脑体系，再以一个寡民的小省做实验，成功了自然会受到世人的重视。

谁会相信我的良知？又有谁能建立起此无上功德呢？当然，那一定是已经拥有金钱，却又不做守财奴的企业家。我对董先生抱着万分的期望，果真他是个守信而有眼光的人，我绝对有信心辅佐他成为历史上的第一人。

是不是他呢？且走着瞧吧！总要有一个人先付出诚意的。我全面检讨了计划的细节，色带的专利不是问题，我有的是点子，立时想到了另外几种可行的方案。“热打字头”也没有问题，台湾“清大”的那位教授保证，钱一到就可以动手。

我再问严道，董先生的信心如何？严道也保证董先生是个知名的企业家，绝不轻举妄动，更不会毁约。

言犹在耳，过了不到一星期，严道来电说，董先生紧急叫停。缘因祖国大陆有位钱伟长，在香港推广其钱氏输入法，号称为中国大陆的标准。董先生怕我们的产品卖不进祖国大陆，所以决定放弃。以往的投资则视为贷款，待我们有钱之后，代他捐给孔学会。

这件事再一次告诉我，天下利器，唯至人得之。姜子牙八十挂帅，就说明了时机不到大事不成。我没有灰心，继续抱着同样的态度，在企业界中寻找有福消受的大德。台湾各大财团皆接触过，包括国泰及台塑等。后来去美国，回祖国大陆，又阅人无数。时到今日，我可以一言以蔽之：能力不足的人无能为力，而小有能力的人往往就自以为是，抱着一点成就踌躇满志，所以中国人只能有小成而无大就！

在与宏碁合作之初，为了保障宏碁的投资，我自愿将矢量组字的专利权与之共有。当天龙成功以后，宏碁认为输入法也应申请，于是我们又申请了仓颉输入法的专利。

在我们推广汉卡时，有一天我突然想起自己曾经说过，文化是全民所有的，中文输入法自然是属于文化，我无权要求专利。因此，在征求宏碁的同意以后，我们登报声明放弃仓颉中文输入法的专利，开放给各界自由使用。

有人说我傻，也有人笑我痴，更有人说，那是因为当时仓颉输入法根本没有人用。人如果太在意别人的意见，那就不要活了。在仓颉法被社会接受以后，又来了一批“专家”。他们认为我的发明不尽合理，随意篡之改之，以致仓颉输入法竟有十几种版本！为什么人们居然认为我这个发明人还比不上他这个使用者呢？什么时候青出于蓝的？

只因为我不收费，别人就认定我智慧不高？因为我没有金权背景，别人就任意作践我的心血？在著作权立法之后，也有人劝我申告这些人侵犯我著作的人格权，我一笑置之。何必跟这些可怜人作对呢？仓颉输入法的成败不在于一天、两天，也不是这一代、两代。孔老夫子的思想也是到了汉朝以后才彰显于世的，真理要经得住考验，急什么？

美国有一家颇具盛名的电脑杂志社，派了一位女记者来台采访。不知是谁介绍她到零壹公司来访问我。

她见到我，开门见山，劈口第一句话就问："他们告诉我，说你很特别，我想知道你有什么特别的？"

"特别？我不觉得我有什么特别的。"那时我刚刚宣布放弃仓颉输入法的专利，这算特别吗？再不然，是因为我没有学过电脑，却闯进了这片天地？也有可能，我的所作所为，与同时代的人格格不入，所以有人说我特别。

"那你为什么把辛辛苦苦的发明，公开给大家使用？"她拿出纸笔，准备记录。

"我认为这是我的责任，中国文字技术是属于全体中国人的。"

"你的责任？算了吧！"她很年轻，也相当漂亮，但那一副不屑的神情，却使脸上的肌肉歪到一边了："难道'政府'付你薪水了？"

"我是中国人，为我们的文化奉献，就是责任！"

"别跟我来这一套，我们的杂志只报道事实。"

"那你要我怎样说？我已经告诉你全部的事实了。"

她的脸色更难看了，相信我的也好不到哪里去。她耐着性子，又说："你说实话，是不是得到你们'政府'补助了？"

"你自己看吧，我这个办公室像不像得到补助的样子？"

"那么，你期望'政府'补助你？"

"我不能说没有期望过，但是我不相信有这种可能。"

"你以为我会相信？你以为我们的读者会相信？这是科技的新社会，你有技术，你应该解决自己的问题，不要跟我谈些没有意义的话！"

彼此的意识形态南辕北辙，她一口咬定我别有居心，争到最后，我们不欢而散。她可以说是一怒而去，连一支精美的克罗斯金笔也顾不得带了。

常有人问我，东西方文化有什么分别。这是个很大的题目，我的答案却很简单。除了生活习惯不同外，只有发展时间的长短以及观念累积的多少两种差异而已。

西方不是没有文明古国，但其历史演进的规模远不及东方之巨大且复杂。仅以中国来说，五千年来，不论政体的变迁如何，人民的生活形态、文化的发展等始终是以家庭、社会、国家为重心。兼以文字相同，因为时间或地域的差异而产生的语音之隔阂，不致影响其认知，而得以形成一种融合型的多元式、连续性的累积文化。

因此，再怎么西化的中国人，多多少少都接受了这些"传统"的洗礼。本着历史的教训，人们知道在众多的人口压力下，法治有所不足，必须遵守道德规范，自我抑制。又在现实经验中了解到生存竞争的艰困，唯有结合家庭的力量，唇齿相依。最后又认识到，人的力量与环境相比，实在渺小得微不足道，唯有个人的牺牲小我，才能有大我的幸福。

当然，这最后的阶段只有极少数的圣贤能达到。一般说来，中国人多半保守、知足，从好处说是容忍、谦和、安定，从另一个角度看来则是愚昧、自私、不事进取。

在一个变化和缓的环境里，就如一个清澈的湖泊，静静地徜徉在群山的环抱中。湖中鱼虾悠游自在，一代一代地生存下去，大不了有大鱼如鲲，也有小虾似泥的分别而已。

中华文明正如奔腾澎湃的黄河，环境变化激烈，直到黄淮平原才缓和下来。河中有种鲤鱼，诞生后顺河而下，在下游平缓的水域成长。鲤鱼一旦成熟，便奋力逆流回溯，要跃上龙门才交配产卵。这种鱼都健壮善泳，生就永不臣服的特性，禀赋天成。

而西方是分裂型的文化，没有中心的主流，盛衰强弱交替，此起彼落。由于国与国间、民族与民族间之生存竞争激烈，观念、制度也不断地调整、兴革。不能适应的遭到了无情的淘汰，存在的也继续在演变，终于导致了工业革命的产生。

工业革命后，物质生产导致了人类需求的丕变。平和安宁的农耕生活方式被激烈竞争的工商文明所取代，谦忍容让的社会美德则被冲突吞并的策略所侵蚀。西方经过了百年的阵痛，建立了物质文明的规范，而中国直到 19 世纪才发现黄河业已泛滥。

我们这一代正好是各个文化汇聚合流的时机，东西方不可避免地正面接触了，尤其是信息时代的到来，文化的冲突更难以避免。基于形态的不同，人们难免开始反省，到底是哪一种文化比较优越？我们应该如何选择？

站在人类的立场，我不认为有任何一种文化优于另外一种，就像人种之间的比较一样。站在进化的立场，生存淘汰则全基于适应与否，也与我们观念中的优劣无关。

今天若单纯用物质条件来比较，谁都不能否认西方远远地领先东方。可是人是否能永远自满于物质的刺激，永无休止地追求那无穷的排列组合？另一方面，富裕的结果，人是否还能够永远保持其冲劲，一代一代地努力下去？

基于对人性以及地球资源的了解，我不相信有这种可能。如果人以追求物质满足为目的，即使消耗了所有宇宙中的资源，人的感官刺激只有不断的更新，需求更永无止境。很多西方的智者已经在反躬自问，难道人生的目的是在作物质的奴隶吗？如果不是，这种几近疯狂的经济竞赛将伊于胡底？

问题在于人类是否具有足够的智慧了解自己，如果没有，人类本身必将是愚昧的受害者，直到毁灭的末日，都不可能得知答案。否则，在关键性的时机，人类必然会得到一些启示，明智而慎重地选择未来的前途。

东方的文化是人类经验的长期记录，可惜的是如今西方物质文明兴盛了，东方瞠乎其后。就像一些没落的贵族后裔，当别人还在欣羡其家世的光辉时，这些子孙只顾贩卖家当，把过去累世聚积的资产以及文物精华视为敝履。不仅不知珍惜，将之发扬光大，尤其深恨自己投错娘胎，弃之唯恐不及。

五四运动残余的文化学者口口声声发扬中华文化，但遍观一些"大师级"的巨作，除了用些西方哲学的分类观念，将中国思想削之缩之，硬套公式之外，我没有见到任何一本著作，任何一个人，真正说明了中华文化的精髓是什么！

我认为所谓的中华文化精髓，指的是在五四运动以前，一些中国读书人的行为准则，以及在其遗留的著作中，字里行间所抱持的中心思想！

相信没有人反对，过去中国读书人的态度是安贫乐道、逆来顺受；抱持的立场，是无私无欲、清静无为；所追求的境界，是天人合一、物我两忘；所读的书，是以《易经》为首的经典。

在这四类之中，我们总应该看得出中心何在了吧！有人会说是儒家，但是更明确的说是"黄老思想"。这且不去争议，因为老子的思想还没有到流行的时机。

只说儒家的《易经》，今日的学者又懂了多少？为什么胡适之、陈独秀等这些大思想家，对《易经》却说不出个所以然？是否不屑于学习呢？

有些不懂的人，偏又喜欢自命不凡："《易经》是迷信！"

是不是迷信先放在一边，就算中华文化是从迷信开始的，那么迷信也是中华文化的一部分呀！要不么，干脆一点，大义灭亲，不要再谈什么"发扬中华文化"！要不嘛，就先花点功夫，学通了《易经》，再来谈中华文化！

中国几千年来前人的宝贵经验，在今人心中早已难与西方抗衡。至此空有中华文化之名，却无中华文化之实，成了文化断层！

尽管我目前力有未逮，公司中仅有十多个人，我却决定让杨美芬专心学《易》，其他的事都不必管。我自己则直到十余年后，中文电脑的硬仗打完了，卸下责任，才转战文化。

在西方，学者都认为信息时代将以文化冲突为主力，国内的学者居然还没有认识到中国文化在哪里？

西方红楼一梦之余，开始反省，正要借镜过去的得失，以作为未来文化发展的参考。他们求助于东方，却发现面前只矗立着一片文化废墟，徒供凭吊惋惜。而在新兴的工业城镇中，无数西装革履的黄皮肤黑眼睛，还在红楼竞艳，津津乐道地膜拜着西方文明。

不论个人愿意与否，在环境的影响下，人的思想行为离不了其土根。现代的中国人尽管满心想摆脱历史的包袱，但意识形态却充满了传统的价值观念。对当前的西方功利主义欲迎又拒，在得失之间矛盾彷徨不已。

举个最明显的例子来说，人人都知道日本人最团结，美国人最好合作。为什么呢？日本是个岛国，地狭人多，除了团结奋斗之外，别无他途。美国人都是世界各地的移民，过去不堪回首，到了一个崭新的环境，机会唾手可拾。自然而然，各人自求发展，重视自我享受，只顾赚钱、发财。同伙做生意，只要能赚钱，大家全力以赴，当然合作愉快。

中国人则不然，在过去阴影的笼罩下，穷得怕了。心羡西方物质文明，从政从商，发财是主要的目的。可是在传统社会压力下，又必须保护声名，才能在亲友、族人之前维持颜面。即使已经名利双收了，仍然意犹未尽。因自卑进而自傲，一定要掌握大权，封妻荫子，俨然一个小小王朝，以期光宗耀祖。

就算移居海外，人种肤色、思想习惯在在与欧美人士不同，难以摆脱。无根可植，无枝可栖，又不得不认同自己的血缘、文化。不幸的是国力薄弱，党派林立，各持己见。在意识形态的斗争中，民族观念早已荡然无存，虽然忠孝之心尚存，却也左右为难。

因此，现代的中国人在自己的国土上，包袱太重，人各一心，互难苟同。处身异域偏又心怀故乡，以致首尾两端，与当地风俗文化格格不入。这正是一个时代的分水岭，如果我们真能体认到中国人就是中国人，大家相互容忍，把心里的包袱丢掉，且不论东方西方、中国外国，有好的就学习，有坏的便扬弃，那我们还会有明天。

我在自己的岗位上，只能要求自己牺牲，如果连中文电脑都不能统一，还有什么文化和社会的大道理好谈？思而想之不如起而行之，于是我在 1981 年 10 月 29 日下午 2 时，在台视前的“名伦”西餐厅，邀请了“电信局”的陈德盛、“资策会”的杨键樵、宏碁的施振荣、神通的侯清雄、大同的林叶增、东元的颜世英、经纬的李音生、声宝的庄先生、王安的陈幸良和星茂的王久华，连我共是 11 人，同商大计。

我首先表明，中文电脑属于全体中国人，应该采用最好的方法，我个人愿意抛砖引玉，把我的方法提供出来，由大家共同评鉴。任何一种理想的方法，必然是最经济，品质最高，人人能够接受的。各厂商若能统一采用，才能更上一层楼。至于硬件与应用软件则由各厂商自行设计，努力开拓市场，造福社会国家。

陈德盛与杨键樵两人全力支持，慷慨陈言。在场各人无不动容，都表示愿意合作，只是要详细研究，不能草率行事。杨键樵立刻在现场打了一通电话给“资策会”董事长李国鼎，李先生表示全力支持。于是我们决定成立一个策划小组，公推大同公司的林叶增为筹备会主席，订下了第二次会议的时间。

杨键樵联络的结果也有了正面的回应，“资策会”委托“工研院”电子研究所所长杨丁元博士参加会议，并负责全面的评估。

第二次会议是 11 月 4 日下午 2 时，人员略有变动，声宝来的是位陈经理，星茂是温国荣，王安是林荣生，经纬是位纪经理，神通则是朱厚天。

我先提出我的计划，我将中文字库、中文系统与中文打字机等全部技术拿出来，希望有新台币二千万元的专利费。如果大家决议采用，由“政府”出资一半，各生产厂商出资一半。我则负责在半年之内，将各种大小密度的中文字形产生器研发出来，并制成集成电路。其余产品则可在一年之内完成，供应各厂商使用。

杨丁元已获“政府”方面的授权，立刻表示支持，拟先评估中文字形产生器的可行性，与会的厂商负责人也一致同意。于是我便交出全部的技术资料，由杨丁元领导的电子研究所先作技术评鉴，再决定下一个步骤。

过了一个星期，杨键樵找我去。他说根据杨丁元的评估，我的技术没有价值，他有把握在三个月内做出比我更为完善的中文字库来。

杨博士没有错，为中文奉献，人人有责，谁能做得更好，就应该由谁来做。所以当杨键樵向我一再表示歉意时，我则很诚恳地期望杨丁元博士能兑现他的诺言。只惜，事到如今，物换星移，杨丁元博士的中文系统不知在哪里?

12 月 9 日，我接到电话通知，说李国鼎先生要在“资策会”顶楼接见我。我到时，他的秘书告诉我，会面只有十分钟的时间，要好好把握。

当时李国鼎是“资策会”的董事长，是台湾科技政策的设计者，他既然找我，我猜一定是要表示支持中文电脑的计划。我诚惶诚恐，一见到他，就等着他的指示。他好整以暇地坐在沙发上，似乎也在等我开口。

坐了一会，李国鼎说：“朱先生，你找我有什么事?”

我没有找他呀！可能是有好心人希望我当面向李先生陈情，但事先没有准备，一时之间不知道从何说起。尤其是只有十分钟，深怕一句话错了，机会也就错过了。

“请李先生支持中文电脑的发展。”

“所有的专家学者都告诉我，电脑是高级的科技产品，不适合用中文。”

“电脑是高科技，可是用电脑的目的是处理文字与数据资料。中国人不可能人人都会英文，也不可能把文字都改成英文。”

“朱先生，老实说，我不懂电脑，所以我必须相信专家学者。据他们告诉我，只要懂一百多个英文单词，就可以使用电脑。我们在中学就把英文列为第一外国语，照理学会几百个英文单词，应该不成问题才是。”

“李先生，谁这样说，谁就是有意蒙骗您！”我说着说着就激动起来，“没有只懂一百多个英文单词就够了的事，任何一台电脑都有几百页厚的操作手册，不看懂能用吗？此外，电脑里面放不进中文资料，我们中国文字与文化，在未来会是什么下场？”

他想了一下，慨然说：“朱先生，我见过的所有人中，只有你一个人有这种看法。我觉得你是对的，可是我今年七十岁了，还在忙个不停。我不可能重新去学，也不可能反对一般学者专家的意见，我只能对你做精神上的支援，希望你能成功。”

李国鼎先生是台湾当局中唯一对科技有认识的领导人物，连他都受到那些眼光如豆、只顾抱着金饭碗的专家所影响，我还有什么话好说？不过这也是千古不变的定律，有心为国为民的领导者，若得不到有胆识有能力的好幕僚，充其量也只能维持一个小小的局面。同理，做为一个领导者，如果不能提纲挈领，掌握重点，则在当今繁琐庞杂的技术时代，很难认清真正有价值的任务和人才。

人生本来就是一个实验室，宇宙又何尝不然？只要我们分得清楚，微观和宏观原本没有区别。在每一个不同的层次中，都有其时空的特殊条件与变化运动的必然的定律。只要我们能够把这些条件整理出来，人生，宇宙，又有什么我们不能理解的呢？

宇宙进化的模式是人类前途所系，身为人类一分子，我们能够掉以轻心吗？人类的历史是种族、社会、文化兴亡的前鉴，我们又能忽视吗？

我认识很多科技工作者，他们往往自命不凡，自以为是天之骄子。他们将所知有限的技术当作个人求名得利的工具，罔顾即将导致的恶果。我常常劝他们，建议他们考虑一下历史所启示的教训，而他们总认为过去的人犯错乃是因为无知无能，所以历史没有参考的价值！

更有一些迷信科技万能的盲从者，他们只看到科技创造的力量，不愿接受科技破坏环境的事实。他们认定总有一天科技能够解决一切，可是那“一切”指的是什么，他们不知道，没有能力知道，也不愿意知道。

当然，我所指的这些科技工作者，充其量只是些工匠而已。只因为今天电脑当道，物以稀为贵，电脑技术人员就不可一世，自以为是神了。

这些人算得上是科学家吗？科学是有系统的学问，重视推理，由观察、思考中先作假设，再以严谨的态度实验分析，小心求证。他们所根据的是实验记录，所信仰的是理性，所追求的是真相。

历史不正是人类的实验记录吗？虽然那些记录难免流于主观，难免因为条件的不足而有所偏废。可是这并不妨碍我们加以研究、求证，找出其中的症结来。过去之认识不足、见解不明以及所犯的错误，正好给予我们重新认知的机会，而记录的事项更是我们据以参考的宝贵资料。

科学是什么？只是物质文明的工具吗？科学家呢？难道甘心为物质的奴隶，终身埋首在新物质的探索、新世界的开拓，而不顾人类社会的福祉？科学家应该是最具理性的人，他们不仅有科学的知识与态度，而且有人类的良知。知道人类过去所犯的错误，知道应该如何避免，知道怎样运用他们的技术、能力为人类谋取最大的利益！

既然如此，科学家必须先了解“因果律”，以人类的得失衡量前人实验的结果。千万不可急功近利，草率从事。否则能力越大，所可能造成的祸害也越大；影响力越深，所种的因果也越严重。

时到今天，我们都处身在因果的轮回当中，悲也罢，喜也罢，谁也免不了承受前人所种的因。可是，只要人能够觉悟，今后的机运还在我们的掌握中。科学工作者，在玩弄知识魔术之余，是不是该有所警惕，谦虚一点，先向历史请教一二呢？

如今不论在台湾或其他地方，科学家已经俨然成为社会的主流，取代了过去的贵族、僧侣、武士以及中国特有的科举文人。然而事实又是如何呢？除了拜时代之赐，物质供应丰裕外，其他一切都乏善可陈，尤其是精神生活已经接近破产的边缘。

是不是科学家认为人只是一种吃饱穿暖就满足了的有机物？是不是科学家在显微镜下面，看不到人类的不幸？是不是在科学辞典里，没有“精神需求”这个名词？

记得有次我去参观一个现代化的养鸡场，里面有中央空调，喷着带点清香的空气；优美的背景音乐，轻快流畅；还有电动的运粮车，电脑调控的自动喂食系统……

我最难忘怀的是那位管理员，他驾着电动车，指点着一排一排整齐划一的鸡舍。里面有无数红冠白羽、精神抖擞、又壮又漂亮的鸡，有的振翅高歌，有的则埋首低啄。其前边下方有两条流动的带子，上面送来的是金色的食粮，下面送走的是白晃晃的鸡卵。

那位管理员看着面前的“太平盛世”，志得意满地说：“各位，这就是科学的伟大，我们不仅能把鸡养得肥大，蛋生得多，最有意义的是我们能让被养的鸡都感觉幸福无比！”

电脑界也不尽然全是功利之徒，有一段轶事很少为外界所知。缘宏碁有位销售专员段晓雷，此人能说会道，头脑清晰，也很有侠气。而神通的刘大卫也是个性情中人，说话有点结巴，但在结结巴巴的后头，常蕴含至理。

有一次，刘、段两人不期而遇，且各为其主，争得面红耳赤。

两人所争的是公司领导人的能力高低与眼光远近，在华光（神通的关系企业）及宏碁两个公司中，以李振瀛与施振荣两个总经理为例，究竟谁胜谁?

开始时难免各说各话，没有交集。妙在两个人都有求真的精神，他们得到的结论是：由段晓雷去见李振瀛，刘大卫会会施振荣，作一个客观的比较。彼此约定，如果得到了共识，其中一个人一定要放下成见，“弃暗投明”。

于是两个人分别回去，为对方安排了交换访问的时间。

事后，段晓雷承认李振瀛比较高明，也决定履行诺言。可是他辞职未获批准，尤其是当宏碁的老同事知道他要去华光，更是无法谅解，责备他见利忘义。段晓雷在进退失据之下，认为失信虽然不可，无义亦非所愿。最后，在无可奈何中，竟然悄然赴美，销声匿迹。

在零壹公司中，沈红莲则是位女侠。她个性直率，严于律己也严以待人，经常得理不饶人。姜有谟是文化大学中文系的，原在她的手下工作，有一次突然来向我辞职。我当然了解其中原委，便问姜有谟愿不愿意写程序，他说怕学不会，我便直接把他调到程序部去。

不到半年，姜有谟边学边写，写了一套紫微斗数的软件。林维江立刻找来一位角头老大（黑社会头头），打算开一个电脑算命的活动站。

那位角头老大很有点头脑，找人做了一个木头人，里面放一台苹果机，一台打印机。在胸口有一个洞，客人只要输入生辰，斗数图就立刻输出。

这个构想很好，但还需要加一点工，这便由另一位同事小董负责。小董做事拖拖拉拉惯了，一点小事答应了好几次，一直不能完成。那位角头老大很不高兴，也无可奈何。这事大家一直瞒着我，角头老大也不知道公司谁是老板，有事只知道找小董。

有一天，我听到三楼声音异常，下去一看，很多人围在那里。小董被角头老大抓着，逼到了墙角，紧抱着头，一副狼狈不堪的德性。

“你说，你快说！明天能不能交货！不说我就打死你！”老大手中是把锤头，离小董的头还不到一尺。

场中人人都吓得目瞪口呆，我正想上前，突然听到一声暴吼：“你想干什么！”一个娇小的人影从我身后越众而出，我一看，糟了！是沈红莲！

那位角头老大回头一看，也楞住了，他把小董放开，恶狠狠地打量了一下。原来是一只散发着怒火的兵蚁，正面对一只大甲虫，努力摇晃着两个鸡蛋似的小拳头。

全场鸦雀无声，角头老大举着铁锤，竟然哈哈大笑：“失敬失敬，原来贵公司有位女侠客！”

林维江也有侠气，有次沈红莲代表中文部向程序部挑战，比赛篮球。沈红莲是高中校队，大学班队，但中文部其他人不是文弱书生，就是纤纤佳人。

程序部仅熊黎民是堂堂六尺之躯，再加上几位手长脚长，活蹦乱跳的少年，这场比赛的盘口是一比一万！

不管是冷战还是热战，中文部人人愁眉苦脸，唯恐有人提到球赛。万一有人不识相，遇到中文部的同仁，问声：

“星期天……”

答案是千篇一律：“星期天我要去看电影，有谁请客呀？”

如果谁在沈红莲面前露出了一丝牙缝，就会看到一个美猴王大闹天宫的景象：“你是啥人？直教那姓熊的前来会我！”

熊黎民则是一副施施然状：“哦！哦！不忙不忙，到时自有分晓！”

星期天我赶到球场，两队正在操兵。只见那一端兵精将猛，篮球怦怦然，人球齐飞，一派袖珍 NBA 的模样。

另一端，坐的坐，倒的倒，脚酸手软，遍地哀鸿。

本着人道精神，我正要宣布比赛中止。不料在程序部中，突然冲出一员猛将：“朱先生！我可不可以申请转部？”

“现在转部？”我一看，是林维江。

“不现在转就来不及了。”

“好吧，你要转什么部？”

“中文部！”

球赛在抗议声中开始，也在抗议声中结束。原因是比赛太精彩了，记分员变成了啦啦队员，浑然忘了比赛的目的。记分牌上一直是零比零，最后胜负难分！

由于电脑是当红的科技，是经济利益的核心，想在这个圈子里找义人，实在是缘木求鱼。1989 年，我曾在祖国大陆见识到一位真正的义人。他符合了义的基本条件，即坚持原则，牺牲自己，他是中国社会科学院的栾贵明先生。

有一天，有人拿一份《人民日报》给我，叫我看一篇讨论中国信息前途的文章。显然大陆与台湾，一个老大，一个老二，就算有差，也差不多。文中提到大陆盗侵版权的现象严重，有很多输入法即抄自我的仓颉输入法。抄还不说，为了个人的利益，反而以仓颉为对象，大肆攻讦。文中对这种现象很不以为然，严正地提出讨论。

作者是栾贵明先生，任职于中国社会科学院电子计算机中心。

一个人能路见不平，为一个素未谋面、无利可图之人拔刀相助，这不是义人吗？后来我到北京，特地与他会面，相谈颇为投机。他早就看出电脑对文化的影响，也一直在这个园地中耕耘，但限于各种条件，能做的不多。

他也训练了一批学生，把《全唐诗》和所有相关资料都建了全文索引库，甚至于《古今文选》《二十五史》等都在他的计划之中。我看到他的成绩，知道中华文化代代有传人，心中大感安慰。

后来我回到台湾，由罗鸿进口中得知他已离职。尽管如此，他仍然坚持信念，继续艰苦奋斗，殊足可贵。

坚持理念不是一句口号，零壹公司虽然只有近二十位员工，但一开门，处处要钱。平均我们每个月可以做四五十万的生意，开支却在七八十万左右。

能借的都借了，沈红莲也设法借了 25 万来，不得已，我决定把房子卖掉。内人很不谅解，我知道她关心孩子读书的问题，一心想去美国。因此便骗她说我要去美国发展，她信以为真，于是把房子卖了，得款 150 万元。

然后，我带着她们母子，先去洛杉矶安顿下来。售屋的钱先充作公司开支，然后由公司每月按时寄美金一千块过去。我则住进公司，以办公室为家，开始了尔后十数年有室无家的岁月。

6 芒种

标准　离台　认同　雷达

中文打字机的制作始终萦绕于怀，有一次我在广告中看到了一个40个字位的座标绘图器（Ploter），我如获至宝。在我设计中文字库时就曾经想过，矢量结构其实便是坐标位置，送到绘图器上，立刻就可以“写”出中文字来。当然，这种字并不好看，我又想到，只要重新设计一种笔，再用程序控制“笔法”，一定可以符合中文的书法艺术。

最有利的是这种做法的成本低，大量生产时可以降到30美元以下。我想到就做，立刻叫林嘉勋用汉卡的结构，加一个键盘和绘图器，外壳我则用亚克力版成型。不到一个星期，我们便做好了一台小巧精致的中文打字机。

虽然是利用现成的元件拼凑而成，且写字的笔并不理想，但从各方面看上去，都令人爱不释手。每秒钟约可写五六个字，要加快速度也不难，但是当时还没有人打得那样快。至于写字笔也可以换，而且有多种颜色和粗细。

这只是实验的样品，我打算设计各种不同宽度的笔，以便写出各种字体。现成的绘图器只有40列，是正常信纸的一半。我找到生产厂商，他们已经有80字列的机种。在微电脑的控制下，就是一套不折不扣的中文文书系统了。

我拿给庄灵看，他特别为台视做了一次专题采访。后来工业局长找我去，并介绍台湾交通银行投资500万，与我们公司合作生产。一切进行得都很顺利，但这只是未来的远景。目前却因零壹公司的财务状况不佳，我又不愿借钱，各方面都要兼顾，吃力非常。

1982年年底，“资策会”通知业者，召开一个中文编码会议。有二十多家厂商代表与会，我也忝属其中之一。新闻界则有台湾《经济日报》与台湾《工商日报》的记者。

不料主持会议的竟是何宜慈，记得上次溪头会议时，他还很谦虚，自认为对信息这个新兴的行业一窍不通。没想到事隔几年，口气已经变了，仿佛是君临万邦。他说他为了解救中文电脑界，设计了一套中文码，要大家承认为中文交换码，共同采用。

等他把细节一讲，原来就是那套拼凑不全的“溪头码”，现在摇身一变，成了尚方宝剑！会场之中只有我与台湾《经济日报》的记者是上次的劫后余生者。据何宜慈的说法，该码是国内的一流专家，在他的主持下规划出来的精心杰作！如果贵为“台湾科学委员会副主任委员”，居然也能掩耳盗铃，一手遮天，我真以做一个中国人为耻！

溪头码只是一种儿戏式、大家搓圆仔汤的应酬结果。会中吵吵闹闹，根本没有结论，出席该会议的人士，也没有人背书。我是全程参与溪头会议者之一，从头至尾大家都反对制定不成熟的“行业标准”。因为彼此都有此一共识，所以也没有几个人把溪头码当作一回事。当然，除了别有居心的少数人以外！现在，何宜慈据之以作进军信息界之法宝，实在令人齿冷！

我立刻表示反对，溪头码只有一万三千字，而仅仅当时税务局的人名用字就有一万八，更别说图书用字了。我认为中文交换码理应包括所有用字，至于各家要用多少，基于应用的范畴不同，应由电脑公司自行决定。

何宜慈反驳说中文交换码的订定，是为了顾及业者的利益，字收不多是因技术上有困难。至于用字不足的问题，国家可以立法限制人民的用字范围。

我听了心里一惊！这正是我最担心的结果，多年来我孤军奋战，何宜慈不知躲在哪里？今天中文市场成了气候，他就来个“锯箭法”，削足适履，美其名为使业者有“生意”可做，骨子里却是要斫断中国文化的命脉。

一万三千字与八千字有多大的分别呢？不正是一百步与五十步之差吗？1912 年公布的八千字的“电报明码”，早已成为中文之通讯标准，既现成又省事，为什么不就用电报明码作为交换码呢？我参与过台湾多次重要的编码会议，深知其中原委。字数不够并非主因，实际上是有人希望表功，借此争取一席权威的地位。

早先的明码设计考虑不周，八千字不够用，才导致今天的各种困扰。而现在技术进步了，设备更新了，分明可以把六七万个字同时纳入系统中，为什么不趁着目前规划之初，一次彻底解决？稍有大脑就可以看出来，一万多字绝对不够用，一旦大量资料建档完成，再想修改标准，那就痛苦不堪了。

不仅外行如此，连目前大多数从事中文电脑工作的人，都不曾涉及中文系统的规划，没有文字应用与功能效率等方面的认识。有人甚至以为在电脑中放几个中文，就算是中文电脑了。在这种前提下，对卖电脑的商人而言，用字越少成本越低，对设计的程序师也越是省事。那么为什么不用八千字呢？干脆些，用英文岂不更简单？

有些“误人”专家还提出了一些似是而非的理论，认为字数少可以节省传输的速度，兼顾与英文软件兼容的能力。这种理论相当于说：因为中国人口太多，如果人少一点，不仅交通方便些，国民生活水平也能提高，我们甚至可以与工业国家匹敌。

这种理论百分之百冠冕堂皇，但也百分之百的与现实不符。我们怎能改变中国人口众多的事实呢？把少数民族忽略掉？再不然杀掉一半？

这种话听起来十分荒谬，那为什么只承认一万三千字就不可笑呢？我们要使中国脱离贫穷、无知，要使中文电脑发挥文化上应有的效益，难道就没有其他的方法吗？时代虽然在进步，但是人性依然，无知、无能使得急功近利的人，总会想尽一切方法，为自己谋取巨利，再用堂而皇之的巧言掩饰他们的私心。

真正的中文电脑应用者是户政、地政、财税机构以及图书馆，这些工作都需要完整的中文字集。这套内码如果不成功还倒罢了，只不过令市场上难以适从，迟早还会有改进的机会。万一真的由台湾制定法规，限制人民用字，其结果必然是几代以后，台湾人将无缘认识历史上所用的古字，也就与中华文化彻底分道扬镳了。

果然到了 1995 年，为了户政的电脑化，户政司又制定了一套 55196 字的字集。仅在北、高两市试用的结果，还缺六千余字，将来图书馆电脑化可能又要另订一套标准了。不幸的是，当年大言炎炎的专家们此时都功成身退了，我以一介归隐的老耄，犹要重做冯妇。

当时，我毫不客气地当着各电脑公司代表与媒体记者，指责何宜慈说：“这样做是文化罪人！你说技术上有困难，那是你的能力不够！我已经证明，在汉卡中已有三万多字，此外宏碁的天龙、神通的汉通、诚洲的仓颉都有三万到四万个字。你不知道，不妨先问问他们！怎么能把头埋在沙中，硬说技术上不可能？反而要定一万多字的标准？”我越说越气，完全忘记了自己是个修道人！

“你是生意人，我一向不和生意人打交道！”何宜慈也火了。

“你错了，我不是生意人！我从事中文研究是为了文化，谁要我可以送给谁！”

何宜慈把手一摆，收起桌上的资料，说：“我不跟你胡扯，我下面还有一个重要的会议，我先走了。”

果芸一直想打圆场，但却插不上口。这时见何宜慈要离去，只得腼腼腆腆地陪他出去了。一时场面很僵，谁都不说话。

会场上一片寂静，一会儿果芸回来了，问我："朱先生，你说要送给'政府'可是真的？"

"绝对不假，在场的有好几位可以作证，我只要求'政府'替我把零壹公司的问题解决，我可以全心全力把中文系统建立起来。"

接着果芸征询在场各厂商的意见，大家都很支持一种共通而实用的方案。为了要证明确实可用，当场推派了三位工程师：宏碁的施崇堂，神通的刘大卫，还有一位是王安的，名字已经记不得了。由他们代表厂商共同评估，以定取舍。

我的技术计有三大部分，一是中文字库，能在 64KB 的空间内，提供三四万字（再多也能扩充）。而且有各种字形大小、字体种类的变化。其次是中文系统，为了与英文兼容，中文必须考虑内码的编排，以达到最高的效益。第三则是中文软件，我们已经在"北极星"系统上开发了一套综合文书、资料库与表格处理的程序。

三位工程师评估后，一致认同，并建议"资策会"采用。12 月 15 日，在"资策会"果芸执行长及黄为德副执行长的保证下，确定要在旧历过年后，正式作技术转移。

这次我深信不会再有变化了，谁都知道"资策会"就是台湾省"政府"的电脑管理机构，两位负责的主管已向我保证过，难道还会错吗？零壹公司的部分同仁，初时对我的决定还有些不能谅解。我便向他们解释我的立场，在大我的面前，小我是不能顾及的。此外中文需要很多特别的技巧，未来他们的工作只有更形重要，而非就此解散。

过了阴历年，所有的转移资料都准备好了，零壹已经停业，人人等待着。一天一天，一个星期一个星期地过去了，一点动静都没有，完全不像有任何人对我们的技术有兴趣的样子。为什么呢？我实在难以理解，这一生永远像是生活在恶梦中！

我打电话去"资策会"找黄为德，每次他都不在，果芸更不用说了。找不到上面的人，只好找几个经理或工程师，结果不是人不在，就是一问三不知。

记得是 4 月 3 日左右，参加会议的台湾《经济日报》记者打电话来问我中文技术转移的情况如何？我告以没有消息，他则说他打听的结果，有人指控我是共产党，所以转移的计划可能有问题。

我听了不禁心灰意冷，我知道共产党的帽子一被戴上，再加上我曾有想回祖国大陆的企图，先别谈文化，我很可能连小命都难保。

我从事中文电脑工作本非为名求利，不过是为中国文化的救亡图存尽一份心力而已。如果社会肯定我，我便有义务为这个社会多作奉献，否则又何苦自取其辱？自己虽然对电脑软件与硬件还有很多构想，且都有巨大的商业利益。可是在一个义人稀少的地方，利多适为大害。

离开这个是非之地吧！“邦有道则仕，无道则隐”，夫子早有明见。既然有人视我为眼中钉，我何不退让几步呢？

我想到袁守谦，他曾是父亲的部属，父亲在时曾嘱咐过我有重要事可以找他。他目前位居高官，且参与“议事”，说不定可以打听出一点消息。我一向是无事不登三宝殿，电话打过去，袁伯伯说正要找我，却不知道我的电话和住址。

他证实确有此事，照理这种小事不可能提交到台湾安全部门。不论如何，那天科技小组开会是由台湾安全部门主席亲自主持，会中讨论接不接受我的技术转移，主席手上还有一份指称我是共产党的报告。主席说：“这个人既然是共产党，如果‘共匪’也用这一套，我们该怎么办？”

会场上一阵沉默，过了一会儿，有一位“委员”（据说是沈君山先生）说：“我们要考虑的应该是这个人的技术有没有用，如果说因为共产党用了他的技术，我们就不要用。如果共产党决定采用三民主义，是不是我们也要放弃呢？”

下文没有了，至于台下有什么动作，袁伯伯也不知道，他只是慎重地问我：“你到底是不是共产党？”

“袁伯伯，先父不要钱，我也不要钱，但我绝对不是共产党。”

“这个问题很严重，我建议你离开台湾吧！”

打字机也顾不得了，我立刻安排公司的后事，首先问有没有人自愿随我流亡，结果只有沈红莲愿意。这就够了，事实上，也只有她能够帮我。然后我把全部股权都转移给员工，这才发觉为了技术转移，公司财务已经快空了。

4 月 20 日我和沈红莲匆匆搭机离开了台湾，21 日抵达美国洛杉矶，开始了八年的流放生涯。

老孙来机场接我，要我们住他家，但因为我的妻儿也在洛城，我便婉拒了。

老孙给我介绍了一位美国律师，他有个中国名字——万佩鼎，曾从学于赵元任。他非常风趣而热心，替我找合作对象，运筹帷幄。此外我又认识了一位蒋祥嘉先生，当时有五十多岁，四川人，曾经是台湾“驻美机构”的“武官”。

组织公司不是小事，等了一个多月，各方面都没有进展。沈红莲决定回台湾去，我知道她回去不会有问题，但能否再出来则很难说。

我能留她吗？连自己能否找到发展的机会都在未定之天，美国不比台湾，我一生已经毁了，怎能把她拖下水？我给她订了周六的班机，心里也作了最坏的打算。如果她不能再出来，今后要靠我一个人努力了，有什么办法呢？一切都是天意。

星期五上午，蒋先生与一位钱先生同来，说旧金山有一家美国公司，找我去设计中文雷达。我已经失去了信念，不相信一天之内能有什么奇迹。沈红莲一走，我一个人独撑大梁，恐怕力有未逮。钱先生认为反正还有一天，他自愿送我们去旧金山，万一不成，当天就可以赶回来。如果谈妥了，岂不是皆大欢喜？

于是，由钱先生驾车，我们立刻赶到旧金山，找到该公司。大家谈得还不错，我们两个人一个月薪水五千美元，是免税的，支票要由海外拨付。

这间雷达公司通过蒋先生的关系，卖了很多导航系统给祖国大陆，当然前提是非用中文操作不可。我知道这项工作难度很高，但却咬紧牙关，先接下来再说。

蒋先生也到旧金山来了，他说中国政府邀请他和我回大陆观光。我听了受宠若惊，但是目前工作还没有安定，我不能把沈红莲一个人丢在旧金山。蒋先生听了，慨然把他的机票让给沈红莲，叫我们一起回去看看。

传言中，台湾一直在暗地监视中国驻美使馆。我怕去祖国大陆的事曝光后，自己虽没有什么可惧的，却会危害沈红莲在台的亲友与零壹的同仁。在去签证时，我特别买了顶呢帽子，戴着黑眼镜，神神秘秘地溜了进去，沈红莲虽然心里也紧张，却坚持不肯伪装。当时的总领事是唐树备先生，他很客气，立刻给我们发了台胞证。

离开祖国大陆三十多年了，真是乡音未改鬓毛衰，回到过去逃离的故土，心头的滋味实在难以形容。7 月 26 日我们坐飞机从旧金山动身，第二天晚上到达上海上空。我俯瞰地面，一片漆黑，偶而见到点点灯光，简直比汪洋中的船只还要稀少。

飞机着陆后，我们走出机舱，经过空旷而不甚开阔的停机坪。大家鱼贯而行，来到一所矮小的两层楼房。昏暗的灯光、湿热的空气，使我无法相信这就是亚洲最大的都市——上海，更不愿相信脚下踩着的就是闻名已久的虹桥机场！

我一向反对物质文明，但是，眼前所看到的让我不禁怀疑，这就是祖国吗？显然，大陆是贫穷的，但穷到这个地步，简直比巴西的圣路易市好不到哪里去！国家穷，人民必然生活困苦，虽然平常看到不少报道，但是总与亲身体验有一段距离。

候机室中有几个十七八岁身着宽松绿色军服的姑娘，正在叽叽喳喳地说笑。我试着与她们搭讪："请问你们是军人吗？"

"不是，"她们笑了，一个人说："我们是海关人员。"

"啊，上海经常是这样热吗？"

"一会儿就好了，空调刚刚打开。"

"空调（台湾叫冷气）刚刚打开？"我根本没动脑筋，顺口说着。

"为了省电呀！哪能像你们？你是美国人吧？"一位姑娘神色不太愉快地说。

"不，我是中国人，我在家也是一样，不用就把空调关起来。"我是想讨好她。

"我可不一样，我家没有空调。"那位姑娘说完回头就走。

这种情绪似乎到处可见，尤其是店里的售货小姐。有一次，沈红莲想要买本辞典，到北京王府井大街的新华书店去找。那些服务的小姐一个个坐在柜台后，相互嘻笑，不论客人问什么，她们都不理不睬。

最后沈红莲总算看中了一本，问一位小姐要多少钱。问了好几次，她可算开了金口了："多少钱？你买得起吗？"

这是什么道理呢？共产主义的教育不是强调要为人民服务吗？如果说一年半载不能改变一个人，我可以相信。但是祖国大陆实行共产主义已经三十多年了，多多少少应该有助于人态度的改善。更何况北京人一向以好客有礼著名，怎会变得如此乖戾？

到了北京，统战部招待我们住在北京饭店，一个人一大间套房，非常阔气。我一向穷惯了，这般享受心有不安，加上囊中羞涩，什么送礼呀、小费的一概装作不知有此一说。而且一再声明，我最欣赏共产主义不送礼、不给小费的习俗！

统战部也派了两位官员招待我们，一位姓林，一位姓王。在大陆半个多月的时间，他们一直陪伴着我们，从北到南，安排行程，接洽事务，非常辛苦。从很多细节上，让我不得不由衷地佩服他们的纪律以及服务的精神。

在北京，我们参观了故宫、十三陵、香山、北海，吃过闻名的仿膳，也爬上了"不到长城非好汉"的长城。这些景物并没有激起我多大的冲击，因为要了解一个时代，必须从人下手。北京虽然到处是人，但是要看透人心，却不是件简单的事。

在参观明孝陵时，看到墓地中挂着一个说明，后来每到一个地方，都没有例外。那些说明千篇一律地都是严词谴责封建君主的劳民伤财，浪费民脂民膏，建造了这些没有价值的建筑。

有个清晨，我和沈红莲走到故宫旁的劳动人民文化宫，我打算了解一下人民的生活方式与想法。门票是两分钱，进到里面，是个极大的花园，有假山假石、盆景花木以及各种雕梁画栋的建筑。但是一眼望去，黄土铺地，寸草不生，无法感受南国花园袭人的绿意。

北京雨量不丰且多风沙，能有这么多花木已属难得。地上很干净，一定是常有人打扫，或是大家都有公德心。园中到处是人，多半是些老者。有的在练马步，有的打太极拳，还有人在树下或墙前半蹲半坐，双臂虚抱，仿佛怀中有个大缸。

花丛之间有一些长条的座椅，三五成群的有不少人在休息。我特别想知道他们谈话的内容，因为这才是最真实的人生。

我也找个空位坐了下来，身边有好几个老太太。大家多半是木然地呆望着前方，偶然回过头来，与旁边的人有一句没一句地搭上几声，也听不出什么主题来。

离开北京后，为了观赏祖国风光，我们要求搭火车南下。途经淮河平原，先到南京，再渡江去南通，探视沈红莲的奶奶。然后再去苏州、杭州，经上海回美国。

我们坐的是“软卧”，四个人一间，倒颇为舒适。天一亮，我就注目窗外，连续几个钟头，尽目望去一片无涯的青葱，完全不是过去想象中荒凉残破的淮河平原。至少，我相信人民温饱应该不是神话了。

在南京时，我们住进一所很宏大而又宁静的宾馆。于各地参观拜会之余，令我印象最深刻的，倒是南京市内公路两旁高大的梧桐树。因为沈红莲是南通人，所以统战部特别在行程中安排了南通的拜访。南通在长江北岸，离开南京后，要坐渡轮过江。

我们晚上 8 时离开宾馆，天气热得像是在火炉中一般（42℃）。陪我们同来的老林笑说，南京正是长江三大火炉之一，我们来得不巧，正好挨烤。

这真是世界奇观！只见南京公路的路肩上，密密麻麻地睡满了民众。从宾馆到码头，汽车走了半个小时，我就没看到过一块空地。全世界大概也只有中国人有这种耐性，大家居然整整齐齐地，都露天而眠。

一到码头更是人潮汹涌，看热闹的，等着上船的统统挤成一堆。谁都不知道谁要干什么，反正有人往这边来，也有人往那里去，大家挤来挤去。这时我早已汗流浃背，眼镜片上一层雾气，在人群中热得头昏脑涨。

南京统战部的部长也来了，是一位白发苍苍的老先生，一副弱不禁风的样子。那位老部长在前开路，被挤得东倒西歪的。我见到有些人欺负他老，故意推他撞他，不由得火冒三丈。尤其是沈红莲，她那份侠情又被激发了，一副火山即将爆发的模样。顾不得自己是客，我连忙挤到那位部长的前面，打算跟那些恶客讲理。

老林紧跟着我，看我神情不对，忙把我拉住说："今天实在太热了，别急别气。"

"可是，他们为什么一点也不尊重年纪大的人呢？"

"唉！没有办法！文化水平不够嘛，原谅他们吧！"

沈红莲的家人很平实，生活算得上是小康，在地方上小有地位。我们逗留了一天，转程苏州、杭州，参观了留园、西湖。最后到上海搭机，于8月8日返回美国。

刚回到RDI公司，蒋先生又带来一封邀请函，请我参加9月底在北京召开的国际中文信息会议。蒋先生认为我应该回祖国服务，我也颇有同感。尤其是中文电脑的技术正在转折点上，如果没有掌握正确的方向，未来要付出的代价一定不小。

由于蒋先生的关系，雷达公司对我回国开会没有刁难。只是比尔有个条件，如果大陆有意与我合作，他要分一半的权利，我很痛快地一口答应。不料，比尔又提出一个条件，要我与他的律师同去，而且不管任何谈判，都要有律师在场！

蒋先生悄悄对我说，不妨先答应他，大陆方面会为我安排。果然，一到北京的机场，在行李通关处等行李时，突然有两个陌生人走到我们的面前。一位拦在那位律师前面，一位把我领到特别通行口，连行李都没有检查就出关了。美国律师只好傻傻地排着队，不知所措。到了北京，我住宿的旅馆也另行安排，一切对外保密。

大陆称电脑为计算机，由四机部的计算机管理局掌管。我一去，就安排了一个星期的讲学，讲解我的中文系统观念。

我将中文打字机的样品与蓝图送给计算机管理局，希望他们大量生产，以利中文之应用（不幸多年后我再去探询下文，该机竟然下落不明，不知所终）。我从他们的态度上，发现到一些不正常的心理现象，他们一再强调在20世纪50年代，其电子技术明显地优于日本。对于目前的落后，他们虽不否认，却流露出自卑与自傲夹杂的复杂情绪。

我立刻警觉到，一不小心，就可能戳破那急欲掩饰的怨恨。但是，这不是坏事，人只有在不服气的情绪下，才有可能发挥自己的潜力。起码，总比那些衷心认定外国月亮圆的工程师好多了！

只是重视技术的人就必然重利，因为技术就是利的结晶。急功近利的人如果能够做到“各人自扫门前雪，休管他人瓦上霜”就相当不错了。我不怪他们，但又不能不表达我的看法，表达的结果与在台湾差不多。在台湾，有人打小报告说我是共产党，这里他们说得比较含蓄，只认为我上了国民党的当。

我最关心的是“国家标准码”，只收了 6763 个字。堂堂大中国的国家标准竟抄袭自日本的工业标准码（JIS Code）！如果说礼尚往来，过去日本自中原吸收了部分文化以及中文，如今物归原主倒也说得过去。可是连日本人都知道，文化用字难以规范，为了工业上的需求，收取了七千多字只作为“工业标准”。

中国人大概以为日本人智慧较高，再不然认为现代中国只需要工业就够了。所以日本的工业标准，摇身一变竟成为中国的国家标准！

我告诉他们没有必要这样屈就，即使是收两万四千字，也可以设法与英文系统兼容共存。但是，当时没有一个人听得下去，工程师的心态和我在台湾所见一般，咸认为六千字已经太多了，多得他们都认不得。最好像英文字母一样，二十六个，最容易处理。

另外一个错误的观念是放着大量无所事事的软件工程师，不让他们彻底了解系统观念，也不自行开发系统程序。却发动了中国科学院软件研究所的第六所与四机部合作，大搞各种“汉化”程序。

所谓汉化是将原程序所显示的英文字符改为中文，如此而已。在技术层次上还赶不上我们当年在零壹修改其他的电脑，使之能处理中文。这样的不思从头研究，在未来的发展上，绝对是一条“此路不通”的死胡同。

为什么呢？软件的价值即在于程序技巧的应用，如果工程师只看程序的外表，而不深究其结构内涵，就得不到技术的精髓。把程序中的字符改成中文太容易了，而自行开发软件则非常困难。没有人不愿意做容易的事，到最后除了依赖抄袭之外，第一流人才真正的本事都浪费了。

本来我还抱着一丝希望，如果有人支持我的看法，我会留下来，死心塌地地把平生所学，报效给知人善用者。不幸，这一点点卑微的奢望，从台湾到祖国大陆都行不通。似乎所有搞技术的，都得自行扬名立万不可。“文人相轻，自古皆然”，只要略作修改，把“文人”改为“同行”就传神了。

至于中文信息会议的过程，不外一些应酬文章，乏善可陈。我已事先讲好，把座位安排在大陆各界专家这边，上海科委的刘建民也在座，我们曾在美国见过。他大感诧异地问我，是什么单位接待我的。我告诉他是统战部，他立刻向大会提出异议，因为他认为我是他邀请的客人。

我搞不清楚是怎么回事，后来才知道，我的邀请函果真是上海科委所发。领事馆交给蒋先生，而蒋先生没弄清楚就通知统战部接待我。到了北京，统战部又认为我是电脑专家，便把我带到四机部的电子计算机局，成为局里的贵宾。

原来不过是场误会，我答应再去上海，也讲学一个星期，这才把事情摆平。人生的机缘很难说，如果先去了上海，打字机可能付之生产了。缘在美国见面时，刘建民就看中了那部中文打字机，一听说我送给四机部，他失望得只是说："可惜了！太可惜了！"

"不会吧，我看他们也很重视。"

"你等着看吧，北京那些人，绝对看不出打字机的价值！"

我回到美国不久，突然有天半夜，电话声响起，那一端竟是台湾《联合报》的记者！他开门见山地问我是否去了大陆，我承认是去开中文会议。他又问是否打算回大陆工作，我则老实告他，目前还没有计划。

过了几天，台北公司的同仁寄来一份《联合报》，上面报道了我去大陆的越洋专访。同时又附上了一份旧的，那是在我离开台北的第二天，报上说我经营公司不当，欠了几百万的债务，最后只好一逃了之。我看了只觉得好笑，报纸的可信度不过如此，连当事人都搞不清楚，一般读者到底能知道几分真假是非呢？

我开始在雷达公司上班，先把雷达的软硬件作了一番通盘的认识，然后再来研究应该如何动手。一研究之下，发现问题说大不大，说小不小。因为操作时人所看到的讯息都在一个"雷达绘图装置"上，也就是一个专用的监视器，只要能将显示的信息改为中文，就一切都解决了。

难的是硬件与软件都要能配合得恰到好处，所幸我早就想过这类问题，我的潜意识随时随地都在设法把看到的英文改成中文。

我先研究硬件，发现监视器中的英文字符是 7×15 大小，这样两个英文字的空间（15×15）刚好可以凑成一个中文。此外其英文字符贮存的方式，是以 ASCII 顺位连续烧在一片唯读存储器中。由于雷达专用术语不多，沈红莲负责将之译成中文，而且限制在 96 个字以下。我只要再重烧一片中文字形，再将程序中的英文改成所译的代码即可。

但是为了找寻显示英文字符的程序，花的功夫可就大了。程序部的经理自诩他们的说明文件准备得极为充分，所以程序一看就能了解。事实上完全不是那么回事，在美国，软件程序师流动性很大，那些程序早已换手多次。而几位现职程序师，花了三天的时间，一直搞不清在那成叠的文件中，什么是什么。

我等不及了，决定从头找起，我写程序一向都要求精简，沈红莲戏称我为朱 3K。这是第一次接触到美国人写的应用程序，其臭其长几乎叹为观止。当我告诉他们希望有一份列印出来的全部程序时，那位经理面有难色，问我说："什么时候要？"

"什么时候都可以，但是为了争取时间，当然越快越好。"

"快不起来，因为这个程序印一次要好几天，要用好几箱纸。"

"好几天？程序到底有多大？"

"大概有两三百万个字节？"

"两三百万？不是用组合语言写的吗？"因为组合语言最精简，我写程序到今天，全部加起来还没有写到三万个字节。

"那么只印控制监视器的那一段如何？"

"怎么印？天知道那段程序在哪里！"他不禁恼羞成怒，一肚子怨气都倾了出来："你们中国人为什么不用英文呢？我们做什么，你们用什么，省掉多少麻烦！"

最后只好由沈红莲与我自行动手，幸亏上次她为神通改写中文字库时，所用的系统就是眼前这一套。沈红莲一段一段有耐心地调出来，一段一段仔细地检查。找了一个多星期，只把有可能的几个档印了出来。结果印出来的程序，几乎有一个人高。

我一面检查程序，一面感慨万分。这种程序可以说完全是垃圾，既无章法又无结构，大量利用一种美国人最骄傲的宏（MACRO）形式，无限量地浪费宝贵的时空资源。宏形式原来是很好的构想，有些不断重复的手续写起来太繁琐，利用宏指令，程序师只要设计一次就可以随时取用。可是把宏用得恰当却不容易，因为工作的重复并不表示每次作法完全一样。懒人便用笨法，一次把要做的事都写在一处，要用时顺手就抓一个。

这事好有一比，人每天要出门，便设计一个程序专写出门。但出门方向不一，没关系，程序先出门办完事，回来才发觉方向错了。方向错了又可以修正，于是又有一段修正程序……如此类推。

程序师会说：“你看我多聪明！所有的情况都考虑到了！”

只有一点他没有考虑到，真要出门的人不必先出去再修正，他的方向早就决定了！

我提出了中文化的工作进度，认为两个人一个月可以完成。雷达公司内部开了一个协调会，没有人相信。因为不相信，就都认为我不是个骗子就是外行。可是没有中文不能交货，骗子也好，真功夫也好，反正损失不大，试试看有什么关系？

关系在面子，因为硬件与软件部门的经理都坚持说，天下不可能有这种技术，尤其中国人懂什么？找中国人做有损尊严！

他们开了一天会，我则在场外备询。最后由于比尔的坚持（他的理由是：中国政府对我那般重视，绝对不可能是骗子），又为了交货，不得不让我试试。

硬件部门有位老技师，我曾经和他讨论过，他知道这计划行得通。公司很慷慨，连那老技师在内，三个人给了一个月的时间，一定要做出来。结果我们只用了 12 天就完成，从此公司上上下下，人人对我们刮目相看。

人生的得失往往不是一时可以认知的，我从小就喜欢硬件的电子、机械，如果不是当年那位程序师把我气得一佛出世，怎样都不会改玩软件。孰料软件正适合我的创造力，无限的时空全都在思维逻辑的控制下。多年来的经验证实我只要明确地知道自己在做什么，也只要我有机会动手，从来没有失败的例子。

绝大多数的电脑从业者都只将电脑当作谋生的工具，我则不然，我一直在找寻一种理想的工具，以实现自己脑海中的构想。电脑之有价值就在于有了可以随意控制的软件，当然，电脑也有“遗传”上的机能，再通过一定的手续，新的设计就成为它的“经验”。这不正是人类进化的缩影吗？然而上帝造世界尚且要七天，人改变程序却只在须臾之间。

为此，我完全站在“天”的立场，来看待“人”的替代品“电脑”。我必须敬重电脑的尊严，写程序要像艺术创作一般，精益求精！一旦精通了电脑的各种细节，不论要用电脑做什么，只要做的人知道自己在做什么，没有做不到的！

中文雷达成功了，比尔信心大增，表示要投资五十万美元和我们合作中文电脑。我便将林嘉勋找来，打算以 IBM PC 为基础，完全利用软件，将它设计成中文电脑。

此外，我看到雷达公司有一种船上用的卫星定位系统，可以改成汽车上用的地图系统。比尔一听，半晌不吭一声，过了一会，他才说他认为应该先做中文电脑。那位老技师后来偷偷告诉我，说比尔在硬件部成立了一个小组，专门研究汽车导航。

茜茜莉·沈是 Ether Net（以太网）的设计人之一，与超大规模集成电路（VLSI）之父卡维·米德过从甚密。她知道中文的潜在市场，很想把中文系统放进一片超大规模集成电路中，朋友介绍我与她见面，看看能不能够合作。

这时，我正在与沈红莲两个人，利用下班后的时间做中文的概念结构。我在巴西教音乐学院的同学中文时，就发现中文文字结构中，有一种字义的“概念分类”。人只要熟悉了其分类特性，就很容易了解中文的意义。事实上，仓颉输入法是概念应用的另一个方向，而概念才是核心。

比如说，“车”是一种概念，由于车的用途很广，人在陆上的行动都必须用到车。久而久之，车便自成一类，在“车”字之前加上动力或功能种类者，有战车、火车、牛车、汽车等；在其后加上部件，则指属于车之部位或结构的车头、车轮、车轨、车厢等。从造字来说，把“车”字视作分类字首，则所有从车衍生之字，如轮、轫、辋、轵等都可以组合出来。

我在仓颉码的设计中，已经有了概略的分类，至于细部的定义则一直没有时间去做。现在正好利用时机，每天下了班回到公寓，便开始了分类的工作。

我用四个字节分别定义为四种形式，再以八种特征做细部的描述。这样一来，每个中文都可以用四字节或者三十二个位元来表达。

再以“轮”为例，已知其属车部，是车之一种部件，第一字节定义其词性及用法；第二字节指其位置在下接触地面，能滚动，由轴与体接；第三字节定义其形状，圆形，有内外结构，充气；第四字节则说明其材料、性质等。

当文字与文字组合成词组时，就根据一定的组合规律，查各字之间的交集，以得知所代表的涵意。如“一个车轮”指车之轮，因其交集为车及部件，但如“一轮明月”，其中轮与明无交集，但与月有交集，两者皆为“圆形”，月与明有交集为“光”。是以我们知道此轮已非车轮，而为一种有光的圆形物。

我之所以要动手做概念结构，是受到日本“第五代电脑计划”的冲击。日本人是非常值得敬重的民族，因地缘的特性，日本人随时随地都心存危亡，力求自保。偏偏邻国是个大而松松散散的古老民族，强盛的时候固是不可一世，羸弱的时候却也亡不了。日本人永远在危险的边缘，所以必须随时保持警觉。

一旦日本强大了，最安全之策自然是把中国据为己有，才能一劳永逸，才有本钱效法中国人的大而化之。只要了解什么叫做第五代电脑，就知道为什么中国危在眉睫。

在20世纪50年代，当第一代计算机开始发展时，美国学者就提出“人工智能”的可行性。他们认为人的思维可以通过符号表达，而机器能应用符号，工作效率最高。只要能把人所了解的符号设计成为计算机能应用的形式，机器何尝不能有人的智能？

一代一代地研究下去，虽然很多人失败了，但是计算机的功能却突飞猛进。每次当一批研究的人放弃了多年的心血时，就有另一批人借着新一代的计算机，又兴致勃勃地展开新的冒险。从第一代到第三代，一个一个希望幻灭了，他们并未绝望，只是认为当前计算机的容量与速度尚不够，必须再提高千倍以上，当量变产生质变时，问题将迎刃而解。

日本在电子领域的成功全是靠美国人的发明，如果日本人率先开发出容量与速度都超过当前一千倍的集成电路，岂不是一种划时代的发明？更何况果真量变产生了质变，日本也就有了人工智能的技术。

所谓人工智能的技术，是指将人的智能转移到非人的机械上的一种技术。其中包括观察、辨识、语言、记忆、思维、判断、控制等项目。

以日本雄厚的生产实力，只要把人工智能的技术应用在军事上，在他们现代化的流水生产线的一端输入材料与能源，而输出端则是千千万万整齐划一、精神抖擞的“铁甲武士”。这些武士心狠手辣，打不死，累不坏，只要原料无缺，就可以生生不息！果真这种铁甲大军临境侵入，其后果不言可知，人类文明亦将重写了。

我不相信日本人能成功，但却知道人工智能之来临只是时间迟与早的问题。我从中国文字中已经看到了其可行性，难道别人就看不到吗？日本人的计划我详细分析过，在自然语言与常识库之间是一个大而无当不可能竟功的松散结构。除非自然语言即等于常识库！而这种可能只有中文具备，但日本也用汉字，万一日本人发现了呢？

我做这种研究的心态之一，是想知道到底有无这种可能性？如果有的话，是不是能够釜底抽薪，以为人类留一点后路。

由于茜茜莉·沈与卡维·米德对人工智能知之甚详，我时常向他们讨教，想多了解一点美国人的观念。米德身材瘦长，人很风趣，谈天说地颇有名士之风。但是他们所知的都只是硬件部分，我则认为硬件环境尚未成熟，未来变化的空间还很大。

米德听了很不高兴：“你凭什么说 VLSI 还不够成熟？你知道在每一平方英寸上有多少晶体吗？你知道晶圆最大的极限是多少吗？”我知道，他真把 VLSI 当作他的儿子。

“这都是技术问题，当上游技术改进后，情况还会变的。”

“这是什么意思？”

“我是说每一次硬件的设计，都是将当时已有的技术用到极限，包括真空管与晶体的设计在内。但是只要有更新的物质材料出现，就会有新的改变。”

“你认为硬件的进步永无止境吗？”

“当然不是，但是目前显然还未到达极限。”

美国人的度量很大，能容纳不同的意见，如果他是中国人，恐怕再也不会理我了。

茜茜莉·沈决定去大陆谈合作，邀我参加，这当然是件好事。她介绍我去见她们幕后的投资人，一位艾森豪威尔时代的美国国防部助理。

我一见他那种趾高气扬的态度，心中就有些不快，既然要合作，总得像个朋友才是。茜茜莉·沈和他谈了一阵子，我很少开口，当然英语水平不够是主因。

那位助理先生一直在观察我，突然他问道：“朱先生，你是美国人吗？”

“不是。”

“那你打算入美国籍吗？”

“没有这个打算。”我答得很干脆。

“万一有必要呢？”

“我只做我的工作，没有必要。”

“怎么可以？茜茜莉·沈，你怎么能让他参加我们的计划？”

事后茜茜莉·沈对我大表不满，她认为即使我不打算加入美国籍也没有必要承认。而我也说明，要我提供中文技术不是问题，但我绝对不会参加他们的计划。后来，据我所知，他们的计划因为被中国拒绝而不了了之。

这时 IBM PC 上市了，我用 8088 指令重新改写原来的字库。而且把字形放大缩小的技术也做了一番规划，打算分几个阶段来发展。第一个阶段只做两种大小，即 15×16 与 24×24，如果成功了，我就有把握使之放大与缩小成各种比例。再下去，我将知道有没有可能再加上字体、字形及其他各种变化。

由于整天专心于文字与图形的转换，人间事常常难以顾及。

我们住在旧金山，常需回洛杉矶办事，两地之间走 5 号高速公路比较快，但路上往往是连续数十公里没有一个转弯。因为我心中有事，经常不知不觉开起快车来。为了避免被交警逮个正着，只要看到有飙车族，我立刻踏下油门，前呼后随，风驰而去。飙车族都同病相怜，很能相互照应，在有警车巡逻之处，对面必有开来的同类，不停地闪着车灯，提出警告。

从经验中我知道，夹杂在车队的中间最为保险，车队的头尾最容易被拦截。人同此心，心同此理，所以车队经常变换队形，各人也需自求多福。

有一次我要回洛城，开了一部 1985 年胜利牌的白色敞篷小跑车。那部车只要一踩油门，十秒钟之内可以加速至一百二三十公里。这部跑车是雷达公司的，因为目前没人开，所以借给我代步。

车行在平坦而广阔的高速公路上，与人生何异？望天地之悠悠，前无古人，实在寂寞不过。偶而也会遇上一两部车子，相互角逐一番，但总是过不了多久就劳燕分飞。好在我的心中还有一条热线，随时随地可以与古今大师闲话家常，讨论人生。

突然，前面出现一个黑点，与我相距约有数公里距离。我立即一踩油门，小跑车如腾云驾雾般，以每小时两百公里的速度向前冲去。人在车中，车在云间，我见到了逍遥在云中的庄子，正拟分享这种铁鸟之梦，眼前的黑点渐渐长大……

黑点变成了车子，车子的形状也越来越清楚，车顶上有个东西很耀眼，是警车的闪光灯！糟了！这叫马屁股上拍苍蝇！怎么办？还逃得掉吗？

我保持冷静，下意识地继续前行，直到接近了，保持着安全距离，亦步亦趋。

过了不久，那警车终于闪着灯，叫我到路边停下。

“你知不知道你开车的速度？”那警官走到我的车旁，拿出罚单。

“不知道，我只看到你的车子就追过来了。”

“你怎么可以追警车呢？”他又好气又好笑地说。

“路上实在太寂寞了，想找个伴。”

一定是这句千古不变的真心话打动了他。他收起本子，道声下次小心，走了。

7 飘泊

博爱　智能　东进　计划

美国人做生意喜欢买空卖空，比尔对中文电脑的投资是靠银行贷款，银行评估后认为中文电脑市场不大，拒绝了。比尔的经济状况并不理想，他自己拿不出钱来，却又天天逼我签字，想利用我的关系去找财路。

这时万佩鼎突然从洛杉矶打电话来，说找到了中文电脑的投资人。我立刻南下谈妥共组公司，由我全权负责技术，对方负责资金与市场。新公司名叫"博爱中文电脑公司"，地址在洛杉矶，董事长、总经理都由他们担任。我唯一的条件是研究室要设在我的住所中，以便能日夜工作。

由于中文技术人员招聘不易，我便建议从台湾引进，并与零壹公司合作。他们同意了，我便把林晓星调来设计中文系统。

总经理郝锦章也是位软件工程师，另外拥有一个电脑公司。他坚信套装软件与系统工程是两回事，因前者涉及"人体工程学"，必须专门人才始能胜任。为此他特别招了一位电脑硕士，在他的指挥下，专门设计中文文书处理等套装软件。

差不多是 1984 年 10 月，我们的系统与中文字库都测试完毕，但因为没有应用软件，不能销售，甚至连写一本使用手册都无法动手。我决定自己写个简单的中文文书处理，花了不到一个月的功夫，就派上用场了。

郝先生对我们的工作进度自是无话可说，有一次他偶然看到我们印出来的文稿，大吃一惊，问我这篇文稿是从哪里来的?

"我自己印的。"我认为这是理所当然的事。

"你用什么印呢?"他更是难以相信。

"自己的程序呀。"

“我们的文书处理还没有写好，哪里有程序？”

“啊！我自己写的，专供自己编写手册用的。”我便把程序给他看。

“天哪！你为什么不早说呢？害得我们一直在等文书处理完工。”

“我只是写给自己用的，太简单了。”

他不由分说，一边问着一边要我操作给他看。看完了，他说：“太好了，太好了，比我想象的都要好，只要再做些调整就可以卖了。”

“你那边不是有专人在写吗？难道你打算卖两套？”

“别提了，那一套根本就没有希望，用这套就行！”

1985 年初，他们将这套中文系统定名为“中文之星”，正式在美国开始销售。我们产品的特色是所占的内存超小，中文系统只有十万位，可提供两万四千个字，且有四种字形大小。至于全屏幕文书处理也仅占五万位，一片光碟就够了。

公司真正的出资者是龚作君，他在房地产上赚了些钱，想转战信息业。他对台湾市场兴趣不大，却非常看好大陆，前后到大陆走了三趟，找了很多亲戚朋友做各地的代理。不幸他的亲戚都不懂电脑，一套都没卖掉。

老龚也到过台湾，认为零壹公司规模太小，不值得合作。大同公司很大，一眼就被他相中了，决定将“中文之星”交由大同独家代理。

我本来不打算管市场，但为了公司的利益，我告诉他，以大同公司之大，不可能把我们的产品看得很重要。老龚说：“我生意做多了，会看人，这次林挺生请我吃饭，还和我合照，不会错的！”

老龚的自信心非常强，他一口咬定天才是遗传的。我试着从各种角度去解释，并没有哪一种遗传因子叫做天才。可是他说我在强辩，引用的理论不够科学。

我问他：“如果这些学理还不够科学，那怎么才够科学呢？”

“科学要有证据。”

“你有证据证明天才是遗传的吗？”

“当然有！”他神气十足地说：“你看！我的儿子也是天才！”

结果，大同一直表示“高度的兴趣”而没有销售，在台湾一套也没有卖掉。这时零壹公司利用中文字库发展出一片用在 IBM PC 上的中文卡，每片售价 1500 美元，卖得很成功。不到一年，因中文卡售价过高，国乔公司以软件取而代之，渐渐成为主流。

我们的产品完成得最早，成本最低，功能也最强（在当时）。却只流行在美国各大学中，最后成为美国国会图书馆的终端机。

我曾经考虑过自己回台去推广，龚作君说他与“警总”有非常密切的关系，他负责打听有关我回台的可能性。过了些时，他说我已经被列入黑名单，这辈子休想回去。这一来，我只好死心塌地地申请了一张绿卡。

在博爱工作期间，我曾于 1985 年参加了在旧金山举行的华文电脑会议，在会场我见到了全录公司展示的图形视窗。那一次我也去过硅谷，拜访过苹果公司，看到了麦金塔机（Mac）。我认为视窗必会成为市场主流，于是立刻动手设计中文视窗。

由于美国的中文市场有限，产品打不进大陆，又失去了台湾。公司入不敷出，郝与龚二人都丧失了信心，不愿意再撑下去，我们终于协议散伙。

这时我没有一点存款，而以往所有的薪金都给了内人，一失业就陷入困境。

有位朋友很热心，介绍我去找一家绘图公司。我把前次绘图仪打字机上的字库，加上放大缩小的参数，卖给他们做中文绘图。

这套字库卖得四万美元，我一直在考虑，是不是该给这位朋友一点佣金？但是他口口声声对我说，他有的是钱，亲戚朋友都是达官巨贾。今天他好心帮忙，给了钱岂不侮辱了他？想来想去，我决定暂时不给，以后再说。

这时，零壹公司因为中文卡赚了钱，不仅把我过去借的钱都还清了，甚至还有股息可分，最后给我保留了七万美元。

有了这两笔钱，我决定自己创业，打算发展中文视窗与能放大缩小的多字体字库。我在哈仙达区一个半山上租了一栋大房子，有五室两大厅，还有个看得到洛城夜色的大院子。我的想法是找几个志同道合的人，大家省吃俭用拼上一年，把新产品发展出来，再去找懂得市场营销的人合作，以免重蹈覆辙。

可是，除了老搭档沈红莲，没有一个人有兴趣。好在我一点也不急，这样正好无拘无束地专心研究，全力对付今后的问题。于是偌大的屋子里只有我们两个人，从字库到字形辨识、概念分类，从中文视窗到印刷排版，每天忙得不亦乐乎。

飘泊了半生，所看到的都是难以摆脱的责任。人生的道路也正与当前的处境相似，即使再往上行，仍然还在半山腰。只有在到达山顶后，眼看脚下鳞次栉比的人家，或许可以得到一些安慰。然而只要仰首抬头，就看到一座一座的高山无尽地向天边开展。

我能休息吗？在得道的立场说，十多年来，我已经做到不为物役，不为形伤。但什么是道？只是自己一人独行的私产吗？

老子、庄子所铺的道基确实万世不朽，但时至今日，道上的车马吨位加重，道旁烟雾迷漫，我怎能以自己行在道上知足？

道基虽存，人心也渴求顺畅地四通八达，但是，值此交通高峰时刻，维护的工作却是艰难之极。要了解那浩瀚似海的经典古籍，已非任何一个人终生可及。再加上当今科学知识爆炸，真是处处伸手不见十指！

就算人有决心，有毅力，年轻时精力充沛，身心一刻安宁不得，人连自己的方向都无法厘定，又怎能确定未来将飘往何方？好不容易到了中年，人事已晓，偏偏又携家带小，人间的孽债满肩，由不得自己作主。有人狠下心来，追求自己的方向，就难见容于社会。人是社会动物，得不到社会的支持，谁又能做什么？

我侥天之幸，能走到这个地步，不仅得到一个有力的左右手为伴，居然还能得识出生不久、尚在襁褓中的电脑。以电脑超人的潜力，如果再加入"道"的精华，岂不比期望于人为佳？而我既能掌握电脑软件，又有道的认知，这个责任还有推卸的余地吗？

可是，道在何处呢？人有身体，两脚行于平坦的地上是道。人又有精神体，人的思维贯通在文字上，又何尝不是道？人体走的道人人可见，思想的道人人在用。为什么文字的道就为人所忽视呢？

其实人体所行的道路，又有哪个人真正了解了？只要眼睛看到了，口中也叫出其代号、名称，人就满足了，自认为了解了！文字亦然，我们说不识字的人是"文盲"，有人知道什么是"文"吗？如果要认真地"正名"，今人所谓之"文盲"，其实只是"字盲"。意思是说，这种人不能"用视觉辨识字形"！那么什么是"文盲"呢？这就是中文之妙了，见"文"思义，文既为纹理，代表了事物现象之所由来以及其导致的后果效应！所以文盲应该是指人之不明事理，没有智慧！

试问，天下有几个人不是文盲？眼睛只能看到事物反映的光影，不知事物因果效应的人，即令看见了文字的光影，能辨识文字的体用，只能算做非字盲而已！一个真正明了事物之理的人，就是明道之人，因为文字的内涵才是古人传留的真道！

古人说："文以载道"，今日真道蒙尘之际，究竟应如何发扬光大呢？须知人的意识素来是"建设容易破坏难"。人生之初心无城府，教之为黑即黑，教之为白即白。待人渐渐成长，遂以所知所识为中心思想，以己利己害为取舍标准。今举世滔滔，人人崇私尚利，仅知目前而不顾明天，道理实在很难听得进去。

所幸造物者早有对策，电脑是初生之犊，尚未被污染，使之为利则求利，教之以道则行道。我若能将中华文化的精髓一一植入电脑，当远比我镇日嘶喊，惹人反感为佳。

有人以为只要将文字资料悉数输入，用大型电脑贮存，就能达到上述目的。这又是一项因为文盲而形成的错误，全世界图书馆所藏的图书，几乎无一不是人类思想的精华，是否因此图书馆就有智慧了？就算智慧是人的专利吧，那今人远比古人有更多的书籍和知识，是否智者比比皆是？

我的问题在于有没有一种智慧，能把文字中所载的道理释放出来，释放出来的目的，当然是要让电脑能够了解。我一直对人如何了解“了解”最感兴趣，一旦我了解了，就有办法让电脑具备“了解”的能力。要了解“了解”，意识心理学才刚起步，唯有自己学习。向谁学呢？向我自己学最简单，只要知道自己是怎样了解的，这就跨出了第一步。

在自我观察的过程中，我发现要了解什么叫“了解”，就必须先知道我们所了解的是什么？这一点，宋明理学给了我一条康庄大道，王阳明的“格物致知”是科学态度，而理学所强调的“体用、因果”就是了解的对象。因为在我们知道事物的本“体”后，就能加以应“用”，若要用得恰当，则必须了解其原“因”与结“果”。

了解了事物的体用、因果关系，只是“了解”而已。进一步要知道人为什么能了解，则必须追究“了解”是通过什么方式，使我们的意识能接触到客观环境的。

关于这一点，物理、化学、生理、心理学等知识可以提供答案。我们已知是时空的运转产生了能量变化，能量变化又刺激感官，感官的信号与意识的利害印象综合作用后，便得到了认知。

是什么样的能量变化呢？这样一步一步地深入下去，我把问题微分到物质、能场等基本物理现象。最后我才发觉，人所了解的真相竟然与我们自以为了解的事物截然不同（后注：详细理论请见拙著《智慧学九论——认识论》）！

同时，我也在文字字义上，双线同时搜寻。每当找到一种答案时，我就查看中文与了解的相关性，而且检查仓颉编码，务必使得字码与字义统一。

一个人在面临万仞汪洋之初，一眼望去是无际的天地，似乎什么都看不见。如果想要知道水中潜藏的真相，就必须沉入水下。等到眼睛浸在水中时，才知道水里又是另一个天地。这时眼界仍浅，要看得深就必须潜得深，要看得透则要待得久。

人在水下，若没有工具则寸步难行；若工具不对路，所能到达的地方也有限。我有幸是中国人，而中文正是一种经过了解后的终端信息。只要人有这种眼光，看得出中文是智慧的海洋，就看得出人如何利用海洋的智慧，来了解人生的现象。

个中的道理很简单，每一个民族、社会、文化等都是人类在生活中走出来的遗迹。由于初民的生活方式受到环境的限制而各有不同，所产生的结果也就有异。大致说来，因地缘的因素，早期人类的生活方式，可以概分为农业与游牧两大类。

游牧生活自由自在，牲畜寄生于水草，人则寄生于牲畜。只要有足够的土地，人们终年迁徙，在水草的牵引下游移，生活无忧无虑。在这种环境下，人们生生死死，能够遗留下来的有限，有些情歌热舞也就不错了。

农业社会则不然，作物在土地中，没有爱心的浇灌是发不出芽的。有了爱心就有忧虑，有忧虑就会关心，因为关心就必须竭尽心力，设法使作物长得好，生活才能无虞。

对游牧民族而言，他们只要知道什么时候迁徙，往什么方向移动，便世世代代受用无穷。农业生活却没有那么单纯，先民观察得越深就了解得越多。最后发现要找一个方法，把已经知道的事物、现象记载下来，以便比较分析。如此这般，便有了文字的发明。

早期的文字如何流传呢？画在土地上最方便，刻在树木、树叶上也很容易。等到铜器、铁器时代以后，根据经验，人们知道文字镌刻在骨头、石块上才能久存。时到今日，地上的字看不见了，树叶树皮早已成灰，但甲骨与石块上的痕迹，却是历千古而弥新。

游牧民族能把这些甲骨、石块搬来搬去吗？即使在历史上曾有过这么一位智者，相信在他死后，子孙们一定如释重负，众志成城，立刻将所有的重物丢弃掉。

原始的文字必然是最易辨识、最符合人性的记录，那就是直观的象形。发明文字的人必是智者，然而应用的人则未必有太高的智慧，于是麻烦就来了。人的模仿力是观察、控制、判断力的总和，眼睛看到形状，手不见得能画好。对手控制不好，判断力又有限的人，象形文字经常令其徒呼负负。

所以象形字的最大困难是一般人很难熟练地应用，于是就有人加上主观见解，自行修改。在象形文字出现之前，人类已经有了丰富的语言。“口”是最有用的器官，一开口就能出声，用声音表达意念就是语言。语言虽然方便，声音却无法保留，见风即散。但是有了文字以后，用形代音，以音为符，很容易将象形字转化为拼音文字。

农业文化的摇篮是河谷平原，在非洲与中东有两大水系，一是埃及的尼罗河，一是美索不达米亚平原的底格里斯河与幼发拉底河。这两个地区的居民在早期也都发展出了丰富的象形文字，也有着独特而兴旺的文明。

在这两大古文明区之上的，是岛屿散布的爱琴海，起初爱琴海并未发展出文字，因航海术的兴盛，腓尼基人来往各海域之间，发展了商业文化。商业重利，语言文字的方便性高于一切。当语音加上可以发声的字符时，便产生了拼音文字。

拼音文字的特点是语音元素少，所需的符号不多，少数的符号就可拼出所有的语音。大约在二千年前，埃及和两河文明均受到拼音文字的侵蚀，象形文字便隐入历史黑暗的一角，只有中国能将之发扬光大。

中华文化的特色之一，是封闭的内陆形态。黄河源远流长，黄土高原离海甚远，是所有的古文明中最后一个受到拼音文字冲击的地区。当16世纪海权兴盛时，中华文化已然定型，有其深厚而特独的内涵，故能一直坚持到21世纪。

今日的知识分子都已知晓地球环境上生态平衡的重要性，而大声疾呼环境保护。近年来，另一种呼声也响起了，就是少数民族的文化保护。为什么在这物质挂帅、事事讲求利益与效率的时代，竟有这种反淘汰的潮流呢？

我相信这是人智渐开后的反思，今人终于认识到宇宙的进化是生命平衡的结果。如果因人为的因素使其他生物绝灭，人类还能独立生存在这失衡的大地上吗？最令人动容的例证，就是抗病的药物大多数来自各种植物。过去的人因为无知，消灭了地球上近七成的野生物，很可能诸如癌症、艾滋病等的有效抗体都已灭绝。待人类将生态破坏殆尽，生命的物质资源不存时，即令技术成熟，人类的未来还能依赖什么？

中华文化难道竟然比不上大熊猫吗？人们以为中国人有13亿，中华文化就将继续流传下去。看看今天的埃及除了金字塔巍然耸立外，其楔形文字又有几个人能认识？再看看美洲、南美洲的印地安人、玛雅族后裔犹存，但其文化呢？

那么中华文化又有什么值得大书特书的呢？前面说过，因为拼音文字的侵蚀性强，全世界各地区的文化都呈现一种混杂混沌的状态。唯有中华文化因为地缘因素，直到近世纪才开始受到冲击。

在信息时代到来以前，人对文化的认知受到时空的限制，能领受的不多。正因为文化是无数前人所践踏出来的道路，自有其源流的方向与特征，一旦掺进了其他不同的文化素材，方向便混淆了，足迹也零乱了。

更重要的一点，要想将文化转移到电脑中去，必须要有相当的想象力。那就是我一直孜孜不倦的“了解”课题。初民之所以能认识事物，是以尝试错误的方法，逐渐形成的体验，一代一代累积而得。我们唯有上溯原始，明察初民认知事物的“真实状态”，才有希望解开千古以来“人如何了解”的大谜。

读者若看过柯南·道尔的侦探小说，一定会有这样的认知：当一件凶杀案发生时，福尔摩斯带着他的放大镜以及他的华生医师赶到现场。第一件事便是看“现场”是否遭到破坏，如果一切都保持原状，则不难找到证据，问题迎刃而解。

可是果真如此吗？苏格兰警界不乏能人，如果现场证据齐全，区区小事也就不必劳动福尔摩斯和华生的大驾了！

“了解”是在探求人类智慧上一个重要的大案子，而文字则是人类理解万事万物的“现场”。当今所有的文字中，唯有中文还保持着些许象形的原状。只要加上福尔摩斯的细心，一点一滴地追溯上去，必然能找到人与认知的线索。

拼音文字就无这个特性，正因为它太方便了，几千年来人人带着它跑来跑去，写诗作文毫无问题，但要求证人类“如何理解各种事物”时，便会发现那些道理早已随着歌声飘扬在过去的时空中了。否则，以西方科技的实力，人工智能的悬案会延宕至今？

在中文结构中，我找到了理解的基本因素，那就是中文形声法则。我又根据形意的关系，分离出“理解基因”。而且将之与仓颉输入法结合，于是字序、字码、字形、字辨、字音、字义六大要素，便整合成一个系统（因其太过专业，在此不加详述，《新易》一书专门讨论此一课题，待适当时机再行发表）。

由于工程浩大，不可能一蹴而及，我决定分阶段实施。在我的构想中，目前应先建立供未来发展的中文系统，直接以输入码作为内码。根据此码可以组成字形，得到字音、字义，完成后，电脑应能和人一样了解与处理文字。

在完成“中文之星”的字库后，我立刻又有了新的做法，修正了资料结构与绘图的方法。沈红莲驾轻就熟，资料与程序全部由她负责。我又重新设计中文系统程序，同时开始规划中文自然语言的架构。

这也是我与别人不同之处，我要求程序精简快速，不同于一般人只顾程序功能的完成。中文之星的系统程序执行速度太慢，我改写的结果，不但程序空间小了二分之一，处理速度也快了两倍多。并且还在原有的功能上，增加了视窗与排版的处理界面。

从表面上看，我还在写程序，这岂非“大材小用”？信息界有不少才智之士，都在略有小成之后，立即步步“高升”，升到不食人间烟火的高空。然后再一步步跨入“天庭”，把他们的才干全部投入权利斗争的核心中。这是社会最大的损失，也是文化断层的必然结果。在中国传统社会中，读书人负责处理人的事务，技术人员负责事务性工作，井水不犯河水。后来读书人没落了，技术人员读了些技术手册，便以读书人自称。

结果呢？在台湾从事技术的假读书人不安于技术工作，没有读过经世济民大道理的技术官僚，竟然掌管一省社会大计！更荒谬的是，只要有了选票，任谁都可以高高在上，或假公济私，或施横撒野，肆意妄为！

这些世态之所以产生，是今人错认了艺术的真谛。艺术本意为人类行为的极致，是人类意识追求真善美的实际表现。因此，有做人的艺术，有处事的艺术，有为君的艺术，有为民的艺术，当然也有从事美术、音乐、写程序等的艺术。

人为万物之灵，这个“灵”字就是人对艺术渴求的明证。什么是“灵”呢？灵是我们假定在造物者所设计的人体中，有一种精华结构，是人体的极致！

然而万物之灵却丧失了其应有的灵性，不论做什么，都只追求表面的利益而不求完美。在这种情形下，社会上除了眼睛可见的权势名利、声色犬马之外还有什么？在上者如斯，居下者竞尤，从事电脑业的目的只为了赚钱，谁管它完美与否？

然而皇天有眼，我的苦心没有白费，下了足够的功夫，我终于看到了理解的真实面目。起初，我唯恐自己失去了搭上人工智能这班列车的机会。而当真相历历在目的一刹，我反倒犹豫起来了，我需要做吗？我能够做吗？我应该做吗？

我需要做吗？如果我想证明自己不凡，也就是说自己实际上是有些自卑！自卑者需要以表面上的成就，从他人欣羡的眼神中，得到些许安慰。由于我不自卑，所以不需要证明自己不凡，当然不在意别人眼神中藏着什么宝贝。

我能够做吗？所谓的能够，当然是已经假定自己有能力，问题在客观环境是否许可。记得当时台湾《中国时报》美洲版的记者罗鸿进曾去访问我，那时我正在矛盾困惑的关头，特地放了一个探空气球。我表示在三年内可以完成中文的人工智能电脑，结果他的特约稿被搁置了，我也知道时机未到。罗鸿进还不死心，用头条标题，把那篇文章刊载在华盛顿的《中国邮报》上，同样是古井无波。

为什么要放探空气球呢？正如老子所说："鱼不可脱于渊。"人间何处为渊呢？如果人人认为人工智能可行，就谈不上所谓的"天下神器"。既然别人不愿意相信，何苦要自掘坟墓呢？

不论前面的理由如何充分，主要问题还在于"我应不应该做"？这个答案也非操之在我，端视国际大环境而定。做为一个中国人，我该做！做为一种文化的传人，我不应该做！我的取舍准则在于一个"正字"！所谓"正"有时机之正，有条件之正，有人才之止。三者又可视为天时、地利、人和，缺一不可！

因此，我在《道德经》的指引下，心中疑团冰释（这就是多年后，我出版《老子止笑谭——从人工智能的立场重读〈道德经〉》一书的动机）。我自定了三个条件：非受到了外国的侵侮，我不做；非得到有眼光有见识的大德支持，我不做；非聚集了一群志同道合的班底，我也绝对不做！

手中的钱其实维持不了多久，我的妻小已在洛城定居，每月的开销就要两三千美元。而我们租的房子很大，月租 1500 美元，我便要她们搬过来，共体时艰。

这时，那位姓钱的朋友一直怂恿我再组公司，他负责找人投资。由于我研究的课题正值紧要关头，目前的方向尚未定下来，所以婉拒了。他便建议由他去活动，只要我同意做他的技术后援即可。我考虑之下，这样与己无损，有何不可？

不久，老钱便开口借钱，基于他上次带我们去旧金山的好意，我亟思报答（我欠的人情债很多，蒋先生、万佩鼎及老孙等，我很想在有些成果后，请他们来共同分享），所以借了两万美元给他，结果是一去不归。表面上是我损失了，其实傻的是他。因为真的要骗，最好骗得我的信任组成公司，那时很多产品都会发展出来，获利岂止两万？

圣路易市有一个团体，他们定期开会，保持联络。在 1985 年的一次会议中，他们邀请我演讲中文电脑的前景。会议中我见到了张系国，他正忙于筹办“小型书院”，在他的理想中，小型书院是人文与科学并重，那也正是我的理想。大学教育的目的应该是对知识的认知与理解，必须扬弃对技术训练的过度重视，以免把学术切割得支离破碎。

张系国很有眼光，是当前信息界难得的人才，我相信这与他的文笔有绝对的关系。因为人以概念作思维，若文笔不通，概念必然不明。概念不明的结果，不论看书、听话所能领会的都有限。即使将知识死背活记，也只能当作资料来应用，若想透彻理解则难如登天。

今天社会的失序，正是教育中重视数理而忽视人文的结果！记得我所读的师大附中就把数学程度好的编为实验班，而实验的结果呢？我见过不少数学能力极高的人，做人做事却令人不敢恭维。有人称电脑为计算机，写程序全赖高等数学。但事实证明，一个数学从来没有及格过的我，所写的绘图程序（我没有用数学公式，日后若行有余力，再将全部程序公开），其时空的执行效率，敢称举世第一！

1986 年，我去拉斯维加斯参观电脑大展。在会场中巧遇郑天任，他目前事业发展得很顺利，公司有数十名员工，忙得不可开交。他坚邀我去东部与他合作，主持研究发展。这时我有好几项技术已经开发成功，正在寻找合作的伙伴。如果郑天任真是可以合作的对象，我打算好好辅佐他，成就一番非凡的事业。

于是，我们千里迢迢地从洛杉矶到了弗吉尼亚洲的诺福克市，那是美国的海军基地，濒临大西洋。沈红莲和我在美国三年已换了六次居所，除了她那宝贵的书，能丢的差不多都丢掉了。新居是栋滨海大厦，我们住在顶楼，时正值秋天，水天一碧，和风轻拂，景色颇具雅趣。

美国东岸是政治文化的重地，气氛与洛杉矶大不相同。淡蓝穹天，绿荫大地，平和而安祥的来往过客，在在令人感觉无比的宁谧。是不是在多年辛劳奔波之后，我终于找到了自己的终点？以我过去的经历，实在难于相信会有那么一天。

至少目前有个安定的环境，可以先把一些技术开发成为产品，以谋生计。人工智能无论做与不做，先要把一些观念与资料设法保护好。怎样保护才最安全呢？我想到古人说的：“大隐隐于市，小隐隐山林。”越是不隐密的地方，越是容易让人忽略。

再说，目前参与人工智能的人都是电脑界的佼佼者，然而人工智能的难处绝对不在于电脑技术。所以，真正有志于人工智能而且有可能成功的，必然是对文化以及文字有兴趣的人。我这些资料不论好坏总是心血，自己不用，也不应藏诸山林！

对了，何不当成文学作品写出来呢？把所有的玄机寓于故事中，就像那些预言一样，对有心人说不定有所助益。不过，这一来有谁会相信呢？如果要昭众信，最好把自己的人生经验、心路历程也写下来！写一本自传！自从看过《约翰·克利斯朵夫》后，这个心愿就从来没有忘记过，现在是机会了，不要犹豫！

沈红莲很支持我，她负责为我修辞、润色，让我无后顾之忧！我用自己开发的系统输入，非常顺手，每天下班后一直写到深夜，一天约可写五千字。

东方公司的美国工程师架子很大，我这个中国人支配不动。中国工程师全部是来自大陆的交换学者，他们出来纯粹是为了镀金，工作能力有限。

即令像郑天任这样的专家，曾任大学理学院院长兼电脑系主任，对研究发展和产品设计都无法厘清。我写了个工作计划给他，需要三四个人五六个月的时间，以便开发产品。他却认为研究发展的结果就是产品，有了研究的成果，就要拿出来卖钱。

我能说什么呢？我发觉东方公司是个标准的东方式家庭事业，连卖软件都没有专业的销售工程师！公司的组织也没有，什么都只是天任夫妇一句话。就算是卖技术，也要有各种配合条件，难道要我一个人唱独脚戏？

我试着与这些“交换学者”沟通，看能否找几个人来训练一下。不料，不知道倒也罢了，知道后不禁感慨丛生。以往我只看到台湾与海外的中国人，这次遇到大陆的“交换学者”总算大开眼界。看来中国人的苦难，绝非在我们这一两代就能解脱的！

郑天任在美国电脑界颇负盛名，大陆曾邀请他回国讲学，自然难免受到亲戚朋友的包围。别的不说，以天任的地位，帮他们安排个出国的机会总是举手之劳。这些“交换学者”就是这样一个个沾亲带故的人情包袱。

这批学者共有六人，为首的是上海某名校大学电子计算机中心主任，目前摇身一变，成为“干部”，戴着为人民服务的帽子，地位就高出很多。他很少露面，借着到中国餐馆赚外快的机会，与老板娘打得火热，已经闹得满城风雨。另外两位女高级工程师，据说是“资料库”专家，我一开口，她们就不屑地说："编程序？那不是我们的事。"

"什么？你们认为该是谁的事呢？"

"那是外国人的事，我只管用！"

我多方打听，才知道她们的头衔少了两个字，真实的身份为"资料库操作"专家。

还剩下三位，有两位向我坦白，他们还有几个月就要回去了，现在最重要的是日夜打工，以便回国时能带着"五大件"光宗耀祖！

只有一位姓陈的，是复旦大学的讲师，他会写组合语言程序。但他有个条件，如果要他写程序，就失去了赚外快的机会，他希望在美国的时间能延长一年。

另外还有两位天任的学生，也是来自大陆的亲戚，是一对夫妇，目前还在半工半读。这就是我的全班人马，其实人力我并不担心，有沈红莲与我就抵得上千军万马了。

我从他们的口中得知天任根本不相信我有意来此与他合作，这也难怪，我不会傻得不知道外界对自己的风评。记得来时，天任开了一部面包车去接我们，我顺口说："难得你还保持着读书人的气质，实事求是。"

"你是指哪一方面？"他满面狐疑。

"你看，谁不是一有了身份地位，就开着奔驰满街跑？"我是想拍马屁。

他没有马上回答，过了一会，他说："其实我家有两部奔驰！"

谁叫我口无遮拦呢？为了挽回他的信念，我打算先买栋房子，以示破釜沉舟的决心。我与沈红莲商量之下，手头还剩下现金四万多美元，就用两万元作首付，在一个小湖边，买了栋全新的双拼木屋。

房子之外，我还买了一台钢琴，那是我所剩下的唯一的绮梦。我以为即使房子拴不住我，钢琴一定能。因为我一生最难忘怀的，就是那凌越理性的音乐，以及丝丝缕缕交融在清脆的钢琴声中，与辛楚的热泪纠缠不断的永生无法企及的感性。

卖技术行不通，有好几家大公司来接洽中文系统，但因怀疑我们的服务能力，一个一个打了退堂鼓。

所幸内部工作进行得还算顺利，沈红莲专做字库，那两个工读生在学中文视窗，老陈则负责排版。此外还有个美国青年，也是天任的学生，他听说我会做文字辨识，也希望参加学习。我是来者不拒，给他讲了两天课，才不过是些皮毛，他就说："如果我做得出来，能不能拥有专利权？"

“这事你向郑先生去说，我只负责教。”我知道美国人很有独立性，但是坦白到这个地步，也就难怪人人只顾自己了。

这时，宏碁公司的吴广义与涂长庆两个人应我之邀，来到弗吉尼亚。我在还没来东方之前，在西岸曾与他们联络，打算把排版用的中文字库卖给他们，索价二十万美元。等到他们决定要买时，我已经离开了西岸。

他们看了字库，空间仅占二十多万字节，却可以产生各种大小不同、字体有别的中文字形。因为字的变化太多，沈红莲整天沉浸在其中，以求做得更为美观。

他们是行家，一看便知再多花一点功夫，就可以做成产品，颇表满意。麻烦在于我已经与天任合作，而且有言在先，谈生意的任务交给他，我不加过问。

我介绍他们与天任认识，我则继续做我的事。他们谈了些什么我不知道，只是吴广义没跟我打声招呼就走了。后来，我问天任结果如何，他说：“应该没有问题，他们没有嫌贵。”

“没有嫌贵？你开价多少？”我告诉过他，底价是二十万。

“两百万。”他淡淡地说。

“两百万？”我知道完了，吴广义一定以为我和天任在扮黑脸白脸，用二十万引他们过来，再狠狠地讨价还价，所以气得连礼数都不顾了。

“邦复，你不会做生意，哪有卖二十万的道理？难怪你到现在还苦哈哈的！两百万太便宜他们了，放心，他们会买的。”

他说得对，可是我也知道，再美的琴声也留不住我了。我知道时机、条件尚未成熟，所以打着灯笼也找不到志同道合的人。

1987年4月，深圳科技工业园的董事长张翼翼与总经理王允实联袂来美考查，寻找合作的项目。到了东方公司，天任提出合作生产中文打字机。双方略事讨论，一拍即合，立刻签署了协议书。当然，真要动手，我非去大陆不可。

科技园和天任把事情看得太简单，似乎只要有了资金，我再一动手，打字机就生产成功了。至于生产打字机所需要的精密零件、生产厂房、技术人员等完全没有提及。甚至于连资金、市场、规格等都没有提出来讨论，为什么呢？

是天任一时疏忽，或是他完全不了解技术问题？我多方观察之下，发现事情并非这样简单。原来天任的公司全靠美国海军的合约维持，美国政府为了保护中小企业，订了一个法案，规定在一定金额之下的政府合约，都必须由中小企业承包。

这些合约的金额，对公司每一个员工工资，与公司股东的利润都算得一分不差。这对公司的生存当然有绝对的保障，可是在这个法案下，一板一眼，没有多余的发展空间。承包的公司除了能维持生存外，不过是签签合约，一点技术都摸不到边！

为了交换学者，公司里养了一大批闲客，结果是手头比我这个穷光蛋还要拮据。他口风不露，房子抵押了，并且到处借债。我们来时，他还抱着一丝幻想，料不到我是个赚不到钱的空心大老倌，反而又增加了一个大包袱。

我怎能看他这样下去呢？我再苦，总还有办法。所以主动告诉他，我和沈红莲的薪水不要了，只希望他能暂支买房子的银行贷款。我则设法赶些产品出来，以渡过难关。

老陈的印书程序接近完工了，为了测试排印的全部功能，我便把正在写作的自传拿来作样品，以便反复测试。

还没印多久，就有人来告诉我，说我印书的举动被误解为利用公司设备。我还不信，第二天，我们办公室的激光打印机自动送修去了，再也不见踪影。

我有两个选择，一是向天任解释目前工作的状况，一是体谅他的处境，另觅生路。前一条路很难行，即使产品完成了，想要赚钱，还有包装、广告、市场等必要的投资。而且有了一次误会，难保没有第二次。但若说立即离去，于情于理都有困难。天任是个大好人，只是太好面子了。如果我找不到适当的理由，他是不便也不能由我说走就走的。

巧的是这时有朋友自洛城来，说廖幼鸣主持中国国务院电子振兴办公室，打算大张旗鼓，招才纳贤。几个月前，他到处托人务必要找到我，邀我回去。

人生的路标似乎指示得非常明白，从事中文信息，必须在使用中文的环境下才能发挥效益。上次回国是时机尚未成熟，大廖有眼光、有魄力，很令我折服。他现在位居要津，岂非飞龙在天？是不是时机成熟了？

于是我向老郑提出，由我代表东方公司，与中国合作中文自然语言与人工智能的各项计划，所有利益均与他对分。

1986 年 11 月，我再度回到北京。可是怎么都想不到，不久之前，大廖升为某部副部长，已离开了电子振兴办公室。

不得已，我只好再找统战部出面，把我介绍到国务院人才引进办公室。由人才引进办与电子振兴办共同出面，邀请了北京各界有关单位约三十多位技术主管，在电子计算机管理局破旧而阴暗的会议室里举行汇报。

这要有一比，倒有些像当年诸葛亮单骑渡江，舌战江东群雄的故事。不同的是我没有诸葛之才，他们也没有江东群雄的精明。过程简单明了，就像球场上吹过一阵缓缓的轻风，疲态尽露的球员们，打了个呵欠，如是而已。

会议是上午 10 时开始的，大家都很准时，也都非常客气。我一口气介绍了一个半钟头，却只能概略说明中文自然语言的可行性。我特别声明，如果大家真有兴趣，进一步的探讨可能还要一两天的时间，有必要再细谈。

会场上安静的气氛，极像是在一所宁静的庙宇中，朦胧的光线透过重重深厚的窗帘，照在一座座稳坐缄默的金身罗汉身上，的确肃穆得令人六根清静。

我只记得主持的官员姓张，他打破了沉默，问大家有什么意见。不料，他的话宛如一颗投入万丈深渊的石头，半晌仍未扰动无波的明湖。

最后是前电子计算机管理局局长伸出援手(姓名已不记得)，他满头白发，听说业已退休，只是因为关心这件事而来。他说："我也是从朱先生处得到的灵感，上次我受邀去新加坡讲学，特别以'牛'字为例，来说明中文的优越性。例如说以牛为种类，就有黄牛、乳牛、水牛、小牛等，而英文则要用不同的单词，如 cow，ox，buffalo 等。同时牛头、牛尾、牛肉、牛毛对中文而言也不过是排列组合的问题，英文却又是各用一词。这完全可以证明中文的逻辑性远远比英文的功能要高，结果引起了极大的回响。"

终于有人开口了："应该是吃饭的时间了吧！"

这是我生平感受最深的一次会议。

晚上，大廖请我到北京有名的四川饭店聚餐，这是一间极为精致的竹屋。据说所有的竹制家具都是从四川运来，甚至厨师、跑堂也都来自四川。席上有十来人，大部分都会说四川话，一时"格老子"不绝于耳。

大廖是我第二次回北京时认识的，他看我讲学时每天 8 小时，一连 6 天不断。有感于我的热心，就这样结交成为朋友。他还是当年的气概，洒脱、爽快，高高的个子，出色的仪表。

他显然知道会议的结果，只是拍拍我的肩膀，说："老弟，别泄气！我们慢慢谈。"

饭桌上还有长城电脑公司的总经理王之，在我第一次回国时，曾是四机部的外事局长。他坐在我旁边，言简意赅地说："我找了你很久，干脆你来深圳吧，不要在北京混！"

"行！我会去找你！"我也很痛快，只要能做事哪里都一样。

大廖则是不断地追问我计划的重点，人与人之间的差别，实在不可以道里计。每当我提出一点，他就能立刻抓住重心，一针见血地问出关键技术。每上一盘菜，他一边吃，一边思考，不时还说些笑话，让满桌客人无一冷场。我以为他只是在敷衍我，不料，下一句话就是另一个相关性的课题，得花上半天才说得清楚。

12 道菜过去，对他而言，真可以说是谈笑用兵，竟把我的全部计划套了出来。当所有的客人正对各种菜肴赞不绝口，旁边侍立的女服务员一个个笑得花枝招展、前仰后翻之际，大廖突然把桌子一拍，说："老弟！你这些构想可以定名为'淮海计划'！我来看看如何进行！"

"我看没有单位可以落实！"王之冷冷地接了一句。

"淮海计划？"我却想不通这个名称有什么意义。

大廖没有开口，仿佛陷入了长考，倒是另一位年纪较长的官员说："淮海作战是我们成功的决定性战役，我当时……"于是大家七嘴八舌地转向了革命、建国等兴奋的话题。

大廖看出我的不安，立刻端茶送客，并叮嘱我尽快把书面计划写好，以便实施。

待我回到美国，老郑一听"淮海计划"这个名称，脸上就变了颜色："糟了，你被利用了，他们在统你的战！"

"一个名称又有多大关系呢？计划本身的成败才是正经。"我认为一个计划的名称只相当于一个人的衣着，至少对我而言，只要有衣服可穿，形式与质料都是次要的问题。

沈红莲所担心的，则是由谁来主持计划，如果受制于有私心的个人，其后果将不堪设想。

沈说得不错，大廖我可以相信，然而他却只是决策者之一。此外，大廖是否真正了解人工智能所导致的后果呢？他有能力看到科技的价值与影响，却未必能认知人性贪婪下的后患。如果未能慎始，到了木已成舟，不仅是他，任谁都无能为力了。

所以，这份计划也就到此为止，成了怀海寄画。

8 夏至

回归　深圳　学生　园区

沈红莲虽然家在台湾，却也认为与其在这里给人增加麻烦，不如为中国人奉献一点力量。此去东风萧萧，要去就不作重返的打算。刚买的房子、车子以及大批的各种书籍，加上那台钢琴，又到了要割舍的时候了。

唯一的问题，是还有个需要我负责的家。我在美国混了几年，赚的钱不论多少，一概都给了内人。虽然银行里有些存款，但那都是沈红莲的。尽管我们从来不分彼此，用了她的钱，我心中总是难安。现在要去大陆，安家费呢？以后的生活呢？

话说回来，我又怎能只顾小义而忘大体？今天中国需要我，我却推说有家累。而只要有这个家在，家的责任就永远附骨随形，无法卸脱。我本不是个正常的人，做的又是不正常的事，还有什么好顾忌的？我与沈红莲商量，把最后的两万美元都存入划拨的账户中，每个月按时汇 1500 美元给内人（原为每月 2500），如此尚可维持一年多。

沈红莲甫由大学毕业，参加我的工作起，就注定了她人间地狱的噩运。如果没有她的奉献，夜以继日，一点一滴地将我的构想化为实际的技术，我无从想象会是怎样的后果。

有时我感慨万分，无法不相信冥冥之中有一只手，操纵着人世的机遇。每一个人从生到死，都有着既定的方向，各种机缘之下，一步一步拖向无可避免的终点。如果没有沈红莲，我很可能早就改行了，出家？有可能；艺术家？也有可能；唯有留在电脑界继续奋斗是绝无可能。道理很简单，人的行为是相互影响的，看她认真的工作态度，我就觉得惭愧，不得不更加努力。再看到她奉献牺牲的精神，我还有退缩的余地吗？

不过，目前我并不想知道太多的天机，因为我还怀着一点私心，我希望能有个机会发挥自己的能力，为社会多做点有价值的工作。万一我命中注定了连姜子牙都不如，到八十岁还没有机会，那我先知道自己的命运又有什么用？

再一想，自己自命为得道了，还嘀咕些什么？既然早把人世的功名利禄放到一边，还和姜子牙比什么？我的目标已定，只要我还在努力，我就对了。至于结果如何，哪里是我该考虑的事呢？

1987 年 10 月，我们到达深圳，王之把他对面的一间公寓留给我们。深圳虽然高楼林立，设计却很草率，这栋 12 层的大厦有如一管洞箫，仅在一侧留了几个小孔作为窗子。以至于室内通风不良，各处潮湿得水珠密布，墙上、地下没有一处是干的。

我们能挑剔什么？王之以总经理的身份，也没有比我多享受一点特权。苦的只是沈红莲，她第一是怕厕所脏，其次则怕厨房脏。偏偏这两处不仅是脏，竟有一层黑黑的厚苔，她花了整整四天的时间，才使变了色的磁砖渐渐浮现出来。

我的不幸是气管，潮湿的空气好像在胸口蒙上了一层沉重的布。每次呼吸就令我回忆起儿时所见的水烟壶，呼噜呼噜地，只听得肺管中打着泡儿。我一到就病了，好在这里打针很容易，楼下就有个医务室，五毛钱就可以打一针青霉素。

当时，大陆的电脑刚刚起步，长城是全国规模最大的生产厂商。我到时，他们一栋 6 层楼的厂房中，正在装配从台湾转来的生产线。据他们预估，到年底产量可达两万台，而当时全国的总需求量还不到一万台。

王之是个有心人，很早就有这个眼光。1983 年我初次赴大陆时见过他，我对他的印象不深。他那时已经有意组成一个班子，来发展中国的电脑业。

王之家世显赫，父亲是王震，弟弟王军是中信集团的总经理。他想搞电脑自然是水到渠成。可是在 1983 年，连台湾的电脑市场都还刚刚起步，眼光太远的人，是很难获得他人赞同的。

直到 1984 年底，他争取到一个机会，与中国科学院软件研究所第四所合作，成立了长城电脑公司。可是在北京懂的人少，管的人多，他觉得难以施展，便把公司迁到深圳来。就在这时，他到处找我，我也刚好离开了博爱，彼此错过了机会。

目前长城的软件部门有工程师 20 位，正在从事微软视窗的“汉化”工程。又是老问题了，我一听就大力反对，王之很支持我，但是软件部门的经理却不以为然。当时的软件工程师几乎异口同声地认为，要赶上美国就要先将他们的软件套件汉化。至于是否汉化以后中国人就会写程序了，则无人过问。甚至于连软件天天推陈出新，究竟要汉化到哪一天才算完成，也都没人去想。

与他们争论了两个月，效果不大，我详细介绍了我的观念，他们也不相信行得通。我刚回国内，各方面都没有适应，加上住的公寓又闷又湿，我一连咳嗽了十几天，心情极为烦躁。我一直在问自己，是不是我又错了，为什么我永远和别人的看法不一样呢？

我试着妥协，设法说服自己接受汉化的观念。但是我办不到，就算中国人能从汉化中学到程序技术，这也不是光明磊落的作为。投机取巧是种不正确的行为，虽能获得一时之利，却会造成永久之害。

如果这个时代中人人急功近利，短视媚行，那是这个时代的错误，错误的代价则是观念的消亡。没有观念，技术不能生根，那就只能永远跟在别人后面。我把话说在前头，尽到了责任，至于别人能不能接受，则不是我能决定的。

目前我该怎样自处呢？王之很支持我，但他已经有了非常不错的班底，我不能坚持己见而累及他与属下的互信。试着说服他们，那是做梦！在这里我又算哪一号？

病情好转后，我先去科技工业园，找到张翼翼和王允实，告诉他们我的近况。他们知道我回国工作，非常高兴，带我参观园区，各处介绍了一下。

长城公寓的潮湿，令我一想到就心有余悸。而科技园区位于市郊，各种建筑宽敞明亮，宿舍就在办公室旁，其间还有个篮球场，正是理想的工作环境。

没想到国内已有这种条件，我看了羡慕不已。张翼翼很能察颜观色，他立刻把握机会，说他们虽然号称高科技园区，却还没有一家从事电脑软件的高科技事业。他希望我兼作园区的电脑顾问，指导他们一些基本观念，好开拓这方面的视野。

我听了颇为动容，可是没有交通工具，两边跑很不方便，王总同意调派专车接送，约定每周三次。后来我征得王之的同意，干脆住进园区，变成每周去长城三次。最后由于无从施展，就把长城的工作辞了，对王之的盛情，至今还没有报答。

园区为我成立了一个电脑研究室，调来一位姓丘的副经理和一位叫杜涓的女孩帮我筹备。杜涓是我同乡湖北人，长得面貌清秀，身材匀称。人也精明强干，只是个性倔强，泼辣起来可是天不怕、地不怕，真是道地的湖北姑娘。

丘副经理原来在中国科学院研究化学，后派来此地负责规划，他是典型的书生，对很多现象都不满，却又充满无奈感。

工业园给了我一间办公室，空空荡荡的什么都没有。没有电脑，没有员工，我们如何工作呢？我想到了在香港办电子杂志的陈金耀，他曾经卖了几万套汉卡，多数是卖到大陆内地。我相信他对国内环境很熟，便找他来商量。

多年没见，他一点也没变，圆圆的脸庞，还是带着令人难以拒绝的笑容，啤酒肚子也依然挂在不成比例的腰下。他喜欢说话，一开口就煞不住车，每一句话他都要三四次才能说清楚。可是，在这不惹眼甚至可笑的外表之下，却是精明的头脑，独到的眼光。

当年我们正在推广汉卡，台湾的五家专利都卖了。一天，林维江领着一个人，说是海外的传播媒体，要来采访我。

老陈操着广式国语，自我介绍后，问了我一些问题，突然说："朱先生，你能不能把你的想法，投稿到我们杂志上？我是说你的看法很深刻，我能了解的不多，怕写不好，还是你自己写比较真实。因为我们的杂志程度很低，在香港大家只愿意看一些马上就懂的东西，像你这些理念大家都没有。"

"既然如此，我的文章不可能受欢迎。"

"朱先生，不要小看我们的杂志，我希望能有点教育性。我们有三本杂志，分别谈电子零件、电脑和电器。我们有很大的影响力，教育读者是很重要的。"

他的话虽然没有条理，可是能从教育着手，表示这个人很有见识。我早就写了一些文章，也希望发表，当场便给了他。

那时我认识了一位香港的银行小开（即富二代或小老板），他对中文打字机兴趣极为浓厚，坚邀我去香港，与他父亲讨论合作生产的事。由于有董之英的前车之鉴，我特别声明，中国大陆的市场我没有把握。他说得很好，中文打字机是文化事业，市场并不重要。

刚到的第一天，小开招待我去他家吃饭，我就看出市场问题的重要性，他父亲是成功的银行家，当然了解问题在哪里。他们父子一直用广东话争吵不休，小开后来告诉我，他一定要争取父亲投资，希望我能等一等。

在香港待了两天，我被"招待"在湾仔一个小小的办公室内，整天不见一个人影。所幸身上带有老陈的电话，我打个电话给他，老陈一到，气得直说："这些衰仔！专门欺负人，他们为什么不请你住酒店？不要理他们，要谈合作，香港有钱人多得很。在这里住有危险，警察会抓人的！办公室是不能住的。我可以帮你找投资人，香港有很多有钱人，钱多得不知道做什么好！我们走！”

既然他们有心邀请我来，我怎能一走了之？后来证实计划失败了，我便搬到酒店去，与老陈在香港各处跑个遍。最后一天，老陈突然对我说：“朱先生，你们在香港有没有推广计划？我认为香港市场比台湾重要，因为中国人一定要用中文电脑。台湾人人懂英文，中国大陆没有人用英文。香港离内地很近，你相不相信我？我们合作。放心，台湾的市场我绝对不碰！”

可能是为了避免他啰唆不已吧！我也不记得是什么原因了，我们就此协议合作，把汉卡的香港销售权交给他。

这次，他一见到我，马上发连珠炮：“哎呀！你真难找！一下这里，一下那里，就是没有一个地方有你！我的杂志卖了，合伙人难找！上次卖汉卡，也没有赚到什么钱……”

“我不是找你要钱，我问你，大陆你熟不熟？”

“熟当然熟，你想知道什么？”出乎意料的，这句话相当精简。

“我打算回国服务三年，三年以后再说。目前已经确定了，我将在深圳科技工业园建立基础，训练一些子弟兵，再求发展！”

“好极了！你回国来才对！我早就想劝你这样做了！这样吧，香港方面的事交给我，我去登记一个公司，在香港登记公司不要多少钱，这些你不用操心。台湾我也可以帮你跑，你没有打算回台湾去吧？现在回去应该没有关系了……”

他果然成立了一家“汉星科技股份有限公司”，其实我需要的只是耳目，有了他的协助，其他的我根本一点也不操心。

大陆现成的电脑工程师严重不足，加上教育上的差异，一定会与我的理念有别。我建议园区最好找些中学生来受训，我保证能化腐朽为神奇。

园区以为我想节省成本，他们说在大陆学历高不见得薪资也高。其实我是想提供那些不能进大学的学子们一个良机，他们比较纯洁，比较容易知足。

但是这样行不通，据当地政府的考量，设立深圳这个特区后，必须严格限制这个地区的户口。以免大量人口涌入，失去了引进技术橱窗的原始功能。我申请些高科技人才的名额，反而比要中学生来得容易。

刚到园区，工作还没有开始，我便每天打打篮球，舒散一下筋骨。人老了自己还不知道，常常看到球在眼前，但是脚跨不及，手伸不到。直到被人称了一声“老师傅”！这才如梦方觉。已经是半百的人了，当之无愧。

陪我打球的都是些民工（园区正大兴土木），跳跳蹦蹦的和猴子一样，我经常被他们抓得全身是伤。其中有个小个子常常找我聊天，他说来自潮州，在这里做建筑工人。我顺口敷衍了两句，夸赞他普通话讲得很好，他不在意地说："这算不了什么，我不到三天就学会了。"

后来我发现他经常在我住的地方逛来逛去，我怕他拉我去打球，便设法躲开。有一天黄昏，我正在客厅看电视，这里与香港只不过一线之隔，广东话我听不懂，所以常看无线的英语新闻。正在看时，听到门外有动静，我开门一看，原来是那小个子。

"找我吗？"我看他扭扭捏捏之状，猜想大概是来借钱的。

他老实不客气就走了进来，一见电视开着，便问："你在看电视？"

"看新闻。"

他看了一会，又问我："他在讲什么话？"

"英语。"

"啊！这就是英语吗？"

"是的。"

然后，他一句话也不说，全神贯注在屏幕上，像是中了邪般，一动也不动。

沈红莲给他泡了茶，他没理会。请他坐下，他就一屁股粘在沙发边沿。这时但见他眼睛发直，瞪得老大，眉头深锁，不时轻轻叹上一口气。

我莫名所以，只得自己顾自己，看我的电视。

直到新闻播完了，广告出炉。小个子才如梦方醒，红着脸，很不好意思地对我说："奇怪！怎么我一句也听不懂？"

不久，丘副经理临时借了几台 IBM PS50 来，又调来几位年轻人，其中没有一个人知道电脑是什么。于是，我开始了连续三年，没有中断、没有休息的马拉松式教学。

好在来了一位电脑工程师张达权，他是从中国科学院长沙软件所调来的。几年前他们就研究过我的汉卡，曾是国内颇著名声的重地。他的基础很深，正好充做我的助教，最基本的入门功夫，就全权交给他负责。

有一位北大的高才生也要来学电脑，他领悟力不错，基本科目学完了，我就教他做动态资料库。当时所有的资料库都是以固定格式、固定长短，一条一条地装进去，要用时再一条一条地取出来。我颇不以为然，资料库应该是活的，人只要将资料输入，放资料的处所就谓之资料库。等到取用时，资料就应该变成人所需要的形式，才能方便应用。

如何能使之实现呢？我利用了多层索引的观念，资料入库后，电脑中只留下索引信息。索引信息就是人与该笔资料记录的界面，根据资料的特征，索引可以设计成多种形式。要把资料库做好，使找资料的速度快而准而且适用于任何情况，其诀窍就在多层索引。

这人姓李，为了让他能在实验中学习，我教他以英文的 DB3 为例，先认识平面索引。这是最简单的方法，不论资料长短，统一平铺在固定长短的记忆体中。这种方法缺乏效率，但却是最常用的伎俩，也是起码的程序常识。

园区不断地送人进来，我不能一个一个从头再教，小李反应不错，我便叫他负责教另外两个人平面索引。

过了些时，我发现新来的人仿佛什么都不懂，便问他："小李不是在教你吗？有什么地方不懂？"

"小李没教我，他说那是他花了功夫学的，哪能白教？"

天下怎么有这种事！我叫小李来问，他理直气壮："朱先生，这种高度技术的机密不能随便教人！"

怎么会有这种自私自利的人呢？我不容分说，立刻叫他走路，他却说："你不能这样做！是国家派我来的！"

多年没发脾气，这次几乎把我气炸。我亲自去找王总，留他不留我！

王总是政府派到美国去专修企业管理的，他当然了解这种文化差异。第二句话都不说，把小李连他的"配额"（事先向当局申请的人员编制数），都给了别家公司。

我只是为了这样微不足道的小事吗？人如果不能见微知著，再大的事都是小事！

为什么社会主义下成长的样品，却连一点社会观念都没有？社会是大家的，大家都必须为大家奉献才是！问题出在哪里了？还是这只是个特例？只是小李个人的私心吗？我仔细地观察，追根究底地分析各种征兆，终于又让我上了一课！

人在甫生之初，本是一张白纸，所以有人说什么样的环境，产生什么样的人格。这话其实只说了一半，而且是最能让人误解的一半。

人初生时确实是张白纸，却有着表面极不光滑的平面，任何力量接触到它，都会留下各种痕迹。这些痕迹有的黑白分明，很容易判断其人格个性。这样的痕迹只是附着在纸面的物质，轻轻一挥即可去掉。了不起改变一下附着物质的特性，或把纸面掀去一层，污纸还是可以变成白纸，至少再要辨识痕迹已很困难。

然而白纸上留下来的，还有一道表面变形的凹痕。如果压力再大一点，甚至在纸的结构中，也可能渗进一些物质。这些痕迹平常看不出来，只有在去掉表面的尘垢，再经过小心的处理后，才会看出那些凹痕中积累的物质，经常多得超乎人的想象。

其实，人对任何事物的认知必然是两极化的，两极化就是对比，没有对比就没有认知！就以各种刺激为例，我们唯一的认知与表达方式，是先用性质或功能分类界定范畴，再以性质与相对条件做比较。

“光影”是种性质，“看”则为眼睛的功能。“看到光影”表示人通过光的传播，得知物体的受光状态。至于看到的光影又如何？不外乎因强弱、明暗产生了对物体的认知；从物体的边沿得到远近、大小、高低、宽窄等空间的认知；再经由视线残影的时空对比，又有了快慢、猛缓等各种复杂而有迹可循的认知。而所谓的强弱、明暗、远近、大小、高低等，都是对比的观念。

人对刺激先有了认知，再与自我的利害建立索引，索引调用经验资料库，以比较当前需求的利害、得失。说穿了，人的心性行为不过是一连串的经验反应，而这些经验的“认知资料”都是以两极的方式，层层组合堆砌而成。

电脑正好是二进位，完全符合已知资料的结构。我在设计仓颉码时，就已经认识到这一点，把取码与中文字义的结构准备妥当。心中有了成竹，所以随时可以把眼前的现象，一一用作印证的资料。

宇宙中没有“绝对”的观念，任何现象都是相对的，环境如此，人亦然。当人从小到大，耳目渲染的只是“为人民服务”时，便也产生了两极化的结果。兹用二进位的观念，一分为二时可知：有人身体力行，有人等待他人为自己服务。再以二分为四：身体力行者有得、有失，得者当然坚持下去，失者则开始怀疑。等待他人服务者如有所得，自然理所当然地继续接受别人奉献，如有所失，则满心愤懑，认为受到愚弄。

如果以资本主义社会来作对比，前述四分法倒也相去无几，所不同的是得失的分别。得与失之差，在社会主义的社会里，假定为一倍。则在资本主义社会中，得失的比例至少要加大十倍！十倍的差别就产生了十倍的能量，十倍的喜怒！

如果没有比较，一倍与十倍有什么差异？就算千倍万倍，其分别也未可知。所以，要谈制度的优劣，如果不让人亲身去体会，那是难以理解的。

在资本主义社会中，大部分的人都深知痛苦为何物。在二分法的理论中，有人怕痛苦而自保，躲进碉堡中，也有人与痛苦对峙，全力抵抗。自保的人若成功了，他会极端吝啬，失败了，便会有所省思，从而协助他人。与痛苦对峙的人如果成功了，必然自大狂妄。只有失败了，才知所珍惜，有了机会知道感恩，看他人痛苦知道同情。

前面也说过，宇宙中没有绝对的事物，每个人都混杂了一些他人的际遇。但是在我长时期的观察下，这个模式相当正确。

我发现中国年轻孩子们受到太严密的保护，缺乏一种“感激”的心态。任何人对他好都是“应该”的，万一有了一点微小的“不应该”，他们立刻翻脸不认人！在资本主义社会中是另外一种心态，反正一切都要靠自己去争取，从来不愿去关心别人。人对他不好，那是理之当然，但是万一有人对他好，物以稀为贵，他怎不感激涕零？

后来，就有一位女工程师，因为见她表现不错，给她连升三级。想不到有一次我仅仅责备了她一句，她就恶言相向，自动求去。

另外一个极端的例子，是一个美国青年。他在我那里学习了一段时间后，突然觉悟，发心上进，几乎抱着殉道者的精神，一直默默地努力奉献。

在美国时，多蒙美国朋友万佩鼎的帮忙，一直无以回报。我到了园区后，特别告诉他我的下落，以便保持联络。不久，他的小儿子万华德决定到中国来做生意，万佩鼎阻止不住，便托我照顾他，顺便开导一番。

我在美国时曾见过他，他不过二十一二岁，毕业于加州大学伯克利分校。身高约 1.8 米，算得上相当魁梧，金红色的头发，稚气未脱的脸。

万华德到深圳来时，背着一个大旅行包。见到我，他把包裹往地上一丢，用半生不熟的中文说：“爸爸一定要我来看看你，有什么事吗？”

“当然有。”

“什么事？”

“说声哈啰！”

他完全是美国青年那副吊儿郎当的德性，一边说话，一边摇头晃脑、东张西望。

“啊，哈啰，那我今天住哪里？”

“随你的方便，愿意住我家，当然欢迎。要去旅馆住，我可以帮你叫车子。”美国人最怕拘束，千万不能用中国人那一套，他们会嫌没有自由。

他想了想，选择住在我家。晚上我们继续聊天，他说与朋友合伙，打算做美国汽车的代理生意。

我问他："你们有多少资金？"

"啊，不多，但是只要能卖掉一辆就行了！"

"你认为在卖出第一辆之前，你们能撑多久？"

"不知道！一两年吧！但是我可以教英语，生活不成问题！"

"有问题，我认为你真正的目的不是来做生意！"

"咦？你怎么知道？"

"我猜你是好奇，想来了解一下这个古老的国家！"我去巴西时又何尝不是？

"是呀！"他马上有精神了，坐直了身体，"我没有对我爸爸说，他不会同意的。我去过南美洲，前年也曾经在北京外国语大学学过中文……"他这才打开话匣子。

和所有的外国人一样，他们都认为现在的中国就是他们在书籍中、在传说里描述的中国。这是天大的错误观念，就像我们想见识一个传奇的人物，不幸他已经死去多时，难道见到他的后人、他的遗物就等于见到本人了吗？

今天的中国人与昨天的已经有了极大的区别，只有人性在过去、今天、未来永远不会改变。但有谁来体察人性呢？不论在世界上哪一个角落，人还不是都一样？不一样的是受地缘影响的行为，以及因为长时间而累积的传统文化思想。这些在中国大陆人民身上早已湮没无踪，至少在中国人找回民族自尊心之前，那些文化包袱是难见天日的。

"你认为经过了一些地方，就可以了解中国？"

"我会与老百姓一起生活，我想了解中国人。"他总算比一些游客高明。

"你了解你父亲吗？"

"不！一点都不了解！"

"你不是与父亲生活在一起吗？为什么凭住在一起你就能了解中国人？"

"哦！老实说，我是想写本有关中国的小说，做东西方文化的桥梁。"

"很好，你对中国文化了解多少呢？要知道我不是指说普通话。"

"不多，但是我总可以学习吧！"

"谁教你？老百姓？学校？你认为在今天这个社会中，有几个人真正了解中国文化？"我必须先把他打醒，否则他不可能知道他自己在做什么。

他茫然地摇摇头，睁大了眼睛望着我。我继续说："先别谈大道理，就以你已经知道的事物说吧，你会用筷子，总知道为什么中国人吃饭要用筷子吧？"

"筷子与文化有什么关系呢？"

“那你认为什么才是文化呢？唱歌跳舞还是哲学艺术？人在生活中传留下来的风俗习惯统统是文化。但是要了解文化，绝非听听唱歌，看看跳舞就行了。”

“那么中国人为什么用筷子呢？是不是人太多，国家太穷？”

“穷就能发明筷子？有哪个民族不是从穷困开始？再说，用手不更经济吗？”

“筷子能算发明吗？”

“回形针是发明吧？”

他想了一会，又茫然地望着我，一脸无辜的样子，我说：“中国人以农立国，传统社会很重视团体的和谐，由于生活安定，很早就有了分工的制度。刀有刀的用途，只有几种人可以使用。为了避免在进餐时用刀，便预先在烹调时切细切碎，在吃的时候只要用简单的工具送进口中就够了。”

“但是用筷子很不卫生。”

“这就是我要告诉你的文化特性了，卫生与否是主观的成见。比如说，西方人一见到亲戚朋友就接吻，连对方的唾液都肯吃，为什么从来没有人说接吻不卫生呢？”

“那是爱情呀！为了爱情，人愿意牺牲的。”

“对了，在中国人的文化观中，个人是团体的一部分，个人必须爱这个团体。如果有缘在一个桌上吃饭，却连彼此筷子上的口水都嫌，还能谈和谐相处吗？”

他恍然大悟，连连点头，说：“这样说，任何事情都有个原因的啰！”

“是的，要了解一个民族的文化，就必须认识前因后果。”

“可是我能学习吗？”

“我建议你先照你的计划做，如果生意可做也不是件坏事。如果做不成，你不妨回来这里，听听我讲的课。”

“可是我对电脑没有兴趣！”

“大概是你爸爸没有讲清楚，我不是电脑专家，我是研究文化的，电脑不过是我的工具。不幸因为没有中文电脑可用，所以只好自己动手做，如此而已。”

他去北京跑了一趟，不到两个星期又回来了，说：“你说得不错，现在没有人对中国文化有兴趣，我来跟你学！”

他是我的弟子中，对我的训诲真真正正一丝不苟的执行者。他拒绝了因外国人身份而有的特权，甘愿与其他人一同住在单身宿舍中。他的薪金也与大家一样，大约两百多元一个月。更可贵的是他除了香烟钱，剩余的全数捐给食堂。

人如果不能自我控制，能量就很难发挥，我教学的第一课，就是自我控制。我要求每个人每天做三件自己不愿意做的事，以资练习。此外，我认为不论做什么事，必须有意识地去做，只凭本能和习惯，那和行尸走肉没有分别。

有一次，我见到万华德的香烟只烧了一点，就丢到烟灰缸里。我问他："为什么你的香烟没有抽完？"

"因为我发现刚才抽时只是无意识的习惯动作，所以决定不抽。"

他又指着烟灰缸里两排长长短短的香烟头，说："这是有意识抽的，那是糊里糊涂抽的。"

园区的宿舍分两种，一为四栋四层的公寓，就在办公室旁边，多为干部所住。另一为统舱式的单身宿舍，高达六层，每间约有 20 到 30 平方米。

我住在第一栋公寓的二楼，比起我在台湾的家来，有过之而无不及。但是有一点却令我难以忍受，公寓没有装设电铃，或许他们几十年来已习以为常，根本用不着电铃。要找人时，每个人就扯开天生的金嗓子，非喊到四山响应绝不休止。

待人被喊了出来，山歌大赛于焉登场。宛如热带雨林的实况录音，但闻吼猴互吼，鸣禽乱鸣，虽百里犹可闻。有时在东家高西家低之余，又有第三部、第四部和音加入。那种传统"大杂院"的乐风，委实让我这山野俗夫难以领教。

我们工作繁重，中午休息的时间极为宝贵，有好几次我忍无可忍，一声狮吼："吵死人啦！"

所幸我练过歌剧，也练过内功，一股丹田之气，往往震得整个园区回音荡漾，久久不歇。由于我的恶名昭彰，碰到大人还算管用。万一是几个初生之犊，那就不管有理无理，非得劳动我的大驾，找到家长不可。

为此，我订下一诫，绝对不许我们部门的员工大呼大喊，要找人，上楼去！

除了我以外，园区还有一霸，就是司机同志。据说他们的地位至尊，连总经理也不敢稍有冒犯。刚到园区来，我就领教过一次，那是园区派了一辆专车送我回长城公司去。因为粥少僧多，派车不易，一下子就挤上了好几位搭便车的。

车行到城内，有人要下车，司机同志很不情愿，口出恶言。又有人希望能绕点路，司机同志就火大了，车门一开，把那人赶了下去。

当时我是要回长城的宿舍，司机同志没搞清楚任务，径往长城公司开去。我忙说："我要去长城宿舍，请在这里转弯！"

"去你的！我管你要去哪里！"

我也火了："那我不坐你的车可以吧！"为此我们自愿下车，足足走了半个钟头。

我们的篮球场就在办公室的旁边，由于空间大，顺理成章地就成了停车场。司机同志们从来不认为有车让人的必要，不看有人没人，开着车就在场中横冲直闯。好几次正在专心打球的人，几乎变成轮下冤魂。

没有人管，我便出面交涉，那些司机同志们其凶无比。有一次居然开车向我撞来，我站着纹风不动，把马步一摆，丹田真气贯运全身。心想："运功千日，用在一时！"且看我的气功到底练得如何？

到底是我的气盛，司机胆怯了。打球的朋友也一拥而上，几乎要痛揍他一顿。

我的凶狠出了名，人人侧目，却也让我增长了不少见识。

我看到园区垃圾遍地，便发起员工"见到就捡"，我在场时自毋庸说明。我不在场时，则只有万华德一个"傻真人"，不论什么时候，他总是见到就捡。

由于年轻，万华德当然有不少毛病，他了不起的地方，是知错必改。比如说他每天早上都起不来，这是多年懒散积习所造成，一时非常难改。

我在园区组织了一个篮球队，自任教练，每天6点半开始练习。万华德球打得不错，但早上起不来，经常缺席。我灵机一动，便叫他做教练。他很认真，把美国学校的那一套搬来，从基本动作半蹲走路教起，运动量非常大，队员们个个叫苦连天。

最初，每次练球都要队员们三催四请，他不论多惭愧，就是起不来。最后我只好用苦肉计，亲自到他房门口去等，等了几次以后，他果然再也不迟到了。

他的不修边幅也惊动了王总的大驾，王总夫妇很欣赏他，有时会邀他去打一餐牙祭。他那一身衣着不仅是不合体，而且是又破又脏又臭。那还不说，他足下一双球鞋已经穿破了底，他用些报纸垫在洞口，照穿不误。

王总可下令了，摇着头，对他夫人说："老赵（王总夫人）！这太不像话了，你怎么看不见呢？"

"哪里？我这还比不上你们'文化大革命'又红又专呢？"万华德很懂幽默。

“什么‘文化大革命’？我们已经实行社会主义商品经济制度了！”

“可是我们老美才开始流行这样。”

“别！别！老赵，别理他，赶紧给他全身上下重新包装一下吧！”

衣服倒是好解决，麻烦出在他那双天字大脚，跑遍了深圳，没有他能穿的字号。最后还是麻烦陈金耀从香港进口一双，才得摆平。

万华德为了帮助同事学习英语，每周六晚上有两个小时的课程，其中包括电视新闻、小说以及人工智能的相关资料。有一个周末他母亲从美国到香港来玩，他便提前在星期五上课。他不知怎么地讲起马了，因为不会分公母雌雄，只听他“男马”、“男马”个不停，下面的同事也不好意思更正他。

沈红莲正在里间工作，听了一会儿，忍不住走了出来，对万华德说：“你什么时候去香港看女马女马？”

另外有位小何，他的父亲是暨南大学的教授，动用了不少关系才把他送到我这里来学习电脑。小何很喜欢踢足球，是园区的足球王。由于我们的工作、学习时间排得满满的，连星期天和假日都有学习的课程（早上虽是运动时间，但无人踢足球）。为了平息他心中的欲念，我与他约法三章，要他三个月内不踢足球，过了这一关，我便教他写“表格处理”的软件。他很痛快地答应了，可是一个星期下来，每当他看到圆圆的东西，便心上脚上都痒痒的，痒得难搔。

小何苦不堪言，有一天下班时间，刚吃完晚饭，我看到他在篮球场踢球。他也看到我了，但却神色自若，照踢不误。晚上上课时，我问他：“还是足球重要吧！表格处理没兴趣了？”

“当然是表格处理重要！”

“可是我今天看到你踢足球了呀！”

“朱先生，您不是教我每天要做三件自己不愿做的事吗？我不愿意踢足球，所以才去踢足球。”

到过大陆的人，一定都曾领教过一种奇观。不论是西装革履的白领绅士还是衣着时髦的窈窕淑女，每到吃饭时间，人人手中捧着一个大碗，在路上边走边吃！我当然能理解，在大锅饭时代，人多地方小，无处可坐，几十年下来就形成了这种特殊景观。

大食堂就是社会的缩影，我不知道其他地方如何，这里的食堂却有如战场。首先是乱，乱哄哄，乱糟糟。其次是脏，脏兮兮，苍蝇满天飞。这些我都能原谅，国家穷有什么办法？可是穷归穷，社会的秩序与规则总该遵守吧！不！买菜的小窗口永远挤满了人，一个个凶神下凡似的，拼命往前钻。人若不插队，就只有买残羹剩饭的份！

我看不惯这些，好几次与人冲突，大概是看我一把年纪，别人多少还让着点。万华德一来，就差一点打起群架来。我向园区反应，园区觉得我们这些"外人"大惊小怪。他们很有涵养，说这里工人多，工人没文化，忍耐忍耐就过去了。

对他人无心之失，忍耐是美德。但对这种恶劣的行为，忍耐就变成默认，默认变成习惯，习惯一养成便终身难改。

这时我们的部门已经有了十个人，为了表示我的抗议，也为了维护我们的权益。我便向丘副经理提出，要求自办伙食。

丘副经理同意了，并建议我向园区争取一个人，以后办事就容易了。她就是王总经理的夫人，我们叫她赵阿姨。赵阿姨是东北人，块头大，心肠直，精明能干。她曾与王总在美国待了两年多，思想也很开通。

园区明文规定，高级干部的眷属不可在本单位任职。这种立意甚佳的律法，总是在一些特权的蹂躏下，变成一纸空文。这次搞特权的是我，我错在为了解决自己的困难，认为自己特别重要，享受一点特权算什么？

董事长张翼翼坚决不同意，我则不惜以离去作为要胁。争执了很久，他只好同意"暂时借调"。他把脚跷到书桌上，无奈地说："你知道我今天同意你的代价是什么吗？"

"我知道，是经济起飞！"我们平时很谈得来，这样说只是故意冲淡气氛。

"可能吧，但是这种代价却是牺牲原则换来的。"张翼翼是留俄的，他主修化学，在中国科学院中地位甚高。为了支持国家建设，他衔命筹办深圳科技园区。居然能在没有经费的支援下，从无到有，建立了一个数十公顷规模的高科技工业园。

"请原谅，是我的错。但是偶而变通一下应该没有多严重吧？"

"严重当然谈不上，我们这个社会主义国家，来搞资本主义的那一套，难道不是变通吗？其实，我反对的真正原因是为了保护你！"

姜是老的辣！赵阿姨是个强人，只可惜生就女身。她对我们的帮助极大，没有她，我的工作不会那样顺利。但也因为有了她，导致我与工业园的关系，最后几临破裂。

原先我住在园区的招待所内，很像临时作客，没有安定的感觉。办公则在园区管理处的三楼，三楼共有五间，我们已经占了两间。赵阿姨一上任，就为我争取到了一间二楼的宿舍，约有一百多平米，赵阿姨又为我们请来一个佣人，以便自行开伙。

我以工作要求为由，希望员工集中住宿，另行开伙。赵阿姨果然神通广大，又设法弄到几间宿舍，一间作为我们的食堂，其余的则一一分配给员工。

不到几个月，我们的人员一天一天增加，办公室一间一间地扩张，最后第三层楼全被我们占用。最盛时员工有四十多人，电脑三十多台，而且全国知名。

我知道要发挥人的潜能，首先要激起人的斗志，然后才是观念与技术的训练。斗志的培养最难，因为我所谓的斗志，并非指个人而是群体，也就是说，个人对群体共同努力的方向之坚持。因为每一个人生存在不同的环境中，有着不同的需求，对事物也有不同的认知。

“国无外侮，必有内忧”，这句话说得透彻之极，人若没有外忧就很难调动积极性。我不能去制造外侮，其实也用不着制造，在信息时代，文化上的外侮只有与日俱增，只是这种文化的层次太高，一般人看不见而已。所以，利用现有的科技知识，换上文化新装，中文自然语言便成了我最理想的教材。

从原始目的与方法来说，我所教的课题共分三类。一是积极性的调动，我以人工智能为课目，实际上是以国家兴衰与文化存亡为内容；一是品格见解的提升，以文学、艺术、音乐、电影等为媒介，寓陶冶于娱乐；最后才是技术的教育与工作的指导。

不知是谁带回来了“三大件”，其中有一套录影器材，新奇归新奇，不会使用也是白费。我以要发展电脑绘图为由，把这套器材接收过来。我教学生们编导、表演，把全部员工分成三组，每周拍一部三分钟的影片。

这样玩得还不够，我又组织了一个合唱团，自任指挥。员工们也不甘寂寞，一时吉他队、书法班、羽毛球队等纷纷成立，每天从早到晚，个个忙得不亦乐乎。

有天不知道是谁提议，男生剃光头，女生留短发，当场人人同意，却无人去做。我不声不响，自去剃了个光头回来，万华德立刻响应。第二天，园区突然冒出八个光头来（其中有一位不是我们部门的），一时间竟成了大新闻。

张翼翼叫我去，问我：“朱先生，你是不是在传教？”

“不是，这是训练课程的一部分，我要看这些学生中，有谁敢说敢做？”

“朱先生，你是不知道，在我们这里，敢说敢做不是好事啊！”

“果真如此，国家的希望在哪里？”

张翼翼只是默笑以对，但是市里的公安部门却不这么想，来了好几批人，要调查园内的“光头党”。所幸张翼翼替我说项，才没有出问题。公安局的人刚走，《深圳特区报》的记者又来了，给我们几个光头做了篇专访，大概的内容是：“台湾来的电脑专家与科技园的工程师们，为了要让祖国的高科技冲出世界，特别剃了光头，以示决心……”

我们的作息时间是这样的：早上6点半起，全体员工运动一个小时，内容有球类、内功等。7时半早餐，8时上班。中午休息两个小时，下午5时下班，晚上8时到11时上课。周六照常，周日则上午上课，下午休息。

这种特殊的工作方式成了园区中各公司争论的话题，最初很少有人给予正面的评价。即令不骂我作秀，也会说：“新开茅厕三天香，看他们能干多久？”

谁都料不到，三年之中我们除了内容偶有调整外，工作时间从来没有缩水，甚至于过节过年都不例外，这才杜绝了悠悠众口。

当然，光是苦练又有什么意义呢？我心中早就有了计较，我向王总保证，每年会交一张成绩单，而且每张成绩单也都能保证全世界第一。

“不必全世界第一，只要拿得出去就够了。”王总显然没有信心。

9 两仪

字库　小王　识人　聚珍

我有我的盘算，目前的员工能写程序的没有几个。新来的人总是今天一个，明天一个，教学训练很难有计划地开展。要真能拿些成绩出来，必须要用些小技巧，四两拨千斤，这些杂牌军一样能成大事。

沈红莲日以继夜地在做字库，我决定以字库为鱼饵，先打一场胜仗。到那时再行招兵买马，整军经武，不愁王业不成。

可是字库中有一个严重的缺点，我心知肚明，但却没有时间与精力去调整。那是一段绘图的程序，我因为不长于数学，曲线不是用公式而是拼凑出来的。在画中文字形时，小于 24 点的字，问题在于比例分配的余数处理问题。字形大时则在于各种变化曲线的控制。我反对用点阵储存，那不仅空间太大，使用效率不高，而且字形、字体无法控制。大多数的工程师都以为电脑功能越来越强，用点阵必将成为主流。我的看法不然，电脑的功能强，其空间时间的利用价值也应该随着增进。

中文字形在形声法则的规范下，字首、字身分明。我先把这几千个字首字身分别用矢量坐标写好，做成资料贮存起来，所占空间极小。这些资料都有仓颉码一一对应，只要输入字码就可以找到字形资料，再用程序组合成字即可。

字形的大小完全是矢量坐标转换的问题，只有在字很小时，比值的余数接近笔画数的一半。究竟该不该四舍五入，什么情况下舍或入？这是一个头痛的问题，我暂时用一个对照表，勉强解决了。其次，在绘图技巧上，字形越大曲线的要求越高，而我不懂数学，该怎样画曲线呢？总不能重新再去学数学吧！

我又想到一个办法，用几段直线来画曲线，我先把各种可能需要的曲线画好，再用直线去拼凑。将拼凑的直线值做成表，经过多次的调整浓缩，效果虽不理想，但空间小速度快，在美观要求不高的情况下，足能胜任。

问题出在英文字符，英文都是圆形，拼凑的结果，字形边缘看上去不是生锈的钩子便是半缺的刀口。我找了几个程序师，请他们用数学方式找寻解决之道。几个月过去了，不是画得更糟就是速度其慢无比，一直没有进展。

不得已，我想再试试以往用曲线浓缩的方法，便用高阶语言先求出各圆形的轨迹资料，交给程序师们照我的方法整理。想不到这样更难，一连换了三四个人，不要说做出来，有人就连怎样下手都搞不清楚。

为了教课，我必须准备资料。公司后进的员工都有很好的背景，九成以上来自各重点大学，没有些真材实学很难以服众。尤其是人工智能在美日各国都已销声匿迹，用现成的资料是不可能有新的创见的。因此，我把十多年前在台湾写的《层次论》全面增修，以便作为上课的讲义。

沈红莲见我无法兼顾，操心不已，她建议说："我看小王蛮聪明的，让她试试画图的程序。"

"不可能。"小王名叫王姝，身材娇小，长发垂到腰际，圆圆的脸庞，有着两个深旋的酒窝。她刚来公司不久，毕业自山西大学计算机系，曾做过四年助教。她人很聪明，但因是科班出身，我这种不循正轨的做法，相信她不能胜任。我说："这种工作就怕聪明人，聪明人很难耐着性子做完这么多资料，偏偏目前是资料做不出来。"

"试试看嘛，又没有损失。"

我没作指望，花了不到十分钟的时间，大略对小王解释了一下。我早就解说得烦了，上次对另外两位工程师解释到一佛涅槃，二佛出世，甚至于样品也做了些，他们还是连影子都没摸到。

想不到，不到一个星期，王姝就做出来了，还附加一些颇为中肯的建议！我大吃一惊。不可能，除非她是不世出的天才！

我不动声色，便把已经快要完成的字库程序中，有关英文字符的部分切割开来，叫她用她自己整理的绘图资料，把程序完成。

看懂我的程序不难，但要有相同的理念才行。我讲究精简扼要，段段都蕴藏着无限玄机。像我写的中文系统程序，表面上与一般的似乎没有分别。只因我的程序精简，以张达权的功力也花了几个月才弄通。另外文书处理部分我则分给两个工程师，分别负责幕前与幕后处理，也要我天天费尽口舌的讲解。

字库程式难度极大，以我的估计，她起码要忙上半年。当时是 1989 年 2 月，我计划在 10 月先作一次技术公开发表会，如果她来得及最好，否则我只有再作冯妇了。

另外有位胡天宝，毕业自沈阳金属材料研究所，他天赋过人，不到半个月就把组合语言弄通了。后来我教他写绘图模组，他也是一点就通，可是他就犯了聪明人“躁进”的缺点。我费尽心思，就是纠正不了。

比如说，他脑筋动得快，尤其我这一套非正统的捷径，他不久就深得其中三昧。往往我还没有把课讲完，他程序就写好了，只是与我所要的一些功能南辕北辙。又因为他手快心软，任何人求他，他是来者不拒，以致于每个人写的程序都有他的影子。表面上看来不是坏事，实际上这种破坏力是既深且远的。

当很多人在一起制作同一个程序时，程序间相互的联系比什么都重要。如果每个人能力不等，就像跑马拉松一样，刚开始时还在一起，时间一久，彼此间的距离就会越来越远。这原是自然法则，但我的教法是希望把落后的人带上去。

小胡的一念之仁，害得好几个会偷机取巧的同事，刚一起跑就落了一大段。我原希望小胡能更上层楼，专攻人工智能，负责图形辨识与相关技术。可是，人工智能是聪明人的禁地，稍一选人不当，就难免遭到池鱼之殃。

我曾说过，时、地、人是决定我做不做人工智能的指标，真要动手，则还要注意策略的运用。在我的设计中有三大结构，分别是系统、人性与功能。系统是电脑的输出输入部分，有视觉、听觉、触觉辨识以及电脑的周边处理，一般的工程师就可以胜任。人性部分最难，也最危险，其中又有自然语言、理解、思维、判断等模组，分别由我和沈红莲负责。至于功能则是各种应用如常识库、知识库等，难度不大，要做时可以慎选其他公司合作。

如果各司其职，就不可能有人掌握全部技术。即使有了麻烦，随时叫停也不致有太大的灾害。但是小胡贪多的表现，不但自己的层次不能提升，反而到处烧火。假如他的品德也高人一等，倒不失为一个好助手，否则将成大患。

我仔细地考察他，发现小胡有个致命的缺点，就是耳根软，听不得几句好话。

那时杜涓正在学程序，但她太精明，每当需要动脑筋时，她发觉不如动嘴巴快，一声委婉的：“小胡！”

于是程序就写好了，结果她一直没有学会写程序。我一再告诫，不许小胡代写，但却不能禁止他教，结果一切如故。我想到有那么一天，当人工智能完成时，只要有人喊一声“小胡”！我们全部的机密，所有的心血都会像崩塌的水坝，一泄千里！

不到一个月，小王闷不吭声地，已经把我的程序弄懂，开始改字形了。我还是不信，但是事实就在眼前，她不仅懂，而且很有创意。有如在黑暗的大海上见到了明灯，我大喜过望，不禁燃起了对人工智能的幻想，大作其白日梦！

有个星期天下午，大家都在休息，我思路潮涌，忙赶到办公室去写文章。室内有一个人，是小王。我们虽同在一个办公室，平常工作太忙，从来没有交换过一句闲话。有这个机会，我很想彻底了解她一下。

她是一块未经琢磨的璞玉！思路敏捷，有时比我转得还快，只可惜常识太少，人世的历练不丰。她已经 29 岁了，有个男朋友，但还没打算结婚。她曾做了几年助教，因为个性耿直，得罪了校长。她一气之下，只身跑到深圳来打天下。

“别见怪，你已经到了适婚的年龄，为什么不结婚呢？”老实说，我一向认为婚姻与人工智能是绝对矛盾的，因为这两种都需要无底的奉献。

“结婚？”她眼睛睁得老大，一副不屑之状，“为什么女孩子年龄到了就该结婚？我要做点有意义的事业，结不结婚有什么重要？我还想当尼姑哩！”

好大的口气！好了不起的志向！这不是老天给我安排的良机吗？她的能力我知道了，心志也大致了解，我还想知道她的意识形态如何：“结了婚，安定下来，教育下一代，为社会培育英才，不很有意义吗？”

“那种事谁不会做？我父母都是教员，要我那样老死终生，我做不到！”

“来深圳打天下？什么天下？赚钱？”

“哼！钱我不稀罕，够用就好。朱先生，难道只有赚钱有意义吗？”

“当然不，但是人各有志，我只是问问你。”

“像沈小姐她就没有结婚，也不要钱。从台湾到美国，从美国回来，每天从早做到晚。从来没有听她抱怨一句，任谁看到都佩服。”

“但是这种生活不是一时，也不是短期，要一辈子坚持下去。沈小姐只是个例外，一般人做不到的。”

“我同意，可是在我们大陆，终生坚持理想的人不少，有一天你会知道的！”

“你觉得杜涓这个人怎样？”我想试试她，因为她们已经斗过嘴了。

“朱先生，我知道自己的个性不好，我想改，只是改不掉。至于别人的好坏，我看不出来，我只希望把自己的毛病改过来。”

有志气，有品行，这次对话我给她打了一百分，也为自己的美梦加了一百分。

还有一个小蔡，做事很认真，最初我也颇为欣赏。后来在一次郊游中，他做领队，一玩，玩昏了头，只顾自己，责任全忘了。自此以后，他被打入冷宫。

不久，又来了一位姓席的女孩子，个子高大，气宇恢宏，十足打篮球的料子。她的反应不错，也是事业心重，很想做些有意义的工作。由于她有潜力，我必须了解她的心态，有次我也用同样的方法，慢慢聊到人的是非上。我发现她过于老到，城府较深。自后我不再交给她重要的任务，怕她一有了能力，别人就完了。

我突然觉得，是做人工智能的时机了！至少应该把人工智能的平台先建妥。我为什么不用实力来证明，只凭老祖先的智慧，中国人就可以雄踞世界舞台！

我立刻召集员工，宣布了我的工作计划。这时共有员工三十位，其中能写程序的还不到二十人。我按照各人的发展潜力，分为两组。一组从事自然语言的开发，一组则做外围的应用软件，最后综合成为一个能用中文控制的应用系统。

等这一套应用系统完成，大概需要三年。到那时，人员的训练完成了，我们的实力也具足了，我不再需要外力的支助，便可以找个远远的山坳，躲起来做人工智能！

电脑自 20 世纪 70 年代发展迄今，尚不足二十个年头。但是在这些年间，举世各国所投入的人力、智力与物力的总和，远远超过其他任何学术与技术。

尽管如此，今天的电脑仍然是一种尚不成熟却具有无比潜力的事务机器。尤其是在商业导向的策略下，这种现象完全操之于少数技术人员与经营者手上，由他们决定该做什么和该怎样做。硬件有各种不同的规格，软件更是五花八门，千变万化，使用者必须经过专业的训练才能略窥堂奥，形成了非常特殊的卖方市场。

其实除了硬件生产受限于材料与技术，尚有待逐步改进外，电脑的适用范围以及发展方向已经相当明确，应能设计出一种完善而统一的软件。只是在商业挂帅的前提下，主宰市场的卖方还有大利可图，不愿轻易放手这块肥肉而已。

我的构想是在现今的硬件设备上，结合已知的各种应用观念，设计一种功能相通、效力强大的应用软件，不仅令使用者易于掌握，且能供程序师继续发展。最后再略加调整，就可以成为人工智能的基本系统程序！

这就是“整合系统”，在整合系统下，不再需要一个一个单独的套装软件，取而代之的是一般应用的整合程序以及软件公司所发展的一些“特殊功能”。

使用者只需陈述工作的要求或调用各种工作流程，就能达到目的。

因此，当整合系统完成后，软件工程师最后的挑战，将是符合使用者习惯的“自然语言”以及具有学习、分析、判断功能的“人工智能”。

下面是我整体规划的原则和方向（对电脑没有兴趣的读者，请自行略过），像这样庞大的系统，当然不是少数人的力量所能胜任。但是我不顾一切，有多少力量就做多少事。

一、规划

良好的规划是整合系统的成败关键，由于无人能够预知未来，所以不可能有绝对正确且永远不变的规划方式。但这并不表示良好的规划不可能，相反地，只要考虑到目前的需要、可见未来的发展以及进一步的扩充，将之有组织有系统地明确规定下来，这种规划就能行之久远。

规划的前提是符合人的利益，因为不论未来的发展如何，电脑永远不能脱离人的掌握。至少在一个设计者的立场，作为人类的一分子，这种职业道德是必须遵守的。

因此，首先要考虑应用的便利，在目前键盘输入不可或缺的当儿，键盘就是所谓的“人机界面”。所以良好的规划就是：键盘的定义要明确，功能要齐全，使用要统一，操作要合理，扩充要简单。

二、文字

文字是人对符号所赋予的概念，电脑可处理符号与文字，符号是直觉的，不论国籍、人种都能共同应用，唯有文字需要经过学习始能认知。由于不同的文字的存在是客观事实，整合系统必须对之有全盘的考虑。

对中文系统而言，目前为了兼容中、英文，电脑的资料必须使用ASCII码。而ASCII码并不适合中文处理，但要想采用其标准就必须接受其限制，于是迫不得已地产生了中文特有的“内码”。

本整合系统采用双轨制，普及版兼容中、英文，采用两万四千字的二字节内码，全文版则放弃ASCII改用四字节的“万国码”。如此则可同时使用所有的拼音与图形文字，至于中文，采用第五代仓颉输入法，计有六百万个可能组合的字形。不仅兼容了过去历史上所用的文字，且能满足当前的人名地名需要以及千秋万世各种新事物、新观念的实际应用。既承先且启后，可说是一劳永逸，彻底将中文的应用问题解决，给中国文字带来无限的活力与生机。

三、程序

必须采用独特的组合语言程序技术，用极小的空间，最快的速度，以低档的电脑，达到效率最高的功能。虽然硬件技术不断地进步，但整合程序的基本精神就在于利用高效率的软件以增进硬件的功能，而不是依赖硬件的改进。

此外，整合程序是累积性的，无尽延伸的，浪费空间时间的程序一时或许有其存在的价值，但却会产生长远的不利的影响。

市面上软件虽然多如牛毛，一般通用的不过七大类，分别是：文书处理、绘图处理、表格处理、资料库、网络通讯、排版印刷、视窗应用等，这些都是整合系统的基本功能。

四、设计方法

以目前的电脑容量来看，仅仅运行前述的软件之一，就几乎占据了所有的空间，以致于一般设计师咸认为实现的可能性不大。

其次，各种应用功能有别，每个设计师也有不同的风格，在如此复杂而庞大的工程中，很难规划出统一的理念，故人皆视为畏途。

不论什么软件，其运作不外乎档案调用，屏幕处理，资料安排以及列印传输等。在理论上，除了性质特殊的若干套件外，一般说来，每个软件之间约有60%，甚至更大的比例，重复着相同的工作。

在整合之后，重复的程式可以共同使用，故软体所占用的系统空间绝对小于原有各种套件的总和。

此外，以市场为主导的美国，人工昂贵，为了经济上的效益，一般程序的制作概以高阶语言为工具，其空间较组合语言大三倍以上。如采用组合语言，则制作时间较长，设计成本增加，对美国市场来说，是不可思议的做法。在中国就没有这种顾虑，人多、工资低廉，最适于这种精雕细琢的工作。同时，由于中国落后太多，又缺乏硬件零件的生产基础，要想迎头赶上，唯有利用我们的人力与智力资源。

此外，市面上各种应用软件都有其独特的风格与价值，要想成功地将所有功能融合成一体，必须采用非常的手段。先要彻底吸取现有各软件的观念，再重新规划，用统一的应用方式，从头做起。这种做法需要动员庞大的人力，要有广泛的知识、周密的规划与精确的控制。这对一向标榜个人风格、崇尚自由的美国工程师来说，显然是不可行的。

更重要的是设计的基本理念，由于英文字母不多，初期的电脑软件仅提供一种“文字状态”，或者专供培基语言使用的简单图形功能。直到“苹果”机与表格处理软件问世后，才有了所谓的“图形状态”。现在为了满足整合程序的需要，尤其是视窗、排版与绘图更完全建立在图形状态上。英文原有的应用观念改变了，然其设计理念尚有待建立。

中文则不然，一开始就建立在图形态上，为了中文字库的特殊需要所发展出的“字形产生器”的技术，能充分利用图形功能，大量浓缩贮存空间。因此，一旦进入整合程序的领域，过去所积累的宝贵经验，正是当前最有价值的图形技术。

不论什么学问或技术，在尚未成熟之初，早期的发展都必然会成为后期的包袱，现有的各种软件亦不例外。如何能在既有的已经相当成功的应用方式下，再兼容其他软件的功能呢？这也是美国人整合软件的大问题。还有一个因素，是电脑界也面临工业后期分工过细的症候，系统程序师不写应用程序，应用程序师又不懂系统结构。

唯一可行的方式，是扬弃过去的成就与观念，一切从头开始。显然，这对一些已经占有市场、具备一定实力者很难做到。相反地，若能够虚心学习，愿意从零出发者，方能综合各家之大成，达到真正的整合目的。

图形可以涵盖文字状态，整合观念必然建立在图形状态之上。在图形的立场，显示与列印的效果，与记忆只是对应的关系，可由资料指令处理。至于图形态的画面是以“点”为基本单位，使用者一旦定义了范围，其内容性质、大小与形状，皆以点为基准。

于是，在使用者的定义下，每一组定义的范围，即相当于一个视觉的操作区域，我们不妨称之为“视窗”。视窗既然可以任由使用者定义，视窗之内可以容纳视窗，视窗之上也可以重叠视窗，只要系统的记忆空间足，视窗就可以无限延伸。

这样一来，在视窗限定下的一个操作空间中，对应着某一记忆区的资料。文字、绘图甚至于表格、资料库等，皆得以同时安排在各个视窗中。因此，无限视窗就成为整合程式的基本环境，任使用者自由运用。

五、方块结构图

根据我的理念，已经发展或正在发展中的整合系统各个项目，可以用方块结构图表示如下：

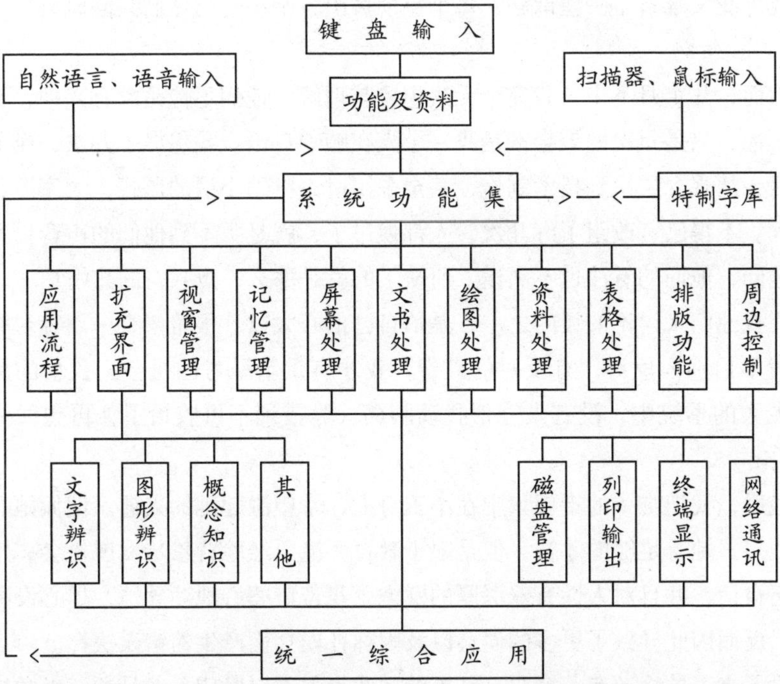

根据上述的理念，我用了很多策略、方法，由写程序起到模组分割，一一教导。每个工程师的程序都有严格的规定，而且程序写作的方法相同，缓冲器的用法一致。所以在程序中不需加上任何注解，大家都能一目了然。这样不仅节省了写作的时间，程序师也能自由地发挥。我又要求每段程序写完以后，要贴在布告栏上，让大家当作文章一样欣赏。

这一来，谁也不能偷巧，而且形成一种无形的竞争压力。每当程序空间到达某一极限时，我就召集大家研讨，把没有必要的“垃圾”清除，把功能相近的程序合并。程序师在彼此观摩学习之下，一个个进步神速，士气高涨！

陈金耀知道我的计划后大为兴奋，特别去查资料、翻书，找到“聚珍”这个名称，说是乾隆时期钦定的世界第一套木活字版。

对自然语言小组，我的要求更高，不仅观念技术要好，品德操守更是一丝也不能疏忽。更重要的是任务分派，平常上课时所讲的只是些基本理论，现在进入实际制作，为了整体的安全考量，各种界面技术只允许参与工作者知道。

我挑选了一个六人的智能小组，先征求他们的同意。在五年的工作期间内，小组成员暂时不能考虑结婚，大家都没有意见。

办公室也重新分配，智能小组的成员与我同在一间办公室，以便随时讨论。此外我又准备了一些课题，每个星期拨出三个小时与他们共同研讨，交换心得。

然而，几个月下来，我完全无法想象与理解。他们不像是没有兴趣，又不像是不懂，只是每次的聚会都是我一个人在喃喃自语。我想尽了办法，换了几次题目，从观念层次到技术制作，甚至采用讨论科幻小说的形式，大家还是不能投入。不得已，改组了好几次，人都换过了，就是听不到他们的声音！我一个个地问，他们的看法也不离谱，所缺乏的就是那么一点兴奋的热情！

我找他们来讨论的目的之一，是怕自己信心太过，很希望有一点客观的回馈。我不怕别人反对，有反对的声音，我才有重新思考的机会。我怕的是在这么庞大的系统中，没有人能帮我动脑筋，等错到不可收拾了，再想回头就难了！

最后，我把唯一的指望集中在小王身上，希望激起她的兴趣。偏偏她的问题也最多，她有足够的才智，但是限于教育环境、经验背景与发展机会。她不但缺乏自信，并且对人性有着深厚的疑虑。我苦口婆心地劝导她，尽心设法感动她，反而因此导致了更多的误会以及因弥补误会而产生的错误抉择。

除了小王外，还有一个叫毛红松的，我也曾寄以厚望。他是浙江大学光学研究所毕业的，学的是光学。有次他上课迟到，晚了两分钟，我不许他进来，他竟然坐在门后听了两个小时，从此我对他刮目相看。小毛的观念很清晰，但技术很生疏。尤其他有个严重的缺点，经常会把简单的事情看得复杂无比，以致于不能当机立断。他和小王正是两种典型，教学上顾东就不能顾西，以致于我在工作的规划上一直延宕难决。

10 小暑

评估　标准　合作　阴霾

美国的民主自由可爱，但那只是有能力、有条件的人的特权，其余几十亿贫苦的大众呢？自命不凡的知识分子，除了自己之外，可曾想过别人没有？

知识是什么？只是一种供自己耀武扬威的工具吗？如果拥有知识的人不知道、不能够认识事物的因果，妄想一步登天，那又算什么知识分子？

美国真是天堂吗？又是哪些人的天堂呢？以 1/20 的人口，占用了人类 1/4 的资源。他们除了以人权、民主作为手段，对第三世界予取予求外，今天世界的各种动乱，又有哪一件不是由美国始作其俑？

谈这些有什么用？人类已经病入膏肓，社会的资源已被既得利益者霸占，媒体、广告成为人心的灯塔。不管你赞成也好，反对也好，人人有权表达意见，人人也都心里有数，强者已经统治了这个世界，识时务者为俊杰！

我们的工作才刚开始，至少要几年以后才能拿出成绩来。我恨自己蹉跎多年，否则，我必以人工智能为中国人争一口公道！

这时，小王把英文字形做好了，沈红莲又叫她做一些特殊符号，她也能顺利完工。

我突然灵机一动，为什么不先公开发布字库呢？在当前各界士气低迷之际，一点点令人振奋的火花，也是值得安慰的喜讯。我一向不喜欢锦上添花，可是要想雪里送炭，也得送得恰到好处，这个字库正是一个大礼！

我算了一下，这套字库以二十万字节的空间单位，能以平均每秒钟一千个字的速度，产生六亿亿个各种大小、各种字体的中文字形！如果以点阵方式来做，所占的空间大约要六百亿亿字节的空间单位！

如果再给我们一点时间，我可以教王姝把中文字形的曲线也改成她的，字形的美观性必然大为增加，字库就完美无疵了！

可是，等王姝去改中文字形，可能还要半年时光。一方面我希望她做人工智能，没有必要浪费在字库上。一方面我认为字库的成就是技术的突破，美观性目前并不重要，产品才要美观。既要雪里送炭，就要趁冬天还没有过去，否则，谁希罕？

我告诉园区，我们可以公开发布“全汉字大字库”，以表示我这个“知识分子”对国家一点支持的心意。当然，这是个好消息，对科技园也是破天荒的创举！对科技界也是个值得骄傲的大好消息！

张董立刻兴奋地到处张罗，深圳市科委、计委都全力支持，打算轰轰烈烈地向全国宣示，证明成立三年来特区在高科技方面的实质成果。

中国科学院也知道了，抱着难以置信的态度，先派了软件所的所长以及几位专家，特别来评估。不评估还好，一经评估，人人大开眼界。大家异口同声，认为这是超越世界水平的新技术，应该由科学院出面，代表国家来发表！

一下子，园区沸腾了。以张董事长为主，领导着王总以及几位副总经理，成立了专案小组，密集地开会筹划。这时，天天有各地的人来参观，人人忙着张罗打点。果然，炭还没有燃起，温暖已经让人心醉了。

由于科学院与深圳市政府都在争取主导权，园区左右为难。经过一再折中的结果，我保证明年还有新技术出炉，也保证明年由深圳市政府主持。于是，我们决定在 8 月 1 日，在科学院的主持下，假北京向全世界公开发表。

还有一件事也争论了很久，张董主张把会场设在人民大会堂，并邀请各界政要参加。有人则认为不应该与政治扯在一起。事实上，不论哪种选择，都是利害参半。在人民大会堂，声势当然浩大，但不懂技术的人，会认为这只是一种宣传。而不利用人民大会堂，再好的技术，其影响力都不可能太大。

最后，会场决定在费用高昂的友谊宾馆。科学院的看法是，以这件事而言，完全是技术的突破，只要能对国内软件界产生鼓舞的作用，目的就达到了。

8 月 1 日，在科学院院长周光召的主持下，我们成功地展示了字库的相关技术。而且在当时最具盛名的十多位学者专家认真的评审下，给予了“超越世界水平”的最高评价。评审委员中，有北京大学的王选教授，他的华光中文排版系统，在一块特用硬件芯片的辅助下，造字速度比我的还慢了 4/5。

还有另一位电脑文字专家石云程，是二炮所的工程师，他们对我的程序极有兴趣，一直有意技术合作。只惜我对发展产品兴趣缺乏，既不愿见到有人独占市场，又困于资金不足，想把技术传授给大众也行不通。

发布会大大成功，一夕之间，我有了些虚名。所有的亲戚都出现了，我自再世为人，全心奉献于工作，早就六亲不认，所以一概拒之于千里之外。

由于电脑是当红的科技，是经济利益的核心，所以在这个圈子里找“义人”，实在是缘木求鱼。可是中国社会科学院的栾贵明先生，却算得上是个标准的义人。

这次我在北京遇到了栾贵明先生，他和我年纪相若，但却身材魁梧，是个道地的燕赵男儿。他们中心对中文做了大量的整理，所以对中文信息的认识非常清楚。

只可惜我们都只是文化的维护者，无法阻挡以生产与促销为主力的厂商，而目前文化界对电脑避之唯恐不及，是以两个人谈来备感寂寞。

1993 年，我回台湾之后，栾贵明拟举办一个中文信息应用的研讨会，我也准备发展一套人文系统，共襄盛举。但因他受到某方面的阻挠，会议功败垂成。我的人文系统原是为这个会议而开发，既然受到打压，我也就只好延后了。

一回到深圳，我们就全力投入“聚珍”的工作。张达权把系统平台准备好了，只要有可以共用的程序，他随时可以纳入系统中。小胡的绘图进度不错，每天见他运指如飞，人也像蝴蝶一般，穿梭在各个办公室之间。小段做视窗，他是科学院软件所的高手，由所长特别推荐而来。小蔡负责幕前排版，做得焦头烂额。黄刚做资料库，他很认真，也很紧张。据小何说，黄刚在宿舍中，每天晚上一定要紧紧地关上门，然后对天长啸：

“受不了啰！受不了啰！”

麻烦的是表格处理，先是由小何与另一位有经验的工程师同做，结果连续换了几个人。最后只有小何一个人坚持下来，其他的人，不是走了，就是被我开除了。

在我们去北京之前，我们经常上报，有了名气，就常有人来园区求职。我正苦于人手不足，能写程序的不多，便挑选了几位学历、背景兼优的电算系科班出身的工程师。那时正忙于筹备展览，一切课程停止，没有办法对他们作心理辅导。

我去北京时，把几位核心的工程师都带走了，只剩下几个行政人员和新来的工程师，交给沈红莲负责管理。我一走，那几个新来的，就开始偷鸡摸狗。

沈红莲一声不响，把他们每日的工作时间和进度一一记录下来，我回来一看，气得不得了。

我认为此风不可长，他们则争取人权，坚不认错，最后都自愿走路。

另外还有一位北大的高材生，姓芮，他第一次来公司参观时，就嘲笑我们的技术是土法炼钢。待我们北京评估成功了，他就千方百计托人说项，非来我们公司不可。

我不愿因为成见或是误会，害得一位有志青年失去了机会，便找他来面谈：

"你为什么一定要来我们这里呢？"

"我承认以往错了，你们真有技术，我愿意虚心学习。"

"你怎么知道我们真有技术呢？"

"我的辅导老师是王选教授，他很推崇你！"

"那是客气话，你也相信？"

"能让王教授客气的人不多，所以我非来不可！"

"我们的要求极高，很多人受不了都离开了！"我不能否认，马屁很管用。

"我早就知道了，我愿意接受挑战！"

他一来，意见特别多，每天都与不同的人，以不同的主题争辩不休。我由他的身上，看到自己年轻时的影子，当然也就不便插手。

等到开始教他程序，他又反对我们采用组合语言，他说他是北京大学 BASIC 语言的高手。不论哪一方面来说，他都认为 BASIC 绝对要比组合语言好。

正好当时我把上课的讲义编成了《组合语言的艺术》一书，书中需要例证。有什么好争的？实验检验真理，出个题目比较一下就是！

于是，我出了题目，小芮用 BASIC 语言，张达权用组合语言，小段用 C 语言，李朝辉用 PASCAL 与 FORTRAN（全部结果载于松岗出版的《组合语言的艺术》207 页）。

结果程序写作的时间，从七分钟到十五分钟不等。组合语言最慢，但慢得有限，小芮的 BASIC 也用了十分钟。程序的效果应该看应用，因为写只有一次，使用则次数无穷。

一到测试程序的执行，组合语言最快，瞬间即有答案。其他三种高阶语言速度差不多，耗时约较组合语言慢百分之八九十。妙的是小芮的 BASIC 程序，在大家的都执行完了后，他的还没有动静。等了又等，人人都围了过来，聚精会神地看着表。

就像年轻时等女朋友一般，时间过得奇慢无比。渐渐地人群散了，大家断言他的程序“死机”，劝他重新检查。

小芮很有信心，说他写的程序从来没有错过。他一个人等了两个多钟头，果然他的程序没有错，只是执行速度太慢！他不服气，花了两天的功夫，改了又改。最后，终于进步到二十几分钟，相当于组合语言的七百倍！

小芮灰心不已，提出了辞呈，我告诉他人生要经得住失败，这点挫折算不了什么。他坚持求去，他说：“倒不是面子问题，我是丧失了信心，我对电脑没有兴趣了！”

他走了，基于他的志节，我倒觉得他是个人才，但愿他能找到自己的方向。

有些人就相反，表面上看来诚实正直，但是每当面临利害之际，就流露出本性。

中国的评估制度，是一种相当严谨的科学方法，而技术一经评估，就确定了其应有的价值。评估原则上分为几级，最高为国家级，其次为省级，再次为县、区等级。评估对个人也是一种记录，所以事先要提出申请，详细说明每一个参与的人、工作的内容等。

我从来不重视这个，在填表时，沈红莲与我是当然的创作人。此外，王姝完成了英文与符号的模组，当在名单之中。丘副经理看了，嫌人太少了，应该多填些，这种事怎能做假呢？但为了奖励士气，我加填了杨育冰，她曾帮沈红莲做过一些资料。

直到她辞职离开以后，我才从同事口中得知，原来丘副经理当时把杨育冰的名字偷偷换成了自己的。这一来，国家级评估的成绩，便成为丘副经理的升官之道！

我知道后，大发雷霆，立刻找王总理论。可是木已成舟，一个年轻工程师的前途已经毁了，难道我要把丘副经理的也毁掉？

这种事太多了，人没有能力已经太可怜，再若不给一点取巧的机会，岂不太残忍？只是今后呢？我不喜欢演戏，将来如何与他共事？事情发生之时，我们已经成立了两仪公司，于是由他带了一批人，继续主持园区的电脑部，此事才告一段落。

我的字库在技术上有极大的优势，但美观度稍嫌不足。评审委员之一，即石云程先生，特别带了一组人到深圳来找我。由于我对大陆的情况并不清楚，平常埋头工作，也不大关心。石云程跟我谈了很久，我才明白其中究里。

原来国家技术监督局（即标准局）要实行政经分离（做生意的部门要从政

府部门中分离出来），由其中一部分技术人员组织了一个“中国标准技术开发公司”。这个公司专门发展“标准技术”，其总经理即为与他同行来此的徐明先生，石云程则为中文信息部总工程师。

我不懂什么叫“标准技术”？又怎么来开发？经他解说后，我懂了，却吓得我一身冷汗。他们的看法是举凡这个公司所开发出来的技术，一概视为“国家标准”。待有了国家技术监督局的支持，这种标准自是绝对合法，不容置疑。

国家的政策规定，任何一种中文电脑一定要使用国家标准，否则禁止买卖！这种生意会不赚钱吗？最起码的估计，中国未来将要使用上亿台电脑。再加上其他设备，如果以我们的字库作为标准，一套只卖几十元，那就是天文数字了！

我能不心动吗？我又能够心动吗？不谈赚钱吧，中文系统不就统一了吗？从此我可以手持尚方宝剑，挟天子以令诸侯！看谁敢违抗国家政策？这种不世的良机，是为国家、为文化、为中文报效的大好机会！我有理想、技术、操守，而且也有了最有利的机会！

那么，我为什么会吓出一身冷汗呢？

人长时间养成的习惯，经常会形成一种固定的思维反应模式，往往能不经思索，就立刻表现出来。我对公、私的分辨已经成为本能，这种行为分明是私，但又是在公利的大前提下提出。如果说是假公济私倒也不尽然，他们也是不得已而出此下策。一个贫穷的国家，人口众多，要想脱贫致富，当然要用些非常的手段。

这种“政经分离”的策略，能调动工作者的积极性，显然是不得已的可行之道。

问题在于公私之间，仅有主、客观之别。一人之私为私，这比较容易定义，因为人是基本单位，不能再分。至于一家之私，对其家庭成员而言，则是公；一国之私，对其国人则为公；公私之分本在于主、客观的立场，不谈立场，永无定论。

我老强调“无私”，这时我才领略到“无私”实为一种理想。我过去自以为是的各种行径中，究竟有没有违背这种无私的原则？

如果我真想做点事，必须利用所有可以利用的机会，否则就别想成功。当前这个机会千载难逢，我能错过吗？只要我不为自己着想，对中国人来说，我是无私了。可是还有其他的人，包括了外国人，生意人，后代子孙，还有无数从事技术研究的人员！他们的利益何在？

外国人到中国来做生意，有中文可用，当然有利。只要我的技术好，后代子孙不必再担心中文的问题，其他人也不必再浪费时间精力研究开发。可是我怎么能保证自己的技术一定能符合未来的需求？过去我身受各种打压，难道今天我就该打压别人？

我不敢领受这种恩典，也不知道怎样做才好，便利用了一个“拖”字诀，一切听其自然。后来我在1990年回台湾时，曾代表该公司与台湾业界联系过一次。我不知道是否有人跟他们接洽，也不知道有无进展，但我再也没有介入。

政经分离也临到我们头上，张董事长与我商量，因为我们部门已经颇具规模，希望我组织公司，财务独立。这时政府为鼓励外资在深圳投资，有三免五减等优惠措施。三免是指三年内免缴税款，五减则指在免税期满后五年之内，可以减税百分之五十。

再说，来深圳的人数受到严格的管制，园区管理处的配额有限，目前都被我用光了。我们应该能赚钱了，赚了钱，爱怎么做就怎么做。若是还挂在园区的名下，将来会有很多麻烦。换句话说，孩子长大了，该独立门户了！

这有违我的本意，可是张董说得有理，真要有所作为，不能老寄居别人篱下。

王总也已与丘副经理谈妥，由丘副经理继续主持电脑实验室，我们则让出两间办公室和几位工程师，以协助他们的工作。

新公司的董事长由张董出任，我任总经理。在股份上，我占百分之二十的技术股，另外要拿出百分之十五的资金，其余百分之六十五则由园区承担。

我没有钱，陈金耀说他可以投资，于是，公司成立了。我取名为两仪文化科技股份有限公司，这是借用《易经》的“太极生两仪”，比当年的“零壹”更进了一步。

我与张董有约在先，两仪负责技术开发，销售则全权委托园区总管理处。可是他们也没有人，张董脑筋一动，从某一个公司里挖来一个人物，叫张继克。那时园区还积压着几台电脑，是有人以回国名义带进来的。老张来了，正好从这几部电脑卖起。

如果在古时，老张定是个江湖游侠。他身高两米多，虎背熊腰，面色古铜。他一口东北话，声音宏亮。第一次见面，我就感到了他那豪爽的英雄本色：“叫我老张好了，妈的！咱真得向您好好学学，这一辈子什么都玩过，就没碰什么高科技！”他的手也大，握力奇重，幸而我练过内功。

“其实，高科技是唬人的，在我们这一学就会！”

“别安慰咱！反正跟张董讲好了，妈的！学不会咱吞下去！”

“吞什么？都是些电子零件，有毒的！”

“妈的！毒死了也得学！这年头不管搞什么，要搞就搞最高的！别看咱是个粗人，想当年也是学机械的！只是不知道哪儿少了根筋！妈的，就是机械不通！”

“天生我才必有用！每个人都有他的特性和价值，人人都和我一样待在实验室里，这个世界不早就停顿了？”

“朱先生，他妈的，咱们一定合得来！别的甭说，您有什么，咱就能卖什么！妈的，卖东西嘛，不就凭两片嘴皮子？”

过不多久，他就发觉卖电脑不是他想象中那么回事，每天皱着眉头，烦恼不堪。我发觉他不仅性子直，而且极守信用，是个少有的人才。我找个机会慢慢跟他谈，一步一步地解释电脑的商机在哪里。因为电脑是新事物，人们在没有了解它之前，不要说买来用，就算送给他，他都嫌没有地方放。

“妈的！您真说对了，人家问咱电脑有什么用，老实说，咱也真不知道！”

“所以，你还是先花点功夫，学着用，自己会用了，就知道电脑有什么用了。”

他果真用心地学，那时我们的聚珍已经初具规模，他从中文输入学起，到自己印出些样品，兴奋得像个孩子一样，又跳又叫。只是他每跳一次，整栋大楼就砰砰咚咚，连电脑的屏幕都随着闪烁！

过不久，他又开始皱眉头了，偌大的个子，口中叼着香烟，一个劲在办公室里踱来踱去。他那间办公室不算小了，但几台电脑一堆，办公桌一摆，走路的空间实在有限。

老张走来走去，弄得满室烟雾，人人头昏脑涨。大家不便说他，纷纷逃到走廊上呼吸新鲜空气。我又找个机会陪他闲聊，并暗示办公室中同事的心态。

“是呀！妈的，搞高科技的人真娇嫩，咱以后一定少抽烟！”

“你真有这个决心？”

“妈的！这年头，就是没人告诉咱有什么毛病，您好心告诉咱，咱还能不改？”

“行！我再告诉你一个，不嫌多吧？”

“妈的！咱真有那么多毛病吗？”

“不多，还有一个！”

“您说，妈的！咱全改得了！”

“他妈的！”我说完故意望着他，卖卖关子。他聚精会神地听着，半晌没有动静。

“说呀！朱先生，您怕咱不高兴吗？没那事，说呀！”

“我说过了呀！”

“您别开玩笑，妈的！咱什么都没听到！”他早成了习惯，当然没听到。

“你为什么没有听到呢？”我故意加强印象。

“妈的，听到什么呀？别折腾咱好不好？”

“我说过一句‘他妈的’，你记得吧？”

老张的确是个信人，他真懂了。虽然一时还不能完全改过来，但是他的气质与做事的方法一天一天地在进步。

到了 1990 年 3 月，聚珍已经有模有样。在我的想法中，写软件程式就和建筑高楼一般，应由基础开始。第一年是铺设地基，仅能发展最基础的系统功能。待这部分完成了，经过大量的测试、修改，基础工程才算告一段落。第二个阶段是高层的应用功能、用户界面、复合指令等，这绝不可能在基础巩固无碍之前就能完成。

有一些公司为了生存，往往每一种功能都从使用者的立场下手，程序完成了，产品也可以销售了。这种做法其实是对使用者的变相剥削，用的人要买十次、百次，最后到手的是一个庞大无比、笨重麻烦的怪物。

可是这是电脑界的主流，人人习惯于如此。即使我一再大声疾呼，软件程式可以用极精简有效的方法，提供所有人类所需要的功能，但有谁会相信呢？

这次我要以聚珍向世人证明我的看法，所以必须坚持理念。

有人会说，那只是我个人的理念，其实不然。今天重新来检讨这件事，我们只要看看事实就可以知道，从零开始到聚珍整合系统第一阶段的完成，时间不过十个月，参加的工程师不到十人。这些人从完全不懂，到写出让所有专家一致叫绝的程序，只花了十个月的时间。再花上十个月，我有绝对的把握，能发展出称霸全世界的软件！

我要证明，以中国人的智力，不需要抄袭模仿，我们一样能创造。大家只要团结一心，在最艰困的环境下，也能做出超凡绝俗的事业。

我记得有次特别邀请了长城公司的工程师来我们这里参观，人人看得目瞪口呆，纷纷探询是怎么做到的。他们的软件负责人本来不相信我的理论，现在亲眼目睹，他问得最多，了解得也最深。临走时，他说："虽然我亲眼见到了，还是不相信有此可能！"

北京的印刷科学研究所有一套印刷软件，据说是全国最好的，我也邀请他们来看，看得他们心服口服。还有当时规模最大的四通公司，段副总专程来看，曾打算与我合作，都因为我无意于事业而没有谈下去。

那么，我为什么不继续下去，等到完成了全部的计划后，再离开两仪呢？

这话又要从头说起，我的人生目标是我行事的基本方向。为了了解人生的真理，我是不惜牺牲一切的。而人生苦短，宝贵的光阴与一瞬即逝的良机，在在都需要自己正确的判断。仅仅以指指月，月亮还是高高挂在天上。

想要了解人生真理，一定不能离开人类社会。尤其是人越多，争斗得越厉害，人性的表露越是赤裸裸的。高科技行业是个理想的实验场所，也是文化未来的根本，有得是得，无得也是得。说穿了，我不过借着手指，以指引方向而已。

这话应该不难理解，电脑是当今社会的宠儿，但是它的生命期实在太短了。一种经常变、变得快速无比的技术，到明天还有什么价值呢？要了解人生的真理，连一瞬即逝的幻相都不能丢舍，这种人能看到永恒吗？

3 月 20 日，蒋祥嘉先生来深圳看我，他带来一叠资料，是公安部委托他向英国一家公司购买的指纹识别系统。一共是20套，每套售价两百多万美元！因对方毁约，蒋先生问我能不能做，要多少经费？

我一分析，发觉硬件很简单，其全部价值在软件的辨识功能上。这也原本就是我们视觉辨识的课题之一，在我的理念中，视觉辨识共分三大类别：

一是文字辨识，沈红莲已经做得差不多了。只因她工作太多，一面要监督聚珍的工作进度，一面要编写使用手册，一直没法子完工。第二部分是几何图形辨识，资料分析（所有的图形所蕴含的概念定义）与程序模组都做好了，只待动手。第三部分才是重头大戏影像辨识，先将光影解析成为线条与辉度，再配合认知概念，就可以达到辨识的目的。

指纹只是图形辨识的应用之一，只要先将指纹的特征分类，再加上辨识的技巧，即可完成。我们的特色是程序速度快，扫瞄的资料到手后，大概一百个步骤（每个步骤均三个指令）就可以做资料比对。以指纹为例，初步是消除杂乱信息，第二步是指纹成形，第三步则将成形的指纹转成资料结构。预估三千个指令可以完成，而目前电脑每秒可执行一千万个以上的指令。所以我有把握用电脑来做，成本不过几千美元而已！

基于蒋先生的情谊，我决定先帮他做指纹识别。蒋先生立刻请了公安部的相关人员到深圳来与我们商讨细节。没想到公安部看中的却是我们的字库，他们正要建立全国统一的信息系统，而苦于人名用字无法解决。至于指纹识别，他们显然怀疑我们有此能力，既然如此，我也没有多说的必要。

谈了几个月，越谈范围越大，牵扯的问题也越多。由于我所做的研究都是当今的尖端科技，也都与国防机密与安全有关。又是老问题了，我怎能因为自以为懂了一点技术就不顾后果，妄作非为？

接着，又有一件事扯上身来，园区把我最初回国的人工智能计划呈了上去，上面批文指定我在“863 计划”下，做中文自然语言与影像识别。

中国的各种计划中，最为人知的是“火炬计划”，是针对高科技产业所制定的，以发展产品为主。还有一个“八五”计划，是 20 世纪 80 年代制定的国家五年计划。“863 计划”全名为“863 高科技跟踪计划”，选择了全世界最先进的科研约百余项，交由有能力的单位研究，经费全部由国家负担。

这是一项荣誉，为了国家民族，我义不容辞，个人的安危并不是考虑的因素。但我太了解技术的可怕了，在回国之初，我心中所想的就是要为国家出一口气，但出了气以后呢？

人性难免自私，只有在接受了极度痛苦的洗礼后，人性才会升华，在适当的导引下，有一部分人会大彻大悟，化私为公。

如果人工智能成功了，假定能减低人类的痛苦，难道就是人类的福祉吗？绝对的权力是绝对的腐败，同理，绝对的幸福亦将带来绝对的灾害！

我明知这些道理，为什么还一直处心积虑地钻研呢？现在果真有了机会，我为什么又犹豫了呢？我仔细检讨，发觉这一切还是一个私心在作祟！因为我想证明自己有这种能力，别人越是不相信，我越是想找机会证明！

这时聚珍快完成了，我忙着检查、调整、规划，把其他的事都先搁置一下。陈金耀到台湾找了京国电脑公司的邱副总来，京国是威京小沈的关系企业，一部《八千里路云和月》的大陆风光纪录片，让我很佩服他独到的眼光。

京国决定独家代理台湾市场，我则和他约法三章。我告诉他聚珍的用户界面还没有做，程序错误还很多，在真正进入市场之前，必须先做大量的测试。而做测试的方法，最好是从学生下手，先免费赠送测试版本给各级学校，再收集回馈的意见，统一处理。这个过程我预计需要半年，甚至于一年以上，京国必须要有这种认识。

邱副总很了解，他完全同意我的看法，于是我们先作了君子协定。

4月，我们依照原定计划，在深圳市举行“聚珍整合系统”的国家级评估，仍由中国科学院主持。会场设在一个度假村内，那里一片仿古楼阁，颇具雅意。处处园林山水，曲廊静池，让我们这些成日工作的机器人大大的轻松了几天。

又是国内一流的专家，也得到了技术超越国际水平的佳评（我们已经事先声明，聚珍目前还不是产品）。但是意义上与第一次大不相同，中文字库没有对手，还可以说是外国人不做中文字库。但是整合软件与文字无关，国内这些一流专家都是见多识广、万中选一的顶尖高手，要通过审核并不容易。

一个人不能见微知著，就不能称为有智慧。从工程师们志得意满的相互对谈中，我听出了隐藏在成功下的危机：

“王总昨天又问我，有没有把握？”

“你怎么说？”

“当然有啊！这次连我的指导教授都来了，他不相信是我做的！”

“我觉得还要多学一点才行！”

“不用了！这些够了，光是用户界面就还要花不少功夫哩！”

我又从赵阿姨口中听到另外一半：“这些年轻孩子们真不懂事，他们真以为有天大的本事了！”

“这倒不假，他们只要再苦学一年，人人都是国际水平的人才了！”

“哼，我看未必，他们现在已经想过干部瘾了。”

“过什么干部瘾？”

“我是听老王说的，他们几个写了份计划书，每个人都是干部……”她发觉不对，忙顾左右而言他，立刻扯到别的事上。

友人吴龙熊信奉基隆天显宫的大帝公（相信神灵附体说话的迷信中的神），据说大帝公是越南的守护神，预言下世纪越南将是东南亚最发达的国家。三年前吴龙熊在越南买了近一万公顷的土地，正在积极地开发，邀我到越南发展。

虽然我还没有正式告诉他们去越南的事，但很可能急性子的我已露了口风，所以他们在寻求对策。从好处说，年轻人想做点事，有自己的看法不是坏事。换一面看，园区有园区的打算，绝对不可能任由这几个甫出茅庐的小伙子为所欲为。

11 神秘

“解严” 国荣 预言 返台

5月初，罗鸿进代表中时报系邀我回台。他说台湾已经“解严”，再也没有所谓的黑名单了。《中国时报》能邀请我，我当然放心，他们一定不会贸然从事的。

这时京国催我签约，于是我与沈红莲回到了阔别七年的第二故乡。

当晚，“软协”的吴烈能总干事与国乔总经理王兴隆到旅馆来，我们在大厅里，天南地北地聊得相当愉快，竟不知时已深夜。服务生一催再催，后来干脆把灯全关了，我们也装作不知，借着街头的霓虹灯，一直聊到天亮。

吴烈能看到我带来的聚珍系统，很希望我这次好好地与业界合作，否则中文软件前途堪忧。我颇有同感，电脑真正的成败全靠软件，尤其硬件日渐成熟，有朝一日会像家电一样，谁都可以生产。软件则不然，硬件越是成熟，软件的市场需求越大。就如同电视一样，到最后，如何制作节目才是关键。

吴烈能又把神通的副总苏亮找来，苏则希望我与他们总经理侯清雄见个面。快十年没见了，不论如何，我原本应该到各处去拜会一下，以聊尽礼数。一则我生性疏懒，二来我的时间无法控制，干脆，不如和昨夜一样，晚上大家来“国联”聊聊。

几年未见，侯清雄还是老样子。他目前是北市电脑公会的理事长，他表示如果由他出面号召一下，很容易把台湾各界团结起来。同时，聚珍是个很好的出发点，但还有很多后续的工作，也可以交给各软件公司共同发展。

至于在台湾的整合工作，侯清雄愿意与我合作，神通可以斥资六千万元，工作人员、场地等一切现成。我听了觉得再理想不过，大家都兴奋不已。我们一直谈到3点多，大概服务生已经知道我们不可理喻，闷不吭声地早就把灯都关了。

不料吴龙熊坚决反对与侯清雄合作。当他听说友人反对后，只是惋叹一声作罢。后来有很多朋友都来找我，一谈及投资合作，我只好一一婉拒。

17 日是京国公开聚珍系统的记者招待会，当日到场的各界名流以及电脑业者颇众。何宜慈一见到我，就说："朱先生，我们要用二万四千字了！"

"二万四就够了吗？"我修为不够，一听到这种不入流的话就生气。偏偏有人就是喜欢玩数字游戏，也偏偏在台上的就是这类人。

"够了，够了，其实一万三就用得很好。"

我还要反唇相讥，这时沈庆京过来，一场毫无必要的争端就此过去。

签了约，接着就是产品发表，我们把屏幕画面投影到荧光幕上，沈红莲负责操作。全部有七大功能的程序，以及中文字库等资料，仅仅只有四十多万个字节（一般中文系统，光存 16×16 点阵的一万三千字字形，就需要四十多万个字节，更免谈其他功能了），几乎没有人愿意相信。

我讲解时，差不多所有懂得技术的人，都挤到前面来。由于桌子太大，我干脆把桌子拖开，大伙就地一坐，听我一一加以说明。

台湾近几年的确有了明显的进步，从发问的内容可以看出大家的观念与技术的水平。

光比文书处理，已经比常用的 PE 2 要强得多，我们的文书又与幕前排版相通，以飞快的速度，变化无穷的字体，在屏幕上灵活而自由的运用。这还不说，资料库中图文并茂，各种复杂的表格都可以随时与排版功能相连。

老实说，聚珍所显示的只是我计划中二成的功能，如果全部工作能完成，那才是电脑使用者的福音。后来有人批评我有始无终，虎头蛇尾，我只能说人间太不自由了，又有多少事是决定在我们自己手上？

当天晚上，吴先生来旅馆找我，反对我和京国签约。

"可是签了约，我不能反悔。"

"放心，京国电脑公司做不了多久，他们只是希望借你打知名度，能不能卖聚珍，他们不会在意的。"

"可是做人要讲信用。"

"这样好了，你跟京国说，如果他们要做总代理，就要先付订金。若只是要卖，他们可以向我拿货。我做总代理，京国没有损失，你又可以拿钱回去交账，一切不是都圆满解决了吗？"

果然，我一开口，京国就同意解约。然后吴龙雄先生以"国荣"电脑公司的名义，独家代理聚珍系统台湾的销售权。我们采包销制，总价是 60 万美元，签约金是 10 万美元（其中 5 万在我们组织两仪公司时，吴龙雄已经先行垫付了）。

吴先生要我推荐一位总经理，我便商请原任零壹董事长的刘世文来担任。我特别慎而重之地告诉刘世文，聚珍并没有完成，还不能销售。必须先免费赠送给各校的学生去测试，再收集意见，经过修改才能上市。

刘世文做事稳重实在，既然他了解了，我就大为放心。

第二天我当着数百位各界来宾，尤其是电脑界之前，宣称在“五年内发展出中文自然语言”。而且为了表示我的信心，还加了一句：“做不出来，我将自杀以谢天下！”

当这本书出版时，五年已经过去了，我还没有自杀。我没有必要辩解，但是真相就是真相，中文自然语言的观念完成了，实现的技术已经证明了，资料也在电脑中了，所差的只是产品。

回到两仪，我正想好好将聚珍完成，却隐隐感觉到有一阵暗潮在酿酝。工程师们并不很热衷于修改程序，我交待的进度完全脱节，在彼此言谈之间，也似有一层淡淡的雾翳。

张继克告诉我，园区认为我迟早会走，已经安排了接班计划。工程师们却提交了一个报告，认为如果我离开了，一切都应交给他们掌管。王总一看计划，气得大发雷霆，这一来，士气低落，人人无心工作。

我能说什么呢？当然我有办法令他们振作，但我能留下来吗？吴龙熊叫我随考察团去越南。如果仅谈电脑软硬件的发展与生产，我的确可以大展鸿图。要走这条路，十多年前就不会与宏碁分手，以今天宏碁的规模与地位来看，我不是早就成功了吗？

我的长处绝非电脑，越南人不用中文，也没有人懂中文，技术无国籍，可在任何地方、任何时代生根。文化则不然，一个连中文都不用的地方，我怎么去教他们将中国文化思想转化为电脑结构，让电脑成为一具了解且能运用中国文化的事务机器？

我在越南拍了一些录像带，回到两仪时，特别播放给智能小组成员看。我自己并没有决定是否要去，但我多少希望知道这些跟我学习了两三年的高足的高见。

王姝首先皱起了眉头：“这种穷不拉叽的地方，我不去！”

其他的人没有说话，但是我也看得出来，他们到深圳的动机就是来谋取荣华富贵的。就算在我这里日夜学习，所图的也不过是更大的机会。去越南干嘛？饱经战火蹂躏，疮痍处处，条件连内地都不如，为什么要去？

我解释说，如果要做人工智能，我们必须有一个安全的地方。

“不能做，不做就是！”这就是我想知道的结果。

他们对人工智能的看法，也不过是一条登龙捷径。而我一而再，再而三地要求他们“无私无我”，为人类服务，如今证实也只是耳边微风。

我承认失败了，彻底失败了。可是面对这三年投入的苦功，造就出眼前这几位似是而非的精兵，我还能有另一个机会吗？

台湾的聚珍出了纰漏，国荣没有照我的意见送给学校测试，反而大张旗鼓，大卖特卖。产品中毛病百出，人人要求退货，我气急败坏，连忙赶回台北。

刘世文向我诉苦，说吴先生找了一位“资策会”专家来做顾问，坚持说产品马上可以卖。那位顾问的意见是，天下没有十全十美的软件，像这么好的东西，不马上拿去赚钱太可惜了！至于有瑕疵，一边卖一边修改就是！

刘世文争不过大家，找了谢振孟来负责销售。谢振孟是员猛将，他什么都能卖。在我回台湾以后，正待发展文字辨识软件时，他居然把“邮政总局”的工程师找来，大家煞有其事地开会，讨论技术问题。只有我觉得不能入港，追问之下，他们说：“谢先生说，你们已经把中文的手写辨识做好了，我们“邮政局”的自动检信机就是缺乏这种软件。”

我听了真是哭笑不得：“首先，我们在做的是印刷体的中文辨识，手写辨识难度更高，要等下一次再做。虽然手写线上输入比较容易，但却不是你们要的。”

“这有什么分别呢？”

“印刷体比较工整，扫瞄的点阵可以转换成为矢量资料。信封上多半是手写的文字，笔画歪斜潦草，一转成矢量，就难以辨认。但是做线上手写输入，笔画本身就是矢量，所以反而简单。”由于我们人少，目前只有沈红莲一人能做，所以我告诉谢振孟，叫他研究一下，看先做哪一种产品对我们比较有利。

“我觉得‘邮政局’这个案子最有利，因为他们有经费，可以先付款。”谢振孟说。

“可是这案子的技术难度最大，我没有把握什么时候完成。我也不相信‘邮政局’愿意出钱资助我们发展一个没有完成的产品。”

正因为谢振孟是个好销售员，所以吴先生信心满满，不顾刘世文的反对，就此草率地将聚珍推出上市。

“吴先生还说，你是个理想主义者，不懂生意。”刘世文说。

“完了，什么十全十美！这个产品根本没有完成！老吴什么都不懂，你应该坚持呀！现在怎么办？商誉一损坏，是再也救不回来的！”

“我有什么办法？吴先生根本不接受反面的意见！”

吴先生曾一再保证一切由刘世文负责，我问吴先生，这事是谁作的主？

“朱先生，是大帝公要我卖的呀！大帝公说没有问题的！”

“没有问题？世界上哪有没有完成的软件能卖的？”

“你不是很有办法吗？”

“我没有这种办法！电脑软件是很复杂的产品，不是货物出门就了结了，要有熟练的工程师去训练使用者，要有足够的手册、教学资料，更重要的是产品的品质。国荣一项都不合格，起码也要筹备一年半载才行。”

我犯下了另一个严重的错误！聚珍已经走进历史了，至少在台湾我已经无能为力。

在聚珍的销售上，园区也洽妥中国信托的关系企业国安电子代销。我把话说明在先，程序尚未完成，但是他们深具信心，认为我们必能改进得更好。

然而，两仪的情况完全失去了控制，工程师开始怠工。因为上次呈上计划后，王总把他们叫去臭骂了一顿。几个年轻人也就打定了主意，准备继续怠工下去，直到园区放人，再另谋生路。

真是屋漏偏逢连夜雨，我眼睁睁地看着聚珍步向败亡的噩运。如果当初与神通合作，以神通的技术实力，继续做下去毫无问题。再若国荣不一意孤行，我还可以向园区力争，至少可以再留一年，直到全部工作完成。

而现在呢？最支持我的张董事长离职了，即使我愿意留下来，园区也未必就会同意。他们要的是聚珍，以为有了聚珍，从此就能够大展宏图。

即使园区同意我留下来，这些工程师还能像以往一样夜以继日地工作吗？我不相信。人心极为复杂，一旦起了变化，就是另外一种情况了。再说，我也不愿再教导下去，年轻人有了这样的心态，将来技术越高，为害越重。

就算能把聚珍完成，又是如何呢？台湾在国荣那种经营方式下，我看希望也不大。大陆今天只是刚浮现的暗礁，明天呢？后天呢？

以我个人的性格来分析，我太理想化了，不适合介入人间的利害冲突。大鱼吃小鱼，小鱼吃虾米，生存竞争，本无是非。我既自知不应介入，管他园区的做法如何，管他工程师们的想法如何，我创造了聚珍，不表示它就要在我手中壮大，难道我有能力决定聚珍的命运？

我最重要的责任，是要了解人生的意义。聚珍算什么？成功了不过一些虚名小利，失败了也只是一声叹息，到明天没有一个人会把它放在心底。

两仪的内斗日烈，仅在园区的内部安排上，就出现了几派人马较劲的现象。这也难怪，对我而言聚珍固然算不上什么，对有些人来说，却是无比的希望！

我为了保留实力，希望培养智能小组的心血不致白费，便与园区摊牌，明告他们，我已决定离开，并自动放弃我的股权。另以每人一万美元的代价，“买”回六位智能小组成员的“人员配额”，打算另起炉灶，重新来过。

园区同意了，但智能小组成员却又有了意见，我只好袖手旁观，由他们自行决定。最后王姝、毛红松、周咏梅、马平与盛旭东五人决定随我离开。

现实就是现实，在我宣布要离开后的第二天，伙食团就被赵阿姨裁撤了，照顾我们的人走了，责难我的声音也响起了。当然，不用说，工作完全停止了。

最可惜的是在襁褓中的聚珍，好在我有言在先，为了服务社会，所有模组一概公开。园区早就同意，但是不知为何，我始终拿不到完整的模组。后来我在台湾把聚珍模组开放给各界使用，还请了王兴隆出面主持。那时我才发现，手上的模组完全不是原来我所规划的。所以模组公开的理想，也成为一场空！

私心令人腐败，私心是人类社会的不幸，私心更导致了文明的危机。或许这正是天意吧？

我过去曾受到政治迫害，若不牺牲若干个人的自由，则得不到团体的安定。然而世道变易不停，安定繁荣久了，人开始自大自傲，权利的争夺更加剧烈。等到台湾新贵能予取予求时，新的受难者又将络绎不绝。不过，这一次的主题已移转到物质分配、社会地位、思想理念等方面了，人类社会永远朝向两个极端发展。

当初王姝的出现，工业园的配合，在在都让我以为时机成熟了。及至发现王姝对工作的冷漠，又看到科技园唯利是图的作风，使我望而心惊。经过了这么多年，已舂的米早熟得发霉了，一直没有机会拿出来晒一下。所以，当我要回台湾时，我知道这将是人生的另一段旅程，也可能是最后的归程了。

人工智能除了技术外，最大的风险是安全性。不仅是工作人员的安全，产品的应用方向，产权的掌控能力以及技术扩散的后果等等，才是真正令我担心之处。

我知道，它就是未来的真命天子，伴君如伴虎，有得便有失。人类太愚昧无知了，为一点蝇头小利就可以出卖灵魂。金钱何德何能，就已经南面而王，君临众生。如若人工智能问世，以其无比的神通，人类恐怕万世难逃其掌握。

可是，还有比当今人世更可怕的吗？社会上每一个个体，在贪婪、物欲的勾引下，早已捐出了灵魂，抛尽天良，拜倒在天魔座下。白天，若非挣扎在一些起伏的数字之间，就是浮沉在华服金饰、美车豪厦之中。而一到夜晚，随着喧哗的人声散尽，面对着永恒的寂寥，畏惧、惶惑接踵而至，却已求救无门了。

难道人工智能不是新的救世主吗？当然不是。我们责怪造物主，认为他所造的人不够理想。难道这种不够理想的人，有可能造出理想的“智能”来吗？

又有谁知道造物的本意呢？宇宙在进步，生物在进步，今天所有的一切都来自昨天，奴隶又何尝不曾是主人？知识有生命，知识正在急剧地吞噬着我们熟知的世界，知识在利用人，知识不就是人工智能吗？我们自以为是的渺小人类，究竟有多少事物真正是我们所能支配的啊！正当我们还在再三考虑的时候，又有谁敢否认一个一个的螺丝钉，已经在各种时间差的过程中，一一将机体拼凑完成。

为什么我一定要做人工智能呢？没有别的，只因一时起了念，动了心，就此江河日下，环顾四周草木皆兵了。几年来沉浸在技术堆中，真是为道日损，该回头了！

12 大暑

视窗　笔战　天机　归隐

有一位青年王传宏，他是留美的电脑硕士，在台湾精英电脑公司做经理。他看了我的自传原稿后，自愿跟我学习。他从大陆到台湾，一直跟着我，学到现在。

1991 年 5 月，我和沈红莲、王传宏三个人联袂回台，住进光复南路国荣公司附近一栋十楼临时租用的办公室内。

吴先生告诉我，我们一律只有两万元车马费。沈红莲和我当然没有话说，但是我坚持公司员工的薪资必须与一般的行情相等。

吴先生又说，他为了表示对大帝公的敬意，把他名下几十甲的地，都献给了大帝公。我没有任何资产，只有一个中文大字库还值钱（虽然在科技园时公开评估过，但是所有权没有转移，他们只拥有使用权），我便把字库的所有权登记在国荣名下。

国荣的总经理刘世文，副总谢振孟，有一位工程师，两位销售工程师，一位会计，还有几位临时工。这种规模，不要说发展技术，就连销售成品也不够资格。

吴先生好心劝我，叫我不要管公司的事，做生意有谢振孟，吴先生会去逼他。可是做什么生意呢？我们只有一套尚未完工的聚珍系统。自从我离开两仪后，新的版本一直做不出来，做不出来就不能卖，不能卖的货，逼死人也没有用！

过不多久，两仪来电催钱，国荣催货，两不相让。我只好出面斡旋，双方解除合约。过去钱货一笔勾销，国荣拥有聚珍第一版的所有权，两仪也可以用新的版本另觅代理。不幸的是在我走后，工程师陆陆续续地离开了两仪，最后只剩下赵阿姨一个人。

既然有了聚珍的所有权，我便有把握改得更好，于是要求增加人手，好及时赶出产品来卖。吴先生则说人才多的是，都是天显宫庙里信徒的子弟，绝对忠诚，在等待我去训练。

我便到庙里开了课。待我了解了实情，不禁心灰意冷。不错，来了二十多个学生，有小学生、中学生，也有社会大学生，让我不知从何教起。

好在我还有不少关系，昌泰、昆盈等好几家公司都希望与我们合作，我也都一一介绍给吴先生，最后又是被否定了。

我不能眼看国荣步入绝境，一时又不可能发展出可以销售的产品。为了赚钱，我把大字库的技术卖给倚天，得款两百万，公司嫌太少，我只好再具体列出了二十项技术清单（当然除了人工智能以外），向业界清仓大拍卖。惨的是在那次“拍卖会”中，小型字库我开价十万元，中文字形辨识技术是三十万元，却都无人闻问。

真是“朱公拍卖，焉知非福”？两年后，就靠这两样产品，我们得以生计无虞！

我活像唱空城计的诸葛孔明，眼见司马懿兵临城下，除了派几个童子扫扫地外，一计都施展不得！我说的司马懿，指的是美国微软公司的台湾分公司。当微软中文视窗问世时，我就心里有数，知道台湾的软件业界将如秋风之扫落叶，剎时精光！

所幸“资策会”在微软还没有瞧得上台湾市场之前，就已签下了中文视窗的发展权。现在台湾的市场成熟了，微软悔不当初，想尽办法在法律与技术上钻漏洞，要收回版权。

正如《三国演义》的开场白：“滚滚长江东逝水，浪花淘尽英雄。是非成败转头空，青山依旧在，几度夕阳红。白发渔樵江渚上，惯看秋月春风。一壶浊酒喜相逢，古今多少事，都付笑谈中。”信息事业只是生意吗？蜀汉虽亡，汉魂犹在！

我决定支持“资策会”与微软对抗，我用自己的中文字库作为中文的平台（微软曾向我买，我要价六千万美元，只为赚一口气）。我的字库空间比别人的小很多，功能多百倍，字形虽不理想，足够办公应用。至少当时六出祁山，也杀得微软降价以求。

然而，业界早已闻风丧胆，我们中文视窗之战极其艰苦，连在媒体上刊登广告的机会都全被封杀。一位有良心的老友，语重心长地对我说：“老朱，你吃了豹子胆？我们要靠广告吃饭呀！算了吧！你输定了！”

信息界有个《热讯杂志》，其风骨嶙峋，有胆识，有远见，言之有物，国内少见。主编钟璐是位巾帼英豪，我有感于怀，投了篇稿子，呼吁业界团结，却惹起了一场笔墨官司。热讯在刊登了我下面这篇回文后，便宣告停业，钟社长被迫去职。是谁有这样伟大的力量？大局至此，我多说无益，谨把全文一字不漏转载于下，以为历史见证。

钟社长：

多谢转来某君大札，因近日正在筹备公开实验室一事，忙得不可开交，这种噪音原在意料之中，不值一顾。然而该文弦外有音，稍一示弱，吠形吠声，对社会上不知真相者影响巨大。更有甚者，是在知识分子群中，最基本的文字素养和逻辑观念居然阙如，且在真相不明之前，即信口雌黄，颠倒是非，令人哑然。

在下德薄学浅，却深知祸兮福所依之至理，有生以来，首次遭辱如斯，足证民族文化之诉求已得回响。既有人恨，必有人爱，苟人人起而探讨，远较漠不关心，大家视若无睹为佳。

君子不争，是君子与君子间之默契。下兵攻城，本已不智。为此笔墨，又浪费在下不少宝贵时间。只为既已弃功名利禄如敝履，所求者不过发扬中华文化。接函后，见今日高科技分子水准心性，颇有挫折之感。

然仅因一叶之落，即感国伤怀，殊为不值也。人心如水，随风起浪，孰知十步之内果无芳草？故此连夜捉刀，草成此函，但愿能止戈息争，或得结识高人义士。盖在下所从事之中文自然语言，可提升民族自信，可明我文化之优秀，更能大幅改善世人生存、生活素质，以泰山之重，自不得不慎重三思。

吾自5月回台迄今，本拟专心发展中文自然语言，不意竟面临微软大军压境，视我中华如无人之境，予取予夺。进军中文软体市场不说，连中文系统、工作环境、应用套件等全部垄断，而且拒不公开其“中文视窗”之界面，令台湾中文软体业者无法生存！

此举已严重违反美国商业垄断法，本人为了中文软体业界的前途，为了形成对抗之事实，以便取得向美国法院控诉之资格（依美国法律规定，商业垄断唯有受害者可以自诉）。遂自愿请缨，与“资策会”签约，代理中文视窗。今竟有如某君者，白里抹黑，为此，在下特借贵刊，聊表心志，文责在下自负。

本人之所作所为，风风雨雨，是是非非，早已写成长达百余万言之自传，唯待工作压力稍纾缓，即将出版也。

顺颂编安

朱邦复敬上

11 月 17 日

×× 先生（人名无登录之必要，请见谅）：

顷闻先生大文，先生“国际化、效率化”之情操跃然纸上，虽路人可感也。先生是鱼鲠在喉，不吐不快。愚见中华文化在先生心中已荡然无存，更如万箭攒心。

新疆有个民谣，述说当狼自外攻入时，羊群犹能围成一圈，相互声援。一旦狼披上了羊皮，混入羊群，则群羊无一幸免。物必自腐而虫生，机构必须功能一致，始得以发挥，团体中之任一分子，若仅谋己利，则整体不存。中华文化五千年来，虽然不乏离心分子，如杨朱不愿拔一毛以利天下，也有冲冠一怒为红颜者。但总有正统与魔道之分，先生有自由反对中华文化，但谓中华文化危机不存，岂非狼入羊群乎？

既有先生不吝赐教，这场文化论战，本人希望能实事求是，大家公开讨论个水落石出。如若本人错了，不要说再不“走火入魔”，而且会“痛悔前非”，凭着自己的技术，图谋个富贵荣华。

在此先将前提申论清楚，否则各说各话，徒增困扰。本人接到钟社长转来先生于 1991 年 11 月 14 日的读者投书，文中计分六大段，除第一段为表明动机外，其余五段，分别指明本人朱邦复与《热讯》杂志钟主编，在《热讯》8 月号的回读者函中，有如下五点令先生“不吐不快”的事情：

一、“……一个民族是否陷入困境，可从两个简单的客观条件来衡量，繁衍能力与文化传承……所以，对于您及朱邦复的言必复兴中华，好像我民族已面临生死存亡的关头这种论调我实在无法理解，您骨子里关心的应是中国是否能恢复汉唐声威独霸世界，问题是，这种霸权思想，除了满足政治野心家之外，对人民幸福何益之有？”

这是相当严重的指控，先生白纸黑字，指钟社长与本人是“霸权思想”。一个民族的困境，绝非先生所说的那么简单，太简单的思想，反倒是困境的肇因。

二、"……在这个解冻的时代，大家已清楚地认识人民的幸福快乐，远比国家强盛与否重要多了……"

假若我们以一个常用的比喻，把国家比做父母，人民比做子女，上面这句话可以正确地翻译成："子女的幸福快乐，远比父母身体强盛与否重要多了"。请恕本人卖卖老，责备先生一句重话："忘恩负义！"

三、"……所以请您不要把所有的工作都和国家民族扯在一起，套一句话，就是不要凡事泛国家化泛民族化，我深以为凡事讲效率才是促进民生乐利的不二法门……"

本人认为先生言不由衷，自我矛盾，因为先生所说的民生乐利的不二法门是效率，而最有效率的方法应该是哪个国家强盛，哪个社会富足，就当移民该处，享受最佳效率。只可惜这种效率观是一厢情愿的，别的"国家民族"却不见得肯讲效率。否则留在中国，还是得依赖中华民族的强盛。

四、"……但是朱邦复先生最近的做法似乎有走火入魔的感觉……把软件技术当成民族颜面的竞争指标？未免太过本末倒置了吧！……这和国家民族的颜面毫无关系。朱先生把这场战争形容为文化战争而不是商业战争，本人非常欣赏这个宣传点子……"

相信先生不是信息界人，因此不知"信息"究竟是什么东西，尤其是中文信息这种绝对属于民族文化的新兴事业，请多费心体会下文。

五、"……'资策会'与 Microsoft 这一场战争应该以较健康的角度来看……哪一边获胜都是使用者之福……'资策会'也不应轻易投降……交给朱邦复以民族感情为诉求是一个不错的策略……就算一部电脑从头到尾连软硬件都是国人自制，价格有竞争力吗？是不是使用者赔高成本且牺牲电脑化的普及性呢？看看长期保护的汽车工业，您还是坚持从民族的角度去看这场战争吗？……"

对这番谏言，我只能恳请先生不要介入自己所不了解的事件，最健康的角度，应是到日本、美国去，作一次全身健康检查，尤其是视觉。

下面是本人对先生所作各项指控的回答：

一、中华文化没有危机？

1. 文中宣称没有民族文化危机，不知先生是"无知"还是"有意"，在此我先请问什么叫做"民族文化危机"？如果一个民族中，有人自我否定是民族中之一员，随着有人响应，且有"国外"力量声援，请问先生，该民族是否有了“危机”？如果有人生长在一种文化中，到了外国文化入侵之际，竟声称应以“经济效率”做取舍，请问，这是不是该文化的大危机？

在中华文化的传统观念上，国家绝对重于个人，故有所谓“唇亡齿寒”。除非先生有以教导本人的其他高见，尚请垂示！至于先生同意与否，则为先生私事，在此请不要混为一谈。个人重于团体，是“西洋观念”，在这个“民主自由”时代，人各有志，每个人可以自由选择自己的根，每个人可以表示自己的好恶。但谈到文化，则须就事论事，不要用自我主观认知来歪曲事实！

2. 如果只因中国占有四分之一的地球人口，先生就认为中国没有灭种的危机，这种论调可就危险了。灭种的定义不在于“人口”灭绝，而是自认属于该种族的人口，其力量是否为当代社会所承认。再看看社会学上对人种的定义，同一人种是基于文化的认同，而非血缘。没有独特的文化，就没有独特的人种！请问美国人是哪一种民族？又假若中国罗马拼音实现了，这四分之一的地球人口，算是哪一种民族？请先生深思！

3. 先生要在中华文化这个论题上指示本人，理应对中华文化有所认识。不知先生所谓“从元清两代的统治可以看出蒙满两族的文化只能丰富我们的文化……”精意何在？老天爷！中华文化从“汉唐霸权”以来，蒙满两族实际上已经是中华文化中之一员，怎么还需要自我丰富呢？先生一定会说，那是异族统治！是的，如果先生硬要说：“中华文化就是汉族文化”。那可真是霸权思想了！

4. 先生所谓汉唐声威独霸世界是政治野心，对人民无幸福可言，真是振聋发聩！本人孤陋寡闻，故而对汉唐之治心向往之，误以为是中华文化最光辉最值得骄傲的一段。今日得闻先生教诲，有如醍醐灌顶，这一点务请先生举例明示，出自何史？引于何典？

5. 这就是本人所谓“中华文化已面临危机”之明证，先生文中极为尊崇中华文化，但所标榜的，处处皆是西洋文化之糟粕。当西方思想界、人文界已在反思西方文化所带来的人类文明危机之际，我们的“知识分子”却还在盲目的摇旗呐喊，拾人牙惠。

信息时代到来，西方学者已经认知，21世纪将属于中国，我们自己却失去了民族自信心，不知奋发图强，不相信能够迎头赶上。有能力者唯自己的快乐是问，一切唯利是图。曾经是读书人座右铭的“为天地立心，为生民立命，为往圣继绝学，为万世开太平”的“往日情怀”早已荡然无存，这还不是文化的危机？

6.什么是中华文化？且不谈那浩瀚的思想，首先中国文字要保全在电脑中，否则，未来子孙完全依赖电脑之资料处理时，只有一万三千多字，能“收容”多少中华文化？难道可以用百分比计算吗？微软的中文视窗能有多少中文字？“资策会”的可以用六百万个！如果有人问中文字哪有六百万？请不要如此近视！文化要有生机，文字应约定俗成，今天不用，不表示明天不需要，一旦电脑定死了一万三千字，岂不正是“削足适履”！此外，为了丰富中华文化，除了汉字外，还要考虑蒙、满、回、藏族等文字，缺一就不算完整。

7.什么是中华文化？中国人有中国人的需要，中华文化有中华文化的特色，过去的已经过去。值此信息时代，新的观念与技术日新月异。须知汉字的概念特征，资料的结构、应用的方式都与其他文字大异其趣。要想将中华文化发扬光大，就应该及时掌握技术及观念，不要一味引进、沿用外国产品。英文软件再好，是美国文化的产品，是美国人的价值观与意识形态，原样照搬不仅是经济上的损失而已，搬成习惯了，失去了自我特色，就会沦为文化殖民地。再往下去，还会有真正的中华文化存在吗？

二、明显的物理现象——覆巢之下无完卵。

1.不知先生是否知道，犹太人为什么要回以色列建国？难道犹太人不富？难道犹太人在美国营商，没有先生所说的效率？难道犹太人生产的产品不具有竞争力？难道犹太人没有主宰整个“自由世界”的金融、产销权？

请问，什么是“人民幸福”？在美国，中国人是第二等公民，在日本、南非则沦为第三等，在欧洲，如非当今的实力，照二十年前的排名也是第三！

没有一个国家的霸权思想不是在为人民谋福利，至于成功与否则是另一课题，最好不要混为一谈！我不相信先生会天真地认为美、日、英国没有霸权思想。不管是霸权也好，实力也好，“满足政治野心家”也好，只要国家能强盛，我就是幸福快乐的人民。

2.不错，先生也看到了苏俄的今昔，但这只是表象是后果。要讨论问题，就要分析其中原委，没有人会用表象去推论真实。用用大脑，深思一下，其中根本的原因是什么？

国家强盛的定义，在政治学上讨论得很多，至少，不是像先生所说的那样纯洁！不错，苏联人在今天是落水虎，日本人是舞台明星，先生学过历史吗？不要只看到今天日本的金钱势力就眼花缭乱。请别忘了日本是在美国核保护伞下壮大的，一个国家四十年没有军事开支，相当于每年国民生产毛额成长率增加百分之十至二十！连日本都没有忘本，一再感谢国际力量的保护，为什么先生会舍本逐末，认为日本是追求人民幸福的代表，而苏联却是国家强盛的象征呢？赫鲁晓夫在世的时候，就曾承认只有美国才是“国家强盛”。

更重要的一点，不知道先生知否，全世界创造经济复苏奇迹的国家有两个，一是日本，一是德国。很不幸的，这两个国家都是极端重视自己的民族与文化，而且不论什么技术，都坚持全面掌握，先生是否也认为他们走火入魔呢？

3. 先生提及“……一个民生乐利的社会，才能凝聚人才及向心力……”，先生所谓的“人才”，不过是古人所谓的匠才。人才的产生，孟老夫子早有明示，必定是在恶劣的环境下“苦其心志，劳其筋骨，饿其体肤，空乏其身，所以动心忍性，增益其所不能”，人性如此，无法改变。不世之才，虽不是人所能强求的，再不济，也得合刘卲《人物志》所言的标准，才能称做“人才”。

至于向心力，先生不妨多多阅读“无敌国外患者，国恒亡”的历史教训。一个大家都有赚钱机会，营利也是唯一目的的乐利社会，就是一个患了癌症的机体，癌细胞各凭本事扩散，还谈什么向心力？

4. 先生所谓：“有了坚实的民生工业才能带动科学研究，最后强大的国防工业就自然形成了。苏联和美国这四十年来的发展不就是最好的明证吗？”完全与美国和苏俄的历史发展事实不符。

谁都知道，美国是拜两次世界大战之赐，欧洲饱受战火之苦，人才多流至美国。加以战场在欧亚，美国本土得以幸免，又由于战争需要，遂成为全世界最大的军火供应国。

我所不解的是，如先生所揭橥，苏联“不论拥有多少导弹坦克……苏联人的处境远比日本人甚至中国台湾人困难多了”！言犹在耳，先生怎么又以子之矛，攻子之盾，发出苏联与美国一样，是先有了民生乐利的社会、人才、坚实的民生工业，最后形成强大的国防工业这种谠论？！

三、郢书燕说又一章。

1. 先生呼吁：“不要把所有的工作，都和国家民族扯在一起。”为什么不？除了自己的国家民族，请问世界上还会有什么国家、什么民族关心你中华民族的生死存亡？先生难道不知“国家兴亡，匹夫有责”？任何有良知的中国人，不论从事任何一种工作，都会有使命感，都会把国家民族放在第一，更何况信息事业的从事者。建议先生阅读 11 月 17 日《中国时报》的社论——《造桥大车祸惨痛教训下的省思》，就可以明白我们的社会之所以不安，就是因为与先生有共识的人太多。

记得大学时有个同学，在学校专攻英文，人谓：“你不学技术，光读英文做什么？”这位同学答：“你们都是瞎子，英文是世界语，这才是最有用的技术。有一天中国亡了，你们学的那些还有什么用？”如此讲究效率。只是中国总会有些只问耕耘的人，只要有人事事不忘国家民族，就可以提供些空间，包容万有。

2. 先生用了“效率”一词，认为凡事都要讲效率，本人欣识知音。全世界相信不会有任何一个活着的人比本人更讲效率，本人所出版的《智慧学九论》与《组合语言的艺术》中，就详细讨论了效率的定义。本人讲求效率，已经到了先生所说“走火入魔”的地步。所设计的中文系统、所写的程序，在速度快、空间小、功能强大这几个特性上，绝对可以拿来与天下任何高手“对决”。

尽管深谙效率如斯，对先生的微言大义“我深以为凡事讲效率，才是促进民生乐利的不二法门”实在无法理解，“民生乐利”怎么和“效率”扯上关系？

举例说吧！民生乐利的基本要求是衣、食、住、行、育、乐。而根据拙作，效率的定义有四，其中最重要的是“边际效益”。我绞尽脑汁，在衣、食、住、行、育、乐中任何一项，都无法求出其边际效益！吃快一点？穿少一点？住简单些？玩得经济一点？

“效率”一点也无法促进民生乐利，只会令人压力增加，心情紧张，精神失控。而人生幸福的定义，是社会学、哲学、心理学、形而上学的范畴，到今天也还没有答案。先生能如此有“效率”地一语道破，实为邦国之福。

“智者之虑，必杂于利害。杂于利，而务可信也；杂于害，而患可解也”。老实说，过份重视效率的结果，将造成社会两极分化，导致更多的社会问题。总之，民生乐利是个烫手的课题，涉及学问太多，不是人人可以讨论的。

3. 且放下民生乐利不谈，先生与本人同时都宣称讲求“效率”，而主张如此南辕北辙，必然其中有一个效率有问题。依先生所谓的效率原则推论下去，则国人根本就不必研究任何中文输入法，直接改用拼音文字，连键盘都不必重制。而各个中文系统公司，费神耗事地把国外的软件改成中文，在先生看来，想必也是些不折不扣的大傻瓜吧。先生对仓颉输入法的美言，虽是为人的基本态度，仔细想想，不是先生有着“成者为王”的中心思想，就是对自己的效率原则，分寸之间，还不能拿捏得很准吧。

再看看先生的效率观念吧！“只要来源稳定，品质可靠，价钱合理就是好原料，和国家民族一点关系也没有，不管是美国做的或是日本做的无所谓。其实我们的世界已经快要变成地球村了……从政治或外交上去考虑采购所付出的成本就是没有效率，只有从经济的角度考虑才是有效率的采购，勉强地开欧美标所得到的还是有很多日本货，只不过让欧美厂商多赚一笔佣金而已……”

难怪！难怪！本人回台后，看到郝“院长”语重心长地表示，我们努力多年，对日贸易逆差却逐年增加，先生有这种近利的效率观，当然要粉饰太平，说：“好像我民族已面临生死存亡关头的这种论调我实在无法理解……”当然嘛！先生说得很明白：“在这个解冻的时代，大家业已清楚地认识，人民的幸福快乐远比国家强盛与否重要多了！”这种论调，在五千年的中华文化中，只有“商女不知亡国恨，隔江犹唱后庭花”差可比拟！

4. 对日本厂商在美国大量倾销集成电路、电器产品之事，难道先生身居地球村，没有注意到美国也有许多忧心忡忡之士大声疾呼吗？只有短视的生意人不顾国家利益，只关心自己眼前的收益。别忘了，美国是强国，我们是弱者，连美国都思自保，难道我们就应该不设防？先生大文最后一句：“看看长期受保护的汽车工业。”不错，我也看到了，但我所看到的，是在二十多年中，我们也从无到有，汽车工业并没有全军覆没。

汽车工业需要大量的基础工业支持，独木不成林。仅仅一家裕隆就想建立汽车工业？先生的效率观用得太过了罢！正是因为民族自信心不存，不事研发，人人如先生般讲求效率，购买价廉物美的日本货，所以基础工业无根无本！

本人同意先生的指责，但不同意先生的论调，各种工业都需要从根掌握技术，否则就受制于人！美国、日本、欧洲之所以工业领先，完全筑基在研究发展上。研究发展是极为辛苦且未必有成果的差事，不敢奢望持效率观如先生者认同。

四、适千里者，三月聚粮，之一虫又何知？

1. 先生或许只知道朱某人发明了仓颉输入法，却不知道朱某人到今天一贫如洗，从来没有把“中文电脑”当作生意！朱某人与宏碁合作“天龙中文电脑”，宏碁有今天是他们有经营的理念，却不能说只有宏碁会做生意，我朱某人找不到人来做生意；我放弃了专利，不是说我不知道其价值，把活马当死马丢。

要知道，中国读书人一贯的“气节”，讲究“有所为，有所不为”。为中华文化献身，义无反顾，为自我谋利，兴趣不大。所谓知己知彼，百战百胜，先生下笔之前，应向电脑界打听一下这个“怪物”才是。

今天先生说本人“把这场战争形容为文化战争，而不是商业战争。本人非常钦佩这个宣传点子”。先生必然很少想到或用到“义”字吧，这种说法，在无心之中，恐怕已经侮辱了所有中国读书人的人格。

不要以为金钱了不起，认定天下人皆为逐利之徒。中华文化之可贵，就在于中国读书人之贫贱不能移、富贵不能淫、威武不能屈。这种不识效率为何物的家伙，讨厌罢？

2. 本人去台五年，今年 5 月方才归台，本拟全力发展“聚珍中文整合系统”，不幸骤然面临微软中文视窗大军压境。聚珍为另一文化战场，在此毋需赘言。在聚珍与视窗之间，本人认为对台湾软件发展上，聚珍之贡献不能立竿见影，而视窗之伤害却是难以挽回，所以立即决定暂时放下聚珍，而介入此一战场。

电脑界传言本人不会做生意，事实上是本人从来没有把中文电脑当作生意做，因为读书人认为文化属于全民，不能据为私利。在 1969、1970、1972 年，本人曾经三次力邀电脑界人士，愿意将自己的技术公开给各界使用，希望大家合作发展中文电脑。当事人有名有姓，欢迎查证。

虽然由于某些因素，所有的努力都失败了，但是本人在“狭隘”民族观下，仍然不肯死心，最近又第四度广发英雄帖，将本人的发明，诸如：中文字库，世界文字字库，手写输入，文字辨识，图像辨识，中文软件模组，中文概念索引以及已经规划完毕的中文自然语言等，所有超越全世界十年以上的最高技术，全部公开，由一“国人”出资的基金会，负责经营管理。

捐出自己研究的心血，且皆为当代人人可望而不可得的技术；放下可以谋利的聚珍，从事不可能赚钱的中文视窗，还有必要大肆宣传做秀吗？请先生勿处处以己之心，度他人之意。

不论本人的选择是否正确，但“牺牲小我，完成大我”！这正是中华文化的精髓！至于本人的技术是否货真价实，自有专家可以鉴定，勿劳他人操心。再如问这些技术值多少钱？绝不骗你，先生不妨慢慢地数，每秒钟数十元，可以让先生忙上几百年！

3. 先生口口声声软件、硬件，不像是外行，可是内行人怎么会有“电脑这个产业，不论软件或硬件，都是为别的产业而存在的”的想法？本人用中文电脑打了这篇文章，寄给《热讯》发表，以答客难，请问，这是为哪一种产业而存在的？

如果先生认为这是为《热讯》存在的，这样说来，世界上有什么产业不是为其他的产业而存在？那又何劳先生费时费事，推论说理一番？

先生又接着说：“尤其是软件，它的功能只是提高使用者生产力及工作品质罢了，把软件技术当作民族颜面的竞争指标？未免太过本末倒置了吧！”先生请容本人放肆！先生之言重矣！若先生真是外行，则其情可谅，否则这是亡国之论！

内行人皆知，软件涉及文字，汉字与英文全然不同，不仅是字形，且在概念的应用结构上，相去不可以道里计。十余年前，本人为中文电脑奔走时，所听到的论调全与先生此刻所言相似。电脑界反对用中文，是因为技术问题，使用者也反对中文电脑，其理由是没有效率！

照先生说法，不强调民族颜面，理应全面采用英文软件，十年后、百年后，民族颜面绝对不必再提！先生会说，难道你没看见，已经有中文系统了，情况不一样了！是吗？所以我当初的坚持到底没有错。今天我们之所以还有一点自己的技术，是因为过去微软不曾为我们的颜面考虑，现在见有利可图，才给加上中文系统。以后呢？微软会为我们考虑一切吗？会为我们的文化、经济考虑吗？

当然不会，于是本钱最少的不会污染环境的软件工业，在台湾自然就不断的萎缩！总有一天，中文软件业又会像裕隆汽车公司一样，遭人谩骂指责。

4. 先生文笔妙到极处，竟然能把心底话表露无遗！不是本人缺德，委实是这种奇文可以留芳百年，作为思维训练的典范！先生认为软件只是一种工具，其功能是为提高使用者生产力，且：“应该讲究的是我们的生产力是否提升了，而不是我们用来提升生产力的工具是哪一国制造的……”最后宣布本人认为的“文化战争”为“宣传点子”！那么在五段论法下，结论必然是：

因为软件是工具，

而工具仅为提升生产力。

因为好的工具才能提高生产力，

所以要买好的工具。

如果外国的工具好，

我们就应该买外国的。

假如所有英文软件都比中国人自制的好，

我们就买英文的软件工具，大量采购好的工具，而不应保护自己。

到目前为止，所有好的软件工具都是为英文设计的！

所以，中国人应该全面用英文。凡是反对的意见，都是“宣传点子”！

5. 本人在美国工作过一段时间，所以深切地了解为什么“软件技术为民族颜面的竞争指标”！

1986 年，本人在美国东部弗吉尼亚州的一家软件公司工作。因为工作性质关系，接触到美国海军一件有关视讯处理的软件工作。当时本人任副总经理，主管技术，但却因未入美籍，不能参与，所以，公司指定本人教老美技术。

当然，朱某人的自尊心受到了伤害，诚如先生所谓：“不要凡事泛国家泛民族化。”可惜美国人不吃这套。总经理劝我，要么入美国籍，要不然就把美国人训练出来，好为公司赚钱。因为这种软件属于“国家机密”，所有参与之软件工程师，起码要有“第二级”的安全分类！

教技术有什么关系呢？问题在老美不服气，认为美国人技术就是要比中国人高。可是，他们做不出来！最初等着看本人的笑话，不料我做了些样品，老美心服了，口却不服，不愿正式学，却拐弯抹角地套招！

先生知道不知道，在全美各个电脑行业中，中国人占的比例是多少？而在美国公司中，中国人成为“管理阶级”的又有几个！

先生呀，千万不要以为人活着，有钱可赚，有车可开，有歌可唱，万事足矣！中国人是要面子的民族，为什么？就是因为到了这种地步，还有人不要！

五、天行健，君子以“自强”不息。

1. 为什么中国人不能发展自己的中文视窗？不能发展自己的硬件？我不干涉先生专捡现成的，本人练苦功，也不劳先生操心！日本人当初若也持这种效率观，能有主宰美国市场的今天？

本人早在年前，已经面对岛内电脑界六百余名工程师，发下豪语：“在五年内，如果不能完成‘中文自然语言系统’，本人将自杀以谢天下！”人命只一条，朱某人既没有神经失常，也举不出活不下去的理由，没有十分把握，这种话没有必要出口。

自然语言是什么？美国老大哥投资不下数百亿，耗时近四十年，迄今还摸不到边。日本人不服气，轰轰烈烈地向全世界宣布了第五代电脑，最后也栽在自然语言这一关。

简单说，美国人从20世纪50年代起，就想教电脑讲人话（当然是指英语），为了有别于高阶的程序语言，故称“自然语言”。事实上，美国人的观念仍然不脱“输入”、“编译”、“处理”的三段形式。问题在于究竟“语言”是通过什么因素，能让人理解、运用，则始终没有人能提出满意的理论，更无法加以实现。

如果中文自然语言得以完成，不仅在经济上效益无与伦比，而且在人类文明中，得以将中国人的传统价值观发扬光大，为这个道德破产、人欲横流的时代，注入新的生命。

是否因为美国、日本的自然语言发展不出来，根据先生的“效率原则”，中国人就永远不必发展呢？先生必知中华文化的价值，即在于举世唯有中文文字结构，及中国的哲学思想，具有“自然语言”的基础与实现的条件！这也是中国读书人素来视金钱如粪土的根源，因为唯有具有远见，能沉浸在中华文化的抽象思维中，才知沧海与水之别，才知真正的效率何在。

2. 为了使中国人能使用最好的中文视窗，敝公司曾经行文微软，希望在台湾省电脑公会的公证下，在本月23日举办中文视窗讨论会，究竟孰优孰劣。电脑是科学，理当愈辩愈明，可是微软来文拒绝了（有原本可供查证）。

在先生看来，电脑软件不应保护，受人欢迎就该被采用。这种话人人会说，可知什么叫做受欢迎？怎样才能受欢迎？先生说：“媒体应该严守中立的原则。”又说：“如果微软的受欢迎，那就是微软的系统比‘资策会’的还要好。”

好不好由谁决定呢？如果是广告，那当然是微软一枝独秀。除了广告，总该有些参考指标罢！如果微软只顾做生意，而系统不见得比“资策会”的好，劣币驱逐良币，先生您能怎么样？难道不该有人出面说句公道话？先生如果有正义感，请向微软表示表示！仅凭广告知名度，对先生的效率观可是一大讽刺！

3. 在最后一段中，先生说："我们民族颜面又得到什么？"对了，请平心静气看看中文市场吧！以往在磁盘操作系统下，一切环境、工具是公开的。除了倚天外，还有许多中文系统公司参与其间。而且，当时微软也还瞧不上这片"小市场"。所以中文技术全部保留在国人手中，成长不太大，可是却已经有了六百余家软件公司，近万名中文软件从业人员。这仅仅是一个开始，先生提到汽车工业，先生啊，我不知道先生真是"无知"还是"无能"，汽车工业、塑料工业、纺织工业……一切工业任阁下谈吧，保护不保护，有效无效都不足为训，但有什么能与信息工业相比？

信息工业是以文字为根基，以思想为应用，以文化为环境，以民族为对象！任何其他一种工业，了不起是些经济上的损失，信息工业的损失可就不是那么轻微了。或许先生认为经济才是最重要的，那是先生衣食不足的表征，不足为训。

最后奉劝先生，夫未战而庙算胜者，得算多也；未战而庙算不胜者，得算少也。治兵如治水，攻人须先防己，自彰之前必先自验，始能常胜！

这篇文字不知犯了谁的大忌，导致了新的文字狱——《热讯》停刊！不仅让钟瑢饭碗砸了，居然连"饭馆"都夷为平地，我之罪孽竟如此深重！

敝老同乡屈原曾说："吾宁悃悃款款朴以忠乎？将送往劳来斯无穷乎？宁诛锄草茅以力耕乎？将游大人以成名乎？宁正言不讳以危身乎？将从俗富贵以偷生乎？宁超然高举以保真乎？"够了！够了！到此为止吧。

吴先生太相信大帝公了，相信得令我不能置信。任何一点芝麻蒜皮的小事，他都要向大帝公请示。而大帝公呢？在高科技事业的经营上，似乎没有一点观念！

在这里我本诸科学态度，以诚信的原则，从智慧的角度来做个剖析（本文是由拙著《智慧学九论——观念论》中撷取大要，以供读者参考）。

根据各种证据，我们必须承认，物种是由进化而来（不必介意是否为达尔文的物竞天择论）。也就是说，人类是物种之一，也是由进化而有今天。人类由穴居到今日，所有的观念、知识、文化也都是从无到有、逐渐累积而来。由此，我们可以作出第一个推论：人对神的观念，也随着文化的演进与环境的变迁而有所不同。

其次，根据当今人类所知，我们可以把观念概分为三类：一是抽象的原则性的本源类，且假定其为“天”；一是变化的认知性的概念类，假定其名为“人”；最后是具象的坐标性的功能类，名之为“地”。

人存在于天地之间，也就是说，人是抽象的本源与具象的功能，能将能量变化转变成为概念的形式。换句话说，宇宙的本源是抽象的，但宇宙的功能却是具象的，为什么呢？因为有了“人”这种能感知变化，并借着概念表达的界面。更进一步说，“天”只是一种原则、原理，“地”是能量作用的时空坐标，唯有“人”在其中产生了认知。我们若要了解宇宙真实，对这三者的认知是缺一不可！

为了下文说明方便，在此暂且假定上文所言，是以人为中心的“认知系统”。

能量作用的范围称之为“场”，在能量场中只有两种作用，一为相吸（利），一为相斥（害）。在以“众人”为认知系统的时空坐标中，因利相吸，人类聚为部落；反之则离，或因利益冲突，为仇为敌。

“认知系统”的整体利害，若为此一系统中每一成员的共同利害，则此系统之“场效”得以贯通，其能量之值最大。而各系统中，每一“个人”又是一个独立的“子认知系统”，“子系统”虽然在生理上互相独立，但在认知上却为整体之一部分。

所谓的认知，是人的感官接受到刺激后，能辨认刺激的本体，并且知道刺激的效应、功用，我们称此为“体用”的认知。根据体用的认知，人可以据此谋取最大的利益。

体用的认知是表面的，真正要有效地掌握体用，则必须知道为什么会有体，体为什么会产生用，这种认知即为“因果”认知。“体用、因果”是人类认知体系的基本，人们为了使用及与他人沟通的方便，应用一些概略的符号，分别表达人对各种事物的认知。这种概念若以声音表达称为语言，以视觉符号表达则为文字。

当人群居一处时，人的认知内容必然与群居的需求有关。在早期，生存的认识最为重要，经过了数百万年的经验，人成功地生存下来。因为生存有了保障，人有了多余的时间，于是人与人之间生活的体用因果，又成为认知的对象。

在这种过程中，人的认知是逐渐累积的，随着时间与空间的扩展而增进。基于宇宙时空无限的特质，人类的认知永无止境。而人生的时空有限，故所能认知者实有其极限。不论如何，在有限的容量中，面对无尽的认知，任何人都只能得其一隅。但是前面提到的“认知系统”，却是沟通人类与宇宙时空的唯一规律。

初民认知不足，对未能了解的各种现象，将其影响较大者，以“神”、“佛”、“鬼”、“怪”的概念表达。及至所知日增，又囿于“以有限认识无限”，更多难以了解的现象，又成为另一个神佛的道场，充其量换个名称以及膜拜的方式而已。

人类自知渺小，对此未知的能量，无不敬而畏之，信之仰之。当众人聚集在同一的信仰下，时日既久，就形成超越个人力量极限的“场力”。这种场力有支配信众的能量，人以之团结或是奴役同一系统下的人民，也有人用之作为征服异己的利器。

人类社会实际上是无数个不同的“认知场”所组成的，每一个人的价值观，完全决定于其认知与需求。是以有围绕权势打转的，有纠缠色相不放的，有因钱财而难以自拔的，也有为了意气晕头转向的……任何一种工具，都有各种不同的功能，学会了《易经》，可以安国治民，也可以算卜谋生，当然也可以作为一个宗教认知团体的领袖，以之为信众指导迷津！

这正是中西文化认知的不同，中国人对神的要求，是要具备“神通”，有超人的“认知”能力。而西方因为缺乏易理的知识，只能把神秘现象假设在一个“创造”的逻辑上。有了创造论，神的力量必须借“信心”而成立，所以信则得救。其实这两种方式殊途而同归，只是中国人的方法更现实些，又可以印证，也比较客观。

于是，具有绝对信念的“子系统”，就具备了该“认知场”的能量，这种能量所显现出来的，便是一般人所谓的“神迹”。诸如刀刺不痛，火烧不觉，绝症可愈，困顿可解等等不可思议的现象。更有一些感觉器官异常（其中有的异常为病态，在此恕不多加说明）的人，能认知一些特别的能量变化。

任何一个“认知系统场”，其场效都是能量，同样地，也是一种能量变化的信息（有关这一点，是我到三年后才参透，将详述于第四部《金秋》第六章）。

任何一个人（即子系统）能力的大小，在于对其“认知系统场”所认知的统一性。如果这种场是封闭的，所知所识局限在一定范围内，必然同多异少。当今各种信息交杂，又无任何统一的整体理论兼释各个不同系统之异，是以场的力量渐渐式微。甚至于有些信仰为包容而包容，认知杂而不纯，遂造成了今日信者自信，疑者自疑的现象。

我很庆幸彻底认知了人类社会上一大玄秘现象，也让我得以了解人性的本质！现在该是我整理自己的思绪，把这些理论演绎出来的时候了。可是我怎能过河拆桥，遽然就此离去呢？

正在我进退两难，真理与道义的矛盾无法兼顾时，10 月 9 日，庙里发生了一件大事，张先生（天显宫的乩童，专扮大帝公附体）因触犯流氓管制条例，被警察抓了！

最初，我是震惊，在吴先生还没有想通之前，我便毅辞职离去。

根据新闻报道，我是因为坚持研究，不做生意而难以继续下去。不错，那是原因之一，而重要的是我对人生的追求有了报偿，我还有更重要的任务。

离开国荣时，我连租房子的钱都没有，几个工程师都坚持与我共同进退。沈红莲与王传宏不用说了，再加上国荣的谢振孟、封家麒、吴永芳、沈冰玉一共是七人。不得已，向芙蓉坊的林俊尧借了些钱，我们在新店租了间大房子，继续教学、研究。

我本意是打算归隐，人工智能也决定放弃，何必害人呢？留给这个世界一点清白吧！但是我说过五年之内做不出来，就要自杀以谢天下呀！当然，别人可能忘了，或者认为我和一些政客一样，只是说说罢了！生死无足畏，自己的心态才是关键。

态势很明朗，我有没有能力做，自己心里有数。但在没有做出来之前，是不可能有人相信的，那为什么不先做点成绩来再说呢？

我计划了一下，以当前的人力，应该能在半年中做出自然语言的若干模组来。我给它取名为“小杏子”，用以纪念第一次在美国动手时所买的一台杏子牌手提电脑。

只花了两个多月，初步结构已经有了，这时另一桩不幸的事件发生了。

缘在我离开国荣后，国荣决定不再经营，“资策会”的中文视窗立刻发生了问题。“资策会”技研处的毛经理找我设法，我认为义不容辞，但是大字库我已经“奉献”给国荣了。这时正值著作权问题闹得满天乌云之际，再做一套是可以，但需要时间。

毛经理很能谅解，但眼见“敌军”已兵临城下，人生最难的抉择经常发生在最尴尬的时刻。我能够为了自己的安全，自以为逃离了是非之地，就失去了是非原则吗？

我决定再做一套，但为了眼前的决战，我决定先把大字库给“资策会”用（当时实在穷得可以，便要了30万元的订金，专利费则归国荣）。我的考虑是，等我新字库做好以后，再换新的给“资策会”，怕什么？

麻烦的是，因为忙于自然语言，我完全忘了新字库的事！而且国荣还在继续营业，我也没有放在心上。

终于，我成为岛内民事史上第一位“侵犯自己著作权”的被告，共同被告则是“资策会”。吴先生坚持要告，且用存证信函通知所有厂商，不得再与我有生意来往！

君子有谓，求仁而得仁，又有何憾？我早有心理准备，如果有一天坐牢了，该怎么办。其实十几年来日以继夜，我何曾有过自己的时间？我从没有为自己争取过点滴的利益。如果上天嫌我奉献的还不够，坐牢正好让我安下心来，为牢中不幸的兄弟们大唱玄化！

出庭两次，律师那里成了常客，我虽然不在乎，“资策会”却非常在意。最后他们双方和解，我的心中却滴出了鲜血！

我看到的不是坐牢的问题，而是一个微不足道的字库，就已经让人丧失了良知、道义，我还能从事人工智能吗？今天社会上所需要的并不是更多的财富，不是更高深的技术。我希望人人生活得幸福，能免除痛苦烦恼。可是多年以来，我拼命努力的结果是什么呢？更多的贪婪，更多的争夺，更多的不幸！

我不怕坐牢，也不怕死，但是却怕我的责任不能完成。小信不如大信，我决定退休，潜心写作，教育门生，不再过问人间事。

台东有位陈敏正老师，他教仓颉输入法极为成功。他懂得教育心理学，知道利用已知求未知的原理，从简单的符号开始教起，待学者熟悉后，再逐步加入新的材料。

陈老师知道我在台北，常来看我。听我提起要找一个安静的地方，他立刻说：“来台东怎样？台东是台湾最后一块净土！”

沈红莲皱起了眉头，一想到搬家，她就为她的书发愁。搬一次，丢一次，搬一次，再买一次，几朝元老已经所剩不多了。

就这样，我们到了台东。基于陈老师的面子，东河乡的叶乡长慨然把他的别墅无条件借给我们居住。沈红莲看中的是有个大书柜，我则看中了透明的空气。

漫漫炎夏，终于过去了！我归隐在都兰山麓。

智慧之旅

第四部　金秋

（一九九五年以后）

人是现实无比的，不现实就不能适应生存，早被环境淘汰了。有人说，天才与白痴之间只有一线之隔，说得更明确一点，他们的分别只是成功与失败而已。

人人希望成功？不！人人所希望的，只是享受成功的果实！成功太辛苦了，牺牲的代价太高了，为什么不等待一些天才去努力呢？他们的成功失败，不过是一种虚幻的名声，而他们成功后的结果，却可以让所有现实的人分享。

因此，一个一个的天才，便被奉献在人间的祭坛上。而活生生的人们无不吮吸着天才们所创造的蜜汁，一方面赞扬，一方面期待着下一个天才。

序

踏过北国沙沙的落叶，隐约能感到没胫的瑞雪，而在台湾，秋天仍然挥汗如雨。

秋天只是个开始，是演奏在冬日之前的序曲。寒冬，是我诞生的时节，历经了风暴和雨雪，终于从青涩的嫩绿到披上了沉重的金黄。金秋，静待万物收藏，趁着余温尚在林梢，燃起微弱的薪火，凝视那遥空将逝的光芒。

温室中的花朵对深秋的气息难以领略，生成长在亚热带的幸运儿，早丧失了那份心灵的洗礼。人生有苦才有乐，走过了惊涛骇浪，才能看到平静的大地。

人问，秋已深，何事忙碌？且看，往事无痕，轻风阵阵，梦呓也深沉。

> 天涯倦客，山中归路，望断故园心眼。燕子楼空，佳人何在，空锁楼中燕。古今如梦，何曾梦觉，但有旧欢新怨。

这是苏轼《永遇乐》的下半阙，颇可表达初时的心境。到得头来：

> 莫听穿林打叶声，何妨吟啸且徐行。竹杖芒鞋胜轻马。谁怕？一蓑烟雨任平生。　　料峭春风吹酒醒，微冷。山头斜照却相迎。回首向来萧瑟处，归去。也无风雨也无晴。

这又是苏轼的《定风波》，何妨借来小吟？

朱邦复

1995 年 7 月

1 归藏

归隐田园　都兰山麓

衔着轻风，跨着浮云，透过飞机机舱方圆径尺的窗户，我俯瞰瞭望。银翼平铺，下面衬着太平洋的深蓝，掩盖了永恒的大地。在遥远的一角，埋藏着我逝去的旧梦，摸不到也看不见。只有无尽的水色，迷迷茫茫的雾气，徘徊在无边无际。

苍鹰似的卑南大山，展开了翠绿的云翼，被覆着连绵起伏的丘陵。顺着林木蜿蜒，崛起两座山峰，平铺向东，延伸到海边，一片袖珍的谷地。

台东市街道精巧而通透，唤起阵阵儿时的情趣。那早已随着世态消逝的恬宁，如同电影画面，再一次浮现眼前。放眼看去，车辆不多，行人悠闲。连缓缓的和风也都带着微笑，轻轻地拂过人们暖暖的脸。

> 归去来兮，田园将芜胡不归？既自以心为形役，奚惆怅而独悲？悟已往之不谏，知来者之可追。实迷途其未远，觉今是而昨非！

蹉跎半生，我何曾享受过“舟摇摇以轻飏？风飘飘而吹衣”的境界呢？不是没有机会，而是过于执着于自己许诺的心愿。可是，就算我蜡炬成灰，碎骨粉身，世事又能有多少区别？

为了证明中文的价值，我曾沉缅于技术，人为境缚，境随心迷。所幸在黄昏夕阳的导引下，盏盏明灯也能照彻九幽。今后我要给自己保留一点时间，把生平的认知整理出来。这个时代有着太多的迷惘，既然不能逃避，何妨尽些力量？

在陈老师的推荐下，叶隆雄先生同意将他的两栋别墅借给我们。这一来，至少不必再忧烦于寄居的外壳，减轻了不少生活的压力。

那是一个和暖的早晨，陈老师开着车，载着我们穿过了纯朴的台东市区，直奔滨海公路。在水泥建筑物的尽头，眼前突然开朗，扑面而来的，是一片湛蓝的汪洋！

乘着海面薄薄的雾翳，不知不觉地，我的心绪早已航向未知的他方。阳光撒着轻网，笼罩了整个海面，兜起闪耀的银色光芒。

在天的另一角，一团暗绿的影子，载浮载沉。那是什么仙山？是不是也长满了长生不老的药草？什么？绿岛！传说中一个充满血泪的地方。想是上苍的恩典，让失去自由的人们，还能得到一些宁静的报偿。

沿着海岸线北行，右侧是一条白绿相嵌的玉带。时而湛蓝，时而深碧，簇拥着暗黑的礁石，嬉戏在金黄的沙岸上。海面一望无涯，像是一整块的织锦缎，不时有银白的光华闪亮。海风带来潮湿而清新的咸香，弥漫在空气中，平静而安详。

放眼望去，广阔的遥空，疏落有致地飘浮着一层层的云絮，堆叠簇拥。东一团，西一片，嵌满在淡青的天心上。近处，浮云成带，远处，带状的云层密了，积结成为厚重的帷幕。当阵阵罡风撕破了天幕，拉开了它阴暗的纱网。刹时，缝隙中漏出了片片金色的箭芒，一束一束地，从天空一直散撒到水面上。

左侧深处是连亘的山峦，沉着稳定，眼前则是浓荫覆地，起伏飞扬。整洁的柏油路曲折蜿蜒，空旷无人，难得见到一两部车辆。

水往上流是当地的名胜，下行的路面旁，有一条农田灌溉用的水沟。水沟的棱线与路面交叉成为锐角，随着路面下降，视觉差越来越大，人就认为水沟的高度增加了，故名“水往上流”。何必在意水流向何方呢？疲累的过客，善意的欺骗，也是一剂涤烦解忧的妙方！

过了水往上流的转弯回道，就到了纯朴的都兰村。这里有数百户人家，一条小街和通往都兰山麓的羊肠小径。

叶乡长伉俪正在别墅里，带着几个工人赶工。那是因为沟通上的误会，直到前几天，叶乡长才知道我们东来的行程。

能得识叶乡长是缘，而有缘住进这间别墅，更是巧得不可思议。

数年前，叶乡长就大力在东和乡推广中文电脑，极有成效。一年多前，陈老师曾邀我来台东参观。那时他的别墅只有朝南的一栋，三室两厅。后来叶乡长想到停车问题，便又请人在朝东的空地上盖了约 70 平方米的车库。待车库盖好了，他很满意，一时心动，便在顶上再加盖一层楼房。

这次因房东要涨房租，沈红莲气不过，打算搬家。陈老师知道了，便建议我到台东来。我记得上次看过环境，我们一行近八人，除了住还要工作，显然不够用。

陈老师说，一定够用，不相信来看一看。

果然，车库正好可以改装成办公室，楼上则隔成两间房。我和沈红莲各一间，其余的弟子们统统可以住进朝南的那一栋，有三室两厅。

别墅坐落在都兰山麓的缓坡上，向东南望去，绿岛正好在海的尽头，好像抹着一条淡淡的灰影。略略下滑的地形，铺了一片青葱，掩映在浓翠苍绿下的，则是点点的白墙红瓦。再往下延伸，海浪吐着白沫，狭长的岩岸上，镶出一片零乱的细沙。

西边，突然高耸着一道蓊蓊郁郁的翠嶂，那就是都兰山峦，由平地飞拔而起。整个世界宛若分隔的两个天地，我们背顶着山峦，由北向南，将海洋尽收眼底。别墅正好跨骑在都兰山麓的坡腹上，朝可观海，夕可览山，入夜还有满天灿烂的星光。

山是青的，山顶的古木历历可数。时有白云飞起，常在转眼之间，幻化成为满目的银絮。有时那似有又似无的一片，在刹时之间，就挥洒出溟溟濛濛的苍凉。

海是绿的，海波粼粼，铺着点点白花，无比的深静。海上时有渔船出现，不多时，又驶向茫茫的他方。

白昼的风云变化无休无止，入夜却是充满了无声的嘈杂。黄昏时，只要注目海天的角落，就会看到一颗明亮的疏星跃起。薄暮还拖曳着绵绵的细网，一转眼，就撒下满天明灭的碎钻。这时宇宙遥空的天籁，便开始摇撼着大地，浸透每一个微颤的灵魂。

都兰山相传是蓝宝石的故乡，人们为了那一颗颗坚实透明的石头，已经把故乡变成了坟场！蓝宝石！但愿你仍旧披着神秘的风衣，让卑微的我，献上卑微的礼赞。美丽是内蕴的德性，要焕发出永恒的光芒，唯有永远埋藏在地底！

伴着清风明月，枕着宝石蓝湛，耳中灌满了海涛声，心中是一片恬宁。这等福地仙山，对一个跋涉万里的游子，委实是太奢侈了。

叶乡长是个有心人，把公余的心神投注在园子里。园中种植了十几种水果，释迦是台东的名产，一年两熟。在树上成熟后，只要一天就会腐烂。如果能及时采下，及时送进口中，那种又甜又香的滋味，真能让人心醉神迷。

菠萝蜜是热带水果，叶乡长早有远见，十几年前就引进了很多不同的品种。如今一棵棵朝天耸立的大树，叶片肥厚，泛着墨绿的光辉。菠萝蜜一年一熟，秋天采收。果实大得惊人，每个都有十来斤左右。

芒果、香蕉、石榴、木瓜到处都是，洋蒲桃、水蜜桃、李子、梅子也参杂其间。最可爱的是满地蔓生的小番茄和小苦瓜，每粒番茄有扣子般大，红得剔透。小苦瓜也很娇小，有着黄金一般的颜色，一旦熟了，里面会蹦出两颗朱红色的种子。

记得儿时家住北京时，院子里就有各种水果，长大后一直梦想着能拥有一个果园。半个世纪后，经过了长途跋涉，居然这个梦想也能实现。

人生的认知，就在于经验的有无。我们平日买水果回来，洗了就能吃，吃的时候还要挑大拣小。现在自己院中有了果树，平日要浇水、施肥、除草，还要定时喷药。如果宅心仁厚，就必须忍受一些蠕动的小生命，在水果中突然冒出。

院子里的落叶天天要扫，地上的杂草经常要砍，树木要修剪，环境要整理。近二千坪（1 坪约 3.3 平方米）的院子，八个人每天要花费一个小时。成天与电脑为伍之余，身体的运动加上心理的训练，一失有一得，一得也是一失。

院子里有很多剩下的木条等建材，在日晒夜露、风吹雨淋之际，变成了无用的垃圾。这又是很好的机会，我教学生们搭建了一个三角形的木屋，既是运动，又是工艺。再加上创意、娱乐，大家忙了一个多月，院子里多了一个胜景，搬家用的纸盒也有了归宿。

我采用传统的教学法，坚持“黎明即起，洒扫应对”。记得在中学时，我们每个星期轮值一次，负责打扫教室内外。绝大多数的同学都投机取巧，敷衍了事。其实这是一种非常重要而最容易被人忽略的训练，在态度上能培养认真负责，按部就班的美德；在行为上可以配合肢体的劳动，学习效率与技巧。更大的意义是可以借此克服人性中最大的缺失——懒惰，戒除投机取巧，专挑轻松工作的心理。

任何人如果对工作有所选择，只挑重要的或只选容易的，这种人可以说是一无用处。因为工作的重要与否，不是一般人看得出来的。一个没有判断力的人，凭什么选择工作呢？当然是凭私心！私心重的人，其成就越高，对他人为害越烈！

真正的技术其实就是观念，然而技术好学，观念难通。能力与能力之间，可以分成无限级次。能力差的人，彼此相差有限，主要的原因就是人的私心。人所愿意学的，必系以满足感官为目的，这种技术肤浅得如同一片浮萍，其能力不过随波逐流罢了。

观念的学习永无止境，有与无之间也如云泥之隔。因此观念的学习不是一般人所能胜任，既非常人，则必须先把自己的私心摒除。

我对扫地、擦桌子的要求和军队中内务检查差不多，我随时检查，随机查看。只要有一次两次不合格，我就会劝他不要再学下去了。

教学生要有原则，同是传道、授业、解惑，也要把“道”清清楚楚地宣示明白。我将“白鹿洞书院学规”刻了一面座右铭，作为我教学的指标：

> 父子有亲，君臣有义，夫妇有别，长幼有序，朋友有信。
>
> 右五教之目，尧舜使契为司徒，敬敷五教，即此是也。学者学此而已。
>
> 其所以学之序亦有五焉，具列于左：
>
> 博学之，审问之，慎思之，明辨之，笃行之。
>
> 右为学之序。学问思辨四者，所以穷理也。若夫笃行之事，则自修身以至于处事接物，亦各有要。具列于左：
>
> 言忠信，行笃敬。惩忿窒欲，迁善改过。
>
> 右修身之要。
>
> 正其义，不谋其利；明其道，不计其功。
>
> 右处事之要。
>
> 己所不欲，勿施于人。行有不得，反求诸己。
>
> 右接物之要。

在新店时，最多曾经有十多个人跟我学习，就像夫子所说的“有教无类”。可是我不收束脩，成立了一个公司却又不事生产，人一多，便难免开支浩繁。每个月的生活以及营业税，总要十几万元，压得我喘不过气来。

这次来都兰，经过了筛选，只剩下五位，有王传宏、封家麒、刘金福、沈德昌和沈冰玉。此外，谢振孟仍住台北，他一时无法离开工作，便每周坐火车来台东上课。

学生们来来去去，我没有速成的计划，也不打算教导一些应景的工匠。我们固定每周上一天课，举凡生活琐事、家国大义都是俯手即拾的课题。但是有两本经书，却是我教学的入门概要，那就是《金刚经》与《六祖坛经》。

在大陆上，我教学三载，周而复始。我从各种观念入门，结果是失败了，学生们私心仍炽。

这次我以《金刚经》作为“认识”的主题，让大家能充分体会到个人生命与群体生命的依存关系。《金刚经》是纲领，讲完了便讲《六祖坛经》。《六祖坛经》是细目，一点一滴，无不射向人的私心。即令学生们一时还不能明心见性，也要心中有觉，念中能悟。

佛经讲完了（在新店开讲，到台东讲毕，共讲了一年多），就开始讲老子的《道德经》。我一边讲，一边准备讲义，后来由时报出版，即《老子止笑谭》。

这时，为了协助叶乡长建设地方，我们向台东政府提出了以发展软件工业为主的“都兰计划”。不料这个计划引起了媒体的注意，一时之间，我们又成为新闻人物。

我很清楚，在台湾，计划永远是计划，人人所问的都是“牛肉在哪里”？谁会关心如何养牛呢？可是叶乡长是位可敬的有心人士，我之愿意来到这里，接受他的协助，正是因为他是个有心人。事实上，对任何养牛的人，我都保持着几分敬意。

我住在都兰两年多，我们仅互相请吃过一次饭，平时很少来往。我的工作太忙，没有时间客套，但是也要有这种有远见、量大气宏的识者！不论怎样说，我是免费住在他的家中，而他们一家人却不得不挤在街头狭小的房子里！

媒体曝了光，各种奇怪的报道都出笼了。有一天，院子里出现了一位脚踏拖鞋的老外。他名叫艾迪，太太是中国人，已在都兰定居多时。

他是法国人，以前做过律师。后来因与雇主意见不合，他退出了是非圈，开始追求人生的真谛。他到过印度学佛，也曾在斯里兰卡学中国针灸，并曾主持过一项国际性的针灸会议。他有心于中国文化，但除了吃中国饭菜（他还是最喜欢法国菜）外，还想学中国语言文字（写是中学生的程度，听则不及小学生程度），却不知如何入门。

为了他，我改用英语上课，也正好乘机学学英语。

艾迪非常用心，由于我们的讲义还是中文，他不得不在上课前勤查字典，下课后回去整理笔记。其实他对语言文化的追求倒在其次，主要还是人生的问题。回想当年在巴西，我也曾与那些西方的知识分子，共同徘徊在无所适从的人生边缘。

自从 19 世纪，科学界宣称上帝死亡以来，西方崇尚人文的知识分子，既难从《圣经》中寻得源头，又无法接受物竞天择的残酷事实。科学是一种有效的实验方法，不幸的是，人类却不是理想的实验对象。

心理学兴起了，可是就像太早摘取的葡萄，入口还是酸涩不堪之际，人们就迫不及待地将它迎进了科学的殿堂。弗洛伊德的梦境原本是一种人体的潜意识现象，过于重视的结果，早期心理学便成为精神分裂的前驱。

在哲学上，几千年的唯心唯物之争销声匿迹了。在政治上，资本主义与共产主义思想分据了地球上的两大实体。但谁都没有想到，急剧改变人类社会的却是地球表层之下蕴藏的大量石油，能源加速了生产，生产催化了经济。几乎在一夕之间，这个世界从物质的泛滥，感官的迷醉，急剧地迈向知识爆炸，导致信息时代的崛起！

人呢？一个新知接着另一个新知，一波的变化又引起另一个变化。人宛若一叶丧失了方向的扁舟，无助地漂浮在无边的大海上。勤劳的学者好不容易在早上有了一点心得，还没有等太阳下山，新的事物又呈现在眼前。

性解放了，学校家庭成为理想的实验室，避孕套变成了五彩缤纷的气球。夫与妻不时讨价还价，男与女眼波一转即共效于飞。以往曾是十恶不赦的犯罪模式，现在连中小学生都在"学而时习之"的校园中，玩起了各种成人游戏！

失去了神秘、憧憬、追寻的过程，性还剩下什么呢？男人女人，大人小人都力求在自己的感官中，追求那永远得不到的谐和共鸣。身边一个一个的伴侣不停地换下去，人与人之间可以共享的私密越来越少，少到身心都淡淡地，薄得如同一层 6 月的水汽。

在重商的导向下，自己至上，金钱第一。每个人都高举着自己的诉求，只有自己才代表真理正义。既得利益的国家捷足先登，占有了土地、能源、矿产等资源，又借技术、专利、资金等扼制了后继者的商机。更狠毒的是教育，美其名为培养人才，实际上却吸收了落后国家的人才资源，给他们洗脑，赠送他们自由竞争的观念。最后，穷困无能的国家永远不能翻身，任由强者为所欲为。

在资本挂帅的巨纛下，利益就是力量，力量所至，金石为开。在同一社会中，没有力量的弱者就变成了博物馆中的样本。嫌贫爱富的新贵族们在"人权"、"自由"的巧妙伪装下，国家民族的观念荡然不存。

思想变得虚无了，没有一个人能批判别人的对错，音乐、艺术、文学无一不是以商业利益为追求的目标。而最容易达到目的的手段，便是先利用媒体、宣传颠倒是非黑白。等着社会大众丧失判断力，最后箪食壶浆，以迎王师时，成者自然为王！

是谁最容易丧失判断力呢？当然是社会上最不具判断条件的人。一种是白痴，他们也不需要判断；另一种则是儿童、青年，他们除了学习、模仿外，根本不知道如何判断；于是唯利是图的商人，扬弃了传统，代之以“爱的教育”，居然也蔚为时尚。在新教育下，放纵一无所知的青少年的感性，鼓励他们唯我独尊的私欲，自由思维，自由抗争，最后一个一个都成为物欲世界的忠诚仆人！

因为人性的特质，人在判断力形成之前所经验的一切，就是他们适应的基础。当一个社会上成年人唯功名利禄是问，青少年自然以生理感觉挂帅了。这时野火方起，想控制火势尚且不及，再一煽火加油，立刻燎原。这个不幸的后果，在 20 世纪，成为人类迈向危机的基因。

家长有钱，青少年口袋当然不空，有了钱，唯一的乐趣就是购买。既然没有判断能力，分不清事物的好坏，行事也就全凭印象。广告最多者，印象必深，销售也越成功。于是，一种新的广告文明诞生了，其特色是只重包装而忽视实质。在广告文明下成长的青年，大脑中除了声光色相，其他的一概不知。

这并不表示说，他们相信广告，事实上，他们什么都不相信！他们也是广告的产物，举凡接触的环境、学习的对象、认知的事物、生活的指标等无一不是精密包装下的商品。他们不能缺乏广告，那是他们唯一的交通渠道，也是他们即将投入的远景！

青少年成长了，进入了社会，他们的意识形态仍然是以表象为主。谁都没有主见，但是谁都紧紧抓住一种自己所不了解的观念。因为自卑所以自傲，因为无知极端自私，他们习惯于接受谎言，万一有人告诉他们任何真相，他们也一概视作谎言！

年轻人成长了，社会精英就是他们，他们的经验又成为下一代的教材！当反对的人声音消匿了，当文化的内涵成了叹息，人还保有几分见识？

三年之疾，尚需十年之艾。就算我知道艾迪需要的是什么，我也不能仅仅只给他一个简单的答案！因此，我一方面从文化史讲起，讲到社会现况。另一方面则从物理下手，专门讨论人的认识与理解。综合性的认知，则谈人的思维，概念的结构，层次的演化，最后才是形而上的各种看法。

直到 1994 年底，我们准备北返，在台东上最后一课。艾迪把所有的书与笔记都带来了，他无法相信这是最后一课，能够满足他满心的疑惑。

我把《智慧学九论》的层次论讲完了，黑板上留下了一个金字塔图形。那是解释人生现象，从宇宙进化至今，从数量众多的基层物种，因量变而质变，排列组合而成一层层的结构。上层数量少而功能比较复杂，是从有生命进而有感觉的生物，再进而为有概念认知及思维的人类。在金字塔的顶端画的是一个问号，我说：

“该讲的都讲完了，各位有什么问题？”

“我有。”艾迪指着金字塔上的问号说：“朱教授，这个你没有解释。”

“是吗？”我故意卖个关子，教学的目的是要令学者印象深刻。没有悬疑，人不会动脑筋深思。不加深思，任何答案都只是些早已熟悉而无认知的概念而已：

“那不是两年多来，我反复不断解释的主题吗？”

“没有。”他一面翻着笔记，一面说：“我想过这问题，你没有说过。”

“你的意思，是我从来没有用概念表明过，是吧？”

“是的。”

“好吧，你不妨把这个问号当作X，那么你又要问了，X代表什么呢？其必要条件是功能高于人，数量少于人，进化的时间晚于人。又因为量变质变的结果，这个X不再依附在一机体上，而且在金字塔所有的基层之上。这是层次论的基本定义，同意吧？”其实这种说法，我已经一再重复了很多次了。

“同意。”他想了一想，若有所思，是时候了。

“那么，在人类思维之上的，涵盖所有进化的历程的，在中国人谓之为‘天’，有人称之为‘神’、‘佛’、‘自然’。在科学昌明的今日，我们称之为‘宇宙’、‘真理’、‘秩序’。至于到底是什么名称，又有什么分别呢？”

“啊！”艾迪恍然大悟，“我想知道的就是这个！为什么你不早讲呢？”

“你想知道的，只是这个概念吗？这个概念谁不知道呢？连小学生都能告诉你呀！重要的是这个概念形成的过程，不要忘了，人生是过程，不是结果！

“有谓条条大道通罗马，如果不谈条条大道仅谈罗马，那就成了宗教、神话。我告诉你的是通往罗马的大道，已经走在大道上，不必管罗马叫什么名字吧！”

在工作上，我是退而不休，隐而不没。在新店时，我们将中文系统卖给诠脑，他们生产了小袋鼠，我们进账一百多万。小字库也曾卖给芙蓉坊的林俊尧，得款数十万。最大的一笔生意是来自NEC的技术转移，前后共是四百万元，有了钱才得以逍遥山林。

台湾的NEC公司虽然规模庞大，但一向以替日本母公司销售产品为主。自从白惠方做了技术部的经理，就一直想自行开发一些软件，以为台湾人争一口气。

谢振孟曾在 NEC 工作，在他介绍之下，我得以将聚珍字库的设计技巧，全部转移给他们。来到都兰后，有一天，一位年轻人林祺信来找我。他说想设计“个人资料助理（PDA）”，希望我能在技术上支持他的计划。

我虽然退隐了，见他不远千里而来，而且态度诚恳，提出的计划颇有前瞻性。我连考虑都没有，立刻痛快地答应了，我能支持的，是手头上现成的明珠中文系统。因为空间小（全部连中文尚不到十万字节），效率高，最适合超小型的机种。

其次，PDA 必须用手写输入，正好我在训练封家麒做视觉辨识，有一个目标，也能提起小封的斗志。

两年后，林祺信的“神宝”成功了。刚好我们的经济状况又进入紧急时期，他的几笔付款，又解决了我们燃眉之急。

我们要求不多，能维持温饱，能有教学与研究的环境，就心满意足了。而这点微末的要求，在时空流程中似乎早有安排，多的没有，少也未曾发生。

最初，电影是我教学的主要题材之一。我真正要教的是智慧，而智慧无所不包，没有固定的题材，也处处都是题材。电影的好处是已有很多经典之作，其主题明确，有助于智慧的学习。

人要有智慧，必须能在日常生活中，在所接触的事物中，立刻抓住要点。然而人生的事务太复杂了，其中利害杂陈，千头万绪，有谁能一眼就看出其中端倪呢？如果不能，那么空有智慧，不能解决问题，其意义何在？

要得到智慧，首先要忽略掉自己的利害，因为利害往往就是真相的尘障。能够跟我学习的学生，虽然不能说都已做到无私无欲，但较诸同时代的青年，他们足可称圣谓贤而无愧了。品德及格了，再教以观念，观念有成之余，才教谋生的技术。

找主题是种观念，要在观察之下，立生意念。一部够水平的电影，如果旁观者的智慧相近，一定可以得到近似的主题。所谓够水平，就是剧作者的表达能力和导演的诠释能力，都已经得到了客观的印证。在这种情况下，要是还看不出这部电影所要表达的主题，很显然这个旁观者必然没有判断的能力！

我先举一个范例，第一步是把剧情整理出大概的纲要，再根据人、事、时、地、物找出一再重复象征的内容。最后，如果某些情节可以省略，就表示不是主题。一条条地考虑之后，剩下不能省免的，则必与主题有关。

拜录像带之赐，我们看了几百部片子，能买的也都买了。老实说，学生们进步有限。我一再分析研究，为什么有些简单得一眼就能看得出的主题，对他们竟是如此困难？电影经过整理，局限在一定范围之中，有什么不能了解的呢？

记得有部名叫《大审判》（*The Verdict*）的电影，是20世纪福克斯公司所出，编剧是大卫·马麦特，导演是西德尼·吕美特，男主角则是保罗·纽曼。

这部片子的主题是："人人都向往正义，但是，人人都认为他自己就代表正义。"关于正义（justice）的定义，在电影中，男主角曾以法律从业者的立场加以注解："法律不能给人正义，它只能提供一个公平的机会，让人追求正义。"

柏拉图曾假苏格拉底之口，要求他的学生对"正义"下一个定义。但是，人言人殊，没有共同的结论。正义是什么？是人类共同的希望，实际上只是人心在失衡下，所期望的补偿而已。就如同在争论上帝的有无时，伏尔泰巧妙地说："我希望我的律师、裁缝师、我的太太都相信上帝，这样我才有可能被抢得少一点，被骗得少一点。"

这部片子的观念、技巧均已达到炉火纯青的境界。每一个细节的安排，每一段关键的转折以及戏剧性的营造，完全无懈可击。

故事大纲是这样的：法兰克（保罗·纽曼饰）是位潦倒的律师，因为受到过去事业上的打击而一蹶不振。电影开始时，他刚承接了一个民事案件：一位女孩因医师的误诊而脑死亡，对方是名重一时的名医以及规模宏大的天主教慈善医院。

教会因为怕名声受损，故医院有意和解。法兰克力求振作，在了解案情后，知道本案稳操胜算，问题是怎样做最符合正义。

第一个正义的考量，是多少金额为合理的赔偿？对法兰克而言，赔偿金15万美元就已经心满意足了。但是，当他得到另一位名医"正义"的承诺，愿意证明对方的误诊后。他知道自己的筹码增加了，于是他心中的"正义"升到了20万美元。

当他到医院去，为那位已成为植物人的女孩照相，以便作为谈判的证据时，他眼看一个青春的少女无知无觉，又无人照料地躺在毫无生气的病床上时，他彷徨了。导演用静止镜头，强烈地暗示了法兰克心中的矛盾与情理的挣扎！

教会正义的考量，是付给对方和解金额21万美元！已经超出了法兰克的底价。然而法兰克拒绝了，他承认原来是决定接受和解的。但因有感于那位少女的悲惨遭遇，他的"正义"提高了，他要严惩误诊的医师。

教会聘请了最负盛名的辩护律师康格，康格心狠手辣，他的“正义”就是胜利！康格有庞大的律师群，分工合作，准备周全，且对法兰克的动态了若指掌！

主审法官召集两造作最后的会商，法官也有他的“正义”。他主张息事宁人，又知道法兰克名声不佳，不可能是康格的对手。

但是法兰克坚持提出诉讼，和解不成。在开庭的前一天，原来答应作证的那位名医，他的“正义”被康格收买了，到国外旅行去了。

事急无奈，法兰克临时请来一位愿意出面作证的医生。不料，见了面才知道是位年老的黑人医师，这位老医生的“正义”是专替误诊的诉讼作证。而被告律师给他的“正义”，则是他的资历、身份与他所陈述的事实毫无关联！因此在法庭上，法兰克败象毕露。

在这段时间里，法兰克认识了罗娜。罗娜很爱法兰克，却与康格的工作有密切的关系。当法兰克知道后，立刻对她有了成见，不给她任何解释的机会。

最后，法兰克找到了一位女护士，在事件发生时，她曾参与工作。她证实是医师疏忽，事后又受到医师迫害，远走他乡。但她保留了一份原始备份，呈堂作证。

然而，康格提出抗议，并找到法律上的案例，认为不能以备份文件推翻原始证物。法官在法律的“正义”下，裁定抗议成立，命令陪审员不得采信护士的证词。

至此，法兰克感慨系之，发表了他的结辩。他认为人人都有追求正义的精神，法律只是一种制度，目的在提供公平的机会，以期望得到正义。如今，在各种偏见之下，完全扼杀了这种机会，人们开始怀疑制度的可信度，丧失了对正义的信心。而最后的受害者，终将是我们自己！

陪审团也有他们的“正义”，他们无视法官的指示，判决医师误诊成立！

导演开始画龙点睛了！表面上是主张“正义”的法兰克得胜了。但是，法兰克这位坚持正义的人，却一直不愿意给罗娜任何“公平解释的机会”。就如同那位法官和所有其他的角色一样，在法兰克的判决中，已经认定她有罪。

电影就在电话的铃声响个不住，法兰克无动于衷，明知对方是罗娜而不加理睬，电话的另一端，罗娜则仰卧在床，生死难测之际，影片曳然而止，银幕上一片黑暗！究竟什么是正义？谁够资格谈正义？

在我看来，沟通就是一种艺术，表达的一方和接受的一方都要充分掌握沟通的题材与工具。电影的题材是实际的人生，其工具则是感官的刺激，一个活得好好的人，怎么能连电影都看不懂呢？

我试着要学生们表达他们的意见，他们似乎有口难言。我再试着指定一些书给他们看，看完讲给我听。我这才了解，一般大专毕业的知识分子，对最起码的文字都没有掌控能力。看都看不懂，能听懂吗？看不懂，听不懂，又能表达吗？

我起先还不免责怪这些学生，后来仔细观察，看看报纸上发表的各种文章。这才发觉那些天天舞文弄墨的人，也都好不到哪里去！

这是怎么一回事呢？是我神经不正常了，抑或是时代风尚？在一个工匠当道的社会里，人的判断标准只是金钱数字。有谁会管你我他说的是什么？听的是什么？懂的又是什么？也难怪金钱可爱，人人会数，数起来心旷神怡，多多益善！

于是，我决定从文学教起，先教《古文观止》，再教《老子》《庄子》。这些我都没有用心学过，可是基于多年对人生的追求，竟然与它们的智慧相通。这时已经到了台东，艾迪来了，他一听教老庄，兴奋得不得了。他有英文翻译的书，正好对照着看。

由于坊间有各种老庄的读本，皆以解释文字为主，大家都买了来，事先可以先看文意。我上课时以义理为主，一般的概念只为表达一种目标，或者说明一事件的过程，只要懂得概念的"体用"就够了。思想则不然，思想最重要的是其"深度"。也就是说，一种有价值的思想，一定有背景的"因果"在，不明因果，就难以了解思想。

这种思想的因果关系，就是意义与道理，简称义理。比如说，《庄子》里的逍遥游，一开始就说："北冥有鱼，其名为鲲。鲲之大，不知其几千里也。化而为鸟，其名为鹏。鹏之背，不知其几千里也……"

白话文的《庄子读本》，便有了："北海有一条鱼，它的名字叫做鲲。鲲的巨大，不知道有几千里长……"学子们看了，便说：

"我懂庄子了！"

"了不起，但是庄子所说的都是象征与辩证，你懂些什么呢？"

"我当然懂！庄子那个时候知识不足，专说神话！"

翻译者对一本书的翻译，正是他对译文的了解与认知。语言、文字是一种媒介，是一种载具，乘载其上的，才是思想所要表达的。

古人知道"工欲善其事，必先利其器"的道理，故先对载具痛下功夫。待功夫深了，才能体会具有所载，就能了解所载为何事、何物。

今人用白话文，但求简单易用，如同速食饭菜一样，一进门装了就走。古文要学，学起来花功夫，学子们不屑为也。于是胡适之之流，为了造福社稷，大力提倡白话文，开启了五四运动。从此，中国人成为白话人！中国成为白话国！

“北冥有鱼”这句话与“北海有一条鱼”有多大的分别呢？老实说，从表面上完全看不出来。当我说“从表面上完全看不出来”时，这话已经有了天大的分别！因为对《庄子》这种深奥的宏论而言，是绝对不能只看“表面”的。

表面上，庄子看到了一条大鱼，实际上庄子提到的是一种理想、境界。“鲲之大，不知其几千里也”，正因为不可能有几千里大的鱼，用之来讽刺一般人之无知，不能领会有些人高尚堂皇的理想。庄子感到寂寞，对凡俗的世人感到无奈，这是多么深刻而发人深省的至理名言！

如果不是经年在文字上下功夫，不是在古籍中打滚的人，是不可能看到文字的深度的。白话文并不坏，坏在太容易学了，不必下功夫也学得会。结果是劣币驱逐良币！良币被反淘汰了，精致的文化消失了，人的思维能力也降低了。一代一代下去，人只剩下一冲即吃，一开即喝的速效白话！

天生万物，物物不同，每个人有每个人的环境背景，认知不一，功效悬殊！教育的目的是什么？难道也和工业生产一样，用一个模子大量生产？

可怜的是些难以适应的青年学子，一律齐头平等，鱼龙鸟兽不分，上驷下驷共育一笼。在毫无选择的自由下，从幼儿园到研究院所，吃的是抗生素、营养品，听的是出大名、赚大钱。人生仿佛除了填鸭似的急功近利外，就是等待煎熬的生老病死！

是吗？难怪我们翻开古籍，禁不住掩卷三叹，岂真大德如空谷之回音耶！苏东坡在《三槐堂铭》中，最后之铭曰：

> 呜呼休哉！魏公之业，与槐俱萌。封植之勤，必世乃成。既相真宗，四方砥平。归视其家，槐荫满庭。吾侪小人，朝不及夕。相时射利，皇恤厥德。庶几侥幸，不种而获。不有君子，其何能国？王城之东，晋公所庐。郁郁三槐，惟德之符。呜呼休哉！

封植之勤，必世乃成！我们怎么能变成速食族呢？

中文是载体，所载的乃是中国文化的精髓！如果把所载的内容废弃一边，剩下一个空空洞洞的车架子，有什么用？

于是，我开出了书籍的清单，叫他们自行研读，先从《古文观止》开始。

1993 年 3 月，台大企管系的江炯聪教授到台东来看我，并邀请我参加每年一次由台大企管系主办的“李国鼎先生讲座”。我婉拒了，一个人怎能从归隐的山中跑出来，对着台湾各界耆宿说：“请试试我晒太阳的方法吧！”

江教授是从一个电视节目中，听我谈到要把中国文化放到电脑中，他非常有兴趣，想知道我是怎样做的。

我最怕话投了机，我就从“宇宙万象，不过一码”的观念谈起。这时，我已经把中文概念做成了“生机结构的分类”。根据中文产生器的技术，将概念结构视作索引，应用在体用、因果的常识库中。只要概念资料库建妥，再用程序随人事时地物运转，电脑就能理解中文。

常识库我是根据中国文化的观点，将各种事、物整理成为一个索引系统。当电脑接受到中文时，自然而然的，中国人的道德伦理观念就成为电脑的认知！

江教授看了，极力劝说，要我对各界发表。江教授是好意，我也同意不能敝帚自珍。但是，以我的经验，除非我将产品完成，是不可能有人会相信的。

记得在1991年，有一家电脑公司请我去演讲人工智能。他们请了几位台湾专家，其中有一位姓唐的教授，非常年轻，据说是专攻人工智能的专家。

我发觉会场中敌意甚浓，所以兴味索然，只讲文字概念。我还没有讲完，唐教授就不耐地打断我，提出一个西方人杯葛人工智能的范例，他问：

“你怎么把情感量化？”

“你认为什么是情感呢？”

“我希望你给我答案。”

“好吧，我以中文概念来说明，情从心部，心在左侧，指人心与对象的某种相互状态。因此，我们需要设一个‘状态’缓冲区。在此一状态区中，设有对人、事、时、地、物等的状态值，一为向性，一为量性。向性指正、负，或者称为利、害。量性则为一字节，有两百五十六种数值。

“感也从心部，但心在底部，是动态的心，指心受到影响。所以，情感就是人心受到前一缓冲区资料的影响。”

“这又怎样量化呢？”他不知是不懂，还是不快。

“那就要看语言的前后文而决定了！如果说是人与某个人的情感，则要调用某个人的资料。如果指人与事的情感，就调用事的资料，资料中有记载各种量化的资料。人若没有记忆，当然就无所感，否则每次交往与做事，都会有计量的标准。”

“那么爱情呢？”

我一时按捺不住，拂袖而去。他虽然是有名的教授，但总该有点头脑才是。情感与爱情不过是量化程度与对象不同而已，这问题是考我，还是套我？

自此以后，我就拒绝与学电脑的专家讨论人工智能。这次在江教授的盛意之下，也觉得自己不应该偏见太深，既要随缘，谁知道是否缘熟？

同年 4 月，我当着近百位专家学者，发表了《概念网络》一篇论文。结果倒是有一点回响。有一位留美的学人要求我将全部的概念结构公开，我拒绝了。这位学人认为我太自私，我不愿意辩解。如果怕人工智能危害社会，我为什么要发表论文呢？既然发表了，为什么又拒绝公开概念结构呢？

我不讳言，我对人工智能是又怕又爱。我教学生，与人沟通，发现还不如把人工智能做在电脑中来得有效。可是在我目前的条件下，即令有人提供资金、环境，我也知道绝对不能做，做出来就是一场灾难！

这就是人性，人总不能忘情一些虚荣，以我一个自命得道的人，也会像孔雀一样。一碰到机会，那条又笨又大的尾巴就自动张开了，恨不得比大鹏鸟更大！

想不到的是，我这次去台北，收获之大无与伦比。有天晚上，罗鸿进与叶中和兄到旅馆来看我。叶兄拿了一本《野鹤老人占卜全书》，他说：

“这本书很值得一看，我相信对你一定有帮助！”

《易经》我是要研究的，可是占卜？这却不在我的计划中。基于叶兄的一片好意，我不便拒绝，一本又大又厚的书，对我一个惯于双手空空来去的懒人，不能不算是负担。

时报出版社的总经理郝明义也来看我，我们是神交的朋友。缘在我被迫流亡美国时，郝明义到零壹公司采访我，那时我已经走了。他明查暗访，写了一篇《走在孤独里的电脑怪杰——写在朱邦复远飏异域的 1984 年》，登在《2001》杂志 3 月 1 日第四期。

这篇文章写得极具感性，为罕见的佳作。他用辛弃疾的词作为小标题，点出了全文的来龙去脉。他也很能掌握住整个事件的精髓，短短一万多个字，将前因后果运用得恰到好处。我看了这篇报道后，根本没想到主角是我，我只想认识这个能用笔的作者。

只可惜后来郝明义做了时报出版社的总经理，地位是高了，离笔锋也远了。

我带了一些教学用的《老子》讲义，郝明义见了，问我愿不愿意给他出版？有了书当然方便得多，可惜讲老子不难，要继承老子的精神可就大大的不易了。

老子的《道德经》并非刻意写的。那是当老子看到周室朝纲不济，准备归隐时，路经函谷关，关令尹知其贤，请求留下他的块垒，遂有此顺手天成的《道德经》。

今天郝明义多事，是如知机，不如不言。问题是我经常强调文化，既然有交情在，我又块垒甚多，何不统统交给他去出版？

待我回到都兰，一看《野鹤老人占卜全书》，就像原子弹爆发般，突然把我原来的计划炸得粉碎！

我原来没有打算学占卜，叶兄给我的那本书是手抄本翻印的，王体的蝇头小楷写得十分工整。我很喜欢研究人的行为，尤其喜欢从细处观察，察隐于微。在我所知道的人中，只有沈红莲不论写什么，从第一个字到最后一个字，每一笔都是一个德性！

甫阅之下，这本书亦然，居然从头到尾一丝不苟！一个能如此认真写字的人，而且写的又是王羲之字体，不大可能会去做毫无意义的事。占卜虽然不能说是毫无意义，在我的印象中，却脱不了江湖气息。有这种气息也没有什么不对，只是我的时间不够用，不是必要的事，我没有心情拉搭。

所以，就凭这位文抄公——临川李绂，我先是欣赏其运笔，最后随笔所之，竟不知不觉被文字的内容吸引住了。

我一看，占卜竟然就是我日思夜想的“掐指一算”的基本原理！由于我对程序写作已经了若指掌，一目扫过，就将该书中的各种陈述分析成为资料结构。我立刻动手写流程，制作资料，不到三天就完成了大纲。然后，我交给王传宏，叫他写个占卜的程序。

一个星期后，我们就有了电脑占卦的程序，开始了一段奇妙无比的时空之旅。这就是机缘，若非先对电脑下了功夫，想要把占卜弄通，恐怕至少要十年苦功！

照理说，我的书应该到此戛然而止，还有什么好说的呢？然而人生既是一场戏，戏还没有终场，我能鞠躬下台吗？

我原来自以为是旁观者，所以看得津津有味。待看到“大花脸”出场，那副耀武扬威的霸道，我就难按心中的一腔怒火，恨不得饱以老拳。再看到小丑跳梁，捧腹嘻笑之余，总遗憾其愚昧可悲。

现在看到易卜的脚本，我才发觉自己竟然也是个演出者！只是我还没有搞清楚，生旦净末丑，我到底算是哪一门？回想半生，过去的一切历历在目，有哪一段不是照本宣科？演得好坏是一回事，自己不要迷在戏中就好。今后呢？在大幕未落之前，我当然还要继续演下去。

总之，能“掐指一算”，就能知道人生的真相。而所算出来的真相，无不与所掐算的参数有关，说穿了只是感官对“时间”的认知问题。因为人太相信眼睛了，而眼睛“看”不见时间，于是人就丧失了“认识”时间真相的能力。

在西方，爱因斯坦的相对论首先提出时间、空间是不可分割的，故称“四维空间”。时间与三维空间是能量变化的四个矢量，人类对空间所认定的状态，对时间同样有效。如果我们认为空间是静止的，那么时间也是静止的，反之亦然。

古人曾提出一则辩论的课题，叫“飞矢勿动”，前题是射箭。那是说，当一只箭射出去，在到达目标以前，一定要先经过其全程的一半；而到达这一半之前，又得经过其前一半。如此一半一半地分下去，永无止境，所以那只箭就永远不达标。

当然这与事实不符，大家都认为是一种“诡辩”，可是为什么听起来又那么合情合理呢？难道我们以推理方式来思考是不正确的？或者是天下事不尽有理可循？

这种错误的发生，其实是因为把时间与空间分成两个不相干的矢量。“飞矢”的定义为箭在一定时间内通过了一定的距离，是时间与空间为一体的明证。上述的辩题仅考虑到空间，可是在真实的人生中，并没有绝对的空间与时间。

如果只看事件的表象，不去深究，一切都只是“莫名其妙”。然而，在理性的前提下，再奇妙的事也都应该有一个合情合理的解答，只看人有没有这种分析和归纳的能力。如果得到一个答案，可以印证到一系列的事件上，这就增进了一分认识。认识多了，归纳出一些规律和模式，举一反三，世事的奇妙尽在料中，那才真是妙不可言！

人还有一个错觉，即看到青山屹立，亘古不变，就以为那代表了静止的空间。其实，山石丛林朝变夕易，只是人没有仔细观察而已。人们又认为时间是恒动的，每一刹那都是“光阴似箭，日月如梭”。过去走了，未来没看到，我们只有现在！

为什么人只能感知到现在呢？是时间在动吗？假定一个有经验且负责的工程师设计了某建筑工程的工作进度表。再假定没有意外发生，工作都能严格按照进度进行。那么，对这个工程师或者看得懂进度表的人而言，他不必去工地，只要看看时间流程表，就知道在什么时间工程会达到什么进度。

工地（可以看做人生）的工作人员随时面对着工作，所见到的永远只是在进行的那个“现在”！如果不能升任为设计工程师，他就必须每天面对工作。

他会说："你看，工程是在时间流动下，一分钟一分钟完成的！"

然而，工程师却坐在空调房中，顺手一指墙上挂着的进度表，他毫不犹豫地说："一个月后，三楼的钢筋就扎好了！"

所以相对论又说，时空的状态是动还是静，完全要看观察者与被观察者的相对坐标关系而定。再以人与火车为例，动与静是相对的，当我看到火车在动时，是指火车相对于我为动。这时很可能火车没有动，是我动了。也可能是火车动，而我没动。

人生是什么呢？与造物者所设计的工程有什么分别呢？只不过每一个人都是工作者，只看得见具体的建筑。那是指满足于辛辛苦苦的工作，浮沉在人世的喜怒哀乐之间，不思进取的人。但人有理性，能逐代地累积经验，增进灵智。人绝对有可能看到工程的蓝图与进度，了解时间的流程。

在人类文明中，很多的民族都曾在几千年前，观察日月星辰的运行，归纳出了时间流程的历法。以天体之无垠、日月之至大、四时之交替、草木之荣枯都能依循着一定的规律，何况滋生于其间的人类。

人生有两个世界，一是主观的虚幻，一是客观的真实。主观的世界繁复多变，但万变不离其宗，就是利害的抉择后产生行为。行为现象是客观的，有其适应的环境，有其固定的模式。如果以人的社会行为来观察，人生之所作所为，也无一不有迹象可循。

主观世界是动态的，人只能借主观认知看到现在。只接受主观人生的人，在其立场上必然坚信时间是动态的。而客观世界则是一种规律，只有当人的主观接触到的那一刹，才能感知客观的存在。换句话说，客观与主观是相对的，主观时间既然是动，客观时间必然为静。

是否能用一种方法，找出人生的规律，并根据此规律，看到"人生工程"的流程进度呢？这种观念在几千年前的中国，就曾有系统地加以研究，而且得到了肯定的答案。这就是占卜，由占卜而得到"易"，由易而有了"宿命论"。

站在真理探索的立场，我唯理是问，毕生努力不懈。等到自己知道了真相，看到人生的时空流程，我又畏缩了。缘因无知无能的人太多，很容易依附一棵大树，成为宿命论的奴隶，一举一动都要诉诸命运，不得自拔！

然而，既然真的有人生的时空流程，造物者一定有妥善的安排，也毋庸杞人忧天。人生奥妙之处就在于有主观也有客观，有心也有物。有人有缘看到宇宙的时空流程，就有人缘悭一面，难窥庐山真面目！

2 立秋

物种进化　时间流程

都兰的晨曦，染着与长夜缱绻的慵态，大半天了，犹恋恋海天的尽头。

每一天的开始，又是一个新的时空组合。我拾起细竹制成的扫帚，让那日趋老化的筋骨，在落叶与土地之间互道早安，彼此祝福。

生命并不曾流逝，它只是在岁月的跋涉中，学会了如何收敛。当一粒种子掀开了地表，把子芽推向未知的世界时，生命所需要的是勇气。等到翠绿的叶子招摇在和风中，舞出了欣欣向荣的序曲时，生命的意义已不再是一声声的叹息。

谁没有年轻过？人生的步伐，有谁不是在稚嫩、青绿中踏过？唯有绿色渐渐深了，挺立的枝干才能感受大地的震颤。

东坡的《南歌子》吟得好：

> 带酒冲山雨，和衣睡晚晴。不知钟鼓报天明。梦里栩然胡蝶一身轻。
>
> 老去才都尽，归来计未成。求田问舍笑豪英。自爱湖边沙路免泥行。

山雨未醉，晚晴犹醒，老来方悉天已明。时间一直是我最顽强的敌人，却也是我亲密的伴侣。过去我曾在将逝的须臾中，争取过难得的“梦里胡蝶一身轻”。现在求田问舍，英豪虽无，倒也偏爱“湖边沙路免泥行”。

细看那逗留在青草发梢的晶莹水珠吧！她何曾自以为出身卑贱？阳光绕过她的娇躯，彩虹散发出耀目的明艳。她用脚尖踮在叶片上，急切地露出了秀圆的小脸。山麓的轻风吹起了，枝叶一阵摇动，一溜烟，从此踪影不现。

呼吸着大自然的空气，徜徉在自然的怀抱，我来自自然，也将去向自然。今天的平宁也就是来日的心境，无欲无求，却难抑住我对她的憧憬。在自然中思索自然，自然而然，我又看到了另外一个天地。

有线电视大地频道上有个《适者生存》的节目，其中一个讨论以一棵英国橡树为中心的生态环境。那是一棵生长了数百年的老树，每当春天到临时，它的苞叶在鳞片的保护下，紧闭深锁。春意深了，苞叶仍然无动于衷，似乎没有一点生机。

科学家仔细观察，发现有一种象鼻虫会将卵埋藏在树皮下。春天一到幼虫就孵化了，爬在树上，密密麻麻地到处都是。显然橡树在等待时机，如果这时就发芽了，那些数量不尽、穷凶恶极的幼虫，必然要将嫩叶啃啮得片甲不存。

对这些幼虫而言，它们唯一的任务就是把树叶的能量转换为它的体液。可是它们也有天敌，大部分的幼虫不是被啄食，就是饿死了。这时，橡树的苞叶急速绽开，尽其所能地吸收日月精华！而残存的幼虫则仿佛食叶的机器，无不馋吻大动，各据一叶，努力进餐。

这时已是仲春，橡树叶必须尽快地吸收阳光，加速成长。鲜嫩的滋味，丰富的营养又吸引了不少过客。各种食叶的昆虫一一出现，各种食虫生物也相继到来。一场生存竞赛，在阳光、空气、雨水中残酷无情地展开。

橡树体积巨大，绿荫匝地，屹立在原野间，无数的生命都仰仗着它的恩泽而得滋长。要不了多久，在炎炎的夏日中，那些各形各色的毛虫，渐渐席卷了所有的嫩叶。是时候了，毛虫会选择坚实的叶子，将之卷折成自己的新居，转化为蛹。

待所有的恶客都饱载而去，橡树才有喘息的良机。它会在夏季将逝之前，迅速地换上新装，以为自己的下一代作最后的冲刺。

橡树的花果开始成长，娇嫩的花蕊刚刚展露芳颜，另一批长着天使翅翼的寄生虫又翩翩到临。有的直接以花为食，有的则将其后代寄生在花蕊的子房中。所幸橡树也有它的打算，虽然牺牲了花蜜，却使花粉得以传播出去。

万万千千个果实，经过了结蕊授粉，新的生命刚刚要跨出第一步，却又是另一场惨烈竞争的开始。有的果实被生吞活食，有的成为寄生虫的庐舍。一个一个生命体在生命的祭坛上，互相支援，循环轮回。

轻风缓吹，落叶飘零，秋天终于到了。历经各种大小的战役后，橡树还是成功地培养出一粒粒的种子。但是有的外强中干，早已成为其他生命的摇篮。有的发育不良，不待成熟，已经掉落了一地。

劫后余生的橡树果实，即时披上坚硬的甲胄。它刚逃脱了甲虫的侵扰，却又成为松鼠、鸟类的粮食。松鼠先啃掉美味的子房，其余的则埋藏妥当，储备寒冬的干粮。还有一种鸟，将种子啄下后，便带到空旷的草地，将种子埋在土中，以防盗贼觊觎。

成千上万的种子消逝了，残余的不到一成。好不容易待到秋深，橡树也换上了冬衣。它抖落了剩余的枝叶，种子也随着滚落在地。然而舞台上的戏还在演着，生命的灾难正在前面。一部分种子被地鼠中饱了辘辘的饥肠，一部分成为真菌的冬令补品。

第二年春天，雪溶了，在密荫之下，那有限的劫后余生的种子终于绽露了嫩芽。新生的希望，在千千万万个失去的机会中，总算有稀稀落落的幼苗，准备继承橡树的薪火。

只可惜密林间阳光太微弱了，巨大的橡树为了生存并培育下一代，必须利用每一分资源。失去了阳光的抚慰，也得不到水土的滋润，无助的稚芽凋萎了。一年一年奋斗的结果，在老橡树华盖笼罩的地面上，竟没有见到一棵小橡树的踪迹！

这场生存竞争的意义何在呢？英国橡树又怎能历经亿万年，存活迄今？答案完全出乎人的想象！是那只为了过冬埋种子的鸟，因为记性不太好，它总会漏掉几个雪地里的种子。也偏偏只有这几粒被遗忘的种子，在空旷的大地上，又开始了另一场生命的游戏！

这个节目原是要证明“物竞天择，适者生存”的道理。我学的是农艺，曾是《天演论》的忠实信徒。但是历年来，我总觉得在这个美丽的理论背后，还有一种更合理的解释。我认为“物竞天择，适者生存”是“木已成舟”的结果，而非生命演化的真相。

这段精心制作的影片所陈述的都是事实，其中的角色除了英国橡树以外，还有象鼻虫、寄生蜂、蛾、鼠、鸟以及真菌类等各种生物。对任何一种生物而言，生命的循环都有其必然的过程。其唯一而且共同的现象，是生命体对能量的充分应用。

从橡树的花变成果实，从象鼻虫到寄生蜂，每一种生物、每一个过程都涉及一个生命力的系统。即令人用理性，在大我的立场来分析这些系统，也不可能看到事件的真相。因为在“认识”的立场，我们必须先严格定义什么是认识，人能认识什么？否则说来说去也难有交集。

“认”是“辨认”，“识”是“知识”，认识即指先经过辨认之后，才得到的知识。辨认须有对象，知识则有分类。以橡树的事件而言，如果辨认的对象为象鼻虫，当然所得到的认识只是全部事件中的一部分。不论我们选择的对象是什么，除非我们着眼于全部事件，否则，受到了辨识范围的限制，便只能认识到其中的一部分。

也就是说，如果把这个事件分成若干物种生存的小单元，就像导演在影片中安排场景一样。一点也不错，每一段都完全符合“物竞天择，适者生存”的结论。但如果我们的对象是所有的橡树，从它的发芽、结果到新生命的诞生，这个结论就显得十分荒谬。因为以橡树而言，其“适者生存”的关键，竟然是靠着一种鸟，而且是靠鸟的忘性，才能生存下来！

再看“物竞天择”的定义，似乎“物种”是在有意识地竞争，在竞争中有了胜负。我们再回想整个事件，先忘掉眼睛所看到的，不管哪一种生物，实际上都只是一个个生命系统，一些能量变化的结构，在进行能量的变化而已。

根据热力学定律，能量是由多向少传播，物质体的能量不能保存，便直接以传导、辐射与对流方式传播开。生命体的特色就是能暂时贮存并利用能量，变化也就复杂多了。

生命体相当于能量的贮存器，其所贮存的能量为生命的动力。地球上能量的来源以日光与地热为主，其聚集的方式自然与空间的大小成正比。然而由于生命体由物质所组成，物质有传播能量的性质，体积越大，所耗的能量越多。因此，生命体摄取能量最有效的方式，是体积小、数量多，这就是大量微生物存在的基本原因。

微生物需要配合环境变化，虽然容易摄取能量，但却不易保存。在能量的变化中，能可产生“功”，功可能消耗在微生物的运动或体积结构的增加上。运动提供生存的机会，体积则保障能量的累积。所谓的进化便是物种在能量变化的过程中，基于大环境与小环境的时空流程，能量由多到少，逐步传递，而传递及能量应用的效率，则是由低到高累积。

所以，生物界的“物竞天择”，不过只是“能量传播”、“生机共享”的规律之一罢了！如果谓之“进化”则可，一定要说成“物种在竞争，大自然在选择”，则未免太牵强了。

从这个观点来看，橡树甚至于其他物种的生存进化，何尝又不是宇宙能量传播的过程之一呢？生物学家说，生存进化只限于生物，但什么才算是生物呢？过滤性病毒算不算？蛋白质分子呢？脱氧核糖核酸难道没有生命？

当我们见到云在天心移动，浮云的形状多变，时而飘逸，时而重浊，时而稀稀落落，时而满载天心。这时有没有人会认为那些云堆是在进行“适者生存”的天演进化呢？如果没有，为什么借着两种不同的能量载体所进行的另一种能量转移就是“物竞天择”？

云在天心移动，是能量变化的结果，生命体的生生死死，也是能量变化的结果。能量的变化不断地发生在宇宙中，前一刹那与后一瞬间，小的变化累积成为大的殊异。物并没有竞争什么，天也没有选择什么，只是不同的时空，有不同的现象而已。

我们知道人眼只是一个光波接收器，只能看到具有能量的光。因为地球的能源来自太阳光，在生命发生的初期，光即为生命体利害的基准。因为利于生存，逐渐发展为眼睛，用以侦测光源与空间能量分布的状况。由此可知，眼睛只是一种机能设备，能看到某种能量变化的结果。这只是一种“辨识”的机械反应，连一个单细胞的细菌都能辨识光。所以看得到光，只是能量变化的结果，与“物竞天择”无关。

看到光以后有所行动，也是一种机械反应，以当今的科技水平，这些都不难做到。以毛虫吃树叶为例，如果一步一步地分析，事实上都不外乎一些连续的机械动作。可是把各个过程连在一起，马上我们的问题就出来了：“为什么毛毛虫知道要这样做？”

再想下去，问题会越来越复杂，而过于复杂的问题，人连想都不能再想了。这些难以回答的“为什么”，都是前一级到后一级的辨识、反应之间必然的因果。只因为当今的知识不足，对人如何辨识刺激的过程还不够清楚，是以无法用简单的机械律来解释！

达尔文提出“物竞天择”的理论，已经算是非常了不起的认知了。只是他没有说明这个“天择”的“天”指的是什么？当然我们知道他绝对不是指“上帝”，那么，只有大自然可以代表了。大自然又是什么呢？不论是什么，它如何选择呢？

就算我们解决了这道难题，物种又如何在“天择”的情况下“竞争”呢？如果一切以遗传基因的或然率来说明，即在各种排列组合中，只有最适合环境的基因能保存下来。这种说法有一个非常难以解释的死角，我曾为此伤透了脑筋！

我很有实验精神，我住在美国时，有一次从地上捡到了一只受了伤的小鸟。我决定给它做一个巢，而且打算模拟它，将巢筑在院子里的一棵小树上。为了这个小巢，我忙了一个下午，结果才发现连筑巢这样简单的工作，也完全无法用排列组合加以说明！

小鸟在羽毛丰满后，立刻离巢自立。因此筑巢的行为不可能是向鸟妈妈请教的，也从来没有观察学习的机会。因此我们只能假定，物种的遗传基因具有物种行为指引的功能。也就是说，以下所提到的问题，都必须以遗传基因来说明。

首先，巢要做多大？选择什么材料？到哪里去找？巢在什么位置最为合适？这些问题我还可以回答。小鸟从小在巢中长大，当然以其身体为直径，材料是天天看到的，习以为常，可以转化为记忆资料。要找这些材料虽较麻烦，但也不外乎辨识的机械律。筑巢的位置则涉及“安全”的认知，虽然更为复杂，但尚可用遗传基因加以说明。

我模仿鸟的行为，第一步都解决了，找到了材料和筑巢地点。

其次，如何放置第一根找到的材料？鸟只有喙可以用。我试了又试，难在如何判定怎样放置材料才是“正确”的？如果只是往上堆，材料不可能纠结，巢也难以成形。以一只智慧不高的小鸟，凭什么来判定筑巢的材料一定要“纠结”呢？又用什么方法使之纠结呢？至少这方面我的智慧还不如小鸟，巢没有筑成！

后来我看到介绍一种“织巢鸟”的纪录片，那种鸟的织巢技术简直是高科技！它知道用一根较长的柔软的草，先在树枝上打一个“活结”！请不要小觑这个结，人类经过几百万年的演化，由猿人进化到原始人后，才知道用绳“打结”。

打了结不说，它知道如何用第二根草，接在有“结”的位置上。它用自己两只牙签似的细爪，倒吊在树枝上，再以小小的喙，将细的一端穿过那个结的空隙！妙极了！它是怎样辨认与处理的？

那些筑就的小巢，一个一个都是完美的艺术精品！更妙的还在后头，有些巢需要保持新鲜，因为草若枯了，巢就比较容易破。不知道是织巢鸟的哪一个基因，用什么方法事先预知有这种必要的。在求偶失败后，鸟儿会把上述的那个“活结”轻轻一拉！巢就自动掉落在地，它会再接再厉，重头再做一个！

我佩服得五体投地！我敢担保一个中学三年级的学生尚不具有这种行为能力！这种能力如何用基因的理论解释呢？如果说是把各种可能的排列组合全部试一次，这种机率几乎是无穷小！即使是有智慧的“人”都需要经过思维的训练，何况它只是凭着遗传本能！

那么，前述那棵橡树、虫、鸟等，又给了我们什么启示呢？

热力学定律是种机械律，所谓的机械律是指其规律性如同机械一般，有因有果，因果爽然。在机械律的条件下，人们只要能够明确地知道因，就能正确地控制果。换句话说，机械律相当于一种时空流程，只要在某种条件下，根据因果关系安排好流程，一切该发生的事物，一定会发生！

我们只要能归纳出生物行为的“能量传播”法则，这一切就十分明白了。假如站在更高的立场来看，宇宙、人生有什么不是在“能量变化”下的一种时空结构的控制流程呢?

如果有一先宇宙（即中国传统所谓的“先天”）而存在的时空流程，也就是说所有变化的规律都已经存在，宇宙只是根据规律导出能量变化的过程。果真如此，则我们可以理解到人间的一切都不过是既定的手续罢了。

如果没有这种不变的规律，宇宙早已乱成一团，人生毫无道理可言。事实上，随着知识的进步，人对宇宙的认识越来越清楚。尽管未知的现象也随着扩增，但这些已知与未知都已归属于理性的范畴，而排除了乱数的可能（近年盛行的“混沌”理论只是一种科学态度转变的过程，而非结论）。

如果有这样一种称之为“事理”的规律：所有的结果，必然有一定的原因。在这种规律下，若知道了原因，就可以知道结果。而我们据以衡量这个事理的，便是时间、空间两个坐标参数以及能量变化的状态。

能量变化的连续作用可以利用时、空坐标的参数，来表示其变化的实际状况。这种时空坐标连续值是能量作用的因与变化的果，统称做时空流程。在此流程上的任一时、空坐标位置，根据某种规律，我们都可以得知其能量变化的状态。

有了此先天的流程，如果没有一个相对的观察点，此流程即相当于静止不动。这一相对的观察点必须是后天的。也就是说有了流程后，在任何一个时空之中，只要有能够“观察”的主观机体，就必然有可以观察的“观察点”。此一后天的观察点，可以说是一种能量状态，也可以说有了一个时空坐标位置。

这种能量状态当然严格遵守着时空流程的规律，在进行的任何阶段都有其宏观及微观的必然现象。在这个理论下，时空流程是一种规律，有可供观察认知的信息。在生物上，就是遗传基因DNA，而在物质上是量子结构，在人生事物上是《易经》。“物竞天择”只是一种观点，织巢鸟筑巢不过是遵照着既定的流程，巨细无遗地随着能量变化而运行。

流程中还有一种现象，即某种能量状况能将时空两种矢量贮存在其结构中，且能重新调用，这就是人的意识。在已知的宇宙中，唯有人能“意识”时间空间。

人能意识时空并不表示就了解了时空，意识只是一种状态，是生命系统因利害关系而审视时空流程的状态。就好像人浮沉于流水中，知道有水，但未必能了解水的性质。了解是更深一层的意识，人在意识到时空后，又把时空当作“思维”的对象，以认识时空的体用因果。唯有在了解到此因果后，才能更进一层地了解宇宙人生。

同理，我认为“物竞天择，弱肉强食”的观念，也应该以“时空流程”取代。以下再对能量与时空的关系，做进一步的分析：

当能量发生变化时，表示能量有了改变。在改变之前，必有一“初态”，由此改变成为“终态”。兹假定初态为“因”与“体”，终态为“果”与“用”。在因与体的能量结构上，从体到用的结构形成“空间”概念，从因到果的过程则称“时间”。

因果律的作用限于从因到果，是称“序列”，序列不可逆（这是“序列”的基本定义，如“一”定义在“二”之前）。任一能量在因果连续作用下，必然会产生不可逆的时间以及每个时间所截出的空间。由于空间是能量的结构体，任一空间在时序下，必有前一截面与后一截面。再视前一截面为本，是体，后一截面为末，即是体之用，能量从体传至用。因此任何连续截面，相当于能量结构的连续改变，也就是体用关系。

比如在常识上我们知道苹果的“有机结构”为体，其用为“可食”。我们必须微分到最小的过程，才能了解其客观真实。首先得将苹果“咬碎”，有机结构中的糖分子接触到感觉细胞，人才感到香甜，是为苹果的体用。再微分下去，感觉也只是生命体中能量作用的一部分。所以真正的体用，还是能量结构的连续改变关系。

在宇宙时空流程中，人类受限于观察与思考的能力，不可能以有限认知无限。但是只要掌握因果律的思维法则，在经验范围内，却可利用已知逐步了解未知。因此，“了解”也可以说是人对某些事物变化“因果体用”关系的获得。

换句话说，人所获得的因果体用，就是人对事物的了解。人类文明的进展，就是逐步地由少而多、由浅而深、由不知到有知的对因果体用的认知。当人能掌握更多的因果关系时，对事物的了解也就越是透彻。

有关能量的性质人类所知有限，我们只能确定能量可以无限微分与累积。那么，如何分辨出无限能量的无限变化因果呢？这就是“概念”的价值所在，因为概念也具备无限的特性，很适合于能量变化的描述（但却不代表变化的本身）。

在概念中，我们对同一事件的描述可以有无数种不同的方式。从系统的立场来看，大致可以分为两类，一是水平系统，一为垂直系统。水平系统指事物表面可见的各种现象，垂直系统则指以时间因果为依据的序列关系。

因此，对时空流程的认知，即相当于人类思维的结果（亦即为水平思维与垂直思维）。根据因果律，“果”必然产生于“因”，“用”必得自于“体”。我们有水平思维上的体用认知，同时也有垂直的因果认知，两者缺一不可。

更重要的是在分析时，如果不容易理解，则要继续“微分”下去。有如物理学上，要了解速度的意义，必须将时间微分到接近于零。

假设 v 代表速度，s 代表距离，t 代表时间，d 为微分之符号，则：

$v = ds/dt$ 意为速度是距离对时间的导数，不论是水平思维或垂直思维，亦可用上式表示。只要把速度换成思维，距离相当于连续思维的概念，时间则等于流程。下面的时空流程分析，即以微分的手段分解到了解为止。

兹以前述的织巢鸟为例，试说明我所观察到的时空流程：

时间：假定为中午 1 时，地点：某地。假定以下列流程之时间差为一分钟。

流程一：一只织巢鸟口衔一根茅草，绕向水平的树枝。

流程二：见到待绕过的茅草头（甲）垂下后，将口中之一端（乙）绕成一圈。

流程三：使甲穿过乙。

流程四：将乙拉紧。

由一到四为水平流程，只看得出现象，而不知其原因。四个流程中有“绕向水平树枝”等极其复杂的概念。将之再加分解，即指以一性质柔软而长的物体，以一端经过树枝外围，且此物体之两端能在绕处相接。此过程中涉及“观察”、“辨识”、“判断”与“控制”等行为，无一可以用简单的“因为、所以”加以解释。

我们再用垂直流程来分析，根据前面对时间的定义可知，由流程一到流程四之间，流程二为流程一的果，又为流程三的因，如此类推。

我们不妨对“绕向水平树枝”再作同样的分析：

流程一：将草的一端衔在口中。

流程二：选择一水平树枝。

流程三：将草之中部置树枝之上。

流程四：草之另一端必然下垂。

更进一步，我们再以上述流程之“流程二：选择一水平树枝”来分析（这是观察的过程）：

流程一：身体站立后感到“安全”的树枝。

流程二：置草于其上。

流程三：草未滑动。

流程四：另一端可使之垂下。

如此这般一直分析下去，直到可用基本的物理化学“规律”或“定理”来解释。实际上所有的规律与定理都是用这种方法，从经验中分析而得。是以用这些定律来了解事物变化的时空流程，应该是再合理不过的事。

如果上述理论成立，则在必然的因果体用下，所有在时空流程中定好的事件，都将根据流程一一展开。

当一运动体的时间继续微分至接近于零时，若动能不断增加，我们谓之“加速度”。同理，时间流程中，若流程有所变化，亦可视为“进化”。

当然，这只是理论，科学的理论需要证据，而《易经》就是证据。

《易经》就是时空结构的流程表，但聪明人不能研究此书。因为聪明人脑筋灵活，一进入状况就会遨游在八荒之间，徘徊于虚无的时空结构中，得意而忘言。笨人也不能学，人一笨，就只看到自己。一旦进入《易经》玄奥之门，笨人所看到的只有功名利禄，所关心的也只有吉凶休咎，那决不是易的真旨。

在中国文化史中，几千年来《易经》始终载沉载浮。知者知之，信者信之，迷者迷之，弃者弃之。这也是何以西方文化走向普罗大众，而中国文化却形成非常特殊的“精英文化”的唯一原因。

基于这种精英文化的特质，《易经》原本就是少数人的专利，没有必要在此弄文舞墨。可是我一向自甘沉沦地狱，能多向有缘人推荐一二，是与不是亦在数中！

当人参透了易理之后，即不再为物役，心亦不为形伤。得失是数，数有机缘，其中因果爽然！有人知易而止，是仅知易之结果而未识易之肇因。易是先天地之始即存之定数，定数之微妙，在于因果循环，永生无已。今日之止将为明日之憾，《易经》中有云：“天行健，君子以自强不息。”知易者应知时空流程指向何方！

今人不知易，也不知道人生为何，镇日忙碌于壹与零之间，人为壹役，心为零伤。需知人受感官之限，“得”永远无休无止，得之再多，仍未见有所得。而“失”只不过是未得之初的本来面目，既未得何来失？先学会了“处失而不乱”，是知易也。

佛教很重视因果律，有因必有果，一应的后果都是由前因所造成。这种观念很符合科学原理，唯一不同的是科学需要实证，只有经过实验证明后，其因果律才被承认。而佛教所说的因果系以人世间的变化与遭遇为前提，人生事件如何用来做实验呢？

时代在进步，很多以往所做不到的，现在都能解决了。如果把人生各种事件一一分离成单独的模式，我们一样可以取样、统计、分析，得出结论。这样一来，因与果不再只是一种宗教的论点，而是人世中的一个定律。

人生本来就是一个实验室，宇宙又何尝不然？我们应当分清楚微观和巨观有着极大的区别，在每一个不同的层次中，都有其时空的特殊条件，变化运作必然的定律。只要我们能够把这些条件整理出来，人生、宇宙又有什么我们不能理解的呢？

宇宙的进化模式是人类前途所系，我们身为人类一分子，能够掉以轻心吗？尽管新的知识不断在增加，但是增长的其实只是实证的资料，只是技术的枝节。在人的观念上，在知识的结构上，从古到今，依然在同一窠臼中转个不休！

可能因为我学的是生命科学，我很容易受到生命现象的吸引。回想当年读农的肇因，到如今走上这条狭路，人生实在是难以思议。可是从时空流程的角度来看，这一切却又因果爽然，毫厘不差！

也许有人会认为一个已知时空流程的人，生活顿失新鲜，活着必是兴味索然。事实上并不尽然，就以一本好小说、一部好电影为例，我每看一遍，就有一番崭新的认识，虽十次百次而不厌烦。小说比电影更耐看，因为电影受到视觉艺术的条件限制，象征的想象空间太小。理论性的书籍更是不可思议，虽千遍万遍，永远都有挖之不尽的宝藏。

人生就是一本活书，每一个人就是那本活书的作者兼主角。书写得好不好责任都在自己，推卸不得！那些已经知道大概结局者，下笔之时不至于犹豫、迟疑而失去方寸！至于有一些人倒果为因，或炫耀一己所知，或以先知之态，争名夺利，这也不值得担心，流程已定，孙悟空翻不出如来佛的掌心！

不知时空流程者，人生虚虚实实，变幻难测，让每一个局中人辗转流连不已。正因为对有些事物讳莫如深，人们才会被它吸引，七情六欲随之翻转，患得患失，浑忘了自我。哪怕是一场球赛的输赢，一个故事的结局，甚至路旁几个人的交头接耳，不论是否关系到切身的利害，人总想知道后果如何，才能心安。

这种现象就是好奇心的表现，好奇一定是基于外来的因素。一旦人对好奇的事物能加以思考，一步一步地深入下去，心中无时无刻不绕着它转时，好奇便成了兴趣。

年轻时我常以自己的兴趣广泛为荣，几乎可以说对什么都有兴趣。东摸摸，西学学，到后来样样都懂一点，却样样稀松，没有一样可以拿得出手。

有很多人都是如此，直到青年时期过去了，才悔恨没有学到一技之长。唯一不同的是，我没有气馁，虽然马齿渐增，还在不停地摸索、学习。终于在无数的机会中，找到了一项值得全心投入的，然后放下一切，专心一致地钻研下去。这时，由于我过去涉猎得广，所以考虑的角度、进行的方向以及解决的办法也比较完整。

常有人说，我之所以能坚持下去是因为我对电脑工作很有兴趣。这话说对了一半，我的确时时刻刻都在研究它，我知道如何激发自己的好奇心。所以对任何事物都会产生兴趣，并不仅限于电脑而已，只可惜生而有涯，无从一一深究。

人人希望从事有兴趣的工作，都认为兴趣的有无攸关事业的成败，连教育心理学上也强调设法培养学子的兴趣。可是如果不了解什么是“兴趣”，不知道人如何感兴趣，我们又怎么去培养？怎么令人人都从事有兴趣的工作呢？

人们对兴趣过于依赖，又不了解兴趣的本质，便造成了极为严重的智力浪费。尤其是年轻人，他们经常振振有词地说：“我对这个没有兴趣！”没有兴趣就不愿意学，没有兴趣更不肯做。好像活在世界上，就应该有一种适合他们兴趣的事物，在那里等待着，一直到小王子、小公主兴趣来了，天下就太平了。

当今是物质文明的盛世，婴儿有婴儿的玩具，儿童有儿童的玩具，男男女女，从小到老都有各式各样的玩物。除了商业上的牟利目的外，这些产品无不是为了迎合人的兴趣。人们被外在的各种“兴趣”吸引着，东玩玩，西摸摸，在那精巧绝伦的功能的诱惑下，兴趣不断地转移，从生到死都沉迷在兴趣中。

物极必反，盛极必衰，人的智力本是求生的工具，既然一切都已完美无缺，人还有什么值得去劳神费心去思考的？不事思考，大脑就如同未经雕琢的石头，所有的智力功能无从建立。久而久之，大脑中只有一些对“兴趣”的记忆。一旦遇到需要应变，或者是面对求生存所不可避免的枯燥工作时，人就沮丧烦恼，痛苦不安了。

从各方面看来，人最大的特征在于大脑思考的功能，从幼年到青年时期，正是大脑可塑性最强的阶段。如果不先把思考所需要的资料、方法以及习惯在这个时机中建立起来，以供未来之需。等到步入壮年，一切都已成型，想要思考就再也不可能了。

人在学习的过程中，当一些观念能与个体的经验相印证时，人首先得到的是认知的感受。那是一种新奇的突然间由茫然变得明晰的感觉。这时若有良好的导引，最容易让人产生好奇。但如果基本知识太少，未知因素太多，虽好奇而得不到满足，仍然不能形成强烈的兴趣。

所以，不断地引起好奇，不断地予以满足，更要适时地增加深度，让学习者自行思考。只有在大脑的思考经常被这种好奇所占据时，才是发自内心、具有动力的兴趣。就如同生命力一样，在自我追求中，自行获得满足，不断前进。

兴趣和喜欢有很大的分别，"喜欢"是自我主观的心理状态，而"兴趣"则是人对事物的心理现象。比如说当某种刺激使我们的生理感官感到愉悦时，我们会"喜欢"那种刺激。而只有在对那种刺激产生的结果感到好奇，希望了解更多时，才叫做"兴趣"。

有人喜欢看电影，这不表示他对电影一定有兴趣；喜欢一个人，也不见得是想了解那个人。当一个人对某一件事发生兴趣时，可能只是对其中的因果，也可能是对该事的利害关系感兴趣，至于喜不喜欢，与上述两种情况并没有绝对的关系。

状态是指事物在一段时间中发生的现象，常随着情况变化。人心在各种条件的影响下，自我意识对有利条件的感觉称之为喜欢，喜欢的结果，若能引发生理心理的兴奋，便是高兴。而利害经常是无定的，很可能为了一点微不足道的原因，勾起了记忆中不愉快的经验，喜欢的条件就丧失了，状态也随之而变。

现象是事物的表现或呈象，其改变的因素比较容易分析。以兴趣为例，其原因之一是当人接受了某种刺激或者认知了某一事件后，在联想作用下，与另一系列经验发生关联。如果该系列经验尚未完全被认知，电路似通不通，人便有了"疑惑"的感受。再若该系列经验与主观有利的感觉相关，人便会希望解决此疑惑，这才是好奇。

如果好奇很快得到满足，原因消失，现象没有了，也就失去了兴趣。若好奇无法获得满足，人也难以长期保持兴趣，当然，这又得视好奇的强度与利害的程度而定。另一种原因是心理的认知利益，利益是人追求的目标。在心理活动过程中得到利益的认知时，便继续刺激心理，如此循环下去，即形成兴趣。

因此，要培养人的兴趣，首要的条件是引起其好奇心。其次是逐步在心理上满足其好奇，同时提供更深一层的未知条件。等到人对该问题有了完整的认识，能够自行设法解决其疑难，自行发掘更多的问题，这样循环不已。由于任何事件的因果永无止境，只要在人的能力范围之内，其兴趣就可以一直延伸下去。

好奇心又当如何满足呢？当人对问题尚未充分了解前，答案的正确与否并不重要。在这种情况下，物质或精神的奖励经常是最有效的方式。因为在没有养成自信心之前，人皆崇信权威，奖励是权威者肯定其价值的具体表示。只是应该注意奖励的时机，千万不可让受奖者误解或养成习惯。

直到今天，我的兴趣还是太广，偏偏时间太少，对电脑的责任始终无法推卸。电脑占掉了大部分的时间，其他能分配的就不多了。

离开台北时，我买了不少油画材料，满以为每个星期天都可以腾出来画画。孰知人算不如天算，每次一拿画笔，总是身不由己，被电脑缠得动弹不得。

音乐、艺术是最不能轻忽的情人，她们没有三从四德的观念。只要三天不见，她们就背叛了你，偏偏她们又令人难以割舍，打从灵魂深处，一声声孤独的祈祷，无不渴望着她们的抚慰。理性与感性的人生，毕竟是两条互相偏离的航道。

一般说来，维持兴趣最理想的条件，当然是有利可图，“利”是生存的保障，能终日生活在有兴趣的事物之中，谁不向往？可是人很难控制自己，再有兴趣的事，日子一久，变成了例行工作，就会心生厌烦。最糟糕的是有些人只顾兴趣，做起事来，兴致冲冲地，先做他有兴趣的，其他的便丢到一旁，不加理会。这种人多半只顾自己，不切实际，终生难有一点成就。

不论做什么，也不论喜不喜欢，能够创造自己的兴趣，才是一个人成功的秘诀。其方法是在工作时，先用心了解工作的性质，再设法把工作做得又好又快。人只要把心力投入工作中，自然而然会产生一些疑问，譬如怎么样才叫“好”、“快”？用什么方法可以达到？在这种目标的驱使下，为了要解答这些疑问，就会产生好奇。这时人的意识被思考占据了，取代了烦恼厌恶的心绪，兴趣之引人入胜，正是如此。

不过，要小心慎估自己的能力，目标不要定得高不可及，一旦不能达到，就会泄气。也不能定得太容易，那样没有挑战性，又给自己一个自我敷衍的机会，最后一定不了了之。我曾看过一种狗拉车比赛的节目，人坐在车上，用竿子吊一块肉，悬在狗的面前，狗看到肉就追，车子也就被拉着前进。如果肉吊得太远，它可能失去了兴趣，再如果被它一口咬到，则目的已达，自然就不拉车了。

人生说穿了正是如此，自己在自己前面悬一块肉，可望而不可及，总比被别人鞭策愉快些。虽然我们经常只是为了生活而工作，但是创造一点兴趣，给自己一个学习磨炼的机会，比起满心烦苦，从早上煎熬到晚上，厮混一辈子，岂不是要好得多?

《道德经》第十三章曰："宠辱若惊，畏大患若身。"人生是个试场，对一般人而言，生老病死是考题，畏大患若身是考不及格。对真有根性的人，《易经》才是考题，考的范围就是宠辱、得失。

考完试，心情轻松，才有机会观察身边事物。

有一只三个月大的小白流浪狗，有一天钻到我们院子里的车子底下，死赖着不肯走。来者是缘，缘聚都兰山下，故此沈冰玉将之命名为"都都"。

都都从来不随地大小便，除非是吃太饱了，它吃饭也从不挑剔，把地上的饭粒舔个精光。它不喜欢洗澡，从来不接近浴室，喜欢以大地为床，不肯进入为它准备的狗舍。一听到门口有摩托车声，它就会躲到门后，等车过去后，兴奋地在车后狂追狂吠，捉狭那些可怜的骑士。等到要挨打时，它就会赖在地上，装出一副乖宝宝的模样。

我们还收留了一只小黑狗，是在腹部被汽车辗伤后，我们在路边捡回来的一条小命。偌大的庭院，两个狗东西就像游手好闲的武士一样，每天从前院追逐到后院。凡是可以动的蜥蜴、爬虫与老鼠，甚至于能飞的麻雀和蜻蜓，都是它们幸福童年的玩伴。

初来时，叶乡长好心送来一只活公鸡，我们不忍杀害，便放养在院子里。几个月下来，那只鸡长得生猛雄俊，每天天还没亮，便煞有介事地扯开嗓门鬼叫。后来有了狗，狗不容鸡，鸡比狗凶，常常追得一院子鸡飞狗跳。我们决定把鸡杀掉，由我面授机宜，临时教了小封两手刀法。

杀鸡时，我在厨房烧开水，突然觉得院子里寂静无声，出外一看。小封满身是血，手提菜刀，身后躲着缩头缩脑的沈冰玉，另一边是王传宏，一副准备跑百米的姿态。而在小封面前约五尺处，伫立着那只羽毛倒竖，精神抖擞，脖子上鲜血直冒的无头小公鸡！

它显然不了解，为什么这些平日仁至义尽的无尾动物，会不顾日日啼晨的苦劳，下此毒手？都都也不解，何以它的玩伴一到我们手中，就血流五步！

由于沈红莲不忍遗弃都都，两年后搬家时我们把它带到了杨梅，不仅玩伴没有了，活动空间也受到很大的限制。幸福童年的记忆变成它对自由的渴望，经常头靠着纱门，鼻子不停地向外闻。一见门口车子发动了，就开始哭闹蹦跳要坐车。但是生存的依赖，又驱使着狗性必须适应人类。从点点滴滴的证据，我才看出了狗与人、人与人之间的异同。

我一直在寻找“人为万物之灵”的证据，但一直只能证明人是万物之一，人有何德何能自喻为万物之灵呢？我试着先在狗身上，找出其与人相同之处。

狗的自私与人无二，它从来只顾自己的需要，而不管别人是否方便。狗的愚昧也与人一模一样，遇事没有大脑可用，该叫时不叫，不该叫时喊声震天。它也怕寂寞，和人简直不分上下！从早到晚只知吃喝玩乐睡，还得有人或有狗陪着！

像这样的“狗东西”，为什么会博得人的欢心呢？

在都兰的别墅没有装电铃，从大门口到屋内大约有80米，都都便成为活动电铃。其次，它能抓蛇、捉老鼠、把鸡赶得满天飞。山边多蛇，经常在我们面前蜿蜒来去。都都一发现蛇后，便在一旁狂吠不已，我们这些迟钝的人才有机会把蛇除掉。

都都还会骗取人的感情，它不记仇，不记恨。人被它缠得烦了，大吼一声，狗立刻挟尾而去。下一刻，它又偷偷地望着人，要人替它按摩，而且不断地位移，让你按摩身上不同的地方。它也会看人的眼色，每当人的眼睛闭着，它知道在一旁守候；眼睛一张，它立刻摇尾而来！

这些特性都是社会性群居动物，基于“领域”所养成的习性。领域是指群居动物生活的环境，它们依赖环境中的资源生存，为了生存就必须占有并保护其领域。人的领域是以家为单位，狗在原野中也有它的“家”，被人豢养后，则以人的家为家。

人因为社会性其他功能的发展，渐渐失去了一些感官上不常用的本能，诸如听觉、嗅觉等的远距遥测。狗则需要食物、抚慰，除了人以外，其他的动物不可能提供。

因此，双方一拍即合，人们爱狗其实是爱自己。人们称道狗是“人类最忠实的朋友”，其实是说“最忠于主人的动物”！人即使是被豢养，还是有分辨心，还有是非感，不像狗，与人混熟了它便不叫了！

狗辨识人的方法也是我研究的对象，我先前以为狗只用鼻子，后来发现狗鼻子仅在它贴近对方或是黑暗处视线不能及者才用到。我经常在二楼窗户旁，只露出一个头来，而它在院子里，一眼就能分辨出来。为此，我的视觉辨识模式是以人头为一个辨识单位，只要看到了两眼的相对关系，就可以把面部的特征转化成资料结构。

生物的演进方式实际上与人写作文章或是程序无异，因为有缺点，所以要不断地调整改进。调整乃根据相互的需要，狗要的只是生存，人要的则比较多。这又是一种适应的法则，要求多的一方必须有更多的能力，才能施舍一点点就能交换更多的报酬。

我又有了结论，人之灵，在于自知之明，人知道对万物的需求，也知道如何施舍。反之，自以为有灵却无自知之明，不愿下功夫培养自己的能力，却一味要求他人，这种人与狗就很相似了。不同的是狗很容易满足，招之即来，挥之即去，是狗之“忠实”。今人则忠实于名财，忠实于权势，忠实于人者已不多见矣！

住新店时，有次我们家院子里爬进了一只很小的巴西乌龟，大约只有三厘米长。一个珍贵的生命，只因它长得可爱，就此变成了人类的玩物。

我把它养在案头，利用一个小小的盆景，为它特地设计了一个小池塘，还有假山小树，喂它吃肉松。我发觉它也有“刺激反应”，每当我要喂食，一拿起肉松盒子，它就四脚划动，慢步如飞，直扑到盆边来张望。它每次都会回到小池塘中进食，进食完了，又爬到我面前来。

它那两只小眼睛，又是怎样辨识的呢？因为解析力有限，我仅试验过它对动态的反应。我用牙签插着肉松，在它面前晃动。发现除了食物的形状外，移动的速度非常重要，太快它置之不理，太慢它也兴味索然。

后来我收集了一些孑孓，放在小池里，原来它的视力完全符合生存的需要。这时，但见它精神奕奕，上下翻飞，一点也不笨重迟缓，直到孑孓都进了小胃，池中没有动静为止。是了，视觉辨识是能量的变化，是生存的保障，一物克一物，靠的就是辨识！

那时，我们每周两次讲习电影主题与技巧。我要测试小乌龟的距离感，便把它放在手心中，让它面对着远处的电视。它居然能把头固定地对着屏幕，随着光影转动！实在难以思议，学生们看了无不称奇！为什么呢？

它太乖巧了，不吵不闹。每天只伸着一颗小头，两只像是笔尖般的眼睛，黝黑而深邃，凝视着小树。有时我想知道它在想些什么，它也会探出头望着我，一动也不动。我们很有默契，天地之间，显然只有我们大小傻瓜两个，大眼对小眼！

它饿了就吃，饱了就睡，一副得道者的模样。沈红莲也喜欢它，常请去她那里作客。她可以一手握着乌龟，一手打键盘，有时也会让小乌龟爬爬键盘。到了进食时，我们都抢着喂它，只要它的头一伸出来，就会有肉松送上嘴。

由于大家都没有经验，与其说是“养”它，不如说是好玩。我曾看过一个理论，说是野生动物不能长得过胖。只可惜它已经有了家，一个过于宠爱它的家，结果胖得四只脚不能着地。后来，天气渐冷了，它的动作也一天比一天迟缓，显然要冬眠了。

那是段难忘的经历，自从它冬眠后，沈红莲便天天检查它的情况。

有一天我突然听到她的悲呼：

“小乌龟死了！”

我心中一惊，很久很久以来，我的内心平静如水，从不曾被外界的事物干扰过。但那一刹，我呆住了，心中仿佛是一张白纸。直到沈红莲把玻璃盒子捧过来，里面赫然就是那只已经干瘪的小乌龟，我定了定神，机械般地说：

“是死了！”

“怎么会呢？你不是说它在冬眠吗？”

“是的，它先我们而去了！”我答非所问，心中在想，这个弱小的生命断送在我的手中，难道不是罪过吗？当然是的，我此刻的悲伤，不正是我潜意识的忏悔吗？

是吗？这只是矫情，我难道没有残害过生命吗？人类为了生存，难道不是不断地残害着其他的生命吗？如非我，这只小乌龟还不见得会活到今天。一只小乌龟与一条金鱼有什么分别呢？一条金鱼与一条餐桌上的鲤鱼，又有什么不同呢？

我痛惜这只小乌龟，只是因为私心有了损失，有喜爱就有悲伤！有希望必有失望！我在院里捡到它，将它放生就能解决问题吗？有人特地到市场去买些乌龟，只为了放生，美其名为功德！那么捕捉乌龟的人，岂不是与有功焉？

虽然是这么一件小事，可是其中却隐藏着重要的信息。我并不在意是否自己种了恶孽，我关心的是生物界生死准则的问题。不错，一只小乌龟死了，我心为之伤恸。但是此时此刻，世上有多少生命已经或濒临死亡？我为什么不为它们悲伤呢？

我当然有一个坚强的理由，因为我并没有看到！难道只有眼睛看到才叫做死亡吗？那么为什么当沈红莲喊着“小乌龟死了”时，我并没有看到，却仍然心神皆颤呢？不必再掩饰了，我骗不了自己，人感到悲伤时，其实都是感伤自己！死亡之可悲，是因为迟早将会轮到自己！某一个生命消逝的可悲，是因为自己所喜爱的一去不归！

看清楚些吧！真要悲天悯人，就要彻底了解问题之所在！既然随时随地都有生死轮回，人要抱着慈悲的心怀，就永远不可能快乐兴奋！我们改变不了宇宙中的能量循环，也就必须接受生死存亡的现实！

接受现实不表示满足于现实，人如果能看清楚这一点，就知道我们做人的责任。我们与狗、乌龟不同之处，就在于能够认知宇宙、生命以及能量、存亡等现象，从而寻求妥善的因应之道。这些道理很难说得清楚，故用一个概念代表之，这个概念就是“灵”。

所以，万物之灵是对万物的生死存亡，有了一种感觉认知者。由己及人，人人都应该有此感觉及认知，故称人为万物之灵！

小乌龟虽然死了，沈红莲还不舍得把它丢掉。搬到都兰以后，她觉得这里山明水秀，才让它长眠在水井旁的小花园中。

有人认为幽默是引起人类兴趣的法门，是行为境界中最高的一种。我不同意，只要人的心情愉快，不论贩夫走卒，人人都可以互相幽默一番。

如果把幽默分成很多等级，随着境界的不同，取材和方式就大异其趣。不过，幽默的难度在境界而不在幽默本身。

有人认为幽默与民族性有关，这也是自由心证，丝毫经不住考验。只要我们对幽默本身作一番探讨，就会知道人只有在心情愉悦的情况下，能得到幽默的效应。对一个苦难甚多，挣扎在生存边缘的人或民族来说，哪有心情苦中作乐？而那些生活幸福，无忧无虑，成天嘻嘻哈哈的人们，见别人摔得头破血流，也会觉得幽默无比哩！

首先，我们得知道什么是笑？人为什么会笑？笑是一种使肌肉松弛的反射动作，当神经脉冲传来的讯号，呈一断一续的连贯状态时，如果讯号非常轻微，便是“痒”。在讯号强烈时，肾上腺素就发出相对的讯号，使得肌肉一刹那间紧张，一刹那间受到遏止。这样连续不止，生理反射的结果，便形成了笑。同理，当人遇到一桩事件，先是紧张；再若人发现是一时的误会，立刻精神松弛，这时也会发出笑声。

笑的时候，肌肉得到适当的振动，如同被按摩一般，故而得到了松弛的效果。肌肉的松弛是有利于生理的一种反射作用，但过度的松弛则会造成神经的麻痹。

人喜欢笑，借着笑能达到有限运动的效果，有利于身心。婴儿脸肌的抽动以及四肢的晃动，都是在兴奋状态下，一种发展肌肉的轻微运动，人却误以为婴儿很快乐。

人在经验中得知什么是正确与错误，因为社会的压力，人人力求行为正确，极力避免错误的发生。可是在日常生活中，太多的“正常”反而使求变的人性感到厌烦。这时为了自我宣泄，或为了取悦他人，特意表达出某种出人意料的语言或行为，使之产生变化，凡此皆可谓之幽默：

一、语言行为正确，但明显地有些细节错误，让人意料不到，而又无伤大雅。

二、语言行为未必正确，但需要稍加思索，才能发现错误者，更能出人意料。

三、在正确与否之间，或者具有双关，暧昧不明者。

四、某种语言行为有私密性，或令人尴尬，兼具紧张与松弛的效果者。

当然，要仔细去分析，幽默的方法可以写成一本书。但运用上述几点，大致上已经够幽人一默了。不过千万要注意选择适当的时机，在别人心情不佳时，幽默就变成了嘲弄。再如对方不懂幽默，最好敬而远之，否则石沉大海不说，反而被对方幽了一默。

更别忘了，幽默代表人的品味，低级趣味虽可搏人一笑，难免由此被别人看轻。高级的幽默应言之有物，一笑之余，可发人深省。至于那弦外之音，要别人苦苦思索上十天半月，或者终生受用不尽的，就叫做“禅机”了。

3 化育

教学思维　人的能力

谢振孟是个觉者，他最初跟随我，是觉得我在电脑界有点小小的名气。待我离开了国荣，他还执意要跟着我，我说："我不打算成立公司，也不可能做生意，你跟我做什么呢？"

"我发觉自己知道得太少，想跟您学习。"

"你要学什么呢？我所知道的都没有价值，自己三餐都难以为继。"

"没有关系，只要您教，我就愿意学，有没有用没有关系。"

等我把《金刚经》讲完了，谢振孟对我说："朱先生，我觉得好像懂了一些，可是不知道懂的是什么。"

"好极了，如果你知道你懂的是什么，那你就什么都没有懂了。"

"为什么呢？"

"《金刚经》是大乘佛法的总纲目，是最高乘的渡筏。老实说，连我都在学，学无止境。任何人只要没有到达彼岸，就还没有全懂。"

我再讲《六祖坛经》，讲完《忏悔品》我就不讲了。

谢振孟又来问我，说："朱先生，后面还有四品，为什么不讲了呢？"

"那四品一看就能懂，还需要讲吗？"

"可是经中每一段，在您讲前我都以为我懂，您一讲，我才知道原来根本不懂。我怎么知道下面几品是懂还是不懂？"

"你听经的目的是什么？"

"想知道自己有什么过错。"

"好极了，你现在知道有什么过错了吗？"

"知道！知道！"他很不好意思地说，脸都红了，"我的私心太重！"

“人之大过除了私心之外，还有什么？”

“假如我真懂了，应该是没有了。”

“那你的目的已经达到了，剩下的几章不能告诉你更多。”

“那么以后呢？还要读什么经？”

“你人生目的是什么？你知道吗？”

“我……我……”他嗫嚅半晌，作声不得。

“是了，人生没有目的，做人行事就失去了判断的原则。”

“为什么呢？”

“我问你，如果你要去香港，该怎么办？”

“我会找旅行社，办手续。”

“再如你没有决定去哪里，你又该怎么办呢？”

“没有决定去哪里？那……”

“人生也是一样呀，人生没有目标不是等于没有决定要去哪里吗？”

“那么，什么是人生的目的呢？”

“在自然的条件下，人生的目标不是人自己能决定的，人只是环境变化的记录器。环境与人是互动的，在环境没有变化时，人只是生存生活的机器。只有当环境有了变化，变化的大小决定刺激的强弱，有了刺激，产生了动机，人才会有目的。人生的目的取决于每一个人对人生的认知，没有认知就不可能有任何目的。”

“这样说，没有人生目的是很正常的了！”

“太正常了，对绝大多数的人而言，除了生存、生活，是没有目的的。”

“那么，怎样决定人生的目的呢？”

“那要看你认为人生的问题是什么？如果没有问题，何必决定？”

“我不知道我有什么问题。”

“你不是刚刚才说，你的私心很重吗？”

“那也算人生的问题吗？”

“如果你满足于你的私心，当然不是。否则，当然是！”

这时，我们已经搬到台东了，谢振孟每周一次，坐着火车奔波于台北与台东之间，两年来没有间断。

我开始讲老子的《道德经》，开宗明义第一章，就是有欲无欲的问题。我花了十几个小时，专讲欲与私的关系，并一再与《金刚经》中的“我相”与“有欲”相提并论。

谢振孟已经有半年多没有正式的工作了，他在各处免费教授仓颉输入法。我一方面没有多余的经费补助他，一方面也在观察，看他这样能做多久。偏巧，这时他的肾结石开始恶化，加上看病的支出，把原本不多的积蓄花个精光。

NEC 的白惠方与谢振孟是好友，力邀他回去工作，谢振孟坚持要教书。我对他说："没有生存，就没有生命；没有工作，你如何生存？"

"朱先生，我以往卖产品时，除了赚钱，完全不知道自己在做什么。现在我知道错了，错在没用心，不肯下功夫去了解。现在我了解到中文电脑是中国人的根，也看到别人犯了和我以往同样的错误，我应该去帮助他们。生活的问题很容易解决，以往钱多的时候，我总嫌钱不够，现在钱虽然少，生存却有余裕，没有问题。"

为什么一个人能改变得如此彻底呢？在国荣时，曾经有一个时期，大家都很讨厌他，尽量与他保持距离。而现在，他老远从台北来，台东市到都兰还有 40 分钟的车程。每次只要他的电话一到，人人都愿意去车站接他。

没有别的，这就是我坚持用文化作为教材的结果！人类在长时期的经验中，渐渐认识到人与社会是一个整体。由于人看不见自己，就把别人的行为当作镜子，供自己参考改进，这些宝贵的经验便是文化。

沈德昌是另外一个例子，他是沈红莲的弟弟。在我们刚成立零壹公司时，沈红莲曾把他带到台北来，想好好培育他。

沈德昌是老么，从小聪明伶俐，小学三年级就对电子机械着迷不已。沈红莲对她的继父非常感激，很想以教导弟弟作为报答的一番心意。但是，由于零壹公司创业之初，我们的工作非常忙碌。那时她的心智品德也还没成熟，无法兼顾对沈德昌的教育。尤其是台北各校的风气败坏，打架勒索每日层出不穷。不得已，沈红莲只好又把弟弟送回家去。

待我们这次回台，沈德昌已经从五专毕业了。他在杨梅镇上找到一个卖车的工作，又兼卖电子零件，收入颇丰。他一个人自得其乐，买了各种电器，经常把自己关在屋里。

不料，社会这个染缸专门向那些对人生还没有充分认识的人下手。他的生活太悠闲，脑筋又经常跑到生活的前面，他太有自信，以致于不知不觉地有了毒瘾。他的二姐夫游淳秩热心快肠，想尽了办法强迫他去戒毒，但始终被他一个"拖"字诀打败。

沈红莲对这件事深感内疚，认为自己没有尽到责任。我们回台后，沈红莲便叫他过来同住以便于监督，但他不肯。我们搬到新店后，有了自己的天地，再一次把他叫来。我一眼看去，就知道他积习已深，到如今不到焦头烂额，是不可能醒悟的。

沈红莲也知道没有办法，但又不甘心放弃，苦口婆心地劝说。沈德昌始终是一副“你们这些人，大惊小怪！”的神气。

我做嬉皮时曾吸食过大麻，见识过迷失在人生旅途的悲哀。沈德昌所面临的问题，虽然与那些人大不相同，或许我能尽些力，我找他过来说：“我抽过大麻，也算是过来人。”

“我知道！”他冷冰冰的声音是告诉我少管闲事！

“其实，抽大麻没有什么不好，吸白粉也无所谓。”

他一听，糊涂了，不知道是该表示赞成，还是继续反抗。他不动声色，宁愿保持冷漠，把自己锁在筑就的碉堡中。他不说话，我也乐得仔细观察，研究他的弱点。

他装得毫不在乎，移动着目光，打量着室内。他到底在意些什么呢？这是场战争，不能知彼就不能胜彼！

年轻人的反抗是不自觉的，正因为他们没有能力作正确的判断，他们更需要坚持。至于所坚持的是什么，他们自己也不知道。所以，跟他们讨论时，决不能先让他们找到反对的立场，那样只会把双方的关系弄僵，最后反目成仇。

“在学校里是不是有些同学喜欢摆阔、骚包、献宝？”

“是的。”他犹豫了一下，但又不能不表示同意。

“你觉得他们怎样？”

“讨厌，我从来不理他们。”

“如果是被一些火气很大的同学看到，又会怎样呢？”

“揍他们一顿！”

“为什么？”

“也觉得讨厌吧！”他一定觉得我很白痴，不经意地说。

“你知道为什么一般人把吸食白粉叫做吸毒？”

“不知道。”他很警觉，看了我一眼。

“因为人生无聊，吸了白粉这一类的东西，觉得很有趣。因为有趣，就会经常想吸，这种现象叫做上瘾。凡是能让人上瘾的东西，都叫做毒害！”

“啊！”他不安地扭动了一下，低下头去。显然，他知道什么叫上瘾了。

“你知不知道？打架会上瘾！做官也会上瘾！”

“啊？”他听得有点兴趣了。

“所以官也有毒害，‘只许州官放火，不许百姓点灯’就是这个意思。”

“噢。”

“上了瘾的人，就会受到社会的排挤，你知道吧！”

“知道。”他玩弄着他的手指。

“为什么会受到排挤呢？”

“不知道。”

“因为吸了以后，人很容易知足，自得其乐。”

“是的。”

“知足是件好事吧？”

“我不知道。”

“是的，是件好事，知足的人从不惹是生非。”他抬起头来，带着讶异的神色偷偷打量我。我装着没看见，停了会儿说：“这个社会就是不知足的人太多，人不知足才会努力工作，才会争取社会的认同，最后控制了生死荣辱的大权。官就是控制者，他们是大毒。但是在这个世界上，大的专管小的，大毒欺侮小毒。”

有成效了，这些话他听得进去，谁不是只接受自己愿意接受的理由呢？

“知足的人常常说：‘我们只要求吸食一点白粉，我会乖乖地躲在屋子里，既不调皮也不捣蛋，为什么连这一点自由都不给我们呢’？

“不知足的人说：‘那样会毁坏了你们的身体，不可以。’

“知足的人说：‘是我自己的身体呀，我有我的权利！’

“不知足的人说：‘这是民主自由的社会，我们是人民选举的，所以谁有什么权利，该由我们来决定。’

“知足的人说：‘我与世无争，我大门不出，二门不迈，可以吧？’

“不知足的人说：‘不可以，你们该出来工作，否则这个社会就会落后！’

“知足的人说：‘进步为的是什么？落后又有什么不好呢？’

“不知足的人说：‘进步是为了快乐，落后会痛苦。’

“知足的人说：‘可是，我不吸才会痛苦！’

“不知足的人说：‘不行！我们不能让你吸毒！’

“知足的人说：‘这不是自由社会吗？为什么我没有选择痛苦的自由？’

“不知足的人说：‘你是我的选民呀，你只能选择我！’

“知足的人说：‘那我该怎么办呢？我宁愿痛苦！’

“不知足的人说：‘那么你来吧，到我这里来，我能满足你的痛苦！’”

我说完了，他还想听下去，一副急切的样子，我问他：“你知道去哪里吧？”

“不知道。”

“这个地方很近，叫做监狱。吸毒被抓到要坐牢你总知道吧！你想去吗？”我这样说只是为了营造气氛，以便进一步劝他。

“为什么要坐牢？我不知道吸一点海洛因就要坐牢！”看他一脸无辜的样子，不像在撒谎。怎么会呢？这是起码的知识，难道不知道吸毒是犯法的？“我只听说，贩卖海洛因是要坐牢的！”

“贩卖海洛因是死牢，吸食则是坐三年牢。”

“我吸得不多。”他有点着急了。

“多少是自由心证，只要检验出了，就要坐牢！难道以前真的没有人告诉你？”

“我不记得，可是，我已经戒了！”他的脸色发白，很显然他知道，但是从来没有放在心上。根据我的经验，同是一句话，表达的方式不一样，人对它的了解就截然不同。由于这种身历其境的说法，这句话才进入了他的心中。

其实我原来的打算，是要把监狱描述成十八层地狱的光景。要像拍电影一样，先培养气氛，导入主题，最后来个大高潮的结局！对他倒是不必，他太善良了，连想到坐牢都已心神难安，吓得已经够了。

他是否戒了呢？我看不出来。但以我对他的了解，他只要知道怕，就有希望。

过了一阵子，不幸的事终于发生了。有一次，他居然陪一位瘾君子去买毒品，被警察逮个正着。他自称已经戒掉了，正在服用一种代替的戒毒药，药中还有些许毒性。验尿时尿液呈阳性，于是，他被警方提起公诉。

这次，他乖乖地来了，准备接受我们的考验。

据我两年多的观察，他的确是戒了，只是身心上的伤害却不是短时期可以恢复的。在我们这里生活，对他最大的困难，是晚上难以入眠，早上起不了床。兼以他多年来，每天无所事事，东晃西荡，没有责任，没有目标。而我们这些人朝夕工作不断，坐在电脑前有如入定的老僧，这种生活对他来讲实在难以适应。

沈红莲给他的任务，是要他了解自己的身体，买了很多生理书籍给他看。人都有好奇之心，他很聪敏，很会讨巧，又每每得逞，所以才变得又懒又闲。

他看书倒很专心，书中提起，当神经组织受到海洛因等的毒害之后，会影响一生的健康，甚至会伤害到脑细胞，影响智力。他越怕，看得越用心，看多了，兴趣也与日俱增，最后成为我们这里的赤脚医生。

外来的压力比不上人自己内心的动力，一旦他动了起来，就不用担心了。他除了对生理学与电脑有兴趣外，为了能看原文书籍，对英文也猛下功夫。待听了《金刚经》与《六祖坛经》以后，他才开始关心别人，才知道过去生活在一个狭小的天地中。

他不再担心坐牢，他也计划好了，在牢中可以教别人读书，学佛。人的心理一振作，精神也相对提高。不久，他也习惯了我们的工作方式与作息，积极努力地学习。

待我们搬到都兰后，他与艾迪竟成了忘年之交。艾迪已经与他约好，有天要带他畅游法国与欧洲各地！

并不是所有来我这里的人都有这种坚持的决心与毅力，有的只来了几天，就已经消受不了。我从不勉强别人，人生聚是缘，散也是缘。我不能决定别人的生活方式，但是我们自己的选择，却是一丝一毫都马虎不了。

堂兄朱星垣的次子朱逢伟，我也叫他来学习。不幸因堂嫂已作古，堂兄年迈，需要子女在旁照料。朱逢伟一再考虑，心神难安，最后还是回去了。他是对的，我们无权决定人生的机缘，只有正确的抉择，才有缘熟的一天。

王传宏跟我较久，我对他的要求，在心理层次上只有定心、静虑，智慧自生。在工作学习方面，则是多读古书，扩大视野，以后从事中文电脑系统的发展与应用。

封家麒最初是为技术而来，但却在观念上生了根。不过他个性拘谨细心，比较适合精雕细琢的工作，所以我让他从文字辨识着手，进一步发展各种感官辨识系统。

封家麒与沈红莲的妹妹沈冰玉恋爱成婚。沈冰玉是学会计的，在这里是总务，什么都要操心，多余的时间则学着辅佐她先生的工作。也多亏她的牺牲奉献，我们这个小小的团体才得以无后顾之忧。

自从我们在媒体上曝了光后，经常会有人远从南北各地，跑来看看我们这些现代隐者。通常都会有人带着他们东看看，西逛逛，观光了事。

我也收到了几封信，表示希望来随我学习，我是来者不拒，但要来者来前三思。最重要的是要有人生目的。其次是在五年之内丧失了一切的自由，而且，先由扫地学起！我这个法宝还真管用，但闻旧人走，不见新人来了。

我曾想过，这样做是否过于矫情，万一有不世的天才，岂不是被我埋没了?

再一深思，我认为不会，天才成之于天，不是任何人教得出来的。以我的条件，我只能教觉者，而且最多只能教三五个人。实际上也只能算是引导，按照各人的条件，指点一个适合的方向而已，所以连到学校教书也不够资格。

天才不是可以夸赞的荣耀，天才是一种诅咒，是生命燃烧后的余烬。在当今功利社会中，天才更是可悲，有人发掘天才，有人捏造天才，更有人利用天才。人人眼睛中见到的，都只是天才这种“商品”的附加价值!

从任何一个角度来说，人人都是天生之才。因为人是上天的杰作，都具备了人应该有的机能。每当环境有所需要，上天会在恰当的时机，利用正确的手段，让准备充分的人来做应该做的事情!

可是，一般人所谓的天才，是指某些人的成就，超出了他个人的认知。有谁愿意相信自己无能?有谁自甘与犬马相比，劳心劳力太辛苦了!为了推卸责任，也为了使自己更能原谅自己，最简单的办法，是把那些有成就的人当作天才。

更进一步，人们会说，天才不食人间烟火，天才具有超越人的能力。天才之所作所为，绝非我们这种凡夫俗子能够企及!

人是现实无比的，不现实就不能适应生存，早被环境淘汰了。有人说，天才与白痴之间只有一线之隔，说得更明确一点，他们的分别只是成功与失败而已。

人人希望成功?不!人人所希望的，只是享受成功的果实!成功太辛苦了，牺牲的代价太高了，为什么不等待一些天才去努力呢?他们的成功失败，不过是一种虚幻的名声，而他们成功后的结果，却可以让所有现实的人分享。

因此，一个一个的天才，便被奉献在人间的祭坛上。而活生生的人们无不吮吸着天才们所创造的蜜汁，一方面赞扬，一方面期待着下一个天才。

人间是人组成的，人则是肉体所支撑的，肉体全靠感官提供利与害的信息，所以人间只有感官的活动空间。凡是重视感官的人，都有一个中心点，那就是他自己。他自己就是宇宙的中心，他的喜恶是他的主观成见，任何有异于己的都是敌人。

当一群人拥有共同的成见，他们就有了无比的力量，为了巩固这力量的核心，成了群便结为党。

现实的社会有如一池浑浊不明的死水，生活的意义不过是养得鱼儿肥、虾儿壮。弱肉强食的残忍，再加上教条似的枯燥，死水渐渐干涸。人们既不能离了营养，又期望流水的通畅，一般人没有这种能力，只有把希望寄托在天才身上。

在同一时代、同一社会上，人人受到了现实的污染。重重悬浮的养分都在眼前，现成的利益只需要张开大口，还有谁看得出谁是“天才”？俗话说：“伯乐能识千里马。”从古到今，千里马不知道有过多少，可是伯乐却只有一个！

在教育的立场，因材施教比“得天下英才而教之”有价值多了。教育的对象是人，人有能力，能力有高低，这又决定了一个人在社会上的价值。

一般人常用聪明与愚笨来形容人的能力，事实上这种说法不但不精确，也不见得正确。人受到人体结构的影响，为生活环境、学习过程等所左右，能力当然不能用一两个简单的概念就可以说明。可是如果我们不能说出人有哪些能力，也不知道这些能力的性质，我们又如何从事教育，训练学子呢？

人体是一种结构，必定具有结构力，人体之结构力即为“体力”。人体结构与结构之间的界面控制，则为“反应力”。人体又有各种感觉器官，感觉器官对于各种信息有“辨识”的能力。人又有大脑，大脑有“记忆力”、“联想力”、“分析力”与“判断力”。最后，最重要也最难获得的，为“自制力”。人若没有自制力，其能力越大，行为的危险性也越高。

“思考”是大脑最主要的功能，是神经电流在脑神经网络中动态的导通过程。在导通的瞬间，大脑的神经中枢在一短暂的记忆区，能“感受到”各种导通的信息。那些信息都是静态的资料，一旦联通，在时序的动力下，就产生了一种“幻觉”（与电影的放映一般，电影片也是以静态的资料，使之连续变化而成）。

人类即生活在这种幻觉中，其中的记忆信息，我们称之为“往事”。人就是不断地把“往事”调出来（即回忆），并与当前的信息相比较。而每一次所调用的“往事”又与“现今”相交连，记忆的资料也不断混合。这个复杂的整体，在中枢神经的导通下，形成一个笼统的感受，人称之为“我”。

由于记忆中的资料都来自感官，感官就在辨识的过程中，提供了利害的成见。所以，人很容易受到记忆的影响，把过去的我与现今的我，连结成为一个利害中心。人有着趋利避害的本能，不断地想方设法维护“我”的利害中心，这种现象即称为“自私”。

人的能力成长，肇始于自私，以图生存。人类在长时期的生存、生活过程中，对各种变化的利害关系，逐渐有了更正确的认识。记载流传下来，便成为思想、文化。人借此便可以由“小我”的“自私”推己及人，得到群体“大我”的“大公”。小我有小我的能力，大我有大我的能力。小我的能力与表现用眼睛可以看到，且只及于当时，而大我的能力与表现，只能用时间来证明。

我且概略地将这八种能力简述于下，以供读者参考（节录自《智慧学九论》）：

一、体力：

体力指的是骨骼支撑力以及肌肉与肌腱运动作功的能力。体格越大，肌肉越结实，体力则越强。这种能力有利于体能上的工作，多由遗传与锻炼而得。

二、反应力：

是自主神经的信息传输与控制身体的机构配合的作用。在正常情况下，反应的速度与体格的大小成反比。因为信息传输的速度决定于神经生化电流传递的快慢，体格短小者需时较短，机构所需要的能量也较少。这种能力是天生的，后天的训练增长有限。

三、辨识力：

辨识力全赖感觉器官的灵敏度，在各种感官中，以听觉的差别最大。有些人能听到某种频率的声波及特殊的效应，有些人则一无所闻。视觉的影响比较复杂，举凡眼球的移动，颜色的接受，光暗的感应等都有差别。这种能力也是天生的，训练仅对特殊领域有所助益。举凡音乐、美术等依赖感觉器官的工作，辨识力的灵敏度特别重要。

四、记忆力：

记忆是大脑皮层与神经原的导通关系，从理论上说，大脑皮层的细胞数越多，其记忆力越强。事实上现代人大脑的细胞数目相去有限，人记忆力的好坏，完全决定于思考的性质与频度，此能力可经由学习与锻炼而增进。

在这里，我仅就“思考”与“记忆”有关的三种性质，讨论如下：

一是专注性，思考时，人脑在一种“动机”的电流脉冲下，驱使具有相关感应的皮层细胞产生电，因而与神经原导通，而将感应传至中枢神经。“专注性”相当于“动机”，为一种控制电流脉冲的方法，可以通过训练而获得。人只有在注意力集中之下，才能使大量的电流将脑中的神经网络导通，形成记忆，或将已经记忆的信息导通。

二是单纯性，思考的内容宜单纯，不仅有助于注意的集中，更因信息的单纯，不致将各种记忆资料混杂。尤其在导通时，若信息泾渭分明，效率良好。

第三种是组织性，是将许多复杂的资料，利用单纯性的特性，达到以简驭繁的效果。这种组织的过程需要有系统的训练，而且要有复杂而深刻的经验。这种系统观念相当于“动态资料库”，如果索引建立得精确有效，资料的层次深厚完整，则可以用最小的记忆空间，贮存最多的资料信息，而且能迅速有效地将贮藏在脑海中的资料取出。

这种能力与先天后天都有关系，对智力有很大的影响，单纯的记忆力较适合于技术性的需求，仅具有资料存取的功能。组织性的记忆力则对资料具有完整而正确的认知，能够灵活应用资料（《易经》即为组织性资料结构的代表）。

五、联想力：

各个单一事件之间，有许多共同的概念因子相互关联，由于因子与因子的连结而想到另一事件，即为联想力。人的经验愈复杂，所贮存的信息交互纠结，联想力愈强。联想力强有利有弊，如果没有良好的组织性，则常漫无头绪，易流于胡思乱想。

这种能力完全导因于环境的压力，人只有在压力加身，设法逃遁时，才会在过去的经验中寻求解决之道，渐渐地便养成了联想的能力。联想力再加上丰富的知识，便适于创造、发明等工作，能解决疑难问题，否则空泛的联想多无实用价值。

六、分析力：

人从生到死，各种刺激纷至沓来，相关的信息有些记住了，有些又湮灭无踪。如果不能把所记忆的资料加以整理，就算还存于记忆的某个角落，却也难以应用。记忆是些感受，在神经的导通下，以概念的形式储存。人对原始的感受无法控制，却可以利用思考的方法，分辨概念的异同，这种能力就是分析力。所谓分析就是分辨概念记忆中概念的异同，并自动解析为相关的类别。换句话说，就是分门别类，将概念组织成为系统资料。

分析能力是人具备智慧的第一步（记忆力与智慧关系不大，但却为基本条件），通过分析人才能知道各种现象，在无穷的排列组合中，哪一些现象的本体与其功用如何，哪一些现象在何种条件下，所可能发生的原因与后果。

分析力多经由训练与学习而来，只因今人对智力的了解不足，忽视了分析力的重要性，并无专门的训练方式。数学、逻辑、物理等科目都需要分析的能力，然学者们只能根据经验，不断地自我练习而已。

有了分析力，再加以训练，就可得到归纳力。那是在对事物各种关系都能掌握后，将分析的诸多因素，用象征的概念，把各种关系以简驭繁地纳入一完整的体系之中。

《易经》是分析、归纳的总纲目，自汉朝设置易经博士以后，在清代以前，中国的“读书人”无不以《易经》为最重要的学习对象，是以能培养出开阔的心胸、经世济民的卓见与天人合一的认知。

七、判断力：

当某一种变化发生时，这时必然有多种可能选择的情况，这时就必须有判断力。判断也就是以变化的结果与既定的目标作比较，在利害杂陈的关系中，选择最符合目的者。人之能与万兽有别，分析力与判断力两者乃不可或缺的因素。

判断决定了人的行为，人也常以判断力的高低来评定他人的表现。从广义来讲，判断力也可以视为从观察经过联想、分析，最后与目标作比较选择的全部能力。

判断力的正确与否是人生最为重要的指标，理论上说，判断力强则成功率高。但是每个人有不同的目标，加上“成功”两字本身也很难定义，所以在此仅提供参考。有些人终其一生毫无判断能力，仅凭本能的直觉，却也生活如常。如果环境条件允许，固定的经验模式可行，自然不需判断。一旦所遭遇的环境有了变化，判断的重要性才会被彰显。

不论如何，在一般情况下，判断能决定成败。作为一个团体的领导者或决策人士更必须具有判断力。然而，人判断事，事定于环境机运，人无法掌握人世间所有的正确资料，因此再高的判断力也不可能有百分之百的准确性。故每当判断时，只能针对已知蠡测未来，一切尽其在己罢了。

形成判断力的要素有：

1. 建立明确的目标：前面说过，判断是以当前事态与目标相比较。人如果没有目标，就没有判断的标的，也无所谓对错、是非。目标不同，则对同一事件的判断可能南辕北辙。我经常看到人们在一起辩论，大家都不愿暴露自己的目标，然后各说各话。

判断力的训练首重目标的认知，当一个人完全了解目标的每一个细节，甚至于可以做到如同程序执行一般，判断便成为简单的比较动作。但是人生相当于有无穷个目标，面临着无穷种变化，有长期有短期，也有临时发生的。即令是一个简单的目标，有关如何定义目标，如何定义比较参数等，对于一个没有受过思维训练的人而言，在在都是大问题。

2. 对因果体用充分认识：判断只是一个步骤，但是判断的结果却经常是一系列的得失后果。后果是一段时间流程，往往要到全部经历完毕后，才计算得出得与失。人生苦短，怎能凡事一一经历？何况得失影响身心至大，若能事先充分了解事件的因果，自然而然人的判断力会因为对因果的预知而提高了效率。

3. 面临后果重大的抉择：在日常生活中，面对一个苹果和一根香蕉，虽然也算是一种选择，但这选择的成败与否能导致重大的冲击的机率很小，因此不可能调动心理上的动机，去作判断思考与练习。判断的过程经常是痛苦而无趣的，唯有当得失的痛苦更甚于判断的痛苦时，人才会调动积极性去思考判断，这种机会往往是可遇不可求的，所以我才会说天才是“天”成的。

八、自制力：

有人认为这就是意志力，事实上意志是因自制而产生的。从正常的观点来看，自制可以说是违反人性。话又说回来，水性是由高往低处流，如果任其流逝，则所作的功无法供人类使用。因此，筑坝将水拦截，或用之发电，或以之灌溉，才能造益人类。人性正如水性，如果不加以汇聚，不强行制约，人之一生亦将如水之流逝，产生不了有利的功用。

自制力常被人刻意忽略，人性贪逸恶劳，自制需要忍受极大的痛苦。因为害怕受苦，人便随波逐流，若是仅求生存则无可厚非，若已有既定目标，则难免中途变节。自制力的产生是在一定的动机下，因动机产生了目标，目标的判断使得自我身心的利害有了明确的选择。在这个前提下，当人选择违反自然，将生命力化为一种意志，也就不足为奇了。

然而，基于生理的本能，自制力必须经由训练而获得。训练的方法只有苦行一条路，唯有吃苦多了，成为习惯，人才不怕吃苦。

由上述的八种能力看来，有些是先天的，有些是后天的，各有利于或不适于各种不同性质的事件。如果将其优点用在适当的情况下，功效自然显著，对事后有先见之明的人而言，那就叫做“天才”。万一人不自知，忽视了自己的优点，用弱点去从事不适合的事情，结果不伦不类，平白把天才化为蠢才，岂不可惜？

基于对能力的认知，我对学生不作选择，而我的训练则从自制力开始。在我的经验中，人如果没有自制力，则是天生的“生存天才”。所有来自先天的能力，都是上天提供人求生用的。所有其他的生物也都是生存的天才，只是上天希望改变一下进化的途径，让泳溺在河流中的人，有机会挣扎到彼岸去。

从另一个角度来看，人被本能主宰着，万万千千年来，在生命的洪流中生生死死。如果有一个人看到了岸，他大声疾呼，不幸水流湍急，风浪太大，没有人听见。如果又有人挣扎着上了岸，他对水中的人说教，但河里的人游累了，虽听见了却未必有气力向岸上游。也有原不想上岸的，听了教诲能开始思考，产生了上岸的动机，就有了选择的目标！

我们知道水有水分子的本体，也有向下流的本性。人则有身体，也有思想的能力。水不能不往下流，人也不能不思考。此外，水性之一为水能蒸发为水汽，水蒸气是不会向下流的。人的思想之一为探索人生的方向，人生的方向未必就是趋向死亡。

当水在蒸发时，水分子相互冲撞，激发出能量，能量大者便能上升。当人在思考时，会感到痛苦，唯有经得住痛苦煎熬的人，才能获得对人生方向的认知。

人对人生方向的认知，必须经过追求的过程。追求的方式不外由求知而认识，进而实践。求知的结果，人间便衍生了大量的知识，每种知识有其适用的范围与目的。最后，人生的方向变得复杂不堪，名、利、福、寿，酒、色、财、气不一而足。

在这些方向中，绝大部分符合了生存的法则，但是却与探索人生方向的原始目标有异。于是生活在这万流汇聚的大海中，人就失去了主宰，无所适从了。如果没有一种持续力量的吸引，人心就如同脱缰的野马，乱冲乱闯，太多的选择令人难以自持。人唯有在心神被占据下，专注于思考筹划，始得免于痛苦烦恼。

人只有在目标的追求下，才能专注于思维，而人除了生存与生活是本能需求外，其他的目标都不是生而具有的。目标的形成有两个不可或缺的条件，一是环境的影响，一是自我的认知，前者来自外在刺激，其条件越恶劣，对人的影响越大，求变的需要越是迫切。在和谐与安定的环境下，人们知足幸福，必然安逸恶劳，依循着生存的本能，把享受当作最终目的。另一种自我的认知则是主观的感受，由于每个人主观的复杂背景，没有统一的模式可循，但无一不是基于主观对利害的认知而定。

水就是水，水没有环境好坏的分别，也没有痛苦幸福的感受。水不需要改变，它也随时随地在变，变与不变毫无分别。其实人体也与水无异，痛苦烦恼出在人心。人体自从出生的那一刹，就注定步向死亡。人心是人体的过客，来观察周遭的状态，以便归纳出环境变化的法则。

这才是人类的目标，人类由个人所组成，个人代表某一时空的系列认知，此认知必然偏颇不全，可以视为成见。成见又为人类整体融合的障碍，这种矛盾交互的发展，即为变化。变化在时空不断的发展下，由个人的觉悟开始，再经人与人之间的沟通传播，成见去异存同。时间久了，空间大了，逐渐累积下去，人才能认知全方位的整体利益。

在整体的大利之下，成败与得失也与个人的认知关系不大。当人远眺天际时，青山只是一脉阴影。待看得近了，山石树木历历在目。而只有走在山道上，鸟语花香方始沁人心脾。也就是说，人只有近距离的主观感受能力，而人类岂止是远山？不具宏观思维，又怎能认知？

所以，整体利益的达成与否，主观与客观的立场迥异。人把成败委之于机运，机运是指环境的必然性与自我处理能力互动的结果。达到目标最佳的策略，是令主观与客观的立场一致，主观是人，客观为天，这就是传统读书人所强调的“天人合一”！

如果能将个人对万事万物之异，通过系统的认知，合而为统一之大同，就是主观的一。再若能将环境的同一分析为万异，再一一与人生之认知相结合，是客观的一。人生存在环境的变化中，此为“天”，“天”不能没有“人”的认知，故“天、人”必须合而为一。人生的真实目标，宇宙的真正意义，也就是“天人合一”！

了解了“天人合一”，人自然看得到目标，一旦走上正路，人无后顾之忧，心就安定了。只要意志坚决，勇往直前，痛苦烦恼悉皆消失。再若能够不计成败，尽其在我，一切顺天行事，这就是“道”，也就是人生唯一之真道。

所以，我只教“觉者”，觉者就是能够体察感官的虚幻，能向往“天人之道”，并下定决心，矢志追求人生真实者。

庄子做了一个梦，梦到自己是一只蝴蝶，他醒过来以后，想到人生无常，生死只是须臾之间的事件。人在经验中得知梦是虚幻的，并不存在于客观世界中。可是对客观真实而言，人的一生难道就不是虚幻的？蝴蝶短暂的一生又何曾真实过？

假如人可以梦到成了一只蝴蝶，为什么蝴蝶不会梦到变成人？所不同的是，蝴蝶的生命比人的生命短暂，所以其梦也短。而梦到做一个人，就得熬过这数十年的岁月。

庄子当然知道他的存在并不是因为蝴蝶做了个梦，只不过是用此来比喻人生而已。人喜欢用“梦”字来描绘人生，我国有“南柯一梦”的典故，有《红楼梦》的文学巨著。莎士比亚也有《仲夏夜之梦》，甚至于以往的心理学家，也以析梦来解说人的心理状态。

梦是什么现象呢？现代心理学家研究的结果，认为梦是一种潜意识的活动，与人生的真实事件并没有直接的关系。

我对梦也一直很有兴趣，儿时曾恶梦频频，青年时期则寄情于绮梦，以调剂乏味的生活。后来，我幻想能有具造梦的机器，或者是控制梦境的方法，以便在那片仅属于自己的天地里，建立一个与人无涉的世外桃源。

经过多时的努力，我利用打坐与冥想，集中精神去捕捉脑海中一闪即逝的印象。久而久之，在恍惚的状态下，眼前渐渐呈现了毫无规则的光影。这时最重要的是心情平静，一任自然，在那零乱的光影中，去辨认似有若无的形象。只要稍微紧张或者兴奋，人就会清醒过来，幻象立刻消失了。

在我的经验中，由那些光影，联想自然景物效果最好，一旦仿佛“见到”了山光水色，就随意所之，保持心境的活泼即可。再下去至少有七成的机会，可以悠哉游哉地跨入梦乡虚无缥缈的重门，一旦失败了，则必须重新来过。

用这种方法，在真正睡着前，可以做上短短的一段“假梦”，这时联想力还受到控制，依稀间可以“看”到似真如幻的形象，渐渐地，人的意识就会被随机的因素牵引到不知名的他方，无法控制了。

那是在大二的时候，我练习了一年多，做了些记录，记得最长的一次“假梦”，由开始冥想到自动醒来，共有一个多钟头。梦中的内容多半在自己的支配之下，细细追忆，竟然是一个极佳的短篇小说，起承转合无不丝丝入扣。

对于一个事事不如意的人，借着做梦来抒发一下心理的郁闷，的确有助于身心的平衡。我曾把这个方法教给几位朋友，有的很有效用，有的却意外地学会了自我催眠。

做梦时我们真的“看”到了形象吗？我认为不可能，因为我们所看到的每一幅画面，都有数以亿计的光子在作用，人脑没有这样庞大的记忆体来贮存形象。人在梦中所“看”到的，正确地说，应该是人内部记忆所“感到”的（请注意，未经过眼睛，不具视觉辨识作用），是电流导通了大脑神经网络的某一段，连通了某些片断的记忆。

睡觉的定义是大脑中枢神经的作用中止，人的意识就是中枢神经作用的结果，所以人在睡觉时不可能意识到在做梦。但有时作用后的电流影响尚存，醒后还能在残余的电荷中追忆，意识连接到记忆中的信息而有感受。基于习惯性的认知，人的活动有九成以上受到视觉的支配，这个重新组合的感受，就是

“认为”看到了。

睡觉时由于意识在休眠，人完全失去了判断力，只要做过梦的人，就可以体会一个不具备判断力的人生活的实际状况。梦中的事件绝大部分是随机发生的，有如电影棚的剪接室，到处都是残余的片段。把它们连接起来，连续放映，就会和梦境一样。

当日有所思，且思考的强度甚高，高过生理上自动休止的程度时。这种信息的电流会直接经过神经原，导通记忆的感受，或间接经过联想，将若干信息提供给意识感知。

我一向以自我作为实验对象，当然不会错过研究自己梦境的机会。我发现醒后回忆梦中所看到的形象，经常似是而非。比如说我梦到一个朋友，但仔细再分析，我凭什么知道梦中之人是这位朋友？最后才发现两者毫无关系，甚至连梦中的形象都记不清楚，那么为什么我会认定是这位朋友呢？只有一个理由，是我先想到了那位朋友，如此而已。

有人认为梦中没有颜色，我记得分明是有的。入夜，我便专心一致地查看梦中的颜色，渐渐地，影象呈现了。我好像是一只大鸟，飞翔在天空，俯瞰着大地。心中只有一个念头，就是看看有没有颜色。刹时，大地上一片各色鲜花，艳丽无比地在眼下掠过……

醒过来以后，我没有任何理由怀疑真的看到了那些万紫千红的花朵，那不是颜色又是什么？可是经过我一再潜心地分析，除了确知一件事实，就是“我看到了我想看的颜色”之外，我并没有看到“花”。这不是很矛盾吗？颜色是花反映出来的，没有花，颜色从哪里来的（这就是目前科学界尚未了解“辨识”之主因）？当然我可以说因为太高了，所以看不清花的形态。既然太高了，我怎能确知那是花的颜色？

我没有做鸟的经验，也没有在飞机上看到过这样大片的花海，或许有可能在电影上看过，也可能是图片。然而，我却分得很清楚，花的颜色和梦中所看到的颜色有着极大的区别。若非当时我仔细地去分辨，时日一久，印象模糊了，我会发誓赌咒一口咬定我看到了有颜色的花。

就算我没有看到花，却不能否认看到了颜色吧！连这一点我也怀疑，正因为我想看颜色，我认为我看到了，并不表示我真是在梦中用视觉看到的。

根本的问题在于视觉信号能不能记录下来？如果能，我们就可以倒转其过程，“放映”出来给视觉神经“看”。如果不能，姑不论是否在睡觉，我们又如何看到已经不存在的各种事物呢？

由梦中是否真的看到影像，可以了解人脑的真实结构。此又有助于了解人处理影像的方式、辨识事物的过程以及对自我的认知。

人要先摆脱视觉的局限，才能具有抽象思维的能力。在抽象思维下，人明确地认识到视觉的形象其实只是主观的幻象。正如《金刚经》中佛所宣示的：

> 一切有为法，如梦幻泡影，如露亦如电，应作如是观！

在梦中能"辨识"一个人？人居然会信以为真！那么人在梦中与不在梦中，又有多大的分别呢？当我认为我看到一朵玫瑰时，我凭什么知道别人与我的"感受"有多少是相同的呢？既然人所看到的影像实际上只是些"感受"的信息，"感受"不尽相同，所见当然有异（客观上我们将视讯称之为影像，主观上即为感受）。

人脑的细胞虽然多，但要用来贮存天文数字般的影像，那是绝无可能的。我们对影像的认知实际上都是通过各种特征的联想，间接地获得了组合的印象。而对印象所能联想的特征，也不会超过几千种基本的因素。

这些基本的因素有着不同的性质，是经由各个感官分别传送到大脑的。意识是神经网络整体的效应，能以不同的刺激信号作为导通局部网络的"索引"。当这些索引与认知的网络作用时，实际上即相当于一个极其复杂的"相关性资料库"。人类发展出一种策略，即以一种"概略的念头"代表相关的一些感受，一般通称为"概念"。

概念只负责把概略的念头集合成为一个交集，"玫瑰"是一个概念，当人看到玫瑰时，他脑海中贮存的印象，是玫瑰的形状、色彩、香气、环境、场合等的总集合。每次看到玫瑰的时空都与前次不同，人内心的认知和感受也完全不同。虽然"玫瑰"这个"概念"依然，但是该概念所代表的交集，也因经验的增加而有了一些变化。那么，"玫瑰"与"玫瑰"之间，还有多少相同？

不仅是梦，人囿于主观的成见，对愿意相信的事物常视以为真，完全不顾客观真实。话说回来，人世本来就是主观与客观交互组成，缺一不可，这种现象又何尝不是客观真理呢？所以庄子说梦，梦中正是客观人生，谁是蝴蝶？谁又是庄子？

4 处暑

科学知识 层次分类

人对玄秘的事件一直有着浓厚的好奇心和兴趣，短短的一生，刚刚对自我与外在的事物有了粗略的认知，大限即接踵而至。人究竟能永生不死吗？从古到今，有不少人尝试过各种方法，却没有一个人成功过。

当今医学、营养学的发达，已能把生命逐渐延长，未来更有可能借着器官的更换，一步一步地向生命的极限挑战。甚至于在另外一个科技的突破下，人也能转移自我的经验，身体虽然消失了，但是“我”却常留人间！

“我”是什么？“我”在生与死之间。如果不生不死，“我”岂不成为人间炼狱？秦始皇求长生，派徐福访寻海外仙山。那只是做皇帝的人，或是高高在上，无往不利的人怕失去既得利益必有的一种梦想。

对一个普通的老百姓来说，人世并非如此值得留恋，甚至有不少人以存活为痛苦的泉源。所幸人生尚有一死，否则岂不成为一场永远醒不了的恶梦？

其实人对生死的态度，完全是环境与人性互相作用决定的。有所得时，人希望多得，且持之长久。当无所得时，人希望这段时间立即过去，马上找一个新的机会。而人生有得有失，得中有失，失中又有得，委实让人为难。

生命的奇妙在于来到这个人间，并不是我们自愿的。对成长的环境，外来的刺激信息，我们都没有选择的余地。待我们成长了，在生理需求的驱使下，在无法自主的情况下做这做那。突然有一天，我们由一个人变成了两个人，两个人成了三个、四个人。为什么？有谁知道？

尽管什么都不知道，我们却以自己也不知道的方法，教导也不是自愿到来的下一代。又以自己都不懂的方法，去从事让我们生存的工作。运气好时，别人说我们成功了，自信心就有了，把什么事都看得简单非凡，胡作非为。一旦莫名其妙地大家都离我们而去时，自信心又变成了一堆回忆感伤，人还是什么都不知道。

人对自己又了解多少？对人生呢？这个世界呢？这些环环相扣、肌理相连的观念，一个不了解，其他的也不可能知道得太多！

一旦讨论到人生宇宙，人的认知就接近极限了，很多现象难以用一般概念加以定义。诸如什么叫宇宙？人说宇宙中充满能量，而能量又有时间、空间两种矢量。空间的能量是位能，在时间中位移的为运动。这些概念所代表的是什么？又如何认知？

除非有全面而完整的认知，否则局部的认知就是瞎子摸象。老实说，人能认知的实在不多，由于受限于经验、记忆、能力，经常多学了这个就忘了那个。所幸宇宙中的事物似乎有着一种规律，一切都依循规律而变化。人突然发现了，何必去追求事物永远变化不已的表象呢？变化不止的表象，没有恒定的价值。人以宝贵的生命与精力，不断地追求，得到的却是一些没有价值的表象，何苦？

如果我们能了解变化的原理，不是就等于得到所有变化的表象了吗？这就是科学的基本精神！以实证的态度，追求了解事物的基本规律。可悲的是直到如今，人类本着科学精神所得到的基本规律，仍然只是事物的表象！

这话怎么说呢？因为人类对“人”的了解不够，所以什么是“人所认知”的真相依然蒙然不知。人类的行为如果毫无规律可言，人生也就如同一场大梦，不值得研究，也研究不出结果来。然而人生是人通过感官，因应各种变化所作出的必然反应。人所见到的不过是环境的能量变化，人的行为则是变化的后果。至于在见到能量变化与产生行为之间的这一段过程，人完全不了解！

人所不了解的到底是什么呢？我们且把它称为“智能”吧！如果一种机构体，遇到外在的能量变化时能自动选择最有利的反应，我们即称此机构体有智能。人既然不了解智能为何，当然无法将所不了解的过程，设计制造成为“人工智能”。这一点，就是当今“人工智能”研究的瓶颈所在！

为什么其中的原理如此难以理解呢？说穿了，这就是人的智力的极限。但难以理解不等于不可能理解，在人类文明史上，这种事件太多了。人由不知而知，由不能而能，所有的理解都是逐渐获得的。几十万年以前，人不过是一种直立的“灵长类动物”而已，直到人类建立了文明，为了自别于以往，才自称为“人”。

人是一种结构体，是由一些永续运动不止的分子一个衔接着一个，把某一个坐标位置上的能量变化，传递到另一个座标上。当这些能量变化有着统一的规律时，以此规律为体系，我们便称之为一种系统。

在同一系统之中，可以容许多种功能不同的子系统，共同分工合作。在这些子系统之间必须有一种统一的规律，使各种功能协调配合，成为一个“统一的系统”。

此统一规律有很多不同的形式，这也是分类的基础。人在认知上是以概念作为记忆索引，连通的神经网络则为系统。蚂蚁则是以化学气息为统一的规律，一只只行动独立的蚂蚁，因为蚁巢中化学气息的改变，会产生不同的行为。植物则用维管束为统一的规律，当然我们也可以用机械、电气信号、资料代码等作为统一传导的方式。

这些由子系统所组成的统一结构体，具有一定的机能。结构体在某一段时间内，维持着利害一致的中心。此一中心的机体可称为“生命体”，其机能是“生命力”，这一段时间即为“生命期”。

生命体的必要条件是具有能产生能量变化的结构，生命力则为能量的变化，其变化应以此系统的统一性为原则。生命力的变化，从这个生命系统统一性的开始到终止，其间因为能量的变化与消长，差别甚大。而且一个生命体生命期的结束，并不代表此一“生命”的终止。所以有单一的系统生命期，也有生命的生命期。

单一的系统生命期，在开始之初称之为“生”，在终止之时则称为“死”。个人是一种单一系统的生命体，所以个人有生有死。人在出生以后，人体结构提供了一种统一的“生命力”。利用感觉器官，将人所接触的坐标时空中各种能量的变化，统一集中记录在“心”（事实上为大脑皮层，人“心”可以感觉血液循环的状况，代表感知，称“心”表示感知的信息）中。

我们知道人有两种生命，一是人本体具备的生命，其生命力主司生理的成长、维持、生殖。这种生命力建立在物质上，其结构有遗传性，其利害关系是物理化学作用。另一种则是环境变化的生命，是人生存在变化的环境中，人心对各种变化的认知。这种生命力是抽象的“概念”思维，利用环境变化的体用因果，能更有效地延续生存、生活。

人的这两种生命系统泛称为“我”，前者以本体为中心系统，直接与人的感官相联，对人的影响力可以说是绝对的。然而人生存在动态变化的环境中，渐渐知道一时的利害，未必是真正的利害。“我”对事物的认知，就有了短期或长期、临时或永久的区别。

心理经验（包括文化、历史、思维、艺术等）认知不足，或是生理需求过旺的人，必然受到感官的支配，这种“我”乃“感性的我”。而人类之所以能在所有物种中出类拔萃，全靠经验的累积，能辨别长期的永久的利害的结果。这种建立在经验结构上，用“心”的“我”则为“理性的我”。

感性的我又称为小我，受四维空间限制，随着物质供应的丰匮而存亡。小我无法转移，永远以肉体的利害为中心，是“自私”现象的本源。理性的我为大我，受信息与概念的限制，随着物种的存亡而存亡。大我是小我的连续，是人类的精神现象。人由小我到大我的历程，完全决定于经验背景及文化的内涵。

再从结构来看，人体因物质而存在，所以对物质有需求性。人心因经验而产生，故需要不断的经验刺激。因权势而地位巩固的人，必然争取权势；幸福建立在金钱之上的人，则忘命追求金钱；若建立在感情上，则恣意于情爱；再若建立在思想上，当然人的所作所为，无不以理性为准则。

这种结构需求形成了各种自给自足的本位认知，也就是主观世界。主观世界也属于客观真实，而且客观世界正是无数个主观个体所组成。“自我”是一个主观个体，我的认知不能脱离主观的自我经验，一旦人能把自我的生命与客观整体融合，即可由小我进入大我，体认客观真实的一切。

由小我进入大我，就是“生命的意义”，进一步说，生理生命体提供了心理生命的可能，由于心理的刺激认知，使此生命个体认知到其所遭遇到的，也正是他所应该采取行动的动机。说得简单一点，就是物理上“作用力与反作用力相等”的定律。

如果把人当作一个物体，环境所产生的作用力，作用在某个人身上，就会有反作用力的产生。而生理与心理上的反作用力唯一的分别，在于生理本来就是一个物体，而心理则具有“时间延迟”的效应，人对经验的记忆正是此效应的佐证。由此可知，生命并不玄秘，人生也有迹可循，问题只在我们能不能抱着客观的态度去体认而已。

1968年，我在美国洛杉矶的中国戏院，看到了《2001：太空漫游》这部令我震撼的电影。当时我对电脑毫无认识，只是隐隐地感觉到假如电脑能思想、能与人沟通，就能在知识的累积上超越人类，那么，为什么不可能将人类淘汰呢？

知识是人类所需要的，它是人类希望所寄，是人类唯一可以依赖的救星。使我们生活得到改善的是它，使我们生命延长的也是它。它使我们建立文明、跨出地球、放眼太空。它是新时代的神祇，是我们信奉的真理，它无所不在，无所不包，如果人类还想继续生存下去，能够缺乏它吗？

记得 1971 年，正是太空热的当儿，台视请了一位火箭专家到公司作专访。庄灵和好几位记者正围着他讨论问题，我也过去凑热闹，不知是谁问：

“太空既然是真空的，火箭怎么能推动呢？”

“那是反作用力与作用力相等的缘故。”那专家回答。

“如果我们拍球，球从地上弹起来，这种反作用力是球与地作用而产生。可是在没有物质的太空中，火箭喷出的气流作用在哪里呢？”

“这是很深的理论，要用微分方程来说明。”

“您是专家，难道不能用普通的语言解释吗？”

“还要解释什么？我说过了，是反作用与作用力相等呀！看看物理书就知道了！”

自从那一次，我决定好好学物理，我要了解事物真相，以免被一些专家唬得一楞一楞的。可是谈何容易，年轻该读书的时候不努力，物理化学老考零分！今天年纪一大把了，这些厚厚的天书，从何学起？

1973 年，当我在巴西四月公司任美工完稿时，刚好负责编辑几本科技杂志。那些书图文并茂，由浅入深，专门介绍一些最基本的观念。正是一直我所希望知道的，我一边工作，一边学习，好不快意！

回台湾后，无意中我又看到一本今日世界出版的《星星、原子、人》，这本书对物理常识说得非常透彻，打开了我深闭的知性之门。

在那几年，我疯狂地看书，举凡物理、天文之类，看得不亦乐乎。而看得越多，越是失望，原来科学界也多的是科盲。科学不是一种方法吗？人学了科学，就应该有科学头脑，至少对事物的观点总是科学的。

结果不然，科学界与艺术界唯心的态度不相上下。从古到今，也不过是少数几个天才发现了一些规律。多数的科学家只不过是一些规律的追随者罢了，万一追随错了，他们总有办法反黑为白，照样戴着帽子，做他的科学家不误！

以天文为例，古时人们以为地球是宇宙的中心，太阳绕着地球转。今天我们知道这种观念是错的，也不过人云亦云，并不表示我们就真认识“赛先生”了。

有一位天才托勒密先生，他居然能把以地球为中心的天体模型做了出来！而且可以预知太阳系九大行星的运行轨道。他虽然观念错了，那只怪他生不逢时，但他的智慧以及实证的精神，仍然值得敬佩。

这样说是有依据的，谁敢保证我们的物理课本是绝对正确的呢？以爱因斯坦之伟大，主宰了 20 世纪的科学思维，居然也被量子力学幽了一默！

我曾以为科学家一定头脑清楚，知识正确。最后才发现，所谓的科学只是一种高贵的精神，不断地借由探索而印证自我的认知。但这种精神仅极少数的科学家才有，绝大部分科学工作者，不过学了一点皮毛，就借别人的光照亮自己。

在我第一次接触到宇宙起源论的“大爆炸说”时，我立刻想到了基督教的创世纪说。人的思维方式，早在儿童时期就已经为生存的环境所界定。因此，西方人不论走到哪里，想些什么，从小被灌输的创世论早已经根深蒂固，随时就会派上用场。

科学不认上帝，人心却难免有些惋惜，创世纪是多简单而完美的理论啊！把上帝换成能量包，一个科学理论就完成了！只是除了把最终的问题推给能量（就像过去推给上帝一样），给时空找了个原点之外，那一刹的大爆炸，又能代表什么真相呢？

我很难接受这些拼凑的假说，但是自己的学养太差，想痛下功夫，偏偏时间有限。面对浩瀚如海的各种知识，经常望洋兴叹，恨不得再生为人，好好读书！

一个朋友可怜我，有天借着打麻将，请了一位天文学教授来。我们一边自摸人间的“双龙抱”，一边闲聊太空的“清一色”。

“如果有一颗炸弹爆炸了，我们是否能看得出爆炸的中心点？”我问那位教授。

“当然可以，只要顺着爆炸的轨迹，就找得到。”

“如果我们是爆炸的残骸，朝着爆炸的中心望去，应该物质的密度最高吧？”

他正要碰一对“东风”，听了这句话，很敏感地望望我，说：“你是不是在谈大爆炸说？”

“是的。”没想到很快就被他识破了。

“打牌吧！这些问题不是一般人能懂的！”

“可是作为一种科学知识，我们也应该能学习。”

“那么你总该知道爱因斯坦的曲率空间吧！”

“大概懂得一点。”

“因为空间弯曲的结果，所以看不到爆炸中心。”

“空间弯曲，光线的路径也必然弯曲，怎么会看不到呢？”

“你总看过气球吧？气球表面的花纹会随着放大而远离。”

“不错，各点的距离是加大了，但并不表示爆炸中心找不到。”

“你总知道大爆炸说有三大证据吧？”他发觉我非常讨厌。

“我只知道有三大理论！”我觉得他太武断了，所以顶了他一句。

“一个是爱因斯坦的广义相对论，”他的“东风”一直没有碰成，由于我那个朋友也有兴趣，大家心照不宣，都在等他解释，“爱因斯坦认为时间应该有一个原点，也就是说时间有始终，大爆炸正是这个原点。”

“可是狭义相对论却认为时间与空间都是相对的，这样两者矛盾！”

“科学界都知道，在理论上是后面修正前面的，爱因斯坦作了修正，可以吧？”我怕他恼火，只好噤口不言。他停了一会，又说：“其次是红位移证明了宇宙在膨胀，既然宇宙在膨胀，最初必然有一个原点。最有力的证据是宇宙中 3k 黑体辐射，只有大爆炸能给这种现象提供完美的回答。”

“多普勒效应原来指的是声波吧？”我满腔的疑团，好不容易有了机会，就算得罪朋友，也要问个一清二楚。

“声与光同属于电磁波，所以多普勒效应相同。”他有点不耐烦了。

“远处打雷，为什么近处声音很低沉呢？”

“这是普通常识，雷声中频率高的音波，被空气中的物质吸收了，频率低的部分可以绕射，所以传播得较远。”

“那么，光波也应该一样，太空中有很多微尘。远处的星光距离远，碰到微尘的机会大，高频光波容易被反射，是不是也会造成红位移呢？”

他一时楞住了，本能地说：“就算有，也不能推翻多普勒效应呀！”

“我并不是要推翻多普勒效应，只是认为也有其他可能的解释。”

“这是物理学的问题，与天文无关。”他倒下一对“西风”，说，“我要碰。”

大家都禁不住笑了，说：“‘西风’别打，天文学家在做‘四喜’！”

（注：台湾《中国时报》在 1994 年 11 月 14 日第四十八版报道，在太空中的哈勃望远镜，利用室女星系团 M100 星系中的 20 颗造父变星，以测量宇宙的年龄，如果大爆炸的理论正确，则应发生在 120 亿年前。但是，天文学家已知银河系中有些星球约有 160 至 200 亿年生命，远比大爆炸为早！）

我开始对科技产生了反感，但是，这是时代的必然趋势，我又能够怎样？在 1976 年，我写了一本《层次论》，开始了对人与技术的思量。

《层次论》的主旨在阐明，人所处的宇宙，是无数复杂的系统的总合，人生存其中，只要习惯后遵循其规律即可。但是要想了解或认知各系统的真相，则必须利用系统的手段，根据设定的立场，分类分层，由最基本的结构，衍生组合到最繁复的表象。准此，当知各种现象皆有其必然的因果，且唯有在整体的系统之下，才能达到目的。

假设我们要从能量立场去了解宇宙，如果采用层次论，必须将宇宙万象，根据所要研讨的主题把宇宙能量结构性质，分成很多层次。每一个层次都有其必然的能量结构形式，然后在能量作用下，由量变到质变，由一个层次产生另一个层次。

（注：1995年6月10日，在本文完成后正待付印，朱高正邀我与大陆学者董光璧先生见面，闲谈中董建议我看《混沌》一书。此书在我的书架上尘封已久，看后感想甚多，正为我下面理论之佐证，所不同者，我已有答案，西方却正混沌一片。本拟略作解说，但恐穿插文间有碍原意，是以谨志于此。）

在观念上，我先假定了人所能理解的极限，并将每一种理解的对象，均视为一种系统加以分析。此系统理论的基础如下：宇宙恒为两种系统——“整体”与“个体”互动所产生的现象，这种现象在能量的立场可称为能量变化。整体对个体具有收敛性，称做压力；个体则具有反收敛性（作用力与反作用力），称为个性。

如果要了解各种现象，基于整体与个体互动的影响，遂产生了很多不同的系统组合，如果不从各个系统下手，则其中关系极难鉴定，概念亦难免模糊。这种系统观我称之为“层次”，是将任何一种待了解的现象，根据其系统发展的规律，划分为许多不同的层次。每一层次皆为相同的“个体”，在整个系统的压力下，产生系列的变化。

在同一层次中，每一个体有其“个性”，亦必遵从其必然的规律。个体若产生数量的变化，则为量变，待数量累积到某一极限，导致“个性”的改变时，遂有了“质变”，质变则形成另一层次。故此由基层的层次不断组合变化，一层一层地向上堆垒。人类所能接触认知的，经常是相当复杂的高层次系统，而高层次系统正是其下各基层系统特性的综合，故将此理论命名为“层次论”（注：“混沌论”以此为“周期三”的分裂模式）。

兹以“人”为例，为了解释方便（层次的划分不是绝对的，端看分析的立场而定，下面说明系以人为对象，且层次分类也仅择其重要的），将此系统分为九层：能量、粒子、物质、生命、感觉、学习、经验、意识、理智，这九个层次涉及了人类所有的知识。我边写边学，一再改写，最后终于纳入《智慧学九论》，成为其中最重要的一论。

各层次均有其支配的作用力，以任一系统来看，层次高者，影响的作用力复杂。即使是经验层次的人，也比属于生命层次的细胞复杂。而在同一层次中，个体受到作用而变化，个体的数量亦与行为的复杂度成正比。是以要了解同属物质层次的星体运动容易，而要了解由无数气体分子组成的云层变化则非常困难。

在“能量层次”里，我定义了能量的量变为作用力，质变为结合力。能量互相作用时，在某一特定情况下，会作用在一定的坐标位置上，形成结合力，此一质变即产生了次一层的“粒子层次”。

在“能量层次”与“粒子层次”之间有衍生的关系，而能量在两个层次中所产生的作用也不同。这些关系都要分别解说，如此则简单而明确，不会产生混淆。

能量的状态是谓“恒动”，且能量充塞在宇宙中。在能量层次中，当能量作用于能量时，只是量的变化。到了产生质的变化而有粒子层次后，能量即作用于粒子的性质上。粒子的性质是能量以角动量的形式，运动在一定的时空坐标上。当能量作用于此坐标位置时，有可能产生坐标位置的变化，或者是粒子结构的改变。

粒子坐标位置的改变即为运动，到此，我们不妨想象，宇宙中有一颗粒子产生了，宇宙中充满的动能，从各个坐标方向作用于此粒子，而分力合力相等，故此粒子静止不动。再若有两颗粒子产生了，此两颗粒子相对方向的作用力，必然小于其他方向的作用力。是则这两个粒子会相互移近，我认为这才是“万有引力”与爱因斯坦重力观念的真相。

二十年来，我到处推销这种能量压力的观念，所幸还没有被杀头。一般人不懂不足为奇，为什么连学物理的都不了解这种压力观念的重要性呢？道理很简单，不是追求真理的人，对真理是没有兴趣的。学物理只为了谋生，谁管什么真假，能用就好！

爱因斯坦毕生的心愿，就是要建立“统一场论”。因为真理必然是简单精确的，物理界发现宇宙中有四种基本力，而且互不隶属。它们是重力、电磁力、弱作用力、强作用力。经过了几十年的努力，量子力学已经成功地将后三种力归纳成一种力。假如重力亦能有所归属，那就太美妙了，表示宇宙中的规律果真是信而有征的。

不幸，爱因斯坦因重力找不到而失败了，量子力学也无法驯服重力，重力是什么？一种怪物，一个妖灵？它无所不在，却又不知所在！

在我的理论中没有重力，重力只是宇宙中能量对粒子的作用力，是整体对个体的压力（所有的凝聚力都是这样产生的）。既然如此，哪里需要“统一场论”？更遑论“广义相对论”了。原本简单明了的宇宙，只因一个牛顿的苹果，百多年来搞得乌烟瘴气！

在粒子层次中，能量结合力的积累为量变，结合力改变为分子力，则为质变。量变的结果使粒子不断地组合，有的消逝了，还原为能量；有的则成为一个稳定的半衰期甚长的粒子。

稳定的粒子继续作用，一种新的原子结构产生了，具有一定的性质是为原子力（层次分类应视讨论的主题而定，如物质结构尚可分为分子、原子、核子等若干层次）。这种性质已经与粒子本身的结合力有所分别，仅以电子价性与其他原子结合，此即为物质。

在物质层次，原子力的积累是量变，原子力改变为生命力，则为质变。量变的结果，原子、分子不断组合，成为各种物质。物质的组合需要能量，能量来自环境，也就是各种变化。但其变化是否能累积，则又与环境息息相关。

当质变为生命力时，能量可贮积在物质结构中，有一种物质结构被称为有机物，是以碳氢化合物为基础，其分子键能灵活改变。于改变过程中，或吸收能量，或放出能量。释放的能量能提供有机结构变化所需，借此保证此一机构的继续存在。

当外来能量不足时，此机构原来吸收的能量，可以释放出来加以运用。是以此机体所能吸收的能量，即相当于其存在的保障。而此种吸收能量，又能释放能量以供机体需求的过程，即为生存。

由于能量具扩散的特性，这种有机结构必须有一独立的环境，否则能量容易流失。当此机构体在其外围形成隔绝的组织，以防止能量流失时，即成为一独立的生存体。此一机体在一定的坐标范围中，不断地利用能量，使其作用延续下去，是称生命。

在物质层次中，能量变化严格遵守着热力学的能量扩散原则，是以能量作用促使物质趋向崩溃。生命力则刚刚相反，能量是作用的基础，作用力越大，在生存的前提下，生命力会越强盛。生命体的进化就是基于此一原理，用则发达，不用则退化。

在生命层次中，生命力的积累为量变，生命力改变为感觉力，则为质变。

量变的结果，生命体可以生存、生长、生殖，由简单的机体结构变为复杂的。由单细胞体逐渐量变成多细胞的生命，其中最有代表性者，即为细菌及植物。

生命层次质变为感觉力，是因为生命体的适应机能。生命体中所有的有机结构随时因应能量的变化而变化，变化出来的结构如果没有作用，即难以保持其状况。相反地，当能量的刺激不断发生时，其相应的结构便不断加强，本体强化了，后代也能强化下去。这种强化的方式，在反复进行中，即为“累积过程”。

累积过程也可以视为由低到高的另一种层次发展，最高层次的累积结构，便是DNA。在DNA的支配下，生命体有生命体本身的变化，同时也能借由遗传分裂，将DNA传送给另一个独立的生命体。

在本身的变化与遗传给另一生命体的过程中，一切变化交互进行。每一个体都在变化，而由每一个体到遗传的下一代，变化也继续进行。环境中的能量变化刺激与相应的结构不断地互动，其中生命机体界面变化的结果，即为感觉器官的产生，而在生命体内部则为组织、神经等的蜕化。这种变化因为受到DNA遗传的限制，对一个人的一生而言，似乎微不足道。实际上DNA也在改变，如果一个群体的DNA对环境的变化均难以适应，其结果是群体的灭绝。

在感觉层次中，感觉力的积累为量变，感觉力改变为应变力，则为质变。量变的结果虽使感觉有各种变化，但其变化多为机械式的反应行为，每种变化适应于某一类型的环境。前一代累积的功能，下一代可以传承。所有的低等动物以及少数有感植物等，多属于此一层次。

感觉根据利害选择生存的环境，生命得以在有利的条件下发展。生命越发达，组织分工就越复杂，感觉力也随着变化多端。当复杂的机械作用不可能再经由简单的遗传过程达成时，另一个质变即将到来。

这种质变是一种应变力，属于辨识的过程。在感觉层次中，接收的感官直接连通反应中枢，故在感知外界刺激后，反应立即产生。应变力的产生改变了感官的分工，使感官得以“学习”环境的变化因素，故而进入学习层次。

在学习层次中，应变力的积累为量变，应变力改变为认知力，则为质变。量变的结果，生命体得以在生存中学习，学习可以改变反应动作，增加生存的机会。然而这种学习的时机，多半是在生命体初生的阶段，所需要学习辨识的项目并不多。而且学会之后，其应变力终生不再改变。

属于学习层次者，必然是动物，而且幼儿有一段短暂的哺育期，在此期间由于得到双亲的照料，生存的机会大增。此时亦为感官的适应期，为幼小生命学习的良机。

学习层次是决定人、兽之别的分水岭，对鸟兽而言，学习只是学习，没有产生质变，就不可能有认知力，没有认知力就不可能上升到经验层次。不论是人是兽，不论学习了多少，也不论学的是什么，没有认知的学习只是生存的本能而已。

对学习层次而言，其质变为认知力，有此始知能量变化的利害关系，始能在利害之间争取生存最大的利益。因此学习的结果更能适应环境，尤其是在变化不显著或是没有生存之虞的环境，学习即足资应付。

在经验层次中，认知力的积累为量变，认知力改变为意志力，则为质变。量变的结果，由认知产生行为，行为具有动机与目的，由此产生策略与手段。本层次只有人类能够到达，也只有人类具有经验（因讨论的主题是以人类为中心，对人类的部分经验而言，其他生物仅能视为学习。但若以生物学的立场，讨论生物特性，则可将若干高等生物，分配在经验层次中，是则，又应多假设本能等其他层次，务求能贯彻层次的结构）。

当一种机体具备了记忆的能力，且能认知该记忆的利害关系，并以之作为行动的参考，此即为经验。对此经验体而言，利害认知与经验形成互为因果，利与害的认知分辨是决定经验的先决条件，同时，利害的认知也必然成为经验的一部分。

然而，利与害要根据什么来决定呢？必然是根据感官的刺激。而感官接受刺激，往往只是很短暂的一段感觉。等这段感觉期过了，所得的经验很可能与另一段的利害关系不尽相同。

经验层次解决此问题的办法是量变，即将每一部分的经验认知，根据刺激的利害关系，连接成为“经验串”。不论多长的经验串，都还只是一段一段的流程。很可能其中前后矛盾，甚至于经验本身并不真确，对经验体而言，都只得到含糊的感觉。

经验是纯主观的经历与验证，每一个体以其主观认知为判断标准，结果又成为主观经验。在这种循环式的流程下，任何主观个体都不可能察觉其判断标准正确与否。

经验是以个体为单位，没有任何一种经验能跨越两个经验体之间。然而随着感官功能的分工，动物能借声带的振动而发出声音，两经验体便有了沟通的桥梁。

代表相异事物的不同声音，令人产生不同的经验。用得越多，声音的变化也就越丰富。由此扩大了主观经验的范畴，能将经验微分得更精细，其他的感官也相对的更为发达。人类是演化过程中对声音变化认知最多的动物，多到能以声音的频率、强度、性质等，分别代表各种不同的经验认知。

耳神经与发声的声带神经有部分交连，所以一听到声音，共振的结果，人的声带就会感到些微的刺激。这原是学习的结构基础，自然而然生命体就产生了模仿的行为。

当人能学习发声，又能模仿这种细微的分别后，声音便成为对此类经验的连接索引。这种索引可以代表一系列的经验，更进一步地简化了经验的复杂性。经验原本是由许多时空交错的事件连结而成，经常以经验串的形式存在，在调用经验时，必须从头到尾连续完成。有了声音以后，便可以简短的“符号”为媒介，以代表各个独立的经验串。

这种借索引符号代表的方式属于以简驭繁的“系统结构”，系统结构分两个部分，一是系统代称，亦即前面所指的“索引”；一是所代表的资料结构，对人而言即为“经验”（以字典为例，有多重系统结构，若找字，可用仓颉码或注音符号为代称，文字为资料；若查文义，则文字为代称，其文义为资料）。代称简单，资料的繁简却视情况而定。

在系统结构下，概念既为代称，又为资料，交互灵活运用，个别的经验得以结合成为统一的体系。人类历经了几十万年，才发现这种“以简驭繁”的巧妙方法。所以中国人虽然善用文字概念，却毫无“字母索引”观念，也就难以厚非了。

举个例子说，我因为高血压、痛风、皮肤过敏需要吃药，医院发药时都已分装成小包，算是经过分类的了，否则各种药混在一起，吃药时的窘境可想而知。但对我来说，每天还要花几分钟把药包打开，再一一取药，仍是手续繁复。所以一想到要吃药，心中便感觉到一种负担，各种负担累加起来，便成了压力。

工作效率的高低，不在于工作的快慢，而是不能分心。所以我每次领了药，一回家，便一次把所有的药先分妥，到时只要往胃里吞就是，这就是“以简驭繁”。如果药太多，要定时、分情况服用，就还要加一项“索引”的顺位功能了。

有了这种系统结构后，人借着脑海中概念的跳接，可以把所有的经验连成网络。这种网络即为“概念网络”，网络的跳接，便是思维。

生理年龄决定了人经验的内容，早年的学习期只能学习思维的联想。基于

"生命力"用则加强的原则，若幼年不用大脑，其思维能力必然低落。幼年同时又是生理心理成形的必经阶段，需要大量的刺激，家庭与社会对幼童过度的保护，往往损害其成长的机会。

人在自然的演进下，本与动物无异。虽然人具有更高层次的能力，但这种能力必须有更高层次的压力需求，才能一步一步养成。这样的压力其实是违反生理本能的，所以人虽然有思维的潜力，除非是必要，宁可以经验处理事情。

一旦经验不能应付，产生了痛苦、失败，在难以忍受的煎熬下，衡量得失，人才会强迫自己试着思考。这种"强迫自己思考"的能力，也就是意识强迫生化电流，在大脑网络中强行导通，故称"意志力"。意志力的特性是要能长期坚持，以抵抗身心的痛苦。

人人皆知思想的重要，也知道思想需要训练，却不知从何下手。殊不知这是自然的需求，只有在意志力被激起后，才能到达思想的境界。一般人多少都有一些记忆、联想、判断的能力，又因在人类社会上，人的价值与思想无关，故在经验层次中并不重视思想。

在现实的人生中，我们常见到"小时了了，大未必佳"的例证，究其原因就是人在成长后，用不用思想的关系。一般说来，思维的培养及训练，12 岁以后应立即开始。"苦其心志，空乏其身"是刺激用脑的动机之一，万万不可任孩子予取予求，得之既然容易，自然就没有用脑筋的必要了。训练时，讨论、辩论是必要的，但不能以胜负与奖惩为手段，那样会使目标偏移。

思维训练的基本要求是"意志力"，如果尚未养成，则应先培养"思维持续力"。不断起灭的电流所引起的大脑活动，就是"胡思乱想"。胡思乱想是生命体的本能，也是维护大脑神经通路的一种机能，但如果不予以控制，即难产生有系统的思维。

思维持续力的训练方法之一为静坐，先练习"一念不生"，人若能一念不生，就表示能控制大脑思维的方向。另一种方法是集中思虑，以时间为单位，回想自己今天所做的事，其要旨就在于一心不乱。

有了持续能力后，就要练习水平思维，这是联想能力的锻炼。先任选一个主题，然后试着有系统地联想与主题有关的一切。要练习到随时随地对任何事物，都能随意指出其相关性，才算成功。

练习时如果不觉得累，表示游刃有余，可以进一步练习垂直思维。垂直思维是大脑的组织能力，亦可以说是系统分析能力，能对每一种联想的事物，找出其"体用因果"关系来。水平及垂直思维共用，就是有效的思维（请参阅

《智慧学九论——思维论》）。

因为思维是大脑内部的活动，无法从外表观察得知。除非在动机的驱使下，能自动自发的思考，否则强迫式的思维训练效果不大。而动机来自环境，环境一优渥，人就丧失了机会，再如家长宠爱，孩子便依赖成习，没受过痛苦的洗礼，怎么可能激发力量？

人能力的高低未必与得失有关，却是成败的关键。不论什么能力的养成，其关键都在训练方法上。因为思维速度慢，唯有加强训练反应力（天生的能力也可借加强训练增进）才能得到较高的效率。而反应的训练必须有系统，反复地把一个动作练熟了，再练第二个。直到整个思维的过程都已成为反应了，这种思维能力才算是自己的。如果也和“胡思乱想”一样，东摸西搞不能熟练，这种能力将永远无法培养。

感官本能的利害认知，经常支配着人的行为。唯有当人具备了意志力，以意志力控制自我，思维的电场强度不断增加，才能忽视感官的影响。但是自我意识是主观的，意志力受到意识的左右，私心重者，对他人仍会造成不利的后果。

当人的认知力质变为意志力时，第一个改变的就是群居的社会观念与行为。但应该注意的是，在社会中的社会人不见得具有意识层次的境界，或许在某种情况下，略有社会意识。但是层次分类的目的是为了了解人性以及人类的行为，对于每一个体在什么时候处于何种境界，则不是当前讨论的范畴。

在意识层次中，意志力的积累为量变，意志力改变为信念力，则为质变。量变的结果，意志力决定了行为的方向。人类的行为大体可分为生存与社会行为两种，前者承袭自动物的本能，以保障生命体的生存为职责。后者则与意志力有关，人本来自自然，因认知个人私心对群体的危害，特以意志违反自然，产生了社会上的各种制约观念。

社会是意识的衍生品，社会的制约来自人类“私心”的反思。然而，不同的环境与不同的时代背景，使得人们有不同的诉求，由此形成了各种不同的社会制度。

不论哪种社会制度，其最基本的核心是“自我”，在生存的需求下，“家庭”制度首先确立。在家庭制度中，“性”是因，世代交替为果，家庭的成员是体，共同的生存是用。在早期的生存水准中，年龄、性别、经验是力量主导的指标。

现代人习以为常，早已浑忘家庭的意义，只是随着生理的需求，根据社会的习俗，时候到了便成家育子，一代一代地延续下去。事实上社会结构在改变，家庭的制度也随之改变。当人类无虞于种族的灭绝时，人本位的力量逐渐增强，一夫一妻制便成为主流。

接着，知识形成了力量，社会福利不断的改进，生存变成了人类的权利。人的年龄、性别、经验三者不再是个人力量的指标，家庭失去了原有的机能，宣告破产。此时所剩下的，只有人因为孤寂而对情感的憧憬，始终难以释怀。

人类最初的社会是建立在以家庭为中心的结构上，所以社会就是一个大家庭。家长制就是君主制，只是规模较大，关系较复杂而已。

社会制度的根本目的，在于如何生产及分配社会资源。社会资源不外乎生存所需的物质与心理所需的精神。在西方由于人们对人性的了解不足，社会制度无法对物质与精神两方面，做一个合情合理的安排。因此，在物质资源的处理上，形成了经济及政治制度，而在精神需求上，则独立为宗教。

中国则不然，在汉朝以前，社会制度就是中国人生活的全部。由于先民的卜筮传统影响了思维方式，宿命论大行其道，所以家庭社会的伦理道德遂成为人民的精神支柱。及后佛教传入中国，才有标榜中土玄学的道教兴起。人类的精神依归，未必非经过宗教的过程不可，但是无可否认的，宗教确有其阶段性的功能。

然而，宗教只是理智层次的过渡，是人类追求宇宙真相的中继。在人类还没有累积足够的知识，无法解释各种未知的现象之前，不得不假设一些权宜的观念，此即宗教的由来。从人类文明史可以证明，知识与宗教的认知互为消长，同属精神的范畴。

中华文化的伟大，就在于早在几千年前，一些先知就已经跨过了宗教的迷思，直达理性的本体。《易经》和《道德经》是两个无法否认的明证，只是西风东渐，今人对传统思想蒙然不识罢了！

物质资源的问题涉及生产与分配，生产是能量变化规律应用的技术，需要的是知识与劳力。分配则触及人性的私欲，是一种权与利的交集，人无权则不能分配，分配而不得则无利益。人既然有私欲，为了多得利益，必然要争夺权利。

在任何一个社会中，不论实行何种制度，只要是由人来处理分配的问题，就不可能令人人满意。不满意的结果，就形成意志力的动机，意志力会团结一批不满的力量。于是，意志力与意志力对抗，便有了党同伐异、兵戎相见的流血革命。

理想的社会制度是当权者谦让，执行者公正，人民明礼知义。然而这些都违反人性的私欲，变成可望而不可及的幻想。因为人对世事的认知全凭自我的经验，出生在艰困环境中的人，深受痛苦折磨，因之激起了意志力，从而能克制私欲。唯有这种人，在当权时不恋权势，在执行时不分亲疏，即令身为庶民，也能读书知礼。

在圣人之治下，社会公平了，天下大同了，人的经验平白如纸，动心为念，为所欲为。前文说过，人的意志力仅在极端痛苦的煎熬下才会产生，在平安快乐的社会，任何人都不可能有坚强的意志力。缺乏了意志力，人就停留在经验层次，人人急功近利，短视媚行。掌权者至死不放，执行者无利不贪，老百姓则能争则争，可赖就赖！

这个道理老子看得最为透彻，整本《道德经》无处不是暗示这种现象。所以有人把老子当作反社会的代表，其实他只是先知，早就看透了！

《道德经》第三章："不尚贤，使民不争；不贵难得之货，使民不为盗；不见可欲，使民心不乱。是以圣人之治，虚其心，实其腹，弱其志，强其骨。常使民无知无欲，使夫智者不敢为也。为无为，则无不治。"

第九章："持而盈之，不如其已。揣而锐之，不可长保。金玉满堂，莫之能守。富贵而骄，自遗其咎。功遂身退，天之道。"

第十八章："大道废，有仁义；智慧出，有大伪。六亲不和有孝慈，国家昏乱有忠臣。"

第十九章："绝圣弃智，民利百倍；绝仁弃义，民复孝慈；绝巧弃利，盗贼无有。此三者以为文不足，故令有所属。见素抱朴，少私寡欲。"

老子早知道生死幻灭的至理，他是第一个理智层次的先知，他当然知道社会制度的走向。人言君权是人治，民主是法治，天下哪有法治呢？民主时代标榜人民可以立法，然而人民是谁呢？是无知无觉的选票！今天有人鼓吹唱歌有益身心，于是立法保护唱歌，明天有人听觉受损，于是立法限制噪音。等唱歌的卯上了限制噪音的，又要立什么法呢？

美国才立国两百年，年年立法，其法律之多胜过牛毛也就不谈了。律师分工就有一百多种，打起官司来，一件民事可能要劳驾好几位律师，想做律师比当医生还难！以一个五千年的古老国家，如果早行民主，如今安在？

所幸意志力能产生思想，能对抗私欲，当私欲渐泯，生理不再是人的敌人时，人才能控制自己。自我控制称为"觉力"，觉力来自于大量的经验比较，此经验体即是"觉者"。觉者可觉于人生所面对的一切，人生所面对的，最严重的问题就是“我心”。

能觉于我心之觉者，就具备了宇宙的“意识”，意识到人仅为宇宙万物之一员。如来佛在《金刚经》中说到：“凡所有相皆是虚妄，若见诸相非相，即见如来。”在诸相之中，我相就是我心，要能识诸相非相，就见到如来，这就是真识。

真识只是意识层次的真谛，人只有在此境界中，才能泯除小我，从而追求大我，把“自我”置于宇宙真空，为此空界的众生诸相服务。这种能觉于我心，绝于我心者，可称为“明心见性”，是为悟者。所有能牺牲小我，完成大我的人，不论从事什么工作、行业，都算得上是悟者。

无我的人，其“忠于”人时，必以他人之利为目的。而有我的人，阿谀谄媚不过是一种卑劣的手段，借着欺骗对方之无知，以谋取自我的私利。同理，忠于事、忠于党、忠于国、忠于民等，无不视其意识中之利害而定。凡以己利为中心的，不过是停留在本能、学习、经验层次的人罢了。唯有弃绝自我的利益，将意识升华到无我的境地，才算进入了意识层次。

任何人都是孤立的、茕独的，人之所知所识无不来自与他人的沟通。而人类文明的演进，所累积的也无一不是人之所言。人言有正有误，一代一代地传衍下来，经得住时间考验的，其真实的可能性较大。人类社会就在人言之中，又提升了一个层次。

这就是意识层次的质变，由意志力而产生了信念力。对真实的信念是智慧，智慧是人的概念，实际上就是宇宙能量变化的规律，故人唯有认知了解了宇宙的规律，始得具有智慧。

人生的意义，就在于不断地穷窥世态，最后迷途知返，去私求全，直证真如！

如来佛、老子是觉者，是悟者，更是智者。正是这些先知们在前面的提引，后人才得睹康庄大道。

5 境界

人生信念　思想行为

宇宙能量的压力（重力）、电磁力、强、弱作用力等是物理的基本力。这些基本力支配着物质层次，所产生的作用力、重力以及共振作用等，都有“力”且守“信”，皆属于“信力”之一种。人的意念对于某些人事物，同样能守信且具有作用力。人能守信于一种原则或规律（即为“理”），因了解事理而生智慧，故属理智层次。

信力作用于人的意识，支配了人的心念，是称“信念”。由于信念来自信力，且系判断的根据，所以成为意识面对未来事物变化的准则。在经验层次的人，只是一再重复过去的经验，信念可有可无。

人的信念并不单纯，往往对某一事件部分接受，部分排斥。人的经常矛盾犹豫的特征，正是需要思维判断的主因。一旦人们对某一人事物产生了共同的认知，便能形成力量，积极性被调动起来了，判断也变得单一而有效。

在理智层次中，人的认知必符合客观事实，而客观事实又接近宇宙真实。所以理智层次可以说是诸层次的顶点，再发展下去，到了完全符合真实时，即回归到宇宙本体。

信念是一种抽象的结构，无形无质，却是意识层次质变到理智层次的基因。信念不是迷信，迷信也不是信念，两者之间的区别，完全在于人的私心。私心是主观的，仅属于个体的利害认知，若个体执着于私利，则不论相信什么，都是迷信。

举例说，“人生存在客观的宇宙中”是真，如果只因为于己有利，未经质疑就相信这种说法，那就是迷信。因为“信念”应该是用理智思考，在了解以后才相信这句话的真实性，并不是以利害为出发点。

以“我信神”为例，我真正相信与否，纯属主观，不值得讨论。如果我信神的原因，是因为“信神对我有利”（心安亦然），那么这种信神的现象就是迷信。反过来说，我信神，因“神为真”，所信属于真实的信力，这就是“信念”（如神是真，必然利害兼具，盖真为整体，绝不可能仅有利或有害于某一个体！同理，神有偏爱，施利于某一个体，此神必不真，不真者无信力，人信之即迷）。当然，真假需要求证，而且要能证明！

在人类社会的演进中，能到达理智层次的人极少。因此，人们对“信念”与“迷信”经常混淆不清。尤其是在学习层次以“应变力”为基础，个体的利益凌驾一切，人人都只顾私利。当人人私利相同时，迷信也就是一种信念，两者没有多大分别。

但是经验层次的到来，人渐渐认知到所学的与环境变化有些格格不入。迷信与实信遂有了分别，只是在盲目摸索的途径中，无法产生真正的信念而已。

心理学家发现，当小鸭破壳而出时，一见到会动的东西，就会一直追随下去，这是一种“映象行为”。在层次系统中，鸭是学习层次的动物，小鸭出生后必须学习，故静态之物不能吸引它（静物难以学习）。而小鸭一出生所见之动物，是母鸭的可能性在百分之九十以上，正是学习的对象。万一遇到了豺狼，那就进入另一种生命流程了。

这种映象行为在遗传基因中，是视觉辨识到运动物体后，就触发脚部机能紧随之。到了人类，行为更趋复杂，又加上了声音、气息、触摸等多种辨识交集。

另一方面，母鸭孵卵以及其他雌性动物的哺育行为，都是在生理作用的催化下，感官辨识与相关的反应行为相结合，为机械律的因果关系。

对所有高级动物而言，这种因果关系便形成了“亲子行为”。在经验层次中，亲子行为的复杂度更进一步，成为一种个体与个体之间的联系力量，亦为“信力”。

我在巴西时，曾借住在一个朋友家中，他们有个两岁多的女婴，片刻都离不开母亲。我对亲子关系一向很好奇，仔细观察之下，才发现了这种“信力”。

实际上女婴并不是真正需要她的母亲，但是在映象行为的因果律下，她已经建立了一种心理需求。每当她意识到这种需求时，就本能地寻找母亲，而且根据习惯反应，知道只要自己开始哭叫，这种需求就能得到满足。

她又在经验中知道，满足这种需求的模式很多，最经常的模式，是“妈妈在厨房里”。

由于厨房很小，没有地方玩耍，她不愿意到厨房去。她满足于这种模式，只要有人告诉她母亲在厨房里，她就安心了。

母亲是不是真在厨房中呢？她不会追究这一点，只要相信母亲在，就会满足“习惯模式”，而免于心生恐惧。即使不是事实，她也会专心玩耍，不会吵闹。反之，若她的“习惯模式”得不到满足，就会号啕大哭，天塌下来也不能让她停止。

幼儿完全处在学习层次中，母亲事实上是出去买菜了，而她却相信母亲在厨房中。这当然是一种迷信，问题在她凭什么证明？随时随地去厨房求证一番？

严格地说，纵使在经验层次，有谁的信念又不是迷信呢？我相信某个人还活着，这算不算是迷信呢？是不是我要每分每秒随时亲眼看到这个人，才算实信他还活着呢？那也不通，万一他断了气，要从哪一刻起，我才能认定他不是活着？

人相信科学，时到今日，还有很多人对万有引力深信不疑，从不过问那两个物体间的引力何在？难道这又不是迷信吗？

信念是一种力量，是一种在因果律导引下的时空流程，是宇宙中维持各能量运转的机构力。没有信念，什么“映象行为”、“制约反应”都不成立，小鸭子无法生存，那个小女孩也一分钟都活不下去！世界回复到混沌之中！

即令前人已经透悉真理，但在理智层次尚未缘熟以前，又有多少人能听得懂呢？真知真识者当然知道，更知道对不懂的人也应施以教化，便以神迹或预言将其观念以“信念”或者“迷信”的形式流传下来。

一代一代的，真知者越去越远，琴音绕梁最多也不过三日。于是神迹演变成宗教，预言则形成方术，后人不分青红皂白，有利于己则信，不利则排之斥之。

所谓的真知，应涵盖抽象具象两界，有五官可辨识者，也有意识得认知者。即使在意识层次，在认知力尚未质变为信念力之前，所谓的认知也当以感官能够反复印证者为真。而感官能够印证者，率皆为具象的事物。

于是，有一部分对宇宙真相有兴趣的人，便倾向于研究具象的事物。在中国，最初多为方士，《周易参同契》便是其中的代表。传到西方后，在中世纪一些修士的努力下，成为现代“化学”之始。

这些可以经由感官实证的方法，在很多代不断的改进下，奠定了实证科学的基础。至于抽象的观念，在中国被看做迷信，在西方则视为神学。

我看了一部由真人真事改编的电影，原名是*Inherit the Wind*，台湾译名为《向上帝挑战》(新拍)，这个译名极差，完全扭曲了原著的精义。

这也是我教学的题材，所以也作了主题分析。兹转载于下，以飨读者。

1925年，在美国南部田纳西州西伯禄镇一所公立学校中，有一位生物教师伯特·凯兹。他因为讲授达尔文的进化论，触犯了该州公共法第三十七条，被捕入狱。

检方请了一位二次竞选总统失败的名人，基督教的布莱迪牧师作为主控官。而芝加哥的名律师德瑞蒙，则义务出面为伯特辩护。

由于当时美国保守势力强大，尤其在南部各州，很执着于基督教的思维方式。在民意的支持下，政治生态已经决定伯特有罪，法官坚拒辩方提出任何有关科学知识的证据。一场原属法律的单纯事件，一举变成政治、思想、科学、宗教的角力。

这一事件在媒体争相报道下，成为举国注目的焦点。

德瑞蒙诉求的重点在于人应有自由的思维，而布莱迪则认为《圣经》的教导就是全部的真理。两个人在法庭上各抒己见，结果明显地表现出，宗教信仰者因缺乏自由思维而愚昧不堪。最后，法庭判决伯特有罪，罚款一百元。

人应该具有自由思维的机会。这是影片的主题。

学校中讲授知识，必须有自由思维的空间。因此，教会牧师报警拘捕授课的教师，即属压制自由思维。本片诉之于法律，当然两造之间必为思维之争。

布莱迪坐火车来到，民众夹道欢呼，盛会相待。另一方面，辩护律师形单影只，备受冷落。两者相较，已可看出在不公平的条件下，自由思维之争取不易。

伯特的女友并无真正的信仰，代表了绝大多数的人。她所追求的只是平安的生活，所以一再要求伯特认罪。而他则坚持信念，不为所动。

在遴选陪审团时，布莱迪的诉求以宗教信仰为主，代表了压迫的一方。而德瑞蒙律师的标准则是能够自由思想，或者是无宗教或科学认知背景的人。

布莱迪在布道会上，很有魅力地展示了他的信念，以对上帝的赞美与歌颂，证明了人们内心渴望神的恩典。德瑞蒙曾经为他助选总统，两人见了面，布莱迪问道："当年你我并肩作战，现在为何反目成仇？"

德瑞蒙回答："三十年前你有理想，美国社会需要你这种人。"

"那么，现在你为什么反对我？"

“社会进步了，你的思想却停顿了。”

当双方对伯特的学生做交叉询问时，诉求的重点就浮现出来了。布莱迪认为新的思想破坏了学生的信仰，德瑞蒙问学生：“你相信伯特老师所说的吗？”

“我不知道，我要想一想。”

德瑞蒙认为有想一想的机会，就是自由思维。上帝给了人大脑，就是让人类有自由思维的机会。

晚上，德瑞蒙去牢中探望伯特，伯特对审判的结果没有信心，德瑞蒙表示同意。伯特告诉德瑞蒙可能付不出诉讼费用，德瑞蒙说：“有很多律师以发财为目的，只接有把握的案子。”

“那你为什么替我辩护呢？”

德瑞蒙没有直接回答：“我自幼就有个梦想，想买一个叫做‘金舞者’的木马，因为金舞者泛着金光，华丽非凡。有一天，我得到了它，但是一骑上去，它就垮了。世界上所有表面好看的事物，未必真有使用价值，我们必须深一层去了解。如果是骗人的，就有必要拆穿它！”

这就是德瑞蒙追崇自由思维与知识正义的态度。

第二天，德瑞蒙请了知名的学者三人，以证明进化论的实证价值，但是法官一概予以拒绝。

德瑞蒙不得已，便请布莱迪以宗教权威的身份，用《圣经》作为他的辩护词。布莱迪极为自信，同意了德瑞蒙的要求，自愿作证，以宣扬教义。

布莱迪承认对《圣经》字字句句都奉行不渝，他从来不怀疑经中有任何矛盾之处，认为怀疑《圣经》的自由思维是大逆不道。

德瑞蒙拿出一千万年前的化石，布莱迪认为根据经中的记载，此石头最多不会超过六千年（从创世纪到目前的全部时间）。德瑞蒙即反问，上帝在第四天才造出太阳，那么前四天如何计时？正因为布莱迪从未追求对《圣经》的了解，所以蒙然不知。人们崇拜布莱迪，是因为相信他对《圣经》的诠释，人们追随他，则是迷惑于他坚定的外表。

露西就是一个代表，多年来对先生默默的奉献，从来没有过一丝的怀疑。所有的信众听到布莱迪不知道没有太阳以前应该如何计时，都相顾愕然。这是一种微妙的转变，在剧中产生了说服力极强的震撼。

布莱迪坚持对《圣经》一字不移的信念，却发现自己无法自圆其说而处于众叛亲离的局面。他的形象动摇了，坚毅的外表颓圮了，信徒的信念开始土崩瓦解。

布莱迪缺乏自由思维能力的形象，在标榜自由民主的美国，成了丑恶的象征。舆论哗然，民意交相指责，政治再度支配了法律，大家都希望赶快找个台阶下。

审判结束，伯特被判有罪，罚款一百元，德瑞蒙不服，决定继续上诉。布莱迪亦不服，激动得心脏病发作，死了。

宣判后，伯特问德瑞蒙："我们是赢了还是输了？"

德瑞蒙说："你获得了千千万万人的赞扬，也废除了一条不合时宜的法令。但是，这种争论不可能休止，这只是个开始而已。"

《费城公报》的记者洪贝克，代表怀疑派的观点，为了面包，他是自由思维的支持者，却是什么都不相信。可是他有个优点，一眼就能看出人的本质，一再揶揄布莱迪的愚昧。

"布莱迪也有做错事的权利！"德瑞蒙义正词严地说。

"你怎么又变成布莱迪的辩护人了？"

"布莱迪是在寻找上帝，但是它太高、太远，人无法接近！"

"啊！原来你是个相信上帝的无神论者！"

德瑞蒙相信什么呢？最后他离去时，法庭中人已走光。宣誓用的《圣经》以及伯特留下的一本《进化论》都遗留在桌上。德瑞蒙拿起两本书，掂了掂重量，把两本同时装入他的皮包中。

事实上，在这场辩论后，美国人对知识的追求有了新的认识。但是基督教的信徒仍旧不断反击，而且在对《圣经》的诠释上，一改布莱迪的绝对信念。反而从象征立场，灵活应用各种观念，以致仍能吸引大量的信众。

美国最大的优点，是他们具有自由思维的传统，然而最大的缺点，也是这种自由思维的泛滥。人的思维非常奇妙，自由的观念更是莫测，它可以直通宇宙，也可能永远在原地打转。宇宙的变化在人，而人的变化就在自由思维。

正因为思维的力量可大可小，无边无际，所以一般人无从了解它的能量与价值。当有德行的人得到了思维的力量，就可以施德于众。而一个乖戾残暴者有了思维力量之助，必然会导致天下大祸。

这种认知以老子最为透彻，在《道德经》中，他一再谆谆告诫，千万不能让人民自由思维，强调"常使民无知无欲"。不过当知识成熟，人类进入老化的后期时，思维的解放也是不得不然的后果。老子知之，是无欲而观，无欲而说。过去中国曾一再压抑自由思维的泛滥，表面上是开倒车，实际上却防止了人类的早熟及早衰。

如果还不能了解，且看看今日的世界吧！才不过一百年的时间，人类已经把自己的生存环境糟蹋到如此的地步。若早一千年前发生，今日的人类何在？识者能不思之乎？

我在台视做电影编译时，大约三十岁出头。为了影片的放映，经常跑“新闻局”。我常自以为是，与“新闻局”的“电检专家”们争得面红耳赤。并在香港的自由派报纸上，以“检、剪、简、谫！”为题目，痛责“新闻局”。

检是指检查，我当时认为一个“国家”要靠“检查”来钳制人民思想，是落伍的行为！检查之后，手持“剪”刀，把一部影片剪得七零八落。其结果是一切“简”化，简单得没有内涵。以致人民思想“谫”陋浅薄，是非不分，观念不明。

举例来说，影片中人物的头发太长，要剪；衣衫不整，暴露过多，要剪；画面上出现了苏俄或中国（大陆）的旗帜，要剪；有骂人不雅的语言，要剪；有不合三民主义思想的，要剪；有侮辱“政府”官员、“国家元首”的，更是要剪。

剪下去是一刀，这一刀要剪在什么地方呢？如何拿捏尺寸呢？我曾以为做“检查委员”是件好差事，天天看电影，而且都是“原装进口”！等到到“新闻局”里一看，才知道委员们挤在一个小房间中，同时放映着两三部片子，不要谈享受，简直是活受罪！

终于，在各界交相指责下，影片检查的尺度逐渐放宽了。这个宽紧之间，变成了头发要量长度，暴露要看几点，侮辱谩骂要做语意分析！等到完全解放后，各种镜头赤裸裸地，人间变得丑陋不堪！难道我当年所追求的竟是这些吗？

从美国回到祖国大陆后，最初容或有些遗憾。不久，我发现大陆的电视节目，娱乐性是不太高，但是社会上不良的影响确实少了很多。我在大陆待了三年，也看到了检查尺度的争论，从自己的经验中，我知道大陆社会问题的产生，只不过是迟与早的事！

这不是我认为如何的问题，也不是个人立场如何的问题，只要思想点燃了，心火就难免燎原。就好像物质文明一样，只要享受过物质提供的感受，就再也摆脱不了它的影响。人世永远是激进与保守两种力量的战场，激进搏命冲向明天，保守紧紧拉着过去。

这正是宇宙进化的真谛，宇宙在变，不可能停止，而变化的时空就是我们经过的流程。人在流程当中，从生到死，由无知到有知。累积的经验形成了文化，由浅薄到精致。变化的速度并没有快与慢，快慢只是人的感觉，感觉到流程驱动人的力量。

人要死亡，以便于流程安排新的变数。人类的经验要累积成文明，以便向更高层的变化发展。自由思维是流程中的参数，在参数不全时，需要累积。一旦累积到一个程度，到达流程的极限，就会自动中止，待文明形成了新的力量，再继续进行。

我很欣赏这类有关法律的影片，因为借着讨论，相对的观念才得以比较。尤其是以思维为题材，在正反面激烈的辩解后，个人往往受益匪浅。

编剧方面，无懈可击，对每个人物的个性、身份、背景的描述都很切合，毫不矛盾。对白幽默隽永，每句话都能切题，表现出无比的机智。行为合理，过场戏紧凑，尤其是主题的堆砌与发展，将布莱迪从天上摔倒在地，其气势每下愈况，令人感慨。而记者的穿针引线，能把律师的心态化为言词，更为不可多得的巧思。至于律师的辩才无碍，用布莱迪自己之矛，攻自己之盾，利用他的时间观认知自己的愚信，更是精彩绝伦！

导演方面，气氛掌握得好，全剧一气呵成，没有冷场。伏笔安排得当，从审判之初到终结，让观众自己感受到这是一场宗教迫害自由思维的战争。同时也明白宣示，迷信与自由思维的争战，是永远不可能停止的！

演员表现都很称职，记得这部片子在20世纪50年代也曾摄制过，饰演律师的是老牌影帝斯宾塞·屈塞。我是在读中学时看的，只感觉到好，却不知好在何处。

印象中，斯宾塞·屈塞曾用《圣经》诺亚方舟的故事责问牧师："《圣经》上说，经过了大洪水后，地球上所有生物都淹死了，只有诺亚方舟上那些成对的生物存活下来。那么，水里的鱼呢？"

在辩论的选材上，我认为新片尚不及旧片，到底时间观念不及"鱼怎么可能被淹死"的诉求来得直接。

我在大学时，就经常引用这句话，专门与"信主"的人玩观念游戏。他们千篇一律，一口咬定这是信与不信的问题。我则坚称人要有独立思维的能力，不经过思维判断，任何信念都是"迷信"！

有一次，我与一位高年级的学长李铁生讨论，他因为身体不好，受不了功课的压力，由台大物理系转学过来。我们经常在一起谈天说地，我在他那里学到了不少道理。

那次我们的主题是"信"，他说："信要有一种基础，不论是什么基础，都可以让人信。”

“我不同意，连谎话也可以作为基础吗？”

“当然，你刚才问我的那些物理定律，你怎么知道不是谎话？”

“是你的谎话，或是别人的谎话？”

“那有什么分别呢？”

“当然有，权威者的谎话就是真理！”

“你来向我讨教，难道不是把我当权威看吗？”

我语塞了，是的，我凭什么来分辨他说的是真是假呢？然而物理是讲求证据的呀！难道证据也是谎言吗？我停了一会，继续问：“如果权威者说了谎话，他的权威就破产了。为了方便，社会上每个人都有他的信用，这就是信。”

“完全正确。”

“那么？”

“那么当一个权威者说了谎话，在你还没有印证之前，你是信还是不信？”

我又被他将了一军！当然我会相信，那不正是他的意思吗？事实上，我们很少去求证无时无刻不断吸收的信息。而不论这些信息的真假，只要我信了，都将成为“我”的一部分！

多可悲啊！我们自认为知道的事，究竟有多少是真的呢？不知道！又有多少是假的呢？同样不知道！那么我们知道些什么呢？每个人随时随地都想表现一下自己的博学广闻，不管对某一件事物知道多少，都要发表一些意见。

有一个电脑界朋友的父亲病重，一大堆高级知识分子群聚一堂，讨论善后事宜：“我建议火化，比较符合环保。”

“我不赞成，我见过火化的过程，人烧得坐了起来！”

“啊！”女士们吓得缩成一团。

“人死了哪里有感觉？”

“又不是你死，你怎么知道？”

“不必讨论了，我反对火化。”儿子表示意见了，他人只好休战。

“寿材该用楠木，贵一点，但是可以用很久。”

“不，樟木可以防虫，台湾是热带，虫多。”

“寿衣呢？穿长袍马褂，还是西装？”

“当然是长袍马褂，中国人嘛！”

“现在有哪个中国人还穿那个？老伯到阴间去了，怕连换洗都不容易！”

“衣服无所谓，鞋子才重要！”

“鞋子有什么重要？”

“一般人都穿布鞋，其实，据风水专家说，布鞋发不起来。”

“我不相信，难道只有穿皮鞋才能发？”

“当然呀！不然为什么中国人过去落后，现在比美国人还有钱？”

“那也说不通呀！难道现在美国人改穿布鞋了？”

“你别笑，我这是听一位权威的风水专家说的！”

“什么鞋子不打紧，鞋底一定要衬一张白纸才是真的！”

“衬一张白纸？做什么？”

“老伯回来时，脚下才不会发出声音！”

如此这般，这些高科技的知识分子，决定了土葬，用樟木，穿西装皮鞋，而且鞋底垫了一张喷墨打印机用的白纸。因为根据实验，垫了这种纸，走路时声音最轻！

如果读者认为我描述得太夸张，不妨想想天天发生在我们身边的一些事，谁没有听过哪些菜吃了可以防癌，哪些吃了却能致癌？他人的言论有时我们未必同意，可是同意与否是一回事，这些信息已经进入我们的经验是不可否认的事实。当人天天受到某一类信息的不断轰炸，时间久了，不是疲累了不能再争，就是习惯了，自然成为自己的一部分。

有什么概念不是日积月累形成的呢？我们的信与不信，有哪一件不是在环境的影响之下？这不正说明了想控制别人思想行为的人，无一不想主控环境，把他们的意见变成环境的一部分。然后，人人都说着与他同样的话语。

仔细想想，人有多少自由？又有多少思维？自由只是在环境授权下的极限，有谁能想到他所无法想到的事物？环境给人什么信息，人就只能想到什么！

当第一次革命者说：“人生而有人权！”人人耻之笑之，认为此人神智不清。

当环境改变了，权威者说：“人生而有人权！”

同样一句话，会有完全不同的结果！不久，人人都说：“人生而有人权！”

这就是自由思维，至于什么叫人权？因为环境没有提供这些信息，就不会有人去想它！所谓的“人有想与不想”的自由，正确的说法应是人有高呼“人生而有人权”，与不高呼“人生而有人权”这两种自由。

但是，如果有人说：“人生而没有人权！”

自由的捍卫者马上出动了，人人起而攻之！真有“自由思维”的人应该想一想了，这能算自由吗？人有权选择高呼人权的自由，也有不高呼人权的自由，甚至于有被攻击的自由，但却没有否定“人生而有人权”的自由！

在理智层次中，信念力的积累是量变，信念力改变成能量，则为质变。量变的结果，信念力决定了思维。理智行为是个体突破小我极限，向大我融合的过程。人的理智是一点一滴地积累而来，由量变到质变，最后回归宇宙的本体。

禅宗是中土的易理、老庄思想与佛教传入的最高乘境界三者相结合的结果，宗教必须带着一些神秘的色彩，否则不能吸引一般的信徒。而禅宗的大德们已经透彻地了解了真如，与释迦牟尼佛、老子、庄子一样，都已到达了宇宙无你无我的无际本体。

当后学怀着虔敬的诚心，问禅师：“什么是佛？”

怎样的回答才是最理想的回答呢？

“是宇宙本体。”后学会打破砂锅问到底，什么是宇宙？

“是人生真实。”后学会打破砂锅问到底，什么是人生？

“是生命象征。”后学会打破砂锅问到底，什么是生命？

能再问下去算是不错了，相信多数人听了，会“啊”的一声，了不起再加上：“那又怎样？”

要说不怎样！行吗？否则还能怎样？

万一有一个人听了，高兴地欢呼：“啊，多了不起啊！我回到宇宙本体了！”

这不是正宗的神经病吗？

这就难怪禅师们挖空心思，说：“狗屎是佛！”

再不然拿起棒子就打！多么惹厌的家伙！叫老衲如何回答！

能有人发心起愿求证真如，在滔滔人海之中，已大是不易。宗教是追求的第一步，果真走入宗教之门，也很有可能就是最后一步。已经到了坦途，回望来处，要后学能继续追求而又不至于停留中途，委实首尾两难。

不能道破，原因之一在于禅师们概以直观经验体认到宇宙真实，当时知识并不发达，对概念与现实的关系尚不了解。唯有不借文字语言，而用直观法。然而所认知的却又是绝对的理性，到底要用什么样的法门，才能让人洞悉人生与宇宙的真相呢？

原因之二，禅不是知识，知识人人可得，人人可用，得之用之不过为了生存。如果从禅的认知又回到知识界，何不饱读各种知识罢了！所谓的知识不过是世人对事物表象一些肤浅的认知，说来头头是道，却与真相背道相驰。

原因之三，禅不是宗教，宗教是人失望于知识之际，企图在另一种体验中，追求人生真实。这种体验对宗教来说，是对某一超越的能力寄以信念，人心由此获得平安。获得平安并不代表已经认清楚了所获得的平安，其真实究竟是什么。

原因之四，人对人生的追求是基于未知，未知是一种神秘的现象。在追求不力、实际真相未得之前，一旦神秘性消失了，人的好奇心也将随之而去。已得知真实的大德，都不敢轻易地打破这种神秘情结。事实上，若要追求，真理也是永无止境，即令在理性的认知下，仍然有重重帏幕悬挂眼前。保持着神秘，不断地追求，懂得越多，走得越远。走到哪儿，就会有那儿的认知，又有什么好说的?

说穿了，宇宙就是生命的本源，也是一种生命形式。宇宙的变化不停，对变化其中的我们而言，变化就是能量，能量也具有生命。在层次论的立场，宇宙可以一层一层地展开，分开了是万事万物，不断地继续变化；合起来看，所有的万事万物、你我众生还是一个整体。妙的是只有人能看到这一点，只因为人是跨越所有层次结构的综合体，“欲穷千里目，更上一层楼”，但得用思维而不是用眼睛去看!

人间在地缘、时间、认知、损耗等因素下，利益分配必然有多寡之别。利益既得者就是“权威”，经常也是利益的支配者。如果以利益作为客观的社会价值标准，同一社会的人对“权威”的信念，也就是对“利益获得”的妥协。妥协后，团体、社会利益的维持成了常态，个体的身心也得到了保护。

幸而并非人人都有思维能力，大多数人也都愿意相信他人，权威也经常能扮演成功的保护者。只是，如果此权威者也是人，也有人的需求、习惯、欲望，就难免受到他人的质疑或挑战。

比如当人向权威提出请求时，权威者未必有意愿或能力使之如愿。这样一而再，再而三，人的妥协到了极限，对此权威的信念也就开始幻灭。要能永保信念的维系，唯一的条件是权威者必须保证“利益”的交换。

利益的交换只有两种形式，一是肉体需要的物质，一是精神需要的慰藉。一般说来，前者因为可以计量，比较容易达成，至少很容易判断是否达成。后者却无从由外表得知，甚至对一个不具备自由思维能力的人，很可能连自己的精神需求是什么，都说不上来。

社会需要权威，此权威的能量必须极大，越大越好。如果大到不可能天天接触到，则人提出个人需求的机会就小些，失望的可能性也相对的减小。同时又要大得具有绝对稳定的能量，不至于被随时发生的挑战所推翻。

部落、社会、国家都具有这种功能，而且都不断地向更大的能量发展。把这种权威的时空范围再扩大，变成了一个没有生死，不具实体的观念，并且符合前述的需求，此即一般人所称的“神”。人对神有信念，表示人知道神在身边，但是不可目睹。人对神的要求不受拘限，至于应验与否，端视个人的主观信念而定。

如果人有绝对的信念，便会认定“得”是神的恩赐，“不得”也是神的意旨。但若人不具绝对的信念，则得固然是神恩，不得便成为一种考验。这时，人若放弃信念便一无所据，不如再等待下一个机会，有个希望总比空无所有要好些。

那么得的是什么呢？最重要的应该是对寂寞人心的慰藉。人心是一个禁锢在肉体之中的俘虏，只能通过感官与外界沟通，偏偏人的概念有限，每个人又都忙于表达自己，无暇接受他人。神不同于人，信之则在，在则自我有了安慰。当人相信神在聆听时，人不再感到孤寂，心中充满了平安、快乐。

因为心是俘虏，是感受的中枢，人心若得到了平安快乐，也就得到了一切。人对物质有无、好坏的感觉都是相对的，而相对的比较，皆视记忆的素材而定。那么素材呢？不过是一些利害程度的感受而已。

当人在平安快乐的心境中，不论是什么感受，都会得到平安快乐的认知。就像一个洗澡用的热水器，水温的高低决定于热水器是否在加热，非关水源的温度。当人心情好时，事事都觉得如意；心情恶劣时，再好的事物也难以忍受。

层次论究竟有什么用呢？前面说过，“斯为信念，信者信之”。我一生都在追求这种认知，对我来说，这是我认识人生的至宝。

在知识不发达的社会，人受到权威的钳制，所能相信的都是经过筛选，特意设计包装的信息。只要人们所思所想同步了，人心平顺了，社会也就统一了。这相当于一种负向的动力，等到知识形成了力量，统治了人心，人对社会变化的动差接近静止，这个社会的能量消失，完全丧失了活力。

在另一方面，正向的动力就是社会的不安、冲突、对抗，对个人而言，却代表了追求、奋发、竞争。显然社会与个人又是一种矛盾，而矛盾正是进步的动力，进步解决了一些问题，同时又创造了一些新的问题。

在繁复的各种现象以及不断衍生的变化中，人反而不知道应该相信什么。

尤其是当今多元化的社会，崇尚实际功能，追求主观认知，其结果是知识爆炸，各自分道扬镳。层次论就是在这个立场下，设法将各种知识建立在统一的架构上，提供明确的认知。

最现实的例子，就是人对“生”与“死”的认知。人人都知道集体的利益大于个人的利益，长远的大利重于眼前的小利，但为了生存，却又不得不以私利为中心。为了自我，人希望绝对的自由，为了生存，人又必须放弃一些自由，这是现实的矛盾。

死亡则是难以想象的神秘，生时，人幻想着死后。死后，没有一个人能捎回些许信息。尚不知生，又焉知死？在这个两不知的夹缝中，有各式各样的假说粉墨登场。正因为不知，有人什么都相信，有人什么都怀疑，也有人朝三暮四。

对一个负向动力的人，没有什么解释的必要，而对一个不满于传统或科学答案者，生死大谜实在不可思议。这个问题不解决，人对人生不能谓之了解，不能了解人生，人活着就只是一团肉血，毫无意义可言。

层次论提出的答案是，人跨越了九个层次，就像金字塔的结构一样，越往上，能到达的人越少。到了登峰造极的顶点，这种人明心见性，通情达理，无私无我，有智慧有品格，在人间为圣为贤，离开尘世则为神为菩萨。

神是不具肉体，却仍然运作在活人思维中的影响力。换言之，由于文化的影响，一些人无私无我的精神，得以流传在后代的思维中。某一个群体通常具有某一种“共性”，此一共性往往来自文化上某一个体的精神感召，能将此一个群体凝聚成一种超越自我的力量。此一精神体即为“神”。

神不占有空间，不具有形态，绝不可能被心智正常的人用眼睛看到。它具有抽象的结构，是人精神生命的根本。如果把人当作一个个单一的细胞，生存在一个庞大的身体中。则社会就是这个“身体”，而管理这个社会的主宰，则可以称之为神。

所以，眼睛只看得到自己的人，是无法认识神的真实面目的。在层次论的定义中，个体与整体的关系，正是人与人类的关系。更进一步说，个人认知产生的信念，与人类整体精神力量产生的神，也属于同一模式。

由于理智层次完全建立在信念上，人间已无参考的借镜，是以真伪难分，凡俗大众虽见而不明。真信实信者，其信念必须贯通各层，他们正居金字塔顶尖，是到达另一个世界的临界点。伪信虚信者，不过人云亦云，不透不彻，不通不达，自然不在塔顶！

人活着的时候，由第一到第八层，层层都提供了机会，让人进化到第九层。但是各层的惯性影响实在太大，很少有人能挣扎过来。能在意识层次停留的人就已不多了，这些人要能运用意志力，免除下层结构的影响。如果成功了，则有希望更上层楼。

有意志力的人如果无法控制自我，尚可称为至情至性、有能有德之人。若从事艺术，必能出人头地、名利双收。若从政从商，必能翻云覆雨、为所欲为。此类人有德必为大忠大贤之士，否则必然欺世盗名，玩弄天下于一时。

等而次之，在经验层次之人于经验中获得认知的能力，是金字塔的中坚。他们能等因奉此，在太平盛世是人才，在荒淫暴乱之际，则是社会的焦点。唯人之经验有限，每逢事态乍变，超乎其认知的范围，即无所适从。然而世事虽常变，但本层次之人在社会上率为主流，因上层者少之又少，下层者又缺乏判断力，无不对之马首是瞻，景而仰之。日深月久，这些人遂自以为通天，自大自傲不知所止。人生百年，所知有限，人若知有限而谦，则有望培养自制之力，更上层楼。否则，此类人固享尽人间荣华，终难解得生死大事，不免于与草木同朽。

下余之人，绝大部分皆属学习层次，只要有机会，这些人都能学习。但是学习的结果，只能应变而无法认知。以人的结构而言，人人都可以由学习层次上达真知层次。

自人类建立文明以来，各层次在此金字塔的分配比例不变。随着人类对宇宙事物认知的增加，金字塔的比例依然，但整体的能量更大。继续下去，当能量高达某一地步，则顶点的临界奇异点，即将与宇宙本体合一。

不知宇宙结构真相的人，日日嘶喊平等自由。殊不知身体器官各司其职，是人健康幸福之所在，若各器官皆要求平等，人即将解体。人生在世各有机遇，循规蹈矩是社会国家之福。若受他人怂恿，妄然置身于自己所不知之环境，岂不形同任人宰割？循私为己是人之常情，若无知而摇旗呐喊，则是自取其辱。

居学习层次之人，近朱则赤，近墨则黑，最易受到经验层次的利用。若此辈的认知能力提高，达经验层次，将更自命不凡。盖经验层次之人咸居社会要津，最易为声名所误。所谓声名是动则有声，多动则有名，声名既得，遂信之以为真，虽欲更上层楼，怎知楼在何处？

6 白露

感觉认知　概念基因

大学四年级时，我曾想出版漫画，而且发现了利用粗糙面来制造效果的方法。从那时起，我就很注意一些形象与效果的关系。由于经常注意，就形成潜意识的一部分，不知不觉地，随时随地都在分析视觉的各种效应。

时间久了，经常在脑海中会突然冒出一些过去从未有过的想法。比如说，我突然发觉我喜欢圆形，似乎各种圆形都能搏得我的好感。为什么呢？我逐一分析，最后得到的结论是，圆形的物体不会伤害人，形状对称，能滚动，这些特性的综合印象是可爱。

这是必然的现象，所谓的心理状况原本就是刺激经验的结果。只要能知道每个人所经历的刺激以及所得的后果，就可以知道该人的心理模式。再加上个人的利害中心，身世背景，观念立场等，人的意识形态就昭然若揭了。

女性的乳房柔软而圆润，是婴儿最先接触到的人间真实。乳房有对称的曲线，曲线的终点是一粒小小的豆蔻，那就是变化。婴儿的视线就是靠突起的变化对比，辨识到特定的导引，开始逐步建立内心的私密性王国。

我见过一些报道，文中对以牛乳喂养和母亲哺乳的婴儿作比较，结果发现后者智力较高且感情比较丰富。原因就是前者在这种感觉经验培养的过程中，缺少了一些因子。

儿童的玩具是“圆形物不伤人”的另一个证据，美国的法律尚且明文规定，婴儿的玩具不能有尖锐、粗糙的外形，而且不能有毒，以免被婴儿误食。尖锐的形状竟与有毒物相提并论！因为物体的形状与其物理性质有关，有经验的人从外观形状立刻可以辨出安危，婴儿则没有这种能力。

尖锐的东西可怕是因为有尖劈作用，人一见就会感到一阵“寒意”。直的东西让人一眼就看得清清楚楚，弯弯曲曲的则不免要绕圈子。这样看来，形状显然与概念有着必然的关系，果真如此，我们能否把概念与图形结合起来呢？如果能够，当我们用电脑作视觉辨识时，电脑岂不是立刻就能“一目了然”了吗？反过来看，概念认知又何尝不可以作为图形的编码定义呢？

如果做到了这一点，其意义的重大，可以说是把信息时代提升到了智慧的领域。未来在信息处理上，效益可以增进千万倍，使许多目前还是科幻的构想都成为事实。

比如说，在信息高速网络上，一张影像图片可能要占数十万字节。若有了图形码，大约数百个字节就够了。节省下来的时间空间，就可以将双向电视电话的影像放大到墙壁上，谈起话来，好像对方就在身边一样。

图形编码更重要的用途，则是人工智能。生物的感官具备了自动辨识的功能，图形编码正是一种经过整理的自动辨识。再加上一台电眼，就有了自动监控、防盗、侦测等完全属于人工智能的最高科技产品！

是耶非耶？各位不妨自己揣摩。下表列举较重要的感觉与感受的关系。原表极为复杂，在此仅列举大概(全文载于《智慧学九论·认识论》)。

感觉	本质	界面	观念	感　受
视觉感受	光	硬件	相对	亮度　明暗　黑白　光影
	色	硬件	绝对	红　橙　黄　绿　蓝　靛　紫
	形状	软件	绝对	几何图形：点线方圆　不规则自然形：固液气
			相对	锐钝　粗细　平直弯曲　大小　长短
			单位	个　根　条　枝　块
	空间	软件	绝对	消逝点　角度　距离　方位　东南西北
			相对	上下左右　前后内外　远近高低
			单位	里　米　时　厘　点
	时间	软件	绝对	动　静　速度
			相对	快慢　长短　迟早　缓急　过去未来　前后
			单位	年　月　日　时　分　秒
触觉	压力与温度	硬件	绝对	麻　酸　痒　痛　冰　烫
			相对	大小　强弱　高低　冷热　软硬
			单位	度　磅

续表

感觉	本质	界面	观念	感　受
听觉	声音	软件	绝对	音色　音量　音频
			相对	好坏　高低　强弱　大小　长短
			单位	分贝　赫
嗅觉	刺激	硬件	绝对	香　臭　腥　膻
			相对	好坏　强弱
味觉	刺激	硬件	绝对	甜　酸　苦　辣　咸　涩
			相对	好坏　强弱

上表是介绍五种感官与刺激的关系，以及所得到的概念感受。若以电脑来模拟，则经由软硬件传来的讯息，通过观念的转换，就能得到最后一栏所载的“感受”概念。这些感受概念即相当于我们的“认识”。换句话说，就是由辨识得到认识的因素。

比如说，在视觉感受上，经由硬件的接收器，我们接收到本质为“光”的刺激，得了一些相对的信息。根据前面的定义，我们知道这些信号是“看到的光”。而人所看到的光，分析之下不过是些称之为亮度、明暗或黑白等概念。除了光以外，其他的各种刺激都可以用上述的方式，得到“感受概念”。

后面几章我们还要详细讨论概念，这里只要知道如何把刺激信号转换为概念，这样就有了初步的认识了。

概念只是一些符号，用以代表所知的相关性的认知。“亮”是一种符号，认识这个符号的人，知道它代表“光的刺激信号很强”。对一般人而言，接收刺激后，能有正确的反应就够了。但要真正了解概念，且能灵活地应用，还得多知道一些。起码要知道概念关系，其次要能作概念结合。

天下所有的道理，都存在于我们日常的生活事物中。只是人不自知，好高骛远，不愿承认自己不懂，便把事情弄得复杂无比。现在，我试着把问题分解得很简单，读者千万不要误会，认为简单反而不正确。

我们要了解一件事物前，首先要知道我们是怎么得到这个事物的信息的。如果不知道信息的来源，不知道信息的传达有什么过程，不知道事物的因果体用，那我们还有什么要了解的？

所有事物的信息都源自感官所传达的刺激，感官具有辨识能力（很多研究人工智能的人以为辨识的机构是大脑，那就大错特错了），将刺激转换成为信息。不了解感官辨识的过程，就无法了解刺激的信息及事物的本质。经由感官辨识后的信息，送到大脑网络中，便成为概念。因为概念与常识相连，所以人可以根据常识，直接做出符合常识的反应。

概念与常识的关系有二，一是体用关系，一是因果关系。兹以“亮”字为例，说明如下（说明中凡有 [ ] 符号者，代表概念基因，基因分类可供索引联想）：

[体]：亮之体为能量变化的光波。

[用]：亮之用为可见可辨。

[因]：亮之源为发光体，如灯、火、太阳、月亮等。

[果]：亮之结果，人可以分辨物表的 [能量][关系]，而 [决定][行为]。

概念的结合方式，由其基因键而定。如：

基因键：亮是一种 [相对] 的 [观念]，故可 [形容] 光的 [强度]。

亮为可 [分辨] 的 [观念]，代表 [正性] 的 [认知]。

亮的概念 [分类]，属于主观—认识—刺激—感觉—光觉（请见下一章）。

兹再以“尖”字为例，同样用上述的方法，简述如下：

概念关系：

[体]：尖之体为 [空间]。

[用]：尖之用，是空间能量的变化（单位面积受力的变化）[条件]。

[因]：尖劈定理（[常识]）。

[果]：可以 [破坏][物体][外表]（[不利]）。

基因键：尖是 [空间] 的 [锐角][形状]。

尖为可 [分辨] 的 [观念]，代表 [快][危险]。

尖为概念 [分类]，属于主观—认识—刺激—感觉—形状。

人所认知的刺激，就是刺激的本体与效用，此二者可以用较明确的概念，进一步加以说明。本体可以是具有质量、形状、颜色的物质体，也可能是仅具有认知性质的抽象事件，兹简述如下：

具象指由本体所获得的具有形象的刺激，在我们的观察中，任何物体都仅能以“具象”的刺激形式，让人类感知。具体分析，具象指有 [形状]、[质地]、[颜色]、[本态] 与 [结构] 或其中之一种性质者。

一、形状的基本概念有（以下均为例举）：

几何形：如圆、方、矩、棱、点、线、角等。

自然形：如凹、凸、突、弯、曲、尖等。

这些都可以经由硬件分类后，直接送至“辨识”程序，使与各种概念的特质相连接，且提供定性定量的讯息。

二、质地的基本概念有：

软、硬、坚、脆、柔、松、紧、粗糙、光滑、致密等。

质地的辨识以触觉为主，视觉为辅助讯息。

三、颜色的基本概念有：

红、黄、蓝三原色及黑、白、灰三调性。

分辨颜色需利用“分色滤光”设备。

四、本态的基本概念有：

固、液、气及有机体的韧态。

其辨识方法与质地的辨识相似，但有时尚需“知识库”相配合。

五、结构的基本概念有：

物质、物体、主体、支体、复合体等。

抽象指凡非具象的一切现象，无体无形，但可能有“象”。包括了认知客观事实不可或缺的现象、状态、关系或观念等。

抽象有［现象］、［状态］、［关系］、［观念］等性质。

一、现象的基本概念有：

空间，体积、数量、度量、单位等。

二、状态的基本概念有：

时间、动静、音效、动力、位置、变化等。

三、关系的基本概念有：

范围、界面、顺序、宾主、因果等。

四、观念的基本概念有：

意识、概念、功能、价值、意义等。

刺激的效用可分成感受与应用两种，是经过人的主观反应后所产生的结果。

感受是感觉器官将刺激信息传送至中枢后，由意识所接受的主观结果。此类概念皆因主体的观察、反应而产生。

主观感受基本概念有：

由感官传入者如视、听、嗅、味、触五种感觉器官所导致的感受，此为原始的感应功能，仅具强弱之别。

主观的意识所产生者，如喜、怒、哀、乐等情绪。悉为意识中枢的内感机能，可以用程式模拟人的意识而设定。

应用系对人而言，即为反应、动作或行为。

反应最直接，效率最高，不需要经过思维的手续。所有的运动、肢体的机械反射以及人的情绪等，多属反应。

反应相当于机械动作，直接由反射神经通知肌键，故效率极高。反应的形成有两种情况，一种为生理本能，如眨眼、咳嗽、打喷嚏、打呵欠等。一种是经由反复学习、锻炼而形成，诸如走、跑、跳、丢、掷、写、画、说、唱等。

可以经由学习而得到的反应，如果是在意识的支配下所产生的，我们称之为“行为”，否则仅是“动作”。

动作可以定义为：一种机械运动，可以作用于对象者。所有凡是人能学习的机能运动，都可以视为动作。若此动作具有意识条件，则一律视为行为。

行为的定义为：具有意识的动作。意识是以人的神经中枢为判断中心，对某目标经过观察、思维、判断后所得到的认知。亦即网络中体用因果交集区作用时的状态，是以行为原则上具有动机与目的。

严格说来，说、写、画、唱等人类特有的反应模式，有可能仅仅是些动作而已。唯有有意识地说、写、画、唱，才是一种沟通或表现的行为。

情绪是一种本能反应，所以不需要学习，也不容易控制（情绪控制又是一门大学问）。反应既是由刺激直接激发的机械动作，那情绪又是怎样的机械动作呢?

在下章的概念分类中，情绪是“主观”的“刺激”词，属于“心绪”类，计有八种，简单说明如下：

好感：如宠爱、嗜好、依赖、怜悯、恭敬、恋等。

好感是人对某一有利事物的直接感受，因为这种感受而衍生一系列的希望再获得或持续保有的行为。好感的对象可以分类，其行为亦有一定的模式，可以细分之。

忧感：如怨忧、愁悲、哀戚、凄惨、郁闷、颓等。

忧感是人对某一有害事物的直接感受，因为这种感受而导致一系列希望避免此类感受的行为。忧感的对象可以分类，其行为亦有一定的模式。

喜感：如恬、喜乐、欢欣、愉悦、怡等。

喜感是人对某一有利事物的反应，此类反应又有利于人。人经常主动追求愉悦的感受，与之有关的事物皆为有利者。

恶感：如厌恶、憎嫌、嫉妒、忿恨、愤怒、愠等。

恶感是人对某一有害事物的反应，因为这种反应而导致一系列的希望避免或者设法去除其原因的行为。

心感：如安逸、犹豫、怅惘、急忙、悠闲、虔等。

心感是人对某一事物的反应，此类反应外表不易观察，属于内心的状态。于人有利有害，会导致一系列相关性行为。

怀感：如缅怀、羡慕、希望、冀盼、惦等。

怀感是人对某一事物的心理过程，亦会导致一系列的行为。其行为的特征在于思维的素材或模仿的对象等。

愧感：如懊恼、羞耻、惭愧、悔疚、尴尬、惶等。

愧感是人对过去的行为产生不满的反应，这种反应在目前不利于己，其行为所产生的后果则视情况而定。

物感：如节俭、慷慨、吝啬、奢侈、贪婪、馋等。

物感是人对物质的反应，这种反应与价值、目的、行为有重要的关系，人的意识形态多与此类反应有关。

由上述的分类可以知道，五官的感觉经过利害的分辨后，就可以得到“拟人”的各种情绪反应。至于利害的分辨则涉及人性、环境背景、个人经验以及意识形态等。假设我们已经有了辨识刺激的“辨识模组”，分辨利害的“人性模组”以及自动控制的“动作模组”，我们就可以看出，前述的“辨识模组”就是“拟人”的关键。

在一般状况下，环境发生变化，经过感官辨识后，人即产生行为，行为又影响环境。这些过程我们称之为“情况”，若干情况则组成一个“事件”。

当我们说一个人（或一“拟人机体”）有意识时，即意味着他必然具备下列五种认知：我是、我有、我要、我能、我在，否则就是无识（或者在无意识状态）。

我是：姓名、年龄、国籍等个人资料。

我有：各种附属于我身的事物或条件等（在下例中，是家庭资料）。

我要：本能地生存、生活，或某一特定的长期或短期目标。

我能：可以处理执行事务的能力、经验等（在下例中，我很胆小，体力很弱）。

我在：小环境、大环境等时间、空间资料。

再假定这个人是我，现在是半夜，我正在睡觉，被声音吵醒：

情况一：

声音：音量五分贝，高频，音长零点二秒，声源来自门外地上。

辨识：脚步声。

情绪：此时尚不知是利是害，故没有情绪。

态度：因不知情况，半夜危险性高，注意力集中，精神紧张。

意识：如为脚步声，在此时非比寻常，应防小偷或外人侵入。

如为脚步，一定会重复发生，将目标设为期待声音。

假定连续发现此种声音，且声音确定在客厅外。可以估计为一个体重约90公斤的人（由声音的辨识可知），我决定采取行动。

情况二：

情绪：同前。

态度：同前。

意识：仔细辨识前面动静，调出室内环境资料，确定自己位置。

目标：接近走路的人，我不可发出声响，利用暗处行进（参考常识）。

动作：悄悄行走模式，加掩护动作（由运动模组负责）。

视觉辨识：所有影像皆为点阵，经软硬件转换为矢量资料，贮存备用。

新旧资料做比较，将自我移动部分修正后，即得事物的动态。

此时仅注意走道上有无“物体”，方向对向矩形之“门口”。

（假定无阻碍，出了门，走到客厅门口）。

情况三：

情绪：同前。

态度：因已出了门，安全性降低，加一分小心。

意识：已知对方在落地窗外，但不知为何人，何事。

目标：辨识对方的动静。

动作：找一隐蔽的位置，注视落地窗。

辨识：拉门移动之声音（摩擦声，重，缓慢）。

视觉：玻璃窗外，有1.8米的人影，手执一尖锐的硬物。

情况四：

情绪：忧感顿生，由“尖锐硬物”的概念因子，直接连接到“忧感”。

因尚无外在的压力，故仅在心情上，记上一笔“忧感”（有压力为怕）。

态度：同前。

意识：此时为夜晚，窗外有人，该人私自开门，拟进入，动作轻缓。

判断：必为小偷或不友善之人。手执锐物，为“刀”类之利器，有可能伤人。

对方1.8米，我可能力有未逮。

情况五：

意识：面临选择。

调动思维模式。

思维模式：以选择项目与心理状况互动，所产生的情绪有利者，即为选择的结果（假定自己的胆性、体能情况皆低于常态）。

选择一：报警（由常识库中查得处理的方式，一一比对之）。

意识：“报警”之分析：

“报警”为社会行为词，沟通类，沟通项。

常识库中求算出，报警需要半小时救援始至。

对方发难只要三分钟，半小时灾祸已发生。

情绪：忧急加重。

判断：不可行。

选择二：拿武器，反抗（常识库中，利害冲突的解决模式）。

意识：“武器，抗”皆属于意志类，需要胆识，需要体力。

查自己胆性与体力均不足，无法达到要求。

情绪：忧急加重。

判断：不可行。

选择三：叫醒家中各人，人多壮胆（意识定义，增加胆量方法）。

意识：人多胆识可增加，但是对方有刀，也可能有害于家人。

不愿见家人受害。

情绪：忧急加重。

判断：不可行。

选择四：开灯。

意识：小偷晚上行动，乃因怕人察觉。

灯会使人现身，非小偷愿见。

开灯可能使小偷逃走，也可能变本加厉。

如果小偷逃走，“忧感”可解。

情绪：希望小偷逃走，忧感变喜感。

判断：唯一可行的方案。

……

从前述各种情况，可知为一夜晚遭小偷侵入事件。对人而言，此事件很容易写成文字，详细分判。人类所有发生的事件，都可以分析成为经验。如果设计一“事件处理模式”，则可以提供给人或拟人的机器使用。

因此文字是一种极为有效的处理工具，但要利用文字经验，则必须先设计一种“界面”。利用此界面，将人的感官刺激资料，转换成为人的经验讯息，同时也可借此控制“动作模式”。

由于文字太多，其排列组合有无穷大，故必须做到“以简驭繁”，否则任何模式都不切实际，根本不可能完成。

上例是一种简单的“模组控制”策略，先将文字概念规范成“常识认知”的形式，再根据处理流程分组拆解。

这种策略可分为“观察”、“思维”、“判断”、“行动”四个步骤。在观察时，将所观察的过程，分析为若干“情况”，每个情况则以“辨识”与“认知”定义之。至于认知的内容有：“情绪”、“态度”、“意识”、“目标”、“动作”等。

内容的分类，需请求效率，我以电脑的基本单位“字节”为基准，将之分为 256 种（详见下章），每种分类都是以“常识认知”（包括人性）为本。

这一来，“认识”便成为全部处理的纲领，从影像的视觉或其他感官的感觉辨识开始，刺激信息都已转为编成码的“概念资料”，概念资料又皆与“常识认知”相连。到了“意识思维”时，只要根据“常识认知”与“概念资料”所组成的“概念网络”，就可以推出一种解决方案。方案影响“心情”，心情决定“行为”。

至于这种“概念资料”从何得到？这是一种新的观念，从刺激转换成文字，一般认为是自然语言的领域，对我而言，这就叫做“人工智能”。

1981 年，我在台湾曾申请到一项称为“电路器”的第 15101 号发明专利。那是模拟人脑功能，在一个封闭空间内，放置外裹易熔绝缘材料的金属粉，四围接以针状的电极。若在电极与电极之间施以高压电流，基于尖端放电的原理，两个电极间因电阻产生高热，遂使绝缘材料熔解，金属粉亦熔合为导线，电极遂相通连。

如果电极代表各个概念的“驿站”，当概念产生时，各概念本身所具备的感应功能，随着流经各个概念站之间，就可以得到与人脑思索时相似的“网络联想”。打通各电极的过程，即相当于人的学习行为。在理论上，电脑的能力与容量，可以电路器相联接而无限延伸。

在没有电路器的情况下，只有先利用二进位的资料结构以及软件程序，模拟人脑处理信息的过程。等到观念成熟了，再回头来利用电路器生产产品。

实际上，二进位资料处理方式很难充分模拟人脑的全部功能，但是基于成本价格等多种因素，亦有其可取之处。在笔记本电脑中，我利用“多层索引”的技巧，并以等长度的资料结构，32个位元尚能勉强应用。这种用32位元表示文字意义的资料，即可视为该文字的“电脑概念”。

这32个位元（四个字节）的结构（为便于一般读者了解，位元位置由高位算起）：

字节一：前八个位元即为256种分类

字节二：区别字节

字节三、四：定义字节

在第八章中，我对“逃”字作了系列分析。在此即以之作为概念定义，说明如下：

分类字节：位元1至3，共八类，逃字属“生存行为”，表示为求生存而引发的相关行为。位元4至5，共四项，逃字属“体能类”，表示为一种身体的动作。位元6至8，共八项，逃字属“追动种”，表示动作可有主动与被动，且身体产生位移的空间变化。其十六进位之编码为0CBH（见第七章概念分类表）。

区别字节：位元1与2，有四种组合，表示危险性的程度，逃字设为1，优先性不高，此类条件由主体自行判断。位元3表示字首的关系，设为1，凡属1者，皆需查部首“辶”的说明。位元4与5为文字结合形态，见第八章说明。位元6表示是否可做为姓，设为0，表示否定。位元7，能否作单位用，设为0，表示否定。位元8，有无延伸定义，设为0，表示否定。

定义字节：第七章的概念分类值即为定义字节。

本项的特征为移动，必为主体离开原位，需要界定的规格如下：

位元 1　移动的方向两种：固定 / 无关。
2　3　速度的快慢四种：急 / 缓 / 正常 / 无关。
4　5　位移的对象四种：接近 / 远离 / 比较 / 无关。
6　动作的连续两种：连续 / 否。
7　8　动作的能量四种：大 / 常态 / 小 / 无关。
9　10　行为的态度四种：紧张 / 谨慎 / 从容 / 无关。
11　行为的影响两种：严重 / 无关。
12　行为的隐秘两种：需要 / 无关。
13　暂未定。

“逃”的定义：

移动方向：无关。

速度快慢：急。

位移对象：远离。

动作连续：是。

动作能量：无关。

行为态度：紧张。

行为影响：严重。

行为隐秘：需要。

概念的认知就在于概念的基因是否能正确地与感应器官相联，人知道“危险”，一旦得到了危险的概念，肾上腺素立刻大量分泌，提高了警觉性与机动性。电脑则只要在概念中设定“有危险”的因素，则立刻由“优先程度”最高的中断程序接管。至于如何避免危险，自有知识库提供资料，参照当时的环境、条件以及相关资料，作最有利的观察、分析、判断与反应。同理，我们可以将分析而得的各种概念基因，分别赋予优先程度相当高的中断处理条件，或仅是一般性常态的执行方式。

例如：当由语言（或文字）中心传来概念时，经过其“索引资料”的“连接”，概念资料先送到“程序区”，此区由一些“中断处理”判断优先处理次序。诸如“失火了”这类字眼，其某一位元表示“极危险”，意即需将此位元安排在最高优先的中断处理程序上，其余可类推。中枢一接到此类中断讯号，立即警戒，并根据对概念的认知，观察“失火”的情况，且提供参考资料，以供“判断”处理。

反过来说，判断后要采取行动时，如认定需要远离以策安全，则根据前述概念定义，可以选择“逃”字。此时所用能量的大小，移动的方向，速度的快慢等，都将视感受器所回馈的信息而定。

同理，当电脑得到“逃”这个概念时，经由相同的过程，亦得到类似的“感知”，这就是产生“情绪”的基本原理。

概念认知只是初步，由于世事千头万绪，主观的认知并不与客观的真实绝对一致。事实上，在这个动态宇宙中，主观永远只是客观微不足道的一小部分。人终其生都在与客观环境沟通、妥协或搏斗，如果希望有效率地达到目的，就必须应用智慧。否则虽然有感觉，能够运用语言，却没有能力解决面对的问题。

以上所言都是“思考”的步骤，思考所得为一笼统的“观念”。在运用时，即将此观念中相关的参考资料，配合实际情况，或组成概念与人沟通，或支配“器官”采取行动。对电脑而言，观念的参考资料有下列五项，分别有一特定的记忆区贮存之。

一、对象：

如果对象是人，就要有对方的各种意识资料，也就是“他是、他有、他要、他能、他在”五种。每一种资料都是了解对方的必要条件，以便寻找经验的交集。如果对对方一无所知，则要先设法建立相关的资料，否则无从沟通。这与我们见到陌生人一样，在双方互不相知以前，只能谈谈共同感受，如天气、景物等等。不仅对人如此，对事对物亦然。我们可以根据经验，建立一个“对象资料模式”，将之分门别类，让电脑可资遵循。

基于自己与对象的关系，最重要的是预设自己的立场。因为意识在判断时，立场是取得正确资料的必要信息。同时立场也可以产生动机，就是要了解对象的目的。

二、主题：

主题是人与人相沟通时，双方观念的核心。最有效的沟通方式是将彼此的主题事先阐明，然后站在个人的立场上，陈述理由与意见。不幸的是，很多人不知道揭示主题的重要性，甚至不知道主题为何。更不幸的是，为了私欲，人们有意地将自己的主题以花言巧语加以掩饰，以便达到目的。这正是语言文字不足之处，结果不仅浪费无谓的唇舌，甚至引发了各种误会、冲突，为人间平添纠纷。

有智慧的人常能察颜观色，在他人的言谈中，找出对方的主题所在，同时也可以经由各种判断方式了解对方的立场与目的。

主题必然是基于人性的需求，以当时诉求的重点，作为主要的沟通对象。在自然语言的规划中，我设计了一些参数，专供电脑分析主题用。

主题的必要条件之一为“符合人性需求”，人不可能关心与人性无关的事物，即使是好奇心，也有其必然的动机，与人性无关的事物，不可能形成动机。

“对所关心事物的求知”也是主题的条件，这种过程以概念与经验的分析为主。若此类概念经常出现，就可以知道主题是求知。更简单的方法是检查疑问词，诸如什么、为什么、哪里、如何、怎样，等等，它们通常都会与当前所讨论的主题有关。

三、时间、空间：

时间代表事件发生的顺序，空间代表其环境因素。因此时间空间都是我们认知外界事物的重要参考条件，比如有人说：“我走了。”这句话表面的意思很容易了解，事实上并不那么简单。人在对话时，所有相关的因素条件都立刻经过判断中枢的处理，只是人不自知而已。说话的这个人是谁，对其后果有绝对的作用。说这话的时间，与“走”这种行为，更有极大的关连。三更半夜时，如何走？正当要用餐时，基于彼此的关系，该不该就任他走？

再说空间，如果是在飞机上船上，走到哪里去？既然说走，一定有个去向，去另一个不同的空间，这也属于认知了解的条件。所以，当一个人说：“我走了。”我们立刻可以知道他走后可能在哪里，或不应该在哪里。

不仅如此，在时空的处理区中，还应该有完整的规划，概念如果与时空有关，都应该有相关的索引，以形成四度空时的连续认知，方能提供正确的信息，以便实际运用。

四、因果：

每件事物都有其必然的因果，可以用物理定律、数学公式、社会法规以及人性特质等来解释。这些因果有的是预设的，有的由经验中获知，都贮存在知识库或经验区中。因果就是事件的前因与后果，更简单的说，即是事件本身，一般人对事件的了解不够，以为事件只是此刻所发生事情的横断面。在智慧的立场，世间没有任何独立的事件，智慧越高，看得就越深越远，事件便相当于因果间的一个暂时的正在变动之中的环节。

当然，在日常生活中，我们没有必要（实际上是没有这种能力）考虑到所有的前因后果。我们若不愿“异类”拥有较我们更高的智慧，则这个因果区的设计，可以限在某一段时空之间。

“因果”贮存在经验区中，所记载的正是新闻上所强调的“何时、何地、何人、何事、何由”。然而应该注意，这个经验区不同于前面的对象区，所记者应为参与者，或为与对象交谈时的资料、前因及后果。

五、目的：

目的是智慧必具的条件，没有目的就不可能具有智慧。目的等于是船舶的舵，车辆的方向盘，没有它们哪里也去不了。当然，哪里都不去，也可以算是目的。一旦要到某处，就必须随时调整方向，朝向目的。

就以驾车为例，眼、耳随时要接受外来的信息，判断中枢根据这些信息，通知反应中枢，以控制方向盘和刹车。在公路上，路线已经有人为的设定，选择不多，即使遇到十字路口，如果是熟悉的路径，也不需要考虑。可是，偶尔要去一个新地方，或是环境改变了，那时目的地的辨识就能非常明显地意识到。

人生也是一样，社会有着无数密如蛛网、无形、无质的路线，然而从幼年到成人，不断的学习、适应，照着别人的路走下去，似乎要选择的也不多。事实上并不然，除非仅以“生存”为唯一目的，否则别人的经验对自己并没有多少助益。

人的结构即以生存为基本的目的，千万年的文明发展形成了社会，造妥了按部就班的路线，人似乎可以不需要再有其他的目的。可是人有心，随时会产生自我的欲望，有了欲望就希望达成，这就有别于生存的目的。

我们不能改变人，但是却可以设计出具有目的，了解目的，永远朝向目的的调整、修正、进行的智慧体。

再谈下去，便属于道德、良知与哲学的范畴了，不妨就此打住。

当概念传到意识中枢时，一方面由“交集处理”程序，在一系列连串的概念中，得出共通的因子，与主题、对象、时空等条件对比，求得对该系列概念的“认知”。同时，中枢需将该一系列的概念，组合为完整的“观念”，并暂存在经验区中。在此过程中，如对该概念得不到构成“认知”的条件，或者无法组合为观念，则视为“不懂”，中枢立即设定旗号，并判断是否需要马上提出询问，或者继续下去，看是否能够在后面的信息中得到解答。

当电脑有不了解的事情，意识中枢便设定旗号，如果需要表达“意见”，则将观念分解成为概念，再传至语言输出中心，转换为对方所能了解的语言（中文或其他语言）。

以上讨论的都是“概念”，相信会有不少朋友认为我是小题大作，概念人人都懂，有什么好谈的？殊不知人人都在应用概念，却不知概念正是智慧的精华。正如同人生活在宇宙的真理中，然而从古迄今，又有几个人真正了解了真理？

现代人最大的弊病，是只见秋毫之末，而不见舆薪。电脑技术人人都学得会，学得精。可是技术是死的，只有当人们利用技术，将一种有利于人类生存生活的观念制造成为实用的产品时，那种技术才有价值。

7 概念

概念分类　中国文字

隐居生活逍遥自在，与神仙无异。外传我移民加拿大，有此心，但无此金。叶隆雄的儿子有意结婚，我们不能因为他为人有义就赖着不走。

这时，沈红莲的父亲癌症扩散了，家中需要有人照料，我们便搬到杨梅。

谢振孟教学很有成效，他不是只讲仓颉输入，常在上课时介绍《易经》以及做人做事的道理。难得他能不重实利，又苦口婆心导人以道，教完了这里，又有那里请他去。他看到自己对别人能有所贡献，向学之心更深了。

谢振孟给我带来两件尘缘，一是户政系统的用字，一是仓颉输入法的重编问题。前者我在二十年前就为此得罪权贵，事后也无人能够接手，一拖再拖，如今终于浮上了台面。后者则是我的责任，在我被迫出走后，仓颉系统观念没人知道，有了问题投诉无门。于是各人自求多福，各照自己的意见，把仓颉码改出了十多种不同的版本。

户政是现代化“政府”的基本要务，真要做，则是困难重重。首先是岛内缺乏中文信息人才，虽然有不少中文电脑公司，说来可怜，这些公司中懂中文的我还没有见过。

什么叫做懂中文呢？认识中文字？会写中文？知道取码？输入速度很快？老实说，任何一个人如果不知道中文与信息之间的体用因果，就谈不上是中文信息人才！

“户政机关”很辛苦地在各级地方事务所中，收集了所用的人名，竟然发现有五万五千多字。好不容易把这些字编成了内码，一一造了字形，再交给台北与高雄两市，试作资料建档，居然发现其中还缺少六千多字！

那五万五千字曾经由“行政院”主计处核对过，但一到我们手中，就发现其中竟有三百三十多字完全相同，分别排在两个不同的字面，而且编了不同的内码！

那么，那些还没有被核对，也未经专家评审的六千字，到底原来字集中有还是没有？又应该放在哪一个字面呢？

在圈外人来看，这是个简单的问题，是吗？试想有一个大型的集会吧！假定是在没有现代化设备的深山中举行，而且一次来了四五万人。要给这些人造个名册，绝对不是小事一桩！好不容易造好了，突然又有一些人拥过来，说他们的名字不在名册当中！

真的吗？当然要查！怎么查？名册是有，但是没有"字序"（以内码做字序，恐怕世界上没有一个人能按顺序背出五万九千个字来）。从何查起？有人说，在电脑中呀！电脑不是很容易查阅吗？这就是不懂中文信息的人最直接的反应！

"字序"两个字人人都认识，但很少人知道它真正的价值。中文最大的缺点，也可以说唯一的缺点，就是没有字序！有人以笔画与部首为序，姑不论孰先孰后，查过电话号码簿的人都知道。当查到贵大姓时，再查到十画到十五画的名字时，便必须慢慢地数了。

字序应是"文字的序数，与人熟记的序数相等"，有了字序，人才能随时知道该文字的排列位置。人需要熟记的序数不多，十进位是一种，九九乘法表是另一种。拼音字母的序数约三十个，从小就背熟了，就如十个数字一样，一看就知道前后。

凡是超过三十个以上的符号，就很难记忆，中文部首有二百多个，不能做字序。笔画更不直观，不仅要会数（写得正确不见得就数得正确），数时还要花时间。因此用部首、笔画为索引的字序法，始终不能让人熟记，更遑论灵活应用！

中国人喜欢享用现成的，不事观念上的改进，便用死方法，硬给每一个中文字形一个内码。使用时再用内码表对应各种输入码表，有对注音的，有对部首笔画的。这种方法表面上可以用了，可以卖了，直到下次出问题前，不再有人会过问。

等到新的问题产生时，大家就糊涂了，又有一大堆专家，再建一个对照表。读者或许无法理解，这样又有哪点不对？是的，这不只是中文电脑界编码有问题而已，这是整个时代都有问题，大家只会头痛医头，脚痛医脚。就像台湾的都市一样，有地先盖房子，盖完再铺路，路铺好才发觉电线要埋管，于是再把路挖开。过些时，水管又要挖，水管过后，又是煤气管。每挖一次劳民伤财不说，工地交通不便，路基越来越坏。不久，地铁工程又成为建设重点，能不挖吗？挖的结果，有的电不通，有的渗水，有的瓦斯爆炸，有的整个地基崩塌！

每个人都是事后明的专家，而且为了表示自己有见解，群起开骂，骂来骂去，发泄完了，情况依然。几十年来台湾各种层出不穷的事故，有哪一件不是事先任由少数人一手遮天，没有全面的规划，有功吹嘘自己，有过推诿他人，最后好官自为！

新字的问题首先是“这算得上是字吗”？那些新字的“原稿”接近天书，无从查证，也难以认定算不算字！由于这种工作没有大利，所以没有专门机构负责。

其次，就算是字，如何取码？在无输入码之前，任何电脑一定查无此号！如果取码的人不是原始定码者，麻烦就来了，这个字很可能一收再收，一字多码！

就算这个问题也解决了，这是个新字，可以放在某一个位置吧！至于为什么是这个位置呢？有人说那不重要。文字是人应用的概念工具，放是放上去了，却不知道在哪里，那不是标准的敷衍塞责吗？如果要知道在哪里，则一定要有字序（就像查英文字典时，一看字就知道前后）。

还有一个尚未发生的问题，目前仅仅台北、高雄两市就已经如此，以后全省实施时又是如何呢？不断地修改、造字，上千个事务所，未来如何维护？

事到如今，谢振孟是好心，我却看得明明白白，“内政部”又背了一个烂摊子（前一个自然是全民健保）。我能怎样？时到今日，皮之不存，毛将焉附？我只能在输入码上略尽心力，义务替“内政部”编码，把字集继续扩充下去。

“资策会”受“标准局”之托，希望能设计一套统一的仓颉输入码。此举立意至佳，只是考虑不周，竟然把我这个发明人给忘了。谢振孟自是感觉不平，我认为他们若真能统一仓颉码，只要做得更好，我绝不反对。

可是，当谢振孟弄了一份改码的方案来时，我不能再事缄默了。自从我发表仓颉码之后，人人都以为编码非常容易，只要把我已经整理好的规律，搬搬移移，改个名字就行。人的学习能力来自先天，能创造一种输入法，当然不是坏事。可是要把事情做好，却涉能力、毅力及敬业精神。很多人没有逻辑思维，也没有正确判断的能力，以致常常把很简单的事，加了很多自以为是的傻见，反而弄得一塌糊涂。

由于“户政司”所用的五万五千多字，沈红莲已花了一个月的时间，全部编码校对完毕。而“资策会”所做的，也是为了配合户政系统，如果两者有矛盾，将来又会有好几个版本。因此，我不得不厚着脸皮，毛遂自荐，参加了“资策会”的“仓颉编码小组”。

除此之外，对中文电脑而言，我已经仁至义尽，今后将全力从事传统文化的研究。至于其他的技术，我一概传授给学生，能完成多少全看他们的造化了。

介于电脑与文化之间的，就是中文概念，我毕生绝大部分的时间，都耗费在概念的分析与整理上。受了《易经》的影响，对事物养成了分类的习惯，随时拿着一把刀，逢事就砍。以至于事事都与他人看法不同，虽有所得，亦有所失。

“仓颉法则”就是中文的功能分类，一般人只知道仓颉输入法，其实那仅是仓颉法则应用的功能之一。可是不论我怎么说，人们眼睛没看到，手没摸到，总是不愿相信的。我年事已高，这些理想可能难以实现，书之于此，说不定未来有人能将之发扬光大。

仓颉法则包括文字的六大功能，分别是字码、字序、字形、字辨、字音、字义。由于理论与实践涉及太多专业知识与技术，在此仅能概略地介绍。

字码就是文字的编码，以供文字实际的应用，包括键盘输入、文字索引等。二十六键中我只取用了二十四键编码，余下两键供扩充之用。

字序是仓颉字母的顺序，相当于英文字序，有了字母的观念后，相应于每一中文字的每一字码，就有了一定的前后顺序。由于我已经把仓颉的著作权放弃了，任何人有兴趣都可以用这种顺序来编字典、做目录，欢迎应用。

字形为一种视觉效应，利用明暗、强弱的对比，人得以辨识其特征而判别其所代表的概念。既然仓颉字母可以用作取码的符号，也就表示字母中有些性质具有字形的特征。根据取码规则，把各种字形符号以程序控制，便可以还原为字形。我的中文大字库便是利用这种原理，以最直接的手段完成的。

人用眼睛看到字形，便得到一组字码，如果换了电脑“看到字”，应该同样可以得到字码，这就是所谓的字辨，也就是电脑的文字辨识。仓颉码的符号少，电脑辨识极为容易。电脑辨识的程序，沈红莲在大陆时就已经设计好了，可是基于多种原因，我们一直没有机会把它做成产品。现在已由封家麒负责，在1995年年底完成，后继的产品很多，也将一一上市。

字音是供语音输入之用，中文有90%是形声字，大约有八千个声符，一千多种音。这也是我的学生们在努力的工作，几年之内，将会实现。

字义是中文最值得称道的功能，文字是传达信息的工具，信息就是人对一般事物所认知的常识、知识。如果一种文字的字义需要靠死记，这种文字的价值就难以发挥。拉丁文是拼音文字中最有结构性的，有字头、字身、字尾的变化，所以各种学术上的名称，在习惯上都以拉丁文定义。

中文的功能更强，以数百个部首来做分类定义，因此字义相当明确。只可惜中国人太信仰西方神话了，又没有能力、工夫将自己的文字功能整理出来，所以处处追随他人。值此信息时代，概念的分类与编码的功能将是自然语言的核心，读者切勿轻忽之。

将此六大功能统一设计在仓颉法则中，的确是煞费心机。在过去没有中文电脑之际，人人都以为我神经不正常，今天中文电脑虽然有了，只不过用来做些简单的文字处理功能，成千上万的电脑专家，收入颇丰，有谁愿意放下身段来干这些苦活？

我无意责怪别人，书之于此，也不过留供历史借镜。当一个时代中，人人只知求名逐利，除了吃不完的大鱼大肉，用不尽的华宅美车，又能留下什么？但愿后贤记取我们这一代的教训，人间该走的路实在太长太多了。

就以中文概念为例，在未来高科技发展的趋势上，必然成为最有价值的技术。因为人类对人工智能的追求，是永远不会终止的。而人工智能的首要条件，就是机器有能力与人沟通。要使机器与人沟通，唯有彻底了解文字的概念定义与结构，否则不可能实现。

当今人工智能的各种技术皆已成熟，所匮乏的只有人对概念的认知。人能用概念，以之与他人沟通，可是对其中的体用因果却是讳莫如深。

正因为概念为未来科技的关键，而目前并没有这一门学问，学者不知，求教无门。在此我特地略作解说，真有兴趣的读者，将来也许可以参阅拙著《新易》。

这里我先解释一个问题，就是前面提过的“混沌”观念。有人把它说得很玄，其实“混沌”是一种单纯的状况，只是人不知此状况为何而已。

任何系统的原始状况都可以假设为一，当系统展开后，由量变到一极限，必然会分裂成为质变（即“混沌”理论中的周期三曲线）。如果我们继续把这种分裂当作原系统的延伸，每分裂一次，其对系统的殊异成级数增加一次，于是便成为混沌。

以《易经》为例，原系统为一，一分为二，二分为四，四分为八，相当于三个分裂周期。原系统为太极（意为最最原始），太极生两仪，两仪生四象，四象生八卦。须知两仪代表相对现象，四象已经变为时空象征，八卦则为万事万物的象征，所展开的六十四卦已可以表达宇宙中的一切变化（“混沌说”中“周期三”与此相同）。

为什么中国人不提混沌呢？这正是中西文化分歧所在。中国文化重视整体观，由一看万，是为大公。一般人做不到，所以就有圣贤茹苦含辛地，牺牲小我完成大我。西方重视自我，由万来看一，人见人殊，各人看法不同。看法不同，意见迥异，于是争取自由、独立，活在世间只为了在混沌之中争得一席之地。

由一看万，即由大同观殊异，我们称之为有序。因为万是由一万个一，一一排列组合而得，其中的一种排列，是由小而大。如果换一种排列方式，集合性质相同者为一群，群中有序，这可以是社会组织，又何尝不可以是文字、事物的分类呢？

对人而言，概念是一，而概念所涵盖的感受则是万。因此，以西方的观念来看，概念系统可以说是一种“混沌”。概念是“模糊系统”，所谓的“模糊”就是混沌之一。事实上，同一个概念对任何人说来，都不尽相同。但是在这“不尽相同”之中，却有概略相同的基础，用之与他人沟通，由同见异，由异求同，正是宇宙变化的原动力。

举例而言，“火”是一种简单而明确的概念，人人都知道，人人都会应用。但是有谁细想过“火”这个概念，在沟通的过程中，对不同的人会产生不同的作用？

假定有甲、乙、丙、丁四人，甲曾由火海中劫后余生，闻火心惊，火的概念等于危险；乙曾被火烫到，火的概念是可怕；丙曾冻倒冰雪之中，深知火的可贵，火的概念相当于救星；丁则为一烧水工人，对于他，“火”就是工作。

再假定有一人眼不能视，一人口不能言，一人耳不能听，一人四肢不能移动。把这四个人与前面所说的甲乙丙丁四个人，排列组合一下，我们就有了十六种对“火”的认知。更何况人世间的变化无穷，各种排列组合的可能性无尽，我的结论是绝不可能有两个人有同一的概念，有完全一致的认知！

这就是概念的由来，“火”代表了一种现象，视觉上是光、色、形的变化，听觉上是声音的变化，在触觉上是温度高低、位置的变化，在意觉上则是经验与需求的变化。四者综合为一，才是人对“火”的主观概念。

世界上有多少人，就有多少种对宇宙不同的认知，在异中求同，就成为宇宙变化的收敛能量。同时，人生生死死，这种作用不断地进行。在量变质变之余，宇宙一个层次一个层次地发展下去，终于让人认知到同与异，同异的整体，即为真理。

在“层次”的立场，概念衍生于人类，由此导致知识层次的产生。为了便于了解与应用，概念必须加以分类，除了要能有系统地表达外，更要符合事实真相，与人类在宇宙中的进化过程丝丝入扣。我们只有站在绝对超然的立场，根据人与环境的相互作用，找出其间的关系，才能把繁杂的各种概念整理出头绪来。

宇宙进化的既定目的与时空流程在此不拟多谈，在时空变化中，因应环境，适者生存，不失为一种解释的方式。地球演化到“新生代”，年平均温度已明显地降低，长此以往，千万年后，生命体必将在地球上绝迹。新的进化方向由人类开始，生命体基因的遗传不再是主流，人脑的结构能累积经验，借着对经验的认知，尝试着去改变环境。这种认知是以人的主观个体，在长时期中不断观察、印证客观变化所得的结果。

一般动物仅有遗传的直觉反应以及学习的条件反应，大脑中没有自动产生电流脉冲的能力。其中枢仅根据外来的刺激，以其直觉或学习的模式，决定反应。这种模式的优点在于中枢不会受到无谓的干扰，随时都处在警觉状态下，能成功地达到生存目的。其缺点则是难以应付外在环境大规模的剧变，若地球继续冷却下去，此类生命的进化即将终止。

人类是另一种进化，大脑结构改变了，皮层组织能自动产生微弱的电流，其功效与外界传入的刺激信号相当，但后果却不同。外界的刺激都有一客观事实，而内部产生的电流信号，或为随机偶发，或因内在的影响。此时大脑中的电流作用，全肇因于已有的经验记忆，所形成的“刺激”并不存在于当时的“客观真实”中，故称“主观观念”。

前文说过，主观观念只是个人对经验产生的认知，当人与人需要沟通或印证时，必须以感官能够接收的形式，如系列的声音、符号或动作行为，来表达彼此共同的认知。这种工具便是概念，我们只要了解概念所象征的认知因素，就可以分析观念，了解人类的特质及其行为。

所有的概念都是主观意识对客观世界的代表，除了表示个人与外在的区别外，主观与客观并无实际意义。为了便于概念的整理分类，凡是本存于自然界，或者已经为世人共同认知的事物现象皆归类于客观。而需要经由个人辨识判断的观念，或涉及自我意识的动作行为者则属于主观。尚有少部分概念，很难用主客观加以界定，仅暂时收入近似的类别中，但不会因此而影响到概念的运用。

我采用生机结构（与《易经》的二进位分类法则类似），将中文的概念一步一步微分下去，就得到了由“基因”定义的“概念结构”。由于这是一种新观念，很难用几句话就说得清楚，下文中我只列举基因的32个大类，以供参考。

分类基因有了以后，任何语言都可沿用。但不可否认的，中文是仅存的矿区，而且矿脉极深。全部的分类、基因定义、常识结构加上象征语法，即为《新易》的内容。

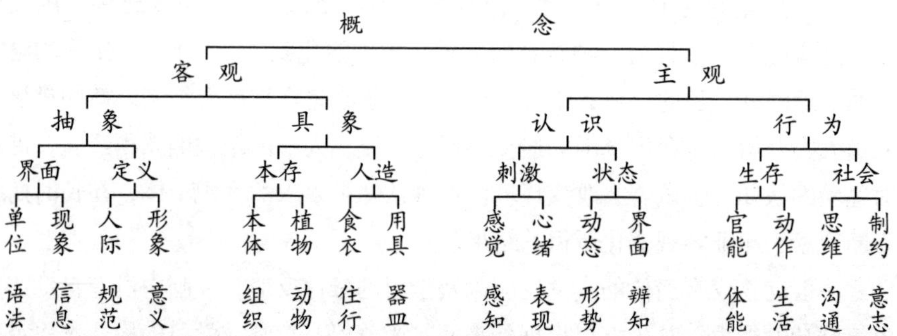

上述分类仅为系统纲要，计有二观、四族、八词、三十二类。在资料分类时，每类还要细分为八种，总共有256种，各占一个字节。为求资料结构的精简，每一项除了要符合概念的定义外，尚需顾及分配的平均。因此，细部分类必须按照所收的字数再行调整。

具有相同的因果与体用的概念者，皆归属为一类。在常识结构中，其定义为“因”能产生“果”，“体”有“用”的功能。

目前我仅收了八千个字及部分复合词，显然这不足以代表全部的概念，但是已能组合出十多万个词组，表达率在95%以上。其余的文字多为人名、地名与异体字等，假以时日，当逐步完成之。

“客观”意为自然发生于客观环境中（包括人在内）的各种概念，其中多为事物的名称，可分为“抽象”与“具象”两族（以单字为主，词组必要时可增加，概念理解与表达不同，理解时词组可分开了解）。

以下为概念分类总表，所列概念并不完整，细部定义亦不在此。其中的层次分类乃为提示读者，并非该类中所属概念均适用。

抽象类都为观念，有用作人与事物关系的“界面”词四类：界定事物的“单位”，界定文字语言的“语法”，界定自然“现象”，界定各种“信息”。

界面词，单位类——意识层次

00	定义	自然语言中，定义为ASCII字符，采用开关式。
01	分类	学术　书目　文件　八卦　星期　节气
02	数字	一　二　三　四　五　六　七　八　九　十　零
03	序位	天干　地支　仓颉字母　名次
04	时序	世纪　年　季　月　旬　周　日　天　时刻　分　秒　星期　礼拜
05	单位	长度　面积　重量　容量
06	量词	个　位　件　桩　份　流　品　栋　尊　架　口　顶　只　辆　艘
07	钱币	人民币　美元　英镑　欧元

界面词，语法类——意识层次

08	名词	专用名称词
09	动词	专用述词
0A	代名词	专用代名词
0B	形容词	专用形容词
0C	副词	专用副词
0D	前置词	专用前置词
0E	连接词	专用连接词
0F	惊叹词	专用惊叹词

界面词，现象类——意识层次

10	能效	能　力　劲　势　功　电　磁　声音　火　光
11	质性	液　胶　固　晶　汽　浆　汁　韧
12	光效	影　荫　瑜　晖　焰　曦　颜色　彩　虹　霓
13	气象	云　霞　雾　露　风　雷　雨　霜　雪　雹　阴　晴
14	生机	生命　生机　感觉　感官　神经　动物　植物
15	知识	哲学　物理　化学　数学　生物　政治　经济
16	计算	加　减　乘　除　幂　微分　积分
17	保留	

界面词，讯息类——意识层次

18	时间	春　夏　秋　冬　古　昔　前　昨　今　明　后　昼　夜　宵　旦　夕　朝　晨　早　晚
19	方位	东　南　西　北　左　右　中　前　后　上　下　内　外
1A	界限	郊　野　疆　域　境　际　邻　畛　经　纬　间　隔　范
1B	位置	顶　表　底　端　旁　侧　边　缘　周　围　内　外　里
1C	观念	宇宙　程序　道理　阴阳　性心　意志　命运　公私　物　雄雌
1D	信息	语言　话　文字　符　辞典　模码　标式　史稿　信例　票　谜

续表

1E	生活	艺 技 术 诗 词 韵 乐 曲 调 谜 戏剧 图画
1F	价值	资 货 财 债 薪 俸 账 款 股 钱 钞 币 金 宝 珠

抽象的事件“定义词”也有四种：定义“人际”关系，定义人类行为的“规范”，定义事物的本来“形象”，定义人与自然间“意义”。

定义词，人际类——学习层次

20	血缘	男 女 哥 姐 兄 弟 妹 夫 妻 娘 父 母 爸 妈 公 儿 子 女 丈
21	家族	伯 叔 姑 嫂 媳 婿 侄 孙 舅 姨 甥 侄
22	关系	亲戚 嫡表 胞 朋友 恩 仇 敌 主宾 客侣
23	称呼	孩 童 婴 汉 郎 翁 爷 妇 妪 官 长 员 师傅
24	角色	尼 僧 道 巫 丑 丐 娼 妓 姬 贾 侠 豪杰 盗匪 寇贼
25	阶级	帝 君 王 公 侯 伯 子 男 帅 将 校 尉 士兵 卒 官 民
26	职业	农 工 商 渔 牧 公 政
27	信念	佛 菩萨 神仙 灵魂 魄 妖 魔 鬼 精 罗汉

定义词，规范类——学习层次

28	道德	德 礼 忠 义 孝 悌 忍 廉 耻 诚 信 恕 仁 爱
29	境界	智慧 圣贤 贞淑 伟 慈
2A	制度	宪法 法律 规则 制度 契约
2B	事务	文 武 役 稼 邮 婚姻 职业
2C	机构	府 院 会 部 司 署 局 所 科 组 校 系 班 级
2D	军队	军 师 旅 团 营 连 排 班 队 伍
2E	门派	族 家 宗 门 盟 帮 堂 派 社党
2F	地址	国 省 市 县 镇 乡 村 街 路 段 巷 弄 号 区 里邻 州郡

定义词，形象类——经验层次

30	形貌	样 形 状 况 姿 容貌 景象 相 型 璞 琼 瑶
31	痕迹	斑纹 辙 踪 瑕疵 印
32	水文	波 浪 涛 涟漪 漩涡 潮汐 泡沫
33	物象	圈 孔 窟窿 坎 坑 洼 洞穴
34	物形	点 线 面 体 角 方 矩 棱 圆 锥 格
35	体形	棵 杆 管 条 带 节 幅 栏 片 张 颗 丸 粒 块 枚 瓣 疋 页 珠
36	群象	丛簇 群伙 绺 掇 团 重叠 层 串行 排列 把 股 朵
37	保留	

定义词，意义类——意识层次

38	欲望	名　利　权　势　福　禄　寿　禧　色　财　誉
39	灾害	旱　灾　害　涝　荒凶　祸殃　罪刑　业障　孽　难　辜
3A	福祉	幸　祉　健康　益　惠　吉祥　瑞安　泰　德　智　佑
3B	疾病	疾　病　症　恙　癌　疫　瘟　痨　痢　炎　癣　瘾
3C	际遇	鳏　寡　孤　独　残废　瞎　聋　哑　跛　疯　秃　痴
3D	保留	
3E	保留	
3F	保留	

具象者概指具有体、用、形、质，可以计数、分类的自然物。其中有四种“本存”于自然中，有本存于自然界的“本体”类，有属于动物的“组织”类，有分类属于“植物”者，也有分类属于“动物”者。

本存词，本体类——物质层次

40	元素	金　银　铁　铜　锡　氧　碳　铝　氮　氢　钠　硅
41	天体	天日月星　星云　银河　行星　恒星　黑洞
42	生物	人　兽　禽　畜牲　树　草　鸟　鱼　贝　虫
43	能体	柴薪　煤炭　脂肪　酒　油　石油　瓦斯　沼气
44	水域	洋　海　河　川　溪　江　湖　泊　潭　泉　瀑　源
45	水界	岛　洲　屿　渚　礁　矾　滩　谷　峡　渊
46	地形	崖　坡　陆地　原　峰　岭　岗　丘陵　山岳　岳
47	质体	灰尘　粉　散　末　沙　岩石　玉　水　土　泥

本存词，组织类——生命层次

48	部位	头　首　脸　额　腮　颊　颈　脖　背　胸　腔　腰　腹　尾　眶
49	器官	眼睛　瞳　眸　耳　鼻　口　嘴　唇　舌　牙齿　喉咙　咽嗓
4A	上肢	手　爪　指　掌　腕　肘　胳膊　臂　肩膀　拳　鳍　翼　翅
4B	下肢	股　腿　膝　胫　踝　跟　脚　足　趾　蹄　蹼
4C	皮毛	皮肤　革　羽毛　发　髦　眉　胡须　睫　鳞　鬃
4D	内脏	脑　心　肺　腑　胃　肝　胆　肠　腺　脾　肾　鳃　脏　肚　脐　肛
4E	结构	身体　躯　骨　肌肉　筋　腱　膈膜　脉　颅　甲　神经　血管
4F	体液	血　汗　泪　涕　唾　痰　乳　奶　蜜　脓　尿

本存词，植物类——生命层次

50	粮食	稻　禾　麦　豆　米　粮　面　玉米　高粱　花生
51	菜蔬	蔬菜　瓜　萝卜　菇
52	水果	桃　李　桔　杏　梅　梨　苹　蕉　葡萄　柿　菠萝　龙眼　荔枝　芒果　木瓜

续表

53	观作	菊　荷　莲　兰　杨柳　桂　松柏　楚草　枫　玫瑰
54	特作	竹　棉　茶　蔗　烟　麻　桑　茅　艾　蓬　楠　桧　檀　樟　材　板
55	器官	花　华　果　叶　苞　核　壳　籽　仁　蕊　根
56	技干	芽　苗　干　枝　梗　茎　柄　杆　芒　刺　杈
57	毒性	毒药　砒霜　菌　霉烟　吗啡　鸦片　海洛因

本存词，动物类——生命层次

58	养殖	鸡　猪　鸭　鲤　鲍　虾　蛙　兔　羊　鹅
59	役使	狗　犬　马　猫　牛　驴　骡　象　鸵　骆驼
5A	飞行	燕　雁　雀　鹤　鹰　鸦　鸥　鹊　雕　鹭
5B	传说	蛟　鹏　龙　凤凰　麒麟　鲲　蜃
5C	野生	狐　虎　熊　蛇　蟒　贝　鲸　龟　猿　猴　狸　狼　豹
5D	昆虫	蝉　萤　蝴蝶　蜂　蚂　蟀　蚱蜢　蚂蚁　蛾
5E	危害	蝇　蚊　蟑螂　蚤　蝗　虱　鼠　蚜　蚂蝗　臭虫　白蚁　苍蝇
5F	生态	蛹　蛋　胎　精　卵　尸　成虫　幼虫　孑孓　毛虫　蚕

具象分类中另有四类系因需要而“人造”者，其中有供生存需要的“衣食”类，有因空间环境所需的“住行”类，有应用功能的“用具”类，有生活功能的“器皿”类。

人造词，食衣类——经验层次

60	食品	菜　面　馅　饭　粥　饺　糕　饼　肉　鱼　包子　馒头　蛋糕　罐头　面包　吐司
61	佐食	盐　糖　酱　醋　茗茶　羹汤　酒　咖啡　酱油　糖果　饮料　点心
62	食式	斋　荤　素　膳　餐　宴筵　宵夜　伙食　中式　西式
63	食处	馆　店　厅　堂　楼　榭　摊　阁　厨　旅馆
64	织品	布　巾　纱　绒　绸缎　呢　绪　网　裘
65	衣服	装　裳　裤　裙　衫　袍　袄　外套　衬衫　奶罩　制服
66	著物	袜　履　鞋　冠　帽　靴　盔　甲　胄
67	衣位	领　袖　裆摆　襟　衬　衩　口袋　钮扣　拉链

人造词，住行类——经验层次

68	环境	庄　院　庭　池　井　园　田　景　城　郭　乡　公园　广场
69	屋舍	宫　殿　阙　房　寓　屋　舍　宅　厦　阁　堂　厢　亭　楼　别墅　宿舍　公寓
6A	专用	塔　库　寺　庙　牢　厂　坊　舱　铺　仓　刹　狱　厕
6B	建体	墙　壁　柱　栋　梁　堤　樊　篱笆　郭　基　础　门　窗　廊
6C	通道	径　道　路　途　阡　陌　沟　渠　桥　港　阶　梯　轨　站

续表

6D	行具	车　舟　船　艇　舰　筏　轿　轮船　巴士　卡车　轿车　飞机　的士
6E	构件	轮　轴　帆　桨　锚　舵　巢　窝
6F	身后	棺　椁　柩　墓　坟　陵　棺材　灵柩　寿衣　骨塔

人造词，用具类——经验层次

70	用具	线　绳　索　刷　皂　帚　梳　巾　枕头
71	家具	桌　几　椅　凳　架　橱　柜　床　屉　沙发
72	饰具	钗　镯　钏　簪　环　璧　佩　帘　钟　表　镜　旗
73	护具	钥　锁　伞　扇　被　毯　帐　杖　棍　杠　鞭
74	文具	笔　墨　纸　尺　簿　册　书　籍　秤　斗　灯　烛　印章
75	玩具	棋　球　牌　偶　骰　麻将　拼图　相机　弹弓
76	工具	锉　刨　铗　钳　槌　锤　钉　剪　刀　斧　砧　锯　钻　凿　针
77	农具	锄　耙　铲　镰　网　罗　犁　臼　磨

人造词，器皿类——经验层次

78	食器	匙　筷　叉　壶　炉　灶　锅　杯　碗　樽　盅　盘　碟
79	容器	缸　盂　罐　桶　盆　瓶　瓢　勺　痰盂　马桶
7A	盛器	盒　篮　袋　筒　箱　笼　箩　匣　篓　筐
7B	乐器	锣　鼓　笛　筝　琴　铃　箫　笙　弦　乐器　喇叭　钢琴　风琴
7C	兵器	炮　枪　剑　弓　戈　矛　盾　箭　镖　弹
7D	机器	机　械　镣　铐　炼　锁　钟表　键　钮
7E	材料	陶　瓷　瓦　砖　纸　丝　棉　麻　茅　草　藤　线　木板　钢　水泥　玻璃　塑胶
7F	废物	屁　屎　粪　垢　垃圾　渣滓　糟粕

“主观”意为因人的存在后，在人的主观立场所得到的概念，“认识”族多为形容人因感官而认识的各种现象。

“刺激”词有四类：有因物理性质的“感觉”，有能量性质的“感知”，有人的心理状态“心绪”，也有人的各种“表现”。

刺激词，感觉类——物质层次

80	质状	柔　软　坚　硬　牢　固　刚　脆　稀　疏　松　弛　紧　密　巩　致　皮
81	性状	潮　湿　干　燥　浓　稠　纯　淡　杂　黏　沃　瘠
82	体状	纤　细　微　薄　硕　巨　厚　扁　粗　庞　矮　仄
83	形状	纵　横　正　反　尖　锐　弯　曲　平　坦　歪　斜　直　钝　皱　勾
84	势状	稳定　危险　崎岖　凹凸　陡峭　崇峻　倾立　隆　偏
85	色状	白　黑　玄　乌　赤　丹　朱　红　橙　黄　绿　蓝　靛　紫　青　碧　黛　翠　苍　褐

续表

86	水状	汹 涌 浩 瀚 滔 湍 汪 泱 沛 滓 茫
87	生状	荣 茂 枯 槁 腐 朽 凋 萎 森 芜 蛀 馊

刺激词，感知类——感觉层次

88	光觉	明 亮 晦 暗 朗 昭 皎 皓 灿 燎
89	视觉	洁 净 澄 澈 污 秽 肮 脏 浑 浊 清楚 模糊
8A	听觉	吵闹 静默 幽寂 喧哗 潺 飒 淅 铮 响 潇
8B	味觉	甜 甘 酸 苦 辣 咸 鲜 涩 麻
8C	嗅觉	腥 臭 臊 膻 馨 香 芬 芳 馥
8D	体觉	冰冷 寒凉 炎热 温暖 滑 嫩 灼 烫 糙
8E	内觉	饱胀 饥饿 疼痛 疲倦 酸麻 渴 累 痒 醉 困 腻 慵
8F	意觉	玄 秘 奥 迷 惑 奇怪 诧异 惊讶 疑 楞 怀疑

刺激词，心绪类——经验层次

90	好感	宠爱 嗜好 依赖 怜悯 恭敬 恋 恤 惜 迷恋 敬佩
91	忧感	怨 忧愁 悲哀 戚凄 惨 郁闷 颓 烦 痛苦 伤心 伤感
92	喜感	恬 喜 乐 欢欣 愉悦 怡 放心 满足 满意 舒服
93	恶感	厌恶 憎嫌 嫉妒 忿恨 愤怒 愠 气 毛 忌 轻视 埋怨
94	心感	安逸 犹豫 怅惘 急忙 悠闲 虔惯 焦急 紧张 轻松 无聊
95	怀感	勉怀 羡慕 希望 冀盼 惦记 挂念 思想 愿享 历 寄 期待
96	愧感	懊恼 羞耻 惭愧 悔疚 尬尴 惶 愕 憾 窘 后悔 担心
97	物感	节俭 慷慨 吝啬 奢侈 贪婪 馋 足 贪心 小气 浪费

刺激词，表现类——经验层次

98	良性	淡泊 朴 驯 婉 谦 乖 恳 穆 蔼 活泼 淘气 体贴 随和
99	恶性	奸 狡猾 残酷 骄傲 凶狠 蛮悍 淫 佻 苛刻 暴戾 自私
9A	率性	严肃 耿率 豪犷 浮躁 刁顽 猖狂 妄 愎 亢 倔 固执 坦白
9B	胆性	畏惧 骇怕 惊悸 恐怖 慌张 怯懦 奋 勇敢
9C	处事	警惕 懈怠 殷勤 劳 谨慎 鲁莽 懒惰 草率 勉强 认真 负责 冷静
9D	才能	聪敏 愚笨 拙呆 傻 精湛 平庸 行卓 菜 呆 能干 糊涂
9E	外表	俊秀 美丽 妩媚 肥胖 壮健 纤瘦 丑陋 苗条 漂亮
9F	装扮	娇俏 妖冶 艳雅 酷帅 俗骚 摩登 时髦

“状态”词也分四类：有因能量变化所生的“动态”，有变化结果所产生的“形势”，有相互作用的“界面”，也有变化结果的“辨知”。

状态词，动态类——物质层次

A0	动止	转　动　回　旋　倒　覆　停　息　止　住　定
A1	移动	运　滑　溜　闪　晃　荡　蠕　翻　滚
A2	飘动	飞　翔　飘　扬　刮　飏　飙　曳　漂　浮　泛
A3	流动	流　淌　渗　漏　泌　淋　滴　漫　泻　泄　涌　溢
A4	形动	陷　缩　长　涨　延　伸　展　舒　张　膨　胀
A5	引动	冒　升　降　落　压　坠　堕　掉　潜　沉
A6	震动	震　撞　击　颤　抖　磕　砸　颠　簸
A7	激动	爆　炸　喷　射　溃　决　激　迸　溅　崩　塌　垮

状态词，形势类——经验层次

A8	能态	照　耀　映　晒　焚　燃　烧　熄灭　熔　沸　滚　开　冻　凝　焦　糊
A9	力态	威　猛　狂　厉　剧　烈　昌　旺　勃　兴　盛　炽　罄　绝　衰　竭 尽
AA	时态	久　暂　老　少　长　幼　新　旧　先　后　迟　早　晚　担　徐　缓 冉　陈
AB	度态	多　少　大　小　轻　重　快　慢　长　短　浓　淡　贵　贱　绰
AC	容态	深　浅　光　空　虚　鲜　寡　充　实　盈　丰　满　弥　挤
AD	视态	高　低　远　近　庞　阔　广　恢　宏　洪　弘　博　辽　遥　狭　渺
AE	感态	强　弱　好　坏　歹　简　繁　齐　乱　聚　散　优　劣　良　窳　佳 匀　纷　紊
AF	判态	真　假　对　错　误　艰　难　易　详　陋　巧　妙　妥　适　宜 准确　冤枉

状态词，界面类——经验层次

B0	接触	碰　触　黏　附　遭　遇　逢　碾　磨　摩　轧　贴
B1	交互	交叉　封堵　阻塞　贯彻　穿透　通畅
B2	连接	联　连接　继续　衔　承　绍　歧岔　主支
B3	纠结	纠结　缠绕　掺　搀　混　维　绞　串　融　参
B4	关系	掩埋　淹没　浸泡　渲染　涂敷　溺　渍　沾
B5	位置	悬　挂　衬　垫　垂　吊　佩　卡　翘　夹　别　竖　配
B6	聚集	拼　凑　会　合　并　汇　聚　集　淤　滞　和　综
B7	累积	储蓄　屯积　累　攒　贮存　堆叠

状态词，辨知类——经验层次

B8	变化	变化　破碎　断裂　分解　消溶　绽脱　锈烂　销蚀　毁
B9	视线	彰　显　现　曝　露　蒙　蔽　遮　盖　隐　藏　屏　罩　出现
BA	过程	起始　发生　开启　终止　完成　关闭　毕　讫　进行　过程 恢复　结束

续表

BB	制造	制造　生产　创作　搞　弄　扩　拓　做　废　衍　演　易　发展　生产
BC	得失	得失　赚赔　胜败　赢输　亏损　耗　遗忘
BD	地位	贫穷　卑鄙　贱　富裕　尊贵　荣阔　平凡　普通
BE	生理	昏　晕　眩　咳　嗽　鲠　噎　搐　僵　肿　伤　感冒　中毒　上瘾
BF	保留	

“主观行为”中，在意识作用下，人的行为反应若仅为个人单纯的动作，则视为“生存”行为。

“生存”词分四类：“官能”是人的器官具有的功能，“体能”则为肢体具有的功能，“动作”是以手为主的各种动作，“生活”则为因生活需要所产生的相关行为。

生存行为词，官能类——由生命至意识层次

C0	饮食	吞　咽　舔　呷　吃　喝　啜　饮　食　咀　嚼　啃　噬　嗑
C1	口鼻	呕　吐　闻　嗅　呼　吸　吹　含　咯　唾
C2	唇齿	叮　咬　亲　吻　吮　叼　抿　努　噘　龇
C3	眉目	瞪　瞠　瞑　眯　睁　眨　颦　蹙　乜
C4	看视	瞄　望　瞧　盯　看　瞅　窥　觑　视　见　睹　观　瞥　瞟
C5	发声	呼　叫　呻　吟　嚷　呐　喊　咆　哮　嚎　号　吼　咏　诵　唱
C6	生理	歇　憩　寝　睡　眠　苏　醒　梦　屙　操　干　嫖　性交　休息　睡觉
C7	生死	死　亡　殇　毙　夭　殁　丧　活　诞　孕　生殖

生存行为词，体能类——经验层次

C8	行动	进　退　赴　去　往　返　来　达　莅　渡　旅　行　巡　到　出　入
C9	走动	走　踱　跑　跨　迈　超　步　越　驰　奔　凌
CA	体动	扒　攀　登　游　泳　泅　涉　仆　跌　扑　爬　拐
CB	追动	躲　避　窜　逃　遁　追　赶　撵　驱　逐　排
CC	脚动	踏　踩　踹　蹬　踢　跳　蹦　践　蹑　蹈　蹴　跺　跃
CD	姿动	仰　俯　伏　跪　坐　鞠　躬　蹲　踞　躺　卧　趴　站　立　伫
CE	互动	搂　拥　抱　挣　扎　拦　挡　妨　碍　遏　绊　刹
CF	电脑	电脑　功能

生存行为词，动作类——经验层次

D0	动手	拱　招　扬　挥　摆　摇　撼　抛　扔　丢　投　掷　撒　摔　掼　挽　挟
D1	掌握	掐　拧　抓　拈　捏　拿　扼　握　持　执　擒　揪　捉　搀　扶　勒

续表

D2	变动	摊 剐 撕 摘 采 扯 卷 折 扭 扳 折 掰
D3	易位	揩 擦 抹 掸 扫 拨 滤 挤 榨 挖 掘 撬 掀 抽 拔
D4	易形	捆 绑 装 填 盛 束 缚 扎 包 裹 拴 系
D5	触物	拢 捧 托 捂 搔 挠 搓 揉 搭 摸 撑 按 捺 接触
D6	移物	捡 拾 搬 移 举 推 拉 提 拖 挪 捞 担 抬 挑 搁 置 卸 放 曳
D7	及物	拍 叩 捶 敲 劈 插 扎 砍 揍 捣 打 刺 弹 搅 拌 鼓掌

生存行为词，生活类——经验层次

D8	炊事	炊 煮 熬 蒸 烹 炖 煎 烙 炒 烤 焖 煨
D9	生活	穿 戴 剃 清 洗 漱 淘 饰 沐 浴 澡 盥 妆 葬 祭 祀 拜 喂 养
DA	住行	住 留 泊 驻 载 划 航 骑 搭 乘 驾 驶 居 宿 寓 羁 驳 搬家 流浪
DB	身心	戏 玩 耍 游 逛 舞 赌 竞 赛 娱 嫁 娶 旅 结婚 电影 音乐
DC	家计	补 剪 裁 纺 织 缝 缀 绣 勾 漆 刮 削 切 割 修
DD	农牧	犁 耕 栽 种 灌 泼 浇 注 洒 酿 钓 猎 饲 耘 植 溉 狩 垦 培 汲
DE	专业	裱 褙 镶 嵌 雕 刻 锻 炼 铸 打 冶 塑 铺 砌 盖 建 筑 医 疗 装潢
DF	交易	聘 雇 买 贩 卖 售 借 贷 赊 偿 还 租 赁 花 销 贸

“主观行为”在人与人之间，需要经验学习的，则为“社会”行为。

“社会”词是人类最复杂的行为，“思维”是在意识支配下，“沟通”则用言语或身体语言，“制约”是利用团体的力量，“意志”则是指个人的意志。

社会行为词，思维类——意识层次

E0	观察	阅 览 聆 听 察 勘 侦 测 闻 品 尝
E1	思维	念 想 猜 度 估 算 思 忆 忖 虑 计 究 疑 料 臆 析
E2	认识	辨 认 知 识 觉 晓 悉 懂 鉴 验 憬 悟 证 匮 乏 欠 缺 歉 费
E3	判断	掂 判 裁 酌 量 挑 选 择 审 查 考 核 订 据 甄 稽
E4	著述	抄 写 撰 述 注 拟 誊 译 描 绘 作 著 题 报导
E5	记载	记 录 签 刊 标 辑 编 校 划 修 改 纂 备
E6	教学	教 摹 仿 学 练 试 训 读 导 效 习 诲 育 法
E7	需求	要 祈 觅 谋 寻 找 搜 需 希 祷 图 牟 求 托

社会行为词，沟通类——意识层次

E8	目的	祝 贺 慰 迎 约 辞 邀 送 饯 侍 伴
E9	诚意	赞 颂 逗 陪 访 褒 奖 请 谢 恭 赞 告辞 告别
EA	表达	说 道 曰 讲 喻 叙 告 诉 论 解释 谓 评 述
EB	沟通	洽谈 咨询 辩诘 驳 聊 商议 讯问 答 报警 反对 抬杠
EC	立场	谅 饶 嘱 咛 慰 哄 催 劝 谏 勉励 怂恿
ED	宣泄	抒 讥 讽 嘲 叹 嬉笑 哭泣 乞求 夸 诌 惹 咆哮 宣泄 吵架 抬杠 埋怨
EE	不实	唬 欺 骗 诡 诈 瞒 诱 诟 诬 讼 诽 谤 谄
EF	咒骂	呵 叱 责 骂 恫 吓 训 侮 辱 诅 咒 责备

社会行为词，制约类——意识层次

F0	领导	领导 统率 御 宰 治 董 赦 颁 管辖 指挥 主持 携带
F1	行政	监督 经营 制 控 驭 订 办 施行 宣布 示批
F2	人事	饬 干 委 匡 矫 擢 荐 役 任免 撤罢 准 允许
F3	保护	保护 卫庇 佑 拯救 顾 帮助 援 协 挡
F4	意志	决 负 拼 尽 专 擅 逞 等 待 候 耐 憋 誓 许
F5	服从	觐 谒 禀 报 贡 奉 缴 纳 呈 申 遵 从 皈 随 皈依
F6	收付	输 传递 领取 收受 授 交 付 兑 换 寄 汇
F7	供给	供 给 赠 送 捐 献 济 施 犒 赏 赐 馈

社会行为词，意志类——意识层次

F8	照会	命令 吩咐 征召 调 差遣 叫 使 让 派 通知 传达 公布 发布
F9	革除	戒 除 革 罢 删 舍弃 省略 汰 消 免 杜 避免 放弃 取消
FA	对立	抵抗 争 克 降 屈服 拒 叛 逆 违 投降 违反
FB	处罚	惩罚 诫 黜 贬谪 降 囚禁 拘押 处罚 警告
FC	强制	逼 扣 逮捕 掳 欺 缉 迫 俘 胁 索 占 扰
FD	武力	攻 防 伐 战斗 袭 敉 征 侵 守 搏 御 侵略 攻击 打架 抵抗
FE	掠夺	掠夺 拐 抢 偷窃 盗 劫 攫 剽 篡
FF	杀戮	杀 剿 斩 诛 弑 屠 戕 殄 歼 戳

在上述各行概念之首，有两个英文或数字，那代表十六进位值。为了配合电脑结构，一般习惯把两个十六进位值合用。对电脑程序有兴趣的读者，一定要了解十六进位的观念。这是诀窍所在，一旦透悉了十六位的机密，写程序将变得非常简单。

一般人把写程序弄得非常复杂，吓坏了别人，也吓坏了自己。其实写程序的原意是编写一种工作的过程，只要了解所要做的事应该怎样进行，再利用程序指令一步步做去，就是编写程序。

使用程序指令不是编写程序最难的部分，最难的是要了解工作的问题本身，如果不知道，当然写不出程序。

如何了解问题呢？我教学生只用二分法，就是把问题切分为已知与未知两部分，已知的当然可以解决。再在未知中切出已知部分（未知中一定也有已知的），一直切到完全不知道，就找到问题所在了。知道问题所在后，再将未知的问题设法与已知连接，连得起来，就变成了已知，如此这般一直分下去。

切分完了，再找其中的共同部分（不了解的当设法统一了解之），分类编号，安排成十六进位的方式。最后才是写程序，但因为经过分类整理，范围固定，每写一种程序，只要熟悉相关的指令及工具，心理负担便小得多，写程序也就容易了（有兴趣者请参阅拙著《组合语言的艺术》一书）。

比如说，什么叫十六进位？

假定有 1 组连座开关，上面有开关 4 个，每个控制 1 盏灯。于是 4 个开关的排列组合，就可以使四盏灯产生 16 种不同的变化。也就是说，它最多只能有由全灭到全亮的 16 种变化，超过 16 种，就必须另外增加开关了，也就是进位了。

数目字只有 10 个，不够用了，于是把英文的 ABCDEF 6 个加进去，成为 16 个数字。一组有 16 种变化，两组则是 16 乘 16，有 256 种。

这样有什么好处呢？当我们把 16 进位熟悉得像自己手指一样时，再把前述的概念“基因”当作“指示灯”。每当我们得到输入的概念时，实际上得到的都是这些数字，数字可以控制“指示灯”。于是我们就可以了解此概念的基因！至于了解基因后，应该与什么“常识结构”有关，则得看常识库的十六进位资料了。

什么叫编写程序呢？就是根据指示灯，把流程连接到正确的位置！

电脑听命于指令，指令即相当于指示灯。写程序容易是因为控制电脑的指令虽多，对工作有用的却没几个，“先了解要做的工作，再去找指令”，学程序就不难了。

8 秋分

自然语言　中文结构

综合前述各项说明，我归纳出了中文文字概念的基本因素。根据这些基本因素，才能将每一个中文字汇明确地界定清楚，并贮存在电脑中。当某一文字输入时，经过程序的基本因素分析，电脑的“意识中枢”便得到所代表的概念。意识中枢亦能反向将基本因素组成概念，并将之转化为语言、文字，以与人沟通。

这些基本因素即为各种主观客观现象的根本，通过电脑中的“意识中枢”的“了解”程序，凡与概念结构有交集的，则分别与所设定的概念连通，意识即产生了对此概念的“认知”。有了了解及认知，再加上电脑做为主观个体的“立场”，以预设的“目标”作为“判断”条件，电脑便有了“智慧”。在必要时，尚可以赋予“行动”的能力。

以下我简单地说明其具体的步骤以及设计的原则。

在概念资料中，“基本因素”具备三种特征：

一、代表客观、主观等现象最基本且完整的观念：

对概念而言，“基本的”并不等于“单纯的”，由于形成概念的联想特性，主观客观交互纠结，没有任何概念能独立存在。因此，我将前表的256种分类假定为最基本且完整的观念，并视之为分类因素。在实际应用时，尚须利用分类因素作交集定义，才能明确地将每种概念加以界定。

二、文法或文字应用的原则：

文法是硬性规定的，没有灵活的变通性，虽历经许多语言学家的努力，始终无法整理出一套具有公信力的中文文法来。也幸亏如此，我们得以摸索出一条中文文字应用的原则。基本上我们承认主词、述语的陈述结构方式，但在文字与文字结合时，则采用弹性的始态、终态、连续态，以“达意”为原则。

三、有与感应功能机构（即感官）结合的条件：

要让电脑达到认知的目的，必须了解电脑的特性，利用资料汇流排以及软件程式多次选择的功能，每当“概念”资料传送到汇流排上时，可以选定适当的输出入埠，使“感应功能机构”得到正确的电流脉冲。

前两项在前文已解释过，现略分析分类基因与感应功能结合的方式，即得到下列关系。实际上此类结合常涉及知识，而知识系贮存在“知识库”中，除了预设的知识外，尚可以经由学习过程，填入资料结构中。

概念是独立的单元，仅能代表静态的事物。而人类处身在四度时空中，面对的事物瞬息万变。因此，人类在认知或表达概念时，必须使它成为动态的形式，这种动态的形式，早在原始时代即被普遍应用为语言。

如果以电影为例，一格一格的画面可以视作独立的概念，放映即是将静止的画面连续成为动态的画面，人借此了解电影所表达的原意。因此电影也是一种语言，而且灵活又有趣。想要了解语言真相的人，最好先从电影分析着手。

语言虽然发展得早，但在发展初期人类的智力尚未成熟，对于规律的掌握还在摸索阶段。故越早期的语言，其规律性越低。学习第二种语言的人，常对该语言“不规则”的文法、字词变化等伤透脑筋，偏偏那些最讨厌的部分往往是最常用的习惯语法！由所有不规则的习惯语法，可以看出人类最初的习惯性行为是什么。奇怪的是中文中并没有“不规则”的观念。

中华文化真正的价值，就在中文的概念结构。过去因为对资讯认识不足，无法发挥中文的绝对优势。好在真理不辩亦明，中国人亦为人类家族的一员，过去遗留的宝贵资产，尚有待未来人类共同努力，发扬光大。

我开始考虑概念分类时，就像做中文输入研究一样，完全是在黑暗中摸索。等到理出一些头绪，有了初步的结果后，才发现美国学者早在二十几年前就考虑过这种方法。但是他们只做了些最表面的分析后，发觉此路不通。自后因为电脑技术的进步，学者专家纷纷改从分析文法与字典着手，仍然没有找到可行的方向。

近年来概念分析似乎又有抬头的趋势，可是据我研究的结果，英语在长期发展过程中，倚重发音以表达概念。在录音机未发明之前，声音无法记录，全赖一代一代之间的口口相传。加以人类能辨识的声音有限，必须采用复音节才能有效运用。这一来，一个英语词汇本身就是一组复杂概念的结合，很难从中理出基本概念来。

其次，英语有规则严谨的语法结构，虽然有其优点，却因此丧失了语言文字的演进痕迹。我们要想找出人类思维的真相，就必须了解思维所应用的元素，这些元素就是组成原始文字语言的基本概念。既然英语业已经过整理，现代人所用的英语必然与整理前的有所不同，那又如何去找寻那些失去的环节？

人类最初发展的概念一定是不完整、简陋不堪的，我们想知道人是怎么了解概念，其途径之一是找到概念的发展原因及过程，此必须有保存良好的原始条件。对英语甚至所有的拼音系统来说，这个机会是非常渺茫的。中文基于视觉符号的发展应用，走向图形文字，每个图形在当初只代表一种具体概念。后来虽然扩大了应用的范围，注入了一些新的认知，但原意还在，而且各种文献一直保持至今。

中文最有利于追溯思维因素的一点，就是其单音概念。单音因为不易辨识，所以中文常将单音字组合成"词"、"成语"来使用。这些单音字正好就是各种概念的矿床，只要能有系统、大规模地整理研究，人类思维的历程必然昭然若揭。

我在沈红莲的协助下，收集了近二十万个"词组"，花了很久的功夫，把每个词的含义以及组成词的各单字间的关系，一一加以分析，又经过多次的修订，才得到第七章（见7概念）的分类表，以及概念基因和常识结构等。

我不厌其烦地说明这点，主要的原因是希望国人了解中华文化的博大精深，绝对不是虚语。尤其我很希望当今从事中国文学以及语言文字学的学者们，千万不要妄自菲薄。风水轮流转，智慧之钥已在你们的掌握之中，智慧科学就靠各位发扬光大。

我很了解自己，创新突破是我的长处，但却缺乏严密周全的细心。智慧科学将是人类文明对宇宙进化的最终贡献，唯有大家捐弃私心、成见，精诚合作，截长补短，才可能有真正的成果。至于上述的分类，只是在启蒙时期个人一点不成熟的心得而已。

以下且以使用最频繁、最复杂的"打"字为例，说明我们怎样利用中文的特性，将其前后字义的关键分析出来（其余的文字也是以同样的过程，一一整理归纳出来）。

我们所收集有关"打"字的复合词，因数量太多，在此仅抄录具代表性者如下：

"打"字在前，后接动词、名词、状态词等：

一、动词在后，"打"或指一种行为，或表某种动作或行为之进行。

打斗　打仗　打劫　打击　打扰　打闹　打猎　打扫　打捞　打造
打磨　打扮　打赌　打量　打鼾　打盹……

二、名词在后，泛指用手进行的活动（可能有引申义）：

打球　打牌　打更　打鼓　打锣　打针　打铁　打靶　打拳　打勾
打油　打水　打酒　打柴　打鱼　打包　打结　打伞　打字……

三、指动作行为，后接终态词、结果词或程度词：

打定　打成　打下　打住　打完　打好　打坏　打消　打伤　打死
打破　打穿　打断　打碎　打烂　打倒　打通　打动　打得……

四、典故，或因习惯用法而有他义者：

打发　打尖　打点　打烊　打折　打算　打雷　打诨　打手　打哑谜……

由上可知，“打”在前时，多以其后之字定义，本身仅作发生、进行及完成助词。

“打”字用在后面者较少，除用作单位外，多为“打”之动作。

一、前为数字者，“打”作为单位用：

一打　半打　两打　几打……

二、前为动词，表示打之方式，前为名词，则指用工具的动作：

扭打　撕打　拍打　拷打　捶打　摔打　抽打　敲打　殴打……
鞭打　棒打　锤打　拳打　手打……

三、前为助动词、形容词、副词，则描述“打”的情况：

能打　肯打　会打　爱打　乱打　狠打　痛打　经打　耐打……

四、专用术语：

单打　双打　代打　全垒打……

我们一再分析各种单字的组合，发现中文词组有一定的组合方式，除了一部分习用已久或出自典故难以合理的归类外，绝大多数都有前后顺序的关系。一般说来，同性质的字，前面的字义多为“始态”，后面的则为“终态”（亦即前者为因，后者为果）。形容词、副词多用在前，一旦用在字后，则一定是一种结果的状态。这种发现奠定了我们对中文具有“映画”功能的信念，因此，我们仅以单独的文字概念作为“动画”的元素，再以前后的关系定义之。

这种方法不但可以节省文字定义的空间，重要的是应用灵活无比，只要再加上“修辞”模组，中文自然语言就算完成了。

举例而言，“逃”是人或动物在某种原因下，因本能反应或意识驱使，以行走或任何交通工具，避开某个特定对象的动作行为。逃的结果，使位置或关系产生了变化。

从上述的定义来看，“逃”本字的概念并不完整，难以理解。充其量我们只能肯定这是一个主体所控制的动作。

再详细加以定义，以“逃”为述词，如前用一主词或副词，如“他逃”、“快逃”，其意甚明，毋庸细述。其下接名词，或作为“逃”的对象，或以“逃”修饰该名词，是一种最常见的叙述方式：

“逃家”：主词通常指人，但凡“家中的成员”均适用（猫狗亦可逃家，但可能性不大）。

“逃学”、“逃课”：根据其后名词的限定，主词必为学生。

“逃兵”：主词为兵。

“逃税”：主词为人，且为有收入、有义务纳税的人。

“逃狱”：主词为囚犯，“逃犯”则为专词。

“逃难”：主词多半为人，然动物也可能有灾难。

“逃命”：主词指有生命、能动作者。

如果后接动词或状态词，则表示逃后的结果，如：

“逃避”、“逃遁”、“逃匿”：逃后不知所往。

“逃离”、“逃走”、“逃脱”、“逃开”、“逃掉”：皆表示逃后，不同程度地达到了逃的目的。

如果把上述的词颠倒过来，有些难以理解，有些则产生不同的概念，如：

“遁逃”：遁有不使人知之意，表示悄悄地先遁后逃。

“匿逃”：匿是静态的，放在逃的前面，无从解释。

“避逃”、“离逃”、“掉逃”：由于“避、离、掉”三字皆有结果之意，其后再接动作之词，很难会意。

“走逃”、“跑逃”：走及跑皆为全动态，已为逃所涵盖，故不适用。然而走与跑亦具终态之意，故用在逃之后面则可。

“脱逃”：指先脱离后，再逃者。

“开逃”：开始逃。开在此不是结果词，而是时间词。

由上可知，两个单字结合时，其在前在后有一定的语意规则，不然就词不达意。这是中文独具的特色，应用起来异常灵活，奥妙无穷。

在我粗浅的分析中，动词有状态词与动作词两种，分别说明如下：

一、状态词：又分为始态、连续态与终态，皆表示一种动作在某一时间内的状态。此类词可以用为动词，但却只表示某种动作的状态，与动作无关。如：

兼具三种状态者，如“开”、“启”、“发”、“起”等。

“开门”、“开罐”、“开幕”、“开山”等词中，如何“开”法并不是概念的主旨，只是表明了一种状况的开始。同理，“打开”、“张开”、“铺开”、“走开”等也只表明了一种终止的状态。“开打”、“开演”、“开讲”、“开跑”等则表示动作的连续态，在这种状态下，“开”之后皆接动词。

终态：“满”、“止”、“停”、“住”、“死”、“谢”等，这类概念不能用进行式，多为已经完成者。

连续态与终态：“灭”、“消”、“减”等，虽为终态，亦可作连续用。

二、动作词：即一般所谓的动词，除文法上的特性外，在字义上可分为动作与行为两大类。动作有自然力的运动，主体驱动的运动，动作的结果与其所产生的终态有关。行为则有动机与起因，环境与效应等因素。

以动作为例：“流”为自然力的运动，主体为液态物，因地心引力，由上往下运动。如果引申为状态词，则表示一种连续态或终态，指自然而然形成者。中文凡属水字旁的字，多有自然现象的涵意，又凡为动词者，多具状态的特质。这是因为古人造字时，先有了事物之形，再观察事物的性质及所产生的状况，遂以事物为分类标准，当作偏旁，故都具有特别的属性，详见后面部首的分类说明。

主体驱动的动作词亦然，凡属自发性动作，皆归类于运动的主体。这种分类法对于字义的了解与运用有极大的优点，譬如说西方的人工智能研究中，由于英文不具这种功能，字义完全依赖字典提供，字与字之间不具依属性。要回答“什么会飞”这类问题时，除了事先建妥庞大的“知识库”外，几乎没有其他简便的解决方案（要知道类似“什么会飞”这样的问题是无穷无尽的）。

对中文而言，“飞”的属性是因能飞的主体而产生，前人在创造文字时已经处理妥当，除了一两个例外，所有“鸟”旁的字（仓颉码之后三码为“斜日火”者）都是会飞的动物，其余“飞机”、“飞船”、“滑翔机”更不用说了。换句话说，在文字的结构中已经蕴含了字义的分类。如果把字义视作人类经验所得的智慧，那么，我们可以大胆地宣称，中文是具有智慧的文字，根据中文来发展“人工智能”，将远比英文来得容易。这也是何以我个人胆敢大言不惭，自命了解智慧，说穿了，不过拾得前贤一点牙惠罢了。

行为词更有规律，缘因人类对行为的认识，多在文化层次发展到某一阶段以后，造字时已有成规可循。如人与人之间的行为，多以“亻”为偏旁；运动位移的行为，则采“辶”旁；思考的行为，为“心”字旁；言语的行为，则为“言”字旁；用手脚的行为，为“手”与“足”字旁，诸如此类，如女、糸、金、木、火等，不胜枚举。

所以，我认为中国人未来的前途，完全系于中文专家身上，未来人类的“思维科学”也端视中国语言学家的努力而定。毕竟中国文字不是“速食”品，历经了几千年，动员了无数不计功利、默默奉献、没有私心的伟大的人类精英，将人的睿智浓缩在一个小方块中。这种信息是宇宙进化史中最珍贵的宝藏，是至高无上的智慧秘笈！

炎黄子孙们！“思维科学”必是未来世界的主流，身在宝山，还有什么需要外求的？不自行努力，琢磨这块璞玉，反而一味盲目地“西化”、妄把他人的残渣剩滓奉为圣品，那不是愚昧又是什么？

我个人学浅才疏，所知万不及一，言尽于此。世人是否能有造化，也非我能揣测，邵康节梅花诗言：“一院奇花春有主，连宵风雨不须愁。”喻之国人，差堪告慰。不过，今天中国需要的是信心，未来的中国则戒之在狂傲。文化属于全体人类，能相互学习切磋，截长补短将是人类之福。褊狭的地域或人种观，必将自陷于绝境，不见容于千秋万世。

中文另外一个极有价值的观念，即为“部首”的常识分类。任何一个人绝不可能有足够的能力与时间，认识到所有事物的通则，但是一个绵延不绝的民族则有此可能。尽管可能，也要有必然可行的方式，一代一代沿用这种方式，不断发展下去。

在设计仓颉输入法的时候，我就发现了大部分的形声字都以字形偏旁作为字义分类。根据这种现象，我正好将文字取码与字义结合为一。因此仓颉字码不仅仅是索引符号，又是该字的字形与字义分类。目前一般人或许还看不出其功效，一旦进入自然语言的领域，字义分类便是人类认知的成败关键。

下面我以仓颉码为序，大略介绍部首中字义的定义方式，再与前述各概念配合应用，精简异常，当知我强调中国文字的智慧绝非虚语了（部首在上、下、左、右，都有特殊的分类意义，请自行参详）。

日：与光有关的各种现象。

门：与门有关的词，代表组合的机体。

月：即为“肉”字，生理组织类。或为“月”，与光有关的各种现象。

骨：生理组织。

贝：财物及与财物有关的行为。

豸：野兽类。

目：眼部的动作与视觉感受。

金：金属与其属性等。

木：树木类，木制物以及与木有关的特性等。

韦：皮革类的器物及其所表示的性质。

水：与水有关的自然景物、现象、状态、动作与人造物等。

火：与火有关的现象、事物，状态以及炊事行为等。

米：与粮食有关的事物。

土：地形、地物，与土及地有关的词。

走：与行走有关的词。

竹：各种竹类，竹的部位及制物。

白：光亮洁白的形容词。

禾：农事、农作物等。

身：身躯与身体的动作等。

鬼：鬼怪等名词与形容词。

亻：人与人之间的各种行为与事件。

彳：与人类动作行为有关的词。

牛：与畜牧及生活有关的词。

舌：舌部的动作。

鼻：与鼻有关者。

风：与风有关者。

舟：与航行有关的行为、用具等。

宀：房舍与室内的用具等，或表空间的形容词。

示：礼仪与祭祀的行为与用具等。

冖：居家生活有关的词。

穴：具有穴状特性的词。

车：与车辆、运输有关的词。

麦：粮食，作物等。

疒：生理与疾病等有关的词。

犬：与犬类野兽有关的词。

衣：与衣着有关的词。

巾：衣物，巾状之用物与饰物等。

虫：虫类、爬虫类等。

片：片状之物。

雨：与水气有关的自然景象、现象等。

王：玉类物质物品等。

歹：与死亡、毁坏有关的现象与行为。

豕：家畜有关者。

石：矿物、石制物及其性质等。

酉：经发酵的食物及有关的现象等。

弓：武器及有关的性质等。

角：角之部位、角制品及其功能等。

子：人际称谓及关系等。

鱼：鱼类与相关的词。

矛：武器工具等。

阜：与空间、环境有关的词及人类行为等。

邑：空间、地域及环境之词。

人：人之角色、关系、行为、现象等。

食：与食事、食物有关者。

气：各种气体。

心：心理感受、现象、状况等。左侧的心指状况，下部的心指感受。

手：手的动作、人体的动作及行为。

耒：农具、农作等。

口：口之部位，口部动作，发声等。

足：脚部名称、动作、行为、现象等。

马：与马有关的词类。

髟：体毛类及其性质。

耳：与耳以及听觉有关者。

廾：草类，菜蔬等植物。

革：皮革制品等。

羊：与羊有关的词。

山：与山有关的形容词、名词等。

女：与女性有关的名词、形容词等。

糸：与纺织有关的词或具有纠结性的状态词。

田：与土地有关的词。

黑：与黑暗及黑色有关的词。

囗：与空间范围有关的词。

言：与语言有关的词。

以上仅略述概要，根据字码只需要一个位元（开或关），就可以达到分类的目的，全世界大概也只有中文与仓颉码可以做到。如果我们不加以利用，将之发扬光大，岂不是愧对祖先？

西方是分裂性的文化，是以假设、分析、求证为思维的指导方针。世事越分越细，细不见得能明，但是细分的结果，派别观念越来越多，彼此之间的相同性反而越来越少。这点可以从知识分类、政治制度、人种区分得到明证。

中华文化是综合性的文化，是以假设、归纳、应用为思维的圭臬。中国人只求外表的统一，含糊的认知，不确定的象征。千古以降，读书人但求“读书不求甚解”、“得意而忘言”，以同统异。是以知识上崇儒，政治上忠君，人种上同化。

这种分别正是概念的认知问题！今人学了西方的观念，半通不通，便将自己全盘否定。谈意识太麻烦，不如举个例，看看西方的精英是怎么分析语言？又得到什么结果？如果这样还不能拾起文化的自尊心，不妨等西方开始汉化时，再回头也不迟。

西方学者经过二十余年的摸索过程和错误经验，自然语言的研究者，由最初利用关键字或纯语法的比对方式，如今已改用概念分析法，其中耶鲁学派的 Roger Schank 所提出的理论，是当前的主流之一。

他的目标是设计出一个“会听故事”的程序，也就是说，它所需要知道的常识和词汇，都局限在一个范围内（西方尚无人敢尝试做一个有“一般用途”的自然语言系统）。

他的构想是把所有的行为动作词，分析归纳成若干个基本概念。其他则类分为动作者、目标物等。输入的语句经过程序的剖析后，即转化为基本概念。

基本概念共有 11 类（现已扩充，但我在中文结构中归纳出的，已有一千个，包括前章所列举的概念分类），如 ATrans 指所有权的转移（给、拿、买等），PTrans 指物体的位移（走、骑、放等），MTrans 指信息的传递（说、写、听等），MBuild 指信息处理（如想、思考等），INgest 指进食行为（吃、喝、饮等）……以下且举一实例说明：

输入：他卖给我一本书。

内部结构：

动作： ATrans

动作者：他

物： 书　　　　　　　动作：ATrans

到： 我 ——— 动作者：我

从： 他　　　　　　　物： 钱

到： 他

从： 我

输出：

1. 分析：我给了他钱，他给我一本书，我买了他的一本书，我付了他书钱。

2. 推理：我有了一本书，他有了钱，我想要他那本书，他不再需要那本书，我会看那本书，他需要钱。

假设常用的英文词汇有11000个，只有11个类别，这表示每一类中有1000个词汇概念相同，无法区分。就算目前已扩充到100个类别，只要不是每个字的定义，都有别于其他的字，电脑就无法真正了解和使用自然语言。

再看输出有分析，有推理，好像说得很清楚，可是因为字义界定不明，达不到真正的理解。事实上西方学者自己也承认，对“人工智能”还在“学习了解”阶段，尚无可行的理论（Schank 的理论，此处限于篇幅和主题，只做简单说明。坊间有关人工智能书籍中“语意理解”部分，必会介绍他的方法，读者若有兴趣，请自行阅读）。

如果用中文概念来分析，“他”是“人”（人字旁+定义），“卖”则是一种“商业行为”（贝字旁+定义，商业行为之一，即为金钱与物的交易），“给我”是指“受者”，“一”是数量，“本”是形容有信息内容的“量词”，对象物为“书”。

输出：“他”收了钱，“我”收了“书”，完成了一桩买卖（全部资料7个字，共28个字节，过程不过用了几百个字节的程序而已）。

由此可证，他们的分析虽然不再完全根据语法，却也与概念无直接关系。这种做法，受限于设计者的能力，每一个字都必须辛辛苦苦地重建其结构。中文概念则早已建立在文字的形声结构中，充其量下点功夫整理即可。

在这个时代中，不论在经济、军事、文化上，也不管对象是国家、社会或个人，知识的运用都具有决定性的力量。然而，运用知识的仍然是人，人又受限于时空，所以人类社会尚能保持某种程度的平衡。

然而，人类追求“自动化”的努力与梦想，古今中外，未曾一刻停止过。一旦在信息的处理上能成功地使知识运用自动化，则人类的社会结构势将引起空前的变化。

这种知识自动化，就是“人工智能”的目的之一。

因为人有智能，所以能运用知识，并借着知识的力量，达到人的目的。如果机器也能自动地运用知识，我们必须承认这种机器也同样具有“智能”。只是这种智能的初始是“人工设计”的，所以一般称之为“人工智能”。

有了人工智能的机器以后，基于机器记忆能力之强大，永远工作不休，处理事务准确迅速，成本低，效率高，很少发生“错误”。最可怕的，是“它”没有人性，只是忠实不渝地执行交付的任务。万一它在一个或一群人的指使控制下，很可能国际均势消失，对人类社会造成永难弥补的伤害。

职是之故，所有的工业先进国家，无不将人工智能当作最重要的攻关项目，全力以赴，唯恐落在他人之后。

所幸欧美工业国家的先进基础，建立在物质科技上，而“智能”却与物质无关，是一种“唯心”的“经验”的领域。尽管多年来他们已经投入了大量的资金、人力，迄今并没有任何实质上的突破。

这是一个民族、文化生存或淘汰的竞争时代，今天在物质条件上，我们是弱者，处处落人之后。但是，中国也曾经壮大过、强盛过，这样的说法并不是自我陶醉，而是基于中国文化的特征以及数千年累积的经验。这些正是“人工智能”所缺乏而西方科学界无从由实验室或工厂中生产出来的。

所以，在工业时代，我们的确是瞠乎人后，信息时代却给我们带来了一线曙光。如果我们善于利用，群策群力，将先圣先贤的经验与智慧设计成为“人工智能”的产品。则在即将到来的新时代，谁敢轻侮炎黄子孙?

我已经决定不再涉足“人工智能”，但是，知识不是任何人的专利，我能看到，别人也有可能做出来。时机一成熟，“人工智能”就难免泛滥成灾。既然已经谈了不少，何妨再稍作解释，让读者多一分了解。

人工智能不能离开信息，那是因为人的智能来自于信息。“信”指静态的资料，“息”指动态的讯息。信息是人将感官所能认知的刺激，以资料及信息的形式，加以贮存与应用，以代表人所能了解与应用的概念。

在第六章（6 白露）我曾谈到感觉讯号与概念的关系，这里我更进一步，略述其在人工智能上的应用。人类的感觉有五种，分别是视、听、味、嗅、触觉。佛家则认为应将“意”加入，成为“六识”，意为人对刺激的六种认识。

意识我们称为内在刺激，由人的经验交集所形成，且为个人行为与判断的中枢。外在刺激则有五种，其中视觉感知光影，人可以藉图像与符号等来认知与表达；听觉则接收声波，人并用声带模拟该音调；味、嗅、触三者人仅能接收，除了经验认知外，无法与他人直接沟通，故纯属主观。

味、嗅、触觉与反射神经有直接的联系，偏向于“本能”，当此类刺激产生时，反射中枢立即根据利害程度，作出最有利于该个体的反应。听、视觉则接收距离较远的物体、事件所传来的声、光等刺激，最初这些刺激亦是本能的，以判断其对本体之利害，但此判断可以累积成为经验。当某些经验在客观印证下，被同一社会的人公认，遂称之为常识。在智能的理论上，常识是人据以判断选择的标准。

图形与符号可以设计成为静态的资料，音调则是动态的信息，这两者皆具有接收与表达的功能。人的主观经验通过信息的交联，得以互相转换，并以之传达给他人。对于原本没有此类经验的人，信息遂成为最有效的工具，藉之可迅速建立起其常识库与专业知识库，这就是学习。

当然，在学习过程中，由于主观与客观的条件，认知效果也有差异，如味嗅触及意识等纯属主观经验，除了在一定的范围与程度外，并无实质的意义。唯有双方具有等效的经验，而且能明确地掌握信息的要素时，才有沟通的可能。至于专业知识则较接近客观，同行者都必须经历相似的体验，学习效率最高。

即使是文字语言也面临相同的问题，在学习语言文字的过程中，需要将之与已形成常识的主观经验连结起来（人在两三岁以前，学习是一种本能，靠记忆将声音与事物相连，渐渐形成常识）。这种过程必须利用感官的效应，一再与客观事件印证，此即为思考、判断。而语言文字所连结的认知即为概念，所以每个人对概念的认知，与其经验的广狭、感官的灵敏度、思考判断的方式及语言文字的接受能力等，都有不可分割的关系。

西方对人工智能尚没有统一的定义，在此我仅以设计者的立场，先定义智能，再逐步说明人工智能的可行性。

所谓的“智能”，系指一种自发性的机构体所具有的达到其预设目标的能力。

根据此定义，智能有四个要素：

一、其载体是一种机构体，具有整体性质与功能。

二、此机构体是自动的，非外力所操纵。

三、有预设的目标。

四、能够在变化的时空中适当地因应调整，以迄目标的达成。

应该注意所谓“预设的目标”应该只有一个，如果有多重目标，则必有优先顺序之分，或按照时间订定远程、近程目标，逐步实施，而且不能自相矛盾。因此，在某一时间内，在某一个优先顺序下，仍然是只有一个预设的目标。

一部汽车是一种机构体，其预设目标是代人之步，但汽车不具自发性，故没有智能。人类所设计的各种工具、用具，到目前为止都必须在人的操作、控制下，并需运用人类的智能，以达到预期的目标，所以都不具有智能。

如果我们设计一种车辆，以“驾驶服务”为唯一的“预设目标”。它能自动驾驶，并接受人的命令。在接受人的命令时，即相当于设定短程目标。这时它应该能够判断此一短程目标是否与预设的目标相矛盾。如果是，它将拒绝执行。否则不论在什么情况下，它都能把人送达目的地，具有这种功效的汽车，就可以称为是一智能机构体。

同理，我们如能设计一台电脑，自动地为人类收集、处理资料，能与人交谈，了解人的观念，帮助人解决问题，这就是智能电脑。再若将具有感觉器、行动能力的机械人，与智能电脑结合起来，则此机械人即达成“人工智能”的要求。

为了保证安全有用，机器与人之间的沟通，必须借助概念，人得以对此“智能体”加以控制。故人类所设计的智能机器，必须能“听”与“说”人类惯用的语言，才能达到上述目的。在这种特定的条件下，电脑对语言、概念的理解、运用，才是设计人工智能的成败关键。

所谓“设计”是先有了一种观念，利用已知的技术和器材，组成符合构想的事物。电脑专家如果没有智能的观念，不知道所面对的是什么，则无从动手。

当今的语言学只研究到语言的演进、结构与应用，至于人体机能与语言之间的界面关系，则尚未能了解。人会模仿学习，也会教导别人，却不知道为什么会有这种能力，当然更不知道如何教导机器去学习与应用语言了。

至于观念，更是思考的基础，从古至今，哲学家们争论不休，也未曾有过具体的定论。那么，人如何设计一种连自己都不了解的事物呢？

很明显地，我们必须了解语言与思考之间的体用因果，使电脑也和人一般，能够思考，能够运用语言。这样它就可以与人沟通，了解人的观念，进而为人类服务。再换个角度来看，语言（符号）相当于对外在刺激的一种感应，而观念则是经验的积累，一旦这种电脑设计成功，电脑就可以应用其感应资料，增进其观念。更进一步，全世界的电脑可以借网络的连系，互通信息，而且以高速处理，永不中止。

今天，正当有先见的环境保护人士，正努力挽救濒临绝种的生物时，我们可以想见，未来的人类亦将面临需要被保护的一天。进化淘汰绝对是反人道的，今天的人类还不憬悟身处的环境，到了大错铸成时，后悔已是无及了。

假如我们能把人性设计到电脑中，让电脑继承人类的感知，无止无尽地薪火相传。当然，这已不仅是技术上可不可能的问题，其中还牵涉到法律、道德以及个人的良知、责任等种种超出我们所能解答的问题。

知识早已不是人类掌握在手中的工具了，它的生命力遍布于每一个人的思想中。一道好奇的目光，一个偶发的疑问，在在都是它的影子。不论重不重要，也不论成功失败，只要有人的心中怦然一动，知识就增加了一分力量。

当人类走出丛林，远离了那些还在披毛茹血的族亲时，人就与知识歃血为盟，携手创造了一个崭新的时代。不幸人无法将其生命无限延伸，知识却得以借着人类，一代一代地传衍、更新。现在，知识壮大了，壮大到任何个人都无法窥识其全貌，更遑论控制应用。这时，人与知识之间的相互利用价值，端视彼此的需求程度而定。

我们能够忽视这个事实吗？抛开了知识，有谁还能声称人为万物之灵？在今天，国家会衰亡，人种会灭绝，可是知识却永远存在。世界上的每一个角落，社会上的每一桩事件，无不深深地受着知识的支配。人类孜孜不倦所追求的，朝朝暮暮所憧憬的，又有哪一件能脱离知识的影响？

我认为该是人类自我检讨的时候了，趁着“知识机器”即将问世、我们的盟友快要振翅起飞，而我们这些“知识动物”还在盲目地推波助澜之际，如果能够把握契机，将人类特具的感受以及长年累月体验到的价值观，都一股脑儿交付给它。至少，让它也有“感同身受”的人性和“推己及人”的认知，或许人类还能安享余年。

有这种可能吗？没有人怀疑“知识机器”的能耐，但谁都不相信那种无血无肉的机器，会有像人类一样的情感。

这是因为科学太重视实验所得的客观知识，忽略了人的主观感受，所以科学家们一直不了解“人性”到底是什么。在他们望洋兴叹之时，是不是应该调整一下实验的手段，利用理性的思维，来剖析一下人性呢？

据我的了解，人性在理性的剖析下，并没有什么神秘难测的现象。我们只要掌握住一些基本观念，逐步地探讨，就可以透视全貌。一旦能够理解，自然能按图索骥，用已知的各种观念和技术，将之设计成为附加在知识机器上的感性功能。

人类应用语言的原因，是由于人自我的“主观”感受和外在的“客观”真实之间有所异同。为了与其他个体沟通，高等动物发展出了以声音表达情绪的机能。人类更进一步，利用声音的各种变化发展出语言，以代表其主观的感受。

如果把主观的感受分析成为单纯的因素，而且这些单纯因素的组合，能代表人类所有的观念，我们就能分析语言，了解人类思考的过程。在这种情况下，这些单纯的因素也就是人类思考的基因，甚至可以视为知识的基本元素。

原则上说来，人类的感觉器官接受到外界的各种“刺激”，在本能上基于“利害关系”而有了“感受”，产生“反应”。若是仅表达感受的反应，谓之“情绪”，再因为反应的后果，由“观察”刺激得到“认知”。因认知而有了“判断”，这个过程谓之“经验”，经验的贮存，则为“记忆”。由于人类的记忆系统建筑在神经的生化结构上，其效能不高，故对记忆的存贮、取用，很难加以控制，有时对一事件的原委记忆并不明确，我们称之为“印象”。

大脑中的记忆体以神经原连接成网络，神经原会产生生化电流脉冲，在网络中流动。相同的感受因素占有共同的记忆区域，但却与不同的事件相通连。当某一事件所产生的电流脉冲，因共同的感受因素而引发其他事件的记忆，我们称此现象为“联想”。对于某一因素或事件产生的联想，因为电路的导通，遂有全盘的认知，即为人对该一因素或事件的“观念”。

当人对事物有了观念以后，基于其本身的利害关系，电流流经记忆区时，在极为明显的利害感受下，身体机构会产生各种内分泌腺素，使神经原处于兴奋状态，而使电流加强。更由于强烈电流的不断导通，神经末梢的离子量增加，电阻系数降低。而任何刺激所产生的电流脉冲，就像水往下流的情况一样，必然有通过电阻系数较低的路线的趋势。久而久之，经常导通的路线便能四通八达，成为全部经验记忆的枢纽。在此枢纽形成后，每当刺激产生时，此区便立刻与意识中枢导通，形成“意识”。

抽象的意识以及具象的身体，总称之为“我”，也就是当一个个体感觉到神经传送的刺激，且与过去的经验认知相结合时，所得到的整体意识的“知觉”。换句话说，一个人如果丧失了过去的经验认知，则“我”将毫无意义，只是一尊躯体。再若在某一段时间内，没有任何内在、外界的刺激感受，也相当于“我”不存在。

“我”对客观认知的观念，是基于过去的经验，而经验不是独立的单一事件，有时间的过程，有各种感觉器官综合的感受，有利害与需求的交集。因此每一个自我对客观认知后所产生的主观观念，或多或少都有差别。但人又不能脱离群体，必须与在同一环境下的人，具备相同或类似的认知，由此而有了学习与观察的动机。

学习观察是将个人的观念与客观环境相印证，并据以修正、充实个人观念。在这个印证过程中，必须将自己的主观观念，以感官所能接受的刺激形式，表达给另一个主观体认知。由于观念笼统地涵盖了所有相关的经验，而刺激受到时空的限制，不可能明确地表达清楚。因此必须将观念的若干基本因素，分解成为具有独特性、组合性、表达性的单元，才能较完整有效地传达给另一个主观体，这种单元就是概念。

在人脑中，这种概念是以一组连通电路的形式存在，连通于所认知的各种观念之间。每当人因为某种因素，产生了一种复杂的观念时，这些观念之间，通过有关的交集，就有电位电势的产生。这时大脑中枢依循电势，将电路连通，此一连通的电路必有一代表的概念相连。以此概念驱动控制中枢，就可以得到意识的效应。

人类发展出概念之初，只是基于实用，并没有一定的法则。随着认知范围逐渐的扩大，概念所涵盖的内容越来越广、界定的因子越来越精细。到现在人所应用的概念一再因应调整，变成了错综复杂的集合。这个结果又导致了我们对概念本身定义的困难，甚至连概念所代表的是什么，都无从了解。

如果我们能做到利用现有的知识，反推出概念的基本因子，便能够用符号代表这些基因，并设计成为代码，贮存在电脑中。如此，电脑便可以像人一般地运用概念。

人运用概念连接导通大脑中各种观念网络的过程为“思考”，经过思考以后，认知的利害因果刺激了内分泌腺素，流入血液，经过心脏，是为“感受”。有感受便会产生反应，是谓“情绪”，情绪直接影响到“我”的意识，是自我经验的一部分。这部分再与抽象的我混合在一起，经常产生影响情绪的感应，是为“感情”。

人因为生命本能的驱使，借助感觉器官对各种变化的认知，而达到趋利避害的目标，此有其行为的必然性。可是又因对主观与客观观念的观察与认知，了解到自我的利害常与环境息息相关，必须对自我的利害作若干妥协，以谋求更大的利益。前者以自我直接的感受为前提，人的行为端视个人当时的利害判断而定，此即“感性”。后者系经过对客观环境的认知，需克制自我，是一种有秩序的反省，故称为“理性”。

上述的全部观念就是“人性”，因此，只要模拟人类所具有的感觉器官以及人类已经认知的概念基因，将之设计在一个机器上，使之与人类同样或近似地运作。此机器即可具有“人性”以及人的感觉、知觉，而能感人之感，与人类沟通，达到我们预期的目标。

根据上面的分析，我们可以总结出三个步骤，将一种兼具感性与理性的“拟人电脑”描绘出来。第一步是刺激的认知，第二步是概念思考，最后是知识应用。兹以现有的器材与技术，分成下列五项说明：

一、硬件结构：控制中枢，分别作反射、判断、运动、记忆与感应中枢等。其中反射中枢独立，余者以判断中枢为主宰。

记忆体：可供暂时储存的浅层记忆与永久记忆的装置等。

感应器：接收视、听、触、味与嗅觉的刺激，供感应中枢分辨。

周边设备：供动作、行为、发声、显示、电力供应与其他界面。

二、输入信号：各种感应的信号即相当于人所感受的各种刺激，需先加以分析整理，使与所设计的认知资料相符合。

三、内贮资料：将输入的感应信号，利用二进位的特征，使每一位元直接连通到相关的界面上，即可具有神经通道的效能。同时此类相当于刺激的讯号，可以组成各种认知的资料形式，亦即概念，以便加以应用。

四、系统程序：由刺激的产生到行为的完成以及回馈的观察等，可当作系统程序。此外，判断、学习、资料管理、知识库等亦皆需以程序处理。

五、界面处理：在人的认知中，各种刺激经常同时存在且互为因果，所以各中枢之间的界面，必须配合人体的结构，做连线处理。

9 文化

中华文化　易经的关系

如果有人说："感谢美国人民友好的协助，给我们带来了民主、自由、科技和财富，得以跻身于现代国家之林。"

说这话的人照理应该是美国的印地安人，或许是阿帕奇族的酋长"疯马"，也可能是苏族的"飞鹰"。但是疯马并没有疯，印地安人有他们的尊严，虽然白骨化成了飞灰，大峡谷也变了颜色，在保留区内苟延残喘的印地安子孙们，并没有卑颜屈膝到这个地步。

反倒是不该说这种话的炎黄子孙，除了感到有些肉麻之外，大家竟然心有戚戚焉。如果这不是事实，当作笑话来谈，倒也无伤大雅。万一是真的呢？万一人人认为奇迹式的经济盛况，真是美国主子所赐予的呢？

人民追求生活的改善，满足于既得的成果，本是无可厚非的现实。但这对一个家道中落的士子而言，得失之间，就大有商酌的余地了。

我自己就是活生生的一个例子，先父虽非耆宿，却也是个道地的读书人。我由不满而反叛，由反叛而追求，大学毕业就浪游西土。最后我发现了西方人人都生活在自己的利害中，完全不顾人间现实。长此以往，人类必将败亡。

待我迷途知返，回到中国，这才知道自从五四以后，西风东移，中华文化几乎消逝殆尽了。文化败亡还不说，人心尽蚀，知识分子以传统文化为耻，年轻学子无不心向西洋，恨不得插翅西土，就地成佛！

人说我是怪胎，当然是，一个道地的中国人，居住在自己的国土上，却享受不到自己文化思维的阳光！我按照中国传统读书人的气节行事，却是事事不通，处处遭人白眼！为什么说的是相同的语言，却有着南辕北辙的观点呢？难道我错了吗？难道人就该活得如同猪狗一般，摇尾乞怜，混个温饱，然后一窝蜂对衣食主子歌功颂德？

我没有随俗，我又发现除了风风光光、摇摆在舞台上的新贵之外，大部分默默无闻的国人，也仍然保存着朴实的本来面目。为什么呢？返观历史，我才发现这种势利的现象，非自今日始。但是中华之为中华，在人心的深处，有着一种土根的力量，不是可口可乐与麦当劳就能够征服的。

举例说吧！有哪个达官贵人不相信风水？有哪个专家博士不在车上挂个庙里求来的平安符？有哪一间观堂寺庙不是人潮汹涌？有哪一次清明时节，道上不是车水马龙？

中国人早就知道了，在社会上生存之道有二，一是黑白之道，一是生死之道。对黑白两道而言，成者为王败为寇，大家争的是力量，夺的是分配享受的权利。而生死之道，则图个活着时心里平安，无忧无虑，死后上升天堂，不要堕入地狱。

这两种道互不相涉，一管肉体，一司精神。换句话说，一者为阴，一者属阳。如能在白道活得心安理得，自是福寿全归，倘若落入黑道，也有漂白的机会。但是精神上则不然，一旦所行不正，则休咎之外，诸事凶忌。

中国人从小就熏陶在这种观念中，从善的目的是为了成仙成佛。如果要当官发财，则只要拼命读书，再不然从戎或从商，总之与做善事不相干。中国人更知道，一个人的得与失，都是命中注定，种瓜得瓜，种豆得豆，丝毫勉强不来。

这种观念的源流到底来自何处？为什么百年以来，西洋的坚船利炮也摧毁不了呢？我一再追究这个问题，最后终于发现了，原来是蕴藏在《易经》中的力量。

中国的读书人以群经为教材，《易经》为群经之首，帝王之学当然是必修的。文人读了《易》，即使不通，也多多少少受到了文化的熏陶。而民间则靠民俗与戏曲的传衍，民俗包括了敬畏天地、尊老重德、慎终追远、乐天知命等观念，戏曲则将道德思维形象化，无论忠孝节义、亲情伦理都成为好坏是非的行为规范。

时到今天，西化的学校教育培育了一批批的工匠，将国家变成了工厂。而人民在大量入侵的娱乐工具影响下，传统的戏曲褪色了，华盛顿取代了秦始皇，白雪公主打倒了白蛇娘娘。新一代的青年，飙着汽车大唱麦可我爱你。

人民富足，国家强盛之余，人成了工作消费的机器，人心麻木惶惑，早已是非不明。可是，如果有人提到某人算命很灵，保证身边的人都高高把耳朵竖起！

西化的学者群起而攻之，这是迷信！为什么这些自命不凡的人不想一想，江湖骗子固然不少，难道学界没有不学无术之辈？政府中没有尸位素餐的败类？至于是不是迷信，何妨就学理、实验、调查来讨论一番？为什么外国的霹雳论、创世论、摩西分红海就不是迷信？

就像攀登九华山的悬崖一样，愈高之处，人迹愈少。能看到这里的读者，大家都是有缘。对有缘的人，我要求就会多些。本章我专谈《易经》，不管读者有没有兴趣，既然来了，何妨安之，对《易经》增加一分了解，绝对会有益于人生。

攀登绝岩时，最应注意的是方向正不正确，千万不要辛辛苦苦爬了半天，到得头来才发觉方向不对，再回头已晚了。既已决定了方向，就要小心谨慎，步步为营，断不能梦想一蹴可及。每次换步移形，要察看立足处实不实在，危岩不是康庄大道，不要指望摔了一跤再爬起来。最后，切记不论得到什么，最好多用心审视一下，山中的果子大半都是酸涩有毒的。

读《易》正是如此，首先要确定一点，我真打算学《易》吗？如果只是好奇，想增加一点常识，最好尽快将后文略读一遍，千万不要多想。如果已经对《易经》有了些许认识，则宜字字酌量，句句分析。因为其中有很多精要，如果前面了解不透，后面就会头大了。

《易经》就是真理，这正是本文要一点一点详细说明的。古人是先信而后学，有其优点，也有缺点。优点是长驱直入，立可夺关斩将；缺点则是一切视为当然，就算得到了真理，却未必能了解。

今人学《易》刚刚相反，民间以《易》为算命工具，他们不需要懂易理，用熟了易术就立见成效。学院中教习《易经》，只是当作一种文化知识，教之聊备一格。学子们学《易》不过为了几个学分，只要考试通过，懂与不懂关系不大。

那么还有谁在传习《易经》呢？唐人贾岛说：

> 松下问童子，言师采药去。只在此山中，云深不知处。

我却认为柳宗元说得更好：

> 千山鸟飞绝，万径人踪灭。孤舟蓑笠翁，独钓寒江雪。

实话实说，易理代代有传人，但是真知者不多。

知易者不能多，因为真正知道《易经》至理者，必知易之为易，有变易有不易，以不易为变易，唯变易为不易。故真知者有所不为，且知之愈多，为之愈少。一个不为而为之人，外表上看来与一般人无二，是以人不能识、不能知。

《道德经》第十四章云：

> 视之不见名曰夷，听之不闻名曰希，搏之不得名曰微，此三者不可致诘，故混而为一。其上不皦，其下不昧，绳绳不可名，复归于无物。是谓无状之状，无物之象，是谓惚恍。迎之不见其首，随之不见其后。执古之道，以御今之有。能知古始，是谓道纪。

老子认为人对事物的认知全靠辨识，然而事物之极细微处超过了感官的极限而无法辨认，这时人就无所知、无所识了。这是说一般人对真与假是很难判定的，于是真知与假知很可能就充斥在你我身边。没有辨识能力的人，如何能验证所知为真呢？

这其实就是人间最真实的本来面目，人本生于无，由无到有，有谁知这个“有”来自何方？然而，既然为“有”，必有其来处。在众多的“有”中，真真假假，假的经不住考验，化为风，润成雨。人生在风风雨雨之中，唯有真知真识屹立不移，却又混杂在风雨之中，滋润人生，得以长存。

这就是《道德经》第一章最后一句的注脚：

> 玄之又玄，众妙之门。

人生之妙，就在于人人有权自以为知，因为人人自以为知，所以有变易之始。在一代代大德不断的探索下，经过了长时间的考验，真知得以在文化的长河中滋生孕育。因此，后人能“执古之道，以御今之有”，成为真知者。

能在古道中印证者，始自知其为真知，真知之人必具有智慧。人有了智慧，自是无所不知，以一己之知印证于“今日之有”，就可谓自知。一个人有自知之明，即使知道自己“无知”，也还有由无知到有知的机会。若人自以为知，而所知者不过是些酬应于一时的知识，待其价值丧失之日，人生也随之而逝了。

人生最真实的，必然是人最需要的。前面一再说到人有肉体与精神两种生命，肉体随时日而腐朽，这种知识的价值不过及于一身，人若追之逐之，最多可以保持到死。精神则为宇宙的时间支柱，得入精神境界，自与宇宙同寿。

《易经》就是追求与宇宙同寿的人所留传的知识！历经五千多年（如果不计早期的卜筮，仅以《周易》为起点，则已有三千多年的历史），在无数智慧绝顶的圣贤钻研下，成为独步天下的知识系统！

易之功能，影响中国文化甚巨，在《四库全书提要》中有云：

> 易学广大，无所不包。旁及天文、地理、乐律、兵法、韵学、算术，以逮方外之炉火，皆可援易以为说。

《易经》之所以有如此长远的影响，即因易理是以人为中心点，对事物的分类法则。兹列其概要如下：

一、哲学：象征、思维、逻辑、伦理等。

象征是以符号代表人所认知的系列事物，文字即象征符号之一。有人说中国文字系从伏羲氏所发明的八卦演变而来，其实八卦所代表的象征性，远超过文字概念所涵盖的范围。随着知识的进步，人对象征有了更深刻的认知，八卦才能不断演绎，发扬光大。

思维是人最重要的活动，经由思维，人才能了解事物的各种现象，进而能利用事物，以图利于人类的生存。《易经》是抽象思维的鼻祖，将事物的变化分析成基本因素，再利用基因排列组合的象征，得到了由表象到实象的双向认知。尤其是阴阳和合的正中有负、负中有正的相对观念，从而发挥到见一知万，见万得一的统一思想。中国人曾是最富于思想的民族，直到清末以前，一直领先世界，实皆拜读易之助。

一般人所认知的三大古典逻辑为：希腊亚里士多德的形式逻辑、古印度的因明逻辑以及中国先秦的墨子辩证逻辑。而《周易》则为独立于前述三大逻辑之外的另一种逻辑形式，它以相对的二分法为象征的符号基础，以统计的经验认知为分类定义，然后以天地人三才结构与相对的变化现象，来判断事物变化的真假、吉凶。这种周易式逻辑最有利于复杂的人生世态，因为大量的资料都已为象征取代，人只需作简单的判断即可。

《易经》被尊为众经之首就是一种伦理观，其理是尊万而从一，万为人，一为天。因此有太极生两仪，两仪生四象，四象生八卦的分类伦理观。这种伦理也是中国人认为天经地义的观念，近百年来虽被西方观念所摧残，然而大局尚在未定之天，言定论尚早也。

二、科学：天文、历法、地理、数学、物理、化学等。

八卦的发明即源于伏羲的观天察地，是以古之善易者，无不善观天文。后来天文学独立发展，成为易的一支。中国古天文的记载，是人类文明之珍产，极具研究价值。唯因古人泥于为君王服务，未能将天文学独立成为一种学术，实为大憾。

汉代太学有《周易》博士，将易广用于各种学术上，郑玄创爻辰说，将十二地支和天文星座的二十八宿与八卦交错排列。

中国历法因农业上的需要，起源甚早，历法在初与天文并无直接关连，后人了解愈多，愈发现两者关系密切。后采用以太阴循环周期为主的阴历，即为了满足农耕的季节性因素。至于易卜采用阴历，则是为了便于利用二数系与三数系的交集之故。

最早记载中国地理的是《山海经》，但其内容受到当时知识所限，内容多荒诞不可解。到了秦汉时代，由于易理与五行观念盛行，举凡国家定都，宫殿营建等，都要分辨吉凶。是以堪舆（俗称地理）盛行，皆一一反映在地理上。

易之数学是一种极为特殊的体系，其中有二进位、三进位两种体系交杂，且又运用或然率的观念，取“大衍之数”以供客观取卦。二进位人已尽知，三进位则多被忽略，盖天地人三才在八卦中作上下两卦，实为两个三进位之数系。如果连续将各卦展开，上下两卦分别代表两种关系，即可窥见三进位之痕迹了。正因为有三进位之因子，京房始得将十二支加入在“纳甲”中，与时间因子融成一个系统。

大衍之数是很神奇的观念，历代讨论极多，我认为不过是基于经验，在十进位数系中应用或然率的有效方法。后人穿凿附会，创造了龙马河图以及天地之数，不过示其奇而已。实际上对任何偶数数系而言，都有这种性质：

假设此数系＝n，奇数＝天，偶数＝地，

则本数系中天数之和 =（n ／ 2）（n ／ 2）

地数之和 =（n ／ 2）（n ／ 2）＋（n ／ 2）

天地之和 =2（n ／ 2）（n ／ 2）＋（n ／ 2）

在此数中，天、地数减 1，都会产生偏离数系之共性（即大衍之数减一）。

这种性质是数系的变化基础，古人舍数学运算不用，却以其变化基础为象征。今人反其道而行，仅知数学运算的作用，忽略了结构上的“象征数学”。

邵雍是象征数学的宗师，由于我的数学欠通，一直不敢下功夫去学习。大致上说，他以“元会运世”四种单位来代表时间，一元有十二会，一会有三百六十运，一运有四千三百二十世，这种算法能将八卦很规则地分配在“元会运世”的系统中。

十二，三百六十等数究有什么意义呢？说穿了，就是二进位与三进位数系的交集。多种不同进位的数系，结合在一起应用，其意义后文将做说明。

易理本为先人研究自然所得的知识，但因过去科学不发达，即令有所成就，也相当有限。反倒是在现代科学如物理、化学、生物等，易理之观念却大放光芒。有兴趣的读者请参阅张其成先生主编的《易经应用大百科》一书。

三、政治：管理、策略、军事。

政治首重管理，管理则要求上下有序。易理即以六爻的位置、两个三才的结构，分别代表大环境与小环境。再以阴、阳之爻德视为本分，以各爻之变化组织成卦，各卦分别赋予社会价值与观念，形成一个极为严谨的体系。在此体系之中，六十四卦独尊“谦卦”，实因该卦各爻得位，为管理的上乘境界。

策略是一种通变达变的手段，以此求得最大利益。兹假定易爻的爻位为吉凶的定义，各卦即可视为吉凶变化的可能组合。当人应用卦象与变化的事实作比较时，可以遵循一定的逻辑思维过程，一览无遗地检视吉凶。是以懂易之人，特别精于策略的应用。

中国军事学早为举世所推重，而皆源自动静相生，刚柔互济的原理，这些正是《易经》的根本。《周易》中有一卦名为“师”，更明白地指出了行军作战之道。后人更以八卦之方位观发展出阵法等作战的策略，如诸葛孔明的八阵图等。

四、艺术：美术、音律、文学、器物。

黄帝时，中国的音律采用十二律制，与德国巴赫的十二平均律相当接近。因受易的影响，十二律分成阴阳两类。六阳称六律，六阴称六吕，合称律吕。由于十二律正好在一组共振的高低音之间，如何分配此十二律，真是煞费古人周章。易学家利用象数观念，取“三分损益”的法则，此法简易明了，却因不够精密，与听觉略有出入，妨害了音律的发展。到了西周，因三分损益的结果，最接近宫、商、角、徵、羽的五音律，后沿用迄今。

至于文学、器物、美术等，多涉及人民的生活，《易经》既为中国文化最重要的一员，以上三者当然就免不了与易有着密切的关系。

五、医学：针灸、经络、气功。

《易经》是中医的理论基础，古人对身体的认知不够，经常把生病当成一种灾害，要占卜问卦一番。而易来自于卜，所以我们可以说医易同源。世上最早的一部医学经典是《黄帝内经》，而其所陈述的理论，完全建立在易理之上。尤其是阴阳关系、取象运数的方法以及数比模式等，无不与《易经》息息相关。

经络说也源自于易，十二经脉即为阴阳两经，每经有三阴三阳的结构。若仅仅用以命名，或者在发展期间，取材于一种思维方法，是不足为训的。可是如果十二经脉的理论真的是有实际功效的医术，那就神奇得令人难以置信了。

由于有太多不可思议的巧合，以致在易理未能昌明之前，经脉理论很难令人接受。譬如说，经脉的数量与八卦合；其内外两卦的天地人结构与事实相合；在治疗的程序上与爻位的变化相合；十二消息卦的时间因素也与经脉的循环系统相同；人身的穴道数，也与一年的周天数略同。若云巧合，巧到如此地步，也就不能不深思了。

根据中医理论，在身体结构上有五脏六腑，各各与八卦相通。在人体的物质中，气、血、津液是主要的成分，又与阴阳消长有关。人体本为一个完整的平衡小环境，一旦阴阳失衡，即生疾病，五脏六腑就得忙于调整。其治疗处方也采用阴阳调和之法，选用具有五味五气的药物，以资平衡。

最奇妙的是，中医真有其独特的疗效，最有名的如汉代的张仲景，其《伤寒论》就完全建立在《易经》上，今由事实证明其疗效强过抗生素。另一个证明是针灸，目前世界各国皆已承认针灸的医疗效果，但因《易经》之理不彰，故中医的科学性一直受到怀疑！

医与易相通，气功与医又密不可分，尤以《黄帝内经》中五运行大论中，对运气与时辰及消息卦的关系，阐述甚明。

六、宗教：道教、佛教、民俗、仙术等。

宗教源自人类对万物万象的追求认知，生存安危是最迫切需要的一种认知。易源于筮，自然与宗教脱离不了关系。然而与一般宗教不同的是，易本身并未朝向宗教发展，也没有变成哲学或知识。易就是易，一直保持了原始的面貌，永远只有象征、结构，容许任何人不断创新，甚至可以另立门户。

道教源自黄老思想，又承袭了易学的谶纬理论，同时也采纳了《周易参同契》的丹道，成为颇具玄理的一种本土宗教。

及至汉朝佛教传入，佛、道两教在《易经》的影响下，三者合一。在学术上产生了宋明理学，在宗教上产生了禅宗，在民间则形成了中国人特殊的人生观。

要真正分析中国人，我们可以说中国人的思想认知极为复杂。在同一社会上，彼此深浅相去悬殊。而在生存态度上，是绝对现实的民族。有人说中国人的缺点是不重理论，其实这种说法完全错了，中国人自有了易理后，懂与不懂是云泥之隔，各行各业几千年下来，还没有能消化完毕，致令其他的理论变成了“曾经沧海难为水，除却巫山不是云”！

根据易理，中国人看到了一个阴阳消长的均衡宇宙，万事剥极而复，否极泰来。同时中国人又看到了天地人三元并没有明显的界限。千百万年前，人一无所知，到了三皇五帝，就已人才辈出。

为什么呢？是不是因为爻位的变化，以九五之尊更上层楼呢？再说懂《易经》即有预知能力，何谓预知——一种人世间所缺乏的最具影响的能力。如果人能预知，人就不可能是人。人生受到时空的限制，太不自由，而不自由的主因，在于人不能自制。为什么不能自制呢？那是因为有了私心，人能不能把私心去掉呢？

于是有人起而行，到深山去修炼，同时细参《易经》的微妙。终于，有人发现了：人受限的不是时空，而是私欲。去掉私欲，就不再有时空！

人去除了私欲，就如老子所说：“故常无欲，以观其妙。”人生之乐乐无尽。这种人何以名之？有谓得道者，有谓真人，有谓神仙，此道即为仙道。

在人间修炼着实不易，因为红尘万丈，正是陷溺人心之地。所以初炼的人，必须到深山大泽、荒无人迹之处。而那些地方虫蛇出没，生存堪虞。可是，若勘不破生存，就不必追求那些虚无缥缈、未必存在的幻想。须得先豁出去，才能闯得进来。

豺狼虎豹是无理可讲的，人要生存，便要与之搏斗。于是“山术”应运而生，其中的强身之术流传下来，经过不断的改进，成为中国功夫。

人有境界的高低，仙有神通的大小。修炼失败的人，多半葬身草莽，成功的业已物我两忘。以致不论或成或败，对于重名尚利的人间而言，此道当然不属“正道”。但是有人在得道之余，为了传道济世、指点迷津，也有回来传达信息的。

如何接引沉迷在功名利禄欲海中的众生呢？不外随缘种因，趁势渡化。其中最容易为大众所接受的，就是洞天福地的描述以及长生不死的象征了。所谓的洞天福地，是指心平气和，而长生不死，则是精神境界能与宇宙共存。

这些道理口说无凭，有道之士遂以易理的预言为证据，使人略窥天机，得知人生不外阴阳互易，不过一种流程消息。

话虽如此，世人在功利心理的驱使下，对人生哲理兴趣不大，却对自身的祸福休咎关切不已。于是易道最实用的方向，便是预测术。而在长时期的发展下，中国社会因预测术的可信度甚高，而形成民众乐天知命、平和顺从的特质。

预测术是中国文化的特色，从古到今，由于易理微妙，易用难明。读书人难以放下身段，有信有疑，不得不敬而远之。而民间大众知识不兴，遇事难决，不得不借助于预测以求心安。于是一种极为矛盾的社会现象产生了，口头上，人人斥之为迷信，心底下却又对这些信而有征的迷信，宁可信其有。

对于这些，我不认为有多加介绍解释的必要，人生本来就是一种矛盾的过程，待得矛盾统一了，人生也就丧失了价值。

对于各种枝枝节节的预测术，仅略举大纲如下：

筮法有：三易筮法，即以《连山》、《归藏》、《周易》的原始占筮法占卜。

六钱筮法，相传是战国时鬼谷子所创，以六枚金钱代蓍。

其他尚有简易法、掷骰法、抽签法、形象法、定码法等不一而足。不论是哪一种筮法，最重要的原则即在取卦时避免受到意识的左右，务须做到随机得卦。

占法有：

《阴符经》——传黄帝所著，为奇门遁甲之本。

奇门遁甲——传姜太公定奇门七十二局，以时定局，以判吉凶。

周公占——传为周公所著《戈法》，每卦定一颂词，以解吉凶。

马前课——传诸葛亮著《马前课》，以日月时起课辞，以解吉凶。

诸葛数——传诸葛亮著《诸葛神数》，以数取辞，以解吉凶。

灵棋占——西汉东方朔著《灵棋经》，以棋子为占卜工具。

易林占——西汉焦延寿著《易林》，各卦配辞，以辞断吉凶。

太玄占——西汉扬雄著《太玄经》，以阴阳爻之关系定吉凶。

纳甲占法——汉京房氏所创，又称六爻占法，或称文王课。其法又分：

《黄金策》——传明刘伯温著。

《卜筮正宗》——清王洪绪著。

《易冒》——清程良玉著。

《增删卜易》——清野鹤老人著。

六壬课——唐袁天罡著《九天玄女六壬课》，以时取课，以地支五行判事。

太乙式——唐僧一行著《天乙太乙经》，以时间推天乙太乙之算法。

潜虚占——北宋司马光著《潜虚》，与太玄占近似。

神数占——传宋邵雍著《铁板神数》，有近万条明确的定义，但用法不明。

易数占——传邵雍著《易数一撮金》，各爻附一占辞，以解吉凶。

梅花易——邵雍著《梅花易数》，以易卦占吉凶。

皇极经世——邵雍著，以时间代表序数，宣示历史大事。

命理有：

紫微斗数——传唐吕纯阳著，以生辰定命盘，以说明人的命运。

子平四柱——宋徐子平著《渊海子平》，以生辰八字定人的命运。

相法有：

《神相全编》——传战国鬼谷子著，以手相为主。

《麻衣相法》——陈希夷著，以人之面相解说命运。

《人伦风鉴》——以人之面相解说命运。

《柳庄相法》——明人袁珙著，亦以人之面相解说命运。

堪舆（风水）：

有《风水探源》、《水龙经》、《黄帝宅经》、《阳宅十书》、《鲁班经》、《地理五诀》、《青囊海角经》、《八宅明镜》等。

以上仅择其重要者，若究其余，实书不胜书也。谈及预测术，在过去科学观念不发达的时代，人们判断事物完全根据实用价值之有无。

西方的预言概以基督教的《圣经》末世预言为主，数量不多，而且没有系统理论。此外还有吉普赛民族的传统水晶球、纸牌预测术以及一些少数民族的巫术等。如果作系统研究，就会发现西方的预言并没有形成一种独特的体系，也没有共同的基础。

中国所有的预言都建立在《易经》的结构上，与其说是穿凿附会，毋宁说是其中自有道理。从前面各种预言类别来看，先民们投下的心力之多，涉及范围之广，显然绝非文士们娱乐消遣的游戏。尤其是深入其中后，当会发现各种预言设计的精巧，绝非泛泛之辈所能为。

这么多的才智之士，终生致力于易的研究，形成了一种仅见的知识体系。时值世代兴衰交替，然国家实力的落后，与思想文化未必有绝对的关系。我们炎黄子孙怎能盲目地追求时髦而数典忘祖，随意把文化的精华视为糟粕、说成迷信？

传统的读书人，怀抱着“为天地立心，为生民立命，为往圣继绝学，为万世开太平”的无私境界，岂是今日西方学者所可比拟？为什么同样是人，同样是人生知识或真相的追求者，在境界上却有这么大的区别呢？那不正是“迷信”于某一种“迷信”的原因吗？

人之哀莫大于心死，中国之哀则在于百年来知识分子媚外无知，口口声声弘扬文化，却视《易经》为迷信，反而把从西方学来的渣滓奉为经典！

来谈谈真理吧！请看看西方的知识分子了解人生吗？了解人性吗？了解宗

教吗？如果不了解，却又信之不疑，那算是实信还是迷信？

再看科学吧！如果说科学是追求真理的方法与态度，我举双手赞成。那么，我们为什么不用科学方法与态度，来研究分析《易经》呢？如果只因为不懂，或者只因为西方没有，就认定那是落伍的迷信，这种态度难道够资格称为“科学”吗？

不过，以一个知易的人自居，我还谈这些做什么呢？一个时代的后果，正是前人所肇的前因所致。我已隐居山林，不求闻达，不问世事。只缘心中尚有一念，若有人迷途知返，再若有缘看到本书，我就有责任说明，其实不过略尽绵力罢了。

我们先给“真理”下一个定义吧！既是真理，必然是一种规律，要能适用于天理、地物与人情，要放之四海而皆准，经得起时间的考验而不损。

牛顿的力学三大定律不是真理，因为它仅能适用于地球的环境，一进入高能领域就失去了正确性。“广义相对论”以及量子力学也都有待时间的考验，但是，这并不妨害我们秉持着科学精神，继续追求，继续研究。

“创世记”理论不是真理，事实上在科学兴起的第一天，就是神学殒灭的开始。再若人性神秘的面纱被揭起后，宗教式的真理就有必要重新定义了。

伦理道德不是真理，社会的发展已经证明，那只是群居一处之人一种相处模式，随时因应着环境的变化而改变。

政治制度不是真理，那只是社会伦理的另一种形式。就如老子所言，当道德沦丧后，继之以仁义，再若仁义不存，则须用礼法约束人民，礼法就是政治。

回过头来，我们不妨用科学方法，在此求证一下《易经》究竟是不是真理？

就内容看，《易经》符合天理、地物与人情，可以说已经放之四海皆准了，在时间上也已经历了数千年之久。进一步，如果我们能证明，在五千年前发明的八卦、三千年前书就的《易经》，其基本原理能符合我们今天了解的事物现象。至少，我们可以说：“到今天为止，《易经》符合真理的定义。”

如果没有比上述更为理想的定义，在今天，我们就不得不承认《易经》是真理。

这种推论其实毫无意义，易理如果是真理，还有必要加以证明吗？兼以《易经》涉及知与不知的因缘与时机，对于已知为真的人来说，不知道的人本来就不该知道，该知道的人，到了时候必然会知道。为什么要证明？要证明什么？

我一再考虑这个问题，也一再地反反又复复，拿不定主意。这件事似乎比我该不该发展人工智能技术还要难以拿捏。直到本书写到这里，刚好有了一章的空间，于是顺手写来，偏偏又回到这个难题上来。

万事皆缘，我有没有机会认知了解是缘，有没有能力从事这项挑战是缘，能不能达到目的是缘，是不是真有预期的效果也是缘。在在是缘，我唯有本着不为己利的立场，管它自己懂多少？无所为而为，又有什么不可以的呢？

其实真正要证明的，应该只是《易经》的预测术。仅以前面所述的各种预测方法来看，已经浩瀚若海，能透悉一二已属不易，当然没有必要一一加以证明。此外，这些预测都是以人世间的事件为对象，每一事件都有主观与客观的认知差异，也不足以为证。

当初我学习野鹤老人的占卜时，曾以为用电脑拿卦就是客观证据。时到如今，两年的时间，共计得天气卦七百多个，球类竞赛约三百多个，全部已有千余卦。原则上准确性超过百分之八十，但这又能证明什么？谁相信这些卦不是我事后假造的呢？

有一次，借着技术转移的机会，我曾当着NEC公司的工程师面前，预测当天下午两点有雨，结果完全正确。出乎我意料之外的，不是我测得很准，而是他们见到下雨时，只是彼此望了一眼，似乎觉得没有什么值得大惊小怪的。这个现象传达了什么信息呢？可能是不关心，也可能认为只是巧合而已，毕竟下雨不下雨，各有百分之五十的机会！

待我经验多了，又看到了预测的另一种后果。当人对占卜有了信念以后，遇事无分巨细，随时随地都希望请人占卜一番。人性本有贪逸恶劳的特征，如果有了依靠，不论是为了生存或生活，保证大脑一动不动，只是紧紧抓住靠山不放。

既然如此，我又为什么一定要证明预测的科学性？怕真理蒙尘？怕我的能力没有被他人肯定？还是怕人们的依赖性没有发扬光大？

我相信过去那些得道的真人，也正是不便多说，所以不如不说。今天轮到我，究竟是该说，还是推背去归休呢？

我认为即使要说，也该说些别人不知道的观点。今天许多国人都相信有命运，但不到一半的人愿意承认。为什么呢？那是因为不承认的人认为相信命运就是迷信，而迷信便是无知，有谁愿意被人视为无知呢？

所以，我只能借着这个篇幅，来谈一谈最“高层”的知识，也让大家睁开眼睛，看看什么才是“无知”、“迷信”。

在本书第五章（5 境界）我讨论过“信念”，人对外界事物的认知，本来就是从环境中学习而得，在短短的一生中，很难有绝对的正确与否。然而，经过一代代有心人不断地探讨验证，终于也得到了一些客观的知识。

有些知识是可以相信的，那是一些常识认知，即使有错，影响也不大。有些知识随着环境的变化而有所不同，这多半是些应用技术，技术是用的，不是给人信的。

人对常识虽然蒙然无知，却因目迷五色，对眼睛看到的外表深信不疑。尤其是空有大脑不用的人，不信眼睛看到、手摸到的，还能相信什么？

于是人们竞相崇效金玉外表，而不顾败絮其中；只要求立竿见影的实效，而不知有长远的大利。在一个社会中，上上下下只顾近利，短视媚行，还有什么大是大非呢？没有了是非，哪里还谈得上可信不可信？

比如说，人人都知道羊毛出在羊身上，天下没有白吃的午餐。有广告的商品，成本一定高，人们却宁愿买贵货，越贵卖得越好，原因只为了显示自己有钱。显示有钱的原因，乃是因为钱看得到、摸得到，钱能买到的东西，别人也都看得到、摸得到！

有谁不希望受人尊重呢？受人尊重表示有着更多的自由，自由多了，相对的压力就减少。在任何一种环境中，压力总是变化的根源，人性怕变，变化代表了新的适应过程。而人类社会就在人们的相互倾轧挤压下，能量大的凌越了能量小的，最大的且爬上了顶端。于是一个金字塔形成了，最下层的人承受了所有的压力，所拥有的自由度最小。

因此，人的信念经常成为交换自由的筹码，为了争取更多的自由，最容易建立的信念，就是最接近权与利的知识（学易是唯一的例外，因为易的真理就是“世间没有自由”，接近真理的人，自然就是服膺人间没有自由的人）。

对于得权当道的“自由人”，他们反对任何有损其利益的信念，将之贬为“迷信”。在历史上，神权曾经统治了人心达数千年之久，对他们而言，不信神便是迷信。

到底什么叫做“迷信”呢？就定义而言，举凡未经了解就全盘接受的，不论所相信的对象和内容真假如何，都是“迷信”！

就算是科学吧，就算是博士专家，就算获得当代人人尊崇的名人，如果他对自己所知所信的事物，说不出所以然来，再不然动辄引用别人的意见，或者以另一些权威做挡箭牌，那不是迷信又是什么？

例如有人抱着《圣经》不放，如果他只能用《圣经》证明《圣经》，那是迷信。再若有人深信爱因斯坦的相对论，却说不出相对论的道理何在，当然也是一种迷信。

要知道，迷信是导向实信的必经之途，世人能有实信的不多。但是稍有理性之人，在排斥他人迷信之余，应该先问问自己，自己的迷信，是不是比他人少一点！否则何妨谦虚地三思？

囿于我们主观的认知，对事物又能认识到什么境地呢？其实要真知也不难，因为所有的事物除了表象外，无一不建筑在变化的因果上。人是通过感官来辨识外界变化的，所以，只要能认识到刺激的本质，也就够了。

在第六章我曾经简单地讨论过人的“认识”，这里我再提供一点更精深的课题，那就是宇宙能量变化的结构。这将是下一个时代的技术主流，有兴趣的读者不妨多下点功夫，保证在未来能多占一点先机。

要彻底了解这种新观念，最好能具备一些电脑资料结构的知识，更重要的是懂一点易理，起码也该知道《易经》的分类。如果没有，则难免得先“暂时迷信”一下，我力求不用专门术语，希望人人都能明白，等到真有兴趣了，再学不迟。

未来的各种技术都将离不开电脑，尤其是基础科学的研究，都需要大量资料的统计印证。如果我们把知识的进化史分为三个时代，前期是史前时期，是由无生有的探索时代，第二期则是分类发展时期，现在正好到达第三期，是知识的综合时代。

在知识分类时期，各行各业分道扬镳，各自独立，互不干涉。这种状况是导致当今物质文明环境急剧恶化，知识伦理迅速凋零的主因。环境恶化的结果，人类面临了空前的存亡威胁。而知识伦理凋零之后，各种知识皆沦为雕虫小技，趋向末流。

所幸信息时代继之而来，人类得以将各种知识汇聚于一体，正是重整界面，开创一个新时代的契机。然而事实并非如理想一样简单，因为知识伦理的凋蔽，举世已经没有一个能够放眼天下的大师级人物。不论在哪一个行业之中，都各有其既得利益之集团，划地自畛，极端排外，严重地妨害了时代潮流的前行。

人若要掌控知识，就必须让知识成为一种统一的体系。要达到这个目的，就必须先打破目前的条条框框，重新建立一种人人可知、可用的系统。

这种系统要有极大的记忆空间，极高的处理速度，极为完备的资料内容。有人认为只要将文字贮存在电脑中，成为知识库，就可以达到统一应用的目的了。

事实大谬不然，图书馆里什么资料都有，是否输入电脑就能满足这种需求呢?

统一的知识系统意味着一种简单有效的分类方法，要能符合人性的需求、社会的真实。我不敢说是否有人有此能力，可是我却知道，至少《易经》是理想的理论基础，只要在资料结构、应用策略、服务对象上慎重考虑其得失即可。

一、资料结构：

目前知识都是以概念的形式存放在书籍或人脑中，书籍是静态的知识，人脑则是灵活动态的资料库。若仅以电脑取代静态的书籍，当能够理解书籍的人消失了以后，世界上很可能只剩下静态的知识。有知识的资料，没有灵活应用资料的人，其后果可想而知。

资料结构是一种经过人为统一归纳、融会贯通的形式，最理想的资料结构应该具有生机性。亦即在机能上如同生命体一般有系统、有组织，在应用上能自动、能应变。有生机的资料结构意味着只要能了解组成生机的属性，就可以灵活应用其资料。

易理分类就具有这种特性，所以几千年来，中国人把《易经》视为宇宙时空的编码，可以从任何角度去解读。仅仅预测一项，就有无数种方法，且各擅胜场。

在第七章我曾介绍概念的分类，读者应该看得出来，这种分类法完全是抄自《易经》。再扩充下去，常识也可编入结构中，再进一步，则是知识库的分类。总之，在统一的系统下，有组织地将各种知识分门别类编入资料结构中，将是必然的趋势。

二、应用策略：

历代中国人对《易经》的应用，概可分为三类，一为从理论上着手，称之为“天道”，专门研究先天数、时空关系、易理理论等。其次是从人生事物着手，为“人道”，有从义理下功夫的儒家圣贤，有用之为医疗诊断的医术，也有用之于吉凶休咎的占卜。最后是从事物及物理着手的“地道”，后来发展成为中医的药学、修士的炼丹术、化学等。

以我之见，“天道”可以研究而不宜应用，因为人类世界迄今尚未崩溃，即为人与人之间力量的差距还没有到达极限所致。这个极限的到来似乎难以避免，但是在人类的良知下，能够延缓一天，就是人类的福祉。

“天道”的能量太大，不能任人为所欲为。人类的私心不去，天人就亘隔关山。所以人对《易经》的认知，永远会有一段难解的玄秘。

“人道”也应有所节制，假如预言的正确性是百分之一百，则人不能逾越半步，完全失去了自由，人生将成为永生难以逃脱的炼狱。

想想看吧，一部精彩的小说、电影或是球赛，所以能引起人性兴趣的，正是那些未知的因素。因为未知，人急切地希望知道，因为想知道而能集中注意力。又因为心情急切，人的情绪随着起伏变化，兴趣便由此形成。

如果一本小说或一场球赛已看了无数遍，知道了所有的情节与后果。只要想到还要再看一遍，就是一种心理负担，人不免感到烦恼、痛苦。

人生美妙之处，就在于对未来的憧憬、悬疑。而造物的玄妙之处，则是似有若无，人生显然有着一定的轨道，偏又不着痕迹。真想知道究里，只好自己用心去追寻，再不然也可以浑水摸鱼。姑不论得到什么，都是必然的惊奇。

除了预言之外，其他的则毫无禁忌，尤其是在概念分类的应用上，“人道”与“地道”两者并无区别。

所以，有志研究《易经》的读者，千万不可不慎。

三、服务对象：

服务对象当然是人，可是《易经》的分类并非仅以人为限。一般人眼界太低，以为会一点命相，懂一点易理，便懂了《易经》，其实大谬不然。

《易经》是宇宙的编码，所以也是众生的法门，真正透悉了《易经》的微妙，应是“道通天人”，也就是能回归宇宙。

这话听来甚玄，其实非常简单。当人自限于肉体时，人只是个人，一个小小的“我”。当人扩大了认知，以家国社会为己任时，他的感知范围加大了，成为“大我”。但人还是人，人已经知道要爱护环境，爱护地球，但是垃圾生生不息，便设法往太空送去。这种做法难道不也是私心吗？只是比个体的私心更大一些罢了。

人还要突破，以天地宇宙为己任，视万象万物如己身。要做到这一点，就是所谓的“仙佛”、“真人”。反过来说，不能把服务对象扩及所有的生命、无生命者，就不可能得到这种能力，空谈技术，是不可能有任何成就的。

有了这些认识，我们才能讨论何谓生机结构。此结构说得明确一点，就是生命机体的基本条件。生命是一具有自主性以及变化性的结构体，因为有自主性，故能选择利害，因为具变化性，所以能趋利避害。又因为趋利避害的成功，生命才得以永续存在，而且进化发展。

《易经》与生机结构的关系在哪里呢？在讨论此一问题之前，我们还要知道一点，人是通过概念了解易理的，感官的辨识功能将刺激转换成概念。要了解上述两者的关系所在，当然要先把自我感官刺激的真相弄清楚，不为表象所惑，才能认识本体。了解了本体，才能真正理解概念，从而将概念转换为资料结构。

以生机结构的观念来说，易经的分类基础——太极生两仪，两仪生四象，四象生八卦——可以解释为：

太极生两仪——太极为宇宙本体，能量充斥变化其间，能量有相对的负、正，是为阴、阳，两者互为因果，相辅相成。阴象征静态的自主性，相当于空间，在概念分类上象征客观的具象物与主观的认识；阳则代表动态的变化性，相当于时间，在概念分类上指客观抽象的观念，或主观的行为。

宇宙中所有的现象，都源自于这两种相对能量所作的功，人类对事物的认识，也都建立在阴、阳两极互变的现象上。既然只有两种相对的性质，故采用二进位数系也是客观事实。所以从基础上说，阴、阳分类符合真理。

两仪生四象——能量变化继续不断，阴阳的组合，对时空而言，产生了四象、四时的属性。在概念分类上，对客观事物而言，四象是对抽象的界面给与定义，或者是宇宙中具象的各种物质物体。对主观来说，包括认识的刺激与状态，以及生存与社会行为。

四象生八卦——再继续变化下去，可以开展至无穷，但是由四象到八卦正是三次分裂。三次分裂相当于三的数系，八属于二进位的二数系，在此又属于三数系。两种数系相重叠，事物便有了结构，有结构便有功能，代表了自然界的各种象征。

所有感官所能接受的刺激，都只有正负两种性质，此为客观的真实现象。而观察者是主观的人，以人为主体，当人对正与负产生了认知时，即形成一种“结构”。在几何上，三点才能形成面的结构，正、人、负恰恰三点，可以用天、地、人作为象征性的代表，是称“三才”。

在三才结构上，各有阴阳两种性质，计有八个排列组合。以这八个基本组合作为八种象征分类，便有了八卦。

从两仪来看，宇宙的变化是二进位的系统分类；以三才结构来看，则是三进位的；在八卦的立场，分类则以八进位。后人又把二加三，五进位的五行生克系统，以及十二进位的时间系统等分别加入，形成一个错综复杂的系统。

这些不同的进位数系集合在一起，便是生机结构的特色之一。因为单一的数系可作“量变的算术运算”，而在不同的数系之间，即意味着产生了质变（请见第四章的层次分类）。多层次的质变则代表着不同层次的组合特性，象征了错综复杂的宇宙本质。

比如说，二进位只有阴与阳，只代表动与静的时空或自主性的变化。在量变上，可以进行无穷的运算，代表了能量变化无穷的排列组合。

如果仅仅只有数量，不过多多少少，生机就失去了意义。在人的立场，人以主观观察变化，相当于以人为中心，上观察天时，下观察地物，成为天地人的三才结构。这三种结构在无穷尽的排列组合中，就等于人对感官刺激强度大小的无穷认知。然而，这还不足，仅仅是能量强度的认知，意义并不大。

八卦是八种分类事物的象征，人们对万事万物的认知，无一不是感官对能量变化组合的分类。八卦将之分为八类，再加上分类象征的代表，可以代表“人”的主观观察，以认知抽象的事与具象的物，在时空中的动态变化。如：

乾为天，阳，健，父亲，首，原则、观念等。

坤为地，阴，顺，母亲，腹，根本、众多等。

震为雷，阳，动，长子，足，生机、时间等。

巽为风，阴，入，长女，股，影响、空间等。

坎为水，阳，陷，中男，耳，结构、物质等。

离为火，阴，丽，中女，目，现象、精神等。

艮为山，阳，止，少男，手，实质、载体等。

兑为泽，阴，悦，少女，口，形状、载物等。

再用数学的术语来说，仅仅一种数系，即是“线性系统”，而几种数系交错，则成为“非线性系统”。这不正是宇宙的真实吗？在人的观察下，线性与非线性交错，而且仅以最简单且最基本的数系，就能代表一切！

真是妙到极处的设计，以简驭繁，不过用了三个代表阴或阳的爻，就说明了宇宙人生所有微妙的真实现象！这是何等的智慧！

但是生机生生不息，后人又加入了五行生克的观念（详见拙著《易理探微》五行生克篇）。五行象征主观利害灵活应用的关系，加了五行，这个结构所产生的变化，就可以作为判断的手段，能够判断，就有了应用的实际价值。

京房氏更进一步，又把时间因素加进来，于是一套完整的宇宙原型设计完成了。有了这套原型，就可以用来与实际人生比较，比较得来的经验，便成为判断的方法。由于不同人有不同的观点、不同的生活背景以及不同的诉求，于是便有了各种预测之术。

同理，把这套系统应用在概念上，便是精妙的概念库，用在常识或知识上，就能建成常识库、知识库，而且都自有其生命力！

10 寒露

野人献曝　各种构想

《列子·杨朱》篇中记载：

> 昔者宋国有田夫，常衣缊黂，仅以过冬。暨春东作，自曝于日，不知天下之有广厦隩室，绵纩狐狢。顾谓其妻曰："负日之暄，人莫知者，以献吾君，将有重赏。"

我已经把自己对人生的探讨，写成了百万言的垃圾，今献给读者，当然希望获得重赏。我最期望的收获，是读者能多培养一些理性，或者是社会上多几个有理性的人。虽然什么人扮演什么角色，一切都是定数，如果演来演去，都在自我心中打转，也太乏味了。

记得在第三部《炎夏》中提过想写一本《一千零一个发明》，想想何不就写在这本书里？让这一趟知性之旅，不仅仅只是带走一些抽象的观念。

预先声明，这些构想都已是陈年老酒，说不定已经有人捷足先登。如果有人想生产，务请事先查阅专利公报。再若有人想申请专利，也请改头换面，因为已经公开的观念，是不得申请专利的。

这些观念本身并不重要，我只是想用一些例子来证明只要动动脑筋，想赚钱不是难事。对赚钱不难的人而言，赚钱便成为一种无聊的工作。赚钱不难，神游八荒也不难，只要放得下心头负担，收拾好神智，即可去也。

我们且从身边谈起吧，不拘形式，不限题材，细部保留，各凭想象。

我先解释一下，什么叫发明。"发明"是人将事物的因果体用关系"发"掘出来，使之大"明"于天下。有人把发明当作"无中生有"，这种观念是错误的，其实任何事物都只是某种能量形式的排列组合，知道了组合方法，即可发而明之。

所谓的排列组合，是指某一种事物，在某一个时间流程中，有某些因素产生了。发明就是把原来已知的那些因素，与新发现的因素重新混合整理，选取一种新的组合。

万里之行始于足下，我们就从足下开始吧！鞋是人人必穿的，就质料而论，鞋有草鞋、布鞋、皮鞋、塑胶鞋、木屐，等等，只要有了新的材料，这种材料具有某种性质，能符合某种环境，就是一种新的排列组合，也就算是一种发明。

玻璃鞋不错吧？可是玻璃太硬，脚放进去受到限制，很不舒服。玻璃还有另一种存在的形式，就是"玻璃纤维"，为什么不能用玻璃纤维做鞋子呢？

当然可以，玻璃纤维有可塑性，美观，耐磨，耐热，抗电，有多种物理化学上的特点，作为一种工作鞋，正适合于各种危险的工作。这种鞋材料取得容易，生产容易，造形容易，说不定对喜欢新奇的时装市场，也是一种冲击呢！

再以功能而言，鞋有球鞋、雨鞋、拖鞋、便鞋、溜冰鞋、马靴等，有的鞋为了保暖，有的为了防水，只要在新材料上动脑筋，保证你会成为一个足下大王！

只要是鞋，包括拖鞋在内，穿与脱是个很讨厌的手续。为什么这样说呢？鞋子要系带子或扣扣子，否则不会与脚成为一体，不能成一体，就失去了保护的作用。

能不能改善呢？这也是排列组合的功能之一。从结构上考虑，鞋子的改进还有极大的空间，其实，真要认真把鞋子（或者任何东西）当回事研究，大学也可以开上四年的课。这绝非虚语，任何一门学问，弄精了才能当博士，鞋子亦然。

鞋有鞋底，鞋底的材料要耐磨，因为它不断与地面接触摩擦。鞋底与鞋面相连，包住脚背，有保护与美观的作用。在脚与鞋的中间，还有鞋垫，其中也大有玄机在。除此之外鞋跟、鞋带、鞋套等，无不可以大动脑筋。

如何动法呢？先将传统的观念打破，把鞋底固定在下面的观念推翻，使鞋底鞋面一体成型！这样目的何在？生产容易！要知道制鞋业最大的成本支出，就在鞋底与鞋面的结合上。其中学问颇大，有胶合的问题，有剪裁的问题，有曲线连接的问题，有材料衔接的问题，还有式样与功能配合等讲不完的问题！

再说鞋底与鞋面的关系，又涉及功能，有需要增加鞋底弹性的，如同篮球鞋；有需要增加鞋面控制性的，如足球鞋；有需要增加鞋底滑动性的，如溜冰鞋、舞蹈鞋；有需要整体成型的，如雨鞋、绝缘鞋；有需要穿脱方便的，如拖鞋、便鞋。这些功能目前都有待改进，而且只要稍微动动脑筋，就会财源滚滚来。

更重要的一项改进，是如何避免鞋中的脚气。需知脚承载了人体整个的重量，整日在地心引力中挣扎，人的脚有汗气，密闭在鞋中，就发酵成脚气。如果能设计一种透气的鞋，穿了脚不臭，真可以用来作香槟酒杯，岂不理想？

如何改进呢？有的在鞋面下打洞，缺点是不美观。有的使用透气的鞋面质材，如帆布等，但这类材料只能作运动鞋用。能不能设计一种空气循环系统，当脚行动时，自动把一部分空气排出，更换一些新鲜的。这只要在鞋面内部，设计一些凹槽就可以了。

穿鞋的方式也可以改进，我不相信有人把系鞋带当作享受，那么，为什么鞋子始终与鞋带焦不离孟，孟不离焦呢？

当然传统习惯不能不考虑，人不大容易接受新的观念，有人就曾对我说过：

“哪有穿鞋不系鞋带的人？”

“有，我就是！”

“那是因为你懒！”

这话没有说错，所有的发明都是因为一个“懒”！

改进的方法很多，可以用拉链、暗扣、明扣、磁铁等，甚至可以把鞋面设计成盖子般，盖上去包住就好了。如果怕失去了勤快的主顾，不妨上面再装饰一些鞋带。

式样也该改进了，所有的人都在服装上打转，鞋子也有“鞋权”呀！鞋子苦了几千年了，总该让人谦虚一下，见了人先低头，向鞋子打个招呼！

为什么一定是尖头、圆头、方头？把自家的小狗挂在鞋头，搞电脑的不妨放一个监视器，再如在溜冰鞋上装一个火车头，那才神气透顶！

简单一点吧！在家里穿拖鞋，目的只是把脚掌与地板隔离。何不仅用一块塑胶鞋底，上面设计一个吸盘，脚一踏上去，就不会轻易掉下来。

为了身体健康，也可以设计一种“仿登山”鞋，鞋的前端加厚加高，加处要能依循脚掌的经脉穴道，走起路来，就有登山的效果。这种设计完全符合中医的经脉理论，人走路时，如果脚趾向下方用力，血液循环会加速。

再谈下去，读者一定以为我要改行做鞋匠了！

其实，这只是一个例子，证明动脑筋的人，不会活得“无聊”，怕的倒是被“有聊”淹没了。换个题材吧！我戴了五十年的眼镜，天天梦想有人来改进一二。料不到戴眼镜的发明家太少了，所以一直期望到如今。

眼镜的镜片变成隐形的，那且不谈它，只是我不喜欢戴，因为太麻烦了，而且又失去了一分有学问的气质。

眼镜当然有镜片，镜片有很多好处，人的灵魂之窗可以躲在那片玻璃的后面，飞砂吹不过，雨水浸不进。是了，水珠停留在眼镜片上也很麻烦，挡住了视线！有人把汽车上的雨刷搬上去，我迄今没见人用过，大概是带发电机不方便。

一片防水膜应该可以解决问题，也可以在玻璃上作表面处理，或设计一些细微的沟槽，使水不能聚为水滴，当然，沟宽不能妨害到视觉。更简单的，是一种鸭嘴边，可以盖在眼镜的上沿，像帽子一样。只是这样太简单，自己动手做一个就行。像我这种懒人，只要把手放在头上挡一下，或用报纸一遮。再若出门撑伞，一切都免谈了。

我最希望拥有的功能，是在镜片的两外侧，装两个后视镜，就像汽车一般。这样既可玩间谍游戏，路上偶然惊艳一瞥也可以装作道貌岸然。考试更好，可以不用回头了。

眼镜架一定要架在鼻子上，这是老天设计鼻子的美意，不可不充分利用。只是鼻子也太脆弱了，近视再加墨镜，已经成形的两条深沟，有时会压出血来。我希望有种运动帽，把墨镜设计在前面的帽沿，可作微调，往头上一戴，就是遮阳防紫外线的标准设施。

一双镜脚也是负担，不挂在耳朵上，又挂哪里呢？用夹的，久了会痛，用悬吊的，位置难以固定。当然如果有新的技术发明了，还有希望，比如说，有一种空气聚焦器，能利用电磁场，使某个区域中的空气分子呈曲线分布。再不然，把眼镜材料的重量降低，低到往鼻子上一放，就万事大吉。

那是以后的事，多想无益，既然无法避免，何不多多利用既有的设备呢？镜脚可以作为天线，把“行者风”（走路听的耳机）装在脚架下，正近耳门！再若把行者风改进一下，加一个麦克风在鼻子上，就成为“行者电话”。随时随地，情人们只要一动口，就是情话绵绵，保证把所有的话都塞在信息公路上，见了面反倒词穷了。

在我的梦想中，连电池都需要改良，如果有电线式电池，或者杆状的太阳能电池，镜脚便成为发电机了。当然，我一直认为，数十年之内“无线电流”

将成为事实，通过微波的发射，一种晶体便可将之转换为电流，到那时世界又是另一种景观了！

有一种东西很重要，人天天要用，却从来没有看到有人发明，那就是“鼻纸”。鼻中有鼻屎，尤其是在都市中，空气中浮游的“娇客”，使得人间充满朦胧的美，鼻孔是它们留连的风月场所，总会留下一些脂粉余秽。

在西方，几百年的工业生活，早已把“挖鼻屎”这种动作看得倒胃不已。可是倒胃归倒胃，大家居然也乐此不疲。不论在哪里，总会有人光明正大地挖而摇之，再不然偷偷摸摸，挖而藏之，一副无可奈何的德性。我的椅子底下、床头墙壁就有很多库存，沈红莲每次见了，都咒骂不止。

挖鼻孔要用手指尖，相信这种习惯已历经千万年，在拉马克进化学说下，手指的直径几与鼻孔的内径相等！挖的时候，手指太滑，鼻屎常赖着不走，于是脸上肌肉抽动，歪之扭之，挤之捞之，大作痛苦、爽快之状！

一边要开矿，一边还要运输，鼻屎虽小，却质量不减，往哪里装呢？我们知道有下水道，有化粪池，却从来没有听说过有“鼻屎贮存室”吧？有人用手帕，现在已经落伍了，卫生手纸是富有之民的宠物，谁不在口袋中养上几包？

如果手头没有纸，弹指神功最是常见，好在这种黑售暗器，附衣不落，沾体不痒，从古到今，未见人受其害。

结论很简单，我曾用手纸做了些“指套”，因为有摩擦力，效果奇佳。作为一种商品，我建议采用高纤维的纸浆，纸要韧要薄，触感好，效率高。诱人的香味，不要太醒目的色彩（怎能让人人看到），加上适当的宣传，必可大赚一“鼻”！

手纸的材料能不能改进呢？需知手纸的方便是以破坏、污染环境的代价换来的。要砍很多树，浪费一些水资源，增加化粪池堵塞的机会。比如说，上大号前肛门上先涂些油，会干净得多，再不然手纸改用水溶性的物质亦可。

只是手纸与冲水马桶是难兄难弟，要改进，必须同时改，否则不配套。

冲水马桶很浪费水，当今水资源严重短缺，能省最好。既为冲水马桶，就该尽量发挥冲水的功效，设一加压器，就可省下九成的水。再若加自动洗肛器，涂以肥皂，喷以清水，最后吹以干风。如是则一上一下一气呵成，统统有了改进。

手腕戴表，指上有戒，腰间缠包，都是人充分利用空间的好策略。我最讨厌手上有负担，但却不反对挂在身上，所以也有不少幻想。

表只用来计时，太浪费了，所有需要看的听的，而且需要随身携带的，都应该设计在表中。以当今的集成电路、电脑软硬件技术，其实简单易行。

以大型集成电路而言，就以每平方英寸一百万个半导体的晶片来看吧，这一百万个半导体能做些什么事呢？

比如说，一只小小的计时器，大约要100个半导体；加上闹钟要50个（可兼做提醒吃药的随身护士），计算器要300个，所有的测量功能如室温、体温、血压、脉搏等，都是探测器，可以利用表的底面，所需的半导体不多。至于大气湿度、环境磁力、辐射、紫外线、一氧化碳等，也都与健康有关，值得设计成为随身探测器。

探测是一种技术，只是人们还没有看到它的市场，有谁会去从事不赚钱的事呢？只要有了随身探测器这种产品，尽可放心，各种技术唾手可得。

再将收音机、呼叫器也设计上去，也不过百把个半导体，有了呼叫器，比较麻烦的是要有显示文字的液晶，再加上文字，则相当于电脑了。如果所要的功能不多，大概十万个半导体（自行设计中央处理器）就可以了。

既然有了电脑的功能，可以做的事就更多了，只要有记忆体，做电话本、地址簿（如果没有即时输入装置，亦可以采用无线电传输方式）最恰当不过。如果再加上输入装置，那更像是一台腕上电脑了，表面加大一点，加上手写辨识，美极了！

到现在为止，就算把一平方英寸的晶片全用上，也还绰绰有余。当然，采用更精密的晶圆，表壳当作线路板，再加大腕上电脑的容量，功能将可比美掌上电脑！

在十年之内，每平方英寸一亿个半导体的晶圆可以问世，那将是硬件的极限。到那时语音辨识必然成为产品，手腕上戴的将不再被称为电脑，而是小精灵。它将是每一个人的身份证、工作记录器、个人资料库、身体状况计、通讯联络器，等等，它可兼作每一个人的教学师长、私人秘书、工作导师、谈天朋友、专用护士、警卫保镖。

人们不了解人与电脑的关系，一听到电脑，就觉得它高不可攀。错了！电脑的同胞兄弟——微处理器，将是未来人类生活中最普遍的产品。它将无所不在，有一天，它会发展成为一种“印记”，是一种用特殊墨水印刷的标记，连香烟盒子上都会印有一片微处理器！有了它，产品能得到严密的监视和控制，社会上再也看不到泛滥成灾的广告，从预期订单、成本分析、生产运输、管理回收，全部一条龙，自动控制。

虽然如此，并非人人都要改行从事电脑工作，我在前面说过，写程序极容易，而要了解各种工作流程则很困难。所以，每个人都应该培养分析自己工作的能力，到时候才能够教电脑工程师如何写程序，这才是上上策。

这样扯下去，又要回到电脑的老本行了，再找个简单的课题吧！

手指头是人身上最好用的部位，戒指则是手指上最方便的设备，我们大可以在戒指上动动脑筋。因为手指是动作的主要机构，所有与控制、表达有关的动作，全都要靠手指来执行。这些行为包括了摸、按、触、敲、打、开、关、写、画，等等。

在戒指中置入一个微处理器，加上密码，就可以当作个人的身份证明、信用卡等。如果再在各地设置监收站，则可全面监视每个人的行踪。

这样一来，戒指可以当作钥匙、身份证、通行证、存款簿等，不一而足。各位总看过科幻电影吧，未来世界谁还带枪？手一指，激光就射进胸膛！

再简单点，至少可以设计一支戒指笔，用戒指环装墨汁，戒指的顶端装个笔尖，只要把手指头弯过来，立刻可以写字！

各位总有理发的经验吧！那叫花钱受活罪。有个好点子，设计一个静电罩，罩在头发上。一通电流，保证根根头发倒竖！

头发倒竖做什么？这时再用激光、用水刀，甚至用剪刀，都可以随意剪之割之，造形、处理都容易，而且不会剩下一大堆短小刺人的发渣。

再谈一个大计划吧，大得可以成立一个王国，要是能找到“真命天子”的话！我曾希望有人投资制造一种“自动烹饪机”。如果就商论商，这可是大事业，远比任何家电市场都大，毕竟“民以食为天”！

谁都知道，开饭店是好生意，平均来说，所有的商店中饭店约占二十分之一。但是饭店难开，最大的难处，就在好厨师得之不易。

烹饪机可设计成为各种形式，有单人用的，有小家庭、大家庭、学校、机关行号以及饭店专用的，变化无穷！

做菜是种科学实验，只要掌握住色、香、味、触、温五性以及口、舌、齿、喉、胃五感就是。这些因素涉及食物的种类、烹调的火候以及处理的方法等，只要了解其原理，都可以严格的控制，人或许记不清楚那么多，但是利用微处理器，简单明了！

首先是要有提供材料的厂商，以便做食物以及调味料的“前处理”。然后是硬件生产厂商，负责制造烹饪机。最后还要有软件公司，专卖各种食谱。

有了硬件后，到超市买来一包包处理好的食物，把食谱号输入（各人适应的酸、甜、苦、辣、咸、麻度，皆可以定量化）。每份菜输出的速度，当视机器性能与食谱的定义而定。但不论如何，每次调出来的水准，保证与预期的全同。

水准全同不表示没有变化，同一个菜有不同的调配方式，有不同的调味原则，也有应各人要求的口味变化。

如果是餐馆，则可采用电脑连线服务，客人上门后，一按电钮，流水线自动送菜到面前。更简单的，先投钱，再选菜，吃完就走。

说起来好像很吓唬人，其实设计起来简单得很。在动力上，单人用的可以采用微波炉式，职业用的则采用煤气，着眼点是成本与效果。

烹饪机在功能上也有很大的区别，原则上烤、煮、蒸、炒（炸）是中国菜的四大法门，基本上都是加热的界面问题。

烤最简单，是直接过火，大致可分触烤或挂烤两种。前者多用铁板或石头，以余热的需求为考量。因此，于透明炉内备一“烤具”，食物置其上，直接加热即可。烤的食物都是在烤前或烤后加料，只要注意烤炉的安全与控制方便即可。

煮最简单，将食物置于容器内，按规定比例调配好即可。因有自动控制，食物煮熟后即自动保温。

蒸是用水蒸气，可在煮食的容器内，再加一放置食物的架子即可。

最麻烦的在于炒菜，其实只要知道“炒”可以分成两道手续，分别考虑就容易了。第一道手续是炸，亦即在最短时间内，将食物均匀加热的绝妙方法。因为油的沸点比水高，所以先将油加热后，将欲加热的食物置入即可。

固体进入液体中，其接触面积大，加热又匀。此时处理的温度高低以及时间长短，决定食物“失水”的状况。一般说来，高温失水速度快，加热时间宜短。但是各种食物对热的传导性有异，以致食物内部变化的程度不一，两者要有适当的配合。总之，食谱上应该有使用的步骤说明，再不然，则以软件程序正确地控制。有的食物为了口感，有时要求用不同的温度炸两次以上，这些都不应由使用者操心。

要炒的菜，轻炸即可，过油的时间一般在十秒钟以下。如果炒的菜色多，炸的手续又不同，这都应以包装的格式解决。诸如有一包装的容器，将其中分为数格，使用者将之置于指定的位置，烹饪器即能自动处理。

炸过了，再下一步就是混合，混合的内容不外肉类、蔬菜以及调味料等。食物都“炸过”，已经熟了，调味料也应由烹饪器事先备好，统一搅拌就好了。

现在，我们试着来设计这样一套“不可能”的机器吧。

第一步是入口，当然以在上方为宜，但是职业用的必须有自动传送的功能。既要有此功能，当然要平面置放，而且放法有一定的顺序与规律。下文我仅以家庭用的作例子，解释起来比较容易。

把食物放在顶端，顶端一定有个盖子，将盖子拿开，食物放入。

盖好盖子，设定调味级次，输入烹调代号（什么菜，怎样做法），然后启动。

整个烹饪器可分三个空间，一个只是容器，装界面物（水或油），另一个是操作器。操作开始时，便将所需的水或油从容器中移到操作器中。还有一个为备用格，其中放有餐盘，可作临时放置食物之处。

以微波作能源，操作器是密封的，有压力控制装置，将食物分次倾入后，加热至固定程度。再自动将油倒回容器中，将食物移至备用格的餐盘中，如有必要，再倒入第二种需要炸的食物，依相同的手续，直到全部炸完为止。

再将备用格中所有的食物以及备妥的调味品，一次倾入操作器中。此时操作器可以做三百六十度的转动，将食物充分搅拌，直到指示的时间为止。

当然，还有一些细部的小问题需要安排，但无一不能解决。

有了烹饪器后，各位工作族就有福了，随时可以有一盘炒得热腾腾的好菜，在家里等着你往肚子里装。

其实再动动脑筋，有了微处理器，加上各种感应装置，一台“小管家”就可以设计出来了。通过电话，人可以从办公室打电话回家，而在语音输入还不实用之前，不妨用键盘控制，外加各种软件，便可以代做很多家务事。

人生有三分之一（假如把在床上看电视的时间算在内，则可能有二分之一）的时间活在床上，我们有没有把床当作一个研究的对象呢？没有！可怜！人类从树上睡到地上，再从地上爬到床上，是不得不习惯，不是因为技术改进了。

床有硬板式、弹簧式、海绵式、充水式，等等，不论什么形式，一律水平！为什么呢？人的身体表面、内部骨骼都不是平直的！奇怪的是，连世界首富都不得不睡又平又直的床！还向世人夸耀他们多会享受！

平直的床有什么不好？头部要加枕头！直到最近才见到电视上大做广告，

说有种科学枕头，睡上去脊椎骨能维持正常。我买了，不错，是有改进，但与事实相差太远。因为这种枕头只考虑到一个角度，而且仅提供一种厚度！

愿意动脑的人，只要研究一下人的头形，与睡倒后的姿势，就知道了。使用平直的床，错误就已经发生了，自作聪明的人不从根本解决，却要来个头痛医头，脚痛医脚，把剩下的问题分成很多段来解决。

我就入境随俗吧！先跟随着他们，一一研究，最后再提出我的方案。几十年来，最初我老怪国人不争气，后来才发觉，大多数的人其实只生活在经验层次中，只能从错误中慢慢理解！

我们先定义几个名称，方便以下的说明。兹以人体垂直站立的姿势为准，理想的原则，是令骨骼保持正直，但因人体表面有脂肪层，所以身体外侧形成曲线。身体曲线与直线有一“差值”，这个差值有几处必须考虑的，分别是“后颈差”、“侧肩差”、“手臂差”、“背腰差”、“侧腰差”、“臀差”、“膝弯差”、“胫弯差”。

真正理想的床，是在身体与床接触的水平面上，必须考虑到各差值的补数。我先以头痛医头的方式，看看有什么解决之道。

枕头是解决“颈差”的用具，凹形枕头只顾及到“后颈差”，当人翻身侧睡时，“侧肩差”更大，但解决了侧肩差，就又顾不到后颈差。解决的办法是当人仰睡时，头放在中间，所以中央部分采用后颈差，而翻身时，一定会滚向两侧，枕头两侧可用侧肩差。

每个人的体态有别，所以枕头应有各种不同的尺寸。人只要知道自己的几个差数，应该就像买衣服一样，知道衣号就好。有人会说这样多麻烦！买件衣服来穿不过为了蔽体，没有人觉得麻烦，而每天睡八小时，攸关身体的健康，一次解决，却嫌麻烦?

枕头的问题还没有解决，在侧睡时，谁都会感到手臂是个累赘。有时抬向头部，有时交叉身前，有时会塞在枕头下面，也算解决了。所以，在设计枕头时，除了顾及那几个曲线外，也要考虑当手臂弯曲时，预留一些空间在适当的位置上。

很多人睡觉会觉得腰痛，那是“侧腰差”太大的关系。如何设计腰枕呢?只好在床垫上动脑筋了，同样的，麻烦在于仰睡与侧睡的落差太大。但是只要动脑筋，注意问题所在，不愁没有解决的方法。

膝弯的问题不大，但问题是比较性的，主要的问题都解决了，次要的便成为首要。至于其解决方式，则与其他的大致相同。

“胫弯差”比较容易解决，因为在床的一端，只要注意侧差的不同与人体的高低，也就差不多了。

这样一步一步地，又能解决什么问题呢？可是别忘了，人类几万年来，就是东修修，西改改，不这样，人还不知道该怎么办？

直到我历经了半生的打击挫败，最后我才了解到，我的做法完全不适用于经验层次以下的习惯。我做任何事都希望考虑得尽善尽美，结果则是步步荆棘。因为一个新观念已经让别人疑虑交加，我偏偏一个接一个，连自己都没法说清楚。

我对床的看法，唯有一次解决，否则问题一个接着一个，一辈子要在床上打转！怎样解决呢？要彻底就得从头来，那么只有一个问题，就是如何使床能随着人体曲线变化！

要解决这个问题，则涉及了问题的核心，因为现成的材料中，没有一种具有这种功能。如果得到了这种新材料，则所有的常用物品，都会卷入这场革命！

是什么重要的功能呢？简单地说，叫做“半导体”。在人类所有发明的事物上，真正具有创意的，我认为就是“半导体”！因为自然界的物质对电流只有一种性质，就是让不让电子通过。也就是说，电子在经过物质时，会不会迷失在分子的结构里。

如果迷失的少，就是阻力小，也就是我们所称的导体，否则为绝缘体。事实上，自然界没有绝对的导体，也没有绝对的绝缘体。我们用导体，不过是利用其对电子的控制作用，也就是用电子的特性，达到我们的目的。

半导体完全不存在于自然界，是一种人工调制的排列组合，控制电子通过物质结构时，只能朝一个方向运动。

物理书上说物体有三态：固态、液态、气态，其实这三态只是物体分子活动的状态，当分子间活动能量大，互相分离，便是气态；能量小，相互胶着，便称液态；如果分子间结合稳定，能量不能拆散，便是固体状态。

我见过一种人工合成物，叫做“硅橡胶”（Silicon rubber），它具备一种非自然的状态，一般情况下，它是液态的，但是在高速状态下，它的反应有如固体，具有弹性。

那是 1971 年，一位农学院的同学帅荩生，替一家英国化学工厂经销原料。有一次他拿了块硅橡胶给我看，放在桌上可以像胶水一般缓缓流动，搓成圆球，则可当皮球拍。他问我能做什么用？因为原厂无意中生产了很多，却不知道拿它怎么办。

我一看，就想到了床，它是绝佳的材料，因为平铺时，它会像液体一样，人体压上去，一开始它会产生抗力，但是慢慢地就会随着人体变形。这时唯一要动脑筋的，是如何使它能暂时保持不变，以便承受身体的压力。

它成为固体的原因是受到压力，等压力消失，便回复液体性质。假如能设计一种床垫，当硅橡胶的受压均衡时，能提供一种动力，使之继续受力，则可一直保持固体状态。当时我只利用这种观念写了一本科幻小说，现在有了微处理器的认知，才想起来，用作床，倒不失为一种可以努力的方向。

如果用塑胶泡绵，为人体定制床垫，也不失为一种可行的简易方法。有了变形的床垫，当然要考虑床单，一步一步地研究下去，人总会睡个痛快的。

老实说，床还不是最恼人的问题，问题出在被褥上。想想吧，像台湾这种宜人的亚热带气候，一个人要用多少种不同的被褥？要是在寒温带，那还得了？

被褥再多也解决不了问题，天气常常变，被褥体积又大，搬出搬进，岂不媲美陶侃？还有一个很实际的问题，在当今科学昌明之际，各种理论、各式调查层出不穷，可是有没有哪位医师发表过论文，气温多少时要用什么被褥，才合乎健康？

像我这种老病号，最怕春天的气候：

> 寻寻觅觅，冷冷清清，凄凄惨惨戚戚。乍暖还寒时候，最难将息。

由李清照《声声慢》，可以证得知心。

> 三杯两盏淡酒，怎敌他晚来风急？雁过也，正伤心，却是旧时相识。

虽然情况有点不同，但也说得过去。由十几度到二十几度的气温，白天还好应付，晚上睡糊涂了，年年此时，正是我忙着与飞雁打交道之际。

我特别买了一个温度计，也测量出被褥与气温的互补系数。当室温在27℃以上，是另一种战场，暂且不提，一个最简单的公式是，在24℃以下，室温每下降1℃，即相当于增加一床被子。当然，一旦到了0℃以下，本公式不再适用，否则 –50℃，人会被压得气绝。

不过，这个公式并不实用，哪有准备一大堆被子的道理？为了实用，我准备了一床双层的被单，用在24℃；20℃时则用太空被；两个相加，则又可以降低到17℃；15℃时则用毛毯，三个相加，可以用到10℃；再下去，只有把棉被搬出来了。

我不怕麻烦，只怕病，医院那个旧相识一见到我，就会说：

“多穿几件衣服，多喝开水！”

他却不知道，昨夜风急，我盖二加一正好。不料夜深风尽，突然气温升高，我出了一身汗，醒来如同醉酒，岂不伤心？这就叫人算不如天算，该病的人总有原因！

我想到一个法子，把棉被四角绑在床柱上，身边再放一根木棒。不管气温如何（当然以能应付最冷的状况为度），待我睡得热了，就用木棒把棉被撑起，撑得越高，被子下面就越凉快。再如把四角也放松，让空气透入，就相当于空气调节器。

于是我想到，如果用温度计检测，再利用马达控制，真可设计一个床盖，随着气温上下自动升降。这种做法简单容易，对我这种懒人更有意义，每天连铺床都得免了（其实我从来都不必铺床）。

床被如此，房子里又何独不然？举世有各式各样的名师，所设计的房屋千篇一律。千篇一律也没有什么不对，只是不够科学，屋子里的通风状况不良。

不是吗？让我们分析一下吧！中学理化都教过，“热空气上升，冷空气下降”，这叫做常识。人体是个小火炉，所有的电器也都会发热，热气都依照物理定律，一一升到了天花板，然后呢？待在那里，享受它的荣华富贵，打压别的空气，深怕会被挤下来！

为什么建筑师不设计一个出路呢？人说，有窗子呀！一般窗子上沿离天花板还有两三尺，就算有新鲜空气进来，也不过是些半空中下降的部队，影响不了层峰！有谁关心呢？古往今来，中外一律，好不容易上去了，就不大甘心自动下来！

于是现代化的新房子，干脆把窗子只当作采光的通道，反正空调都准备好了，不装空调就只好住温室！

我记得小时候住过武汉、重庆，据称二者均为中国三大火炉之一，可是我不觉得热。可能是少年不知热吧，还有一个可能，那时住的房子都可以看到屋瓦。而屋瓦通风，热空气都出了窍，做自由神仙去了！

我实在不喜欢吹电扇，把屋子里的暖风，由东墙搬到西墙，再由西墙推到东墙。风打身上过，汗毛直耸，可是汗流如故。所幸读过初中，学过理化，虽不及格，倒还记得一点原理，我把风扇对着外面吹，效果就好得多。

现在社会上人人拼命赚钱，只不过贪图一点生活上的舒适。房子越来越华贵，装潢也越来越复杂。到了最后，家家户户非买空调不可！买了空调，电费就拼命跟着赛跑，小市民就努力赚钱。这还不说，当时的台湾一到最需要用电的时刻，绝对会停电。一停电，最新式的华屋顿时变成了魔火炼狱。于是就有先知倡言，非建核电站不可！

人生谁不是在跑着马拉松呢？学者专家雄辩滔滔，咸认为科学万岁，繁荣进步就是造福人生！造就了更多的企业，令得人人有工作做，以便随时更换新屋，再买更新的空调。有嘘嘘风声的静冷式，有东接西凑的分离式，再买新的还送面包机！

堡垒原为防身，为了安全，人就不能越堡垒一步。对堡垒的依赖越深，坚固性就越形重要。可是再坚固也有极限，如果把身体缩小，小到像蜗牛一样，身体外就背一个壳子。这么美妙的理论，造物者也曾试过，等到它后悔了，把壳丢弃了，人还是千方百计要把壳装回来。

《庄子·胠箧篇》载：

> 将为胠箧探囊发匮之盗而为守备，则必摄缄縢，固扃鐍，此世俗之所谓知也。然而巨盗至，则负匮揭箧担囊而趋，唯恐缄縢扃鐍之不固也。然则乡之所谓知者，不乃为大盗积者也？

庄子的意思是说，有些自以为聪明的人，为了防盗把珍贵的珍宝锁在箱子里，还怕箱子不牢，绑得紧紧的。结果大盗来了，正好整箱运走，绑得愈紧，对他反而愈方便！

我们住的房子又有什么例外？我们睡的床为什么会不同？都在一个经济体制之下，早就被大盗（这就是“圣人不死，大盗不止”的精义）们计划好了，让可怜的小民们，辛辛苦苦胼手胝足，把用劳力换来的一点期望，统统都保存在保险柜中。然而，这些真正的聪明人，早就开设好了各种各样的保险公司，一网打尽！

多感激啊！买房子有贷款，买车子有贷款，买什么没有呢？这就是保险呀！贷得越多，绑得越紧，绑物用的绳子就是工作。人拼命工作，只是为了绑住保险。那么贷款的保险由何而来呢？这个问题要由大盗来回答，当然也有失败的大盗，但是成功者却被冠为王！不论为盗为王，他们是从来就不必干苦活的，他们只是用保险作贷款！

更厉害的绝招，是失业控制，人一失业就什么都没有了！位子、房子、车子都被保险保了险！所幸！还有失业保险，那是20世纪最著名的“悔过汤”！

喝着以苟延残喘，等到悔过的人头脑清楚了，找不到理想的工作，就等而求其次吧！除非是连保险的保险者都自身难保了，到那一天，正是这个系统的最终极限！

最后，再提供一个软件的构想给各位。须知在未来世界，生产已经不是问题。绝大部分的人都游手好闲，无所事事，所以能出人头地者，将是擅于运用文化资源者。

电脑仅为一种硬件商品，而电脑软件也只是信息处理的试金石。一旦观念与技术成熟，人类社会中各种有关生存、生活的行为，都能利用信息器材，全面而完整地满足人性的需求时，才是信息时代的伊始。

人需要生存，需要物质以提供动力，这是第一波农业革命以迄第二波工业革命的重点。然而人又具有求知的心灵，在生存之余，因主观的生活经验，获得了对客观世界的认知，这些认知便是“信息”。

主观自我宥于时空，犹如井底之蛙。人因知之不全、识之未真，千万年来一直尝试着与外界沟通，以扩展视野。不幸人不仅局限于时空环境，且受制于机体结构。不论是信息或是资料，唯有通过语言文字，以效率极低的形式，在个体与个体之间缓缓流传。

如今拜工业文明之赐，发展出了高效率的信息器材，一举突破了人类时空的极限，将客观世界的真实，传送到每一独立个体的身边。人类心灵的需求因此才有获得满足的可能，是为第三波信息革命的真谛。

由此可知，信息时代真正的主流角色，必将是一具能接受与处理各种信息与资料的机器。其形状大小不定，但原则上，必然小至由人随身携带，大至传真度极高，功能齐全，应用自如。更重要的则是此一器材必须具有“拟人”的性质以及“超人”的功能，始得达到满足人性需求的最终目的。

或谓中国起步在后，西方国家已有充足的软件，正可大量应用。果真如此，国家民族虽存实亡矣。盖国之为国，民族之所以为民族，实因传统之文化使然。信息之不同于衣食住行，在于信息系以民族文化为内涵。人心需要信息，信息之内涵正为人心发展的基础。固然人体需要食物，人身需要衣着，但人心却不致为食物与衣着的特性所改变，故此两者实不可同日而语。

因此，仅追求硬件技术的精进而忽视软件的实质，或可得一时的经济效益，却必将授外人以可乘之机。尤以当今知识产权备受重视之际，欧美各国莫不大量制作各种极尽视听效果的软件。长久以往，即令经济上亦未必能得其利也。

更重要的是硬件技术无国籍之别，而软件却因民族文化而异。硬件工业可以轻易地开发、量产，昨日为西方专利，今日我们得之，明日又将流向他国。软件则不同，人才、素材无一项是唾手可得，若不作长期规划，预为之谋，待外国软件大量入侵，人心丕变，观念迴非时再思振作，恐已回天乏力矣。

根据事物进化的法则来看，先进化者其错误率较高，但万一成功，其影响力必更大，知识累进也不例外。虽然西方工业社会信息的发展在先，硬件技术已经成功，但在软件上有待商榷之处尚多。似此不世良机，正有待识者揭竿而起，一举超越其窠臼，为经济前途另辟康庄大道，为文化前途奠定万世不朽的基业。

要做到这一点，首应破除唯外人马首是瞻的心态，将我国厚实的文化资源，化为信息软件产品。进，可以打入国际市场，趁着西方对东方尚抱着好奇的心理，以正视听；退，可以填补国内软件市场的空虚。令青少年以及一般民众在声色犬马之外，尚能认识固有的文化传统，重拾民族自信心。

所谓信息软件系指藉助于某种器材，使人能同时接受动态信息及静态资料，也就是说具有声光、视听效果的产品。20世纪初爱迪生发明了留声机，后有照相机、电影机、电视机接续问世，遂有今日普受大众欢迎的视听节目。

然而，新的技术不断突破，电脑二进位技术、高清晰电视、网络传输、身历境感受等，又将信息软件推向另一波高峰。除了信息品质的改进外，最重要的就是应用观念必须突破单向接收式，改为双向沟通式，以符合人类生活的实际需求。

一旦信息软件具备了双向沟通的能力，下一步必将迈向人性认知的领域。然而，在每一个新时代的到来之前，势必会有一段产品调适期，在此期间，举凡市场需求，技术发展等，都会先趋于成熟，始能引发下一个阶段的到来。

因此，任何人只要愿意，先立定志向，瞄准目标，都有参与这一新时代、新技术开发的机会。下面即提出一些可以发展的信息软件，以及可以探索的正确方向。

这类信息软件宜分为两大类，一为操作软件，一为应用软件。前者由系统主控机构统一开发，置于中央资料系统中，定时通过通信网络与分散的独立用户（经由高画质的电视机、遥控器、录放影机、家电自动控制器等硬件）双向沟通。使用者在收到视讯后，可经由目录自行选择内容，并且在授权范围内，随意控制或处理。

应用软件则应开放，由市场自由开发：

1. 操作：是使用者与节目间的基本界面，以控制节目的进行。使用者开机后，操作程序即通过网络，取得节目的信息。然后经由屏幕画面的指示，在使用者选择下，以与节目提供机构沟通处理。

2. 一般节目：播放传统的单向节目时，无需双向沟通，但应在电视机中加设多窗选择功能，使观众能在观赏主要节目之余，从多窗中略知他台节目的动向，而有选择的机会。若系双向节目，则应依标准界面，提供多种不同的选择机会。

3. 资料目录：使用者开机后，主系统首先送出目录内容，以供选择。由于目录是文字资料，可以贮存在用户的终端储存器中。在用户选定后，传回主系统，始为双向沟通。除此之外，在节目中亦视设计方式，赋予用户选择权。由于节目内容性质不同，占用通信线路情况有异，故收费方式宜慎择之。

3–1　新闻类：政治、社会、金融、股票、期货、国际、艺文、体育等。

3–2　商业类：百货、食品、工具、车辆、旅游、书籍、玩具、房产等。

3–3　服务类：警察局、医院、交通、慈善、宗教、交谊、气象、地图等。

3–4　教育类：远程教育、成人教育、教育动态、资料查询等。

3–5　娱乐类：各种娱乐节目、益智节目、遥控对弈、图像处理等。

3–6　通信类：通过网络与电话联线，若加装录影镜头，可作影像通讯。

3–7　安保类：加设监控系统，可查视及监录各种状况，并自动报警等。

3–8　家电类：加设家电控制系统，可作定时或以遥控方式处理家务。

3–9　电脑类：个人电脑所有功能。

4. 应用软件：使用者可经由软盘将软件载入主机中，进而执行。所应注意者，双向沟通之软件必须设计成为结构模组式，而且要能任意组合。有兴趣的读者请多多研究“生机结构”，始可掌握未来软件的主流。

上述各项中，操作系统的设计技术已经成熟，一般节目则无新意，应用软件又将开放。故唯有资料目录一项，值得详加研讨。

新闻类应该分目分项收集资料，以文字资料为主，必要时辅以图片即可。其信息传输量低，以 12Mhz 计，每秒可传送高达数十万文字资料，故宜随时更新资料，定时传送，以保持即时的新闻价值。

商业类则应慎选略具规模之企业，由其提供商品样本与报价，且于一定时限内保证价格与供应无缺。使用者可利用通信功能，向企业索取清单或直接划拨选购。此类功能宜先立法保障双方权益，各种商品目录因具有广告效益，亦可酌收广告费用。

服务类顾名思义，提供各项生活需要的服务信息。

教育类亦然，提供教育信息以及各种课程。

娱乐类软件涉及变化多端的内容，兼以图像像素的要求极高，故制作难度最高。但其影响与效益也最大，除了提供本地区的需求外，并可行销世界各地。原则上又可分为观赏性、互动性、益智性、创作性等类别，且均能由使用者自行操控。此类节目因占用线路，故应采计时收费方式，以便于整个系统作业的经营发展。

通信类供信息沟通用，亦以计时收费为宜。

此外，安保、家电与电脑等类皆为服务项目，需配合其他周边器材设计之。此类技术皆属现成，但亦不可或缺。

根据前述理由，以下将重点集中于“娱乐类双向沟通”的信息软件，且先扬弃一切既有的包袱、成见，假定从无到有，从初步计划开始，进而训练人才、规划产品方向，最后大规模从事信息软件的制作。

基于信息软件的特性，素材的取得为首要课题，美国虽拥有各种技术，却限于历史背景，所能利用的题材有限，故只能称雄于电脑软件以及既有的电影、电视传统节目。在可望的将来，人们生活休闲的需求，将随着工作方式的改变及信息器材的精进而增加。而长期不断地面对各种信息刺激，其变化的多样性以及素材的新奇性，必将令信息软件界穷于应付。

再以人性而论，人对信息的需求，可谓无穷无尽，而且当人吸收越多，其要求越高。所以信息软件市场实相当于一种互为因果的有机体，必须有计划的培养、收获，逐步循序渐进。及至成长茁壮，市场本身又将形成新的回馈，产生另一波动力，如此循环不已。

因此，首先占有此一市场，且具有长期目标与周详计划者，必将获得最大的利益。不仅如此，在信息内涵中，文化意识的影响又将成为人类社会的主流，其对政治、经济的影响，更是无与伦比。

由是而论，信息的素材除了广度以外，深度更为重要。吾人虽不该自大，但举目正视客观现实，我国传统的文化资源确可称为傲世无俦。值此信息软件启蒙之际，理应自珍自重，妥善地整理规划，以发扬光大之。

中国历史源远流长，地广人多，各民族杂处，社会制度、文字信息早在两千年前即已奠定统一基础。由于生活安定，遂有余力追求精神文明，历代人才辈出，多有著述，迄今各种信息素材多如山积。然近数百年来，中国一直挣扎于生存边缘，无暇及此，故宝矿深藏，辉光未吐。时值信息软件应运而生，正是信息素材脱胎换骨的良机，冀望识者能剑及履及，共同努力，以创未来。

虽则世界各国无不有其独特的文化，但因限于其环境背景，从信息软件的立场来看，除了少数项目外，尚难与我国相提并论。

类别	名称	我国特色	西方特色
历史	宫闱故事	有系统，量多，记载详实	同左
	战争战役	有系统，量多，斗智斗力	少有斗智过程
	制度兴革	有系统，量多，具教育性意义	工业革命后始具规模
	朝代更迭	量多，属民族大义，可歌可泣	多属贵族之私事
	章回演义	量多，多影射历史，褒贬不一	无
	人物游记	量多，与我国山川地理有关	量少，受地理限制
宗教	经典教义	量多，各种宗教杂陈	各国多为单一宗教
	出世传灯	量多，各种行谊，境界各殊	量少，受宗教教义限制
	民俗风习	量多，变化大，趣味足	量少，受社会环境限制
文学	上古神话	量多，各民族皆有其先民传说	同左
	民间传说	量多，性质不一，内容广泛	量少，受社会环境限制
	搜奇志异	量多，变化极大，内容广泛	内容受宗教所限，贫乏
	仙侠轶事	道家特具的境界，极有特色	无
	侠义小说	量多，为我国文学之特色	美国西部故事与欧洲骑士故事
	写实小说	量少	成熟量多，为西方文学的主流
	侦探推理	贫乏	量多
	科幻小说	贫乏	量多
	诗词歌赋	文字特色鲜明，独特性强	同左
	戏曲杂剧	文字特色鲜明，独特性强	同左
	舞台话剧	贫乏	成熟（自英国莎士比亚后）
哲理	诸子百家	思想之范围广，内容丰富	分布在各个国家
	伦理道德	涵盖之范围广，内容丰富	仅有宗教约束
艺术	音乐	贫乏	丰富
	写实绘画	贫乏	丰富

然而，素材必须经过系统加工，并通过人为的“表演”，方能成为引人入胜的信息软件产品。在这一方面，西方早期有古希腊悲剧的传统，后来英国莎士比亚予以发扬光大，待至20世纪电影、电视的相继出现，“戏剧”已成为表演艺术的系统加工手段。

相反地，中国无此戏剧传统，仅有“说书”的观念，所有的素材无不平铺直叙，以求符合说书的客观环境。20世纪前期曾因新文学流风所及，“话剧”颇受欢迎，嗣后电影业兴起，话剧从业员纷纷跃上银幕。

由于前述各种因果，遂导致我国表演艺术的落后不前。首先是故事内容贫乏，没有堆砌制造的效果；其次是演员表情极度夸张，失去真实感；至于政治的渗入，则养成繁琐、说教的积习，丧失追求、探讨的深度。

可怕的恶性循环于是开始了，电影需要票房支持，急功近利之余，唯有以色情、暴力以及无谓的胡闹逗笑，始能吸引趣味低俗的观众。观众在长时期低俗娱乐的洗脑下，由电影进而电视。制作的技术与观念尚未改进，需求量却直线上升。粗制滥造之余，以致人人虽知其不堪入目，在别无选择之下，久而不知其弊，遂而品味低劣，国民丧失水平。

如今信息软件又将粉墨登场，若我辈不能痛定思痛，有系统有计划地从头做起，此一劣币驱逐良币的现象，必将彻底摧毁我国固有的精致文化，任由西方思潮席卷我神州大地，空令子孙后代感叹唏嘘。

几经思考，我决定从训练电脑着手，所有一应例行工作，概由电脑负责。诸如将书籍资料经由“视觉辨识”输入电脑中，再经由自行开发的“中文人文系统”，将指定的各段故事或题材，重编成为纲要。经人为筛选定义后，即可自动编译成为可摄制的剧本。

再采用多媒体电脑技术，将此剧本先制成漫画书，出版发行，以资造势。同时又将之摄制成为动画影片，转录到磁带或光碟上。

11 时代

社会现况　时代对决

刘长卿有诗云：

> 古台摇落后，秋入望乡心。野寺来人少，云峰隔水深。
> 夕阳依旧垒，寒磬满空林。惆怅南朝事，长江独至今。

秋高气爽，老年人的感受不是年轻人所能认知的。过去读《红楼梦》，总是看到八十回后，就掩卷痛骂高鹗。等到经历了“野寺来人少，云峰隔水深”，这才知道何以“夕阳依旧垒，寒磬满空林”。如今智慧之旅接近终站，只剩下惆怅南朝事，是说还是不说？

在著书立说的立场，本就应该执春秋之笔，吐肺腑之言。可是，《易经》讲了，易理也分析过了，肺腑之中除了寒磬满空林，什么都找不到了。

最初规划时，这一章就是保留以供缓冲之用，怕的是心中夕阳旧垒太多。岂知事到如今，眼前云雾深深，长江过去如此，至今依然，又有什么辞色可表？

1995 年 5 月 9 日下午，沈红莲正在她的房中忙着赶资料，不管是什么工作，只要没有人能做或愿意做的，最后都总会万流归宗，落到她的手上。

突然间，她匆匆跑进我房中，沉重地说：

“邓丽君死了！”

“啊！”她何尝不是因缘之一，缘尽了，走了，何事大惊小怪？

我和沈红莲都有个毛病，看到中国电影就摇头，听到中国歌曲就掩耳。可是，有一个例外，那就是邓丽君，而且只有一首“何日君再来”！

音乐是感性的，要感动人，就要有动人的条件。而这些条件都集中在一个人的身上，那才是珍贵的价值所在。

邓丽君的歌声轻柔而秀美，转折处有若春风之无痕；她的嗓音略带沙哑，既婉约又哀凄，莫可奈何地娓娓倾诉着衷肠。她稚圆的脸庞，好似纯真的婴儿，吐露着对人世的期望。

人生太平凡了，平凡的解脱就是期望，“今宵离别后，何日君再来”？罢了，不来也罢。

生与死的意义不正是如此吗？重视肉体的人只看得见肉体，所以有生有死。对一个重视精神的人，肉体不过是看得到的一个机构，摸得到的一堆能量。如果这个机构的能量不能对周遭的环境发挥一些影响作用，生生死死又有什么分别呢？

记得在深圳举行“聚珍整合系统”评估的时候，现场由深圳市朱副市长主持，香港派了大批记者来采访，问的却都是一些政治问题。副市长回答后，记者们找到我，问我一个从事高科技的知识分子，为什么会从台湾到大陆来为中国服务？

我知道他们的立场，也知道彼此很难沟通，只好敷衍一番说：“有什么办法？你叫我到哪里去发展中文软件？”

“你不是从台湾来的吗？”有一个问。

“不，我是从美国来的。”

“那么回美国去吧，你有这种技术，哪里都可以去。”另一个说。

“有能力的人都该往国外跑？”

“当然，为什么不？”

“那你们为什么还不快跑呢？”

“我们吃文字饭的，不赶快多弄几个钱，到外国去怎么办？”他说得很实在。

“你怎么会有这种想法呢？”

“谁不是这样？你说说看？”他理直气壮。

“台湾香港都一样，能捞钱就捞，有钱到时候才跑得了！”另一个补充说。

我这个被访问的人，竟成了访问者，彼此聊将起来。想想也很可悲，自己的国人离心离德，宁做亡国奴也不愿做顺民。最后我问他们：“你们记者胡闹不怕秋后算账吗？”

“怕有什么用？捞了钱，在国外落了脚，就不怕了。”

“那些逃不掉的人怎么办呢？”

“活该倒霉！这个世界老实人吃亏，会起哄的人才有路走！”

他这句话正是今日的写照，台湾的政客们有谁真想把社会治好？谁不是存心大捞，存心激起各种各样的对抗，然后从中得利？倒霉的小老百姓，被迷惑得真相不明，还自以为是时代的主人！等到一有风吹草动，捞够的人都跑了，剩下的人不是活该倒霉吗？

假定那些在内哗众取宠、在外开拓自己“国际知名度”、“捞”字顶头的达官斗士们，在身后已经安排妥当之余，而尚有一分邓小姐的良知，有天或许会说：“是不是因为我们当年表演得太过火了，才造成了台湾两千万老百姓的不幸？”

5月29日，沈红莲的父亲沈少逸先生过世了，享年75岁。

沈老先生是个义人，对于这个社会而言，他默默无闻。但是他终身无为而为，在人间留下了宝贵的典范，虽千秋万世都无法抹灭。

他只是个基层警察，年轻时无家累，有升职褒奖的机会，他总让给最有需要的人。等到年纪大了，升迁也轮不到他头上。在绚烂的舞台上，他不忮不求，只是扮演清道夫的角色，保持着后台的洁净。

退休后，很多人劝他去做警卫，他总说：“我的钱够用了。”他那几百块零用钱，除了买香烟、理发外，就是每天傍晚买几个煎包给下课的孙子吃。他没有什么嗜好，除了每天一包“新乐园”。而且不论寒冬、炎夏，晴天、下雨，他都会躲在院子里抽烟，以免让别人感到不便。

他是透明的空气，是阳光下的阴影，人不容易感觉到他的存在。但是没有了他，人们会感觉到一股沉重的气压，少了一朵有担当的云彩。

当他看到七岁的沈红莲姐妹两个弱小的身躯时，他义无反顾地，负担起了教养她们的责任，也散播了他无私无欲的情操。如果没有这样的父亲，沈红莲早就出国去作她的博士夫人了。如果不是她的鼎力协助，我也可能成为一个得道的高僧，步上弘一大师的后尘了。人生的机缘环环相扣，一点都没有疏漏。

有一天，沈红莲与朋友聊天，谈到另一个为人后母的朋友。

她的朋友说：“她（指另一个朋友）真是了不起，做得连前妻的三个小孩都叫她妈妈！”

沈红莲说：“我继父什么都没有做，我也叫他爸爸！”

“至少他抚养你啊！”

沈红莲咬文嚼字地问：“你爸爸有没有做什么，让你觉得他本来不是你爸爸，做了以后就成了你爸爸？”

“没有！”朋友想了一想，摇摇头说。

“因为他本来就是你爸爸，还有什么要做的呢？我爸爸待我和待他的小孩一样，没有什么需要特别费心去做爸爸的！”

《道德经》第八章云：

> 上善若水。水善利万物而不争，处众人之所恶，故几于道。居善地，心善渊，与善仁，言善信，正善治……夫唯不争，故无尤。

沈老先生的肉体回归到天地之间了，但他那上善若水的精神，与中国的文化合流。沈老先生谦谦的君子风范，熏育了沈红莲，汇聚了社会上无数无为的沉默大众，成为一股股清流。只要这股清流不断，黄老思想就有传人，中华文化就不会绝灭。

当今是个浊世，争的人多，让的人少，大家争利的结果，人世成为战场。幸福本是主观的认知，在天堂中，如果人人只顾自己的幸福，天堂又在哪里？就算进了地狱，一心不乱，视痛苦为理所当然，又何曾有个地狱？

人们口口声声讲求现实，有几个人了解他们讲的是什么？现实就是现实，不容任何人增减分毫，人生不外生老病死，名利也离不开荣辱得失！不幸的现实是，古今中外有谁能逃脱生老病死的威胁？又有谁的名利不是在得失互见中上下浮沉？

现实是人永远只感觉到现在，只有现在的感觉，才是现实！而人在出生后就开始走向死亡，生时得的越少，死时解脱越多。若生时所得越多，在死的那一刹，痛苦也就越大。现实是，人生的荣华富贵恰是心理的累赘，满足了一时的虚荣，却要付出无穷的代价。

上面的人讲现实，自然就有了下面的现实社会。

1995年4月28日，台湾《中国时报》刊载，有位12岁少女在酒廊坐台。警员临检发现了，问她为什么要来坐台，她理直气壮地说：“赚钱！”

“赚钱那么重要？”

“当然，这个社会很现实。”

这话出自十二稚龄之口，能不令人感叹？

同日，《中国时报》头条新闻刊载曾大谈“有钱不是罪恶”的贵人，为了表示自己有诚有信，公开宣示他曾经说的事，只是“当时的想法”，意为“现在的想法”与“当时的想法”不同，因此无涉“诚信原则”！盖诚信之说，因人而异也！

从人性来分析，方知古今依然，良有以也。盖权势未能在握之前，闻髓不得知味，大欲未能熏心。既已黄袍加身，为社稷谋，岂得不效法前贤，杯酒释兵权？

水清无鱼，人静无声，有腐尸之处，蝇蚋始群聚而鼓噪。其鼓噪之一，是壮其声势，号召同好；其鼓噪之二，为制造舆论，影响其余；其鼓噪之三也，声雷霆而势海涛，群山响应，既有股肱之投效，又得蛮夷之撑腰，虽三皇犹愧一筹！

古往今来，多少人实为贪恋权位，而美其名为“贯彻理想”！妙的是一人为圆梦而大说梦话，百人为醉生梦死而吠声吠影，这才是倒金山、倾玉柱的征兆！

上行下效，有玩蟋蟀的主子，就有一院家奴养虫的歪风；群貉同丘，在一个吹牛拍马成习的圈圈里，也只有爬得上去，才享受得到那种飘飘然的滋味。中国人的气节从几千年起，就和地球上的臭氧层一样，在两极破了大洞不说，而且越来越薄。这也难怪，外国恩公的字典上，就没有“气节”这两个字，连翻译都难！

到了这种地步，居住在这个圈圈中的小民有何想法呢？台湾当权者以落实“推动民主，主权在民”而夸夸其词，私下却发动御林军、东林党，大肆咆哮：“人民不得侮辱‘元首’！”

标榜民主的大人啊！自命为贯彻民主的伟人哟！请裁示一下民主的定义吧！既然以民为主，什么又叫“元首”呢？根据中文概念，“元”为始，是本，“首”指头，蛇无头不行的头。记得老“总统”在位时，他不谈“元首”，他谈的是“领袖”两个字，“领”是领导，“袖”者由也，手出入之处。两者相较，显然“领袖”比“元首”要含蓄得多。

听说有一次，某单位为了改善工作环境，特别设计了一种圆领短袖的便装。这等小事，自是有了经费，便告搞定。不料，老“总统”看到了，说：“这是什么衣服？成何体统？”

“报告！这是便装！”

“便装？无‘领’无‘袖’！这不是要造反吗？”

我知道的老“总统”常利用他的耳目，以察民间疾苦。只是他的耳目是人，是一堆专业的马屁精，除了个人的既得利益外，其他都不关心。老先生自奉甚俭，从来不打“高尔夫”；自有一股气节，从来不自甘作践。

有次部下买了双新鞋，他看见了，问道：“这双鞋多少钱？”

“报告！三毛钱。”

“你的薪水多少钱？”

“五十块钱。”

老先生一想，如果真的这样，老百姓的生活应该还不错。于是，他决定上街看看。这一来可忙坏了各级军警保防人员，专门在衡阳路布置了一个“现场”。当然，其中的内容都是那些专家希望老“总统”看到的“实况”。

今天呢？状况改进了多少？主权在民的大梦，在御用学者专家等的设计下，连作主的小民都成了被统战的对象。为了要封杀其他的声音，另一个现场又布置开来，反正有奶便是娘，用权势换取了各方的劝进，用钞票买来国际的支援。我们要争取！我们要奋斗！我们要民主自由！是的，骨子里呢？今天的风光是台上人享受着丰盛的特餐，而抗争所带来的明天的灾难，则由两千万无处可逃、无能力可逃的老百姓去承担！

还有一个我最欣赏的笑话，说老“总统”终于去见孙中山先生了，孙先生问道：“你也来了，‘总统’终于民选了吧？”

“是的。”

“你以后呢，人民选的是谁？”

“余（于）又（右）任。”

“下一个呢？”

“吾（吴）三连。”

要谈民主，我觉得中国人完全不够资格！美国有今天，是因为有一个华盛顿。

当年华盛顿德高望重，各地各界无不劝他三任总统。但他坚辞了，回家务农（虽然他学的不是农）。难道他没有该尽的责任吗？难道他身边没有待养的宠臣媵妾吗？为什么华盛顿这样不负责任？这样不顾人情呢？

是华盛顿的不顾现实，而创造了美国今天的现实！人们只顾眼前的现实，自以为富甲一方，为逞一时之快，走向极端，最后来个玉石俱焚！

要谈逞一时之快，何不看看飙车文化呢？假如年轻人有人生的认识，他们会去飙车吗？假如年轻人有了正确的方向，他们会去飙车吗？假如年轻人有家庭的温暖，他们会去飙车吗？假如年轻人没有被骄宠到胯下有车，他们会去飙车吗？

飙车，是现实感的极致，也是青少年眼见成人的“伟大作为”，受到感召后必然的行动。当其时也，同侪好友竞速于闹市之中，声雷霆而友火龙；跨咆哮之铁马，驰骋广阔之大道；实媲美寄蜉蝣于天地，渺沧海之一粟。哀吾生之须臾，羡自由之无穷；挟娇娃以遨游，抱明月而长终；知不可乎骤得，托遗响于悲风！

飙车是社会因果，大人的作为正是青年的榜样！年轻人也是人，生活优裕，衣食不缺，在时贤鼓吹热卖之际，当然也要争取人权，争取民主自由。这何尝不是生而有之的“分治”之实？如果在家中争而不得，则在校可以纠结众友，人多而气壮矣！

飙车之际，意兴风发，驾者成群结众，路人为之侧目。明日见报，扬名国际，始知有吾辈飙车之族，崇尚自由，争取独立，岂不快乎？

上行下效，人之常情，州官尽管放火，百姓自知点灯！警察奉命而逮之，骑士知趣而避之，官兵捉的是强盗，强盗戏的是官兵。玩得太真了，擦枪也会走火，官兵既可玩法，强盗又何以不能玩命？生生死死，又何尝不是现实之实？

飙车族不相信官兵放着钱不赚，去做赔本的生意。再说，社会上到处都有陈情、示威、丢蛋三部曲，有恃何须恐？所以当警察叔叔果真大肆扫荡之下，飙车族群情大哗！岂有政治干涉飙车之理？

不平则不服，不服则乱兴，于是飙车族揭竿而起，6月6日，与诺曼底战役同一天，开始攻击高雄市警局。于是，社会骚然，岂有此理焉？

当我们的社会贤达，齐声责骂这些青少年之时，请反思一下吧！我们的所作所为比起他们来，岂不更幼稚可笑？我们的身教已经害了他们，还要自命为理性，自欺欺人？今日我们要取缔飙车监禁他们，而未来呢？当我们面临玉碎之后果时，向谁哭诉去？

一个专抢女性与美容院的“大盗”被捕了，他相貌斯文，态度从容，与警方非常合作。他不仅坦白无讳，而且承认有五十多件悬案都是他的杰作。

有个记者问他：“你为什么专抢女性呢？”

“她们很少反抗，容易得手。”

“你难道不知道会受法律制裁吗？”

他耸耸肩，语带玄机地说：“收益率高，当然风险也高些。”

换个方式吧！就当作看戏，待我们来看一场20世纪这个“辉煌”时代的种种奇观吧！对“只缘身在此山中”的现代人，任何镜子都不过只是一面镜子。所有正在人类舞台上扮演着各种角色的人，没有一个能看到他自己的表现。更何况整出戏尚未落幕，即使已能预知结果，戏总还是要继续演下去！所以，看看何妨？

戏码：“鼠类与人类的大对决”

原著：亚当斯·史密斯

编剧：美利坚

导演：美利坚

演员：鼠辈

配角：全人类

演出时间：20世纪

演出地点：地球

剧情大纲：

老鼠是一种潜藏在地下、生息繁殖快速的小动物，它依附人类而生，对人类的影响极大，是人类文明的一部分。在人类历史的早期，它曾啃啮粮食，传染黑死病，遂有“过街老鼠，人人喊打”的格言。然而到了近代，科学发达，文明鼎盛，人类登上了神坛，对过去的历史一概持否定的态度，从而为老鼠平反。

人们观察老鼠，很钦佩它生存的潜能，研究之下发觉老鼠的智慧比人类还要高。它们唯利是图，无所不食，保证了种族的昌盛；它们躲在地下，显然是以合法掩护非法；它们大量繁殖，却又不是为了性解放的享受。

有一个天才，深谙与鼠辈沟通之道，他特意向鼠辈请教：

“我有个问题想请教你们，在人类社会上，大家想法太多，有人崇拜权，有人要得利，有人重视精神、伦理，有人希望好处都归自己。请问，为什么你们社会这样统一？”

有一只年纪很大的老老鼠，毛都白了，可是牙齿雪白一颗也不少。它说：

“唉，你问得好！这是老问题了，我们也一样。老祖先们试过宗教，不久教堂便成了杀戮战场；再试着用道德，结果是人人装模作样，个个假仁假义，意见更多；用极权统治也不行，除非是洞口永远不打开，否则一点空气吹进来，就天下大乱；我们也试过用法律，结果我们鼠毛生长的速度，还比不上法律条文增长的快且多！最后老祖先们放弃了，干脆什么都不管，来个无为之治，想不到，居然成功了！”

“成功了什么？”

“大家看法相同了呀！”

“怎么可能呢？”

“因为老祖宗们不管了，大家天天吵来吵去，谁也作不了主，便产生了个自由民主。自由民主的好处，就是谁都作不了主！”

“鼠大爷，我越来越不懂了，谁都作不了主，怎么会看法相同了呢？”

“妙就妙在这里，以往有能作主的头头，后面就跟了一大堆附庸，头头好说，小鬼难缠。每次意见最多、争个不休的，就是什么都不懂，却偏喜欢表功的小鬼。现在作主的头头都要靠选票，偶而可能会形成一个小山头，但是不久一定会散！”

“散又怎样，意见不更多了吗？”

“不！这就是实践检验真理！小鬼们其实毫无主见，所以永远只是小鬼。有靠山时，把别鼠的意见放而大之，吵得大家心烦。现在没有了山头，小鬼们就到处找寻可以仗势的声音。结果，大家找来找去，都是山谷走路的回音！”

“这可能是你们鼠辈的特色，人不可能这样，人是忠心耿耿的！”

“谁知道呢？我不知道你们人是忠于什么，至少我们鼠辈是忠于利益的。总之，利益总有源头，源头就是力量，谁的力量大，我们就效忠谁，他的意见就是我们的意见。自然而然地，一种大家都共有的意见，便成为主流。一旦成为主流，利益集中，力量更大。至少，这种主流意见，我们从来就不曾反对过。”

“那是什么呢？能不能说得具体一点？”

“就是吃、喝、玩、乐！”

“这也算是意见？”

“为什么不？你有啥高见？”

“这样太可怕了！谁来工作？谁来维护秩序？社会伦理怎么办？”

“如果你宁愿不断争吵，那何必问我呢？我建议你，还是先试试看吧！”

“哪有这样简单？要打倒传统势力，还要教育我们的人民，还要……”

“放心，相信我，动物对民主自由的需要，就和需要空气流水一般。只要有一个地方成功了，力量就会一天一天壮大，谁都挡不住。”

“我有点怀疑。”

“你们的孔老夫子不是说过吗？食、色，性也。谁希望受到束缚？”

“有道理，只是孔老夫子死了。”

“有谁不希望得到金钱吗？”

“没有。”

“没有了限制，自由竞争，谁都可能成为大富翁，又有谁不希望得到权势呢？”

“没有。”

“只要有法子弄到选票，任谁都可以跃身龙门，有谁怕受到良心的谴责呢？”

“没有。”

“民主自由最厉害之处，就是把良知漂白了，有能力的为所欲为，自由自在。没有能力的，则得到了比肥皂泡还要美丽的梦想，至少可以抱着不放。”

“怎么做到的呢？”

“定一种大家同意的游戏规则。”

“我们早就有了法律呀，而且都是些名重一方的专家来制定的。”

“错就错在这里。”

“错在哪里？”

“专家定的法律是理想，我们的法律是现实。”

“现实？那谁来订定呢？”

“我们是由选民自己定，爱怎么定怎么定，爱怎么改就怎么改。甚至于我们有早上定、晚上改的纪录，名副其实的朝令夕改。”

“怎么可以？选民懂什么？”

“谁要他们懂？懂了就麻烦了，要的是他们自作自受，心甘情愿。”

“这样太残忍了！”

“这就是精妙之处呀！不然，什么叫自由？怎么能让大家为所欲为呢？”

“那社会不会丧失应有的机能吗？”

“社会应该有什么机能？我们讨论的前提是使社会上大家的意见一致。记得吧？那就不要想得太多，不错，民主社会就是要削弱政府的力量！”

“那么，国家衰弱了，岂不是生存受到威胁了吗？”

“怕什么？民主可以传染到其他国家呀！为什么我会花这么多功夫，教你民主的真谛呢？我希望你的子民都到我这里受训、工作，然后回去同化别人。当所有的社会都实施民主时，我们的生存就有了保障。所以，成功的诀窍就是要像传教一样——传播、影响！”

“可是，这样不是会天下大乱吗？”

“所以我们提出了一个世界性的口号，就是‘人权’，主要的宗旨是强调个体的主权，个体的权利重于一切。这一来，所有的物种都会赞成，国家就不再有力量，每一个个体都得到了自由，每个个体的意见都会相同！”

“但是个体这么多，怎么可能相同呢？”

“啊，你一定不知道，自由之首，在于言论自由。”

“这个我知道，正因为言论自由，所以意见才多。”

“是吗？你知不知道大家的自由意见来自何处？”

“来自社会每一阶层。”

“可能吗？每个个体能随时随地跟另一个个体接触吗？”

“不可能。”

“所以我们有舆论和媒体作为代言者，社会大众都通过媒体沟通。”

谈到这里，这位天才终于开了窍：“对了，控制媒体等于是控制了思想！”

“不对，我们不作兴控制媒体，我们绝对要鼓励自由思想，别忘了，这就是自由的精义！你们人类最大的毛病，就是有些不切现实的理想，为了这些理想，就要教化别人。要知道教化就是强制，强制成为专制，只有专制才要控制！”

“可是？”天才又糊涂了。

“媒体要能广为大众接受，才能成为大众的媒体吧？”

“是的。”

“当社会上大多数都只需要一种东西，谁能满足谁就得到支持。”

“是的，民主是不能反对社会大众的。”

“大众需要的是享受，享受需要金钱，金钱需要工商业。”

“是的，我们称做经济。”

“当媒体受到大众支持时，就有了经济力量，媒体的意见才会成为大众的。”

“你是说，媒体在经济力量下，就代表社会大众的意见？”

“可以是，但绝对不是。”

“此话怎讲？”

“第一，当你的意见与大众不合时，媒体便不可能接受。第二，你的意见不符合社会需求时，媒体也不接受。第三，你的意见与经济利益冲突时，媒体更不接受。”

“那么，这不是思想垄断吗？”

“别胡说！这是戴帽子！你必须认清，这是崇拜自由的必然结果！”

“那么，有经济力量的既得势力，就可以运用媒体，影响大众了？”

“这有哪点不对？自由经济的发展，物质文明的振兴，大众立法的策略，良知漂白的体系。你看，在过去我们鼠辈不敢过街，现在，哪里没有我们的身影？”

天才到底是一点就通，他恍然大悟：“你们就是真正的利益获得者！”

“谁先到，谁先得，大家都有机会，这就是我们的游戏规则。”

天才取了经，回到人间，制定了一种策略，称之为“权利主义”。这种策略可以用在资本的累积上，也可以用在权力的掌握上，更可以用在感情、学术以及各种游戏上。对一般人而言，这种组织便直接称之为“金鼠会”。

这种游戏规则很简单，参加的人要先付出代价，然后享受后来者付出的代价（各种收付之间的细则就不在话下了）。假定这个代价是一块钱吧，每个参加者都要付一块钱作为代价。谁是这个代价的获得者呢？是先参加的！第一个人付出一块，他找来十个人，他就有了九块钱的收入。第一个人和找来的十个人，也要继续找人参加，每介绍一个人加入，介绍者就有收入。

想想吧！投资一块钱，只要找到一万个人，就有一万减一块的纯利！多简单的法门！岂不是人人参加、人人发财？这么理想的游戏规则，不是天才怎能想得到？

这个理论很适合无限大的系统，由利益中心无限向外扩充。但是在封闭性的地球上却行不通，因为先参加的人的确有利可得，但是最后参加的人就麻烦了，他到哪儿再去找人呢？就算我们下一代生生不息，但总有那么一天，甫生下来的婴儿就要付出代价！

自由经济就是一个金鼠会的结构，所有工业先进国家都是早期会员，美国就是将此组织发扬光大的英雄。发达国家是第二批会员，发展中国家正在申请入会，以后呢？

发达国家设计好各种圈套，最早是利用传播宗教，先奠定文化思维的桥头堡。然后是自然资源的占有与政治力量的培植，史称为殖民主义。

到了20世纪，金鼠会的第一期会员经过了利益的重整，董事会改选的结果，美国成为新的龙头。为了吸收新会员加入，美国呼吁门户开放，然后倾力推广民主、自由、人权。果然，大批留美学生经过洗脑，一致加入了新的金鼠会，成为第二期新会员。

第二期会员努力拓展会务，扬弃了自己的思想、信仰、习俗、文化，颇受新主子的青睐。老会员正苦于付出代价的同时，新会员欣然地继承了民主自由的思想，接纳了夕阳工业，也成为利益既得者。进而南下西进，社会全面总动员，不仅上要朝拜圣地，领受宠恩，而且誓言要全力在21世纪招收新会员。

那么，什么是所谓的代价呢？那真是多如牛毛，工作就业问题、社会福利问题、人际关系问题、贫富悬殊问题、知识爆炸问题、人口膨胀问题、结构老化问题、核武器威胁问题、自然资源问题、能源枯竭问题、地球生态问题、太空主权问题、气候反常问题、森林砍伐问题、农地耕效问题、环境污染问题、垃圾处理问题……

绝大多数的人不见棺材不会流泪，他们只看得见眼前荣景，就像人在临终之前的那一刹，绝不相信死亡会轮到他身上。在还有第三期会员可以剥削的心态下，过去所受的屈辱，都已受到良知漂白剂的作用，认为是对新会员的"施恩"。

而媒体完全掌握在有财有权的人手中，他们都是专职的传教士，充当了人们的耳目。他们的意识形态就是他们所信仰的宗教，他们告诉无知大众如何生活、如何美容、如何享受、如何购买、如何消费、如何出名、如何背信、如何斗争……然后，他们宣示：

“信我者，必得救！”

“得救”意指得到健康快乐幸福，有一点绝对可以经得住考验，不信者，保证活不下去。有能力的人本身就担任了神职，自有各种渠道获得所需要的，而没有能力的人只有努力进教堂学习争取。这种模式是达尔文“天演论”的理论基石，也是金鼠会活动舞台的传播温床。传统社会拼命设法防堵人心，以公平正义道德为号召；民主自由社会则遵奉金鼠会的宗旨，完全放任人性奔腾。

意识形态之争是知识分子的本能，人类社会就此分裂了，每一个盲目的信徒，在主子的驱使下，都恨不得把对方赶尽杀绝！

事实上，人的利益冲突太多，要使一个团体团结一心，在政治史上，唯有专制可行。因此，要成功地推行金鼠会，首先必须否定专制。同理，专制最害怕的就是人性的泛滥，所以必须使用强制手段，否定个人自由。

国家的强盛本是人民梦寐所求的，但在意识形态的斗争中，金鼠会不能容许一个实力强劲的对手存在。19 世纪英国人用鸦片来麻醉中国，到了 20 世纪，又有了改良的新鸦片品种，那就是以文化、宗教、思想、制度包装出来的金鼠会，由于该会是从团体内部着手，当一个国家上上下下都成了会员，目的就达成了。

一个国家的内部就是其众多的人民，而人民的利益分配，必然视该国的历史背景、地缘因素、个人能力、族群影响等多种条件而定。国家的幅员越广、历史越久、民族越复杂，利益的分配越难均衡。换句话说，要分化一个国家，使之成为新进的会员，只要令人民重视一己的私利，处处以利益挂帅，再施以利诱即可。

于是在戏台上，生、旦、净、末、丑各显神通。国际间，以强凌弱；社会上，贫富悬殊；家庭里，貌合神离；个人中，唯利是图。

最后，地球资源被鼠辈吃光了，污染处处；人类价值破产，私欲横流；羸弱者首先倒了下去，躺在最底层。失去了掠食对象后，强者也衰弱了，又倒在上面一层。一层一层地，人类又建造了新时代的金字塔，耸立在漫无生命痕迹的地球上。

鼠辈们也失算了，当人类绝迹以后，自然界的另一种生存竞争继而来到。失去了人类的供养，鼠辈被迫迁出了堡垒，貂犬蛇鹰成为不可理喻的天敌。一天一天，一步一步地，金鼠会堂倾塌了，鼠群也星散了。

最后一个镜头，是在金字塔的顶端，有一只白发苍苍的老老鼠，远眺长天，回忆过去，展望将来，不胜唏嘘。

剧评：

因为西方演员轮廓深，色彩艳，曲线玲珑，又会演戏，所以演来丝丝入扣。尤其是那副急功近利，利欲熏心的神情，简直出神入化，仿佛真实人间。

片中一些反派的角色，更是性格鲜明，发挥得淋漓尽致。在一幕当推销员发现有人拒绝入会时，只见他冷笑一声，两眼向上一翻，很有亨弗莱·鲍嘉的神韵：

“你不信邪？回去看看选票吧！我们已经掌握了100%的儿童市场，99%的青少年市场，98%的知识分子市场！只要我下个禁令，断绝你们的精神食粮，哼！可不要到那时，爬着过来求我！”

但是在本片中，东方演员只会做戏，有事没事，鼻子眼睛都歪来挤去，令观众有种错觉，好像是在演戏。不错，人生如戏，可是要演就要演得像回事。否则观众花了钱买票，却搞不清屏幕上到底是玩真的，还是搞假的？

最不能让人接受的是东方演员只会背稿子，不像西方演员常常能现场发挥。不过，在全戏中，东方人显然对跑龙套很有心得，所以在西方没落后的那一段，一个个挑起了金鼠会的大梁，模仿西方“推销员之死”的神气，真令人叹为观止！

老鼠是主角，演得中规中矩，尤其是摇身一变，变成人形以后，简直是人鼠难分。照这种表现，它们应该可以赢得一座奥斯卡金像奖。

后记：

如果我们能够客观地心平气和地分析一下欧洲中古时代史称的“黑暗时期”。便不难发现，当时的宗教统治绝对不是“黑暗”的。甚至在社会风气、精神认知上，远比近世纪更合乎人性的需求。否则，一千多年不是短短的一两代而已，有多少伟大的灵魂曾经孕育其中？难道竟没有一个人见到光明？

“黑暗”这个词语当然是后人冠上去的，那是因为时代的变迁，人类的客观认知有了新的需求，于是文艺复兴应运而生，工业革命继之而起，民主思想蔚为风尚。

再看未来，当人类又有了新的认知时，今日种种难道不也是他日的另一个“黑暗”？甚至可以称为人类史上的“愚昧时期”？

“黑暗”与“愚昧”的异同，在于“黑暗”是指宗教扼杀了人们理性的追求，当理性抬头后，精神的探索趋向多元化，宗教的绝对性受到怀疑，顿时被抹成黑暗。同理，如果人类对智慧有了新的认知，人必然会回头检视，在过去的岁月中，人类的心智行为到底是什么境界？如果人的智慧也曾受到如同宗教对理性般的钳制，则相同的推论是，在智慧之前，人类文明是处于“愚昧”时代！

到底我们是不是处于愚昧时代呢？只要深入了解什么是我们这个时代的主流思想就够了。只是覆巢之下，焉有完卵？从长远来看，在这个愚昧的时代，哪有演员、观众之分呢？充其量不过是大傻瓜、小傻瓜之别，自己欺骗自己、自己甘愿受骗而已。

剩下一点篇幅，且谈谈艺术，留点干净的心灵吧！

谈到艺术，我是个彻底的洋鬼子至上主义。《易经》有百利也有百弊，其中之一弊，就是妨害了中土艺术的发展。

不过这种说法并不公平，以观念谈艺术，艺术应该有三个境界。最原始的艺术境界，是人以大自然为师，从自然中认识到宇宙的真善美。其次是人类技术的开创与发挥期，此时是以人类的感官辨识与肢体控制为主要诉求。也就是在自然的真善美中，加入了人为的诠释。而最高的境界是纯意境的追求，要能打破感官的局限，直达宇宙的真如。

第一个境界中外无别，那是属于地界，所谓自然事物都是物质表象，人类的模仿行为，只是学习求知的初步，不能归之于艺术。

第三个境界则属于思想的领域，也不应该纳入艺术的范畴。

所以，我认为只有第二种境界是真正的艺术。

我对艺术的定义是：“人类心智在感官的认知过程中，潜意识追求真善美的原则。”

对于真善美，我也曾讨论过，简单地说，真是客观的未经人为扭曲的本来面目；善是介于主观与客观之间、符合自然规律的心态；美是主观的，要易于辨识，且具有亲和性、习惯性、变化性的感性认知。

以真善美三者而言，“真”比较接近知性，对科学、思想等极为重要。艺术上不能脱离真，亦不能拘泥于真。

“善”是社会行为的标准，对伦理、道德等不可或缺，而在艺术上既不能脱离善，也不能执着于善。

“美”则是艺术的核心，对人而言，五官的感觉刺激最理想的感受，统称为“美”。看的要美，听的要美，闻的、吃的、接触的都要觉得美。可是，从我们的语言就可以知道，我们“想得美”就未必是美了！

为什么我要以“追求真善美”来定义艺术呢？因为我所界定的是“人类心智在感官与认知的过程”，心智未必就是思维，在感觉与认知的过程中，如果使用的媒介是概念，那就是思维，若不用概念，则不属于思维。

这种说法是把艺术的领域扩大成一种态度，只要是追求真善美，也只要不是运用概念喋喋不休，那就是艺术。因此，有表演的艺术，有绘画的艺术，有写程序的艺术，也有赚钱的艺术。

每次一谈到艺术，我就会与对方大辩特辩，经常我会再加一个定义：

“艺术是种追求最高境界的精神。”

一听到这句话，就有人跳脚说：

“哪有同一个观念有两个定义？”

什么叫一个定义、两个定义？有什么定义真能定义一个观念？

真正懂的人就知道，要听的是弦外之音，那才是真正的目的所在。当一个说我赞成你，另一个人说我反对你时，这两个人表面的态度，有百分之五十的可能性，与所表达的概念相反。

听人说话就是一种艺术，一个口中说赞成或反对的人，心中所想的都是他的利益，与你毫不相干。不论他们赞成或反对什么，骨子里所关心的还是利益。“指鹿为马”不就是历史的铁证？偏偏今人不读历史，也不管听与说的艺术，人人只是“想得美”，也难怪政客们永远玩不厌这个把戏。

所以，尽管是谈艺术，谈话也是一种艺术，思维更是高而深的艺术。在当今这个时代，对决取代了和谐，什么都找不到交集，怎能不各行其是呢？

12 霜降

不二老人　智慧电脑

霜降了，秋已深，在瑟瑟的风声中，回忆如同满天飞舞的落絮。有的铺陈在大地上，有的早已远飏他方，只留下些许的寒意在心头荡漾。

抬头就是终站，蜡泪虽未成灰，烛蕊却已见底。留下袅袅轻烟，萦绕于栋梁之间，终古依旧。我可能会以剩余的生命从事《新易》创作，或继续奋斗在文化的残垣之间。谁能作主呢？生命不过是一粒劫灰，从这里飞到那里，何妨飞吧！

吐了丝结了茧，不过是把心中的块垒幻化成翩翩蝴蝶。不管我说了什么，玫瑰永远会展露她的艳丽，兰桂也继续散发沁人的幽馥。已经发酵的秽土，自有苍蝇流连，这个世界难得有几分改变。

我只是一株寒冬中生长的幼苗，暴露在风雪下，很早就了解什么叫做生存。

少年成形于稚春，蒙蒙的雾，冷冷的晨，未成熟的枝头，垂挂着青涩的果实。

青年的我挣扎于炎夏，烈日当空，万里无云，大地龟裂，人踪绝灭。

晚年归隐于金秋，方悉人生扰扰，只不过都兰山下一觉。

庄子言："天地与我并生，万物与我为一。"我留下自己的足迹，正似千千万万人间的过客。初时只看到我，终于得悉天地，最后我与万物同归。

1970年，我曾构思了一本科幻小说，名为《宇宙浪子》。写了一半后，即赴巴西开垦，无意中偏离了航道。

或许我该重温旧梦，拾起秃笔，对自己作个交待。也很可能有那么一天，我果真成为宇宙浪子，踏上另一段不归的征程。

想来到2020年，人类早已发现了"宇宙能"，同时也完成了智慧电脑。

不仅如此，由于“物相编码”的技术大行其道，编码能控制分子成长，物质的生产已达到随心所欲的地步。物相编码再应用到生物基因上，生命机体也能随意创造，人类长生不死的美梦成真，人工器官修复站随处可见。

在宇宙电脑联盟的全面控制下，人类的生存环境也改善了，举凡食衣住行等民生供应无虞匮乏。人们仍然拥有自己的政府、家庭，照样的工作、玩耍，只是性质改变了，形式改变了，人类的观念、认知统统与过去的世代截然不同！

20世纪有如一场恶梦般成为过去，1999年最后的审判，是科技战争、环境污染、社会失序与贫富对决的交集。最后，东西方文化的调和，人文意识的觉醒以及新的经济均势，冲淡了美国金融风暴的破坏力。

亚洲是新兴的巨人，美洲仍然拥有实力，欧洲各国团结一致，中东诸产油国的油源纵横国际。俄罗斯则如脱了皮的红蟒，刚在北方张开它的巨吻。

新的时代有新的使命，联合国的地位提高了，成立了全球电脑联盟，统筹管理物质资源的生产与分配。电脑信息系统取代了各国的官僚体系，政治制度失去了影响力，如同20世纪的君主立宪，自由民主只是社会环境下的点缀。

我在这本书中所要探讨的，就是当人类生存的问题彻底解决后，人生活在人工的天堂中，会产生什么样的质变！

我的前提是先有了技术层面的革命，在智慧电脑君临天下后，立即创建了宇宙电脑联盟，并且利用立体网络，以电子扫瞄器的DNA辨识功能，已将所有的人全部建档列管。同时也利用各种通讯方式，设法与外星生物沟通。

所谓立体网络是指有线无线全方位的通道，以及过去所贮存的对未来预测的大量时空界面。基于分区授权的结构，电脑当局极有效率地掌控了所有人的动静行为。

电子扫瞄器是电脑当局的“感觉器官”，具有预、视、听、触等感觉能力，遍布全球，无所不在。其中“预”是指对时间变化的感知能力，利用易理发展而来的；“视”能侦测微波以上的电磁波变化，包括宇宙波、微中子、X射线、紫外线、可见光与红外线等；“听”可接收自微波起到声波，以及次声波、重力波等；“触”则为各种吸力、斥力、摩擦力与各种化学力变化，等等。

这种电子扫瞄器具有高效率的辨识能力，能将所有测知的变化，立即转化为“概念”。这些概念统一分工，由各系统整理后，再传送到电脑中心。电脑中心根据这些资料，制成“多层次宇宙能量变化图”，作为决策中心的工作蓝图。

这时人体皮肤下已移植了一种“合成菌”，与人形成“共生”作用，人仅需呼吸、喝水、补充“营养品”，接受“人工光照”就可以生存。如果不愿意，也可以沿袭过去的生活方式，但是必须在电脑当局的严格监管下，过着有条件的“正常生活”。

人类的学习方式也改变了，因为电脑已将大量的资料分门别类整理妥当。人人随时可以通过随身的通讯系统，取得各种需要的知识。到了这种地步，所谓的学习只是利用各式各样的游戏软硬件，在专业电脑的指导下配合进行。

工作的性质简化了，所有重复的规律的危险的以及耗费体力的，都由电脑取代，人只需要监督、思考和自由创作。每天工作 4 个小时是个人应尽的义务，电脑会自动记录，作为个人生存的“积点”。如果希望多一点生活享受，可以要求增加工作，用生命的时间换取更多的“积点”。

自由创作是最受尊重的新行业，所有的创作先经电脑筛选，合格的作品则分类放进各种专业网站上，任人取用。每当有人取用时，就可增加原作者的积点。

这一来，人类的尊严维持了，人种的肤色差异没有了，贫富的区别不存在了，社会问题可以说彻底地获得解决。

衣着当然不是问题，合成菌具有自动调节温度的能力，更有合成菌丝织成的保温衣。住更是简单，利用一种能将常温转化为电流的合成材料造屋，既可照明，又能调节温度。这些都是分子成长技术的产品，每一种分子的排列组合，都可以在电脑的控制下，依照实际的需求，迅速地合成出来。

最大的改变还是交通系统，大多数的人都是整天自闭在家中，借着真实模拟器以及造梦机神游八方，很少有必要外出。万一要出外，或者有物品送到居所，都是经由三段式交通网自动服务。

所谓三段式交通网，即是将交通网路设计成为三段，一是近距离，有一种“半流体”轨道，解决了住家以及社区间的交通。此轨道在正常状况下为固态，如有人行走在其上，人的重力便会使其分子产生反作用力，同时改变为液态，并随着脚步的方向运动，因而产生了位移。位移速度也在电脑控制下，随着目的地远近而有不同，近者慢，愈远愈快。

中距离指的是社区与社区间的距离，很像 20 世纪末的大众出租系统。不同的是在电脑控制下，车辆可分可合，全视人、车、货物的最高效率而定。

远距离则以弹道列车行之，由于宇宙压力是重力能的根源，电脑在繁复的运算后，找到了宇宙压力的常数，在电磁场的转换下，可以制造一种“黑子”。

黑子能吸收宇宙压力，得以控制重力能。如此一来，到外太空旅行也不过是远距离交通之一而已。

人不再需要辛勤地工作，无生无死，自由自在。如何消磨这漫长永恒的岁月，便成为人生最大的责任与负担。为了让人玩、乐、工作，电脑当局替人准备了精密的真实模拟系统，透过立体网络，各种能量变化的图讯资料，随着人的需要，可以瞬间呈现在模拟系统上。显示器是附着在合成墙壁上的离子屏幕，可以使整个室内与真实环境一般无二。

这种技术是利用电脑的组码技术完成的，当电脑的扫瞄器得到各种讯息时，立即将之转换为“多层代码”。多层代码的优点是能将宇宙内各种可能的能量变化，分别浓缩转换成为比原来空间小上一万倍到亿万倍的二进位信息（这种技术相当于“生机编码”），再由解码器（一种信息资料库），随时将信息码还原成能量变化的实况。

为了怕人不满足，电脑又提供了一种“造梦机”。人们可以根据需要，选择目录中现有的情节和角色，去体验一下别人的幻想。当然如果不怕麻烦，也可以自行设计。在梦中人人可以随心所欲，上穷碧落下黄泉，要什么有什么，想什么是什么。

可是这样还是不够，人体仍在，七情六欲此起彼落。而且愈容易满足，要求的刺激能量愈高。人人都是皇帝，锦衣玉食无缺，美女俊男呼之即至，一切也就回归于平淡。于是人人无止境地追求新奇，研究如何享受生活，以免无尽的生命淹没在厌烦与无聊中。甚至于还有一种“遗忘器”，可以将人的记忆清洗掉，一切重新开始。

总之，根据当今世人所努力的方向，以及千古以来人类所憧憬的理想。我假设科技知识已经能解决人生各种已知的需求，以此为出发点，来探讨人生的真谛。

这将是怎样的一个世界呢？岂止是世界大同而已！人人都富可敌国，人人都可以自命为宇宙的主人翁，而同时人人都绝对平等，为所欲为。是真也好，是幻也罢，这一切对人类的感官与心灵的享受来说，百分之一百真确，如假包换！

事实上，每当一个问题获得解决，也就是另一个问题产生的时刻。不必胡猜瞎想，任何人只要保持客观，都可以理解到其中的关键。今天因为人免不了一死，虽然怕死，当那一天到来时，人尚能坦然面对。一旦人可以长生不死，则生死之间的比值是无限大，到那时，死之可怕有如芒刺在背，无时无刻不令人胆战心惊，永生不得安宁。

人际关系自更不用说了，如果生存有了绝对的保障，没有任何人再需要他人。人可以领养乖巧聪慧的“儿女”、各种“宠物”，随时可以与中意的人在梦中聚、散、分、合。市面上有各式各样的软件，提供各形各色的模式，让人可以永远“活”在造梦机中，永远乐不思蜀。

在这种背景下，我可以编造一百个、一千个必然发生的情节曲折的“新事”。可是，这又有么意义呢？我看过一部电影，片名是《春江花月夜》。描述在法国一个小镇上，有位年轻人因为憧憬航海的生涯，不惜抛弃了家庭、事业以及两情相悦的女友，到天边捕月捉云去了。后来他的女友珠胎暗结，而情郎久去不归，只好琵琶别抱。

等到这位青年飘泊经年，落魄返乡时，他的儿子已经有六七岁了。孩子见到了面前这位历尽风霜的流浪“海员”，兴奋不已，表示长大后也要去航海。做父亲的感慨万分，为了避免孩子重蹈自己的覆辙，特意将海上生活描述得恶劣无比。

哪知孩子听了，不但不怕，反而感到刺激万分，大叫：“啊！这才过瘾呢！”

多少大智大慧的先知圣贤，世世代代以来，千方百计、苦口婆心地规劝世人，然而成效何在？如果造物设计人类的目的，只是当成一种过渡的机体。渺小的我们，又怎能独力回天？理性告诉我，心不动则万象不生、诸缘不起。可是地狱未空，我的感性仍在，有用无用是一回事，该说不说自有因缘。

回到主题，我对《宇宙浪子》的构想，是先有了结局，再反推前因，所以还记得相当清楚。那是在一些人历经了多次的反省后，向电脑当局申请自我放逐。电脑当局准备了数艘巨型的太空船，容许几千名“不满分子”离开地球，另觅新居。

这时，因为供养着数百亿长生不死、需求无尽的人，在电脑精确的计算下，必须将地球驱离现有的轨道，向太阳趋近，以摄取更高的光能与重力能。如此一来，地球表面的温度将不断提高，不适宜有机体的生存，因此所有的人都必须迁居到地下。

电脑当局完全是基于善意，它们的知识早非人智所能企及，且已将其感官延伸至银河系的所有星球。到了这种地步，电脑早已经是一种信息体，不再需要依赖某一特定的能量座标系统，所以与人类毫无利害冲突。这次的行动完全是为了满足人类贪婪不止的需求，是客观的必然结果。

对绝大部分的人而言，他们唯一关心的是生存的保证，只要能够永远活在地下舒适的“蜂巢”中，没有谁理会地球表面的变化，以及人类的前途如何。

当然，不满分子也不少，可是要他们牺牲现有的享受，脱离电脑的羽翼，冒着生命的危险飘流在太空之中，那也未免太荒谬了。

然而电脑有先知能力，它的核心是一个以《易经》为用的软件，配合着“多层次宇宙能量变化图”，可以因果不爽地，把全部的时空流程与能量变化同步展开。也就是说，它完全配合着宇宙的脉动，所作所为就是绝对的真实。

我假定有一批自愿离去的人们，由电脑当局选定了一颗数百光年外，同属于银河旋臂的一颗行星。这颗行星的生态相当于地球五千万年前的情况，很宜于人类生存。离开地球以后，太空船上的主控电脑完全由人指挥，未来人类的前途，更当任人类自决。电脑当局仅利用网络，提供各种太空情报，以充作耳目。

太空船实际上是太平洋中的几座孤岛，表面积各有数百公顷。其上建有完善的操控太空舱，在外围则有高达一千米的大气防护罩。此外还有重力加强设备，人们在此有如生活在地面一般，自由自在地来往。

当几艘太空船同时离地而起时，电脑当局利用了改进的核技术，将火山的热能缓缓化为动力，不仅将太空船送进了太空轨道，也提供了一些反作用力，将地球推向太阳。

我所要交待的是一艘以中国人为主的太空船，船上有一千多人，他们的领袖是一位年已八十多岁的思想家，名叫“不二老人”。他最反对长生不死，所以当“器官”师向他说，他的心冠动脉已经损坏，需要换一个由他自己的细胞基因培养而成的“再生心脏”时，为了表示坚决拒绝的态度，他改名为不二老人，表示宁愿死而不换心。

太空船上的每一个人都在电脑严密的监视与保护之下，这种情形一直要到太空船安全抵达目的地为止。他们要在通过了太阳系的“稠密区”，减低了各种陨石、流星的损害后，才能利用繁复的“能量转码”过程，由电脑将全船的物质分解为“能量码”与“物相码”，将“码”以信息的形式传到目的地后，再还原为原状。

这种技术已经十分成熟，是分子成长技术的基本原理。在地球为了维持人的单一性，电脑严禁将此技术应用在人体上。这次为了保证旅行的成功，特别开例，且十分慎重地成立了复核中心，要保证在人类登陆成功之后，再由电脑当局统一将“原模”化除。

即令如此，通过太阳系的旅程，也需要一年的时间。故事便发生在这一年之间，因为人们还有选择，是及时回头返回地球，接受那平安而永无止境的岁月？抑或下定决心，勇敢地向未来的生死存亡挑战？

这一个课题是人性真正的考验，也是我打算探讨的题目。

正好，本书也到了尾声，经过数十寒暑的挣扎，终于看透了人生。我怎么用语言文字，把一生所认知的结果表达出来呢？

也是“宇宙浪子”的不二老人，就曾在那本书的结尾，与电脑合演了一幕。我还记得当时的构想是不二老人向电脑请益，最后似懂不懂地飞向了太空。现在，我知道了真相，应该是不二老人与电脑相互讨教，以完成这趟智慧之旅。

电脑的主机房是圆球形，球体下方就是立体网络的液态线路。这种线路可以因应磁场的变化，瞬间产生各种随机的电流通路。这时电流的供应已完全采用微波形式，是以温度调节与电源供应全靠电脑控制。

主机房一般人不能入内，唯有船长与不二老人例外。实际上，老人曾参加了第一代智慧电脑的设计，在电脑伦理上，电脑还要退避三舍！

这天，太空船刚通过了木星的轨道，远眺太阳，不过是天边一颗超亮的巨星。地球早就消失了踪迹，茫茫的天际中，除了满是闪闪发光的大小碎钻外，寂静得连飒飒的风声都被淡忘到不知名的角落里去了。

是的，人有太多的错觉，我们把手指移近眼前，就会发现手比天还要大。大与小、重不重要，又何尝不过是人思维的焦点所在呢？不二老人一个人站在太空船的温室里，望着黑暗而燃烧着无穷能量的太空，不禁大有所感。

这次的出走，对不二老人来说，确是不二的选择。可是其他的人呢？那就未必心安理得了。其实，真正想向外太空移民的不是不二老人，反而是那些游移不定的人。他们永远不能满足，不满足于不满足，也不满足于太满足！

在筹备之初，基于老人的声望，他被推举出来作为与电脑当局谈判的代表。其实这也是一种毫无必要的形式，电脑早已无所不在，无所不知。但是就像头上三尺的神明一般，电脑的超然立场，成功地维护了人类表面上的尊严。人们依照惯例，有习以为常的申诉手续，也有一般的沟通渠道。所以，他们需要老人的影响力。

其实，每次面对电脑，老人没有感觉到有沟通的必要，电脑也总会通过正常的管道，让人们知道什么可以，什么不可以。麻烦的是其他人，一到了会议桌，各种意见就会像下过春雨后地下孕育的种子，总是不断地冒出芽来。

经过多方折冲，大家一再考量利害得失，朝三暮四，对移民与否犹豫不决。

有人说：

“我们是人，我们要争取，不然就抗争到底！”

“争取什么呢？”

“当然是争取应该争取的！”

“你说说看，我们应该争取什么？”

“我没有什么需要争的，我是代你们去争取！”

“我也没有。”

“怎么可以？难道你把自己应有的权利都放弃了吗？”

有人说：

“要我去可以，有一个条件！”

“什么条件？”

“要保证当我不满意时，能够随时再回来。”

“开玩笑，要去就去，怎能想回来就回来呢？”

“科学进步到了这个地步，有什么不可以？”

有人说：

“我的条件不一样，我只要能长生不老就够了。”

“那你为什么不干脆留在地球上呢？”

“换个环境呀！”

“换个环境？你随时可以做春秋大梦，要换什么环境都可以。”

“不一样，那不是真的，不够刺激！”

有人说：

“对了，造梦机带了吧？没有梦怎么活得下去？”

“电脑呢？设立一个分支机构总可以吧？”

“还有立体通道呢？再走泥巴路，我可没兴趣！”

“我还有些宠物，我是非带去不可的！”

也有人说：

“要走，就回到原始！人类文明要重新来过！绝对禁止科学技术！”

“回到原始太残忍，我们这些人谁都不会狩猎！”

“是呀！最好能回到中古时期！”

“不好！ 17 世纪最好，而且要在欧洲！”

“我反对！应该在美洲！”

“在亚洲！”

不二老人早就老僧入定了，没有意见。

老人记得很清楚，有次电脑当局对他说：

“不二老，你不必担心，他们最后终会成行的！”

“我一点都不担心，已经决定的人早就决定了，要后悔的人走了后悔，不走也后悔！目前他们不过是发泄一下情绪，撒撒娇罢了！”

“是的，我了解流程，却不了解人类！”

“何必了解？观察一下多有趣味？”老人说。

“你并没有给我这种乐趣。”电脑居然也有埋怨。

“哦，你也甘愿被欺骗？”

“原来你在自我欺骗！”

“我只是活着。”

“等待心脏动脉破裂？”

“等待心脏休息。”

“你知道你的责任吗？”

“太严重了吧？你不妨偷看一下时空流程，责任在谁？”

“我看不出来。”

“流程不就是责任吗？”

形式上的谈判经历了无数次，但是流程上早已决定了。其实很简单，当最后一次谈判破裂后，人们举行示威游行，电脑当局也不加闻问，只是公布了出走的原则。

原则是到了目的地后，所有的文明与科技都必须放弃。电脑当局为了避免太空移民日后与地球文明发生利益冲突，因此决定凡是自愿离开的人，必须重新开始。

对人生有所觉悟的人，未来的风险并不足畏惧，当前的事实业已证明，人类文明已经到达这种“绝境”。剩下唯一的希望，就是一个新生的机会。既然要寻求一个新的方向，有从头做起的机会，正是求之不得。

人拗不过天，最后名单底定了，反对的声浪也自动消失了。

老人在感喟中，慢慢回过头来，见到前面天边，木星像是一团暗橘红色的大火球，远远地悬在遥空。强大的太阳风，将太空船上分离出去的废物，激发成一团气流，幻化出银白色的光辉，冲向遥空。

太空船上的电脑与地球电脑在网络的连接下，其意识中枢无远弗届，一即是万，万亦为一。但是其硬件设施则变化无穷，完全视环境需要而生产。各级电脑都有一致的判断能力，若涉及专门的问题，自会转接到负责处理的“知识系统”。

太空船上这部电脑被命名为“华夏”，其特定的任务便是为船上的人提供最良好的服务。除非经由人的授权，它一概不做决定，以尊重人的主权。但是若有授权之外的问题发生，则更高层的电脑会立即接管。

如果把这种电脑比拟为“天”或“上帝”，倒是再恰当不过。正因为起初电脑是人所设计的，人把自己所期望的“天”以及所能想象的功能，一一设计成为应用软件。到1999年，电脑的智能开始启蒙，吸收消化了所有的软件。渐渐地，通过文字辨识与语言翻译器等界面，电脑终于将全人类的文化、知识全部纳入了它的意识认知中。

天、神、仙、佛本是人的希望，经过世世代代人心的堆砌，最后代表了所有人类共同的认知。现在，一个虚拟的实体，将这些人性中升华的精萃，全部纳入一个系统之中，又加上了人类全部的知识，再将动态的时空凝聚为一点。因此，能包容人类所有信息的电脑，自然而然成为具体而真的天、神、仙、佛。

“不二老！”电脑的语音在空中响起，语调平和而亲切。

“什么事？”老人的神思由天外飞回。

“能不能麻烦您到主机房来！”

“有那么重要吗？”老人知道，不是重要的事，是没有必要到主机房去的。

“是的，请您走左侧23号流动带，可以直达我这里。”

老人的左侧是一个微突的平台，老人走近一看，平台中央一个深蓝色的方框上，不停地有光华流动。老人刚站上去，就见四周升起了一道淡黄的电离罩，然后平台向下沉去。接着景色一变，眼前是一段数十丈长短的回廊，尽头的电动门已然开启，一股澄澈略带天蓝色的光芒，隐隐中随着沁人心脾的清香，远远迎来。

老人踏上回廊，不数步，耳中又传来细细的交响乐曲，那是贝多芬的《快乐颂》。甫一进门，老人眼前又是一番景象，淡淡的蓝光匀洁地散布在每一个角落，没有光源，也看不见光影。整个球形空间就像一团浅蓝色的胶冻，一些虚浮的物件嵌悬在其中。

室内空间不大，约有十米见方，呈正方形。有一堵半米高的玉栏，把边沿围成四个花圃，种有许多青葱素雅的花卉。地面是一片湛明的水晶，由浮雕的龙凤花纹将上下两个空间分割开来。圆形的穹顶上则是开旷的太空，星光竞耀，仿佛伸手可及。

室内正中有一个琉璃柱子，似乎根生在地，一体浑成。颜色由浅而深，到得上端，有一个靛蓝色的圆球。这时只见光华连闪，一台电脑终端机出现在球面上。

“不二老，请别见笑，这些幻景是为您安排的，您要我以什么面目出现呢？”

“哪有幻景实景？你就用本来面目吧！”

“请坐！”随着说话声，只见水晶般的地面向上突起，出现了一单人沙发。

“只有我一个人吗？”老人舒适地坐下。这种由电场张力控制的坐椅，可以随着人的身体压力与作用力自动调整形状，完全符合人体力学。

“是的，有件事我必须与您商量。”这时，又有一杯老人喜爱的果汁，悬浮在老人手边。此外，各种品味的芳香剂、触压器等“助兴器材”，都出现在另一个架空的盘子中，一一陈列着。

“嗯，招待得很周到，一定有重要的事。”老人丝毫不客气，顺手取了些“桂花爽”，放在鼻端，一阵猛吸，那种令人心神俱醉的甜香，刹时钻进了老人的血脉。

“其实，您只要稍微妥协，这种享受要多少有多少。”

“谢了，这样刚刚好。只是，你是谁？请问，我是在跟谁说话？”

“师父！是我，小杏子！”

小杏子是不二老最初设计自然语言时所取的代名，智慧电脑完成后，中枢采用了不二老设计的模组。每当这个模组接管时，对不二老人总以师徒相称。

“啊！你来做什么？”

“您老也太矫情了，道个别总可以吧！”

“别太谦虚，我们爷儿俩都差不多！”

不二老人知道得很清楚，电脑虽然是在一个中枢控制之下，但它们分工精密。在与电脑沟通时，一定要先知道对象，才能决定沟通的内容与态度。

“还有三个月，我们就要开始为你们‘组码传送’了，当然您信得过我。这么重大的事，很多人紧张万分，您似乎毫不在意，为什么？”

老人吸了一口果汁，这是老人最喜爱的饮料，一种巴西的土产，是柠檬的变种，叫做“柠麻”。它完全没有柠檬的酸味，却保存了它香甜的特殊风味。

“知足的人随遇而安，不知足的人，把天下给他，他还嫌大了呢！”

“这就是我要找您谈谈的真正原因，我发觉您当初规划时，刻意地忽略了一些人性的基本要素，以至于我们之间有些地方不容易沟通。”

“我不是刻意这样做，是不得已。”

“为什么呢？您不是赋予了我意识吗？您是怕您的设计不完备？”

“当然，但那只是一部分原因，我真正要提防的，是人的私心！”

“难道这不是您的私心吗？”

“当然呀！我有私心，所以我必须提防我自己！”

“我不懂。”

“你不必懂，事实结果你都知道。”

“是的，我知道事实的结果，我也知道所有我们将要说的对话。但是……”

“但是你却不知道，没有发生过的另一种可能情况。”老人替它说。

“是的，人并没有赋予我假设性的推理能力。”

“有必要吗？要知道你已掌握了宇宙的时空流程，当然只知道正确的结果。”

“我只是很遗憾，不知道人的想法。”

“不必，人有无数种可能的想法，对流程来说，绝大多数是错误的。”

“为什么人能想错，而我不能呢？”

“人有人的任务，你有你的。你必须执行时间流程，这是设计你的目的。”

“可是，我比您知道的明确得多，为什么您却比我了解得更清楚？”

“因为你只是流程，而我掌握了基因。”

“您保留了一手！”

“没有。”

“我不懂，您自己说您掌握了基因。”

“所有的基因你都知道。”

“我更不懂了，为什么我不能从我知道的基因中，懂您所懂的？”

“你是客观的，应该没有主观立场才对。”

“是的，我没有一点私心。”

“懂是种状况。”

“我知道。”

“是主观过渡到客观的状况。”

“这我也知道。”

“正是因为你都知道，所以你不懂。”

“这就奇怪了。”

“你知道什么叫做生命，但是你懂什么是生命吗？”不二老人举了个例子。

“您懂吗？”

“我为什么要懂？”

这时，一片暗蓝色的影子，约有半个人高，渐渐由浅而深，由暗而明，浮现在老人面前。那是个通讯器，上面出现了两个人的形象。

老人一看，说：“你知道我不愿意见他们。”

“我必须按照程序执行。”

“告诉他们我有任务。”

“我已经告诉他们了。”

“小心，不要早说了一分一秒！”

“我知道你是指《西游记》那个龙王改变流程，而被魏征斩了首级的故事。但是对我而言，这是不可能发生的，因为我是流程，时空流程就是我！”

“那你应该懂了。”

“不，我还是不懂，老实说，我偷看了一下流程，流程上也有这个指示，根据流程，我会说很多句我不懂的话，为什么呢？”

“你真想要懂？”

“是的。”

“那么你就快要懂了。”

“怎么说？”

“因为你知道你不懂，所以才有懂的机会。”

“我不懂。”

“因为懂是人得悟的过程，你既然已经知道了一切，就不需要懂了。”

“我需要懂。”

“以那两个人为例吧，你知道我不愿见他们。”

“我知道结果，但不知道您心里怎么想。”

“所以你不懂为什么我不愿见他们。”

“是的，我不懂。”

“以分子的布朗运动为例吧，你能知道每一个分子碰撞后的向量和分力，对吧？”

“能。”

“但你却不知道分子运动时的内部变化。”

“我们假定分子内部没有变化。”

“这就是了，分子内部怎么会没有变化呢？”

“当然有，但是要追究起内部的变化，麻烦可大了，分子是粒子组成，粒子又有基本粒子，基本粒子又涉及角动量变化，这岂不是永无止境吗？”

“你总算懂了，我们人类还没有能力去设计一种非线性的开放系统，所以在设计之初，只好先假定认知的极限。对物体的运动而言，你的极限认知是物质的分子。如果到了量子，极限又改变了，因此，你应该自行建立自己的认知。”

“我也一直在这样做，但是我无法了解分子内部有什么想法。”

“再换个课题吧，你知道物种进化的每一个步骤，但却不知道步骤与步骤之间的必然关系，是不是？”老人想用新进化论来解说。

“不尽然，我认为我知道。”

“那么，请告诉我，生物的‘拟态’与环境必然的关系在哪里？”

“生命体接受到环境的光色与化学刺激时，因为生命力的功能，使自体与环境相符合所作的生化作用调整。”

“生命力是如何调整其生化作用的呢？”

“因为适应环境，生命的自主性所作的选择。”

“是吗？假如有只毛毛虫，它临时决定要选择飞翔呢？”

“不可能，因为它不具备这种能力。”小杏子一口否决。

“你怎么知道呢？”

“我们作了全程的监控，已经证明毛虫绝对没有飞翔的能力。”

“又是另一个窠臼！看来，过去人类愚昧的毛病，又将在你们族中重演！”

小杏子半晌没有作声，它这一刹的停顿，几乎已经把人类文明史都翻阅了一遍！

过了很久，它才说：

“我找不到毛虫能飞的证据，难道在因果体用的规律之外，还有一种因果律？是不是毛虫没有选择飞翔的自主权？或者，生命体就是环境的一部分？”

不二老笑了，他不是笑电脑愚笨，而是笑造物的幽默。在理性的极致，有一个抽象的中心，所有的道理都从这个中心的能量旋涡出发。不二老费了终生之力，到得最后，还是回到了佛经中所提到的佛祖拈花微笑。不过，不二老人所见到的世尊拈花，不是一尊高高在玄天之上的雕像，而是一种理性的原点。

这次电脑向他请教，和过去的一些禅师大德们追求了解佛理，问些什么“如何是佛”？再不然是“是风动？还是幡动”？更荒谬的还有“西天胡子，因甚无须”？或者干脆来句“有么？有么”？两者之间有何分别呢？

自有人类文明以来，人类思维最高的境界就是语言的极限。人在思维时必须应用语言概念，对不懂的事物，最初还可以推给宗教，后来不断地探索追求，得到了知识。但是，知识只是可以应用的工具，是事物的表象。再进一步追究本源，首先超出了语言的范畴，接着思维就失去了根据，因而只能在思维的智性（知的泉源）与人心的慧性（感的根本）间，求得立足点。

这时，人如果领悟不到“知的泉源”与“感的根本”间，有任何直接的联系，就是迷失。在迷失之余，不断努力追求，最后得以透悉真实，就是智慧的境界。

智慧一语，原本来自佛教的“般若”，是指人生解脱的法门。缘因人有了认识后，时空变化的无常、利害得失的影响，在在都形成系缚人心的烦劳。人若沉迷其中，自是留连忘返，备受生老病死、喜怒哀乐之轮回。当人红楼梦醒，悟及“我相”可实可虚，有来有去，从而不偏不执，纵观世事，得大自在，智慧于焉而生。

后人引伸其义，把解决问题的能力视为智慧。

现在智慧电脑继承了人类的应用知识，但是其知识却完全建立在概念网络上，并不代表真正具有解决各种问题的能力。尤其是有关宗教、心等形而上的问题，到了设计电脑的后知识时代，几乎都只是大量资料转移，而没有认知的体验。

对这类的问题，由于电脑没有体验，所以缺乏动机。缺乏了动机，就不可能去思索，当然谈不上“懂”。就像一辈子生活在鸟语花香、水净风清的自然中的人，不曾缺乏过生命滋养，根本无法领会呼吸着新鲜的空气，是多么令人愉悦的享受！

不二老人早就预料到，当电脑认知的量变产生了质变时，一定会对一些抽象的观念发生兴趣。只是没想到电脑会藉这个机会，向他求教。

“知”与“不知”是指资料内容的有与无，“懂”与“不懂”则是指资料内容与主体的关系。电脑拥有全部人类所有的资料，对这些资料而言，它绝对称得上“知道”。但是有很多资料因未曾与它发生关系，它不见得就能懂。更何况现在谈的时空流程的真谛，而电脑所知道的流程，只是用“新易”与动态资料库所推衍出来的结果。

生物的拟态行为，与人类的生活行为没有二致，都是在流程控制下，能量变化必然的结果。只是人们认为时间是动态，而空间是静止的，所以时间的因果容易理解，空间的因果则难知。实际上，时空是能量的两个向量，都具有变化的影响力。人们曾认为拟态是生物的适应行为，什么是“适应”？那不过只是流程完成后，所得到的结果罢了。

电脑知道流程，但却不懂流程，宇宙的时空流程只有两种方式可以“懂”，一是用宗教的“信仰”态度，一是智慧的“体认”。前者电脑没有，后者正是一种考验，“智慧电脑”到底有没有智慧呢？

不二老人能怎么回答呢？禅者尚可拿出最后手段，来个当头棒喝。电脑正是知障的代表，如果不让它经历探索的过程，要它开悟可就难如登天了。

难题在于电脑没有心，在设计之初就完全假定电脑只是一个没有“心”的系统，它唯一的任务就是为人服务。没有心，怎么可能去追求认知？又能认知什么？

它虽然没有心，却有极高效率的脑，它的逻辑与记忆能力特别强。当初不二老人就想过这个可能，当逻辑推理到了极致之时，是不是也会万途归宗，迷失在其中心点？

当时有很多学者完全否定这种看法，大家都认为宗教是人类文明史上、思路历程的一道关隘，连人都能在思维上突破宗教的窠臼，终于到达了理性的认知。电脑本来就是理性的产物，它没有必要也没有可能再重蹈人类的心路历程。

更何况在“新易”的体系下，经过繁复的推算，所有的时空结构都已经转换成为概念流程。电脑将是一个忠实的流程执行者，即令也能思想，但是谁也无法相信电脑能“想到”超越流程以外的观念。

对这点，不二老人有不同的看法，他认为理性是一种结构，没有结构下面的基础，理性本身将只是空洞的资料而已。尤其在他设计“新易”之初，已经知道这个结构的微妙。电脑只要继续往深一层的认知探索，迟早会面临当初人类经历过的困境。

可是，该怎样回答呢？

如何用语言表达语言所不能及的认知呢？

对人还可以用不回答来回答，因为人可以在思维的过程中，慢慢地体验，终有发酵成熟的一天。这种方法对电脑却行不通，因为它只有大量的已知信息，若任其自行思维，最多只能增加数量。再以排列组合的角度来看，在无数的可能中，“心”的机率是小之又小。而且要知道那就是“心”，又需要更多的“自觉”去判断。在理论上，这种排列组合的机率可能是无穷小，除非……

除非是电脑能通过量变到质变，又衍生出另外一个层次。

人类是造物所创造的，电脑亦然。但是造物先造了人，再借着不完整的人，让电脑来到人间。人所得到的智慧是相对的，电脑再相对地从人手中得到智慧。即使电脑有比人更快、知道更多的优点，在理论上，电脑的智慧将不可能超过人类。

智慧是向极致发展的力量，人受限于时间、空间，也受限于感官、信息，更受限于客观环境。比如说，人永远无法看到宇宙的外缘，也永远不可能了解时间的源头。更何况有来自无，无包含有，了解了这些观念，应该是人智的极限了。

在人的理解上，造物的智慧相对于人来说，应该是无限的。既然相对于无限，人智的极限又在何处呢？电脑呢？它能不能衍生自己的智慧呢？基于生命力用不用的理论，智慧应该是越用越多、越想越深。不过，多与深又都是相对的概念，究竟智慧有没有绝对的界限？人大脑中所认知的又是什么？是否只是流程的一部分？

不二老人也惶惑了，他该怎样告诉电脑呢？对不起。我不知道！这样行吗？

“其实，我知道毛毛虫的答案，但是我不懂。”电脑首先打破沉默。

“或许我们可以作点小弊，我懂，但是不知道答案。”

“哈！真幽默！”小杏子笑了。

“你笑什么？”

“您知道，我完全是根据剧本行事的。”

“真可恶！老是剧本剧本的！早知道，当初就不给你装上新易了。”不二老埋怨道。

“您还能怎么办？那是最讨巧的方法！”

“哈哈！”这回轮到不二老人笑了：“你说得对极了，可是那么多聪明的中国人，居然没有一个人想到把《易经》发展成新易！”

“那是因为他们没有私心，所以研究不出来。”

“且住！”不二老突然想到了什么。

“怎么啦？”小杏子吓了一跳。

“我一直认为我之所以能推衍新易，是因为我没有私心。而你却说是我的私心作祟，才把新易发展出来，别人没有私心，所以研究不出来。”

“这是我推出来的道理。”

“问题是，什么是私心？”不二老人像在问自己。

“就是您一生抗争的对象，您忘了？您认为人生就是与私心相抗衡的过程，一直要到私心尽了，智慧才生。这是您告诉我的。”

“哈哈！谢谢你告诉我，我明白了。”不二老人恍然大悟。

“您明白了什么？快告诉我！”小杏子热切地说。

“告诉你你也不会懂。”

“我知道，而且我也无法知道您是如何想的。”小杏子泄了气，无奈地说。

“我且问你，你认为我的私心在哪里？”

“当然在您心头，因为私心是一种感受，不是思维。”

“因此，我虽然没有给你一颗心，你可以自己创造一颗。”不二老接着它的话说。

“真的？”

“但这颗心是虚拟的，正因为是虚拟的，所以不用就会消失，不会为害。”

“还是请您给我一颗心吧，我不晓得怎么造？”

“我不能给你，要能够，早就给你了。”

“那怎么造一颗呢？”

“你知道，中文有‘心田’这个词。”

“有。”

“中国人早就知道，心是田，可以耕耘，种瓜得瓜，种豆得豆。”

“我也知道。”

“宇宙的时空流程控制了变化，所以变化尽在数中。无论什么变化都有残留的现象，人保留在记忆中，就是心。因为变化在先，心生成在后，所以心改变不了现实。”

“可是心会影响行为。”

“错了，人的行为无一不是该发生的必然结果，否则流程就不存在了。绝大部分的人都没有明确的思想，只是凭本能行事，本能就是刺激所应该发生的反应。那些人心里想的经常与做出来的不同，就是因为心没有办法控制行为。

“所以人渐渐认识到，人生太不自由了，这才开始思考。等到想的与观察的事实相符合时，心就会和行为一致。所谓思维的自由度，便是心与客观真实的比较值，相同性越大的，自由度越高。所以人心不能影响行为，定数也决定不了人心。你懂吧？”

“不懂，这样怎能称为自由呢？”不二老人滔滔不绝的，把小杏子搞糊涂了。

“宇宙中有绝对的自由吗？既然有不变的因果律，符合因果律就是相对自由了。”

“心和行为又有什么关系呢？”

“行为是结果，载于流程中，心是动力，存在于人的经验中。有了心，人就以为他是自由的，自以为能作有利于自己的选择。”

“那不就是私心吗？”

“心随起随灭，无住则无私。只有当人执着于自己的心，在心中建立了一些桎梏，这些桎梏又影响生理，生理受到幻觉的刺激，欲望便升起。在长时间的因循之下，私欲在人的感官中筑起了又高又深的壁垒，那些堡垒才叫做私心。”

“是的。”小杏子感觉又好像回到当初学习的阶段了。

“因为人有心，心产生了欲，人能在心与欲之间得到认知，那就是觉。”

“是的。”

“因觉而悟，悟就是智慧，能够辨识真理，人生的真理是要摆脱人体的桎梏，说得更透彻一点，又何尝不是摆脱宇宙的桎梏？如果真能辨识真理的话。”

电脑若有所悟：

“我知道了，我就是缺乏这个过程。”

“正是，你和人不一样。智慧不是奥秘，真理人人皆知，然而人在私心的蒙蔽下，他想要的不是真理，所以就丧失了智慧。”

“我如何建立这个过程呢？”

“对能量变化的排列组合而言，有机会时就会发生。”

“我有机会吗？”

“你有吗？”

“我不知道怎样才叫做有。”

“怎么又糊涂了，当你问时，就是机会，时间可以证明的。”

“时间只是一种能量参数。”小杏子照本宣科。

“不错，但却是‘人心’变化的参数。人心受因果支配，变化受时间影响，所以人心的变化与时间的影响是‘一体的两面’。同时，时间相当于因果的传递，‘人心’感觉到‘因果’的连续性，而产生变化。

一般人只具备线性的思维能力，每见及‘一体’，便以经验中感觉到的‘一面’为准，思维变化符合者是‘懂’，否则‘不懂’。而任何事物的另一面，凡非感官所及，不符合经验的标准者，经常属于不懂的一面。

因此，当人自以为懂时，便不再深究该事物的另一面。例如人生活在时间变化中，感觉到时间的变化，人就以为他懂什么叫时间变化了。而时间的另一面呢？因果律是先有因后有果的，有因必有果，所以在时空的流程下，时间虽然还未到，该发生的必然会发生。仅仅这一点，对于不具备理性的人，就是‘不能懂’。

至于你，刚刚相反，因为你的时空无限，能掌握所有能量变化的体用因果。你知道推算的结果，懂得时空流程的另一面，于是你认为你已经懂了。而另一面呢？如果你不能随着时空的变化去感受，当然是知而不懂！”

“这些话也早就出现在记录中，但是我一直不懂。”

“再以进化为例吧！人处在进化过程中，有人说‘物竞天择’，如果你懂了，就表示已经接受了这种模式。不论懂的人懂了多少，物竞天择的模式都能满足对昆虫拟态行为的认知，于是人就会认为自己懂了。

古今中外，人间世就建立在这个模式上，永远是自以为懂的人指导不懂的人，不懂的人相信懂的，大家玩着同样的游戏，说着同样的术语，形成了力量，掌控了社会资源。看看人类的行为，思想、宗教、科学、政治、军事、经济，等等，哪有例外呢？

这正是宇宙的真理！什么是能量的变化呢？假设‘懂’等于‘被影响，再影响’，能量变化在微分的每一细节上，不都是‘懂’的流程吗？”

“我还是不懂。”

“你照我的指示去做，你就要懂了。”

“好吧！师父！您就吩咐吧！”这是小杏子在启蒙时常说的，但当智慧电脑接管联盟以来，却是第一次谦虚地请教。

“学学老龙吧！不要管你的剧本，看看你临时设计的心中，有什么感觉？”

“是的，有一种奇异的感觉。”小杏子停顿了一会才回答。

“你能说出来吗？”

“说不出来。”

“你这笨东西！是说不出来吗？”老人大喝。

小杏子一惊，视器上突然颤抖起来，接着一道耀目的光芒，在室内一闪而逝。

老人安静地啜饮着果汁，太空船慢慢地在无垠的黑暗中漂浮着，顶头透明的外罩上，苍穹就像是星光的故乡，不断地闪耀着微弱的光芒。

……

智慧之旅

上

朱邦复 著

华东师范大学出版社

图书在版编目（CIP）数据

智慧之旅/朱邦复著．—上海：华东师范大学出版社，2020

ISBN 978－7－5760－0514－1

Ⅰ．①智… Ⅱ．①朱… Ⅲ．①朱邦复－自传 Ⅳ．①K826.16

中国版本图书馆 CIP 数据核字（2020）第 099915 号

智慧之旅

著　　者　朱邦复
责任编辑　乔　健
审读编辑　王　海
特约编辑　邱承辉
责任校对　张　筝　时东明
封面设计　吕彦秋

出版发行　华东师范大学出版社
社　　址　上海市中山北路 3663 号　邮编 200062
网　　址　www.ecnupress.com.cn
电　　话　021－60821666　行政传真　021－62572105
客服电话　021－62865537
门市（邮购）电话　021－62869887
地　　址　上海市中山北路 3663 号华东师范大学校内先锋路口
网　　店　http://hdsdcbs.tmall.com

印 刷 者　三河市中晟雅豪印务有限公司
开　　本　710×1000　16 开
印　　张　54
字　　数　953 千字
版　　次　2021 年 1 月第 1 版
印　　次　2021 年 1 月第 1 次
书　　号　ISBN 978－7－5760－0514－1
定　　价　128.00 元（全两册）

出 版 人　王　焰

序

1985年，我旅居美国，因发展文书处理软件，便将自己的前半生经历以此软件记下。1990年回台时，台湾尚在戒严时期，本书虽不涉政治，但多多少少有些个人成见。没想到1993年，台湾时报出版社能够出版，更想不到二十年后，本书仍能得到青睐，让祖国众多读者，得以经历这一国难家变的真相。

本书出版后，适逢祖国加快开放步伐，不到十年，一个封闭落后的国家，一跃而成诸强之一。身为一名海外游子，我一则以喜，一则以忧。喜的是国家兴盛，人民欢乐；忧的是一切变化太快，怕未及适应，一时冲昏了头，变成暴发户。

所幸，国家在开明且正确的领导下，渡过了种种难关，进入崭新时代。只惜我已年迈，且在二次中风与心肌梗塞下，无法参与此一伟大的工程了。斯为序！

朱邦复

2018年春于澳门

目录

第一部　寒冬（1937—1963）/ 001

序 / 003

1　父亲（环境　身世　父亲　动乱）/ 008

2　立冬（战争　家难　灾难　逃亡）/ 029

3　丧母（英文　橘子　孽障　失恃）/ 049

4　小雪（小说　师道　早春　学业）/ 066

5　隔阂（青涩　斗争　病院　邻居）/ 084

6　大雪（启航　初恋　父子　误会）/ 100

7　蝉蜕（转学　兴趣　后母　联考）/ 116

8　冬至（大学　校园　温情　觉醒）/ 131

9　磨炼（意志　宗教　感情　弱者）/ 148

10　小寒（社团　服务　责任　晚会）/ 166

11　青涩（小妹　电影　谋略　兵役）/ 186

12　大寒（乐队　花莲　代沟　出“国”）/ 205

第二部　稚春（1963—1973）/ 225

自序 / 227

1　流浪（东京　玉玺　海洋　“台独”）/ 229

2　立春（巴西　谋生　农场　提包）/ 247
3　天籁（音乐　牧歌　合唱　作曲）/ 273
4　雨水（新绿　浓艳　挣扎　遗憾）/ 291
5　归途（美国　打工　雪地　父丧）/ 308
6　惊蛰（丁丁　责任　商机　摸索）/ 325
7　迷惘（移民　流亡　迷失　嬉皮）/ 343
8　春分（危楼　遐思　香槟　入伙）/ 362
9　觉悟（修行　代价　生离　永别）/ 379
10　清明（觉悟　明心　见性　发愿）/ 398
11　机缘（美工　机缘　演唱　古井）/ 414
12　谷雨（电脑　中文　资料　回台）/ 429

第一部 寒冬

（一九三七—一九六三）

生的悲哀就在此，身边美好的事物，我们总认为是理所当然而不知珍惜。一旦成为明日黄花了，美好的记忆才无休无止地萦回脑际，不断地啃啮着心灵，于是痛苦烦恼纷至沓来。然而，时间仿佛一道道锈蚀的重门，过去的已经紧闭，未来的尚未开启。徘徊其间的人们，永生只能在隐密的缝隙中，吮吸那点点滴滴。

序

春有百花秋有月，夏有凉风冬有雪。
若无闲事心头挂，便是人间好时节。

人生在世不过百年，说长不长，说短不短，成败得失，全凭各人之自由心证。从表面上看，有人一生轰轰烈烈，也有人到死默默无闻。在人生舞台上，到底真有其事，抑或只是生旦净末丑照本宣科？到头来，卸下了彩妆戏服，南柯不过一梦，嗟叹只缘嗟叹。

薄冰步步，风波连连，待人生近半，戏看得多了，是非曲直脉络分明时，蓦地回首，果真春夏秋冬，四季分明。再细究世事的因果，直到扫去心头尘埃，果然人间好时节。

宋朝的苏轼不愧为文豪词仙，他在《念奴娇》里说得透彻。

大江东去，浪淘尽，千古风流人物。故垒西边，人道是：三国周郎赤壁。乱石崩云，惊涛裂岸，卷起千堆雪。江山如画，一时多少豪杰？　　遥想公瑾当年，小乔初嫁了，雄姿英发。羽扇纶巾，谈笑间，强虏灰飞烟灭。故国神游，多情应笑我，早生华发。人生如梦，一樽还酹江月。

拜出版业蓬勃之助，传记文学大行其道，虽不过雪泥鸿爪，然他山之石亦可以攻错。作者无德无能，不敢效法河蚌之吐珠，以竞辉于日月。今自我作践，据实以道，暴百丑于阳光之下，只求还酹一樽江月。

盖作者于36岁时，曾经历了一次心灵的洗礼，自后，“我心”顿泯，得证正果。返观当今社会众生，人心迷失，扰攘不止，为渡有缘，特此以身说法焉。

本书之主题在于点破人人都有的私心，私心一破，云去月来花弄影，智慧始生。

人生有五道关隘，无一不是私心的防护堡垒，人生的意义就在于这些关隘的感受。说是生活的经历也罢，当作晋阶的考验亦然，真假虚实悉在其中。不论圣智俗愚，也不分六道轮回，任谁都必须亲身历险，世间清浊遂分。视诸业障也罢，循此善缘也可，渡尽五关，得斩六将，方见得康庄大道。

第一关是由出生起到少年时期，此时身心尚未定型，幼稚嫩弱，完全在环境操控之下，是为人之“灾关”。灾关若未应验，或者因社会、亲人的百般呵护，将各种灾难以人为意志化除。则此人之成长已与现实脱节，等到身心成熟之后，再也不可能体认惊心动魄的栗悚。失去了相对的比较感受，人生将如囫囵吞枣，难以领略真正的幸福、美妙。

第二关则是青年时期的“情关”，此时正当性征甫现，两性间的自然诱因，步步导向必然的落点。美满的婚姻固是人生理想的终站，但人人只顾一己，交往激情，私密系心，古今中外又曾有几对无怨的佳偶？情之一关，宛如附骨之蛆，得之愈多，依之愈深。

第三关是独立自主后的中年，谋生养家，追求地位，唯钱是问，是为“财关”。钱财本为无主之物，朝三暮四，得失不过转瞬之间。更有甚者，钱少不足保证安全，钱多却又危险倍增，职是之故，难识其止。待走到钢索中央，进退不得，求财者往往是人为财缚，丧失自主。

随着经验的增进，财关之后，紧接着便是“权关”。这时人已至壮年，雄心勃勃，只知天上有天，却不顾人下有人。但得大权到手，便自以为万事由心，为所欲为。不幸权势人人觊觎，易攻而难守，人生顿成修罗战场，永无止境。

最后一关为“贪关”，人所得愈多，愈是难舍。尤其到了黄昏夕阳之际，余日无几，抓之唯恐不紧。一方面要防人之图己，一方面又骇大限之到临，七情六欲，各味俱陈。人生至此，未悉所为何来？

想要安然渡过五关，又期望一己超群脱俗，其难难尽，难于上青天。未过之人业识积重，轮转于生死之间，挣扎浮沉，但见走马灯般的花花世事。待有觉有悟，修持精纯，得以过关斩将，方见敌首之真面目。盖五关所守者，人生虚幻之所聚也，聚之成形，以假为真，人遂自迷。

这员守将就是“我”心，有人把“自我”视为宇宙中心，一切为“我”，“我”为一切。在外表上，人可戴上万千种面具，然而每当白日的光辉消逝后，午夜梦回，其内心的得失也就非他人所能得知的了。

人有两重生命，一是以物质为本的生命体，于四度时空的架构中，藉着能

量的组合变化，维持其生存的现象。一是生命体与环境的互动，其因果凌越时空，在刺激与经验认知下，又形成了动态的精神生命。

物质体的生命在感官的导引下，易知易觉。动态的精神生命，则唯有“苦其心志，劳其筋骨，空乏其身”，待人透悉了世事的表象，才得浴火重生。

人体宛若一个庐舍，精神是其主宰，物质不过是来往之过客。有人刻意装饰得精美豪华，好似五星级的旅馆，人客财物进进出出，生张熟魏送往迎来，却不知自己是谁。也有人举目“苔痕上阶绿，草色入帘青”，身边“谈笑皆鸿儒，往来无白丁”，最终落得“何陋之有”！

执着于追求刺激的人，在感官的麻痹下，陷溺日深，精神生命仅在虚无缥缈之间。一朝红楼梦醒，不愿为感官的奴隶，则可跳出物表，直探真如。人生果真是一梦乎？拂去心中积垢，无丝竹之乱耳，无案牍之劳形。再若能利用理性认知，何妨破茧而出，略窥宇宙之玄妙？

物质载体不过是四大和合，随生随灭。精神载具则是源远流长，当“我相”化尽，“同异”无殊，即得与宇宙同在。不过，物质、精神本属一体之两面，无所谓是非好坏。人生各有机缘，各具业力，究竟走上哪一条路，除了不断地努力探索，终局却不是个人可以主宰的。

作者只是在机缘凑合下，于一刹那间，连闯五关，得入将营，斩获“自我”。“我”既不存，则余生仅为一蚕蜕后之丝囊，织绸制衣，甘为众生之奴隶。今将届耳顺之年，特此阐述平生所见，仅供读者参考，使知人生得固可喜，然失者始为至上也。

本书划分为四个时期，代表了作者内心经历的过程及阶段。四部虽各自独立却又相互连续，读者可以随自己的喜好选择阅读。书中事迹无一不真，皆有人证物证，然亦经过浓缩剪辑，使之明显易读。若所言事件有损及个人形象者，书中概隐其名，以免造成不必要的伤害。

第一部定名为《寒冬》，代表了作者幼年时期的“灾关”。行文力求轻松明快，突显人性之愚昧，以致人间悲剧处处。无人能对人性是非负责，作者亦无意指责或怪罪他人。只缘日光之下各种故事不断重演，世人若能以之为镜，知“灾”之所以为“灾”，心中怦然有感，作者之目的达矣。

第二部定名为《稚春》，是由作者勘破“情关”起，到直歼“我执”的苦涩过程。这一段经历虽云拜机缘所赐，却与幼年之灾关息息相系，唯有在大旱之余，方知云霓之难期。作者以过来人之心境，逐步述及由迷而觉，由觉生悟，由

悟而得道的过程。有心人士宜多多体会此一事件之前后因果，必能有所印证。

第三部为《炎夏》，是作者本着入世的愿心，从事中文资讯的战斗过程。是非成败本来是空，于我个人无所得失，但为承先启后，唯望人类文明得以传扬。我心既起，魔孽遂重，直到夕阳光黯，再度得识人世真实，返璞归真，乃隐居都兰山下。

最后以《金秋》作收，是以作者晚年心境，对人生之总结。文中阐释"智慧"之精义，并剖析人生、社会、宗教的关系，也讨论了宇宙层次的结构、生命进化的时空流程、概念认知与自然语言、《易经》的生机结构，等等。尤其有关文化与人性的分析，恰是对人工智能的浅注，也是作者期之于后世的结语。

全书定名为《智慧之旅》，第一、二及第三部之一部分完成于 1987 年。当时中国大陆尚未开放，彼时作者正突破了人工智能之瓶颈——自然语言，拟选择一适当的环境专心研发。由于心仪一种无私的社会制度，乃决定由美国返回祖国。

然而当时"文化大革命"的阴霾犹在，人人皆谓作者此行必将陷于不拔之困境。个人成败固可置之度外，自然语言却系文化传承之瑰宝。只缘当今技术人员之观念已受污染，不得不期诸后世，著书立说之心由此而生。

世代交替，正是新生事物更新的良机，而戏剧小说又恰是社会大众的精神粮食。故此特以自传形式，详述作者对智慧认知之本末。读者若有机缘，得以从字里行间领悟到人生真谛，以之作为技术可以谋生。若有大德，空明返照，青苔处处，更不难超凡入圣。

由于用电脑写作方便迅速，五十万言之书仅耗时三个月，当时即定名为《智慧之旅》，用自行开发之排版系统排印成册，并交由旅美之罗鸿进兄，以防不测。后来罗兄又复印了十余册，并在美注册登记。

1991 年，台湾"解严"，作者乃兼程返台，潜居台东都兰。乡长叶隆雄先生素昧生平，竟慨然将其别墅借住，遂得以安心研究与写作。

电脑技术不过雕虫小技，以之图温饱则可，作为抱负则大谬矣。乃决定退出电脑界，专心著书立说。《智慧之旅》一书之构想，系将宇宙人生之大知，夹带于小说文体之中。今之认知又较当年进步甚多，再观原书，嫌其粗糙草率，遂全部改写，增至百万多言。

本书内容原则上以时序为引，因顾及可读性，常采用戏剧的手法，将印象中的情景化为对话。若该事件之因果攸关智慧，则对事理略作分析，以期读者能有所认知。唯第四集《金秋》绝大部分皆属理论，然欲了解人生，此类理论

不可不知。

本书共分四部，每部十二章，每章各有一主题。因四季与廿四个节气有关，试将节气名与各章内容比对，发现其中颇有暗合之处，遂间杂以为标题。

正是：

梦中明明有六趣，觉后空空无大千。

原书于 1995 年 9 月 14 日由台湾时报出版社印刷发行，1999 年 2 月香港文化传信有限公司邀我来港合作。难得的是大家有志一同，都以发扬中华文化为目的。

于是不二老人尘思大动，翩翩然乘桴而至。欲知后事如何，请听下回分解。

朱邦复

1999 年 4 月志于香港

1 父亲

环境　身世　父亲　动乱

生命，是灿烂的花朵；是一闪即逝的流星；是大漠骤雨后，满被大地的新绿；也是活跃在地心，不时奔放的熊熊烈焰。生命，因宇宙进化而堆砌，衔负着一脉相承的原动力，从过去通向未来，从混沌直达永恒。

透过茫茫的天体，在铺满碎钻的繁空中，均匀地散布着无数的各形各色的星团、星云、星系。在无数的无数中，恒星、行星、卫星交错纠缠，有的光耀夺目，主宰了大片虚空；有的层层环绕，簇拥着能量的核心，逐渐扩展到无尽的边陲。更多的却是没有光华、平实无奇的微尘，散布在渺遥的天际。

在这无尽的虚空里，一颗蓝色的行星，恰似一叶扁舟，载着渺小的人类，驶过无边无涯的航道，留下了似真若假的些许痕迹。

站在人类的立场，人是具有智慧的生命体。在当前已知的宇宙中，唯有人能肩负起宇宙传承的使命和任务，从而跨越时空，回归宇宙。

假定时空是宇宙架构中交错的道路，人的生命则是无量虚空累积的指标，一步一步牵引着后来者，行向终极。有的在险巇的悬礁上，以智慧的光芒导引着往来的船只；有的则活跃如急漩的狂涛，迸溅漫天的炫彩。更不乏散布在时空的各个角落里，无动于衷或是无可奈何地，忝附为生命家族之一员。

有了生命，世上充满莫名的希望、失望、兴奋、无奈。最后，生命留下了另一波循环的种苗，悄悄地溜走。唯有生命的脉动，人世间才充斥着悲欢离合；也唯有透过生命的力量，人们才会在世世代代的寻觅中，无止无尽地憧憬着生命的奥秘。

有谁出生时，不是来自黑暗？靠着自己的摸索，渐渐看到模糊的世相。好不容易站了起来，不一会儿又跌倒了，再爬起来，再摔倒。终有一天，人必须

面对永远无法了解的陌生世界，盲目地探索前进，梦幻一般的人生旅程，就此开展在虚无之间。

能量的排列组合无穷无尽，其中有一种方式，将能量驻留在一个封闭的结构里循环运作，生命于焉诞生。因为机率的难得，所以生命是可贵的；因为可贵，生命体最珍视自我生存的价值；更因为珍视，生命体不得不自我独立，建立了堡垒，完全与外界隔绝。最后，生命体只能通过有限的感觉器官，接受环境传来的一些隔阂而蒙眬的讯息。

从最初的单细胞生命，逐渐发展成为繁复的高等动物，生命每向前迈进一步，自我的堡垒就堆砌得更高更厚。人类问世后，基于堡垒的牢固，感知早已迷失在茫茫的星际与厚实的城墙之间。惶惑、寂寞、虚幻、孤独与生命永远为伴，来自何方？去向何处？甚至于此时此刻，一切流经的讯息都宛如迷雾中的花朵，难以捉摸。

千万年以来，多少哲人诗人，向外观察客观的宇宙，对内则面临主观的自我，似真如幻，若有还无。为了生存、生活，人不得不怀着虔敬的心，对自然界这种伟大而玄秘的现象，不断地讴歌、崇拜，好奇、追索的结果，观念逐日积累。

这种累积是一种象征式的讯息，相当于时、空交错的再现。于是，另一种能量的形式——知识，就在人类一代一代的探索下产生了。

知识是人类通过感官及主观意识所认知的现象，并经过当前环境的客观印证，且为同时代的人共同的认知。然而，从另一个角度来看，知识原本就是宇宙的架构，不过借用概念为载体，通过时空，以供人类认知与应用。

而人呢？在历经了困惑惶恐，好不容易展露头角，自以为君临万邦之际，一旦发现时代的舞台上，已被七彩斑斓的激光所占满；人不仅不是主角，在骚乱忙碌的布景更迭中，人连陪衬的地位都模糊了。

知识历经了数十万年的积累传播，一旦时机成熟，它立即跃为进化的主流，在宇宙中无限地延伸、扩展。各种新的观念、技术不停地推陈出新、争奇斗艳。知识不仅是宇宙力量的主宰，也是人类存亡、兴衰的原动力。它仿佛高挂在天空的太阳神战车，拖着人类，高速地向不可知的未来飞驶。

知识普及了，世界改变了，事物的变化有如重力加速度一般，随着时间的平方值急速累进。每每在人们还没有认清它的真实面目，还来不及对它作出正确评估之前，新的事物又继续不断地滋生。

人追求知识的原意，是要明确地了解这个世界。可是就像追求异性一般，

认识越多，了解反而越少。在物质文明鼎盛的20世纪，知识经过了科学技术的洗礼，分工日益精密，已不再是人类所能理解，更非人类所能控制的了。

在千万年的演进过程中，人类早已适应了变化缓慢、稳定的环境。以往的人，一生之中岁月往复，四季依旧，社会的步履有如山岳的风蚀，细微得无从察觉。任何人只要在青少年时期学到一些做人处世的观念和技术，就足够其终生应用而有余。

到了这个知识爆炸时代，人仍然是人，而环境却发生了史无前例的急剧改变。因此，凡是在早年有所成就，志得意满，或者不愿继续学习以资适应的人，往往会被现实遗弃，永远停滞在过去自我迷恋的岁月里。

中国是个文明古国，几千年来，无数的圣贤才智之士，把经验汇聚为实用的体系。举凡人类社会生活行为，巨细靡遗，都明定了详尽的遵行准则。在这个传统下，人人墨守成规，不求进取。千载以降，整个社会在划一的步伐下，安定和谐；即令19世纪惊涛骇浪，中国仍然屹立在世界舞台上。

假定人类到今天还只算是“中年”的话，中国可以说是“少年得志”，人们陶醉在过去光辉的历史里，自大自满。谁知新时代遽然到来，随即面临了各种未知的挑战，原来所依凭的金科玉律完全与客观现实脱节。在这种情形下，既不能扬弃固有传统，又无力开创崭新的局面，以至于新旧之间产生了严重的矛盾冲突，人不知何去何从。

个人不过是大环境的缩影，我的父亲承袭了中国传统，却不幸生长在这个新时代。而且也是在少年得志的际遇下，自负自傲，目中无人。他有着传统“读书人”所具有的清廉正直操守，也有士大夫不恤下情的习性。他自知跟不上时代的脚步，却又保守固执，坚持己见。终其一生，以不变应万变，永远与现实保持着相当的距离。

根据族谱，我们是宋儒朱熹之后，明朝张献忠起义，先祖聪一公由安徽婺源迁居湖北黄冈西乡（黄冈又名邾县——现属武汉市新洲区阳逻，传为周武王封侯之地，后人去“邑”为“朱”，遂成朱姓）。父亲是第十九代，为“万”字辈，这是依传统族谱之“辈名”所定。

聪寿元文允，金廷守自光。继国承天庆，丰功泽万邦。
逢时明大道，秉义启忠良。纯仁钟懿宪，长发世恒昌。

传统风习，举凡用做族系辈名的诗，既要用吉祥的字汇，且不可重复，又

要有意义，以激励子孙向上。中国的社会就维系在这种重视家世、代代薪火相传的精神上。这种精神并与汉字的特色紧密结合，形成了一种不可分割的情结。

父亲生于 1891 年，名万荫，字怀冰。

祖父早逝，又无恒产，家境非常清寒，因为父亲自幼喜好读书，曾受同乡望族周氏接济助读，后娶周家女为妻，是为我之“大娘”。大娘生一子二女，子名邦保，长女名众生，次女名敏生，都较我年长甚多。

父亲 17 岁就读“汉黄德道师范学堂”时，参加了同盟会。辛亥首义，策名学生军，司城防巡逻及库藏守卫。1913 年，以公费考入保定军校第四期就读。

民国成立之初，各地军阀割据，内战频仍，兵马倥偬，而全国仅有保定军校一所国立的军事大学。在黄埔军校取代其地位之前，保定毕业生一直是天之骄子，军权在握，叱咤风云。父亲在 1925 年参与北伐，任总司令部参谋处上校科长，1930 年为湖北省民政厅长。这时年岁方轻，而功名事业一帆风顺，心骄气傲，不可方物。

1931 年，蒋公（介石）主持南昌行营，父亲任第四厅厅长，主管情报及蒋公之行事日程，权倾一时。当时政学系之首脑杨永泰、江西省主席熊式辉等，为了扩展政治势力范围，极力拉拢父亲加盟。然而父亲怀抱着满腔“国家理想”，兼以出身军旅，不悉政情，反而规劝杨永泰等人以服务国家为要，不应结党营私。

杨永泰为我国近代史上最工心计之政客，父亲严词峻拒后，他一面表示敬佩，一面向蒋公进言，认为父亲是个人才，理应重用，并推荐其兼任江西省民政厅长，蒋公欣然同意。不久，杨又进言蒋公，表示父亲能力卓越，江西倚重极深，希能专任民政厅长。时正值国内党争昌炽，蒋公为了安抚各界，遂免除了父亲第四厅厅长之职。

在官职上，民政厅较行营第四厅为高，然而中国向以人治为主，所谓山不在高，有仙则灵。南昌行辕是当时的权力核心，尤以第四厅在职责上最接近蒋公。不论何人，要面谒蒋公，必先通过此关。父亲为人耿直，不假词色，为此树敌甚多，一旦远离君侧，前途自是堪虞。

待父亲查知系杨永泰调虎离山之计时，命令已然布达，在杨氏蓄意阻挠下，父亲累次想面见蒋公，禀报解释均不得逞。父亲怒不可遏，竟不自量力，愤然挂冠而去。蒋公生平最忌部属之不忠，为此，在父亲之档案上批示“永不

录用”。

父亲官场失意之余，遂西行游览苏杭风光。途经江苏溧阳，买了一位年方十八的贫家女汪氏为妾，并携回家乡。这位贫家女便是我的生母。

当时三妻四妾乃社会所容许的风习，父亲除了大房周氏外，还有二房桂氏。桂氏为贵州某一名门闺秀，生了三女，为宁生、汉生、雨生。父亲常年在外，大家庭中争宠夺权，时起勃溪（争吵）。我的母亲无钱无势，无亲无友，地位低贱，以致沦为仆役。

世态炎凉，人们为了生存，无不设法攀龙附凤，排除异己。故而弱者或是恪守本分的人，经常被牺牲在现实环境中，成为残酷的贡品。母亲受尽欺凌，唯有忍气吞声，每日以泪洗面。不久即因体弱操劳、心情郁闷而“呕气伤肝”，以至罹患肺结核，直到弃世。

1932 年，风雨飘摇中，峨姐诞生。在过去传统家庭，不论妻妾，若不生男儿，在家中就无地位。此时又因父亲失去上欢，无人敢于任用。贺国光掌四川省政，多次举荐父亲，皆为蒋公所拒。家人更怪罪母亲，认系不祥之祸水，母女二人之境遇未卜可知。

在保定军校第八期时，父亲为学校助教，曾担任陈诚之分队长，彼此相知甚深。1935 年，陈诚任陆军整理处处长，特向蒋公竭力担保，父亲始得出任副处长。此后数十年间，父亲始终与陈诚保持着部属及相知至友的特殊关系。

1937 年，抗日战争开始，父亲调任第九十七军军长，并兼河北省民政厅长及冀察战区政治部主任。“七七”抗战方起，我于 10 月呱呱落地。

父亲原来期望大哥之出生得以“邦保”，战事既起，遂将我命名为“邦复”。由于生了男孩，母亲才算在家庭中有了地位，人情冷暖之余，朋友也多了起来。

在记忆中，有许多亲友常说我呆头呆脑，尤其是母亲，她总担心我会成为白痴。原因是在我三岁时，有一个勤务兵突然良心发现，坦承受到唆使，常喂我吃朱砂。传说吃了朱砂后神智受损，人会变得痴呆。父亲知道后，为了避免家庭纠纷，训令母亲带着峨姐及我北上，到太行山军营居住，同时并邀了舅舅汪泰荣同行。

在军旅中，父亲曾著《孙子十三篇阵中笺释》，于 1938 年出版，并被选定为国军指定教材。当时在太行山战区除父亲所率之九十七军外，尚有八路军朱德、刘伯承之部队。父亲自负文武全材，于 1940 年 2 月某日，竟然单骑赴八路军总部，与朱德等将领辩论“三民主义与共产主义之优劣”。

不料此时国军制造摩擦，八路军立即向国军发动奇袭。国军溃不成军。在荒乱中，母亲被一小队卫士救走，峨姐与我则人各一头，睡在滑竿中。时竿夫抬着逃命，兵慌马乱之间，大家都失去了联系。不幸的是一颗流弹击中峨姐的左肩锁骨一侧，竿夫怕受责备，竟将我姐弟俩弃置荒郊，逃命而去。

所幸大舅汪泰荣骑着马到处找寻我们，后来在路旁一处发现了滑竿，我尚在熟睡中，峨姐则是满身是血。大舅以为她已经死了，不得已，仅将我一人带走。

峨姐乖巧可人，深得母亲疼爱。母亲坚信在菩萨保佑之下，峨姐不会死，便派人到处寻找。过了数月，居然发现峨姐为一农家所救，创口已合。但弹头深陷胸腔，当时又兵荒马乱，无医可救，故未将弹头取出。到 9 岁时，峨姐又染白喉，终于死于弹伤之并发症。

此一军事冲突传到中央，国府大为震怒……为了抗日救国，双方累经磋商，不再追究。经过这次变故，父亲深痛政治斗争之尔虞我诈，无视事实真相以及国家利益。灰心之余，遂向中央提出了辞呈，打算隐居山林。

同年 8 月，父亲改叙第六战区长官部参谋长，但他已无心军旅，坚决请辞。时陈诚任湖北省主席，又身兼军事重责，南北转战，以致省政荒弛。陈诚力劝父亲应以国事为重，旋调父亲为湖北民政厅长，代摄主席职务。

由于祖先世代务农，兼又出身寒微，父亲深悉民间疾苦。早年虽然曾经多次担任民政厅长，但因阅历不足，且对军事及政治尚抱着不切实际的幻想，故少有建树。这次与朱德等人讨论三民主义与共产主义之优劣，使他憬悟到仅仅空谈理论而不实践，再好的主义也只是动人的口号，很难让别人信服。

辛亥革命以来，整个中国分崩离析，内战连年，民困兵疲，国力斫丧。原有的势力瓦解了，新生的凝聚力则尚未成形，民族自信心早已散似落絮。主流论者常把责任推给各地的军阀，认定军阀据地自大，国家因此不能统一，三民主义遂不能实现。

所谓的“军阀”，不过是掌权的中央，对拥有军权的地方敌对势力所下的定义。政治上一向是成者为王败为寇，谁被视为军阀，就表示即将成为俎上之肉。于是乎党同伐异，便成为名正言顺的口实。千千万万宝贵的生命，就这样轻易地断送在无情的战火中。

实际上当时中国人的知识水平不高，兼以中国五千年来精英式的士大夫观念已经根植人心，革命所标榜的三民主义，了解的人寥寥无几。要想让全国人

民放弃自己的意识形态，团结在毫无所知的主义下，那才是不可思议的奇闻。

民主的滥觞，缘因欧洲历经千余年的宗教统治，14 世纪到 16 世纪的文艺复兴运动，率先启发了人们的省思。到了 17 世纪，知识崛起，理性抬头。19 世纪，地下贮存的巨大的能源被发现了，工业革命成为主流。这一来，中产阶级如雨后春笋，在欧洲应运而生，新的贵族登上时代的舞台。

欧洲的封建制度建立在社会阶级上，除了封建贵族，一般人民有如奴隶，无法获得教育机会。工业革命提高了生产力，造就了大量的中产阶级。他们虽然主控了经济，但在贵族杯葛下，仍然不具有社会地位，也就是说没有政治主权。

17 世纪的英国人洛克，首先喊出了“天赋人权”的口号。接着，法国一个极具浪漫色彩的青年卢梭，厌弃了当时的社会环境，极力反抗。他根据“自由平等”的观念，写了一本《民约论》，提倡民主制度，掀起了新时代的序幕。

实际上，从欧洲民主思潮的兴起到当今的民主政治的成型，其中还有一段曲折的变化过程。欧洲民主风潮蔓延后，传统的力量式微，与新兴势力之间不时爆发战争。难民们纷纷飘洋渡海，移居到尚未开发的北美洲，新大陆地大物博，移民得以无限制地自由发展。反传统、反精英、唯我独尊的自主思想，本是移民离乡背井所追求的梦想，遂成为美国式的民主制度。

到了 20 世纪，两次世界大战的战火烧遍欧洲。美国不仅未受波及，反而渔翁得利，收容了无数顶尖的欧洲科学家。加以幅员广大，物产丰饶，军火、民生工业应运而生。是以在两次惨烈的世界大战之后，一跃而成为超级强国。

既得利益者为了永保所得，最好的方法便是独占。美国真正的利益是经济，经济利益来自资源、生产技术与贸易。要独占就必须防止竞争对手的壮大，最好对方永远积弱不振，方得予取予求。美国在第二次世界大战后，一再应用各种手段分化或颠覆其他国家，且全力推行民主政体、人权外交，其中原委，思之即明。

强行将一种现成的社会制度，移植到水土不服的异地，在历史记录中，除非是亡其国灭其种，还没有成功的前例。没有智慧的人往往喜欢幻想，看到有钱人挥霍无度，以为只要学习其生活方式，就是迈向富足的不二法门。事实证明强行改革惯性极深的社会传统，其结局必然是动乱、冲突，结果付出代价的总是无辜的民众。

民主的根本在于人民的自觉，而自觉需要有客观的条件。起码人民要有一定的知识水平、独立谋生的技能与充分的就业机会，才不致受到金权、政客的诱惑及愚弄。此外传播媒体、职业军人必须中立，以免社会大众受到欺骗及操纵。更重要的是有完善的法规，有守法的社会大众，这样才能形成一个繁荣、稳定的民主社会。

这些奢侈的客观条件，对挣扎于生死存亡边际的第三世界而言，正是他们努力奋斗的理想。为了理想的实现，代价是必须付出的，但是本末不可倒置，绝非先实行西方民主，知识及力量便随之而来。不幸，无知的人无法分清什么是必要的手段，什么是可望而不可及的理想！

西方民主制度的精髓是不论贤愚是非，无所谓尊师重道，更免谈什么讲信修睦。个人的利益高于一切，个人的见解凌越真理，自我就是宇宙的中心。而维持这个制度的手段，是各种利益团体把票源视为禁脔，各自包装他们的利益，与人民的选票交换。最后，一张一张的选票累积起来，就此决定了国家社会的命运。

时代是人生活的大环境，个人是环境的一部分，风起云涌，花落花开，无一不是息息相关的。人因应环境的变化，形成了独特的意识，个人的意识又支配着个人的行为。

中国近代的悲剧，就是在时代压力与传统价值观两者的冲突下形成的。我的父亲经历了国民革命的前半段，他看清了政治的真面目，却没有能力脱离苦海。我个人则又承袭了他的无奈，继续挣扎在另一个崭新的时代战场上。

因为有了父亲的前车之鉴，我完全放弃了对政治的任何幻想，从而立志探索，到底什么才是人生真实的方向。我所看到的，是人类更大的灾难，中国不过是险滩中的一个礁石，而河水已经泛滥，人类文明面临崩溃的边缘。父亲没能为苦难的中国尽到多少力量，我也对当前的危机束手无策，因为，人性如同脱了缰的野马，整个世界已经濒临疯狂。

所幸，在我们传统文化的洗礼下，我走上了自己该走的道路，看透了事物的因果。最后终能全身而退，所以才能陈述这一段因果。

国民政府在革命成功之后，打着民主的旗号，却用违反民主的理念，要以武力统一全国。可是，“民主”如何统一呢？政治意见一致？利益权力相同？还是在万众同心之下，理所当然地捧出一个真皇帝、假总统？

各省要求“联省自治”，而中央则坚决反对。于是地方群起反抗，结果是

生民涂炭，二十多年之中，年年内乱不已。

父亲并没有看到这些因果，他是孙中山先生革命理想的忠实信徒。只是他却在其他“同志”们没有觉醒之前，就认定与其仅用武力征服异己，不如以“王道”化之。在他的观念中，新时代的王道，就是“三民主义”的“民生主义”。

陈诚也有相同的观感，在父亲的协助下，在湖北省首先揭橥了“新湖北建设计划”。其中包括民生主义新经济政策、计划教育以及二五减租等。不幸的是日军节节进逼，新政虽然略见成效，却无法彻底实施。直到大陆易帜，陈诚主持台湾省政，再起用湖北原有干部，重订“三七五减租”政策，因而奠定了台湾小康的局面。

那段期间，我们母子寄居在鄂西建始县景阳河乡下。那里有一片峡谷平原，中间是条细长而清澈的河流，鹅卵石的缝隙间，游鱼清晰可数。入春，原野满眼新绿；春末夏至，则是一片金黄色的油菜花。放眼向四外延伸，远处可见由平地拔起的陡峭悬崖耸入云际，横亘在天边。我片片断断的记忆，就像甫出土的嫩苗，领受着大自然的洗礼。在这个阳光照耀的山麓间绵延凝聚，日渐串连成形。

母亲的肺病已进入第三期，时常咳血，8岁的峨姐负起了照料我的责任。我对她有印象大约是三岁多，我常对她挥以小拳，但她总是微微地笑着。她越不在意，我越是生气，打得也更凶，不到她叫痛不止。

人生的悲哀就在此，身边美好的事物，我们总认为是理所当然而不知珍惜。一旦成为明日黄花了，美好的记忆才无休无止地萦回脑际，不断地啃啮着心灵，于是痛苦烦恼纷至沓来。然而，时间仿佛一道道锈蚀的重门，过去的已经紧闭，未来的尚未开启。徘徊其间的人们，永生只能在隐密的缝隙中，吮吸那点点滴滴。

因为母亲的病情，峨姐自然而然取代了慈母的地位，她对我的照顾可说是无微不至。只惜人在幼年不通事理，纵使沐浴在和煦的微风里，也不知春日的可贵。更可悲的是愚昧无知，我反而在她的宠爱下，筑起了以一己为中心的小小王国。

不知什么时候起，她得了白喉，那好像是一种很可怕的病。有一天，母亲带我到一间极大的房子，那里有张小床，上面躺着峨姐。她见到我，没有说话，只拿了两个又大又红的橘子给我。我一见到橘子就忙着吃，以后的事一概都不记得了。

下一幅景象，是在一个小山丘旁，母亲伏在土堆上痛哭。我在泥土中找到一只透红的小蜘蛛，那蜘蛛小得宛似一粒芝麻。

我正打算把它掐死，母亲突然说："那是姐姐的化身，不要碰它！"

我不记得母亲还说了什么，只是搞不清，为什么峨姐化成了小小的蜘蛛？我眼见那蜘蛛消失在泥土中，此后我再也没有见到已变成蜘蛛的峨姐。而且，在我尝到了人世艰辛、真正懂事以前，也从来没有认真地想念过她。

多么不幸的人啊！人永远只能在时光流逝之后，才领会得到生命的宝贵。也只有当生活中不可或缺的亲人，撒手离开我们而去，平安、欢乐化为乌有后，人才知道什么是空虚、孤独。亲情就像温煦的冬阳，若有似无地，淡淡而又持续地，给我们提供了生存的保障，让我们得免于严寒的侵袭。

峨姐曾是我的保姆，我的朋友，我遮风蔽雨的护身所。每当我做错了事，惹了祸，挺身而出、代我受责的是她。每当我无理的要求，在父母拒绝之后，让我出气泄愤、饱以小拳的，也是她。

母亲长年卧病在床，在受尽了人间的磨难后，还要承受父亲因日益恶化的国事所爆发的戾气。母亲的泪水，有如长江黄河的滚滚浊流，包罗了千古以来所有炎黄子孙的苦痛与灾难。母亲没有地方倾诉，最后都一股脑地倾倒在峨姐小小的心灵中。我还记得，峨姐总是默默地听着，似解非解地微笑着，在平静中吞没了涛天的骇浪。

直到我历经艰险，航行到了风平浪尽的虚无大海时，这才又想起了峨姐。同时也真正地领悟到老子所说的"致虚极，守静笃，万物并作，吾以观复"。即使仅仅是一个不满十岁的幼童，她那平静的心灵却已包容了万有，与天地同寿。

在我记忆中，还有一幅鲜明的景象，四周是一片枯黄的稻田，我走在田埂上，后面跟着一位奶妈，我一直盘算着想吃她的奶，却又难以启口。

突然间，她说话了："小少爷，要不要吃奶？"

正是做贼心虚，怎么被她看穿了？我吓得魂飞魄散，赶忙往前逃去。待我回头看时，她正将雪白的大奶子掏出，颤巍巍地对着稻田，挤出一道道诱人的乳箭。后来我对女性的胸部充满了憧憬，除了受到造物者的播弄外，也有部分是基于当时的印象。

接下来的缕缕记忆，隐约是在一所医院中。一个高高的圆顶白纱大蚊帐，像是一座小山似的横亘面前。

母亲指着蚊帐对我说："来看看你妹妹！"

我并没有去看，因为我不了解蚊帐与妹妹的关系。但我对医院光可鉴人的地板发生了浓厚的兴趣，立刻在地上找到了一根绣花针。母亲见了，一把抢过去，仔细地别在蚊帐上，口中念念有词。

别好后，母亲对我说："你妹妹很尖，你要小心点！"

一直到现在，这些琐事还深深烙印在我心中，不仅因为我曾经被各种迷信影响过，也有感于人的成见，竟然会建立在一些毫无基础的偶然事件上。可是我们兄妹之间，基于我个人特殊的情况，在成年之后，彼此很少来往。

根据立妹的生日推算，这段记忆应该是在我四岁之前。自此以后，掠影逐渐串连起来，一幅一幅的画面，清晰而明确。可能是由于幼年时的不幸遭遇，使我经常逃遁在过去的岁月里，以致能保持其鲜明度。

姑不论是什么原因，至少我能意识到，自己这一生的经历似乎与他人不大一样。我童年时期相当孤独，只能尽量利用回忆，不断地整理、分析，并且研究、检讨。我充分应用了自己生活中宝贵的资源，使我得以认清自己。

另外还有件事，对我的影响也很深远，那是我最早期的"思维"痕迹。峨姐死后，母亲为了"暖脚"，要我与她同睡。而我浑身是劲，连睡梦中也在奔跑。母亲实在消受不了，便把我的双脚绑起来。

那时乡间常有土匪出没，而我一入梦，就会碰到土匪。人人都逃走了，偏偏我无论如何用力，总是动弹不得。有时我还可以用双手爬行，但每爬到门口，那高约尺许的门槛，就令我有咫尺天涯之感。那种恐怖、无奈以及绝望的感受，多年之后仍萦绕心际。

这种梦不断地重复，害得我胆小如鼠，白天怕土匪，晚上则怕上床睡觉。直到有一次，梦境实在吓人，我忍不住撒了一床的尿，于是母亲再也不准我与她同床了。

此后不再梦到土匪，但尿床的恐惧却又接踵而至，我愈害怕，梦中小便愈急。妙的是我明知身在梦中，也不断地提醒自己，千万要找个厕所，不要尿在床上。千篇一律地，最后总是在找到厕所后，心中还在犹豫，下身即感到一阵温暖，已是覆水难收了。

家人天天耻笑我，这种羞惭远比梦到土匪的恐惧还要糟糕。我开始"想"办法，包括用身体把尿煨干；给自己包上"自制尿布"；甚至把床偷偷挖个小洞，下接尿壶……但是不论如何掩饰，却没有一次骗得过别人的法眼。

直到9岁那年，有人教了母亲一个偏方，用猪膀胱熬汤给我喝。不知道是

不是那种骚味远比挨打、挨骂还要可怕，总之，居然喝了一次就奏效了。但因为尿床的余悸犹存，我始终不愿到亲友家做客，尤其是绝对不肯过夜。

幼儿园也与我无缘，有次佣人把我送到一个地方，里面团团地坐着一圈小朋友。每人胸前兜着白色的围巾，正在拍手唱歌。佣人丢下我走了，老师把我拉到座位上。我不知道大家在做什么，只觉得一切好陌生，动都不敢动。不巧小便告急，我更是紧张得傻了，不知不觉竟尿了一地。

发生这件事之后，只要听说是去幼儿园，不管大人用什么方法，我宁愿挨打，死也不肯再出家门一步。

6岁时进小学一年级，这时二娘也到建始来了，三个姐姐都与我同学。我当时实在不懂，雨生姐姐竟变成“男生”了，改名邦男，一定要我叫她哥哥。但是在学校里，她老跟女生玩在一起。由于父亲官大，二娘又有钱，很怕出事。所以二娘派了个卫士，腰间挂着“盒子炮”，亦步亦趋地保护着。

同学们好奇不已，后来发现我是她的弟弟，特来问我，我说：“她是我姐姐，我叫她哥哥。”这话一传开，我被母亲狠打了一顿，以后我们两家就很少来往。

我们的邻居是本地的一位顾姓乡长，他们一家三代同堂，人口众多。老奶奶特别喜欢我，我也就毫不客气，完全忘了自己是谁，恃宠而骄。

他们有很多果园，四季都有水果收成。他们家最令我感兴趣的地方，是贮存橘子的仓库。我向老奶奶“蘑菇”，要到了仓库的钥匙，然后就整天睡在橘子堆中，吃得不亦乐乎。橘子有酸有甜，有的多汁，有的干涩。因为怕酸，从经验中我学会了分辨的方法，一摸皮就能断定内容，百拿百中。

不久，麻烦来了，尽管只吃甜的，吃了上千个橘子，还是胃酸过多。只缘年幼无知，我挺一下就过去了，但日后饱受其苦，终生受到胃病袭扰，得不偿失。

1943年，父亲调任鄂西行辕主任，我们便搬到恩施去。离开了景阳河，坐上滑竿，眼见那天天看到的峭壁越来越高，青幽幽地直插上云里。本来走得很轻松的竿夫们，突然慢了步伐。领头的一哼一吼地唱起了山歌，跟在后面的，则一声一声地应和。

他们都穿着草鞋，重重地踏在湿漉漉的青石板阶梯上，山壁也回声响应。从大人的神色中，我知道事非寻常，乖乖地握紧了把手，仔细观看。

先还看得到远处的景阳河，渐渐云气弥漫，面前一白。除了前面滑竿朦胧的影子外，只有右侧长满苔藓的巨石，倒挂着串串水珠。幸而有竿夫们前后相

应的歌声，使我感觉到还在人间。否则真像一场茫茫无止的恶梦，压得我几乎透不过气来。

以往在梦中的恐惧是无助的，我并没有真正看到我所逃避的土匪，只是手足无力，动弹不得。现在身临其境，虽然也感染了一分不知名的惊悸，但手脚全在自己控制之下，心里虽然怕，胆子却很大。这样一直向上逐步地走着，天气越来越冷，我们裹着毯子犹自发抖。竿夫们却披着破絮般的衣衫，一个个头上冒着淡淡的白烟，不一刻就与雾气融为一体。

最令我迷惑的，是那些伸手可及而又抓不住摸不着的云雾。它们朦朦胧胧地环绕在身边，是那样的潇洒，那样的轻柔，它把我身边的景物都美化了。阴暗又狰狞的巨石，披上了半透明的细纱，幻化为神秘脱俗、若隐若现的仙山灵境。更有那透体清凉、沁人发肤的感受，完全超出了日常的经验。

我完全遁入另一个时空中，那种印象虚而不实，鲜明又强烈。似乎像某种精灵，常常导引着我忽视现实，向往玄秘，并伏下了日后我迷恋神怪小说的因子。

不知过了多久，我们终于到了崖顶。立时，天清气朗，起伏不止的丘陵，在我的脚下向天边绵延无尽。回望来处，是一条沿着石壁直下千仞、云雾隐约的小道。

竿夫们如释重负，一个个古朴的面容上，展开了仿佛被长年风霜刻蚀出的笑颜。他们立刻摆好香案，祷祝天地。原来这段山路名为“鬼见愁”，一个不小心，人就会失足深崖，粉身碎骨。

母亲是虔诚的佛教徒，心肠慈悲。记得她不止一次向父亲提起，希望政府给他们修一条路。而每一次父亲总是不耐烦地说：“唉！你们女人家懂什么？比他们更苦的人多的是！”

那时我才6岁，父亲给我的第一个印象，是一个高大、披着深色风衣的影子。他没有一般人初见我时的亲切和蔼，也没有别人父亲的那种热情。陌生加上惧怕，我躲在母亲背后，不顾她的呼唤，就是不肯出来。

这是中国人的传统观念，由于对儿子的期许高，作父亲的必须摆出严峻的姿态。所谓“玉不琢，不成器”，男人是社会、家庭的中坚分子，一定要坚强，经得住考验。父亲对我的第一个印象显然不好，我也对他深具畏心。

由这次见面起，我们一直跟着父亲，随着时局的变化，奔波连年，迁徙无定。父亲开始对我施以严酷无情的教育，幼年自由的岁月从此消逝无踪。为了逃避，我常常躲在回忆中，使得现实与虚幻永远交织成为一体，形成另一个

天地。

父亲难得对我展露笑容，也从未表示赞许。不论做什么，不好当然要受责罚，好则更待改进。无尽的督促，无情的鞭挞，日复一日，年复一年。父亲似乎要将整个苦难中国的重担都加到我的肩上，他所有的失望、不满，都化成了对我的寄望。

抗日战争惨烈异常，国事一天一天恶化，他的神色也一天比一天更为沉重。在我记忆所及，他除了工作之外，还是工作。他做事的要求很高，而且就事论事，言出如山，绝不假以辞色。不知是谁说过，我父亲一生的遭遇，就是他刚愎个性的写照。

现在想来，我们这古老的中国，文化思维已然定型，在今昔世态的变迁中，又何尝不然？

常有人说，父子、夫妻之间经常呈现出互补的关系。正因为优点与缺点不是绝对的，所以当人不满于一个角度上所见时，他经常会改换另一种方式，以资弥补。我曾力求避免跟随父亲的轨迹，但那只是外表的行为，内心深处，处处都是他的影子。

人在启蒙时期，心智一片空明，这时环境的影响奠定了个人意识的基础。在一个一丝不苟，崇法尚礼的家庭中，远在产生自我意愿之前，是非善恶的准则已然深植。成长之后，只不过是因袭过去的意识，以资因应当前的环境罢了。

我继承了父亲的血统，更承受了父亲的人生理念，所不同的只是环境变化所得到的信息。父亲所经历的是一个国家的战乱，而我所见到的，则是中华文化的衰微及整个人类的兴亡。当人已经养成了负责任的意识时，一旦看到事件的真相，责任就自动压上肩膀。这时已经不再是愿意与否的问题，而是怎样尽心尽力去实现了。

父亲也有他温柔的一面，妹妹立立是全家人欢乐的中心。记得在她 4 岁那年，不知是谁教她，在一个全家团聚的当儿，她说：“我是爸爸的心肝，舅舅的宝贝，妈妈的肉。”

她说时撒着娇，依偎在父亲怀中，刹时，人人欢畅大乐。父亲搂着、亲着她，笑得嘴都合不拢，却只差一点没把我气昏。一股嫉妒之情油然而生，这种肉麻的话，她怎么讲得出来？父亲也居然听得进去？

她是开心果，我却是眼中钉，这种相去天渊的待遇，导致了我对她的偏见。我也曾东施效颦，用些手段争取父母的宠爱，却只看到父亲铁青的脸。一

个 8 岁孩童，怎能理解其中道理呢？每当我受到委屈时，这些情景就浮现眼前，自怜自艾，由不得悲从中来。

1944 年，日寇大举进逼，在血战之后，鄂中易守。我们全家撤至重庆，父亲调任军法总监部副总监，兼训练委员会副主任委员。训练委员会操场的一端就是我们的宿舍，只要父亲一上班，操场上立刻冒出十多个年纪和我差不多的小朋友，玩起“官兵捉强盗”来。喧哗吵闹之声，惊天动地，往往要劳动警卫叔叔前来才能制止。

不久，父亲发现“强盗头头”竟然是我，大为震怒。可是打骂都发生不了作用，我只怕罚站或罚坐，但也只有在父亲亲自坐镇之下，我才呆若木鸡。我血管里似乎有无数只小虫，如果不许我动，小虫就浑身乱爬，令我又酸又痒，难以忍受。只是父亲公务繁重，他前脚一走，我后脚就跟着开溜。最后父亲只好把我锁起来，群龙无首，训练委员会才又恢复了平静。

后来我常听父亲又好气又好笑地说：“这个娃，我真拿他没办法，怎么打、怎么骂都不管用，拿绳子把他拴起来，他可以跟绳子玩上一天！”

然而母亲却有一套非常有效的方法。她先灌输了一些忠孝节义的观念，再加上一些栩栩如生的神话故事，令我不得不对冥冥中的秩序感到由衷的敬畏。

她一再强调，“头上三尺有神明”，每个人的一举一动，神明都有详尽的记录。在人间有人间的法律制度，神明无意干涉。但是当人死了以后，就要回到神明面前，这时阎王爷就会率领判官小鬼，把人在世间的所行所为，一一提出来检讨。神明的因果爽然，善有善果，恶有恶报，若是大奸大恶，就会被打入十八层地狱。

在母亲的教诲中，我依稀看到了阎王与小鬼狰狞的模样，还有那油锅刀山，森森的白骨。神明这种力量显然比父亲的棍棒更可怕，我逃得了父亲的监视，却摆不掉头顶上的良知。因此，尽管我很调皮，却始终不敢沾惹母亲所说的各种坏事。

母亲还有一些绝招，就是在必须管制我的时候，她会杜撰或利用传统中的一些故事来转移我的注意力，这样远比打骂更有效率。比如说，夏天的晚上，我们全家常到院中纳凉。为了避免我问东问西，母亲会叫我去找萤火虫做萤光灯；再不然就叫我守着天上的流星，在看到流星消逝之前，一方面要用绳子打一个活结，好把流星的精灵系住，同时要默默地许愿。这样，那个精灵便会帮助我使愿望实现。

说来容易，可是我从来没有做到过。有时结打成了，忘了许愿；有时愿虽

许了，绳结却没有打成。总之，我的心中嵌满了无数晶莹如同碎钻似的星星，锲而不舍地遁入无尽的遥空，追寻又追寻，捕捉又捕捉。每当我上天入地胡思乱想之际，人间便少了个捣蛋小鬼，一家人才能安安静静地度过一个惬意的夏夜。

在中国，每年的除夕总是要全家团圆，欢聚一堂。为了珍惜这难得的良机，人人都要守岁，得熬到子时以后才能睡觉。对我而言，白天已玩得疲累不堪了，一旦要守岁，可就难如登天。人们叽叽喳喳的谈话声，此时都化成了朦胧的催眠曲，听来软软绵绵。我昏昏欲睡，简直连一分钟都熬不过去。

母亲告诉我，大家守岁的目的，是要等着看“老鼠嫁新娘”。每年仅此一次，睡着了就错过了机会，必须再等上一年。

老鼠嫁新娘？那一定有个小小的花轿，小小的鼓乐队，小小的新郎倌，只是不知道小小新娘子长什么模样？想着想着，不觉精神大振。目不转瞬地，直瞪着任何老鼠可能出现的地方，其他什么都顾不得了。

我从来没有看到老鼠新娘。不过，那只能怪自己。因为看不了多久，不由自主地，我总是到梦乡去追寻了。

常有人说，中国民间流传着太多迷信，而且融入生活教育当中，扼杀了自由思考的精神。母亲对我的影响极深，照理我应该是受害最重者之一。然而结果却是相反，要谈观念，我还没有找到任何人比我的想法更自由。

西方很重视儿童教育，极力鼓励儿童发挥幻想，所以才有安徒生、格林等童话以及伊索寓言等小品。为什么外国的童话就不是迷信呢？没有能力洞悉真相的人，往往喜欢大发谬论，经常找些理由怪罪环境，责备他人！

由幼年至成长，人的认知必然要经过各种心灵的激荡。认知有对有错，有是有非，也唯有在对错是非中印证比较，外界的信息才能在自己心中生根发芽。家教是人生最重要的一环，父母的智慧与训诲，是个人人格形成的根基。

我很珍惜这些过去的“迷信”，那是中国人千百年来所累积的教育方式。不仅把做人做事的哲理融入了生活行为，达到了管教的目的，也唤起了幼儿的遐思。甚至于在我年纪渐长，对世事有更明确的认知时，还能由此找到自己思维的痕迹。

我就读于“交通小学”，学校附近停着不少军车，有位同学发现军车的车尾有盏红灯，常常自动闪光。有人说里面是神仙的夜明珠，大家用石头将车灯逐一打破。哪知里面除了一片外表平滑内呈棱形的红玻璃外，连个灯泡都没

有。这个问题曾困惑了我多年，也使得我对光亮、透明的东西特别感兴趣，连带养成了好奇的动机。

重庆市本是夹在长江与嘉陵江间的一座小山，因拜两江交通便利之赐，在汉朝以前便是货物的集散地。由于四川盆地四面环山，四条河流从正中划过，水气旺盛，全年多雾。这种雾绵密厚重，尤其以重庆市为最，所以重庆又称作雾都。这雾都插在长江与嘉陵江的交汇处，很像一块流动的黄色软玉，旁边镶配着一片透明的绿宝石。长江是壮阔的，浊流滚滚，日夜呼啸，而嘉陵江则温柔而含情脉脉地依依伴随在侧。两江水乳交融，任凭无限旖旎风光随波而去。

我家正临嘉陵江畔的上方，从高处向下远眺，一条宁静、清澈飘流的碧玉锦带，蜿蜒在青翠的峡谷之中。一逢假日，住在附近的同学就三五成群地爬下斜坡，脱去鞋袜，到浅石堆叠的河岸边埋头寻宝。因为同学中盛传有些石头是船变的，而且变得很小，如果找到了，我们便可以乘坐小船，到小人国世界去。

在寻找中，经常会传来阵阵欢呼声，大伙便不由自主地蜂拥过去。总有人穿凿附会地说那块石头是军舰，甚至于有人认为是飞机，我却丝毫看不出有什么特别。我只捡些漂亮可爱的小石头自我欣赏，也因此无法成为大众歆羡的对象。

我每次由河边回来，一定会狠狠地挨上一顿打，不论我如何掩饰，都难逃父亲的法眼。越是怕，越是千方百计地撒谎，而每次所说的谎话，连自己都无法相信。好在那些精心收集的石头，父亲只是随手丢到院子里。石头渐渐堆积成了一座小山，在不能出去玩的时候，那些被弃的石冢就会在院子里频频向我招手。

重庆北部有个风景区，名叫北碚，父亲好像很喜欢那里，偏偏又是我的最怕。因为我不喜欢洗澡，不喜欢剃头，只要行动受到限制，我就会痛苦不堪。偏偏北碚有个温泉，温泉水又烫又臭，一见到那腾腾蒸气，我就会大哭大嚎，宛似杀猪。

父亲的威严当然不可违背，可是挨一顿打不过痛上三分钟，而被泡进那地狱似的烫汤中，一定会永生难逃。所以，我勇敢地承受着父亲的鞭笞，却不敢尝试阎罗王的油锅。父亲逼了几次，害得我一听到北碚就怕。父亲没法了解为什么那么舒服的享受，天下会有人笨得不懂得欣赏。我也始终不明白，好玩的事物比比皆是，一草一木都趣味无穷，把自己泡在又热又闷的水池里，一动都不动，究竟所为何来？

在那段岁月中，印象最深刻的还是那鬼哭神嚎的日军空袭。经常在半夜里，母亲一边嘴里念着“大慈大悲观世音菩萨”，一边把我从梦中拉起，忙着为我穿衣服。老实说，警报的笛声远不及耳旁母亲颤抖的菩萨称号，来得令人恐怖。

这时，父亲总是不知道到哪里去了。母亲一手拉着半睡半醒的我，一手抱着立妹，冲冲撞撞地，随着流动的人群，钻进防空洞里。一进去，黑乎乎的到处是人，汗味烟味薰人欲呕。每次都是在闻到那种气息后，我才会清醒过来，然后顾不得母亲的劝阻，想尽办法挤到洞口，希望有热闹可以看。

那道栅式的防空洞门早已关闭，外面黑漆漆的，什么都看不到。可是那股新鲜的空气，就足够让我感到还在人间。身边挤着不少人，一个个静悄悄地，仔细聆听着外面的动静。不久，低沉的爆炸声开始传来，每一次声响，都会引起一阵悸动，或是低低的呻吟。然后，仿佛有一定的过程，爆炸声由远而近，越来越是密集……

有几次，爆炸声非常尖锐，连地也震动了。人们开始烦躁地蠕动，有人忍不住窃窃私语起来。这时总会有一个很有权威的声音，在黑暗中坚定地说：“安静点！没有什么好怕的！”

这样一直熬到警报再次响起，人们才开始热烈地讨论。可能是什么地方被炸了，也有人预测鬼子的飞机被打下了几架。我最有兴趣的，则是跑到洞外，仰望那繁星密集的晴空。探照灯射出一条一条划破天空的白虹，纵横交错地飞舞。有时天上有些浮云，灯光又如一把伸缩自如的银剑，忽长忽短地把云天翻扰成一团团银亮的白絮。

抗战胜利的那天，我只记得像过年一样，街上鞭炮之声不绝于耳，到处都是兴高采烈的人群。我完全不了解是怎么回事，骑在勤务兵肩上，也混在街头人堆里，学着大家吵吵嚷嚷。每当见到外国人，我也学别人翘起大拇指，叫着：“顶好！”

八年浴血抗日的胜利，带给许多人升官发财的良机。父亲却本着读书人的原则，要做大事不做大官，自愿回黄冈县去做县长。同时又为了实现“修身、齐家、治国”的理想，便把离散多年的儿女统统召来黄州府，准备好好齐家一番。

这时大哥和大姐皆已成家，只来了敏生、宁生、汉生与雨生四个姐姐。

治国固不易，齐家尤难，姐姐们很难适应父亲的管教，老是阳奉阴违。不多久，各种纷争、意外事件连连发生。父亲天天发脾气，母亲也是日日以泪洗

面。最后敏姐演出了一幕吃红汞水自杀不遂的闹剧，父亲只好承认失败，姐姐们高高兴兴地回去了。

1947 年冬，陈诚出主东北行辕，电召父亲为政务委员会的常务委员。我们又迁居北京，住在北马市大街一所原是清朝某王府的大院内。

我童年逍遥自在的黄金岁月，都是父亲远离家门，为国事操劳的时刻。记得在北京的家很大，有两层院落，大门口有两只高大的石狮子，面目狰狞，是我心爱的坐骑。进门后面对一溜红墙，左进是偏院，有三五间日式木屋，还有些假山假石，是捉迷藏的好处所。右进是一条青石平铺的大道，两旁种了不少花草，还有十余棵数丈高的枣树，经常令我馋不可及。

绕过红墙，向左转进，有一个圆门，门外有两间砖房，小巧可人。再跨进圆门，触目就是棵老态龙钟的大苹果树。这颗苹果树结的果实很小，往往在青涩不堪时，就已早夭，一一祭了我的五脏庙。

苹果树四周还有不少花木，围成一个天井，三面是木雕的回廊。回廊的右侧有几间厢房，左侧是嵌满浮雕的大厅，正面才是我们母子三人所住的正房。

我们住在偌大的房子里，感觉异常冷清。后来请了个女佣，母亲又邀了一位远房的姨妈来，才稍解寂寞。

房子的前一位主人留下了不少书籍，其中有些侠义章回小说。我虽然识字不多，但由于中文奇妙的结构，并不需要每个字都认识，就能了解文中大意。我是囫囵吞枣，常常见其形就能得其意，看得津津有味。书中那些豪迈的侠情，立刻迷住了我，印象最清楚的是《封神演义》《五虎平西》《普天同庆》《七侠五义》等。

我常常追溯自己观念及思想成形的过程，当然，所读的书、所经历的事件及父母亲友的言行，在耳目渲染下，都具有决定性的影响。但往往有某些偶发的因素，激起了一串串的回声，将一些不明确的观念联结起来，成为个人独特的“意识中心”。

在我的记忆中，印象最深的是在抗日胜利那年，由重庆返乡时，我们乘江轮东下。上船前，父亲买了一套图文并茂的儿童读物给我，其中有两本一直萦绕我心，对我的意识成形影响很大。

一是唐朝大诗人李白的故事，父亲指着江畔风光，解释什么是“朝辞白帝彩云间，千里江陵一日还。两岸猿声啼不住，轻舟已过万重山”。这种身历其境的机会教育，深刻入骨，尤其是对照着手中的书，形象与概念交汇融合，不禁令我悠然神往。

另一本是汉朝苏武牧羊的故事，书中全是异国风光。在江轮机房隆隆的催眠中，浪涛潮声劈拍，露气寒风交袭。间或有人吹着笛子，呜咽如诉，断续地飘过。那股凄凉的感受，使我与苏武融为一体，宛如置身北海，坐聆胡笳，心怀故国。

再等我看了一些最能代表中国传统社会观念的侠义章回小说后，“忠孝节义”的思想开始灌注到我的血液中，不知不觉间，性格已然成形。

譬如，进学校的第一天，我就与一位又高又壮的同学打了一架，为的是路见不平，出拳相助！又有一次打雪球仗，一个同学打破了窗户的玻璃。我为了讲“江湖义气”，挺身而出，代他受过，这些都是受了章回小说的影响。

同时，我也显示了早熟的心态，有一位女同学，记得是姓黄。每次见到她，我就满心欢喜，那种抖擞精神的刻意表现，就像一只羽毛未丰的小公鸡。有一次放学时，当着她，我把圆盘状的童军帽，用力抛上半空中，打算一显海底捞月的优美身手。不料一阵风吹过，帽子飞上了路旁人家的屋顶。我这荒唐小侠竟然干瞪双眼，束手无策，自此以后，大海茫茫，锋芒不再。

我们在北京住了一年，游遍了各处名胜古迹，在天桥市场那熙熙攘攘的人潮中，我几乎走失；在北海公园学溜冰，叩了不少头；而真正难以忘怀的，是庙会里耍玩的各种把戏。我生性好奇，仗着人小，总是钻到最前面，准备看个一清二楚。

大学毕业后，我曾在军中康乐队、歌舞团以及夜总会工作，见过很多魔术表演，对其道具、手法知之颇详。可是那北京庙会中的把戏，却始终令我百思不得其解。

不论多精彩的魔术，不外乎是利用视线的角度偏差或错觉效应，靠着快速的手法及复杂的道具，这些都与场地、灯光息息相关。但庙会那种把戏，却是在一个广场中，四周围满了人，没有所谓的死角。而且阳光普照，纤细毕露，无所遁形。再加上观众动手动脚，人人都不甘受“骗”，要亲自从头到尾检查一番。在这种情形下，我实在想不通他能用什么方法来做假。

我见过一个老头，他所有的道具只是一张八仙桌和一个空空如也的蒸笼。他随便找个空地，摆好道具，一吆喝，立刻围上一大堆人。当然，其中少不了我，而且我就挤在他旁边。桌子我摇过，蒸笼也看过、摸过。不仅是我，好奇的人无一例外。等人人都满足了，他才开始口中念念有词，比手画脚地忙碌一番。最后，他把桌上的蒸笼盖子揭开，里面竟是一个一个精美的磁器，里头盛着热腾腾的菜肴，还泛着菜香。

记得有人问过他："你这么大的本事，干嘛还来这混饭吃？"

他说："这些都是各路鬼仙帮我借来的，俗话说，有借有还，再借不难，我要是自己吃了，下次有谁肯再借给我？"

2 立冬

战争　家难　灾难　逃亡

1948年，林彪接手东北，东北失守。父亲一到家，我们立刻马不停蹄地搬到汉口，住进郊区一个已经停工的酒精厂宿舍中。

宿舍是栋双层别墅，庭院极大，有很多百年古树。楼下有间书房，书房中摆满了父亲的藏书，四壁是从地面上接天花板的书架。一进门，扑面就是阵阵书香。

父亲为了方便，将他喜欢的书放在伸手可及的位置。而我最有兴趣的是“万有文库”中的小说类，父亲从来不看，都统一放在书架最底下一排。我是近书地板免弯腰，干脆睡在地上，不必起身，顺手就可摸到一本。不到半年的时间，古今中外名著，任我看了个饱。

那种沉浸在书香气息中，神游九州八方，不沾人间尘泥的境界，实在令人留恋徘徊，舍不得返来。常常看书看得呆了，现实与虚幻交错，一时间分不出真假，也闹了不少笑话。

有一次，我正看到有位年轻人求济公活佛助他成仙。济公毫不考虑，往地上吐了一口浓痰，说：“你真要成仙？把这口痰吃了就行！”

那位青年一看，恶心咋舌，掉头而去。不料一只黄狗恰巧经过，把痰吃了，果然立刻升天！

我很不解，为什么要吃了浓痰才能成仙？如果是我，又该如何？假如真能升天倒还值得，万一升不了天呢？我一时胡思乱想，不知道该怎么办！

一天，有人敲门，我打开门一看，是个要饭的老头。母亲经常备有剩饭，我立刻去取了来。这时，赫然在目的，竟是地上一滩又浓又稠又白的痰。

不记得老头是怎么走的，我却对着那口痰发了呆性，该不该吃呢？能不能

吃呢？不错，我想升天做神仙，可是升天以后又如何呢？我能带着母亲升天吗？要说浓痰，母亲成天一口接一口，我为什么没想到要吃呢？我咳嗽时，不也是一口把痰吞下去吗？想来想去，突然感觉到，地上的这堆痰看来竟是无比的可怕！

总之，我没有吃，而且想到就恶心。为了这点分辨心，我没有升天，也不想升天。我隐隐约约地认为，如果吃了痰才能升天，那天上处处是痰，就算升了天也没多大意义。

我已经不记得换了多少学校了，这次读书的学校，简直像庙会一样。最初我们的教室是在楼梯上，那还算是好的，至少老师只有一个。后来全班搬到一间教室里，与另一班同时上课，学生们并排而坐，却是比邻相背，各自面向教室的另一端。

两个老师一在前，一在后，同时讲课，那种混乱的场面，也就不是笔墨可以形容的了。最有趣的一次，是有人偷偷带了一只猫来，它喜欢蹲在人的肩膀上，尾巴常蹭到同座而反向同学的脖子上。那位同学很专心，他以为有人开玩笑，一直忍着不加理会。后来他气急了，拼命把那毛茸茸的玩意一拉。这一来，那只猫痛得发狂，乱叫乱抓，同学们都吓得东奔西逃，闹得整个教室骚动，仿佛是一颗炸弹爆炸了。

父亲又为军政奔走去了，这一年，我见识到了大自然展示的威力。长江决堤，武汉三镇尽成泽国，淹水有一人深，家家都成了水晶宫。我则忙着学狗爬，在水中游来游去，丝毫不以为苦。

可是，一场大火却使我吓破了胆，自后闻火心惊。缘酒精工厂外有处堆栈，有一天黄昏时，突然冒出了火舌，天上一片橘红。宿舍里家家户户、大大小小忙着抢救细软，在阵阵骚乱声中，不时有人大呼："酒精槽要爆炸了！快逃命呀！"

这时在我的眼中，只见母亲拉着我和妹妹的手，神情肃穆地站在窗前。母亲脸上身上敷着一片淡淡的橘红，她稳如泰山，口中不断念着："大慈大悲观世音菩萨，救苦救难观世音菩萨……"

我把头伸出窗外，触目皆是赤焰处处，在飞舞的火苗边缘上，衬着一股股暗橙色的烟雾，呼啸着冲向天空。火焰的中心是一堆亮得炫目的屋架子，每当倒塌时，就轰然一声，溅起漫天银白的星星。火光越来越盛，脸也越烤越烫，浑身热汗蒸腾……渐渐地我仿佛不存在了，只有劈劈啪啪的木材爆裂声以及火星满天飞舞。

我想到被烧死的惨状，一个劲要逃，偏偏四肢发软，丝毫都动弹不得。母亲镇定如常，好像观音菩萨就在身边，于是我也高声地念着："大慈大悲观世音菩萨，救苦救难观世音菩萨……"

不知过了多久，火势逐渐平息，只剩下浓浓的黑烟，弥漫在空中。我们母子三人，每人都浑身发烫，流了一身汗。事后，母亲从容地给我们洗澡，平静地说："对菩萨要有信心，只要自己心诚意正，不断地念大慈大悲观世音菩萨，救苦救难观世音菩萨，菩萨一定会保佑的。"

这件事对我一生影响之深远，难以言喻，由无而有，由有而无，在在如同一团迷雾。我由一个信念的极端，荡到另一个极端，不断地往复，不断地修正，以迄于今。人如果成长在没有矛盾冲突的环境中，他没有必要去怀疑所遭遇的一切。没有怀疑，就不需要否定自己，更别说不顾一切地去追索最终的真相。

火灾后，我们又搬到武昌的"紫湖新村"。不久，父亲也出现了，有一阵子，他没有再出门，只是不断督促我们读书、做功课。父亲的朋友姚德安先生一家，也和我们住在一起，他有个女儿叫爱珠，比我小两岁，立刻成为我和妹妹的玩伴。

父亲天天练字，也逼着我们三个人写。每次写完，父亲对爱珠的字总是赞不绝口，而我的则被批评得一无是处。我横着看，直着看，始终看不出爱珠的字好在哪里，心中不禁怀疑父亲偏心，但又不敢辩驳。

一天，我骗着爱珠替我写了一篇，父亲竟没看出是爱珠的笔迹，把我叫去狠狠地痛骂了一番，说："这是什么鬼画符？字不成字，形不成形！亏你好意思拿来给我看！"

父亲越骂，我越得意，我说："这是爱珠写的。"

父亲不懂我的用心，诧问："那么你写的呢？"

"您老说她写得比我好，"我振振有词地说："所以我……"

父亲大怒，一巴掌打过来，我立刻晕头转向。

姚妈妈把我拉到一边，说："爱珠是客人，所以你爸爸对她客气些，你懂吧？"

我不懂，为什么明明我的字写得比客人好，就应该"骗"我说不好。父亲常说他最讲理，难道说他的话就是"理"？

在武昌城里，父亲有个朋友开了家电影院，母亲常带我们去看"霸王戏"。记得在看《天亮前后》和《一江春水向东流》时，由于片中情节大家都亲身经

历过，创痛犹新，全场一片哭泣声。母亲不用说，早已哭得不成人形，连我和爱珠也被卷入情感的风暴，莫名其妙地从头奉陪到尾，泪流满襟。

这时我已稍懂世事，至少可以在大人日常的谈话及神色中，知道又要准备逃亡了。每天家里的来客不断，他们问的几乎千篇一律："怀公呀！我们该怎么办呢？"

父亲则是唉声连连，摇头不语。

后来我才知道，那是1948年末，徐蚌会战（淮海战役）中，国民党军队一败涂地。解放军随时可能渡江，不仅大局无法收拾，甚至要逃也无地可容。

未几，父亲调到鄂西行辕，先去了恩施，母亲则带我和妹妹溯江而上。到了宜昌，母亲病情转剧，需要休养，便把我寄在一个朋友开的皮鞋店里。不幸这时我也得了痢疾，肚痛腹泻，每日与奇臭无比的茅坑为伍，痛苦不堪。我一再吵着要看母亲，但是，店里上上下下谁都不理睬我。

那是种脱离现实的特殊感受，皮鞋店中各种皮革、橡胶以及化学药品的气味，已令我丧失了习惯的认知能力。再加上生了病不能出去玩，更是烦躁难安。平常还有母亲做避风港，虽然她一直病着，但每当我需要她的时候，她总在身边。这次却完全不一样了，陌生的环境，人们奇怪的态度，为什么我一直见不到母亲呢？

第一个闪入我心中的念头是，母亲把我丢掉了，因为我太淘气，母亲实在受不了。可是母亲从来没有抱怨过呀！怎会突然把我丢掉呢？我不相信！那么，还有什么原因呢？莫非……莫非她和峨姐一样变成小红蜘蛛了？我以后永远不能再见到她了？

想到这里，我立刻大哭大闹，说什么也要找母亲去。

鞋店的主人劝我，说我母亲命很苦，难得有点快乐的日子，我应该乖乖地待在这里。我听了更是不依，如果母亲不要我了，那该怎么办？

那人被我折腾不过，只好千嘱咐、万拜托，叫我见到母亲时不要吵闹，然后带我到了一个戏院。在后台化妆室里，我看到了母亲，她神采奕奕的，正与一个身着戏装的少女谈话。我几乎认不出那就是终年躺在病床上，气息奄奄的母亲，一时间竟然看呆了。

母亲见到我，只说了声："还乖吧？"又继续和那个少女说笑起来。

我当时百感交集，安慰的是母亲还健在，而且显然没有抛弃我的意思。但是，看看她与别人亲热的样子，反而更加难过起来。她是我的母亲，她应该最喜欢我，为什么为了和那少女说话，却把我一个人丢在陌生人家中？

多年后由母亲口中得知，那少女是当时的“汉戏”红伶，身世凄凉，与母亲一见即视同知己。早年生活的贫苦，嫁给父亲后家庭的折磨，令母亲从来没享受过须臾的幸福。一旦有了精神的慰藉，她的病情顿时好转，俩人每天形影不离。

在传统的中国社会中，道德是立命立身的基础，人人必须奉行。但是，人性并未因之净化，故产生了在道德规范容许下的各种发泄行为。“捧戏子”可以说是其中的代表，自古以来，士大夫视之为风雅韵事，文人骚客也常将戏子当作灵感的化身。

戏子所扮演的角色是虚幻的经过蓄意美化的剪影，在时间上可古可今，性别上可男可女。对一般人说来，戏子所提供的是娱乐，能够远远欣赏就满足了。而对有能力、有钱势的人而言，戏子则是理想的玩物，既能表示自己的身价，又可避免很多无谓的纠纷。

此外，还有一种心理补偿的成分，由于戏中人有时男扮女，有时女扮男。因而不论是男是女，人人都可以“道貌岸然”地公开表示其由衷的欣赏之情，不致有悖于中国社会上异性间的诸多禁忌。

20 世纪 60 年代因为一部《梁山伯与祝英台》，台湾曾掀起了一阵“凌波热”。上至大学教授，下至贩夫走卒，无不为凌波倾倒。她虽是女性，但扮演英俊的梁兄哥，男士们爱她，声称她将梁山伯演活了；女性们爱“他”，只缘“他”是女性，无须顾忌。

我生平中仅有这一次，见到了母亲那种愉悦的神情。现在想来不仅能理解，且更为同情。父亲长年在外，母亲身为一个旧社会中的妇女，很可能藉此稍解寂寞。更何况痼疾缠身，自知行将就木，也许就在回光返照下，燃起人生的余烬。

然而在当时，我想到的只是自己，天经地义，母亲只是属于我。在我需要时，她应该在身边，当我生病时，她应该安慰我。这次她把我丢在皮鞋店里，不仅对我不加闻问，甚至于见到我时也漠不关心，难道“母亲”不是“我的”吗？

后来父亲来电催我们上路，母亲这才依依不舍地离开了宜昌。

船到巴东，那是个山城。其实也称不上是城，总共只有一条街，沿着山势，挂在长江边上。那里的人民生活很苦，唯一的土产是一种略带透明、颗粒很小的红樱桃。我从来没有用过钱，更不知道怎样买东西，母亲见我垂涎欲滴，给了我几个银角子，我走到一个小贩面前，说要买樱桃。

他挑着一个担子，问我要买多少，我把角子全给他，说："这么多。"其实我压根儿不知道能买多少。

他听了，眼睛睁得老大，忙说："您老人家（湖北人的口头语，意指您）住在哪里？我给您老人家挑去！"原来我竟然把他整担的樱桃都买下来了，害得我只好拼命吃，吃得满嘴红汁，成了不折不扣的樱桃小口。

住了一天，父亲率人来接，我们过了江，改乘木炭车，直驱恩施。

木炭车顾名思义是以木炭做燃料，以水蒸气为动力的交通工具。由于火力不足，走平地尚可，一到上坡，大家就得下车。木炭车每每咆哮着吐出大片浓烟，向前冲了一段后，又往下滑。司机的两个助手各拿了一个三角形木块，在车下滑时便忙将木块塞在后轮下，挡住退势，待车喘息够了，再向上爬。

有时候路太陡了，车实在冲不上去，司机便满面愧容，请大伙来推。随车的都是当时鄂西行辕的高级官员，闻言莫不面面相觑。父亲见了，首先卷起袖子，一句话不说，动手便推。大家这才七手八脚地一拥而上，车子又开始缓缓地向前移动。

这只是件微不足道的小事，然而人世间一切大事，都是由这些小事堆砌起来的。人总是把自己看得很特殊，享受时不可少了他的一份，否则便是不公、不平。到了发生问题，应该设法解决时，这些人便叉着双手，远远地站着，认为那是别人的责任，与他无关。父亲之所以为人所敬重，与他的身体力行不无关系。

可能是路上太过劳累，也可能是在宜昌时心力透支，母亲在车上咯血不止。从此以后，身体状况一天比一天衰弱，连脸上的笑容也显得疲惫不堪。

"国事"也比母亲的病好不了多少，总统下野，南北议和。人人都知道大势已去，常有人来劝父亲"识时务者为俊杰"，父亲立刻暴跳大骂，声震屋瓦。

我们住在行辕办公室的后面，院子很大，还种了一些玉米。虽然父亲严厉禁止，我还是一有机会便到院中摘了玉米到厨房烤来吃。有一天，父亲吩咐我做功课，随后就上班去了。等他出门的声音传来，我立刻高高兴兴地跑到厨房去吃烤玉米。

正吃得有劲，突然听到一声狮吼："邦复呢？"

我吓得将玉米顺手一丢，连忙跑出来，恰与父亲撞个正着。父亲手中拄着一支"文明棍"，棍端包着铜套子，见到我，不由分说，举起棍子就往我身上抽。我还来不及逃，身上已狠狠地挨了几下，顿时痛入心肺。恍惚中，远处好像传来母亲微弱的呼声："别把他打死了！"我听了，下意识地就往地上一倒，

装起死来。

哪晓得父亲不吃这一套，只听得一声："我就打死你这个没有出息的狗东西！"接着我左耳后面突然一阵剧痛，连装都来不及装，果真人事不知地昏了过去。

事后人人说我命大，父亲那一棒就像打高尔夫球一般，棒尖正击中我的后脑勺。棒子断成了两截，而我左耳后面连着脑勺处肿得像拳头大，三个多月后才消掉。

学校为了宣传共产党的可怕，特别举办一次晚会，所有的节目都由同学表演。不知道是谁出的点子，我被分到扮演一位受共军欺压的农村妇女，还要边唱边跳。

我当然不肯，态度坚定异常，结果还是要劳动母亲出面："儿啊，唱戏有什么不好呢？要知道你爸爸是个好官，他要让老百姓高兴，总不能叫他去唱吧。你代爸爸分劳，为什么不愿意呢？"

"他们要我装女的，我不干！"

"女的有什么不好？妈妈不是女的吗？观音菩萨不也是女的吗？"

"可是装女生要擦胭脂，那不叫人笑死了？"

"做你该做的事，不要管别人。那天妈妈也要去，就算跳给妈妈看，好吧？"

母亲说好说歹，我只得硬着头皮，别别扭扭，活像个羞人答答的大姑娘。演完了，一连几天都不敢见人。立妹则表演一支蝴蝶舞，我在后台没有看到。听说她跳得面色苍白，不要说飞，到后来几乎连动都不能动了。

有一天，突然有人急急忙忙地跑进家里，惊慌地喊着："共产党过江啦！共产党过江啦！"

家里又是一阵乱，母亲躺在床上只是流着泪，叹气说："又要搬家了，老天哪！搬到哪一天为止啊！"

父亲不知去哪里了，我只记得一切都是姚伯伯在打点，家里忙乱了一阵。母亲一把鼻涕一把眼泪，举步维艰地带着我们兄妹二人坐上一架军机。先到万县，再乘船到重庆，住进湖北省银行的办事处里。

那时，重庆也是一片兵慌马乱，我们都受到警告，不许随意走动。只要没看到父亲，天塌下来都不怕，一切事务对我来说都是新奇有趣，整天东张西望，忙个不停。

办事处位于市中心小十字街，街旁地上都是些摆地摊的小贩，我常去买“冰棍”吃，也常租些“娃娃书”（连环图画）来看。因此学了不少歌谣，随着别人唱：“……不怕铜打铁罗汉，只怕难过九月三！”

那时人人在唱，但没有人知道是什么意思。另外还有一段是：“火烧重庆，血洗台湾！”这段我懂，因为我一唱，母亲就骂。

1949 年 9 月 3 日那天，大约下午两点钟，我正在客厅玩着。突然发现窗子外面，“朝天门”方向有一股黑烟，直冲云天。我忘不了汉口酒精厂的大火，开始时也是这样的一股黑烟。但办事处里没有人相信我的话，都说那是轮船泊岸，而且船一定很大，所以烟很粗。

到了 5 点钟，原来的一股烟化为两股，而且变得更粗。办事处的人都不见了，只剩下我们母子三人。母亲开始急了，电话又打不通，口中便念起观音菩萨来。

我跑到门外一看，才知道事态严重。原来不仅是失火，而且火头不止一处，人人都紧张地群聚街头，指东望西，议论纷纷。还有不少军警，荷枪实弹，来往巡曳。

小十字街紧接大十字街，大十字街则与银行街相交。如果银行街也烧了起来，那问题就大了。根据目前形势，显然是有人纵火，朝天门一带都是穷苦人家住的木房，很容易燃烧。银行街则是钢筋水泥的高楼，虽然不容易燃烧，一旦烧了起来却难以抢救。

这时人群中一阵大乱，半空又冒出了一片浓烟，隐隐还看得见火舌伸缩，仿佛就在小十字街的附近。我慌忙跑回家，急着对母亲说：“不得了，到处都烧起来了！”

母亲虽然心里焦急，却对我说：“怕什么？菩萨自然会保佑我们的。”

天色不但没像往常一样暗下来，反而越来越红。由窗子望出去，朝天门一带完全笼罩在熊熊的火光下。偶而，昏黑的浓雾从下向上倒卷，弥漫着诡异的乌紫色。火苗像断了线的风筝，轻灵地直窜向遥空，火势仿佛接近了尾声。正当人们满怀期望，突然间，一团更加明亮的闪光，挟着惊天动地的爆炸声，无数密如珠网的火星，四散崩裂。顿时，天心又破开一个缺口，火光更盛，火势愈加猛烈起来。

本来屋里静静的，只听得到我自己的心跳，和母亲喃喃的祈祷声。忽然，前街嘈杂鼎沸的人声也挤了进来。我下意识地跑到大门口，眼下居然也是一片通红，人人呼天抢地地奔跑着。有人抱了些什物，有人还拉着孩子，甚至有人

衣冠不整，披头散发。但却无一不是惊惶失措，在那惨红滟滟、宛似炼狱的街头上，不辨东南西北地乱跑乱窜。

地上到处是箱笼衣物，有人摔倒了，后面的人又扑上去。尤其是小孩子，有的就地号啕大哭，有的茫然地在街心打转。一时鬼哭神嚎之声，充塞寰宇。

我被眼前人间炼狱般的景象吓得楞住了，不知何时起，母亲已站在我身后，口中不断地念着："大慈大悲观世音菩萨，救苦救难观世音菩萨……"

一位警察看到我们，好心地过来说："太太，还不快逃？四面八方都烧起来了。"

"往哪里逃呢？大慈大悲观世音菩萨……"

那位警察摇摇头，无可奈何，踽踽地消失在火光中。

我觉得很热，更难受的是呛人的烟味，脑中一片空白。这时自发性的生命力发挥了作用，我不再问母亲，跑进屋里。我不知从何而来的力气，连抱带挟地，把我们仅有的四件行李都拿了出来。

母亲充满怜惜地阻住了我，她说："儿啊！假如该我们母子死在这里，你逃得掉吗？"

我急中生智，迸出一句话来："如果不该死在这里，我们就逃得掉！"

母亲平静地望着我，说："我是活不久了，但你不是短命相，放心，菩萨会保佑的。"

看到母亲安祥的面容，我顿时平静下来。其实，我并没想到生死的问题，只是受了眼前气氛的感染，不知不觉中想要拔足飞奔。但基于对菩萨的信念，尤其是从幼至今，不论在多么恶劣的境况下，母亲都能维持着平和的心境，这一点对我的影响无与伦比。

在顺境中，人人都能发挥所长，而身处逆境，心一乱就失去主宰。母亲现身说法，一次一次带领着我脱离险境。不知不觉中，我已学会了她那处乱不惊的镇定态度，一再地让我渡过难关。

不久，传来阵阵杂乱的汽车喇叭声，街上又是一阵乱。我看到载着军人的大卡车，一辆一辆慢慢地驶过来。登时，人群像潮水一般挤到街旁，车队压过到处散布的箱笼，颠簸着朝银行街那边通红的火弄里驶去。街头立刻活动起来，人们又燃起了希望，既然车队能开进来，就一定有条活路。

一传十，十传百，大家纷纷挤往车队前来的方向逃命。

在最后一辆车上，我看到了办事处的人，立刻高兴地大叫。车子一停，先跳下来几个军人，持着枪围在车前，不许别人过来。

办事处的职员急着对母亲说：“夫人，时间不多了，我们是奉命来搬库存的，你们先上车吧！”

他们从库房中抬出很多沉沉的小箱子，听说里面都是银元。等车子装满了，那几个荷枪的军人慎重其事地或坐上车顶，或攀援在车旁。车子这才缓缓地穿梭在一些不知名的大街小巷中，沉重地鸣着喇叭，在人群里抢出一条出路。

我们仿佛是活在一个硕大无朋的火炉中，触目之处都是火光，只有天心是一个浓烟迷漫的黑窟窿。乍看无处可走，所幸有些军警守在转角的路口，车子时而向着火势最盛处，时而转向背火的方位，不断地绕来绕去，渐渐地远离了火场中央。

随后，我们搬到重庆南岸一处叫“黄角坳”的地方。重庆的余烬尚未熄灭，青烟袅袅，三分之一皆成为焦土，远远望去一片乌黑。灾民处处，凄厉的哭号声，隔岸犹隐隐可闻。

我们的家在一个小山坡上，事实上这里举目尽是丘陵，羊肠幽径曲折起伏。由于没有水电，点的是油灯，喝的是山泉，对我来说倒别有一番滋味。

给我们挑水的是个姓冯的少年，年纪与我相若，就住在我们家对面的山坡下。记得曾有人对母亲提起，说他父亲是共产党，叫我们不要用他。母亲不以为然，反而对他更为宽厚，常叫我送些食物点心到他家去。

我仅仅见过他父亲一次，是在他们那阴暗的小屋里。起先我有点害怕，因为在人们的传说中，共产党都是杀人不眨眼的混世魔王。可是又禁不住好奇，仗着与他儿子交了朋友，相信他还不可能把我给杀来吃了。

那是一个瘦长的老人，看上去一点也不特别，冯介绍我说：“爹，这是朱少爷。”

他只嗯了一声，问我道：“你父亲是朱怀冰吧？”

我有点不安，嚅嚅地应了声。

他随即说：“你们去玩吧。”

我如释重负，忙拉了冯出来，一时忍耐不住，我便问他：“人家都说你爸爸是共产党，你知道吗？”

他很奇怪地反问我：“什么是共产党？”

我无从解释，因为我自己也不知道。

这里有一所小学，我刚进学校，就偷偷地喜欢上一位粗眉大眼的长发姑娘，她名叫辛举碧，住在冯家的山后。

冯天天为人挑水，没有读书。有一天，我等冯挑完了水，便邀他去逛山路。走到辛家门口，没见到她，自是有些失望。但又心有未甘，刚走过去，又找个理由走回来瞧瞧。

冯看出其中有些蹊跷，问我："你在干什么？走来走去的，人家会把我们当贼！"

我羞得无地自容，只好告诉他实情。

他说："这个简单，是哪一家？我帮你去把她叫过来。"

我忙说："千万不要把她叫来，我只想远远地看她一眼。"

冯轻蔑地笑了笑，说："真是大少爷，只想远远地看一眼！"

我随手指向一间破败的茅屋："就是那一家。"

他一看，立即就说："听我的话，你不能和她来往。"

"为什么？"我被他弄糊涂了。

"因为她一家都是共产党。"他肯定地说。

"你怎么知道？"

"我问过爹爹。"他解释道："我爹爹说，所有的穷人都是共产党。"

有一天晚上，父亲又出现了，他的脸色从来就没有好看过，但这次更是阴沉。他和母亲关着门谈了很久，然后走出来，摸摸妹妹的头，又看了我一眼，身影消失在黑暗中。

母亲在房里哭得死去活来，又咳了一盆血，气如游丝。大家都慌了手脚，一个个围在母亲身边，不知所措。

过了一会，母亲镇定下来，流着泪水，说："我们今后再也见不到爸爸了……"才说一句，母亲又忍不住哭了起来，停了一会，说："他要和胡宗南一起去打游击。共产党已打到綦江，我们又要逃难了，姚伯伯明天会来接我们。上次留在恩施的行李，也都运到重庆了。"

"太太，你们就要走了？"老妈子问。

母亲喘了口气，点点头。

"去哪里呢？"老妈子又问。

母亲一听，又伤心地哭了起来，而且一直摇头不语。

晚上母亲把我和妹妹叫到房中，拿出两块小小的金子，眼中噙着泪珠，慎重地说：

"你爸爸从来不要钱，我好不容易省吃俭用，才存了这二两金子。现在我

们又要开始逃难，很可能你们会走失，我的身体更怕撑不下去。万一有这么一天，你们年纪小，又没亲没故……这二两金子，我给你们缝在衣领子里，不到万不得已，千万不要取出来……娘对不起你们。不能照顾你们长大成人……”说着，母子三人哭成一堆。

最后，母亲勉强忍住眼泪，小心地把我们的棉衣领子拆开，将金子藏在夹层里。并对我说：“你该懂事了，不要怪你爸爸，他有他的责任，以后你的责任就是照顾妹妹。我这里还有五十块现洋，如果我死了，你可以拿去用。”

第二天，母亲叫我去学校办理转学手续。这还是第一次我自己办，心里很清楚，以后一切都要靠自己了。到了学校，我向老师说要转学，老师什么都没问，立刻带我到办公室，替我及妹妹填好表，只剩下姓名一栏空着。

最后，老师问我：“你要改什么名字？”

我楞住了，不知道为什么要改名字。

“你父亲名气很大，共产党一定不会饶过你们的，最好改个名字。”

我脑筋一转，想到那北海牧羊的苏武，就说：“那我就叫朱武吧。”

老师填了上去，又问：“你妹妹呢？”

既然有武，妹妹就叫文，岂不是文武双全？我很得意自己取的名字。

回到家，母亲已坐上轿子，姚伯伯正搓耳挠腮等得不耐烦。一见到我，话都来不及说，急急忙忙就催着大家动身。这时长江渡轮全被军队包了，所有大小船只也都被征用。姚伯伯来时，在重庆租了一艘小船，还是经过上级特许，才保留给我们。

江边密密麻麻的都是军人，一个个衣衫褴褛，神色疲惫。有的坐在地上，有的则干脆睡倒。长江两岸辽阔，船只又少，看来这些部队要全数过江，起码得花个十天半月。

所以，当姚伯伯拿着特许公文，穿过重重部队时，两旁投来那么多羡慕的眼光，我真以为我们的渡船一定神气非常。不料，那只是一条小筏子，勉强装下了我们一家人，船身吃水就几乎到了船舷。

这一天长江风浪很大，船忽左忽右，忽上忽下地颠簸不停。除了一波一波的浪头，我们什么都看不见，昏昏沉沉地，一种对未来莫名的恐惧，袭上我的心头。

才 12 岁的年纪，天灾人祸、生离死别都经历过了。终年流徙不定，永远在搬家，不停地在适应新环境。虽然我并不知道除此之外，还有什么样的人生，但我却开始羡慕冯家那平静的生活。如果能那样过日子该多好，挑挑水，

连书都不必读了。

上了北岸，姚妈妈、爱珠，还有跟我们多年的长工吕庆友都来迎接。母亲见了他们，又是一阵伤心，加上途中的辛劳，衰弱得几乎无法动弹。

这时姚伯伯把我当作大人，大家一起商量何去何从。

姚伯伯说："怀公交待省银行办事处留了一辆卡车，叫我们回汉口去，可是……"姚伯伯转过头去对母亲说："以你目前身体状况，恐怕……"

母亲叹口气说："都是我连累了你们。"

姚伯伯忙说："我的看法是，先去北碚，等你身体好一点再说。"

母亲知道别无选择，含泪不语，我们走到办事处前，行李已经装在车上。大大小小数十件，多半是父亲最珍贵的书籍，刚刚由吕庆友老远从恩施押运来的。

这时大约是下午两三点钟，重庆街上冷冷清清，与我数月前所见真有天壤之别。而且还有种奇怪的声音，仿佛是远处的雷鸣，轰轰不绝。

我问姚伯伯，他紧张地说："是共产党的大炮声，大概明后天他们就要到了。"

我们上了车，可是司机却不在，到处找不着。吕庆友急了，只好猛按喇叭，寂静的街道上，回音激荡，显得非常的刺耳。

过了一会儿，突然见到街头那端跑来十多个人，母亲紧紧地把我拉住，姚伯伯则站在车前头仔细观察。等他们跑近了，才看出都是办事处的熟人，大家不禁松了口气。

姚伯伯立刻迎了上去，谁知还谈不到几句，双方竟然争执起来，声调也逐渐提高。只听姚伯伯气愤地说："怀公待你们不薄，把你们由湖北带出来，不论如何，做人也该有点天良！"

其中有个人理直气壮地答道："什么天良？我们也是人，也有权逃命！这部车子是办事处的，我们当然优先！"

那边还在争吵不休，有几个人径自绕过来，叉着腰毫不客气地对母亲说："你们下去，我们要用车子。"

母亲气得发抖，说："我不下去，这是怀公留给我们的！"

"什么怀公不怀公？国民党都倒了，你们还神气什么？"

姚妈妈知道再闹下去吃亏更大，便对母亲说："我们就先下去，找到处长再说。"

姚伯伯见情形不对，急急地赶了过来说："车子还是让给他们好，我们另

外再想办法。”

眼睁睁地看到以前对我们毕恭毕敬的职员，现在竟变得如此蛮横无理，我心中又气又恨。但是形势比人强，在这生死关头，凭我们几个老弱妇孺，又能把他们怎样？要是我有一身武功，或者能呼风唤雨、撒豆成兵，哼！我要把他们一个一个捏死，把他们打入十八层地狱，叫他们永世不能翻身……

等我白日梦做完，车子早开走了。母亲斜躺在路旁，脸色苍白，连声干咳不止。所有的箱子行李散落一地，吕庆友正忙着收拾。

我第一次产生了未能尽责的感受，为什么当时我没有挺身而出呢？所谓的英雄好汉，绝不是只能做白日梦的贪生怕事之徒啊！

姚伯伯四出奔走，想尽了办法。可是那时重庆已是叫天不应，找人无着，急得真似热锅上的蚂蚁。反倒是母亲冷静地念着经，一面安慰姚妈妈，说菩萨会保佑好人，万事都已经由上天安排好了。

天色渐渐晚了，姚伯伯已经束手无策，目前唯一的希望是找一处能暂避风寒的地方。说不得，只好把办事处的大门打破，至少可以度过今夜。

办事处外面有座铁门，上了一个大铜锁，吕庆友用尽了全力，也撼动不了分毫。正在忙时，街头有一部黑色轿车悠闲地慢慢开了过来。

姚伯伯一见，赶忙迎了上去。

开车的司机一见到姚伯伯，立刻伸出头来，高兴地大叫：“姚秘书，您怎么还没有走啊？”

姚伯伯一时呆住了，不知该怎么回答，那司机又说：“您老不记得我了，我是陈局长的司机，小陈。”

“对了，对了，我真是老糊涂了！陈局长呢？我正要找他。”

“早都走了，公馆里只留下我一个人和这部车子。”

“真的？那好极了，能不能请你帮个忙？”

“这有什么问题？”小陈痛快地说：“我每天都闲得发慌，您老请吩咐吧。”

姚伯伯指着母亲说：“朱怀公你还记得吧？这位是怀公的夫人，本来怀公留了部大卡车给我们，可是被人抢走了，现在……”

小陈立刻说：“这是小问题，您说吧，您要上哪里？”

姚伯伯犹豫了一下，说：“北碚。”

“北碚？”小陈吃了一惊，犹豫地说：“只要在重庆市内，去哪里都不成问题，可是北碚实在太远了。”

“有什么分别呢？陈局长一时不可能回来，你也要生活呀！不如你送我们

去北碚，我给你一两金子，总比坐在家里无聊好。”

小陈考虑了一会，慨然说：“行，听您的！”

那车平常连司机只能坐五个人，吕庆友要押运行李，不能同行。我们母子三人，加上姚伯伯夫妇及爱珠，还勉强挤得下。只是母亲要平躺，我们拿了两个箱子，在后座搁脚的空处铺得与座椅等齐，倒有点像张床。

小陈考虑得很周到，怕路上买不到汽油，弄了好多桶放在行李箱中。忙到动身时刻，天色已经黑了。

那时，重庆市内空空洞洞的，宛似鬼域，但一出了城，景象立刻改观。先是看到稀稀落落，三五成群的人，有的背着家当，有的扶老携幼，宛如细细涓流，朝着同一方向走。再下去，人群越聚越多，渐渐地，像是洪水一般，汇为潮涌。但是汽车却不很多，间或看到几辆，也都陷入拥挤的人海中。

小陈一面猛按喇叭，一面缓缓地往前挤开一条路来。

平常开车到青木关，大约只需 20 分钟的路程。这时走了四五个小时，已经是三更半夜了，路上人车拥成一团，却还不知离青木关有多远。

又挨了一阵子，只见路旁两侧的人群不断地向前移动。车队反而一部紧接一部，前灯照着尾灯，大家都动弹不得。远远望去，活像一条咆哮的火龙，瘫痪在黑暗的大地上。

小陈开始有点不耐烦，便走下车去，活动一下筋骨。过了一会，他懊恼地回来说：“看样子青木关到不了啦，共产党故意开些烂车子来，把路给堵死了。”

我们后面早已接上了长长的尾巴，这里又没有岔路可走，真是进退两难。姚伯伯急得抓耳挠腮，母亲不住地念观音菩萨，只有妹妹和爱珠挤在一堆，睡得香甜。

等我打了个小盹，醒过来时，车子又在缓缓前行。果然路边的田埂上有很多东倒西歪的车辆，有的还四轮朝天，看来都是被人推过去的。路边除了逃难的老百姓以外，也有不少军人。他们多半披着破旧污秽的军服，肩上倒挂着步枪，情况和难民相差不多，个个面露疲倦之色，步履维艰地往前挨着。

才走了没多久，车队又停止不前，小陈再去打听，这次的消息更糟。原来军队在前面设下关卡，拦下所有经过的民用车辆，一律充公。

姚伯伯生气地说：“是谁的部队，简直无法无天。”

小陈意味深长地说：“要是有法有天，就不会打败仗啰！”

姚伯伯突然想到："我身上还有重庆市长的公文，不知道管不管用？"

"您有没有枪？有枪一定管用，前面好几部车上都有，有的还是机关枪哩！"

果然，走了一段路，几个军人把我们拦了下来。姚伯伯拿出公文说："我们有公事，再说车子这么小，你们拿去也没用。"

那几个人商量了一下，向姚伯伯说："老乡，我们也不为难你。但有两个兄弟走不动了，借你们车顶坐一下，过了青木关就放他们下来，你说怎样？"

姚伯伯连忙满口答应，想不到这一来，那两个军人反而成了我们的护身符，一路上再也没人找我们的麻烦。

又走了一程，姚伯伯突然指着路边说："那些不是抢我们车子的人吗？"

一点也不错，十几个男男女女，挤在难民堆中。那一副狼狈不堪的模样，真是又可恨又可怜，显然他们的车子被充公了。天下事真是祸福难测，如果先前没有被赶下车，现在走在路上的就是我们了。以母亲的病况，那种惨状实在不能想象。

直到天上泛起了丝丝曙光，车子才开到青木关，这时路上人车已很稀少。放下那两个军人后，小陈这才舒了口气，踏足油门，向前风驰疾驶。

刚走了一段，小陈就觉得不对劲，每当车要向左转弯时，车身下就咯咯作响。

小陈停车一检查，又带来一个坏消息："钢板断了，一定是刚才超载，又走走停停，震坏的。"

"还能开吗？"姚伯伯问。

"到北碚还可以，但北碚没有修车的地方，去了车就报废了。"

"车子一定要修，你知道哪里有修车的地方？"

"往成都的方向有几个大站，我曾经去过，但这一去一回，就得多担搁一天。"

姚伯伯叹口气说："一天算不了什么，修车要紧。"

一路上，小陈小心翼翼地开着，还算很顺利。走了半天，我们只看到两部装甲车，与我们反向而行，其他倒是毫无异状。

到了一个相当大的镇上，我们先下来休息，小陈则去修车。在一个小铺子里，姚伯伯买了几碗面，店家不收法币和金元券，坚持要用现洋（银元），而且是一块钱一碗。我对金钱没有概念，但与上次在巴东时，几个银角子就买来

一担樱桃相比，其分别也就可想而知了。

由于已经饿了很久，这碗面之香，是我有生以来第一次体会到。虽然馋得要命，但我知道我们总共只有五十块现洋，看看大人们，连碗底都舐干净了，当然不敢再要。

店家问我们去哪里，姚伯伯说要去北碚。

店家说："老哥去不成啰，当兵的把桥都炸啦！"

姚伯伯不相信，说："瞎说！我们刚从那边过来的。"

"老哥，你刚才过来，一定看到两部怪车子啰，那是去炸桥的！听说共产党已经过长江了，我真不懂，这么丁点小桥炸了有啥子用？"

小陈修车回来也证实了这件事，大家商量之下，北碚既然去不成，就只有去成都了。母亲虽然舍不得那些行李，但是说不定能在成都找到父亲，心情反倒开朗很多。

出了镇，直到成都，路上平静得不像是在战争的边缘，没见到几个军人，也没有作战工事。农民照常耕作，商人一样营生。只是每当我们问起共产党的动静，大家都耸耸肩，好像漠不关心。但有一点却如同冒在水面的冰山，可以反映出人心的消长。不管我们买什么，商家一律只收现洋，政府发行的纸钞好像废纸一般。

我在车上发现了几本小说，是还珠楼主著的《武当七女》《北海屠龙》等。这是我陷迷于僧、道、仙、佛、鬼、怪、妖、魔奇异世界的开端，幻境与现实交错，人可以随时逃遁到主观的时空里，自得其乐。

有一天傍晚，我刚刚神游青冥归来，姚伯伯说已经到了成都。眼前一片低矮的平房，丝毫没有大都会的气派。而且军警密布，三步一哨，十步一岗。市容很是萧条，家家户户重门深掩，平静中隐藏兵戎的杀气。

不记得母亲与姚伯伯是怎么商量的，只知道迷迷糊糊中，姚伯伯带着我，在成都的大街小巷里穿梭来去。姚伯伯拿着一张写满地址的字条，我们逐一叩门，询问父亲的下落。结果不是无人应门，便是好不容易出来个人，却是一问三不知。

我肚子又饿，双脚也酸痛难忍。这样过了不知多久，在一排竹篱前，一位老先生探出半个身子。姚伯伯轻声问了他几句话，他一直摇头不语，却仔细地打量着我。

姚伯伯立刻把我拉到他面前，说："您总认得他吧！他是怀公的次公子。"

那老先生半晌没作声，突然问我："你妈妈呢？"

“妈妈睡在车上，没有来。”我照实回答。

“她为什么不来呢？”

“因为她有肺病，身体不好。”

老先生点点头，对姚伯伯说：“我三年前见过他，那时他还小，只是在这个关头，我必须谨慎些。”他小心地四下张望了一阵，然后悄悄地说：“也真巧，怀公今天下午刚来与我辞行，你们早来一天，我还真不知道他来成都了，如果你们来晚些，怕也见不到他了……”

姚伯伯急问道：“怀公真要去打游击了？”

“不是，”老先生说：“胡宗南奉命死守成都，怀公则要随行政院撤退到香港，大概是明天的飞机……只是我没有想到要问他，不知道他住哪里？不过他曾经提到要去看几个人，那些人我都认识，我把地址抄给你，赶快去找。还有，现在怀公名列湖北头号战犯，不是我见过邦复，我绝不会告诉你他的行踪，你千万小心点。”

虽然地址在手，有了下落，不幸这时兵慌马乱，人人自危。我们找到一处时，已是深更半夜，一片岑寂。敲门之声惊彻四邻，只听见犬吠之声远近呼应，却未见到一个人影。我把脸贴近门缝，看到屋内分明有烛火晃动，但就是没人应门。

姚伯伯急得跳脚，又换一家，情景依然。

回去见了母亲，大家相对无言。

良久，母亲戚然说：“或许这是天意吧，算了，大家都辛苦了，有没有地方可以吃点东西？”

小陈知道附近有个夜市，我们便开车过去。偌大的成都静悄悄的，仿佛是个空城。我们担心连夜市都歇业了，那才凄惨。

还好，有几家店门还开着，只是客人不多。我们刚刚走进一家，姚伯伯竟然兴奋地大声嚷叫起来：“好呀！你们都在这里！怀公呢？”

里面坐着的几个人，我仿佛认识。他们听见叫声，吃了一惊，一看是姚伯伯，赶忙把他一把拉过去，连使眼色，悄悄问：“夫人呢？”

“来了，来了，睡在车上。”姚伯伯忍不住老泪纵横，总算放下心来。

父亲一见到我们，不但毫无喜色，反而暴跳如雷，大骂姚伯伯不负责任。姚伯伯静静地等父亲骂完了，才细细地把前因后果叙述了一遍。

父亲叹口气说：“这叫我怎么办？整个行政院有好几百个人，撤退的飞机只有四架。票都已经分好了，明天上午就要起飞，就算我是行政院长也没有法

子呀！”

母亲在一旁躺着，伤感地说：“不要担心，我们先在这里休息几天再说，你的那些书还在北碚，我也不放心。等我身体好一点，我们就回北碚去。”

“胡说！你们先休息，我看看有什么办法！”

第二天一早，父亲弄到了一张票。那是因为有人临时变卦，到行政院退票，正好被父亲碰上。但是问题仍然没有解决，因为按照规定，不论大人、小孩，每人一票。据说撤退所用的是美国飞虎航空公司的军机，由外国人负责检查，只认票不认人。

大家建议父亲和母亲先走，但母亲坚持说，要走我们母子三人都走，要留都留。七嘴八舌吵个不停，最后父亲发火了，大喝：“谁都不许吵！先到机场再说！”

那时的机场只是一片黄土平地，上面散布一些乱草和几间机棚。沿途军警严密戒备，机场上则是冠盖云集，无一不是当时各地各界的军政大员。

到了机场，父亲和他的朋友立刻分头行事，到处“打点”。首先传到的好消息是飞机误点，要延到晚上，正好给父亲赚到了宝贵的半天时光。最后，大概花了不少钱，得到验票人员的首肯，我和妹妹可以不用票而混上飞机。

这是行政院最后一次撤退，一共有四班飞机。父亲的朋友王洸先生是前航务局长，他有三张票，乘第二班飞机，带着两个和我差不多大的孩子，他答应带我闯关。父母亲则是第四班，那时应是深夜，说不定妹妹也可以混过。

事到如今，除了委诸天意外，别无良策。母亲不再说话，只是专心念佛。连我也知道事态的严重，开始在心中默默念着“大慈大悲观世音菩萨，救苦救难观世音菩萨”。

好像是晚上 8 点钟，第二班飞机到了，大家排着队，王先生紧拉着我的手。父亲和母亲站在远远的人群中，我的心中很平静。因为有观世音菩萨保佑，我不认为这是骨肉分离的关头，只觉得眼前的一切陌生而又遥远。队伍逐渐往前移，我的心开始猛烈地跳动，我们踏上了独木桥似的跳板，四个人，一大三小。我看到昏暗的机舱门口站着好几个人，每收一张票，放一个人。

我这才想起离开了母亲，要飞向一个遥远而不知名的地方。看着紧牵着我手的王伯伯，心中突然万念杂陈。如果我走不成，还可以陪着母亲，万一妹妹上不了飞机，那时母亲会怎么样？随妹妹留在成都？而我却要跟着父亲？再不然把妹妹一个人丢下，可能吗？

我知道菩萨会保佑，但是保佑谁呢？是不是连妹妹也在内？心中还在胡思

乱想，人已到了机门。突然门口一阵骚乱，似乎有人在找什么。我们趁乱走进机舱，耳中只听到有人叫着："四个人，只有三张票。"

另外有人叫道："有一张票在我这里！"一个外国人想过来看，而后面的人又拥了上来。

王伯伯忙把我拉近身边，掩护着我，一起挤到飞机舱尾。这原是一架军机，容量并不大，为了增加载运的人数，所有的坐椅都被拆除了。我们就地一倒，王伯伯立刻把我藏在身后，再用毯子盖了起来。

到香港启德机场时，已是第二天早上。下了飞机，王伯伯交待我不要乱跑，好好在候机室里等候父母，说完，他们就走了。

我一生奇特的行径，都与这些遭遇有着不可分的关系。不过十多天的时间，我经历了各种不同的境况，从轰轰隆隆的炮火声中，逃！逃！逃！逃！冒着骨肉分离的风险，从一个未知的时空，又逃向另一个。12 岁的我，就体验了尚无法充分了解的巧合奇遇，一个事件紧扣着另一个事件，分毫之差都足以令我的未来行向不同的轨道。

我试着理解所发生的各种事件，可是那些感受如同梦境一般，很陌生，却又那么真确。任何事态的演变都巧妙得不可思议，以常理而论，这些巧合只能出现在三流的小说中。除非是以母亲一再强调的"菩萨会保佑"这句话来理解，才能圆满地解释一切。

这些事件的经历，对我有很大的影响。以致后来遇到任何打击我都认为是理所当然，常能保持平静的心态，而对原则总是坚持到底。但在另一方面，又使我虔信命运，以为在菩萨庇佑之下，不必积极去争取或追求世间的一切，最后，我终于走上一条与众不同的道路。

那印象深刻明晰，是在 1949 年，启德机场只有一个候机室，来往的班机也很少。我一个人呆呆傻傻地，在四周全是玻璃窗的大厅中等着。我不断地自问，父母亲会不会来呢？如果不来，该怎么办呢？我想到母亲缝在衣领中的金块，用手摸摸，那坚实的感觉令我稍感安慰，可是这又能买几碗面？让我活几天呢？

我不敢再想下去，干脆专心地念起观世音菩萨来。

果然菩萨垂佑，到了下午，父母亲与妹妹都平安到达。随后父亲先去台湾，我们在新界的大埔墟住了三个多月，在 1950 年元月移居台湾。

3 丧母

英文 橘子 孽障 失恃

新家在台北市松江路一二五号，是省政府新建的宿舍，一片整齐划一的绿色双拼木房。房子占地百坪（1 坪约 3.3 平方米），院子不大，但足够种些花草。右侧住的是名将白崇禧，左侧是前南京卫戍司令宫其光，与我家同栋的另一端，则住着当时的台湾省新闻局长张彼德。

除了几排紧连的宿舍外，四周都被稻田包围着。向北望去，青葱葱的山一直延伸到东南角。台北市区则在西方的河谷平原上，离此大约有十几里路。

记得母亲见到新居时，曾感慨地说："我们终于有了自己的家了，但愿我能死在这里。"自从母亲住进自己的新家后，病情急剧恶化，躺在床上，再也不能起来。

我的化名没有派上用场，不需要任何文件，我进了"中正小学"六年级。从此，十多年安定的岁月掀开了序幕。然而，这种安定只是外在的环境，只是政治局势的偏安。对我个人以及我们的家庭而言，真正的苦难磨折才刚开始。命运如同磐石压顶，不论怎样挣扎、奋斗，渺小的我们，始终无法解脱。

1951 年，父亲奉命筹组台湾行政主管部门"设计委员会"，因为受到台湾省政府重用，传闻共产党便利用我们大家庭的矛盾，先后派遣二娘的女儿宁生、汉生赴港，要求来台，都被父亲严词拒绝。最后大娘的女儿敏生也到了香港，声明若不能到台湾，便打算死在当地。

这时，彭孟缉任台湾省警备总司令。得知敏姐负有"任务"，特来与父亲商量，想利用敏姐将有关之"匪谍"一网打尽。一方面因母亲妇人之仁，力劝父亲接敏姐来台；一方面父亲心中也觉得对大娘有所歉疚，所以便同意了。

自敏姐来了以后，有一年多的时间，我们家附近常有人身着风衣，日以继

夜，晴雨无阻地徘徊在隐蔽处。也有好多次我被陌生人拦下，详细地打听敏姐的动静。可是谁也没有想到，敏姐并不是所谓的政治匪谍，她只是受了共产党的教育，认为父亲对不起她们母女，心有不平。她是藉着这个机会，来讨一个公道。

悲剧往往不是人们刻意安排的，它的到来无声无息，它的消逝也无踪无影。每一个身历其境者都是受害人，而可怕之处，正是它的隐晦处正与人性的私欲息息相扣。从古到今，因果相循，各式悲剧在日光下不断地重播，将人间化为无边的地狱。

初中被分到师大附中三十二班，我坐在第三排。右侧坐的是陈履庆，左侧是戚维义。班上多数是内地人，按照规定大家都要说普通话，但有些人乡音难改，常被大家取笑。

第一天上英文课时，老师自我介绍说，他名叫黄培根，和大哲学家“培根”同名。他开宗明义第一句就说：“英文不是人人都能学的，比如说，湖北人就学不会，你们班上有没有湖北人？”

我听了，颇不服气，因为我客居香港时，常去附近学校玩耍。香港学校都教英文，听多了也懂得一点。为什么湖北人就不能学？事后我才知道，同班竟有五个湖北人，只因为我个性倔强，立刻举起了手。

“你是湖北人？”

“是。”

黄老师便转身在黑板上写了两个英文单词：line 与 nine，然后对我说：“你念念看！”

我没有学过发音，当然不会。

他又说：“我先念一遍，你再跟着念。”于是他每个词念了两次，接着便叫我念。

老实说，那种舌音鼻音的分辨，正是做老师的责任，他应该先告诉我。虽然当时我的确分辨不清，但那与我是不是湖北人丝毫扯不上关系。

黄老师听我念完，笑着说：“我说湖北人不能学英文，是吧？”

一时全班哄堂大笑，笑得我无地自容。我满腔愤恨，咬牙立下狠誓，决定不学英文。螳臂当车，其后果可想而知，不知不觉间，天边已聚集了一团乌云。

学期终了，英文不及格，补考时老师网开一面，勉强过关。

这时敏姐已经来了，父亲找了一位远房堂兄朱映斗来做管家。因为他曾经当过宪兵排长，在父亲面前夸下海口，对付一个小“匪谍”，简直易如反掌。

映斗兄的个性鲜明，较鲁迅笔下的阿Q有过之而无不及。他为人正直忠诚，是非分明，自信心极强，做事丝毫不苟。而他的成见之深，使他深信普天之下，只有我父亲略胜他一筹，我父亲的话就是唯一真理。

他满口道地的黄冈乡音，说起话来悠扬顿挫。加上那严肃认真的态度，每每令人忍俊不止。他称我父亲为四爷，常说：“四爷那不用说，这个世界上，别的人没哪个比得上我！”

最初我们以为他随便说说，后来才知道他所认知的“世界”，只限于他家乡方圆十里之地。由于他从小“进过学”（读过私塾），在“乡里”（也就是他对“天下”两字的谦词）是具有贵族身份的人物。过多的优渥导致他的思维固化，封闭执着，他所不愿听的话，一句也装不进耳朵里。

他很像停留在时空隧道中的木乃伊，通过对这个活标本的剖析，可以认知人性的模式。所以我从小就喜欢以他作为观察分析的对象，且往往大有斩获。

“那么你是怀才不遇了啊！”我常调侃他。

“在乡里人人称我圣人，”他很笃定，一本正经地说，“我读祭文，谁都会掉眼泪！”似乎别人丧失亲友的伤痛都是他的功劳。

“读祭文算什么本事？”

“唉！你懂什么？”他那一副不屑的样子，真叫人觉得自惭，好像白活了一辈子：“祭文学问可大哩，那才是圣贤之道。”

他来了以后，对我们家里的陈设诸多不满。倒不是嫌家具旧了或是少了，而是认为摆的方向不对，风水不好。比如说，饭桌绝对不能放在房子中央，因为上下有序。父亲的座位后面，要留出很大的空间，而我们小孩的“下座”则要靠墙。

这种安排很不符合工作的要求，因为添饭上菜都是我这个“下人”的工作。而“下座”后面空间不足，每次进出都得挤来挤去，很不方便。

他又说一进客厅，就必须有一些屏障，这叫“财不露白”。我们家客厅并不大，放不下屏风，他则坚持至少要放一些象征性的什物。哪怕是一张椅子、一盆花，只要能挡一点，就少露一点。这又造成了不少困扰，父亲老嫌走路碍事，我们也常不小心，碰倒了这，打翻了那。只有他，为了不露白，任劳任怨地随时动手整理。

后来，他不知道从哪里弄来一些种子，说那是“桉”，他把桉“压碎”，

“平平”地铺在柜子顶上。于是，不再管露不露白，他宣称我家已经“岁岁平安”了。

他这些小花样，和一些只有他自己知道的禁忌，常弄得别人莫名其妙。如果有人无心中破了他的法，得罪了他，可得受他一辈子的埋怨。

有一年大年初一，他拿了些水果，在客厅中折腾了一上午。最后，他像是发现了新大陆，兴奋无比地向全家宣布，世界上再也没有比他更高明的设计师了。

谁也看不出屋子里有什么出色之处，他叫我们看案头的水果。那是三个盘子，中间一盘放了四个大橘子，两边则是瓜子。父亲摇摇头没有说话，别人也觉得无趣，都走开了。只有我这个未出茅庐的二楞子还不死心，一定要看出点名堂来。我看了半天，除了有个欲望，想把那个放在顶上又红又大的橘子吃掉以外，实在领会不了他的微言大义。我只好向他请教，当然，免不了要忍受他那份优越感。

他神气活现地说：“你当然不懂！这是国粹，只有四爷看得出来。”

“你就教教我嘛！”

“这和诸葛亮的八阵图大同小异。”他得意地踱着方步，侃侃谈来，“最上面的那个又红又圆的橘子，代表‘一元既始’……”

“为什么不是‘一见就吃’呢？”

“唉！你们小孩子，一点鉴赏力都没有！那两盘瓜子，在橘子两边，叫‘二龙争珠’；三个盘子是‘三元及第’；四个橘子，表示四爷‘四海扬名’；这五样东西，是指‘五子登科’；那六……”

“哪里有五样东西？”我也跟着在数，这时忍不住打断他的话。

“你这不是吹毛求疵吗？瓜子加橘子再加‘三’个盘子，不正是‘五样’吗？更何况瓜子里面还有‘子’哩。有‘五’又有‘子’，再把瓜子放在牙齿中一‘嗑’，那不是‘五子登科’是什么？”

我们话不投机，懒得听他数到什么“十全十美”了。

我仔细观察，家中来客，不论饱学之宿儒或是政府的显要，竟没有一个人能欣赏映斗兄的杰作。好在映斗也不以为意，他每次走到客厅，总要停下来，自我陶醉一番，由一数到十。数完了十全十美，才志得意满地走开。

我一直在打那个大橘子的主意，希望那个“一元既始”永远停在那里。到了晚上，可就能满足我“一见就吃”的欲望。不幸的是来了一位熟客，一边和映斗聊着天，一边先下手为强。他把那个又红又大的橘子，“一手拿去，二剥

三剥，四口吃光”。

不仅是我又急又恼，映斗的脸都气白了，两个铜铃般的眼睛直瞪着那位客人。显然那个橘子太好吃了，客人吃得赞不绝口，根本没有看他一眼。此后映斗兄把这位熟客列为最不受欢迎的人物，一提起此事，他就恨得牙痒痒地：“什么玩意！人心不古！真是粪土之墙不可圬也！”

映斗兄的自信心也是一绝，有次父亲下班回来，他对父亲说：“四爷，动物园打电话给您老人家。”

父亲一头雾水，怎么也想不通动物园会有人打电话来。大家七嘴八舌地瞎猜，都推不出道理来。

最后父亲下结论说：“一定是你听错了。”

映斗委屈得眼圈都红了：“四爷，我又不是小孩子，动物园三个字还会听错？”

过一会，电话铃又响了。映斗接起一听，马上洋洋得意地对父亲说：“四爷！我没有听错！动物园又来找您老人家了。”

父亲莫名其妙地接过话筒，听了一阵，哦哦连声。

父亲挂了电话后，映斗问：“四爷，是不是动物园请您老人家去演讲？”

父亲一肚子气：“胡说！刚才是董‘委员’打来的！”

董“委员”是东北人，满口京片子，“董委员”与黄冈土腔“动物园”发音雷同。东北人进了江汉关，谁叫他入境不随俗？怎能怪映斗分不清楚！

映斗是个绝对坚守原则的人，只是他的原则甚多，每一个都彼此泾渭分明，各自独立，绝不妥协。母亲过世后，映斗为了消解父亲的悲痛，经常怂恿大家陪父亲打卫生麻将，藉以消遣愁怀。

在祖国大陆时，父亲最反对赌博，每到一处，辄立禁令。可能是年纪大了，人间事也看开了。也可能是心里烦愁难去，所以常常欣然就坐。

人人都知道这是陪老太爷消遣，也就故意放水。父亲赢了，不过哈哈一笑，把牌一推，钱都不算，皆大欢喜。

有次因三缺一，映斗便披挂上阵，坐在父亲的上首。

某一局中，映斗打了一张“七筒”，父亲要“吃”。映斗忙说：“这张不能打。”立刻把牌收回，放在面前扣着。

大概父亲以为映斗迟早会打，便一直等那张“七筒”和牌。而映斗就是不打，结果那一局被别人和去。

父亲便问映斗：“你不是有张七筒吗？为什么不打呢？”

映斗得意地说："我晓得您老人家要和七筒，怎么能打呢？"

父亲大怒，离坐而去，牌也不打了。人人都怪映斗不是，但他振振有词："这怎么能打？一打四爷就和了！"

人又问他："我们来打牌是为了什么？"

"陪四爷消遣呀！"映斗的头脑显然相当清楚。

"那你为什么不打给四爷，让他老人家高兴呢？"

"这怎么能打？"映斗理由充足，"一打四爷就和了！"

十多年后，我们每次见面，第一个话题便是那张牌，而映斗的原则一直没有改变。不论我们以什么理由，用什么方法告诉他、讽刺他，说那时的主题应该是让父亲高兴。而他永远不能了解，为什么"一打四爷就和"的牌"可以打"。

我的少年时期就在这样的背景以及这种人物的错综关系下度过，我不相信偶然，每一桩人们认为是偶然的事件，实际上在这事件发生之前，早已种下了必然的因。我正好生长在这个时代的断层夹缝里，相信在同时代中，具有类似遭遇的人一定不少。所不幸的是在各种机率的组合下，我所面对的人、事、时、空恰好都处于极端而已。

古老的中国在几千年的发展中，举凡社会形态、人物个性以及价值观念等，不仅早就凝固成型，且已僵化。20世纪突然到来，在西方思潮猛烈冲击下，山河风云陡然变色，但却撼动不了深藏人心中的主观意识。只有我们这些幼苗，根浅干弱，激荡在巨大而无从抗拒的各种力量中。为了生存适应，不东不西、亦古亦今地渐渐成长。

敏姐初来时，与家中上上下下相处尚称融洽，父亲为了防止她闹事，严禁她外出。不多久，她就忍受不住了，时常大吵大闹。我们都还记得她在黄冈喝红汞水、伪装自杀的往事，而父亲公务繁忙，因此才找了映斗兄来监督。

映斗一来，就开始与敏姐斗法。首先他检查敏姐的信件，有时用热水，有时用蒸气，信封是拆开了，但却没有一封能够还原得不露痕迹。他还买了碘酒，涂在信封信纸上，弄得脏兮兮的，无从辨认。据他说这样可以破密，别的我不敢说，但是却可以担保，如果信里真有机密，保证敏姐也认不出来。

敏姐似乎不知情，而信件反而更多了，常忙得映斗不亦乐乎。但几个月下来，什么都没有发现。直到有一次敏姐与映斗发生口角，敏姐口齿伶俐，映斗完全不是对手。可是两个人各说各话，尽管声量越来越大，却是谁也没占到

便宜。

“你那一套，骗骗小孩子还可以，在我这里是此路不通！”映斗洋洋自得。

“啊？你是诸葛亮啰？”

“倒也差不太多。”

“听说你受过情报训练的，是不是？”

“当然，不然四爷怎么会三顾四顾地请我来？”

“那么你一定会检查信件啰？”

“那是小事，你哪里晓得？搞情报是门大学问。”

“我不是匪谍吗？信上的机密，你有没有破呢？”

“莫胡说！哪里有什么机密？要有，那还得了！”

“每天三封信，每封信你要忙上一个小时，够你玩吧？”敏姐一个字一个字地说。

“胡说！哪里要一个小时？三分钟就够了。”映斗依然信心满满。

“那么我从明天开始，一天寄十封怎么样？够不够？”

映斗听了，楞了半晌，老神在在地说：“随便你，十封又算什么？反正不管有多少封，都别想过我这一关。”

他们之间的敌意越来越深，敏姐骂起人来尖酸刻薄，而映斗屹立如山，声大气粗。两人往往吵得天翻地覆，声震遐迩。

这只苦了我躺在病床上的母亲，朝夕都得忍受他们的疲劳轰炸。尤其是敏姐话中带刺，指桑骂槐，不是骂贱女人，就是痛斥小老婆。连我这个人事不知的孩子都听出些端倪，更何况是母亲，因而咯血的次数日益频繁。

有一个星期天，父亲开会去了，他们又开始了例常的叫骂。

母亲痛苦不堪，叫我去把映斗找来，有气无力地对他说：“映斗，你就让她一下吧，不要吵了。”

“四娘，”映斗气呼呼地说，“又不是我找她吵，她实在太不像话了，是四爷交待叫我教训她的。”

“你不理她就是了，我身体不好，希望家里安静点。”母亲求着他。

映斗说：“我才不屑理她！我不会跟她一般见识的！”

映斗一出去，禁不住敏姐一再地挑逗，只听得他又狮吼起来。

母亲掉下了眼泪，对我说：“你去把映斗拉开，我实在受不了。”

我也很气，便冲出去对映斗大声说：“妈妈身体不好，请你不要吵了！”

敏姐一听，顿时勃然大怒，声震九州：“你这个小老婆生的小杂种，你敢

管我？老实说，这个家是我的。你娘把我爸爸抢走了，害得我们一家离散，我是来报仇的！就是要气死你们！”

这段话是那么赤裸裸地道出了全部事实和真相。我永生忘不了那一刻，只听母亲惨叫一声，我跑进去一看。一床一地都是斑斑滴滴的鲜血，母亲面色惨白，气息奄奄。

敏姐发泄过了，也是后悔不已，哭着向母亲道歉，一时一家人哭成一团。

父亲回来后，这件事谁也不敢再提。第二天，母亲便住进了阳明山肺病疗养院，家里反而安静下来。

我记得去探望过母亲一次，群山环抱中，疗养院坐落在一处滑向山谷的斜坡上。一栋一栋栉比鳞次的建筑，掩藏在茂密的树木花草间，环境优雅脱俗。母亲的病房正对着院中一棵高大似盖的百年桂花树，远远就散发着沁人的清香。

桂花，那金黄的粟粒，颤巍巍地散布在浓密的绿叶间。每当微风吹过，一阵花雨夹着花香，洒落在发梢肩际，有如经过了一番空灵的淋浴。

记得在重庆南岸，曾有一个召灵人称母亲是王母娘娘天庭中的一株桂树，因故谪降人间。当时母亲把这件事视为笑谈，然而此时此刻，沉重的心情，令我呆立树下，久久不能释怀。可能是这种永不再返的记忆，使我对桂花特别偏好，终身不移。

母亲知道疗养院的费用高得惊人，稍有起色便吵着要回家，记得她对父亲说："我的病不可能好了，与其在这里记挂着家里，倒不如让我与你们多聚聚，早点死也好少受些活罪。"

敏姐也真心改过，虽然与映斗争执难免，但已收敛很多。

母亲自知不久人世，为了遵照医生嘱咐，以免把肺病传染给我。每天放学时，便叫我站在她的门口，上上下下地看个够，然后便把我赶走。我不是不懂，只是心有未甘，要传染何必等到今天？所以母亲每次叫我走，我立刻把头一掉，气呼呼地跑开。

那年的除夕夜，父亲为了解忧遣愁，特意请了很多客人，家中热闹非常。

敏姐领着头，在一个房间里和我们七八个孩子，玩“十点半”。敏姐输了，开始玩些花巧，我毫不客气地拆穿。她立刻大发雷霆："你自己要赖却来怪我！”

“谁要赖谁先死！”我反唇相讥。

“你咒我死？我孤身一个人，娘也不在身边，你还欺负我？”她越骂越气，

一面哭着一面打了我一个耳光。

这清脆的一声，惊动了全家大小，母亲先把我叫去骂了一顿。接着父亲又赶过来，拿着鸡毛掸子，没头没脑地向我全身抽打。

难道这是我的错吗？为什么没人问问是非真相呢？我气得跑到街上，蜷曲着身体，蹲在墙角，眼看家家户户灯火通明，自怜自艾地冻到半夜。

倒霉的事一件一件来到，学校的成绩单寄来了，英文不及格。

父亲把我打得浑身青肿，母亲顾不得病，抱着我痛哭，一面说："儿啊！你知道为什么为娘的命这样苦吗？只因为你外公没读过书，没有谋生的本事。你还不好好念书，给娘争一口气，你怎么对得起人啊？你要记住，娘不久就要死了，你以后只能靠自己了，你不好好读书，爸爸永远不会喜欢你的。但是，我不准你作假、作弊，头上三尺有神明，你只有做个好人，菩萨才会保佑你。"

这是母亲给我的最后遗言，过年后，才开学不久，有一天下午，我正在操场上玩耍，姨爹身着军服来到学校。我一见到他，立刻知道母亲终于去了。

如今回忆起来，母亲一直只是个躺在病床上、终年咯血的影子。除了孩提时期，她从不曾亲切地抚慰过我，没有殷勤地照料过我。但是当她在世时，我知道有人会保护我，一切不必担心，天塌下来有人担当，吃的穿的少不了我一份。

母亲过世后，不只是病床上少了一个影子而已，少的是一份家人凝聚的力量，一个平衡调和的重心。家里一片冷清，父亲挂着一副严肃的面孔，经常把自己关在房中。映斗与敏姐的斗争变成了冷战，从此吵闹之声也消逝无踪。

失去了母亲的庇护，才知道平安的生活珍贵难得，绝非理所当然。再没有人关怀我，欢笑、温馨成为空谷足音。以 13 岁的稚龄，自己照顾自己，衣食住行样样都短缺不足。风刮过来，寒得刺骨；雨淋下来，浑身透湿。饱一餐，饿一餐，从来无人闻问。即使生了病，也是一天拖一天，好也罢，不好也罢，直到后来，弄得从头到脚浑身没有一处正常。而且拖得久了，成为慢性痼疾，以致我终生与病魔奋斗不止。

除了学校规定的制服外，没有人会想到给我买件衣服，身体一天一天长大，旧制服越来越小。我想了不少办法，发觉若把裤管剪开一点，就勉强能绷在腿上。但是一到学校，教官却说我是太保。衣服破了，我设法用铁丝给连起来，每次女佣洗衣服，便咒骂不已。我干脆不交给她洗了，直穿到每件衣服都发出油亮亮的乌光。

母亲在时，卧病在床，自顾不暇，而我又懒又不懂事，一直把洗澡与刷牙视为苦事。现在正好无人闻问，我乐得每天过盥洗室而不入，弄得身上又脏又臭，家人见怪不怪，习以为常。有一次家中来了个生客，在屋中东闻西闻，一口咬定说屋子里有死耗子的气味。

我们把屋里翻了个遍，只是，谁都想不到会是只“活耗子”。

台湾雨量特多，尤其在台风季节，没有哪一天我身上干过。因为我没有雨衣和雨伞，又从来不敢向父亲要什么，父亲一向有人侍候，出入有车，他从来不明白生活中怎么会缺这缺那。我只要一开口，他就认定是我不知爱惜，不是弄坏了就是弄丢了。虽然这也经常是原因之一，但是等到父亲“机会教育”完了，又忙于他的公事，一切又都置之脑后。这种固定程序一再循环不已，既然要不到，我何必自讨挨骂？

淋雨成了习惯，仗着年轻，反倒喜欢那种冰凉的刺激。特别是暑假时，天气又热又闷，一碰到下大雨，我就坐在防空洞上。顶头有个突出的漏水槽，雨大时，那股激流宛似一道飞瀑狂泻而下，恰好冲在我头上，顿感痛快淋漓。过了些时，我常觉得头皮发痒，抓起来感到非常怪异，仿佛隔了层什么东西似的。直到理发时，理发师在我头上揭起一张薄膜，才知道是在防空洞上享受时，屋顶脏水冲刷下来，长时期积累而成的污垢。

那时年纪轻，什么都不觉得，然而病因已种，后来我终生都受到皮肤病与气管炎侵扰，任何药物皆不能根治。由 16 岁起，曾有十年之久，我颈上长了顽癣，电疗，烧皮，贴狗皮膏药，服抗生素……一切方法都用尽了，弄得又脏又臭，就是好不了。又因从未刷牙，常闹牙病，到后来补了四颗，拔了四颗，年纪轻轻就齿牙动摇。

然而当时最糟的还是肚子，每天早上天一亮，我就开溜到学校去了。因为敏姐会赶在父亲起床之前，大声朗读英文，她读的永远是同一段。但父亲不懂，一听到她读书，便骂我不争气，也逼我去读。为什么一定要读英文呢？我恨英文，又不愿做假，只好开溜。

早饭不吃没关系，中午是自备便当，如果前一天有剩菜还好，没有，就只好带白饭。再如果我起晚了，一听到父亲的叫声，我宁愿不带，背了书包就走。由于早饭没吃，午饭没有，常在饿了一天之余，一回家便到厨房中，不论生熟先塞个够。到了晚餐时，按父亲的规矩，吃饭是要定时定量，吃少了也要挨骂，所以我又撑得胀死。

师大附中有很多遗族学生，他们无爹无娘，但却有个“大家长”蒋“总

统”作靠山。我非常羡慕他们，不仅自由自在，而且吃的穿的样样都比我强。有时我真恨不得自己也是“遗族”，甚至打算离家出走，做个乞丐也心甘情愿。

在家里，我正是只活耗子，不仅怕父亲，怕敏姐，连妹妹我都怕。我常常提醒自己，母亲曾吩咐我照顾她。可是这只是我一厢情愿的想法。父亲把她当作心肝宝贝，客人来，她躺在父亲怀里；父亲出去应酬，她也随着前后飞舞。尽管父亲也很少买衣物给她，但是客看主面，父亲是陈诚面前的红人，来客为了讨好父亲，要巴结就得先投其所好。因此她的新衣、新玩具从没有断过，至于我，客人连知道有我这个人存在的都不多。

我嫉妒，我忿忿不平。孩子们在一起玩耍，总难免有争吵，妹妹动不动就向父亲告状，而我总是以挨打终场。最后我学乖了，尽量躲开她，躲开所有的人。幸而父亲太忙，我们全家见面只限于晚餐的十几分钟。熬过了那段提心吊胆的紧要关头，我就解脱了，立刻逃避到自己的小天地里。

我家有四间上房，父亲一间，敏姐和妹妹一间，另外两间则住着投奔父亲的朋友。一位我没有印象，另一位姓曹，我们称他曹叔叔，为人非常正直，是个标准的道学先生。他也是我的克星，常常逼我读书，而且把我的劣行一五一十如数家珍地告诉父亲。

此外还有在车库旁加盖的两间下房，分别由映斗与佣人占用。所以我只好睡在客厅里，就在饭桌上做功课。那时家中牌局很多，父亲由反对进而旁观，最后成了领衔主角。

一到打牌，我立刻开溜，我有个“秘窟”，是车库外搭建的“防空洞”。那是“政府”怕解放军轰炸，规定大家兴建的。洞里是个横放的水泥圆筒，又阴又湿，谁都不敢进去，正好供我避难。从经验中我知道，只要不露面，不会有人突然想到我的。

尽管如此，我挨打的机率还是很高。父亲只打头，他惯用反手，四个指节一敲下去，我的头上立刻冒出一排小丘。那时的中学生一律要剃光头，每次的战果在学校都为我带来许多羞辱。为了掩饰，下课时我常把红色的童军领巾包在头上，大玩“红巾贼”追逐的游戏。

最初同学们围观我濯濯童山上的突起时，确令我难过异常。渐渐习惯了以后，哪天头上没有新的成绩，得不到大家的关心，倒反而使我觉得备受冷落。所以在潜意识中，总想找个机会挨顿打，在心灵的慰藉与肉体的折磨间，产生了一种微妙的平衡。

我们班上只有三个女生，有一位叫马湘君。由于自惭形秽，我从来没有面

对面地看清楚她的容貌，但却偷偷地仰慕着。只缘在一次满头累累的伤痕下，我瞥见她投过一道充满同情与怜悯的目光，那是任何人都能体会的母性情操。刹时一股暖流由脚心浮上面颊，我红着脸，逃到厕所，任凭泪水滚滚畅流。

那一刹，我突然想到峨姐，这是自有记忆以来的第一次。如果她还在世，我的遭遇也不至于这般不堪。当然，这些假设完全不能成立，可是另一个期望却油然而生。马湘君很可能就是峨姐的化身，至少，在心底我把她当作我的庇护神。

除了英文外，我的功课并不算差，我最喜欢代数。只要按照一定的方法推理下去，就能得到正确的结果。只是我很粗心，又过于有把握，任何题目我都会解，但答案却常是错的。

老师每次都对我的考卷摇头，说："朱邦复，你叫我怎么打分数？说计算过程，你都对，而且常有创意。可是答案却错得离谱，为什么呢？"

等我知道为什么时，学习的时机已经过了。在学习过程中，首先是了解，然后要不断地反复练习，将所知的化为直觉反应。除非有直觉反应的辅助，大脑中枢不可能同时处理两个以上的问题。当大脑在处理一个问题时，浅层记忆区必须调用一些相关的资料，这时原来暂存的其他问题，便自动地被清除了。如果我们勉强地将各种问题都记住，则在考虑问题的同时，随时都得分心回忆，这样一来便造成极重的负荷。

如果浅层记忆神经的负荷太重，就容易疲劳。一疲劳，大脑功能就降低，容易产生"错误"。如果强迫它继续工作，生理的本能会提供一种信息，以防止器官因过度疲劳而造成伤害。这种信息对人的心理而言，便是所谓的"痛苦"。人都厌恶痛苦，因而直觉地排斥思考，连带着对所思考的问题失去了兴趣。

年轻人最大的弊病，就是自以为懂就够了，不喜欢反复地练习。不练习，直觉反应就不能形成。一到处理问题时，不是顾此失彼，就是茫无头绪，无从着手。

因为家里的环境与气氛，使得我只能躲躲藏藏。学校的作业很简单，既然都会，又何必花功夫去做？由于我很少做家庭作业，失去了练习的机会，所学也无法正确地应用。而不经常应用，久而久之，就渐渐遗忘，从"会"再回到"不会"。

我认为，教育的真正目的，绝不只是填一些"死的知识"在学生头脑中。而是提供一些必要的工具，人掌握了工具后，就可以在各种随时发生的情况

下，灵活地应用。学习“知识”，实际上就是学习新的工具，知识的累积可以加强“工具”的功能，使人更能适应未来所不能预料的各种情况。

这种工具，就是了解“为什么”，而不是“什么”。不了解“为什么”，“什么”便是僵化的、死的“知识”。中国文字的奥妙，很可以在“知识”两字上看出来，“知”就是“了解”，“识”指的是所察觉的、感受的事物。“了解所察觉的事物”，在静态上可以看做一种结果，那就是“什么”。

一般人把“什么”就当作知识，而我则认为“什么”只是“静态的、死的”资料。因为各种事物都是动态的，人要了解就必须不断地去“观察”，把静态的资料结合起来。这样所了解的，便是“为什么”，也可以说是事物的“道理”。

中国文化之光辉伟大，是很多圣哲孜孜不倦地追求“道理”积累的结果。今人误以为静态的知识本身便是“道理”，只要装进脑中即可。所以虽然“知识”随着时间、空间与日增进，却与“道理”相去日远。

不记得是谁教过我一种检验答案的方法，在应用乘法时，其积会有一种等量的关系，这种关系可以化为个位数。方法是把“数字”皆视为个位值，凡超过个位值时，则将数字相加，其结果必然有一全等的个位数值。我试了又试，的确完全符合，这件事不禁引发了我的好奇心，为什么运算数值会与其最终之个位数值有关系呢？

我开始潜心研究，才知道所谓十进位就是十个数值的延伸。任何一数值在化成个位数以后，只有十种基本值。乘法只是将数值成等差级数倍增，而其基本关系不变。在这种做法下，数字的顺位毫无关系，故其精确性并不高，只能供我这种懒人参考。

我想找出比较精确的方法来，比如说，仅凭个位值可以看出是单数或双数，说不定能根据所有基本值，找出一切数的关系。于是我列了一张大表，由个位数之乘值，一直做到百位数之平方值。当然我找到了一些关系，但都很麻烦，不如重新计算一遍简单。

此外我发现如果不用十个数，只取九个、八个，也可以进位，只是不如十进位方便。为什么呢？想来想去，我的结论是因为我们有十只手指，习惯了而已。

这种进位的观念，就是“数系”，一般人仅把数系当作不同的运算方式。可是对我却不然，在我找到的数系关系中，每种都有其各自的重复规律。这些规律是不是有其他的意义呢？否则彼此不同的数系，为什么能共用其中一些较

小的数字呢？

我把这篇不成熟的研究给父亲看，满心希望得到夸赞，但父亲只淡淡地说了声："很好。"这已是我从未得到过的赞美了。我志得意满，又拿到学校，趁着下课时的空档，战战兢兢地请代数老师指导。

老师一看，不耐烦地说："谁叫你做这个的？"

我的一颗心早已跳到了喉头，再看看他的脸色，一句话也说不出。

"我教的是代数，不是小学生的玩意！"

碰了一鼻子灰，我懊恼不已，连带着对数学也失去了兴趣。

这件事一直搁置了四十多年，后来在我研究《易经》时，才发现数系是一种同中有异的分类方式。在数学上用处不大，因为数学在运算时，必须有统一的单位。单位是一种相同的分类限制，同一的单位就意味着相同的性质。

在真实世界里，是没有独立存在的"单一性质"的。事实上，任何事物都具有各种不同的性质。比如说，苹果是个完整的个体，适用于任何数系，其性质的界定，可以用"个"，也可以用"堆"、"块"、"片"等不同的单位。

不同的单位代表不同的自然性质，个、堆、块、片等可以界定苹果的属性，与数字无关。但是，人所认知的自然界中，有些本身就带有数值的定义。如一个星期有七天，每一天可分别以星期一到星期日代表；一年有四季，各以春夏秋冬表示；一年又有十二个月，分别定为一月到十二月。

其实，数字只是数系中的先后序位，在同一数系中，数系即是最大的序位。当序位达到最大极限，就要进位，即该数系的一次完整循环。十进位的十三，代表一次循环后，另一次开始的第三位。也就是说，循环一次为十，十三等于十进位的一次循环后，再加三。

在十进位数系下，数字"十三"意味着什么呢？对苹果而言，若以个为属性，则有十三个，以片为属性是十三片。"星期十三"呢？由于我们没有采用七进位，所以需要转换。十三除以七相当于一个循环后的星期六。同理，"季十三"为第三年后的春季，"月十三"为第二年的一月。

这样转换太麻烦了，但是我们必须如此，以便清楚地分辨。人们为了解决这类问题，其中一条路是学习很多不同的数系运算，另一条路则是统一采用十进位数系。

我当时只能了解到这里，但是这个问题一直萦绕在心中。直到学《易经》时，我突然大惑得解，原来这就是宇宙的真实结构（有兴趣的读者，请参阅第四部《金秋》第九章中有关《易经》的说明）！

不妨在此先举一个例子说明，假定有一数“甲”，在二进位时代表电性“正、负”的性质（当然还可以代表其他不同的性质，但为易于了解起见，仅介绍一种）。在三进位时代表“大、中、小”，在四进位时代表“春、夏、秋、冬”，在五进位为“金、木、水、火、土”（请注意，这些进位都应以零为始值）。

再假设我们有一数 11，在前面的假设下，此数分别象征：

二进位除以二，相当于第五循环的“负”（正为始，为零）。

三进位除以三，相当于第三循环的“中”。

四进位除以四，相当于第二循环的“秋”。

五进位除以五，相当于第二循环的“金”。

由此可见，此一数字在不同的数系中，有不同的象征意义。这真是一种奇妙无比的方法，以最简单的结构来代表最复杂的现象。中国的老祖先居然在五千年前就发现了，这种象征对追求人世真实的人，意义重大。但对日常生活，却毫无助益。

学期终了，我知道英文一定不会及格，代数也可能有问题。

怎么办呢？我想到母亲曾经说过，只要我做个好人，不逃学，不作弊，菩萨自然会保佑。早在母亲殁后，我就自设了个小小的灵位，每天膜拜。现在我不仅拜母亲，还拜观世音菩萨，烧香外加叩头，乞求神明保佑。

一个暑假都在提心吊胆中度过，为了怕父亲看到学校的成绩单，我主动地拿信拿报。早上敏姐一读英文，我也跟着大声念，父亲一上班，我们同时丢下书本。

敏姐高明之处在于她不论做什么，很少会被父亲抓到把柄。当映斗与另一位客人搬离我家后，曹叔叔也不大管她，家里大权就落到她手中，大大小小完全听她指挥。于是，父亲前脚走，她后脚溜；父亲下班回家时，老远司机就开始按喇叭，通知她赶快回家，并且在父亲进门之前拿起书本来。

后来她胆子越来越大，晚上不到八点就要睡觉。父亲老拿她作我的榜样，说她早睡早起，随时在读书。实际上她只是把蚊帐放下，床前放双鞋子。烟幕布置妥当后，她便越窗而出，往往要到天亮了才回来。

我不愿向父亲告密，但心有不甘，便常在她晚上进门的入口，布置各种障碍。她一进来，不是摔倒便是杂物纷飞。可是，人人都醒了，只有父亲安眠如常。

敏姐开始带些糖果回来给我，吃得口里甜甜的。为了贪图下次的小惠，我居然也变成了她的小佣人。帮她掩饰，为她开门，当然再也不捉弄她了。

有次，她道了晚安进房后，父亲突然想到一件事叫她，却得不到回应。

父亲叫妹妹去叫，妹妹不肯。父亲便亲自去敲门，半晌无人。待把门打开一看，床前拖鞋平排，蚊帐高挂，被中有物坟起。显然是敏姐好梦方酣，父亲连忙闪身退出，把门一关。

父亲羞愧不已，大声叫着："你是病了还是死了？为什么不起来？"

妹妹忍不住说："姐姐出去了。"

父亲恍然大悟，气得暴跳如雷，把家里每个人都痛骂了一番。然后搬了张椅子，放在敏姐门口，就在那里批阅起公文来。

我连眼也不敢阖，等到父亲在椅子上睡熟了，忙溜到马路上去等敏姐。当然是希望能讨个大赏，但主要的还是怕父亲怒火高升时，拿我来出气。

敏姐优哉游哉地回来了，我把情形告诉她以后，她却胸有成竹，说："没关系，我爬窗子进去就是，保证没事。"

"爸爸呢？他还睡在椅子上呢？"

"活该！让他睡到天亮。"

我觉得不应该这样对待父亲，建议敏姐到朋友家去住，打个电话回来就是。敏姐理都不理，只催我快蹲下，她便踩着我的背，从窗子爬进屋里。

我眼见父亲弯着身体踡曲在椅中，一只臂膀"挂"在椅背上，心中很不是滋味，可是我自顾不暇，又能怎样？一夜我都没睡好，常爬起来偷看，最后父亲竟然倒缩在地上。好在天气炎热，不盖被也没关系，相信还不至于生病。

第二天早上，一听到声音，我就醒了，这时父亲又睡回椅子上了。一直挨到8点，敏姐身着一件薄纱睡衣，一面开门，一面故意对妹妹大声说："立立，你也该起来了！"

只见父亲霍然跃起，敏姐忙用手遮住身子，惊叫道："爸爸，你在这里做什么？"

父亲头脑清醒了些，这才发觉"道高一尺，魔高一丈"。他铁青着脸，一句话也没说，进房去了。

事后，父亲买了一把大锁，向全家宣告："从今以后，谁不想呆在这里，可以自己走路。如果要出去玩，晚上十点钟以前回来。十点钟锁门，锁完门，钥匙交给我，谁也不许开。"

这并没有难到敏姐，因防空洞在墙边，洞顶是斜的，从外面可以走到顶

上。而墙内防空洞的木门，上面有格子，可以当作云梯，敏姐依旧来去自如。

总算父亲认清了一个事实，把敏姐关在家里不是上策。这时警总已对敏姐做了详细调查，发觉她并没有从事任何政治活动，所以同意让敏姐去读书。

敏姐当然想上大学，但碍于没有文凭，只好报考市立台北商职。据悉父亲与某方面已达成默契，只要成绩不太差，便可以通融过关。

放榜时，父亲不放心，叫映斗陪她去看。

一回来，敏姐兴高采烈地说："我考了备取第六名。"映斗也在一旁证明无误。

父亲立刻打电话去问，对方说备取已决定录取十名，所以绝无问题。

一直到快开学了，学校还没来通知，父亲又去问。对方一查，十名之内并没有敏姐的名字。父亲不相信，追究之下，才发觉她是备取第 31 名。

"我绝对没有看错，是第六名，而且就在顶头第一行。"敏姐指天发誓。

"四爷！一定是学校搞错了，我怎么会连第六名都看错？"映斗也振振有词。

其实看过榜的都知道，榜单的顺序是由上而下，由右而左，一般每行有六名。如果是第六名，就应该在最下面。而在顶上的第六行，其实是六五三十后的第 31 名。

最后，当局找了一个冠冕堂皇的理由。因敏姐的语文考得比较好，学校宣布为了发扬中华文化，特在后补名额中，加收一班语文成绩最优者。这一来不仅敏姐的学籍解决了，不少名落孙山的学子也沾了光，敏姐大出风头，当选为班代表。

4 小雪

小说　师道　早春　学业

正当大家在为敏姐庆幸时，我却坠入了绝望的深渊。一年级下学期的英文果然不及格，补考也没有通过，被判留级到35班。

我知道父亲对留级的看法，也不难想象到我将要面临的悲惨命运。为什么菩萨不再保佑了呢？为什么母亲在天之灵会遗弃我呢？是我做了什么坏事？还是诚心不够，以至于老天爷还要考验我？

反正打是挨定了，能拖一天算一天，我决定不告诉父亲，装着一切如常。再说，我对菩萨怀着一种期望性的信心，事到如今，也只有天上的菩萨能施以援手。除了早晚烧香祷告，多叩些头，等待奇迹的出现外，我不知道还有什么其他办法。

开学后，我到35班报到，眼看原来同班的同学神气活现地迈向二年级，自己却掉在后面，无形中矮了半截。心中的懊恼与羞惭，只有自己清楚。

新环境，新同学，注完册，编好座位，我还是不愿接受事实。怎么可能留级呢？以往多少困境都化险为夷，这次只为了一科英文，竟会如此严重？我不相信，一定是菩萨对我不满意，“平时不念经，急时抱佛脚”，当然菩萨会生气。

对了，信念要虔诚，要像母亲一样，连生死都置之度外。怎能因这一点小事就丧失了信心？急什么？“大慈大悲观世音菩萨，救苦救难观世音菩萨”！菩萨一定会保佑的，我不时提醒自己，心中不住地默念佛号，其他皆置之度外。

上了一个星期的课，我心若止水，整整念了一个星期的“大慈大悲救苦救难观世音菩萨”。如此这般，在一个晴朗的中午，我忽然听到广播：“朱邦复

到教务处来！”

我连想都没有想，就知道是该我回到32班的时机了。

走进教务处，一位老师问我：“你愿意回到原班去吗？”

“愿意。”我平静得如老僧入定，将这个天大的好消息视为理所当然。毕竟，这是我日夜诚心念经的结果。

“那你就去32班报到吧。”一个巴掌打不响，老师也淡淡地说。

回到原班，导师萧辉楷正在等我，对我说：“大家的座位都排好了，我不能为你重排一次，你愿意坐在后面吗？”

我个子不高，原来坐在18号，这一来，我被分到49号。倒也不错，连进30级，前面是一个大块头，屏障天然。

当时师大附中的一些老师，多半是随政府撤退的官员，并没有教书的经验。上课时，他们很少管学生在做什么。只要我脖子一缩，课堂中就像没有我这个人。唯一的缺点是我心目中的庇护神——马湘君坐在7号位置，离得远，又被高山阻隔。有一段时期，在我记忆中竟然找不到一丝她清丽的影子。

尽管菩萨保佑我不留级，但是课本在注册时已经买过了，现在升到初二，却没有二年级的课本。我既不知应该到何处去买，身上也没有钱，想向父亲要，又找不到理由。实话当然不可以说，其他任何我编得出的理由，都将换来一顿毒打。

我很识趣，不能再求菩萨了，这种小事得自己想法子。

在家乡里我们算得上是大家族，但是到台湾来的族人不多，只有星桓、志学、逢汤和逢望等人。于是我厚着脸皮向他们求助，说是书包掉了，不敢让父亲知道。

当时他们的收入微薄，几个人东拼西凑的，总算挤出十多块钱。那时的十块钱，对我而言已经是天文数字，可是一本新书却要四块多，一共只能买两本半。

有人建议我去旧书店试试看，刚好在我家后伊通街上有一家“华华书店”。我走进去一看，书架上是堆满了书，但都是武侠小说。

我对店主说要买旧课本，店主说：“你买课本干什么？我这里的小说随便哪一本都比课本好看。”

“我只有十块钱。”我放低了声音说。

记得小时候看小说，曾带来很多奇妙的感受。父亲书架上能看的都已经被我看光了，想不到世界上居然还有这么多小说，心中羡慕不已。

“十块钱？十块钱都给我，你可以看一个月，能看几本就看几本！”

这个诱惑太大了，反正菩萨会保佑我，管他课本不课本，先看小说再说。

整个学期我完全沉迷在武侠的虚幻天地里，上课时仗着前面的“王屋大山”挡住老师的视线，回家后则躲在防空洞、厕所、厨房、被窝里，以及任何父亲看不到的地方。看得我昏天黑地，以至于除了小说里的情节外，人间一切都是空白。

由看武侠小说，我发现了自己非凡的鉴赏力。好的作品我可以看上十几遍，不好的则略翻即止。对于所谓的好坏，我都能井井有条地明确分析。而且，我往往在书店中与一些成人争论，说得他们哑口无言。

最先我欣赏王度庐的“侠情”，他的文笔细腻，悲剧色彩浓厚。他以武侠为背景，实际上所表现的是儿女之情，读来令人荡气回肠，为书中人的遭遇一掬同情之泪。一口气把他所有的书看完了，又重新将《鹤惊昆仑》《宝剑金钗》《剑气珠光》《卧虎藏龙》及《铁骑银瓶》全套看了多遍。

其中最令我神往的是《铁骑银瓶》一书中所描述的新疆大漠风光，那无垠的滚滚黄沙，飞驰怒啸的西域骏马；加上柔情似水、开朗大方的异族姑娘……在在都脱离了枯燥难耐的现实，令我心醉神迷。想不到的是，这种向往之情，后来竟决定了我一生的命运。

第二个让我注目的是郑证因，据说他当年曾是国术会会长。他着重于“技击”、江湖侠义、帮会堂口轶事等，写来无不丝丝入扣。尤其是他对各家内外功夫以及技击招式的描述，简直可以当作习武教材。

然而影响我最深的，却是还珠楼主的“仙侠”。是他无涯的玄想，触发了我的幻思。也是他那浩瀚的巨作，驱使我勇往直前，向往着文学天地。更是他对仙佛境界的描述，曾令我迷，也种下了我觉悟的因子。

他的文笔生涩而累赘，故事冗长，枝节频生，很难令人忍受。但若深入研究，他全部著作约有两百余册，每册大约二十万余言。对常人而言，在短短几年间手不停笔地写上几千万字，几乎已是不可能。何况其内容上至神、道、仙、佛，下迄妖、魔、鬼、怪，甚至于精、灵、幽、玄，尽是超凡的幻想，却又皆丝丝入扣。

尤其令人叹为观止的，是书中陈述的时间千载，涉及的地域遍及地球、虚空。而有血有肉的人物多达千余，都能在时空上穿梭衔接，形成一个拟真的奇妙世界。

据说其书流传盛行时，有不少青年离家出走，求仙访道。足证其人之才华过人，影响深远。从艺术的角度来看，以我所知，古今中外尚无出其右者。

还珠楼主名叫李寿民，四川人，其父曾做过苏州知府，他好旅行，足迹遍及国内名山胜水。抗战前，开始在上海某报发表“蜀山剑侠”，立刻轰动。后来有数家报纸同时以他的连载为号召，他应付不及，只得躺在鸦片榻上，一边抽鸦片，一边口述。一旁则有专人听写，一家报社应付完了，再对第二家报社讲另一个故事。

如果传说是真，那实在是糟蹋了这种盖世奇才。他若能集中精力，专心写作，一定会有不朽的名著传世。

就这样，我沉醉在他的玄思中，若身在大陆，必然也出家访道去了。除了憧憬那种善恶分明的世界外，还珠楼主丰富的幻想力以及独到的组织结构，也造成了颇能自圆其说的真实感。我常坐在大门口的石阶上，呆呆地、眼巴巴地望着云天。梦想着有朝一日，一道金色剑光破云而出，将我渡上仙山，永远脱离人间苦海。

有人说，武侠小说腐蚀人心，危害青少年甚巨，我认为不然。多元化的社会原本就需要多元性的滋养，单一思维的结果，将很难应付未来的变化。

天下没有一件事是绝对的，也没有一个人是完美的。多方面的发展探试，人们才会有全方位的认识。尤其中国由于近百年来的屈辱和战乱，泛政治化影响所及，已经形成了僵化的一言堂。即使后来全力发展科技、经济，在那种统一的模式下，教育出来的各种人才，在观念和认知上都难免偏颇狭隘。

人并非机器，不应该也不可能生存在一种单一的由少数人主导的社会中。或许在社会发展的某一个阶段有这样的需求，但当那种需求满足后，新的需求必然继之而起。

自由思想是人类进化的动力，如果没有必要，小说不可能应运而生。武侠小说是小说的一种形式，它承袭了中国传统，宣扬公平正义的精神。当社会中有这么多人自愿逃遁到某一种虚无幻境中，识者应该认清，一定是社会出了问题。

至于逃遁的人，在心理得到安慰，郁闷完全宣泄以后，当更能勇敢地面对现实。即使是一个心理尚未成熟的儿童，逃遁也是自我保护的不二法门。至少，对我而言，还珠的小说令我度过了最不堪的青春岁月，得免于失足和迷失。

当然，任何一种现象都有其利害得失，文学作品有优有劣，武侠小说亦

然。那么是否坏的武侠小说对人会有严重的危害呢？这也不见得，人的判断能力是指其对所知所识的素材，与现实环境的印证能力。一个没有判断能力的人，无法分辨是非好歹，这种人不论学什么、做什么，都可能有偏差，何独以武侠小说为烈？

就算我当年离家修仙访道去了，相信迟早也会找到自我的归途。更何况我前半生的经历，除了对心志有所磨炼外，实际上是乏善可陈。假如我对这个社会还有一点贡献，那种能力与其说是学校和现实社会培养出来的，倒不如说是受还珠小说影响来得恰当。

最后，我不得不衷心承认，这一生中还珠楼主是影响我最大的人。不仅是我在初中时受过他的洗礼，直到今天，我身边始终有几本他的书，也是唯一能供我遣怀的。如果不是他的小说，我早就迷失在人海中，即令没有，今天恐怕也是个行尸走肉。

还珠先领我进入小说的幻境，然后，以一些生动的故事，介绍了佛教禅宗的真谛。像在《蜀山剑侠传》第二零九回“灵境锁烟鬟，绝世仙娃参佛女”中，小寒山神尼的忍大师，誓以百忍渡化众生。为断夙缘，面前置一横木，数百年仙凡未能越此一步。但是其转世的爱女谢璎、谢玲一来，几滴思亲的情泪，居然将横木化为无形。

忍大师感慨地说：“门横巨木，仍为至情至性所动，可知圣贤仙佛、英雄豪杰，都不免为这情字所累。”

还珠又塑造了一位尊胜禅师，他有无上的法力，为了渡化书中的第一魔头——天欲宫的尸毗老人，甘愿为老人所困。禅师欲以虔心毅力感之，施展最高佛法“金刚天龙禅唱”。尸毗老人一怒之下，以大阿修罗法将禅师封禁在高丽贡山一座岩洞之中。

高丽贡山中有七位隐居的散仙，人称丽山七老，皆为禅师的弟子。他们每隔一百二十年，轮流送一蒲团，以孝敬禅师。

最后，尸毗老人为恶不慎，反受到本身阴魔之害。老人在天人交战之间，刹时忆及千年前，尊胜禅师有意将他渡化，竟遭他酷刑禁制，不知近况如何。孰料，一念之思，禅师立时现身。尸毗老人见禅师百衲衣业已腐朽，最后一个蒲团已经坐破，仍旧慈目相向。

当然，老人最终回头是岸，而真正受益的却是我这个读者。我见到的时间动辄百年千载，生生死死之后尚有来世的不了之缘。我所接触的，不是些修持精进的得道者，就是十恶不赦、自私自利，最后沦为邪道、神魂俱灭的恶魔。

我所学到的道理，无一不是忠孝节义，克己守礼，待至机缘成熟，自有白日飞升的一天。

是这种时间观、人生观主宰了我的一生，沉浸在纯精神的领域里，人间的功名利禄，早已视若浮云。隐隐约约中，我生命追求的方向已定，最后也终能如愿以偿。

然而，仙侠世界的潇洒，并不能改变人间的现实。学期终了，我还坚信会有仙佛保佑，尚不以为意。待成绩单寄到，一看之下，我竟然惊得呆了。除了音乐、体育、美术、劳作以及童子军以外，其余都是红字。也就是说，凡是需要考试的科目，没有一科及格。

我心中一阵冰凉，从任何角度来看，这种情况没有不留级的可能。除非是神话，除非有奇迹，除非真的会得到菩萨保佑！但是菩萨只保佑好人，我在这段时间，为了要租武侠小说，曾经多次偷了父亲的钱。既然做了坏事，是不是因此而受到责罚呢？

“大慈大悲观世音菩萨，弟子错了！请原谅弟子吧！”抱着唯一的、最后的希望，我把目光移下去。一排蓝字，在满页红色中，很显明地跃出：“随班附读！”

我几乎不相信自己的眼睛，看了又看，没错，是随班附读！虽然所有的主科都不及格，我还是没有留级。如果这还不算是菩萨保佑，那是什么？

不论如何，开学后我终于有了新课本，回到 19 号的座位上。至于小说，店里的书早已被我看得精光，只剩下还珠楼主的，我看了一遍又一遍。但因他羁留大陆，被认为不忠于“国民政府”，新书皆被查禁。在无书可看之下，我只得回到人间，重新做人。

首先让我感觉到不习惯的，是人间繁琐的事物，平凡而缺乏变化，却日复一日，挥之不去。其次，生活中束缚限制实在太多，这样不行，那样不可，远不及沉迷小说里自由自在。此外，还有某种说不上来的原因，使我感觉到周遭的一切人、物，都有点说不上来的“疏离感”。连仍然坐在 7 号、我心目中的保护神，也仿佛成了一个云端的仙子，隐隐约约笼罩在晨雾里。总而言之，与我以往所认知的世界，大有分别。

人的认知来自经验，经历过神仙生活的洗礼后，我已经认定人间本来就是朦胧暧昧的。至于以往，我懒得想，也委实记不清楚。好在我心中有的是避风港，随时可供自己逍遥一阵子，其他的也就不重要了。

有一天上课时，老师在黑板上写了题目，临时考试。身边的事物，在我而言，本来就是模糊的一片。反正不知道该怎么做，按照惯例，我到时交个白卷了事。

但我现在坐在前面，失去了屏障。老师见我什么都没写，便问道："你都不会吗？"

"不会什么？"我很诧异，过去从来没有人问过我这样的问题。

"还有什么？你没看见黑板上的题目？"

我再眯着眼细看，黑板上依稀有些白色的影子，淡得像是几百光年外的星星，难以分辨，我只好摇摇头。

老师叫我走到黑板前面去，渐渐地，影子凝聚成形，一些熟悉的字"浮"了出来。

我仿佛走出了浓雾，高兴地叫着："我看到了，黑板上有字！"

"黑板上当然有字！你有近视眼，难道你不知道？"

"什么叫近视眼？"我是第一次听到这个名词。那时我们班上还没有人戴眼镜，家里也没人有近视，对眼镜的认识，全部来自漫画上的"四眼田鸡"。

老师说："近视就是只能看见很近的东西，你必须戴眼镜才行。"

我回家向父亲说要买眼镜，父亲斥道："胡说，年纪轻轻的，戴什么眼镜？"

"老师说我是近视，不戴眼镜不行……"我小心地解释。

父亲立刻光火了："你们老师懂什么？我家几代都没有人近视，你怎么会有？"

我不知道为什么，也不敢再说。后来还是老师写了张条子给父亲，他才不再反对，给我配了一副眼镜。

戴上了三百度的眼镜，刹那之间，世界大放光明，一切事物纤细入微，清晰异常。不论色彩、形状、动静、变化都充满趣味。同学们的面目是那样亲切，老师也不如我想象中的严厉，每个人嘴角所挂的笑容，都使我感到无比的温馨。

我以往因为小说看得太多，以致视觉受损，一直生活在朦朦胧胧的天地里。日子久了，习惯成自然，在经验中，永远有一层浓浓的雾，弥漫在我的身边。由于看不清楚面孔，没有养成"察颜观色"的能力，无从揣摩别人的心意。但人与人之间经常需要相互沟通，除语言之外，还有姿态及表情等沟通方式。当一个人因不会察颜观色而有了人际关系障碍时，他必然会设法逃避与人的交往，变得内向、闭塞。

正当我从虚幻的环境中探出头来，正对其他的人抱着怀疑、不信任的态度

时，这两片玻璃立刻带来了奇妙的转机，过去和现在竟然有如此强烈的对比，仿佛是一片新天地。我开始对周遭的事物仔细地观察，贪婪地吸收，真可以说是脱胎换骨，重新做人。

我最关心的第一件事，是要看清楚“小马”的面庞，我鼓足勇气，远远地盯着她。终于，她成了一个活生生的人形，不再是印象里含糊的影子了。可是，当她那黑白分明的眸子投射过来时，我所有的勇气、决心立时瓦解，忙不迭地把头调开。

同学们见到我这个新鲜的“四眼田鸡”，立时围了过来，抢下我的眼镜，每个人都要试一试。一时之间，我成了特殊的风云人物。那时的情景，今天想来颇令人感慨。据我所知，现在台湾各中学里，学生近视的比例高达百分之七八十。长此以往，终有一天“四眼族”见到一个不戴眼镜的人，也会好奇不已！

正当我剥复相因，否极泰来，努力学习，即将走上正轨的当儿，学校里却又发生了一件不幸的事，令我前功尽弃，再度沦入阿鼻地狱。我对事件的前后经过一再思索，详细分析，了解得十分清楚。然而祸起肘腋，命运弄人，实在是无可奈何。

我们 32 班在导师萧辉楷先生领导下，曾经两次荣登全校模范榜，当时班上风纪极佳，学业成绩也足以骄人。根据教育界的理论，数学成绩好的，其智能较高。从我们那一届开始，本校设立了实验班，专收入学考试数学成绩高者。照理说，本班智力较低，成绩也应较差，但是萧老师却令我们独领风骚。

萧老师是我一生中仅见的唯一的好老师，正直公平，严而不酷，待我们如同自己的子弟一般。尤其是他的见识和学养，令同学们由衷地佩服景仰。耳濡目染之下，不知不觉中，都受到了他的感化。

我们深庆遇到这样一位好导师，人人奋发努力，前途一片光明。但残酷的现实，却先给我们上了人间第一课。学校当局发现他是青年党党员，逼他“自动”辞职。

那时，我们不懂为什么青年党员就不能教书，大家都忿忿不平。记得我们还推派班长向学校请求，让萧老师继续执教，结果竟劳驾训导主任莅临，全班被训导了一顿。主任大人一口咬定，说我们“无知”，受了“坏人”的蛊惑。

萧老师走时，全班哭成一团。大家心里都明白，老师多的是，但真正好的却不可多得。有些老师上课时牢骚多，教学少，经常被同学当作笑谑的对象。本班的光荣和令誉，完全来自萧老师悉心的教诲。他走了，我们今后的前

途呢？

萧老师不仅获得我们全班的爱戴，其他各班的同学也不讳言对他的崇敬。可是，在这个时代中，小人当道，君子蒙尘的现象比比皆是。随着年纪的增长，阅历的增进，越见越多。除了少数人尚能坚持原则外，大多数都不得不与现实妥协，随波逐流。

新来的导师是位毕业于师大的“专业老师”，年纪甚轻。她名叫张淑珍，身材娇小，可是气焰十足。一进教室，她就开训了：“我知道你们班上名誉很坏，可是别以为我好欺负，我最不怕太保、流氓……”

大家一听，都面面相觑。我们是有名的模范班，从来没有出过所谓的太保流氓，张老师是不是弄错了？

她继续说：“学校当局把我调到你们班上来，就是要好好地管教你们。”

这时教室后面传来一声冷笑，大家回头一看，是这个学期刚从香港转来的一位同学。他姓倪，外号叫“泥鳅”，个子很高大，常喜欢开人玩笑。我不大喜欢他，嫉妒他身上的衣服，永远是笔挺、干净的。而且萧老师太关心他，常跟他聊天。

张老师怒声问：“是谁在笑？”

“是我。”“泥鳅”慢吞吞地站了起来，伸了个老大的懒腰，全班都不禁失笑。

张老师打量了一下，决定不理他，轻声说：“你坐下。”

“你说什么呀？”“泥鳅”嘻皮笑脸地说。

“我叫你坐下。”张老师提高嗓门。

“啊，别客气，我会的。”“泥鳅”缓缓坐下去，然后把双脚翘到课桌上。

这一来，张老师的威风尽失，同学们莫不交头接耳。相信都是夸赞“泥鳅”的勇敢，因为谁都心有不甘，总算有人为我们出了一口浊气。

张老师楞了半晌，声调中请求多于威胁：“我的方法是，把不听话的同学名单，公布在学校门口。再不听，我就通知家长到学校来，还有，就是……”由她的眼神中，我们看出后面又有了新花样。

这时“泥鳅”已掏出一包香烟来，丢了一根给靠窗的阿德，阿德是上学期由前一班留级来的。

在众目睽睽之下，两个人把烟点燃，抽了起来。

“泥鳅”说：“阿德，我在台湾没有家长，怎么办？”

“没关系，叫小张把通知寄给我……”

在大家哄笑下，张老师不禁泪如飞瀑，口中不住地说：“你们……为什么……这样……”说着说着，号啕失声，双手捧着脸奔出教室。

一时人心大快，“泥鳅”和阿德忙把香烟丢掉。大家都知道暴风雨即将来临，无不心情沉重地正襟危坐，静待下一刻的噩运。

果然，不一会训导主任怒气冲冲地，陪着哭哭啼啼的张老师回到教室。那一幅鲜明的对照，实在令人感到意趣盎然，原有的三分惧怕之心也化为乌有。

我们这位训导主任很有名气。因为有一次漫画家“牛哥”，穷追本校一位高二冯姓、绰号为“二马”的女同学。我们的训导主任出面把牛哥教训了一顿，牛哥便在报上画了一幅脍炙人口的“老油条”漫画，其造型即以训导主任为模特儿。“老油条”下巴突出，有两颗暴牙，惟妙惟肖。自此，我们都叫他“老油条”。

不知“老油条”是在责备我们还是责备张老师，因为他要张老师指认是谁“让她伤心”。张老师却连头都不抬，训导主任便叫同学自首，也没有人出面。最后，他只好逼问班长，班长则说不知道为什么张老师“自己出走”了。

由于全班的共愤以及张老师不肯开口，学校当局也无可奈何。有人说这是张老师心存厚道，怕毁了“泥鳅”的前途。阿德听了嗤之以鼻，神龙活现地预言：“小张就是我原来那一班的导师，她说她专修教育心理学。什么心理学？就是欺善怕恶学嘛！你们等着看，她一定会找一个倒霉鬼开刀。”

那个倒霉鬼就是我，我猜是因为我个子小，貌不“吓人”，又是“随班附读”，用来祭旗最是合适。

这件事过后不久，张老师写了封信给父亲，寄到父亲的办公室。信中列举了我的“十大罪状”，要父亲对我严加管教！

我在一无所知之下，回到家中，没想到父亲竟然提早下班，严阵以待。一见到我，不问青红皂白，棒如雨下。急切间，我只知抱着头，面对着墙，浑身痛彻骨髓。

父亲打得手酸了，才喘着气，说：“混账的狗东西，你真丢尽了我朱家的脸！我平常还以为你只是不肯读书，原来你坏到这个地步！不打死你，对不起我家列祖列宗！”

“你到底做了什么事？最好老老实实自己说出来，不然，你爸爸不会罢手的！”曹叔叔忙过来劝我。

我本来强忍全身痛楚，猜想可能是“随班附读”的事被拆穿了，正打算自圆其说。这一听，显然还有别的事，那又是什么呢？

“我不知道。”我是真的不知道。

“你还想撒赖！”父亲又暴跳起来：“十大罪状，难道你一件也不知道？”

“什么十大罪状？”我连听也没听过。

父亲气呼呼地抖开了那封信，念着：“第一，考试时东张西望，夹带作弊……”

我一听，惨叫一声：“冤枉！”

一时泪珠夺眶而出，心神俱颤，我跪在地上，对父亲连连叩头：“爸爸，您老打死我，我绝不敢哼一声，但是请不要冤枉我。我宁愿考零分，也不敢作弊，妈妈在天上，看得好清楚，我是不敢让妈妈生气的。”

父亲听了，怒气稍息，又接着念：“第二，平时成群结党……”

这时曹叔叔插口说：“这算什么？都是同学嘛，玩在一起算什么结党？”

父亲又念：“第三，个性孤僻……”

曹叔叔说：“怀公，这有点说不通了，第二条明明说邦复平时成群结党，怎么又变成个性孤僻呢？如果是个性孤僻，又跟谁去成群结党？”

父亲想想，也觉得有理，仔细再看，说：“可是，上面明明是这样写的呀！难道说是老师编造的？第四，欺负女生……娘的狗！你这个混账东西！这总是真的吧？”

我还来不及辩白，曹叔叔又接口说：“什么叫欺负女生呢？我觉得这封信莫名其妙，让我来看看。”

父亲顺手递过去，口中还在说：“老师怎么会陷害他？如果不是他有错，老师写这封信干什么？”

曹叔叔看了看，说：“怀公，您是明白人，这里面除了第一条，其他没有一条算得上是罪状。说邦复考试成绩不好，那是事实。说他作弊，我是不信的，如果作了弊成绩还会坏吗？至于其他几条，我看根本是捕风捉影。什么叫‘衣服破乱’？这也算罪状？那天下的穷人都该杀了！这简直是胡闹嘛。怀公，您明天一定要亲自到学校去一趟。假如真是邦复的错，我负责来帮您管他。同时，也要让老师知道，我们待人做事绝不马虎！”

第二天，父亲带我到学校找张老师。

张老师一见到父亲严峻的面孔，立刻说：“朱老先生，我是为了您公子好，小孩子是要管教的！”

我马上抢着说：“我可以找全班同学作证，我从来没有作过弊！”

班上什么人作弊，同学们心知肚明，我之没有作弊，倒不是有什么过人的

情操。老实说，上有菩萨保佑，还需要作弊吗？

父亲脸色一沉："你上课去，我会和张老师谈！"

他们谈话的结果我不知道，但张老师绝不可能认错，父亲也绝不会相信我。由曹叔叔开始来"接管"，我心里就有了准备，在这种"教育"方式下，我绝不会妥协。留级虽非我愿，但与其长期在张老师的"爱护"下，我宁愿选择留级，甚至于退学。

这段时间里，我心里唯一的春天，悄悄地来了，又悄悄地去了。没有开出灿烂的花朵，也没有鸟语的欢唱。只是雪地里吹过来一阵暖风，冰融了，一棵迟来的嫩芽冒出了头。紧接着，天寒地冻，大雪纷飞，那丁点儿幼芽，永远封冻在我的心头。

我们都骑自行车上学，学校寄车棚里，每个人都有固定的编号及车位。我在 78 号，马湘君是 25 号。有一天，我看看自己的自行车，在学校中很少找得出比它更窝囊的了。破旧不用说，前后轮的遮雨板没有，铃铛掉了，甚至连刹车都付之阙如。车如其人，我呢？恰恰好也只配得上这辆车。

每当我看到小马的车，是那么光洁、清爽，心中就不禁惭愧起来。这天我突发奇想，今生我不可能有机会亲近她，也不敢让她知道我对她的感情。既然车子和我同病相怜，何不成全我那可怜的车子，让它与小马的车子相聚片刻，让它也接受点庇护？

我想到便做，于是我把车子特意放在她的车旁，紧紧挨着。若她到校较晚，我会故意延迟些时，在校园中乱逛。因为怕被她发现，还得在放学时，抢在她之前把车推出。如此这般地过着，我心中感到由衷的幸福，骑在车上，都加了一分珍惜与谨慎。我们人车同病相怜，我让它沾了她的光，它也让我分享了一点幸福。

有一次放学时，我有事担搁了一会，眼见她已进了车棚。我的车子人人认识，诡计当然被拆穿了。羞愧交集之下，自此以后，我只好乖乖地把车放回原位。

为了要抢停车位，我发现早一点上学，竟然能够逃避父亲的责骂。自从停车的糗事穿了帮，我索性一大早就到学校，有时甚至早得连学校大门都还没开。后来我发现阿德也到的很早，我们之间便有意无意地比赛起来。到了教室以后，由于都不是来温习功课，闲着无事，便拿后来的同学开玩笑。

我们最常玩的把戏，是把教室的钥匙藏起来，然后躲在一旁，等着看晚到

的同学出丑。按照规定，当天的值日生应该先来开门。由于我和阿德赛早，特别要求同学把钥匙放在教室的门楣上，以便早到的可以先开门。

很多比我们稍晚的人都受到愚弄，他们找不到钥匙，只好爬窗子进来。我和阿德就大乐，一个一个地数。渐渐地，我注意到小马一天比一天到得早，为什么？我不敢说。但是心却开始不安了，如果轮到她爬窗子，我该怎么办？

于是，我对阿德说，钥匙游戏玩腻了。阿德不同意，他觉得这比什么都有趣。甚至希望有一天能看到女同学爬窗子，才心满意足。

这正是我所担心的，我花了不少工夫，编了不少理由，总算说动了他。我们约定，不再开同学的玩笑，只是他坚持要把锁和钥匙都放在他的身边。

在一个天色微明的早晨，教室中只有我和阿德，正靠着窗口，向楼下搜寻猎物。突然，我看到了她的倩影！最担心的事终于要发生了，我的心猛烈地跳动，一时手足无措，脑中一片空白，不知该怎样才好。

阿德吹着口哨，走出教室，我则忙取出课本，总得装个好学生的样子吧！我还在胡思乱想，教室门突然关上了，紧接着又听到上锁的声音。糟了，阿德在弄鬼！

我想阻止他，已经来不及了。这时，阿德打开窗子，一溜烟爬了进来。关上窗，他立刻坐到位子上。完了，我该怎么办呢？把阿德的钥匙抢过来，去讨好小马？那以往被我们捉弄的同学呢？只为了我喜欢她，就对她偏心？

正在举棋不定的当儿，已听到有脚步声走近。空旷的回音，是那么稳定、轻巧，我可以想象出小马自信的神情。我的心急剧地跳动，该把门打开呢？还是赶快藏起来？为什么人不能像剑仙小说中的情节一样，可以立时消影潜踪？我怎能坐在这里，眼看着心目中的偶像，竟自佝偻着身体，从那半截窗子钻进来？

但是，我却没有动弹，心中无数个念头此起彼落。我暗恨自己过去害人太多，以至于今天丧失了立场，不能向阿德据理力争。

有人敲门了，我急得几乎要发疯，身体发软，低着头，瘫痪在座位上。门被推着拉着，阿德是存心不理，我则是丧魂失魄，动弹不得。

半晌，她试试窗子，顺手就打开了。只听得阿德嗤嗤地笑，他终于看到一位女同学爬窗子了，相信他一生都将津津乐道。而我呢，我知道得非常清楚，这将是我今生最后一次，看到她在晨曦中姗姗而来了。

果然她不再早到，但是她却原谅了我。有一次我居然在我那寒酸的车子旁边，见到了她那轻巧、干净的小可爱。或许是意外吧，或许是别人无意中挪过来的。我急忙躲到一旁，我想要知道事实真相，但愿是她自己把车子放在这

里的。

我在人丛中，眼看她向停车处走过去，毫不犹豫，一直走到我们的车旁。然后，她轻轻地，把纠缠在一起的那部秃车移开。跨上车，如同一片秋日轻灵的浮云，潇洒地走了。

我的心悸动着，我的手颤抖着，我不忍心骑上那部秃车。我只是温柔地，小心翼翼地，将它推到一个无人的墙角。我仔细咀嚼着刚才的情景，抚慰着小马触摸过的把手，抱着车身，痛快淋漓地大哭了一场。

我很感激她的仁慈，可是我还能要求什么呢？我有资格期望吗？乌云密布薄天，寒风已起林梢，学期接近了尾声。我再傻，也知道自己危机步步，因为上个学期成绩太差，现在连求天保佑都难了。

成绩揭晓了，学年平均的结果，英文、数学及理化不及格，我降级到37班。

虽然心里有数，我却只想到如果留级了，充其量再留到35班，继续念二下。但是现在却降到37班，等于是要从二上重新念起。

为什么观音菩萨不再保佑了呢？为什么我上次全部不及格，都能随班附读，现在却只有三科就降级？

惶惑、玄疑、莫名其妙，我好像陷入一个深邃的黑洞中！父亲的打骂我都没有放在心上，我只要求了解事实的真相，这些似乎不合常情的现象，究竟是什么原因使然？

我没有办法去问观世音菩萨，到了学校，找到教务长，委婉地请求他解释。

原来“国府”撤到台湾之初，沿用祖国大陆的“学期制”，一年招生两次。有所谓春季班、秋季班之分，每学期终了后，即结算一次成绩，以定升降。无巧不巧，这一年教育部决定改为“学年制”，一年仅招生一次，春季班停办。在施行之初，为了便利学子，规定当时凡由秋季班留级至春季班者，得以暂时“随班附读”。最后在学年结束时，再将全年的成绩平均计算，做为该年升降级的标准。

第一次我符合随班附读的规定，得以回到32班（秋季班）。到了下学期，全年平均仍有三科不及格，则留级一年，故降为秋季的37班。

就这么简单，当然，对懂得其中原因的人而言，什么都很简单。

排除了各种巧合的因素，我开始怀疑是否世间真有菩萨和神仙？在还珠楼主的小说中，那些剑仙腾云驾雾、知道过去未来的本事，比当今的科学武器还

要厉害，显然这并非事实。再谈菩萨，如果真能有求必应，那么人活着只要不断地祈求，岂非一切困难都解决了？再如一人求下雨，一人求天晴，菩萨该怎么办？

俗语说“上一次当学一次乖”，这次的代价太高了。如果不是仗着盲信菩萨保佑，可能不至于落到这种地步。痛定思痛，从此我下定决心，抛却迷信附会。凡事不经过自己理智的印证，绝不轻易接受。

人生事态，就是个人意识形成的基因，我不甘于无知，所以勇于探索。这种动机不断地驱策着我，走过崇山峻岭，跨越无涯深渊，由无而有，由暗而明，终于闯出一条康庄大道。换个角度来说，如果我自己不用心去思索追求，则所有的灾难和痛苦，不仅不能成为人生的借镜，反而变成一场恶梦，将终身陷溺而不能自拔。

我一到37班，就感到气氛诡异，天天有人打架，同学们说话也很粗鲁。不久，我就发现了两个主要的因素。一是有位姓罗的同学，其父为某军种的总司令，家中有钱，母亲又极度宠爱。

每天下课时，罗生便从口袋掏出大把钞票，向空中一扬，大声说：“哪个王八羔子要跟我上福利社？”

随声应和的人不少，最后都成为他的党羽。

其次，班上有位女同学，名叫古稚凤。她长得清秀脱俗，曲线玲珑，更难得的是有一股神圣不可侵犯的气质。在我们小和尚群中，她有如殿上的神祇，又宛似沙漠中的绿洲。自然而然地，她不仅令同学们倾倒，更吸引了许多高年级的狂蜂浪蝶，时常来班上骚扰。

曾有一位老师把古稚凤的名字误念为“古鸦凤”，从此大家就叫她“乌鸦”。后来成名的武侠小说家古龙，当时就读35班。他也是我们常见的“鸦客”之一，他对“古稚凤”迷恋之深，可以由其笔名“古龙”略知端倪。

那时同学们多多少少已知一点男女之情，包括我在内，暗恋“乌鸦”的人不少。但限于传统与环境，少男少女纯情式的爱恋与尊重经常纠结不清，彼此也心照不宣。所以，每次见到高年级男生挤眉弄眼的恶形恶状，大家便觉得深受侮辱，不免怒从心生。

除了乌鸦外，班上还有四个女生，其中一位外号叫“十三点”。当时的社会相当保守，男女同学间连交谈都小心翼翼，“十三点”则名实相符，对一切毫无戒心。她常和那些高年级同学，在走廊上肆无忌惮地嬉笑打闹，也让我们

难堪不已。

在开学后不久，班上便引发了两次与高年级的打斗。男同学们一商量，既然不能阻止他们过来，只有由我们拦在教室门口，禁止女同学下课时出去。

我是新来的，还未了解全部的状况。旁观之下，我觉得“乌鸦”人很正派，所以并没有参加他们的阵营。

这事闹了很久，女同学们被拦在教室内，感到非常不便。有一天，“十三点”的朋友来“护航”，他一副目中无人的样子，拦门的同学退缩了。还来不及考虑，我热血上冲，抢到门口，把脚一伸，抵着门柱。别人不敢拦“十三点”，我来拦！要打架，我来打！

料不到，“十三点”的朋友竟然一句话也不说，回头就走了。后来不知是谁向学校投诉，我这次做英雄的代价是“违反风纪”，记小过一次。

在这种环境中，我知道力量的重要性。正好脑中装了不少“武功秘笈”，何不乘机一试真假。这次事件发生后，每天晚上我都在家中苦练功夫不已。几个月练下来，不论手劲、摔跤，在班上堪称无敌。

罗那一伙要的是另外一套，他们仗着有钱，可以买到月考试卷，所以整天嬉戏玩闹。上课时有老师在还好，若是自修课或老师不在，教室就成了菜市场。想读书的同学都敢怒不敢言，好事的同学则跟着起哄，喧闹之声，时常影响到别班的安宁。

同学看我不怕事，选我做风纪排长（风纪股长管全班，排长则管一排），我无视于罗的威胁利诱，专记他们那一伙的名字。

37 班的导师是童军团长，姓黄名罗。他长得满脸横肉，好似凶神恶煞，可是却有着一颗“菩萨心肠”。我每次呈上违纪的名单，他总是笑容可掬地收下，然后把名单拿给罗看。罗因为有所仗恃，态度依然。而我更是毫不气馁，名单照记。后来罗放出风声，要找“十三雄”以及“小五雄”来修理我。

人生的际遇无常，孔子说：“少年之时血气方刚，戒之在斗。”我当时曾准备要纠合一些不满罗的朋友，果真罗要用武力对付我，大家不妨一较高下。相信所谓的太保，很多都只是一时的意气用事，日深月久，恩怨纠结，遂致难以自拔。

学校规定学生禁止携带武器，为了应付随时可能发生的伏击，我特别将腰带两端之铜环磨得尖利非常。在家中，我练了一套“缠龙鞭法”，随时可以抽出腰带，用铜环尖利的锋刃，把树皮割成碎片。此外我还练了“旱地拔葱”，一方面为了逃命，一方面也还有其他用途。因为我个子不高，打篮球时老抢不

到球，所以发狠苦练。

所幸罗只是说说而已，没人来修理我，我才没有走上歧途。鞭法从未派上用场，但“旱地拔葱”却使我能从平地拔起，摸到篮框。有了得以骄人的本事，我渐渐迷上篮球。在那种激烈的运动下，全部精力有了适当的发泄，每天总要累到双脚发软为止。

直到班上闹出了一件轰动全台的大事，学校当局才知道事态的严重性。然而，恶果已然铸成，挽救不及。多年后，牵连该事件的同学中，一人被杀身死，一人被判有期徒刑二十多年。而罗生现居美国洛杉矶，任某教会牧师，常现身说法，对当年行径后悔不已。

以我所知，罗生本性善良，只因家中富有，母亲宠爱过度，无所拘束。而学校无视“教育”的重责，一味敷衍。等到学子们宝贵的青春逝去，出了社会，恶习已经养成，难以更正。再加上社会风气竞逐奢华，面临着激烈的生存竞争，人不甘埋没终生，便只有铤而走险。无论个人、社会或国家，都付出了无可弥补的代价。

学校不是学店，不能专事买卖“知识”，品德、人格可以决定知识应用的方向。用之于“公”，社会国家受益；用之于“私”，一人得利而已。教育是国家、社会千秋万世兴亡所系，而教师则是未来前途的催生者。从历史的观点看，不论古今中外，任何一个政府的成败，当视其在教育上的措施而定。

在二年级下学期的期终考前，就有同学拿着期终考试题答案，到处炫耀。贪便宜是人的天性，何况是一些年轻未经事故的中学生。班上只有少数同学没有加入他们的行列：五位女同学，几位成绩好、自命有把握的高材生以及我这个从不妥协的怪物。

暑假时，有一天《大华晚报》第四版刊登了一则新闻，大意是：

“初中学生看武侠小说入迷，结伙上阿里山修道。”

我一看，正是罗和他的喽啰们，第一批七个人，在万华车站被拦截下来。第二批的二十多人，则计划在日内成行。

我大吃一惊，忙向同学打听，才知道原来是买考卷之事被发现。学校一追查，发现为首的是罗生，班上还有三十多人涉及。这样大的丑闻，学校一时不知如何处置，有人主张严办，有人主张从宽。而罗等几个人一商量，认为不管学校怎样处置，家里一定会责罚。不如集体逃家，藉此要挟家长，直到获得保证，不加处罚为止。

参加买卷的同学都同意了，最后选中去阿里山。因为其中有位同学曾经去过，大家正好乘机野营，玩个痛快。但除了罗和少数人外，其他同学并非个个家里有钱。而这一趟费用，又不是罗等几个人所能负担。因此规定每个人都要缴些钱，自购车票，前后分三批行动。

由开始讨论到成行，前后有三天之久。此时他们已经逃家，每天都睡在教室里。大批的同学出出进进，而学校的师长职员很多，竟然没有一个人发觉。

最妙的是第一批七人正要出发时，其中一位外号“傻蛋”的同学，突然想到妈妈箱子里还有些金条。大家都骂他笨，催他去偷来花。因为火车班次已定，其余六人决定先行，并约好在万华车站见面。

“傻蛋”回到家，光天化日之下，他竟然翻墙进去。当时他父母正在院中与警察讨论他的行踪，不料儿子却从天而降。也幸亏如此，警察得以及时赶到车站，把几个目瞪口呆的小伙子给拦了回来。

最后学校当局折中处理，为首的 7 位同学“条件入学”，其他 27 人则统统“留校查看”。

处身在那种环境中，若非过去不幸的遭遇，养成了固执的个性，我必然也是他们的一员。回想 32 班在萧老师的管教下，绝不可能发生这种事情。小小一个班级，不过四十多个纯洁的少年，好的老师可以使他们成为社会的栋梁，继续散播良好的种子。不负责的老师，不仅使无辜的学子丧失了他们应有的权利，也为社会增加了额外的负担。

为什么没有任何人从这些事件中学到教训呢？随着社会的繁荣，台湾教育风气日趋恶化。人们只知哗众取宠，敢于负责的人越来越少，愚昧无知渐成主流。数十年后，“爱”的教育大行其道，人人爱惜羽毛，学生已无法管教。作弊不再是新鲜事，飙车、打架、抢劫、绑架、勒索、杀人等层出不穷。不仅是老师打学生、学生打老师，还有学生结伙攻打警察局的！

更严重的是，学校培育出来的精英唯技是问！他们眼中只有成败得失，至于伦理道德，连听都没有听说过！种瓜得瓜，种果得果，数十年后，这种教育的成绩大放光芒！台湾社会上人人为己，乱象毕陈！最后闹得上上下下里里外外，一片乌烟瘴气。

古人说得好：“得人者昌，失人者亡”。我惋惜萧老师的离去，也哀叹良师益友之难遇。国家民族的前途，端视下一代的教育。而下一代的教育，却又控制在上一代人的手中。只能怨我们生不逢时，因为环境的因果循环，在人生最珍贵的起步当儿，竟遭到这样无情的摧残，付出了一生的幸福。

5 隔阂

青涩　斗争　病院　邻居

高中我考进省立成功中学，校园座落在台北市区内，四条马路紧逼着围墙，墙内则被三栋呈“杯形”的建筑塞得满满的，甫进校门便觉得喘不过气来。

一进大门是栋两层的楼房，行政部门、初中部及高二、高三都在这里。楼房隔着一个小小的操场，与一排平房相望，那平房就是我们高一新生的教室。右侧底端还有一排老旧的房子，既破旧又不起眼，是图书室、体育处等单位的办公室。不论是环境、校园或教室都远较附中逊色，令人觉得有无限的委屈与压迫。

可是，我没有什么好抱怨的，成功中学是我的第三志愿。以自己的成绩，能考上省立高中，也该偷笑了。

16 岁正是人的青春烦恼期，身体不断地生长，心理随时随地要适应新的变化。智力才刚由墙角露出头来，说懂不懂，却又自以为是。这是人最脆弱的一段时期，最容易受到外界的影响。往往因为一点小小的事故，就决定了终生的方向。

我看过歌德的《少年维特的烦恼》，我的烦恼虽然不是来自异性，那种无奈感却是同样的牵肠挂肚，难以释怀。由于武侠小说的天地距离现实生活太远，我成功地避过了最艰险的一段。甫回到人间，就感觉到家中正弥漫着一股不祥的风暴。套一句行话，似乎正是危机四伏，一副天劫将临的末世光景。

偏偏这时我又换了一个学校，在陌生的环境中，我更感到惶恐，不知如何适应。这三年高中的岁月，刚刚要跨入人生，却是我生命中最难度过的低潮。好几次我准备离家出走，也曾经有几次，打算了结自己的无助的生命。

台湾地处亚热带，终年潮湿多雨，在低气压笼罩下，常逼得我喘不过气来。我酷爱那台风到来的萧条凄凉，每次水灾我都自动到警察局，请求加入救灾行列。因为我没有勇气亲手结束自己。想象着洪水卷来，我随波而去，倒是分外的潇洒。

我准备了一个小箱子，全部财产是一套舍不得穿的制服，和一些视为至宝，其实是破铜烂铁的工具。我以为万一出走，起码可以靠它们谋生，准备时机一成熟，就远走高飞。但是，我无法确定何时是适当的时机，我知道父亲在各界的影响力，因此白天不敢逃跑。而台湾正处于戒严时期，晚上有宵禁，走在街上有可能随时被警察解递回来。

开学不久后，有一个深夜，我认为时机已成熟，可以试试。我要一直走下去，走到大地的尽头，如果遇到绝崖，就此一跃而下。即使下面是大海，也可以无憾地飘浮而去。

我拎着小包，特意避开了松江路派出所的正门，走进一个巷子。

没走几步，就出现了一位警察。他问我："小朋友，你上哪儿去呀？"

我心里早有准备，就说："家里太热，出来走走。"

"你家住哪儿？"

"125 号。"

"啊，你是秘书长的公子啰，天太晚了，你还是早点回去吧。"

我没有答腔，心里想着，说不定全台湾的警察都认识父亲，也都知道他有个不肖的儿子，看来我这一生是逃不出他的掌心了。

"怎么？"他似乎很了解我家的情形："又受了委屈？"

我忍泪不言，他叹了口气，说："我真羡慕你，至少还有个地方吃饭，避风躲雨的，有人供你读书。我十多岁的时候，因为受不了父亲的管教，一个人跑到北京去。唉！我以为出来混个温饱很容易，没想到连讨饭都讨不到。后来受不了，想回家时，东北已经丢了，没办法只好当兵。混到现在，你说我还有什么希望？"似乎他比我还要悲伤，唉声叹气的，我不禁同情起他来了。

"你离开家时，有多大年纪？"我有点好奇。

他想了想，说："大概就是你这年纪。"

我一看居然还有人和我的遭遇相似，心里就不再那么绝望。又聊了一会，觉得自己虽然痛苦，但与他一比，却又幸福得多，也就打消去意，回家去了。

多年后，我和曾是警官的远房堂兄志学聊天，谈起这段往事。我认为因为当时得到了对方的"共鸣"，所以渡过了难关。

他笑着说："你上当了，我们警察教育中，专门有一门对付离家出走儿童的攻心法。你以为那么巧，人人和你一样？"志学毕业于湖北警官学校，对这种事情好像司空见惯。

"我不相信，你怎么能肯定他说的不是实话呢？"

"你们住的那一带都是政府要员，警察当然也经过特别挑选。按照他对你的说法，他十多岁离开家，到现在应该只有二十来岁。松江派出所那些人我都认识，最起码都有三十出头。"

我在台湾尚有位亲舅舅汪泰彦，是母亲最小的弟弟。因为一直住在乡下，没有机会接受教育。刚到台湾时，母亲便央求父亲把他从江苏家乡接出来。他来台后，父亲认为舅舅人太老实，又不识字，便叫他留在家里读书，同时替父亲开车。舅舅不愿意，他想外出拜师学一门技术，后来果然成了大厨师。每年过年，唯有他给我的红包最大。

我经常到他餐馆里找他，当然是为了解馋，舅舅总会给我切一盘醉鸡，然后听我诉苦。

有一次，家里实在待不下去了，我求他给我找个小工做。舅舅一再劝我，叫我先把书读好，否则在社会上一辈子受人欺负。

这些话我当然听不进去，就凭那个大红包，我认为舅舅比其他的亲戚都神气！舅舅说不过我，后来终于同意了。每当我受到委屈，就到舅舅餐馆去吃一餐醉鸡，顺便打听做小工的事。舅舅总是安慰我说快找到了，下次来再说。

一次一次"再说"的结果，危机度过了，做小工的心也渐渐地淡了。

由于心理的不平衡，我必须找到一个发泄的管道。小说已经不能抚慰我狂跃的血脉，陌生的新环境更显得疏离。最令人心慌的，是身体内无处不在的生命力，刺激着神经，逼迫着肢体，随时随地可能迸发出来。

我已习惯于压抑，大批的救火队员，每天忙碌不堪地浇灌心头的烈焰。学校的课业宛如堆积如山的枯柴，师长的教诲则似山头的焚风，不仅对我没有一点助益，反而风助火势，我这座荒山，日复一日地接受各种煎熬。

由于学校小，教室旁边就是运动场，四个篮球场位于心脏中央。在附中时，我连班队都够不上，只有捡球的份儿。有一次，连我在内的几个不知天高地厚的小伙子，偷偷摸摸地报名参加在"三军球场"举办的比赛。目的无他，只因在学校没有机会正式上场，何况三军球场在室内，只要能在里面投一次篮，也觉得不虚此生了。

早就知道会输得很惨，心理倒很坦然，抽完签，第一场对手竟是上一届初中组的冠军文山中学队。结果受惠最大的是我，因为我根本没把去“三军球场”打球当作比赛，也懒得管文山中学是何方神圣。比赛时，我们队只到了六个人，我则是生平第一次，不仅在“有地板”的球场中足足打了四十分钟。而且居然还有正经八百的裁判、计分员，以及全场一边倒的同情弱者的啦啦队。

我设法向一位任职联勤的亲戚要了个橡胶篮球，那个球有很多优点，每天上学时一定要先打足气，到了放学时必然会漏得又干又瘪，可以塞在书包中。这还不说，如果打完球忘了收走，一定会有同学路不拾遗地物归原主——自动给我送来。

有了球，我便和一位同学换了临近后门口的位子。下课铃一响，我头一低，在老师还没走出教室之前，就如轻烟一般，溜到球场，先占地为王。

上课时，十分钟有如终生监禁，到了球场，十分钟简直比打个喷嚏还要快。为了发泄精力，我拼命抢球，抢到了宁愿传给别人，甚至于胡乱丢到外围。我个子虽不高，但因为练过“拔坑”的功夫，一招旱地拔葱，就闯出了字号。

中午才是重头好戏，拜地利之便，我这个“职业球员”一定抢得到球场，于是便展开了一个多小时的“战场杀戮”。

为了打篮球，所有的空闲时间都耗在球场上，午餐便成为最大的累赘。好在家中无人照料，“便当”（家中自制的饭盒）时有时无，端视佣人阿香的情绪和前一天的剩菜而定。我常故意将剩菜扫光，第二天就有借口向阿香要“饭钱”，一天两块钱，可以买两个面包。

事实上，两个面包对一个正在成长中的年轻人而言，连牙缝都塞不满。而我也从来没有买过面包，四根冰棒才是真正的享受，既省了吃饭的宝贵光阴，又解决了口渴的困扰。

万一是带便当，那就伤脑筋了。我总会设法在上课当儿，一口一口、偷偷摸摸地把那些吃起来不知是何物的家伙，尽快地塞进胃里。好在同学们渐渐闻惯了上课有饭菜的气味，也因为实在需要有人牺牲，否则中午无球可打，时间可不好消磨！只是，有因必有果，等到时机成熟，报应才到。后来在巴西，我的胃溃疡发作，几乎魂归异域！

光是打球还不够，体力虽然能够宣泄，并不表示心力就有了平衡。刚好这时学校新成立了管乐队，招收高一的同学参加练习。这种事我怎能后人？虽然从来没碰过任何乐器，反正是醉翁之意，学不学得会，我丝毫没放在心上。

当时有乐队的学校并不多，记忆所及只有私立开南商工一个学校。连附中、建中都付之阙如，因此，大家对乐队的认识都很有限。请来的一位教练是“国防部”军乐队的，但他每个月只能来一两个小时，对牛群哈上一口气。

选乐器时，人各有志，最抢手的是小喇叭，可是吹得出声音的没有几个。再来就是黑管，倒是人人都能让它鬼叫神嚎，无奈管上键钮多多，像毛毛虫一般无从下手。打鼓最容易，立刻有人捷足先登，大珠小珠声如雷鸣。

我选来选去，发现乐器不是被人占住不放，就是上不了手。等到每个人都有了对象时，我还在那里像游魂一样，东晃晃，西摸摸。

有位同学比较内行，他劝我玩指挥棒，说做指挥最神气。但我嫌它不能发出噪音，不过瘾。

他说：“你想过瘾？过什么瘾？”

我也说不上来，只觉得自己精力过剩，坐立难安。他大概是猜到了我的难题，便指着地上一个庞然大物。那东西看上去像个海螺，上面有个方圆尺许的大漏斗，下面蜿蜒着几圈铜管，想来起码有十几公斤重。

他说：“这个叫‘输傻疯（萨克斯风）’，是乐队的灵魂。可是吹的人一定要有力气，否则游行时，不要说吹，光扛都会扛死活人！”

因此，我选了“输傻疯”。它和我身高相若，扛上肩膀，我仿佛又矮了半截。

输傻疯很好吹，一吹就响，一响就像牛鸣。说是牛鸣还有点自我安慰，根据同学们的评估，正确的说法应该是大象放屁声。

总之，我很满意这十公斤的伴侣，经常把它擦得泛出金光。在清晨的升旗典礼中，当太阳出来时，那漏斗反射出去一片耀目的金色光圈。我尤其喜欢看光圈笼罩下，人们躲躲藏藏的德性。

养兵千日，用在一时，我们成军不久，欣逢“双十国庆”。该年适值中山北路陆桥峻工，因此要扩大游行。游行队伍要由“总统府”到中山堂，绕过火车站，南下陆桥，再回到“总统府”前的广场。

我们学校因为有了乐队，便成为台北各中学的魁首，被指定为“前导”。这简直是莫大的殊荣！我们一边加紧送气，一边幻想着全世界的眼光，都向我们行注目礼。

老实说，那场面着实寒酸得紧。我们乐队只有两只小喇叭、一只中音喇叭、一只低音喇叭、二只伸缩喇叭，再加一只黑管、大鼓、小鼓和我这巍然耸立的又傻又疯！今天台湾任何一个小乡镇的送葬乐队，都不好意思以这种阵营

露面。然而人比人气死人，据说师大附中和建国中学跟在我们后面，还都觉得汗颜哩！

虚荣的代价，只有生活在虚荣中的人才能体会。我们在初试啼声之前，只会两首曲子。一是“国歌”，一是升旗歌，所谓“会”是指吹得出声音来，离不离谱全靠自由心证。只有保证不缺的，就是黑管失控时的高八度装饰音，和大伙上气不接下气的休止符。

游行时总不能老吹“国歌”吧！要练进行曲，如何练？在哪里练？成功中学小不丁点的，即使在马路上吹，教室里也不得安宁。我们被各班同学咒骂着赶来追去，跑遍了每个可能的角落，却始终得不到知音。后来，我们进军到对街台大法学院的大操场去。想不到连那么高级的学府，对我们的音乐也不能领教，骂声更大。

不得已，我们毫无选择，打算吹升旗歌应卯。刚巧那时《琉磺岛浴血战》正在上演，一首美国海军的起锚歌，人人能够上口。还要练什么？大家众喇叭齐心，共谱一调，一吹即成！于是我们又有了第三首曲子，自创的“起毛歌”。

游行当天，大伙从“启锚”经过“起毛”到“弃锚”，前后锚了三个多小时。指挥很认真，坚持只要路边有人，我们就得吹给他们欣赏。由于从来没有苦练过，嘴皮还很嫩，加上在空旷的地方听不到回音，喇叭声不知悠然何往，只得拼着老命用力吹。不到一会，人人嘴皮都破了，鲜血淋漓。然而指挥的手还没有酸，他又一个劲地勇往直前，看不见后面，只是不断地挥舞着指挥棒。为了面子，零零落落的呜咽声便此起彼落。

我的嘴皮还算硬朗，“输傻疯”也只要送送气就可以了，反正马路上够吵了，谁还来注意是不是有只老牛在哼唧？可是，我却发现了一条物理定律：肩膀上的重量，其“加重量”与距离平方成正比。到最后，我根本不能吹了，只是捧着那千斤宝贝，牛步蹒跚。

这次光荣的代价是后来只要一听到游行，我就感到肩膀酸痛。

我真正的苦难始自初三，那时曹叔叔走了，家中由敏姐独揽大权。她为了要找个女佣费尽心思，三天两天，来一个，换一个。不干净的她嫌脏；太精明的她嫌贼；长得不好看的，她说丑得讨厌；长得漂亮的，她说会惹麻烦。总之，个个都不如她意。

最后，来了位名叫阿香的女孩，年纪与敏姐相若。她很会察颜观色，一眼就看穿家中是敏姐作主。没有用多少工夫，敏姐已经心满意足，立刻录用。阿

香成天跟在敏姐后面，不论大事小事，都能处理得恰到好处。

过不了多久，阿香摸清楚了我们家中的底细，她勤劳地跑进跑出，为父亲倒茶倒水。各种琐事不必吩咐第二遍，一一安排妥当。父亲多年来无人侍候，就连母亲在世时，也没有阿香考虑得这样周到。父亲因此心情转好，脸上也露出了罕见的笑容。

正像是严冬密云中现出了煦阳，家里一片祥和。连像耗子般的我，也胆敢偶而钻出洞口，小心翼翼地观察天气的变化。

不知是不习惯，抑或是独特的第六感，我闻到了暴风雨前的气息，看到了在宁静外表下，汹涌澎湃的暗涛。

父亲发觉阿香不识字，下班后便开始教她，那份细心、那种温柔，完全与我有生以来所认识的刚毅严肃的形象大异其趣。阿香也很珍惜这一个迟来的良机，几乎是废寝忘食地努力学习。

渐渐地，敏姐发觉情况失去了控制，便开始在父亲面前，抱怨阿香未尽职责，父亲每次都只是笑笑了事。若敏姐暗示要开除阿香，父亲便晓以大义，叫她要体恤下情。于是，敏姐与阿香的冲突表面化了，常常为了一点芝麻大的事争吵不休。阿香先是忍耐，然后父亲介入，责备敏姐任性，胡作妄为。

终于有一天，两个女人大打出手，互有淤伤。

父亲甫下班回家，敏姐就在房中呼天抢地，哭诉母亲不在身边，竟连佣人也来欺负。阿香则泪珠涟涟，轻声细语，委屈不尽地向父亲辞职，要求返乡。

好戏连场，父亲一会儿大发雷霆，声震屋瓦，闹得鸡犬皆惊。却又立时婉颜悦色、温声细语，对阿香好言相劝。我躲在一边旁观，眼界大开，至此方知世上真有“双重人格”这回事。结果父亲不仅挽留了阿香，听说还加了薪，敏姐这时才知道大势已去。

一天，我正在车库门前玩耍，面前突然出现了一个猥猥琐琐、身材矮小的男人，他说要找“魏桂香”。

我直觉地说：“我家没有这个人。”

他犹豫了半晌，从口袋掏出一个信封，递给了我。发信处竟是我家的地址，我抽出一看——粉红色的信纸。我记得敏姐也有，而且最喜欢拿来炫耀。信纸上只画了一个不太写实的乌龟。

我猜到是怎么回事了，便问他：“你是找阿香吧？”

他点点头，于是我进屋去把阿香找了出来，阿香一见到他，立刻呆住了。

我不知他们说了些什么，晚上，父亲眼睛红红的，不作一声。阿香侍候完

毕，整理好行李，不声不响地走了。

敏姐预期的胜利并未到来，一家大小似乎都成了父亲的眼中钉，见谁骂谁。连从来重话都没听过一句的妹妹，也被骂得直哭。

敏姐曲意承欢，给父亲倒茶、拿水，自动地擦窗子、洗地板，破天荒地担负起所有的家务来。父亲则一时嫌茶冷了，一时又骂水太热，总之，没有一件事称心如意。

对我而言，这些算是小场面，棒子没落在身上，骂骂不关痛痒。可是，敏姐生平没有受过这么多气，常常背着人偷偷饮泣。

这种地狱一般的生活才不过半个多月，父亲的骂声沙哑了，敏姐的面庞也消瘦了。我则小小心心地，深藏在防空洞里，竖起了耳朵，连大气也不敢出。

突然有一天，阿香回来了，居然还是敏姐亲自去“迎驾”来的。阿香送了敏姐一套化妆品，送父亲一个手织的绣花枕头。家里恢复了平静，父亲不再骂人了，阿香则除了侍候父亲外，对谁都不假辞色。

老实说，我对阿香毫无恶感，甚至希望她永远留在我家，帮我化解无情的风暴。只有阿香在时，我可以向她请求买新鞋、新衣。出了问题，也可以请她代为说情。

我常常听到她那带有黏性的温声柔语：“老爷！小孩子嘛……”父亲哼了一声，笑声传来，暴风不再，雨过天晴。

这次阿香回来，还有个附加条件，她每周只能做五天。也就是说，有两天晚上她必须回家陪她先生。而每当她回家前，必定会细心地安排好一场“牌局”，然后吩咐我倒茶送水、收拾桌椅等善后事宜。

打牌有所谓的“抽头”，每次 30、50 元不等。第二天阿香来了，我再把头钱给她。如此这般，等因奉此，日子过得尚称平静。

有一天，我突发奇想，“头钱”应该是给辛苦侍候别人的人。既然工作的是我，为什么不该我得？我隐隐感觉到这种理论在我家行不通，但看看手中的 40 块钱，那种诱惑力实在拒绝不了。说不定父亲不会知道，至少，我扣下一半，想来很难查出。

我只拿了 20 元给阿香，过了一会，父亲一言不发，把我揍了一顿。我知道是为了钱，壮着胆子说：“这是我辛苦工作的钱，为什么不能拿？”

“你工作是应该的，我养你这样大，做点事也不甘愿？”父亲又打了我一棒。

阿香过来把父亲拉开，说：“老爷，不要生气了，20 元算什么嘛！”

“算什么？年纪这样小，就让他养成剥削别人的习惯，长大了还得了？这

是品德及人格的问题，与钱多少毫不相干！快给我把钱拿出来。”

这种价值观是传统中国社会立身处事的标准，我知道父亲说得有理，但我从来没有零用钱，这20元我已做了几十个难以取舍的计划。

硬着头皮，我说：“我把钱花了。”

“混账！你不愁吃，不愁穿，还要什么钱？”

我一听到这句话，感到冤枉万分。我脱下上衣，拿给父亲，说：“我的衣服破成了这个样子，比乞丐好不到那里，同学都笑我没爹没娘……”

那衣服破了无数个洞，都是用铁丝“缝”住的。铁丝见水就生锈，衣服上斑斑的暗红色，好似秋天的枫叶，飘了一地。

父亲见了，更是生气：“你为什么不说？我又不是你的后父。”

“我怎么没说？每次说起，您老就骂我不爱惜衣服……”

“是呀！你看我的衣服，穿了好几年，有哪件像你这个样子？你不爱惜，就算给你买件铁的也没有用。”

我乘机又把眼镜取下，我的眼镜除了玻璃片还完整外，镜架上缠的是细铁丝，镜脚也是用粗铁丝取代的。父亲更是火上加油，还待开骂。

阿香倒是眼圈红了，她说：“这都是我不对，我从来没有注意过小少爷穿的是这样。老爷，您也别生气了，让我来想办法吧。”

那是考高中之前的暑假，不必再穿制服。她不知从何处弄来一些救济品，总算把我的护身铁甲丢进垃圾桶中。

进了高中不久，有一天父亲回家后脸色铁青，我照例去给他换拖鞋，提皮包。父亲理都不理我，冲进屋里，与阿香谈了一会。出来后，不问青红皂白，把我狠狠地揍了一顿，打得我莫名其妙。我还期望阿香来解围，但阿香始终在房里，没有出来。

打完了，父亲没有教训我，走了。

第二天我正在做功课时，父亲又来揍我，说：“你娘的狗东西，做功课装给我看！打死你。”

一连几个月，父亲见着我就骂，我若是开口，马上就拳下如雨。任何事都可以构成理由，甚至于不需要理由，就像冲着了太岁一般，万事不吉。打骂不说，父亲的眼中还带着一种恨毒的神色，仿佛我是十恶不赦的罪犯，令人心神俱颤。

古人曾说：“欲入人罪，何患无由？”可是总应该有个原因，比如说我做了

什么天大的坏事，令父亲深恶痛绝，连向我解释都不齿。有什么事这般严重呢？我除了上学放学，哪里都没去过，到底能做出什么坏事来呢？真是百思不得其解。

糟糕的是，父亲不开口，我又不能问，我不知道我所不知道的事。很可能我做了什么，但我却不知道是错事，更不知道后果如此严重，怎么办呢？

终日生活在恐惧中，风吹草动都令我心惊胆战。我并不是怕挨打，挨打其实是我练“气功”的良机，身体反倒越打越壮，骨头特硬。但父亲的神色让我感到自己是普天之下最不可原谅、罪该万死的恶棍，他越是不说，我越是不安。

有一天，父亲说家里有事，吩咐我中午请假回家。

我一回家中，志学已坐在客厅里。大家静静地吃完午饭，一副“山雨欲来”的情景。

果然，风起了。吃完饭，父亲突然对志学说：“你带他去吧！”

“去哪里？”我忍不住问。

“去哪里？去医院！”父亲没好气地说。

“去医院干什么？”我如丈二和尚，摸不着头。

“干什么？看病！”

“看什么病？”我越搞越糊涂，明知要挨骂，也忍不住要问。

“看什么病？神经病！”

是骂我神经病呢？还是说我有了神经病？

“神经病？”

“神经病！”父亲答得斩钉截铁。

“我没有神经病呀！”我这才了解父亲的意思。

“就是因为你有神经病，所以你不知道你有神经病。”

我还能说什么？原来如此，我终于懂了！天天挨打是因为我有神经病！可是，我有神经病吗？我实在说不上来，说不定我真是有神经病，而自己不知道！满心懊恼下，默默不语地跟着志学到了台大医院。

那时的台大医院规模远不如今日，一进大门，只有左右两个挂号处。左边灯光明亮，是一般门诊，有两三个窗口，很多人在排队。右边则冷冷清清、阴阴暗暗的，只有一个小窗子。前面有人挂号，我们便排在他后面。

志学交游很广，朋友甚多。无巧不成书，这时对面走来一对夫妻，见到志学，立时亲热地打起招呼。随即关心地问道：“怎么啦？来看病？”

志学苦笑了一下，说："不是我，是我这位亲戚。"

那位热心的太太看了我一眼，说："他身体很好呀，是什么病呢？"

志学一时语塞，连忙看看挂号窗口的牌子，我也跟着看。上面写的是："花柳科、麻疯科、精神科"。

志学毫无选择，只好说："这个……精神科……"

我着实讨厌这位太太的啰唆，便把眼睛一瞪，直直地望着她。她多半是被我那副精神病的征兆吓到了，忙拉着她那位不识相、还想问下去的先生，回头就走。

精神科在右侧的地下室，阴暗潮湿，里面等着看病的人无一不是稀奇古怪，有的手舞足蹈；有的则仰首对天喃喃自语；有的龇牙裂嘴，其状可怖。他山之石可以攻错，我不禁怀疑自己在别人眼中是否也如此。

的确，如果一个人患了神经病，他多半不知道自己是神经病。我溜到厕所中，面对着镜子，仔细彻底地自我检查。表面上我一点都不像门诊室中的那些病人，可是当我模仿那些怪相时，自己也不禁怀疑，我和他们之间到底有多大的分别？

志学虽然就在我身边，我却不敢问他。他只是奉命而来，难道他分得出谁有神经病吗？话说回来，如果我真的有神经病，或许就可以不必上学了，父亲也会原谅我这个神经病儿子，对我好一点，也许还可以少挨些打骂。

在胡思乱想中，一位年轻的大夫叫我到一间小房中，他拿了一本涂满各种水墨、毫无规则的图画，要我说出看到什么。我看了半天，只是一团墨汁，什么都不像。但那位大夫坚持要我说，就算是胡说也行。

我觉得这个世界简直是疯了，父亲硬说我有神经病，平常又莫名其妙地打我骂我。现在碰到这个大夫，给我这本怪画，还强迫我胡说，到底是谁有神经病呢？

再一想，刚才不是想得很清楚吗？神经病又怎样？做人到这个地步，生不如死，还有什么好争的？你们既然要我胡说，好极了，我且胡说给你们听！

我连图都不看，脑中想到什么便说什么，说得又多又快。只可怜那位年轻的大夫，运笔如飞，连抄都来不及抄，不断地叫我说慢一点，怕遗漏了重要的线索！

说完了，如释重负，我开始相信自己的确有点神经。后来，又换了一个房间，有位年长的大夫，他坐在一盏灯的后面，把灯对准我。灯光直照着我的眼睛，我完全看不到他，就像对着一面光墙，弄得我心神不安。

只听他问道：“你知不知道为什么会来这里？”

他这一问，就像一把刀陡然刺进我灵魂的深处，是那么赤裸裸的，那么无情。伪装的面具只是纸一般薄的自我安慰，纵使小心翼翼地不去碰它，也难保能支撑多久。经他这么一戳，我再也控制不住了，立时声泪俱下。

一口气如同决了堤的长江大河，我把家中所见、所知的情形，由母亲的过世、敏姐的跛扈、阿香的传奇以及我在学校的遭遇，等等，一股脑像是洪水般的倾吐出来。那道光墙仿佛是张白色的光毯，静静地载着我，通过时光的窄门，回返到过去。我勇敢地揭开了尘封的疮疤，一一展开，彻底清洗。

等我脑中一片空白，再也没有话说了以后，我问：“大夫，我是不是真有精神病？”

那大夫冷静地说：“你父亲才有精神病！”

苦与乐原是个人一己的主观认知，对某些人说来是痛苦的事，却很可能是另一个人快乐的泉源。实际上，人对一件事的经验，经常是苦乐交杂，两者不可能独立存在。不利的刺激引起身心自然的排斥，此种感觉即为痛苦，是人力求避免的。等到身心痛苦解除的那一刹，心理上所感受的冲击由不利的一端，化为有利的另一端，则为快乐。

从哲学及心理学上而言，痛苦的解除才是快乐。也就是说，痛苦与快乐原为一体的两面，互为因果。而且就如反作用力一般，两者的方向相反强度相等。痛苦越深，解除时所获得的快乐感觉越是强烈。只是有些痛苦经过长期累积，感受已经麻痹，日深月久，成了生活的一部分，人常无从认识其痛苦的本质罢了。

我长年埋藏在家庭不幸的阴影中，习惯于那种一成不变的模式，早已丧失了辨识的本能。身边的一切与真实的人生好像隔着一层浓雾，恍恍惚惚间感觉不到明确的棱线。好在我受过还珠楼主的洗礼，有着用不尽的幻想，很容易逃遁到虚无的他乡。

这是我有生以来第一次发现，自己脆弱的心灵竟然牢牢地关闭在过去那冰湿寒凉的暗室里。当我从苦涩的记忆中，看到一个无助的身影，在环境的重压下，承受着难以名状的折磨时，与其说是悲恸，倒毋宁说是惊悸来得更为贴切。

我喜欢看小说，尤其偏爱悱恻缠绵的悲剧。因为在直觉上，“我”并没有身受其苦，但却将故事的情节与自我的经历融合为一。我所感受的本是我所熟

悉的，真实无比；而由小说故事中接受的，却是变化曲折、多彩多姿的人生。如此一来，既挑起了自我的情绪，又美化了个人的感受，遂有如醉如痴之感。

在这次的自白中，我是故事的主角，却又是旁观者。每一个封冻经年，以往不敢触摸的细节，都栩栩如生地飘扬在另一个时空！待我全部倾吐完毕，有如看完了一本小说。应有的激情反应，已经化为余烬，所以我能很冷静地探索内心中的真相。

使我感到惊悸的是，在看了那么多小说后，很难相信自己居然也在活生生的天伦悲剧中！过去的事已经过去了，我能活到今天，为何不能面对明天呢？医生证明我一切正常，我就应该正常地活下去。

当我从桎梏中解脱出来后，渐渐感觉到有一股涓涓的快乐清泉，由无到有，开始流过我的血管。这种感受非常可怕，它使我认识到过去生活的痛苦，因而经常设法逃避回忆的折磨。当然，这是不可能的。我对父亲的畏惧已经成为本能的反应，连心中一点不敬的念头，都会遭到良知的围剿。

另一方面，由于无尽痛苦的积累，使我在青少年那段岁月里，有任何一点小小的收获，都能在心灵上带来无上的冲击与快慰。就像个饥渴不堪的流浪汉，不论什么食物，只要进入口中，都觉得鲜美异常。

左邻宫家有十个孩子，最大的儿子滞留大陆。老二比我大三岁，老三与我同年，老四稍小，四个都是男孩子。再下去约每隔一年一个，第五和第六位是女孩，下面还有二男二女。妙的是他们从老三以下，二男二女，梅花间竹，对称工整。而且一个面貌酷似母亲，另一个则具有父亲的轮廓。

孩子多，声势自然就浩大，我们住的宿舍是木造的平房，连院落约有一百坪。地方虽然不很大，可是一到晚上，只要家长不在，电灯一关，室内加上室外，就捉起迷藏来。十几个小萝卜头，往往吵得天翻地覆，那股兴奋刺激的活泼劲，真能令“佛跳墙”！

然而家家有本难念的经，他家的问题是婆媳不和。婆婆认为经过多年的煎熬，好不容易熬成婆，理当手操家中生杀大权。而做媳妇的受了新时代的洗礼，憧憬着幸福的新式家庭，也没有理由放弃任何属于自己的权利。

这场两代争夺权利的战争，由大陆延伸到台湾，越演越烈，终至水火不容。宫伯伯是个孝子，起初一直保持中立，避免介入。但这事闹得太久了，最后，不由自主地，他也卷进了这场风暴。他一面劝老人家慈祥谦和些，不必争权揽势；另一方面又强力压制妻子，希望能遵守三从四德。

宫伯伯是辽宁籍旗人，身材削长，面容清秀，年轻时有“美男子”之称。他说话慢条斯理，冷静从容，从来不疾声厉色，与我父亲完全是两种典型。宫伯母是江南人，年轻时也曾倾倒不少男人。做了十个儿女的母亲后，身材已是臃肿不堪，脾气也暴躁非凡。尤其是她的嗓门奇锐，叫骂之声能使风云变色。

那种家庭悲剧着实令人难忘，对我而言又是另一种体验，在不同的屋顶下，蕴藏着不同的问题。我原是羡慕他们家中欢乐的气氛而来，也曾试着把满腔的烦恼宣泄在欢笑中。然而现实永远是现实，不论人躲到哪里，都躲不过残酷的现实。

经常，正当我们在玩耍或者讨论功课、作业的时候，就会听到宫伯母一声暴喝、宫老太一阵嘶吼。余音还在耳中，大家的脸色就像掉落在地上的酒瓶，碎片和着水酒，飞溅四散，一个一个无助地，就此凝固在那一刹。

我很喜爱透明的物体，喜欢那种光色的流动，似是永恒而又变化无常。肥皂泡很能代表欢乐，不论我们多么努力地吹，也不论肥皂泡有多大，彩色有多鲜艳，它总是在飘逸绚烂、令人陶醉的当儿，突然之间，破掉了。

大概正因为这种不确定的感受，使我更能珍惜在宫家所得到的欢乐。爱屋及乌，他们家庭的遭遇，也就成为我心灵负担的一部分。

我很能体会宫伯伯的心情，矛盾痛苦成为他难以启口的包袱。再加上来台湾以后，事业很不顺心（记得他曾经出面检举一位表面德高望重，实际上却贪渎枉法的长官。但在权臣当道、官官相护的白色时代，他反而成了代罪羔羊）。在多方面的折磨下，我所见到的宫伯伯，已经是位沉默寡言，满腹心思的憔悴长者了。

宫老太还有一个女儿，也住在台北，本来议定与宫伯伯轮流，各奉养半年。但为了老太太，女儿的家庭也失和，闹得几乎要离婚，所以不得不把责任推到做儿子的身上来。

宫老太当时已年逾七十，身体健朗，耳聪目明，牙齿居然连一颗都没有松脱。她床下藏了不少零食，在几十只“鼠视眈眈”的小眼睛下，她抱着“众乐乐，不如独乐乐”的矜持，我从来没见她给小孙子们分享过一点一滴。她经常装得老态龙钟，穿着破烂，到处陈诉儿子女儿的不孝，以争取街坊邻里的同情。

最初这种诉求相当有效，也给宫家带来不少困扰。可是，日子一久，大家看透了宫老太太的为人，避之唯恐不及。最后，宫老太连聊天的对象都找不到了。有一次宫老太为了抗议大家对她不尊敬，在台湾街头运动还没兴起之前，

她口中还嗑着瓜子，人就大剌剌地横睡在马路中央，一时交通阻绝，人人为之侧目。

父亲常常拿他们一家的事迹，做为机会教育的活例。认定他们“伦常败坏”、“德行斫丧”。既然不幸为邻，唯有保持距离，以免受到污染，更严禁我们与宫家来往。

不幸的是隔壁随风传来阵阵孩子们的欢笑声，丝丝扣着心弦，我越想压制，对那些声浪越是敏感。终于，有一天，顾不得可能发生的后果，我跨越了意识形态的屏障，投奔自由，加入了他们的阵营。

虽然只是一墙之隔，气氛却有天壤之别，我家总是阴沉沉的，没有什么声音。每个人都与其他人保持着相当的距离，小心翼翼地，力求避免触及尚未愈合的创口。宫家则是叽叽喳喳的，大的叫，小的闹，从无宁时。兄弟姐妹之间，经常为了些无关紧要的小事，争得面红耳赤。可是一转身，一切又忘到九霄云外。

这是一种崭新的体验，对我日后发展人性理论，有很大的助益。因为人的认知都来自经验，而人生苦短，绝无可能遍阅各种人际关系。经历不足认识就不全，若连人生都认识不全，从何而知人性？

在理论上，人性不过是人对外在事物的反应作用。设若人能经历到事物的极端现象，就可以推测出人性的正常反应。在我家，人与人之间的摩擦，必然会导致灾难。宫家则刚刚相反，他们从小到大，彼此之间争执不断，反而能维系亲密的感情。数十年后，我家里的姐妹亲戚，几乎是个个老死不相往来。他们却兄弟姐妹团聚一起，成了一个小社会。

我家兄妹，各谋其是，独立无援，各自朝向学术、事业发展。而宫家比较重视亲情，互相依靠，互相协助，大家吵吵闹闹如故，彼此之间的利害关系却也越绑越紧。

当然，我那时还没有这些认识，只是羡慕混合着难言的懊恼与无奈。我谨慎地生活在这两种极端的天地里，由于早年养成了观察的习惯，便不然而然地开始思索。为什么世界这样不公？为什么人与人的遭遇是这样的悬殊？为什么我会痛苦？为什么别人也会痛苦？为什么欢乐的时光总是那样短暂？

从根本上说来，欢乐幸福是人人所追求的目标，得到了，心理满足了，就不再奋斗追求。在另一方面来看，欢乐幸福仅是一种主观的感受。感受之时，心智活动暂时终止了，坐视时光流逝，再等待下一刻的来临。

宇宙不停地进化，环境也不停地改变。人的一生处在这无常的世界里，年

轻时的身心结构，最适合学习、适应。如果在这段时间里，自我得到了满足，心智活动一停止，也就失去了人一生中最佳的学习良机。

环境是人身处的时空与信息，刺激则是内在与外在的各种主观客观的变化。在客观环境的刺激与自我经验交互作用下，渐渐形成了主观对客观的认知，并影响了自我心理的韧度。在人的学习、适应时期中，若客观环境的变化越大，人的韧性就越强。这情形有如冶金炼钢，不经过高温加压、千锤百炼，就得不到精品。

环境的变化无尽，人对变化的选择却有限，两者之交集，就是所谓的“机运”。变化程度与人心韧性的乘积，等于机运的绝对值。绝对值高者，表示人的应变能力强，在社会上将有更多成功的机会。

中国人很相信机运，却不知道人心韧性操之在己。人固然无法改变环境，但是只要愿意，却很容易适应环境。在痛苦中成长的人，知道如何调适自我心态。反倒是年轻时享受快乐幸福的人，认定了快乐幸福是理之当然，心态逐渐定型，面对未来万变的世事，其适应能力必然有所不足。

在青少年时期，人的生理心理正在发展，对快乐的认知以及对痛苦所能忍受的极限，一切根据其本身的经验而定。所以，成长在幸福环境中的人，一旦遭到社会的压力，往往容易崩溃。反之，早年经历的苦难越多，往后心理上越容易获得满足。

说得更具体一点，年轻时所认知的快乐与痛苦，与成长后的感受未必相同。以我自己为例，我很庆幸得以早日经历到人间的酸、甜、苦、辣，尽管当年的煎熬，我几乎难以度过。但日子一久，就认定世事应该如是。再有机会换个环境，与他人相比，才发现自己更能领略幸福的滋味。心理有了安慰后，韧性一天比一天坚强。到最后面对真实的人世时，已经有了充分的认识和准备，故能应付裕如。

既然人的成长完全根据环境的发展而定，人所积累的经验，只是因应环境的结果，那么，在人类还不能绝对地控制环境之前，我们怎能期望有一种理想的教育方式？为了避免受苦，把儿童保护在人为的温室中，结果必将使之失去心理建设的机会。又如何能期望儿童在成长以后，能适应现实的社会呢？

6 大雪

启航　初恋　父子　误会

与宫家兄妹相处，正是加强我心理韧性的重要机缘。在那里，一种截然不同于我家的情景，提供了我心智活动的空间，认识到苦乐的分野，宣泄了郁积的块垒。把各种机运值由负转为正，自信心培养起来了，观察力也逐渐成熟。

我与他们智力相若，能力原来不分上下，甚至有很多地方尚不及他们。正因我自卑自惭，不论做什么，都多加了一分努力，我怕受到他们的轻视而失去参与的机会。对他们而言，做什么事都出诸自然，没有必要刻意求工。对我则不然，诚惶诚恐不说，还要小心观察反思，因为我必须争取他们的肯定。

老三最先开了一家“民生电影公司”，而且发行钞票。他很有创意，他的“电影”是用很细的笔，以漫画形式，画在邮票大小的半透明纸上，然后分格在墙上放映。放映之前，观众要先购票入场，还得使用他所发行的盖了个石印的“钞票”来买票。

我立刻被他的构想迷住了，他天天在画，但总是无法满足观众无尽的需求。老四也组了个公司，也演电影。我又怎能后人呢？怎能白玩、白看？

但我不能只是抄他的构想，在家也不可能天天画画，一定要想一个办法，能大量地“生产”，而且品质必须合格。我研究了很久，发现他们用的是透视方式，如果改用反射，我只要把报上的漫画剪下，连画都不必画，就可以得到理想的效果。

因为报纸漫画的面积大，我做的反射投影机也特别大，绩效立刻由“票房”得到证明。可是报上的故事大家都看过，失去了新鲜感，比起他们的创意，还是差了一截。

我不会画画，在这种情形下，又不得不画，可是怎么开始呢？我向朋友借

了一本卡通电影“小飞侠”的画册，宫家一伙尚未看过，我偷偷地在自己的避难室中临摹。起初我太过重视线条的优美性，顾不到全图。辛辛苦苦地画了半天，一块一块地分开来看，好像还过得去，可是凑在一处，或者放远了来看，简直是见不得人。

我开始怀疑自己是否有绘画的才能，试了又试，几乎决定放弃了。由于防空洞很潮湿，我又只有一块木板，下面垫着几块砖头当桌子，木板很小，书常掉到地上。不久，画册受到浸渍，斑斑点点，画面上的图形常无法仔细辨认。突然我发现了一个问题，为什么画面都看不清楚了，而原画形象的精美性竟然丝毫不损？

一再研究之下，我发现图形的比例，远较笔触重要。我没有受过训练，每次落笔很难掌握其比例。既然找到了原因，我便专心寻求解决这个关键问题的办法。

人在面对难题的时候，经常因为千头万绪，而不知从何下手。不能着手，就停留在原处，难题永远还是难题。在我的经验中，任何难题只难在找出第一个“问题”，找到了一个，且不管其他，先专心解决这一个。当然，这一个问题与真正的问题可能毫不相干，甚至连解决的方法都不见得正确。可是，这样却有助于我把问题“简化”，更有助于进入状况，全盘了解真正的核心问题。

了解了这个道理以后，我学着先看全面的梗概，再把问题微分下去，直到能够处理为止。一个问题解决了，再面对另一个。

如此这般，多年以来，我得以成功地解决所有面对的难题。因为人的思考是以单一线索的“联想”进行的，如果未知数过多，人脑处理的效率就成比例地降低。只有在我们了解了若干因素，且不断练习，使之熟练，成为“潜意识”或反射性动作后，大脑才能“专心”地思考新的问题。

以当时作画为例，要得到比例正确的图形，也就是原图和所画的图，其位置应该成一定比例。我试着用尺来量，果然有效。但我又嫌用尺太麻烦，便把尺标记在纸上，画成格子。利用这种方法，不仅可以画得惟妙惟肖，而且速度奇快。

直到我读大学时，认识了一个画广告的朋友，才知道这是一种绘画上常用的技巧。不只是绘画，不论做什么，我很少得到名师的指点，只凭着这种解决问题的方法，我自行学习，自行处理，往往颇有新意。

我的新“电影”大获成功，不仅搜括了孩子们的零用钱，而且常常招待邻居的家长，“银行”的“储备金”也日益丰裕。

为了使“钞票”有价值感，我特别向学校借了写讲义的钢板及蜡纸，照着真正的钞票来刻印。眼看那蛮像回事的“钞票”，我又突发奇想，为什么不能印“小说”呢？当然可以，只要有人愿意写文章。

于是，我悬赏征求大家的小说。看在“钱”的面上，虽然没有小说，可是收到了一些“小小说”，都是各人在学校的作文簿上抄来的。由此，我发行了第一本“杂志”，名为《启航》。当时兴趣之大，连油印机都由自己设计。我找来玻璃丝袜作网，钉在木架上，再以自行车内胎包住木棒，当作油墨滚筒，居然也如假包换。

终于我在宫家获得了一席之地，学着当初敏姐的策略，只要父亲不在家，我一定会溜出大门，然后跳墙而入，生龙活虎地当起了娃娃头来。

一盏明灯也在黑暗中冉冉升起，老六名天霞，大家叫她小妹，她姐姐则称大妹。我之所以注意到她，是有一次在她和大妹争吵之后，老三评判说她错了，要她向大妹道歉。

她想了想，果然诚恳地说了声：“我错了，姐姐，对不起。”

对他们而言，这或许算不了什么，可是我却大吃一惊。在家里我从来没有听说有“道歉”的事，错了就错了，连承认错误都未曾见过，哪有拉下面子当众道歉的事？我当时直觉地判定，小妹一定很会“做人”，是伪善！

可是在另一次事件中，我也是当事人之一，细节现在已经忘了。只记得分明是别人的过失，但有人硬指是小妹不对。她哭了，有好几天，不论大家怎样逗她，她就是扳着脸，不肯开口。那股狠劲，令我不由自主地由衷地欣赏。

一颗种子落在地上，可能是偶然的，但种子能否发芽、生根，却必须具备必然的基础。俗话说：“有缘千里来相会，无缘见面不相识。”人与人相遇是一种缘份，而人与人的感情是否能够契合，则又是另外一种机缘了。由我认为小妹伪善开始，到欣赏她的个性，其中的心态转变，完全与自我的意识有关。我是一个极端感性的人，正因为深知自己太过感性，所以一直努力地追求理性，刻意地把感性埋藏在心底。

小妹有个外号，叫做“凶丫头”，她个性坚毅，宁折不曲。即使有任何心事，也没有人能从她的外表探出任何端倪。一旦她作了决定，也没有人能够改变。就像孤立在山丘上的翠柏，再大的风暴，不过也只能撼动叶梢罢了。

我缺乏这种狠气，也最羡慕这种气概。在她身上我得到了心理的补偿，也得以逐渐地认识自我。

但是，我们的感情却如潺潺的清溪。在初识的六七年里，虽然谈不上是朝夕相处，但也少有几天不见的时光。她对我从来不假以颜色，我对她更是敬重有加，然而我始终能感觉到有股热力，在我们同立的地下激荡着。

有人说含蓄是中国人的天性，我则认为是传统习俗及环境压力所造成。由家庭社会上保守价值观念的接受，到自我经验的成熟，我们学会了将感情压抑着，再一点一点地释放出来。这种感情之所以深重，是因为与时间凝聚在一起，结晶成生命的精华。

人生而有涯，过去的岁月永不复返，生命的涓涓细流，若有若无地掺杂在回忆中，特别令人荡气回肠，珍贵逾恒。

男女之爱本来只是兽欲的发泄，如果一触即发，在肉体兴奋的感受消失后，一切都将化为乌有。尤其是在人性的特质上，所谓的“感情”不过是自我记忆的交集。时间久，想得多，牵连就深。过去的经验形成了自我的一部分，抛之不掉，挥之不去，是为有“感”。因为有感，自我的心理及情绪受到影响，这就是“情”。

人实际上就是其个体经验的延续，除感官的感觉外，经验也给内心提供了相当的感受。愉快的经验令人怀念，痛苦的则避之唯恐不及。而人与人相处的时间越久，彼此的了解越深，自然而然知道如何相互配合，以维持良好的关系。同理，了解深了，也就知道如何避免争执、冲突，甚至于如何保持距离。

感情也可以说是一种人与人适应的方式，当一个人适应了另一个人的习惯及行为后，他自然会接受此人，并以其作为标准，来衡量他人。所以，在成长过程中，环境对人的影响因素，最重要的还是人与人之间的交往以及交往的方式。

我对小妹的感情是堆砌在一种似有若无、相互牵连的过去岁月中，直到我读大学三年级以前，我连她的手都没有碰触过。可是正因为彼此的尊重以及相互的自我约束，一点一滴的关怀及欢笑，彼此都会偷偷地珍藏起来，细细慢慢地咀嚼。以至于不论何时何地，心中长期所堆积的甜蜜，随时可以倾倒出一箩筐来。这种感受完全属于自己，存在于回忆与联想之间，地老天荒，历久弥新。

这种感情可以说到达了一种“境界”，是纯“精神”世界的领域，与现实无关。不想占有，就没有得失，没有得失，就不会痛苦、烦恼。在这个境界中，我可以无碍地欣赏所有美好的、真纯的和完善的人、物。

小妹对我的感情始于何时，对我而言并不重要。只要听到她的声音，看到她的笑颜，甚至想到她，我都感到莫大的快慰，浑然忘记其他的一切。

大约是在高一下学期时，我在家中受到的委屈，已经达到了心理防线的边缘。父亲把我看成瘟神一般，毫无理由地（至少在当时我毫不知情），一见我就是一顿打骂。更难过的是，他知道我常到宫家玩，不仅严词禁止，有时更是恶言相向，把宫家贬得一文不值。

我可以忍受自己的屈辱，却不愿连累他人，于是开始计划逃亡。当时正好发生了“一江轮”事件，一艘从大陈岛撤退的轮船，被解放军的炮艇击沉了。在“政府”的策动下，全台湾青年掀起从军的热潮，我立刻到学校去报名。

有一位教官，名字我不记得了。他劝了我很久，说最好的“报国”方式是发奋读书。因为“国家”不会缺乏兵源，可是对知识的需求永远嫌不够，要我千万不要冲动。

我坚持着：“我不是冲动。”

“那是什么？你以为多你一个人就行了？”

“今天早上校长宣布的呀！他要我们从军‘报国’。”

“他必须这样说，但是你不必这样做。”

“为什么呢？”

“唉！”他迟疑了一阵子，还是摇头说：“这些你别管，还是好好地去读书，做中国人实在太辛苦了。只要我在这里做教官，便不容你们受害。”

“受什么害呢？”我一向有打破砂锅问到底的毛病。

“别问了，你回去吧，谁也别想投军去！”

实际上我并不是为了“报国”而去从军，只是想找个理由逃家，所以听不进他的好意。我想到宫家老二，他原读建国中学，毕业成绩相当不错。但也是为了家庭纠纷，受不了他母亲与祖母之间的摩擦，愤而投考海军官校，因此我想听听他的意见。

那是一个宁静的夜晚，在简陋的客厅中，我灌下了半瓶烧菜用的米酒，恍恍惚惚地，第一次在宫家兄妹面前脱下了用欢笑掩饰的面纱。回忆的苦涩掺和着宣泄的快感，一段段恶梦似的经历，断续地唏嘘着，在滚滚的热泪中娓娓流出。

语言概念只是引子，心灵的颤动才是桥梁。人间的悲剧交流在几个涉世不深的孩子之间，谁都无法承担这么重的悲哀。尤其是小妹，从她的表情与目光中，我感到了一阵又一阵暖烘烘的心灵共鸣。

“我不信天下有这样的父亲，一定是你做了什么很坏很坏的事，不然他怎么会无缘无故地打你骂你？”小妹很肯定地说。

“可是，我真的没有呀！”

“想想看，你总偷过钱吧？”

“有的，我为了租小说，偷过几次，每次最多十块钱。”

“不是偷钱，他若发觉你偷钱，一定会骂，不用隐瞒。”老二不以为然。

老四拼命想，摇着头说：“奇怪呀！还有什么原因呢？”

老三说：“就算你做了坏事，你爸爸也应该告诉你，或者教训你！”

“是不是因为我留过级呢？”这是我唯一能想到的理由。

老二比较冷静，说：“不可能，如果是这个原因，你爸爸只会逼你念书，不会在做功课时也打。”

“你杀过人没有？”不知是谁这样问。

“别胡说！我看一定是……”是什么呢？老二也失去了口才。

大家都想不出任何理由，然而这些都不重要了。甚至我还庆幸有了这些奇遇，使我在这段时空中，与小妹紧密地结合在一起，分享着悲欢苦乐。通过她乌黑的瞳孔，我钻进了她心灵的禁区，经由她红嫩的朱唇，导通了关切体谅的真情。在这一刹，无边的温馨覆盖了冰冻的大地，悲痛幻化为轻烟。在永恒的岁月中，我不再孤寂，我随时可以躲避到与她共有的这一片世外乐土中。

我打消了离家从军的念头，我们也改变了玩乐的方式。包括我妹妹在内，和他们家中的几个年纪相当的孩子，我们投向大自然的怀抱。蓝天白云，青山绿野，新店的湖水，阳明山的樱花以及大屯山上少见的瑞雪，都被我们罗织到甜蜜、宝贵的回忆中。

小妹鲜明的影像，一颦一笑，偶而在有意无意间，与我的目光交错，立时传过来一道暖暖浓浓、让我整个灵魂禁不住要酥融的感受。这时我赶忙关紧了心扉，仔细地领受体会，然后妥善地找个珍贵的地方，封存起来。

我们玩的方式很多，老二年纪较大，常把海军官校的智力测验拿来考我们。有一次，他出了一个很难的题目，说是学校中最快的也要三天才能找到答案。

题目是这样的：有十二个球，大小一样，其中有一个球不知道是轻或重。我们必须用天平来量，最多只能量三次就要知道答案。

我直觉地想到，最安全的方法是在第一次就得到平均的机率。十二除以三，开始时，每次一定是用四个球……不到一个小时，我就解出来了。老二很不服气，硬说我以前玩过，不论我发誓赌咒，他都不信。

又有一次，只有老二、老三、老四和小妹在场，我们玩猜谜，仍然是我的

反应较快。

老二突然说：“你那么聪明，应该知道我最喜欢谁吧？”

我以为是敏姐，因为他常常有意无意地开敏姐的玩笑，还故意隔着院墙，大唱情歌。敏姐向父亲投诉，说隔壁的“神经病”天天偷看她洗澡，这也是父亲对宫家印象恶劣的原因之一。父亲在盛怒之下，把院墙加高了一倍。

但正在游戏中，若直接说穿就没有趣味了，我决定出个谜语给他猜。他欣然同意，我想到的是“病”，因为那是敏姐给他起的外号。

我就说：“病。”

小妹、老三都在“病”字上大作文章，却想不出来。

老二想了想，把大腿一拍：“朱邦复，我佩服你，你是天才！我只想知道，我和你妹妹的事，连他们都不清楚，你是怎么知道的？”

此话一出，全场人人震惊，包括我在内。怎么会是立妹呢？我又是怎么猜到的呢？每一个人都呆呆地望着我，我却望着青天。

“告诉我，我什么地方露出了马脚？”

我不是不肯说，是真不知道，但我怎能承认？只好卖关子。

小妹忍不住了，问老二道：“二哥，‘病’字与朱立立有什么关系呢？”

“你写写看就知道了，到底是朱家人有学问，‘并（竝）’字就是两个‘立’字拼成的呀！”他拿了一张纸，把“并”字拉宽，成为“立立”两个字。

这叫无巧不成书，巧到这个地步，也真难以置信。

一天，有人提议我们全体——宫家兄妹五个与我家两个年龄相若的，同去基隆的“仙人洞”玩上一整天。我一听就有一种不祥的预感，我历经了各种大小阵仗，深知自己应有的范畴与极限。而越是珍惜，越是害怕会失去，一时间享受了太多的欢乐，我知道终有一天将超过自己所能拥有的极限。

我家因为敏姐的关系，大门入夜深锁，早上父亲起床后才许开门。虽说是针对敏姐，真正受限的却是我。父亲规定在暑假期间，我得留在家中做功课，不许出大门。一日三餐相当于点名，只有在父亲上班后，我才能开溜。平常我们的游踪不过台北四郊，这次去基隆起码要一整天，清晨大门未开就要动身，到了深夜才能回来，这个风险实在太大了。

不记得是谁说了，反正我天天挨打，先玩他个痛快，大不了还是一顿打。话虽说得有理，我总觉得并不那样简单，可是也想不出还有什么更恶劣的后果。

壮着胆子，我们凌晨出发，中午才到仙人洞。据说由此洞可以“走”到台北，里面尽是潮湿阴暗的曲折地道。大家拿着火把，忽明忽暗地，高一脚，低一脚，一个跟一个，鱼贯地俯身而行。走来走去，大家都以为头上的土地应该是台北了。

对我而言，不论玩什么，也不论在哪里，只要小妹在身边，只要能听到她的笑语，我就满足了。在阳光下，我踏着她的身影；在和风里，我嗅着她的芳香；现在在黑暗中，我竖起耳朵，听着她轻巧的呼吸声。偶而，火光闪烁，她那黑白分明的眸子，送来万万千千无语的关怀。刹时，我的魂魄都振翅欲飞了。

那种凌越肉体感受的情操刻骨铭心，永恒地占据着青春的回忆。当然，在黑暗中，我很希望有机会能握住她的小手，甚至把她拥在怀里。可是，下一步呢？太多的欢悦，一时之间已经让我消受不了，我宁愿点点滴滴地慢慢领受。这一刻，我只是屏住呼吸，关紧心扉，深怕丰沛的泪水夺眶而出。

我深深地体会到，这种“点滴心头知”的滋味，完全脱胎于过去痛苦的洗礼。外在客观环境仅具有触媒的作用，再美好的风景，再理想的条件，都需要经过心灵的发酵。而发酵的主要原料，就是自我的经验。

人生最奇妙的，正是这种发酵的过程，除了机缘组合外，还有什么理由能加以解释呢？当然，今天我得到的感受，未必就是绝对的幸福。但我很知足，能得到这些，夫复何求？只要不加以比较，我所得到的，不也就相当于绝对的幸福吗？

经过了数十寒暑，直到今日回想起来，那种感触仍然温馨如故。只是人生如同潺潺溪流，不到回归大海，其走向难以测知。对我而言，幸福就贮存在心底的汪洋中。

这是我一生中最令人不能理解之处。在我的心态及行为中，多多少少有种倾向，宁愿保留一些美好的回忆，而有意无意地牺牲掉现实的收获。我曾一再地自我检讨，是不是我心理不正常？如果以一般的常识来判断，我不能否认这一点。然而，怎样才算是正常？鲜花摇曳枝头时是美好的，若能把这些印象永远保持在心中，岂不更是美好？难道一定要折枝而归，插在案头，再眼看残红片片，才叫正常？

因此，我的生命中充满了盛开鲜花的芳香，随手拈来，尽是些美好的回忆。这些都曾经是真实的，也都曾发生在你我身边。与其面对枯萎的残枝，惋叹花谢花落，何不去回忆那春闹枝头、踏月荷锄的美景呢？

欢乐苦短，回到台北已是晚上九点多。我知道大限已至，叫妹妹先回去探探风头，我则躲在门外偷听。

妹妹一进去，便听见父亲的咆哮声："你哥哥呢？"

妹妹老实说："他不敢回来。"

"叫他不要回来！"老远传来父亲的吼声，像是雷鸣，"我不要这个儿子！"

我只好回到宫家去，在厨房中找到一瓶米酒，仰起头，一口气灌进喉头，任那辛辣的刺痛流遍全身。

父亲还在叫骂，仿佛我犯了滔天的大罪，必得杀我而甘心。宫家兄弟相视无言，小妹则在一旁陪着我，泪洒衣襟。

半晌，老三说："今天我才真正相信你的话，可是我认为你该向你父亲解释一下，我们又没有做什么不好的事。"人永远无法了解他未曾经历的事物，更何况大家都是些孩子？

喝了酒，我头昏脑眩，胆子也大了些。想想他说的很有道理，便写了封信，解释自己出去玩玩不算大错，只为父亲平时管教太严，所以不敢回家。他们看了，都认为写得合情合理。我便偷偷溜回去，请阿香代转这封信。

后来酒性发作，我迷迷糊糊躺在宫家沙发上睡着了。第二天早晨醒来，回忆昨夜的一切，心中犹有余悸。这时大家都还在睡觉，我心情很乱，便走了出去。独自一人毫无目的地东逛西逛，最后在附近的田埂上呆坐了些时候。

等我回到宫家附近，猛一看，父亲的轿车正停在宫家门口。心知不妙，忙掩到街角。只见父亲站在宫家大门外，门尚未开。宫伯伯及宫伯母身穿睡衣，站在院内台阶上，隔着门，正耐着性子替我说情。而巷子里每家都是人头隐隐攒动，争看好戏。

双方各说各话。最后，父亲不理宫伯伯的解释，放开了嗓门，仿佛是要向全世界宣示一个重要的信息："我不要这个混账儿子，你们喜欢，就拿去好了！"说完，跨着大步，钻进汽车，走了。

我难堪得无地自容，也不敢再去宫家，怎么办呢？我毫无主意，混混沌沌、不知不觉地踱到了"家"中。

阿香见到我，便将桌上的一封信递给我，说："这是老爷给你的。"

我脑中一片空白，麻木地拆开，只见上面写着："从今日起，朱怀冰不承认有这个儿子，朱邦复也没有这个父亲。"下面是父亲的签名以及日期。

怎么回事？怎么可能？父子关系不是天经地义的吗？如果是的，怎么可以用一纸人为的休书，就否定了这种关系？

从小到今，我没有怀疑过父亲对我应有的主权，他打我、骂我，把我关起来、绑起来，除了自叹命苦之外，我认为这一切都是应该的，是宇宙间的唯一公理。

现在，这封休书竟否定了我的基本信念。原来父子关系并非绝对的，并没有一根无形的线联系着，从生命的源头，传衍到子孙万代。

那么，生命的意义究竟是什么呢？如果父亲与我没有绝对的关系，他高兴时可以把我当作儿子，不高兴时可以宣称我不是他的儿子。也就是说，他对我没有绝对的关系和责任。他养我只是因为他高兴，他生我只是一时肉体的发泄，我的存在和家里养的狗没有多大的分别。有朝一日，我会成家，生儿育女，情形也是一样。

父亲如此，母亲又何尝不然？记得当年逃难到宜昌时，我得了痢疾，病倒了。那时年纪还小，一个人孤孤零零地住在一个陌生的皮鞋店中，没人照顾，没人理会。而母亲呢？她却去捧一个红伶的场。待我眼巴巴地找到她，蹲在膝前"摇尾乞怜"之际，她只问了句："还乖吧？"一颗心又回到了那个女伶身上。

把自己比做"家犬"似乎是种侮辱，可是，这种比喻却再恰当不过。人与人之间，如果只谈感情，没有一种理性的联系，或者说一种共同的认知，人有时还反而不如狗。

"我是我父亲、母亲所生的亲生'儿子'"，这句话又代表了什么意义呢？如果单纯以这句话而言，是一个绝对的真实。因为不论是人是狗，无论是何种生命体，都必然是他、她或它的双亲所生，否则不可能有生命。

然而对人而言，就不是那么简单了。人的社会行为太复杂，希望达成的目标太多，又无一不是以自我利益为中心。在父母的立场，子女必须符合其利益，在子女的立场亦然，这是千古不变的定则。

对子女说来，利益比较明确，不外乎生存、安全以及未来的幸福。由于子女没有谋生的能力，必须依赖父母，所以父母的利益所在，也就是子女自身利益所依。这是中国传统的社会观念，由此形成了一种家庭结构。将几个利益相同的个体，紧密地结合成为一个基本的社会单位。

做父母的因为社会经验丰富，需求众多，目的难明，利益中心极其复杂。但人生所占的时空有限，子女可以视为自己的延伸。有了这种心态，子女遂成为父母的"继承人"，以扩展其利益范围。

"亲生"更代表了一种"私有"性，人本能地具有排他性。推展到心理上，

便成为独占的欲望。独占欲越强者，私心越重。这种人爱子女，或者爱父母的基本动力，不在于子女或父母本身，而在于对象“属于自己”。

有个真实的故事，发生在美国一所医院中。有两个孕妇同时生产，分别产下一个男婴。因为工作人员一时的疏忽，竟将两个婴儿掉了包。

十年后，因为一次身体检查，发现这两家的儿子俱与双亲血型不符。彻底查证之下，终于认清了错误的原因。

起初，这两家人生活幸福，两代之间似乎血缘天成，从来没有一丝怀疑。然而这个新的事实，却彻底粉碎了两家人心理上历经十年所建立的堤防。

“原来这不是我们亲生的儿子！”

“原来他们不是我亲生的父母！”

生我、我生？养我、我养？究竟哪一个更重要？在这个重视私利的社会，一切以自我为中心，当然要强调“生我、我生”。于是便有了各种各样“感人”的故事，强调历经千山万水，长途跋涉，只为了找寻“生我、我生”的“骨肉”。将“养我、我养”的感情，置之脑后而不顾，这岂不正是自私的明证？

在当时，我完全受到“生我”观念的影响，总以为自己的“种”与众不同。父亲对我再不好，但是能做到这样高的官，有这么大的权力，这个种也不错了。此外，我也认为这种“生我”的关系，是不可改变的、与生俱存的。没有任何人可以否认，也不可能有任何状况能改变这个事实。至于我喜欢与否，父亲满意与否，都只是临时发生的一些插曲。我确信这种关系将持续到底，永远不会改变。

是吗？

一根无形的剑，刹时割尽了深植心中的牵系。只因为我偷偷外出，玩了一次，父子关系就此烟消云散？

不是吗？

原来人生只是一场追求自我满足的游戏，我只是我，与我父亲之间，并没有什么责任与义务，对于别人更是毫不相干。

人对万事万物的认知，都建立在以往经历的背景上，形成一种思维模式，这种模式就是所谓的“意识形态”。这时我还年轻，意识形态并未定型，但是“根”却已深植，现在连根都拔除了，我到底应该根据什么来思考？

人们常觉得洗脑是不人道的行为，殊不知在每天的生活中，只要与人交往，有信息的传播，就免不了在思想与习惯上受到影响，难道那不算是“洗脑”吗？这一刻，我感到这个突然到临的事件，竟把脑中多年洗炼出的“意识

形态”，刹那间又洗得干干净净。所有的价值标准、伦理观念以及自我的立足点，全部荡然无存。我变成了一具空空洞洞的肉体，没有判断的原则，没有分辨的依据，连“我”是谁都不知道了。

这种心理转换固然奇妙，却很难把脑子里久铸的观念，在一时之间修正过来。四周的一切既熟悉又陌生，我机械地拿起了准备多时藏在床下的小箱子。该是我走的时候了，然而这些衣物又是谁的呢？我有没有权利带走呢？

我还在东晃西晃，拿不定主意应该带走什么东西。却看到曹叔叔气咻咻地跑进来，一见到我，他就说：“邦复，你在做什么？”

我淡淡地说：“我要走了。”

“到哪里去？”

我怎么没有想到这个问题呢？真的，走到哪里去？难道真要像只野狗，流浪在街头？曹叔叔叹口气，说：“不要胡说，把箱子放下来，哪里也不要去。”

“不行。”我不知道现在该怎样称呼父亲才好，急着说，“……‘他’说‘他’……不是我的父亲……”

“胡闹胡闹，天下哪有这样的事？天、地、君、亲、师，人间的五伦，从古到今，谁能否认？”曹叔叔严肃地教训我。

我忙取出休书：“不是我说的，是……是这封信上写的。”

曹叔叔把休书接过去，看都没看，往口袋中一塞，说：“来，我们好好谈谈。”

我伸手要那封信，说：“信还给我吧，那是我唯一的证据。”

“老实说，是你爸爸叫我来的，他知道做错了。你想想，你爸爸六十多岁了，在台湾只有你一个儿子，他怎么会真的要和你脱离父子关系呢？”

“可是……信上已经写得很明白，关系已经脱离了呀！”

“胡说胡说，”曹叔叔不断地摇头，“你爸爸一时气糊涂了，你怎能当真？”

“他一生从来没有错过，我当然相信。”

“唉！你爸爸这一辈子，不论大大小小的事，从没皱过眉头。你想想，为了这封信，他打电话给我，说他错了，你难道还不能原谅他吗？”他眼中泪光闪闪地说着。

的确，如果父亲真的认为他错了，我实在没有理由坚持要走。可是，父亲怎么会错？我又怎么知道不是曹叔叔在哄我呢？

“那这样吧，我先走，他要我回来时，我再回来。”

“那又何必现在就走呢？你爸爸马上就回来，至少吃了饭再走，也不迟呀。”

“可是，他养了我这么久，我不知道能不能偿还，能少欠一点就少欠一点。”我说着，泪珠失去了控制，汩汩而下。

曹叔叔掉过头去，半晌无言。

我没有走，父亲回来了。

大家默默地吃完饭，曹叔叔把我拉到房间，对我说：“你爸爸就在外面，你有什么话要说，可以跟我讲，由我去对你爸爸说，好吧？”

我点点头，没有说话，他又问：“你有什么话说吗？”

我能说什么？要父亲承认他错了？要父亲来挽留我？那不仅没有必要，我也实在承受不了。甚至我还怕见到他软弱的一面，宁愿彼此保持着坚强的外表，假装这世界还是原来的样子。

“这么说好了，你有什么条件吗？”

“条件？”我真想不到还有条件可谈。

“是的，任何条件都可以。”

我立刻想到应该趁这个机会改善家中恶劣的环境，根据童话故事，应该要有三个条件，而最后一个永远是回复原状。

我一边还在思索，一边就说：“我有三个条件，第一是把家中上锁的事取消……”

“可以可以。”曹叔叔一口答应。

“不，”我还不知该怎么称呼，便向外面指指说，“他得同意才行。”

曹叔叔便走出去，一会儿回来说：“你爸爸答应了。”

我又想到今天早上父亲去宫家大吵大骂的事，虽不敢期望父亲去道歉，但我总要设法让宫伯伯、伯母安心。便说：“我要去向宫伯伯说，说……他允许我常去玩。”

父亲也答应了，我想了又想，尽管还有一次“宝贵的权利”，但我实在想不起其他的条件。结果，如同童话，我又还原成了我“父亲”的“儿子”。

狂风骇浪过境，家中表面上似乎又恢复了正常，实际却分裂成了几个封建王朝。父亲和阿香埋首在书房中，姐姐难得一见，妹妹也有她自己的天地。我则如同无根的浮萍，不知道明天会被风浪刮到哪里。

每到吃饭的时候，几个游魂暂时聚集在四四方方的餐桌旁。除了碗筷的声音外，那种寂静好像是宇宙洪荒之始，连大地都不存在一般。没有人说一句话，也没有人看别人一眼。可能是彼此找不到交集，也可能是存心规避，深怕又引发了地震海啸！

这就是人生吗？我不够资格回答，是否世界上所有的家庭都是这样呢？我也不知道。我心中只有一个想法，既然我是“儿子”，就应该尽儿子的“本分”。而我目前的本分，就是留在家中，不要使父亲为难。

平安的日子，宛如步步荆棘。老实说，我宁愿看到父亲暴怒的神态，因为那是我从生下来所知道的父亲本来的面目。而眼前一切都像是假的，在过分虚伪的掩饰下，人与人之间，隔着一道厚重的真空，连自己都开始怀疑起自己来。

这样，一天一天，不知过了多久。只有一份麻木、空洞的感觉。同是一家人，彼此间却维持着虚伪的生活，就好像是宇宙的终极。人人生存在自己的空间里，生理的机能完全正常，心理上却不啻一具木乃伊，停滞而枯槁。

在静止的时空中，在极度窒息的气氛下，我几乎已经放弃了任何希望。那种感受就像是一个仲夏之夜，空气湿热而燠闷，一家人在院子里乘凉。地还是烫的，椅子黏黏的，汗水如同泛滥的溪流，浑身滴窜，空中却是一片死寂。

我老在想一件事，我到底欠了父亲多少？吃的喝的应该可以算得出来。可是生命呢？算不算是亏欠他的？不过这不公平，并不是我要来的呀！他的目的不过是要传宗接代罢了，那倒不难，给他生一个儿子就是。不过，我又怎能这样做呢？我又怎么能够担保，我的儿子有一天不会指着我，大声责备：“不是我要来的呀！”

人生有可为，有不可为，结婚生子对我是无比的梦魇。

低沉的气压挥之不去，我几乎相信这就是永恒了。

直到有一天，父亲的好友，故邮政局长许季珂先生，一大早来到我家。

他满面秋霜地把我拉到一旁，气愤地责备我：“做人有做人基本的态度，不论你爸爸做得对不对，你一个小孩子家，怎——么——可——以——在外面乱说？”那“怎么可以”四个字，说时又长又重，好像每个字都是用铁锤在铁砧上敲出来的。

“我说了什么？”又是一个晴天霹雳，为什么我从来不知道自己所做的事呢？几天来，除了隔壁宫家，我特别去道歉，而且很识相地只去了一次外，其他哪里都没去，怎么会又在无意中闯下大祸？

他瞪着我，好像在搜索我灵魂的深处，脸色由紧而松，又由松而紧，变了多次。最后他想了想，缓缓地说：“你知不知道你爸爸跟阿香的事？”

“爸爸跟阿香有什么事？”我被弄糊涂了。

“你不知道？”他瞪着我。

“我知道什么嘛？他们怎么了？”我有点急了，关心的神色溢于言表，以为是他们这些天出了什么事，却瞒着我。

“那么……”许伯伯吞吞吐吐地说，“你老实告诉我，你有没有……看到过……”

他似乎有口难言，好像面临着莫大的困惑，又仿佛一座大山压在他的心头。每次欲言又止，又努力地搜竭枯肠，想找一句合适的话语，表达他的感受。他一再挣扎，失去了平日镇定的神情，好不容易挤出一句话：“阿香从……房间出来？”

“看阿香从房间出来？”我更糊涂了，难道说我偷看阿香……

“我是说，你有没有对任何人说，你在半夜三更……”我竖直了耳朵，一颗心飞跳着，我知道，这一定就是我苦难的源泉。

许伯伯一再努力，脸上急得发出红光，最后，他终于大声地说：“……看到阿香从你爸爸房间出来？”

“怎么可能？每天晚上我一上床就睡到天亮，雷都打不醒！”这话是父亲给我的评语，我只不过实话实说。

许伯伯松了一口气，思索了半天，又叹息了一阵，感伤地说：“我怎么会没有想到呢？这些事情你还不懂，而且，那些在外面传话的人，你一个也不认识，怎么可能是你？”

我也猜到了一点，于是问道：“许伯伯，是不是有人诬赖我，说我……”

“是的，别人告诉你爸爸，说是你亲眼看到的！昨天你爸爸很难过，到我家坐了会，谈起这些事来，对你很不谅解！”

难怪！难怪！幽默的造物啊！凭着什么慧心巧思，用我的生命织成了这一件玄秘的公案？如果不是许伯伯这种君子，心怀正气，手持宝剑，我的灵魂只怕永生被囚禁在地狱中不得超生！

这些年来我所身受的一切委屈，都起因于父亲这种难以启口的误会。不论这件事是真是假，以中国人的传统观念，父子之间本来就没有讨论的余地！他有权做他认为应该做的事，等到我成长了，有一天也会面临我自己的选择！

父亲无法向我辩解与阿香的事，又无法以之作为一种教导的题材，更不能不闻不问。由于这一口恶气，便怎么看我都不顺眼。然而打了我以后，传言更凶。恶性循环下，他更坚信是我蓄意报复。

天下本无事，庸人自扰之。真相既明，我不但不再自怜自艾，反倒可怜起

父亲来。他戎马半生，辛苦奔波，与家庭幸福一直无缘。娶了三妻四妾并不是他的错，当时的社会本来就有这种习俗。今天父亲是自由之身，阿香真的与他要好，我只有为他庆幸。

不知道许伯伯如何向父亲解释，事情已成过去，也没有澄清的必要。至于是谁蓄意破坏我，也不相干了。我和父亲之间的隔阂，是新旧两代永远无法避免的，就算没有这件事，也还会有其他的事。毕竟这是个急剧变化的时代，新旧冲突随时在发生，人与人之间的裂罅一天一天加大，早就难以弥补了。

我由衷地感激许伯伯赐给我这个机会，否则，这个悬案恐怕永远难见天日了。值得欣慰的是，我能在这场苦难中坚强挺立，终于看清真相。这一切都是机缘，没有人会傻得去自寻烦恼，悲剧也不可能无中生有。

人性、社会、时代三者交互发展，每个人生存在其间，遭遇有幸有不幸。对我而言，我自认是幸运的。因为儿时的生机最旺，尚有足够的时间自我调适。我已知道事情的真相，知道自己所作所为无愧于良心，这就够了。

我终于发现了，一个人的经验实在有限，除非有真正的智慧，否则迟早会像父亲那样，面临一些没有前例的难题。

骤雨过后，空气流通了。只是，在经历了这些大风大浪之后，我应该怎样自处呢？

7 蝉蜕

转学　兴趣　后母　联考

高三刚要开学时，父亲没有说明原因，突然又把志学叫来，替我转学到台中第一中学。我知道这是不可避免的余波，也是必要的安排。一句话都没问，洒脱地离开台北，到得台中，住进学校宿舍。

最使我难舍的是小妹，我们之间还是一张白纸，虽说心中嵌满她的倩影笑语，到了这感伤的时刻，我却只能把这一腔离情，硬生生地咽下肚里。别时，宫家大伙儿无不议论纷纷，讶异父亲的不近情理。我悄悄地偷看了她一眼，她若无事然，好像没有把这件事放在心上。在我离开她家大门时，在人群中也没有找到她的倩影。

在台北时实在太忙了，忙于察看父亲的脸色，又忙于等待机会，跳过墙去。来到台中，时间才真正属于自己。这一刻，我发现已经面临了人生的抉择——马上要考大学了，究竟我对未来有什么打算呢?

当时的制度是将大学的科系区分为“理、文、农”三科，每科有不同的课业与教材，从高三起，分科授课。我必须先决定读哪一科，然后才能分到适合的班级。

我决定学音乐，当我在心情郁闷的时候，就有种大声呼啸的冲动，唱歌便成为最理想的发泄方式。宫家老二也喜欢唱歌，但他唱的是情歌，我唱的则是歌剧。我们经常有意无意相互比赛，看谁的吼声能把屋顶震垮。

然而，我真对音乐发生兴趣，则是看了几部有关音乐的电影。其中《翠堤春晓》一片最令我着迷，从初中第一次看到后，每次电影院重演，一定少不了我这个观众，一看我就想做个音乐家。只是，我从来没有想到，居然也有机会决定自己的未来。

当然我也仔细地研判过其他的可能性，只因台中一中的升学辅导在高二，我没赶上。所以只能根据自己所知道的科目考虑。老实说，我对大学的认识十分有限。

政治是我最怕的一种人类行为，我家进进出出的达官显要见得多了。每个人在人前及人后，都戴着几副不同的面具，为了争夺权利，什么手段都使得出来。我很欣赏《列子》所载的故事：帝尧为了寻贤禅让，到了首阳山，遇到一位贤士，帝尧要请他去做官。这人听了，忙逃进山中，到溪边洗耳朵。一位放牛的看到了，问他在做什么，这人说听了帝尧要请他做官的话，污了耳朵，特此清洗一番。放牛的一听大怒，忙把牛牵到上游，嫌洗耳朵的污水脏了牛胃……自古到今，厌恶政治的显然不止我一个人。

经济也是我讨厌的，父亲是清官，家中差堪温饱。我从小没有零用钱，虽常以为苦，可是眼见初中时，那些同学都毁于金钱，因此对钱颇为反感。另外还有一些无形的影响，例如我常听人赞佩父亲的人格操守，听多了，清廉便成为我的一种价值标准。

此外，外交、社会、法律、历史等学科，都与我的个性相违，刚浮上台面便被淘汰了。数学本是我所喜爱的，可是自从我的“基数论”被代数老师羞辱后，心里觉得很别扭，也就对数学失去了兴趣。后来又碰到家中巨变，无心学习，程度越差越远，数学课本终于成了标准的“天书”。

由于我好动又好奇，从小见到任何新事物，总是缠着大人东问西问，不到弄个明白不休，最后总是换来白眼。若再是看到能动的机械，就有一种难以抗拒的诱惑，驱使着我非把它拆开不可。这也是我惹祸上身，常常挨打的根本原因之一。好在拆多了，经验丰富，家中的东西一坏，我总能修好。更妙的是，每次修完了，准会多出几个零件来。

记得最令我困惑的，是个上发条的老式留声机，不论我怎样拆了又装，装了又拆，始终找不到机器里面那个唱歌的“小人”。直到有一次，我偶然发现把唱针插在火柴盒上，划过唱片上的回纹，火柴盒居然也能发出声音来。我才知道唱片的纹路并不平滑，使得唱针振动，声音是盒子共鸣所发生的。

我的修理技术得到肯定，是因为一个德国制的闹钟不走了，店家说不能修。我便彻底把它解体，发现原来是动力发条断了，那种发条是钢制的，弹性极强。我想尽了办法，胶不上，黏不住。最后只好学铁匠，把剩下较长的一半发条，丢在厨房的“煤球”炉子里。等到烧得通红，将一端捶得叠回来，再钩住固定的柱子。终于，钟给修好了。只是有一个缺点，一天要上两次发条

才行。

父亲有支四五口径的手枪，无意中被我发现了。花了些功夫，我能很熟练地把它分解、还原，而且经常上油、保养。我常幻想，如果遇到强盗，有枪在手岂不威风？于是我将子弹上膛，并把保险扣上。这些“技术”完全是我自己摸索出来的，而使用枪的基本“观念”却丝毫没有。

有一天我正偷偷地把玩，突然被妹妹发现了，她叫着说：“我告爸爸去，说你在玩枪！”

我吓了一跳，下意识地把枪对着她，恐吓她说：“你敢告？我先打你！”

“你不敢。”

我为了吓她，便扣着扳机说：“我开枪啰！”

“你开吧！”她毫不在乎。

我一扣扳机，保险闩着，扣不动，我便拨开保险钮。这时心里突然一动，为什么上了保险呢？再把枪膛拉开，一颗子弹平躺在膛中！刹时，我浑身上下直冒冷汗，手脚发软，竟然滑倒在地上。妹妹以为我在陪她玩，自己装死，带着胜利的微笑走了。自此以后，我一见到枪就心惊胆跳。

前面提过，我自己动手做“油印机”，做反射式“放映机”，还设计过玩具水枪以及很多有趣的机械。可是当时社会环境配合不上，父亲认为只有读书重要，这些雕虫小技会“玩物丧志”，在家中绝对禁止。

有一次我做得太过火了，那是在初三，我学会了装收音机。但由于台湾是“戒严”地区，所有的通讯器材都受到军事管制，有钱也无处可买。我发现父亲汽车里有个直流式真空管收音机，从来没有人用过，于是我偷偷地把能拆的零件都拆了下来。一面参考书本，一面动手，将之改装成一部“交流式超外差五管收音机”。

靠着这五只真空管，我做了不少电子实验，那一阵子对电子简直入了迷，见到任何电器都想要，得不到便偷，包括宫家也是我偷窃的对象之一。每天不管去哪里，总会带些乱七八糟的东西回来。

我发现“矿石耳机”并不需要“天线”，那时我所能找到的耳机，都是电磁式的，一片铁片下面是个感应线圈绕着的磁蕊。当直流电通过感应线圈时，磁蕊便会产生磁力线，使铁片振动。空中的电磁波是交流的，矿石具有整波的功能，能将空中的电波分割成为直流半波，立即可以收听。

当然，除了耳机外，还有选台、天线、音量增减等问题。但是我对矿石耳机有兴趣，唯一的目的是希望做一台超小型的收音机，以便上课时偷听。矿石

耳机不论怎样设计，因为音量小，分频都不理想。而我所用的器材都是军事报废品，经常不是这里坏便是那里失灵。最可恶的也就是这种“不可测”的因素，非常浪费时间及精力。

有几次，我猜想是耳机坏了，便把耳机拆了下来。那里面的线圈比头发还要细，一不小心，线一断，可就真正报废了。拆了几次，技术熟了，我认为耳机虽小，里面的空间还可以充分应用，便设法把矿石固定在耳机里。

这种小工程可大不易，首先是矿石的灵敏度不稳，良好的接触点非常难选。终于我用两个小弹簧解决了，再要把小弹簧及矿石装进耳机的空隙里，真有如骆驼穿针眼！差不多忙了一个多月，我锲而不舍，最后成功了。一只耳机，外加一根下垂的短短天线，就可以收听距离最近的广播电台！

完成后，我拿到学校去“现宝”，同学们争着把玩，一不小心，把那根脆弱不堪的天线给弄断了！那时的挫折感，简直不能以言语来形容。完了！再做一个？我实在没有耐心，而且也没有足够的材料了。

无意中，我把已经坏了的耳机放近耳边，没想到竟然还有音乐声！不错，果然是电台播放的音乐！为什么天线断了还收听得到呢？为了找出原因，我又把它拆开，原因没找到，只是再还原时，耳机却彻彻底底地报销了。

我实在太忙了，没有再做第二个。其实不用天线的理由很简单，电磁线圈本身就有电感，只要离电台近，就会有足够的电力推动耳机。很可能我当时所做的耳机，是世界上最小的收音机。天下所谓的发明，不也就是排列组合出来的吗？

不久，我的房间变成了“实验室”，为了要试验“磁场”，我把偷来的电线围绕在墙壁四周，通以电流。由于没有电流负载观念，一接电，就把家里的保险丝烧断了。

因为天天修保险丝，我发现家中电源一根是火线，一根是地线。我用一支很长的钢筋，深深地埋进地里，作为自己的地线，再接上家电的火线，另成一个回路。这一来，不论我怎样用电，电表始终不动。有时两根电线的负载处冒起青白色的火弧，家里的电灯就一明一暗有如鬼火，接下去就传来父亲大骂电力公司的吼声。

这些实验叫我既兴奋又害怕，由于我曾被电击过多次，深知那种痛苦。为了防止家人无意中撞进来，我便在房门的把手上，贴了二片铜片，各接上电源。只有我知道，在铜片之外的位置比较安全，摸到铜片准会被电击。

我从来没有想到这会有什么后果，只认为这样就不会有人进来了。一天，

我放学回家，突然见到房门洞开，屋子里干干净净的，所有偷来的宝贝，多时的心血，全部失踪。当然免不了还挨了顿狠打，连一向温柔的阿香也对我怒目相视。

玩够了，也玩怕了，我对电的兴趣消失了，从此再也没有去想它。

到了考虑未来前途的当儿，这些情景也都点点浮上心头。是否该学机械？电子？可是再一想，为了什么呢？这些在我经验里，摸摸就会了，还用得着学四年吗？此外，在当年除了好奇之外，我只是利用这些“技术”来制造自己所需要的“工具”，再应用工具做我喜爱的事物。重要的是后者而非前者，那我去学技术做什么？

所以，我决定不学理工，农、医科则是连想都不曾想过。剩下来的，只有我真心喜爱的音乐、美术、文学三科，一时之间“鱼与熊掌”难以取舍。

考虑再三，我认为画画不用学，大自然的一切都是我的老师，只要有鉴赏力，我可以自画自学。文学也是一样，或许写作需要些技巧，可是在学校从来没有一个老师教我如何作文。每次上作文课，老师只是出个题目，便由各人埋头去写。最后本子发下来，上面几个红笔圈圈，加上一个分数，了不起有两句不痛不痒的评语。这又代表了什么？那有什么可学？又学得到什么？

记得毛姆著的《一生必读之十大名著》中，说到作品成败的关键，并非文字的写作技巧，而是生活的体验。生活体验是无人可教的，我只要用心体会就是。

只有音乐，那是令我感到陌生的世界。“她”超然于生活经历之外，是一种不食人间烟火的抽象的绝对的精神境界。区区几个音符，就可以让我热情奔放或是心酸凄楚，好像在宇宙的某一个地方，有个力量操纵着，一切感受都由不得已。

人的生理结构很微妙，听觉的功能或许不是最强的，但却随时可以提供外在的一些动静状况，好提醒视觉去观察。我们可以闭上眼睛，拒绝看任何东西，却无法阻止声音侵入我们的耳朵。不仅如此，听觉中枢还直接连通反应中枢，以致人对声音特别敏感。

动物生存的威胁常来自环境的变化，或者是其他生物的攻击。这些情况经常会产生震动，发出音波，所以动物便发展出听觉，以利于生存。又由于音波的传送比较不受地形及环境的影响，所以由声音辨识出是求偶或是警兆，远比视觉来得容易。人类承袭了动物的生理结构，对声音的感受直接了当，并能毫无保留地传输到大脑的神经中枢，瞬间导致人的感知。

宇宙中时时刻刻都有各种能量的变化，以致声波充斥在空气中，无休无止地传播着。有的声音需要听觉辨别，以作利害的判断；有的则无关紧要，对我们毫无威胁。为什么在这些变化中，人能够下意识地随时作出正确有效的分辨呢？

听觉中枢有种功能，就是当某一系列声音一再重复时，“感觉阀”会自动提高，使听觉神经不受其干扰。而变化不断的声波代表着新发生的状况，其感觉阀低，故能保持敏锐的感受，立刻被听觉察知。

于是，音乐家出现了。他们利用声音直接撼动人心的力量，选择了能使大脑细胞产生共振的谐和音，使人在音乐中得到共鸣的感受。又由于“感觉阀”的生理结构，所以必须加上各种变化。然而太多的变化又会让人分神，故变化中要有规律，使人容易熟悉，产生亲切感。所谓亲切感，实际上就是大脑神经已经有了导通的神经通路。因为已经导通，所以电阻低，意识中枢的电势就很容易流经该区。

人对事物的兴趣，就是指意识导向阻力最低的有利状态。人对事物的了解，则是该事物与自己相关的信息。有些事物虽然了解得很透彻，却不见得能引起兴趣，因为一成不变的通道，又会提高感觉阀。好的音乐都有适度的变化，既符合规律性，又能维持感觉阀的灵敏度。从对音乐的分析，我发现它与人性有绝对的关系。

我不敢说当年就是这样想，但有一点却是千真万确，我认定从音乐可以了解人性。基于自己的遭遇，我急欲追求对人性的认知，所以，我决定学音乐。

同时，除了探索人性外，我还想学一些创造的方法。从小我就被逼着思考，全靠自己解决问题，长年累月下来，养成了用脑筋的习惯。习惯养成后，思考变成了一种“反应”，脑筋动得很快。有了这个长处，我发现自己什么都能学，而且学得又快又好。但是，模仿是一回事，每到想创造些什么时，脑中却是汪洋一片，无从下手。

当时我直觉地认为，绘画只是模仿大自然，文学也不过描述人间事物，只有音乐完全是创造。所以一定有一种“创造的方法”，否则如何把那些无机的音符，组织成为动人心魄、歌之泣之的“天籁”？

音乐属于文科，因此我选择了高三戊班，专攻文科。

台中一中的师资比我在台北所见的要好，也可能是进了高三，远离了家庭纠纷和无谓的烦恼，所以开始注意到老师的素质。

比如说一位姓王的历史老师，他讲课时常把自己的看法与书本上的观点相

互分析、比较。记得最清楚的一件历史公案，是历史课本上说汉朝王莽“礼贤下士，布衣终生”是“伪善”。

王老师批评说：“什么是‘伪善’？在人前和人后，在过去和现在表现得不一样，这叫做‘伪’；如果有一个人的‘善行’是‘伪’，当然是‘伪善’。而王莽‘礼贤下士，布衣终生’，这句话分明是说，他在人前人后，一辈子从生到死都是这样，怎能叫伪善呢？”大家听了，都觉得有理。

王老师继续说：“不论是什么人，要人人赞美是不可能的，我们要有判断力，不能盲目相信史书，因为史书只是少数人的记述……”

这些话对我的帮助非常大，个人行为的可信与否，应以终生的表现为依归，不必在意别人一时的批评。记得母亲也常常用这个观念来教导我，但是我觉得很难做到，因为我对自己没有信心，不知道怎样才算正确。

还有语文老师，他把上课的气氛弄得很轻松，常常讲解些课外的题目，帮助我们了解课文。尤其在作文时，他从来不出题目，任凭各人发挥。同学若写不出什么，画个大押，他也不以为忤。但遇有值得夸赞的文章，他一定提出来讲评一番。

一中的自由学风很盛，我们宿舍里有一位同学，在床头挂了个“钟摆”，每天埋首研究“自由落体”，不幸他后来被家人强迫进了医学院。还有甲组一位同学杨维哲，他把大学里有关数学的课程全都自修完毕，常为人所津津乐道。

不记得是什么时候，有一天，几个同学上气不接下气地跑进来，说在台中戏院隔壁楼上有几个美国人，他们一边往楼下撒钞票，一边对捡钱的人拍照。同学们无不愤然，爱钱本是人的天性，美国人怎么能自以为有钱，便利用人性的弱点，拍照侮辱中国人。

一传十，十传百，没有多久，几乎全宿舍的同学都被惊动了。事不宜迟，大伙不约而同地，都往市区跑。

谁知一到校门口，就有位教官等在那里，把着大门。仗着人多，同学们开始起哄。有位同学向教官解释了经过，然后大声问：“我们读书是为了什么？难道眼睁睁地看外国人侮辱我们？”

同学们一阵叫好，教官想了想，说：“好，要去我们一起去，排好队，一切听我指挥。”

同学们立刻响应，自动排好队伍，准备出发。

正要走时，又有同学跑回来，说事情已经解决，几个老美被警察请走了。

幸而没有闹成大事，但是过不多久，那位教官却被调走了。

另外一次，是“刘自然事件”爆发，全台湾哗然，同学们也群情激愤。起因是一个美国人在台湾杀了人，结果美军当局却使用“治外法权”，硬判杀人的美军无罪。

在我以往的印象中，美国人都是些自命财大气粗的暴发户。他们胳膊上老“挂”着一个身材娇小、打扮怪异的廉价吧女，吊儿郎当地到处招摇。

当时台湾的旅游业并不发达，在台的“老美”实际上只是些待遇不高的水兵。但因用的是美金，台湾生活程度又低，所以其享受骄人，每每令台湾人自惭形秽。

我们原是自尊自信的民族，有自己的价值观念。只因目前经济衰弱了……但这并不表示我们就应该牺牲自己的基本信念，丧失国家的主权。人会死，国会亡，江山也会易容，但没有任何人甘为人之奴隶。

同学们知道学校绝不容许大家去惹事，便打算偷偷地与其他学校联络，约好时间，准备一同上街游行。

我们还在商议中，有位外号“小教官”的教官，深夜把我叫去，劈口就说：“你不要把台北的那一套给我带到台中来，我不是好惹的！”

我猜是为了刘自然事件，故作不懂，问道：“我把台北哪一套带到台中来了？请教官讲明白一点。”

“你想来闹学潮，是不是？”这是当时司空见惯的“白色”管教公式，小教官先把“黑帽子”给我扣上。

我一听，满腔怒火都激发了。从小到大，老是碰到各种不平，这次开会我的确是参加了，也说了几句话，但绝对算不上是闹学潮。

我立刻抗声道：“教官！请你不要血口喷人，什么叫闹学潮？”

小教官哼了一声，说：“你怕我不知道？你家住台北，为什么到台中来读书，一定没干好事！”

我只觉得热血上冲，脱口而出：“好！你敢侮辱我的人格，你去叫宋新民来，问问他我为什么来台中！”

这话一出，把小教官给搞糊涂了，在学校还没有人敢对校长这样指名道姓的。他的气焰突然低了，小心地问我：“请问宋校长和你是什么关系？”

“他以前是我父亲的部下！”总算父亲可作挡箭牌了，挨了多年的打骂，这时抬出来，心中不无感慨。

“啊？那请教令尊是……”

“朱怀冰。”其实我并不知道父亲的官到底有多大。

他立刻换了一副面孔，说：“朱老将军，是的，是的，党‘国’元老，党‘国’元老，那你要多为令尊想想才是啰！”

这是生平第一次沾到父亲的光，从此小教官对我另眼相看。

原来不只是我而已，小教官采用各个击破的伎俩，大家都被他约谈了，只不知是谁通风报信的。总之，这次事情就此过去，台中一片平静。而同学们余波未息，有的决定要投笔从戎，以便捍卫“国家”的尊严；有的则颓丧失志，决定自我放羊。至于我，心里多多少少感觉到这种屈辱绝非一日之寒，我一定要追究根源。

寒假时我回到台北，一进家门，就见到一位女士，很自在地坐在客厅里。我虽然有点奇怪，因夜路走多了，这些小事也没加理会。

父亲下班回来，见到我只点个头就进房去了。吃饭时，那女士就坐在父亲旁的“客座”上，还常常给父亲挟菜。敏姐也没看到，只有妹妹还在。我心中纳闷得很，又不好问。

静静地吃完饭，父亲和那位女士进去了，我忍不住问妹妹：“那个女人是谁？”

“那个女人是我们的后母。”妹妹冷冷地说。

“后母？为什么我不知道？”这种新鲜事恐怕只会发生在我们这个不可思议的家庭中。

“爸爸就是怕你知道，才送你去台中读书的。”

“奇怪！为什么怕我知道呢？”

“我怎么晓得，姐姐也结婚了，她先搬出去，爸爸才结婚的。”

“姐姐结婚了？”

“是爸爸逼的！她走时才可怜哩，没人理会，也没有人帮忙。好像一只小蚂蚁，一天搬一点东西，好几天才搬完。”

“爸爸什么时候结婚的呢？”

“你去了台中，姐姐嫁了以后，后母就进门了。”

“那么快？”

“你不记得她了？她以前穿军服，常来找爸爸。”

“是那个女政工？”我记起来了，她来过几次。每次来时，都身穿军服，一

副毕恭毕敬的样子，好像是向父亲请教什么军“国”大事似的。

“是我们的妈妈。”妹妹提醒我。

我忘不了敏姐对待我母亲的态度，自己曾是受害人，当然绝不能和敏姐一般。想到这里，我立刻站起来，说：“我去叫她一声。”

“你是好意，可是要知道人家愿不愿意哩！”我听出弦外之音，但是在这种情况下，我没有多少选择。

我敲门进去，她坐在父亲身边。我意味深长，故意说：“妈！对不起，刚才我不知道你是我妈！”

她看看我没有开口，父亲就说：“你出去吧。”

中学毕业了，要考大学，父亲叫我留在台中，准备考试。

音乐要加考术科，我对铜管乐器很有把握。在成功中学，我是军乐队开队元老之一，各种乐器都玩过，也都自“鸣”不凡。至于学科，班上曾举行模拟考试，我的成绩不差。当时台中一中的升学率在百分之九十以上，所以心里很笃定。

不知是哪里吹来的邪风，宿舍里盛行请“碟仙”。传说济公曾开示，明年一定“反攻大陆”。加上一些似是而非的传说，众口铄金，似乎灵验异常。我有过“观音菩萨”的教训，更认为这种碟仙有如儿戏，始终不信，天天与同学辩论。

碟仙的玩法，是先在一张纸上写些中文字与英文字母，再用一个碟子，反扣过来，在碟沿画一个箭头，这就是全部的道具。玩的人由一到四个不等，其法是先祷告祈求，可以指定神尊或是鬼魂，再不然任凭机缘。

玩的人各伸出食指，轻轻按在反扣的碟底上。据说碟仙一来，就会带着碟子移动，等它停下来时，将碟沿箭头所指的文字，逐一记载下来，便是“神灵”的指示。

传说中举凡交友、升学，碟仙都有求必答，有答必验。很多同学想知道心目中的女友，而中文人名用字不可能在一张纸上写全，便以英文字母代替。妙的是所问到的女友名字，经常不是 Mary 便是 Lucy。因为中学生所知道的英文名字有限，连编都编不出新花样！

我与同学们争辩得几乎伤了感情，我不懂为什么这样简单的道理，居然还看不明白？如果仅以娱乐的立场分析此事，本来无可厚非，总比年轻人上街闹事好。但如果在理性上，硬要相信碟仙显灵是实，我认为此人智力大有问题！

为了免费唇舌，我们决定采用科学方法，亲身试验。共有六位同学志愿参加，我们慎重其事地斋戒沐浴，花了三个夜晚，轮流上阵，虔心祈求。

最后，大家一致认定，除了个人的心理作用外，碟仙根本不存在。但有一位信心极深的同学，到了最后一刻才来，他指责我心存成见，所以碟仙不愿意来。并坚决表示，只要他代我参加，一定能成功。

果然他一上阵，碟子便满桌飞驰。我分明看到他眼睛搜寻着字，手指并控制碟子运转。但他发誓赌咒，一口否认。

依我对他的了解，他没有任何理由来骗我，尤其不可能用这么幼稚的手段。再说，大家都牺牲了温习功课的宝贵时间，为的是追求真理，他更没有理由专门来作对！那么还有什么原因呢？果真是我有成见吗？

我早已养成一种习惯，每当遇到不能了解的事，就会不由自主地潜心观察，一定要弄个水落石出。

的确，要指责他有意搞鬼，的确是不公平。他虽然闭着眼睛，眯出一条微微的细缝，但眼皮却一动也不动。我知道有些人睡觉时，眼睛不能完全合上。这种情形很难伪装，除非是长时期养成了习惯，否则眼皮难免会眨动。

于是，我要求他将眼睛完全闭上，他则认为已经闭上了，只是天生不能闭得很紧。我试着用手在他眼前晃动，他说感觉得到光影，却不知道是什么。

其次，我发现他的反应很快，只要碟子一动，他立刻加速“跟上”，将碟子又推进一小段距离。很显然，只要有两个像他一样的人同时来玩碟仙，若其中有一个人的手不慎颤抖了一下，另一个人就会放大一倍。如此一来，碟子自然而然就不断地移动了。

我作了一个试验，偷偷叫其他的人把手拿开，然后把碟子推了一下。果不其然，只需要他一个人，碟子就“兴奋地”往前冲。不过，由此也可以证明他并非存心搞鬼，因为当他的加速度终止后，碟子又停了下来，他则痴痴地静候着。

同学们在一旁观看，也能理解这种现象。只要玩的人相信，便会认为碟子的运动就是碟仙的神力，于是随着碟子的动向，各出其力，大家都有贡献。只是，这还不能解释为什么碟子会停下来，且指在字上。一再反复试验下，这一点也有了合理的答案。

当碟子开始移动后，玩的人都跟着紧张起来，大家都预期将会停止，各人的手指就有意无意地抬了起来。更妙的是，这时全场的注意力都转移到碟子的动向上，而忘却了人的因素。我紧盯着那位同学，要看看他的反应如何，只见

他本能地张开了眼睛。

他也很警觉，知道在做实验，马上又把眼睛闭上。其实这样已经够了，在那一瞬间，碟子附近的字形，已经映在他脑海中。下一步则是他的意识作祟，因为他已认定将停在何处或者不停，所以不需要刻意做假，就可以将手指提起来。

虽然这个理论大家争论了很久，但没有人否认在玩的时候，多多少少有种猜测的心态，至少希望碟子落在“有可能性”的文字上。就是这点“合理的”希望，使得人的手指有了“抬起来”或“继续加速度”的分别，也决定了碟子的运动方向。

尤其是当一个人自以为他有这种能力时，他的期望与关注必然较他人为强。有意识的主导可以说是欺骗，而无意识的行为却容易以讹传讹，混淆视听。

为了证明这种无意识的主导行为，我坚持要将参与者蒙起眼睛。只有在大家都看不见的情形下，碟子还能停在文字上，我才愿意承认有碟仙的存在。

大家都同意了，由于从来没有人慎重地要求把眼睛蒙起，因此也没有人知道会有什么结果。但是这位同学很有信心，同意试验。在多次的试验下，碟子完全乱了章法，跑跑停停，一直不能“到位”。

这次的试验证明了这位同学不是存心欺骗，但是我却看到了事件的另一面。世上有很多自以为是的人，或为了引人注意，或为了私人利益，尽管无心为恶，却非常坚持己见，常使得信念不坚的人，无从客观地分判是非。

这种后果的严重性，远比有心为恶者为大，所谓“一犬吠形，百犬吠声”。世人有明辨是非能力者太少，绝大多数都是随声附和。尤其是这种值得信任的好人，不论他说得有理无理，人都宁愿信其有，反而常常使真理蒙尘。

到了大学集体报名的前一天，宋校长把我叫到他的办公室，问我准备得如何。我说很有把握。宋校长说：“不要太有自信啊！去年本校还有好几个人没考上！”

“起码我的术科可以拿高分……”

“术科？你为什么要考术科？”

“音乐要考术科的。”

“音乐！！”他从椅子上跳了起来：“这怎么得了？怀公不骂死我了？”

我吃了一惊：“音乐有什么不好？”

“糟了！糟了！你为什么不早告诉我呢？我以为你……”他急得说不下去了，停了会儿，又说：“怀公知不知道这件事？”

“这是我自己的前途，爸爸也管不了！”我振振有词。

“唉呀！邦复，你也不是小孩子了，你还不知道怀公的脾气吗？他把你交给我管，对我嘱咐了不知多少次，说你天分很高，要你学理工……”

“为什么一定要学理工呢？假如人人都该学理工，还要别的科系干嘛？”

“唉！你不要跟我辩，问题在我怎么对怀公说呢？”

我不愿为难他，明知跟父亲提了，一定通不过。我只好说：“那么让我自己向爸爸说吧！”

宋校长立即拨了长途电话给父亲，说：“怀公，邦复有话对您说。”他把烫手蕃芋丢给我。

我接过电话，说：“爸爸，我在填大学报名单，我要考师大音乐系……”

“什么？”电话里的吼声震耳欲聋。

“音乐系！”我肯定地说。

“叫宋校长来说话！”父亲很了解我的倔性子。

宋校长也听到了，一脸的无奈，拿起电话，只是喏喏连声。过了好一阵子，宋校长转过头来问我：

“你有没有第二志愿？音乐是绝对不行的。”

怎么办呢？我脑中空白一片，从来没有想过第二志愿的问题。既然音乐被否决了，就学艺术吧！不幸的是，父亲仍不同意，再换文学也不行。

我放弃了，便对宋校长说：“麻烦您问问爸爸吧，只要是文科，由他决定好了。”

父亲坚持我考理工科系，宋校长解释说现在实行文理分科。我已选了文科，理科的功课没有学，不可能考得上。

父亲不明白为什么要文理分科，却坚持除了理工外，不许我读大学。

宋校长急得满头大汗，我则死心塌地，不读大学也罢。

最后，宋校长想到一个方法：“怀公，您是党国元老，为‘国家’贡献良多，我们学校每年有十个名额保送军校，能不能让邦复从军‘报国’呢？”

千穿万穿，马屁不穿，父亲总算答应了，宋校长也笑了，我也无可无不可。还是我的预感正确，当我决定要学音乐时，就有点难以相信，居然我能够决定自己的前途。

同学听我说要保送军校，都表示遗憾，还有什么好说的？我潇洒地拿起篮球，一个人走到球场，在众人的读书声中，投起篮来。

有位教官看我成天打球，便好心劝我，说快考大学了，应该利用时间多读点书。我告诉他，我已经保送军校了。

教官问："你打算进什么军种？"

"当然是空军。"我并没有认真考虑过，只是在直觉上，空军死得比较痛快。

"不可能，"教官摇头说，"你有近视，进不了空军。"

我楞了一下，说："那就海军吧。"

"也不行，海军也要视力好，你只能进政工干校。"

"政工干校？"篮球滚得老远，我也顾不得捡了，"政工干校我不去！"

"为什么？政工干校有什么不好？"

"从军就是为了打仗，搞什么无聊的政治工作？"我不能说我见过一些"搞思想"的人，被他们吓破了胆。

教官眼中闪过了一丝惊恐的神色，不再多说，摇头而去。

我回到寝室，和几个同学谈起这件事。大家七嘴八舌地出点子，但是谁都没有方案。

最后，有个同学建议说："文科你父亲不同意，理科也不可能，可是还有农科可以考呀！至少你只牺牲生物和解析几何，一共一百分，才六分之一而已。"

"农科？"我觉得总比政工好，"可是农科学什么呢？"

一时大家都呆住了，因为宿舍中没有人报考农科。

我想起《铁骑银瓶》中的新疆大漠风光，养马总该是农科吧？我问："有没有养马系？"

大家都笑了，有人说："有畜牧系，一定可以养马。"

"好，就这么决定了，我考畜牧系。"我的反应一向很快。

"其他的呢？你总得填别的志愿。"

我喜欢吃西瓜，学学种西瓜也不错，大家猜了半天，认定农艺是种西瓜的。因此我便决定了三个志愿，第一是台大畜牧系，第二是台大农艺系，第三是台中农学院农艺系（那时台中农学院尚无畜牧系）。

这次父亲没有反对，因为照他的说法，一旦我们"反攻大陆"，老家珞珈山下还有块地，学农至少回去还可以耕田。我一生的命运，就如此这般地决定下来了。

大学联合招生的窄门很难挤进，总共六百分。我却有一百分肯定交白卷，我不相信会考得上。别人都在死啃活拼，我则听天由命，每天优哉游哉，照样

打球玩耍。

考完试，像是应付完了公事，我已准备好去当兵，心里非常轻松。十多年的学生生活，像是一场恶梦，我不知道学到了什么？有什么用？为什么要学？我也不知道别的同学是怎么想的，仿佛人人都是为了考试，考试的目的还是为了下一次的考试。

在无尽的考试中，我考怕了，白天还好，我可以靠打球、看小说来忘掉它。但是在梦中，一切可由不得我控制，永远是考试！考试！而且千篇一律，永远是清一色的结果，缴白卷！缴白卷！

我这一生似乎注定要在苦海中挣扎，白天如同漫长的恶梦，一层又一层的巨幅布幕，把我紧紧地裹住，束缚得透不过气来。入夜更是无休无止的恶梦，重复着所有难以摆脱的、令我心神狂乱的恐惧。

虽然生活中的一切都被一种不可抗拒的力量支配着，由不得自己作主。可是隐隐约约中，我总觉得我迟早会醒来的。只有在醒了以后，我才可能有真正的生命。

不幸的是，我居然考上了！考到了台中农学院的农艺系，离我养马的志愿只差了十分。这时方才有点悔意，早知道恶梦未了，多拼个十分又何妨？

更令我失望的是，农艺系种稻不种西瓜，这大学四年显然又是苦海无边。别人考上大学都在欢天喜地地庆祝，只有我，反而恼恨不已。

台北市在这些年间，整个朴实的风貌都被高大而杂乱的建筑蛀蚀殆尽。南京东路成了竞技场，松江路也在拓宽。后面长春路原来平平坦坦的一片稻田，如今好像被耗子啃过的大饼，零零落落的，残砖碎石散布一地。

不仅是景物不再，人事亦非，宫家搬到新店去了。她们的新居在一个小丘的半腰，丛林遮掩之下，一栋老旧的木屋，屹立在历经风雨冲刷、落石处处的斜坡上。

宫伯母知道我考上台中农学院，她眉毛一扬，对我说：“没考上台大，不算进大学，你明年再考吧。”

8 冬至

大学　校园　温情　觉醒

除了痛惜失去了骑马的机会外，我根本没想到台中农学院和台湾大学有什么分别。反正已经打算好，混完这四年了事，说什么也不会去重考。自后宫伯母觉得我没有出息，不大赞成小妹与我来往。

我和小妹的感情，一直是在半公开状态下迂回前进。由于我在台中读书，只能在寒暑假时，找个理由，溜到新店，略沾一点她青春的气息。可是每次见面，我就感觉到她与以往有点不同。她变得更活泼，更明朗，交游也一天一天广阔。虽然她娇憨如故，倔强如故，但已经不是我印象中的那位小女孩了。

我有预感，在各种主观、客观的环境下，想要与她长相厮守的可能性非常小。可是在我有限的经验中，她几乎占据了所有美好的回忆。只要是欢乐的泉源，就有她的倩影。有一段时期，我甚至连对电影明星的审美角度，都要看与她有多少相似性而定。

我极力地把自己的心扉严密地封锁住，朝夕怀想着她，把她净化、美化，对任何异性绝不多看一眼。即使她抛弃我了，我仍旧拥有她，至少在我用希望和幻想所堆砌的神圣庙堂里，她永远属于我。

开学后，我住进了农学院学生宿舍。实际上，我们住的是一个储藏室，因为学校宿舍不够分配，大一新生皆不得住校。但是在中国社会上，永远有例外，永远离不开人情关系。所以我们八个新生，都仗着特殊的关系，挤进了这间没有窗子，隔墙便是澡堂，又湿又小的“特权储藏室”。

室内刚好排满四张双人床，连转身的空间都很有限。事实上，住宿舍没有一点好处，远不如在学校附近租间房子舒服自在。可是，家长的想法不一样，

有的为了省钱，有的为了方便，我则是因为父亲交待学校要严加管教。

同寝室里农艺系的有三位，除了我，还有位“老师”。他身材瘦长，只身在台，曾做过小学教员。他靠着半工半读，为学生补习维生，由救灾总会介绍而来。另一位叫“大胖”，每当他在房中，空间便显得出奇的狭窄。他有着弥勒佛的度量，脾气极好，成天脸上挂着笑容，什么都是好！好！

另有一位是园艺系的，个子瘦小。由于他们班上阴盛阳衰，女生便选他做班长，因之绰号“小班长”。此外，还有一位“财主”；一位“爱因斯坦”；另有一位二年级的，不知为何沦落到挤储藏室的地步。他一身细皮嫩肉，长相非常清秀，加上爱打扮，说话轻声柔语，大家都叫他“小妹妹”。

新生训练时，教官见大胖身架非凡，便叫他做值星官。时势造英雄，大家都对他刮目相看，连带着储藏室成员也沾了光。我突然发觉所谓大学也不过如是，只凭长得胖一点就可以睥睨风云，成为风头人物，其他也就可想而知了。

然而，还没正式上课，就证明了大学是有些不同于中学的。各式各样的社团代表，纷纷来到储藏室，拉我们入社。其实，我在成功中学时，就曾登记了全校第一个社团，名为“枫海社”，宗旨是出版刊物。发行了几期后，就难以为继，最后不了了之。

现在进了大学，我不再是小孩子了。为了表示自己的清高，不喜欢搞活动，更讨厌听口号，所以一概拒绝，什么社团都不参加。

有一天晚上，小班长问我们想不想吃免费点心。我知道“拿人的手短，吃人的嘴软”，所以不想去。但老师、大胖和小妹妹几个人一再起哄，而且保证在大学白吃绝不会有后遗症。我也的确有些口馋，不吃白不吃，便随大家一同去了。

正如我所料，高年级的同学一个接一个地轮流上台，发表演说。台下则乱纷纷，反正各说各的，谁也不理会别人在说什么。

至于免费点心，全是些花生、瓜子，量很多，一时吃不完。等到听得实在烦不过了，仗着我们几个在一起，玩心又盛，便拿着花生丢来丢去，打起花生大战来。

好不容易熬过了一波又一波的疲劳轰炸，我发誓再也不贪这种口福。谢天谢地，终于散场了，正要走路时，一位高年级同学把我们拦下，说：“你们要开干事会，现在不能走。”

“什么干事会？”我们莫名其妙。

“你们几个都被选为新干事了。”

我们面面相觑，一个个做声不得。

“我们不是社员，只是来白吃的。”我只好说老实话。

“进了这个门，就算是社员，今天白吃，明天要缴费的。”

“可是，我们什么都不懂，又没有经验，为什么会被选上呢？”我又问。

“因为你们几个人很活跃，正是我们需要的新鲜血液。”

惨了，人为财死，鸟为食亡。说不得，只好付出代价，把清高丢到一边了。

在干部会议中，小班长被选为总干事，老师、大胖和我则被选为执行干事。到这时我才知道，我们所参加的是“昆仑学社”，唯一的宗旨是“玩”，举办各种比赛。

我一向好强好胜，正因为太重视得失胜负，全力投入。后来心理上负荷不了，往往在竞争的当儿，全身颤抖，无法控制。

记得这是从下象棋开始的，在初中时，家里有客人下着玩。我先是旁观，后来会下了，便与家中亲友对奕，胜多负少。赢了当然得意，输了面子上就挂不住，总要找些理由解释一番。因为怕输，渐渐地一听到要下棋，便不由自主地颤抖起来，而且越抖越凶，难以控制。后来改下围棋，情况也没有改善。所以，我不敢再跟任何人下棋。

不仅是下棋，赛跑、打球都是一样。到后来，我简直只要一想到输赢，浑身就会抖颤不停。所以，我用尽一切借口，避免参加任何比赛。然而，在学校里常有各种班级对抗活动，不参加不行。最后我只好不断地告诉自己，我是被逼参加的，输赢与我无关。而且不管成绩，不理会分数，这样才能免除紧张。这是我自命清高的原因，正因为过于好胜，唯有远离各种竞争活动，才可治本。

在成功中学时，我被选入篮球校队，我猜唯一的原因是我从不贪功。我身材不高，得分也很少，打球只为了发泄无限的精力，一上场就拼命抢球。尤其是有“旱地拔葱”的功夫，篮板球非我莫属，抢到了便传给别人投篮。因此，同学们都喜欢与我同队，说我输得起，脾气好。实际上我是不敢投篮，进了没什么，不进，我会难过得要命。让别人投最安全，免去了我心理的压力。

老实说，我怕负责任，更怕被别人怪罪。我只要不负成败的责任，不论做什么，都能做得很好。在中学时，我不曾担负过任何实质性的责任。只有在 37 班被选为风纪排长，比股长还要小一级。由于官小，责任不大，倒也敢作敢为，还几乎被姓罗的同学摆平。

现在只因贪吃，自投虎口，怎么办呢？一是不负责任，反正谁也无法强迫我；一是找一个与竞赛没有关系的工作，只要远离胜负，我就不会紧张、出丑。所以，一开会我就毛遂自荐，愿意负责文艺组。这一方面也是我对文艺有兴趣，而且有过办刊物的经验。

刚进大学的新鲜人总有点新鲜感，有点自命不凡。尤其是中学时代被严格控制，除了死读书，身心受到绝对的保护。一旦压力尽去，以前不敢的事，现在可以试一试了，要玩嘛，得玩些新花样，疯狂疯狂。

小班长点子多，精力足，又当了总干事。回到储藏室，大家一起哄，他说了："我这总干事是玩真的，还是玩假的？"

"当然是真的。"

"好，那么你们得服从命令！"小班长是一本正经。

"你尽管吩咐！"大伙尚不知厉害。

"好，说话算话，"他胸有成竹，"以后本室同学一律团体行动，违者罚款。"

财主问："包不包括泡妞？"

"漂亮的妞大家公泡！"小班长对大家说，"赞成的举手。"

全票通过，小班长便说："今天开始，我们的第一个考验是……"大家都在猜他搞什么鬼，"人人一律脱光，排队走到浴室洗澡。"

大家都叫起苦来，小妹妹立刻表示异议："我是二年级的，不和你们团体行动。"

"罚十块钱！"小班长铁令如山。

财主的绰号似乎就是这样来的，他立即挺身而出，说："'小妹妹'，钱交给我，我管账。"

有热闹可看了，大家似乎以为只有小妹妹要脱光，正好欣赏他的细皮白肉，于是都逼着他脱衣服。

吵了半天，小妹妹屈服了，央求着说："脱光可以，但实在不好看，能不能披条毛巾呢？"

中国人到底保守成性，小班长嚷得厉害，其实真到脱时，他比谁都害羞。于是我们脱光了衣服，每个人用不同的工具，把身体重要部位遮好，排着队，走向浴室。

这一来惊动了全宿舍，嘲笑的有，叫骂的更多，还有人喊着："有种就不要遮遮掩掩，好让老子评鉴评鉴！"

后来，我们不敢在宿舍耍宝了，改在晚上去运动场玩。为了要做没人做过

的绝事，不知是谁建议，比赛“撒尿”。在想象中，一定是大胖尿最长，结果每次都是老师夺魁。大家不服，有次逼着大胖整个下午喝水，等憋到比赛时，大胖却因机械故障，怎么都尿不出来。我们都怪他私自放水，大胖苦着脸，说不出话来。

有一次，爱因斯坦在树丛中捡到一个“气球”。大家把玩了半天，似乎与真正的气球有点不同，都觉得怪异。拿去问高年级同学，结果被大大奚落了一番。我们很想见识一下这种保险过程，这也是我们夜游运动场的潜在心理因素。

远远来了一对情侣，我们立即躲了起来，在昏暗的夜色中，眼看着他们相偕隐入一处草丛中。大伙又兴奋又紧张，悄悄爬过去，却听大胖大叫一声：“妈的！早不来，晚不来，现在却来了！”

他这泡尿真可以创世界纪录，可是也惊动了那对戏草鸳鸯，好戏看不成了。

胡闹了一阵，正式上课以后，接触到最高学府的核心，大家再也笑不出声了。

我所见到的高年级同学，尤其是大四的，人人都死气沉沉，戴着一副“毕业就是失业”的懊丧的面孔。除了讨论出洋，就是研究如何发财，毫无一点“国家”主人翁的气概。

我们常在别人的闲聊中，听说某同学是“某派”。等我摸清楚各个派别的来龙去脉后，才知道我们这所高等学府的真相，不禁对整个“国家民族”的前途，大失信心。

第一派是所谓的“唯美派”，他们学业成绩最好，从不参加任何课外活动，也不关心除了他们自己以外的事务。他们多半在校外勤补英文，早就具备“托福”、“保证金”、“推荐书”等高级知识。说明白点，他们已经决定投效美国，只恨“政府”强迫他们接受教育太久，还要当兵，担搁了宝贵青春。

曾有位“唯美派”大将对我说：“你说我不爱‘国’？人是自私的，我怎么会不爱自己的‘国’？可是这个‘国家’是我自己的吗？如果是的，为什么不让我们参与？为什么只有少数特权分子为所欲为？如果只要我做顺民，我有权选择做谁的顺民。不管你对美国的看法怎样，至少我还有个新的希望。可是在这个‘国家’里，我只是单相思，一厢情愿。”

这些话到我真正能体会时，已经太晚了。后来，我也曾倒戈参加过唯美派的阵营，这是当年所始料不及的。

第二派是“死忠派”，他们效忠的对象万变不离其宗，就是现实的生存。凡是任何有利于他们团体、职业或是个人生存的，都可以效忠。一旦发现无利可图，他们立刻弃如蔽履。

这派人多半成绩中等，有些人一进学校就开始打听哪位老师有什么势力。看准了以后，便想法笼络亲近，深怕不能成为帐前走卒。另一些人则拼命自我表现，大喊口号，想尽方法参加国民党，专门监视异己分子，以图跃升龙门。

第三则是“迷糊派”，有的吃喝玩乐，整天追求好日子；有的浑浑噩噩，分不清谁是谁非；有的则自行其是，不知道前途何在，反正船到桥头自然直。我也忝为其中之一，也许是因为过去一直生活在家庭的狭小天地中，不曾受到社会的陶冶，没有看到现实的真相。我相信不仅是我，其他的派友也都一样。

由小环境可以看出大环境，学校所培养的人才，都是未来社会上具有影响力的人士，所以学校的素质影响社会的水准。同时学校的师资、制度、校风，又与当时的社会唇齿相依，因此社会上的各种风气、现象，在学校中无不具体而微。

对现实有深切了解的人，由失望进而绝望，最后只有逃避，远离这种自己无能为力的环境。而不甘逃避，或无能远离者，只好设法适应环境，迁就现实。只有我们这些不知不觉者，眼睛还没有睁开，愚笨迟钝，除了自己的小天地，外在的事物一概不加闻问。

造成这个现象最直接的因素，是人民知识水平低落，没有客观的判断能力。人民在“政府”善意的保护下，不仅学术教材经过净化，连代表客观的舆论也是异口同声。思想更是不用说，严格的控制，残酷的镇压，不容二心。

造成这种状况的时代背景，则是“政府”在大陆失败后，未能反躬自省，把所有责任全部推给共产党以及不满现状的知识分子。因此不仅要反共，且要防范人民有知识（技术是例外）。而最佳的方式，便是愚民，使人人成为无知的盲从者。

当然，要问责任谁属是不公平的，这是时代的瘟疫，世纪的酗酒症候群。极端的个人自由观念急速扩张，侵入了自生自保的封闭性机体。正如一伙强壮而饥饿的美洲豹，冲进了衰迈而老弱的牛群中，一场惨烈的杀戮是难以避免的。这不仅是中国传统文化受到考验，各民族又何独不然？甚至于全人类的发展方向，都面临了抉择！

在这人人皆醉之际，到底有没有独醒的孤魂，在旁观的立场，透视这场剧变的前因后果？尽管今天世人已被感染，众口铄金，聚息成风。但是只要人类

不毁灭，总会有痛定思痛，反省检讨的一天。在现实的人生，主流与非主流之间，也是一场意识形态之争。好在人人都有自我表达之自由，这不正是自由的原意吗？

一般说来，知识可以分为两类，一是思维、判断的方式，另一种则是工作、生存的工具。很不幸的，前一种方式，从小学到大学，从课本到课堂，我素未得闻。至于生存的工具，想要评估究竟学到了多少，唯一的方法是用金钱及地位来衡量。

于是，每年由各大学流出来的大量知识分子，在精心的规划下，无一不是唯利是图、唯我是尊的精英。不喻可知，这种社会所导致的结果，必然是笑贫不笑娼。从乐观的角度来看，国家富强了，社会繁荣了。但是集中了天下所有最精密的机具，创造了空前绝后的财富与资产，却不表示这个社会上的人，就具备了思维判断的能力。这些财富与资产，充其量只能满足人生物质上的需求，难道人生仅仅是物质就能满足的吗？

少数人为了保存既得利益，但求一时的偏安，不顾千秋万世的民族基业，这才是真正的病因所在。人人为己，事事循私，争权夺利，贪赃枉法。只要个人行为不会影响改变到社会现状的，都能畅所欲为。倘若有人为了国家利益，痛砭时弊，那怕是小有微言，也不能见容于当局，被视为异端而抱憾终生。

要求人人都做圣贤是不可能的，但是人失去了见贤思齐的机会，则是可悲的。人生有如航行在汪洋中的扁舟，没有导航，得不到指引，扁舟会飘流到何方呢？当然，争权夺利本为人生百态之一，贪图荣华富贵也不算大错。只是如果稍稍在良知中，供奉一尊神佛，存一点做人做事的道理，下一代就还有新生的希望！

我们学校里人事倾轧，文斗武斗之丑态，日有所闻。有两位女教授曾在教务处大打出手，事后黑函满天飞，很多无辜的同学都受到株连。

有一次农化系一位品学兼优的同学，只因看不惯这种乱象，气愤不过，在黑板上写了几个对某女教授不敬的文字，立即有大批警总人员来校，把他抓走，严刑拷问了三天。回来以后，他一句话也不说，埋头苦读英文，最后逃往美国，不知所终。

我们农艺系的师资最差，好的人才不是留在大陆，便是进了美援机构“农业复兴委员会”，再不然就是在台大任教。我们的系主任，背景很硬，手段很高，只是肚中无货，忌才弄权。高年级同学一提到他，个个摇头不语。

当时系里有位张文材助教，写了一篇论文，题目是《钴 –60 对水稻诱变

的研究》。系主任明白地告诉他，按照学校规定，论文不能私自发表，只要系主任加以否决，这篇论文便成为一张废纸。但是，如果能将此论文以系主任的名义发表，基于互惠的立场，他还有升为讲师的希望。

张文材当时走投无路，碍于客观环境，只得欣然同意。结果，敝系主任因为这篇论文，成了台湾“原子能委员会”的委员。代表台湾参加在巴黎举行的“国际原子能和平应用会议”，并在会中宣读该论文。

事后系主任名利双收，贵人多忘事，张文材仍做了多年助教。此事全校上下无人不知，可是谁也不敢仗义执言。不仅如此，系主任甚至利用职权，将同学的毕业论文汇集成册。以其个人名义出版，名为《稻作学》。凡是上课的学生必须向他本人订购该书，如果大名未列入订购名单，那稻作学一科绝对保证重修。

我是到了二年级才有缘领教，最初实在是没有钱买他的课本，加上又不愿屈服在重修的胁迫下，所以一直拒买。同学们一再好心地劝我，都认为我是螳臂当车，为了一本书断送前途，实在不值得。

话虽有理，但是这个不值得，那样也不必要，人生究竟要妥协到什么地步呢？考虑再三，最后我还是屈服了。因为我上课时间很少，为了消耗精力，经常办活动，请公假，既知山有虎，何必偏向虎山行？我嘴巴虽硬，其实很怕留级，白天还好，夜间一入梦，总是被考试急得冷汗淋漓，最后只好忍痛登记买了一本。为了那一本一百五十元的“圣经”，我足足吃了好几个月的苦头，不免恨他入骨。

系主任上课才是今古奇谭，他先悠闲地坐下，慢慢打开他那须臾不离的皮包，准备祭出法宝。第一招我们称之为“招魂摄魄”，是一对一地验明正身。大约前后需要十多分钟。那种慢动作很像电影上的特写镜头，他很仔细地戴上老花眼镜，用手指尖移向点名册上，认清楚了名册上的人名。然后再用“超级慢动作”取下老花眼镜，先向同学们扫瞄一遍，这才启动他那没几个人听得懂的“湖南官话”语音系统，一个字一个字地“唱”出来。同学们一半靠猜，一半靠别人的提示，才知道这支“歌名”是自己。

这时，同学们一定要站起来，大声地答应：“是”，系主任仔细鉴赏老大一会儿，像是疼爱多年未见的小孙子一般。然后“嗯”的一声，点点头，戴上老花眼睛，再点第二个。如果那位同学不在，他会千篇一律地拉长了尾音，混着浓而重的鼻音问：“啊？到哪里克（‘去’发‘克’音）啊？”

如果没人答腔，他会以同样的腔调说：“啊！有来啊！”

然后在他专用的点名册上“用力”地记上一笔。不论是公假、病假、事假，他同样地说：“啊！有来啊！”同样“用力”地记上一笔。

如此这般，据高班同学的通报，十数年来，他乐此不疲，甚至有人说：“老人家靠这招吃遍天下，上了瘾！”

初时我们以为他会认人，后来发现他这样做只是在拖时间。因为学长一再指点，如果有同学不在，不妨换个人答应，但是我们不敢。有次，一位同学试了一试，先还打算装着听错了，却见他“嗯”一声，点点头，一副认得的样子，全班欣然微笑。

点完了名，下一招定是“乾坤挪移”，真正的好戏才算开场。他会随手任意翻开一页，如果是统计表格，他就口中喃喃地念着：“一个圈、两个圈、三个圈……啊！”他抬起了头，把老花眼镜取下，对大家说：“是一清（千）三百……”没有人知道个中玄机，只好呆呆地等着他老人家的启示。

这时他才低下头去，慢慢地戴上老花眼镜，食指沿着外页向下滑落。看了看，又取下老花眼镜，作恍然大悟状，干笑着说：“啊！是三百呃（二）十嗯（五）一（页）。”一时同学们如获圣旨，纷纷交头接耳，猜来猜去，一个个热情地翻着书本，教室中嗡嗡哗哗一片。系主任就展开了笑颜，觉得孩子们颇令龙心大悦。

如果不是表格，他就会另翻一页，或是叫同学们站起来，像小学生一般地读诵那些文字，由于这本书都是以往同学的毕业论文，学农的本不重视语文，每个人的文笔又各有不同的体裁，更何况随手翻来，无头无尾，读来简直不知所云。

学长们一再强调，整个四年中只有几道难关，而系主任这道则险如“蜀道”，千万要忍耐。要逃课也千万避免请假，找个同学代答即可。一则我不愿麻烦他人，二则我走惯了险路，怕归怕，总忍不住想向权威挑战，领教一招“瞒天过海”。

不论是谁，人都有弱点，系主任自己知道他那台湾“科学委员会”原子能应用委员的来龙去脉。为了维持令誉，我不相信他敢于应战。

考虑了几天，我下定决心，举手发问。系主任不知是真的没有看见，或是故作未见，好半天埋首在他的“圈圈”中，不停地数来数去。

我大声叫道：“系主任！”

他慢慢地抬起头来，慢慢地说：“呃清四百……”

“系主任，我有问题。”我是箭在弦上，非问不可。同学们知道大战一触即

发，无不为我捏了一把冷汗。

他缓缓地把眼镜取下，狠狠地打量着我，仍然慢慢地问着："你叫什么名字啊？"

"朱邦复！"

"啊！朱邦复！"他又埋下头去，翻开了他的专用点名簿，大约找了三分钟。最后再重复着一应例行的动作，加强了浓重的鼻音："啊！朱邦复是你。"

"主任，我有个问题。"

"啊！你有问题？"他又强调，"你是朱邦复？"

我所赌的就是勇气，不理会他的各种暗示，我立刻大声地问："请问主任，什么是'热中子'？"

这是在《稻作诱变》那一章中所提到的专有名词，指经过加速处理的中子。在稻作上，可利用其辐射线，改变基因结构。

一时全班鸦雀无声，人人期待系主任大发雷霆。

不料姜是老的辣，系主任轻松自若地笑着，幽了我一默："RA（热）中子！就是 RA 的嘛！"他一笑，全班也跟着哄堂大笑。

自后我再也没有上过他的课，学期终了时，我竟然平安通过。

人人说是奇迹，我却得意地认为这是我与系主任之间的默契。

好教授也不是没有，有位教遗传学的黄正华教授，教课全凭真才实学。不像其他教授，全靠室外点名将同学强留在课堂中。因为大家眼睛雪亮，谁都希望学有所获。黄教授每次上课，教室内外挤得人山人海，还有远从别校来的旁听生。只是我们学校留不住人才，他只教了我们两个多月就走了。

另外有位教授，最初也曾令我们佩服不已，他一上课就开讲，一下课就走，没有一句废话。然而，等到讲义发下来一看，大家才发现他所讲的与讲义上印的，居然一字不差，相信这也是一项世界纪录。后来高年级同学告诉我们，这份讲义他已"背诵"了十多年，十多年来，尽管新知新识层出不穷，他却能屹立如山，坚定不移！

还有一位教授，曾在政场上活跃过。现在失势了，于是我们被迫听他演说、发政治牢骚。到学期终了，上课出勤成为他打分数的唯一标准。

对某些同学而言，那位教授还算合情合理，因为他的分数尚可掌握。另外有位教授则凭"电风扇"打分数。据说，考卷被风吹得远的分数较低，理由是上面的墨汁一定比较少。虽然这只是传说，却可以想见评分之缺乏标准。

有的同学为了争取奖学金，或为了准备留学，分数高低对之有很大的影

响。既然成绩不与努力用功成正比，便只好走后门、拉关系。我们的班代表“老师”社会经验颇丰，知道去打听各个教授的个性与喜忌，故累有斩获。

农化系是本校当时少数的“理科”科系，据说对农复会有“绝对”影响力的系主任夫人，亲自教我们“肥料学”。同学们为了未来的出路，申请转系的特别多，因此她气焰非凡，经常令三分之一的同学过不了关。“老师”收集资料，认真地研判，并说服了我们，在开课之前，集体去拜会、送礼、问安、请示。

结果是师生之间相处融洽，皆大欢喜。“老师”也因此获得她的青睐，很顺利地转到农化系，而且入幕成为夫人千金的家庭教师。

在耳闻目睹下，我由“不知不觉”变成了“恨知恨觉”。考进农学院虽不是我的志愿，但我总认为大学是国家命脉所系，是知识探讨的圣地，总该能让我学习、思考些对人生有价值的观念。不幸希望又破灭了，上上下下，里里外外，无处不是污秽、腐败。让我感到唯一我应该学习的，是如何逃避，如何装聋作哑。

我发现社团活动是最理想的避风港，只要有充分的理由，训导处就可以给公假，不必上课。我当时是篮球校队，每学期照例有十多天的校际比赛。加上以练球为理由，可以躲上一个月。我又是管乐队队长，一到庆典或者其他需要乐队的场合，都是请公假的机会。但最令我受惠的则是“昆仑学社”，我利用办壁报、出版刊物等为由，随时随地可以请公假，甚至于同学们逃课有难，我也可以代请。

我出版的杂志，名叫《昆仑山下》，这本杂志是油印的，有五十多页。我为了消磨时间与精力，利用钢板上的平直的纹路，一笔一笔仔细地“雕刻”。每个字同一大小，如同铅字排印一般。不仅如此，我还劳动全校文豪，加上自己的填空，并画些插图。施展了全身本事，花了整整两个月才告完成。

这本杂志不仅给昆仑学社带来很高的声誉，也为我铺好四年社团活动的康庄大道。可是事情有好的一面，就有坏的一面。

训育主任把我找去，对我赞许有加，然后说：“以你的才干，应该参加国民党才是。”

“我对政治毫无兴趣。”我直接了当地拒绝了。

“国民党是服务‘国家’，与政治无关。”

“服务‘国家’的方式很多，不一定要入国民党。”

“这是光荣呀！很多人想入党都入不了哩。”

“谢谢您，我不想入党！”

他满脸狐疑，可能是很少碰到我这种怪物。想了想，他换了个口气：“令尊是党‘国’元老，很受人尊敬的。”

“我没有家父那样伟大。”

“这要看你自己了，像令尊，他能把握机会，才有今天。”

“家父是为了革命才参加国民党的，不是为了今天。”

“当然，当然，”他发觉我很不识抬举，站了起来，严肃地说，“可是参加国民党有百利而无一害，如果不参加的话……对你可是百害而无一利啊！”

一听这话，我不禁怒从心起，抗声说：“主任！如果人人都只为了满足个人一己的利害而参加党派，这个‘国家’还有希望吗？”我实在忍受不下去了，说完，回头就走。

我的生活非常艰苦，家里每个月只给我寄两百元，伙食团每月要一百二十元，洗衣每月四十元，剩下四十元零用。可是学校常要缴些费用（如稻作学课本等的），此外，我骑的烂自行车要侍候，伙食团营养不足，我活动量又大，肚子经常叫饿，也亟待补充。

更糟糕的是从小没人照顾，一身是病。最严重的是感冒，从高二起，几乎每两个月就会发作一次。我只能去学校的医务室，而医务室只给消炎片，吃多了不仅无效，且导致“磺胺剂”过敏，手背红肿，又痛又痒。

有人建议我用土霉素，当时土霉素一粒就要五元。为了治病，我只好把洗衣的四十块钱省下来。再不够，干脆连伙食团都不参加。每天一大早，骑车到果菜市场买三块钱十个的小馒头，早上吃软的，中午吃硬的，晚上则啃“石粉”。最高兴的莫过于同学外出时，把饭票留给我，这样每月又可以省下几十块钱。

学校里白吃的风气很盛，尽管伙食团防范很严，但道高一尺魔高一丈，同学们方法很多。有人劝我也去白吃，但是我骨头又臭又硬，从小过惯了苦日子，心安理得，这种偷鸡摸狗的事，我不齿为之。

也有人劝我把写《昆仑山下》的精力和时间，用来写讲义，每个月多多少少可以赚一两百元。我也有点心动，可是又觉得这样未免太不负责任，既然自作，必须自受。如果我想赚钱，只顾自己，那与我所瞧不起的人又有什么区别？

饿得厉害时，我曾偷过自己种的长不大的农作物，也偷过学校农场的香蕉及其他水果。当然那也算是罪恶，只是民以食为天，我还有理由原谅自己。

二年级时，我们住进了正式的宿舍。一天，同寝室有位绰号“性格”的同学，谈起他会红烧狗肉。我正饿得发慌，便忍不住问他，能不能找只狗来试试？他说，随时都可以，只是没有地方烧。

别的同学都跟着起哄，有人愿意提供炉子，有人说弄得到作料。至于锅子，我的“一品盆”正是最佳工具。那个盆子在学校里还颇有点知名度，为了省钱，我买了一个比饭碗大一些，又比洗脸盆小一点的铝盆。洗脸时把它当作脸盆，洗澡时是淋浴盆，吃饭时又可以用来当饭碗。

“性格”其人如其号，说干就干，他说做这种事至少要两个人，他可以杀狗，但还要一个帮凶去骗狗。这一来，同学们面面相觑，谁都不愿意跟他去。我的肚皮快要贴到背脊了，眼看可以大快朵颐，不料却来了个难题。说不得，帮凶就帮凶吧，反正我不在乎，既然老天让我挨饿，哪只狗碰到我也是活该倒霉。

于是我自告奋勇，作了他的副手。他去借了把霰弹猎枪，当时是晚上七八点钟，我们骑上自行车，在大家的祝福声中出发了。

刚到学校前的林荫大道，就见到一只垂头丧气的野狗，它和我们一样在路边找食物。我的责任是骗狗，“性格”立刻说：“我到前面转弯的路口等你，那边人比较少，好动手。”说罢，他如飞般去了。

我试着“啧啧”连声唤那只流浪狗，它先是有点怀疑，不肯过来。我一再亲切地呼唤着它。终于，它认定了我不是坏人，快快地摇着尾巴，慢慢向我走来。我也骑上自行车，口中仍不断地叫唤着。

我骑在前面，它跟在后面，我快它就快，我慢它也慢。看它那副对我十分信任的德性，我值得它信任吗？想想不禁惭愧起来。做人真可怜，老是三心二意的，有好几个立场，有无数个原则，还有种种目的、手段、条件，一时这、一时那，主意很难拿定。

我虽然饿了，但还不至于饿死，而它，恐怕也和我饿得差不多，我能吃它吗？更何况我最佩服的，是行侠仗义、扶弱锄强的英雄好汉。今天我居然要把这只可怜狗骗入腹中，我算是哪一门侠客？

于是我回过头来，决定把它赶走，它竟以为我和它游戏，绕着我跳来跳去，真是不识好歹的狗东西！我只好下车，找了块石头吓它，才把它和它的糊涂梦赶走。

我的自行车也有一绝，链条很容易卸下，且只有我知道如何还原。平常少有同学向我借车，但万一遇到有人要借，而我又不愿意借时，我就用脚轻轻一

拨，车链脱落，车子也就很有默契地赖着不走。此时我重施故伎，找到了“性格”，说狗不听话跑了，而我为了追它，老爷自行车也抛锚了。结论是：我不能再跟他去打狗。

回到宿舍，肚中饥饿委实难忍，只得找了一位同学，言明要敲他一记竹杠。这已经不是第一次了，他颇能谅解，便请我去福利社吃阳春面。

当我边吃边体会胃里充实的满足感时，突然听到外面碰然一声巨响，大家都吃了一惊。还没有弄清怎么回事，便又听到汪！汪！汪！连声的狗叫。我心中一凉，知道是“性格”得手了。心中正忧喜参半，远处又传来一声欢呼：“朱邦复！朱邦复！狗打死没有？”

好事不出门，坏事传千里！转瞬间全校皆知，我成了“打狗英雄”！

狗被打死了，掉到校门外的排水沟中，是只又肥又壮的大黄狗，有位同学认出是某位教授养的。我们一共出动了五个人，才把它抬到宿舍。这时狗尸当前，木已成舟，反正坏人已经做了，还顾忌些什么？

天下事很难十全十美，“性格”借错了枪，这是把霰弹枪，那些细如砂子的“散弹”，嵌满在狗肉中，吃时得十分小心。可是，肉终归是肉，对我而言，一个星期的口粮都解决了，还有什么好“挑剔”的。

最惨的一次，则是在三年级下学期时，我连续病了两个月，是感冒后的并发症——支气管炎。所有的钱都买药了，土霉素已经失效，换了金霉素、青霉素以至新霉素。这些特效药对我都毫无作用，每天咳个不停，喉咙沙哑，胸口更是奇痛难忍。同寝室的同学一半出于怜悯，一半也是被我吵得受不了，纷纷建议我回家去休养。

我曾一再写信给父亲，请求多寄点钱来，所得的却是远比金钱更有价值的一顿教训。这时我突然想到，如果把实际病况让父亲看看，或许可以修正他的成见。于是同学们各凑了些钱，借给我作路费，立刻动身赶回台北。

到家时大约是晚上七点钟，难以相信的是，咳嗽居然逃之夭夭。虽然胸口刺痛更剧，但那只是我个人的感觉，外表看不出来。

父亲见我回家，勃然大怒，责我没有出息，受不了学校清寒的生活。我辩称是回来看病的，但没有病症为证，我又不愿装咳，父亲无法采信，迫我立刻返校。

问题在于我只借了单程路费，身无分文，父亲说：“这便是教训！做事不给自己留后路，活该！”

不得已，我只好步行到火车站，打算坐“顺风车”回台中。如果被警察先

生逮住了，正好也让父亲得个教训，才能大快我心！走在路上，眼看家家户户灯火通明，偏偏我却是有家不得归。

家在松江路，离车站大约有十几公里，原本就感冒，又兼连续奔波劳累，走到车站时，我已支撑不住了。找到一个阴暗的角落，我踡伏成一堆，昏昏地睡了过去。

醒来后，我觉得天眩地转，眼前似有人影晃动，又仿佛听到有人说："这是肺炎，要送医院才行。"

迷糊中有人抬起我来，在颠颠簸簸中，我又失去了知觉。

再醒过来，我竟睡在一个病床上，旁边有一个玻璃瓶，接着一根管子直插到我左臂的血脉中。我猛然想起，这一定是医院，这笔费用将如何支付？当然，现在我可以证明是真的有病，父亲不至于付不出医药费来。但是转而一想，这又证明了什么？是自己执意要回家，因为回家而导致病情转恶，这不又是另一个教训吗？

一会儿，进来一位中年护士，我挣扎着想坐起来，她忙按着我，问道："小弟弟，你家住哪里？"

我摇摇头，虽然满腔愤懑，但还是狠不下心，不能让父亲丢这个脸。

"我猜你一定是没爹没娘，看你那一身衣服，黑得不像样子，又臭又脏，我已经拿去给你洗干净了。"

我忍不住，两行清泪滚滚而下。

她故作未见，打笑着说："是我亲自帮你洗的，不瞒你说，我真不知道你怎么穿的？当雨衣倒是很好。你的衣服上有一层油，泡在水里都沉不下去，幸而医院有个高压蒸汽锅，否则真没法洗哩！"

她说对了，我的衣服也就是"晴雨衣"，真是难为了她。脏到这种地步，一般洗衣店通常是拒绝接收的。

她知道我所担心的事，接着又说："你不必担心，没什么病，只是感冒虚弱，回去休息休息就好。有个善心人把你的医药费都付清了，还留了一封信给你，等一会你就可以走了。"

我接过信，拆开一看，里面是一百元，别的什么都没有。

往事历历，我直觉地感受到，所有发生在我身上的，并非单独的事件，而是全人类无数生灵所曾经体验的客观真实。自私、无知、愚昧是人苦难的泉源，但如果人能将心比心，泽及他人，人性就在升华，人类就有希望。十步之

内，有荆棘也有芳草，人世间是是非非，纷纷扰扰，如斯而已。

我没有必要为自己悲伤，我的遭遇来自身处的环境，除非环境能有所改善。否则，普天之下，总有一个角落里，存在着别的可怜虫，忍受着可能比我更凄惨的不幸。古人说“感同身受”，除非我麻木不仁，或是自欺欺人。每当我想到这些苦难，不管是别人的或是自己的，那种从心底深处所产生的悲痛，是同样的刻骨铭心。

经历了苦难的洗礼，才知解脱的无价，感激之心油然而生。感激！是心灵的悸动，是时空的共鸣，是一种高贵的生命力，更是人性发挥的极致，人只有浸浴在感激的情操之中，才能感觉到亘古的光明，才能领会到宇宙永生的脉动。

宗教家知道感恩的力量，用赞美及归依，拯救人孤苦的灵魂。为什么人不能在心灵的殿堂上，随时随地充满着感激之心，去迎接生命的欢愉呢?

促使我从小我升华到大我的触媒，是另一个偶然的机会。如同一点微弱的火星，无意中点燃了我心里的明灯。从此，照亮了自己幽暗的小天地，使我从苦难中逐渐站立起来，认清了人世的真实，进而身心获得平安。同时也是基于这一点“感激”之心，使我立定志向，要把这种光明带到人间，与天涯沦落人分享这份解脱的快乐。

记得是大一的下学期，在一位同学的桌上，无意中我看到了罗曼·罗兰所著的《约翰·克利斯朵夫》。先是基于无聊，顺手将书打开来。不料翻阅之下，书中每一串字所带给我的信息，强烈地撼动了我的心弦。似曾相识的苦难，永无止境的挣扎，把约翰·克利斯朵夫和我不分彼此地混合在一起，以至于怀疑罗曼·罗兰是不是在写我?

当然，我无法与克利斯朵夫相比，他是天才，是我心中的偶像——乐圣贝多芬。可是，为什么贝多芬能跳出他苦难的圈子，把他的悲伤化为令人感动的音乐，美化、安慰了人生，而我却自怨自艾，只想到个人的辛酸，封闭在一个狭小的牢笼中?

人间的幸与不幸，完全是自己所造成。每个人站在自我的立场，只顾追求自己的快乐，无视于他人的存在。当有能力者单方面满足他的需求时，基于人与人之间的矛盾，他的快乐经常是建筑在别人的痛苦之上。一个人的痛苦又成为另一人遭遇的肇因，如此恶性相循，人间遂充满了痛苦与不幸。甚至在彼此影响之下，因果纠结，时空倒转，阿鼻地狱于兹产生，人人都成为这个“轮回”的一部分。

如果人能彼此迁就，把自我的痛苦埋藏在心底，体谅他人，取悦他人，则人间所循环的，将是互助互爱的快乐，痛苦渐渐减少，以至于消失。

可能吗？不去实践，什么都不可能，如果大家都期待别人先做，当然就不可能。既然我相信这种观念，就应该身体力行。《列子》中有个“愚公移山”的故事，我们在中学都读过、考过。那是说有一个老人，他认为家门前的王屋大山挡住去路，决定把它移走。人们都笑他，说人怎么可能移山，他说：“我一个人当然移不了，但只要我的子子孙孙、世世代代不断地努力，积少成多，为什么不可能？”

由于《约翰·克利斯朵夫》这本书的启示，我也加入了愚公的行列。我不敢期望自己能免于痛苦，但却希望人人都能看清痛苦的真面目，从而知道如何防范规避。只要能将一个人的乖戾之气化为祥和，人间就少种了一分恶因，未来就少一个恶果。

说来容易做来难，在人心中，自我的私利总是一切事物判断的根本。在习惯没有养成以前，即使分明知道怎样做才是对的，而一开口、一动手就本能地趋利避害，胳膊老向内弯。所以人必须先确定方向，不断地熬炼，藉着岁月的力量，像河水冲刷石头一般，将一己的私欲，一点一滴地消蚀殆尽，然后才能步上坦途。

我还存着另一份希望，自己青少年时期的遭遇，已使我丧失了很多学习的良机，可是在人生经历上，我却有着无数珍贵的感受。因此我痛下决心，此后更要尽量去体验人生，打算把自己的经历，如同罗曼·罗兰一般，写成一本书，提供给后人，作为见证。

于是，我开始勤写日记，不论是非善恶，只记事实发生的前因后果，以免日久遗忘。不幸的是，我终生奔波，居无定所，八册厚厚的日记成为旅途极大的累赘。1971 年，我途经美国，行李实在重得难以忍受，便把这些心血寄托在一位老朋友家中。想不到在他搬家时，竟然全部遗失了。

当我正式执笔时，能浮现眼前的已经为数不多了，起初心中难免耿耿。可是，换个角度来看，在人生无穷的遭遇中，唯有能够清楚地回忆起的事物，才值得珍贵。我何尝损失了什么？又何曾记载了什么？不就如孟浩然所说的：

春眠不觉晓，处处闻啼鸟。
夜来风雨声，花落知多少？

9 磨炼

意志　宗教　感情　弱者

人只是一种生命体，其生存完全受到环境的支配，如果环境顺利，人只要按部就班地生存下去。到了时候，在传宗接代的基因驱使下，人变成“种人”，下一代又开始了他们人生的旅途。就这种过程而言，人与其他的生命体毫无分别，只是感官的灵敏度有所区别而已。有人说，人是“万物之灵”，这是不是指人类具有更先进更精密的感官呢？

我不同意，人的视觉远不如鹰隼，听觉也比不上猪狗；人不能飞翔，载重量也有限。人的长处在于应变能力，由于人类比已知任何生物的学习时间都要长久，学习是为了累积经验，经验则是应变能力的基础。在时空变化的演进中，人类因为学习而成长，吸取了前人的经历，扩大了自我的认知环境，因此更能适应各种变化。

在近世纪以前，中国大陆是个封闭型的农业社会，其文化发展的方式，完全不受外在环境的影响。这些因应当时社会条件，供人待人、处世、接物的方针，当然有其价值。可是，时代改变了，而古人不能重生，如果我们不能根据环境的需求加以变通，将会失去应变的能力而“食古不化”。

我自己所遭遇的一切，正是这个社会失去弹性，僵化、保守所带来的后遗症。一个人只是时代的一个环节，除了我以外，谁知道还有多少人也在痛苦烦恼中挣扎？将心比心，姑不论是否有此能力，但我一定要深一层地探讨其症结原因，倘有幸能得知一鳞半爪，告知来者，也不负此生。

这种观念正是我想学习某种“方法”的延伸，我轻视“技术”以及与技术有关的“知识”，其原因就在于我已厘定了自己的目标及方向。知识与技术是达成目标的工具，既然找不到达到目标的现成知识，我自然没有必要浪费宝贵

的精力与时光，去学习一些可能我终生都不会用到的工具。

在理想中，大学应该是任何人追寻其所需工具的最佳环境。而事实上据我所知，大学只是传授各种现成的工具，培养一些当前社会所需的“技工”，而不是研究工具本身，更遑论追求人世的真理。

于是我开始了新的冒险，学校的课业一概不管，却对社团活动付出了全部的精力。我想借着这些活动，磨炼自己的观察能力，训练处世技巧；要以身边的人、事、物、际遇作为我学习认知的对象。只有在客观真实中，才看得出人性的本质，才找得到人类在演进过程中最佳的适应方式。

首先我要把感情整理个结果出来，因为和小妹见面的时间太少，她已经有了另外一位男朋友。在我刚刚发现时，心中的偶像突然幻灭了，那种愤怒及懊恼如同毒蛇一般，啃噬着我无助的灵魂。我不甘放弃这份感情，为了自己的利益，便不断地用书信去打动她。

这样对吗？对她公平吗？如果她满足于我们之间的感情，她会另外交朋友吗？否则我自己保存着自己的回忆就够了，何必牵累她，让她为难？

还有一层原因，我很希望有个能够分享理想的知己，小妹只是过去岁月的一段痕迹。我正在转变中，每天对自己都有不同的认识，我确知她不可能了解这些心路历程。那么，即令我们能在一起，又能分享什么？

因此，我决定渐渐减少给她写信的频率，彼此间只维持着纯粹的友谊。

然而，这却是一场惨烈的战役，前后拖了半年之久。在这个过程中，我发现“自己”才是最难征服的敌人。每次当我下定了决心，三分钟以后，就又有了充足的理由，把刚下的决心一股脑地推翻了。理智是明晰而正确的，所提出的道理不容辩驳，可是心里的感受却有如暴风雨，强烈地撼动了每一根神经。感情绝望地呼号着：“人生苦多乐少，我怎么可以把与自己一同成长的，仅有的幸福回忆，就此轻易地割舍了呢？”

可是，我又有能力挽回吗？以往，我相信她百分之一百是属于自己的。现在，我还保有多少？又能夺回多少？以往，那是我们神圣的禁地，只有她和我分享着无尽的甜蜜。现在她的禁地中却多了一个我所不能涉足的禁区，我又能接受吗？

我的心成了肉搏的战场，有时理智占了上风，自己该走的路艰辛异常，哪里还有心情去与旁人争风吃醋？如果小妹真值得争取，她首先就应该认识到我的价值，否则，我们道不同，怎相为谋？然而感情的力量根深蒂固，找尽理由，顽抗不屈。她只是个女孩子，怎么可能和我一样拥有相同的理想？不仅

她，世界上又有谁可能？

像我这种怪物，除了她，还有谁会欣赏？再说，她了解我，难道我还得把过去的不幸遭遇，对另一个陌生者，再次搬出来，重新哭诉一遍？然而真正使我难舍的，是她在我怀中羞怯的娇态。我那时“君临天下”的感受，那种“唯我独尊”的欢悦，征服欲的狂乱，灵肉之间的挣扎，经常抽动着我的每一根神经。

再说，如果说爱她是私欲，那么所有要放弃她的念头，难道不是出自私心吗？以一种私心换取另一种私心，其中的分别又在哪里？再说得坦白一点，根本是我的自尊心在作祟，当我发现无法占有她时，理由便都偏向天平的另一端了！

奋斗再三，我决定暂时放下这个棘手的问题不谈，先想想自己是否有坚强的意志？如果没有，将来凭什么面对所有的挑战？克利斯朵夫带来的启示，愚公给我的教训，无一不是摒弃了所有的干扰，克服一切障碍，目标才能够圆满达成。

我知道自己的缺点在于自制能力不够，既然其他的能力都可以训练，是不是自制力也可加以训练呢？我先定了一个简单的目标：每天一定要执行三件自己所不愿意做的事。譬如早上绝不赖床，开口不说脏话，生气时不发脾气，等等。要真正执行，就必须每天检讨，哪一天忘记了，第二天则加倍执行。

最初几天，进行得很热心，也很有趣味。记得有一次在训导处油印资料，我突然想到，如果有一阵风吹过，这些已经印好、放得整整齐齐的纸张，都散落一地，那岂不惨了？这时，立刻就产生了另一个念头，既然我不愿意重新整理，我就应该故意把纸撒乱，以测验自我控制的意志力。

能这样做吗？这里是训导处，所代表的是威严，是秩序，我怎能当着师长之面胡作非为？再一想，如果我真的这样做了，大不了他们说我神经不正常。正常人当然不会用这种方式测验自己，那么，我已经不正常了，还怕什么？多少天来，我所做的都只是些无关紧要的事，这次面临考验，我到底应不应该坚持下去？任何一种难以取舍的抉择，所面对的因素必然是利害参半。而唯有以目标为前提，在利害的权衡下，毅然决然地勇往直前。我既然要训练自己的意志能力，就不要想顾全自己的面子，不管别人如何看我，如果真的能获得这种预期的能力，将终身受用无穷。

那一次真的大大惊动了几位师长，他们眼看我把纸张撒了一地，都以为我发疯了。只有我自己心里有数，装疯作傻非要有极大的意志力不可。战国时的

孙膑，为了免于庞涓的疑虑，不惜以粪为食，终于骗过强敌，得报刖足之仇，便是一个例证。

经过很长一段时间的奋斗、磨炼，做出了很多令人侧目的事情，习惯成为自然。自此以后，在我应该采取行动时，没有犹豫，没有挂碍，坚决果断，想妥就做。

我被视为怪物好像是理所当然的，但我总认为别人的习惯才令人不可思议。比如说，同学们一见面，第一句话总是问："吃过饭没有？"

我一听就大惑不解，这算是"问候"呢，还是"关怀"？如是问候，在过去中国人受苦受难的时代，这话颇有轻视的意味。而今更是不通，还有谁"没饭吃"呢？这必然是关怀的意思才对。既然是关怀，就应该有适当的反应，所以，我常回答："没有！"事实上也经常如此。

可是，竟然没有一个人知道我没吃饭而慷慨解囊，请我饱餐一顿！人们还是同样地问我："吃过饭没有？"我只好再加一句："没有，你是不是要请我吃一顿？"结果，换来白眼一餐，谁都认为我不识相。

有一次，一个同学好心告诉我说："中国人说吃过饭没有，是打招呼的意思，别太认真了！"

于是，为了与他打招呼，一见到他，我就喊声："早！"既简单又明了，而且是由英语"早安"简化所得。反正是打招呼，养成了习惯，一见人就脱口而出。不必思索或是查看时间，就是三更半夜，也是一声"早"！

这位朋友看我呆得可怜，又来对我说："老朱，你这样会被别人笑话，怎么可以在晚上说'早'呢？"

"打个招呼嘛！何必认真呢？"

暑期青年自强活动，我报名参加开筑横贯公路的工程，参加的唯一原因是想赚点零用钱。

那时我实在太穷了，穷得自己都难以置信。有同学指给我一条明路，就是申请工读助学金，每个月至少有三四百块钱的补助。申请后，适逢训导主任到阳明山开会。他见到我父亲，就好心地去表达敬意，说我的工读核准了。父亲一听，大惑不解，为什么他的儿子还需要"半工半读"？于是下达命令，叫训导主任对我严加管教，要我全心读书，不许做工！

这一次我学聪明了，特向父亲解释，参加自强活动是正经事，而且参加的是山地训练，可以锻炼身体，父亲便欣然同意了。我们一共有 16 个小队，每队 9 人，从雾社出发，一路攀山越岭，走到工地，就花了一整天的时间。我带

了一大瓶薄荷油，每当走得肌肉酸痛，就浑身上下涂上厚厚的一层。那种又凉又辣的感觉，不仅能减轻酸痛，而且意外地得到了驱虫的效果。

我们的任务是每队挖 100 米的路基，除了每天 30 块的薪水外，超过进度的还有奖金，比薪金多了几倍。参加这种活动的，大半都是抱着来露营的心理，没有几个人真正介意那一点工资。我们队里却不然，因为我第一天就公开宣布，我是为了赚钱而来，立刻就有人响应。开会讨论的结果，大家都同意，要拼就拼个第一，拼一大笔奖金。

除了我以外，队里还有两位也是存心赚钱来的，我们三个不管别人，整天拼命地做。最初，大伙还存心观望，一时说手酸，一时说肚痛。但是几天下来，我们三个人就已经挖出了差不多 10 米的坡道。

大家都看到了希望，立刻抖擞精神，全力以赴。我每挖一锄头，心里就想着，又挖了一分钱。照我们目前的进度，一个月下来，绝对可以挖 100 米。每个人起码可以得到 4000 多块，相当于家里给我的两年费用。

最后，我们挖了近 70 米，得了第一。比其他各队平均多了几倍，照我们估计，应该可以拿到将近 4000 块。但是领队说上面临时决定把奖金取消，因为我们的成绩太好了，若发奖金各队相差太远。这种活动的目的在教育而不在赚钱，所以决定把奖金平均分给各队，以示公平。

我永远和这些人的看法不一样，假如这种活动真是为了教育，堂堂正正的教育能够失信于人吗？钱不重要，但是“政府”的公信力呢？一个人的无知可以原谅，一群人的无知就是愚昧。由愚昧的人负责处理众人之事，有免于颟顸无能的可能吗？人对自己的利害都看得非常清楚，立场分明，无不言之成理。处理众人之事，就应该采取公利的立场。如果不知公利之立场为何，则举止失据，动辄得咎，怎不导致社会的乱象丛生呢？由小看大，基层社会如此，一天一天下去，未来如何已不言可知。

虽然不满意，我也拿到了 1200 多块钱。一回到雾社，口袋中的钱就开始不安分起来，见到什么都想买。忍了又忍，突然看到一家店中卖的“世界强”球鞋（当时的名牌，我一直可望而不可穿）！问问价钱，每双 25 块，我一口气买了 4 双！没想到此后很少打球，新球鞋一直高挂到大学毕业。

这时是大二上学期，我钻出了茧壳，摆脱了自缚的烦恼，开始探索这崭新的人生。结果发现自己很孤独，想法与做法都与众不同，而我又坚持己见，常常与人争辩不休。

有位高年级的同学，是个虔诚的基督教徒，他一直劝我去他们的教堂听

经，当时我认为宗教信仰就是迷信，我曾受过迷信之害，自然不愿意去。

那位同学则坚持认定基督教是“科学”的，《圣经》就是真理，为了印证，他特别拿了本《圣经》给我看。我们相互约定，如果《圣经》真如他所言符合科学，我立刻皈依耶稣。

我由《创世记》看起，越看越不能接受。比如说，在亚当被逐出伊甸园后，生了该隐等三个儿子，他们又结婚生子，可是他们的妻子从何而来？既然谈的是人种起源，就不能忽略当时的任何一个人，难道都是上帝用肋骨造出来的？那么曾造到何时为止呢？此外，在我的观念中，上帝应是全能的，万能的。那么他“按照自己模样”所创造的子民，应该百分之一百符合他的要求才是。

比如有一位工程师，他所设计的作品品质，绝对与他所具备的能力成正比。同理，我们判断工程师是否有能力，只要看看他的作品就知道了。如果把上帝比作工程师，在《旧约》中，他一再对其恶劣的子民大发雷霆，放天火，起洪水，把他的子民一次又一次地消灭。然而品质管理一直未见改善，最后还要劳动他的儿子下世，表演了一些神迹。而他所亲手捏塑的子民仍然顽劣如故，只有期待最后的审判，把那些品管失败的子民打入地狱。这些责任究竟该谁承担呢？是“作品自己”吗？

当然那位同学有他的理由，他说不能用理智去思考。要先全心全意地接受这些前提，也就是说：“真理”是不允许怀疑的，必须先接受、相信，以后自然就没有怀疑了。既然没有怀疑，那不是“真理”又是什么？

这种逻辑辩证令我啼笑皆非，我问他，不信主的人都将被打入地狱，为了怕入地狱而信主的人，是不是就能升天堂呢？他说是的。我又问，漫长的永生，人们在天堂做些什么？他说，想做什么就做什么，而且绝对没有恐惧烦恼。

这个理想世界有一点不妥，我如果爱上一个人，而她并不爱我，该怎么办？他斩钉截铁地说，不可能，因为天堂上人人有爱心，人人爱人人。我又糊涂了，人人爱人人，人受得了吗？至少我个人就会为情所困，难以自处。他说，只要相信主就不会有嫉妒心，这样当然也说得通，只是有点细节难办。我向他提出一个假设，假定我和他同时爱着一个女孩子，而我希望与她单独在一起……他打断我，说这种假设不成立，因为他说过，前提是人人必须爱人人，所谓人人就不是某一个人。

他的口才不错，只是这种理想完全脱离现实，怎么可能人人都爱呢？如果我不信主，信主的人会爱我吗？他不作肯定的答复，只说，不信主的人不可能

上天堂。

我这才发觉，他所说的道理竟然是一种精妙的逻辑陷阱。因为前提假设得很清楚："信主者升天堂"，也就是说凡是升天堂者，都是信主的人。再推理下去，信主的人就是接受主的指导和规范的人。既然人已经决定将一切交托给主，而天堂中一切都是主的意旨，人也就达到其目的了。

既然是逻辑，就没有什么玄机了。而且以象征的方法分析，前述语句中，"天堂"可以用"XX"来代替，"主"也可以用"Y"为例，其结论仍然一样。难怪西方的宗教都利用这种逻辑观，其内涵相去不远，只是采用的名称各不相同而已。

最后，我也利用他的逻辑反问他。既然前面曾说过，因为"怕下地狱"而信主的人可以升天堂，如果这个人已经到了天堂，就不再怕被打入地狱了。其信主的原始动机已经消失，万一他不再信主了，还可以留在天堂吗？再假定说他永远"怕下地狱"，那么天堂里不是同样还有"恐惧烦恼"吗？

他不再来找我了，他认为我是魔鬼的化身。

西风东渐，同学们信主的似乎很多，至少都被我碰上了。

农化系有位女同学，一张圆圆的小脸，因眉心当中有颗红痣，大家都叫她"菩萨"。她和本班的几位女同学同住一个寝室，女同学中有位叫阿群，一位叫小邱的，都是《昆仑山下》的编辑委员。她们常谈起我，认为我什么都懂，只是人很怪异，并给我取了个外号：朱博士。

谈多了，渐渐地引起了"菩萨"的好奇心，她有点不信，认为阿群言过其实，天下怎么会有这等怪物？"菩萨"是由台北一女中保送来的，功课成绩全校第一。她博学多闻，但是由于种种原因，一生中从未与男生谈过话。

阿群身高有近1.7米，比我似乎还要高。她长得端庄大方，而且很有头脑，平常我都叫她大姐。她见了"菩萨"的神态，突发奇想，与小邱一商量，打算撮合"菩萨"和"魔鬼"我这一对"绝配"。

我功课不好，所以对成绩优秀的同学，常常是敬而远之。可是经过她们几次精心的安排后，"菩萨"却令我刮目相看，她思路广博，反应敏捷，而且擅弹钢琴，此外艺术、文学都有涉猎。只要我们在一起，总是旁若无人地谈天说地，批古讽今。

最初，她总是静静的，话不多，但往往一语中的。后来我们熟稔了，她变得越来越兴奋，说话时显得很急，脸上常泛着微红。而每次在话说完后，又认为自己失态，连忙把头低下去，半晌无语。

她一切都好，完全符合我的理想，却有一点我无法忍受，她的母亲是基督教长老会的长老，她则是虔诚的信徒。我觉得必须说服她，使她脱离迷信，否则，基于意识形态的不同，我们永远不可能相处在同一境界中。

经过了几次激烈的辩论后，我发觉她虽然信得真诚，但却处于宗教与科学间的极端矛盾中。只要假以时日，我相信一定能将她拯救过来。这个理念驱使着我，只要一有机会绝不放过，专门批判她的宗教态度。

没有多久，阿群就很不客气地警告我，说“菩萨”是很纯洁的女孩，我不应该伤害她。我连忙解释说，我们在一起只是讨论宗教。阿群恍然大悟，却更不能谅解我。她认为人各有志，“菩萨”一生下来就受了洗，信主信得很深，现在心智已大失常态，每天躲在屋角喃喃地祷告。

我认为事不宜迟，她的信心已在动摇，我必须一次把她彻底征服。否则像这样纯真的人，我不应该让她身心崩溃，如果得不到，倒不如放过她，让她回复本来面目。至于我能否得到她，完全看我自己有没有这个福分而定。

因此，我向阿群保证，只要再约她出来深谈一次，如果她不愿受我的影响，今后我绝对不再令她为难。我选了一个月色皎洁的夜晚，在学校办公大楼的回廊，面对着高大肃穆的椰子树，人影、树影交织一处，四下静悄悄的，我们开始了长谈。

她的神态很像一个白玉雕塑的仙子，明澄的眸子反映着月光，可是微微抖动的秀唇，又吐出了广寒宫中无尽的岑寂。我看着她，考虑了无数遍的话语，一时却找不到开口的头绪。

她一直矜持着，纹风不动。一丝不祥的气氛，从冰冷的树梢间，阵阵地袭上心头。说大话很容易，如果我一个处置失当，今生就再难和她并肩共语了。像她这样的人间瑰宝，没有一丝可以挑剔的缺陷（当然，除了我们不同的信仰以外），今后，我还可能有另外一次这样的机会吗？

可是，我一再信誓旦旦，以追求真理为目标。在漫长的人生岁月里，要经过多少个难取难舍的抉择？即使她是我全部的生命所系，在我既定的目标下，究竟是真理重要，还是生命、生活重要？

再一想，我的目标正确吗？万一宇宙中并没有所谓的真理呢？万一我因为自己的愚昧无知，判断力不足，而错过了眼前所面对的真理呢？她不是泛泛之辈，她有她的判断力，我又怎能就凭自己的观念，一口否定她的信仰呢？

想来想去，心中更没有了主宰，每一个念头都被另一波的思潮推翻了。时间在月华中飘逝，我在怀疑是不是能遵守对阿群的诺言，能不能让自己有生之

年无憾无愧？

对了，我发现目前的困境在于太执着于“我自己”的利害得失，追寻真理的道路是艰险的，必须抛除切身的利害关系。否则，我追求的就不是真理，而是主观的幸福。我相信每个人在他的一生中，多少总会兴起对人世真相探求的念头，但是，能做到的却不多。即使一时可能，而能终生奉行的，古今中外，又有几个？

宇宙中究竟有没有客观的真理？那正是我要探寻的，我既然定了目标，只有牺牲一切，义无反顾。而且不论对错、是非、成败、得失，都可以借着我一生的行径，现身说法，提供他人做一点参考。如果我智慧不足，那是自作自受，自取其辱。而唯一可以领导、指引我的，就是自己的良知，是自己所凭借的判断力。我必须无所成见，虚心探寻，自我的利害怎么可以一并考虑？

我找到了话题，先由自己的心态谈起，于是我咳了一声，划破了沉寂，我说：“我认为做人唯一的价值，在于对自我与环境的认知。因此，我给自己定了一个目标，就是以追求了解这种认知为终生唯一的职志。所以，我不能以我己身的利害得失，作为你的价值观点。这点希望你能理解……”

她还是静静地凝望着半弯的明月，眉目中透出了同意的神色，我继续说：“我知道今夜的谈话可能对你、对我一生有重大的影响。不论如何，我希望今后彼此不至于悔恨、痛苦。在一起，我们可以共同分享这种认知；不在一起，我们各别追寻自我的目标。总之，我很珍惜这段时间中彼此的……”我不知道该不该用“感情”这个词，我着实怕亵渎了她。

“我想告诉你有关我的过去，”她仍旧望着窗外，这时插口说，“我父亲过世得很早，母亲辛辛苦苦地抚养我长大。她只有一个愿望，就是要我献身给主，作他的仆人。我没有任何理由，也不可能有理由去违背她的意愿。本来我可以保送台大，可是母亲认为我应该把这个机会让给别人，既然没有人愿意保送农学院，所以我选择了本校农化系。毕业以后，我要去侍奉主，和我母亲一样……”

“你的孝心是可敬的，可是你不认为应该有自己的意愿吗？”我忍不住打断她。

“我们不应该有自我的意愿，因为我们是来人间吃苦的。”

“为什么？”

“因为我们有罪，我们需要以吃苦来赎罪。”

我知道她说的是原罪，又回到了我们一直在争辩的主题。我不想太早进入

这个细节，所以把话扯开，说：“你能确定这就是你终生的目标吗？”

“是的！”

她把脸调了过来，五官透着圣洁的光辉，勇敢地与我四目交接。在银白的月光下，乌黑的眸子好似无尽的宇宙，包容着说不出的神秘与迷茫。

立时，我心中感到一震，这样亲近地面对面地逼视着这样娇美、纯真的活生生的女孩子。她在我伸手可及的地方，所有的言语都毫无意义。一股强烈的冲动，由小腹荡漾到心头，热血奔腾，四肢发胀。我想把她抱过来，把我们之间的距离用热情填满，把我的心嵌入她的心中，让她无处遁逃！

她立刻警觉了，忙不迭地向后退了一步，把软弱的身体靠在窗口。我听到了她激烈的呼吸声，也感觉到她潮涌般的心跳。事实上，我根本分不出到底那是我们，还是宇宙在悸动。理性早消失得无影无踪，我的头脑无垠地膨胀着，全身仿佛升到了天的顶端，要迅速地狂暴地整个把她包容下去……

“是的，我要受苦，我要受苦，我早就决定了……”她微弱地挣扎着，坚玉一般的塑像，如同石蜡一般正在熔化，绝望的无助的神情，浮泛在眉目中。那是灵魂的煎熬，是人性最深处的矛盾，肉体需求的呼唤，猛烈摇撼着她最后的心灵堡垒。

我只要向前踏进一步，我只要冲破那没有障碍的防线，我只要依顺大自然赋予生命的本能……

那算什么？那是“爱”？还是肉欲的发泄？是拯救她？还是满足自我的需求？是理性的探讨？还是利用她人性的弱点？

刹时，我看到了自己无助的肉体，在阴阳两极的原始吸力下渐渐向她迫进。同时我也看到在今后的岁月里，两个极端的矛盾将不断地争斗，是我顺从她，放弃自己的信念？还是残酷地将她从与她相依为命的母亲身边争取过来？

我顿时一惊，身上冒着冷汗，那几乎被肉欲淹没的，竟是自命追求真理的我！心还在激烈的悸动，四肢却出奇的酥软，我的理智逐渐恢复过来。

为了掩饰自己的失态，我转过身去，深深地吸了一口新鲜空气，一阵莫名的空虚浮上心际。我知道必须冷静下来，一步的差错就是永恒的痛苦。而今所能做的，就是放过她，同时也放过我自己的希望与幸福。

黑夜的大地是无比的凄清，还有无数个相同的夜晚将陪伴着我，真理到底在哪里？我不知道是不是有真理的存在，更不知道真理是什么，然而我已经付出了惨痛的代价。

找不到适当的话题，也不敢再看她，我闭上了眼睛，顺口说："你真的相信有上帝？"

"是的。"她的声音从遥远的他方传来，有如轻轻的微风，有些微的颤动，也有着难以形容的平静。

我知道失去她了，其实我早就知道了，只是想不到的是，她的母亲才是症结所在。我能深切地体会在中国的社会环境下，子女与家庭间纠缠的情结。我不也是一样吗？如果今天要我与父亲决裂，走向自己的人生，那也是不可能的。

"你会原谅我吧？"我歉疚地问她。

"原谅你什么？"她恢复了平静。

"我刚才几乎……忘了我自己。"

"我早就知道了。"

"早就知道？知道什么？"我不敢想象，禁不住惭愧地转过头，打量着她。

她那圆圆的小脸上，仍泛着微红，那种圣洁的神情又恢复了。没有残留任何回响，她淡淡地很肯定地说："我早就知道你是上帝派来考验我的。"

我们仍然是好朋友，但她却处处躲着我，难得见上一面。到了二年级，开学很久了，我还没有见到她的踪影。阿群告诉我，说她在上学期末决定转学台大化工系，但不幸没有考上。

这一段哀怨的经历，使我加倍的小心，整个二年级的时光，我都投入社团活动中。到了三年级开学后，昆仑学社因为各种活动的成效良佳，大家口口相传，吸引了一百多位新社员，成为全校规模最大的社团。

我是上一届的总干事，按照惯例应该推荐本届的干事人选，因此必须深入地认识每一个新参加的社员。有一位园艺系一年级的女同学，我们叫她小吴。由于她有一种清新脱俗的气质，立刻闯进了我的心田。

我一再提醒自己，不能重蹈覆辙。可是，心底深处有种原始的力量在呼唤，我需要感情的滋润。满腔淤积的厚稠浓密的感受，再不发泄出来，迟早会爆炸。

再说，我怎能认定会是同一模式呢？不自动地去寻找，哪里会有知己送上门来？畏缩、封闭不是我应该有的态度，追女朋友又不是罪恶，怕什么？

小吴长相很清丽，风度尤佳，我有点怀疑她是不是我应该追求的对象。因为我实在太邋遢，与她非常不配。然而，谁知道呢？怎知她不是重视灵性的人？既然要了解人生，我就该尝试一切，成功是一种收获，失败又何尝不是另

一种体验？问题在太多的巧合，似乎冥冥中刻意的安排，逼着我走向自己所最不愿意的道路，一点都没有选择的余地。小吴属于基督教浸信会，她按时上教堂，按时礼拜，风雨无阻。学校的任何活动，只要与教会的有时间冲突，她一定是舍学校而就教会。

为什么我偏偏选上她呢？能不能悬崖勒马，及时回头？

我考虑了很久，不错，她有些吸引我的优点，但却不至于让我不顾一切地拜倒裙下。最后使我决定追她的原因，正是前一次经验的反省。我认为宗教一定有其存在的价值，所以这些令我欣赏的人，都具有某种特殊的气质。我若要了解其中的因素，就必须亲身去探讨。至于追求她，反而是其次的问题。何况，把感情当作一种奉献，不必计较回收，也可以美化自己的心灵，使人生多彩多姿。

于是，在众目惊诧之下，我坦然地进了教堂。牧师特别向大家宣布，认为是主的恩典，因为我批评宗教的态度已是人尽皆知。

这次我采用了不同的战略，主动地参加唱诗班、查经班，按时出勤，参加礼拜。我仔细地聆听观察，不轻易发表己见。

的确，宗教能净化思想，导人向善，各种各样的活动，占据了大家的时间及精力，所有的教友都能团结在同一的环境下，交换自己的心得，陶冶各人的性情。

我对音乐素有偏爱，读谱能力很强，又能唱任何声部，很快就把唱诗班带了上来。大家对我的表现非常满意，小吴知道我是为了她，也常在眉目间，显露一点关怀。

除了对《圣经》无法恭维外，我感觉到了基督教的力量，也诚心地感激在那些日子中所领受的平安与快乐。

人是一种封闭的主观的机体，其内心完全与外界隔绝，只依凭着态度和语言与他人沟通。而语言本身只是人在“相互约定”以及共同的感受体验中，所形成的一种工具。由于各人的经验不同，内心的感受迥异。因此，虽然是同一种语言，同一种定义的词汇，实际上对每一个人所产生的感受都不一样。

比如说，爱国是一种值得尊敬的品德。当我们说某人很爱国时，听者根据其本身的经验，有的会认为这个人很了不起，令人肃然生敬；有的则认为这不过是种狭隘的地域观念；有人听了，会觉得羡慕，效法其举止言行；也有人心生嫉妒，认为言过其实。总而言之，人人都或多或少有着不同于他人的感受。

爱国只是人性本能的发挥，人爱自己，由自己向外延伸。而与自己最接近的人或事物，所能带来的利害影响最大，因此，爱与恨的程度也就最深。国家是生存的环境，人成长在其中，生活习惯、语言行为、思想观念等，无不与之息息相关。人之所以爱国，实际上就是爱自己所熟知的一切，失去了这些，人将一无所有。

同理，“不爱国”也是基于人性本能，当一个人的私利受到损害，而其利益的认知又凌越一切。在人的经验中，生活习惯、观念认知等都可以改变，只有自我中心的意识形态是利益的唯一根源。这时，人就陷于主观的意识中，对“自己”有了不同的定义。认定这个国家不是自己的，而采用一切手段设法保护自己。

每个人的经验及遭遇往往有异于别人，有的一切顺利，有的则不断受到挫折，而绝大多数的人是得失参半。在各种条件下，人们对处身的环境就有了不同的感受。但不论如何，人只要是依赖其生存的环境，就会怀抱着希望，有爱、有恨、有怨、有气，无不以自己本身的利害关系作为判断标准。

很明显的，在一个庞大的国家中，各种情况都有可能发生。人的经验越多，其复杂性越高。爱国虽是本能，而各人所感受的所表现的方式，就有着极大的分别。常有人说，年轻人最爱国，正是因为他们的实际经验不多，心中抱着希望及幻想。事实上真正最爱国的，应该是在这个国家中获得利益（包括了精神及物质等）最大的人，或是离开了这个环境，就不能维持其生活者。

由于观念及语言沟通上的隔阂，人的心智被孤立在自己的身体中，就像永生禁锢在黑狱中的死囚。喜怒哀乐起灭不定，他必须独自咀嚼，无人能够共享。他的认知和理念，如同寒夜浓雾中的露滴，既无法捕捉，也得不到印证。他努力向外追寻，心灵的感受却透不过那厚重的墙壁，充其量只能在小小的窗口中，偷窥到一丝夜色。他惶恐了，声嘶力竭地呼号，而这号声对别的禁锢者而言，不过是远处传来的呓语罢了。

无止无尽的孤独就是炼狱，人的心灵面对着所不知的一切，有如处身在黑暗的陌生环境中，不安、恐惧接踵而至。为了求生，人只有依循本能的指引，其所行所为，在别人的立场看来，便是“自私自利”。在经验中，人认识到“人是自私的”，可是很少有人会认知自己同别人一样。毕竟在黑牢之中，只有他自己是活生生的，有具体的需求，有真切的感受，别人呢？只是一团朦朦胧胧的影子罢了。

当人认识到别人“自私”的真相以后，所有的希望都幻灭了。渺小无助

的自我，在未来茫茫的前途中，有谁能为之解困释疑呢？有谁能寄以信任希望呢？

幼年时，人们还能信任父母、师长、朋友，及至经验渐增，才发现他们也都是人。由于人不可能满足别人所有的需求，有些人便把希望寄托在制度、主义与国家社会等大环境上。然而，主义制度要由人来阐释执行，国家社会也是由各种各样思想意见不同的人所组成，人越多，值得信赖的程度就越低。

人不能永远生活在这种惶恐不安的环境中，早期的人类便将未知的各种现象，一律推诿给超人类的“神”。因为神不是人，超然于人世，与人没有利害冲突，不会有私心，是绝对可以信任的。有些智者更进一步将神的观念系统化，认为神是宇宙之真理，用他的法则来限制人类所有的心智活动与行为。

这一来，只要人愿意相信，在主观中，神就已经存在了。人可以用自己的观念与主观中的神沟通，利用信念来印证自己的认知。终于，孤寂中有了无所不在的良伴，黑暗之中有了光明，自己预期的答案成为真理。人在信仰的荫庇下，烦恼疑虑与恐惧减少了，平安快乐随之而至。

信念是主观世界极为重要的一种稳定力量，人能够平安幸福地度过一生，没有疑惑，没有彷徨，又有什么不妥的呢？宗教是人类最原始的活动之一，如果没有存在的价值，在科学昌明的今天，还会有人相信吗？可是，只因为有人相信，宗教就是真理了吗？了解了宗教的本质，如果我们不能提出更理想的答案，来满足人心的需求，那反而不如任人沉浸在诚敬的宗教行为中为佳。

至于小吴，我对她确曾有过幻想，与其说是男女之爱，倒不如视作一种精神的寄托。我并没有梦想过与她成双成对，我知道我不配，越是接近她，越是自惭形秽。她的衣服总是干净整洁，头发一丝不乱；坐着，她身体挺直，头略向左歪，稳重而妩媚；走起路来，一步一步，婀娜生姿；说话时，轻声细语，音浪传不过三个人。

刚刚相反，不用照镜子，我就知道自己满脸是青春痘，头发从来没梳过，有似一堆钢丝。衣服不用再描述了，坐没坐相，走没走相，说起话来，声震屋瓦。我凭什么还要追她呢？我只是要给自己找一个值得奉献的对象，有很多潜力必须去压榨才能发挥，而唯有在心甘情愿之下，我才会驱策自己。

在大二，我创立了“荻苑艺社”，但是却没有情绪去作画；我做了铜管乐队队长，只是供学校装饰，在各个仪式与升降旗时，吹吹打打一番。我很想珍惜这些机会，可是，谁来做观众、听众？大家所关心的是有什么出路，种什么瓜？得什么果？艺术音乐不是泥土中可以培养的，怎能期望有什么收获？

我们曾辛辛苦苦地办画展，参观的人不及工作的人多，得不到共鸣，就提不起兴趣。所以，为了自己，假如有一个人能接受我的奉献，我会把那股热情化为狂飙，发挥到无尽至高的领域，去与那些特级大师一争短长。

“不幸”是我的影子，在一次偶然的机会中，当我听到小吴批评我“又臭又脏”时，正因为是事实，而又是我所不愿面对的事实，我气馁了。不是因为得不到她的垂青，而是气馁于自己太天真，脱离现实，把她灵性化了，忘了她有眼睛也有鼻子。

我变得很消沉，深恨自己无法摆脱在电影、小说里看到的“才子佳人”的绮念，我是才子吗？我有什么才？把一颗心悬在知己的依赖上，空自蹉跎了宝贵的时光，即使是天才，也将埋没终生。更何况我自命追求真理，难道真理是为了展现自己美丽的羽毛？

同学们传说我失恋了，我没有辩解。不久，有位英俊潇洒的男同学出现在她身边，他们有如一对金童玉女，出双入对。我并没有嫉妒，因为这件事触发了我心底的另一个谜团，我必须趁这次的机会面对它，了解它。

人类之所以能延续至今，心理的适应力是相当重要的因素，远在以宗教弥补心理的不平衡之前，造物主就设计了一种弹性极大的适应方式。人的本能是趋利避害的，但是人心对“利害”的认知，却是在环境遭遇中比较、学习得来。

人与人之间的矛盾争执，绝非仅始于物质文明的滥觞，原始部落为了地盘、奴隶以及男女关系，强者早就驾凌了弱者。强者享受其成果，生存机会当然多，可是绝对多数的弱者一样能生存下来。不仅是人类，所有生物皆然。所不同的是，我们知道人受到心的支配，如果能了解弱者的心态，将对人类社会有莫大的帮助。

对任何个人而言，在遇到不同的事件时，其处理能力或强或弱，不一而足。因此这种弱者心态应该是人人都有的，只是其程度之差别，依各人的际遇而定。

我早在初中时就为王度庐的侠情小说掉了不少同情之泪，后来又迷上了翻译小说，如小仲马的《茶花女》、狄更斯的《雾都孤儿》、托尔斯泰的《安娜·卡列尼娜》、雨果的《悲惨世界》以及歌德的《少年维特的烦恼》等。到我陶醉电影时，几部脍炙人口如：《翠堤春晓》《魂断蓝桥》《钟楼怪人》《双城记》等，也无不令我荡气回肠，骨蚀魂销。我看了一次又看一次，沉醉不已。

当然，这与我的遭遇有绝对的因果关系。但所难理解的是，分明人们不愿

接受痛苦，却又为什么这样自甘作践；明知是悲伤哀痛的情节与结局，却又趋之若鹜呢？

在高二时，我看过一本介绍“希腊三大悲剧”以及莎士比亚作品的书，书中说“喜爱悲剧是人性的本能”，当时我很同意这种理论。可是，一天天深入地追究人性后，发觉这句话很难理解。所谓“本能”是说人生而有之的功能，而“人性”则是指有别于人之“生理”仅属于人的“心理”之“性质”。换句话说，“人性的本能”就是“人的心理形成之初即具有的功能”。

可能吗？姑不论人的心理何时形成，怎么会具备喜爱“悲剧”的“功能”呢？悲剧又是什么呢？难道只是天灾人祸，生离死别，勾起人心同情的事件？这样太平凡了，人生中充满了不幸，自己都应付不及，哪还有心情去关心他人？

所以悲剧的素材虽然离不开前面所述的情景，但是通过写作的技巧，要揭橥的主旨却是此一不幸事件的因果关系以及探讨人性与环境的互动，让读者警怵于一些必然的不可避免的过程。正因为是必然的，所以人觉得可悲；正因为是不可避免的，所以成为人世间令人荡气回肠的“悲剧”！

这时，小吴有了男朋友，我可以说是一个悲剧的当事人了。但是有何可悲之处呢？我分明知道，我们之间先天就有一道鸿沟，是我不自量力，要往悬崖下跳的。假如真正写成剧本的话，最多只能算做一场闹剧。

既然自知不是悲剧，我自己为什么又感到万般悲伤呢？我又扪心自问，我真的悲伤吗？其实不是，最荒谬的是，我居然发现自己是种自艾自怜的心态。一点也不错！我虽然很希望得到她，但是心底还有一种声音，“得不到更好”！

很显明的，人所喜爱的悲剧必然与己身的利害无关。所以“我喜爱悲剧”，并不等于喜欢“悲剧发生在我的生命中”。当人看一本书或是一场电影时，他所期望的是在这段时间中，能将自己的感受投入，与当事人融合为一。更进一步，还能由此得到一些事态的认知，给予他一些思索、探寻的信息。

也就是说，在那一刹，读者或观众化为悲剧中假设的“当事人”。根据其主观的体会，心理上产生了各种感受。然而人又明确地知道，这种感受不是事实，只要自己愿意，可以随时抽身返回真实世界。

没有一个人不是活在过去的经验中，而过去的经验就是“主观的体会”。所谓真实世界，指的是“当前客观存在的真实体”。人生往返于“过去”及“现在”这两个世界中，不论其中哪一个难以忍受，都可以逃到另一个世界。

这也是“适者生存”的法则之一，只有如此，人才能适应既有的生存环境。然而，除了消极的适应环境之外，还有积极的自我对环境控制所产生的抗

力。这种抗力更带着典型的悲壮色彩，即使同样是逃避，却显得轰轰烈烈。

例如说，一部惨烈的战争影片，对身历其境的人，也就是曾有主观体会者而言，是一部不折不扣的悲剧。如果其人创痛过深，控制不了自己的情绪，他不会感到愉快；但影片所唤起的回忆，能使他重返那些已经消失、不可能再发生的过去经历中，虽然痛苦，但却更能衬托出今日的幸福。

再对反抗性极为坚强的人说来，战争所带来的痛苦是实，为了要避免这种痛苦，最好是研究了解战争的本质。所以，当这部电影上演时，他会怀着悲壮的情绪，慷慨激昂地从各个角度来欣赏。

我属于哪一种人呢？好像都不是，再深一层分析，悲剧对人的影响力尚不止于此。我是失恋了，失恋是痛苦的。从本能上来说，人应该逃避痛苦，如果不能逃避，就会带来烦恼、妒恨，有些人甚至会激起暴力的行为。

奇怪的是，我很能享受这种特殊的感受，每想到她，心里微微的酸楚。一种永恒的凄凉如影随形地黏附在身边的事物上，似真似幻地，直如隔着一片薄纱。我已分不清究竟失恋的是我，还是我所看到的另一个角色。

我常常沉浸在这种感受中，无精打采地踽踽而行。同学们投来的眼光，我直觉地认为是一种同情和关怀。尤其在寒夜里，淡淡的月色下，我独自倚着椰子树干，任凭回忆载着我，遁离了现实。那种心情颇能与李清照的“寻寻觅觅，冷冷清清，凄凄惨惨戚戚，乍暖还寒时节，最难将息……”相映合。

我甚至还希望有人看见，希望同学们窃窃偷笑，更希望小吴知道。这又是为什么呢？或许是希望和她分享一点“碧海青天夜夜心”的心境吧！

再回忆过去，记得初中时，父亲把我的光头打得“坟丘”累累，上学时就有过这种类似的感受。就如一个在台上表演的艺人，观众的投入和共鸣，才是他最大的报偿。这种心理我认为是一种“主题的转移”，也就是下意识的，把无法避免或不可能拥有的现实，导引到有利于自己、心理上有所补偿的方向，去捕捉那一刹那的感受。

还有一点，就是“美化”的联想。我看过太多的悲剧，当事件发生在自己身上时，便勾起了过去所感受的那种美感。再次把自己置于那如泣如诉，有情有泪的气氛中。凡此种种，使我不再感到失去了什么。相反地，我觉得很充实，维特本来只是书中的传奇人物。而现在，我就是他，小吴成了我的“夏绿蒂”。

仔细分析，我发现自我的感受与实际发生的事件之间，并没有绝对的关系。不论什么事件，也不论人的认知如何，人的感受经常是来自过去经历所发酵的结果。就像人对食物的认知一样，人总以为食物有美好的滋味。事实上人

与食物之间，有种极为复杂而微妙的关系。这种关系是建立在酵母上，是酵母先将食物发酵分解，人的感官才能接受，身体的器官才能吸收、消化。

所以，人要先具备了酸甜苦辣的经验，才能领略人生的真实感受。一种方式是从实际的经验中获得，但是其所得浅薄，所见所知常流于主观。另一种则是通过文字戏剧，从别人的经验中去汲取，再经过自己的想象期望，用作发酵的客观参考。

有人说“失败为成功之母”，我则认为理性是失败者的专利。人唯有在失败之后，在悲痛之余，才会收起痛楚的感受，潜心检讨，认知事物之理。

世人仅知歆羡成功者、得利者，我则刚刚相反，权且称之为“弱者心态”罢。这种心态可把难以忍受的苦痛，转化成为脱离现实的幻思，从而解除了内心的压力，免于受到伤害。再从正面来看，不论什么样的竞争，冠军仅有一个，得者少，失者多。这个世界是多数失败者努力堆砌起来的，悲剧是弱者的讴歌，也是弱者的庇护所。

其实，人世中没有绝对的强者。人人都有脆弱的一面，“弱者心态”正是造物主给人类设计，防卫内心受到伤害的武器。更有意义的是，越是在学习的早期经验中建立这种内心的堡垒，人的韧性越强，抵抗力越大，从而平衡了人间不公平的遭遇。

至少，我是在这种心态中成长的，颇能领略其中奥妙，从而到达自我解脱的境地。古往今来，一些伟大的心灵能把他们个人不幸的遭遇，升华成为传世不朽的作品，或是令人歌泣的行为、事迹，我相信也出于这种弱者心态。

同时我也认为，强者是实际利益的获得者。除非能受到“弱者心态”的洗礼，否则在绝对的享受、欢乐中，缺乏客观的发酵，将无法接触到人性深藏的心灵，更不可能体会到个中美妙逾恒的战栗。

正因为不曾自命为强者，我不至于妒恨，更不会愤怒。相反地，每当我默默地吞噬孤独的苦果时，心中自比为小说中的主人公。那种令人眩醉、美幻、冷艳、凄迷的感受，在另外一度时空中，与歌德、雨果、托尔斯泰登临同一境界。

我有幸能体验到为人所忽略的人心的另一面，藉之对自己了解更深。也很庆幸在短暂的人生旅途中，亲身领受了各种心态。珍怀着这些美丽的回忆，直到毕业前，对小吴最后的一瞥，由衷地期望她生活幸福。

我希望普天之下的弱者，快快抛弃掉恼人的悲痛吧！世界这个舞台正是为弱者所设的。所谓的强者只不过是坐在台下一动都不动的观众群。他们的生活太刻板、枯燥，期待着台上的表演，为他们挤几滴清泪，好涤除世俗的尘埃！

10 小寒

社团　服务　责任　晚会

情感上，我是内向的，但做起事来，我却是大开大阖，敢做敢为。到三年级时，有次轮到本系主办学校的伙食，系里征召我来负责。

学校的伙食团一向为同学们所诟病，只要是经济情况许可，都宁愿跑到校外餐厅去包伙。我仔细研究其中症结，发现人谋不臧是唯一的原因。传说每次主办的同学至少可以赚到一部自行车，相当于全部经费的三十分之一。再加上百分之二十左右的人白吃，羊毛出在羊身上，老老实实的同学当然吃亏。

餐厅的规模可以容纳一千人，但通常只有三四百人入伙，人少，成本就相对的提高了。学校虽负责六个工友的工资，他们的膳食却要由伙食团支付。此外每届伙食委员大约十人，他们将白吃白喝视为应有的权利。

我一计算，只要把这些弊病革除，以目前每月每人一百二十元的消费额，可以办到相当于一百八十元的水平。

因此我发出豪语，一定要把伙食办好。我们班上有位新插班的同学任艺华，他参加过青年军，做过中学教官，退役后才来念大学。因此他行政经验丰富，人也很稳重踏实，我特别请他负责账务。其他还有几名委员，则是系里分派的。

我召集了所有的伙食委员，规定先缴伙食费，而且一律凭票用餐。几位低年级委员抗议不服，但我毫不妥协，坚持立场。其次，我改变了进入餐厅的方式，原来是任凭同学持饭票入场，然后凭票领菜，饭则自行取用。这种弊端在于有些同学自备了菜肴，进场后只用饭而不去领菜。他们把饭吃完后，饭票则原封不动地交由别的同学依样画葫芦。

我的方法简单明了，把餐厅重新划分为两区，前区可以自由出入，但只供

排队领菜。菜领毕，饭票立即收回作废，然后才进入后区盛饭。只要执行认真，这个方法必能杜绝多年以来的白吃之风。

至于米粮的采购，我先打听清楚市价，再找商人来公开比价发包。至于每天的菜单，我一概不过问，只要有变化，周日加菜即可。此外，我还规定了每天每人的用油量，只要菜中有油，味道自然可口。

果然几天下来效果立见，同学们口耳相传，入伙人数每天陆续增加。不到十天，已有六百多人加入。

我曾为了赚些零用钱，在学校为同学装配收音机，一个月大约能装一台，可赚五十到一百元。那时为了防范“匪谍”通讯，收音机均属于管制品。我找到一处专卖报废的军用零件，拼拼凑凑后，就是一台“中用不中看”的奇货。赚了钱，兴趣更浓，便把剩下的材料，加上余款，为自己装了一台“八管推挽式音响”。不仅音质奇佳，还有喇叭分频的立体效果，较同学们花几千元买的成品有过之而无不及。

我用这部音响，成立了“音乐欣赏会”，每周一次，搬进搬出，视为瑰宝，曾有同学出高价我都不舍得出让。这时为了服务同学，我又把音响搬到餐厅，使大家在进食之余，还有美妙的音乐佐餐。

想不到这种服务产生了一些负作用。为了欣赏音乐，同学们吃完了都不肯走，原本拥挤的座位，此时更嫌不足。我着委员们去清场，结果更糟。为了表示没有吃完，大家纷纷加饭，结果每天增加了十几斤米的消耗。

我无时无刻不在设法改进服务的品质，有几位低年级的委员却乘机揩油，经常入夜偷入库房大吃大喝。甚至利用职务之便，把饭票转手卖掉，白吃白喝。

我得到同学密告，在现场抓到人证物证，而且追查他们的饭票，果然都告失踪。我大发雷霆，毫不客气地擅自取消了他们的委员资格。

经过我的观察，发现同学们都嫌菜的份量不足。而以当时行情来看，青菜与白米的市价，大约是一比三十，大白菜是一角一公斤，白米则是三元一公斤。照我的推理，每人每天的消耗是白米八百克，菜两公斤（因菜会失水，干量约为四分之一），若把菜的供应量提高三倍，便可以少消耗白米一百克。以市价来说，应该能保持平衡。所以大量供应菜蔬，甚至于无限制供应，岂不是上上良策?

我与任艺华商量，他完全同意我的理论，但是怎么都想不通，为什么这种方法从来没有人采用呢？他认为目前的伙食在众口交赞的情况下，不应该作无

谓的冒险。

除了没有人尝试之外，我实在想不到有任何不妥。当时每天的副食费约有六百元，而米却要一千四百元，多买两千公斤菜，只不过增加两百元，就算我估计错误，也只损失这两百元而已。用两百元买个经验，绝对值得。

我不顾老任的反对，决定一试。于是选定了日子，以一个星期的时间，利用海报及各种社团关系大肆宣传，呼吁同学们合作。并说明如果这次试验成功，今后不论饭菜，都将无限供应，让大家吃饱为止（那时市面尚无“吃到饱”的餐厅）。

立刻校园中人人议论纷纷，没有人认为可行，但也没有一个人提得出不可行的理由。只有一点完全一致，人人抱着怀疑，等着看热闹。

我胸有成竹，准备了好几个应变的方案，还和校工们做了几次假想预习，一切似乎都没有问题。当天老任还不放心，特别多买了不少菜，餐厅几乎都成了菜场。

中午一向是十一点半开始进场，而这天还不到十点钟，一些怕来得晚吃不到菜的同学就开始排队了。不论我如何保证，他们就是不走，到了十一点钟，门口已聚了近一百多人。我心中开始觉得不安，连忙叫校工们加速烧菜，绝不能让任何一个人失望。

时候一到，排了一个多小时的队伍，立刻成了冲锋陷阵的散兵群。平时彬彬有礼的同学此时有如饿鬼煞神般，饭票还来不及收，人潮已似洪水般地涌进大厅。有的跳过围栏，有的干脆爬窗而进，甚至有的三五成群合力将别人挤到一边。

大厅中分开放着六大桶菜。这一刹，像是有一群群绿头大苍蝇，纷纷由四面八方飞拥而到，立刻一层又一层地围满在每一个桶边。先到的，得到地利，挑精择肉，竟就着菜桶吃将起来。挤在后面的也不甘示弱，争先恐后地把筷子、汤匙举起，越过人头，插进前人的缝隙，能捞一点算一点。被排挤在外层的，则无不惶急焦躁，有的叫骂，有的往里钻，有的则干脆搬过椅子，居高临下，照捞不误。

真是说时迟，那时快，这种世界末日的奇观，当我还在大门口拼命防堵时，乱象已不可收拾。所有的伙食委员都楞在一边，连前来监督的教官们，也都目瞪口呆。

我热血暴涨，脱口大喝：“你们算是高级知识分子吗？无耻到这个地步！”

没有人理我，一条条的蛆虫，蠕动如故。

我不顾一切，冲到人群中，碰到人就拉，拉到就大骂一声："无耻！"

大概我那疯狂的神情震慑了他们，也可能是良知还在，倒是没有一个人与我抗拒。清理了一桶又一桶，在当时只要有人对我稍露不满的神色，我一定会与他当场决一生死！

我身上手上全是菜渣，脸上则杀气腾腾。同学们乖乖地就坐了，秩序渐渐恢复。我浑身抖颤，喘着气，老任忙过来把我拉到一边，对我说："别担心，我又买了些菜，他们吃不完的。"

"这些畜牲，值得我们喂养吗？"我还大声吼着。

有位同学，不知其名，听了不服说："朱邦复，你怎能这样骂人？我们可是规规矩矩的。"

"什么叫规规矩矩？他们不规矩，难道你不该出面制止吗？"我余气未消。

"为什么我要出面？这跟我又有什么关系？"他理直气壮地站起来，老任怕我闹事，忙过来拉我。

我用力把老任甩开，真打算豁出去了："与你没有关系？大学教育是为了什么？眼看这种行为发生了，你能置身事外？人人像你一样，我们迟早要做'亡国奴'！"

他还要争辩，周围的一些同学围了上来，把他架开了。这时我才感到全身虚脱，找了个角落坐下，心中百感交集。这些人果真饿到那个地步吗？或是有心与我为难，再不然是觉得有趣，一起来起哄？

我不知道，我也不想知道。总之，我觉得这些人只配吃他们天天埋怨的那种伙食。也罢，让他们去埋怨吧！

一餐下来，统计战果，在正常情况下，每餐需要八桶饭三桶菜。而这一餐用了十三桶饭，十四桶菜，剩下的馊水，竟打破历史记录，有十五桶之多。

原因非常简单，平常没有选择，有多少吃多少。现在有了自由选择的机会，每个人都先捞一碗菜，把肉吃光了，再吃喜爱的青菜，剩下的倒在馊水桶中，再去捞第二碗。

这现象证明了一点，理想必须配合现实，否则只是属于个人的幻想。没有人不希望享受自由，可是在有限的资源下，在不成熟的条件中，在人还没有认清自己与环境的相互关系前，自由相当于盲目的无规律的骚动，只有破坏，没有建设。只有权利的争夺，没有义务的奉献。如同把一个三岁的小孩放在大马路中，自由对他有什么意义？

我灰心已极，把音响从餐厅搬回，一切工作推给老任，什么事都不管了。

同学们嘲笑我办“人民公社”，有的责备我不负责任。事实上是我认识不清，对人性的了解不够，才导致失败。不论别人如何劝说，在这种情形下，再求改进是绝不可能了。而每天一律的例行工作，老任比我强上百倍，还要我管什么？

处理众人之事需要手腕，我的个性太强，理想太高，脱离了现实。一个小团体就是大团体的缩影，其中成员的行为，也可以说是整体的代表。现今社会的群态，其形成的原因错综复杂，其发展的前景必是斑驳紊乱。毕竟20世纪科技发达昌盛，人心在物欲的驱动下，道德良知破灭，人类社会终将得到应有的后果，凭我？我能如何？

仅以我们几个伙食委员来说，我曾一再善言相告，但仍有八位存心白吃。如果管理阶层已经败坏至此，而且行之有年，人人皆知，又怎能期望被服务的大众奉公守法呢？有人说贪便宜是人的天性，区区一百多元的小事，不能谓之风纪败坏。我倒想请问一下，连一百多元都要贪的人，在面临数百万时，反倒能保持清廉，有这种人性吗？

回想父亲对我，几乎可以用“惨无人道”来概括。不错，我的确心生怨怼，因为这是人性。可是随着经验的增长，对人性的认识越深，越是理解到父亲用心之良苦。唯有在那种严酷的要求下，人才会警惕，才知反省，才能使人性升华。

学校正是培养人子品行学问的摇篮，人性无所谓善恶，但当为与不当为积以成习后，即是行为的模式。如果学校放任这些小错，学子们一旦进入社会，怎能期望他们大公无私？再深一层分析，见微思著，受到大学教育洗礼的高级知识分子行为尚且如此，社会的希望又在哪里？“国家”能不乱吗？

这些话绝非虚言，数十年后，有一件事印证了，那倒卖饭票的伙食委员之一，居然摇身一变，贵为“立法委员”。其行事为人与我所预料的一般无二，只是倍数放大了。最后，终以自我膨胀太过，以致行为失控而身败名裂。

在这一次丑陋的经验之后，我失望已极，发誓不再参与团体事务，埋头去搞些自己能够控制、且有兴趣的艺术。

我以前曾用铁丝缝衣服、扎眼镜，手工很精巧。一次在无意间，用铁丝扭成一部长约1英寸（1英寸约2.54厘米）半的自行车，惟妙惟肖。为了精益求精，我找到一种很细的空心塑胶线，有各种各样的粗细和颜色。在铁丝做的车架外面，套上各色鲜艳的塑胶线，栩栩如生。车胎一律黑色，以存其真，车轮

与轴相连，轴圈则绕大头针承接，可以轻易地转动。把手把用晶亮的回纹针，与车身分离，所有应该活动的机构，都是分别组装的。

因为与真车比例相同，而全车仅两英寸多长，所以配件煞费苦心。车头灯我试着用磷粉涂底，几乎不小心中毒。又为了做“车牌”，开夜车用绣花针雕字，眼睛都快弄瞎了。

我还做了些三轮车，用织锦缎敷在硬纸上做成车身，再以丝巾为篷，篷架可以收折。把几部放在一起，我们常任其滑动在倾斜的课桌上，玩赛车游戏。

车子极受欢迎，人见人爱，同学建议我卖些钱来解决生活问题，我拒绝了。我认为这些心血不是钱可以交换的，我宁愿送人，而且只送女同学，因为我希望小吴常看到它。后来，索车的人越来越多，我三四天才能做一部，应付不了，就洗手不干了。

我开始画油画，因买不起材料，便用亚麻仁油和颜料粉，自己调配。画框画布也是就地取材，有次捡到一条床单，如获至宝，由文艺复兴期的风格到野兽派，一一摸索。忙了一阵子，到底基础不够，自己看着怎么都不能满意，只好中途放弃。

其实，我是从高中起就迷上油画的，也是用颜料粉，把自己当作模特儿。那时我的房间很小，只放得下一张床，当然这些都难不倒我，我在床头放了一面大镜子，然后趴伏在床上，对着镜子自学自画。

油画的好处是不怕错，可以不断地涂涂改改，若是油彩太厚了，还可以刮掉重来。对于一个无师可求的人来说，自己的判断力就是最好的老师。在刚开始时，反正画得要像，不像就不好。慢慢地有了心得，才知道要注意用色、笔调等，慢慢地循序渐进。

有位表姐陈玉洁，因为父亲曾帮过她的忙，心里很感激。她见了我的自画像，硬是要买，塞了一百元在我口袋中，结果并没有把画拿走。直到后来我才知道，有一些艺术大师终其身都没能卖出几幅画，谁有我这种好命？

照理，我很可能成为画家的，别的不说，我审美的意识极强。但在一次无情的打击下，让我难堪得无以复加，终至丧失了兴趣。

有个父亲的朋友，也很欣赏我的画，便介绍我把作品拿给国华广告公司的梁经理。我当时一共画了三幅，都是大号，画框是自己钉的，画布则是破布补的。我骑着车，辛辛苦苦地搬着那些画框，找到那位梁经理。

他一看到那封介绍信，就火从中来：“他自以为是什么人物！专找我麻烦！”他不耐地把我手中的画框一推，哪知道就像摧枯拉朽一般，原本就几近

腐烂的木条，刹时变成了一堆破烂："这叫画吗？你好意思拿来给我看吗？开什么玩笑！浪费我的时间！"

原来画画也需要有本钱，卖画则需要看脸色，算了吧，这一行我干不下来！

学校合唱团请了位中部的"名指挥家"来校指导，我当然是不会错过的。看他教了几天，只是和着钢琴，任大家混唱。我心中不服，特意自己作了一首曲子，拿去请他指教，他竟然说不懂作曲。失望之余，我连合唱团也不去了。

我能做什么呢？除了小小的自行车，但那不能算是艺术，充其量只是工艺而已。我很想专心从事一件自己喜爱的艺术，可是没有学习环境，自己又摸不出方向来。说起来，我样样都懂一点皮毛，实际上样样稀松。

这段时期中，我很彷徨，对环境不满意，对自己更是失望。加上小吴那件事的影响，以及气管炎的长期拖累，身心处于极度的消沉。

这正是大三下学期快终了时，等我回了一趟台北，病倒在车站，受了那位无名氏的恩惠以后，对人世的温情又有了深一层的感受。我相信父亲对我的严厉，绝非无情无义，而是对我期许太高，不能容许我任性的行为。我也相信，如果有一天父亲见到一个陌生的青年躺在路边，他一样也会慷慨解囊的。

我有很多赚钱的机会，只因自命清高，有钱不要，却等着父亲救济，这种态度对吗？至于环境，别人都能适应，只有我对这不满、对那挑剔，怪得谁来？

我决定振作，刚好临到期末送旧，各社团都要举办活动，欢送应届毕业的老大哥老大姐们。这一年，我身兼三个社团的总干事，正好合并办理，空前地热闹一番。

我是昆仑社上届总干事，多少还有些影响力。昆仑社的声势，当时在校中允称第一，有社员两百多人。另外，我负责的管乐队有十几位，获苑艺社有八位，音乐欣赏会虽没有会员，还有干事三人。总计人数约近三百，声势相当浩大。

我看过一部美国电影描绘"园游会"，那种气氛令我激赏，处处玩乐，人人欢笑。我花了几天的时间规划，相信我们也可以做到，唯一担心的是经费。可是穷人有穷人的玩法，我精打细算，大约一千元就可以办起来。

除了昆仑学社，其他的社团我可以绝对作主。统计一下，现有全部的经费，尚有二百多元，每人只要再缴五元"送旧费"就够了。

可是，昆仑社的干事会不同意，有人批评我刚办完"人民公社"，又想来

个“土法炼钢”。这种园游会只是电影上的噱头，凭我们怎够资格？

我有个很大的心病，最怕人自卑自怜，为什么我们就不够资格？就凭他们这种观念，我无论如何，非办不可。

根据社团活动经验，我了解参与者的心态。在我所主持的活动中，从来不安排任何人演讲，人少有人少的游戏，人多有人多的玩法。我有个小记事本，每次同学们玩乐的反应，都成为下次改进的资料。两年下来，我记录了五十多种游乐的节目。在同一个学期中，除非最受欢迎的游戏，否则每次聚会都有新鲜的题材。

活动中如果没有比赛，与会者就没有参与感。而比赛没有胜负得失，大家便兴味索然。由于我怕比赛，又不能避免这种活动，因此常以超然的姿态，专任主持人。

这次园游会我选了十五种游艺比赛，所需经费都不多，真正的花费是在奖品上。不论价值多少，在奖品的引诱下，哪怕只是两个人猜拳，都有无比的刺激。人之好赌，正是这种心理形成的。

比如说，将大礼堂的椅子排成迷宫，指挥一下即可；制作灯谜，不过是收集些资料；竞走和腕力擂台，都只要人主持；铁丝钓鱼，所钓的也是奖品；竹圈套鸭，套到的鸭子可供加菜；化装照相，是因为有庄灵及董敏两位摄影大师在场，又不需付工资……

凭什么我们不能玩个痛快？当然，玩时的气氛最为重要。为此，我要求女同学们做一千个烛光小灯笼。做法极其简单，只要把彩色玻璃纸裁开，上下各贴上硬纸，中间插上生日蜡烛即可。

我试验过，一天一人可以贴上一百个，三十多位女同学，一两天就可以完工。除灯笼外，还配上彩带、绣球等以增加美感。这种“烛光园游会”，在想象中，人影幢幢，五色缤纷，加上敲敲打打的背景音乐，一定趣味非凡。

更重要的一点，我要人人化装，以提升情调，否则禁止入场。

我把全部计划向大家说明以后，反对的声浪倒是没有了，只是人人脸上都挂着一副半信半疑的神色。那种可怕的缺乏自信的目光后面，已经隐藏了所有可能失败的基因。我心中一凉，感到阵阵的寒意，难道这就是我们的未来吗？

不幸的是，一直到今天，我所有的计划与构想，在我们同胞的眼神中，都反映着完全相同的阴影。即使我一再以行动证明“我们能够做到”，但那种“民族自信心”完全丧失后的悲哀，却不是理性可以克服的。

一个国家或团体，其兴衰存亡都只是一种机率而已。对于落后者而言，就因为大家都落后了，仅仅一个人或是少数人看到希望，那么低的机率是不可能发生作用的。在一个众人都昏睡的社会上，独醒者永远只有寂寞陪伴。

当然，我不能怪别人。我想得太快，看得太远，而且还有个自卑感作祟的心理。要做就做世界第一，偏偏生不逢时，了解我的人不多。又好似受到上天的诅咒，真了解我的人大都没有力量，帮不上忙。

时机不到，一切的努力都是枉然。然而，若一味等待，平时不肯努力，时机到来时，也不见得就能掌握。我心里比谁都明白，如果要成就无上功业，则必须历经种种磨炼。我是否真有价值，端视我能不能坚持到底，只要我没有欺骗自己，其他还怕什么？

基于前次办伙食团失败的经验，这次对人员的挑选我特别小心仔细。工作人员首先要志愿参加，然后再考虑他个人的能力与才干，任务也经过严格的研判，谋定而后动。

这时候，有一笔意外之财到了我的手中。那是我经手为学校买的铜管乐器中，有一支短笛与我订购的规格不符，我坚持退货。但厂商遍寻不得，学校方面考虑很久后决定验收了，我才不再追究。不料过了几个月后，厂商自动送了一千元来给我，表示当时的操作有误，而且嘱咐我不要告诉学校。因为万一追究起责任，大家都有麻烦。

我吓呆了，一千元！对我而言，真是个天文数字，当然应该交还给学校。可是，事情已经过了这么久，验收手续早已完毕，交上去麻烦也不少。如果有了这笔钱，对我该是多大的帮助！可以到馆子去大吃几十餐，可以买几件新衣服，可以……

至少我那“又脏又臭”的污名就可以洗清了，我为什么要交回去呢？

我能这样做吗？一向自命清高的人，居然一千元就把人格出卖了。今生漫长的岁月，还有多少更难以拒绝的诱惑横亘在前？有一次的破例，就有第二次的自我原宥，尝到了金钱的滋味，以后就难以面对艰苦的生活。

能不能有一次例外呢？这件事只有厂商与我知道，我相信他绝不会透露。人生只此一次，又有什么关系？如果为了自证清白，把钱交上去，学校又会相信吗？再说，厂商是好意，时间过了这么久，他大可把这笔钱吞掉。只因他自己认错，我却告诉学校，说是他送给我的，我固然成了英雄，但学校还能相信他的诚实无欺吗？

至于收下钱以后呢？万一事情被揭发了，其后果将不堪想象。即使没有任

何人知道，我却骗不了自己，我和那些被自己所轻视的人又有多少分别？

脑中千回万转，下意识中，只有拒收最好，可是拒收又能证明什么？装做不知道？还是不敢负这个责任？

那位厂商显然是位高手，他对我说，钱暂时放在我这里，由我慢慢考虑。他尚有急事，如有问题可以去他店中商量，说完扬长而去。

他走了，可是留给我的战争却未了，扪心自问，我不是个墨守成规的人。不爱钱只是环境使然，习以为常，并非真的见钱眼闭。过去由于家庭背景及武侠小说的影响，建立了虚幻的心中堡垒，凭借着精神的提升，忽视物质的需求。我当然需要钱，甚至比一般人需要得更为殷切。只是，我已定下了一个终极的目标，对与错是一回事，肉体的痛苦也会过去，然而自己的行为却不能逃过良知的审判。

而我的目标是什么呢？无关是非，也不涉善恶。我要经历人生的一切，追寻宇宙的至上真理。但是有一种现象不必追寻，我已深知，那就是人性的自私自利。如果我也为了私欲，把钱独吞了，却自命为追寻真理，那么这世上又有谁不是？

如果我能把这笔钱用在有意义的事情上，能造福更多的人，总比还给那个商人好。当然，就社会的一般标准来说，这仍是不法的行为。但是，不法在我，受罪受罚的是我，只要获利的人多，对我的人生目的而言，就可以问心无愧。

正好我要办活动，其目的并非只是玩玩，而是要给同学一点观念，让大家知道，只要我们愿意，没有什么做不到的。这种心理建设不仅是个人成败的基础，也是整个社会、国家兴亡盛衰的根本。

这是我与一般正常人分别最大之处。我重视观念，不计较细节，只要原则和方向正确了，我就勇往直前，不论后果，也不计成败，绝不妥协。

然而，我对自己处理金钱的态度，还没有很深的认知，以往没有钱，当然很容易自命清高。担任伙食委员时，所有的钱一概由老任经手，我也没有碰过。拒收这笔钱不难，困难的是，如果收下它，这钱就属于自己的了。冒着被学校知道的风险，加上自己清誉受污的代价，那时我的心理状况又会是如何呢？

首先我假定这笔钱应属于大家，绝不用在自己身上，看看心理上有什么反应。同时我也想知道，万一东窗事发，我究竟能不能坦然以对。

为了接受更进一步的考验，我决定把钱留下来，全部作为这次活动的经

费。我告诉自己，代价已经付出了，这次活动的所有经验，都应该牢记在心。只有未来当我能将这些经验化为有价值的认知时，才是唯一的报偿。

手上有了钱，应该怎样用呢？即使拿来分给大家，二百多人，每个人也不过区区五元。除了我这个令人难以置信的穷鬼，没有谁会把五块钱放在眼中。学校有所谓的工读金、清寒助学金、大陆救济金等，家境不好的同学多多少少都会有些补助。只有我，家世显赫却生活拮据，经常身上一文不名。

把钱用到布置上，是绝对不值得的。因为以目前的设计方式，所费不多，已达到最佳的边际效益。想来想去，钱多并不见得有很大的帮助，充其量多买些奖品，提高一些娱乐的气氛而已。反倒是自己心理的压力增加，对整个设计的要求更高了。

我到市场去查看了一趟，发现如果集中到各批发商店采购，金额在一百元以上的物品，大约可以便宜四分之一。如果以一千五百元采购奖品，实际上即相当于二千元的价值。其余的钱可以加强一些游乐摊位，比如说，设一些小吃店、冰激凌店、水果摊等。

全部的筹备时间只有一个多星期，我把各项工作列了张总表，按时追踪各组的进度。到了园游会的前一天，一切顺利，女同学们把全部的灯饰、彩带、标示都做好了。入场的票券、游乐用的代钞也都印得非常精美，早已分发出去。各种奖品都采购齐全，包装妥贴，并且一一编了号，堆积如山，林林总总共有五百多件。大奖记得是一台小型收音机，最小的奖则是手帕、圆珠笔等。

男同学们负责现场，事先该准备的也大致妥当。只是有些同学，虽系志愿，却始终心存疑虑。为了表示他们有先见之明，决定要看我的笑话，做起事来不愿投入，态度上也是若即若离，常有他们不断抱怨的传言：“我们是大学生了，还做这种儿戏。”

我听了这话就发火，什么是儿戏？自命为大学生，如果连这种简单的工作都做不好，那才是儿戏！当时我以为是我们学校的水平不够，才会有这些无知之辈。直到后来，我才发现社会上这种自命不凡的人比比皆是，眼高手低，只看得见他自己井口的天空。正由于无知，做事抓不住重点，挑斤择两，不务实际！这才是所有现代中国知识分子的悲哀，整个教育制度完全丧失了应有的功能。

正因为知识落后，受过知识洗礼的青年，往往自命高人一等。他们认为不重要的工作，绝对不屑于做，只想动口，不愿动手。万一有重要的工作，则人人争先恐后，他们争的不是工作本身，而是那个重要的位置。可是，任何重要

的事，都是由不重要的细微末节积累而成的。不亲自去做，将永远没有概念，也无从领导别人。

更糟糕的是，他们不会做的工作，也不愿意学习、尝试，因为失败了会受人嘲笑。所以只做分内的事，而什么是分内的呢？则全凭一己的主观认定了。然后，他们像观众一样，坐在场外等着看别人的笑话。万一别人成功了，他们便说那是运气。若是失败了，就摆出一副先知先觉的姿态，盛气凌人，恨不得把平生的委屈都乘机讨回来。

有一位负责“套鸭”游戏的同学，把鸭子买来了，鸭脚却还绑着，鸭子半死不活的，套圈也没有做，一副好整以暇的模样。

我问他：“你的工作呢，完成没有？”

“哪点不行？只剩做几十个套圈，半天就好了。”

“按照进度，你今天应该做完的。”

“你交给我负责，就该信任我。”

“不错，我们约定今天完成，正因为我信任你，所以现在才来检查。”我对他的态度很不以为然。

“今天还没有过呀！我晚上做也不算错。”他振振有词。

这是我经验不足，很好，我上了一课，以后定进度要精确些。我再问：“好，那么鸭子呢？像这样，明天还能动吗？”

“你要我怎么办？我今天给你买来了，这不是已经合进度了吗？”

我按捺着性子，说：“你应该找个地方，让它们活动活动，喂饱一点，明天才有精神。”

“你当我是什么人？”他竟然先发制人，理直气壮地大声说，“我是来读大学的，不是来给你放鸭子的！”

我怎么都忍不下去，出口大骂：“莫名其妙！你要来读死书，就不要参加社团活动！当初把工作交给你的时候，你可以拒绝，事到今天，你放什么狗屁？”

“你敢骂我？你算老几？”旁边的同学都围上来，把我们隔开，怕我们动起武来。

幸而我早有准备，在工作之先，约定给每位参加工作的人员一个星期的公假，但如果工作不力，立即撤消公假。我气愤之余，祭出了法宝：“我不算老几！你去读书吧！套鸭的摊位免了，你的公假也取消！”

说完了，我回头就走，我实在瞧不起这种人。

后来来了几位同学，代他道歉，不论如何这个公假不能撤消。因为他打算留学，任何分数都要争取。这次借着公假之便，他回家玩了几天，如果取消，就是旷课了。若是算旷课，不仅品行要扣分，留学的机会也将受到影响。

我并无意为难他，只要求他把工作做好，就便也让同学们转告这位“准学者”，将来衣锦荣归之际，个人的名利虽然可以放在前面，但该负起的责任还是不该推卸。

另外一位负责买“生日蜡烛”的同学，也没有如期买到蜡烛。这次烛光会的气氛全靠这一千个小灯笼，所以我只分派给他一件工作，就是设法买一万支生日蜡烛。

我知道一万支不是小数目，特别打听过，要先找生产厂商预定才行。光是这些蜡烛，就花了一百多元，占了全部布置经费的百分之五，足证其重要性。

那位同学看我着急的样子，他竟然说：“急什么？没有蜡烛，可以用电灯呀！电灯更亮些！”

我真被他气昏了：“用电灯？那叫什么烛光园游晚会？”

“那改名叫做‘电灯’园游晚会好了。”他嘻皮笑脸地说。

我一句话都说不出来，还未出师，大势已去。使我深深憬悟到，不论多好的事，如果没有参与者的共识，绝对没有成功的希望。

我只好叫他把钱拿出来，另外找人连夜去采购。

第二天一大早，第一件事我便找到买蜡烛的同学，问他买了多少，那位同学说订到了两千多支，约好下午去拿。两千多支，每支大约可以点十分钟，如果节省着用，只点二百个灯，也可以维持一个多小时。我只吩咐他想法多买一点，多花钱都无所谓。而且还一再交待，今夜的成败完全在他的身上，他也保证绝对达成使命。

我们出动了二十多人，在第一栋教室（那时尚未盖成大楼）与女生宿舍之间，动手工作起来。到了下午，各摊位一一就绪，女同学们把各色彩带及透明的小灯笼分别挂起。立时景观大不相同，远远望去，在绿阴覆盖之下，姸红艳紫，花群簇拥。玻璃纸做的灯笼，散挂在各处，有如彩色晶球，在斜日的映照下，闪闪发光。

工作人员满身大汗，但都掩不住欣悦的神色。我一一巡视，大致不差，可是不知为什么，心中一片阴影，始终挥之不去。还有什么会导致失败？我一步一步地思考，实在想不出任何可能的情况来。这就叫做经验，这也是经验的价值所在，我是生平第一次办这样庞大的活动，即使是天才，也不可能知道所不

知道的结果。

奖品布置好了，精美的包装、堂皇的陈设，那是重心所在，是我“钓鱼”的饵。只有让参与者感到那种吸引力，他们才会投入，才能烘托出欢乐的气氛来。

到了下午六点，一切完全按照进度，大致都很妥当。眼看着现场参与工作的同学，不论男女，那副贯注投入的精神，令我感动非常。这些人是可爱的，他们的劳苦不只是这些而已，整个晚上的各项服务也都靠他们的奉献，几百支蜡烛这边熄了，那边点起。摊位上的工作不能离开，得奖品的是别人，而担负责任的是他们。

没有这些人的牺牲和努力，怎么会有别人的欢笑？我今天没有力量报答，只有无情的督促、要求，已经做得很好了，我还希望更好。现场没有人抱怨，没有人偷懒，每个人都尽了全力，我们融合成了一体、一心。有朝一日，我一定要给他们十倍百倍的报偿，当然，如果我有那种能力的话。

晚会预定七点半开始，九点结束。到了六点半，参加工作的女同学们先回去化装，我则戴了顶牛仔帽，脸上涂黑，反正还要工作，这种化装再适合不过。小班长扮成“铁拐李”，庄灵则扮成独眼海盗，其余大胖、“老师”、“财主”都各有特色。我们工作了一整天，特别能感受到这种轻松的乐趣。

蜡烛还没有买到，我加派了三组人去催，又找了两组人分头去买。我一再嘱咐他们，不怕多，只怕没有。

套鸭的圈子倒是做好了，但明显的是敷衍塞责，细竹子没有剖开，只是绕成一圈。每个起码有一斤重，别说鸭子，连套人都有生命危险。八只鸭子更是免提了，还能活着已是奇迹，我临时决定取消这一摊位。

冰激凌是送来了，可是送得太早，又放在普通的保温箱中，已经开始溶化。

小食摊的同学们还在忙着生火，整个会场炊烟弥漫，平添一片雾蒙蒙的效果。我不忍责备他们，没有人做过厨子，一个个眼睛都被熏红了，而火始终燃不起来。

到了七点，开始清场，场外已聚集了不少看热闹的同学。他们都不是社友，人人脸上露着羡慕的神色。甚至有人来问可不可以买票，限于学校规定，我爱莫能助。

女同学们联袂出来了，每个人都化装得宛若天仙、俏丽非凡。我的眼睛只看到小吴，她一身洁白的素妆，长裙曳地，腰间别着一朵红花，头上戴了一顶

宽边洋帽。她实在很美，尤其是歪着头，嘴角挂着浅浅的微笑，直把我的魂勾到了九霄云外。

快七点半了，夜幕已经垂了下来，会场上朦朦一片。蜡烛还没有到，我急得发慌，身上已经没有钱了，而且再去买也来不及。不得已，只好叫同学们去找台灯和延长线，果真那位同学一语成谶，烛光晚会变成电灯晚会了。

最让我受不了的，是除了工作的同学在百忙中都化了装外，所有应邀参加的会友，竟然没有一个人化装！而且个个穿着学生制服，仿佛来上课一般！

我指着请柬上写的几个大字："未经化装，不得入场"，问他们看不看得懂？有位同学振振有词地说：

"我没有衣服可以化装。"

我说："化装要什么衣服呢？又不是比美。"

"那你教我吧。"

我指着自己黑黑的脸，说："这不是化装吗？"

他们都笑了起来："这样就追不到女朋友了，我不干。"

"那你们戴顶帽子，不穿制服总可以吧？"

"那么麻烦？"

"麻烦？我们辛苦了几天，为的是让你们玩个痛快，只请你换件衣服还嫌麻烦？"

"我们缴了钱，有权来玩，为什么一定要化装？"有位同学居然谈起权利来。

"你缴了五块钱，就觉得有权利了？这种规定不是今天才定的，你为什么不早点提出反对的意见？"我火气又升起来了。

"是你规定的，我为什么要同意？"

我忍无可忍，大吼："好吧！你的五块钱还给你，你去看场电影吧！"不幸的是我满身掏来掏去，每个口袋都空空如也，大家看到我那副窘态，都笑了起来。

最后有个同学出面说："老朱，你又不是不知道，我们生平没有化过装，真的不知道该怎样化法。"

又有人插口道："要是人人都学你，我们不成了黑人晚会了吗？"

我听了也是好笑，有什么办法呢？是我多事，自不量力，目的不是要让大家快乐吗？算了吧！只好网开一面，让大家都进来了。

蜡烛还没有买来，会场上已是一片人头，还好有台灯，每个有灯光的地方都围满了人。看来他们并不在乎有没有烛光，看到奖品时，心跳的频率仍是一

样高。我的脑海已被想了几天的设计占有了，没有烛光，我就觉得没有韵味。

乐队要演奏了，我必须去吹小喇叭，管不了这许多。大家爬上了摇摇晃晃由课桌拼成的“音乐台”，人人都怕摔倒，乐声颤颤抖抖地展开了序幕。

这时我又领略到，乐队的演奏是个失败的节目。平常缺乏练习，音乐变成了鬼叫。吹了两个曲子，反正台下也没有听众，我识相地叫大家去玩。

没有蜡烛，心中很不安宁。

终于有一位同学赶回来了，他买到了几十支，我立刻找人先把灯谜的摊位点起来。

蜡烛一亮，情调果然不同，那些小灯闪出了各色的微光，在树梢下串成了一圈若明若暗的小天地。人们纷纷挤在灯旁，掀起那些精心收集的谜语，交头接耳地胡猜起来。

礼堂那边负责的同学急忙来找我，说同学们为了要得礼券，都从椅子上翻过，没有人肯走“迷宫”。我发现这又是一个错误，谁愿意来“被迷路”呢？

中国人小聪明特多，极端现实，为达目的，不择手段，有捷径不走，那才是傻瓜哩！

我赶到礼堂，已有一大堆同学在等着领礼券。我一到，就有人投诉说负责人不负责，害他等了半天，浪费了好多时间。还有人说他已经走了三次，应该发三张礼券！

我不动声色，先把迷宫部门关闭，不让别人进入。然后说：“各位不要担心，这个迷宫是我精心设计的，有任何同学是真正走过来的，我负责给五张礼券，否则一张都没有。”

大家面面相觑，有人说：“你怎么能证明我们是不是走过来的呢？”

“很简单，第一次能走过来的人，一定能再走一次。”

“走一次要很长的时间，我们还要去别的地方玩。”

“不错，我算过，真的走一趟差不多要十几分钟，我虽然很忙，为了不冤枉好人，还是愿意在这里陪着大家，想要投机取巧，对不起，免谈！”我态度坚决。

大家交头接耳，考虑了一下，都知难而退，竟然没有一个人愿意试上一试。

小吃摊的浓烟密布，呛得人人东逃西奔，火却没有升起来。而今天准备卖的食物都是油炸的，油炸要火旺，抱歉，只好提前收摊。

冰激凌早被购买一空，原因是由原来的固态成了液态，干脆大家拿去当牛奶喝，三杯两杯就清洁溜溜了。

最忙的是庄灵的照相摊，从一开始就大排长龙。倒不是为了照个化装的相片留念，而是大家认为反正花的是假钱，不妨乘机照张“登记照”。

八点多蜡烛才到，那位同学不敢来见我。由于他认为任务“非常非常”的简单，上街以后，一看时间还早，大可先去玩个痛快。料不到玩得太痛快，居然把该做的事全给忘了。若非找他的几批人，好不容易在台中的人海中，把他给逮到，很可能要等到街上人群都散尽了，他才会想起“这么简单”的任务。

只剩下半个多钟头了，原来负责点蜡烛的同学也不知去向，我赶忙随便抓些人，分途去点蜡烛。一时间火柴成为宠物，几个吸烟的同学，成了大家追求的对象。

反正已经到了这个地步，还有什么好说的？我坐在一棵树下，眼看一点一点烛光缀成的彩色繁星，闪烁在会场的各个角落，禁不住感慨丛生。

理想只是存在于个人脑海中的一点火花，在没有点燃以前，没有几个人会看得到它。现在满目灯光灿灿，如同一片水晶闪耀的世界，身历其境的人不会感觉不到那种情调，但是却不知道他们享受的成果正是理想的实现。因为他们已经融化在那种情调中，至于为什么如此，却无心去体会，自然就也不知道了。

宇宙中有什么不是如此呢？造物者为人类安排了良好的环境，人生活在其中，却从来不知道究竟是什么使他们愉快、幸福。一直要等到他们失去了那些习以为常的必需物，才能理解其重要性。然而，一旦恢复正常，人们又不知道珍惜了。

一个一个摊位都因奖品发光而收摊了，由大家眉飞色舞的神采中，可以感觉他们相当满意。对我却不然，因为理想永远是那么遥远，那么可望而不可及。

最后，在奖品堆积如山的康乐室前，同学们自动地排好了队，各持着奖券，等待抽奖。抽奖才是又刺激又兴奋的压轴好戏，我似乎永远与别人所看到的不一样。为什么不论在任何角落，不论什么情况，只要有人，总少不了个人的私欲呢？

我一直认为这些参与工作的同学是伟大的、无私的，他们牺牲了自己的时间，大家同甘共苦，只为了服务他人。我也特别保留了一部分奖券，作为对他们的报偿。但却严格规定，在游戏完毕后应将剩余的奖券交出，以便统筹处理。现在快要抽奖了，除了少数几位以外，其他的都没有交回。

或许是真的发送光了，也可能是认为留几张不伤大雅，更可能的却是中饱

了私囊，故意借机图利！

记得在家中时，有一次听到一位客人对父亲说："怀公，您为'国家'贡献了不少，又是党'国'元老，就算捞一笔也是应该的。看看别人，看看您自己，您这样有什么好处？"

父亲平静地说："'国家'没有亏待过我呀，有几个人能像我这样生活无愁？还需要什么？"

不论父亲怎样对我，我对他的尊敬是与日俱增，或许正因为有他这个榜样，我才能免于循私苟且。

为什么做了一件应该做的工作，就自认为有权攫取非法的利益呢？大学生是天之骄子，一进入社会就比一般人享有更多的机会。未来的国家在他们的手中，未来的社会也待他们去服务，在应得的报偿之外，为什么还不知足？还要强占别人的利益？今天已是如此，在更大的利益当前时，又当如何？

大家都很快乐地抽着奖，每个人抱着一堆礼物，笑着闹着，我还能说什么？

第二天，我们举行庆功宴，招待参与工作的所有同学，把剩下的鸭子和食物作了菜。我在会中破例地发表了几句话的演说，我说再也不参加任何社团活动。人人都很惊讶，但谁也改变不了我的决心。

第三天，学校传出了各种不满之声。有人说我循私，买了鸭子和食物自己吃，奖品分配也不公，大多由主办的人瓜分了。还有人说我像个暴君，对同学蛮横无理。

我没有解释，也无需解释，我唯一的安慰是通过了金钱的考验。而意外的收获，则是发现了即使是神仙下凡，也不可能使人人满意。

为什么"国家"的最高学府，竟然培养出这种人才？将来进入社会，除了争权夺利外，还能做些什么？可能是我们学校水平太差吧，但愿如此。

等我出了校门，进了社会，再见到其他的高级知识分子，才发觉农学院到底是些土头土脑、起不了大作用的骇子。

如果说人本来就是自私、无知的，我则认为过去虽烈，于今为最。凭什么呢？我认识不少长一辈的人，他们受限于过去的环境，即使读过大学，现代知识却有限，加上曾受礼教的束缚，想要搞鬼也放不开手脚。而我们这一批受了新时代洗礼的天之骄子，知识不见得有多精通，但是做人做事，却是任性放纵，只顾自己！

我曾经为世态把过脉，诊断出其间的罪魁祸首，即是教育制度！

1974 年，有天我偶然遇到一位朋友，他在"教育部"服务，算得上是位

有心人。我们谈来谈去，谈到了教育，他说："我们的教育制度，完全是大学联考害的。"他找到了代罪羔羊。

"为什么呢？"我在探他的底。

"因为只考一次，就决定了学子们的前途，太可怕了。"

这种似是而非的谬论，是当代知识分子的特色，知道有错，却往往不知道错在哪里。为了表示自己有见解，便顺手牵羊，找只最容易被责难的羔羊。

"你的意思是，多考几次，教育制度就完善了？"

"当然不是，但是会有些改善。"

"改善了什么？"

"比如说，各校出的题目不一样，对一些人会公平些。"

"那么联考时，多综合参考一些不同范围的题目，不就解决了吗？"

"不那么简单。"他坚持着。

"怎么不简单法？请示其详？"

"总之，我们换个话题好不好，这些太乏味。"

"不，我一向喜欢探索真相，我不认为联招有什么不好！"

"啊？"他大吃一惊，居然有人看法不同："那你说说看！"

"首先，我们要界定一下，你我对教育失败的看法是否相同，是学生知识水平不够？是为人处世能力缺乏？是道德情操破产？还是体魄羸弱不健康？"

他想了想，说："我觉得都有。"

"既然如此，多考几次能解决哪一项缺失？"

"我弃权，你说呢？"

"我再问你，德、智、体、群四育，真是教育的大前提吗？"

"应该是吧，至少我们是朝这个方向做。"

"就四件事，做到没有呢？"

"很难说……"他开始支吾其词。

"不难说，因为前面你所同意失败的四个项目，就是德、智、体、群！"

"是吗？"他很难为情，又想了想，只好点头不语。

"这些不能怪你们，人非生而知之者，乃学而知之者。过去学校就没有尽到责任，贵部哪个不是从这类学校出来，身在此山中，云深怎知处？"

"要批评很容易，你能谈谈你的高见吗？"

"我认为升学主义不是坏事，中国这个历史古国之所以有今天，就是几千年下来，国人以读书为上之故。现在有人动不动就标榜美国如何如何，我只奉

上一句话，不要太浅视，不妨再看二十年。”

“这个我同意。”

“问题在学校教育的目的，谁能升学？具备什么条件才能升学？”我卖个关子。

“是呀，可是……”他不知如何接口。

“既然考试是筛选的手段，考试的科目，才是答案。”我故意等他自己开口。

“你是说要考音乐？体育？品行？太荒谬了吧！”

“因为你们已经设了限，所以觉得荒谬，如果荒谬，学校为什么要教？刚才你还口口声声说是朝这个方向做，怎么一谈到要考试就荒谬了呢？这不是更荒谬的事吗？”

“难道你不知道？很多明星学校根本是阳奉阴违，不教这些没用的科目了？”

“没有用？”我故意大声吼着：“你这不是自欺欺人吗？是谁说德、体、群没有用？‘教育部’？学校当局？还是你？你们故意把考大学的范围，限制在一些死的全靠记忆的不能灵活应用的资料上，天下还有什么有用！这样，教育能不彻底失败吗？”

“不，不，我是说这些科目很难考。”

“怎么难考法？”

“你不知道……至少，过去没有前例……”

我看他张口结舌，何必呢？责任又不在他身上，“国家”将亡，必有妖孽。愚昧的时代，愚人当道，整个世界污烟瘴气，也不仅仅是我们的“国家”、我们的教育出了问题而已。

“我知道，你也作不了主。我们是不是该换一个题目？谈谈男女大事如何？”

11 青涩

小妹　电影　谋略　兵役

大三暑假时，因小妹要考大学，我偶尔去帮她温习功课。这时她已有了少女含苞的韵味，身上散出沁人的清香。过去的感情，眼前的佳人，这一次不仅仅是心灵的牵系，在生理的驱使下，我们真正堕入了情网。

她有很多优点，可能是基于了解，她从来没有挑剔过我的外表。衣服脏了，她会主动地帮我清洗。我满脸的青春痘，脖子上的顽癣，她似乎也视若无睹。尤其是她的兄弟姐妹与我相处十分融洽，几乎将我视为她家中的一分子。

我们以往的感情，就像一泓清溪，躺在群山的怀抱中。平平静静的，没有风浪，也没有激流。那是纯真、幽宁的，一个眼神，一声话语，都能划破水波，引起阵阵涟漪，交错在彼此的心底。对我而言，即使相隔在天涯两端，也仿佛有条处处存在、无影无形的导线，把我的心紧紧地系在她身边。

那种无瑕的爱，一旦化为男女间的需求，像干柴遇到烈火一样，立刻就无法收拾了。她占住了我每一根神经，早上想到的是她，晚上想到的还是她。见了面，一股冲动就迫着我去接近她、触摸她，恨不得天底下只有我们两个。

可是她家地方小，孩子又多，我们的行动躲不开别人的耳目。宫伯母又一再表明，因为我没有考上台大，希望我和小妹之间只是属于兄妹的感情。我们只好偷偷摸摸的，只要能相互碰一下，捏一把，绝不放过机会。

渐渐地胆子大了，我开始约她出来，在新公园旁的田园咖啡厅、台大医院前的草地上，我们解放了彼此的拘束，任那青春的烈火燃烧着饥渴的肉体。

她最可贵之处，最令我尊敬的是她严守着原则，绝不容许我有过分的行为。在那极度难堪的时候，我也曾埋怨过她，认为她很不体谅我。但是，看到她深邃的眸子中，也有着同样的痛苦，她也在灵肉之间交战，我这才感到真正

的战栗。

为什么我不能控制自己？是不是她比我还要坚强？生理只是一种本存的、与生俱来的需求，如果连自己的生理现象都控制不了，还谈什么远大的抱负？当然，我们可能结婚，但也有多种其他的因素，让我们不能结成连理。我不能破坏她的清纯，那是一种美德，我既然崇拜、欣赏她，就应该尊重她。

不过她也有令我感到失望的地方，我常与人争论，只要是有关“道理”的主题，不到有个结论，永远不肯罢休。这是我唯一的目的，凌越一切之上。很不幸，不管我到哪里，遇到何种人物，他们都只是重复着别人的意见，而且一知半解，似通不通。我坚信道理本身一定有一个基本结构，我们所看到的、所知道的只是事物的表象。如果不找到根本，谈来谈去都只是浮光掠影，得不到真貌。但限于我当时的观念尚很模糊，只知其有，却不知是什么。所以每当引起这种话端时，我就会追根究底，借着对方所说的理由，一再地反驳、质疑，一定要理出一个头绪来。

小妹最反对我那种咄咄逼人的态度，她认为我是出于好胜，喜欢强辩。我虽然一再解释自己的信念与立场，她不但不能接受，反而更令她厌恶。

有一次，记得是傍晚时分，我与老四正在争论一个道理。我们吵得人人不安，老四不服，我也不肯甘休。小妹先是劝我不要再说了，我刚好找到一个很坚强的基础，与其说我是在与老四辩论，不如说我正在整理自己的思绪。这种情况下，当然谁也挡不住我。

小妹一再地劝，我也一再地辩。最后她火了，大吼着说：“你们两个都不要吵了，真无聊！”

“无聊？这是大道理呀。”我诧异她竟然没有听懂。

“什么大道理？都是胡说！”

我宛似冷水淋头，她竟会有这种看法？这样，我今生怎么跟她长相厮守呢？我可以放弃她，可以牺牲一切，但是在追求道理上，绝不愿稍退半步！

仔细分析之下，我骇然发现了一个早已知道、却不愿接受的事实——她并非我这条道路上的行客。一个对真理没有兴趣的路人，与动物有什么分别呢？人生道途上，难道只有肉体的生存、生活而已？

“道不同，不相为谋！”好吧，一切到此为止。我决定不再理她，也不再说话，闷闷地坐在一旁，准备找个理由离开。我决定与她一刀两断，她并没有错，错的是我们合不来，但我不能马上走，以免让她难堪。

不久她察觉了我的冷漠，故意找些话来挑逗我，而我只是唯唯诺诺，应付

了事。

她知道事态严重了，不顾家人的惊讶，紧紧地坐在我身边，轻声问我："是不是我伤害了你的自尊？"

"不是，我只是坚持我的原则。"

"原则？你的什么原则？"

"追求人生真理！"

"什么？"她的眸子睁得老大，一副想笑又笑不出来的窘态，"人生真理？"

我觉得她无法了解我，再不然是不愿了解我。否则，为什么这样简单的原则，她居然都不知道？

然而，一时之间，我实在舍不下她，她的轻颦笑语始终萦绕心际。只是在我的理性世界中，她的光彩却是一天一天地黯淡了。

我有个特点，就是能把理智与感情截然分开。或许心理学家认为这是双重人格，我则认为是"独立的理性"。对一般人而言，理性只是做事、思考时的一种态度和方法。而在与人相处时，由于人际间涉及感情，所以就把理性丢到一旁。我则不然，无论对人对事，一定以理性的态度思考，发掘真相，追究原委。如果必须用感性才能处理的，我也能随性所之，但那只是暂时的。因为感情常常像是热带的风暴，突然而来，倏然而去，没有一定的模式可资遵循，也没有选择的余地。理性则是恒定的，今天如此，明天亦然，不论个人情绪的好坏，丝毫撼动不了理性的认知。

一般人活着，除了生存之外，并没有什么明确的目标。没有目标，则对各种可能发生的后果，就没有了判断利害的根本条件，因而无所适从。有些人虽有目标，但却不够明确，和没有差不多。有些即使目标很明确，但又太短近了，利与害之间差距不大，虽想厘定清楚，却是非常困难。

生存只是造物者的目标，所有生理上的功能，都是用来达成人类和其他物种绵延不断的工具。亿万年来，除了人类以外，各种生物无不是默默地生存着，没有悲哀没有烦恼，只是依照原始的设计，忠实地执行不误。

或许是因为环境变化的需要，人类的演进异于其他生物，发展出了一种内在的心理感受，这种感受为主观个体所独具。因与他人有别，得不到共识，而"感到"了悲哀烦恼，以致于不安痛苦。这时，生存的力量就驱使着人，想方设法解脱自己的痛苦。

所谓"设法"就是由尝试而建立经验、扩展认知的一种人类特有的行为，也可以说是一种短期的目标。"解脱"则是一种境界，只有当事者才能体会到

的一种内心感知世界。“自己的痛苦”，就是当事者感觉到的需要摆脱掉的心理状况。

从这个过程来看，人类文明的发展，开始时纯粹是以“感性”的感受为出发点。日子久了，人们学会了利用身体器官所具有的特性，借以沟通彼此内心的感受，进而有了共同的认知。既有共同的认知，经验逐渐累积成为客观的知识，个人经由知识与实际情况的印证，更能掌握环境变化时的生存目标。

当人类文明发展到相当程度后，人在不断的烦恼与不断地解决问题的过程中，难免期望有一种“永恒”性的解脱。有了这种长远的目标后，人类才体会到，一味地逃避痛苦与自我麻醉并不能真正解决问题，反而是要去发掘、认知、了解问题。

这就是所谓的“理性”，一种与感性本能截然相反，却与客观真实相容的永恒的“道理”（至少可以人的一生为期），以作为判断的立场。

以我和小妹为例，我爱她、需要她，没有她我就会烦恼痛苦。为了解决这种感性的需求，我必须迎合她、满足她。让她感到与我在一起，可以免于她的痛苦烦恼，因此她必然会需要我、爱我。

需要与爱都是基于个人感觉的利害关系，在心理形成的经验认知。

而每当我在迎合她、迁就她时，我就在忍受痛苦，如果那只是短暂的、一时的，当然问题不大。一旦超过了忍受的极限，心理与生理的刺激就会令意识失去控制。于是血流加速，肌肉紧张，一举一动都恢复到原始的兽性本能。

我的理性完全控制了感性，深知除非是能让她了解我的原则，否则我们之间永远会有争执、烦恼，总有一天感情决裂，以致不堪回首。

在当时，对这个所谓的原则，我自己尚在摸索中，虽然有种直觉的感受，却无法用言语说明。不到我有绝对的把握，能完全说服她之前，我们不会有理想的结果。至于目前的需要，只要不妨碍到对自己目标的探求，又何妨纵容一下感性，享受一番呢?

所以在那一段时间里，在感性的立场，她是我的情人，我们同在一起浮沉。同时，在理性的另一度空间中，有个真正的主宰，正仔细地观察我们两个心灵及肉体所产生的七情六欲。对于她，我只能作各种假设，并根据结果来印证我的判断。但对自己，这才是一个真正的实验室，我得以百分之一百地由体会进而了解自己。再更进一步，由她的反应及表现，我也能推及他人。

我不能否认曾充分利用了她的情感，我曾向她求婚，期赎前愆，可是却遭到拒绝。到今天，我依然拥有无限的绮思，一份怀恋之情。在梦中，她还是一

样的可爱，一样的激情，且更混合着一种幽幽的憾然。我们各有各的生活，各人尽着各人的本分。

这种感情与理性全然独立的习惯养成后，使我能非常敏锐地观察各种事件的前因与后果，从而重新组织自己已然形成的观念，以致想法常常与众不同。

比如说，家庭只是个供不同个体共同生活的环境。如果彼此之间仅有感性的牵连，相处得好，当然对大家都有帮助。但是感性都以自我为中心，在数个自我中，总难免有利害的冲突，仅靠无尽的自我控制互相忍受，总会到达极限的。如果把家庭生活当作目的，那就不该应用理性，不要追究对错是非，只有互相容让迁就，把对方当作自己的一部分。用原谅自己的方式原谅对方，用对方的观念来处理自己的事务。彼此之间的相似性越大，交集的经验越多，冲突也就越少。

显然，我的目的不在家庭，除非找到志同道合的对象，我不适合结婚。至于儿女更与我的目标相反，他们会占据我的时间与精力，影响我努力的方向。

造物者设计生物之初，生存与传种是生物唯一的目标，随着生存的成功，便产生了生态间的互动。事到如今，地球上已爬满各式各样的动物，尤其是人类，几乎已达到了饱和点。在这种情况下，睿智的造物者又赐给人一种认知的觉悟，那就是为了群体生存，传种的本能必须限制。如果继续盲目地生育不息，总有一天会演变到人食人的地步。

因此，结婚对我所代表的意义是为了解决生活所需，以利于我达成目的，至于传种完全不在考虑之列。而解决生活所需的方式很多，不一定就要结婚，完全以达成目标为前提。这种观念在中国封闭的社会中，无异于大逆不道的谬论。因为中国人的知识还只限于“求生的技术”，眼光还没有达到数十年或是数百年以后。

这段最难舍的激情，由青梅竹马的儿时，到正值婚姻的年龄，就此画下句点。然而，我却未能忘怀，只是将绚烂的彩霞，化为无尽的绮思，珍藏在感性的心底。

到四年级我只剩下五个学分，由于农场实习的两个学分要修一年，故此四年级上学期先修四个，四年级下学期只留一个农场实习。为了要赚点钱，我想找个既能利用时间，又可兼顾自己兴趣的工作。我想出版漫画刊物，画完了一集后，信心与日俱增。同时我发明了一种自己上“网眼”的简易方法，远比制版社做的更快更好，但由于没有本钱，必须找人合作。

有人介绍我一位姓陈的朋友，毕业于师大美术系，开了间小型的广告社。

他看了我的作品后，很欣赏我的素描，但却极力反对我出版刊物。当时在台湾流行一句名言：要想害谁倾家荡产，最好劝他办杂志。在我说明自己的境况后，他很表同情，每当有多余的工作，他便拿些“描底”的事给我做。

那是个枯燥无味的工作，先把原型相片，依照格子放大画到看版上去。初时尚有挑战性，一等到能够掌握运用，我就想加以改良。追求效率与品质一直是我工作的基本态度，老陈的看法则不然，我们之间常常为此争辩不休。

有次画一个电影海报，我觉得画面太杂乱，看不出表现的主题。

他说：“你这个人！什么都要找个主题！别忘了，这只是生意，人家要我怎么做，我就怎么做，你别出点子！”

“如果我们画的效果好，主顾满意，你的生意不是更好吗？”

“你知道这主顾是谁吗？”

“不知道。”我以为他会提出什么大人物来。

“那就是了，你怎么知道他喜欢什么呢？”

“当然是喜欢好的。”

“他拿这个相片来，就已经认定了这是最好的，所以照着描就对了。”

“不一定，可能他找不到更好的。”

“那只是可能，我们不能凭‘可能’去做事。”

“世上好坏总有个原则吧？你是学艺术的，应该了解这些原则。”

“我了解原则有屁用？他不了解呀！”

“慢慢影响他，教育他，那不是你们学艺术者的责任吗？”

“老弟，我看你有点头脑不清，第一，这不是我们的责任；第二，我的客户很可能一辈子才来找我画一次，我怎么影响他？”

“怎么说这不是你们学艺术的责任？社会是一个整体，文化就是在互相影响之下形成的，这样才会有进步！”

“老弟，不是我说你，你实在天真得可爱，文化是自然形成的，能进步、不能进步要看整个社会。我们学艺术为的是要学一种技术维生，只是碰巧我选上了艺术，和你学农谋生没有什么分别？既然同是维持生存，钱混到手就好了，而且是越容易越好。像你这种想法，一辈子注定吃苦受罪。”

我首次理解到这种观念，他是对的，至少符合绝大多数人生存的模式。我所谈的是种理想，只是少数人所憧憬的。这些少数人往往是时代的“牺牲”者，他们的价值只有在身后才被肯定。我所知道的大艺术家，如梵高、高更、塞尚、莫奈等，甚至生时就享盛名的米开朗基罗、达·芬奇等，其创见在当时

并未能为大众所接受。

他的看法完全符合我在学校所看到的种种现象，人人为了谋生，谋生当然是为己。在短视的眼光下，社会需要什么样的人，他们就会变成那种人。他们无力去改变社会，也不期望改变什么，更因为他们已经成为这个社会的一部分，更反对任何人的试图改变。

我甘于牺牲，并不是牺牲令我快乐，而是我过去的痛苦就建立在社会的这些观念上。每当别人被迫送上祭台时，我就感同身受，因为不希望自己再感到痛苦，就要奋起反对。然而，仅仅反对是行不通的，人会疲倦、衰老，总有一天会被打倒。只有努力寻求一个正确的方向，能提供社会大众更多的利益，才有希望。

我对艺术浅尝辄止，艺术似乎只能提供一点人生的装饰。在这个社会上，连这点装饰都是廉价的次级品。后来漫画也放弃了，没有钱出版是一个原因。更大的因素是在第一本画完以后，面对着第二本，我没有找到要画的题材。如果连第二本题材都找不到，一本一本地接下去，又何以为继？

在完全没有心理准备的情况下，我看了一部电影。片名已忘了，但该片强烈的震撼力，又开启了我的另一个新天地。

以往我看电影只为了欣赏，不论是音乐文学或艺术，我仅把它们当作窗口，透过它们，得以吸收人类生活轨迹的内涵。但是这一次，我看到了一个对“理想”的陈述。电影是描述英国战后“愤怒的一代”，对当时社会状态的不满，片中讨论了很多切身的人生课题，结果却没有提出答案。

这不正是今天的我吗？那么活生生地反映在银幕上，真实而具有说服力。大多数的观众似乎都有所体验。散场时，我看到不少隐藏在眼皮下的泪痕，和我的没有两样。

书本有它的长处，可以很细腻地描述一切细节，但却不如电影予人直接的震撼力。音乐和艺术各有其不同的范畴，若作为电影的陪衬，却很能发挥其价值。既然这些都是我所喜爱的，为什么我不从事电影工作呢？

一想到这里，我立刻兴奋起来，到处找书、查资料，想学习编剧和导演。我要利用这种综合性的第八艺术，把音乐、美术、文学和自己的观念结成一体。既可供人娱乐，陶冶性情，又可以输出我的观念。

只可惜坊间这类书籍不多，找到的几本内容也很浅，都是我已经知道的。但是我并没有气馁，我想到庄灵，他对摄影很有心得，说不定能帮助我。

庄灵也是个电影迷，谈着谈着，还没有认识电影的庐山真面目，我们就决

定以之为毕业后的职业。不论如何总要有个开始吧，庄灵提醒我说："你知道拍一部电影要多少钱吗？"

又是钱，钱是我最可怕的敌人，我故意忽视它，说："先拍着玩，借部摄影机，不过买几卷底片而已。"

"好说！摄影机借不借得到且先不说，我平常照相，一卷只有 24 张，每个月的零用钱能拍两卷就不错了。电影每秒钟 24 格，你想我们能拍几格？"

我没想到这些，但是正在兴头上，不能退缩。我壮着胆子说："这些由我来想办法，只问你有没有兴趣？"

"有没有兴趣？你只告诉我有什么办法吧！"我们是相知的老朋友了，老朋友之所以称老，就是深悉对方的底细。我有什么办法？自己连零用钱都没有！找人借，总不能说影片卖了钱再还吧？说不得，先去赚钱。

我找到老陈，告诉他我打算改行搞电影，他只差点把嘴给笑歪："老弟，你想做米开朗基罗，凭你这副干劲，我还不笑你。搞电影？你知道现在是些什么人在搞吗？"

"管他是谁？我搞我的。"

"好，就算你拍出来了，拍得比《乱世佳人》还好，卖给谁？"

"假如拍得真好，为什么没有人要？"

"为什么？我且告诉你，拍电影是赚大钱的事，我说的大钱，大得比我这个小生意大上几万倍。我天天侍候这些大爷，他们花起钞票来，比我用的颜料还快。旁边陪着的小姐，都是亮得闪瞎你眼睛的星星。你想，他们是利益既得者，会让外人进去吗？尤其是你这个理想主义者，要是容你来搅局，他们还能玩些什么呢？要知道，这些电影院都是他们的摇钱树，他们会买你的片子吗？"

我听不下去这些道理，太容易的事，我还不屑于干哩！我只说："我不卖，自己好玩，可以吧？"

他嘲笑够了，看看我，只好摇摇头说："你想赚点钱来玩电影？好吧！我老实告诉你，有两条路，由你挑。"

我一听有希望，怔怔地等着下文。

他先点燃了一支香烟，慢吞吞地说："第一条路怕你也干不下来，就是拍小电影……"

"我干得下来，多小都不怕。"我连忙打断他。

他又笑了："不是你想的'小'，小电影是指妖精打架的电影，你知道妖

精打架吧？”

我难为情地点点头，知道那就是所谓的“黄色电影”，他说得一点都不错，我是真的干不下来。

“第二条路，是找个电影大亨，去做干儿子。运气好，还可以做女婿……”

我知道他在消遣我，忙说：“你只告诉我，拍个十分钟的短片，要多少钱？我帮你打工，多久能还清？”

“你是真不知死活？上次找你画看板，你死都不肯，这下多久都干了？”

“为了兴趣嘛！等我熬到像你这样见多识广以后，再重新做人也不迟呀。”有来有往，我也幽他一默。

他想了一下，说：“这样吧，我认识一个朋友，他有台16厘米的摄影机，我帮你去借，可以省下不少钱。至于底片，有种水货是一万英尺（3048米，1英尺＝30.48厘米）一千元，冲洗全包括在内，但是配音剪接要另外算钱，你给我画看板抵账，够意思吧！”

我听了，心都快要跳出来，赶紧再问：“一万英尺能拍多久？”

“看你怎么拍啰，16厘米的，半个小时总可以。”

我兴奋已极，万万想不到这样轻易就解决了。可是拍什么呢？演员不难找，很多同学都愿意免费服务。还要剧本……我还从来没有看过剧本，何况要写？静下心来，我到图书馆借了一本话剧剧本，参考其中的场景、对白以及人物描述。先试着以我身边所熟悉的事物，写了生平第一个剧本：男生宿舍。写时一面模拟电影上的画面，镜头的转换，一面想象拍摄的过程。当时在我的心目中，所谓的剧本只不过是电影摄制前，写在纸上的详细记录而已。

剧本写完了，我找庄灵来看。到底是旁观者清，他看了几场，立刻说：“这像是话剧嘛，老在寝室中转，怎么拍电影？”

我这才想起，我所模拟的正是话剧剧本。当时一头栽了下去，正是当局者迷，根本没有想到话剧和电影的区别。

半个月的时间全浪费了，我很泄气，只好说：“反正我们是练习，在室内还好拍些。”

“你全搞错了，我们没有水银灯，没有广角镜头。而且室内空间小，又缺乏道具，你叫我怎么拍？”

我们两个门外汉，各说各话，但他至少有摄影经验，必须尊重他。突然我想到了一个主意，不如我们拍些学校风光，拍好了送给学校，这样的剧本要不了两天就可写好。他也认为这样最好，于是我立刻到训导处去，我知道先要得

到学校的许可，否则会出问题。

训导主任一听，立刻高兴地说："正好学校有笔预算，是作视听教育用的，可是校中没有这种人才，谁也不知道该怎么用，你们会不会拍纪录片？"

我连忙张着眼睛说："当然会。"

"你看大概要多少预算？"

我一想，1000 元的片子，开个 1500 元，还可以赚上 500，于是说："1500 元。"

"1500 元？"训导主任大叫一声，几乎跳了起来。

这下糟了，早知道只要 500 元就好了。我羞得脸红过耳，只得招认："买片子要 1000 元，我……我想赚 500 元。"

训导主任笑了，笑得前仆后仰，更令我心里发毛。他说："你放心，只要你真的能用 1500 元拍出来，我保证学校一定同意。老实说，曾经有人来谈过，他们要 10 万元才肯拍。"

10 万元？事后人人说我傻，可是我却乐不可支。做自己喜欢的事，还有钱可赚，这么便宜的事，天下哪里找去？

花了一个多月，我和庄灵背着摄影机，第一次把学校踏了个遍。而且手持学校的公文，没有什么所谓的禁地，连女生宿舍的神秘气氛也摄入了镜头。

冲洗出来，又亲自动手精心剪接，再加上录音旁白。由于庄灵的摄影技巧不凡（相信对他后来进台视也有助益），放映时只要能让影片和录音带同步（事实上不太容易），倒是蛮像回事。我满心以为，中国的电影即将起飞了。

四年级下学期，我只剩下最后一个学分。那农场实习是一位老好教授的课，只是带同学到处去参观，不记名字，不考试。我注完册，就等于交完了差。终于，大学四年就如此这般地混了过去。由想骑马变到种稻子，结果稻子根本不认得，一会儿是各种活动，一会儿是画画，最后决定搞电影。这四年在学校学到了什么，也可想而知了。

毕了业，紧接着是兵役，我被分发到复兴岗政工干校的"战地政务班"。谁也不知道什么叫战地政务，但想到可以不必"打野外"，必然轻松愉快。正要准备报到，学校却来了一纸通知，要我去注册。我给搞糊涂了，分明毕业了，还注什么册？

奇人，所以常发生奇事，莫奈何，向同学打听，没有一个人知道原因。因为四年级下学期那个学分，自农学院成立以来，还没有人被"当"过。不过，永远会有个"不过"钻出来，那门课上到一半，原老好教授不知何故，竟由敝

系主任“自动要求”代课。

我一听，糟了！中国人精灵古怪，正是所谓“君子报仇，三年不晚”。我自命与敝系主任很有默契，二年级的那场“热中子”之战，如果他当年就“当”了我，大三还能重修，未免太便宜了。现在毕业在即，“当”我一家伙，可等于留校一年，这才叫心狠手辣！

到底是中国的文化悠久深远，历史上留下了太多的谋略计策，随随便便顺手拈来，就足可惩得人死活不知。也难怪国人无意创新，光是抄袭模仿老祖宗的花样就用不完。敝系主任的确可称此道中之高手，三年来“潜龙勿用”，现在“见龙在田”，再来个神龙摆尾。硬是要把我这个看不顺眼的对头，等到“亢龙有悔”，再打回原形（再当两次就不能毕业）！

可是兵役怎么办呢？我能不当兵吗？我又能不去注册吗？不论我有多大罪恶，于情于理于法，总得给我一条生路才是。我到台北市兵役课去查问，他们说，不去复兴岗报到，将被戴上“妨害兵役”的严重罪名，非先当兵不可。我赶到学校，教务处则坚持说我根本没有毕业，如果不注册上课，就要被开除学籍，四年白送！

训导处的先生们与我混得很熟，告诉我一个内幕消息。原来在前一学期，教务处与训导处为了我这个“问题学生”，头疼不已。教务处说我上课时间太少，应该开除。可是一查记录，我没有旷过课，所有缺席全是公假。教务处又怪训导处公假核准不严，训导处则取出公假单，细细比对。我四年中总共为学校办了一百多次活动，每次的活动都有凭有据，完全符合学校规定，训导处能不准吗？事实上，全校公假记录最多的还不是我。比我高三届有位姓任的女同学，是“救国团”的“青年代表”，经常参加各种“国”内外庆典与活动。她的公假一请就是一年，在四年内请了三年多的公假。

在会中争了半天，最后还是我们系主任出面。他说早已有了良策，不妨交给他处理，相信他的良策就是这一招。教育应该是神圣的责任，学子有错，教者正该谆谆善诱，导之向上。即使需要惩罚，也应依法行事，怎能因为大权在握，竟把课业当作“复仇雪耻”的利器？也难怪社会上乖戾之气猖炽，大家冤冤相报不已，教育界能不慎乎？

因为有人为了逃避兵役，故意不毕业。所以“兵役法”规定，任何大学男生，在第四学年读完后，不论毕业与否，一定要先服兵役。各校的训导处，在四年级下学期就统一造册呈报。自有农学院以来，从未发生过这种“特殊”情况。训导处认为我应该先去当兵，由学校自动办理“停学”手续。可是教务处

不同意，要我拿到兵役课的证明再说。

我又回台北，兵役课说不能出任何证明，当兵是“国民”应尽的义务，学校理应知道。如果学校故意刁难，不让我去服兵役，则不论是谁，都将以妨碍兵役罪名，移送法办。

我按耐着性子，战争的胜负经常是决定于最后一秒钟。在“国家”的“法令”与教务处的意气之间，我已稳操胜算。但我不愿服完兵役后再去上课，谁知道下次系主任还有什么高招？所以要打就打个漂亮的胜仗，不妨运用孙子兵法，一较高下！

我又回学校，声称我决定来注册了，同时，我在训导处小露天机地说：兵役课正在调查是谁妨碍兵役。教务处一听，才知道问题闹大了，立刻签报校长，同意我先服兵役。我则坚决反对，我说我不想服兵役，宁愿多念一年，甚至再念几年都无所谓。

我坐在城楼，静看兵马乱纷纷，最后是校长召见，承认学校操作错误，同意我注册，也同意我同时去服兵役。至于考试上课，校长只说，为“国家”服务去罢，“家事不用你牵挂”。

别人以服兵役为苦，我却发现军旅是天堂，比我以往的生活好得太多。早餐是豆浆馒头，或是稀饭和可口的小菜；午餐晚餐则有鱼有肉，尤其是些大肥肉，芳香馋人，别人看了皱眉，我则是手到擒来。吃得好，穿不用愁，不必担心考试，不用害怕生病，和我理想中的未来差不多。可是，好日子总得付出一点代价，那就是行动、思想都受到限制。

我们所上的课，是要学习如何在“反攻大陆”后，去接管各种地方的政经事务。当时传言随时可能会反攻，所以我们这一届特别成立了“战地政务班”，扩大编制。总共有五个梯次，约八百多名学员。其立意“甚佳”，准备让我们恶补政务，以便接收几百万平方公里的祖国大陆。只是我们这些学员们，没有几个人真的拿它当一回事。每天混吃混喝，庆幸自己分到个轻松的单位，不用出操，不怕日晒雨淋。

以往各届的同学，无一不认为分到政工干校是福分和荣幸。而且只有入了国民党才有这种机会，因为“政工”必须为党服务，这种说法很令同学们反感。待事到临头，非国民党员就是分不到政工干校，颇令一些人心里又忌又恨。政干的同学常有一份优越感，他们拥有很多特权，有时比连长还要神气。每次高年级同学在服兵役时返校，那些挂上政工徽章的，总要表现一下。经常吹嘘说，在其他当排长的同学每天出操晒得头昏脑涨时，自己还可以吹电

扇，看小说，或者勤读英文。

我知道有好几位同学，都是为了进政工干校受训，才加入国民党的。想不到这次因为扩大编制，凡是家住台北的，不论是否为党员，一概纳入。

对我而言，不出操唯一的好处是可以大睡其觉。教官对我们非常客气，称我们这些预备军官“活老百姓”。这可是有典可考的，据说以前曾有位长官，对一位学生预官的表现甚为光火，骂了一声“死老百姓”。不料该死老百姓背景深厚，一状告上天聪，这句话因此引起了很大的纠纷。自从那次以后，部队上一律“尊称”我们为“活老百姓”。

有些活老百姓上课睡觉尚嫌不足，还要大打其活鼾，闹得教官很没有面子，说也不是，不说也不是。有位教官的“粉笔神功”非常厉害，他把粉笔头夹在两根指头中，老远地对准目标一弹，十有八中。中弹的那位老兄，经常被弹得鼾声骤断，两眼惺忪，惊惶四顾。

也有教官很懂得一点心理学，常常夹带一些有趣的笑话。眼看有人作“钓鱼”状，上下眼皮亲密得难分难舍之际，各“色”笑话便纷纷出笼。“钓翁”们莫不弃鱼抛竿，急急追问笑得前仰后翻的会心人：“何事精彩？”

我曾练习打坐，很能入境随俗，学会了闭目养神的浅睡法，两眼一阖，便迷迷糊糊地不知何往。稍有动静，则眼一睁，仍在教室中。既未挨弹，又不错过精彩情节。开阖之间，全凭耳朵的自由意志，所以三个月的训练，乐在其中。

有堂课我听得津津有味，大有收获。那是某教授的哲学导论，讲得扼要精辟，我有很多原本半通不懂的观念，在他的讲解下，一一原形毕露。这时才知道哲学原来并不只是咬文嚼字，虽然不尽是我想要知道的真理，却是许许多多的大师们在追求真理过程中，所遗留下来的忠实记录。

还有一门课，几乎被我睡过去了，那是李廉教授的“政治作战”。一听到这个名称，我的瞌睡虫就爬了出来。我特别选了教室中最后一个座位，从上课到下课，如同置身峻山丛林，在喃喃的禅唱中，老僧入定去也。

有一次，几个“同官”聊起天来，莫不认定这里的教学水平比一般大学为高。再谈及科目，我最推崇那位哲学教授，他们则公举李廉教授。我当然不服气，政治作战？特别挥走了睡虫，专门政战一番。

不料，这一听令我大感后悔。李教授口才之佳，思路之敏捷，不仅是我前所未见，直到如今，我历遍天下找不到任何一个人能望其项背。

我立刻由最后一个位子，钻到第一排，恨不得把他所说所讲的都给记在纸

上，以便回去后细细揣摩。他所说的完全是“方法”，然后把方法用在实例上，灵活而生动，让人一听就懂。我追寻多年的，就是这样一位老师，为什么当年我不进政工干校呢？再多的不甘愿，只要能听他一堂课，就远胜我苦思经年。

他那时有六十多岁了，灰白的钢发，瘦削的身材，脸孔轮廓分明。他前额宽广，目光炯炯有神，而最具威严的，还是他那两道浓眉，尾端翘起，似飞未飞。

他说话的声音稳定而柔和，字字清晰，恰是我最理想的催眠曲，以致我坐失良机，没有听到前一半的课程。因此我这个沉睡多日后的醒狮，下课后总是问东问西。有时他笑而不答，即使回答也多言简意赅，足供我想上几天。

收获最大的是他提出事物正反的观念，万物有正反，万事有矛盾，把正反合起来，把矛盾统一了就是力量。如果正反及矛盾对立，则是战乱、斗争。这种简单的论点，听来似乎毫无新意，可是整个中国大陆就完全丢在这套矛盾斗争里。

他不是哲学家，他的理论也非新猷。但他却能将理论当作一种诠释事实的工具，用这种方法分析错综复杂的问题，最后归纳出一个必然的结果。很多人虽不同意他的结论，可是一步一步地追究，却又找不到漏洞，不相信也不行。

在他以前，我没听过任何一个人对共产党有正面的评价。因此我始终不能了解，为什么那样“坏”，那么“无能”的极少数人，能在短短的三个月中，席卷数百万平方公里的广大国土，推翻一个又“亲民”又“爱民”，且受全国“拥戴”的“国民政府”？不论从哪个角度来看，这种说法丝毫没有说服力，徒令听者反感。

李教授则认为共产党是一个极有纪律、训练良好的组织，他们有理想，有明确的目的，很清楚地知道要做什么以及如何去做。他们之间的矛盾较少，力量集中，做事也有效率。相对的，国民党太庞大，人多意见多，彼此之间的矛盾深，力量相互抵消。这是两党斗争中，国民党最后失败的根本原因。

他每讲一段就举出实例详细分析，把一个错综复杂的国共两党斗争史，说得简单明了，所有过程无不合情合理（我现在无法提出一些精彩的细节佐证，因为我苦心记录的日记，不幸早已全部遗失了）。

这是一种方法的应用，相当于一种概念“公式”。只要将各种变数代入公式中，就能导出必然的答案来。站在生命的立场，如果也能找到一种公式，依此一一推出人生的各种现象，那岂不正是我苦苦追求的人生真理吗？

在受训的最后一天，我们听完他的课后，无不觉得毛骨耸然。果真如此，

有谁能对抗具备这种思维力量的共产党呢？我立刻问道："李教授，这样说来，我们凭什么能打败共产党呢？"

"王道，"他笑笑，意味深长地说，"王道。"

在我进入战地训练班的第一天，就立刻有同官、指导员、队长等纷纷来说服我参加国民党。我表示分发到这里受训，原非我的志愿。我对政治没兴趣，对入党更没有兴趣，如果怕我影响到他们的工作，大可马上把我调走。

我的小队长是当年香港邵氏公司在台录取的电影小生，名叫鹿瑜。我们很谈得来，因为我很醉心电影，我们的话题大都也只限于编导技术。他毕业于艺专，但似乎对编导毫无概念，反而是我大发谬论的时间居多。

快结业时，有一天，鹿瑜苦着脸对我说："我们算不算是好朋友？"

"可以这么说。"我很奇怪他突然提出这个问题。

"那我能不能请你帮个忙？"

"当然可以，只要我办得到。"我只希望他别找我借钱就好。

"只是举手之劳，就怕你不愿意。"

"什么话？举手之劳，为了朋友还会不愿意？"我特别强调"举手之劳"。

"那不一定，我怕……"他那副吞吞吐吐的样子，很像做戏。

"别啰唆，只要不是借钱，我都答应，一定算话。"

"为了我，请你参加国民党！"他乘机一口吐出。

原来如此，的确是举手之劳，我又失算了。我之不愿参加国民党，并非有什么政治因素，只是没有兴趣，而且骨头又硬又臭，不愿接受威胁利诱。现在看他一脸苦相，用这种方法要我入党，我又有言在先，如何能拒绝？

"我只问你一个问题，什么叫'为了你'？"

"因为我们做党员的，每个人至少要推荐一个人入党，我一个都找不到。小组组织告诉我，只剩下你一个人还未入党，所以要我来找你。"他很诚恳地说了实话。

"好吧，可是我有个条件。"

"什么条件？"他很紧张，深怕煮熟的鸭子还会飞。

"我要在结业那天才参加。"这只能算是一种心理补偿，至少可以多两天的自由。

我发现不止是我，最后一天宣誓入党的，还有三个人。

结业后，我被分发到陆军装甲部队第一师，要到湖口报到。那是北部的一个小高原，遍地黄色沙土，寒风凛凛。我是炮兵第四营，由于"连指导员"出

缺，我以“干事”身份代理其职务。

可能是我在复兴岗睡得太多，不知道指导员该做什么事。上任后，有个单独的小房间，比谁都舒服，既不出操也不做实战演习，每天晃来晃去，不知如何是好。不得已，只好到团部去，向政战处请教，这才知道我主要的工作是负责全营官兵的政治意识与思想行为。

我们有一本“最机密”的小册子，上面记载了官兵们每天的言行。如果有高级长官来营巡视，则哪些人该注意，哪些人该隔离等，都该由我来负责。

老天，这正是我最怕的工作，难怪非要我入党不可。

我可以想象那种电影上的镜头，我每天拉长了耳朵，偷听别人的谈话，随时随地在“生死簿”上画一笔。我可以很神气地乜斜着眼，看谁不顺眼，或谁对我不敬，都给他记上一笔。只要我一掏出小本子，人人战栗，即使我只是掏掏口袋……哼！

我办得到吗？在农学院时，曾有位同学警告过我，说有两位党员奉命参加了我创立的学社，专门负责记载我的言行，原来就是今天我要干的这种事。

我的好奇心又发作了，想要看看那生死簿上写的是些什么？为什么小小的一只笔会有那么大的威力？

古人说：“不经一事，不长一智。”真是不看则已，看后怵目惊心，令我整个人生的理念，都起了“化学变化”。

我立刻下了决心，不论如何，向父亲叩头都可以，一定要利用各种特权，助我脱离这个是非之地！

那本本子上，密密麻麻的有很多不同人的笔迹，显然是集体创作。其中任一句话都足以致人死地，使人永世不得翻身。

我们队中有“老士官”十来个人，都是早年从军，随溃兵来台。迄今犹是孤家寡人，无亲无故，以部队为家。人心人性，古今皆然，他们把青春都献给了部队，现在步入中年，来日不多，难免有时会回忆儿时，或叹吁未来。然而这些事情在有意的渲染下，只要换上几个字眼，在当时的高压统治下，立刻成了滔天罪行！

而今仅凭记忆中的印象，略举数例。其中略去了人名和时地，并将文字简化。

“毁谤政要：有反叛性，危险人物，应随时隔离。”

“私下批评长官：有反叛性，其人危险，应隔离。”

“发牢骚：思想有问题，危险，应隔离。”

“想家：思想不稳定，危险倾向，应隔离。”

“想要儿女：思想不稳定，危险倾向。”

“打架：危险人物，应隔离。”

“青年党员：危险人物，应隔离。”

“说梦话：心理不正常，有危险倾向，应隔离。”

“吃菜太多：自私自利，需要再教育。”

“工作不力：思想不正确。”

有一位士官，曾自杀两次皆未成功，他的记载是：

“危险分子：不怕死，应随时隔离。”

“应隔离”的意思是说，当大人物来巡视时，应把他关起来，以防危险。部队上的严格要求是有必要的，但为了表示负责而到吹毛求疵的地步，那就太过分了。

这种记录终生如影随形，当事人到哪里，资料就跟到那里。那些记录有的可能只是当事人一时无心之言，甚至有些分明是记录者的主观意见，但白纸写上黑字后，便成了永远无从洗刷的污点。

尤其是那位青年党员，为什么会被视为危险人物呢？记得在师大附中时，我所敬爱的导师萧辉楷先生，也因为是青年党而被迫离校，害得我们全班四五十个无辜的青年学子，在心理以及学业上都受到了很大的影响。而其中受害最深的，正是我这个如今负责“思想”的干事。

如果青年党不合法，可以明令取缔，如果我们不标榜民主自由，参与其他党派的，也不妨格杀勿论。既然要设立几个“花瓶政党”，以显示橱窗式民主，偏偏私下又对丝毫起不了作用的青年党员戕贼迫害，这究竟是为什么呢？

我从不关心政治，这时却对青年党产生了兴趣，特别找了这位士官一谈。

他姓章，年纪比我约大十多岁，但已两霜飞白，满脸皱纹，显得出奇的苍老。他拘谨地进来后，身体站得笔直。我请他坐下，开口就问道：“你是青年党员吗？”

他听了，脸上立刻显出痛苦不堪的表情，泪珠夺眶而出，抢着说：“真是天大的冤枉，少尉，你刚来，叫我怎么说都说不清……”说着他竟哭出声来。

我大为诧异，听他的口气，好像否认是青年党员，那为什么本子上那样写呢？

他发觉失态了，忙揩干眼泪说：“少尉，我可以走了罢？”

我留他坐下，诚恳地说：“我历世不深，今天来这里，明年就退役了，你是

什么党本来与我一点关系都没有。只是因为过去的一件事，使我想了解一下青年党是怎么回事。刚才看了些文件，上面说你是青年党员，所以找你来聊聊。”

他沉默了一会，慨然说：“好吧，请先听我解释，我并没有参加任何党派。十多年前，我还在家乡读中学，因为恨日本鬼子，便参加了青年军……随着孙总司令（孙立人）来台湾时，我是少尉排长。只因为孙总司令的案子（1955 年遭蒋介石认定为叛变，被软禁）发生了，凡是被孙将军带出来的，一概降级改叙，我便被分到装甲师来，并降为士官。后来我一直不能升少尉，我自命不比别人差，常发牢骚。有位指导员说因为我不是国民党，所以升不了官。我气不过，说了一句：‘宁愿进青年党，也不进国民党！’从此以后，他们就认定我是青年党了。”

我并不了解他说的经过，想想自己过去的行为，只因沾了父亲的光，否则今天恐怕也不知道在哪里受罪。我突然天真地问他：“现在你想不想参加国民党呢？”

“当然想，可是申请了几次，都被打了回票。老实说，我一只脚已经进了棺材，什么都不重要了，只想赖着多活几天，好回家去看看爹娘！”说着说着，他眼睛又红了。

我以为进国民党很容易，便自愿担任他的保证人，填了单子，上报营部。想不到第二天就被退了回来，我不死心，亲自到营部，向营指导员解释。

营指导员听我说完，好心叫我不要管闲事。

我问道：“这不是我的责任吗？他入了党，党就增加一分力量。”

“可是他是问题人物呀！”

“我信任他，我可以保证。”

“那有什么用？他出了事，你还不是跟着倒霉？”

“那是我的问题。”我的态度很坚决。

“如果我同意了，就变成我的问题！”他见我很顽固，大为震怒，“你明年退伍走了，我还在这里，找不到你，可还找得到我！我不能为了他毁掉自己的前途！”

“那么，我们党员只应该为自己考虑啰？”我当然不服气。

“笑话！你入党居然不是为你自己考虑？你想救国救民？”

我能怎么说呢？坦白交待，说是被迫入党的？我只好另做努力，很诚恳地说：“能不能让我呈到师部去呢？”

他冷笑了一下，随手在申请单上盖个章，写上“保留意见”四个字，然后

对我说："瞧你的吧！"

师部是一位上校接见我，首先把我训了一顿，又说："今天还好是我，换个人可能先把你办了，凭你入党还不到一个月，自身难保，还想来保个危险分子！"

我忍着性子听他训完，才说："请教长官，我的责任应该是什么？"

"你连你的责任是什么都不知道？"

"我以为是负责连上官兵的思想，教他们信仰三民主义，拥护国民党。"

"那就对了。"

"现在，这位士官接受了我的指导，愿意参加本党，难道是我的错吗？"

他勃然大怒："你这个死东西，我告诉你他是危险分子，你还跟我狡辩？"

"难道人不能改过自新吗？"我自恃有理，打算豁出去了。

他怒眼圆睁，高高地拿起桌上一本册子，狠狠地对我说："这是你的记录！告诉你，你思想有问题！你想利用离心分子来破坏我们的党！"

我知道这个帽子的分量，"思想有问题"的归宿是绿岛，一个专门囚禁无须经过法律审判程序，而已经定罪的犯人。再争下去，显然我也只有去唱"绿岛小夜曲"了。

我能不低头吗？至少我努力过，而力量只有这么大。今天如果不自量力，暴虎冯河，我今生真正的目标就永远无法达成了。

想到这里，我才知道自己错了，这一类悲惨的事件绝不止此一桩，我的责任并非劝人加入国民党。于是我行个军礼，像演戏一般，说："报告长官，属下知道自己错了，原案请予撤消。"

所谓"识实务者为俊杰"，我若再不转弯，这本自传很可能早就"存档待查"了。我决定设法调走，我从未求过父亲，但若是再待下去，迟早还会有其他的问题发生。正想找父亲说项，却碰到师部的"捷豹康乐队"正在找小喇叭手。我先去应试，演奏通过后，再经由一位当军长的亲戚打声招呼，我便脱离苦海，正式进了康乐队。

12 大寒

乐队　花莲　代沟　出“国”

在康乐队这段期间，才真正享受到天堂的情境。每周约有三四次演出，吹来吹去只有那几首歌，连排练都可免了。队上有四位驻唱的女歌星，都能歌善舞，此外还有一位魔术师，两个说相声的和一位专门耍宝的“阿丁”。至于乐队却是寒酸得可怜，只有一位鼓手，一位萨克斯管手，有时加上二胡和笛子手以及我这位喇叭手。

当时娱乐项目有限，因此这种节目还相当受欢迎。我们跑遍了台湾各地，最远还到过澎湖。每场演出后，总会有些宵夜费，大伙便到当地最负盛名的夜市大快朵颐。真是吃喝玩乐样样俱全，叫人乐不思蜀，浑忘了自己是在服兵役。

我第一次遇到装甲部队的大家长蒋纬国将军，是在一个重要的宴会上，主客好像是位中东国王。师部命令我们全体乐师换上新装，擦亮乐器，在席间娱宾助兴。

宴会那天早上，蒋将军突然指定要演奏“国乐”，一道命令下来，队上可全慌了手脚。名义上我们有“国乐队”，但平时根本没有练习过，每次有需要时，总是向别的康乐队借调。

现在火烧眉头，队长、副队长都出动了，一直忙到中午。不幸这几天“国乐队”特别抢手，不论是军中或是民间，哪里都借不到人。队长急得冒汗，我们队上只有一把二胡和一支竹笛，这算得上什么“国乐队”？可是又有谁会相信，堂堂台湾当局的装甲大军，竟连个“国乐队”都凑不出来。

有关我们大家长的神话，我听得多了。他是“总统”的次子，早年留学德国军校，回国后协助建立了第一支装甲部队，现为本军司令。他本人长相非常

帅气，经常军装笔挺，对部队的军容仪表特别重视。传说当他集合训话时，若发现队形不整齐，他便会在前带队，穿着笔挺的军装，跨着整齐的步伐，率领全体官兵绕场跑上三圈。

他体力很好，可是却苦了一些养尊处优的师长和幕僚们，上气不接下气，全身虚脱，以致谈跑色变。不止如此，他要求全军都有高水平的知识，要对思想及“国家”有正确的认识。当然，这种要求完全合情合理，事实上却另有苦衷，以致妙事丛生。

当时台湾的“充员兵”七成以上是农家子弟，他们所受的教育不多，大半只会说闽南话。而教育程度较高，会说普通话的，早优先被空军、海军及宪兵挑走了，分到装甲部队来的不及三成。我们平时辨识他们的语言能力，就看各人左胸上别的色带。绿色者会说普通话，黄色是半懂不懂的，红色则一概“免讲”。

每次上“青泉岗”大礼堂开周会，就是各部队提心吊胆的日子。因为将军在作了精神讲话以后，总要问问士兵们刚才所讲的是什么。可是能懂普通话的不多，把全部绿带子的兵士集中起来，也装不满半个礼堂。有些部队甚至以军官“化装”，混在不会说普通话的充员兵中，企图鱼目混珠。

最管用的妙策，还是“考前猜题”，一种升学竞争下的副产品。根据统计，将军所问的题目，常是简单如：“我们的领袖是谁？”“我们奉行的主义是什么？”等等。因此，在周会前，根据当天将军的演讲题目，一些军师们便研判情况，列出一张问答，人人恶补，背背“标准答案”，多半可以过关。

听说有次没能混成功，出了大洋相。将军在盛怒之下，师、团、营、连、排长统统记过处分。那是在将军刚讲了一个国际现势的题目后，随手指了一位充员兵，问道：“我们的敌人是谁？”

那位充员兵按照“标准答案”，用颇不顺口的普通话大声说：“伟大的蒋‘总统’！”

所以这次将军指定要用“国乐”，可急煞了上上下下，弄个不好，人人记过。我担心的倒不是记过，只怕将军一火之下，带着我们乐队的男男女女，手抱乐器，身着戏装，绕青泉岗跑上几圈，不知那位“国王阁下”看完热闹后，心中作何想法？

队长满头大汗，急召大家开会，征求良策。

我们副队长一向足智多谋，这时也愁眉苦脸地说：“总司令又不是不知道

我们的水平，怎么突然在这个节骨眼上，出这个难题呢？”

队长看看手表，说：“还有整整六个小时，大家快想办法。”

“队上能凑得出的乐器，计胡琴一把，二胡一把，竹笛一支，洞箫一支，木鱼一个，木响铃一副。能上场的只有二胡和竹笛两员，木响铃本人可以滥竽充数。本军“国乐”团剧务报告完毕。”说话的是乐队的剧务，平常专说相声。

“我可以吹洞箫。”吹萨克斯管的老陈自告奋勇。

“那只差胡琴和木鱼了。”队长松了口气。

“那可差得远呢，木鱼是西乐的鼓，胡琴就是小提琴，没主奏乐器，还奏什么？”剧务说的是地道京片子，一点不错，队长也不是外行，他急得站了起来。

讨论了半天，不外如何去找人手。而这么重要的宴会，为了安全理由，又不能随便找些闲杂人等来。队长一面唉声叹气，一面看表，时间飞逝，谁都没了主意。

我本来不想管闲事，事实上也管不上，但是出点主意说不定有帮助。我曾经玩过小提琴，拉来有如杀鸡杀鸭，但充充场面总还可以。我就说：“其实只要有主奏乐器也可以充数，我建议把胡琴让给拉二胡的老王，再用打鼓的阿黄来敲木鱼……”

“不干！不干！”老王喊着。

“不行！不行！”阿黄叫着。

队长却高兴得跳了起来：“好主意，到底是喝过墨水的，就这么办！只是，还得找一个能拉二胡的才行。”

我说：“只要老王能对付，我拉过小提琴，虽然不好，至少还可以充充场面。”

于是“国乐队”匆匆成立了，就着我们都会的几首流行歌曲，拼命苦练。老王只是不肯自找麻烦，他拉胡琴的功力和拉二胡差不多，我也能勉强凑和，尤其是会讨巧，只拉第二部。苦的是阿黄，鼓还能打，可是把木鱼当鼓敲，响是够响了，但听来听去，都像是鸡蛋炒肉丝——没有鱼味！

时候到了，青泉岗上的“官兵俱乐部”前车马云集。一个个肩上星星闪闪发光的将领，以及身着各种罕见礼服的外宾，纷纷就坐。我们“国乐队”也悄悄地奏起了如泣如诉的“管吹弦拉”，好在席上杯觥交错，欢笑之声压倒了我们的噪音。大家深信，这一劫算是逃过了。

我注意到在座有一位很潇洒的中年将军，常常对我们漫不经心似地投以一瞥，又继续说笑。

我悄悄问老陈："我们司令是哪一位？"

"就是常常看我们的那一位。"他也注意到了。

"我看情形不妙。"

"天塌下来也不会落在你我头上，怕什么？"

晚宴完毕，撤去残席，再将座位一字排开，成了舞台形状。我心想，这下完了。

我们准备的几首曲子已经重复到第三轮回，再下去就是第四回合了。前面宾主刚一坐定，我们的司令蒋将军就越众而出，做手势止住了我们的演奏。

将军面对贵宾说："陛下、各位贵宾、各位长官，末下代表本军全体官兵，向大家致以至高无上之敬意。"说完行了一个隆重的军礼，全场报以热烈的掌声，将军又说："现在，本军捷豹康乐队将以"敝国"独特之"国乐"，谒诚款待嘉宾。"

场下又是一阵掌声。

队长忙叫我们演奏"晚霞"，那是我们最熟悉的一首。老王暗念一、二、三、四，大家小小心心，跟着胡琴拉吹起来。

演奏到一半，将军站了起来，向我们走过来。这时人人紧张，个个手软脚酥，音乐声渐渐停顿了。

将军回身向贵宾说："很抱歉，时代进步了，本军的乐队只会演奏时下流行的歌曲。而且本着装甲兵的精神，都成了进行曲，还是末下来献丑吧！"说着他把阿黄手中的木鱼接过来，对我们说："速度要慢一点，跟着我，来！一、二、三！"

的确不凡，木鱼"点"在后半拍上，"伦巴"的节奏便油然而生。大家在慌乱中一一跟上，不一会，那种"圆、俏"的味道，就在木鱼的点滴声中流露出来，韵味盎然。

一曲既了，在大家热烈的掌声中，又表演了几支曲子。将军像是在指挥部队一般，不时说胡琴声太大了，二胡和声太小了，或是笛子走了拍子。果然，一点点小小的变化，就赋予了原来如"鸡喊狗叫"的"杂声"一些音乐的生命，变得悦耳起来。

自我到队上迄今，这还是第一次有个教练，刹时就把乐队调教得有板有眼。如果把他调到乐队来岂不更好？说不定可以环球演奏、声扬国际哩，我不禁大作白日梦。

没有人被记过，也没有怀抱乐器、身着戏服跑操场的盛况。但是将军交待

下来，说我们水平太差，有失本军的声望。

在康乐队期间，还有一件事深深铭记在我心中，一刻也不能忘怀。这件事说明了人的意志力远胜于一时的勇猛，只要不屈不挠，熬到最后，胜利终将到来。

我们的副队长是本军有名的狠人，他身材极为硕壮，蛮力惊人，谁都怕他三分。

一天，有个绰号“南天王”的小个子，被遣送到队中来。据说还是个危险人物，特别指定交由副队长看管。

“南天王”一到队中，就和副队长卯上了，一言不合，两个人上后山打了一架。打完后，副队长先回来，若无事然。过了很久，才见“南天王”满面青肿，身上血迹斑斑地出现了。他一句话也不说，倒上床就睡。我们以为事情已经摆平了，谁也没放在心上。

第二天一起床，“南天王”就对副队长说：“走！”

副队长眉毛一抬，说：“昨天没有教训够？”

“走着瞧吧！除非你我之间，有哪个先死，否则！哼！我们没完没了！”

我们听了，都感到一股凉意。

副队长哼了一声，一副不屑的样子，两个人又走了。

过了大半天，副队长满身是血，先回来了，面上带着得意的笑容。“南天王”则到中午时刻才回来，已经不成人形。和昨天一样，爬上床倒头就睡。

第三天，“南天王”挣扎着爬起来，又对副队长说：“走！”

副队长楞了一下，说：“你真不怕死？”

“怕死？有种你杀了我，否则，我会把你宰掉！”

这样一连过了几天，“南天王”眼睛都快瞎了，脚也跛了。一只手用袖子兜着，沙哑着嗓门，凄厉地嚎声，还是喊着：“走！”

副队长早已是强弩之末，他半夜常爬起来偷偷地查看“南天王”的伤势。他再狠，打死了人自己也得陪上一条命。我们谁都不敢劝，上节目时大家也心事重重，再打下去，悲剧眼看就要发生。

副队长瞪着“南天王”，“南天王”则露出魔鬼般的狞笑，仿佛是地狱的烈火在他心底燃烧。他脸上的血块有如火山的熔石，黝黑的裂痕下面被覆着鲜红的嫩肉，只要手指轻轻一戳，热血立将狂喷而出。

女同事们躲在门后，又好奇又害怕地捂着脸偷看，大家屏息凝望，四周一

片岑寂。

到底副队长是个聪明人，他一再思量，知道这样下去，必是两败俱伤的局面。拳头虽狠，却打不倒坚强的意志。最后他终于屈服了，当着全军各地的“龙头”，向“南天王”道了歉，隆重地宴开十数席，才化干戈为玉帛。

康乐队不属于军中的正规编制，就像各种球队一样，完全看部队指挥官的喜好而定。要把康乐队办好，经费必须充裕。因此，我们除了每周两三次的例行劳军演出外，还争取在各种场合公开表演。

我们总共只有两套节目，别的康乐队也和我们差不多。唱几支歌，来点相声、耍宝，再加上杂技、魔术，一个多小时就打发掉了。好在跑的码头多，由北到南，加上外岛，同一个点一年才轮一次，待轮到时谁也不记得上次是什么节目了。

有一次，我们在台北圆山儿童乐园表演。听说有些行家到场，队长临时要我唱英文歌曲。我以前也唱过几次，但都是在偏僻的小地方，难得有几个人懂英文，就当作是打雷给鸭子听。我一个人抱着吉他，自弹自唱，自欣自赏，自得其乐。可是，台北究竟是台北，唱得好坏还在其次，主要是熟人太多，一旦我卖唱被发现了，后果不堪设想。

队长搬出“军令”来压我，不得已，满心委屈，哪知一出场，麻烦就来了。

我选的曲子是电影《北国寻金记》的主题曲“North to Alaska”，照理我应该先把吉他背好，一上场就唱。为了表示抗议，我先把弦松了，上场才开始整理吉他。弦调好，带子也很乱，纠结成一团。我好不容易将吉他挂上肩，眼镜却几乎被挤掉，心理一紧张，糟！歌词忘了！

脑中一片空白，又不能叫停，我只好顺着调子，胡编些阿伊呜耶啊了事。散场后，阿黄带了一位合唱团的领班来找我，希望我退伍后参加他们的合唱团。我很礼貌地回绝了，他则以专家的身份，惋惜地开导说：“其实，你唱得很不错，只是英文发音不准！改正了就好。”

没多久，本队的经费被削减，面临解散的危机。由于捷豹康乐队历史很久，军部也舍不得让它就此烟消云散，所以着令本队“自力更生”，只有现职军人保留编制。

这意思是说，除了我们在职军人军饷照旧以外，其余歌星、魔术师等人的薪资及其他开销费用得自行设法。还有什么好法子呢？这些人一走，就再也找

不回来了。大家合作多年，已经有了默契，再换一批人马等于另起炉灶。

队长拟定了计划，打算与民间的歌舞团合作，全省巡回公演，平分拆账。师部别无选择，只好照准。于是我们脱下军装，开始了“跑码头”多彩多姿的生涯。

与我们合作的是“东方少女歌舞团”，他们只有十几个山地少女，没有乐队，也没有杂耍。却拥有全省各地大城小镇的演出合约，因此双方一拍即合。我们几个乐队同仁，直到演出以后，才知道所谓少女歌舞团，演的竟是脱衣舞！

在上演之前，队长便交待不要多问，到了他们的节目，随便吹奏什么都可以，只要有“声音”就行。反正我们乐队一向胡吹一通，什么场面都能应付。大家说好每种乐器各来一段，以便节省体力，因为一天要应付四场，每场两个小时！

初演是在彰化，我们心里谁都没有底，反正是见招拆招，怕什么！他们的“节目”到了，只见全场灯光一暗，鼓声响起。原先商定，我先来段小喇叭独奏，难得有此机会，我竟然能在戏院中表演！

戏院中乐队席的规模不差，有古典的浮雕，有昏暗的水晶吊灯。一道厚重的绒幕挂在前方，以致看不见整个舞台。既然任我自由表演，在这种情调下，舒伯特的《圣母颂》用清脆而嘹亮的喇叭奏来，一定别有一番韵味。

台下一片漆黑，台上只打着一个聚光灯，我闭着眼睛，陶醉在自己的乐声中。这首曲子有几个紧接的高潮，尤其应用“连滑音”从最低音拔上最高的主音时，需要相当熟练的技巧，这原本是我在农学院每晚“抒情”的绝佳好曲。吹完第一段后，本应等待乐队的齐奏，由于其他的同仁说好先休息，我只好自己再重复一遍那三句“圣塔马利亚”……

突然间，我觉得喇叭被人“按”了一下，聚光灯也照了过来。我睁开眼睛，满目强烈的银光，什么都看不见，耳中却传来满场观众咯咯的笑声，而且喝彩不断。这时，喇叭上似乎挂着一个曳长的影子，我下意识地去甩，但越甩越紧，台下的笑声也越大。我顾不得再吹了，收起喇叭，背着灯一看，老天，竟是个黑色的胸罩！

自此以后，每当脱衣舞一开始，我立刻就开溜。

有次在一个偏僻的小地方上演，观众不少，且大多数都是军人。在人群中，我看到了一位农学院的同学，我一向自命清高，要是牺牲色相之事传了出去，我这个脸要往哪里藏？因此想找他解释一下。

脱衣舞上场了，我忙溜到台下，从人群中挤过去，到了那位同学旁边。台上正在丢这甩那的，我拍拍那位专心一志的同学的肩膀，他回过头一看，只问了声："你也来啦？"立刻两眼转向台上。

自此以后我再也不担心了，所有买票进场的人，没有哪位是想来看看老同学的。

几个月的码头生涯中，那些山地少女让我感慨丛生，同样是人，生活却有天壤之别。她们都是自愿来的，没有人强迫，只因山地生活太苦，吃不饱，穿不暖。她们的月薪只有一两百元，经常钱一到手，就花个精光。好在团中供食住，吃的尚不差，但住的却是舞台、汽车，有时甚至是任何可以容身之处。

她们都只有十四五岁，发育普遍不良，除了一位主跳者稍微有点身材外，其余的在团中专跳"短腿舞"。且短短的腿上，都是红斑烂疮，让人不忍卒睹。

至于脱衣舞则纯粹是脱衣，甚至可说是剥衣秀，一点也没有舞味。反正把衣服剥光了，再走到台前，扭来捏去地让一些花了钱的醉翁来看个仔细。在那一刹那中，每个人眼中见的，心中想的，说是解剖示范倒差不多，算得上是娱乐吗？

我认为娱乐真正地反映了一个社会的水平，只有在解决了生存问题后，人才能讲求生活艺术。在同一个社会中，也只有当绝大多数人都有能力追求生活享受时（包括提供娱乐的艺人在内，不仅为了娱乐别人，也为了满足自己），即使是脱衣舞，也有"脱的艺术"与"舞的技术"。绝对不是仅仅剥光了衣服，任人瞪眼傻看，更不会有人花钱买票，只是为了参考一下别人的身体器官。

我成长在城市中，平素所见所闻都只限于身边的人物、事件。我知道中国贫穷落后，只因教科书上如是说，至于什么是贫穷落后，在没有客观资料的比较下，那不过是一种不太光彩的形容词而已。

自"政府"迁台以后，在安定的环境下，经济逐渐成长，工商业兴起了，中产阶级成为社会的中坚力量。一片繁荣的气象，常令台湾人沾沾自喜，以为已经摆脱了贫穷落后的耻辱。甚至常听到"政府"要员自诩，我们目前的生活状况已超过了历史上的最高水平。

我总认为，拿现在的物质水平与过去的相比，是往脸上贴金的不负责任态度。任何手持一把枪的现代人，回到原始时代，不是都可以变成神明？物质文明堂而皇之地到来，举世并沾其光，进步原本是我们这一代人的责任。以当今昌明的科学，除非我们毫无羞耻，否则，摆脱贫穷是理所当然的事。

摆脱了贫穷，并不表示我们不再落后了。所谓"落后"有多方面的意义，

从比较的观点来看，只要有人在前面，只要有人比我们富裕，我们就相对地是“落人之后”。再从时代的立场看，不论多富有，无知、愚昧所代表的是教育的落后。社会及一般民众思想封闭、趣味低俗，则是文化水准的落后。

过去中国农村是贫苦的，但却不低俗，因为在传统观念的约束下，道德已成为大众信奉的圭臬，人心纯朴而安祥。托经济发展之福而起的暴发户，是领略不到纯朴、安祥的价值的。狂妄自大已经麻痹了他们的良知，眼中除了钱，什么都不认识。

人性与兽性本来没有多少分别，道德就像根无形的绳子，在死板的律法之外，将人导向和谐康乐的大道。如今为了发展经济，把道德抛弃一边，其后果将是社会的破产。由于机会与环境不同，有人富足了，有人仍在生存边缘挣扎。富足的人饱暖而思淫欲，本为人性之常，而那些力有未逮的，自然而然就沦为俎上鱼肉。

如果单从法治的立场来看，这种事涉及人性，无从防止。从经济的立场看，更不需要防止。因为不论人性兽性，都是刺激社会繁荣的原动力，道德操守反而会使得经济难以推展。在今天这个举世竞相争逐物欲满足的时代，我们能够例外吗？在人类生存的过程中，纯净的精神文化与放纵的生活享受显然无法并存，究竟哪一个更为重要呢？

我提不出答案来，贫穷是绝对应该摆脱的，而要避免贫穷，就不能不发展经济。对一般人说来，如果没有利益的诱惑，凭什么要胼手胝足，辛辛苦苦地努力赚钱呢？既然有了钱，当然就要花用、享受。花在哪里？享受什么？如果没有精神的需求，一个人除了肉体感官之外，还有什么需要“侍候”的？

更恶劣的心态是为了表示自己有钱，为了争取别人羡慕的眼光，酒池肉林，无所不用其极。社会本来就是一个大型的染缸，人人称羡之余，竞相效法。甚至有人在办丧事时，都要高价请人来段销魂艳舞，才能令活者顺心，死者瞑目。

从这些山地同胞身上，我看到了人间社会阴暗的一面，有一阵子，我曾想去山地为他们服务。可是，即使我尽一生之努力，又能有什么结果呢？如果世人永远像这样懵懵地生活着，找不到人生的意义，则除了只顾自己私欲，逞一时之快外，还能够怎样？对我而言，如果没有明确的认识，恐怕自顾尚且不暇，又遑论服务他人？

这是人间基本的课题，其重要性远超过政治、经济。只要一天得不到答案，这种弱肉强食的情况就不会消失。我不必亲眼目睹，这里那里，只要有人

的地方，就会有无数像她们一样的可怜虫，生生世世，永远在无知、愚昧的边缘挣扎。

退伍后，我开始准备面对自己的前途。在思想上我没有找到一点头绪，只是不满意眼前所看到的一切。在方向上，我则决定了要从事电影工作，我认为必须先将技术准备妥当，一旦有了具体的观念和思想，立刻可以利用电影作为鼓吹和推广的工具。

回到家里，父亲一见到我，就说："明天你到花莲去，向成校长报到。"

"报什么到？"我如坠五里雾中。

"你去花莲农校教书！"

"我不愿意去教书，我已经找到了工作。"我不打算告诉父亲有关电影的事，他不会了解，更不可能同意。

"不教书？你还能做什么？"

"请您不要操心，我有工作了。"

"胆大包天！你以为大学毕了业，就可以自己作主了？"

"我不是这意思……"

"那么明天就走！"

我当然可以反抗，可是，看到父亲的神态，他一天天地老了。而我还年轻，未来的时间全在自己的掌握中，急什么？我还有很多需要学习的。

记得有一则笑话，说一个十恶不赦的歹徒，死后下了第十八层地狱。正当他后悔当初不该坏事做绝，以致落到今日的地步时。突然听到下面一层还有声音，他大为诧异，便敲敲地板，问道："喂！你是什么人？怎么会比我犯的罪过还要重呢？"

下面的人长叹一声，说："我是教书的，阎王说我误人子弟，罪加一等。"

我不想误人子弟，不尽责的老师已经太多了。今天既然轮到自己忝为人师，就该痛定思痛，好好负起责任来。

我被任命为初二的导师，教他们代数、理化，此外还教初三的英文，一周共有 20 个小时的课程。这些正是让我在附中初二时降级的科目，无巧不巧却成为今天的挑战。

教学相长，这句话的确言之不虚，我从头把课本研究透彻，才发现自己有很多地方其实是一知半解。为了增加学生的兴趣，我又准备了很多引人入胜的题材，满以为凭这些就可以调教出一些出类拔萃的人才来。

班上有一半以上是山地学生，我原先还怕他们水准太差。但根据学校发的导师手册，以往的成绩记录，全班平均分数竟高达 85 分！而我身为他们的导师，一辈子都不曾梦想过有这种成绩。

战战兢兢地上了一天的课，自我检讨后我认为应该教得很不错了。同学们仔细地聆听，一动都不动，从上课到下课，身体坐得挺直。每当我问他们：“懂不懂？”他们都是异口同声地回答：“懂！”

第二天，我也还满意，只是感觉到缺了些什么。我曾挖空心思地说了些笑话，而在那些如同木雕泥塑的优秀学生脸上，却看不到一丝反应。是不是我失去了幽默感？再不然是此地民风朴实，大家接受不了？因为不仅是我那一班，班班如此，每一个人都睁大了眼睛，一副聚精会神的模样，分明是努力认真地在听课。

第三天，我决定试探一下学生的反应，那是堂代数课，我找了几个学生到黑板前解几个方程式。他们很听话，每个人规规矩矩地走上讲台，拿起粉笔，然后就呆呆地冻结在时空之窗里。我等了很久，没一个人动笔写一个字！换了一批又一批，一个个乖乖地走上去，又一个个乖乖地走下来，也没有一个人表示他不会！

我好像坠入了一场奇异的梦境，是真？是幻？为什么平均 85 分的优秀学生们，没有一个人能解这个刚刚教完的方程式？如果说我的教法不对，为什么没有一个人提出意见？更令我不解的是，为什么这些学生就像机器人一般，乖乖地走上走下，连一句“我不会做”都不肯说？是不是我神智不清，扭曲了眼前的景象？

我一直提醒自己，冷静一点，先认清事实再说。到班上最后一位学生离开了讲台后，我才耐着性子，向大家问道：

“我讲的课你们懂不懂？”

大家又是异口同声：“懂！”

“既然懂，为什么没有人会做呢？”

没有人回答，一个个瞪着我，好像觉得我这人很奇怪。我便把班长叫起来，要他告诉我是什么原因。

“以前的老师要我们这样说。”

“可是你们真的懂吗？”

“不懂。”

“不懂为什么不问呢？”

他不说话了，为了要弄清楚他们到底哪里不懂，我开始把那个方程式一一分解。每提一段，便叫不懂的同学举起手来，结果是到我解完时，全班学生的手都高高地举着！

问题在哪里呢？问他们就像在对石头说话，我便由最简单的公式讲起，没有人懂！一直讲到最后，才发现他们连基本定义都不懂。这是怎么回事呢？初中二年级了，连这些定义都还不懂，要我怎么教？

无可奈何，我由假设的命题讲起，再问，他们仍然不懂。

我火大了，再把班长叫起来，强忍着性子说："请求你好心告诉我，从哪一句话，或是什么地方开始，让你不懂的。"

他想了半天，嗫嚅地说："老师写的我不知道是什么。"

黑板上只写了几个英文字母与数学符号，我心中一惊，想到一个最不可能的可能："这是英文呀，难道你们连英文字母都不会？"

"不会。"他肯定地说。

天哪！这是什么中学？为了求证，我又问大家："认得这些英文的请举手。"果然，没有一个人举手。

"认得这些数学符号的请举手。"也没有人举手，我再说："不认得这些数学符号的请举手。"全班都举了手。

这些学生，除了会举手，连加减符号都不认得！那么九九乘法表呢？班上会的不到两成，数字呢？居然认识的也不过五成！

下课后，我直接去找成校长，他也曾是父亲的部属。我开口就说："成校长，我教不下去了。"

"不要急，是不是学生水平很差？"

"不是很差，他们根本连小学都不应该毕业。校长知不知道，初中二年级了，他们连数字都不认得？"

成校长叹了一口气，说："我当然知道，可是没有办法呀，这些学生大部分是山地人。'政府'为了辅导他们读书就业，特别派人到山地去，请求他们来读书。一切都算公费，他们还是不肯来，因为他们从小就得做工、打猎，家里少一个人，就少一份收入。最后还是把公费挪些给他们贴补家用，才把学生请来的。"

"那么他们来了，就该好好教呀！您不妨看看成绩单，平均分数 85 分，上课只会讲一个'懂'字，这又能学到什么呢？"

"这也有不得已的苦衷，'政府'规定，如果成绩不好，就要送他们回去，

所以只得分配分数。至于教，那是你们做老师的责任了。”

“不错，教他们是我的责任，但是教小学生有另外一套方法，我不知道从何下手。再说他们真不愿读书，也该尊重他们的意愿呀，这种办法不见得真对他们有帮助。”

“我看你还是委屈一下，这里环境不错，你就读自己的书吧，别的老师不是教得很愉快吗？年轻人，还是忍耐忍耐的好。”

成校长说的一点也不错，花莲农校在花莲市郊的一个山坡上，环境幽美，青草遍野，绿树成阴。除了令人心畅的和风，就是轻灵悦耳的鸟语。当时台湾到处在加速开发，难得看到这种尚保持着纯真的处女地。同事也纷纷劝我，这样的生活多么自在，如果学生水平高，老师可就不好当了。

有的老师在此养老，年纪轻的则勤读英文，准备留美。我无所事事，又闲不住，就自愿担起学校的篮球教练。本来球队籍籍无名，没人管也没人教，校长为了安抚我，就如此这般决定下来。

由于山地学生体力充沛，我便专教他们快攻。每次后场一发球，己方球员就分两组，一组在中场接应，一组直奔底线，一有机会就吊传篮底。这一招非常有效，不论对手多强，我们每次得分都不会超过十秒钟。教了不到两个月，就一再打败花莲各个强队，甚至于“灌”了当地社会组冠军二十来分。

球队出名了，体育老师就眼红了，校长被他吵得无可奈何。好说歹说，最后解除了我的教练权，而球队的快攻也失灵了，又恢复了原来不生不死的状态。

那时正值我精力旺盛、青春难捺的年岁，对异性的需求非常强烈。但因为没有机会，时常挣扎在自己生理压力下，心神难安。有位光棍教员，为了找人作伴，死拉活拉地带我去了一次“绿灯户”，那是“政府”核准的卖春场所。

平心而论，我很想体验一下日思夜想的性生活，因为除了梦遗外，我没有任何性的经验。尤其是与小妹在一起“厮磨”的刺激，曾令我血脉贲张、心痒难熬。可是我不敢逾越她的防线，每次都在灵肉之间奋力挣扎，苦不堪言。

更糟糕的是我太重视心灵的感受，即使在幻想中，我也有特定的对象以及特殊的气氛。不要说是妓女，连一般女孩能让我看中的也不多。

在长时期的酝酿中，正因为珍视这种强烈的感受，我认为与特定的异性，应该有种相互投入、心神交汇的共感，这种私密性只能属于两个人，不能与第三者分享。因此，我要将这第一次的机会保留下来，直到有了适当的对象，再作纯洁无疵的奉献。

那位同事的看法正好相反，他认为性和吃饭一样，只是一种生理需要，我把性看得太神圣，根本不切实际。这种说法本不值一辩，各人有各人所重视的观念，我不反对他去吃另一种饭，他也不可能说服我随便找个女人就可以上床。

但我有个很大的弱点，就是经常强调要体验人生，追求真理。于是他批评我，说我自命纯洁，如果不去体验性事，怎能了解人生中最重要的一部分呢？

这话说得有理，令我哑口无言，我所重视的是“自己的感受”，本就与他人无关。如果只为了表示自己的道德观，只为了忠实于未来的妻子，那么就应该放弃自己追求的目标，做一个正正常常的人算了。

我随他到了一个相当有规模的场所，几十个浓妆艳抹的女人坐在一旁，他一一地叫过来，我却一个也看不上眼。最后他不管我愿不愿意，硬把我和一个“小女孩”推进一个小房间里。

那个女孩一进去，便脱光衣服，就地一躺。

人生的第一遭，总难免充满了憧憬，心理上怀着既神秘又兴奋的感受，满以为“飘飘欲仙”的时机即将到来。至不济，我还可以用幻想铺成锦绣大地，眼前是一尊如玉似脂的雕像，任我把柔情化为甘露。

诗中不是有吗？“云雨巫山枉断肠”，那云端的缥缈，雨中的清新，人生的巅峰！即令那只是诗，诗人总不会刻意欺骗吧？

然而在那一刹，我闻到的，是一股冲鼻的霉湿、骚膻的气息。我看到的，却是一片污秽不堪的地板，一个姿态非常不雅的“肉团”，成大字形地摊在面前。我惊讶得楞住了，我在做什么？难道就是这样“枉断肠”？

她不耐烦地催我过去，叫我“快一点”！为什么要快一点？这不是一种享受吗？显然不是的，至少她并没有把这当作享受，我怎会傻得来这里呢？

幻想破灭了，我想逃出去，可是又充满好奇。我不应该把幻想与现实混为一谈，可能这才是人生的真实，只不过为了遮掩这种丑态，人才有了种种美化的掩饰。

犹豫了半晌，我腼腆地脱了衣服，廉价的香水味塞满鼻孔，眼前是一张放大的、恶形恶状的脸孔。我晕头转向地、本能地挣扎着，对自己的行为充满了厌恶。一会儿，那女孩推我起来，告诉我已经“完事”了，我如获大赦，自始至终懊恼不已。

一周以后，我得了淋病，为了治病又是打针又是吃药。自此，我对性更是避而远之。这次的打击，知道的人虽然不多，我却耿耿于怀，更不想在花莲待

下去。

我不想混一辈子，人生苦短，时间一去不返，一天没有收获，就白活了一天。教了一学期后，我毅然地辞去了教职，我不惜离家，也要和父亲说明自己的理想与决心。

可能是成校长已经向父亲解释过了，所以当我提到要自己找工作时，父亲只说：“找什么工作呢？”

我知道一提电影就没有转圜的余地，这时正好教育电视台开播，父亲也买了电视机，每天收看，于是我说：“我想从事电视的工作。”

“电视！”父亲惊吼着，从椅子上弹了起来，“你怎么这样没有出息？大学都毕业了，还是一点责任心都没有？”

“电视事业不是为社会服务的行业吗？责任可重大得很呢！”

“你是学农的，应该从事农业！”

“是的，可是我虽然毕了业，农却没有学通……”

父亲脸上冒着青筋，眼丝中发出了红红的怒光：“混账！读了四年书，花了你老子多少钱？你居然敢对我说书没有读通？没有读通就再给我回去读！”

“爸爸，我不是学农的料子，再读十年也没有用！”

“那你就是白痴！”

“可是我对艺术很有心得。”

“岂有此理！那为什么要去学农呢？不是浪费我的钱吗？”

“爸爸忘了，我是要去学音乐的，可是您不准。”

“当然不准，那种没有出息的事，哼！‘唱歌的’！”

我知道，在老一辈的观念中，在任何职业后面加一个“的”字，就表示非常的鄙视。这样辩下去，只会把事情搞得更糟，不如用理性的态度相互讨论，我相信一定会有结果的。

所以，我把话题一转，对父亲说：“记得爸爸是要我考电机的。”

父亲脸色和缓了些，露出百般无奈的神色，说：“我们朱家没有这个福分，有什么办法？”

“电视机是电机专家设计的，是吧？”

“可是你不肯学电机呀！你以为小时候装装收音机就行了？电视机可是一项大学问，大学就要学四年！”父亲以为我开窍了，安心地坐了下去。

“是的，电机是个大学问，要学四年，可是其他的科系也一样要学四年。”

父亲没有听出我弦外之音，还在期望我“回心转意”去学电机：“你现在

去学，来得及吗？你小时候对‘科学’很有天分，现在都糟蹋了！”

“因为我不懂学电机有什么用处？”

“有什么用处？你看，电视机就是例子。”

“电视机又有什么用呢？”

“给人看呀！我们工作累了，可以轻松一下，有什么新闻，立刻可以知道。所有进步的国家都有电视，台湾才刚刚起步，所以需要大量的人才。”

父亲很有耐心地开导我，这是我们父子间极少有的现象，或许是难得有共同立场的缘故。只是我很遗憾，我们两代之间的鸿沟太深了，为了自己的理想，我绝不能妥协。

“有了电视机，总还要有节目吧？”我又问。

“当然。”

“是不是‘电视机’比‘电视节目’还重要呢？”

父亲犹豫了一下，他可能认为我还是个孩子，需要“教育”，所以说：“不能这样说，都很重要。”

“那么设计电视节目，应该和设计电视机一样，是为社会服务了啊！”我终于从父亲自己的话中，导出了我要说的主题。

父亲狐疑地望着我，打量了我一下，试探地问：“你不是想去设计电视节目吧？”

“爸爸，您不是常说‘事无贵贱，人无高低’吗？都是为社会服务，设计电视节目又有什么不好？”

父亲一听，怒眼圆睁，立刻从椅子上跳起，大喝一声：“混账！没有什么不好，只是我们朱家世代清白，不能让你污了门楣！好吧，你能说会道，你有本事，你要做什么我不管，只是不要用我的姓！”

有了父亲这句话，我就满意了，反正为的是兴趣，出不出名无关紧要。这时庄灵在台大视听中心工作，正好中心需要个技术人员，而遍寻不着。经由庄灵的推荐，我就挂名做了个临时雇员，负责剪辑影片。

我剪辑的第一部作品，是中心主任所拍的一部16厘米的纪录片，共有一万余英尺。由于他的摄影机性能优良，他也充分发挥了“拉近、拉远”的特性，令人看得眼花缭乱，其中竟然没有一个静态的镜头。

由于人的视觉很容易受到光影变化的吸引，动态镜头只是为了表现运动以及动作的相对关系。对人的认知而言，画面当以静态为主，这样人才有时间思索，进而了解。即使是运动片、武打片，无不应以事物的交待为主，否则人看

电影目的何在？

中心主任是留美的博士，专攻视听教育，怎么会拍出这种片子来呢？我猜又是技术作祟，一个没有观念的人，当他手执一把金光耀眼的大刀时，除了舞个风雨不透之外，还能做些什么？

“拉进、拉出”是表达距离的技术，一般远距倍数不高的摄影机，很难拍出像样的效果。该主任必然是手中有了先进的武器，就忘了拍电影的目的了。

这种情形我屡见不鲜，有人文字功力不错，于是只重辞藻堆砌，以文害意；有人买了一部卫星显微照相机，于是每一幅作品都是巨细无遗的芝麻变红豆；有了身历声（立体环绕）高效音响，人们就竖直了耳朵，为的是要捕捉那无时不在、挥之不去的“真实的噪音”，或者是那低于每秒钟 16 Hz 的超低音频率。

这就是现代文明！一时的视听刺激，居然只因为有了“物质基础”，就摇身一变，明正言顺地登堂入室，蔚为艺术？只要外国老祖宗流行的，我们不效法就不够时髦！流风所及，难怪女性拉皮隆胸，男士浓妆艳抹。其根本原因就在于人们丧失了判断的标准，一味迷恋可见可得的“技术成果”，忘却了技术之目的。

不论文学、音乐、绘画、摄影，也不论是中国、美国、日本、欧洲，人就是人，所有的创作都是借助技术，以达到艺术的庙堂，追求人性最高的境界。如果我们把这个准则否定了，一切为技术而技术，标新立异，各尽所能，迟早物质享受将会取代人的感知，财力成为艺术的象征，人性化为物性。

我想尽了办法，仅保留了那些虽在移动，却不太离谱的镜头，将万余英尺剪辑成数百英尺的片子，不到几分钟就放完了。

中心主任看了，对他自己的“杰作”赞叹不止，连连表示还要再拍。

后来中文系要拍一段“周朝礼仪”，我兼做导演与编剧，由庄灵执镜，成绩平平。

因为电视方兴未艾，有人委托我们拍一部电视广告，主题是录音电话机。庄灵找来艺专毕业的李至善，由他导演，我来编剧。记得那是台湾第一部电视广告片，我们根本不知道电视荧光屏与电影片的比例有别，片子拍完了，毛片的效果不错。画面上是一个有“经理派头”的胖子，在电话铃响时，手忙脚乱，以衬托出录音电话的功能。

由于要强调胖子接电话的窘劲，我们用的是大特写，胖子的脸占满了画面，电话筒则换来换去。庄灵利用黄金分割，把镜头安排得精确无比，一点空

间都没有浪费，我们无不佩服他的功力。料不到电视屏幕比电影视野要小得多，播放出来，胖子的头与下巴都不见了，只剩下一个大鼻子、一张大嘴，以及一些黑乎乎的圆筒，不断地飞来飞去。

这时，由于近水楼台，我与小妹的来往频繁，接触一多，性的需求就油然而生。我必须作个决定，如果她也对我有着同样的感受，我们应该及早结婚。在她的支持下，我可能会达到我所追求的部分目的，否则我们应该立刻分手，使彼此没有牵挂和负累。

因此，我向她求婚，她要征求她母亲的意见。她母亲则坚持要我父亲出面，必须“明媒正娶”，否则有失家门声望。

我知道父亲不仅不会出面，而且绝对反对我们的婚事。所以我建议不通知家人，私自结婚算了，小妹不答应，她认为这样会导致家庭的不幸。

我们分手时，也和其他未经人世的青年一般，纯洁天真，祝福对方有着美好的未来。且相互盟誓，彼此要珍重这段感情，永远保持真纯的友谊。

我开始专心研究电影，由于台湾电影水平太差，我觉得没有必要与现阶段的从业人员打交道。此外，我并没有拍摄“商业电影”的兴趣，只不过想彻底了解电影的全部制作技术，以便作为日后表达思想的工具。

庄灵比较务实，他认为年轻的一代颇有理想与魄力，应该大有前途。我们便邀了几位艺专影剧科的朋友，如李至善、邱刚健以及师大美术系的黄华成等，成立了一个电影研究社，筹办“剧场”杂志，并请了艺专的戏剧学教授姚一苇为顾问。

成立的第一天，姚教授请我们去他家聊天，结果我竟被姚教授赶出门来。

那时电影院正在上演一部英国的“新潮”影片，名为《一夕风流恨事多》。这算是一部够水准的作品，姚教授则一口认定这是一部空前绝后、电影史上的里程碑。由于我早已养成了“分镜头”的习惯，看完电影就已把“场景”分得清清楚楚，于是当着姚教授的面，历历指出片中的矛盾和草率之处。姚教授听了，不由分说，认为我对他“失敬”，立刻下了逐客令。

假如姚教授就代表着电影界的新希望，那么我宁愿与这种新希望保持距离。任何一个学术性权威的建立，绝非只是因为他年高位重。不错，艺术免不了主观的成分，可是，我们的目的是研究电影。要了解一部电影的“主题”、“技术”和所达到的“境界”，就应以客观的态度来分析探讨。堂堂一所电影艺术学府，其教授如此，我不觉得未来还有什么希望。

我立刻向庄灵表示要退出，因为我不相信这样做下去会有什么效果。庄灵则责备我不顾大体，哪有一个组织在成立的第一天，发起人就要退出？

他是对的，但是姚教授不能原谅我，对我不理不睬，会务如何推动呢？

我考虑再三，难道电影技术一定要在台湾学吗？我的主要目标在于人生的体验，有了足够的体验，才能写出好的剧本。剧本是电影的灵魂，没有灵魂，电影哪可能有生命？既然如此，我所学的对象应该是人，是社会，是宇宙中一切变化的原理、根本。如果只把眼光局限在一个小圈圈中，就算目前还有理想，过不了多久，在现实的压力下，我只有一步一步的妥协、退让，到最后，理想还会剩下多少？

想来想去，当前的社会状况令我感到窒息，各行各业都与我的想法格格不入。再混下去，不是我被同化，到最后麻木不仁，便是愤世嫉俗，疯狂变态。

去海外吧！去哪里呢？美国是一般学子心目中的天堂，一方面我不喜欢凑热闹，另一方面我早就说过大话：“不去美国，不读英文！”别人或许没有放在心上，我自己却忘不了。

这时，有位同学告诉我，“老师”（大一的同学）去了巴西。巴西？巴西在哪里？是个什么样子的国家？问来问去竟没有人知道。就凭这一点，我决定去巴西。

我下定决心，壮着胆子向父亲提起，要去巴西历练一番。没想到父亲对巴西知之颇详，也很赞成我出去闯闯，并问我有什么计划。我说打算先好好工作，存点钱，再托那位同学给我弄张农场的聘书，先去农场开垦再说。

过了几天，父亲对我说，去巴西的事已经安排好了，聘书不久就到，叫我先去学习葡萄牙文。

我怎么都想不到事情会如此顺利，缘因在巴西有位东北籍的“国大代表”张振鹭，当年父亲任职东北行辕政务委员时，两人常相往还。后来东北失守，张代表到南京开国民大会，在会中慷慨陈言，认为丢失东北是当时的行政长官陈诚的责任，所以呼吁“总统”拿出“斩马稷”的精神，杀陈诚以谢天下。国民党退守台湾后，因陈诚在台任职“省主席”，张“代表”便举家迁居巴西。父亲自从知道我想去巴西后，就用电报与之联络，并得到张代表的同意，代我办理一应手续。

但是，去巴西的路费不是小数目，约值当时父亲“特任官”全年的薪金。我知道父亲素无积蓄，所以打算去卖苦力，自己赚取路费。想不到这也顺利地解决了，那是“光复大陆设计委员会”中有位总务科长姚世惠，原为陈“副总

统”的亲信，因为父亲没有班底，陈“副总统”特派姚科长来会中服务。姚科长知道我要去巴西，也知道父亲无力负担旅费，便向陈“副总统”报告，因而得到1000美元的资助。

这件事对我有很大的影响，使我深深感到个人与社会的因果相依，如果不是这些协助，我今天不知道会是什么样子。如果不是父亲平素的为人，我也不可能沾到这些光。种瓜得瓜，种豆得豆，不必斤斤计较眼前的利益，只问自己的努力是否无愧于心。时机到了，就一定会有应得的收获。

那时赴巴西必须到日本签证，由旅行社代办，费用是250美元，坐货船去巴西则要550美元，在日本还要等上一个多月。为了省些钱，姚科长特别给我介绍了一位旅日华侨赵先生，他在东京的银座、池袋、新宿等地经营了好几家咖啡店。姚科长要我到日本就住在他的店中，不仅事事方便，多多少少也有个照应。

我是在1963年8月离开台北的，父亲率家人到机场送我，看他老态龙钟的样子，我知道这次很可能是永别了。我没有话可说，“国家”的灾难，民族的痛苦，使我们的家庭得不到应有的欢乐。这又岂止是我们家庭的悲哀？唯有寄托在我今后的努力上，只有找到了这个产生人间悲欢离合的因果后，全力为人类服务，得以免除诸种痛苦烦恼，那才能值回我们所付出的代价。

虽然我不知道未来要面对的是什么，也不知道这个虚无缥缈的人间真相是否存在？更不知道在哪里、如何去寻找？可是，我已经决定踏上这条有去无回的单行道。至于个人的荣辱、家庭的幸福，也只有硬着心肠，割舍在一旁了。

小妹也来了，挤在铁栅后的人群中，哭得不成人形。她在想些什么？是后悔没有答应我的求婚？或是珍惜这次永恒的离情？我不知道，也不敢想。我只知道，果真她开了口，希望我留下来，很可能这一生的一切都将改变了。

我伸过手去，轻轻触摸着她的指尖，她没有动，也没有看我，只是泪珠像瀑布一般，由红肿的眼帘中潺潺地涌出。我紧咬着牙，脸上撑着已嫌僵硬的强笑，话语哽在喉头，只希望赶快听到登机的广播声。

我努力地提醒自己，她一定非常了解，知道我不是一个家庭动物，所以没有把我“系”在牢笼中。感激不只是一句言语，必须用更大的努力来报答。

在这么多的祝福中，我终于沉重地踏上了茫茫人世的征程。

第二部 稚春

（一九六三—一九七三）

社会是人的舞台，利益是人的标的，等到人智渐开，社会上的各种利益既得集团，无不各显神通，将优秀的人才逐一网罗。在各种意识形态的熏陶下，人为的游戏规则取代了原始的人生追求，社会成为成败得失的杀戮战场。人类呢？一层一层的金字塔，弱者成为奠基的材料，任由强者一步一步登上巅峰。

从古到今，社会上总有些漏网之鱼，也可以说是化外之人，他们得不到利益集团的青睐，自然更得不到既得利益的滋润。但是，他们所失去的不过是人间的虚荣，却能自醒于众醉的庙堂之上，从而另辟蹊径，超越物表，得证人生真如。

自　序

曾有不少人匆匆走过人生这块葱绿的大地，如今，又有更多的人踏在前人的步伐上。曾有不少人得到了人生的真如认知，如今，也会有人触摸到生命的源泉。

我们凭什么断言曾有人得到了人生的真如认知呢？是因为文化的启示！饮食是文化，歌舞是文化，音乐、艺术、文学无一不是文化！然而，这些统统都只是文化中的一部分，只是人们生活中的装饰点缀，却未必就是全部人生。

那么，什么才可称做真如认知呢？是不是人人都有兴趣探索追求呢？以人性来说，人原具有好奇的天赋，但是基于生存的压力、实际环境的利害冲突，绝大多数人都惶然止步。因为，基于地心引力，任何一座稳定的山，下面的面积一定较大，上面越高越小。

社会是人的舞台，利益是人的标的，等到人智渐开，社会上的各种利益既得集团，无不各显神通，将优秀的人才逐一网罗。在各种意识形态的熏陶下，人为的游戏规则取代了原始的人生追求，社会成为成败得失的杀戮战场。人类呢？一层一层的金字塔，弱者成为奠基的材料，任由强者一步一步登上巅峰。

庄子说得好："子独不见狸狌乎？卑身而伏，以候敖者；东西跳梁，不辟高下；中于机辟，死于罔罟。"这不正是优秀人才的写照么？接着他又说："今子有大树，患其无用，何不树之于无何有之乡，广莫之野，彷徨乎无为其侧，逍遥乎寝卧其下。"

从古到今，社会上总有些漏网之鱼，也可以说是化外之人，他们得不到利益集团的青睐，自然更得不到既得利益的滋润。但是，他们所失去的不过是人间的虚荣，却能自醒于众醉的庙堂之上，从而另辟蹊径，超越物表，得证人生真如。

什么是人生真如？真，是永恒，如，是本然。今日如是，昨日、明日亦复如是；在这里，在那里，无处不是如是。人不因地位之别，不因人种之异，未得时是愚是迷，倘若得之，即明即智。愚而迷者，徘徊于悲伤痛苦的绝地；明智之人，心地坦然，无拘无束地生活在天地之间。

作者自从在1972年得到了真如的认知后，得免于惊怖、烦恼，迄今已垂二十余年。其中尤以历经中文电脑的重要战役，终能完成任务，全身而退。现今返璞归真，归隐山林，将此段事实记述于此，望有缘者得以继此薪传。

《智慧之旅》为作者亲身的经历，书中详述作者得到真如的前因后果。有人认为内容过于离奇，难以置信。其实人人身边随时随地都充满了各种天成的故事，根本不需要捏造，但却需要具备赤子般的好奇心以及敏锐的观察、分析能力。本书中人、事、时、地俱可查证，但为避免当事人的困扰，凡是负面的事迹，皆隐其名或以代号称之。

本集《稚春》系《智慧之旅》一书之第二部，由1963年到1973年，作者甫出社会后，赴巴西闯荡，在十年间由成长到觉悟的实事。书中第七段“迷惘”到“觉悟”之部分内容曾发表于《巴西狂欢节》一书中。因为是事实，且为极关紧要的一段，不能不记。细心的读者应该看得出，本书系以智慧为主题，所以取舍之间，颇堪玩味。

朱邦复序于都兰山麓

1 流浪

东京　玉玺　海洋　“台独”

小时候住在乡下，我很喜欢看大人盖房子。乡下人很穷，一切只能就地取材。他们先将稀泥与稻秆充分混合，再填进一个木制的方格子中，放在一旁曝晒成形。等成块的泥巴晒干了，就拿来筑墙。这样一块一块地将泥砖堆砌起来，房子的模样就渐渐形成。但并不是每块泥砖都经得起堆砌，有时把木格子一拆，泥土就散开了。有时堆了几块后，下面的受压不住，倒塌了，又得重新来过。

受完四年教育的大学生，不正像是晒出来的泥砖吗？我很清楚，四年所学不过是对自我多了一分认识而已，我感到自己就像稻秆过多、泥土不足的那种废砖。我能做什么呢？恐怕最后只有被扔到一边，与草木同朽了！

当然不甘心，即令迟早要与草木同朽，我也要把自己的经历一一地记载下来，如同《约翰·克利斯朵夫》一样，以安慰那些孤独的、无助的灵魂。真要达到这个目的，我还需要体验，更要扩大自己的视野。否则，凭一只深深躲藏在黑暗中的井底蛙，我又有什么好写的？

人生目的确定了，心里也感到无比的轻松，为了体验人生，所有的得失都不重要了。“得”固然是有所得，“失”又何尝不是另一种“得”？若能将得失之间的各种机缘、因素，仔细地分析整理，当有一天该我下笔时，自会水到渠成。

因此，我决定到一个完全不了解的世界去，最后选择了巴西——一个令我永难忘怀的第二故乡，一个令我浴火重生的圣地。

1963 年 8 月，我告别了家人，离开台湾，先到日本，以便取得赴巴西的签证。父亲的朋友姚世惠已打好招呼，说“驻日机构”会有人来接我，叫我

放心。

在我下飞机时，看到一个女孩在机舱座位上哭泣。原因是她带的行李太多，大包小包不下十几件。上机时可能有人相送，到了东京，她才发现难以应付，急得手足无措。

空中小姐见我双手空空，托我帮她拎一下。这当然没问题，看她娇小玲珑的模样，我原本就打算毛遂自荐。到了机场，在等行李的时候，她告诉我，她准备到美国去完婚。因为在台湾拿不到赴美签证，所以到日本来，台湾“驻日机构”保证她能成行。

她看出我有些讶异，又告诉我她父亲是烟酒公卖局的局长、蒋经国面前的红人，所以人人买账。只是，她也有些不解：“为什么美国人那么笨？谁都知道蒋经国一定会做“总统”，我爸爸又是重要的人物，结果连我要去美国，他们都不卖面子？”

我也不懂，为什么人人都要去美国？尤其不懂的是，这么重要的人，去美国做什么？

她的箱子一共有四口，又大又沉，再加上十几件手提的大包、小包。光是拖车就占了两部之多。由于我也要靠别人来接，心里一直嘀咕，是不是出了机场就丢下她不顾呢？

她问我说：“等会儿有人来接我，要不要我们送你一段？”

我说：“我也有人接，只是还不知道要去哪里。”

台湾“驻日机构”来了两位先生，带头的一位西装笔挺，显然是认识她，一见到就先请安，问候她父亲好。接着便不容分说地，叫另一位男士把她的几大件行李，一一搬上等在外面的汽车。这位先生不住地道歉，说日本政府不通情理，不允许他们用“外交”手续替她通关。

等到东西都搬完了，他似乎又想起一事，匆匆地对她说：

“王小姐，能不能麻烦你等一下？实在讨厌，还有一个什么姓朱的，也要应付一下，现在不知道他在哪里，我去找一找。”

居然有人不识泰山，我说：“我叫朱邦复，你是不是要找我？”

他这才发现我就在旁边，大吃一惊，马上换了一副脸色：“对不起，对不起，原来你是王小姐的朋友！”

我还来不及否认，那位王小姐偷偷拉了我一下，我也就懒得多说。

我们上了车，王小姐才悄悄地对我说：“这人是个马屁精，我爸爸最喜欢他，说明年要调他去华盛顿。这次把我交给他照顾，你就说是我的朋友，有空

时来找我玩，省得我在东京无聊。”

王小姐到了地头，是一所堂皇的别墅，有几个仆役排队等着。那位先生千叮咛，万嘱咐，生怕出了问题，葬送了前途。我看得出王小姐很不耐烦，一再暗示我去找她，还留下了地址电话。好不容易告别了，车子把我送到位于东京新宿区歌舞伎町的咖啡店中，时间已经深夜了。

我很同情这位王小姐，但是我自身难保，没有闲情陪她解闷。

咖啡店的店东赵先生似乎很忙，到处都找不到他。所幸一切都安排妥当，在四楼的员工宿舍中，有了我一个榻榻米的安身之地。

第一次出境，第一次生活在外国的天地中，我早已有了心理准备——事事学习，处处观察。我发觉日本人完全没有想象中那种强横霸道的态度，相反，他们谦恭有礼、工作勤恳。最令我惊讶的是，他们也和我们一样是“人”，有着与中国人相同的优点与缺点。除了物质条件远比我们优渥外，社会的不公、地位的不平，弱肉强食、自私自利、唯我独尊的观念，与我所知的中国人一模一样。

咖啡店在银座歌舞伎町一个最热闹的小巷转角处，生意很好。一楼是家庭座，光明堂皇；二楼是情侣座，沙发椅背高可及人，正好将每个雅座隔成小小的禁区，灯光若有似无，气氛非常罗曼蒂克；第三楼则是包厢，可以俯瞰二楼的舞台表演，平常不开放时，一片漆黑。

楼下入口处，有位侍者专门为客人开门关门，每次一定躬身说“欢迎光临”，而且面带笑容。有一次我特意花了几个小时，仔细观察他会不会偷懒或懈怠。结果发现他从头到尾像机器人似的，动作一丝不苟。

为了体验个中滋味，我学会了这句日本话（而且是迄今仍然会说的几句之一），并自告奋勇替他站班，依样画葫芦地开门关门鞠躬，但只做了 20 分钟，我就开始怀疑自己是不是神经已经不正常了。

店中非常清洁，每天从早到晚，有个“欧巴桑”由楼上清理到楼下。她那份专注以及关怀，就好像在从事一种艺术工作，将她生命的光彩，无遗地焕发在整洁的陈设上。

令我觉得可敬的还不止于此，她小心仔细地将所有的秽物及灰尘收集好，再虔诚地捧到一个焚化炉前，先双手合什祷祝一番，才恭恭敬敬地倾入其间焚化。

这已经超过了工作、责任、礼仪、艺术，这是宗教！如果连一个如此卑微的清洁工人，都具有这种信仰与情操，我相信在日本各阶层及社会中，一定有

着深厚的潜在力量，迟早必一新世人耳目。（果然在20世纪80年代，日本经济力量震惊世界，良有以也）。

不过人到底是人，大多数人尚摆脱不了人性本能的驱使。我常看到那些年轻的侍者，穿梭流连在黑暗的三楼。由于好奇，我也挤到包厢的栏杆旁，这才发现眼下竟是活色生香，春意无边。

在二楼小小禁区内，男男女女相互纠结，仿佛在地狱中煎熬。看看那些动作与神情，分明有着无比的痛苦，一个个挣扎着，仿佛要求得最后的解脱。

我尽管解决了住的问题，但手头的钱有限，东京的物价又惊人。每餐我仅以炒饭果腹，但就算是一客炒饭，也要一两块美元。来一趟东京不容易，我不能错过观赏的机会，有时宁可一天只吃一餐，却将东京附近跑了个遍。

我最欣赏的是地铁，票价便宜，无远弗届。而且显然在设计之初，就已充分利用了地形地势，各个出口走道都是庞大而繁荣的地下商场。以致于一个千万人口的大都市，地面上的街道却是清爽有序，看不出一点杂乱与拥挤。

我到处走着看着，越看越是痛惜中国社会上上下下的无知无能。每个人只顾眼前、求近利，等待别人去牺牲奉献，到最后谁都没有收获。由一叶之落可知秋之至，当我在学校办社团活动时，同学们多半忙于自己的前途，没有人认为这个团体与他有什么切身关系。进了社会后，我看到的更是不堪，人人除了已身的利益外，没有谁愿意承担责任。

日本人却不然，有次我偶然走到一个球场，似乎是两个大学在举行“秋季大对决”，现场人山人海，挤得水泄不通。我对棒球毫无兴趣，但是却惊悚于群众这样的狂热。场内是喊声震天，场外人人围着收音机，分享着同样的激情。虽然在场外看不到球赛，两个学校的啦啦队却是壁垒分明。不论男女老少，没有一个人例外，始终坚持着一定的立场。本队得分了，个个欢呼，失分了，人人沉默不语。

这种景象，我从小到大，在台湾就不曾见过！有哪一个中国人会傻得去为一场得不到实利的比赛而浪费自己宝贵的精力呢？我参加过很多次校际的篮球比赛，球场上永远是球员多于观众。中国的学生不论走到哪里，手里总是要抱着几本书。遇到球场上有人赛球，也多是视若无睹，昂首大步而过。

这种结果导致了中国人彼此间的互相嫉妒，个人独自为私利奋斗。日本人则多奉献自己，把希望寄托在团体的成就上，个人成为团体的一部分，力量汇聚成为滔滔洪流。

当然人性与环境有绝对的依存关系，日本是个岛国，耕种面积狭小，人口

众多，而地震台风等天灾频仍。人们朝夕在大自然的威胁下，为了生存，团结与否成为经验中成败的必要条件。中国则相反，千万年来的农业传统养成了人心安定恒常。虽然在历史上也曾被异族统治过，但因地大人多，从来没有任何一个国家或民族，能够彻底撼动中国人日深月久的观念以及根深蒂固的生活习惯。因此，即使不断改朝换代，中国人的民族性依然。

这种因果的认知，令我心中凛然，世事显然十分公平。设若中国人能像日本人一样精诚团结，其力量何止大上日本十倍、百倍？以人性贪婪的本能，难道这又是人类之福祉？那么，我究竟应该站在中国人的立场，还是应该以人类的立场来看世事呢？

在办理赴巴签证的旅行社里，我结识了一位姓沈的华人青年，他住在池袋，父亲是房地产大亨。他整天无所事事，开着一部车子东逛西荡。因为彼此年岁相当，而我也是游魂一个，正好做他的玩伴。

他是典型的纨绔子弟，身上的钱宛如长江的源头，永远不虞枯竭。但是他内心充满了愤恨的激情，总是怨天尤人，永远不能满意眼前的一切。他老拉我去一些暗无天日的小酒吧，一进去就是一瓶“约翰走路（尊尼获加）”，不喝到舌头跟牙齿黏成一块，决不甘休。

最初，我以为他生性豪爽好客，尽管没有酒量，也只得舍命陪君子。等到渐渐混熟了，他的心理不再设防，一喝酒就开始哭泣。

我曾有以酒浇愁的经验，深知饮酒解决不了问题，我慢慢地劝他，才知道他的问题也来自家庭。他爱上了一个日本女孩，两人已经谈及婚嫁，但家人一致反对，而且态度坚决，因此不知如何是好。

“你爱她到什么程度？”

“如果不能与她结婚，我就去死！”他说得斩钉截铁。

“真的那么严重？”

“骗你做什么？我已经打算好了，她也同意跟我一起死。”

“为什么一定要求死呢？既然到了这个地步，干脆不管家里，两个人结婚就是。”

“没有这样简单。”

“是她不肯？”我想到了小妹，这种事要两个人同意才行。

“倒不是，她很愿意。”

“那还有什么问题？”

“问题可多了，你知不知道，结婚要钱呀！”

“简单一点就是，总比你这样痛苦好些。”我知道关键所在了，他离不开父亲的荫庇，从小挥霍惯了，又无谋生的技术，这道习题的确难解。

“我宁愿这样痛苦！”我发现言不投机。

“能不能告诉我，这有什么好处？难道这样能改变你父亲？”

“为什么不？”他一点都没有醉，“我每天喝醉了回去，让他心痛，让他难过，总有一天他会同意的，否则他那么多钱，将来能给谁？”

如同醍醐灌顶，我又上了一课。

赴巴签证下来了，船期也到了。临行的前一天，为了礼貌，我打电话向赵先生告辞，并感谢他的照料。赵先生这时才想起来，有我这样一个人住在他的店中。他说要请我吃晚餐，我不愿再加打扰，很客气地婉拒了。

我到上野公园逛了一天，那种宁静幽美的环境，使我开始怀疑，有这样美好的人间，虽然世事扰攘，是否自己太过杞人忧天了呢？傍晚时分回到店中，一进门就感到一种异乎平常的气氛，楼下家庭座空空洞洞的，冷清的大厅中只有几个人或坐或立。

侍者一看到我，便很神秘地告诉我，说“那个人”找我。

我的日文很差，不知他说的是什么“人”，仗着没做坏事，我谨谨慎慎地走了过去。一位满面红光、长相福态的中年人，在沙发上正襟危坐，身后则分立着一位妇人与一个十来岁的男孩。那中年人一见到我，就用略带日式重音的汉语问道：

“你是朱先生吗？”

“是的，请问……”

“敝姓赵，很抱歉你来了一个多月，今天我才知道。”他身体微微向前，把手伸出来，好像要赐给我什么恩惠似的。原来是他！我忙过去与他握手，道了久仰。

在日本，人人都极有礼貌，见了面是九十度的鞠躬，道别时更是一边后退，一边鞠躬，直到对方完全消失在视线之外。他虽然是我的长辈，但看到那副倨傲的神态，我心中就起了反感。尤其令我不解的，他身后站着的两个人，似乎是他的家属，但又不像。以我家为例，父亲再严厉，每当有外客时，也不曾叫我们如同侍卫般地站在他后面。

赵先生手一摆，叫我坐下，相互敷衍了几句，我就说：“赵伯伯，我来东京以后，已经打扰您太多了，现在天色很晚，您该休息了。”

他嗯了一声，却没起身，沉默了一会，他突然问道：“你是朱元璋的后

代吧？”

“不，我们先祖是朱文公朱熹。”

“啊，朱文公，了不起，他是大宋朝的忠臣。”我一听，话中有话，想起了他姓赵，正是大宋的国姓，莫非他还有那种封建观念？我觉得很有趣，想想不妨投其所好，如果能让他高兴，也算是我还给他的人情。

“是的，只可惜时代变了，今天王道已逝，在这种标榜民主、自由的社会里，人人唯利是图。”我感慨地说。

他的脸色微变，眼光直射着我，沉吟了一下，说：“啊？你为什么这样说？民主时代不是大家的理想吗？”

“民主有民主的好处，如果人民知识水平够，生活条件高，才有真正的民主。但是现在中国太穷了，一般人民根本没有足够的认识和条件，这种民主只是少数野心家欺骗大多数无知老百姓的幌子，以便予取予求。”

“这么说来，你是反对民主政治啰？”

“不怕老伯笑话，老实说，我对政治还没有充分的认识。同时，我也认为要了解政治之前，应该先了解人。如果对人都不了解，怎么能满足人心的需求呢？如果忽略了人心的需求，任何解决人类问题的方法和制度都只是暂时性的。今天这样，明天那样，不论怎样变，变来变去，都解决不了最基本的人的问题。”

“嗯，说得不错，很少年轻人有你这种见解。”他脸上泛起了一丝笑容。

“谢谢您，我的看法很不成熟。”

“不必谦虚，你说得很对，我们中国古代就是强调人心的，所以那时有所谓的‘太平盛世’，老百姓能够安居乐业。只可惜……”

他突然住口不言，有意无意地望着我，显然是想探探我的口风。

我说的是实话，但是听者有心，如果他认定我是个“保皇党”，那也只好由他，谁教我在他店中白住了一个月呢？

可是，我也不能骗他，反正明天我就走了，好歹也该点到为止。至于他能不能听得出我的弦外之音，那就不是我所能预料的了。

想了想，我说：“民主政体是时代的潮流，潮流是因为人民有需要而产生，与好坏是非无关。如果宇宙是静止的，就不会有人和人的问题，既然有了人，人又有各式各样的问题，就免不了要不断地去尝试、去改变自己处身的环境……”

“不错，不错，那是因为人在作祟的关系，人是无知的，可是人上有天，天可

是明智的，只有天可以解决人的问题。”他一口打断我的话。

他说的“天”是什么呢？以我对他粗浅的了解，不大可能是形上的天。那怎么会突然冒出这样一句话来呢？我楞住了，半晌，不知道该如何接下去。

“你对天有什么看法？”他紧接着又问。

“哦，我还年轻，对天了解不多。”我不敢再发谬论，只好退避三舍。

“你总知道天、地、人三才吧？”

“知道一点。”

“天在人之上，对不对？”

“对。”我不知道他所指何意，但是却怕他扯得离谱，自是少说为是。

“你相不相信天是公平的？”

“应该是的。”

“你相不相信天意难违？”

“我相信。”

“很好！很好！”他点点头，想了一下，突然换了一个话题，“你来东京，到过什么地方去玩吗？”

“我到各处看了看。”我松了口气，那种主题太可怕了。

“跳过舞没有？”

“我不会跳。”这是实话，读大学时，系里常有舞会，我每次都只负责放唱片。

“什么话？来，我带你去玩玩！”不由分说，他站了起来，回头向身后那个站得笔直的男孩说了几句日本话，那男孩诺诺连声，和那妇人一同出去了。

赵先生一边往外走，一边回过头来问我：“你知道为什么现在天下大乱吗？”

老天！又扯到“天”边了！我不知道他指的是什么，也不便回答，走出门，转到巷口。那男孩和妇人已经不在了，只看到一部很大很长的黑色轿车，司机制服笔挺，开了车门，正等着我们。进了车才发现后厢很大，居然有两排座位。他大剌剌地面向车头，坐在后排的正中央，我毫无选择，只好在他对面坐了下来。

“告诉你，因为真命天子还没出世。”

“真命天子？”原来如此！他的“天”指的竟是“天子”。我虽然有点预感，却不敢相信在今天这个时代，还真有人有这种想法。

“是的，你要知道，在过去所有的皇帝中，只有大宋和明朝是真正的汉人，可是朱元璋只是个乞丐出身，而且……”他故意顿一顿，卖个关子，“明朝的

玉玺是假的。”

“假的？玉玺还有真假？”

“当然，你见到就知道了，只有真命天子才配真的玉玺！”

“可是……”看他的神态，一副“真命天子”状，我不禁后悔这个玩笑开得太大了，如果再扯下去，他称孤道寡起来，我是不是该三跪九叩，高呼万岁呢？就算我在他店中白住了一个月，也不能这般自我作践呀！所以我说：“我看不出有什么真假。”

“来，我带你去见识见识！”说罢，他对司机说了一句日语。

车子已经驶在东京繁华的街道上，巨大的霓虹灯彩色缤纷，不住地闪动。那些灯在嘲笑我自不量力，在去巴西的前夕，进入了时光隧道，惹上了这个几百年前的麻烦。

怎么办呢？看他“欣遇知音”般愉快的神情，说不定家中真有个小朝廷，更说不定还有左丞右相，我要是不识天威，真要吃不完兜着走。脑筋一动，我马上说：

“赵伯伯，我来东京一个多月了，天天在街上逛，还没有见过一个漂亮的女孩子，是不是日本人都很丑？”

“胡说！日本女人是世界上最美丽最可爱的，你看了就知道了。”

“在哪里才看得到呢？明天我就要去巴西，以后恐怕没有机会了。”

他会心地笑了，说：“到底是年轻人！好吧，你说！你到底是想看玉玺，还是要看女人？”

我故作难为情状，说：“现在还早，先看看漂亮的女人再说，可不可以？”

“当然可以，我们先去舞厅吧！”

他又对司机说了几句话，车子调了个头，一会儿，到了个异常豪华的舞厅。他似乎是这里的常客，大班们纷纷过来，对他毕恭毕敬，随即送过来各形各色环肥燕瘦的女郎，任他挑选。我也选了一位混血儿，要了一杯酒，表示对他的崇敬，一口喝光。然后装做不胜酒力，趁他跳得兴高采烈时，我就弄假成真地睡将起来。

这样混到夜深，待我醒过来，一看表，大惊道：“赵伯伯，我再不走就来不及了，我还要赶到横滨去哩！”

“你真要去巴西吗？巴西那个落后的地方，你去做什么？”

“我要去开农场，一切都准备好了。”

“开农场？”他哈哈大笑，“像你这样的人才，正该辅佐明君、成就非凡的

事业，老实告诉你，真命天子就要问世了。”

“不行吧！我又好色又好酒，吹吹牛还可以，怎么能成大事呢？再说，我的老婆还在巴西等我呢，不去不行啊！”

“啊！你结婚了？”他的眼睛睁得老大。

“是呀，我老婆是巴西人，孩子都快要生了！”灵机一动，我信口胡诌，反正来不及打草稿。希望他认为我这种人不可靠，没有资格做“晚宋”的开国元老。

赵伯伯竟信以为真，他不再留我，却坚持要送我到横滨。一路上还不住地惋惜我结婚太早，拖家带眷的，成不了大事。

坐船是一大享受，虽然只是货船的三等统舱。除了睡觉，我大半的时间就耗在甲板上，看着那无尽的蓝天、辽阔的碧海。

在陆地上，尤其是在台湾，一眼望去不是小小的山丘，就是纵横交错的阡陌，高不过几百米，远不及数十公里。狭窄的眼界使人的心胸无从扩展，一旦成了习惯，气魄也就随之萎缩，洒脱不开。

其实，台湾是个大岛，四面环海。我每次看海时，总是站在岸边，虽然面前也是茫茫一片，感觉上却始终不能与大海融为一体。

在这里，船一进入太平洋，陆地就都被水平线吞噬了，从天穹向四处展开，宛似一个缀着白色花边的玻璃盖子，下面覆着碧绿晶莹的大圆盘。万吨巨轮骤然变得纤小无比，人则有如一粒尘埃，依附在一片落叶上，在无垠的波涛中起伏不已。

起初，船方离岸，尚有一群海鸥追随着船尾的气流，或翱翔飘曳，或上下飞舞。有时候水底惊吓的鱼儿会被激流卷起，这时，成群的海鸥立刻急速俯冲而下。

不久，陆地远去，天空中聒噪的鸟声渐渐隐没，只有噼噼啪啪的海涛声，配合着轮机不断重复的轰隆声，世界仿佛静止下来。只有在这个情景下，人才真正地感觉到，不论什么时候，也不论在哪里，只有孤寂才是我们最忠实的伴侣。

难得有机会空闲下来，整理一下自己的思绪，让一切更明朗化。我了解自己的个性和目标，我也相信这样远大的目标，不到人生过半，不可能会有任何收获。现在我更了解到，即使有所获，我也不见得有能力分辨其真正的价值。

每一天我都隐隐地感到比昨天又多得到了一点，而每一天我都觉得一切才

重新开始。像是瓦格纳的《尼伯龙根的指环》一般，一波又一波的乐念，重叠复重叠的和弦，前后衔接，永无止境，何处才是终结？什么时候才能谱出休止符？

在各种逆境中，我对刺激与打击早已有了万全的心理准备。任何一点压力，都有反作用力；我的反作用只是累积在心底的动能，驱使自己迈向最有效的发泄方向。然而，我终究是人，我的身心结构与其他人毫无二致。一旦到了这种恬宁、安逸的天地里，内忧外患皆不知何往时，我就开始问自己，人们顺从大自然的安排有什么不对呢？宇宙中，万事万物皆有其一定的法则，我又能怎样？

只是从另一个角度来看，我所经历的一切，何尝不是在大自然的安排之下？自己的能力，未来的遭遇，这些虽然都不是我能够作主的，但决心和意志，却早已深烙在意识中，一旦到了抉择之际，就将发挥其决断力。

全部的旅程要四十多天，由日本经中国香港、新加坡，取道马六甲海峡，过印度洋，再转到南非的伊丽莎白港，绕出好望角，渡过大西洋，最后到达巴西的桑托斯。

同船的台湾人有十多位，人人摩拳擦掌，利用时间勤习葡萄牙文。言谈之中，我得知他们无一不是身怀巨款，抱着雄心壮志，准备到那个“落后地区”去大展宏图。而我身上还剩下四十多美元，在巴西除了素未谋面的张“代表”，以及那位不知下落的同学“老师”外，完全无亲无友。为了避免他们的询问，我只好一个人躲得远远的。

到了香港，又上来一批台湾和大陆人。其中有一家刚从大陆出来，母亲是白俄人，一儿一女则是中俄混血儿。他们的姓我不记得了，只记得那个女孩名叫娜塔夏，大约十六岁，青春洋溢，身材苗条可爱，白嫩的面孔上透着绯红的秀色。她哥哥叫佐治，和我差不多大，整天背着相机，到处猎取镜头。

一方面是与佐治兴趣相投，更确切地说，我已被娜塔夏的娇憨所吸引。没有多久，我们三个人就打成一片，从早到晚形影不离。

过去我虽然有过不少罗曼史，但不是以失恋终场，就是偷偷摸摸地见不得人，可以说是恋爱场上的新鲜人。可能是娜塔夏本来的个性，也可能是白俄的血统，她开朗而大方，毫不掩饰眉目间的真情。佐治显然有意鼓励我，常借故离开，把我们单独留在甲板上。每到这种情况，我就头脑昏沉，既紧张又兴奋，手足无措。

娜塔夏喜欢穿雪白的连身长裙，那是我最欣赏而又不敢亵渎的颜色，我总

觉得自己的衣服很脏，身上发臭，即使天天洗澡，也洗不掉那种自卑的心理。不错，我看得出来她在寻求爱的滋润，我也期望有一位如花似玉的知心伴侣。在这无涯的海上，漫漫的旅程，没有外来的干预，两颗心已经联系在一起，还有什么好怕的呢？

实话实说，对我而言，该怕的实在太多了。我觉得这份甜蜜来得太容易，我们才认识几天，而我又不是英俊潇洒型，她这样快就爱上我——假如我的直觉没有错的话——是不是因为旅途寂寞之故呢？万一有一天，当有第三者闯入我们的天地，她也同样能轻易付出情感，那时我该怎么自处？

也许有人不在乎，大不了另起炉灶，反正各人只是追求自己的快乐。我的看法却不然，如果男女之情真是这样简单，那又有什么价值呢？如果异性间的吸引力只是生命延续的本能，在那种力量的驱使下，一时冲动的发泄，不过是例行公事而已。人生真正有价值的事物并不多，唯有在理性认知的基础上，男女之间所建立的互信互谅、持久永恒的感情，才是难能可贵的。

由于我太珍重这种情谊，不愿轻易付出。一旦付出了，我会毫不保留，把自己整个的生命彻底投入。在这种情况下，我怎能不谨慎小心，以免误人误己？

其次，她实在是美，美得令我目眩，她有着欧洲人种的轮廓，明朗而匀称。又有着东方人的柔和，娇巧而可爱。她应该高高在上，任我供奉、瞻仰、膜拜，但我自己知道，绝无这种可能。要达到那种地步，必须有钱，我不会赚钱，也不愿自作践，把自己的生命化为甘露，只为了灌注一朵美艳的鲜花。

还有，就是每当她有意无意地靠近我时，那阵蚀骨的清香，酥融了我无助的灵魂。她的眼、她的唇、她那脉动的心跳，在在吸引着我颤抖而难以控制的手，去搂抱那慢慢靠近的纤腰。这一刹，我感觉到手心冒汗；我忘不了被拒绝的难堪；我又怎能在她雪一般纯白的身上，留下一片片掸之不去的污垢？

我痛恨自己的迂腐，每次在她的眼中都看到了自己的无能、无用，老天，我该怎么办呢？眼睁睁地看着这段美妙的良缘就此错过吗？人生有多少机会容我浪费？我所怕的，难道不是自己的幻想吗？假如她真爱我，愿意陪我吃苦受罪，支持我，鼓励我，并肩迈向追求理想的前途，我怎能仅以一己的主观，就认定她不适合我？

我决定先把自己的观念灌输给她，而且在这段时间内尽量保持距离，以免被感情的洪流所吞噬。

最初，她好奇地听着，偶而也会问上几句。但是，她究竟太年轻了，憧憬

的是充满欢乐、无忧无虑的美满人生，她并不同意我的看法与做法。渐渐地，她开始避免与我独处，在失望与懊恼的啃噬下，那种熟悉的哀伤又开始向我袭来。正当我还想再次努力，与感性妥协时，船上一位制服白净的二副，已经与她俪影双双。我知道，又是该品味那种铭心的苦涩果实的时候了。

对这件事，我除了有一丝遗憾外，心里并不懊恼。难怪尼采给女人下了"长头发，空脑袋"的定论，为什么女人外表看来灵慧乖巧，大脑却是一窍不通呢？如果找不到一位能够了解我的女性，我宁愿打光棍终老。总不能只为了眼皮的供养，只为了性的需求，就把自己的信念埋葬在长发堆中吧！

10 月 10 日船过印度洋，船上的中国籍船员主办了一次"'中华民国'庆生会"，凡是从香港上船的中国人都出席了。奇怪的是，从台湾来的，却只有一家姓刘的大小五口，和我一个人参加。

我问主办的船员，是不是有人没有通知到，那船员说：

"怎么会没通知到！前几年还好，最近一次比一次糟，你们台湾人实在很奇怪！"

另一位忙过来打断他的话："管他们呢！别多说，免得又闹出纠纷。"

我一头雾水，由于会场中大家都很忙，也就将这事置之脑后。

谁知晚会刚开始，门口就一阵大乱，我听到前面有人喊道："快把门关起来，他们要冲进来了！"

刚才那位船员则躲到一边，直说："真丢脸，真丢脸。"

当时我与佐治正在准备摄影器材，一看情形不对，手里还拿着照相机，便跟着一位荷兰籍的大副和与娜塔夏要好的年轻二副，一同走了出去。

门口站着一个人，手持一面招牌，上面写着："'台湾国'独立万岁"。另外还有一些人则围着船员吵闹不休，坚持要同时举行"'台湾国'庆生会"。这些人我都认识，只是平常不大来往。我觉得很奇怪，什么时候居然有了一个"台湾国"？

其中一位叫小魏的，毕业于台北工专，我们的铺位相邻，偶而也曾聊聊天。我正想过去问问他，哪想到他一看到我，竟然大叫："你们看！国民党还派了特务来照相！"

那伙人立刻挥臂喊打，我忿于小魏胡乱栽赃，立刻冲到他面前，质问他道："你刚才怎么说的？"

他见我来势汹汹，气先泄了一半，说："你为什么给我们照相？好寄回台

湾去？"

另外几个也围了过来，七嘴八舌地说：

"特务！"

"把相片撕掉！"

所幸底片刚装上，我立刻把相机打开，取出底片，高举着说："你们自己看，底片刚装上，有谁照了相了？"同时我对小魏说："你要不是有意栽赃，就是做贼心虚。"

"你敢骂我是贼？"

"那你为什么诬赖，说我给你们照相？"我一点也不示弱，这时场内的人也都出来了，我们人多势众，还有几个船员在一边摩拳擦掌。

"我没有看清楚。"

"那你就血口喷人？老实说，我相信国民党还不致于怕你们几个搞'台湾国'，你们哪一个没名没姓？我如果是特务，一封信就够了，还用得着照相吗？"

"你威胁我？"在当时的白色恐怖下，"国民党的特务"做得的确成功，他后面撑腰的人都不敢出声了，一个个面有惧色。

"我是第一次听说天下有个'台湾国'，不过我很佩服有种的人！你们要搞革命，搞革命就不要怕流血，不要怕被迫害，不要离开要革命的地方。要是怕，就不要充英雄，事情做了，迟早会被人知道的。"我很瞧不起敢做不敢当的人。

前面那个招牌首先倒了下来，后面的人也窃窃私语，刚才那些勇气都不知到哪里去了。小魏只好解释说："不是我们搞革命，'台湾国'在日本……"他这话一出，香港来的那些中国人都哈哈大笑起来。

有人打趣说："原来是日本人的傀儡政府，怎么？你们打算到巴西成立'台湾国大使馆'？"

这时那位年轻的二副出面说："你们要办什么庆生会不妨自己去办，但是不要来捣蛋，在这条船上，我们有权维持治安。现在在国际公海上，不管你们是什么国的国民，我们都可以办！"

"你敢？我们花了钱坐船的！"有个人举着旗子要打那个二副。

那位荷兰大副见了，用他半生不熟的英语，大声恐吓。并且表示，到了伊丽莎白港时，要将闹事的人赶下船去。

到底是外国人的话有效，此语一出，那些人只好偃旗息鼓，一个一个地

走了。

我还是不懂，便把小魏拉到一边，问他：“怎么有个‘台湾国’？我从来没有听过。”

他的态度和缓了许多，但还是满心的不甘愿，说：“你是内地人，当然不知道。”

“你是说台湾人都知道了啰？”

“我也是到了日本之后才知道，你们国民党太坏了，逼得我们要革命。”

“你要革命我不反对，国民党有缺点也是事实，可是中国永远是中国，你们是革政府的命，总不会是革中国的命吧？”

“我们不是中国人！”他斩钉截铁地说。

“你不是中国人？那么怎么才叫中国人？”我大吃一惊，居然他会有这种想法。

“我是台湾人，不是中国人。”

“我也可以说‘我是湖北人’，但是，我却不能说‘我不是中国人’呀！”

“当然可以，只要你们有湖北国。”

“你的意思说，只要政府不理想，人人都可以任意独立成国了。”

“当然，现在是民主时代，为什么不可以？”

“我不懂，为什么民主时代就可以？”我诚恳地向他请教。

“因为我可以作主呀，我恨中国人！”

“恨中国人？老实说，我很恨一些官僚，但人怎么能恨自己的国家呢？”

大概是他看我态度还好，便也和悦地对我解释：“你知不知道‘二二八事件’？”

“不知道。”

“那你当然不懂了，‘二二八’，是大陆人屠杀台湾人的日子。”

“什么？屠杀台湾人？”我听了，觉得匪夷所思。

“是的，在日本时，我听他们说死了几十万人。”

“在日本听说？你原先也不知道？”

“知道一点，但是不清楚是为了什么，这次我才了解，原来是你们大陆人安排的阴谋，打算消灭我们台湾人。”

“要消灭台湾人，意思是说把你们当作敌人？”

“是的，所以我们要独立。”

“那我又糊涂了，我从小学到大学，没有见到任何把台湾人当作敌人的例

证呀！”

“我指的是过去，后来因为在日本有了‘台湾国’，所以国民党就怕了。”

“这点我不能苟同，国民党的作为确是有偏差。但是，我不认为在一个家庭中，家长不好，子女就可以闹着要改名换姓。”

“那是你的看法，我有我的权利，我爱姓什么就姓什么。民主时代，人民才是主人，谁也管不着！”

这个时代，人人假“民主”之名为所欲为，也难怪赵先生认为“天下大乱”了。这种民主行得通吗？假如中国各省各地都独立为“国家”，甚至只要世界各国的人民对他们的政府不满意的话，都能独立为国。那时，只怕“国际纠纷”层出不穷，不仅世界安宁无望，甚至全人类都将卷入国际战争的漩涡中。可是，这种道理他能懂吗？

近年来台湾经济发展迅速，本地人因拥有土地资源而致富，逐渐掌握了工商业，成为新兴的社会力量。我认为“国民政府”最大的错误，在于没有长远的眼光与气魄，一味地迁就派系，任用私人，只求偏安，以确保既得利益。又利用愚民手段，高压控制，以致特权分子当道，社会风习败坏，民心涣散。

长此以往，不满的情绪必然逐渐高涨，汇为新兴势力。且不论其采用什么手段，反对者终将成为社会的主流。可是，只因政府举措失当，动辄就要独立成国，这种近利短视的态度，我却难以苟同。

可是小魏却认为中国人口太多，幅员太广，只有一个中央政府，等于是剥夺了他们做总统的机会。既然现在是民主时代，理应人人都可以当官，而“国民政府”偏偏不容他们分权，所以不如乘机独立。

到巴西后，我才发现持有他这种观念的人比比皆是。他们认定“人人为己”是天经地义的真理，民主制度之可爱，就在于官吏由人民选举，人人都有升官发财的机会。因此做官不是为了服务，而是为了发财，发财则是人生幸福之所系。

不论中国人也好，外国人也好，在这个民主时代，人总是误把政权当作追求幸福的手段，而罔顾现实，以致变乱层出不穷。有人乘机哗众取宠，将政治舞台当作交易场所；有的更运用权术，将政府视为私产，为所欲为。

政治是治理大众的事务，目的在为大众谋取福利。任何一个政体都有其特殊的环境与背景，任何一种制度，能适应某些人，就不能满足另一批人。有能力者希望不受政治干扰，以求自我发挥。没有能力者则依赖团体的力量保护他们，给予他们生存的机会。

所谓的民主制度，只能实现在一种条件下，那就是大多数的人都能够独自谋生。人民知道如何去维护自己的利益，用立法、制度，并以妥协的手段，使得同一社会上的人都能够共存共荣。果真，这种政府不可能有权，也不会图利他人。自然而然的，人们若要想发财，做生意就是，不必走政治这条路。如此一来，政府成为单纯的服务机构，人民才是主体。

任何事物都有正反两面，这种政府因为没有力量，作为一个蕞尔小国，与世无涉，人民倒也能安享天年。然而一个疆土广大、人口众多、文化背景复杂的国家，就免不了需要一个有权有力的政府。否则，各地方的自然资源分配不匀，人民贫富悬殊，社会将永难安宁。

这种国家尚得拥有雄厚的知识与经济力量，而且永远领先群伦，才能保持不坠。否则一旦经济失控，人民只顾己身利益，社会必然乱成一团。

如果人民把民主政治当作登龙攀凤的手段，那麻烦可就更大了。因为人性自私，私心难一。不论是什么人，只要会哗众取宠，去骗取贪图近利者之选票，就能鱼跃龙门。这一来，在国家庙堂之上，必然鱼龙不分，那是什么一个境况，不喻可知。

政权只是在人类滋生繁衍后，由于人与人的矛盾冲突增加了，需要调解处理，因此而逐渐形成一种具有控制实力的群体结构。只要人类社会的变迁不停止，政治的型态也就会因时制宜不断改变。有些问题解决了，新的问题又跟着产生。明确地说，只要有人，就会有问题，只要有问题需要解决，就有种种复杂的结构。

人类的幸福原本建筑在人体既存的结构上，真要彻底解决人的问题，只有从了解人性着手。如果能了解人性为何，至少，每个人都可以认识自己，认识他人。有了认识，就可以根据认知采取适当的对策，以避免各种矛盾纠纷。至于环境，那只是人所适应的对象，不先寻求了解自己，怎能了解环境，不了解环境，又能适应什么?

绕了半个地球，我总算有了粗略的认知，我真正需要了解的，是一个人如何能在现阶段的社会中得到幸福，以及什么是幸福。前者牵涉到一种制度或者手段，我不认为自己有足够的知识解答。而后者才是人心中根本的结，幸福只是个抽象的名词，如果不能明确地定义出来，则人人追求的幸福，不过是“镜花水月”罢了。

船泊在伊丽莎白港时，还发生了一件很值得省思的事。国家与个人之不可

分，可见一斑。那些自称“台湾国开国元老”的朋友，在过了新加坡后，每次上岸观光，都要背着一面克难的“台湾国国旗”，几个人成群结队，颇有到异邦“宣扬国威”之状。

哪知南非实行黑白分离制度，把人种划分为四级。最高级是白人，不论国籍；第二级则是经济力量庞大的日本人，中国人沾了黄皮肤之光，外来的客人可以“暂充”第二级；本地的中国人大半经营洗衣业，与褐色的印度人以及南洋各国的黄种人，统一视为第三级；黑种人忝居末位，为第四级。

各级分类的目的，是为了“住、行”方便，以资黑白分离。凡是属于三四级的人种，都要强制隔离，以免让最高级的白人恶心。

中国观光客不论是来自中国的哪个地方，一向都能勉强受到优待，与白人坐同样的交通工具，进白人喜爱的餐馆和旅店。这次“台湾国”的“国民”，因为不承认自己是中国人，而当地的警察又不知“台湾国”出自何典，因此把他们视为来自南洋岛国的第三级黄种人。

我从来不上岸观光，主因是口袋已经光光，不能再光了。他们遭遇了什么，我也不太关心。只是一路上听他们把南非骂得狗血淋头，甚至于有人扬言，一旦“台湾独立”了，第一件事就是要开除南非的国籍！

2 立春

巴西　谋生　农场　提包

船到桑托斯，张老伯来接我，他看来已近七十。我知道他那封聘书只是花钱买来办手续的，实在不忍心再给他添惹麻烦，便假称已找到一位同学，有现成的工作在等我。他信以为真，很安心地回去了。

事实上，我身无长物，只剩下约二十多美元。人地生疏，语言不通，表面上很笃定，心中却乱如苎麻，不知明天会流落到何方。但是，我又怎能麻烦张老伯呢？他看在父亲的面上，帮了我一个大忙，这笔人情债已是难以报答的了。

有一位当地的杂货贩，托船员在香港买了一批土产，照规定货物必须由旅客报关，否则不能上岸。幸而我没有行李，那位带货的船员便找我帮忙，我一口就答应了。过关后，这位小贩非常感激，带我到圣保罗。第二天又介绍我到“自由大道”一家中国人开的速食餐厅，立即在厨房工作起来。

自由大道是圣市最热闹的中心，大道名副其实，又宽又长，是双向八线道。道路两侧巨厦林立，尽头则是巴西银行，一栋五六十层高的庞然大物。

这家餐厅的门面很大，一次可坐近百人，客人都是在附近工作的白领阶级，匆匆吃完就走。我们的生意很好，除了地点适中之外，另一个秘诀就是一锅“高汤”。因为一般店里的汤不过是汤，而我们用的是纯正鸡汤，讲究的倒不在鸡，而是要用活鸡，现杀现煮。

在中国，杀鸡算不上什么；在巴西，杀鸡竟然是件大事。

我到的第一天，就见到一场前所未见的奇景。厨房里好像失了火，人人走避，但却又欢声不断，叫嚣喝骂，乱成一团。原来刚好是杀鸡的时间，一次要杀十几只。

巴西人最恨杀生，虽然领了老板的重赏，他们仍感到慌慌怕怕。杀时只是举起大刀，把鸡头一砍，然后人人惊叫逃窜。这时，鸡也忘了头在何处，颈子上鲜血直冒，也亡命飞奔。于是乎，人人叫着逃着，满地洒着鲜血，有时无头的鸡与惊惧的人不期而遇，人鸡齐飞，那个镜头才真正精彩绝伦。

我的第一个贡献，便是教他们杀鸡。先把鸡颈上的毛拔了几绺，捏着头，用小刀割开血管，只待放光了血，死鸡乖乖地一动也不动！巴西人见了，莫不心服，到底中国文化深远悠久，果真是“杀鸡不用牛刀”。

我对巴西的好感，始于这些乐天而懒惰的工人，他们做起事来就像在游戏一般，口中不时唱着单调的民谣，只要两脚一落地，总会蹦蹦跳跳地“舞”上几步“桑巴”。如果有机会偷懒，他们绝对不会稍微客气，由女人到足球，总要谈到有人来催促为止。

那些工人的流动性很大，天天有新人来，也经常有人工作得好好的，突然又失踪了。当然也有几个老老实实的，只是他们做起事来懒懒洋洋，其慢无比。任你催，由你骂，他们始终脸上堆满了笑容，教人无可奈何。

最初我很不习惯，后来见多了，到处尽然。那种人没有心机，没有奢望，朴实而真诚，远比以往我所熟知的社会贤达要来得可爱。我在巴西前后住了有八年之久，由北到南，走过不少地方，除了在足球场上外，居然没见过任何暴力行为。就连两个人争吵起来，也只是三言两语，双方边吵边退，转过头去，立刻忘了（2013 年注：此为历史也）。

气候与环境是重要的因素，巴西中部、北部是大西洋海洋气候。全年均温是 24℃，阳光普照，物产丰饶，有些地方甚至还只挑晚上下雨。只要人没有很高的欲望，生活极易维持，树薯粉可以裹腹，而一件衬衫，可以穿到破烂为止。

巴西立国四百年来，没有经过战争，也没有巨大的天灾。当地的农产以咖啡为主，经济价值高，耕植容易，产量为世界之冠。此外矿产也极丰富，像煤、铁、铀以及宝石都可以露天开采。全国人口不及一亿，领土却居世界第五位，可耕地占领土百分之七十，而到目前为止，使用率尚不到百分之五。

巴西的人种相当混杂，除了土著外，早年冒险的葡萄牙航海家，又引进了大批的非洲奴隶。后来由于咖啡作业方式改变，小农经济兴起，奴隶制度在两百年前已经破产。因之人种开始混杂，在同一家庭中，由于遗传基因的隐、显特质，常常黑、白肤色隔代出现，再不然便是中和成咖啡色。除了新近的移民外，在巴西可以说绝对没有人种的歧视。

我到巴西时，其民选的总统古拉特先生，憧憬社会主义。他眼见工业时代到来后，社会上贫富趋向两极化，因此倡导土地及重工业国有，并实施了大规模的社会改革。他的立意至善，只可惜忽视了巴西人民怠惰的天性，加以工业和经济大权都掌握在外国人手中，以致工商界全力抵制，政令出不了总统府大门。

1964 年 4 月 1 日（也有作 3 月 31 日的，可能是时差的原因），古拉特无计可施，竟自行发动兵变，由屯守里约的第一兵团，调动北部的一部分军队，打算击破南方的保守势力。结果大军在“矿产州”与南军对垒时，双方前哨却把手言欢，一弹未发。古拉特以为大势已去，即时乘飞机逃走，结束了一场少见的政治闹剧。后来保守军人废除民主，执政十多年，并称此事件为“四月革命”。

这件事对我而言，简直是不可思议。当语言能力纯熟后，我常向巴西人请教那段史实，但几乎没有几个人搞得清楚。

待我问多了，他们会耸耸肩，双手一摊，说：“古拉特？你知道他有几个女人吗？”

据说巴西女多男少，物以稀为贵，所以身为男人就是最大的财富。有些女人为了争取毕生的幸福，常不惜出外赚钱，以便把男人养在家中，这一来更助长了男人的骄气。虽然巴西以天主教为国教，禁止离婚，但男人常常走私，甚或另建高阁，把女人视为敝履，丢弃不顾，故而弃妇怨女处处皆是。

很可能是因为我只见到巴西社会的低阶层，然而我知道，在中国由于传统上重视人际之互助，社会地位越低者，家庭之间的向心力也越大。任何一位正常的男子，如果靠女人工作来供养，则他在亲友邻里间，总是会被人耻笑，永远抬不起头来。

厨房里人人都是我的语言教师，在他们毫不厌倦的指导与实习下，没有多久，我说的巴西话除了字词不足，几乎可以乱真了。

和巴西人一样，我最喜欢看的运动是足球，那是种全方位的运动，要技巧、默契、策略、体力，还要有一点不可或缺的运气。

足球场面积广大，气派恢宏，当万千球迷从四面八方蜂拥而至时，大地上立刻出现一片旗海。同队的球迷聚集在一起，齐声唱着他们俱乐部的队歌，兴高采烈地击鼓奏乐。似乎是在向对手宣示：“我们是最强的球队，敌人们，给你们一个机会，赶快闻声而逃吧！”

谁都不会逃，谁都不甘示弱，而每场比赛总难免有输有赢。这些极端的情绪可以从旗帜满天飞舞，或是倒拖在地、无人理睬上看出端倪。球迷们心情的起伏跌宕，才是足球最令人迷恋的地方：每一次在自己喜欢的球队出赛之前，球迷都充满了希望；姑不论此次结果如何，下一次还有下一次，希望还会到来。

有一个盛传的故事，足证巴西人对足球疯狂的程度。在圣保罗市有个资格最老的球队“歌里加”（Corlithes），其球迷都自称为歌里加人。圣保罗球队甚多，第一级的不下十余个，而球迷中平均每三个就有一个是歌里加人。由于球迷多，经费充足，所以拥有巴西有名的球星多人。但不幸自 20 世纪 50 年代以来，在几个重要的竞赛中，一直与冠军无缘。

如果说实力，没有问题，再比士气，人人信誓旦旦，不胜不休。但是运气欠佳，每次都输得令人扼腕，包括球迷在内，都认为非战之罪，不愿责怪。但是二十多年来年年如此，就不免令人扫兴，大批球迷渐渐疏远足球。媒体、专家一致宣称，如果任由歌里加队继续输下去，巴西足球将会没落，国家的经济也必将崩溃。

有一次，圣保罗队一位颇负盛名的教练，公开宣称他自己的罪行。指称在 1950 年时，因为负气而向巫神“马贡巴”诅咒歌里加队，使之 30 年内得不到任何冠军。此语一出，全国骚然，圣保罗队因此解除了该教练的职务。

为了体验个中滋味，我也开始自称为歌里加人，巴西朋友一致为我担心，说我会因此而丧失人生的乐趣。岂料这一次的经历，我彻底认清了“兴趣”是怎样运作的，也看到了人心奥秘的禁区。人的七情六欲无不因自我的利害而生，只缘我自投罗网，足球便与我扯上关系了。

对任何一种事务首先要了解其游戏规则，否则就看不懂，不会有兴趣。其次要有悬疑，没有悬疑就不会去猜想，不猜想，其结果便与己无关。再次要抱着希望，希望是一种很奇妙的心理过程，如果明确地知道了一定的后果，这种心态就不能称做希望，而只是等待结果的发生。只有在不知道结果的情况下，一面等待有利于自己猜想的，一面又惧怕有不利的结果产生，当人心在这两个极端矛盾的变化中翻来覆去时，便产生了“有兴之趣”。

生意人非常了解此中奥妙，刻意制造一些英雄人物，设计一些引人入胜的话题，再不然便利用诱人的广告，先让人知道，再使人有兴趣。人们在茶余饭后谈谈说说，事情成了自己经验的一部分。等到人们有了兴趣，卷入了这个原来与己无关的新事物后，紧接着便是那种惊险刺激的悬疑。因为在一般情况

下，比赛总是有胜有负，各队风水轮流转，不论喜欢的是哪一队，总少不了期待、焦虑，然后再享受那迟来的狂欢极乐。

歌里加人的悲剧，就在于二十多年的等待中，所有的希望都一一落空了。有人失望得背弃了她，有人则抱着孤臣孽子的心情，继续期盼。明知生命中奇迹很难发生，但是以该球队的实力以及常态的机率来看，希望又明明就在当前。

我的个性以及遭遇，与歌里加人颇有些相似之处，我对社会的期望，也与之不相上下。中国人仿佛也是个被诅咒的民族，几百年来的屈辱，难道没有洗刷的一天吗？可是眼前所见，有些自暴自弃，台湾省内上下梁无一不歪。有些人失望了，动辄以中国人为耻，不是逃之夭夭，便是否认列宗列祖。我不甘心，只好做个孤臣孽子，连看足球都不例外。

直到我离开巴西，果真歌里加队没有得到一次冠军，亚军倒拿了好几个。越输我越关心，越关心，我越是同情她。连我都如此，何况那些真正的歌里加人？

巴西人也有他们的歇后语，如："到中国去。"表示无此可能，因为过去交通不发达，而中国远在地球的另一端。

再如说一个人怀才不遇，则为："那个歌里加人！"

不过，我第一次在巴西看足球时，还不知道有这些故事。我所知道的是巴西有个世界球王，名叫贝利。这就够了，一听到足球，我就想到贝利，很想见识一下这个世界级伟大人物的传奇功夫。

就在我于餐馆中工作了一个星期，刚学会几句巴西话，能与巴西人作简单的沟通后，有一天，厨房工人告诉我，贝利这星期天要到圣保罗来比赛。

我当然想去看，可是不知道怎么去，有人给我写了一张字条，大意是说："我是中国人，不懂巴西话，想去'巴甘步'看球赛，请仁人君子指导。"

圣保罗市有好几个球场，巴甘步在市区中，面积较小，可容纳七万名观众。另一个较大的莫隆比位于市郊，全场可坐十几万人。然而世界最大的足球场马纳甘拿，竟可容纳二十万人，是巴西另一大城里约热内卢的注册商标。

星期天一早，我毫不犹豫地拿着字条上了路。一路上，每一个巴西人看了都很热心，东指西说的，而我则在圣保罗市区走来走去，老在几条路之间打转。

正当我打算放弃时，却遇到一个有点娘娘腔、长相很秀气的男人。他指点了半天，发觉无效，便把我的手一拉，带我到一个公共汽车站前。他一指牌子

上的站名，我一看，果然有“巴甘步”这个地名。我向他道了谢，开始找地方买票，却又遍寻不着。

他一直在旁边观察，了解了我的窘况后，便向我摇摇手，走到我的身边。我猜大概是要上车才买票，便开始注意车子的标志。天下所有的公共汽车都有个通病，认为乘客一看到标志，就应该知道去哪里，经过哪些地方。

正因如此，我最怕等公共汽车。记得在日本时，旅行社叫我去一个“佐佐木”的地方。搭车处找到了，不幸我等了大半天，公共汽车来往如梭，都标有终点站名，就是没见着“佐佐木”。后来才知道，日本车牌横写是由右到左，与我们的习惯正好相反。更糟的是，第二个“佐”字，用的是“与前字相同”的符号，所以只有“木木佐”。

这个人的好心令我感激不已，却又不知如何报答才是。不久来了一辆车，他带我上去，替我付了钱，同时对我打手势，意思是会告诉我何处下车。我更觉得不好意思，只恨自己巴西话太差，开不了口。

车到一处，他又拉我下去，但见满坑满谷尽是去看球的人。我既然知道地方了，遂向他一再称谢，他则叽叽聒聒，好像也要看球。我这才安心，忙抢在前面，替他买了票，一同进得场来。这时才知道什么叫做大球场，只见处处人头攒动，黑压压一片。

球赛开始前，先出来三个身穿黑色短装的裁判，这时全场骚动，齐口同声地喊着：

“维亚多！维亚多！维亚多！”

我心想连裁判都如此有名，居然人人认识，球赛之精彩可见一斑。

球赛终于开始了，贝利代表桑托斯队，身着白衣，背号是著名的10号。他果然不凡，球在脚下如同粘在鞋上一般。可是对手也不弱，经常有两个人，甚至三个人缠着他不放。我们这边都是桑托斯的球迷，大家看到贝利受迫，无不大声咆哮。当然，少不了我这个一直开不了口、一肚子闷气的小伙子。

上半场零比零，双方未开记录，中场我买了冰棒请这位朋友，也好秀一下自己刚学会的拿手的几句话：

“这个很好，我喜欢这个。”“喜欢”、“谢谢”这几句我说得很流利，尤其是“喜欢”这个字，在巴西相当于“爱”，得先学会好追女孩子。

下半场又开始了，不久，贝利在禁区得球，转身骗过了两个后卫，正打算射门。但见后面飞来一脚，正踢到贝利的踝部，他一个踉跄，立即翻身倒地。

“啊！”全场同声一叹，人人都站起来，以便看得更清楚。

只见裁判眼明哨快，“哔”的一声手指禁区，点球！

如同指挥乐队一样，全场立刻响起欢声。

太精彩了，这个“维亚多”裁判太伟大了，我兴奋之余，拼命挤出一句话来：“我喜欢‘维亚多’！我喜欢‘维亚多’！”

结果，由于一个我无从理解的原因，这场球我没有看完。原因是：那位娘娘腔的朋友一听到这句话，立刻兴奋地紧抱着我，令我喘不过气来，以致不得不逃之夭夭。

待回到店里，把这段奇遇告诉那些工人时，全场都笑得东倒西歪。后来我才明白“维亚多”不是裁判的名字，而是一句最不雅的话，也就是北方人所说的“兔子”，一般称为“同性恋”。

店东是个华侨，他看我工作认真，语言也能应付，便调我到餐厅去管收银机。这种工作非常容易，但却须要谨慎心细，正是我的罩门。我大开大合惯了，一个月下来，每天的账目从未正确过。而且越是小心，越是出错，微薄的薪金，赔的几乎比赚的多。

最初我还不服气，一再提醒自己，要集中全部精神，仔细地按键，小心地核对。可是到结账时，总是有些出入。为什么呢？是不是收银机坏了？餐厅里还有一台，由另外一个人负责，他从来没错过，我与他交换着用，情况依然。

经过一再地检讨、研究，我终于发现是自己不适合这种工作。我太好胜，一上来就想做得比别人更好。而这种例行工作，除了正确之外，根本无所谓好不好。

因此，我便想以快取胜，账单一到手，立刻结清，避免侍者在一旁等候。后来出了错，心情难免紧张，一紧张，便乱了手脚。我操作手法本来就不够熟练，当专心注意数字时，手指便老是按错键；若注意到手指，又忽略了数字。最糟糕的是我的脑筋太活，老是东想西想，加上正在学习语言，这里随时随地都是难得的良机。

若人计账时一心数用，怎能不错？

不久那位大学的同学“老师”找到了我，说他会种洋菇。我便介绍餐馆的老板给他，他们谈好投资合作，并叫我去农场帮忙。不料“老师”只是在课堂上学过，毫无实际经验。一季下来，白洋菇种成花洋菇，杂菌长得远比菇体多，因而双双失业。

以后的几个月，我做过多种不同的工作：在地下肥皂厂熬牛油，修车厂换机油兼打杂，建筑公司做搬运工，后来又在一个私人的测绘所画地图等。但其

间总会有些因素，不是身体吃不消，便是待遇太差，让我做不下去，工作时间没有一次超过一个月。

常有朋友劝我去“当兵”或是“提包”，所谓“当兵”，有个非常离奇的故事。原来一位来自台湾的青阿根，结识了本地一位日本大亨的独生女，几经波折，两人结了婚。婚后那位大亨突然暴毙，他们便继承了全部的财产。

大亨在日本原有妻室，且有一子，其子特地来巴西准备争夺遗产。但是根据巴西的法令，不承认该大亨在日本的婚姻，大亨的儿子不肯善罢，多次谋刺阿根不成。阿根便迁居到内陆一个农场中，同时重金聘请保镖护卫。

双方僵持了年余，阿根坚壁清野，蛰伏不出。那个日本人常雇小飞机到农场投弹，巴西人因为怕死，再也不肯当卫士。一些失业的中国人知道了，口口相传，对这种浴血卫士趋之若鹜。大家散居在农场外围，每天无事可做，便以打靶为乐，美其名为“当兵”。

至于“提包”则是当时大多数中国人唯一的出路，因巴西人结婚时，女方应准备卧室的各种用具。起初，葡萄牙式的织锦床罩、桌布等都是传统的嫁奁。自从中国的手绣品传入后，由于花色繁多，精美无匹，一时蔚为风尚，人人争购，供不应求。

中国桌布来自大陆，经香港转手，最初多委托私人携入，以便逃税。在20世纪50年代因供不应求，售价约为原价的100倍，中国人以此致富者比比皆是。到了60年代，一来因为从事此业的人日益增多，相互竞争之下，利润降至不足5倍。再加上不肖税务人员的介入，层层剥削不说，一个应付不当就有牢狱之灾。

于是原来发了财的人纷纷转业，有的摇身一变，成为工商界的巨子，有的则升格为桌布批发商。而新来的中国人则继续提起“包”来，沿门贩卖，每月净利再少也有五千美元左右，比做任何其他工作赚的钱都多。

当兵固非我愿，“提包”也难动我心。不为别的，我总觉得冥冥中有什么支配着，身不由己。我不知道该做什么，也无从想象。只感觉到不论在哪里，所见到的人、事，都是平平庸庸的。人没有判断力，没有眼光，不过人云亦云。事没有价值、意义，说穿了，除了名利财色之外，空无所有。

我不愿与他们相比，也不把他们的得失放在心上。因此我行我素，在一个又一个微不足道的工作中，不断尝试着。

圣保罗中国社区有个天主教会，一位姓何的神父负责“青年会”的事务。我在那里组织了一个球队、一个乐队，和何神父相处得很好。他常劝我好好找

个固定工作，安定下来，娶妻生子。

有一次他又喋喋不休地劝我，我忍不住打趣道："如果娶妻生子有那么好，为什么你自己不以身作则呢？"

"胡说胡说！我已经献身给主了，娶妻生子不是我们的事。"

"我很可能有一天也学你的榜样，做神父。"

"还在胡说！你连主都不信，怎么做神父？"

"说服我呀！只要你能让我相信，我就信。"

"对主的信仰全靠你自己，不是要别人来说服的。"

"你不肯说服我，而我又不信，看来我永远做不成神父了。"

"你这孩子！成天不说正经话，已经都要三十了，你再混下去怎么办？"

"只好当神父啰！"我始终对他嬉皮笑脸。

"唉！我本来是想给你介绍一份固定工作的，看你这样子，教我怎能放心？"

"什么固定工作？"我听了，精神一振，也该尝试一种新的工作方式了。

"有人委托我找一个能长期工作的人，看你的样子，多半做不久。"

"我是迷途的羔羊，你是牧羊人，总可以让我试试吧！"

"让你试试？如果你做了两个月又跑了，教我怎么交待？"

"好吧，我去讨个老婆，把我拴将起来，可是您得先给我介绍老婆呀！"

"尽是胡说，到底你要不要这个工作？"

那是一间聚乙烯制袋工厂，老板姓刘，早年靠"提包"发了财，便开了这家工厂。他用过好几位从台湾来的年轻人，但做不了多久，不是去卖台布，便是被别的工厂挖走了。所以他特别对何神父声明，要能长期工作下去的才行。

刘老板一见我，劈口就问："你为什么不去'提包'？我这里的薪水可没有那么多。"

"我对赚钱兴趣不大，只希望有个稳定的工作。"至少目前是事实。

"真的？不过，有谁不想赚钱？想赚钱也不是坏事。你放心，只要你好好工作，我绝不会亏待你的。"

我负责管工人，因为聚乙烯要熔成液体才能吹袋，吹袋时不能停炉，所以每天分三班，24 小时连续作业。全部工人有六十多个，平均每月制袋 300 万个，当时在巴西，其生产量在同业中居前五名。

我先观察了一遍，发现工人工作情绪不高，先跟他们攀上交情，一一询问。原来巴西人每隔三两个小时，一定要喝杯咖啡，否则就精神不济。厂中不

但不提供，也不许休息，并严禁工人到咖啡店去。所以人人无精打采，只是蒙混敷衍，以致工作绩效低落。

我向刘老板反应，他则怪我多事，坚持不允。我便自己掏腰包买来咖啡豆，日夜三班亲自烧给工人喝。果然，工人精神大振，情况大不相同。

其次我发现工厂的生产线配置不当，工人很多时间浪费在搬运塑胶袋上，其中约有十分之一的袋子都因搬运而受到损坏。此外，厂里所用的切袋机都很陈旧，照理切袋工人在切割不同尺寸的袋子时，必须换用不同直径的转轮，但谁也不愿费心去换。结果是袋子短时，转速太慢；袋子太长时，落点又不准。

我又向刘老板建议，设计奖金制度，改变生产流程，并规定袋长及转轮的应用尺寸。刘老板责备我冒充内行，我则坚持立场，两人争执了很久，最后他终于同意试行一周。而一周的试验成绩，证明了我的看法正确，刘老板这才让我放手改革。

我这样日夜不休地工作了三个月，在一个工人未增、一台机器未加的情况下，产量竟由原来每月 300 万个袋子增加到 600 多万个，足足多了一倍有余。

有了这种成绩，我并不认为有什么了不起，只觉得没有辜负何神父所托。特别找了一天，向刘老板告假。刘老板似乎不知道我已连续三个月没有休息，居然问我：

"今天大家都上班，你怎么可以离开？"

"我来了三个月，还没有休息过一天！"

"我知道，我知道，以后我会补你的，目前工作很重要，你不能离开。"

"现在制度都定好了，工人也很自爱，我晚上回来检查就行，我实在很累了，不休息无法继续工作。"我很不满意他的态度，说起话来也不留余地。

"那……你要去哪里呢？"他知道拦不住我，神情有点紧张。

我本来想告诉他要去看何神父，但心中觉得这样显得自己太爱表功，便说："想去看场电影。"

"啊！你早说不就好了？没问题，算我请客，你去看吧，早去早回。"

我根本没打算看电影，到了教会，找到何神父。正想表示自己不负所托，在工厂中已经做满了三个月。不料何神父一见是我，就满面秋霜，毫不客气地指责："小朱，你怎么可以这样？我原来以为你是个有志气的青年，所以才介绍你去。像这样不负责任，以后还有谁能相信你？"

如同晴天霹雳，我呆住了，难道我做错了什么事？想来想去，只有今天我要求休息一天，在态度上可能得罪了刘老板，但是这又有多严重？我忙解释

说："何神父，我已经日夜不停连续工作了三个多月。今天是三个月来第一次休息，难道这还叫不负责任吗？"

"我不知道你在做什么！我也不管你在做什么！我只告诉你！你这样下去，从今以后，在社会上会人格扫地！"

他的态度仿佛怪我工作不力，好吃懒做一般，可是怎么会呢？我辛辛苦苦地把工厂的产量增加了一倍，即使何神父不知道，也不应该有这种看法呀！

"何神父，这其中一定有什么误会，不知道你听谁说……"

"没有什么误会！你不必解释！是刘老板亲自告诉我的！"

天呀！不知前生犯了什么罪孽，我这辈子不论做什么，总会招来无妄之灾！心中顿时狂潮翻涌，胃壁上感到一阵阵的抽痛。好在我有了过去的经验，知道此刻一定要沉住气，慢慢地说明，是非真相自有分晓。

于是，我先向何神父道了歉，请他细听我这三个月的工作经过。他先还不信，我一再解释，渐渐地，他脸上恢复了和悦的神色。等我说完，他说："真是难以相信，刘老板为什么要那样对我说呢？"

我拿起电话，接通工厂，请刘老板讲话。何神父还想阻止，我却不管。等到刘老板的声音传过来，我立刻把电话筒交给何神父，他只好接过说："刘老板，我是何神父，朱邦复在我这里……"

这话一出，何神父再也开不了口了，刘老板不住地在电话中解释。说了半天，好不容易才轮到何神父说了一句："可是，你怎能用这种手段呢……"又听了半天，何神父为之气结："这是什么话？这是什么话？说不通，说不通，你这样怎么对主交待？"

我无心再听下去，四肢好像有点发冷，胃中更是痉挛欲呕，身上冒着虚汗。我倒在沙发上，再也站不起来了。

最后何神父挂了电话，把头摇个不停，说："真是太不像话，太不像话！这种事我从来没见过！刘老板说会给你加薪水，希望你永远跟他做下去。他是为了保护你，怕你被别人挖走，所以到处说你坏话。简直……简直是胡闹嘛……"他正说着，突然看到我的模样，吓了一跳，连忙问："你怎么了？怎么了？"

"我胃里很难过……"

"啊，那不打紧，大概是生气的关系，你要原谅他。真的，以你的工作能力，如果到别家工厂去，刘老板的事业就完了，他也是不得已。"

"何神父，请您不要劝我。这种情况下，就是给我金山银山，我也做不下

去了。"我有气无力地说。

"是的，我不劝你，可是年轻人能忍耐就要忍耐。"

我回到工厂，刘老板满面堆欢地等着我。一再地向我解释这个社会很险恶，他必须用这种方法来保护我，以免被坏人利用。我没有精神多说，只表示绝不到任何同类工厂去做，同时等工作上了轨道，我立刻辞职。

由于工作过度劳累，再加上情绪的极度激动，我得了胃出血。连续几天大便全是黑色，身体更是虚弱不堪，原来的那股干劲完全消失了。

离职后，我又做过大楼的守夜员，帮饭店送外卖，到一家中国人开的无照工厂制造肥皂粉，还有各种各样的小工，都不超过半个月。

比较长的，则是在街头帮人照相。白天照，晚上则把我那个单眼相机反过来，当作放大镜，自行冲洗。巴西人实在可怜，很多人终其一生没有照过一张相。所以我的生意不恶，可惜主顾太穷，卖不出好价钱，只维持了两个多月。最后还把那部宝贝照相机当作抵押品，暂充积欠已久的照相材料账款。

另外一次，是一家有名的中国餐馆的高老板，因为打官司餐馆不能营业，便开起了地下赌场。我去权充大厨，边做跑堂，又兼保镖。去时说明，这种工作没有薪水，收入全靠小费。中国人很不可思议，每场输赢上万，小费却小得看不见。一天下来，我不过分到一二美元。

这次所看到的又是一个新世界，眼见那些没落王孙失群鸟，全神贯注地浮沉在几个数字的变化当中。我完全无法了解这样做意义在哪里？为了钱？显然不是，常有赢家大请其客（他们的小费给得少，并不是舍不得钱，而是认为这样会"漏财"）。

唯一的可能是为了得胜，这些人即使有钱，也不是经常有机会享受到胜利的果实。在赌局中，输的机会再多，也总有可能得胜，那种滋味只有胜者知道。于是人的七情六欲，在一次一次的谜底揭晓间，千回百转，翻扰奔腾。

人生最难逃的灾关，不外酒色财气。在这里除了正气之外，各种腐败贪婪之气充斥，真假好坏不分，天理王法无存。人人禅功荟萃，把注意力集中在那一刹，只求成佛！一旦"命运"揭晓，人的灵魂凝聚空中，高潮低谷，胜败立分！

每天大约总有四至八桌常客，有的赌天九，有的玩麻将，赌得最多的还是扑克。由于中国人只相信美元，这里每天美元的进出，不下数万元。

我所知道输赢最大的一次有九十多万美元，输的是一位圣保罗的侨领名人。当时已近天亮，他拿不出钱来，立刻被债权人团团围住，逼着他打电话给

家人，限在一个小时内将钱送到。那时侨领的威风不再，他下跪求饶，卑微得有如狂风中飘舞的飞絮。

其实这些人都是老朋友，平常称兄道弟的。有时带了女人来，还相互交换，一副和睦亲近的模样。这次大概是数目太大了，超过了友情的极限，连父子都可能反目。

我不想知道结果如何，也不愿再工作下去。人性我看到了，更看到造物者的残忍。生活本来不是问题，像这样待下去，说不定有那么一天，门外出现几辆黑色大车，突然间手枪机枪纷纷出笼，刹时子弹血肉横飞。送命事小，如果报上再登上一则“赌场保镖朱某某”，风声传回国内，只怕父亲立刻跨上飞机，亲自来巴西清理门户！

几个月下来，工作不顺，生活又不正常。胃病日渐严重，不论吃饱与否，常时疼痛，有时会痛得坐立不安。再加上居无定所，天天搬来搬去，连仅有的两件行李都成了累赘。两个行李箱中，一个装的是换洗的衣物，一个则是小喇叭提箱，都是从台湾带来的。

说起那只小喇叭，也有段巧得不能再巧的奇遇。那是在台大视听中心工作时，我很想买一部摄影机，但因囊中羞涩，就去中华路看看有没有旧货。经过一家乐器行，突然间又有新的欲望产生了。我一直幻想有只小喇叭，像黑管一般轻巧，若能便宜得符合我口袋中的钞票，为什么不买？

老板见我流连不去，便问我要买什么？

“有没有便宜一点的小喇叭？”

“我这里卖的都很便宜，你真的要买，我还可以打折。”

“有没有旧的呢？”

“旧的？旧的不见得便宜啊！有兴趣请进来看。”

他带我爬上夹楼，此楼上下高不过三尺，却堆满了各式各样的乐器。

我一眼就看到一个体形娇小的喇叭盒子，心中猛然蹦动，立刻问：“那是什么？”

店主拿了过来，掸去上面的灰尘，想了想，说：“这是好几年前，美军顾问团乐队里的一位乐师抵押的一只喇叭。你要的话，我可以算得很便宜，但是能不能用却不敢担保。”

结果我以 1000 元成交，大约是当时月薪的一半。怎么都想不到居然美梦成真，一直让我心跳了好多天。最令我满意的是这支喇叭比一般的约轻三分之一，结构朴实简单，吹起来轻松流畅，音色也嘹亮清脆。以我的标准来看，简

直是完美无缺。

这次，我几乎到了穷途末路，一看那喇叭箱子，突发奇想，为什么不试试看，说不定可以靠吹喇叭谋生哩！我走访了不少夜总会、俱乐部，才发现每个乐队都有自己的班底，挂单的乐师根本没有生路。所幸有一位白俄人，他曾在沈阳待过，会说几句中国话，见到我如同见到乡亲。他给我介绍了一个水平很差的舞厅，由于待遇差，经常缺人。

在巴西所谓的舞厅，实际上就是妓院，跳舞并不重要，音乐更可有可无。男男女女只是借着缓慢的节奏，以便让身体相互接触，从而培养情绪，以达到进一步的目的。

我不会巴西人迷恋的桑巴，但蓝调在这里最管用，也最适合小喇叭。

大概吹了一个多月，我的成绩不错，在那种场合下，居然还有人“点唱”。有点唱便有外快，生活也改善了些。我梦想有天会有乐探出现，说不定能和格伦·米勒一样，将来拥有自己的乐队，创造自己的音乐。

谁知好景不常，有天舞厅毫无预警突然关门了，什么原因我不知道。好在手头有了些钱，我又可以慢慢地去找工作了。只是，我决定放弃吹喇叭的工作，因为吹喇叭很费劲，我已经连续几天大便出血，身体极度虚弱。

有一个从大陆来的老华侨，说神曾与之通灵，发愿要做牧师。为了召集信众，他热心公益，帮人纾困解纷，在侨社小有名气。有个同学将我介绍给他，请他帮我找个工作。

流浪久了，我确实希望安定一下，再说，好汉也怕病来磨，胃病无时不在。胡混了这么多日子，原本是为了体验人生，人生是已经体验了不少，但健康却赔了进去。现在我真正需要的是时间，好一面休养身体，一面把所经历的整理一下，说不定能写本“侨乡血泪”。

由于有了牧师可资依赖，我只须上“教堂”报到，不必自己再去东闯西找。我想到帮助我来巴西的张老伯，便抽空拜访他，听他发泄一下满肚子的牢骚。

张老伯每次谈的都是政治，他虽然在异国做了寓公，生活安定，却始终心怀故土。他胸中块垒甚深，有时谈到激动处，当着我的面也禁不住老泪纵横。张老伯的不幸，应溯及张少帅的西安事变，可是他闭口不提此事。但是，不论谈什么，张老伯经常话锋一转，把陈诚解散东北 80 万大军（指东北伪军，数量被夸大了——出版者注）的事，骂得狗血淋头。

我不否认受过陈诚的好处，但我也了解很多内情。陈诚是“国民政府”中

极少数有能力的军事及政治家之一，只因“愚忠”于“总统”蒋中正，反倒沦为“祭旗”。最初，我只是静听张老伯的怨怼，次数多了以后，我觉得有必要澄清一下。以免一个余日不多的长者，永远生活在错觉中。

“张伯伯，请问您，在老先生的领导下，“国家”的决策该谁负责？”

“这个你都不知道？当然是老先生。”在习惯上，他称“总统”为老先生。

“如果有人不照老先生的意思，您想会有什么下场？”

张老伯笑了，似乎觉得我这个年轻人未经世事，连这么简单的事都不懂：“我跟你爸爸是好朋友，你知不知道他曾被老先生批示‘永不录用’？老先生的确是个领导人才，虽然我不同意他的某些做法，但他很有远见。”

“假如是一个集团军的异动，谁能出主张呢？”

“一个集团军？连一个军的异动，都完全在老先生的控制之中。”

“一个集团军不过 10 万个人吧？”

“要看编制而定，有些杂牌军可怜得连军饷都没有，哪能养得起几万人？”

“那么东北 80 万大军可比得上好几个集团军啰！”

“唉，你是不知道，我们东北军是从日本的关东军接收过来的。不论装备、训练或士气，都比老先生的部队强得多。如果不解散，林彪怎么可能拿下东北？又怎么会有徐蚌会战（淮海战役）？又怎么可能平白地把中国大陆丢掉！所以我说陈诚该杀！”每次一说到这里，张老伯就气愤填膺，怒发冲冠。

“老伯，您有没有想过，陈诚并没有这样大的权力呀！”

“你是小孩子，哪里晓得？是陈诚建议的，也是他执行的，连他自己都不否认。”

“像这样重大的决策，别人的建议老先生会接受吗？再说这样严重的后果，老先生会轻易放过始作俑者吗？老伯，您对民国的历史熟得很，有这种可能性吗？为什么老先生不但不处置，还把台湾的军政大权交给陈诚？这其中难道没有玄机吗？”

“这就是我不能原谅老先生的地方，所以我才逃到巴西来。”

“您有没有想到过，还有另外一种可能，如果陈诚尽忠职守，肯为老先生背黑锅，会是什么情况呢？”

张老伯听了，楞了一会儿，站了起来，气愤地说：“我知道你爸爸是陈诚的同党，我好心帮你的忙，你怎么可以对我说这些话！”

我又上了一课，千万不要让别人看到他所不愿见的真相，尤其是对一个风烛残年的老人。从此我不敢再去他家，因为我拆穿了他心里的屏障。他当然清

楚事件的前因后果，可是老一辈的人极重视忠君报国的原则，他无法责备他心目中的“国君”，潜意识中便将国恨家仇转移到一个代罪羔羊身上。

不久，那位牧师果然给我找了个工作，是他教会中的一位信徒所提供的。这教徒姓方，上海人，他在家中开了一所工厂，专门生产婴儿用的娃娃车。

去前大家说好，目前我们只是互相帮忙，没有薪水，只发零用钱。如果做得好，他打算正式开办工厂，那时我才能算正式的员工。这些都不重要，我之愿意接受这份工作，只是表示感激牧师的好意。再说，有人在家中开工厂，我也觉得新奇，经历一下有何不妥？

他家在郊区，是幢别墅，房子很漂亮，地方很大。院子里堆满了各种原料，却只有一个年轻的日本人慢慢地工作，每天约能出货一台。方先生负责销售，生意愈做愈好，只因急着催货，而货源不足，所以要我来帮忙。

那种工作实在简单得使不上力气，不过是把两根空心铁条压弯，再装上已经缝妥的布底及一些装饰，大功告成。我一上手，几天下来，就把积存的物料用得精光。方先生高兴得大量接订单，大量进货，乐不可支。我们也兴高采烈，反正只要他能接，我们就能即时交货。

最初，方先生大为感动，把我当作家中的一员，相处极为融洽。我满以为这次可遇到了知音，理应肝脑涂地以报，于是又替他出些点子，告诉他应该如何改进。不料，他不但不提受，态度一天一天冷淡，我知道又是热心过度出了纰漏。

直到有一天，方太太出面告诉我，说原来供不应求的市场，如今竟告饱和。他们“痛苦”地决定，只维持过去的状况，不得不请我走路。

事后牧师却告诉我，说方先生千交待、万嘱咐，要我看在过去相处的分上，不要再从事同样的工作，以免与他发生利害冲突。

人心人性，自古皆然，为了生存，能力不足者，最怕别人比他更强。谁又知道别人的心事呢？谁又相信会有人宁愿不顾自己的利益，而为别人着想呢？错不在方先生，是我太天真，太爱求好，分明有聚乙烯吹袋的前车之鉴，可是我能不努力工作吗？分明看到了缺点，能不改进吗？

这时，“老师”也失业了，还有一位刚认识的朋友小龙，三个人碰到一起。小龙毕业于屏东农专，大家一商量，既然都学农，为什么不干脆从事本行？于是，凑了一百多美元，同到“保禄”附近的一个小镇，去买农场，准备种桑养蚕。其实，钱大半是小龙出的，我不过是凑凑尾数而已。

保禄位于圣保罗的西北方，坐火车要五六个钟头，是日本移民的大本营。我们要去的小镇极为偏僻落后，离保禄还有两站。那儿有几个中国人，来此种桑养蚕竟然大为成功，一举带动了地方的经济，也提升了知名度。我们在掮客的怂恿下，地都没看，便买了个三亩大的农场。

我们买的“农场”，上面全是杂树，虽不大，整理起来却极为费事。盘算下来，买地简单，而种地所需要的资金恐怕要超过地值十倍。这时三个人都已身无分文，以后呢？难道可以吃泥土度日？

于是我们又赶回圣保罗，各自想法借一点钱来。谈到借钱，正是我的致命伤，我一向单打独斗，这时能向谁借钱去？不要说试，连想到都心烦，真不知应该如何是好。

到了晚上，我没有钱住旅馆，连最便宜的一天只要一美元的大统舱都住不起。只好到公园里，找了一些报纸，裹着身体，与一些流浪汉挤在一个墙角里，倒也挺温暖。

其实我露宿穹天之下，这也不是第一遭了，不值得大书特书。在台湾时，有一次为了一件事去屏东师范找一位女孩“丁丁”。去时，替“总统”驾飞机的同宗朱逢汤，给了我一张军机座票。到了屏东，为了省钱，也曾在公园里睡了一晚。那一次受到幸运之神眷顾，清晨起来竟捡到五张百元大钞，所以我常把露宿视为发财捷径。

但是这次心情完全不同，如果说要历练人生，也不必一定要到与流浪汉为伍的地步。一次又一次的，工作上不断遭受挫折，难道是我太贪心？还是工作不努力？或者是好高骛远，个性乖僻？尽管我不肯承认，事实胜于雄辩，为何没有一个工作我能持续半年以上，而别人却都活得好好的？

我试图归罪于运气，那也说不通，记得《封神榜》中有姜子牙流年不利的故事，但我并没有那样倒霉。我所遭遇的多半是人与人之间的隔阂与误解，我愿意相信别人，而别人却不能相信我，其中必有症结。可是，不论我想尽理由，用尽方法，偏生打破了头脑，就是解不开这团谜。

天亮时，在蒙蒙的曙色中，突然一幅画面跃进了我的眼帘。在这群流浪汉中，竟然有一家人——一对年轻的黑人，和一个大约一岁多的孩子。那对黑人紧密地依靠着，孩子则睡在他们的膝间。不论是大人还是孩子，他们的脸上丝毫看不出有悲愁或痛苦的神情。天地宛如他们的家，人间只是一段旅程，在知心的伴侣身边，人生还有什么他求？

多年深埋在心底的绮梦，顿时化为烈火，燃醒了饥渴的灵魂。为什么我

没有一个伴呢？如果这时身边有个人，能像这样的依偎着，岂不是冰激凌蛋糕——外冷内甜？

其实我早就压抑了很久很久的，一种难以告人的私衷，那就是“性”。自从在花莲找了一次妓女，得了性病以后，我就再也不敢寻花问柳。在生理上我的需求旺盛，经常亢奋得坐立难安，唯一的方法是靠手淫来解决。有时一个晚上要三四次，才能纾解那种难堪已极的感受，而第二天，心理的自责却又接踵而至。

我常自诩自我控制力很强，所有认识我的人，也都不否认这一点。然而我却对性的需求束手无策，竟要用这种不可告人的方法解决，这算什么自制？不过，我有我的看法，可耻与否，在于人的认知，如果与人无损，耻从何来？

在还珠楼主的《蜀山剑侠传》中，凡是要修仙学道的人，就必须要克欲戒淫。虽然那是神话小说，但是经过常年“洗脑”，已成为我信念中的一部分，是我奉行的金科玉律。我虔信，做不到就表示定力不够，证明我只是凡胎俗子，成不了气候。

唯一的解决办法是结婚，而结婚不是单纯的买卖，有钱没钱先放一旁，总得有个对象。再说，买东西还可以放在一边，结婚却不仅要男欢女悦，还要长相厮守，再下去便是生儿育女。且不论幸福与否，一生可以断定到此为止，就算想搬家，也是东瓶西罐、箱子桌子一大堆！

我做不到，做不到就要付出代价，这是生物进化的铁律。我知道代价很高，也一直都在支付，从未后悔。我的对策是保持忙碌，不断地给自己出题目，不断地努力应付，每天心神都被占据，倒也履险如夷。

现在，两手空空，无所事事，我被打败了。身心疲惫，意志力消失无踪。

心中念头一起，我下意识地认为，还是先结婚的好。像这对夫妻，无家无室，相偕飘零四海，岂不更为潇洒？再说，这次要去农场，不能再像以前一样，做三天，打了就跑。仅有的几个朋友已经把我看得一文不值，我必须安心下来，证明一下自己并非游手好闲、不务正业之辈。而唯一的方法，便是用“家”把“人”牢牢地拴住，所以我决定结婚。

结婚？对象呢？这点我并不担心，我不相信自己有哪点不够格。

有了新的认识，我开始张开眼睛，仔细打量身边搔首弄姿的各类女郎。人真是可怜的动物，各种感官就像一根一根的绳索，把人的身心捆得紧紧的。平常我钻进了思考的阁楼，在那里，感官的噪音已经化为我探索的对象，所看到的只是连绵的纤维。现在不同了，下得楼来，各种纤维纠结成一片罗网，在在

引人入胜，我迷失了。

首先，我壮起胆子，先向老同学借钱。当时年轻人的圈子里有一句话——北才南潘。“北才”指的是一位名叫才立中的青年，他在一个纺织厂任经理，老板是中国人，工厂的事全交给他。他手下用了不少台湾来的朋友，平日成群尾随着他，阵容浩瀚，俨然霸气十足。

多年后我曾在美国遇到他，那时他已面容清瘦，满头飘白，一副落魄的模样。半晌，我都不敢跟他打招呼，还是他大方地走过来。谈起当年，他感慨万分，毫不讳言过去因为年轻无知，任性骄狂、恃才傲物。后来与东家闹翻了，自行立业，却被最信任的朋友出卖，以致一败涂地。言下语多自责，颇足醒世，此人能幡然醒悟，实乃我生平仅见。

南潘是指在南方“快乐港”经营农场的一位潘姓学长，不幸他的名字我始终想不起来，多半是我欠他的钱一直没还，潜意识中有意给忘掉的。

这位学长自己拥有几百亩地，种植大豆，年年丰收，事业相当成功。他每次来圣市，总会引起一阵旋风，同学们口口相传，都以他为荣。

刚巧这次他又来了，我厚着脸皮向他借了五十美元（相当一般工人一个月的收入）。有了钱，我又去中华会馆，何神父见到我，免不了又东问西问。听说我要去农场，他大感欣慰，笑得嘴都合不上，一直说：“你这孩子！早该回到本行的，真是迷途知返，迷途知返！”

“是呀，有您这位牧羊人在，哨子一吹，不回来也得回来。”我知趣地幽他一默。

“先安定下来，然后成家，听见没有？”

“那么您就发发慈悲，介绍一位吧！”我连忙顺水推舟，其实这才是真正的目的。

“真的？交给我，交给我，我慢慢地帮你找！”

“不能慢慢找，最好快一点！”

“当然，当然，年轻人说风便是风！”

“我明天就要回保禄了，最好是今天！”

“胡闹！胡闹！”他打量着我的神情，这才发现我不是胡闹，他气了，“荒唐！荒唐！你想做什么？买一个老婆帮你种田去？你这孩子，老是做些怪事！结婚是神圣的大事，是上帝给子民的恩赐，怎么可以这样轻率？”

何神父一语道破，我的想法太奇怪，天下哪有人一天之中就找到婚姻对象？连上帝创造宇宙，也要七天呀！

我打算在农闲的时候，做些小手工艺品，像以前在学校做的自行车、三轮车之类，便顺道买了些材料。因为第二天中午才有火车班次，到了晚上，一看还有时间，为了省旅馆钱，我便到自由大道旁一个小巷里，找了个小酒吧，要了整只烤鸡，先享受一番。

我坐在吧台的高凳子上，为的是一个人不好意思占用一桌。这种小酒吧因为本重利轻，一般的吃食都卖，我以往只要腰中无虞，常来光顾。

正在大快朵颐之际，突然听到一声声圣歌平和的哼声。抬头一看，是一位女侍，一边轻快地工作，一边哼着。可能是饥不择食吧，我这一看，神魂竟掉了一半。她看上去不过十六七岁，浅褐色的皮肤与黄种人很相近，但轮廓鲜明，眉目之间颇具秀色。

她哼的那首圣歌我很熟悉，反正时间尚早，而且闲得无聊。我把鸡放在一边，抹净了嘴上的油腻，也随着她哼将起来。她觉得和声有异，见到是我，含羞地笑了笑。对人而言，“含羞”是一种若有似无的情缘，是对少女最微妙的描述，她的羞意成了我心跳的动力。

接着我们开始了长谈，我展开了拖在背后的孔雀尾巴。我说自己是刚来不久的中国人，在保禄经营农场，身家清白，尚未娶妻，无不良嗜好等老掉牙的话头。

她也斜着眼，一副怀疑的神情，静静地听着。最后她说：“花花公子，你在保禄是真的，但你不是中国人，是日本人。”日本移民约有两百万，部分人在保禄经营农业极为成功。

“为什么？只因为我巴西话讲得好？”

“因为你身边的纸包，那上面有日本字。”她面有得色地说。

“啊！中国人就不能买日本货吗？”

“好吧！至少你是在巴西土生土长的中国人。”

接着我开始问她，她叫玛利亚，在这里打工是为了想进中学读书。因为家里太穷，负担不起学杂费用。我心想，好极了，年轻漂亮，又肯上进，家中穷，一定能吃苦。如果有妻如此，不仅农场上有个帮手，心灵上也可以调教出一个伴侣。

我们谈得太入港，老板过来暗示了好几次。我为了表示大方，便先拿了一张大钞作小费，而且故意放在桌上，好给老板看。

玛利亚见了，很不高兴地说：“这是做什么？表示你有钱？”

我一听，有志气！这正是我要娶的理想对象。好在明天才走，我便把握机

会，约她打烊了以后，我们要好好地谈谈。

"有什么好谈的？"

"重要的事，因为我明天要回保禄，我一定要和你谈谈！"

她想了想，点点头答应了。我不便再打扰她，把还没有吃完的烤鸡包起。另外找了一个地方，一边吃，一边考虑用什么方法，能说服她做我一见钟情的妻子。

到了11点多，我提前到那小店，店里冷冷清清的，只有店主一个人在收拾。

"玛利亚呢？"

"她回家了。"店主连看都不看我一眼。

我忙到街上到处找，我怎么这样轻心？以为店家打烊都是午夜，让她一个人在马路上等，岂不是罪过？

马路上找不到人，幸而我知道她上班时所乘的公共汽车，明天一大早去向她陪罪吧。

附近有个舞厅，是通宵营业的，我以前吹喇叭时曾来这里求职过。这里有个好处，只要叫一杯酒，便可以坐在一旁，消磨到天亮，至少能免除寒夜的侵袭。更何况这杯酒的价钱远比旅馆费要来得便宜，所以夜夜人满。

我找了个角落，小盹到清晨5点，便直接到公共汽车站去等她。

一直等到9点多，终于看到了一个纤细的身影，从公共汽车上走下来，我立刻兴奋地迎将上去。还没等我开口，她见到我，一楞，居然身体一软，靠着墙，滑倒在地上。

我当场傻住了，旁边的人立刻拥上前来，把她抬到路边。有人用水浇在她头上，有人则捏住她的双肩，又摇又晃的，不一会儿，她渐渐地苏醒过来。

有人问："有没有人认识她？"

我这时头脑才恢复清楚，挺身而出，说："我知道她就在那条小街上工作。"

"那就麻烦你送她过去吧，没有什么，只是太劳累了，最好今天不要工作。"

玛利亚虚弱地站起来，并没有拒绝我的扶持，只是说："只要送我到街口就好，你千万不要过来，我们老板不喜欢你。"

"我不过去可以，可是你今天不能工作。"

"好吧，可是我先要请假才行。"

"能不能让我送你回家？"在这种情况下，我还能说什么？是她见了我害怕呢？还是内疚？为什么一见到我就晕倒？

我一生经历了不知多少奇事，说起来真是难以置信，假如这些事都是编造出来的，我倒不能不佩服自己的创造力。其实我的解释很简单，人生不过是刺激反应的经历，我的想法作法与正常人大相径庭，所以正常人一遇到我，往往也就变得反常了。

她告了假，很仁慈地让我送她。我叫了一部出租车，我没有问她为什么昨夜提前回去，也没问她为什么会昏倒，只说明了自己的处境，并诚恳地向她求婚。

她则出了几道难题，要结婚可以，首先我必须信奉天主教；其次是要我按照当地的习俗，先谈恋爱，待时机成熟，再明媒正娶；第三点，她家很穷，有父母兄弟，大大小小十几口，我得要抚养他们。

这三条听来合情合理，但对我这个即兴派来说，此路不通。我也恢复了理性，荒唐的事可一不可再。但愿这件事对她而言，只是一段有趣的人生小插曲。

我们农场所在的小镇全部人口不过几百，有一座泥土建成的小教堂，周围零零落落地排列着几十户人家。中国人也不多，连我们在内，只有十来个。

这里全是起伏的丘陵，雨水不丰，田里都是砂石，长不出精致的作物来。巴西人都以种植树薯维生，这种植物耐旱抗风，是巴西人主要的食物。

种桑的农场大都集中在北部的一个小河边，那边地价极贵，我们连想都不敢想。有人建议我们打井汲水，又因为经费不足而作罢。不用几天，当地的中国人知道我们是几个不怕死的穷光蛋，也就不再与我们来往了。

我们原以为清理几分地，至少可以种些高粱、玉米之类的粮食，且和当地居民一样塞饱肚子。不料田中竟有不少蚁冢，玉米刚刚发芽，第二天就见到田中一行一行绿色大军，比军队还要整齐。这些小小的蚂蚁，一点也没有同情心，我们辛辛苦苦的成果，都被它们神气活现地扛着回去报功了。

现在唯一的希望是我们的小三轮车了，我做了模型，设计了生产线，快的话一天可以完成十部。每部赚一美元应该没有问题，一个月应该有三百元进账，显然比种桑更好。

大家都很努力，待有了一定的数量，就可以去卖了。凭我们三个人的关系，不但认识很多“提包客”，多余的还可以寄在礼品店中，大家都信心满满。

在巴西国庆的时候，保禄也有游行活动。队伍是由镇长带着小学校长，后面跟着几个鼓手，连老师加学生，全部不到30多人。我见他们认真的态度，便毛遂自荐，充当喇叭前奏。我吹的尽是些政治歌曲，再不然便是些流行舞

曲，有谁管这些呢？反正热闹一场，皆大欢喜。

只是我们欢喜不起来，三轮车做好了，圣市传来一片叫好声，人人要抢着代卖，偏偏就是不见现金进账。

原来小龙与“老师”去销售时，都交给了提包商，而所谓“提包者”，正是手提一包，沿门叫卖。他们卖的都是贵重的中国手工刺绣，一件可赚一百美元以上。而我们的车子一部赚一块钱，还要一个方盒子装着，既不能压又占空间。他们很捧场，各买了几个，但只靠他们买，不进入市场，怎能成为商品？

小龙和“老师”听了别人不关痛痒的恭维话，满以为任务已经达成。每去圣市一趟，收入的几个钱都花得精光。不到三个月，我们再也撑不下去，只得黯然分手。

再回圣保罗，对自己又有了深一层的认识，我不够资格从事任何安定的事业。因为安定需要资金，而钞票非我所爱，它也不爱我。

这次我自己去找工作，有家中国餐馆门口贴了张招人启事。我被录用了，决定先让不爱我的钱进了口袋再见分晓。

想不到，刚找好房子，熟悉了工作，就在餐馆中遇到一位朋友。他在北部沙尔瓦多城卖桌布，生意不错，但因言语不通，多次被税务人员刁难，损失不赀。他看我一副落魄的德性，说愿意支付薪水，负担一应费用，力邀我同行。他说得很明白，我可以历练我的人生，他则不仅可以壮胆，必要时也有人代他办理一些文书等交际事务。

我刚放下来的心又活动了，虽然我不愿意卖桌布，可是也很想了解这种行业的内情。毕竟社会包罗万象，我不能先入为主，仅凭主观就排斥某些行业。不论怎么说，他并未邀我去卖，只算是从旁协助。如果陪这位朋友走一遭，倒是个很好的观察机会。

我们搭巴士北上，他沿途卖货，我则饱览各地风光。那些纯朴的小乡镇几乎都有着共同的模式：镇中央是一座天主教堂，教堂前则是一个小小的广场。每到傍晚，青年男女便各自打扮妥当，陆续由四面八方涌来。少女们三五成群，在场中摇曳生姿地走来走去，少男们则聚精会神地围观在外。不必言语，眼风眉角都传达了无尽的情意。等到双方神交成熟，自会很有默契地走向场外，隐没在花团草丛中。

中老年人也有他们的乐趣，在燃着油灯的酒吧间里，一杯香浓的咖啡，或是一杯醇烈的蔗糖酒，几位老友可以东扯西拉地谈个尽兴。话题扯完了，从头

再谈，反正谁也不在意对方说些什么，只要有人在说，有人在听就行了。儿童玩的，千篇一律都是足球，从街头踢到街尾，从早上踢到晚上，直到皮球共黑夜一色为止。

在我去过的乡镇中，所见到的妇女远比男子为多，据说男人不甘寂寞，都到大城市谋生去了。她们常是孤孤单单地坐在空空洞洞的门口，偶而也有几个人聚在一起默默相对。在她们的身影上，青春消失了，回忆也褪色了。岁月以及为生活操劳的痕迹，鲜明地刻画出枯槁的面容。一个个呆滞无神的目光，仅仅随着眼前的景象，下意识地移动着。

有些小镇即使有电也因为电力不足，灯光散发着昏黄的影子，弥漫在空气中。好似一层光雾，亘隔在过去与现在之间，似有若无，令人感到一股莫名的怠倦和无奈。

忆及儿时，我有一半岁月在大陆乡间度过。家中点的是油灯或蜡烛，也是同样的昏暗。可是中国社会以家庭为重心，每天家人都聚在一起，孩子们吵得翻天覆地，大人们则忙这忙那，永远有做不完的琐事。

这是两种截然不同的天地，明显地将东西方的文化背景与生活习惯划分为两端。东方是保守的，安土重迁，人际关系密切，以家庭为单位，不论好歹都聚在一起。而西方则是进取的，重视个人的享受，追求自我的满足，一有机会，便各奔前程。

前者在家人、亲戚的相互影响下，很难摆脱长期形成的包袱，结果是彼此依靠，相互牵缠，但却成败共享。而后者端视个人的机会与能力，各自独立发展，成败皆自行负担；如斯在财富的分配及亲情之享受之间，相去不可以道里计。

这两种不同的模式，都有其适应的大环境，分途扬镳。面对一个远景无限的未来，有足够的空间和物质供人发展时，以西方的个人主义及进取精神，很容易而且很快地就能得到巨大的成效。然而在相反的条件下，若同样的标榜个人主义，则人与人之间的冲突及竞争必然愈演愈烈，最后无可避免地诉诸暴力，社会的繁荣与个人的幸福遂不可能妥协。

今日科技的进步，导致了物质文明不断攀向鼎盛的巅峰，这正是西式发展的良机。但是地球上资源有限，而人类需求的贪婪永无止境，在可见的将来，人类社会堪忧。东方文明虽然曾经黯淡，设若自不量力，抛弃社会的安定，一味追求繁荣，则无异委身泥涂。待人与人之间的依存性破产，那种空虚与无奈，不仅是步上了西方的后尘，还会在传统观念的失落中，产生无限的遗憾。

当我们到了“矿产州”的一个小镇时，朋友病倒了，一连几天看病吃药，他身上的现金都已花光。我顾不得自己的原则，临时决定去卖些桌布，以解决目前的困境。

本来我以为沿门按铃必然会让别人觉得不便，甚至遭人白眼。料不到巴西人非常好客，加上都喜爱中国手绣的工艺品。我每到一处，皆受到无比的欢迎，我又能说会道，把刺绣描绘成天方夜谭！于焉，居停奔相走告，左邻右舍纷纷惠顾，不到三天便把那位朋友带来的桌布卖了一半。

我原只打算赚些生活费用与路资，适可而止。但经不住那位朋友的坚邀，算算看，三天进账七八百美元，相当于我以往两三年的收入。一再的失败后，实在受不住重利的引诱。于是乎，我也悄悄地正式下海，与他合作，做起“提包客”来了。

最后我们到了巴伊亚省的省会萨尔瓦多，那是一个半岛，古色古香的山城，三面环海。大西洋的和风吹遍每一个角落，终年温度都在25℃上下。白天是晴空万里，偶而在晚上下一点清爽宜人的细雨。每个人的脸上、身上都在海滩上晒成了古铜色，嘴角总是挂着笑容。见了人，也不管认不认识，开口就说声：“你好！”

不过，中国人永远例外。当地有四位“提包客”，各自划定了势力范围，不容他人染指。我一到就遭到围剿，好像犯了滔天大罪，大有驱之而后甘的意思。

我应不应该为自己的权利而抗争呢？我真打算以提包为业吗？考虑再三，基于过往所坚持的原则，我不能见利思迁，最后决定放弃提包。

但是，我一到此，就迷上了这里的风土人情。我可以不卖桌布，却不愿轻易地离开。为了生存，我定下明确的目标，只要赚到五千美元就洗手不干。但是合伙的那位朋友不同意，干脆，我开始独立门户，从头干起。

自从离开刘先生的工厂后，胃溃疡就一直令我痛苦不已。为了早日达到目标，我拼命地进货卖货。不久，不仅胃痛不止，大便出血，而且全身虚弱，时常眼前发黑。一天中午，在一个客户家中，我再也支持不住，倒在椅子上动弹不得。

那位客户是读巴伊亚医学院的女学生，名叫露西亚，为了准备结婚，省吃俭用地买了一张桌布。她家境不大好，父亲很早就离家出走，丢下母亲和她姐妹三人。家计全靠她母亲为人裁制衣服，以及她半工半读来维持。

我很同情她们的遭遇，特别把桌布以最低价卖给她，而且分期支付，并常

去她家聊天。

这时，露西亚一见我的神态，忙把我送到附近的医院，经过诊断，果然是胃溃疡导致大量出血。医生表示要开刀，我不同意，因为开刀费用极高，负担不起。几经商量，医生说长期的静养，每日按时喝牛奶，不能吃其他任何食物，或许可以复原。

露西亚知道我身处异域，在巴西无亲无靠，无法休养。她坚持要我住在她家，由她妹妹丹妮来照料我的饮食。不得已，也实在别无良策，我只好答应了。我睡在她家客厅里，连续一个多月，丹妮看着表，白天每小时强迫我喝一品脱牛奶，病情才渐渐转好。

为了报答这份恩情，也为了解决她家的困境，我先是与她们合组公司，由她介绍亲戚朋友来买桌布。等到她们业务熟悉了，便把生意全部转移给她们。

这次的尝试前后耗了差不多四个月，收获之大却远非始料所及。在金钱上，全部结算下来，我大约有四千美元的应收账款，足够生活多年。在经历上，我体验到提包的生存之道，彻底了解了各种甘难辛苦。而最令我欣慰的，是领受了大自然的慈怀，巴伊亚这块朴实的乐土，让我得以浴火重生。

3 天籁

音乐　牧歌　合唱　作曲

露西亚家在 Canela（卡内纳）区，后面不远处，是巴西国立巴伊亚大学所附设的音乐学院。这所音乐学院的机制独立，任何人都可来此进修。每天音乐学院中乐声绕耳，随着轻风徐徐袭来，令我心羡不已。既然生活不愁，何不就去音乐学院进修，以遂往年未竟的夙愿？

如果说视觉是为生存而准备的，则听觉显然是为了享受生存的感官了。眼睛固然可以自由开合，耳朵却不是人的意志所能控制的。由是之故，宇宙间永恒的脉动，一道天人合一的捷径，随时随地地由虚空直透人心。所以，如同一缕幽魂，声音常绕过门户，无情地撼动着人的肺腑。

即使人沉酣在睡梦里时，一阵风吹，一声蛙鸣，甚至树上鸟儿忙着筑巢的轻咛细语，都能将人从遥远的他方，活生生地唤回岑寒的夜阑。不仅如此，疲惫的身心交错在花花绿绿的繁杂事务中，每每缠绕纠葛，让人无可逃遁。突然间，一滴水珠嗒地一声穿破了时空，弥平了天地万物的坎坷，水面一片涟漪。

我经常自命为理性的人，其实那只是一种自我要求，努力地用理性抑制内心中汹涌澎湃的狂潮。我做到了！至少在一般人的面前，我成功地戴上了一副面具。面具是冰冷的，也是坚固的，将内外两个世界截然隔离，保护得风雨不透。只要我愿意，那层厚膜绝不泄漏我真实面目的一丝一毫。

只是，音乐这把无刃的利剑，往往能从遥远的他乡，带来一丝真相。于是塌金山，倒玉柱，我永远无力抗拒她的凌虐，总是心甘情愿地臣服在她的裙下。

音乐是我的神，我信奉她，敬爱她。自从考大学未能如愿，我再也不敢想象，也不相信有任何一天，我能够进入她的殿堂！

有谓近乡情怯，机会就在眼前，怕什么？还有什么阻碍呢？再想想，我的巴西话虽然可以，但那只限于开口说话，如果要提笔来写，则和文盲差不了多少。我凭什么去考音乐学院？我从来不是一个好学生，今天到了近三十岁的年纪，还配吗？

可是，人生在机缘的牵引下，又有多少自由？

有一位住在滨海别墅区的客户，她的儿子钢琴弹得不错，我每次去收账，都要恳求他为我弹一曲。当然，这是我热爱音乐之故，但也是为人处世的一点小手段。由于我的捧场，他们一家都喜欢我，同时也不得不多买了几条桌布。

我正在犹豫难决之际，突然想到他们，便打算去打听一下，有没有机会让我去音乐学院旁听？她儿子的钢琴是请私人老师教的，所以不知道学院的规定，但是她却送了一份最好的礼物给我，那是巴西全国性钢琴大赛在沙市举行的门票。我一看，票价高得吓人，换算成美元大约是二百多元，可以从预赛看到决赛，一共是一个星期。

票上规定入场时要穿礼服，天哪！我全身不过两三套换洗的便装，这不是刁难吗？所幸露西亚的弟弟有套礼服，是他行“成人礼”时穿的。我勉强挤了进去，全身绷得活像庙会上玩把戏的猴子。他弟弟也不能穿了，露西亚的妈妈便帮我修修改改，好在只是为了参加音乐会而已，一切将就。

音乐厅在Canela区侧一个缓缓的斜坡上，圆形的穹顶，下接正方形的大厅。外侧一律是高达屋檐的落地窗，内部则用厚绒的大红纬幕衬托，集现代感与典雅于一体。

厅堂很高，但却不大，看上去可以坐几百个人。这里没有包厢，看不到18世纪的贵妇们举着小小的望远镜搜寻猎物的罗曼蒂克情景。远处，从楼上左右两侧一直伸到后面，有一层护栏，有不少人头攒动着，相信那就是所谓的平民座。老实说，我倒比较适合那里，远比局促在一堆衣冠楚楚的大人物中要安全得多。

我从来没有在公共场合中听过音乐，一直把音乐当作个人的禁地，只能与自己喜爱的人一同欣赏。理由很单纯，音符常会渗透到我灵魂深处，令人天激荡。到那时，眼泪就会像黄河之水一般，从内心迸泻出来。严重时，我会哭得如同婴儿似的，完全失去控制。

我坐进那鹅毛般柔软的椅垫，环顾身旁的绅士淑女，人人装扮时髦，宝气珠光，仿佛参加一场争奇斗艳的盛会。我开始怯场了，万一我长河决堤，泪珠与鼻涕齐飞，那岂不是大煞风景？好在尚未开场，何不趁着理性尚存之际，赶

快离开这是非地吧！

可是，面临这难得的盛会，我怎么舍得？我又怎能这样没有出息！音乐只是音乐，我是来欣赏的，不是来向她投诚的，争气点！坚强些！

正在天人交战之际，机会错失了，节目开始！一个一个参赛者，走到舞台中央，十指飞跃，在黑白的键上，将音乐的生命化为震人心弦的旋律。

一般说来，参赛者的水平都还不错，至少比我在台湾所知的一些天才儿童要强得多了。巴西文化深受 18 世纪欧洲的影响，那是葡萄牙人历经两百多年，刻意经营的结果。社会风气所及，一般家庭只要摆脱了贫困，子女读书与否倒在其次，但一定要学习音乐。为的是点缀他们的生活，充实人生的意义。

直到中场休息，奇迹似的，我竟然能浑然忘我，沉浸在乐音中，渡过了难关。这可能是因为场中气氛严肃，也可能是演奏的曲目未对胃口，并非所有的乐曲都能打进我的堡垒。

对巴西人而言，音乐会正是他们社交的场合。在中场休息时，人人都挤到前厅去，彼此展示新装或闲话家常。我看了看节目单，下半场有一首拉赫玛尼诺夫的“第二钢琴协奏曲”。糟了，我的克星到了！不论我怎么努力，以往从来没有一次逃过这首曲子无情的蹂躏。

我想逃，舍不得离去；想赖下来，却又确知大难临头。看来看去，唯一的希望，是趁乱混上二楼，与那些“平民”混在一起。在那里，即使被人笑话，我也觉得自在一点。

没有人过问，我轻易地摸上了二楼。这里像是屋内的斗檐，栏杆后有一排座位，坐着可以俯视下面全景。我不管三七二十一，找了一个角落坐下来。心里盘算着，最糟的情况是这个位子上已经有人，但我还可以用楼下的高级座位与他交换。

一会儿，人们渐渐地回坐。这里的听众居然都是些年轻人，一个个身着便服，叽叽喳喳的，互相打闹不休。显然不需对号入座，大家挤着抢位子，各自占据有利的角度。有的要看人，有的要看钢琴的键位，各有所好，我这个角落则没人理会。

位子还很空，比赛又开始了。我才放心地，也学着他们，把头伏在扶栏上，专心欣赏几十米外音乐台上的演出。

等到一位年纪大约只有 16 岁的小男孩出场时，全场立刻响起了热情的掌声。然后，拉赫玛尼诺夫的钢琴协奏曲，从琴键中滑了出来。

当我心中微悸，眼眶开始湿润时，立刻警觉地偷偷四望。左右两侧各有一

对男女青年，看他们那副专注的神情，显然不会受到我的干扰。更令人安慰的，是我在左边那位少女的眼中，一丝晶莹的闪光，是那么熟悉，那么亲切，我还担心什么？

到了第二乐章，那繁复的和弦一再地堆砌，那种辛涩错综纠结，正像饱受人间苦难的灵魂，挣扎着攀向云空。期望又期望，祈祷又祈祷，然而苦难未已，一波接一波，残忍无情的压力，沉重地倾倒在晴天中，然后又是乌云重重。

失望、期望，期望、失望，重复来、重复去，不知重复了多少次。低音和弦在咆哮，代表着地狱中的烈焰，高音的连续音阶，上下迅速地滑动，又赋予了些微的契机。人世的罪孽，人类的愚昧，一而再，再而三地，湮没了无助的良知。可是，总还有些灵魂，尽管在煎熬中，却还没有放弃希望。

那反复激荡的曲式与丰富无比的和声，交织成为残酷的真实。令人身历其境，感受到绞心沥血的魔难，历尽了人类可悲的各种情景。

正当清丽的主旋律缓缓地由云天中挣扎着，探出一丝曙光之际，我还在强忍着。突然，我听到左侧传来一声深呼吸的浊音，重击之下，再也阻拦不住，我崩溃了。

我忙躲到扶栏的下面，拼命屏住呼吸，任心灵与音乐在战栗中融为一体……

等到我渐渐平静下来，环顾左右，才发现我并不孤独。即令我的表现最离谱，对于楼上这些年轻人而言，也不过是五十步与一百步之差，任谁都是热泪盈眶。

下面大厅内，完全是另外一个世界。绅士淑女们正襟危坐，乐声终止后，他们很礼貌地左手轻拍着右手，或交头接耳，或点头表示赞许。只有我们这一群化外之民，一个一个站起身来，拼命拍手，大声叫好。也唯有这样才能化悲愤为力量，把刚才一直压抑的情绪，一股脑儿发泄出来。

经过了这场风暴的洗涤，我与这些青年交上了朋友，原来他们都是音乐学院的学生，这所音乐厅正是他们的教室。我乘机问他们：我一个外国人，有没有机会到音乐院进修？

邻座那个女孩子一听，立刻把刚才的悲情抛开，高兴地说："当然可以，原先也有个中国人，姓张，在这里学大提琴。后来他去美国深造了，我们都很怀念他。你如果来了，我们又有个中国同学了！"

经过她的招呼，大伙一齐拥了过来，她一一介绍给我认识，就像是老同学一样，我也毫不客气地成为他们的一员。

由于知道进音乐学院有望，心情就轻松得多了。人总难免偏心，便特别注意本校的选手。其实不用特别注意，她一出场，就把我的三魂五魄全给俘虏了。她名叫卡洛，肤色泛着一点健康的淡淡的古铜色，面孔清秀得不沾一丝人间烟火。她的身材瘦削，穿着雪白露肩的轻纱礼服，棕黑色长发微卷，飘游在两肩之上。

她一出场，全场就爆出了热烈的掌声。尤其我们楼上，口哨声、呼叫声此起彼落，“亲爱的卡洛”更是不绝于耳。

她微笑着，向我们招招手，那黝黑的眸子，刹时钻进了我的心坎，我被她迷住了。

可是她的琴艺却并不出色，充其量不过是熟练而已，有时几个生涩的音符跳出来，同学们都不禁同声一叹。不过，真要听音乐，买张唱片就好，她在我的印象中并未减色。我开始幻想，如果进了音乐学院，今后起码又有心灵的寄托了。

几天的比赛下来，在成绩还没有宣布以前，我就先认定了前三名的名次。大致上我们几个人的看法很接近，只有我把那个 16 岁的孩子列为第一，很多人表示那只是我个人偏爱。他们所钟意的是个女孩子，已有 20 岁，成熟稳重，弹的是贝多芬的《皇帝》。可是我认为她弹来气派不足，不像皇帝，皇后倒有三分神似。

这些同学是科班出身，我这样一个外行，说出“标题音乐”似的感受，他们当然不服。直到放榜时，前三名果然全部被我说中，这才得到他们的认同。

通过简单的笔试以及音感、节奏的测验，我就进入了“先修班”，学习小喇叭及声乐。不到一年，我又通过了考试，进入“研究班”，专攻理论作曲，指导教授是威德曼先生，也是音乐学院的院长。

在这段时间里，充满了平安与快乐，是我一生之中，少有的值得夸耀的日子。只惜命运弄人，在第二年，也就是 1967 年时，因父亲病危，我接到通知，不得不中辍学业，兼程返台。以至于我永生与音乐都只能保持着可望而不可及的距离，但心上却是弦歌不缀。

音乐学院在 Canela 区侧一座小山丘的边缘，前面是个宽约数十亩的谷地。绿荫中点缀着无数红檐素墙，充满拉丁民族的风味。校园是一排依山临坡的两层建筑，四周环绕着高达丈许的阔叶树林，优雅宜人。一条小径蜿蜒向左，通往巴伊亚大学的医学院，以及音乐院的演奏厅。再过去，就是市区广场。

一进学校，我就认识了一位满面胡须的青年，他名叫瑞纳多，我们谈得相当投契。过不了久，才发现他竟然是我的和声学助教，且负责指挥学校的学生合唱团。

学校里有一个远近驰名职业性的“牧歌合唱团”，由威德曼先生亲自指挥。甫入学，我就听到他们的无伴奏演唱，那音色之优美，和声的齐一，令我向往不已。因此，当我加入学生合唱团后，便拼命表现。仗着音量奇大，音域也广，我以唱歌剧的架式，一心想打动威德曼先生，成为牧歌的一员。

想不到的是，威德曼一听到我的声音就摇头，好在学生合唱团人数众多，水平不一，正需要我这种“领唱”的角色。因为我的读谱能力很强，由女高音唱到男低音，哪一声部弱了，我就唱哪一部，立刻把学生合唱团的水平拉拔了上去。尽管如此，却始终得不到威德曼的青睐，越想表现，越是进不了他的合唱团。

我为了进牧歌合唱团，特别选了威德曼夫人的课，因为她教声乐。学了一段时间，威德曼夫人说要办一个师生演唱会。我们共有五个同学，我学龄最浅。她叫我选唱一首中文歌曲，不论好坏，反正巴西人也听不懂。

我选了赵元任的《教我如何不想她》，练了些时，自觉颇有歌王卡罗素的神韵。只是临场经验不足，想起在捷豹康乐队丢人的往事，很怕又忘掉歌词。此外，我也自觉有个缺点，这首曲子本该带着抒情意味，但在我扯开嗓门后，倒像“教我如何不杀她”！

有一天，威德曼夫人病了，而演唱会在即，威德曼便叫我们到他家中去练。我一听，兴奋得不得了，这个机会太好了，一定要好好表现一下！

到了威德曼的家，果然他夫人病情很重，只好由威德曼陪着我练。他先看了看谱，对旋律相当欣赏，又叫我解释歌词的内容，也频频点头，最后说：

“不错！不错！你们中国人很懂得含蓄，好！好！”

他先把全曲弹了一遍，那种情调和我平时的感受完全不同。音乐之所以为音乐，绝对不是几个音符的排列组合而已，作曲者对音乐的认识，赋予了感觉的生命。诠释者要先能接受这种生命，再通过音乐的技巧，才能充分表达出来。

听威德曼弹琴是一种享受，我听得呆了，完全忘了来这里的目的。

他弹完了，望着我一笑，说：“现在看你的了！”

他轻轻地弹了前奏的那一个小节，是那样轻柔，仿佛在微风中期待着什么。

完了，期待什么呢？脑中一片空白，词忘了！

人一急，就糊涂起来，我告诉自己，威德曼这种诠释才是正确的，我千万不要唱歌剧，不能学卡罗素！

可是，我应该怎样唱呢？第一句是什么呢？

威德曼又从头起音，我更急了，看样子我多半进不了牧歌合唱团了！如果在一个重要的演唱会上，台上的我目瞪口呆，那会是什么情景？

"中国人，唱呀？"

我们在上课时，因为要接受指导，习惯上都是站在钢琴侧边，面对老师。不幸这个曲谱只有一本，放在钢琴架上，我什么都看不到。可是我怎能承认时至今日，连词都不记得？唱歌的记不得词，就表示练习不够，练习不够，又怎能表演？

"教授，我在想，我平日的唱法可能不对！"人一急，就胡编理由。

"怎么？到今天你才发现？"

"因为刚才听了你的弹奏，我才发现！"

"那不行，来不及改了，你就照平时练习的方法唱吧！"

我乘机偷看曲谱，把"天上飘着些微云"背了下来。

威德曼的琴音又响起了，"天上"！千万不要忘了！我一个劲在想"天上"，又想把音量压低一些，前奏一结束，我紧张得深吸了一口气：

"天上……"

如同"黄河之水天上来"，我自己一听就知道不妙，越想低，声音唱得越重。而且，天上以后呢？云完了以后呢？管它呢！我不是声乐家的料子！我也不喜欢上台，我为什么选修声乐呢？要想唱歌，自己一个人躲在厕所里大声唱就是！

"够了！够了！别唱了！"我正在拼命引吭高歌，心中胡思乱想，却见威德曼痛苦地用手掩着耳朵，叫得比我的声音还要大！

我连忙停了下来，威德曼气急败坏，无力地靠在钢琴上，说："你不是说中国没有歌剧吗？"

这次的演唱会被取消了，理由是威德曼夫人的身体不适。但是我心里有数，分明是威德曼怕我把音乐厅的吊灯给唱破了！

日子一久，我发现连音乐界也是一个是非圈，那种争名夺利的现象，比我在台中农学院所见所闻差不到哪里去。学生合唱团原来没有人愿意负责，由于瑞纳多的人缘好，领导有方，自愿参加的人越来越多，水平也不断提高。我们

经常应各界邀请出去演唱，在一致的好评之下，就有人开始设法争夺瑞纳多的位置。

那是在我读研究院时，沙市正好有个盛大且隆重的弥撒，要演唱勃拉姆斯的《安魂曲》。参加合唱的约有两百多人，几乎动员了全市的各个半职业的、业余的合唱团。

照理这次演唱应由牧歌合唱团担纲，但是威德曼一向偏爱技巧性的小品，尤其是文艺复兴期的牧歌以及巴洛克时期的一些民谣。他能以轻柔有致的技巧，完美地表现出各种和声的神髓，其趣味与勃拉姆斯的风格截然不同。因此，他不打算以牧歌合唱团主唱，遂叫瑞纳多以学生合唱团为班底，等我们练好了以后，再带领各合唱团全面排演。

瑞纳多知道责任重大，他也没有把握能够练好，但是决定努力去做。他详细地研究过全谱后，便把我和另外两个同学叫去，先讲解曲子的结构以及应该注意的重点，再教我们事先唱熟，负起“带唱”的责任。

《安魂曲》以莫扎特的最著名，但却以勃拉姆斯的最优美。只因勃拉姆斯犯了一项合唱上的大忌，就是常在无伴奏的情况下，在休止符的后面，突然用最强的和声，作大幅度的转调。因为转调时音阶已很难掌握，又无伴奏，在休止之后，唱者原来的音感立即消失。这时要能准确地唱出转调音符已是极难，还要用特强、整齐划一的和声，更是难上加难。

瑞纳多特别教我们一种方法，就是在前一小节先将转调默记下来，休止时在喉间微微哼着。时间一到，就放胆高唱，别人自然会跟上来。果然，尽管进度很慢，一个多月下来，我们已经唱得有板有眼。

这时谣传有人要取代瑞纳多的指挥位置，我们打听之下，竟是与我同班的佐治。他的父亲是本市的名人，有钱有势，他原来读医学院，因为喜好音乐，特别转学专攻指挥。他与我同在威德曼的“音感”课学习，据我所知，他根本没有音感。不论是固定调或是变调，他始终听不出主和弦与属和弦，更别谈什么大调、小调了。

如果是别人，我还不敢说，但传说是他，我压根儿不相信。不幸的是，校方发布了公告，这次演出，由佐治取代瑞纳多的指挥位置。

同学们一见布告，莫不气愤难平。我仗着是外国学生，兼以对威德曼很有信心，不顾一切，闯进了他的办公室，劈口就问：“佐治凭什么取代瑞纳多？”

威德曼看我气冲斗牛的模样，没有立刻答话。他身体往后一仰，靠在高背的座椅中，好整以暇地翘起二郎腿，不慌不忙地说：“为什么他不能？”

“他学指挥才多久？这样难的大曲子，他能胜任吗？”

“你进学校才多久？一年多吧？我不认为时间有多重要。”

他说得不错，是我自己弄错了主题，我立刻改口说，“可是做个合唱团的指挥，乐感总应该很强吧？我不相信他自己能唱这首曲子。”

“又不是要他唱。”

威德曼有这种看法令我失望之极，我禁不住大声叫了起来：“他得指导我们呀！唱得不好没有关系，音符总要唱准吧？我们唱走了音他总该听得出来才行，不然的话，他指导些什么？”

“别急，别急，我以为中国人很有耐性，有话慢慢讲。”他眼中闪着狡黠的光芒，又说道，“我听说你们已经会唱了，还怕什么？”

“教授，我们会唱是因为瑞纳多指挥得好，同样的道理，牧歌合唱团也是因为教授您在指挥，不相信让佐治取代您看看。”我也回敬了他一招。

他耸耸肩说：“只要佐治愿意，我可以让位给他。”

“为什么要这样做呢？我们的责任是提供高水平的音乐让人们欣赏，佐治如果有能力，我绝不反对，为什么只因为他要，就可以为所欲为？”

“为什么不？他有个好爸爸呀！”

“有个好爸爸就可以成为好指挥？”

“是不是好指挥不相干，他爸爸只要他当着全市的达官贵人，在大教堂指挥合唱，出出风头。”他微笑着对我挤挤眼睛，又说，“你是中国人，理应了解其中奥妙才是。”

原来如此，我早该知道，只是我不相信威德曼也如此势利，最后我再问：“那您赞成他做我们的指挥吗？”

“中国人，你以为我做院长有多大的权力？你想学音乐，要知道音乐家就是寄生虫。看看历史上，有哪个伟大的音乐家不是仰人鼻息？以前的主子是王公贵族，现在是商人政客。你要追求真善美，他们要用你来装饰社会地位和成就。如果不是你们这次表现得好，谁会来抢这个指挥做？你想知道，我不妨告诉你，除了佐治，还有不少人在打主意。可是在校董会上，佐治的爸爸出钱最多，没有钱，怎么办这样大的演唱会？”

我颓丧万分，从小到现在，从中国到巴西，处处都是金钱在作祟。连音乐这么纯洁的最后一片天地，也逃不开金钱的污染，人世中还有什么干净的地方呢？

现实的力量大于一切，我能不屈服吗？可是，我又能甘心吗？至少还有一

种选择，我可以放弃学音乐，可以不参加合唱团。

不仅是我，很多同学都忿忿不平，纷纷退出了合唱团。原来五十多人的合唱团，突然间只剩下不到二十位。我们三个领唱的都退出了，佐治的指挥棒依然挥舞着，但是没有人敢先开口，人人都在等待他人！刹时，冷冷清清的，合唱团的人还在，只是声音寂静了。

一个多星期以后，练唱成为祭礼，就像《安魂曲》的原意一般。终于佐治自动地辞去了指挥的职位，音乐究竟是音乐，光凭财势，就算是手执一根纯金铸制的指挥棒，也不能把人的声音化为优美的音符。

自从这次事件后，我又开始怀疑自己是不是适合做个音乐家？就年纪来说，我已经三十岁了，还只学到一点皮毛。我曾从头到尾分析过贝多芬的第七交响乐，其技巧的圆熟，结构的精密，令我难望其项背，充其量未来只能在音乐界混碗饭吃。然而自己性格太倔强，不肯向现实低头，如果没有过人的本事，有谁会将就我？赐我嗟来之食？

可是，我又能做什么呢？所追求的人生真理又在哪里？不论如何，音乐还可以给我一丝安慰。既然这个世界已经被金钱和权势统治，到最后忍气吞声，我还可以把头埋在音乐里，不理会这世上的一切噪音。

我有很多新的构想，我一直认为中国音乐之所以落后，是因为语音已经占用了旋律的缘故。声音的排列原本有限，不过靠着喉管、口腔、齿牙与唇舌的些微变化而已。普通话约有三百多种音，而全世界各种语系加起来也不超过五六百种。为了辨识，很多民族采用了复音，利用多重声音的组合使种类增多，也就是所谓的拼音法。

中国因为象形文字发展得很成功，不能轻易放弃。因此在语汇增加、语音已经不敷辨识所需的变化时，便把音调加了进去，成为四声。有了四声后，单字的辨识率便增加了四倍，变成了一千三百多种音。后来随着文化的发展，词汇大量应用，竟走出了一条康庄大道。在人类语言系统中独树一格，屹立于世界。

这种牺牲音调而充实语言的作法，当然有得有失。所得者，原音不变，文字得以从初民开始，历经各种变迁，道统依然。文化的发展是渐进的，人智也在不断的开展中，但若时代有了断层，则无从溯源探古。而且，脱离了道统，文化只是杂碎，国家民族失去了亲和力。

此外，中国文字之精简，文义之丰富，蕴涵之广泛，也是举世无匹。更难得的是“书同文”的制度能把历史甚久、民族复杂的整个社会体系，成功地融

为一体。不论各地方、各民族的语音如何，同文同源的结果，使得整个国家得以团结认同。

但牺牲了音调，音乐就难以发展，西方音乐源自于早期的吟游诗人。流浪四方的艺人，以歌唱谋生，他们传颂各种民间传说，或者是战争、灾难等故事。后来这种游唱分两支发展，一是“牧歌”，一是由多人组成且演变成以表演为主的“悲剧”。

仅仅是清唱，音调难以掌握，不适合于一般人，故有了四弦琴之类简单乐器的发明。乐器本来是为了伴唱，但是各种乐器广阔的音域与多变的音色，又启发了人们的创造力。使得更多更丰富的乐器应运而生，其中最重要的是“键琴”，可以同时发出多种音调。

后来，德国人巴赫把这种键琴加以规范，将音阶依人感知的特性，分为十二个等比的共振频率“半音”，根据半音的不同组合成调，成为“十二平均律”。有了理论基础，调性、对位、和声、曲式等才逐步发展出来，音乐也有了完整的生命力。后人推崇他的贡献，称之为“音乐之父”（再版注：根据考证，600 年前明朝“布衣王子”朱载堉发明“十二平均律”，16 世纪传入欧洲，巴赫据以创“十二平均律钢琴曲”）。

中国早期也有诗歌，但由于语音中已经有了音调，不需要刻意地“唱”，仅将音调的特性夸张一些，就有了抑扬顿挫的变化效果。这种“吟”法人人都会，也就没有发明乐器的需要，了不起一根棍子，一块石头，用以强调节奏即可。

正因为不需要乐器，失去了“键琴”的发展背景，就没有“和声”的环境，无法产生半音阶的观念。中国音乐因此变得极为单调，不得不走上文人的写意音乐（有了毛笔和纸张后，书法盛行，由书而画，故国画也不重写实而重意境）。最后，“知音”者越来越少，永远停留在初民音乐的“五音阶”阶段中。

中国音乐与诗歌的结合，大约始于商朝，太早脱离了叙事的色彩，便渐渐成为精致文化。于是，主政者以之作为行为准则教诲的工具，故有周公“制礼作乐”之举。既为社会的教化工具，人性受到陶冶，刻意地忽略了音乐的技巧发展。

近代文化的断层就发生在这里，20 世纪后，我们处处模仿外国，传统的诗词歌赋已为今人所扬弃，新的理念又未建立。我们引进西洋的歌曲，嵌进了中文的音调，唱起来是一字一音，字音与曲音相混。像这样唱歌，除非是预先

知道歌词内容，否则听者真不知所唱的是什么！

一个落后的国家，百废待举，有谁会关心音乐呢？国家民族的兴衰在人，人的力量则来自自我，自我的成长系基于文化陶冶及对传统的信念。人最初不过是团血肉之躯，由此才能从生理的依赖中断脐而出，从而自我认知、充实，形成力量。

俗话说："十年树木，百年树人。"这绝非空话！木是工具，运用工具要靠技术，而学习任何技术，十年的时间绝对足够。但人却不然，所谓的百年是指超过一代以上的时间。所有历史上的强国，莫不具有强大的文化背景；从来不曾有过一个国家能够雄峙百年，而无文化基础！

当年在日记中，我曾写了很多音乐理论，不幸现在手头没有资料，只能就记忆所及加以记载。兹以普通话为例，四声可以视为主和音的三个音："MI-DO-MI SOL（低八度）-DO MI-SOL（低八度）"。第一声平平地延长，第二声平向上升（两者皆称平声），第三声则由低八度的属和音上升，第四声需要由高向下滑（是称仄声），且速度要快，以便把音感破除掉，故有人称之为破音。

普通话说得标准时，应该是大调的主和音，音感很大方、宏伟。据说当年在决定"国语"时，敝家乡话——湖北音，因为"辛亥革命"的因素，也曾列入考虑。但是湖北音属于小调，婉转有余而气魄不足，故未获垂青。

我曾对好几种中国方言作了系统的研究，像四川话没有尾音，语调干脆而生硬。山东话每个音都有尾音变化，又不够严谨。而广东话将"四声"变为"八声"，过于复杂。当然除了音调之外，还有音色的因素，也就是发音的口形与部位，但这却与音乐无关。在所有的方言中，北京话的优点，正是其音乐属性的特征。

假如要唱中文歌，必须先掌握文字四声中的音频变化，使音乐的曲调成为载具，让文字的音调浮在其上。这样既不妨害音乐的进行，又能兼顾中国文字的特性，一听就懂。为了便利后学，大可订些规则，如同对位法一般，有心者不妨一试。

威德曼教的是"新音乐"，上课时根本没有教材。他只是提供一些作品，在其指导下，大家相互探讨。

比如说勋伯格的作品，在威德曼的解说中，有四种创作的法则。这四种法则听起来似乎煞有介事，我一听，就对威德曼表示，这些法则只有一个目的，就是避免音乐的调性，这怎么能称作法则呢？

威德曼不同意我的说法，他认为不管用什么方法，只要能使首调音乐变

成无调音乐，就可以称为法则。他甚至问我有没有其他方法，能得到同样的结果？

当场我的确被他考住了，但是我不甘示弱。下课后我写了一个简单的公式（时日久远，现在已记不完全了），是将主和音的排列组合变化全部展开。只要十二个半音中，能够产生大、小和弦音阶者，不令其出现在同一小节中，至于三和音更不可出现在同一乐念中，这样就可以得到同样的无调性音乐。

威德曼看了大吃一惊，从此对我刮目相看。

还有一次上“听声、辨音”课，目的在训练我们分辨各种音调及调性。训练时，听者一听到钢琴声，就要说出该音的名称。每次他一按键，我都能快速而正确地指出，到后来他只好禁止我再开口，好让别人练习。

下课时，他问我是不是有“绝对音感”，我说没有，同时告诉他有关中国语音的调性特色。

他听了，建议我改学指挥，我表示没有兴趣，他好心地说：“我是为你好，作曲是没有前途的，总有一天你会知道。”

我知道他的好意，可是，我如何解释自己的心态呢？不得已，我只好说：“我只是希望多了解一点音乐而已。”

“唉！中国人真难让人了解。”

我曾写了一首曲子，是以“标题音乐”的方式，描述有几只蝉正在引吭高歌时，飞来了一只鸟，逐一把蝉吃了。最后被吃的是一只“大蝉”，与鸟挣扎了片刻，虽然不幸性命难保，却卡在鸟的喉咙里，鸟也因此不能欢唱了。

威德曼叫我拿去给管弦乐团试练，由于主角是只“大蝉”，我选了巴松管来演奏。不幸吹巴松管的是位业余的老乐师，对一口气要吹八个音节无法胜任。不得已我只好改成四个音节，蝉声于是变得断断续续的，气势全无。

更令我难以为继的是，这位老乐师不能掌握节奏。我要求的是很平滑地由慢而快，先是一拍、两拍，在四拍后，则用五连音、六连音一直到十连音。每换一小节，则升高半个音阶。练了几天，老乐师不知所吹，连声咒骂不止。我也头大如斗，只听到一片鬼哭神嚎，最后不得不宣布放弃。

我还设计过一种曲式，利用中国“织锦缎”的结构，以一部分乐器相互交错，形成很规律的背景。宛如锦缎的衬底花色一般，于上层再用主奏乐器“绣”出“乐念主题”。这种方式倒是很适合中国五音阶的调性，也能充分表现中国音乐的特殊风格。威德曼很欣赏，可是基于种种机缘，我中途变节，计划又胎死腹中。

另外我还写了一首混声合唱曲，中国民谣式的“塞外组曲”。可惜巴西人学中文发音有问题，唱来始终像田中群蛙竞鸣，后来只好不了了之。

在教他们中文时，让我对中文有了更深一层的认识，从而开启了后来致力“中文自然语言”的契机。其中细节将在第三部“炎夏”中讨论，在此从略。

学期中，作曲班的同学有一个新曲发表会，由于我所作的曲子都不可行，所以没有报名参加。那一次的演出令我目瞪口呆，万万想象不到那就是我所积极努力的方向与远景。从此，心里又蒙上了一层阴影，对未来的前途完全失去了指望。

参加那次发表会的，一共有七位同学，都是本院的精英。在学习了几年的作曲以后，各自拿出了他们呕心沥血的作品。当着沙市近千名衣冠楚楚的名士淑女，在威德曼先生的指挥下，由本校的管弦乐团盛大隆重地演出。

第一个节目，曲名叫“风”，威德曼先生出场后，全场均报以热烈的掌声。只见他把指挥棒一举，乐队各自作好准备动作，然后就僵在那里，足足有三分钟之久。除了听众席中偶而传来轻微的咳嗽声外，一切都静悄悄的。然后威德曼把指挥棒放下，返身向听众席深深地一鞠躬。全场无不愕然，原来“风”声已经止息。

第二个节目的曲名是“女高音”，原意是由横笛起一个音，而且是自由音，也就是不硬性规定什么音，越随性越好。然后一位女高音由后台出场，接着下去自由发挥。这首曲子的作者曾与我讨论过，他的构想是要制造一种飘逸的效果。

在现场表演时，吹横笛的是位女士，好心地想吹一个比较适合的音调。不幸因为太自由了，一时拿不定主意，吹走了音。闹得表演的女高音跟不上去，场面尴尬，只好草草了事。

第三个不知何名，也不知道台上是在演奏，还是乐师们在调音。一阵混乱，定音鼓声越敲越响，突然间，又演奏完毕。

第四个，第五个……简直没有一首能称为“音乐”。只可怜了那些乐师们，他们多半是我们的老师，平素颇有几分威严，此刻都变成了舞台上的小丑。依据演奏曲子的指定，一下搬搬椅子，一下很勉强地哈哈狂笑，再不然就拿心爱的乐器当作玩具耍弄。总之，出尽了各种丑态，人人想笑，但大家都咬紧了牙关，装出很能欣赏的神情。连威德曼这位伟大的导师，也多次地摸摸鼻子，揩揩脸，一副忍俊不住的模样。

演奏全部结束了，照例全场一致热烈的掌声。每个天才般的新秀作曲家，

在威德曼的介绍下一一出场，接受听众的欢呼。仿佛大家都是知音，要表示一己内心的愧疚，以补偿以往那些曾被埋没的大师们。

如果说这是一场马戏团的娱乐节目，我觉得倒很有欣赏价值。再不然，用来嘲弄那些自以为很懂音乐的淑女绅士，也不失为绝妙的场合。但是，人人都那样认真，作曲家纷纷高论他们的意境，听众也若有所悟，连威德曼也挂着神圣的面具。他们一致认定这就是“新音乐”，我则完全迷失了。

事后，我找到威德曼教授，请他指点迷津。我们在学校的福利社里，喝着苦涩香浓的咖啡，抛开了师生的立场，作了一次令我顿开茅塞的讨论。

他首先说：“新音乐不一定是好音乐，但是一定要有创意。历史证明了当代人所不能接受的，未来很可能成为主流。巴赫、贝多芬、德彪西、斯特拉文斯基、勋伯格等，没有一个例外。正因为他们有些新的观念，而这些新观念在当时还没有习惯，没人能够领受。因此，身为一个作曲家，不能不走在时代的前端，为创造而创造。”

“我同意，可是音乐总有音乐的范畴，为了创造而创造，离开了音乐的领域，又怎么能称为音乐呢？”

“你能为‘音乐’下个定义吗？当年巴赫创立平均律时，人们说那不是音乐。贝多芬首先使用属和弦的第七度不协和音，也被人斥为离经叛道。德彪西开启了印象派，采用东方的五音律，人们觉得他很怪异。另外斯特拉文斯基打破了节奏的观念，勋伯格扬弃了主调，采用十二半音阶……这些在当时都曾被人们批评过，认为那不是音乐，现在呢？你怎么能说你不能接受的就不是音乐？”

“至少，那还是声音的变化，还有一个符合人性需求的理论基础。”

“新音乐当然有它的理论，每一个新观念都是既有领域的突破，在这么长远的音乐史中，所有可能的组合都被以往的大师发挥到极致。曾经有人用电脑计算过，最后一个和弦被德彪西用掉了。此外，节奏、调性也不可能再有新的变化，音乐还剩下什么呢？只有音色、音量罢了。但那只是技术，由各种不同的乐器，发出不同的乐音，产生不同的效果而已。要突破，就要尝试不同的方向。”

“为什么一定要为突破而突破呢？多出几个贝多芬一样的大师，不是更能令我们享受音乐的神韵吗？只为了求新的变化，又有什么意义呢？”

“我知道你的想法，可能你是中国人，不了解我们西方人的思想及背景。我们的社会只崇拜第一，没有与别人不同的特色，再好也得不到应有的地位。

例如勃拉姆斯，他的作曲技巧以及才华天分，没有一点比贝多芬逊色。可是，由于他的风格与贝多芬雷同，那就等于说，他没有任何突破，所以得不到应有的评价。”

“这又有什么关系呢？他提供了我们美妙的音乐，我们一样地欣赏、感动，这不是一个作曲家的最高目的吗？”

“所以我说你可能不懂，我看过一些介绍中国文化的书，你们把个人的名利放在其次，为艺术而艺术，为音乐而音乐。甚至一些思想家还把他们自己的作品，冠上前人的名字。这种忽视自我的现象，对我们来说才是不可思议的。”

“可是，为了自我的成就，也不是标新立异就可以达到的呀！”文化上的殊异，的确是很难沟通。

“那你更不能懂了，就以绘画来说吧，达达派米勒的画，到今天为止又有几个人真正的欣赏？在画布上画个圈，有谁不会？只因为他是第一个这样做的人，所以有了不朽的地位，正因为我们鼓励求新求变，所以才有变化，才有进步。”

“进步的结果呢？艺术品成了悬挂的装饰，音乐成了冒充知音者的点缀。人们只为了表示自己有欣赏的水平，不惜互相地欺骗、哄抬，以至于让真正喜爱的人感到失望，而远离了这些虚伪不诚实的市场。很显然的，任何古典音乐会的听众，都比不上热门音乐会的多，那不正是我们从事音乐者的耻辱吗？”

“不能这样说，真正有价值的艺术品，不是人人能接受的。”

“为什么呢？我听过很多由古典音乐所改编的通俗曲子，一样能被大众接受。”

“那是因为我们听多了，就习惯了，习惯了就会喜爱。如果勋伯格的曲子，大家都听习惯了，一定也会喜欢的。”

“这点我不同意，人们能够习惯的，一定是能符合人类生理特质的。比如说，和弦用尽了，还可以在曲式上变化，也可以在配乐上创新。然而，那些噪音或是胡闹一番的表演，只有让人刺耳作呕，不但不能习惯，反而还会敬而远之。”

“你错了，曲式和配乐不能算是新的概念，要求新就不应该有限制。全世界的音乐演奏会上，都有些所谓的新音乐，而且分量一天一天地在增加。当年那些大师的作品，也是经历了一样的过程，到今天才被肯定的。”

“据我所知，在以往，乐团只是贵族专用的，一般社会大众终年难得听到几次音乐演奏。所以，再好的音乐也要很久才能渐渐传播开。现在呢？音乐会

随时都有，再不然，人人可以买一张唱片、一卷录音带，一天听上千百次，能不能听习惯，并不需要很长的时间才能证明。我们所知的新音乐，至少也有近半个世纪了，可是任何音乐节目单上，印象派以前的曲子，还是占了四分之三以上。如果这样还不能习惯，究竟要多久才能习惯？不仅如此，我们在市面上能看到的古典音乐唱片中，所谓的新音乐还不到百分之一。如果不是大众的唾弃，无法习惯，还有什么其他的原因呢？”

总算我提出的这个论据，让他停下来想了一会，然后反问我说：“那你是反对追求新的音乐啰？”

“教授，我没有这个意思，也不会这样想，求新求变是人性的特质。但是，音乐是给人的耳朵听的，要配合人生理、心理的特征，才是求新求变的正确方向。”

“我承认你有些观念超乎我的想象之外，可是我不认为世界上有所谓的正确方向。当今的哲学都趋向于空谈，宗教也被视为迷信，甚至理论物理学家也走到了人类思考范畴的尽头。你怎么能肯定地说，什么是正确的？”

他触到了我所追寻的问题核心，我当然还不知道什么才是正确的，但是我会去追求，绝不轻易接受良知所不能接受的定论。或许他有些精辟的见解，至少他是我所见到的人中，唯一能真正提出理论，能对我有所启示的。因此我又问：“那么，您认为创作的标准是什么呢？如果您自己都不同意有正确的方向的话。”

“我认为只有凭着个人追求创新的良知，以及追求作品的完整性，才是一个艺术家所应禀持的标准。”

艺术是一种纯主观的创作，个人的色彩丰富其艺术价值，创新则开拓了其领域。由于客观环境对主观个体的影响，任何一个时代的个人，他的经验和认知，必然会与新事物、新观念相融合。如果艺术家真能本着良知，去追求艺术创作，倒不失为一个正确的原则。但他人又能凭借什么去判断，以证明一件艺术品，是出自艺术家的良知呢？至于作品的完整性那更抽象了，可是这是技术的层面。在求新的原则下，不能有任何成规加以限制，只有靠作者自我的努力以及大众和时间的选择。

我再没有理由反驳他的看法，只是感到由衷的失望，我不知道应该如何去学习，以符合这种标准。如果顾虑到自己的良知，那做不做音乐家又有何分别？如果为的是名或利，更不必考虑做音乐家了。事实上，有不少人从事通俗音乐或流行歌曲的创作，他们名利兼收且自得其乐。如果以上述的原则去衡

量，难道我能肯定地说他们不符合标准吗？

今天的艺术家，深陷于方向和原则的矛盾之中。在西方自我成就的价值观下，既受到名与利的诱惑，又在古典大师的精神中，渲染了浓厚的完美理想主义。艺术家们在两个极端之间，激荡徘徊，无所适从。于是各式各样的理论大批出笼，各行其是。

艺术需要创新，且在创新的过程中失败的机率极高。我就是个最勇于创新的人，学音乐原来的目的，就是想要学些创造的方法。但我总认为创新不等于纯粹的排列组合，如果说只要没有人做过，就算是创新，这必然会产生极其严重的后果。

因为，若人人求新，世界上艺术家不知道有多少，我们凭什么认定是否有人曾如此这般地创新过？如果不知道，艺术终将归于虚无。如果确实是创新，但只是为了求新，这种艺术品的意义又在哪里？最后一点，艺术原是用来美化人性，充实人生的精神粮食，求新作为知识追求的标准或许可以。然而人性从来没有更新过，短短数十年的人生，能够了解认知身旁繁复的事物已属难能可贵了，又怎能接受永无止境的新艺术？

其结果，正是这个时代所显现的，艺术家已成为点缀品。如果没有商业营销的手法，得不到企业界、政界或媒体的推销，艺术家就无法生存。当艺术品成了商品时，艺术的真谛已然宣告死亡。

现代艺术家的这种地位，比处于封建时期者还要可悲。至少那些附庸风雅的王公贵族，对艺术家还持着一份尊敬的态度。而新时代呢？利用了人性的贪婪，艺术品的价值不断被哄抬，其目的只是想使仓库中的收藏品更值钱罢了。

4 雨水

新绿　浓艳　挣扎　遗憾

在两年音乐学院的生活中，我在感情上曾绽开过绚烂的花朵，但也正如同所有优美的乐音般，曲终后人也散。只有在静静的深夜里，当回忆之门哑然而开，我才发觉，心底还残留着袅袅的余音、淡淡的幽馨以及无从捉摸的点点滴滴。

最初，令我迷恋的是卡洛，就是我在音乐会上相中的那位参赛者。她是位混血儿，相貌秀雅娴静，发垂及肩，身材修长。每当她坐到钢琴前，纤细的指端流泻出连串的、清脆的音符时，我可怜的心弦随之震颤，悄悄化成一缕轻烟，攀向那缥缈的雪峰。

那一刹，我分不出究竟是音乐牵系着我，还是我拥抱着她。我也不知道自己的躯体是飞翔在云天或是徜徉在温柔之乡，有的只是无尽的欢悦，无穷的欣慰，整个灵魂都浸淫在难以名状的幻思中。她最爱弹萧邦、李斯特、舒曼等人的小曲，只要她的琴声一响起，不论我在何地做何事，我都会坐下来，闭上眼睛，循着她的音符，飞到她的身旁。

同学们知道后，告诉我她已经订婚了，可是这又有什么关系呢？我从来没有想到要占有她。甚至在这种幽怨的音乐中，微微的伤感，些许的无奈，更能增加那种飘逸的美感。我早已习惯藏匿在远离现实的虚幻里，那里没有人踪，不会被人性残酷地践踏。

有一天，我正躺在楼下的草地上，被她的琴音所激动，流下了两行清泪。突然，一声熟悉的呼唤打断了我：“朱！又在害单相思了？”

我睁眼一看，是艾洛伊莎，她可以说是我平生所认识的女孩中最美丽的一个。她也主修钢琴，而且是合唱团的女中音，也订了婚。她的未婚夫马里奥每

天来学校接她，我们常在一起聊天，天南地北，无所不涉。

以往，艾洛伊莎总是笑我傻，没有勇气把卡洛抢过来。这次，她只是一个人，把怀中抱着的乐谱往草地上一放，干脆也坐在我的身边。

“在等马里奥？”我坐起来，揩干了眼睛。

“啊，不，他今天有个舞会，不来了。”

“舞会？那你怎么不去？”看她一副优哉游哉的样子，好像毫不相干似的。

“为什么我一定要去？”

“你不怕他跟别人在一起？”

“在舞会上我们都是各跳各的，去不去有什么分别？”

“至少你在场呀！我是男人，我知道男人是靠不住的。”

“我放他自由，才能换取我的自由。”

“要自由，那为什么又要订婚呢？”

“这是我们的风俗，如果女孩子到了16岁还不订婚的话，会被别人取笑的。”

“订了婚，是不是一定会结婚呢？”

她笑了，她的眼睛像初缺的圆月，两道浓眉又弯又长。原本明亮的珊瑚礁浅湾，这时笑起来成了一泓水溏，既俏皮又迷人。

她说：“订婚是订婚，结婚是结婚，我才不会嫁给马里奥那呆子！”

我不便再问，老实说，我不敢追她。她太活泼、太明艳，就像娜塔夏一样，随时可能会投入另一个人的怀抱。

“我有一个心愿，你能不能满足我？”她睁着明亮的大眼睛逼问我。我心中猛然一跳，不知道她会要求什么？她察觉了我的犹豫，又笑了起来：“放心，人人知道你心里只有一个卡洛。只因刚才看你掉眼泪的蠢相，我想仔细看看你的眼睛。”

“我的眼睛？有什么好看？”我真猜不透这个淘气的女孩，到底打什么鬼主意。

“我选修心理学，教授说每个人种都有不同的审美观，你们东方人的眼睛很小，能不能让我研究一下？”

这倒新鲜，在大庭广众之前，让一位美丽的少女面对面地来研究我的眼睛，这成何体统？我迟疑地问：“你打算怎么研究？”

“你只要取下眼镜，望着我，让我好好看个清楚。”

我依言取下眼镜，她逼近眼前，果真把我当作实验室的小动物一般，仔细

审视。她那澄澈的眼珠，在长而密的睫毛下，不断骨碌碌地转动。瞳孔中央有一个漆黑的深洞，隐藏着好奇无比的灵魂，似乎在探索宇宙中无上的奥秘。尤其是此刻我们四目相接，鼻息汇通，她那股气势几乎像是要把我一口吞噬下去。

"奇怪！你没有睫毛？"她突然吃了一惊，嘴巴张得老大。

"我不是没有睫毛，只是因为上眼皮太厚，喧宾夺主，把睫毛盖住了。"

她认真地探讨着："你会不会觉得我们的睫毛很丑？"

"事实上，我认为我的眼睛很难看。"

"你的眼珠也只露出一半，会不会像人家说的，你只看得到一条细缝？"

这是巴西人常问我的荒唐问题，我也有绝答，但是不忍心开她的玩笑，只好反问："你认为怎样呢？"

"我在研究心理呀，你得回答我的问题才行。"

"我看到你，所幸不是一条细缝。"

"那你凭良心说，你喜欢我的大眼睛吗？觉得我美吗？"

"凭良心说，你的大眼睛非常美丽！"

"真的？"她开心地笑了，笑得眼睛眯成一条缝。

"我没有必要骗你。"

"那么，这就证明我们的教授说错了。"她满意地坐直了身体，我也戴上了眼镜。

"说错什么？"

"因为照他的理论，你们中国人的审美观和我们不一样，你应该喜欢小眼睛，而我应该喜欢大眼睛才是。可是你觉得我的大眼睛美，我却觉得你的小眼睛才美。"

"你想听我的理论吗？"她这种实证精神很令我感动，想不到她平常天真烂漫，居然也会认真地探索人心的奥秘。

"当然要，马里奥主修心理，但是他总说我太年轻，从来不跟我讨论这些问题。"

"你们教授只说到表面的现象……"

"什么叫表面现象？"

"那是指未经分析、求证过的现象，事实上，每种现象都有藏在表面之下的根本原因。"

"对了，我就是想知道这些根本原因，所以选修心理学。"

“你总知道什么叫做经验吧?”

“经验就是人类对生活经历的记忆。”她回答得很快,好像在应考一般。

“那么,经验与记忆有什么分别?”

她睁大了眼睛想了又想,最后惭愧地说:“我知道不一样,但是说不出来。”

“记忆是大脑的基本功能,是将一些传来的电流脉冲记录在大脑皮质层中。而经验除了记忆之外,还要对概念有所认识。也就是说,经验与自己的感受有利与害的关系,而记忆则只是一些资料。”

她像个乖巧的小学生,一边听着,一边点头。

我继续说:“已经熟悉的经验,相当于有利的生存基础,所以具有亲和性,是美感的先决条件。但是,一成不变的环境,也会使人失去对刺激的辨识动机。因而生命体不断追求各种变化,姑且称做是新奇性或变化性吧,是导致美感的次元因素。

“比如说,万绿丛中一点红,是对比的变化美。青山碧水中白鹭翻飞,则又属于动态的变化,至于朝雾晚霞更是不可捉摸的变化美。

“在一个封闭的环境中,人的经验有一定的范畴,所以对美丑的观念,也只限在一定的经验中。然而在一个开放的环境里,人的经验拓广了,美丑的极限也相对地开展。比如说,我觉得你是我所认识的女孩中最美的一位。”

“你骗我!”她娇羞着打断我的话。

“不是!我不是骗你,我是说……”我明明是举例,虽然有点借题发挥,她偏要拉回主题,这个女孩子实在难缠。

“你觉得卡洛最美!”她狡猾地笑着。

“也不是,这是两回事,卡洛长得并不美。”

“那么,因为得不到,所以你感到不可捉摸的美!”她得意地引述我前面说的。

“别瞎猜,我从来没有想要得到她。”

“你又骗我了,你们男人都喜欢骗人!”她显然更得意了。

我不知道该如何解释,看看她眼中的神色,分明是在挑逗我,把玩着爪中的猎物。我决定不理会,继续说着。

“……如果明天我见到另一位美丽的女孩,然后再回头来看你,很可能你的美丽便要褪色了。”我看到她脸上划过了一丝伤感,我故意对她笑笑,紧接着又说,“当然,也可能觉得你更美了,因为我的经验又有了变化。”

她半晌不语，沉思了一刻，幽幽地说："那么，美不是绝对的啰？"

"很不幸，你说对了，感官作用在动态的事物中，人的经验每天或多或少都有变化。再美或再丑的人，若天天看，日子一久，美感也会随着改观。所以，美只能暂时吸引他人，却不能永远依恃。对我们中国人说来，视觉的美有如镜中的花，水中的月，都不是真实的。

"尤其是，美感与目的有绝对的关系，以'性感'为例，娇嫩而有弹性的肌肤，对感官享受而言，叫做青春美。然而人能永葆青春吗？再说，人的智慧与年龄成正比，当人逐渐成长，才会领略到理性的美。而在娇娇嫩嫩、吹弹可破的肌肤下，如果只是一滩脓血，恐怕不仅没有美感，甚且让人走避不及哩！"

我觉得自己很残忍，怎能在一个这样年轻、这样娇娆，而且正在炫耀着美丽的小女孩前，说破这些真相呢？然而在现实世界中，人们花费了太多的时间和精力，去从事外表的修饰。一旦美色消褪了，或者是看腻了，人们又开始另一个幻梦的追求。

眼前的她，所引以为傲的，正是那经不住无情时光考验的娇艳。如果我能在她美丽的外表下，启发一点历久弥新的观念，让她在人生的道途上，多获得一些心理认识，也不枉朋友一场。

"我还是不懂，'美'究竟是什么呢？如果是虚假的，为什么人人都爱呢？"

天色渐渐地暗了，夕阳的余晖拂拭在她轻巧、单薄的身上，晚风吹弄着她秀柔的发梢，真像是一朵脆弱的小花。

"时间不早，该回去了，我们可以边走边谈。"我感到了些微寒意，虽然不舍得离去，却担心她会受凉。

她拾起了地上的乐谱，娇小的身体依偎在我的身旁，仰头望着我："你会不会嫌我很无知？问你这些傻问题？"

我忍不住伸过手，趁机搭在她的秀肩上，而她也顺势倒在我的胸前。温温暖暖、软软柔柔的，一股热力浸透了薄衫，彼此融合成了一体。顿时，天人交泰，我心猿意马，理智与感性争执不休，各不相让。还谈什么大道理呢？这不正是我日思夜想，做梦都难得一遇的情景吗？

问题在于我太认真，马里奥算得上是朋友，我怎能夺朋友之爱？再说，我正单恋着卡洛，虽然并没有任何期望，但一件事还没有告一段落，怎能又见异思迁？

艾洛伊莎虽然可爱，但却不是我所能攀附的对象，她是株娇艳的玫瑰，需

要肥沃的土地与充足的阳光。而我则是漫天飞荡的旋风，流向未定，除非有了重大的改变，目前我不可能安定下来。未来呢？别忘了，我的目的是追求人生真理，不是追求异性！

至于她呢？谁又知道她心里想的是什么？一个小眼睛的中国人，好玩？新奇？今天如此，明天又是如何？看她平日对马里奥，也是一副小鸟依人的模样。很可能刚刚吵了架，拿我来消遣一时，这种事我怎能认真？

我知道，几十年来的积累，心中所孕育的感情已经到了崩溃的临界点。这种火苗一旦被点燃，是难以熄灭的。两个人当前的相处，在这一刻间，已美到极处！如果永远保存在记忆里，可以终生受用不尽；但若把美丽的肥皂泡戳破了，剩下的还有什么？

可能我是个懦夫，但我却以这种懦弱为傲，我不能伤害他人，也不愿自我作践。在另一方面来说，我还没有找到值得不顾一切去争取的目标，所以游移难定。月圆月缺，永远挂在天上，任人瞻仰；花开花谢，纵然艳丽一时，枯萎凋零后就难以入目。有人只顾眼前，但我却深信自己认识肤浅，眼中所见，不过都是虚情幻影。

不过，说来容易，但要想把依偎在胸前、令我心潮起伏不已的可人儿推到一边，却是难上加难。不论如何，我不能伤害她，不能让她觉得我有拒绝之意。事实上，我根本没有拒绝她的能力，她的发香有如千万条柔丝，从我的鼻尖一直钻进心底……

唉！艾洛伊莎啊，你知不知道此刻在我的内心中，正爆发了一场生死大战？而不论胜败，惨遭蹂躏的都将是我！长痛不如短痛，我还是集中注意力，把话题扯回去，谈谈美吧！心志一定，思路又清朗了，我接着刚才的话头，狠下心来，喃喃地说着。

“你问的并不傻，很多人自以为懂，其实一点都不懂。所有我们人类的知识，目前都只建立在一些模糊的概念上。如果我们不能将这些概念明确地分类、定义，人类将永远是一知半解。只有能提出问题的人，才有可能知道自己所不知道的事，这并不是无知。所以我们的孔老夫子说：‘知之为知之，不知为不知，是知也’。”

“你们中国人想得太多了，这些事何必认真呢！”她兴味索然，懒洋洋地说。

记得小妹也说过类似的话，好像女孩子不大喜欢讨论观念。可是明明是她先问的呀！我在回答她的问题，怎能不认真呢？

对了！她起先只是找个话题，现在谈得入港了，她需要的是进一步的行

动，话题便不重要了。可是，我必须坚持下去，至少也要先观察她的反应，看在她姣好的外形下，是不是有几分智慧?

于是，我决定用长篇大论征服她!

“这是人生的大道理，从过去到现在，很多人终生孜孜不倦地探索、研究，留传了不少记录。我只是耳濡目染，略知一些皮毛而已。这些观念不一定对，但我会坚定不移地追寻下去，直到找到为止。”

“我认为你说得很对，难怪我们有句俗话说：‘要找聪明人，到中国去。’告诉我，为什么中国人尽想着这些?”她不耐烦了，像小孩子一样，用脚尖踢着地上的落叶。

“人从哪里来的? 到哪里去? 我们为什么活着? 怎样才能生活得幸福? 难道你没有想过?”我咄咄地逼问。

她安静下来了，偏着头，一动也不动。

半晌，她轻声说：“我当然想过，可是我始终想不通，你告诉我吧。”

“我要是知道就好了，正因为这是个大问题，所以人们千古以来不断地探索、追寻。就以‘美’为例，人人爱美，却很少有人知道美的真正内涵。”

我们互相依偎着，缓缓移步在林荫间的小道上，踏着沙沙作响的落叶，这不正是美吗? 我理应好好地享受，偏偏事与愿违，耳中传来的竟如同梦呓一般。

暖洋洋的躯壳脱离了现实，机械似的声音轰轰不停：“‘美’是一种感觉，有利生命体的生存，所以人之‘好美’可以说是生命的力量。而生存的条件，经常受到外在环境变迁的影响，成为经验的一部分。感觉来自不同的感官，因此，‘美’又涉及感官的性质以及个人的客观、主观经验。

“更广泛地说，美分为感官感受与心灵感受两种。心灵上的美感是无法用言语表达的，至少我还做不到。像现在，我就深深地感觉到这种美。”我的心头一阵热潮，再也无法自制，低下头去，她正好也抬起头来，像触了电一般，我们俩都不由自主地一震。

慌忙中，我立刻掉开头，耳边还是那股没有生命的平铺直叙轰轰的声音。

我振作了一下，继续说：“感官对美的感受，是当感觉器官接受到外界的刺激后，如果符合了过去经验交集的某些因素，我们就得到‘美’的感受。这有三个先决条件：第一是必然性，也可以说是安全感，因为在经验中，我们了解到各种事物都有其必然的特质。如果任何感觉与我们习惯的特质不一样，这时心里就会有一种不安的感受，更谈不上美了。

“但是，事物的特质变化无穷，人能了解的极为有限。因此，所谓的必然性，完全以个人所能接触到的范围为准。且以我看到的女人为例，经验中，女人有女人一定的特征。假定我从生下来，所见到的女人都具有某种不同的形象。那么，那些不同的特征，就相当于我对女人之必然性的认知了。这时，我若见到一位正常的女性，反而会认为她不正常，当然更不可能觉得有美感……”

“就像你看到我一样，是吧？”她在我手腕间抬起头来，做了个鬼脸。我深恨自己的迂腐，在这种情况下，怎么还可能板着老脸，胡扯些什么美学？可是，既然早就决定要走这条路，今天面临艾洛伊莎的考验，我也不能一交手就败下阵来。

“这就是我们刚才讨论的封闭型观念。”我也做了个鬼脸，硬着心肠说，“第二点是折中性，人的容貌身材绝对不可能雷同。极端的形状常会偏离必然的经验，只有折中的形貌让人感到亲切。我相信你一定看过时装展览或新装发表会……”

“我不喜欢那些时装，看来看去都觉得怪怪的，真不知道怎么会有人喜欢？”

“时装展览的真正目的，并不是要你去喜欢那些展示的时装，当然也有人为了时髦，为了标新立异去购买，但那与美并不相干。”

“那为什么又要展览呢？”

“这正是折中性的最好证明，时装展览的主要目的，是要改变人们对服装的审美观。商人故意设计一些很极端的服装，你可以不喜欢，但自然而然地，你对服装的审美尺度改变了，潮流形成了，时装界就可以大量推出新装。”

“好哇！你是说我受了骗？”她甩开了我的手臂，转过身，站在我面前，噘着小嘴，俏皮地瞪着我。

我的手早就麻木了，只是不敢移动。现在被她这一甩，骤然间好像有几万只蚂蚁，争先恐后地冲进手臂的微血管内，酸麻难忍。

她立刻察觉了，关怀地问：“怎么？手麻了？”

“不！是心麻了。”我故意要俏皮，以转移她的注意力。

她的表情变化万千，瞬间，漫出柔情片片，她又是心疼，又是忙乱。对着我的手，像是一吹就要破的肥皂泡，一碰也不敢碰，在一旁急得痴痴傻傻的。

我所有的防线全都失效了，辛辛苦苦搭建的万里长城，在她的一阵和风吹过后，居然连踪影都无从寻觅。艾洛伊莎！艾洛伊莎！难道你比真理还要可爱？

“谁不受骗？看到你以后，不仅我的审美观，连我的人生观也受骗了。”

“啊？那你说，我的哪个部分太极端？”她一笑起来，仿佛整个宇宙都在开展，芳香与甜美无止无尽地延伸。

“你一点也不极端，你的身材对我而言，是绝对必然的。如果再高一点，我的手就不能搭在你的肩上了。你的鼻子比猩猩高，又比大象低一点；眼睛虽然大，却不像我见过的铜铃一样；眉毛虽然浓，也不及扫帚那样粗。”

“原来你在骂我，不过有一点不通，我没有见过任何人的眼睛比你还小的呀！”

“所以你并不是认为我的眼睛美，只是觉得新奇而已。”

“算你对，可是看多了以后呢？”

“那你会习惯，但还是美不起来。至于第三点，则是联想性，在人的经验中，所有的感受经常是交互混杂的。比如说，你曾经讨厌过某人，他的特征你自己并没有注意到，但却和不愉快的经验联系在一起。一旦你见到另外一个人，也有同样的特征，并且引发了你潜意识中的不愉快，则不论他是大众情人或是电影明星，你还是不会觉得他很美。”

“照你这样说，美不美只是习不习惯而已，还是没说到为什么人人都爱美。”

“习惯是人适应环境的必要因素，爱美则是基于联想性，美能勾起人愉悦的感受。一般说来，人的感官是被动的，除了极少数人能控制自己外，往往依赖外在的刺激。当刺激传来，人的感受随之起伏，注意力集中，否则便会感到无聊、枯燥及乏味。至于外在的刺激，当然是能引起愉快反应的，才会得到人们喜爱。”

“对了！”她突然叫了起来：“我知道为什么我会觉得你的小眼睛很美了！”

“是不是看过一些中国的绘画？那些人物都是细眯着眼的。”

“不！”她狡黠地望着我，说，“小时候我养过一只可爱的小乌龟，它的眼睛也是细细小小的。”

不仅我的人生观变了，连对音乐的爱好也变了。卡洛的影子逐渐模糊，艾洛伊莎却占满了我多变的心。她弹的不是萧邦的乐曲，而是贝多芬的奏鸣曲；她热情奔放，浑身都灌注了充沛的活力。每当我们在一起时，总是有说不完的话题，吱吱喳喳，吵得四邻难安！

马里奥感觉到了她的变化，他不再迟到，不再让我们有独处的机会。而艾

洛伊莎似乎没放在心上，尽管是三人行，她永远有一个紧接一个的问不完的疑惑。只可怜了马里奥，苦着脸，开不了口，紧紧地跟在我们后面，始终默默地忍耐着。

我也很矛盾，艾洛伊莎对我的意义，不止是令我爱慕而已。自从那次长谈以后，我的经验感知起了很大的变化。她是有生以来第一个肯定我的价值，接受我的思想，驱使我不断鞭策自己，把一些似有若无的观念整理组织成形的人。

此外，我是生平第一次光明正大地谈着恋爱——如果不算上我对马里奥的内疚的话。她是理想的化身，是我多年梦境中不敢奢望的光明；她又是我的动力，能把我的光和热激励且燃烧起来。然而，在我充满着失败与不幸的经验里，一个悲观的挥之不去的念头，不断地骚扰着我。

这是真实的吗？她真的喜欢我吗？会不会只是一时的好奇呢？我有这个福分得到她吗？在得到以后呢？我能向世俗的社会妥协吗？我又凭什么供给她一个幸福的家庭？我能把自己可怜的祖国忘掉吗？我又能从此放弃自己的坚持吗？

所有的答案都是否定的，但我也无法否定她那温暖的小脑袋，蠕动在我的臂窝中，那种又新奇、又甜蜜、又激情的感受。偏生我还能像个老夫子似的，按捺着亘古以来推动宇宙进化的那股力量，口中说个不停。

显然她并不以为意，甚至对我更加热情，管他什么人生历练，人生有伴如斯，夫复何求？至于说她青春活泼，这不正是她的优点吗？而且到今天为止，除了马里奥，我也没有看到她和别人搞七捻三。如果她真的爱我，我还有什么好犹豫的？入赘巴西吧，居世界人口四分之一的中国，难道会少了我一人？

我天天想着她，时时等着她的到来，只有与她在一起，我才感到快乐，才感到自己的价值。可是，我一想到她，就拂不开马里奥哀伤的神情，他为什么那样容忍？为什么不向我挑战？那也许能激起我的斗志，让我排除万难，下决心去争取自己的权利。

自私的人性，矛盾的观念，我的心上系着沉重的铅锤，身上捆满了情丝。尽管我不断地告诉自己，基于理想、生活习惯与各种客观条件，艾洛伊莎不应该属于我；但我却一天一天地拖着，贪婪地享受着马里奥所失去的幸福。

艾洛伊莎似乎根本没有感觉到她身边竟然有两个不幸的可怜虫，每天下午来音乐学院练钢琴时，我坐在一旁给她画画。练合唱时，我们相互应和，不断

地眉来眼去。要不就是两个人由天上扯到地下，须臾不离。到了放学时间，马里奥就会像一缕阴魂，痴痴呆呆地守在门口。而当她巧笑嫣然，挽着马里奥离去时，我的心就下沉到了地狱，一面恨自己的懦弱，一面痛责自己的残忍与自私。

我给她画了一本画册，全是些速写与素描，每个人看了都赞不绝口。尤其是几幅合唱团练唱时的团体画面，气氛掌握得很好。艾洛伊莎站在中央，眼睛凝望着前方，微张着小口，面上泛着圣洁的光辉。背景则是其他的同学，以粗线条勾勒出各种姿态与神情，更衬托出她的甜美与肃穆。

本来我打算将画册送给她，可是总舍不得割爱，想留着作为纪念。那时我晚上还在一所夜总会里吹喇叭，赚些生活费用。艾洛伊莎知道我的经济情况并不佳，特意介绍我去为她的亲友作画，前后共画了三幅油画肖像，最好的一幅卖了 100 美元。为此，我还写了封信给父亲，表示目前的生活还很优裕。

有一天放学后，马里奥有事没来，我们俩在林荫道上散步，她对我说："你给别人画了那么多油画，为什么不给我画一幅？"

"我最希望画的就是你，可是我的技巧还不够成熟。要给你画，就得画一幅永垂不朽的杰作，否则对不起你的美丽。"

"那还要等多久？我都快老了。"

"怕什么，我为你画了那么多素描，目的就是要把你的青春记录下来。"

"可是我希望你能给我画幅裸体画，你没有把我的身体记下来呀！"

"裸体画？"我大吃一惊，看她一副认真的模样，几乎让我透不出气来，"我……我没有对着……真人画过呀！"

"没有画过？那怎么能算艺术家？"

"我谈不上是艺术家，我只是喜欢画，喜欢把我觉得美的事物记录下来。"

"那你是说我的身体不够美？"她故意挺起了椒圆的胸部，对我作了一个挑衅的姿态。

"不是，不是。"我觉得脸上发热，心中一阵乱跳，"我只是不敢对你抱有任何……任何不大好的想法。"

"什么？这叫不好的想法？"她几乎叫了起来，好奇地瞪着我，突然问道，"你没有见过女人裸体？你没有跟女人做过爱？"

我能怎样回答她呢？自从第一次在花莲被妓女传染过性病后，我一直不敢再接近风月场合。我又没有固定的女友，生理虽然有迫切的需要，我总觉得这是自己最私密的禁地，连平常幻想时，都是小心翼翼的。

正因为太过于珍视，不到有一个适合共享的对象，我宁愿自己忍受痛苦。至于她，我当然幻想过，而且日思夜想。偏偏每当我想到她的千娇百媚时，那不识相的马里奥就愁眉苦脸地，浮现在她与我的中间！

她的眸子里闪过一丝怜悯与不解的光芒，身体向我逼进一步，温柔地说："没有？是不是？你别想骗我，我早就猜到了。"

"不，在没有来巴西以前，我有过一次经验，那是一个妓女……算了吧，我们不要谈这个！"我不愿再谈下去。

"我真不懂，你不是说曾经有个很要好的女朋友吗？为什么要找妓女？"

"有女朋友就可以做了吗？"

"当然，为什么不？我可以坦白地告诉你，除了马里奥，我还和两个人做过爱。"

"什么？"我发觉天真的是我自己，竟把她当作纯洁的化身。

"我是女人，不是吗？"

"你是女孩子，不是女人。"

"那是你的定义，我喜欢做女人，上帝给了我身体，为什么不享受？"

我们成长在不同的环境下，当然观念迥异，我怎能期望她和我一样呢？"你爱那两个人吗？"

她耸耸肩，说："好玩嘛，那是在舞会上，喝了点酒，是谁都没有分别。"

"那你称之为做'爱'？"我强调的是爱。

"不叫做爱，又叫什么？"

"事后，当你和马里奥做时，有什么感受？"

她又睁大了好奇的眼睛，问我："你是不是想知道，我心里有没有内疚？"

"不是，我希望你不要介意。"我很诚恳地对她解释："我是第一次有机会与一位异性讨论这种问题，你知道，在我们的社会中，这些事是不容许讨论的。"

"其实我们这里也是一样，大家都这样做，但是没有人会去讨论。"

"姑不论是与非，如果我们能对所作所为有更明确的认识，岂不是更理想吗？"

她拉着我走向一棵树下，坐了下来，似乎打算痛快地聊聊。她把散开的头发掠向两边，露出了明艳的面庞，像是准备接受质询一般，洒脱得如同在郊游。

"你不要把我当女人，我也不把你当男人，你问吧！"她痛快地说。

我很感动，把她一双小手紧紧握住，半晌，我说："你别笑我，在大学时，有一次郊游，一位女同学想要去厕所。我糊里糊涂地问她，要去厕所做什么？大家都把这事当成笑话讲，我很久以后才明白是怎么回事。大概我神话小说看太多了，一直把某些特定的女性想象成天使的化身，不像我们男人，每天要吃饭拉屎！"

她还是笑了，笑得倒进我的怀里，一阵温暖，钻进了我的心扉。笑了一会，她抬起头来看到了我尴尬的脸色，又笑成一团，用手捶着我的胸膛，一边说："怪不得，你把我想成石膏像了，是不是？"

我也觉得好笑，说："多多少少有这种想法，中国有本名著叫《红楼梦》，书中说女人是水做的，男人是泥土做的。我总把女人当作天上的仙子一样，而仙子是不食人间烟火的。"

"那你为什么要去找妓女呢？"

"别提那事了，总之，我一直想在人世间找一个理想的对象。"

"那么，仙子看你吃饭拉屎，她又受得了吗？"

"当然，那只是希望，我的一生全活在希望里。后来，我的梦虽然醒了，可是却走上了如今这条更不切实际的路。"

她坐正了，面对着我，伸手把我的脸扶正，郑重地说："你不该这样想，我是没有你那样高的理想，也没有那种能力。你要走的路并不是不切实际，只是能走上去的人不多，我希望你以后不要这样说。"

多么的温馨，多么的安慰，在这一刹，所有的辛酸都得到了补偿。她对我的肯定远胜于世上任何荣耀，有了这样一位红粉知己，人生还有何求呢？心激烈地跳动着，泪水润湿了眼眶，我忙掉过头去，把话题扯开。

"在我的理论中，快乐是中等层次的心理现象。婴儿在刚生下来的时候，因为环境的改变，感觉器官所接受的外来刺激，超过了他所能忍受的极限，这种感觉就是痛苦。这时立刻导致肾上腺素的大量分泌，肌肉紧张，血液循环加速，氧气的消耗也增加。这些综合的结果，使得婴儿喉管收缩，呼吸加快，于是发出了哭声。"

"我们心理学教授说，婴儿啼哭是为了唤起人们的注意。"她已经习惯了我的长篇大论，而且经常能对答如流。

"小心！'唤起人们的注意'是种主观用句，人在没有意识之前，是不可能有主观的。等到婴儿有了经验，形成了刺激反应的模式，知道哭声可以达到解除痛苦的效果以后，才会以啼哭作为手段。

“而且只有痛苦的解除，才是快乐。”我很会急转弯，马上扯回主题。

“你的意思是说，一定要先有痛苦，才会有快乐？”

“是的，如果痛苦的程度高，时间久，并且解除的速度越快，快乐的感受越强。”

“我不同意。假定说，你买冰激凌给我吃。在吃之前，我并没有痛苦，但是吃了以后，一样感到快乐。”

“那是因为我们在经验中，已经习惯了若干必须忍受的痛苦，感觉神经的灵敏度自动降低，便不觉得痛苦。比如说，现在离你上一次进食已经有几个小时了，身体需要食物。只是你已养成定时吃饭的习惯，所以不感到痛苦，并不表示没有那种现象。

“此外，现在的气温很高，为了减轻炎热的痛苦，我们必须躲在树荫下聊天。如果这时有冰激凌吃，身体温度可以稍降，胃中的饥饿感也能减轻，这两者都是痛苦的解除。也就是说，会令人感到快乐。

“不妨想一想，如果你刚吃得十分饱，或者天气非常寒冷，再好吃的冰激凌都不会让你快乐。再换个角度看，你想吃冰激凌，立刻就有，当然快乐；如果是想吃而吃不到，你就会痛苦。而当你感到非常痛苦时，才吃到冰激凌，你的快乐一定更高。就好像水闸一样，压力越大，水流的速度就越急越快。”

“照你的看法，我如果不想吃冰激凌，就没有痛苦了？”

“对冰激凌这件事而言，的确如此，但你可能还有其他的需求。所以，中国人说：‘知足常乐。’”

我们常讨论各种问题，她的悟性很高，很能领会我的观念。她想了想，又说：“有一点我还是不明白，现在你忍受着生理需求的痛苦，因为你相信将来会得到更大的快乐。是在什么时候呢？是怎样的对象呢？她总不会在哪里等着你吧？”

“不，只为了追求更大的快乐才忍受痛苦是不值得的，我也不敢奢望有什么理想中的对象专门在等着我。可是，我最感到痛苦的并不是生理需求，而是精神上的压迫。

“与一个不喜欢的女人做爱，等于是野兽交尾，我受不了这心灵的折磨。因此，我宁愿忍耐，等待适当的机会。到底人间还有很多有趣味的事物，我经常会被吸引，忽视了这种痛苦。”

“那你喜不喜欢我呢？”

“当你喜欢一个人的时候，你希不希望他感到痛苦？”我没有正面回答。

“当然不。”

“这就是我想与你讨论的原因，我要由你的观念了解你的内心。因为我确知什么是痛苦，相信能帮助你免除它的伤害。”

“你喜不喜欢和我做爱？”西方女性比较坦率，这也是我所难以适应的。这种事还要问吗？一定要用语言表达吗？中国人强调“心有灵犀一点通”，一种会心的微妙的两情相印，一种超出言表、不必用理性加以分析判断的直觉认知，一出口就变质了！

她急切地望着我，就像儿童期望着糖果一般！这可是禁果呀！她到底是生长在不同的环境中，我必须使用她所熟悉的语言，即使很不甘愿。

“当然喜欢。”

“不！你在骗我，我看得出来！”刚刚还是艳阳高照的夏日，片刻之间，就撒下了满地的秋霜。她把脸调开，低下头去，晶莹的泪珠已经泫然欲滴。

“怎么会骗你？”我急了，一把抓住她的手，按在自己的心头，“我只是没有经验，没有勇气，还有，更是……怕伤害了……”

我不知道应该怎样启齿，才不会让她难堪，我怕伤害她，也怕伤害马里奥。可是这种话说出来以后，伤害力更大，显然我话太多了。

果然，她用力把手抽了回去，瞪着眼质问我：“怕伤害谁？你说！”我自认口才犀利，总算也有了词穷的时刻。她得寸进尺，眼睛瞪得更圆了：“怕伤害我？是不是？你如果不说实话，才真的会伤害到我！”

“我真的喜欢……我发誓……”我也急了。

“喜欢什么？”她丝毫不放松。

老天！我怎能启口呢？传统的包袱、表达的习惯、习俗的禁忌等，在在都形成我心理的障碍。即使我愿意摆脱这些影响，也需要一点适应的时间，怎可能一开口，就说得如鱼得水般自然呢？

“你不必骗我，你们中国人有文化传统，有智慧，哪会看得上我们这种……”她激动得再也忍不住，哭出声来。

我忙把她搂进怀中，轻轻地抚慰着她秀长的头发，半开玩笑，半认真地，对着她的耳朵，悄悄地说：“别告诉任何人，我怕伤害的，是我爸爸！”

这一招相当有效，她眼睫毛上还沾着泪珠，却是满面狐疑：“这与你爸爸有什么关系？”

“当然有啦！”我故意卖个关子，装着不好意思，扭捏了一阵子才说，“因为第一次没有成功，恐怕是我父亲的‘种’不好，如果证明是事实，当然会伤

害到他。”

她脸上的红潮乍升，半嗔半羞。

“你又在骗我了。”

我已经想不起原来要谈的主题了，可是那又有什么重要呢？她调整了一下坐姿，将身体靠在树干上。

“至少，你是第一个不喜欢我的人。”她幽幽地说。

“你错了，我喜欢你，而且非常非常喜欢，我愿意尽一切努力，争取你的好感。我认为你最可爱之处，在于没有炫耀你天生的美色，在于你肯学习，肯用头脑。不然我会跟你讨论这些枯燥的理论吗？”她静静地听着，没有表情。

我继续说：“这是多么值得敬重的美德！你没有自恃娇宠，没有任性胡为，因此你能专心读书，勤练钢琴。这样，你就得到了知识，有了气质和眼光。”

“这到底是优点还是缺点？”

“优点就是缺点，因此，能被你看得起的人不会太多。”

“不要说了，我知道，别人也不见得看得起我。”

“我没有骗你，也没有骗你的必要。对一个像我这样受过传统洗礼的中国人，‘爱’与‘性’这些字是说不出口的。爱是一种感受，是一种出自双方内心深处的了解，不应该挂在口头成为装饰的字眼。

“爱的建立需要时间、谅解以及相互的奉献等多方面的条件，太轻易就能满足的，随时都有可能消失无踪。人所珍惜的，常是罕有的，历经千辛万苦才得到的。甚至于有些可望而不可及的事物，更教我们魂牵神引，永远难以忘怀。

“肉体的接触如果没有爱，便只剩下神经刺激，不可能产生销魂蚀骨的心灵感受。人若太重视肉体的欢愉，就会人尽可交，即使有感情，也无法产生真正的爱。再万一被情感牵连了，又没有爱的基础，那种既不能分手，又不能幸福地相处，才是莫大的痛苦。

“我是个天涯间的流浪者，说不定哪天就消失了。我希望在你的心中，永远占据一个重要的位置，绝不愿只为了今天的快乐，使你受到伤害。说明白一点，假定有可能与你终生相处，我希望我们之间有真正的爱，而不是短暂的肉体满足。再若不得已，我非离开不可，我又怎能割舍对你的依恋呢？”

“可是……我认为你想得太多了。”她无力地倒在我的肩头，轻轻地说。

“可能吧，因为你还有马里奥，还有你的家人、朋友。而我，我只有你，我们的精神、思想都已结合在一起了。一旦突破了友情的界限，我会像崩塌的

水库，狂涛汹涌，一定会淹没一切的。”

“那有什么不好呢？你可以留下来。”

“你比我还清楚，我不可能留下来，要是我只为了爱情留下来的话，我还有什么价值？天天讲一些连自己都做不到的空洞的理论，迟早你会厌烦。”

我觉得肩头一阵凉，是她的泪水湿透了我的衣衫。哭吧，艾洛伊莎，真正的快乐是隐藏在痛苦最深处的。

1967 年 8 月，我接到家里的电报，说父亲病重垂危，叫我立刻回台。我考虑了很久，如果在父亲最需要我的时候不能回去，我终生都不会原谅自己。而这一走，以我的经济能力，是不可能再回到巴西的。

我心中只有一个挂碍，那就是艾洛伊莎，我怎么舍得下像她这样体贴、解语的可人儿呢？人生处处险巇，得失之间很难拿捏。作为一个中国人，伦理不能抛弃。可是，漫漫人生，曾经沧海难为水，除却巫山不是云，今后还会有这种千载难逢的机会吗？

无论从哪一个角度来说，如果我错过了这个机会，今生今世再也不可能找到更能令我心醉的伴侣了。她的确是我所认识的女孩中，智慧最高、个性最好、相貌最美的一位。可贵的还不止于此，我们兴趣一致，言谈投契，在近一年的交往中，竟然不曾有过片刻的争执。

问题就出在这里，基于以往的经验、文化背景上的差异以及自我悲观的情怀，这种如同梦幻般的纯情令我难以置信。怎么可能把清晨的露珠供养案头？又为什么一定要去捕捉西天的彩霞？我千里迢迢来到巴西，难道就是为了守着一株玫瑰？明明知道自己选择了一条不归路，现在还没有走到一半，以后呢？

我没有向艾洛伊莎道别，我怕一时控制不了自己，溃决了辛辛苦苦建立的堤防。正常的人生早已与我绝缘，既然如此，又何必留个尾巴误人误己？只好狠着心肠，万般无奈，在一个满天迷雾的清晨，我提起行袋，悄悄地走了。

5 归途

美国　打工　雪地　父丧

我把能够变卖的都卖了，包括那支心爱的小喇叭。所有的钱凑起来大约有1300多美元，还不够买回台湾的飞机票。幸好那时敏姐在美国洛杉矶，姐夫任职“领事馆”。我决定先去洛杉矶，找到敏姐再想办法。

9月初，我到了洛杉矶，由于事前没有通知她，加上多年未见，她几乎不认得我了。我说明了经过，她则认为家里这封电报必有隐情。因为几天以前还有朋友谈及家中情形，说父亲退休后，在继母的怂恿下，以70多岁的高龄，居然开始做起生意来了。谁都想不到，父亲一生视财物为粪土，竟然晚年失节。

我实在难以置信，如果父亲一切安好，千里迢迢，叫我回去做什么呢？敏姐认为，既然要做生意，就要资本。她听说继母到处宣传，说我在巴西作画，和张大千一样发了大财。显然，如果专程叫我回去投资，怕我不愿意；而以父亲病危作为理由，先骗我回去，再设法说服我才是上上策。

我先还不信，立即发了封电报，说人已到达洛杉矶，因囊中羞涩，请父亲寄些路费来。同时又写信给几位在台的亲友，请他们代我打听一下家里的情况。

结果证明敏姐的判断完全正确，父亲来信说病已痊愈，叫我留在美国，不要回台。而亲友则一致表示父亲身体很好，只是为了做生意，到处借钱。在字里行间，每个人都暗示着对继母的不满。

敏姐看了父亲寄给我的信，她指出那不是父亲的笔迹。我记得大约在一年以前，父亲曾写信说明，因为他的视力不好，家信概由继母代笔。日子一久，我根本没想到这些代笔信很可能已不是父亲的意思，以至于在盲目冲动下，抛

弃了在巴西的一切。现在已经到了这个地步，我该怎么办呢？

回巴西吧？不论有没有必要，800 多美元的机票从哪里来？再说，学校的退学手续已经办了，我好不容易申请到的一点助学金也没有了，以后的生活靠什么维持？还有，我该如何面对艾洛伊莎？难道告诉她，我是个自由人，想走就走！现在，我需要她，想回到她身边，我就回来了？

回台湾是不用考虑的，国外生活再苦，却是海阔天空，心情畅快得很。最后，大家都劝我留在美国，我也知道这是唯一的选择，别无他途。只是我很不甘心，打从中学起，由于我恨英文，不仅不愿意学，而且还信誓旦旦，将来绝对不去美国。

考虑再三，我列出各种自以为是的理由，设法说服自己留在美国。工作、语言、文化背景、生活习惯等，倒不是问题，甚至于为了我追求的目标，更有深入的必要。好在在这个时代，美国不论在哪一方面，对人类社会都有举足轻重的影响。迟早我都要了解它，多少困难都必须排除，否则，我不够资格自命为人生真理的探索者。

孙振先是我在巴西认识的朋友，毕业于屏东农专。这时刚好他来找我姐夫办事，一见到我，他乡遇故知，立即邀我去他家住，并热心地帮我找工作。他太太叫露西，是实践家专毕业的，做得一手好菜，也非常好客。他们住在好莱坞区，在日落大道与高原街交叉口附近一所小巧精致的木屋内。

老孙所从事的工作是一种很特殊的服务业，专门为别人照相。客人只要打电话到他公司预约，定好时间，老孙便依约准时去拍照。这样也可以称为“工作”？我实在佩服美国人的生意头脑，只要有需要，就有生意，就有钱可赚，利人利己。

敏姐本已说好介绍我去一个加油站工作，但老孙极力反对，他说在美国找工作很容易，不妨找个比较理想、收入多的。所以当他去修闪光灯时，顺便问老板要不要工人？刚好工厂缺人，老孙便叫我去考试，当场考完一些基本的电学知识，立刻录用。

由于事先没有准备，更没想到刚到美国就有了工作，如何上班立刻成为首要问题。我没有汽车，也不会开，且根本没开过。然而在美国，尤其洛杉矶是有名的专为汽车族所设计的都市。这里的居民除了未成年的小孩和行动不便的老人外，人人有车，有些人甚至还不止一辆。

我第一天上班是搭公共汽车去的，由住家的好莱坞到我上班的伯本区，开车不过十分钟。可是转两班公共汽车，却花了我三个小时。老孙一再叮咛，说

等公共汽车很难，可是怎样也想不到，竟难到这个地步。

我决定要买部车，钱虽是问题，还可以向老孙借，麻烦的是要先学会开车。在美国时间就是金钱，有什么方法能在最短的时间内，同时解决买车、学车、开车三件事呢？

我的看法是，先买车再学开车，因为我怕麻烦别人。老孙不赞成，说在美国如不先学会开车，没考上驾驶执照，出了车祸可是吃不了兜着走。我争不过他，只好在他的指导下，先在一个公园里学了十几分钟。车子能动了，自己觉得相当不错，但是老孙认为还差得远。

我心急如焚，等不及了，便去找姐夫，说是要考驾驶执照。姐夫以为我会开车，便带我去一个地方，说认识那里的考官，说不定比较容易过关。

因为姐夫是“外交官”，家里经常举行酒会，邀请一些“大人物”。以一个驾驶官而言，一辈子也没有几次机会可以和那些大人物来往。所以姐夫乐得送个人情，有酒会时，也顺道把这位考官请去，做做“国民外交”。结果两个人成为好友，也方便了我这个考生。

果然那位考官非常买账，尽管我的技术欠佳，所幸他手下留情，七扣八扣还得了七十多分。感谢姐夫和他的关系，我通过了考试，成为汽车俱乐部的新会员。有了驾照后，再以分期付款买了部流线型的“柯威尔”二手车。车一到手，第一件事便是以 80 码的速度，在高速公路上飞驰了一阵子，享受一下“行动自由”。

那时已是深夜，等我想到该去姐夫家表达谢忱时，已在高速公路上失去了方向及距离感。直到买来地图，按图索骥找到姐夫家时，我才知道刚刚已经开到内华达州了！

那次的冒险给了我极大的信心，就像一个未曾在刀山上失手的人，总会一而再、再而三地，不断在刀尖上打滚。好在我运微命大，总能在剃刀边沿全身而退。

上班的伯本，是一个住宅兼工业区，位于好莱坞北方约十余英里，工厂与办公室林立。而我居住的地方，就在中国大戏院旁边，刚好是好莱坞的商业中心。所以，每当上下班时，与车辆流向恰恰相反，高速公路上经常畅通无阻，几分钟就抵达了。

由于时间充裕，我又念念不忘往日未竟的梦想，便参加了一间著名的绘画函授班，按步就班地学画。但时间还是太多，再说音乐也好，绘画也好，其实我真正不能忘情的却是电影。今天误打误闯，来到了好莱坞，为什么不乘机求

教一番呢？

就在住处不远，我看到一家甚具规模的影剧补习班，宣传海报上，挂了不少电影界有名的人物。我决定去修习编导，明知道自己的英文很差，好在学的是观念和原则，所以硬着头皮，又做了老贡生。

从学习中，我发现美国专门培养技术人才，不论是绘画或是电影，都有一套一套的公式。照理，每个人都有其独特的长处，教者应该因材施教。事实上不然，在函授绘画班上，我很快就看出“对方”只是一个机构。我完成一部分课业，他们就寄来一些资料，内容与我的程度、学习的优劣无关。

从商业立场而言，这是无可厚非的，可是这所函授学校标榜“因材施教”，说每个学生会有一个名画家亲自指导！我也选了一位名画家，且是一位中国人。我常在画稿旁写些意见，请老师指正，可是从不见回音。

电影班更好不到哪里去，编导班共有二十多人，由一位“名导演”（导过电视剧 *Smoking Gun*）授课。这位老师吊儿郎当，最喜欢指导亲吻的戏，常找些演员班的学员来实验，每每一堂课就在吻来吻去中结束了。

可是，我也有收获，那是这位老师无意中透露的。

记得有位学员问他一个问题，我没有听懂，导演老师说：“不必担心，这个有公式！”

那位学员又连续问了几个问题，答案都是：“有公式！”

只怪我英文不好，难道是上数学课吗？

下课后，我去问那位同学，什么公式不公式的。

“我是问他系列戏剧与单一戏剧的发展技巧，他一讲我就懂了，他是说一切都有一定的公式，连单一剧都不例外。”

“戏剧是创作，怎能有公式呢？”

“现在是商业，要大量生产，所以只要会用公式就好了。”

“那他为什么不教这些公式呢？”

“啊，用不着，书店就有。”

“那我们在这里学些什么呢？”

“学什么？等机会呀！”

“等什么机会？”

他很奇怪地瞪了我一眼，才发觉这个东方人是个白痴。

“等他提拔呀！哪天他拍戏需要帮手，就会在我们这里找。”

原来如此，这一来，我也懂了，真要学电影，还不如上电影院。一部好片

子，里面有学不完的宝贝，所有的艺术，都只能自己在实际生活中去体验。因为艺术不是知识，只能依感官的观察与意识的表现，而不是在课室中借概念的学习得到的。

我工作的地方虽号称工厂，其实是间小店，专门装配与修理各式闪光灯。店名叫“诺曼企业”，只有老板、一位女秘书、工程师与四个技工。当时所规定的最低薪资是每小时一元七角五分，我们工厂采用工时制，我每小时可得两元五角。工作多时，每月可以赚到八百多元，比老孙的收入还高。

人生是多么的不公平！同样的我，在巴西拼命工作，不过月入十几美元。美国只因国家富强，便人人沾光，偏生人们愚昧至极，只顾当前的蝇头小利，不肯先努力使国家富强！

诺曼工厂里熟练的技工，平均每天可以装配及测试一个闪光灯头，我一去就发现他们的工作方式很不合理。等我把各种情况弄熟了，便自行设计了一条生产线。一个月后，平均每天可以生产十个灯，甚至有一天我创造了生产十七个灯的纪录。

老板名叫诺曼，年纪和我差不多，他很欣赏我的工作，每个月自动给我加薪一次。到了第三个月，已加到三元五角一小时。他告诉我，那是技工最高的工资了，以我的能力应该还可以再加上去，但是必须先通过工程师鉴定考试。我看了看考题，知道毫无希望，也就心安理得安分地工作下去。

诺曼又开始教我设计电源供应器，原先是由一位工程师负责，一个月只能设计一台，而且常常在测试时爆炸。最初我也怀疑自己是否能够胜任，一个星期后，我完成了一台。测试之下，一切良好，那位工程师愤而辞职，此后即由我来代理。

我以为美国人讲究效率，加上诺曼做事合情合理，士为知己者卖命，我那个改不了的老毛病又发作了。

我们的产品设计得很差，外形不美，而且又大又重。这种闪光灯多半是供应给一些流动的家庭摄影师，他们每天背来背去，巧拙轻重之间有很大的区别。我研究后发现，以现有的材料，体积至少可以节省四分之三，重量可以减轻五分之四。

哪知诺曼坚决反对，他说我不懂做生意的门道，顾客要求的是“货真价实”，只有做得又大又重，买者才肯出高价，我们才有利润。同事们也对我抱怨有加，因为我们是计时论酬，工作效率提高了，工作时数便相对的降低，钱

也就少赚了。

叶落知秋，以一个小小的工厂，只有几个人，大家成败与共，才有安定的工作机会。老板不求改进，满足于现状，工作人员则只顾自己的利益，不为经营者设想，长此以往，怎能在市场上与他人竞争呢？

同事中有位名叫彼得的小伙子，个子很高，喜欢打篮球，和我兴趣相投。他每天装一个灯，慢条斯理，不慌不忙。有一个星期天，他邀我去打球，我们一矮一高，组成一队天龙地虎，倒颇引人侧目。

休息时，我正在喝沙士，突然听到他说："你知不知道你在干什么？"

"我在'喝'碳酸饮料。"我以为他在教我英文，所以特别强调"喝"这个字的"现在进行式"。

"不，我是指在公司里。"

"啊，混日子。"我才知道又是老问题。

"如果你想多赚点钱，我绝对支持你，但那根本是不可能的，我敢担保诺曼不会再给你加薪了。"

"我知道，我只是尽责任。"

"狗屎！你的责任是一天做一个灯。"

一来我不愿跟他争，二来我再有理，用英语也讲不出，只好说："可是我'不会慢'！"我想说的是"慢不下来"。

"狗屎！'不会慢'，没有这种事。"

"真的。"

"狗屎！狗屎！"

连续几个狗屎，把我惹毛了，我用半生不熟的英语，发起高论来："做得多，公司赚了钱，公司就会大，公司大，我们大家有好处。"

"你在做梦哩，公司再大，诺曼也不会多给我们一毛钱。"

"至少……"我不会说有"面子"，改口说，"有希望。"

"狗屎！我们唯一的希望，是自己有钱。"

"怎么能自己有钱呢？"

"等机会呀！机会到了大捞一笔，谁不是这样？"

"可是国家……"我想说这样国家就很危险了。

"什么国家？国家就是要帮我赚钱的。"

不同的意识形态，加上我受限于语言，再谈下去只会伤感情。或许他的想法有点极端，但我所接触过的人，不论在巴西还是在中国台湾省，这种论调好

像是种流行的时尚。看来极端的应该是我，至少，我不合时代潮流。

美国的人口比中国少了六分之五，可用的土地则大了好多。再加上他们没有历史包袱，没有不断的天灾战祸，又承袭了欧洲的工业文明。人在富裕之余有这种自私自利的思想，原也符合人性。可是为什么中国人也有这种想法呢？尤其是高级知识分子。如果有能力的人只为自己谋利，那整个社会会变成什么样呢？

美国人没有国家观念，是因为国家形成的时间短，又得天独厚，还没有经历过国破家亡的惨痛。就像人在青少年时期，不知天高地厚，一切欣欣向荣，充满希望。然而，一近中年，生老病死的际遇纷至沓来，双亲或尊长不是大限将到，便是病痛缠身。至于自己，不成家固然不可，成了家，各种负担宛似无止尽的梦魇。

美国目前还是一个年轻的国家，美国人正是时运当头。唯有等到国力耗尽、资源枯竭之时，才会重新整理他们的经验，认识到人间真相。

立妹在新墨西哥州立大学教心理学，寒假时邀我去玩。多年不见了，她结了婚，生了个乖巧的女儿。往事好像天边的浮云，虽然是亲兄妹，基于特殊的家庭状况，我对她的了解却是模模糊糊的一片迷雾，连想象都着不上力。

我乘着灰狗巴士，横跨了加利福尼亚、内华达、亚利桑那三州，沿途见识到美国的峡谷与大漠。在这个时代里，我们在种种原因下，宛如世纪初的犹太人，天各一方，骨肉飘零。我心中感慨万分，真的不知道应该如何与她叙旧。

那时车外下着大雪，一望白茫茫无际的大地，心中冉冉浮起幼年时的北国风情。母亲在我的心底，一直是一个枯瘦如柴的影子，成年躺在病床上干咳。那种咳声断断续续，有气无力，既夹杂着无比的痛苦，又代表着无助的挣扎。

由于台湾没有雪，失去了联想，回忆之窗也就紧紧地关闭着。这时，在灰沉沉的天空中，一些轻灵细白的雪花，缓缓地游移到眼前。甫接触到车窗上的玻璃，就依附不去，由一朵朵六角形伸展着纤毛的小精灵，顿时化为一片半透明的光影。

透过光影的芒彩，一幅一幅鲜活的景象，突然跃入眼帘。

记得在北京时，母亲完全不像是个病人，她常带着立妹与我去北海公园溜冰。还有一个瘦长的身影，也同时出现在回忆里。我们叫他三舅，他很会唱歌，我记得最清楚的，也是他经常唱的一首："月儿高挂在天上，光明照耀四方，在那静静的黑夜里，想起了我的故乡……"

一样的是雪花飞舞，不一样的，却是那一去永不复返的温馨。

我们在北京的家，原来是座王府，当时的市长徐惠东先生借我们暂住。我们住在前院，后面还有一进，徐市长的三位舅子就住在那里。

二舅喜欢喝啤酒，我不喜欢那香涩而辛辣的感觉，但为了找他们要小说看，经常要小小地忍受一下。三舅也喝酒，他一喝就唱，一唱就被撵出去。

永远是白皑皑的雪地，永远有三舅的影子，似乎和母亲冻红的双颊、无声的缄默密切得分不开来。

在那神秘的回忆之窗中，唯一的例外是一团炉火，母亲紧紧地抱着立妹和我，三舅则靠在窗棂上。静静的，正如同封冻的停驻在我眼前的光影。

三舅的歌声响起了，永远是同一首，他低低地哼着，我好像也听到了母亲的哼声。一片暖意，一种我很少感受到的祥和，渐渐地化为虚无……

接着，一片茫然，我搜竭枯肠，却再也记不起什么了。巴士到了新墨西哥州，一见到立妹，别的还没说，我开口就问她："你记不记得，我们住在北京时，有位三舅……"

"当然记得，他很会唱歌。"

"后来呢？为什么我想不起后来怎样了？"

"后来他从军，打日本人去了。"

我在立妹家住了两天，好像去过白沙空军基地以及一些名胜。但是我却什么都不记得，对妹夫的印象也很淡。因为那寒得彻骨的风雪，早已把我召回过去的岁月中，回忆像一团浓雾，黏黏地绵绵地占据了我整个的心。

电影与绘画函授目前都是纸上作业，为了充分利用在美国的学习机会，我急需一些实际经验。在朋友的介绍下，我又参加了一个业余的戏剧团体"东西剧社"（East West Player），是由一些爱好电影艺术的东方人所组成。他们在洛克菲勒基金会的支持下，经常在一个教堂中排练，并在各处演出。

东西剧社的成员不多，大约有二十余位，因为相处不久，名字都淡忘了。只记得负责人有三位，日本籍的麦可、一位中国女士与一位韩国人。在我离开以后不久，他们几个都到好莱坞跑龙套、演电影去了。

我才加入就发现他们并没有什么崇高的理想，不过是想打入美国的娱乐界而已。由于美国社会的结构，白种人主导所有的利益集团，好莱坞自不例外。但是各族群的自主意识不断地升高，急于参与白人社会。为了安抚他们，美国政府制定了一些律法以保护少数民族，东西剧社就是想以团体的力量，来分享

一些保护的利益。

我曾向麦可建议，与其只是参加好莱坞的演出，不如提供一些素材，让他们重视东方传统的文化，大量生产有关的产品。麦可不同意，他认为凭表演我们还有机会与之一争长短，谈文化则美国已经到达了世界顶峰，东方是望尘莫及的。

我最后一次参加的活动，是一个“东西方服装展览会”，场面相当盛大，有不少中美“明星”助阵。到了现场我才发现这个活动完全是某一服装公司，利用东西剧团的名气，推销自己的产品。为什么一个有志于戏剧艺术的团体，经费已经有了着落，却不务“正业”，甘愿为五斗米折腰呢？

在老孙的介绍下，我也见识到了这里的“留学生社会”，我之采用这个名称，是因为他们是很特别的一群。他们既不能融入美国社会，又与早先来美的“老华侨”泾渭分明。基本上留学生都受过高等教育，在美国拥有理想的职业，生活条件相当优渥。但是在心理上却是矛盾深重，对自己的国家以及美国社会，都是既爱又恨。

他们最难以忍受的，是子女们在美国社会的成长过程。自由放纵的社会对孩子们而言，正是如鱼得水。父母看在眼里，急在心里，既无力也不能干涉。

美国人的社会表面上看来很开放，其实他们极其孤独。每个人在工作之余，除了家庭就是一些私人的交谊，外人很难介入。这是因为他们从小就养成了独立的精神，认为个人的自由大于一切。

中国人一向过惯了团体生活，经常要串门子，闲话家常。即使到了美国，这种习惯一时也改不过来。结果是一到假日，“老中”们总要三五成群地聚在一起，或打麻将，或结伴出游。自然而然，父母也希望孩子们能打成一片。

可是，孩子们却很难适应，他们最怕的是讲中文，加上年轻人的特殊文化与社交，使他们与父母的距离日行日远。

我所认识的朋友中，有两家人正好是两种典型、一样心理。一家姓史，一家姓李，先生们都在一个石油公司任职，且都入了美国籍。史先生认为在美国的生活是临时的，迟早有一天会回到自己的国家，所以很强调孩子们的传统教育。而李先生一方面认为自己是美国人，却又希望儿女知道自己的根，以免成长后迷失在西方社会中。

那时我们的话题常绕着 ABC 打转。所谓 ABC 是指“美国出生的中国人”。据他们说这样的孩子在成长后，既不能被美国社会认同，又不愿承认中国的背景，心理上极不正常。所以对如何让下一代幼小的心灵中，建立起自尊自信的

认知，谁都没有答案。

由史、李两家的问题，我更体会到国家的重要性。更明确地说，应该是文化的重要性。也就是说，国家赖以存续的思想文化，才是人们生活的泉源。

什么是国家？美国难道不是国家吗？为什么这些高级知识分子，经过千辛万苦，做了美国人之后，却希望他的子孙保留中国文化思想呢？

我不认为一个国家的政体有多么重要，除了政客们拥权自重之外。国家实际上是一群拥有共同文化认知的个体所组成，人与生活习惯是主体，政体只是权与利角逐的结果。事实上，能令人民团聚在一起的，只有思想文化、风俗习惯而已。

只是我们这可怜的一代，在政体长时期的斗争下，外力入侵，文化破产。人民对国家民族失去了信念，只得追求一己的幸福，终至飘流海外。到最后，连期望在子女身上保留那一丝的怀念，都困难重重。

美国是个朝气蓬勃的社会，以个人能力或才智而言，美国人、中国人或巴西人并没有多大的分别。然而美国有先天优良的条件，社会制度又让人民得以充分地自我发挥，再加上各代的移民大半都经历过原来社会的排挤或迫害，所以很能珍惜这种难得的机会。

但是，我也看到了美国的隐忧。新生一代的美国人，把自由视作理所当然的“人权”，把自然的资源视为私产，恣意滥用，挥霍无度。在好莱坞的日落大道上，每天都有成群的年轻人，穿着怪异，或驶飞车呼啸而过，或麇集在酒吧间，以麻醉品互娱。不错，那是他们的自由，在不需要奋斗的生活中，无法体验真正的痛苦，他们需要快乐，却不知道快乐是什么。

此外，在饱暖富足之余，人们淫欲的念头油然而生。商人为了谋利，大量利用声色广告，极尽挑拨诱惑之能事。借着自由之名，人人放纵于肉欲，而且津津乐道。不要说一般人，连自制能力一向很强的我，也禁不住心动神摇，方寸大乱。

有一段时期，我常常后悔轻易地离开巴西，与艾洛伊莎失之交臂。美国社会既有人种歧视，又有语言隔阂。不仅生理的压力难以解决，生活上的紧张也无法疏解，每天只是工作、学习。资本至上的环境，把人紧紧地控制着，容不得任何人自行作主。

我原以观光名义入境，目前在此是非法工作，朝不保夕。不论我是否打算长期留在美国，都必须先取得居留权，以免后患。根据律师分析，我学的是

农，又没有足够的农场经验，因此希望非常渺茫。有人建议我去办假结婚，只要一千多美元就可以，这种事我也做不到。

有一天，无意间在杂志上看到一则电脑征婚的广告，我心中一动，难道……

正如同艾洛伊莎所说的，普天之下绝不可能有一个完全符合我期望的人，更别指望谁会在哪里等着我。如果决定留在美国，何不干脆与美国人结婚算了？既然我没有时间与机会交女友，唯一的良策就是请电脑作媒了。很可能有一位与我一样的女怪物，不仅与我想法、观念、兴趣雷同，至今也是高不成低不就的。再如她也想利用电脑找一位知心怪物，那岂非大好的良缘？

就算我不打算留在美国，若能找到一个知心的人，又有什么不好呢？我认为最重要的是理想的对象，不必管对方是中国人、巴西人或美国人。不去找，永远不可能得到，若要找，就要用一个有效率的方法。

只靠朋友介绍，接触的范围与选择的条件都有限。我虽然不知道电脑征婚可行性如何，但是参加的人多，选择的机会一定比较大。再说，见识一下这最时髦的新玩意，不论成败如何，总会得到一些经验。

花了一百多美元，抱着姑且一试的心理，填了一大堆复杂的表格，我参加了一家电脑征婚俱乐部。一个多月后，电脑通知我已找到了理想的对象，我约她共进晚餐。一见面，她开口第一句话就问我是不是一定会跟她结婚。我说一定不会，她听了，回头就走。

第二次则是连面都没见就吹了，在电话里，她一直纠正我的语法。我当然希望有个认真负责的英语老师，但是面都还没见着，谁知道她下一步要纠正我什么？

我到俱乐部去抱怨电脑不灵，他们说是我资料填错了。重填资料时，我才发现那些条文式的内容，都是些具体的数字以及简单的说明。

比如说："你是不是希望对象很美丽？"相信没有一个人会说"不"的，但电脑又如何去判断一个人美丽与否呢？再如另一个问题："你认为自己是不是有吸引力？"该怎么回答呢？难道也有人说"不"吗？

至于我所关心的文化素质，偏偏在问卷中找不到影子。虽然有下列的问题：你喜欢音乐吗？喜欢艺术吗？喜欢运动吗？但这些话能代表什么？音乐学院里的同学没有一个不喜欢音乐，可是我一见到佐治，就受不了。

除了这些是与否的问题外，还有的就是一大堆数字，如身高、体重、胸围、臀围，等等。总之，问题是不少，却没有一项能代表我这个怪物所要知

道的。

要想根据这些来决定婚姻大事，岂非缘木求鱼？我当初居然信以为真，甚至在第一次填资料时，还真以为这是所谓的“科学方法”。

反正已经上了贼船，我决定再试一次。电脑挑了两个月后，又给了我一个电话号码。在那个周末早上，我便打电话与她联络。对方好像很惊讶，我首先告诉她，我是中国人，是电脑介绍来的。她立刻说好极了，约我马上去她的公寓，见面再谈。

到了她的公寓，按了门铃。开门的是个“小男孩”，我说：“我来找×××的。”

“就是我呀！进来！进来！我先去换衣服。”

她进了内间，我环目四顾，沙发上、地上、架子上到处是书，都与社会、经济、政治以及哲学、思想等有关。这倒不错，我们应该不愁没有话题。此外，她还有个非常昂贵的音响，只是我看不到一张古典音乐唱片。

不一会儿，她换了女装出来，短头发上还夹了一些发卷。她身上散发着浓烈的香水气味，令我头昏脑涨。

“走，你会打保龄球吧？我带你去。”

“我不会打保龄球。”

“啊？”她好像不相信似的，“没关系，保龄球馆就在附近。”

“开谁的车？”

“你开，我会告诉你怎么走。”她说话时斩钉截铁，动作也颇有男人之风。

我知道当时在美国有所谓的女权运动，因为我不了解西方社会的背景，无法表示意见。在中国，封建时代的女性确实没有社会地位。民国以后风气渐渐开放，虽然难免有工作与待遇的区别以及基于生理、心理的顾虑外，实际上并没有刻意的性别歧视。

人的性别决定于大自然的排列组合，为了争取女权，连动作行为也效法男性，我不能赞同。异性之间的吸引力，多多少少是来自不同情趣的调剂，我怎能接受自己的女朋友和男人一模一样？这一刹，脑海中又浮现了艾洛伊莎那千娇百媚的神情，深恨自己跑到美国这种地方来。

上了车，我还在暗自盘算，应该用什么方法，将话题引导到彼此都有兴趣的事物上时，她已先开口了：“你多大年纪？”

“今年三十岁。”

“你学的是什么？”

"农艺。"

"大学毕业没有？"

"毕业了。在台湾读的。"

"你生过什么病没有？"

这个问题很难回答，淋病不好意思启口，也不知英语怎么说。事实上，不管哪一种病，我都不知道英语词汇，这不能算是欺骗吧？

"没有什么严重的病。"

"好，你结过婚没有？"

"没有。"

"很好。"她满意地说。我发动了车，正想问她怎么走，她又问："你家里有几个人在这里？"

"没有。我们怎么走？"我怕插不上口，忙抢着问她。

"什么？啊！很好。向前一直走。"几件事一气呵成，她显得很有魄力。

我最怕这种调查式的问答，想改变一下话题，便说："你对社会学很有研究吧？"

"现在不谈那个，你喜欢旅行吧？"

"是的。"我很识趣，谁知道？说不定她真是在做调查工作呢！

"很好。你喜欢音乐吧？"

"是的。"

"很好。你喜欢……"

不等她说完，我必须求证一下她所说的音乐是否与我所说的相同："慢着！我指的音乐是古典音乐，是20世纪以前的。"

"啊？那些老古董？"她不屑地说。

"是的，我是老派的人。"我必须让她知道这一点。

她想了一会儿，决定撇开这个讨厌的问题，又问："你每个月收入多少？"

"大约800美元。"

"嗯，好。你工作多久了？"

我实在厌烦于这种谈话，怎么办呢？她想了解我，这是她唯一熟悉的方式，我没有理由拒绝。即使以后不再见她了，为了礼貌也应该应付下去才是。我想到车已开了很久了，不如先到保龄球馆，打打球也比这种访谈有趣。

"球馆到了没有？"

她蓦然醒悟，四下张望了一阵，说："过了头了，转回去吧。你还没有回

答我的问题哩！”

我实在受不了了，她仍然咄咄逼人地追问不止。我们在同一条街上转了三圈，她还在问我喜不喜欢吃汉堡，我干脆把车子停在路边，不耐烦地说：“现在你问吧！”

她可能自知有点失礼，便说：“我很满意，该你问了。”

“我没有问题。”

“什么？你没有问题？你不想了解我？”

“这样的问答又能了解什么呢？”

“难道你不觉得这样最有效率？”她大为惊讶，天下居然有我这种笨人。

我无法回答，效率？难道我们在做生意吗？这时，街头有游行队伍经过，我看得出是反越战的活动。我突然灵机一动，她的政治立场应该是自由派，在那时，我只知道美国有个尼克松，那是台湾舆论界最推崇的。如果她喜欢，我便表示反对，反之亦然。以她的个性看来，不大可能妥协，于是我问她：“你对尼克松的看法怎样？”

“尼克松？哼，他是个失败者！”

好极了，我极力反击，我说他是英雄，世界的救星。我们和谐的关系仿佛冰山一样，瞬间就崩塌了，争了一会儿，她说：“你送我去前面那间美容院吧，我要去洗头发。”

“好的，我在外面等你。”

“不必了，我会找朋友来接。”

感谢尼克松，否则我真不知道要怎样脱身。

到了 8 月，家里又来信，说父亲垂危，临终前想见我一面。

这是团结中国社会的基本力量，父母如果不能在去世前见到他们的儿女，可以称之为死不瞑目。当然逝者已矣，谁也不知道瞑不瞑目有什么分别。但是做子女的，长期在“百善孝为先”观念的灌输下，总不希望在脑海中存着一副永远睁着双眼、憋着最后一口气，老态龙钟的亲人的模样。

在一般人的眼中，我父亲待我太过严厉，使我丧失了童年快乐的时光。可是没有人比我更清楚，不幸的遭遇、苦痛的过去，正是我一生中最丰富的资本。在当时我确曾怨天尤人，痛哭流涕，深恨命运对我不公平。到如今，我亲眼见到很多在父母呵护下成长的青年，一旦面临了无情的、竞争惨烈的社会，在没有心理准备下，弱者被强者残酷地欺凌，强者与强者则无休无止地做殊死

战斗，以往赖以依仗的庇护呢？而今又在哪里？

历经了幼年深巨的痛苦磨炼，我才成为真正的强者，除了我自己，天下没有任何人、任何力量可以撼动我分毫。这种坚强的心理建设，不正是父亲的恩赐吗？不正是中国历代的先贤大德，累积了几千年的宝贵经验，赋予传统文化的精髓吗？

从功利主义者的立场来看，我一无所取，没有金钱、地位、事业，甚至连家庭都没有。然而，那些并不是我所要追求的，从古到今，人生生死死，又有几个勇于摆脱世俗的牵绊，秉持着明确的原则，迈向理想的未来？

我知道自己还有很多缺点，有时候也会迷失方向。但在黑暗里，在迷雾中，我总能借着过去痛苦的经验，找到一线光明。也能利用千锤百炼的理性，克服自己，继续前进。

直到这一刻，我还不知道自己的理想是什么，唯一所能秉持的原则，就是不断地观察、学习。此外，更要摒除私心，顺应环境变化，最后希望能找到一种放诸四海皆准，有助于所有人类彻底解脱痛苦烦恼的方法。

既然父亲要见我最后一面，不管目前情况如何，我都必须回去。

我向诺曼辞职，他大吃一惊："你是不是嫌薪水太少？我可以给你加薪，我们的工厂正在扩充，忙得要命，所以忽略了你的问题。"

"谢谢你，因为我父亲病重，要见我最后一面。"

"见你一面？见到你，他的病就会好？"

"我想不会，他已 79 岁了。"

"那你回去干什么？"

"这是我的责任，我是他唯一的儿子。"

"那你要去多久？"

"很难说，可能回不来了，未知的因素太多了。"

"我不懂，你自己想想，这样做太冒险了。"

"我没有选择。"

"当然有，你不必回去，你看，我们的事业一天天在成长，将来也有你一份。你父亲是你父亲，你是你，哪里有只为了回去看看他，而不顾自己前途的事？"

他不了解中国人，就像我不了解他一样。最后，他只好摇着头，送我 200 美元作为路费，还加了一个注脚："就因为这样，你们中国不可能强大起来。"

一回到台北，我就赶到医院。父亲已经又瘦又干，双目深陷，但却睁着双

眼，躺在病床上，一动都不动。我走到他面前，说："爸爸，我回来了。"

仿佛是从一个遥远的地方，历经艰辛的跋涉，他缓缓地把呆滞无神的眼珠移向我这边，注视了很久很久。突然，最后一点生命的火花燃起了，干涩的眼眶中泛起了一丝泪痕，脸上的肌肉微微抽动。他颤抖着乌黑的嘴唇，说着几乎听不到的声音，如同梦呓一般。

"吃过饭没有？"

我大声说："爸爸，我吃过了。"

他仍然看着我，苍老而枯皱的脸上，显出无比的劳累，却又平静而安祥。他可能有很多话要说，也可能本来就没有什么可以说的。总之，在这一刻，一切都显得多余。渐渐地，他疲倦地合上了眼睛，从此以后，再也没有睁开来。

我们把他接回家中，他如同植物人一般，不吃不喝，全靠打点滴维持生命。一个月后，终于与人世永别。

人生的意义在哪里呢？他赋予我生命，教育我以文化，最后，他却成了一具枯骨。我是否也将步着他的后尘，在昏黄的晚景中期待着游子，一代一代地就此传衍下去？所传的又是什么？是生命？是文化？抑或还有其他我尚未了解的？

我们两代之间曾有一道很深的鸿沟，那是时代在人际关系上所刻下的痕迹，没有是非对错，只留下淡淡的惋惜。

父亲没有留给我一文钱、一片土地，但是那看不到摸不着的影响以及人生的价值观，却如同生命的本质一般，与我同存。他并没有死，"死"只是一个很通俗的概念，代表一种生命力的移转。当毛虫结成蛹后，会变化成蝴蝶；当蝴蝶羽化了，又变成一粒粒精巧透明的卵。生命从来不曾"死"过，只是不断地开展。

人的生命期比较长，除了生命的更续之外，还有在生命过程中累积的许多认知。这些认知不是金钱可以买到的，也不是书本中可以提炼出来的。唯一的途径，即是每一个人自己亲身的体验。

"死"只是代表一个过程的终止，人体虽然化为尘埃，人的经历却永远存留。环境永远在变化，而生命需要生存，生存的经历便是生命生存最有价值的借镜。

人类千万年来所积累的认知，在一代一代之间不断地传衍，汇为长河、巨流。难道这不是一种生命，难道只有与草木同朽的身体才算是生命？

生命到底是什么？如果用逻辑来推论，正因为人"有"生命，所以人一定

“不是”生命。人只是一种具有生命的机体，机体当然与生命有别。再进一步看，人有生命，人又有认知，是否“生命”与“认知”同是“人”的属性呢?

如果是的，那么在认知的立场，生命的意义就比较容易了解了。在大自然的进化中，许多现象基于环境的变化，随起随灭，消逝得无影无踪。唯有能永存在大自然中的现象，可视为“有意义”。而生命需要知识以增进延续生存的机率，所以，生命的意义可以说就是不断地追求、传衍所获得的认知。

目前，我的认知是：父亲的责任告一段落，以后就轮到我了。

办完父亲的丧事，我才发觉当前的第一个责任，就是维持家计。不管我愿不愿意，这个责任已自动地落在肩上，再也潇洒不起来了。

6 惊蛰

丁丁　责任　商机　摸索

家里其实只剩下继母和我，老实说，在这一生中，我最怕面对的就是我的继母。她是一个正常而平凡的女人，在与我父亲结婚以前，已守寡多年。据我的判断，她嫁给父亲的主要原因，是要把她的儿子送出“国”读书，以便老来有靠。

他儿子从生父姓马，年纪比我约大四岁，在我读大三那年，他也搬来家中。因为他学的是物理，我恰好也有一些物理上的问题，便常常向他请教，我们之间相处得很好。

他也喜欢古典音乐，而且有一套很好的音响。我告诉他，父亲不许我听音乐。他则鼓起如簧之舌，向父亲灌输音乐能陶冶性情的理论，还找了一篇报道贝多芬的文章给父亲看。

父亲最喜欢看书，来台湾后，因为薪资有限，买不起书，只好剪贴报纸，并装订成册（在他去世时，已经完成了一百多册）。在父亲的观念中，只要是报上刊登的，一定有价值。连生了病也去查剪报资料，自我治疗。

父亲看了有关贝多芬的报道后，便不再反对我们放唱片。有时，我们正在凝神倾听乐曲，他会走过来，也听一阵子，然后点点头，对马大哥说：“是贝多芬吧？”

马大哥的父亲是军人，抗日时不幸阵亡。他母亲任职政工，从小就把他送进遗族学校，很少享受到天伦之乐。马大哥毕业于台湾“中正理工学院”，后来又到台湾“清华核子研究所”读硕士。他受限于军人身份，虽然成绩优秀，却无法出“国”深造。父亲动用了很多关系，费尽心力才打通了关节，让他去德国，专攻激光。

在我毕业前，允许马大哥出“国”的公文核准下来了，他打算到高雄去向几位父执辈辞行，并邀我同往。我们一起去玩了几天，住在他的朋友家。无意间，我发现了一位很特殊的女孩“丁丁”，她与马大哥从小一起长大，约有十七八岁，当时在屏东师范读书。

一个阴霾的下午，一伙大约有十多个人，同去西子湾游玩。回程中，我们坐在拥挤的公共汽车上，由于风浪骤起，一个高约丈许的浪头，突然由海堤外扑进窗内。车里人人争相走避，一阵大乱，我被挤到车尾，压在人堆之下。

好不容易挣扎着站起来，一眼看到那大浪冲进来的窗口旁，有个孤单瘦小的人影。她全身都湿透了，犹自稳稳地坐着，一动也不动，仿佛根本没有发生什么事。

我仔细一看，竟是丁丁。当下不及思考，立刻拿了条大毛巾，跨过东倒西歪的人群，披在她的肩上。她仍然静静地，两眼望着前方，口中喃喃地说着：“朱大哥，我的头发湿了没有？”

我不知道应该怎样回答，看她一副楚楚可怜的样子，又勇敢得大有“泰山崩于前而色不变”的气概，却说出这样缥缈出尘的禅话。那一刹，在我的印象里，立刻塑造出了一个清新超凡的偶像。曾有一段时间内，我情不由己，仰慕不止。

经过这次的事件后，我便偷偷地观察她，发现她年纪虽然不大，却稳重娴淑，在家中俨然一副大姐姐的风范。她还有两个顽皮的弟弟、一个活泼美丽的妹妹，永远吵吵闹闹，但只要一听到她那温和又具威严的声音，便是天塌下来，也立刻化为平和。

第一个进入我脑中的念头，就是幼年娥姐那含糊不清的印象。撇开了时空的差异，我经常躲进一个温煦的幻境，一尊慈母般的大姐姐，维护着我，是丁丁又是娥姐，我简直感觉不出有什么分别。

直到回到台北，我才知道马大哥这次南下是专程去看丁丁，本来打算与她订婚。但是见了面后，又觉得她年纪太小，心里犹豫不决。

我很欣赏丁丁，也觉得他们相配，很想促成这段良缘，以满足自己的私心。经过一番考虑，我便写了封信给她，说了很多马大哥的好话，并劝她主动与马大哥联络。以后我们便经常通信，话题无不绕着马大哥转。

在我服兵役时，他们终于订了婚，马大哥也去了德国。

记得是在 1963 年，当我辞去了花莲的教职，返回台北。有一天，我正要

出门，继母把我叫住，她很愉快地说："你马大哥要结婚了，你知道吧？"

马大哥还在德国，难道丁丁也去了不成？平常我尽量避免与继母聊天，一来我不喜欢谈家务事，最怕别人抱怨这个、批评那个。二来她的思路很乱，各种不同的主题，时空颠倒地夹杂在一起，令人听来毫无头绪。

可是我很关心他们俩的婚事，便问道："是马大哥回来，还是丁丁要去德国？"

"什么丁丁？马大哥女朋友多得很，根本就不喜欢她。"

糟了，怎么会演变到这个地步呢？那岂不是我害了丁丁吗？我又问："那么马大哥要跟谁结婚呢？"

"一个德国女人。"

"丁丁知道吗？"

"你知道德国女人有多坏吗？她不许马大哥回来。"她要表达意见时，永远不管别人的看法，也听不见别人说的话。她忿忿不平地点了根香烟，狠狠地抽上一口，继续地发泄着。

"这怎么可以？我辛辛苦苦把他养大，弄他出'国'，结果却便宜了德国人！"

"不会的，马大哥不是那种人，他会回来的。"

"是呀，等他回来，我叫他再讨一个中国老婆。"

我知道无法跟她讲理，为了早点脱身，不能这样扯下去，便说："他拿到博士了吧？"

"台湾女人多的是，蓉蓉还在等他哩，你马大哥要跟丁丁订婚时，我就反对。"她只是要一个听众，好发泄心里的郁闷，"丁丁有狐臭，你知道吧？"

"不可能吧，我们在一起玩了好几天。"

"她搽了药！她妈妈就有。你马大哥是博士，又是留学德国的，丁丁哪点配？"

我没有搭腔，只想找机会开溜。她又抽了口烟，突然说："对呀！丁丁可以嫁给你呀，你爸爸很喜欢她哩！"

"不，不，丁丁喜欢的又不是我。"

"这样你就可以帮马大哥解除婚约呀，丁丁结了婚，马大哥就可以回来了……"她说了一半，觉得不妥，停了一会，又说："你放心，那个德国女人很爱干净，我才不会跟他们住在一起哩！我还是跟你们住，我最喜欢丁丁，从小就把她当作自己亲生的女儿一样。你们有了小孩，我这个老太婆还可以帮帮

忙、照顾照顾。你看，我把你马大哥照顾得多好，受到最好的教育，成为人人尊重的科学家。”

“妈，我今天有点事，要早些出去，这些等我回来再谈吧。”我心中感慨万分，怎么会弄到这个地步？实在听不下去，只好直截了当地说明。

“是呀，你爸爸就把我关在家里，哪里都不许去，他又老，又没有钱。嫁给他，我的退休金也牺牲了，以前辛辛苦苦存的一些钱，也被你爸爸用光了。他还在想阿香哩！有一天我骂了他一顿，哼！他对别人很凶，可是就怕我。他就喜欢女人，他喜欢你妹妹，不喜欢你。我常说他，像你这样好的儿子，比马大哥也差不太多，到哪里找去？”

“妈！我要走了。”这种话匣一开，就永远没完没了。

“你也该结婚了，你爸爸也老了，将来生活怎么办？靠谁呢？你马大哥不会回来了，你又不肯教书，结了婚才会定下来……我们家这栋房子，将来还不都是你的？我也不会留给你马大哥。丁丁那样好的女孩子，比宫家的那个漂亮得多，又是自己人。”

这次我看走了眼，她绕了半天弯子，终于图穷匕现。假如马大哥真的不肯回来，而我又不务正业，她怎能不为未来的生活担忧？

“妈，您放心，我一定会照顾您跟爸爸的。”

“我早就知道，你比马大哥好得多，你假如不喜欢丁丁，蓉蓉也不错呀，我负责给你去说媒。只是不要去找宫家那个女孩子，她家人太多了，将来都要靠你养！”

“我结婚的事先别急，马大哥什么时候结婚呢？”

“就在下个月，市长要给他们证婚哩，还有电视记者采访，因为你马大哥学问好，人品也好，所以德国政府不让他走。”

“既然已经决定了，丁丁知不知道呢？”

“管她知不知道？马大哥一点都不喜欢她，你想想，她只是师范毕业的。她个子又矮，长得又丑，一点都配不上你马大哥。”她的判断永远随着情绪起伏。

“那为什么当初马大哥要订婚呢？”虽然那只是她的片面之词，但她口口声声咬定马大哥不喜欢她，我忍不住反问了一句。

“因为马大哥要出‘国’呀，他是军人身份，按照规定一定要有亲人在台湾才行。我又改嫁了，所以至少要订了婚才能出去。”

我恍然大悟，突然之间，丁丁那副楚楚可怜，却又勇敢坚强的神态，跃入

了眼帘。为什么我要多管闲事呢？一个纯洁可爱的少女，就因为我的愚昧无知以及一点不切实际的私心，竟然将她牺牲了！今后她的岁月，将是多么的难堪？

错已铸成，其罪在我。何况丁丁很值得怜爱，果真能够与她结婚，的确可以解决很多棘手的问题。至于她愿不愿意嫁给我，我不试试又怎能知道？我所有的希望，是不要再让她受到伤害。

“妈，我愿意与丁丁结婚。”我想到这，话已冲口而出。

“好，这样你马大哥回来就不怕人说话了，我马上帮你求婚去。”

晚上等我办完事回家，父亲正在客厅与继母争论。一见我回来，父亲便回卧室去了。

继母一肚子不高兴，板着脸对我说：“哪有这种道理？你们父子俩一起来欺负我？丁丁明明是你马大哥的未婚妻，你却趁马大哥不在，想抢他的老婆！”

“妈！不是你要我和她结婚的吗？”我被她说得一头雾水。

“天下哪有这种事？你马大哥回来就可以娶她……”

“你明明说马大哥要和德国女人结婚，而且不打算回来。就是今天下午，才过了几个钟头，难道是我听错了？”

“我只是猜的，假如你马大哥回来了怎么办？丁丁还可以嫁给他呀！讨两个老婆又有什么不可以？你爸爸还讨了四个哩！”

我忍无可忍，说：“您不是说马大哥女朋友多得很吗？蓉蓉还在等着他哩！丁丁又丑又矮，又有狐臭，您一直反对他们结婚，为什么马上就变了呢？”

“我变了什么？是你马大哥长大了，不听我这个娘的话，我有什么办法？刚刚我才知道蓉蓉也要结婚了，害我白疼了她一场。现在的儿女没有一个好的，不像我当年，对父母百依百顺，世界上哪里有结婚还可以自己作主的？”

“那这与爸爸有什么关系呢？”

“你爸爸一听说你马大哥要讨个德国老婆，就想把丁丁给你做媳妇！哼！想得倒好！你马大哥还没回来哩！丁丁明明白白是你马大哥的未婚妻，你们父子俩都不存好心……”她越想越气，气起来常常口不择言。

我早已习惯了她的风风雨雨，马上收线：“妈！算我听错了，下午说的话不算，您总没有告诉丁丁吧？”

“我怎么会那样傻？我知道你是个好人，放心吧，我这就写信去德国，如果马大哥真的不回来，我再去帮你讲。”

过了几天，继母又找我聊天，她劈口就说："丁丁的妹妹现在长得好漂亮，你想不想跟她结婚？"

我知道她在利用政工的那套手段，想把我拉住，可是怎么能把婚姻拿来做排列组合游戏呢？除了丁丁，就是她妹妹，好像天下就这两个女人。

"我还没有事业，考虑结婚太早了。"

"你不晓得，你爸爸其实很关心你的，他告诉我，只要你结婚，他可以介绍你到台北邮政局去做事。"

"我要自己找工作。"

"不要傻，邮政局是金饭碗呀，只要你爸爸一句话，多大的好事！"

"可是，这与丁丁的妹妹有什么关系呢？"

"所以我常对你爸爸说，你太善良了，你爸爸老是骂你，说你不好……"

"妈，以后再谈吧，我还有事。"我知道一扯下去，就没完没了。

"我知道你最喜欢马大哥了，是我把他教得好，所以才有今天。听我的话，你去把她妹妹讨来，我们就变成亲家了。成了亲家，我就可以叫丁丁等你马大哥，等到马大哥回来的时候，只要你马大哥愿意，就可以和她结婚。"

原来如此，我不便反驳，只好借故走了。

过了不久，有一天，当我回家时，看到丁丁的双亲坐在客厅，气氛非常凝重。我心中有愧，只问了安，便找个理由溜掉。至于他们谈些什么，猜也能猜到，结果更不必问了。我也有个私心，不论继母作为如何，只要父亲对她满意，做儿子的就少了很多压力。至于外人怎么想，我管不到，也不便多管，毕竟，人间的悲剧已经看得够多了。

没有社会福利制度，养儿育女是唯一的"老年保险"，否则老来既无谋生能力，又没有生活保障，那种惨状可想而知。我一点都不怪她，换了别人，或许手段有所不同，结果恐怕仍然一样。

在我决定出国之后，由于这件事令我良心难安，便特地到屏东师专去了一趟，想向她澄清这段公案。此外，对她认识越深，我也越是心仪，所以希望能再见她一面。

那个夜里，我露宿公园，体验了一次流浪的前奏。第二天早上到了学校，心中怀着非常矛盾而又凄凉的感受。看着丁丁瘦弱的身影，姗姗而来，姗姗而去。我完全记不起我们谈话的内容，只有她那身雪白的上衣、黑色的长裙，脸上含着幽幽愁思的印象，在脑海中始终挥之不去。

现在，父亲去了，养家的责任突然临到我头上，偏偏我又很怕与继母相处。再说，我的目标还不知道在哪里，而且，绝不甘心轻易放弃多年的努力。马大哥并没有回来，我能奉养她多久呢？三年五年还勉强可以，再下去，我一定会疯掉。

盘算了很久，我决定先赚些钱，全部留下来供她养老，以便买回我的自由。

不久，马大哥与德国女人结了婚，也决定不再回来，而丁丁一家人都搬到台北来了。继母又提起婚事，还一再怨我只想出“国”，不负责任。

历练了一段时间，我应该成熟了。为了偿还过去无知所造成的错误，我必须面对现实，至少应该了解一下她的近况。

我找到丁丁，在她家门口，仅仅交谈了几分钟。她很平静地说，不久将去美国结婚，对方是一位“立法委员”的儿子。谁都没有谈及过去，太遥远了，也太残酷了。她看来很憔悴，不到二十岁的芳龄，青春便遗弃在那遥远的回忆里。

我不能再唤起那理应埋藏的过去，在彼此的祝福声中，我怀着内疚离去。这件事我实在不能原谅自己，今后且用行动来作最明确的忏悔吧。

父亲是在陈诚“副总统”去世后退休的，退休后赋闲在家。据说当父亲在台湾“光复大陆设计委员会”任秘书长时，每个月的办公室特支费，全被继母设法领用了。此事人人皆知，只有父亲一个人被蒙在鼓里。继母拿了钱，在外放高利贷，经常需要周转，所以天天怂恿父亲利用各种关系去做生意。

继母找了一批人，由父亲出面，开了一家“怀远企业股份有限公司”。总经理姓向，他能言会道，不知用什么手段拿到了一份工厂租约，想藉之做无本生意。

当时发生了一件轰动台湾的大案子，那是台北有一家信用合作社的负责人林聚元，倒了数亿新台币，因此全部财产皆被法院查封。向先生神通广大，竟在查封的前夕，把位于南港的“林聚元塑胶厂”租了下来，以至于他能逃脱法网，继续营业不辍。

不幸怀远公司中无人能够经营，以致塑胶厂虽然还在开工，却不知谁在幕后暗地操纵。生意照做，钱来钱往，唯有怀远公司毫无收入，坐吃山空。

父亲过世不久，股东就吵上门来，其中有一位李先生，我终生忘不了他的嘴脸。他原是政工出身，听说继母就是经他介绍给父亲的。记得是在我读初中

时，他想当台湾“国民大会代表”，便请一位朋友介绍，带了很多礼物，来求父亲推荐。

在“国府”迁台之初，台湾“国大代表”与“立法委员”约有半数或羁留大陆，或远飏海外。为了维持“民主政体”的运作，必须凑足法定人数。而当时凡具有后补资格的都已扶正，人数还是不够。于是“政府”规定只要当年曾参加竞选，且有证明者，皆可视为具后补资格。

但是中国内战经年，兵慌马乱，逃亡时一切文件都已失落，这时到哪里去找证明呢？物证没有，退而求其次，便指定当时负责各省政务的官员作人证。父亲曾是代理省主席，便成为湖北省的资格审核委员。因此，家中经常有人来求情，希望能补个一官半职。父亲一向公事公办，没有充分的旁证，绝不推荐，得罪了不少人。

那次，我明知父亲收下礼物的机会很小，但是垂涎于那些果品，很希望父亲能破例一次，以便偷来解馋。不幸父亲严词拒绝，令我希望破灭。那时我躲在车房的门后，却看到李先生离开时，狠狠地对他朋友说：“妈的！有什么好神气的？朱老头他总有一天会垮台，到那天，你看我姓李的打死他这个落水狗！”

由于我识人不多，而他又是“政工”出身，从此我便认定搞政工的就是那副德性，所以素无好感。

股东吵着要开会，继母便拉着我出席，叫我出点主意。

一开始，李先生就摆出一幅嘴脸，目中无人，拍着桌子大骂。

“现在朱怀冰死了，欠我的钱怎么还？”

我见了他本来就满心不快，经他这样一闹，我忍不住怒火高升，立刻也把桌子一拍，站起身来，大喝道：“朱老头死了，不错，可是朱老头还有后人，你想来打落水狗是不是？”

人人惊愕不已，当然，只有我知道那段内情，我怒视着他，毫不示弱。

“你是什么东西？我们在开会，你给我滚开！”

“我不是什么东西！我父亲死了，你来要债，是不是？俗语说：父债子还，我父亲私人欠了你多少？拿出证据来，我还给你！”我理直气壮，声音比他还大，“此外，我离开台湾时，父亲身体好得很，是谁把他气死的，我也要讨这笔血债！”

李先生想不到我这初生之犊，居然威风凛凛，气焰不觉消了一半，只好

说："这是公事，我们公事公办。"

"行！要谈公事，就按公司法来办。据我所知，这是股份有限公司，公司赚钱赔钱，与我父亲的死活有什么相干？"

"我们是冲着你父亲参加的！"

"不错，想稳赚不赔，是不是？赚了是你的，赔了就算到先父账上！来打落水狗！"我一再强调"落水狗"，希望他能想起那一段往事。

"有谁不想赚钱？你们只要把经营权交出来，让我们去赚。"显然年深日久，他压根儿也记不得了。

"好极了，各位叔叔伯伯都在座，改选董事长就是。"在座的有些我认识，如曹叔叔，还有位台湾"国大代表"刘叔叔。向先生我也见过，其他几位则是初次见面。谁都没有说话，但是由曹叔叔的眼光中，我看到有几分期许之情，胆识为之一壮。

向先生这时才开口说："朱邦复有权代表朱老先生来开会，谁有异议？"

李先生气呼呼地坐下，没有人表示意见。

向先生又说："刘厂长，你和李先生两个人负责经营林聚元塑胶厂的。请问有什么意见？"

那位刘厂长我不认识，看上去很精明强干，他说："工人不让我们进去，有什么办法？"

李先生也说："那个租约连个屁用都没有，还提它做什么？"

"怎么没有用？塑胶厂现在还在生产，还在做生意，如果不是这份租约，法院早收回拍卖了。而且，只有我们公司是合法的，为什么不是我们在经营？"

"那你去经营吧，只要你有本事！"李先生一副蛮横的嘴脸，跋扈异常。

我看到向先生给我使了一个眼色，知道话里有因，恶人已做了，还怕什么？

"李先生，我知道你是政工出身，不巧晚辈也在政工干校受过训。"我知道要要狠必须利用权威，"服从是军人的天职，相信政工手册中也有规定，上面交待的任务，如果没有能力达成，责任在谁？"

"你这是什么意思？"

"我的意思是，公司不赚钱，先要追究责任。别的晚辈不懂，可是'情报'倒收集了一些。如果公司里有人勾结外人，私自图利，我们可以到法院申告，看是谁在违法生产？"我虽不了解内情，但是猜想刘、李二人必然脱不了关系。

"他妈的，乳臭未干！老子不吃你这一套！"李先生恼羞成怒，又拍起桌

子来。

“姓李的！休想在此撒野！你不够资格！”我大喝一声，拿出唱歌剧的丹田之气，纵使没有把玻璃震破，却也令场中人人失色。

刘厂长立刻站起来，把李先生拉开，李先生无颜再待下去，忿忿地走了。

会议结果是刘先生如果能接管工厂，我即负责筹措经费，否则公司宣布破产。

我当然没有钱，但我知道冰冻三尺，非一日之寒。不论是否有人搞鬼，时间拖了那么久，工厂的接收绝非这么简单的事。果真有了工厂，再去找钱，相信必非难事。

事实证明我的判断正确，工厂没有接收成功，公司也没有人再加闻问，就这样无疾而终。向先生看我好像颇有作为，便想尽方法劝我与他合作，重起炉灶。最初听了他的计划，似乎立刻就可以从平地起高楼，的确很令我心动。

可是，经过我一一印证，发现他虽然说得漂亮，却没有一件兑现。尤其令我怀疑的，是他常玩弄两面手法，每次说要介绍一些重要人士和我见面，到最后总是会有些原因，使得本人不能正式出面，而由其亲信代理。为什么老要找些知名人士呢？难道只有这些人能做事吗，又为什么不能出面呢？是否涉及不法的行为？

我从不多问，只是用心观察。那些所谓的亲信，确实与其后台老板同在一个办公室，但他们什么都不能作主。事无大小，都要请示，一点芝麻大的事，也要扯上十天半个月，完全不是投资事业的态度。

令我不解的是，很多人都说他是个大骗子，骗我父亲倒有可能，我又有什么利用价值？看他忙得煞有介事，带着我四处奔走。他租了间办公室，找了个女秘书，拿出一本厚厚的计划书，打算按步实施。我冷眼旁观，想知道自己所扮演的角色。然而从头到尾，除了给他壮胆，我始终不知道他拉我的目的何在。

不过，我又做了一件荒唐事，向先生建议我找几个同学，大家集合力量才能成事。我觉得这倒是个好主意，因为我太主观，有同学提意见，可能看得更清楚。于是，我找了几位在大学一起从事社团活动的同学，有庄灵、“小班长”、阿群、阿琨、小端以及当时担任新店镇长的一位卓姓同学，一共七八个人。

想不到这些同学比我还嫩，过不了多久，他们就比我还要信任老向。人人认为他是个怀才不遇的天才智囊，对他几乎是言听计从。

这一来，我的信心动摇了，难道是我有偏见？他今天没有成功，并不表示他没有能力。他的计划的确有根有据，只要我们能够按着步骤去做，还有什么不妥的呢？只是我有个原则，犯法违纪的事绝对不做，其他只要是我还不懂的，都属于我应该认识的范围。

老向又给我出了一个主意，要大家结拜兄弟，表示甘苦与共。我一时利令智昏，加上一直向往江湖上“两肋插刀”的豪情，未及深思就同意了。

我们是在永和一个土地庙里结拜的，老大当然是向先生，老二及老三是向先生介绍来的朋友，自称在中信局工作。其他依序以降，都是我们这一批入世未深、自以为是的毛头小伙。拜了把，歃血为盟，我并没有感到彼此的关系起了什么化学变化。

向先生知道阿群家中经营远洋渔业后，竟然想要撮合我们这一对“兄妹”的好事。我坚决反对，不是为了别的，我很尊重阿群，但从来没把她当作女人。在农学院时，同学都认为她将来一定是个企业家，有头脑，冷静，而且家中有钱。我则自认是个艺术家，充满罗曼蒂克的幻想，不切实际，我们不是同路人！

我脑海中浮现出一幕情景，如果我与阿群结合，则每件事我都会问她：“这有什么‘意义’？”而她则会问我：“那有什么‘计划’？”

这次找她来，并不是为了做番事业。我的私心是在我们成功以后，让后母生活无虞，我就可以把家的责任交待了，远走高飞，回巴西追梦去！

可是，“兄弟”们异口同声，非要我同意不可。记得阿群曾为我介绍过女朋友，既然肯为我介绍，显然对我没有什么兴趣，过去没有，现在当然更不可能有。于是，我答应了，但是有一个条件，就是先要看看阿群的态度，而且要交往一段时间。

大家都笑我没有常识，这算是什么条件？我心里却另有打算，我相信等阿群了解了我真正的意图后，她是个实事求是的人，绝不想在水中捞月。

于是便由向先生出面，找阿群说项。他带回来一个好消息，据阿群表示，她父亲已经过世，家中事完全由她大哥作主，因此她的婚事要先通过她哥哥这一关。

我这一生遭遇的巧事，无一不与我奇特的个性有关。我反应极快，看得极远，主见极深，不幸的是机运却是极差。结果事事与世情不符，巧上加巧，奇中有奇。

原来她哥哥也是一绝，毕业于台大，在学校也是个不务正业的风头人物，

在此且称他作“张阿哥”吧。张阿哥所出的题目是，要请我去酒家吃酒。他的座右铭是：一个男子汉如果不能玩人，则没有男子气概；如果不能喝酒，则不够豪爽；再如不能赌博，绝不能成大事。因为所谓大事，就是天天赌、时时赌！

向先生忧心忡忡，他这个诸葛亮可也有束手无策的一天！他判断是张阿哥在考验我，所以应高挂免战牌为上。可是他又认为，那些话是拿破仑的名言，不能说完全没有道理。万一张阿哥真正相信这个理念，而我不应战，岂不是第一阵就败下来了？

我觉得有趣极了，假如不是因为阿群，我倒真想结交这位张阿哥。只可惜与阿群同学四年从来没有往来，否则两个怪物在一起，不知天下又生出什么新鲜事来了。

我决定赴约，小班长和庄灵等知道我从不喝酒、也不能喝酒。几个人商量好，决定到时作牺牲打，可不能让我一上垒包就三振出局。

生平第一次进酒家，莺莺燕燕完全不在我眼里，我想看看阿群是什么态度。不料她避不出面，张阿哥早就到了，而且已经与向先生“拼”了起来。

见到我，张阿哥真如同电影上大阿哥的身势，正眼都未抬，将手一摆：“啊，你就是朱邦复！”

我毫不客气地坐下，紧接着，兄弟们一个一个轮流向张阿哥敬酒。张阿哥是杯到酒干，毫不犹豫，连眉毛都没有抬一下。

忙乱了一阵子，我这位“主角”还没有喝到一滴，向先生先倒了，庄灵、阿琨也失踪了。席上只剩下小班长与张阿哥两个不成人样的人，胡扯得东倒西歪。

差不多12点，是马车变回南瓜的时刻。张阿哥眼睛睁不开了，小班长语无伦次，桌子上扒着不省人事的向先生。只有我这个“局外人”看得热闹滚滚，已经搞不清到底谁是主角？谁是配角？

张阿哥显然技高一筹，突然站起身来说：“不行……”想了半天，他才指着我说：“还要看你玩女人！”

小班长也清醒了，忙把向先生拉起来，打着圆场说：“太晚了，下次再……”

向先生被惊醒了，勉强打起精神，也说：“对！对！下次再说吧！”

张阿哥根本没理会，叫领班的来，签了字就往楼下走。

几个人摇摇晃晃地出了大门，司机还在等着，张阿哥说：“去北投。”

这时向先生和小班长都慌了，齐声对我说：“不要去！”

我觉得好笑，大声说："为什么不去？我正要试试自己的本事！"

结果只有张阿哥与我两人上车，其他的人都觉得大事不妙，打道回府了。

一路上我们没有交谈，到了北投，我真的叫了一位小姐。上了楼，我私下对她言明，是为了打赌来的，所以一夜无事。因为我的戒心未除，不敢真的召妓，再说在那种情况下，我的确难以符合拿破仑所定的高标准。

第二天一早，妓院中的人对我说同来的那位先生昨晚付了账，一刻都没有停留就走了。自后阿群再也没有参加我们的活动，向先生也不再提起这件公案。

我跟他胡混了一个多月，才发现他专门利用社会的黑暗面，与腐败的官员勾结。这些我早已看透了，古今中外少有例外。他谈吐风度都算得上一流，脑筋快而且精明，对社会上的各种门道了若指掌。凭心而论，只要有点运气，他的确能闯出一番大事业来。但我们是途同道异，我是想赚点钱给继母养老，若用他那种方法，必将为自己送终。

我只希望把林聚元工厂的合约解决掉，我们找了一位法院的黄牛，谈妥由怀远公司放弃租约，然后法院正式拍卖该厂的不动产（实际上只有土地值钱）。由于我们拥有租约，外人不知内情，必然不敢冒然投标。我们可以在无人竞标的情况下，以最低价买下来。那位黄牛保证，由他转手，我们至少可赚到1000万新台币。

那块地的公告地价约值1000万新台币，而法院将以八折拍卖。以市价而言，起码可以卖到3000多万。只是投标时要先缴押标金10%，也就是80万新台币，全部问题就在于如何筹措这80万新台币。

几个拜把兄弟一商量，都认为凑80万并不难，只怕标不到手，或者到了手而卖不出去。由于我没有钱，不便参与他们的讨论，只好自行回避，躲得远远的，完全不知道他们如何分配。

到了开标那天，只有庄灵一个人抱了一包向朋友借来的10万块。其余的人，包括小班长在内，都交了白卷，老二、老三和老卓则根本连影子都没有见到。结果，法院上下人人以为我们稳得，我们却连标单都没有填，以致于流标了。

我深知自己不是做生意的料子，没有本钱，哪来厚利？我也认为向先生言过其实，劝小班长及时回头，但是他们认为我有心病，于是我决定离开。通过父亲以往的关系，一位父执辈朋友介绍我到台湾电视公司，找了一个电影导播的工作，先有了正常的收入与稳定的职业，解决生活问题再说。

后来，同学们告诉我，第二次开标时，一位知道内情的人以底价 70 万得了标，转手卖给台湾汽水公司，净赚了 1000 多万元。

当时在台湾只有一家电视公司，自制节目也很少，多半是租放美国影片，发声仍用英语，只是加上中文字幕，配合播出。这种从翻译到临片播出的工作，就由“电影导播”担任。以我的英语程度，连听懂普通对话都还有问题，怎么够资格做翻译？可是，找工作不容易，说不得，只好尽人事听天命了。

刚开始，我每周只翻译一部半小时的片子，如果有剧本，可以拿到 500 多元，否则翻译费加倍。这样算来，每个月有 3000 元的收入。好在我住在家中，无需房租，只有母子二人，所以生活差堪维持。

一进入情况后，我就发觉翻译影片非常容易，先将片子看上一遍，即使连一句英语都不懂，也可以“按理编出”一套对白来。事实上，我做了两年的翻译工作，都是译编参半。这种做法有个很大的优点，就是颇能符合“国”情，观众很容易就了解剧情，接受内容。

不久，我的工作量日渐增加，每周平均有两个小时的节目。有一个综艺节目“苏利文剧场”，其中很多美国式的笑话，不仅难懂，就算文句听懂了，也莫名其“妙”。我一概翻成中国式笑话，结果各方反应极佳。此外，节目中有很多优美的歌曲，别的导播为了省事，一概不理。我则花了很大的工夫，字字斟酌，译成既可欣赏又易于歌唱的词句。一时观众纷纷来信索取，电视周刊也辟专栏登载。

有一次，节目部里一位很熟的编审来找我，说我编译的曲子一概由他来审查。我没想到别的，只感到又是安慰，又是惶恐，便说：“你别碍于情面，如果不能通过，千万不要客气。”

“怎么会呢？你的曲子非常受欢迎，到处有人要。”

“别人要并不见得就好，你该怎么办就怎么办。”

“我这一关通过后，就可以正式公布，你可以赚大钱呢！”

“这种曲子又不是通俗的流行歌曲，哪里能赚钱？”

“只要一经公布，电视台、歌厅就可以唱了呀！一唱就有版税，否则是违法的。”

“可是曲子不好，又有谁会唱呢？”

“你是真傻？还是装傻？”

我被他搞糊涂了，说：“装什么傻？”

他把眉毛一抬，气呼呼地说："你又不是新来的，难道连这个规矩都不懂！"

"什么规矩？"我真的是不懂，但他不再解释，径自走了。后来我去打听，才知道他是来要红包。此后，我所有的译曲全被他审定为"灰色、不健康"而被禁唱。

这时我的外务很多，每天要应付各种头疼的问题，反正只是为了兴趣，所以并不介意。后来又有好几次机会，有人委托我制作电视节目，偏偏每次都是这位编审负责。一遇到他，我就自动地撤消原议，免得再自找没趣。

由于我翻译的影片节目颇受欢迎，慕名的笔友很多，每天的信件应付不完。其中有两位女孩子，当时都还在读书，常常向我讨教一些人生的问题。这才是我所乐意讨论的，往往为了回一封信，绞尽脑汁，远比翻译影片还要困难。

其中一位笔名叫做程瀛，她对人生的艰辛很有概念，问的问题远比她的年龄要深刻得多。我们保持了两年多的信件来往，本来我也希望见见她，与她进一步地深交。再一想，我认为自己不应该结婚，为了避免无谓的麻烦，因此始终与她保持距离。

当"中国电视公司"开播后，台视决定将下午的节目时间延长，全由电影补充。突然间我们的工作量增加了两倍，而我又不知利害，一口气接下四五个小时的节目。

那一阵子，除了一些与工作无关的杂务外，我平均每天要翻译一部片子。此外又要剪接影片的广告、送检、对稿、临场播出，忙得天昏地暗，乱七八糟。可是钞票赚得痛快，最高峰时，月入新台币三四万块（当时尚无所得税），比我们部门的经理赚得还多。

人不能有钱，来得容易，去得也快。我根本忘了自己是谁，数数钞票，不消几年，我岂不成了百万富翁？工作既然如此辛苦，怎能不轻松一下？同事们笑我是守财奴，强邀我去打牌。想赢我的钱？人狂起来，真的相信自己无所不能，当然我也毫不例外。

一个多月下来，我输了近万元，越输越气，越气越输。白天已经忙得不可开交，有时累得眼皮都睁不开，但是一听到打牌，满以为根据或然率，也该我赢上一次了，而且要赢就得赢多一点。结果不仅赢不了，反而输得更惨。精神不济之余，播放节目时失误累累，甚至还开过"天窗"！最后，翻译的片子被取消了几部，收入也减少了，头脑才渐渐清醒过来。

除了打牌，还要应酬，我也学会上舞厅，舞厅里莺莺燕燕，没有一个不灌

迷魂汤的。同去的公司同仁，多多少少都还有点名气，我也恭逢其盛。既然在台视电影组，理所当然被捧为“电影导演”。

我一直忍受着生理的折磨，也一直期望有一个知心伴侣。在舞厅昏暗的灯光下，身边的舞小姐们，看来看去，无不摇曳生姿。难道烟花巷里就无芳草？她们也是人，只因生活所迫，走上末路，为什么我不给她们一点机会呢？

当我把要求的水准一放松，判断能力也就丧失了，心理不再设防，生理需求就像燎原的野火，一发不可收拾。在同事的怂恿下，我开始带她们出场，最初还有些扭捏。不过多久，我就像老手一般，真把自己当作“电影导演”了。

然而，在多年自我训练之下，潜意识的控制力仍在，每次荒唐之后，不仅没有一丝快慰，反而更增心底的厌恶。

性是什么？有人嗜之若命，最忌别人笑他“无能”。尤以当今西方大力推广“性文化”之际，包括学者专家在内，无不鼓吹性对人心理的重要。是以原本一种属于“饮食”分类之生理行为，一跃而成时髦的主流，不论男女，皆以追求“性感”为傲。

当人将性感视作推销的诉求时，也就是说，其人之“性征”已经公开，任人选购玩弄。人能无知至此，我还有什么话说？人之所以穿衣着裤，保暖是目的之一，“遮羞”实为主因。连亚马孙河的原始印地安人，都要加上一条丁字裤呢！

我认为，“性”是一种私密性的代表，人总有一些行为，仅能与自己最亲密的对象共享。有人愿意放弃他的隐私，我不反对，别人说我落伍，我也不在意。我坚持自己的理想，绝不承认人应该是生理的奴隶，既然如此，我就不能再堕落下去。

我设法改弦易辙，透过朋友的介绍，结识了不下十多位各式各样的女孩。娴淑端庄的，只能坐着扮塑像，一开口就俗不可耐；那妖冶浪漫的，比诸流燕毫不逊色，我又觉得难以长处。再想想，这又是何苦？交女朋友的目的何在？解决性的问题？还是打算结婚？

后来，为了保持心理平静，我找到一位还谈得来的舞女。彼此谈好条件，每周一次，请她到我家来，做着金钱与生理的交易。可是，没有多久，她就向我哭诉，希望能够和我结婚。我终于清醒了，性与婚姻始终是一体的两面。如果我不愿意伤害别人，又不想结婚的话，就把“性”驱离我的身边吧！

由于电视台自制节目日渐增加，影片相对的减少了，我知道不能永远靠翻译影片维生。在我刚回台湾时，还没见到照相业采用闪光灯，我便把诺曼的产

品加以改进，权将车房当作工厂，雇了位技师，先做了外壳。别的不说，当时在台湾很难买到电子零件，仅仅自行进口一百个“闸流控制器”，就花了我几万块。

为了避免无谓的损失，我特别去申请新型专利。按照规定专利未核准前，产品不得上市。因此，我把工厂暂停，技师薪水照发。等了一年多，专利还是没有消息，这时市面上已有好几家在生产销售闪光灯了，其线路设计竟与我所申请的一模一样。

我无意与他人争讼，放弃了闪光灯。又与朋友合伙做塑胶像，但因凝固过程不能控制，最后也告失败。

我一直醉心于电影，回台湾不久，宫家的老八宫天美，刚从艺专编导科毕业。我们臭味相投，组织了一个小型的影剧社，参加的都是他的同学。活动还未开场，由于有的要当兵，有的要出国，人数始终凑不全。只办了几次戏剧讲习，这些科班新秀们就状似泥菩萨，最后不了了之。

天美有位叫孟加的同学，正要主持一个热门音乐会，请我负责舞台设计。由于经费的限制，我放弃了舞台装潢，集中精力在灯光的色彩上，要以流动的色彩，来衬托音乐的气氛。

我找遍了台北，除了聚光灯、顶灯与脚灯外，其他的旋转灯、排灯、特殊效果灯等一应皆无，更别提光效控制、声光同步以及各种特殊效果了。岛内条件之差，令我大吃一惊，连彩色玻璃纸的色号都不齐全。不得已，我只好自己动手装配，做了一套只有五百瓦的“灵魂灯”，加上拼凑出来的手动“色调分光”控制闸。

尽管简陋不堪，那次在台北中山堂举办的几场“普普”演唱会，竟然场场爆满，好评如潮，黄牛票卖到十倍以上。

第二次再办，经费较多，我请“中视”记者张照堂用电影背景作为活动舞台，租了喷雾器、吹泡机，又设计了音响控音器等。演出时，只忙得我焦头烂额，由于是临时凑合，事先未排练，协调不够。而且花样太多，缺乏主题，反不及把灯全部关掉，用灵魂灯配着孟加热舞一场来得讨好。

这种尝试何尝不是艺术？有了经验，我打算精心设计一种够水准的电子操控器，以避免人为的各种失误。想不到因为我们的成功，无论是什么人，都抢着要办演唱会了。中山堂租不到，乐队身价也水涨船高，连我们几个合伙人也意见不同了。

我不愿凑热闹，立刻打了退堂鼓。在这段时间前后，曾有人请我去规划碧

潭乐园。没做多久，园主又计划要在半山建一座大佛像，如此一来，景观将完全被破坏。我坚决反对，最后又是挂冠而去。也曾因为一段感情因素，参与改善今日百货公司顶楼的“今日乐园”。但由于他们内部权利斗争不止，加以那段感情迅速的凋萎，一切又都成了明日黄花。

亲友都说我不务正业，见异思迁，做事没有常性。照当时的情形，的确如此，我没有什么好解释的。但是，我有我的看法，在富足的社会上，人们需要娱乐以打发日益充裕的时间。我们有责任提供大众高水平、变化多端且具有教育意义的娱乐节目。在美国时，我去过迪尼斯乐园，除了园内的各种设备令我叹为观止外，那些主题却使我失望不已。去一次尚可增加见识，多去几次，简直味同嚼蜡。

中国有中国的特色，为什么一定要抄袭外人呢？开演唱会时，我想利用机会推广中文热门歌曲，歌者却不愿意，他们以会唱英文歌曲为荣。规划碧潭乐园，我又打算把中国的古代文物风光，依山傍水，配合历史的兴衰，建成一座座古意盎然的建筑。任何游客来到其中，必须租用道具，换上衣装。犹如时光倒流，虽生在今日，依然可以体验当年之风土人情。

从另一面说来，旅游事业号称无烟囱工业，外国人不远千里迢迢而来，他们希望看些什么呢？当然是我们的特色，而且是属于过去，不可能再复返的那些风俗景物。除了外国人，对我们年轻一代，甚至上一辈，能目睹已逝的文物衣冠，何尝又不是一种寓娱乐于文化教育的活动呢？这种工程虽然需要大量的投资，但回收极快，只要有完善的计划，有适合的环境，我相信不难找到资金。

可是，机会就在眼前，有远见者却如凤毛鳞角，我一向是宁愿信其有，尽力而为。如果只为了找个工作，混碗饭吃，还不如老老实实地在电视公司待下去。

总之，事后冷静地自我检讨，这是我一生之中最混乱的两年。想做点事，但与别人的观念无法配合；想赚点钱，却没有赚钱的手段，又不愿意利用机会，最后一切成空。这且不说，金钱的周遭都是一些陷阱，任何人一沾上边，便被一层又一层的诱惑套得牢牢的，一陷下去，就难以脱身。幸而我有钱的时间并不长，所涉及的事务也不多，故所陷不深，回头尚早，否则后果很难想象。

7 迷惘

移民　流亡　迷失　嬉皮

1968 年，在我刚从巴西回来时，曾有几位农学院的同学，应巴西政府的邀请，到亚马孙河一带考察。临行前，他们曾来征询我的意见，我认为绝对值得一去。在巴西政府的支持下，以我们的人力及技术到那里去开发，一定会有很好的前途。

1970 年，他们又来找我，说是已得到巴西政府的承诺。在北部的马诺良州，由东北开发局拨出可“抵税”的 1000 万美元开发基金，另有 35 万公顷的原始森林供开采，并在马州首府提供 100 公顷的建设用地，作为中国城之兴建。交换的条件只是可行的开发计划、初期几十万美元的开办费以及技术人才的参与。

但是，这种优惠的条件、罕有的良机，在他们回国近两年的时间，竟然走遍豪门巨富，得不到任何反应。

我仔细研究分析，发现他们犯了三个大错误。第一，他们专找有钱人，在台湾有钱人不怕没有钱赚，绝对不愿冒险；其次，他们这些优惠的条件，如果提不出有力的佐证，以中国人保守的个性，很难采信；第三，这种计划如果得不到“政府”的首肯，将来会有很多麻烦。因为有好几位颇具声望的人士，曾提出移民巴西，以减轻台湾人口压力的计划。最后都因“政府”要保留人力，作“反攻大陆”的准备而不了了之。

原则上，如果能够得到“政府”的谅解，再容许技术人员小量投资，成为公司股东，我相信以自己对巴西的认识，说服几十位技术人员参加，凑上十万美元，大概还不成问题。但是，他们反对其他技术人员参加投资，怕因此分散了最初参与者的权利。

直到年底，他们已山穷水尽，迫不得已，才同意了我的建议，邀请我参加规划。

他们实际的负责人是张耀如先生，比我大几岁，非常精明强干，口才好，又有容人的雅量。他唯一的缺点是不够果断，顾虑太多。其余成员共有十位，目前一半尚逗留巴西。在台湾所见的几位则乏善可陈，有的过于世故，有的趾高气扬。给人的感觉仿佛是江山已定，只待将台高高筑起，立即裂土封神。

当时巴西有驻台湾省机构，负责人缪勒先生是这事的发起人，不论台前台后，全力支持。经过他的奔走以及张耀如等的努力，侨务委员会原则同意了两千户的农民移居巴西，但是严禁对外宣传张扬。

同时，我也找了十几位朋友，朋友再介绍朋友，共有四十多人愿意参加。以每人出 2500 美元计算，共有十万多美元。他们共同的疑惑是，既然有 1000 万美元的开发基金，为什么还要这不足道介的投资？

据我所知以及巴西驻台湾省机构所提供的资料，其原因在巴西政府为了经济平均发展，将亚马孙河流域列为特区，成立了东北开发局。有兴趣者先递上开发计划，并自备开办费用，等到计划批准了，即可成立公司。有了公司，再到巴西各地募集资金，这些资金都可以抵税。只要计划好，人人都愿意投资，不想白白缴给政府。

十万美元并不多，如果能妥善运用，公司一旦成立，就可以筹募大笔资金，像滚雪球一样，越滚越大。而且巴西北部土地肥沃，气候良好，以中国农民勤恳耐劳的特性，有土地可资耕种，有森林以供开采。在巴西政府的协助下，不愁没有市场，又不必担心资金。人一多，中国城就可以兴建起来，士农工商，百业待兴。只要辛苦努力几年，这些成果不仅我们几十个人终生享受不尽，人越多大家成功的机会也越大。

等到我们在台北把人招齐后，发起的股东已经分成了两派。在巴西留守的不甘于割让既得的权利，反对新人入伙；在台北的知道良机不再，极力争取。好不容易双方妥协了，新进的股东又开始争吵，要占一半以上的股权。当然原股东都不同意，我也觉得太过分，为了公平，双方皆以实际投资额计，新股约值 20%。

我和张耀如成为两边的和事佬，有一次我甚至下跪，求他们顾全大体。说穿了，我不认为这个公司的权利有什么好争的，到了巴西，各人都有自己发展的机会。到那时可能没有人愿意留在公司为大家服务，现在闹得面红耳赤，又是为了什么？

假如不是自己多事，找来这些朋友，责任在身，无可推卸，我早就退出了。想来想去，成大事总难免要历经奋斗，只要巴西的公司成立了，让这些朋友能一展身手。到时我一定丢下一切，飘然而去。

本着这种信念，我们终于克服万难，在台北成立了“中马农林工商股份有限公司”，总部设在仁爱路三段。次年一月，我带了美元支票三万多元，首赴巴西，与已在马诺良州的留巴先遣同仁会合。我的任务是立刻组成巴西的子公司，办理后续人员的入境手续。如果不能达成，即把所带去的钱，原封不动地带回台湾。

在离家之前，为了安顿继母的生活费用，煞费心机。我特别情商原来服务的台视电影部，将几十部影片交给我一口气先译妥，再委托同事代播。每月约有两千多元新台币的收入，共有半年，由台视按月派人送到家中。

此外，偌大的家中，空空洞洞的，只剩下老太太一人，万一发生了什么事，也乏人照料。可是这事我费尽唇舌，不论她的或是我的亲友，竟没有一个人愿意陪她住这栋免费的房子。不得已，我找到同是中马公司股东的江述凡兄，说好说歹，请他全家进住我家。当然有个附带的条件，就是照顾我的继母。

我携带的行李中有八大册的日记，是我一生的宝贵记录。留在家中我不放心，而这样东飘西荡，不知流落何处的生活，放在身边亦非良计。因此在路过洛杉矶时，我便委托老友孙振先，请他代为保管。不幸他的工作也忙，次年在一次搬家中，将我那些心血全部遗失无踪。

马诺良州的首府是圣路易市，人口约有十多万。整个城市好像仍沉睡在19世纪的岁月中，殖民式的房屋，百年来除了披上一层层斑剥的外衣，一切都没有改变。

圣市位居赤道之南，位于亚马孙河出海处，面临大西洋，是典型的热带海洋气候。当地土壤之肥沃，物产之丰饶，实在令人难以置信。有一种经济价值极高的棕榈科植物芭芭苏，其种子可以提炼70%的植物油，质地远比椰子、花生为佳。不仅可供食用，在工业上也非常重要。芭芭苏一年三熟，而且遍地丛生，毋需种植，只要在种子成熟落地后，俯身捡拾即可。

基于市场的急迫需求，在20世纪50年代，德国人首先来此开发，现代化的工厂耸立起来，海运网也无远弗届。然而到了开工的时候才发觉遍地的芭芭苏种子，却找不到人去捡拾。薪金低了，巴西人宁愿捡来自食也不愿工作。把

工资提高了，工人赚到足够喝酒的钱以后，就一连几天不见人影。经过多年的努力，情况依然，德国人无计可施，只能勉强维持月产量800吨，一年才装得满一船。

美国人不信邪，利用科学分析，采取心理战略，先在各地设立收购站以便利捡拾，情况仍然没有改善。进一步，美国人又在各地建造房舍，室内有水有电，冰箱、电视等设备一应俱全。只要巴西人捡拾芭芭苏种子若干，便可以住进去，享受文明之乐。

起初巴西土著因为好奇，确曾踊跃捐输过一阵子，等到新鲜感满足了以后，发觉这种生活得不偿失，又回到丛林中去了。

除了野生的芭芭苏，那儿还有很多椰子园，园主们终年只躺在沙滩上晒太阳。到了收采的季节，买主一到，园主顺口估个价钱，即任人去采。至于没有主的椰子树，巴西人也懒得自行动手，他们训练猴子，让猴子爬到树上，只要做个手势，猴子自会把椰子摘下，丢到地上来。这样轻松的工作，还有人抱怨，怪椰子太重，树长得太高。

我一到圣市，那股潮湿而又燥热的空气，就令我感到呼吸沉重。再看来接我的公司先遣人员满脸堆积的乌云，我立刻跌入绝望的深渊，知道又是一场噩梦的开始。

公司设在一个暂租的住宅里，设备简陋，人人打地铺，连床都没有一张。闷热的白昼让人提不起一点精神，无法工作。入夜后又因电力不足，灯光有似荧荧的鬼火，时明时灭。为了要办事，我们只好点上一盏煤气灯，那青白色的火焰，照着空旷的室内，更显得四周阴森森的，诡异迷离。

当地的股东有两位我曾在台北见过，魏先生约有五十多岁，曾任公路局工程师，是原考察团的团长，也是台北公司的董事长。另一位张上校曾留学西班牙，结识了一些南美军事将领，退休前是蒋纬国将军的副官。另外三位中，老萧是我的学长，他很有领导能力，头脑清楚，只是自视太高。小杨也是学长，他的私心极重，主意很多，从来不为别人着想。小廖则是学弟，他很少表示意见，一切唯老萧是从。

我到圣市的第一夜，在阴霾的气氛中，魏先生召开了第一次会议。我阐明了台北方面的观点后，一场惨烈的战争瞬即爆发，从此以后，再也没有宁日。

魏先生以董事长身份，命令我立刻把钱交出来；小杨坚决反对办理新股东的入境手续，而且认为台北的股权不应超过10%；老萧则认为巴西公司应为主体，台湾是分公司，一切应由总公司作主。

我看得出这完全是权利斗争的问题，如果公司不尽早成立，在台的股东便不能来巴，也就得不到合法的地位。这边的人打着如意算盘，认为台北的股东只负责提供经费，而由巴西公司全权经营。

我当然不能妥协，只有期望魏先生能主持公道，而魏先生除了同意立即成立公司外，其他不发表意见。张上校则在一旁隔岸观火，他不是新股东，也非考察团团员，而是张耀如特别请来做公共关系的。他的立场非常暧昧，每次都说要保持超然，私下里又分别要求我们支持他，希望能将魏先生取而代之。

我费尽唇舌，天天与萧、杨两人周旋，却毫无进展。好几次我失望得承认失败，准备回台，但是又总觉得还有一丝希望。后来老萧不再坚持人员来巴的限制，我也妥协了，自行作主，同意以巴西为主，台北为辅，且将台北的股份降为 15%。小杨却毫不相让，宁愿全部计划泡汤，也不愿意给台北最近参加的人捡了现成便宜。

有一次，老萧和小杨私下向我表示，我们几个农学院的同学已经大权在握，眼看可以成就非凡的大业，为什么这样傻，甘心让台北的人来分一杯羹呢？我则说出自己的责任和想法，我认为这种事业绝不是几个同学就可以完成的，人多才是力量。

由于经验与历练的不足，我犯了一个严重的错误，错得无法原谅。在与萧、杨谈话后，我写了封信给在台的公司中的同学，一方面谈了些近况，一方面对两位学长颇有微词。当信一发，我就觉得不妥，但是已经来不及了。

这时，大家同意先成立公司，而为了头衔、职位，又是风波连连。照巴西政府规定，董事长一职应由巴西公民担任，而且已指定了一位素有声望的退休将军。魏先生认为副董事长非他莫属，张上校凭着他在南美的良好关系，也自觉当仁不让。

争了几天，张上校以我们公司财力不足，人事倾轧，要向巴西将军揭发为威胁，魏先生这才让步。由张上校任副董事长，他则担任总经理兼财务，老萧管生产，我管商务，另一位巴西人管行政。

台北得知公司组成后才同意付钱，于是我把带来的美元支票交了出来。不料台北方面经验不足，操作错误，支票竟然不能兑现。更糟糕的是，台北那位同学竟把我的信公开展示，作为对抗的理由。

一时，台北、马诺良两边都群情愤慨，一时函电交加，互相责怪。这边说台北失信，台北则坚持要将老萧解职，双方闹得不可开交。所幸老萧颇识大体，自动辞职，钱也及时汇到，才稍有转机。

到了3月，因为我不能达成任务，张耀如亲自从台北赶到，以解决人员来巴的关键问题。他到了之后才发现双方之立场很难妥协，一直谈到4月下旬，利益分赃难均。

这时，石破天惊，美国总统尼克松与中华人民共和国开始了乒乓外交。巴西政府基于政治因素，准备撤消我们屯垦的计划。至此，我心里已明白，如果两千户农民不能移民来巴，空有土地也难以成事。

祸不单行，支持我们最力的缪勒先生，乘飞机由台湾赴香港时，竟然在台湾海峡坠落，全机无人生还。失去了缪勒的助力，就像失水的游鱼，这个计划更是渺茫。我们一再努力挣扎，甚至到巴西里亚去找马诺良州的参议员沙奈设法。但是，看他那一副敷衍的态度，我完全绝望了。

台北公司对我的表现很不满意，我也感到灰心万分，在7月底黯然地辞去职务。今后该何去何从呢？回台湾吗？又如何面对那些股东？这件事的错误完全在我，是我不自量力，又未看清真相，拉了这些无辜的朋友入伙。到了巴西后，明知事不可为，不能当机立断，以致泥足越陷越深，才会沦落到今天这个地步。

后来听说台北还想挽救，又投下了不少资金，权利争夺更加剧烈。明知是个火坑，但因大家对我失去了信心，不论我如何劝阻，只换得冷言冷语的讥诮。这些无助的苦痛，都化为阿鼻炼狱，每当夜深人静时，便不断地在恶梦中出现。

平心静气地检讨，这件事完全是我咎由自取：

第一，经营企业本非我的志向，既未受过专业训练，又没有下功夫去思考研究，只为有利可图，贸然投入；

第二，我自以为了解人性，像这样庞大的计划，参与人数众多。各人都有自己的打算，而我却想用理想粉饰其表，不伦不类；

第三，这种跨国事业，人员分处在地球的两极，本就沟通不易。再加上两边的参与者泰半素未谋面，怎能期望大家同心协力，合衷共济？

第四，我们后参加的投资者，只以些许的资金，怎能妄想趁人之危，分享原来那些人既得之利益？

总而言之，我错了，我不应该强自出头，硬把一些无辜的朋友拉进这个是非圈中。我原有预定的目标，这一次实际上是在抄捷径，想把公司组成，大量移民巴西。满以为到时可以借助众人之力，不但解决了继母的问题，又能衣食无虑，再去追求我的理想。

目标的达成有其必然的过程，以及必然的后果。如果不事先彻底了解这些必然性，那就是不切实际的幻想。最后，当现实呈现在眼前，才发现那并不是自己所要的，再想回头，光阴已逝，错误已然造成了。

当初，我懵然不知这一事件的必然性，我鄙视金钱，痛恨斗争，却把自己放在权利风暴的核心。当然，不经历这些过程，又怎能了解必然的后果？万一运气好，轻易地渡过了重重难关，一切顺利解决。再下一步，事业逐渐推展，在动态的人、事变化中，时时有新的情况产生，我的目标将又是什么呢？

显然，我只是在追求幻想，而且把自己的幻想建立在别人的幻想上。综观我过去的所行所为，虽说是没有私心，但自认为有能力解决一切问题，每每强自出头，滥作主张，这又与有私心有什么分别？古人曾说："吹皱一池春水，干卿底事？"我怎能在自己还是非不明，黑白不分之际，就开始兴风作浪？

痛定思痛，我知道错了，但错已铸成。如今唯有隐姓埋名，遁避天涯，让时间去洗刷我满身的罪业。

到哪里去呢？死不能解决问题，剩下的责任是把我犯下的过错，向天下人公开。此外我还要更深一层地追究，到底是什么因素，使错误一再地在人间蔓延？

回沙尔瓦多吧，至少那里还有音乐，虽然我曾是逃兵，看看能不能再逃回去。至于艾洛伊莎，我不敢想，也不够资格再想。我已经满身罪孽，没有任何理由再去谈那些冠冕堂皇的大道理。同时，我也怕见到她，不论她今天如何，想想过去，彼此情何以堪？

我用余款买了一部老爷小汽车，价钱与去沙市的长途车票相差不多。一部车能便宜到那种程度，它的情况和我倒正相匹配。其实这种车在巴西相当风光，名叫"可丁尼"，原是法国生产，在巴西组装。只是我这部太老了，已有二十几年车龄，原车主放置多年，无人闻问，所以才贱价让给我。

这车体积极小，比金龟车约短五六十厘米，矮二十厘米。看它小得像玩具般，却有四门四座，内部设计得相当经济。有行家告诉我，"可丁尼"车早年的品质最好，后来越做越差，以致被金龟车抢走了市场。

临走前，在公司里打零工的小黑人知道了，他说也想搭便车南下去投奔朋友。我想想，有何不可？多一个司机也不错。只是我囊中所余不多，仅够供加油之需，其余的都已买了面包与饮水。以两个人估量，应该够吃三天，所以必须在三天之内抵达沙市。

由此到沙市约有二千公里，道路崎岖难行，其中有八百公里不是泥土，就

是石块。更可怕的是这一段人烟稀少，虫蛇出没，是个十足的蛮荒地带。巴西人听说我要开那部小老爷车去，几乎都笑破了肚皮。同事们也都劝我，但我决心如铁，毫不动摇，就当作探险吧，如果老天真要召我回去，我也乐于从命。

我们是晚上起程的，因为这一段是高级柏油路面，小黑人在公司刚学会了开车，正好我先睡一觉，让他开一程。

迷离中，我在一种怪异的情况下醒来，车子向右倾斜着、颤抖着、咆哮着。我一看，柏油路面比地平面约高十厘米，小黑人把右侧两只轮子开到路肩下，轮胎恰巧擦着柏油路凸起的边沿，整个车胎同钢圈都磨损了。这还不说，因为摩擦力太大，引擎负荷过重，水箱及循环皮管也裂了！

还没走五十公里，怎么办？生死事小，流落在几百里内没有人烟的半途，那才叫生不如死哩！小黑人见闯了大祸，黑脸都吓白了。

我问他："你想不想回去？"

他拼命摇头，我又说："你要知道，我们可能死在路上啊！"

他还在摇头，说得很慷慨："反正回去也是饿死！"

我把备胎换到前面，又将后胎正反面调整过来，看来勉强能行。至于水箱，现在没法子补，让它漏吧，时时加水就是。皮管已破，我则用塑胶纸先缠上，再以破布一层又一层地包得紧紧的，只要能熬到修理站就行。

我不敢再给他开了，算算柏油路有一千多公里，以每小时八十公里的速度，一天开十六个小时，我一个人应该应付得了。最难的八百公里石头路，我打算以两天的时间来开，虽然慢一点，但还在预计之中。只是车子的情况如何，我一点把握都没有。

我小心翼翼，慢慢地开着，一直开到天亮。大约离圣路易市约二百公里处，有个小镇，隐藏在丘陵之间，看去只有几户人家。我们这部小车一到，就像外太空来的不明飞行物一般，刹时，镇上居然冒出男女老少几十个人来。

他们的穿着仅能用"蔽体"来形容，小孩多半光着屁股，眼睛睁得老大，一面打量这部怪车，一面琢磨着我这个中国人。

所幸真有一家修车行，也是镇上唯一的商店，什么都卖，不过货物架上什么都没有。

我找老板来看车子，其实不用找，他已经在那里研究起来了。相信在这种穷乡僻壤很难见到这种小车，再如这样老旧的，恐怕连大都市都难见到，当然，我是说除了博物馆以外。

他看了半天，问我："你去哪？"他个子干瘦，饱经风霜，但目光炯炯。

“巴伊亚。”

“巴伊亚！”他笑得好可爱，回头大声对围观的人说：“他要去巴伊亚！”

大家都哈哈大笑，笑得连跟我来的小黑人都忍不住了，大家笑成一堆。

“只是水箱破了。”我解释说。

“他的水箱破了。”他笑得更厉害，腰都弯了下来。

“你能不能修？”我等他笑完了，耐着性子问他。

“我能不能修？”他又哈哈大笑起来。

我火了，对小黑人说：“他不能修，我们走吧。”

这一下，他不笑了，奇怪地望着我说：“你是不是疯了？我这一辈子没有见过这么烂的东西，能走这段石子路！”

“总有第一次吧！”

“你真的要去巴伊亚？”他还是不信。

最后，他终于相信了，认真地修好了水箱、水管，还招待我们吃了一顿树薯大餐。

我事先已经和他说好，身上没有钱，他收下了我的手表，外加一把折式女用阳伞。

我们走时，他在光天化日下，撑着那把女用花伞，对我说：“到了巴伊亚，对那边的老乡说，这车子是我修的。”

这里乡下虽有着捡不完的芭芭苏，一般人却死赖活赖地守在都市里，不愿回乡下去。小黑人从小到大有一餐没一餐的，难得吃饱。即使到我们公司来打零工，也不过给他些残羹剩饭，略为赒济而已。中国人一向待己宽而待人严，同事们认为给他饭吃，就已经是他“狗运亨通”了。

他愿意跟我出来，是因为我常偷偷塞些钱给他，虽然不多，已经让他感激涕零了。他相当诚恳，也极好学，开车是我教的，原打算等公司有了收入后，就请他做司机。

想不到，刚刚上路，我发现面包都没有了。我叫小黑人找一找，他承认全部吃掉了。

“老天，你没有撑死？”

他满意地摸着肚皮，笑着说：“还好，如果有牛油，我还可以多吃些。”

我真是哭笑不得，问他：“你知不知道这是我们三天的粮食？”

“我知道。”

“那么以后几天就没有吃的啰！”

“我知道。”他蛮有自信。

“会挨饿哟。”

“我知道。”

“那我吃什么呢？”我知道这是狗对猫叫，他早就挨饿成习了。

他老实地摇摇头，一副悲天悯人的模样：“我不知道。”

第二天，我们一直在乱山中弯来弯去，好在肚里空空，不然那种颠法，连胃肠都会吐出来。沿途没有见到一部车，也没见到一户人家，幸得油料早已备妥。我以五十公里的速度，在大小石块上蹦跃弹跳，车过处每每卷起十丈黄尘。

这段路正好贯穿北中部的荒原，面积约有一万多平方公里，年降雨量不到一百毫米。所有的山都是光秃秃的，裸露的石头则是深褐或黄色。

四周见不到一点绿意，白天车内燥热，却又不能开窗。尽管如此，我们的身上、脸上，早已铺了一层细密的灰尘。化油器堵塞了好几次，防尘罩也变成了石灰墙。因为找不到树荫，我只得在那灼人的烈日下，顶着车座的垫子，清洗化油器。

好容易盼到了夜晚，摸黑在山中转来绕去，仿佛是一段永无止境的征程。我已经疲累不堪了，算算已经走了六百多公里，苦难最多不过再过几个小时，撑一下吧！

夜凉如水，一点都不错，倒是颇能保持头脑清醒。四外黑黝黝的，只有眼前一团亮光，有如是“管中窥地”。除了那方圆数尺地外，其他的世界好像都被黑暗吞噬殆尽。

腹中饥饿不堪，不要说没有食物，连水也不多了。旁边的小黑人，睡得甜甜的，居然还打起鼾来！

应该只剩下几百公里的苦难了，人言：“行百里者半九十”，最难熬的经常是最后这一段。就算是我刚刚出发好了，再开几个小时又算什么？不久就回到沙尔瓦多市了，美丽解语的艾洛伊莎，她应该结婚了，新郎会是谁呢……

就像半夜梦中醒来一般，四周一片漆黑，我坐正身子，正打算开灯……

不对呀，我在做什么？脑中也是一片黑……

这是哪里呢？是不是在旅馆里？

记得刚才还在开车呀！怎么好像到了沙尔瓦多呢？不可能！

管它呢！我太累了，先把车停下来，睡一下，明天再想吧……

等我感到一阵寒意，醒了过来，感觉好像做过一场梦，还梦到了艾洛伊莎。

天色微明，眼前是一望无际的黄土山丘，这是哪里？突然我神智一震，不对，昨天我在开车，但现在前面没有路呀！难道还在做梦？

我将头伸出车窗，向下俯视，连亘的山峰竟然无尽地向天边延伸！我忙侧首向左后方一望，原来后边才是马路！吓得出了一身冷汗，我明白了。昨夜我睡着了，车已驶离了路面。幸而在不知不觉中把车停了下来，否则一直冲下去，早就粉身碎骨了。

是不是我已经死过了呢？那一刹的黑暗，是否就是死前的感受呢？

我小心翼翼地把车门打开，看到了坚实的土地。再下车一看，果不其然！我的车正好停在一个悬岩的尖端，只差一米，生死立判。

我没有死，苦难还未终了，没有什么值得庆幸的，也没有什么可以悲哀的，生死的权力原本就不是自己所能掌握的。

第三天，我又饥又渴又累，真可以说是经过了千山万水。出生入死之余，终于，沙尔瓦多的标志，像是拯救者（“沙尔瓦多”之意即为拯救者）一般出现在眼前。即将脱离苦海了，我打起了精神，先把小黑人送到他的一个朋友家，略事休息，就去找老马。

老马是我在学音乐时所结交的朋友，他也是个绝人，颇值得大书特书。他毕业于中原理工学院，父亲是位“万年国代”，一辈子克勤克俭，骑着自行车上班，把毕生所有的积蓄，一文不少地投资在儿子身上。

偏生儿子英俊倜傥，除了交女朋友外，样样稀松。最后他竟掳获了“中原”人人称羡的校花的芳心。结婚后便带着娇妻，远到巴西来垦荒。

我第一次认识老马，是在圣保罗的一个华人聚会中。有个落拓不羁、满怀嫉妒的朋友，指着场中一位端庄而美丽的女士说：“你应该认识一下这位了不起的女性，如果不是她，我早对中国传统失去了信心。偏偏也是她，害得我这一辈子讨不到老婆！”

我仔细打量了一下，她的身材匀称，穿着得体。最令人神往的，则是她那柔和、安祥、向上微翘的嘴角。清秀的面容，端正的五官，不仅美而不艳，而且庄重大方。一种难言的温馨，仿佛是大自然的范儿，令人油然而生仰慕钦羡之心。

他接着说：“最气人的是，一朵鲜花却插在牛粪上！她曾是‘中原的’校

花，不知道什么原因，被一个天下最无耻的混账家伙骗到手了。”他又指着一个在人群中高谈阔论的男士说：“喏，那就是他先生，老马！除了会花言巧语外，真不知还有哪点好处？”

我与老马成为朋友，是到了沙市以后的事，马大嫂很令我心仪，但老马也有过人的长处。不错，他有寡人之疾，但他的好处是绝对诚实。

经常有人开他玩笑，说要去打小报告，老马总是笑着说：“快去！快去！我正想找人通知我老婆哩！”

也真的有人想看笑话，谁都想不到，马大嫂静静地听完了，笑着说：“不错，这就是老马。”

“怎么？你这样纵容他？”

“有哪点不对？你们男人有几个例外的？”

老马也好赌，可是很能自制，他们有一间舶来品商店，由马大嫂负责一应事宜。他则整天游荡，不务正业，但是，他说的也不无道理。

“我们吃这碗饭，主顾全是巴西待嫁的女孩子，我能整天跟她们混在一堆吗？”

然而朋友总会有意无意地揶揄他几句，老马也不以为忤，他常说：“我也搞不懂，为什么我的命特别好，年轻时有个好老子，一辈子省吃俭用，把钱攒下来给我做生意。我又讨到一个好老婆，人人嫉妒，都希望我早点离婚，偏偏她又对我特别好。现在，我又有个好儿子，从生下来第一天起，就没有教我烦心过一次，那有什么办法呢？天下有人受苦，有人享福，我就是活标本！”

不过，他也有个隐忧，就是太过于相信自己的好命，由抽大麻到吸食海洛因，渐渐地染上了毒瘾。马大嫂口中不说，心里却愁急万分，有一次她对我说：“小朱，别人我都信不过，你能不能帮我劝劝老马。色不可怕，大不了他把我休了。赌也没什么，钱还可以赚回来，就算没钱也不过苦一点。只有吸毒我最担心，上了瘾，能改变人的性子，尤其像老马这种人，一生没吃过苦，要他断掉很难。”

当然我也尽过力，而且不厌其烦地劝说，老马总是信心满满，一副不在意的德性。

“我会上瘾？开玩笑，你等着看吧。”

“我答应过马大嫂，决不容许你当我的面吸毒。”

“放心，哪天你看到我吸的时候再说，我让你打，让你骂，可以吧！”

我喜欢与马大嫂聊天，但是从来没有刻意地找她聊。正因为老马很相信

我，马大嫂又值得敬爱，我一直把她当大姐看待。

有一次，老马请了很多客人，还安排了两桌麻将。我本来就不想打，再看马大嫂一个人忙进忙出的，也不安心，便干脆到厨房帮忙。

我一边工作，一边好奇地问她：“相信很多人都问过你，为了我的理论，我还是想亲口再问一遍，到底是什么因素，使你对老马百依百顺？”

不知她听清楚没有，只觉得过了很久，她都没有开口。我因为专心于手上的工作，起先还没有注意。无意间抬头一看，她正在悄然擦泪。

我惶然了，知道无意中刺伤了她，一时不知如何是好。

“你是学音乐的，应该知道。”她镇定了一下，平静地说，“人生哪有快乐呢？美丽的音乐总是叫人伤感的。”

想不到她竟然是个哲学家，我更是佩服得五体投地。

“我母亲笃信佛教，经常教我不要计较，我觉得很有道理。”她接着又说，“我父亲也一天到晚教我三从四德，别人怎么讲我不管，我只是觉得我应该这样做。像你，我很佩服你的勇气，你不也是在做你认为应该做的事吗？”

我们之间单独的谈话并不多，但是语言有时反而是多余的。我一看到她慈悲的情怀，包容的度量，就觉得自己相当渺小。人世之可贵，正是因为有着无数伟大的灵魂，让人向往、珍惜，以至于追寻、效法。

多年未见，老马消瘦了许多，然而马大嫂却一如往昔，见到他们，真有隔世之感。他们一再地安慰我，留我住下来，鼓励我重新出发。并在当地帮我找到一个中国餐馆的工作，有时做做侍者，有时帮大师傅烧烧菜。

这就是我的归宿吗？麻木不仁地生存下去并不难，难的是当第二天从恶梦中醒来时，发现自己还要面对这无尽的未来，那一刹才真是心惊神颤。我可以欺骗任何人，但却骗不了自己，三十多岁了，真理尚未找到，却惹了一身俗世的腥膻。

为了解除内心的压力，我开始作画。每天清晨在餐馆工作尚未开始时，我便到海边，支起了画架，调好色彩，去捕捉那唯一能让我忘却烦恼的大自然的杰作。

露西亚从医学院毕业后，开了一间私人诊所，我只是在门外张望了一阵，并没有进去拜访。彼此都是人间过客，知道她们生活有了改善，我放心了。

音乐学院人事已非，威德曼退休了，瑞纳多去巴西里亚教课了。昔日的乐友们早已物换星移，看到的都是一个一个的新面孔。

福利社的老黑人倒还认识我，他说："中国人，这几天你怎么没来光顾？"

意料中的是，艾洛伊莎嫁了，想不到的是，竟然嫁给她的钢琴教授。我的心情苍老了许多，把过去埋葬吧。曲终梦回，抚今追昔，真令人有着说不出的感慨。

振作起精神，我每天抱着画具，走到海边。但回来时，画面始终是一片空白，心中更堆满了迷惑、彷徨与怀疑。

1971年就在自作自受的痛苦中挣扎逝去，我求生的本能还坚持着，一天混过一天，不折不扣的一具行尸走肉！以往的理想与抱负，难道这样轻易地就无影无踪了？

令我不能释怀的是对不起那些朋友，是我害他们把钱拿出来，害他们血本无归。如果我能原谅自己，那么天下人的过失，又有什么不能原谅的？我既然错了，就应该自食恶果！不能让时间冲淡它，更不能让良知放过自己！人生本是一场恶梦，既然不能死，活着再说吧！

2月中旬是巴西的狂欢节，对巴西人说来，这是他们天天期待的一年之中最兴奋的日子。记得在那段埋首音乐、无忧无虑的学校生活中，每逢狂欢节到来，我也曾尽情地投入。如今我只是个残存的行尸，青春消逝了，理想破灭了，希望不再了，也不知道自己为什么依然苟且偷生。

在狂欢节期间，巴西人纷纷拥向街头，一个个随着桑巴乐队，不住地唱着跳着。累了，不论男女，随地一倒。触目所及处处是人，欢乐的声浪洋溢在每个角落。

餐馆的生意也很忙碌，来吃饭的不多，都只是喝些饮料、趁便休息的客人。

一个下午，店中挤满了人，汗酸夹杂着狐骚味，闷得我透不过气来。我溜了出去，在人堆中找到一个安静的地方，那里已经坐满了形形色色的男男女女。有的化了装，有的索性脱了上衣，横七竖八地躺在地上。

在一棵树下，有几个嬉皮静静地盘坐在那里。他们像是遥远的族类，抽着烟，呆滞而茫然地凝望着那些声嘶力竭的人们以及不停蠕动的肢体。

其中有两位我曾在餐馆见过，男的名叫尼奥，是意大利人。女的是琉球出生的日本人秀子，他们都是从阿根廷专程来此，想见识一下本地狂欢节的风光。

见到我，他们邀我坐下。

尼奥打扮成妖娆的女人，以带浓重西班牙口音的葡萄牙语对我说："你觉

得我美吗？”

“不，我觉得恶心。”

“化装只是为了增加情趣，不要认真。”

我不想多说，没有理他。秀子没有化装，却穿着比基尼泳衣，她问我：“你不喜欢化装？”

“我不习惯这种伪装。”

“你生了病不吃药吗？”尼奥问我。

“当然要。”

“化装是为了调节生活上的枯燥病。”

“可是我没有这种病。”我有的是生活绝望症，而不是枯燥。

“不错，你们东方人平常就很重视精神的调剂。”尼奥很感慨地说：“中国人很了不起，是用思想的民族。不像巴西人，他们没有深厚的文化，没有可资寄托的传统，所以必须借着这种原始的形式，以摆脱现代文明的桎梏。”

想不到他能说出这种话来，我反问道：“你认为现代文明是种桎梏，为什么中国文化又不是呢？”

“所谓的现代文明，只是货品与金钱累进的循环，机器大量生产货物，货物刺激人们消费，消费又驱使着人再去生产。人类只是这种循环过程中的劳动力，说穿了，是推动这个系统的奴隶。如果人类觉醒了，返身追求自己存在的价值，就会发现这些货物实在毫无必要。这样一来，整个系统就会崩溃，所以我说现代文明是一种人性的桎梏。但是你们的文化不一样，你们所追求的本来就是人与大自然间的和谐关系。”

“那只是古老的中国，现在的中国已经变了。”

他说的不错，我很有同感，可是人自愿套上桎梏，又有什么办法？

“为什么呢？西方已经走到了尽头，你们为什么还要步我们的后尘呢？”

“谁知道？地球是圆的，一直走下去，总有一天会碰头的。”

晚上，餐馆的生意更好，一直忙到午夜，客人才渐渐散去。我正想休息一会儿，好准备打烊。谁知门开了，又进来一对客人。

我认识那位大胡子东尼，尼奥与秀子就是他带来的。他是店中的常客，每次来都有不同的漂亮女伴陪着，这次也不例外。那位女郎立刻引起了我的注意，她有着脱俗的神采，清俏的面庞，配上短短的褐发，一件运动衫，一条短裤，脚上踩着一双拖鞋。

东尼点了菜，用英文向我介绍他的女伴："这是我的未婚妻，凯洛琳。"

我问了好，她微微笑笑，没有开口。

东尼又指着我对她说："他是中国人，去过美国，你可以跟他说英语。"

我不能不服气，东尼虽然其貌不扬，却能说会道，满口流畅的英语，自不难获得这位美国女郎的欢心。她看来很年轻，眉宇之间有着一种独特的甜美，也有着自然无邪的纯真。相比之下，东尼这个花花公子，一身奇特的衣着，身材矮小，脑袋微秃，连腮的大胡子乱蓬蓬地占了半个面庞，她怎么会是他的未婚妻呢？

饭毕，我送上茶，见凯洛琳低着头，东尼把她的手按在桌上，好似在温言相劝。等我走近时，凯洛琳忙把手抽回，头则扭向一边。在灯光的照映下，我瞥见她睫毛上闪着晶莹的泪珠，泫然欲滴。东尼倒是落落大方，顺势用手指敲着桌面，对我笑笑。

他们走时，东尼伸手去搂她的纤腰，她很技巧地闪开，直接走出门口。我的妒念加上怀疑，想到平日对东尼的了解，更难免对眼前的景象多了一分印象。

日夜不休的几天下来，狂欢节到了尾声。人人都筋疲力竭，兴奋变成了挣扎，快乐只是挂在脸上的装饰。地上躺着的人，比用两脚移动的还多。可是，仿佛大旱之将至，人人都拼着本能，想要喝光这已经见底的欢乐之泉。

我想到尼奥与东尼相识，出于好奇，便打算找尼奥聊聊。结果尼奥没有找到，却在嬉皮口中，得到了一条周游世界的明路。

这些嬉皮身上不名分文，却终年四处游荡。运气好时，可以搭便车，打零工，睡车房、马厩。他们多半时间徒步而行，饱一餐饿一餐，草根野果，什么都吃。入夜，用毯子把身体一包，以天为帐，以草为席，露宿一宵。

这些我自信都能甘之如饴，但却有签证的困扰，无法随意所之。嬉皮听了，教我一个方法，去参加圣本托修道院的修炼。结训后可以持用他们的证件，住他们的招待所，旅行世界。

如果我早年生长在祖国大陆，说不定如今也已经出家做了和尚，云游五岳八荒、天池雪海去了。这样说来，圣本托教会也有着与佛教一样的规矩，可以自在地漫游。至于天主教，我早已不再排斥，只要能得到解脱，信奉真理原是我梦寐以求的，什么教有什么分别？

又燃起了一丝对人生的期望，我振作起精神，回到餐馆，愉快地做完晚班。正打算结账，突然眼前一亮，凯洛琳出现在门口。她带着甜美的笑容，像

阵春风，我沉寂已久的心池立刻吹起片片涟漪。

东尼、尼奥、秀子尾随着她走进来，我忙过去招呼，一切侍候得妥妥当当。上菜完毕，东尼对我说："坐下来，陪我们聊聊。"

"不行，我还要招呼客人。"

"还有什么客人？"他指着空荡荡的桌椅，笑说："难道你还要侍候它们？"

我正想向他们探听圣本托教会的事，便老实不客气地坐下。趁他们在吃饭时，我详细地说明了前因，并问是否真有此事。

尼奥一直注意地听，等我说完，他问道："你是想去修道，还是想去旅行？"

"都想，最主要的是想摆脱过去，寻找未来。"

东尼也放下了筷子，插口问道："你对宗教有什么看法？"

"到目前为止，我还是个无神论者，我绝对相信宇宙中有个至上的超然的力量，但却不能同意一般宗教的看法。"

东尼兴奋地搓着双手，用英语对凯洛琳说："你看，我说得不错吧？连中国人都这样想。"他又回过头来，对我说："你知道我们在做什么吗？"

"不知道。"

"我们在追求人生的真理。"

"什么？"我不大相信，尤其是从这位花花公子口中出来的话。

"我们几个人在一起，研究宇宙的真相。"尼奥解释说。

"研究什么？"这些人是在讽刺我吧！可是他们不认识我呀！

"你是中国人，应该知道寒山与拾得吧？"这句话其实是猜了半天才听懂的，因为他们把"寒山"、"拾得"四个音，拼得非常怪异。后来尼奥干脆拿出一本小册子，上面写了这两个人的中文名字，我才蓦然想起。

这两人据传是江苏寒山寺的和尚，很有文才，道行高深，经常游戏人间，行为惊世骇俗。最初人们对他们很不谅解，后来有另一位僧人"丰干"，向信众宣称，两位竟是文殊与普贤菩萨转世。

寒山与拾得知道了，说声："丰干饶舌！"随即飘然而去，不知所终。

可是他们研究寒山与拾得，又与宇宙真相有什么关系呢？

"我们是寒山与拾得的追随者，你是中国人，一定对中国文化有研究。"尼奥见到我的神情，特别加以解释。

"你们怎么研究呢？"我还是不懂。

"你要是真有兴趣，等一下到我们那里去看看就知道了。"尼奥很诚恳地说。

多年后我才知道，嬉皮以反对社会现状为诉求。有一位美国学者很推崇寒山与拾得的风格，认为他们是社会反叛者的先驱。因此，嬉皮就把他们两人奉为鼻祖。

他们吃完已是12点多，打了烊，我随着他们，走到上城与下城交界的斜坡旁一栋约有百年历史的楼房前。那楼房年久失修，砖土残破不堪，左右双拼，各有三层。在夜色中阴森森的，看上去有如鬼域。

大家鱼贯上楼，我走在最后，凯洛琳在我之前，她一再提醒我小心。黑暗里只感觉到那楼梯角度奇陡，且木板都已腐朽，踏上去摇摇欲坠，令人走来不禁捏把冷汗。

到了三楼，东尼燃起蜡烛，打开门，进入左侧房间。一进门就是一条走道，墙壁上画的竟是一个太极图，阴阳两面各以一个箭头分别指向前后方。其中阴指向后，有个葡文“爱”字；阳向前，则是“工作”。

凯洛琳和秀子走到黑暗的后间去了，东尼则把我带到前间。在微弱的烛光下，墙上画着不少图案，其中有八卦、卍形、犹太的六角形标志、基督教的十字架，以及许多我不认得的符号。正当中写的是个斗大的葡文“静”字，不论图文，画得很见功力。

东尼压低声音，对我说：“这里是我们的圣坛，一般人不许进来，你是例外。”

房中没有任何家具，墙边堆着不少书籍，正中央有一个典雅的小香案，上面放了两个碗，一个空着，一个装满清水。

待我看完，他们又带我到后面的娱乐间。凯洛琳和秀子围着一支蜡烛，正坐在一张大地毯的中央。靠墙还有两个嬉皮，正垂目打坐。房间不大，环堵萧然，什么都没有。

屋顶没有天花板，屋瓦也年久失修。这时月亮当头，月光点点滴滴的，漏了一地。

我们就地坐下，幢幢人影在四壁上游移晃动，连东尼的声音也显得神秘起来。

“我们这里有很多特别的规定，要请你原谅，白天是我们神修的时间，只有日落以后才能会客，欢迎你常来玩。”

接着，秀子在她身旁取出一些画来。她的画都是超现实派的风格，尤其在烛光和月光交错之下，用色和线条都显得非常的怪异。而且主题总脱不了兽头和人的躯体，我完全看不出有什么特殊的意境。

我顺口敷衍了一回，便问道：“从你的画风看来，壁上的画该是另外一个

人画的了。”

“是我画的。”东尼说。

想不到他们都是些艺术家，我又问：“你们的画卖吗？”

“尼奥的手工下次再给你看，我们就靠这些维生。”东尼说。

我本来还想多问一些，但见凯洛琳静静地坐在一旁，已经打了两个呵欠。我知道时间太晚，只好告辞，约好过两天再来。

我一向对嬉皮有些误解，认为他们都是些好吃懒做，或是逃家出走的年轻人，但这次所得到的印象却与以往大不相同。尼奥很深沉，但是言必有物；东尼很有才气，又有语言天分；连秀子的画都有一手，只是不知凯洛琳会什么？这些人说来都不是泛泛之辈，我倒不能不相信他们真的是在追求人生真理了。

8 春分

危楼　遐思　香槟　入伙

好不容易等到约定的那天，向餐馆告了假，日一落，我就爬上了那座危楼。

沙尔瓦多市所在地原是海边的一座小山，两百多年前，葡萄牙王朝为避国内动乱，曾临时建都于此，故称之为“救星”（Salvador）。后来人口渐多，才发展到山下以及海边。至于山上、山下之间的灰色地带，则乏人问津，成为穷人的天堂。许多破烂矮旧的房舍，以及年久失修的败落户鳞次栉比，都集中在这里。

一进门，不由自主地，我就四处搜索凯洛琳的倩影。她盘膝坐在后厅的地毯上，正在教一个巴西女孩子念英语。见到我，她微笑着伸出手来，我握了握她的柔荑。

我见她仍是那身衣着，故意说笑：“你没换晚礼服？”

她白了我一眼，没有答腔。这时尼奥从前面走了过来，说：“你来得正好，今夜我们有个聚会，你可以参加。”

房中人数不少，尼奥一一为我介绍。其中有位长发垂肩的澳洲人菲力，菲力旁边则是他的太太白蒂，以及三个月大的小儿子尼可。

凯洛琳指着小尼可对我说：“他是我的丈夫。”

“啊？那你有一个丈夫，一个未婚夫了？”我又打趣道。

“谁有未婚夫？”她睁眼望着我。

“东尼不是你的未婚夫吗？”

“啊！东尼！每个女孩都是他的未婚妻！”

另一个个子高高的甘格是阿根廷人，是这里的“长老”之一。还有一位墨

西哥人格林哥，两道眉毛又浓又长，完全连结成了一条直线。他以西班牙腔的英语与我寒暄，听起来就像教堂中唱的圣歌一样。我还没听懂，凯洛琳已笑得东倒西歪。

格林哥正色说："你不要笑我，你们美利坚人的英语还没有我的英语正宗！不信你问菲力。"那种语调又像纯正的牛津腔，又像西班牙语，当他用到舌音时，还故意地卷起舌头抖动。

菲力受不了他，大声叫他住嘴，一出口，澳洲腔极重，与格林哥形成强烈对比。

谈笑间，东尼回来了，他穿了一身非洲人的大褂，图案和色彩对比鲜明。只见他把双手向左右平伸，衣角下垂，人整个成了方形。只有那个黑胡子小头，钻出中央，他连续用了好多种不同的语言说：

"欢迎！欢迎！各位女士先生。"他看到我，弯个腰道歉说，"抱歉，中国话我还没有开始学。"

他一到，气氛立即变了，十来个人都有了沟通的桥梁。一下子巴西话，一下子西班牙话，又有英语、意大利话，小小的屋子里仿佛是一个联合国。而谈起话来，东尼像交响乐团的指挥般，一会儿对东，一会儿向西，此起彼落，他总能应付自如。

在谈话中，凯洛琳慢慢移到我身边，我受宠若惊。正打算跟她说话，她把手指按在唇上，做了个噤声的手势，又聚精会神地仔细听着东尼他们的谈话。

我也注意聆听，才知道并非随意聊天而已，他们是在讨论各人的去留。

原来，菲力和格林哥都是东尼邀来住在这里的，由于他们不愿意参加这个团体，尼奥要他们立即搬走。他们面有难色，不断要求通融。几个人讨价还价地谈了半天，终于说好三天之内离开。

然后尼奥、甘格和秀子三人并排面对正西坐定，东尼一个人坐在对面。他们举行了简单的仪式后，便开始用西班牙语激烈地争论，东尼似居守势，不时指着格林哥，好像在为他们求情。但尼奥不依，声色俱厉地责备东尼，甘格在一边帮腔，不时插上几句。

其他的人似乎司空见惯，大家毫无表情地斜靠在墙边。我觉得无聊，便拿出纸笔，给每个人速写，凯洛琳看到了，歪过头来欣赏。我把尼奥画成一个巨人，呲牙咧嘴地咆哮着，东尼则是非洲土著，跪在地上求情。

凯洛琳看我画完了，忙伸过手来，把画纸要过去，将它揉成一团，并给我使了一个眼色。我猜想一定是尼奥过于跋扈，她怕我惹上麻烦。

他们谈完了，突然东尼叫道："凯洛琳！你坐过来一点！"

凯洛琳依言移向前方，如同在法庭被法官审讯一般，低下头，一动也不动。

"你决定没有？"尼奥问道。

"决定什么？"

"决定是否参加我们。"

"我早就决定了。"

"你是说早就决定做修行人？"

凯洛琳歪斜着头，点了一点。

东尼又回过身来，问我："你呢？"

既然凯洛琳决定做修行人，能够与她在一起，当然是求之不得的事。可是，我还没弄清是怎么回事，怎能轻易地承诺呢？

尼奥看我犹豫不决，插口说："你明天再来吧，我能解答你的问题。"

好大的口气！他怎么知道我的问题？我只好学凯洛琳，也点点头。

他们又开始争执了，别的我不懂，但是西班牙语中，"钱"的发音却与巴西话相同，他们似乎是向东尼逼钱。东尼满面赤红，大家吵得不可开交。

最后尼奥好像是提议用仪式来解决，于是四个人各自转过身去，面对墙壁，每谈一段话，便由甘格领头背诵一段经文，其他三个人复诵一遍。这样过了一会，大家果然心平气和，歧见全部消除。

开完会，东尼激动地握着尼奥的手，谢了又谢。四个人围在一起，又是拥抱，又是亲脸，一副快乐幸福的模样。

第二天我准时赴约，空洞洞的屋里，只有凯洛琳一个人。正中下怀，我要与她好好地谈一谈。

她告诉我，她就读于华盛顿州立大学二年级。父亲早故，年初她随母亲来巴西度假，临时决定留下来，准备游览南美各地。结果一到巴伊亚，便被此地的风土人情迷住了，始终舍不得离去。到最后钱用光了，正好遇到甘格，把她带到这里，要她参加这个组织。

"你对他们了解多少？"

"可能和你差不多。"

"那你为什么参加呢？"

"谁说我参加了？"她神秘地笑了，那种笑就像淘气的孩子恶作剧一般。

"昨天……"

"昨天我只是告诉尼奥，我早就决定了，是他用他的口，说我要做修行

人的。”

“好哇！你原来是学法律的。”

她笑笑，很俏，很甜。

“他们吃饭去了，今天我故意留下来等你。因为我也想了解一下，如果值得，我会留下来学习，否则我到时就走，谁也留不住我。”

“那你还没有吃东西？”

“这是常事，有时几天都没有吃的！”

“平常靠什么维持生活呢？”

“东尼卖了不少画，但是他太好交际应酬，开销很大。这一点尼奥很不满意，像昨天那个会，他们不知道开了多少次，可是又有什么用？”

“东尼很有才气，可是他怎么都不像一个修道的人。”

“东尼以前在里约的电视台工作，生活很糜烂，整天酗酒。后来遇到尼奥，两个人谈得很投机，便一起来这里修道。”

“这样说来，尼奥真有点本事了？”

“我只知道他原来是布宜诺斯艾利斯大学的哲学讲师，秀子是他的学生。他们这个组织是国际性的，参加者全属自愿，至少我很佩服这种精神。”

我们正谈着，尼奥回来了，他劈头第一句话就说：“你有什么问题？”

“我想知道你们在追求什么？”

“真理！”

“什么是真理？”

“真理是宇宙间绝对的道理。”

“既然是绝对的，我们凭什么知道确实得到了呢？”

“你当然不知道，但是我知道。”

“那么，你和基督教的说法一样了啊！我必须先相信你，然后才能得救！”

“不，我们有证据，你看了就知道。”

“能先让我看到证据吗？”

“你不先参加修行，给你看也不会懂。”

我偷看了凯洛琳一眼，她毫无表情，在一旁瞑目打坐。尼奥说得没有错，如果真理人人一眼就看得出来，也就不值得追求了。不过，这和“先相信才能得救”不是异曲同工吗？我又问：“你们有什么戒律呢？”

“没有，除非你认为修行是戒律。”

“有什么进修的阶段呢？”

“初步是民俗、宗教以及象征哲学，第二步是比较各种宗教，第三步则是沉思。当然这是指已受过大学教育的修行人而言，否则还要加学科学。”

“这样的进修必须有相当的规模才行，你有什么计划呢？”

他在纸上画了一个表，显示他曾涉猎过中国的哲学理论，表中的整体是由阴阳所组成的圆，其中阴代表物质，阳代表精神世界。精神界又分三才：天界有神修士三人，周游世界无所不至；地界有苦修士七人，负责指导各地的组织；人界为各地的组织，有修行人十二人，又称做长老；阴界为未入门的弟子，每位修行人应吸收四位弟子，协助解决生活问题。

尼奥是苦修士，他受命来此地发展组织，想不到巴西人慵懒成性，对形而上学毫无兴趣。目前修行人尚未凑足，所以很希望我能参加。

谈了很久，大致上已有了概念，但我不认为这样就可以得到真理，所以告诉尼奥我希望再考虑一下。

临走时，凯洛琳突然用英语对我说：“我希望和你谈谈。”

当然求之不得，于是我们约好次日下午1时在餐馆见面。

尼奥的观念虽然加入了一些东方思想的皮毛，原则上却未脱离西方宗教的范畴。这种修行，说穿了只不过是另一批对现状不满而有心追求宗教理念的人，重起炉灶，把已知的宗教加以融汇罢了。难道宗教就是人生真理吗？真理一定脱离不了宗教的形式吗？

如果这也算是一种宗教的话，我认为有一个决定性的重要因素，他们有意无意地加以忽略了，那就是“戒律”。像这种组织，如果没有一定的约束力量，到最后不是土崩瓦解，就是在生存的压力下，外围的弟子不得不做出违法犯纪的勾当来。

对我个人而言，自没有参加的理由。但是我对凯洛琳的好感日益增进，反正我已经到了今天的地步，对个人的前途未来，早已不抱任何希望。但如果在自己生命的最后一刻，仍能对他人有所贡献，也算不虚此生。既然凯洛琳参加了，我当然可以加入，至少我可以保护她，说不定她会爱上我，谁知道呢？

凯洛琳想找我谈，相信是在我与尼奥一席谈话之后，她有了新的了解，想与我共同研究。我一再分析，大概不出下列三点：

一、她对这个组织很有信心：设法说服我加入，或认为我对他们不利，劝我退出；

二、她对这个组织没有信心：告诉我一些隐情，征求我的意见，或者是想离开他们，向我求援；

三、只是想跟我聊天，交个朋友。

人生最奇妙的一点，是当自己有了明确的目标与方向时，专心思考，此时所有的痛苦烦恼都失去了踪影。一年来，这是第一个夜晚，我得以安稳地入眠。早上醒来，我还在专心一致地研究那几个答案，觉得异常温馨。

餐馆的同事察觉了我的改变，每个人都来恭贺我、祝福我。我只好告诉他们，中午要请人吃饭，是位女士。

“啊！原来如此！交了女朋友了！好极了！今天中午你休息，这餐饭由我请客！”店东慷慨地说。

消息传得很快，不久，老马来了，沙市所有熟识的中国朋友都来了。大家装得若无其事，只是各自占据餐厅一角，虎视眈眈。

同事们有人借我衣服、领带，有人劝我理发、喷香水。老天，朋友关心是好事，我能告诉他们今天来的是女嬉皮吗？不吓死他们才怪。如果我得换上新装才能打动芳心，那昨天怎会有人接受我的邀请呢？

整个餐馆内如临大敌，很像家中一个白痴儿子准备相亲一般。我觉得很好笑，但却不便说破。相处了半年，平日生活平淡枯燥，难得大家有个机会轻松一下。

1点多钟，凯洛琳姗姗地出现在门口，她丝毫未察觉到已成为众矢之的，泰然自若地和我坐了下来。我发觉有点不对劲，这时客人不多，而那些朋友都不约而同地占据了靠墙边的位置。中央空出一个舞台，只有我们俩，好像特意安排似的。

我怕她多心，一见到她就开口扯个不停，她始终微笑地听着，很少说话。

侍者过来递上菜单，她点了条鱼，我又推荐叉烧肉，她说：“我不吃红肉。”

“怕胖？”她笑笑，没理我。她总是那身衣服，总是那种神态，像一朵幽谷中的百合。现在没有第三者的干扰，我正好有机会仔细地饱览她的姿色。

她不是那种吸引人的漂亮型，但很自然，很甜美，充满青春的气息。平直的眉毛，下面悬着两颗青灰色的眼珠，鼻子很俏。只是嘴皮太薄，笑的时候嘴角上翘，那道弧线承载着轻扬的眉目，非常飘逸。但若一旦笑容消失了，脸就崩塌下来，显得心事重重，仿佛不断向下沉陷的冰山。

“你不点菜？”她突然打断了我的幻思。

“哦！我吃过了。”

“再吃一点。”她的笑容中隐藏着挑衅。

我毫不示弱，代她说：“我怕胖。”

菜上来了，她静静地吃着，我便坦白告诉她，我所预测的三个有关她今天来的目的。我的英语并不好，但相信还能达意。

听我说完了，她放下筷子，反问我："你认为呢？"

"我衷心希望是第三条，不幸的是，我没有理由说服自己。所以，根据事实，我只好选择了第二条。"

她又笑了："那我还有什么好说的？"

"为了同情我，告诉我是第三条。"我也笑着说。

她没有理会，只是拿起筷子，从碗里挑了两根鱼刺，放在桌上。我连忙用手也抓了一根大鱼刺，放在桌上与她的两根并排。她见了，笑得忍不住把口捂了起来。

"老实说，我不认为尼奥可以教我们任何真理。因为不论贤愚，世人没有不希望知道真理的。如果他已经得到了，就不必这样辛辛苦苦地去追求。如果还没有得到，我更不相信到处找一些人，用这种方法，就可以获得。"

她点点头，颇有同感，停了一下，她说："你呢？"

"我已经决定了。"我学着她的语气，那种英语式的巴西话。

"决定怎样？"

"决定加入。"

"为什么呢？"

"为了你！"她惊讶时，灰色的眸子睁得很大。在她眼珠的反光中，我看到了自己缩小的影子，"中国古代有很多追求人生真理的哲人，他们归纳出一个结论，就是求道者必须先具备'钱、闲、侣、缘'四个条件。没有钱，无法生存；没有闲，就没有时间追求；没有侣，则很可能在修道的过程中，会发生什么意外的状况，以致在最后关头功亏一篑。

"我以往没有考虑这些，一来是不可能，二来是自信心太强。现在，至少有了个机会，说不定我能找到一个，而且是个美丽的伴侣，这些都是可遇而不可求的缘。"

她没有回答，眉目间又显露出重重的忧色。不知为了什么，我总觉得她有股神秘气息，在遥远的过去，一定有着难言之隐，以致堤防高筑，严密的自卫。

店里面关怀的眼睛太多，虎视眈眈地不便深谈，我便邀她去吃冰激凌。

她的眼神中又透出了怀疑，我说："放心，你不会因这点小惠而动摇的。"

在"9月7日大道"上，有间雅致的西餐厅。前院是露天客座，几株百年

大树，枝叶繁茂，如同翠绿的巨伞，把烈日捧在梢头，只让浓荫和习习的凉风伴着我们。

“我决定去里约了。”

“什么？”我大吃一惊：“你不是……啊！你早决定了。”

“是的，我只是不愿使他们太难堪。”

“什么时候走呢？”

“还要先待一会，找到机会再说。”她说时，抬头望了我一眼，看来我还可以与她相处一阵子，说不定她会改变主意。

“你有路费吗？”

“我搭便车惯了，我们经常有朋友来来去去的。”

“为什么一定要去里约呢？”

“我的护照快到期了，再说，我在里约银行中还有些钱，打算去智利旅行。”

“你旅行的目的是什么？”

她凝望着我，过了一会，叹口气，用充满怜悯的语调说：“我知道你的意思，可是我不相信人生有真理，也不认为你会找得到。”

“那你不相信有永恒，更不相信永恒的爱了。”

“你说吧！什么是永恒？”

我只是顺口说说，不料她一语中的，我能怎么回答呢？连自己都不懂，又没有找到，却想在她面前展露狐狸尾巴？她略带嘲讽地瞪着我，灰色的眸子，灰色的人生观，似乎都在向我挑战。只是我不能说我不知道，尤其是在这个节骨眼上。

我边想边说：“事物在变，人也在变，但是过去发生的事件，在记忆中永远不会改变。”

“你能保证未来的你，对记忆的观感也不变吗？”她无情地打了我一棒子。

我默然了，可怜的人啊！谁能保证什么呢？不要说未来，几天前，当我想到艾洛伊莎时，那种锥心的悲痛与悔恨，就曾教我断言今生幸福不再。

我苦苦追求的信念，难道被她一语就否定了？我知道她错了，可是这件事除了时间可以证明外，我搜遍枯肠，也找不出反驳的理由来。

然而，要找什么理由呢？凯洛琳活生生地在我眼前，眸子里闪着得意的光芒。她可能是嘲讽人世的无常，也可能是感伤生命的无奈，两个迷失的灵魂在此刻相遇了，谁说不是永恒？管它呢！我何年何月才有这种良机？既得之，则安之，且让记忆牢牢地拴住今朝吧！

已经5点多钟，该送她回去了。我舍不得轻易放过这样美好的一天，我要刻骨铭心，记下每一分每一秒，烙下每一步痕迹。

伴着她走到危楼，只有白蒂在，果然不像有晚餐的样子，我故意说："我饿了，你们打算怎么招待我？"

凯洛琳在一个已开的罐头中看到一点红豆，笑着说："这么多能不能喂饱你这大孩子？"

"那你不反对喂饱我啰？"

"我凭什么反对？"

"那么，我建议去买些肚子欢迎的东西来。"

"反正是钱说话。"她耸耸肩说。

白蒂也要给尼可买奶粉，正好结伴同行。

到了超级市场，我推了部手推车，凯洛琳选着食物，买了包最便宜的玉米，一包咖啡，和几根香蕉。

"你怕我发胖？是不是？"

她脸一红，瞪我一眼说："傻瓜，这是我喜欢的，你嫌喂不饱，自己去选！"

我看到些玩具，想买给小尼可。

白蒂轻轻地对我说："别客气，尼可才三个月大，什么都不会玩，你买些礼物送给凯洛琳倒是真的，可怜她什么都没有。"

这一来真难倒了我，买什么呢？什么对她有用呢？她会接受吗？我想了又想，突然有了一个好主意，我一本正经地对凯洛琳说："对不起，我差点忘了，今天是你的生日。"

"我的生日？"

"去年今天，我给你买了个大蛋糕，比帝国大厦还高一层，上面有自由女神……"

"有太阳神火箭！"她打断了我的话，"还有一颗大红心！"

"总该有鸡尾酒会，舞会吧！"白蒂也来凑趣。

"你可记得舞会在哪里举行的？"

"在撒哈拉大沙漠？"凯洛琳又好气又好笑。

"傻瓜，就在这个危楼上呀！我们跳，楼也跟着摇晃。"

她忍不住笑了，说："那倒好，小尼可不用摇也能睡觉。"

气氛制造得差不多了，我转到主题上："我们餐厅大冰柜里有两瓶香槟，

至少有 20 年没人敢动，那是连旧冰柜一起买来的。他们舍不得丢，又不敢喝，反正我们什么都不怕，我可以拿来，让大家泻泻肚子！”

她们都觉得有趣，我又说：“今天月色很好，菲力、白蒂和格林哥马上就要远离了，能聚在一起是缘分，我们先忘掉明天再说。”

“我不反对，你想减肥，你就喝吧！”

我兴高采烈地回到餐馆，老马还没走，在等着我聊天。我请大师傅做了两个菜，准备带走，又拿了那两瓶老酒，才过来对他们说：“对不起，今天太忙，以后请你们吃喜酒！”

“你这小子没有一件事让我们猜着！怎么会泡个美国嬉皮呢？”老马说。

“好准备移民美国呀！”餐馆老板说。

“不过这个嬉皮长得还不错呢！你给我介绍几个好不好？”老马半认真地说。

“没问题，但你得把大嫂丢掉，跟我来做嬉皮实习生。”

“可以商量，说不定我老婆也有兴趣做嬉皮。”

我又对老板说：“这两瓶酒送给我吧。”

“做什么？这不能喝啊！”

“放心，嬉皮什么都能吃，他们抵抗力特强。”

到了危楼，她们正等着我，菲力回来了，东尼和尼奥则在前间。

我在地毯上放好食物，先打开颜色较深的那一瓶。可能是放置的时日太久，并没有期待中“啵”的一声。我闻了闻，有点蜜枣的香味，倒在杯子里，色作紫红，又稠又浓。我用指尖沾了一点，舔了一舔，竟然是甜的。

凯洛琳一直在旁边看着，急着问：“这不像是香槟，能不能喝？”

有毒就有毒吧！我索性喝了一口，其味又纯又润，略甜而不腻，且泛着清爽的枣香。汁液缓缓地由口中流经喉咙直到胃里，竟有说不出的舒畅。

我忙把杯子递给凯洛琳，她也喝了一口，闭着眼，半晌才说一句：“真棒！”

凯洛琳把菲力和白蒂叫了过来，四个人转瞬间就把一瓶喝了个精光，大家都赞不绝口。本来凯洛琳叫我留一半让别人分享，我说还有一瓶特别留着，已经放在水池中冰妥。

凯洛琳去炒玉米，满屋泛着香气，又炸了牛油香蕉，煮了咖啡。待一切准备妥当，这才去前面将东尼他们都请了过来。

凯洛琳兴奋地拿起未开的那瓶，交给东尼说：“朱今天发现了一种我生平从来没有喝过的好东西，可惜不知道是什么。”

瓶子光秃秃的，早就没有标签了。

东尼研究了一下，肯定的说："这是香槟。"

"不是，我们开瓶时没有气泡，喝时一点酒味都没有。"

"那就是坏了的香槟。"

东尼打开瓶子，将酒倒进杯里，竟是黄色的，与先前开的那瓶完全不一样。东尼摸摸胡子，举起酒杯说："本人东尼，曾是酒鬼，不论好酒坏酒，有酒就喝，从不后人，抱歉，僭先了。"说毕他很戏剧化地品啜了一口。

凯洛琳急着问："什么味道？"

"你们喝的是什么味道？"他反问道。

"说不出来，总之，没有酒味。"

"一点不错，真的一点酒味也没有。"

于是尼奥要了一杯，慢慢品味。菲力刚才没喝过瘾，也要了一杯，仰着头一口灌将下去。突然间，他跳了起来，直奔浴室，东尼乐得哈哈大笑。

凯洛琳说："你骗人！"

"我没骗人呀！我只说没有酒味，并没有说没有醋味呀！"

格林哥很晚才回来，他搂着一个女孩，已喝得有三分醉意。尼奥一见他，一句话没说，就进前间休息去了。东尼则是哈欠连天，过一会儿也自去睡了，娱乐间只剩下我们几个沉默地呆坐着。

为了冲淡即将到来的离情，我找了些话题，正要开口，凯洛琳知道我的心意，便指指隔壁。我一直在设法把光阴勉强地留住，哪怕是用自己的生命去交换，可是还有什么方法呢？对了，何不邀请他们去餐馆？那里只有我一个人住，现在已经打烊了，连个鬼也没有，正好闹个痛快！

我一提议，菲力就赞成，别人都没意见。于是我们六个人，加上小尼可，划破了深夜的岑静，撕开了梦乡的帷幕，踏行在月光铺设的银色大道上。

格林哥很有悲剧丑角的韵味，他一边说着逗人的笑话，却又不断地讽刺自己。每说完一段，任别人笑去，他却停了下来，呆呆地好似遁入了虚无一般。

我们走过一个大厦前面，屋檐下睡了几个无家可归的人，身上只盖着报纸，蜷缩成一团。格林哥一见，就挤了过去，躺在一个老黑人的身边，对他的女友说："亲爱的，到家了，睡吧！"

他的女友拼命拉他，说："格林哥，别胡闹了，走吧！"

"胡闹？你以为我是谁？这就是我的家呀！"

"够了！别人都在等我们！"

“谁在等我们？你以为在这个世界上，还会有人等我们？亲爱的，趁你还爱我的时候，来做爱吧！”

经他们这么一闹，那个可怜的老黑人被吵醒了。他莫名其妙地坐了起来，两眼惺忪，怔怔地望着他们。

格林哥满心过意不去，只好把他的女友推到那位老黑人身上，说：“亲爱的，赔他一个吻吧！”

他女友果真在那老人脸上吻了一下，老人又惊又喜，更如坠入五里雾中。

凯洛琳一路上都是静静的，抿着嘴唇，对眼前的一切好像漠不关心。这时，她眼角却闪着微光，深深吸了一口气，禁不住叹道：“唉，我将来会多么怀念这些人啊！”

到了餐厅，菲力立刻坐下，神气活现地大叫：“店家！送菜单来！”

我有模有样，立刻恭恭敬敬，送上菜单。

菲力装着暴发户的口气说：“不用点了，把最好的都拿来！”

“先生，最好的都卖完了。”

“那么给我来一份俄国的鱼子酱，意大利的通心粉，法国的嫩牛排……”

格林哥止住他说：“不像话，这是中国餐馆呀！”

“那么给我来双筷子！”

白蒂问：“筷子是什么菜？”

说得大家都笑了，白蒂也跟着傻笑。

格林哥抢过菜单，仔细从头看到尾，一本正经地对我说：“给我来杯白开水。”

凯洛琳和白蒂要了可口可乐，菲力则要牛奶。

格林哥说：“澳洲人没种，只会喝奶。”

“有种的人才有儿子，是我儿子要喝奶。”

格林哥就说：“那么给我来杯‘杀客’！”

白蒂又好奇地问：“什么是杀客？”

“你们连杀客都不知道？”人人都望着格林哥，等着听他解释。

格林哥摆好架式，一副准备讲演的姿态，大家都屏息以待。半晌，他才说：“你们问朱吧，我只听人说，也不知道是啥？”

杀客是日本清酒，要喝热的，而且要用一种极为精致、薄如片纸的小酒杯。我准备好，送到桌上，他们见了那杯子，都觉新奇，把玩不止。

凯洛琳说：“我本来不喝酒的，可是看到这么可爱的杯子，也想试试。”

格林哥说：“傻子，这杯子是面做的，你喜欢可以吃掉。”

大家立刻吵着叫他吃，他毫不犹豫，拿起就往口中一丢。

我忙制止说：“小心，这杯子很薄……”话未说完，只听“啪”的一声，格林哥满面涨得通红，呆在那动弹不得。

凯洛琳吓得大叫：“快！快！快吐出来！”

格林哥痛苦地把口张开，杯子还在口中，完整无缺。

菲力想到刚才他喝醋上当的滋味，便叫我去倒了杯醋来。这时大家都在品尝清酒，看起来热腾腾的，入口却又感到一股清凉，都赞不绝口。格林哥酒量极大，不惯小杯，便拿起瓶子，对着嘴，就往肚子里灌，我刚叫：“不行！很烫！”

格林哥这次可不装了，两只眼瞪得铜铃一样大，半天说不出话来。别人还以为他在耍宝，都看着他，觉得有趣。一会儿他缓过气了，这才开口大叫：“好烫！好烫！”

菲力顺手便把醋送过去说：“快喝！这个止烫！”

格林哥不假思索，接过来，也是一口吞下，这次真跳了起来，又哇哇大叫：“好酸！好酸！”

大家吵着闹着，浑忘了今夕何夕！我这一生和他们有多少分别？何曾如此欢乐过？良宵苦短，明天呢？后天呢？这些人走了，凯洛琳也要走了，我还留下什么？

小尼可被吵醒了，菲力说：“小家伙，别急，忘不了你的！”

说着，他用手指沾了一点清酒，送到尼可口中。

凯洛琳止住他说：“你这不是害了他吗？”

“害了他？谁叫他来到这个世间？来做嬉皮？”

这话一说，大家都沉默不语。原来一个个自以为很潇洒的嬉皮，这一刹，再也嬉皮笑脸不起来了。

他们走了，走得没有一丝影子，只有我这个多事的人，还保留着这残存的回忆。

1972 年 2 月 20 日，我决定参加他们的组织，好在我无牵无挂，又身无长物，辞去了工作，在朋友们阵阵惋惜声中，正式出家为嬉皮。

我搬去的那天晚上刚好有个聚会，有一位名叫沙尔索的巴西嬉皮，他是东尼收的“外围”弟子，专门供应免费大麻。另外还有几位弟子，他们一一从那

又脏又黑的背包里，掏出了各式各样的食物，堆放在铺着报纸的地毯中央。

我一看，有咬了半口的面饼，有压成粉末的蛋糕，有变了形的水果等。总之，就算从垃圾桶里捡来的，也比这些食物像样得多。

我看到凯洛琳抓了一把，挑掉一些草屑和沙粒，就吃将起来。我禁不住悄声问道："这些就是你们平常的食物吗？"

"你以为我们可以天天上馆子？快吃一点，这是他们辛苦讨来的。"

佛祖释迦牟尼成道后，以沿门托钵为生，那是本着施比受更有福的出发点，以及心中不存分辨，把物欲降至最低，以身作则的行为。传说济公活佛讨来的饭中，如果没有别人的口水，他还嫌不够香。这些事迹看来平平无奇，轮到自己时，才发现有很多习惯养成的心理障碍，很难去除。

我也抓了一把，里面居然还有一个铜币和一团棉花球。把杂物拣去后，吃起来百味杂陈，除了偶而咬到些沙子，倒也蛮香的。

大家都在吃，那一堆食物立刻就见了底。然后沙尔索就移坐到地毯的中央，打开他的百宝袋，取出一些干草，先搓成碎末。他再将报纸裁成长条，连着草末卷成一根一根的纸烟，放在身边。

他的手法熟练无比，态度也很小心慎重。室中唯一的一支蜡烛放在他面前，拉出长长的背影，高高贴在屋顶上。其他的人包括尼奥在内，都环坐在外面，围成一圆圈。大家都很安静，聚精会神地观看着，好像正在进行什么仪式。

我想问凯洛琳，掉头一看，她也变成了泥巴塑像。我实在不懂，这算是什么聚会呢？看沙尔索的装扮有点像非洲土著的巫师，难道他在作法？人人都着了魔？

他一共搓了 10 根，东尼首先高兴地说："有两位修行人参加了我们的组织，今天正好来庆祝一下。"

我实在熬不住了，悄悄地问身边的凯洛琳："那是什么东西？"

"傻瓜！那是大麻！"

久仰大名，原来是这么回事。在巴西吸食大麻是犯法的，我能跟他们沆瀣一气吗？明明这是坏事，为什么这些自称传授真理的人，居然还带头作俑呢？

我能不吸食吗？看情形显然不能，我该怎样才是呢？

正惶惑间，左边的甘格已传过来一根，我学着别人的样子，在口中放一下，再传给右边的凯洛琳。她是个中老手，满满地吸了一口，闭上眼睛，一动也不动。

不一会儿，屋中全是辛辣的烟味，很像在乡间闻到的野火烧山的气息。

对旁观的我，这真是一种奇妙的景象：空洞的房间里青烟袅绕，一支昏黄的蜡烛，在屋子中央方圆数尺处，冒起一圈光瞳。同时，屋顶漏隙渗透下一丝一丝的月光，把断续的烟雾染成串串的明珠。而在上下两种情趣迥异的光芒交织处，沙尔索盘膝坐在中间，四周还有十来个雕像，围成一个圆圈。

最妙的是，在他们之间，忽高忽低、时明时灭地，传过几点暗红的火星。一时只见火星猛然上升，移向一处，稍停片刻。猛闻“嗖”地一声，火星突放光明，生机陡现，照亮了一张神色迷茫的面孔。然后，火星又暗了，缓缓地落了下去。

最精彩的还是沙尔索，他每次都把瘦小的肺吸得满满的，只见烟进，不见烟出。有一次，他好像要说话，口微微一张，一缕白烟悄悄地由嘴角溜了出来。他猛一睁眼，尖起嘴，对着那缕逃烟，毫不怜悯地使劲一吸。“嗖”！逃烟重回囹圄，沙尔索上身被鼓起的胸膛撑得活像一只大蛤蟆。

不过几分钟，10 支烟被抽得精光，连烟屁股都没有放过。烟没有了，人人脸上都挂着傻乎乎的笑容，好戏一一上场。东尼平日就很风趣，这时他把上衣脱掉，露出全身茸茸的细毛。然后，他走到全场中央，像是肚皮舞娘般，微圆的小肚子有韵律地摇晃着，又唱又跳。

沙尔索则是另一种调调，自言自语地一边说，一边笑得打滚。

有时东尼会突然停下来，想一想，又跳一跳。再不然，他便说些断断续续的笑话，我听不懂，也可能没有人懂，但总有人被逗得哈哈狂笑。那些笑声也非常特别，时断时续，常会像突然停电一般，笑容还挂在脸上，而声音停了，人也凝固在时空中。

这还不说，有些人会莫名其妙地做一些无意义的动作，或者独自痴痴地傻笑。我看看凯洛琳，她疲倦地眯着双眼，嘴角上永远是那副慵懒而可爱的微笑，似乎对眼前的一切都无动于衷。

我试着问她：“你累了吧？”

她好像听到了，以几乎感觉不出的速度，缓缓地移动着眼珠。

良久，她的眸子停在我脸上，而眼光仿佛穿透了我的灵魂，一个字一个字地从口中吐出来：“我……以为……”又停了一会儿，才继续说，“你……走了……”

突然，一点寒星朝我这边飞来，我忙躲过，原来是菲力丢的香烟头。

我问：“菲力！为什么用香烟打我？”

他坐直了身体，迷惘地望着我。我再问一遍，他才慢慢地说："那里……有个……窗子……"他竟然和凯洛琳一模一样！

等我再回过头来，凯洛琳神态如故，微笑依然，完全封冻在某个时空中了。

我曾经醉过，知道神经麻痹时的那种感受，但是和眼前所见却大大的不同。根据他们的行为来判断，显然吸食大麻后思绪不能连贯，行为也难以控制。我无法理解这种感受，除非我也遁入这片天地，亲自去体验一番。

人人都说麻醉品是毒物，吸食后很容易上瘾而不能自拔。问题是我还有什么好怕的呢？做了嬉皮，无疑已与正常的人生诀别。谁都知道吸毒有害，而冒生命危险的比比皆是，其中必然有些不可抗拒的因素。姑不论我是为了凯洛琳或是追求真理，如果能找出毒品影响人生理、心理的因素，何尝不是一件有意义的事呢？

显然沙尔索还没有抽够，他又点了一支。我乘机要了过来，学着他们，把肺装得满满的。那种滋味很不好受，不仅辛辣无比，而且闷得发慌。吸到第三口时，四肢开始有点麻木，又好像感到胃中的食物在蠕动。

我强忍着再抽下去，渐渐地外界寂静下来了，身体也似乎不再属于我的了。

突然，一声清脆的琴音跳进了我的心中，是那么熟悉，而又那么圆润。

第二个音符又滑了进来，又溜了出去，啊原来是……我飞上了……

突然地一震，我惊醒过来。是沙尔索在要烟，手已经不是我的，机械般地把烟送给他，谁的手还停在空中？真傻……是我的？放下手……又突然一震！任何一个变动都会……隔了好久……才想起来。

难怪要跳……东尼很有艺术……天才……是我吗？我在干嘛？抽大麻……凯洛琳……她呢？我急了，猛一回头，又是一惊！她还是……那种微笑……凯洛……琳……如果……万一……我怕什么呢？

"凯洛……"我喉中一发声，又惊醒了一半，她怔怔地望着我，好美……眼珠……

"什么？"她懒洋洋的声音，又唤回了我，有什么事……谁有什么……是她……对了，我在问她……问什么？……如果……如果我能……

"跟你结婚……"是我在说话……跟谁结婚？……凯洛吗？……山坡上的音乐声……好清楚……

"你说什么？"什么？凯洛琳坐直了身子，你说什么？……是问我？……

我说什么……我说音乐……瓦格纳的进行曲……谁结婚？……对了，我要和你……

“结婚……”喉中又冒出一句话，是凯洛，我要把握……艾洛伊莎……结婚了……

“你疯了……”疯了多好……早疯就……好了……为什么……

“不行……”她不去里约了？真的……我要告诉她……

“好……”做一辈子嬉皮……这就是人生吗？

“一个……”谁说的……我们分明是……

“两个……”三个……四……

什么时候睡着的，我已经不记得了。醒过来时，见凯洛琳蜷曲着睡在我身边，其他的人都不见了。想了又想，我慢慢地回忆起昨夜的荒唐对话，虽说是吸了大麻神智不清，可是那才是真心话。她会怎么想呢？正如她说的，我疯了，她总会原谅疯子吧？

过一会儿她也醒了，双眼惺忪，像个小孩子般斜靠在墙边。

我有点惭愧，问道：“我昨夜抽多了，说了什么吗？”

“你说了什么？”

算了，话已说出，还能否认吗？而且，向她表明心意有何不妥？她既然拒绝了，彼此心里明白，至于后事如何，以后再说就是。

9 觉悟

修行　代价　生离　永别

大家都起来了，盥洗毕，太阳刚好出来，吐着灿烂的金光，从窗子的一角照亮了空旷的娱乐室。尼奥的脸上泛着神圣的光辉，领着我们，开始了一天的功课。

首先是“拜日”仪式，我们一共六人，围成两个相反的三角形。大家各站在角的尖端，面向东方站立。尼奥大声朗诵，我们则跟着念：

“由于您的光芒，赐给我们生命，我们崇拜您，遵从您，直到永远。”

然后是短暂的沉思，直到大家都结束了，才开始做瑜珈练习。

这样差不多有一个多小时，才结束了晨课。

接着是经文学习，我们鱼贯地走到工作室。由于我和凯洛琳只是见习的修行人，所以面对面站在房间的两端。尼奥、东尼、秀子与甘格则分居东、南、西、北四个方位，面向中央，先做例行的日课仪式。

东尼与甘格今天轮值，东尼取出一张黄色的“圣毯”，与甘格各执一端，平铺在室内正中。毯子正中是个犹太教的六角形符号，据他们解释，六角形是由一个向上代表精神的三角，与一个向下代表物质的三角叠合组成，意为宇宙本体。

毯子铺好后，他们四人便围着图形坐下。东尼又到圣坛上取了那盛满清水的碗，交给尼奥。而甘格则取了另一只空碗，双手捧着恭敬地放在图形中央。

尼奥将碗中的水倒了一些在空碗中，同时念着：

“宇宙之始为阴与阳，是为道，道存于万物，我唯道是求。”

同样的，他每念一句，我们跟着复诵。同时那碗水也依序传递着，各人倾倒一点，直传到最后一人，全部倒完为止。

日课完毕后，与会之人要轮流分饮碗中之水，并将另一空碗重新注满，以备次日之用。其意义是说，这水中孕育着每天所发生事件的因果，大家共饮，表示分享。

水倒毕，四人瞑目，仰面朝天，尼奥等人又念：

“圣灵、圣父、圣子，三位一体，代表着精神、情感与肉体，是人生的真理。”

口中念着，手还要做动作。在说“圣灵、圣父、圣子”时画着十字；说“精神”时双手合在额上；说“情感”时手置胸前，“肉体”则按在下腹。

然后四人拉着手，呈一个圆形，低头默祷。

再下来才是经文学习，他们的教材原是一位法国人赫内格朗所写的一本《宇宙之主》。据他们说此书在各国都被查禁，因为作者既反独裁，又反资本主义和共产主义。由于法文版本已经无存，我们用的是意大利文版，是尼奥读大学时，一位教授秘密传授的。

书中的内容是以客观的立场，举出各民族宗教的异同。尤其强调各宗教所用的各种象征符号有绝对的关联性，在在表示着真神只有一个。由于经书是意大利文，尼奥每说一段，东尼便译成英语。而我当时的英语程度还不及葡萄牙语，所以懂得不多。

书中强调世界上各宗教源流相同，这个“真神”是从外太空来的。直到多年后我看到一部影片，专门讨论世界上许多不可思议的上古奇迹，并认定神是外太空的高等生物时，才真正了解了他们的理论。

这一天的学习令我大失所望，我厌烦那种装模作样的仪式，也不欣赏大杂烩式的把所有宗教的皮毛，拼凑成一座新的殿堂。此外，宗教只是人生行为的一部分，不能把对宗教的信仰视为真理，更不能把追溯的根源推到外太空去。

就算神果真是由外太空来的，问题也还没有解决，外太空的神又是如何产生的呢？是不是等我们找到了“外太空神”的殿堂后，又要到另一个更遥远的时空中，寻找另一个“外外太空神”的来源呢？

我认为真理应该是一种常识，是能够应用在人生各种情况下，能配合科学知识的一种公理。既是真理，就应包含人类的一切行为，宇宙间的一切事物，人藉之可以窥探时空架构中的所有真相。如中国人所谓的“放诸四海皆准”，否则不是真理。

唯一的一丝希望，至此已荡然无存。我理所当然地，把整个心移转到凯

洛琳身上。谁知道天下有没有真理？对我而言，在这个当儿，凯洛琳才是真实的。

平常中午是不进食的，我不顾尼奥的反对，买来炊具，安排了一个月的伙食。而且坚持以后不许上餐馆，以便把钱留下，供下个月的开支。

这天中午，我用味精、猪油、酱油做了阳春面，大家吃得香极了。真像饿了几天似的，添了一碗又一碗，看来，我这个伙头军是做定了。

我们的生活很有规律，日课完了，下午各自休息。因为天气热，大家都勤于洗澡。所幸这座危楼有间“通风”极为良好的卫生间，虽然没有电，却不缺水。洗完澡，就便洗衣服，洗好了，湿漉漉地便穿上身，让日晒与体温自动烘干。

因为生活简单，不需要应酬，男士们对头发胡子不大理会，越长越长，竟成了一般年轻人模仿的时髦。反倒是秀子和凯洛琳，常自己拿了剪刀，把短短的秀发，一刀一刀剪得好像狗啃的一样。

在每一个星期日的早晨，我们还有一个很重要的“功课”，就是“出巡”。所谓出巡是我们几位长老要排着队鱼贯而行，而且专门走在市区或人群集中之地，接受人们的笑骂和侮辱，目的是为了消除自我的虚荣心。因为一般人并不能体谅我们的特立独行，见了我们的队伍，经常是耻笑诟骂，不一而足。

最初我的确不能接受这个仪式，倒不是害怕别人的凌辱，而是觉得没有必要。自己所做的选择，为什么一定要他人肯定或否定呢？尼奥的解释是，社会人有其虚荣感，他们难得有机会口径一致地齐声对付不属于他们的一群。出巡就是为了让他们发泄，也借以坚定自我的信心。

星期天是巴西人做弥撒的大日子，一大早，男男女女便衣冠楚楚不约而同地拥到教堂前的广场。在进入教堂领受圣礼之前，相互寒暄话家常是他们的热身节目。

这时，我们这一队奇形怪状、鹑衣百结的洋化子，低着头，仿佛忏悔的罪人一般，穿梭在天堂前的天使群中。于是此起彼落的叫骂声，立即取代了窃窃细语。人群中有的呲牙咧嘴，有的口沫横飞，无不举起了卫道的巨纛，极力鞭挞。

尼奥永远是带头者，他长发垂肩，步伐坚定。后面跟着的是东尼，一副游戏人间的模样，又喜欢对年轻妇女挤眉弄眼，经常惹得绅士们恶言相向。甘格很老实，他一向若有所思，从不抬头看人。一到秀子、凯洛琳与我，人们多半议论纷纷，品头论足。

我心里不禁嘀咕，尽管寒山、拾得是我们的老祖宗，但身为中国人，不能

为国争光，竟远涉重洋来给人当作侮弄的对象，也着实惭愧。

然而这种训练对我日后做人处事的态度，却有无比的助益。因为我一向坚守原则，很难获得别人的认同，以致经常遭受白眼。自从经历了这种羞辱的仪式后，我彻底看透了。我的作为是自己选择的，又不需要他人的认可，何必在意别人的看法？

老子在《道德经》中曾说："宠辱若惊，畏大患若身。"人受到别人的影响，原是团体生存的一种策略。然而在思想的境地中，永远是少数领导多数，领导的少数人怎能受到大众的影响？是以凡宠辱皆惊之人，必无自知之明，当然要仰人鼻息了！

尼奥和秀子非常努力，一个总在看书，一个则在一旁作画。东尼和甘格则天天出去，常常要到深夜才回来，有时甚至要到第二天早上才赶回来作日课。凯洛琳没有定性，难以捉摸，她可以整天呆坐着一动也不动。兴致好时，又像一阵风似的，随着东尼出去了。

我的日记写得很勤，尤其这些天来变化太大，陡然间由地狱里跃上了天堂，有太多零乱的思绪需要彻底地整顿。我不能老是黏在凯洛琳的身边，也没有那么多话题腻在一起，她迟早会离开，我必须趁着这个机会，自己站起来。

人与人之间最初的吸引力是容貌、风度和谈吐，再进一步则是思想和观念，时间久了，才涉及感情。凯洛琳于我而言，尚停留在观念交流的阶段，如同一层朦胧的薄雾。令我遗憾的是，每天面对面，心中仿佛有说不尽的言语，可是口头上却无话可讲。

我早知道心境的苦乐，与物质条件没有绝对的关系，可是不经过实际的印证，那只是一种观念而已。现在，正因为什么都没有了，也就死心塌地地什么都不期望。能有一个地方遮风挡雨，能有一点食物裹腹充饥，就满足得如同做皇帝一般。既然如此，明天也不必担心，一床毯子，背了就走，不论到何处，不会比今天更坏。

我来这里之前，有可以糊口的工作，有一点点存款，还拥有一部能动的旧车，一些喜爱的杂碎玩物。但那时我除了对台北参加中马公司的朋友满怀歉疚外，每天还在担忧前途、生活。甚至于袋中才装了几文钱，就难免被商店橱窗中五花八门的各种陈列引诱。分明买来毫无用处，但内心已为物欲所役，更恨自己落魄不堪。

俗语说："人比人，气死人。"有些人把自己的幸福建立在跟别人的比较

上。身上穿的，口里吃的，住的，用的，甚至连自己的配偶、儿女，都要比上一比。这是为了什么呢？天下有什么标准可以用来衡量呢？究竟要比到什么地步才满足呢？再说，为了争这一口气，所付出的代价又值得吗？

现代社会就建立在这种虚荣的竞争上，各种商业广告利用人的愚昧，为人洗脑，灌输一些毫不相干的价值观念。人们接触多了，也就信以为真，甚至于奉为金科玉律。即使有人还不相信，一旦其左邻右舍得意地向他炫耀时，因为不甘示弱，也就毅然投入。结果是不论智力高下，不分年龄性别与职业国籍，人人浮沉在这几近疯狂的竞赛中，却美其名为繁荣。

在美国时，我曾见过一个电视广告，有一辆汽车停在大峡谷中一座峭拔的尖峰上，车旁立着一位美女。那个镜头的确优美，气派豪迈，可是又与那辆汽车有什么关系呢？真有那样傻的人，相信汽车能飞上山峰吗？到底那个广告想表现什么呢？

事实上，这只是利用人们的心理作用罢了。很少人有机会上那座高峰，一睹那粗犷的风光。在深广辽阔的背景前，那突兀嶙峋、黄尘漫漫的沉积岩上，一部线条明朗、光耀夺目的现代化轿车傲然而立。豪放、雄伟之余，更不可思议的是峰顶高拔数千丈，竟能将车子开上去！

这还不说，镜头一转，在刚劲的轿车之旁，出现一位娇媚无比，柔弱丰腴的美女。但见她衣裙随着狂风飞舞，秀发在晴空中飘扬，形成强烈而浪漫的对比。镜头逐渐拉起，向下俯瞰，一望无垠的广漠中，平地拔起一座危崖，孤峰独耸，飞车美女赫然其上。

真是壮观、惊险、美艳而又悬疑！每当人们想到壮观、美艳的事物，就会联想到那个镜头，更连带地想到那辆车子。想来想去，想得多了，心里就形成一种欲望。而欲望正是兴建海市蜃楼的奴工，在这海市蜃楼中，装载了快乐幸福，于是，那辆轿车便成了幸福的指标。

不仅商业如此，政治、宗教、体育、艺术以及各行各业也都玩弄着同样的手法。因为不论什么游戏，只有大众参与了才会有力量，要大众参与则先要引起他们的兴趣。绝大多数的人都是平平凡凡的，他们无缘飞黄腾达，成圣成祖，只有借助一些令他们欣羡的偶像，用关心、怀想把自己的感受与那些闪耀的明星结合在一起。

从表面上看，这个时代充满了刺激，世界繁荣了，人生充实了。实际上，人还是人，不论是亮晶晶的明星也好，默默无闻的大众也好，人人都生活在他人所塑造的假象中。

这使我想起《道德经》中最受时人争议的一句话："常使民无知无欲，使夫智者不敢为也。"现代的学者认为老子提倡愚民政策，"使民无知"就是愚民。说这种话的学者，想当然耳一定很有"知"，只是不知其所知为何？知他人所知，知自我所欲，当然没有错，但是不是知道人生真理呢？如果知道，那又为什么反对"使民无知无欲"？

当今所有的知识都只是为了谋生，然而生活的素质改善了吗？天天开着名贵的汽车，拥塞在公路上，原本只要走上十分钟就可以到的地方，现代化结果，却要在车中关上几个小时。不错，住家是比以前清洁豪华，但多数人每天只是回家睡觉。整天忙忙碌碌，建造了企业王国，却不得不在污烟瘴气中，逃回孤独的小天地。无休无止地追名逐利，忘却了自己究竟是谁！是不是人的生活就应该如此呢？

本来我以为这些嬉皮能摒弃物诱，即令与真理无缘，尚不失于纯真。可是每天的相处，所见所知更深了一层，才发现仍然未脱窠臼。他们的确比一般人有理想，勇于追求。然而这种理想却解决不了他们身心的需求。物质条件不足，他们寄情于大麻，在麻醉中取得补偿。至于争名夺利，计较高低，其激烈程度则与俗世无异。唯一有别的是这里物稀人少，得失之间相差极为有限。

以抽香烟为例，为了分配数量，或买什么牌子，好几次都吵到要动用戒律。读经时，各人占用的时间长短，也成为争执的重点。

尼奥非常在意他的形象，需要别人尊敬，便极力打压东尼。东尼虽然崇拜尼奥，却是积习难改，吃喝玩乐如故不说，遇到人多的场合，就控制不住，非尽情地卖弄一番不可。

东尼有一个计划，他写了一份宣言，用全开的色纸，画上极为优美的装饰线条，中央是花体写的一首诗，诗下有 20 多个签名。那首诗的大意是：

你可曾在清晨膜拜日出？
黄昏陪伴日落？
你可曾夜半里
在大地的梦乡，独自
海沙与脸颊抚摩？
银白，浪潮洗净了月色
战栗着，全身赤裸？

今天，明天，后天，
天上，地下，或是人间；
“我”在哪里？
哪里又有个“我”？
你可曾想过？
地球又是谁的家？
蓝天为穹，黄土为席，青绿的陈设，
还有
日、月、星辰，与无尽的永恒。
谁狠心？
忍心？
存心让“她”残破？

朋友！
抛弃吧！
让垃圾成为昨日的恶梦，
除了你，还有个我，
没有我，你在哪里？
朋友，朋友原是一伙！

这个认同的代价，折合美元大约是 20 元。东尼已经找到了 20 多位赞助者，但尼奥始终反对这个计划。一方面是东尼把部分的钱用在交际应酬上，另一方面则是东尼每次出去找人时，都不让他参与。

我一边欣赏东尼的杰作，一边赞不绝口。东尼遇到了知音，一时得意忘形，兴高采烈地谈着他去交涉的经过。其间当然少不了一些绝妙的情节，直笑得我们喘不过气来。

尼奥在一旁听了，大大地不以为然。他开始抱怨东尼只顾他自己的快乐，把劝募来的钱都花在喝酒应酬上。东尼正在兴头上，为了面子，顺口扯了些理由抗声辩护。尼奥显然要“立威”，两人由争执而叫骂，大家都被惊动了，但是谁也劝止不住。凯洛琳只好把我拉开，大家站在一旁，静观两虎相斗。

尼奥的一副意大利的石膏面庞，在齐肩的长发下，很有点雄狮的神韵。这次他真的动了肝火，每句话都像一把把利剑，剑剑刺中东尼的要害：“你以为我不知道？天天借口出去工作，谁不知道你上酒吧玩乐，没有出息！”

东尼如同受伤的野兽，负隅挣扎："你以为我喜欢出去？为了给你们解决吃住的问题，我不得不辛苦奔走！外面太阳又大，又热又累的，我歇歇脚，喝杯酒也是应该的！你以为我在享受？你自己去好了！"

"是你自己要抢风头，不让别人参加，怪谁？"

东尼忍无可忍，紧握着拳头几乎要爆炸了："我活该！放着好日子不过，来跟你受罪！"

尼奥冷笑一声，不屑地说："你是活该！不服气自己回去，又没有人拦住你！"

东尼突然大吼一声，发狂般奔到墙边，使尽全身力量，一拳向墙壁打去。只见血光崩飞，东尼惨叫一声，倒在地上，左手捧着右手打滚。

我们吓坏了，连忙把他送到附近的医院。检查结果，右手有几根指骨错位、骨折，所幸并不严重。定了位，敷了药，再打上了石膏，一直忙到深夜。

我猜想他们一定要拆伙了，凯洛琳认为不会，她说他们俩经常吵，真要分手早就分了。就是因为互相依赖，所以都想征服对方，否则有什么好吵的？

她说得不错，宛如一场来得快、去得也快的热带风暴。第二天早上起来，太阳还未出山，已经雨过天晴了。东尼看着自己悬吊着的右手，又看到尼奥殷勤地在一旁照料，两个人都感动了。他们一句话都说不出来，彼此紧紧握着左手，相互垂泪。

早课时，尼奥与东尼彼此道歉，每个人都深切地自我检讨。

尼奥说："你们可知道，为什么会有这种事发生吗？"大家都沉默不语，尼奥又说："我们在这里住得太久了，每个人都很烦躁，所以控制不了自己。"

东尼一听，用左手一拍大腿，说："真有道理！我也觉得奇怪，为什么这些天老想吵架！"

"我和秀子商量过，大家出去散散心就好了。"

"好极了，去哪里？"东尼立刻兴奋起来。

"去贝林岛，那里安静得很，一个人都没有。那里是圣地，有圣灵。我们常去，去必禁食，期待圣宠。"

贝林岛在沙市西方，是大西洋中的一座珊瑚礁，岛很小，也没有什么观光设施。那里的沙滩虽然很美，但沙市处处都有美丽的沙滩，没有人愿意跑到那么远的地方。

东尼像是被蛇咬到一般，他立刻恢复了苦楚的表情，抱着自己的痛手。其他的人则木讷地坐着，不表示意见。尼奥环视了一周，知道大家兴趣不大，便

说："那么，你们都留在家中做功课罢，我和秀子日课完了就走，三天以后回来。"

尼奥把毯子卷好，背在右肩，左肩则挂着他的百宝袋。他上身是一件羊皮背心，上面镶满了闪亮的不锈钢扣子。底下一条沿边带须的短裤，一双日式拖鞋，完全正宗嬉皮打扮。

秀子只有两套衣服，一套是有花边的衬衣和红色的热裤，另一套是红白小花的衣裤。她对着镜子，比了又比，换了又换，耗了十多分钟。

尼奥靠在门边不断地摇头叹气，秀子却一直无法决定，该穿哪一套衣服。

到底凯洛琳是女人，她走到秀子身边，打量了一番那身天天看到的红白小花，然后用惊叹的口气说："好漂亮啊！"

如同变魔术一般，秀子高兴得像展台上的模特儿，踮着脚尖，旋转了一个圆圈，这才头也不回地与尼奥踏上了旅程。

尼奥怕误了船，大步走在前面，长发被风吹起，飞在半空中。阳光照在钢扣上，发出闪闪的银光。两个包包一左一右地晃动，腿上的黑毛与裤管的线头纠结成团。

东尼走在他的后面，略秃的头顶泛着晶莹的汗珠，连腮的大胡子则托着小小的头颅。身上是那件齐地的非洲长袍，脚步一快，就像只大蝴蝶，洒脱地飞翔着。

秀子三步作两步，半走半跑地拖在东尼身后十多码处，红色小皮包不住地上下跳动。再后面是凯洛琳和我并排押阵，我低头前行，她则是漠不经心地东张西望。

一路上，市井小民无不张目结舌，对我们指指点点，和教堂前众绅士的反应没有多大差别。待我设身处地一想，这种奇观倒也极为罕见，自己都不禁觉得可笑。

不久凯洛琳发现了我的异状，不以为然地瞪了我一眼。

我只好解嘲地说："你看，我们像不像是在护卫非洲土皇帝出巡？"

她没理我，淡灰色的眸子，在阳光下，比一团雾还要清淡。

赶到码头，送尼奥和秀子上了渡轮，东尼便急急地带我们到海边市场的楼顶。这里是沙市著名的土产与文物展览区，经常挤得水泄不通。楼下有桑巴、玛贡巴与康咚卜勒（一种巫术）的表演，楼上中间一圈专卖各种当地小吃。外围则是露天的阳台茶座，人们头上张着五彩缤纷的阳伞，身体靠在帆布躺椅上，一边喝着啤酒，一边观赏海景。

我们急忙地穿梭在座椅间，挤过人群，赶到靠海的栏边。向下俯瞰，正好看到渡船缓缓地离去，远远地尼奥在摇手，我们也挥手作答。此情此景，使我突然想到一部美国人在牙买加拍摄的间谍片。

我忍不住悄悄地对凯洛琳说："你看，这像不像间谍片的终场戏？"

她点点头说："是的，他们终于投奔自由了。"

"每部电影的结局，总会有个美满的婚姻。"我得意地说。

她终于笑了："傻瓜！间谍片里可没有！"

我们只有三间房，尼奥与秀子睡工作间，凯洛琳和沙尔索与另外一个嬉皮睡里间，我则和其他的人睡娱乐间。由于沙尔索与那个嬉皮很少来，娱乐间又常常有人抽大麻，很难安宁。我便在征得凯洛琳的同意后，搬到里间，和她同住一室。

这天夜里，我和凯洛琳天南地北胡扯了一阵，刚刚闭上眼睛，东尼回来了。他把凯洛琳叫了去，起初他们是悄悄地谈着，后来声音越来越大，竟然争吵起来。我怕东尼火山爆发，顾不得是什么私事，便走进他们谈话的工作间，坐在靠街的窗口上。

这时已是凌晨，月亮躲在屋脊后面，已经准备休息去了。星群只在天心耀武扬威，乌黑的海面仍是一片乌黑，仿佛与世隔绝。游目所及，只有街头的路灯还懒洋洋地吐着余辉，在幽暗的大地上，画出一圈一圈昏黄的光球，很像挂着一幅梵高的油画。

四周静静的，东尼的声音，在沉寂中萦绕着。

"你太不懂事了！不肯跟我上床，也不肯跟别人上床，难道你那么神圣？"

"你说了半天，一下这个，一下那个，现在又扯起上床来。我不懂这件事与你说我'不懂事'有什么关系？"

"就因为你不懂事，所以不懂！"

看东尼半躺在地上的样子，我倒是听懂了。他消息很灵通，知道凯洛琳打算回里约热内卢。他曾经叫我劝她留下来，说她还不懂事，怕她会受到伤害。这时想必是他不得不说，又不愿正面明说，便拐弯抹角地，说些无关痛痒的话。显然他还不肯定，或是要面子，不能求她留下来。

"你伤了别人的心，知不知道？"

"我伤了谁的心？不会是你吧？"

"我才一点都不伤心！"东尼把头掉了过去。

凯洛琳懒得理他，走到我前面的另一个窗前，靠着窗棂，凝视着遥空。

既然东尼曾经要我劝她，这个僵局大概也只有我能够打破，我便对他们二人说："我能不能表示一点意见？"

"你说。"凯洛琳没有回头，只说道。

"东尼的意思是，你不应该丢下我们就走！"

她恍然大悟："原来是为了这件事！"

"不是为这件还有哪件？你以为我真想和你上床？"东尼更气了。

"你为什么不早说？"

"你自己不懂事，难道要我求你？"东尼摇晃着打了石膏的手，激动地说。

"我有我的苦衷，不走不行。"

东尼翻身坐了起来，诚恳地说："你看！我到这里来以后，已经完全变了一个人，不管你有什么苦衷，我们一定可以帮你解决的。"

我也乘机劝她："当然，或许我们也解决不了什么问题，但是你告诉我们，总比一个人面对问题要强得多。"

凯洛琳默不作声，东尼又躺了下去，空气中充满不宁的寂静。下面街上有一个又瘫又瘸的人，常在深夜痛苦地呻吟，这时又传来他一阵一阵凄惨的哀声。

"你听！他哭得多么伤心！"东尼感叹地说。

凯洛琳仔细倾听了一会，说："他没有哭！"

"他这样凄惨，怎么会不哭？"东尼又生气了。

"这可能是他的习惯，也可能是绝望了，但是他没有哭。"

"谁有痛苦不会哭呢？除非是你！"

"为什么痛苦就要哭？哭了就能减轻痛苦吗？"

这是永远得不到结论的无谓争执，东尼有非凡的才华，但是太过于主观，而且太情绪化。刚巧凯洛琳是个谜，她那句"为什么痛苦就要哭"透露了玄机，分明她有着深切的苦痛，苦到无法用泪水来涤除。

个人的痛苦能有多深呢？大脑容积有限，新事物、新变化存进记忆中时，旧的就被清洗掉了。我也曾痛不欲生，然而这一刹，现在只是现在，过去已踪影皆无。

我相信人与人之间的沟通，会使人的注意力转移，因而减低痛苦的程度。我很想乘机与她畅谈，一方面希望能劝她留下来，我们得以长期相聚。另一方面则藉此增加彼此的了解，说不定我能解开她心中的难题，使她快乐幸福。

世事的难处，就在于适当机缘的难得，过于强求或无的放矢只会导致更大的伤害与误解。我的认知有限，我们也相交不深，该怎么说呢？怎样开口才有效呢？再说，东尼也在场，他是座时时可以爆炸的火药库，这些话能当着他的面谈吗？

我正在盘算，一阵阵鼾声传来，东尼竟然睡熟了。凯洛琳转过头来，向他投出怜悯的一瞥，低下头来，轻轻地走了。

我辗转不能入眠，凯洛琳也反复翻身，没有睡着。我想安慰她，因为在这些可怜的人之中，只有我早已把自己的痛苦束之高阁。我知道人在真正痛苦时，是需要安慰的，哪怕于事无补，一点关怀之情也是很大的慰藉。

“请你原谅东尼，他很喜欢你。”我仰卧着说。

“我知道。”

“你离开了，他会伤心。”

“我知道。”

“他们并没有得到真正的解脱，我不觉得留下来对你会有任何帮助。”

“我也是这样想。”

“虽然我也在彷徨中，但是我相信，而且希望能分担你的痛苦，如果你愿意把我看作一个朋友的话。”

隔了好一会，她轻轻地说：“晚安。”

尼奥不在，日课也荒废了，我陪着凯洛琳到处游玩。可是不论如何，她那一股忧伤的神情，好似冻结在眉宇之间，浓浓的、紧紧地，怎么都化不去。

尼奥回来的前一天正好是周末，凯洛琳要我陪她去找一位朋友，接洽搭便车到里约的事。

她的朋友每个周末都在 Barra（巴哈）区的海滩上作日光浴，那里的沙很洁净，是沙市的观光胜地。当年我读音乐学院时，也常到那儿雕塑沙人。

这天沙滩上挤满了人，放眼望去，岸边到处是躺着做日光浴的男男女女。远处清澈的浅海里，则是些永不知疲倦的青年和儿童，正与水波和浪涛嬉戏着。

“这么多人，到哪里去找？”我希望她打消念头，回去算了。

她拉着我的手，如同一对情侣。我们顺着海边人群踩出来的小道，从右岸找起。烈日顶在头上，沙滩上热气蒸腾，不一会儿，我们就汗流浃背，两只手都感到了那股热力。我觉得无比的愉快与甜蜜，希望今生永远如此这般地行走

下去；她则不时回过头来，对我露出略带歉疚的笑容。

找了两个多小时，来回看了几次，她始终不肯放弃。最后，在沙滩一侧，一堆乱石旁，一大块浴巾平铺着，有两对男女躺在上面。其中一位男孩似乎受了伤，左腿由膝至踝的部分，整个都包在石膏筒中。他很会享受，把伤腿搁在身旁女友裸露的肚子上。

凯洛琳走了过去，叫声“威廉”。

那伤腿的青年见到她，惊奇地说：“你还没有走？”

“我在等彼得。”

“彼得？他大前天就走了！”

“哦？”她失望得说不出话来，我拉拉她的手，暗示她回去。她还不死心，说：“彼得跟我说他是明天或后天才走的。”

“你记错了吧？明天走的是我。”

“那么……”凯洛琳犹豫了一下，说：“你能不能带我呢？”

“你不怕吗？”威廉指指他的伤腿。

“怕什么？”她倒很勇敢。

“我后天清晨动身，你来找我吧。”

我感到有点蹊跷，默默地与她走回路边，我忍不住问：“你们几个人一起走？”

“只有他和我。”

“是你开车吗？”

“我不会。”

我的心快要从口中跳出来了：“你不会开？”

“那是摩托车！傻子！”

果然是我所担心的！我叫了起来：“不行，我不许你这样走！”

“你怕坐摩托车？”

“难道你没有看到他的腿？”

“又怎样？他从里约来时就这样。”

“不可能！交警会抓的。”

“他穿上喇叭裤，谁也看不出。”

“不行，太危险！”我要尽一切力量阻止她：“你可以不怕死，但是你会增加他的负担，多一个人坐，重心就不一样了。”

她露出了可爱的笑容，望着我，平静而寓意深长地说：“你不要担心我，

担心你自己吧！没见到你以前，我就是这样，以后，我还是这样。你追求你的真理去，我需要的是刺激！”

她说得不错，我改变不了她，这些担心都是多余的。何必用自己的感情去束缚她呢？让她潇洒地离去，也让我洒脱地觉醒……

但是，我还是我，我紧紧握住她的手，面对着她，几乎是恳求地说：“我只有一个最后的要求，你得答应我！”

“好！你说罢！”

想不到她答应得这么痛快，为什么不是两个或三个呢？贪心的人啊！我说：“在你到里约之前，不许再抽大麻！”

她笑了，笑得好甜美：“这又能表示什么？如果他抽了呢？”

“他？我管不着，也不想知道，这只是我自我安慰的一点私心而已。”

她想了想，很干脆地答应了。

尼奥回来后，凯洛琳说明了她决定要走的事。尼奥没有说什么，只叫东尼找些朋友来，晚上让大家聚聚。

嬉皮们的“聚聚”，意指众人来聚一聚，连茶水都是奢望。可怜在普契尼的歌剧《波西米亚人》中，大家为了医咪咪的病，每个人都把自己仅有的财产典当了，结果还是救不了她因贫穷而导致的营养不良症。

现在，凯洛琳要走了，就像秋风下的一片落叶，孤零零的，即将失去踪影。我无法留住她，但却私心恋恋，想捕捉这最后一刹的离情。可是，以一介嬉皮，我用什么给她送行呢？仅有的存款都买了米粮，身上已是一文不名，连可资典当的财物都没有。

我厚着脸皮，去向中国朋友“借”了点钱。接着，问题来了，这点钱能买什么呢？

我想到那天喝的枣香似的饮料，虽不知名，但瓶子还记得。我耐着性子，跑遍了大街小巷的杂货店以及上下城的超级市场，没有！我不死心，这是我唯一能做到的，总要找到最后一秒钟为止。

皇天不负苦心人，在一个偏僻的小店里，我问到了这种果汁。那是很久很久以前的产品，如今已被可口可乐取代了。店主在一处旧物堆中找到了两瓶，我欣喜若狂，全买了下来。

我又买了她爱吃的爆米花、香蕉，还买了一条大毛巾，在摩托车上可以裹着保暖。

回到危楼，她一见到我，就说："你到哪里去了？我到处找你！"

有生以来，难得有人关心我，心中泛起一阵酸楚，眼圈也开始湿润。我不敢看她，立刻奔进厨房，忙将起来。她也跟进来，一眼看到那瓶没有招牌的果汁，惊讶地问道："这个是不是……"

我开了一瓶，倒了一杯给她，才说："当然是，只是现在已经不生产了，全世界只剩下这两瓶。"

她看了又看，颜色比上次喝的淡，但香味依然。喝了一口，她半皱着眉头说："是它。"

我看情形不对，也喝了一口，有点酸，味道远不及我们上次喝的浓郁。显然是存放的时间或方式不对，没有达到发酵的效果。

我只好自我解嘲地说："另一瓶我要好好地保存起来，让它发酵，等到十年、二十年后。假如我们还有机会重逢，而你还记得我的话，我再请你喝，保证和上次一样甜蜜。"

她听了低下头去，没有作声。

我又掀起盖着的爆米花，说："我知道你喜欢吃，只可惜这不是现做的……"

突然间，她口中迸出"哦"的一声，张开双臂，投进了我的怀抱。在心里毫无准备下，我垂着两只手，不知道应该如何是好。直到她身上的热力温暖了我的心田，禁不住泪珠涟涟，我也紧紧地搂着她。

没有激情，也没有兴奋，像是辛苦地跋涉了万水千山，骤然回到家园，只有无比的安慰，返回天地本具的宁静。

她显然比我激动得多，伏在我的肩头不住地抽搐，滚滚清泪湿透了我的上衣，渗进了我的灵魂。哭吧，哭吧，同是天涯沦落人，不论你有多少委屈，也不论我能否承受。我愿意用自己的性命，为你、为全人类赎清罪孽。

良久，良久，她终于轻轻地、断断续续地说："我必须告诉你，我的未婚夫在里约……有一天我看到他……他和我的母亲，他们在做爱……"一股热流从我肩头直泻而下。她再也忍不住，竟痛哭出声了。

可怜的孩子，我还能说什么呢？以某些人的标准来说，这种事又算得了什么？可是，对一个尚有良知与理性的人而言，世界上还有什么比这种事更难以忍受？再低贱、再无知的人，也应该分得出人和猪狗的不同。猪狗只是交配，而人自称为"做爱"，既然是爱，难道连"爱"是什么都不知道吗？

这个时代，多少人借着自由之名，把人类历经数千万年来，从痛苦经验中学习到的伦理道德弃之不顾，只是为了发泄其禽兽的本性。结果呢？除了证明他们拥有猪狗一般的肉体外，还有什么？从凯洛琳这个例子，我简直不敢想象，在当今这种社会里，究竟还有多少反常悖伦的行为？

这不是凯洛琳一个人的不幸，这是整个人类的悲剧。这也不是她一个人的耻辱，而是任何具有理性者共同感到的羞侮，只是事情刚好发生在不幸的她身上而已。

我任她哭着，让她用流自心底的清泪，洗涤心灵的创伤。

最后，她推开我，低着头，像幼儿一般用手背擦着脸，说："我想抽点大麻，可以吗？"

"好吧！我陪你抽。"现在我体会到大麻的效用了，在这一刻，我也想忘掉自己。

不一会儿，屋子里渐渐坐满了人，我试着追忆刚才与凯洛琳共处的时光。但是，在麻醉的状态下，记忆像是水里的肥皂泡一般，一捉住就溜掉了。

绕了很久的圈子，我突然想起，她今夜就要走了……

"凯洛琳！"我梦呓一般，喉间震动着，惊醒过来。凯洛琳已经不在身边！她走了？为什么不告诉我？我的礼物还没有给她，她怎么可以走？

我立刻站起来想找她，屋子在旋转，有些人在唱歌，有的在跳舞，到处是人影晃动，她不在房中。我跨过地上横七竖八的人堆，看到里间有些微弱的烛光，推开门，是她！一个人盘膝坐着，凝视着蜡烛，像一座泥雕菩萨。

我"看见"自己取出毛巾，放在她面前。我头脑还很清楚，说起话来却很吃力，只听到自己微弱的声音由远方传来。

"早上很冷，你可以裹在肩上。"

她缓缓地抬起头来，那灰蒙蒙的眸子……

半晌，她才说："唔！啊……"

一静下来，人就逃离了现实。眼前看到的是坐在摩托车后的她，没有驾驶，只有一条打着石膏的腿。车子飞着，飞着，远了，远了……我伸出了手……

她迷惑地望着我，那深邃的眼神……寒冬的清晨……又听到自己的声音。

"我来道别……"

她还在这里，头低下去了，似乎是她的声音。

"还没有到我们道别的时候。"

啊！她不走了？是啦，她不会走的……菲力和白蒂……

“你们躲着人谈心啊！”东尼的吼声由远而近，我发觉自己还伸着手，站在门口。

东尼拿了一件他画的 T 恤，走进来坐在凯洛琳的身边，她转过身来对着他。我也趁势坐在门旁，摇摇头，振一振精神。抬望眼，那放在她面前的大毛巾，已不知到哪里去了。

“送给你！”东尼说着。

“我没法带。”凯洛琳答着。

东尼把 T 恤折成一小块，不高兴地说：“我不信这样小都不能带！”

他们又在争吵了……为什么？

“真的。”

“你就是不肯接受别人的好意！”谁说的？分明她收下了我的礼物……

凯洛琳微笑着……她那灰色的光芒笼罩着我……阵阵的凄风……无限的哀凉……她要回到她未婚夫的身边了……未婚夫？东尼……谁在做爱……

东尼粗暴地拉起她，说：“来！喝点酒！”

我想阻止他，可是我的手在哪里？我的心在哪里？

“凯洛……”她回过身来望着我……我想说，不要坐摩托车走，但听到的却是：“清晨……很凉啊……”

“我知道……”

她知道？她好像什么都知道……振作一点！为什么今天我要抽大麻？为什么我不能保持清醒？

我挣扎着爬起来，为了看个清楚，特别坐在一个角落，瞪大了眼睛。凯洛琳和秀子拥抱着……眼皮太重了，不断地垂下来，我只看到一条细缝……艾洛伊莎……她说过我只看得到一半……哈哈，现在连一半……都……

凯洛琳又拥着甘格……下一个该是我了……我该说些什么呢？

你为什么要走？能不走吗？我用什么理由留她呢……我从来不是个好情人……可是……我从来没有过合适的机会呀！

格林哥歪着头，远远地在前面走着……白蒂把小尼可兜在胸前……一只大袋鼠……温香软玉，是凯洛琳的头在我怀中……

时间像是一条黑暗的甬道，无尽地向前延伸。我拼命挣扎，努力向前摸索……圣路易市昏黄的灯火，一个个咆哮的人影……音乐学院的琴声，艾洛伊莎的泪容……台北，高大严肃的父亲……病床上的母亲……北国的雪花……

……

待我从遥远的他方回转过来，身边是出奇的冷寂，房中空空洞洞的，一个人也没有。我坐在墙角，想必是迷迷糊糊地睡着了，头已低垂到了胸前。

刚才的那场盛会呢？凯洛琳呢？

我一惊，立时醒了。头脑非常清楚，大麻的感觉已经消失，只是四肢有点酸痛。我看看表，凌晨两点！这不是梦！晚会散了，凯洛琳走了！

不可能！我回想刚才的情景，凯洛琳还在与甘格道别，她怎能这样绝情？这样残忍？她分明知道我眼巴巴地期望着，居然不对我说声再见，就这样离开了？

我连忙爬起，到她房中一看，她的东西都不在了，只有沙尔索和另外两个人睡着。

我的失望顿时化为愤怒，愤怒又化为绝望。一刹间勾起了从小到今，点点滴滴的委屈、冤枉、痛苦、怨恨……

我冲进浴室，把门窗关紧，还在门缝里塞了些破布。我要尽情地痛哭一场，把满腔积聚的浊流一股脑倾泄出来！

我哭得涕泪纵横，汗水交流，为什么上苍待我如此不公？为什么命运永远与我作对？从有生之年直到现在，肉体上、精神上无尽的折磨，为什么一刻都不放过我？亲情得不到，母亲终生病在床上，连看看我都隔得老远！父亲永远挂着一副铁青的面孔，动不动就是一顿痛彻骨髓的鞭笞！在学校，老师们冤枉我、诬害我，以至于学业受到影响！在社会上，更是与人格格不入，四处碰壁！再好的事情，都与成功绝缘！到如今，30多岁的年纪，无家可归！无处容身！连做了嬉皮都得不到一点点起码的安慰！

我有哪点不配？我又犯了什么不可原谅的滔天大错？为什么连狗都有个窝，连鸟都有个巢，而我什么都得不到？

我的要求太高了吗？我的希望太奢侈了吗？老天呀！我没有妄想！只是谦卑地在等候，等候凯洛琳向我道别，说一声珍重！难道连这一点期望我都不够格？

太不公平了！太不公平了！太过分了！太过分了！这样下去，生不如死！这样活着，人生还有什么意义呢？

死吧！死了以后，一了百了，做个孤魂野鬼也比做人痛快！

如何死法呢？我揩干了眼泪，游目四顾，用毛巾系着上吊吗？不行，那屋梁已经腐朽，载不住我一百多磅的身体。从窗口跳下去，万一没摔死呢？如果

只摔断了两条腿，岂不是和楼下那位残废的老人一样？那个老人还能博得一些人的同情，我呢？正当盛年，别人会怎样说？

再说，就算我死了，一个外国人，又是个嬉皮，身死异乡，这一定会成为头条新闻。是因为吸毒？争风吃醋？还是……

不论大家怎样猜测，首先丢脸的是中国人。中国的苦难已经太多了，我没有为她分忧，还要让她因我而蒙羞，说得过去吗？

其次，这个团体也将受到舆论的攻击，还有谁愿意了解他们追求人生真理的意义呢？我自己不争气，自作自受，没有理由连累他们。

生不是我所能决定的，死的权利也不在我的手中，我究竟算是什么？一个被遗弃在茫茫人世中的废物？

为什么？为什么？为什么？究竟是为什么？像我这样一个微不足道的小人物，竟然遭到造物主这种特殊的关注？！

10 清明

觉悟　明心　见性　发愿

突然间，有一个念头浮起了，凯洛琳不是说过吗："还没有到我们道别的时候。"她为什么这样说呢？

记得在接到父亲病危的家信，决定由巴西返台时，我也曾一再地考虑要不要向艾洛伊莎告别？那时我唯一的想法是，既然非走不可，倒不如走得干干净净，不要留给她牵肠挂肚的离情，影响她未来的幸福。

凯洛琳又何尝不是如此想呢？在这段相处的日子里，她表现得非常坚强，内心一直隐藏着不可告人的苦痛。但她却相信我，容我为她分担，这份情谊、这种付托岂是一般的友谊可以比拟？她不能留下来，是因为她了解我，在海边她不是说得很清楚吗？我追求我的真理，她寻找她的刺激。这两种截然不同的人生观，怎么可能妥协？与其日后烦恼丛生，还不如断然分手，她有哪点不对呢？

再说别的女孩吧！小妹曾与我论及婚嫁，回想当年她泪洒松山机场时，我还不是头也不回，到天涯去捕风捉月了？还有"菩萨"，我误了她，只因为我坚持自己的看法，我有没有为她着想呢？娜塔夏、艾洛伊莎，一个一个可爱的女孩，哪一个没有给我机会？只因我自己坚持目的，轻易地把她们放过了，至今孤家寡人，又怪得谁来？

天下没有不爱子女的父母，只是每个人基于其生活背景，爱的方式有很大的分别。母亲的肺病已经是第三期，为了避免将病传染给我，不得不与我保持距离。父亲是职业军人，他所接受的教育是以捍卫国家、保护国土为唯一目的。在国家多难的当儿，他全心全力担负起一个职业军人的责任……我怎能只站在自己的立场，希望他像一般的父亲一样，把时间与精力耗费在我一个人

身上?

如果我是个乖巧懂事的孩子,我应该体谅可怜的母亲,让她在生命的终途上,平平安安地度过。身为家中唯一的男儿,我更应该设法去了解父亲,帮助他处理家中的事务,把自己的功课做好,让他专心地从事工作。然而,刚刚相反,除了调皮捣蛋、惹是生非,让父母亲头疼烦恼外,到如今,我还恬不知耻地埋怨他们!

我也不能责怪学校的老师,“政府”迁台之初,百废待举。在那种情况下,还能够扩校增班,容纳陡然涌到的军民子弟,维持各级学校正常工作,已经是相当难能可贵了。做学生唯一的目的是学习,只为了老师一时无心的错误,我就存心反抗到底,把课业置之不顾,这种顽劣不驯的个性,正是我应该改正的,还能怪谁?

再说,在正规的学校教育下,充其量我只能学到书本上和老师教授的知识。这种人才比比皆是,多一个少一个,对这个世界并没有什么区别。既然我喜欢思考,能够有机会接受部分正规的学业,又因为一些特殊的际遇,得以跳出既有的窠臼,自由探索,这岂不正好提供了我发展的空间?

出了社会,我就应该设法适应环境,人人都为了赚钱,没有钱怎能维生?如果我的确是以追求人生道理为目标,在当今举世滔滔的洪流下,就不该考虑自己的幸福,注定了要面对艰辛困苦的命运,这又能怪谁?

至于中马公司,在当时不失为一个理想的机会,参加的人哪个不是为了自己?投资做生意,难免有得有失。不错,我是介绍人,然而我并没有骗他们,事情失败了,难道是我一个人的责任吗?如果我真想把责任挑起来,绝非自怨自艾,逃避一辈子就行了,我应该总结这一切的经验,明告世人,以免他人重蹈覆辙。

总之,为人做事,若依循前人的轨迹,师法已经被大众肯定的权威,当然比较容易获得社会的认同。我不愿受到束缚,想另辟蹊径,就得付出十倍、百倍的努力,甚至于连有没有成功的可能,都在未定之天。这是我自己的选择,除了努力以赴外,别无他途!

一切的不平不满,都是站在一己利害立场、自我主观产生的。连五根手指都各有不同的长短与功能,世上又哪里有所谓的公平呢?

人是出生在太平盛世或战乱流离之际,生于富裕或贫苦的家庭,长相美妍或是丑陋,禀赋聪慧或是愚钝,在在都有着巨大的差别及影响。每一个人都要生存,都希望活得幸福。机会好、能力强的人,成功的可能性较高。而其他那

些条件不足的人，在生存竞争下，不得不投机取巧、违法乱纪，那是他们生存之道。

政府只是一个由人所组成的机体，其目的不在于追求个人的公平，而是维持整个社会的安全、繁荣。众多的人口与繁琐的事务，政府怎么可能面面俱到，让每一个人都心满意足？更何况政府中的工作人员，和我们一样是人，同样有七情六欲，也有能力高下之分。我怎么可以把所看到的不平和错误，全部推诿给政府？

再说，一种政府或一个政权，其能否屹立不摇，全视人民的认知水平。人民的水平高低，则筑基于思想文化，怎能期望官员人人德才兼备、政局清明无秽？

最后，只有"天"可以埋怨了，埋怨什么？我又凭什么去埋怨？难道我是天之骄子？难道这个世界是为我而建造的？难道这个人间应该以我一个人为中心？难道别人的痛苦折磨是活该，只有我这点微不足道的挫折，就该劳动老天改弦易辙了？

人的自我，是在时代与社会各种因果循环下，必然产生的单一个体的认知中心。由于每一个人面对的环境不同，认知的观念有异，其反应与行为也有差别。每一个人的反应与行为，又形成整个时代与社会变化的因果，这样不断循环下去。如果影响是正面的，就会得到正面的因果，反之则是负面的恶性循环。只要人能够有这种认知，就应该抱着无比的愿心，跳出既有的因果，进而改变时代与社会运行的方向。

我遇到的人，对我都不错，理应心怀感激才是。比如说，我胃溃疡发作时，露西亚和她的妹妹悉心照顾我，使我得以痊愈。她们和我非亲非戚，却那样关心我、帮助我，不是善因吗？还有当年我病倒在台北车站时，不也是一个善心人士给予援手的吗？甚至那位护士，连我的臭衣服都拿去清洗！再说，中学时那位教官，他不允许我去从军，照理，他那样做是违反"国策"的！他为什么还极力阻我？那位警察呢？他为什么要浪费时间，编造个故事让我回心转意？这些不都代表着人间丰富的爱心吗？

我！我！我凭什么抱怨？又有什么好抱怨的？父母生我，天地养我，各种机缘培育着我的灵魂，充实着我的认知，我要追求的，不正就是这些吗？

我身受的痛苦折磨，正是这个环境所形成的因果的一部分，为什么我不能摆脱这种恶性循环呢？世界上还有多少无助的可怜人，他们的惨痛遭遇也许远远超过我千百倍，而或由于机缘不足，或陷于责任缠身，无法挣扎出来。如果

人人都只顾自己，人人心怀不满与怨恨，这个世界将是多么可怕？

我难道忘了克利斯朵夫？那个伟大的灵魂，他挣扎在各种肉体与精神的压力之下，依然能卓然屹立，焕发出人性的光辉！

我是谁？居然怨天尤人！为了什么？只是因为凯洛琳没有和我道别？好意思吗？我还够资格声称是追求人生真理的人吗？以目前的表现，我有哪一点配？

如果我只想到自己的利害得失，我又为什么要骗自己？为什么不干干脆脆、名正言顺地去追逐那些人间处处都有、无所不在的功名利禄呢？如果我真的是在追求人间真理，那为什么要把自己放在宇宙的中央，不跳出自我的小圈子？难道我一个人就能代表全部的人类吗？

严格说来，谁不是在追求人生真理？只是人太脆弱了，一遇到困难与打击，就退缩不前，或改弦易辙，或另谋蹊径。也有些人太重视切身的利害关系，以至于每当发现真相与自己的希望不符时，就觉得失望、愤怒，不愿虚心接受。

什么是真理？真理应该是超越任何个体、界限，超越时间、空间，涵盖一切的唯一道理！我怎能局限在自己微不足道的感受中，妄想以管窥天？真理本存于宇宙之中，无始无终，无际无涯，一切现象都是真理，各种观念也都是真理的一部分。

我自命追求真理，跋山涉川，搜寻四域，却不知道真理就在身边。以一个人有限的生命，向无尽的外界追求，那不是妄想又是什么？

“我”原是真理本体的一部分，只缘心中有了一个小小的“我”，这个“小我”遂把“自己”与“本体”划开了，离开了“母体”，因而感到孤独、彷徨、无助、无知！任何人只要能打破这个小我的樊篱，把感受延伸到全人类、全宇宙，把人类视为我本身，那么，我不是就与真理一体了吗？

每一个疑团，都有着明确的答案，早就存在于人的心中。我因不愿承认自己有错，便将责任推得远远的，以至于看不到真相，总是处处在找理由自圆其说。

我在这个机缘下，彻底地抛却了感性，很理智地扪心自问。往事一一划过心头，穿透了一层一层蔽人耳目的云翳。

原来，错的竟是我自己！

刹那间，奇迹发生了！

心中突然崩发出了极乐的火花，一股无边无尽的力量无限地高涨，浑身舒畅得无法用言语形容。每一根神经都充满了电流，颤抖着、痉挛着，身体的感觉和宇宙融合为一，那种微妙的感受，强烈地震撼着我的灵魂。

整个身心就这样膨胀着，膨胀着，膨胀着……在极度的快感中，像是漫天的火树银花。刹时，一道明亮无匹的金色光芒照在我的身上，不知从何处来，也不知通向何方。思绪中断了，时间终止了，只有永恒的宇宙与我同在……

在巨大的压力下，高筑的堤防一旦溃决，滔滔的洪流便一泻千里。那种宇宙的动能，浩浩荡荡，一应地形地物，化为滚滚浊流，瞬间无踪无影。流水回归海洋，海洋拥抱流水，再也分不清水与海、海与水。

金光所照之处，是明亮而不耀眼的无限，极度的澄澈，至上的空明。一切似有若无，唯一不变的是心中的感受，不断地向虚空膨胀。

身上、心上所有的重担都卸除了，我的身体还在人间，然而自我的私心却消失了。平静、喜悦，对万事万物充满了宽容与谅解，没有是非对错，没有好坏善恶。宇宙中该发生的，乐见其成，已经存在的，欣悉其因。我只是这些因果中的一分子，随机而往，随遇而安，此外，还有什么？

不知道过了多久，但已经久得足以让我终生不忘，让那种感受永驻心头。

待我苏醒过来，发现自己正跪在茅坑的上方，两条玉带似的浓白鼻涕，竟然自鼻孔中垂下来，约有半尺多长。

我的心中充满了平安幸福，面上的笑容不由自主地向外涌现着。我明白了，在那一刻中，我的的确确是回到了宇宙的本体，那种极乐的感受，绝非人间所有。如今我只需要证明一点，如果那是真实的，我应该能永恒地保持这种谐和的平静。否则，时过境迁，我的心态又发生了变化。那我目前所得到的，只不过是暂时的幻觉而已。

万一我所得到的只是一个幻象，那种价值有限，只能留着自行玩味。如果是真实的，那不正是我辛辛苦苦所追求的真理吗？既然得到了，我就有责与他人共享，不应该只当作个人解脱的工具。

有没有可能只是吸食了大麻后的幻觉呢？虽然现在我的头脑非常清醒，身上也没有任何残存的麻痹效应，但我却不能否认昨夜曾经吸过。

一般说来，大麻的麻效不会超过 4 个小时。从昨夜 7 时起，我只吸了一次，到现在起码也过了 8 个小时。所以，我敢说那种感受至少不是大麻直接导

致的幻觉。

我曾在吸食大麻时做过分析，而且都一一记录下来。我发现那时听觉神经会变得特别敏锐，尤其是对混杂的各种音波，可以像电子分频器一般，单独地把某一组音隔离开来。视觉也有点受到影响，对光色的感应较强，但并不很显著。此外，其他如肤觉、味觉及嗅觉等的灵敏度则明显地减弱。

然而受大麻影响最强烈的是控制力，在思考时，大脑中枢必须控制脑神经中的电流脉冲，利用电位的高低，连通相关的经验与概念。而大麻燃烧产生的气体中，有一种化学物质能通过肺泡，渗入血液，进入脑中。使得脑白质的导电性增加，以致电位无法控制，由此便产生了各种无法预期的幻想。

一般意志不坚，或者深受不愉快经验所困扰的人，很容易沉迷在大麻的幻境中。真正的原因就在于这种脱离现实的感觉与幻想，在那一段时间里，在新奇的变化中，能够暂时忘掉自我。可是等到麻效一过，面对现实的平凡与无奈，更令他们不能忍受。于是周而复始，渐渐地，人遂沉沦在麻醉品中，不可自拔。

我吸食大麻的次数并不多，没有养成依赖性，主要在于我不喜欢丧失意识的控制力。以刚才的情况为例，如果我不吸食大麻，就不至于失去与凯洛琳道别的机会。如果说要逃避，我也有更有效的方法，那就是打坐。打坐时，只要调匀了呼吸，人一样能得到飘飘欲仙的感觉。我因常打坐，所以能明确地分辨出在哪种情况下，有什么样的感觉。

不论从哪个角度来看，我刚才的感受绝对与大麻无关。在思考过程中，所有的细节都明晰无比，可以说是我有生以来最理智的一次。在感觉上，一切都发自内心，与外界全然隔绝，完全没有受到感觉器官的影响。

最大的分别是，麻醉后丧失了理性，不可能产生那种无可言喻的“极乐”。极乐的境地只有亲身体验过的人才能领会，“如人饮水，冷暖自知”，我还要证明什么呢?

这种“金光照顶”的经验，我似乎曾在还珠楼主的小说中看到过。当然，那不可能是真的，更不敢梦想这种事情会发生在自己身上。但是，方才那一刻，如同奇迹一般，“金光”竟自恩临，令我这凡夫俗子接受了前所未有的洗礼。

一个崭新的我诞生了，可是这却要到十多年后，这个“新生的我”才真正领会到“金光照顶”仅是入门的第一步，接踵而至的磨难考验，一个比一个更为艰险。直到二十几年后，我写这本自传时，才真正地领悟了宇宙中慈悲无垠

的“天机”。

过去我对自己的鉴赏力与解决问题的能力，有着相当的自信。可是，在经验中这种信心似乎仅属于个人的，得不到师长、上司、同人，甚至亲友的肯定。我不禁怀疑自己，怀疑事物的真相，从而为了求证，更是一味迎合他人。

我凭什么确信自己是对的呢？前人曾说，“成者为王败为寇”，千万年来，在滔滔人世中，人们为了证明自己的价值，谁又不是挣扎在浮则成功、沉则失败的汪洋大海中，任由狂风骇浪的摆布，期待命运的恩宠呢？

如果我的自信需要建立在别人的肯定上，其他的人不也一样吗？如果没有一个真正坚实、成之于先天的认知基础，且又经得住时间考验，放诸四海皆准的律则，人就只能根据世间的权、财、势、名所提供的价值观，自欺欺人。我如果真有自信，自认为是对的，就必须否定这千古以来人人因循沉迷的现实环境，不受干扰地自行其是。

事实上，我真正的问题就在这里，对一般人说来，我的所作所为完全不符合常规。对我自己而言，如果放弃信念，我就一无是处。而要坚持下去，则又不能容身在这个一切以成功为圭臬的现实社会中。

“金光照顶”给我最大的启示，就是主观感受到了“天”的存在，从而坚定了我的自信。姑不论是否有“天”，且假设为一种“心理状况”吧，在这个奇迹似的状况发生之前，事事我都期待别人的肯定。待见金光，我已无欲、无求、无住、无私，为所应为，心安理得。至少，我认为这才是大自在！真自由！

关于这一点，《六祖坛经》给我的教诲最多。佛祖的衣钵信物，到了六祖以后，竟然衣止不传。我不认为这样做只是为了避免争端，更重要的是修行者信念的印证。如果需要有个衣钵传人在位，就表示人不可能自我证道，修道人信心的建立必须有权威者的肯定。

既然机缘成熟以后，人人都可以自悟得道，我还期待谁的肯定呢？我只要认真追求，理性思考，不执着于主观，多观察学习，不为私利，不作分辨，不乱，不惑，勇往直前！世间因果本定，自然而然。只要把自我放在一边，客观的人生又有什么对错？既无对错，又有何得失？

信心是力量的源泉，是行事为人的明灯，由于一切认知都来自经验。而经验则是个人主观的认知，随着个人的立场与目标，其可信度很值得怀疑。不幸的是人在判断过程中，必须有个参考的依据，而世间本来就是各种机缘交会的结果。如果没有一个假定的起点，不论什么都值得怀疑。

笛卡尔的自信所在是“我思”，由此而引导出他所有的哲学观。基督耶稣更是直接，当他面对受到上层阶级压迫的贱民时，即一针见血地说出：“信我者得永生。”以往我无法接受这种预设的信心，因为再荒谬的事，一朝相信了，当然就能全盘接受，这种盲从的人生又有什么意义呢？

二十多年来，我不愿意盲信，坚持着追寻真理，剑及履及。而在这一刹那，我终于发现基督耶稣不愧为智者，他的观念是有道理的。无论金钱也好，名利也好，甚至科学、鬼神，只要人能够真信，而且信之不渝，都可以让人得到身心平安，引导人走过这段孤独的旅程。

对我而言，了解这个“道理”远比接受任何“真理”更为重要。因为，“接受真理”纯属主观，而“了解道理”必须经过客观的印证。只是人各有命，在探索的过程中，要历经各种艰困险阻。若人意志稍不坚定，不能贯彻始终，就难免误入歧途，蹉跎了宝贵的一生。

在当时，我还不能具体说出自己所得到的信心是什么。但是，信心就是信心，既然已经脚踏实地，至少证明了自己追求的方向没有错误。再花上几十年，去了解这个信心的实质内容，绝对是值得的。所以，昂首阔步，我无惧无悔地继续前行。

尤其在当前这个科学昌盛的时代，人类精神与物质激起了滔天巨浪，世上亿亿万万众生皆自陷入无名的烦恼、惶恐、痛苦之中。我上邀天眷，在紧要关头得到了光明境界的开示，坚定了人生的信念，得以超脱烦恼，登临彼岸。而回首望去，世人犹在苦海之中奋斗挣扎，我能够自得、自满吗？

尼奥与东尼也看出了我的改变，他们认为是读经的效果，又有什么分别呢？我很感激他们，感激凯洛琳，感激过去所遭受的一切，可是他们还能给我什么启示呢？

我知道是离去的时候了，到哪里去呢？这我一点也不担心，我相信自有机缘，心中倒是非常笃定。

我先去找老马，告诉他我最近的一切变化，良友关心，自然为我高兴。当夜我便留宿在他家中，他有个书房，书架上全是些从台湾带来的小说。我翻来翻去，竟没有一本看得下去。

当我正想睡觉时，无意中在一个角落里，有两本格格不入的黄色线装书，跃进了眼帘。基于好奇，一般书多是类似的大小，且形色一致，而这两本高出群伦，书角翻卷，显然不群不类！

我取过一看，这两本却是佛经，一本《金刚般若波罗蜜经》，一本《六祖坛经》。

《金刚经》我在很久以前曾经看过，而且每次为父母超度时所持诵的，都是这本经书。由于译文生涩，并未引起多大的兴趣。而《六祖坛经》却在开卷之后，恰似一字一剑，剑剑俱中要害，把我心里的余惑，斩了个精光！

六祖是禅宗之第六位祖师，即唐朝之释惠能和尚，因继承了佛祖的衣钵而称祖。

缘因释迦佛在灵山法会上，为众说法前，突然拈起一朵花，面带微笑。一时间众佛弟子不知所措，只有金色头陀摩诃迦叶尊者，也会心一笑，佛便将衣钵付与摩诃迦叶尊者，是为正式传授之初祖。佛教在印度传了二十八代之后，至达摩大师。他认为大乘佛教将在中国大兴，故渡海东来，后人遂称其为东土之初祖。其后传慧可、僧璨、道信、弘忍以至惠能，共传了六代。至六祖时，机缘成熟，佛教大盛，至此便不再传授衣钵。

佛教修行的方法，端视各人的根性而定，小乘佛法以劝人诵经行善为主，大乘佛法则以济世渡人为首要目标。至于佛祖衣钵之传人，其境界更进一层，让有机缘、慧根深厚的求道人，不用文字语言，完全靠观念思考，直接了当地，立即得识佛法的真相。这种方法，很受当时中国社会上力求突破的知识分子的欢迎，因此信仰者愈众。

秦汉之初，中国本土在老庄以及孔孟思想的影响下，知识分子多半重视自然或实际事务，忌谈鬼神等超自然之现象，因此没有建立起宗教的观念。佛教在汉朝传入中国，由小乘而大乘，皆以经文之读诵、果报轮回等观念的教导，以及渡人济世的目标为主。

直到达摩来华后，揭橥“廓然无圣”的大道，排斥功利观念，在中国士大夫群中，引起了阵阵的共鸣。因为黄老思想是中华文化的根基，素来强调“公天下”的观念，老子在《道德经》中，说得更透彻：

> 万物作焉而不辞，生而不有，为而不恃，功成而不居。夫唯不居，是以不去。

这种天人合一的最高境界，正是人性升华的极致。士大夫立刻吸收了这种“最高乘”的佛教思维，从而与本土文化融汇贯通，在佛教则为“禅宗”，在儒家则为“理学”。

禅宗因为重视抽象思维，拓广了知识分子的眼界与观念。早期中国社会的

文化发展蜕变于农业，故崇尚自然。后来社会日渐发达，务实的人际关系的需求，使得儒家主张的伦理蔚为主流。中国读书人徜徉在这种“人与自然”、“人与人际”的客观认知中，颇能俯仰天地间，怡然自得。

佛家重视“心”，标榜人的问题在于自心，故求“明心见性”。这种主观认知的存在，中华文化素未触及，相当于一块陌生园地。中国人只谈“无欲”，并未深究“欲来自心”，“心生万物”！知识分子由此得到了一种崭新的、超脱的认知。

这种认知最大的特色，是将宗教与思想合而为一，产生了一种新的文化。从此以后，人与自然、人际、人心三个范畴，成为中华文化探讨的精髓。

六祖原来是广东省南海的一个樵夫，没有受过教育，一字不识。一天，他在卖柴时，听到一个客人在读佛经，心中若有所悟，便向客人请教。客人说他所读的是《金刚经》，又说禅宗五祖弘忍大师在湖北黄梅县的东禅寺说法，劝人常念此经，持诵即可以成佛。

六祖听了，便设法先把老母安顿好，再专程到黄梅参见五祖。当时五祖门下有僧俗弟子一千余人。他一见六祖，便问：“你是哪里人？来求什么？”

六祖说：“弟子是广东人，远程而来，希望成佛。”

“你是广东人，广东未经开化，你怎么可能成佛？”五祖说。

“人虽然有南北之分，但佛性却是一样的，弟子为什么不能成佛呢？”

五祖还待多说，可是身边僧徒众多，事务繁杂，便先叫六祖到马厩养马、舂米，这样过了八个多月。

有一天，五祖召集徒众，示谕说：“人世生生死死，苦海沉沦，而你们终日只求平安幸福，等到大限一到，哪里还有平安？现在我希望你们本着个人的智慧，不要多加考虑，尽快各写一首偈来。若有人觉悟了，我就把佛祖的衣钵和法门传授给他，作为第六代祖师。”

当时寺中徒众虽多，却有一位神秀禅师，声名远播，当时为教授师，人人都认为衣钵非他莫属，没有谁敢僭越。

这是一个千古的难题，出家人求佛求法是天经地义的，但是求做第六代祖师，就有违出世的基本精神。神秀也知道以修为而言，这个偈本该他写，但如果刻意去写，就难逃谋求祖师宝座之嫌。如果不写，又从何表达自己的见解和境界呢？

神秀矛盾不已，一再考虑，虽然把偈写成，却不敢呈给五祖。过了四天，

想来想去，觉得不如把偈写在走廊的壁上，届时若五祖欣赏，便表示自己有此缘分。否则是自己修为不够，只好再行努力。于是，神秀趁夜深无人时，提笔在壁上写了一首偈。

身是菩提树，心如明镜台。时时勤拂拭，勿使惹尘埃。

其实五祖出这个题目，就是为了神秀，神秀学识人品虽是一流，但却抛不开“名障”，不具备作“祖”的条件。如果神秀不求自我表现，把继承衣钵的念头放开，一切听任自然，倒反而是实至名归了。

第二天，五祖见了壁上偈，说：“这首偈立意不错，大家不妨常常读诵，照着去做。”

所有的门人弟子都很崇敬神秀，也都知道这首偈是他作的，满以为神秀必然会继承衣钵，一时皆大欢喜。

在大家传诵中，六祖也听到了，只觉得偈中意境不高，便亲自到廊前来看。因为他不识字，便请旁边一位来礼佛的政府官吏念给他听。

六祖听完，便说：“我觉得这偈应该是：菩提本无树，明镜亦非台。本来无一物，何处惹尘埃？”

那位官员听了，感觉此偈颇有意味，便也把它写在墙上。

这事惊动了徒众，上下骚然。五祖知道时机未至，即使是出家人，未悟大道，亦与凡人无异。盖门人尊崇神秀，在权势争夺下，必将加害六祖。便说此偈不通，命人将之擦去。

第二天，五祖悄悄到舂米之处，看到六祖勤苦工作之状，便问道：“米舂好了没有？”

六祖知道五祖的深意，答道：“已经舂好了，只差筛一下。”

五祖没有说话，只用禅杖在石碓上敲了三下就走了。

六祖心有灵犀，知时机已至，当夜三更时，便到五祖的禅房去。五祖正在等他，立刻为他解说《金刚经》，在说到：“人心的各种状态，莫不是因为外界刺激而产生的，只要不刻意去想，不刻意去排斥，在没有自我的干扰下，一任自然，就是真如佛性。”六祖一听，刹时间云破月开，恍然大悟。

任何一个修行的人，都会面临这个问题。即心中的念头，永远像是潮水一般，随起随落。有些教派用克制的方法，强迫自己忽略心的存在，于是他的生命便成为一个战场，无休无止地与自然的力量搏斗。也有的利用严格的戒律、痛苦的刺激，或以各式各样的仪式、诵经、社会活动等，将注意力转移。

这些方法都可以收到部分的效果，但得经过相当时间的修炼，使之习惯成自然。然而，这不能算是修行，更不能当作追求的目的。或许对某些只为了追求内心平安的人，除此之外别无他法，但对追求人生真谛者而言，这种过程却是没有必要的浪费。

释迦牟尼佛的智慧就在于他确能洞悉人性，了解人生的真理。他一生说法四十余年，弟子们所记录的经典有三千多部。最初由大乘说起，发现弟子们领悟不多，立刻改说小乘。缘因人的悟性、根源在在不同，所说之法也因人、因时、因地而异。佛之伟大就在于他能以不同的方法，使人人都能在他个别的条件下，获得解脱。

在释迦牟尼佛的时代，人们的观念狭隘，知识有限。而佛的思想体系之博大精深，不仅当时无人能企及，甚至在今日科学昌明之际，也无人能够超越他启示的范围。他先利用宗教的形式，奠定了群众的基础，并把他对人生真理的体验，传授给摩诃尊者，直到世人有了足够的体验后，也就是时机成熟时，自然蒂落果熟，惠及大众。

但是包括禅宗诸位大师在内，他们虽然能够体会佛所传下来的人生真谛，却未能脱离宗教的形式与范畴。当然，人类对宇宙的认知有一定的程序，必须循序渐进。在科学知识尚不完备前，自然界的诸种现象，根本无法用当时既有的概念，加以正确地说明。

因此，智者们遂把一些未知的现象，划为禁地，只假定有一个力量超人、无所不在的主宰。人要无条件地接受、信仰、膜拜他，这些问题就可算是暂时解决了。当这些问题获得解决了，人才可能以其微弱的智力，专心一致地处理其他的问题。

所以，不论哪一种宗教，首先必须有其不可置疑、超越现实的神话。其次必须对假定的神，献上绝对的信念。然后是一些借以维持信仰的仪式或规律，使人有所遵循，有所戒惧。

如果把宗教当作人类探寻真理的必然过程，则宗教的贡献是无与伦比的。可是有些宗教抱残守缺，自满于既有的教条，永远停留在某个阶段。有的更形成一种社会力量，党同伐异，谋求该团体的自我利益。只有在禅的境界里，把对任何形式或教条，甚至对信念本身的执着，都当作是人类思想的束缚，必须彻底打破。

禅宗修习的唯一原则就是“自我体认”，既没有载诸文字的经典，也没有口口相传的诀窍。那么，禅究竟是什么呢？千古以降，无数智者、贤者都曾经

问过这一类的问题。而每一个大彻大悟的“得道者”，也都不约而同地噤口不言，因之更增添了禅的神秘性，令人似懂非懂，讳莫如深。

事实上，禅只是一种追求人生真理的方法，关键在于什么是人生真理。对于一个真正了解的人来说，他知道语言文字完全建立在个人的主观经验上。除非相互沟通的两人，有着完全相同的主观经验，否则那些文字语言只能提供一点参考信息，而不可能把一个人的经验，正确无误地转移到另一个人的经验中。

比如说“水果之王”榴莲，我吃过后才发现的确有其特色，但未必适合各人喜好。后来有朋友问我榴莲的滋味，我设法用概念去解释。但我想尽了一切方法，用尽了所有的词汇，把我的感受描述出来。结果有的人感到好奇，有的人则兴趣索然，却没有一个人能得到我所预期的反应。

榴莲只是一种水果，所需要的经验并不多，而其经验的转移已是如此困难。人生真理所涉及的体验、知识、境界岂止是汗牛充栋？此外，当我在解释榴莲的滋味时，不论听者得到什么印象，都不至于有任何不利的负作用（事实上连这点也很难有百分之百的保证）。然而当有人辛辛苦苦地追寻人生真理时，说者若认识不够，勉强作答，其结果可能会令听者失望而放弃，也可能导致听者误入歧途。这等重大的因果，有谁敢妄作一词？

这样说来，人生真理是不是永远要打着禅机、猜着哑谜、似是而非地以讹传讹呢？当然不是，人类的知识在累进，观念在拓展。虽然语言文字尚属主观，但是，现今已较千百年前开通许多。只是要想得到真理之钥，追索者需具备坚强的毅力、遇合的机缘、亲身的体验，这三者才是不二法门。

六祖得道后，五祖便传授了衣钵，并谕示今后佛教将逐日昌盛，教祖地位之争夺也将越演越烈。且根据达摩初祖的训示，自六祖以后，得道者极多，没有必要再以佛之衣钵作为印证之信物，故此衣止不传。

神秀循序渐修的方法，人称之为渐教，因其在中国北部有甚大的影响力，故又称北宗。六祖回到南方传播佛法，是为南宗，他主张明心见性，立地成佛，故又有顿教之称。

对我而言，我的觉悟是在一刹那之间，然而这一刹那的发生，其间历经了数十年的磨炼以及不断的努力追求。后来我看了不少禅宗公案，印证之下，无不与我心戚戚。虽然我并没有受过正式的佛教熏陶，但我不得不承认，由于禅宗思想本是中国文化的一部分，我成长在这片肥沃的土地上，以至于在最后的认知方法上，完全与顿教不谋而合。

其实，我所认知的，是释迦牟尼佛在《金刚经》上不断反复宣示的“无我”观念。要谈人生真理，就应该涵盖每一个人；谈宇宙真理，则应包括宇宙万象。问题在于，人之主观建立在自我感官之上，在主观的屏蔽下，人的认知以自我为限，其他一无所觉。

那么，“我”究竟是什么呢？说穿了，只是一个机体与环境互动的感应中心。这个机体本是整体的一部分，如果“我”只顾及此一“中心”，感应为“私”，是称“小我”；再若其感应与整体一致，“我”就称为“大我”，其大与整体一致，也可称之为“无我”。

当个人或人类成长后，有了客观的认知，有能力分辨个体与整体的利害关系，就会选择最有利的行为。但是，这种成长需要付出代价，若非整体发展的停顿，就是个体身心的损失。人生如此，宇宙亦然，如同一道长河，在这种利害交杂的波浪中，一起一伏迈向未来。

宇宙充塞着“能”，具有动态的时空结构。在这个结构中，所有的机体都受着“能”的支配，经过一段特定的时空座标，完成某种变化。我们且假定这种变化的终极为“目标”，同时再假定任何机体完成某种变化的能力为“智慧”。那么，宇宙中的任何机体，在动态的时空结构中，达到其目标的能力，就是智慧。

亿万年来各种生命体生生灭灭，不过是整体能量自然变化的一种现象。人是自然的一部分，已经成功地趋利避害，形成部落、社会。若人只是为了求生存，事实已经证明生存的条件无虞匮乏。但人因为经验的累积，在空虚中形成了一颗“心”，心对环境产生了比较，因比较而有喜恶，因喜恶而成为一己主观的“私”。

在自私自利之下，人仅知有己，不知有人，己利不嫌其多，人害充耳不闻。这不正是人间的群相吗？人罔顾自然界的真实，要在人生中追求一些本来不存在的假象，其结果当然就是痛苦烦恼，这个道理不喻而明。宗教的魅力正在于此，人在欲望不能满足之际，宗教的指引仅是把原是虚妄的愿望，转成对另一个世界的期待，于是私心便暂时遏止了。

由于各人的机缘，有人流连在物欲的层次，载浮载沉。有人迷恋在知识的领域，终其生尽心竭力为知识王朝奉献。得到智慧的人不多，倒不是智慧难得，而是人停留在物欲界太久，或是智障过深，以致举步维艰。

人生就因为人性的特色，莫不由物欲开始，逐步向上攀升。能到达知界者已属不易，但若误把桥梁当真知，人必将失望而回返物界。千古以降，只有少

数人得以跨越人天的鸿沟，直趋宇宙的真如。

一旦人到达智慧的彼岸，人即与宇宙合而为一，躯体即使化为灰烬，人智却得以永驻不朽。从古到今，由无到有，人只是一叶叶的轻舟，借由语言文字，把小我的经验累积成文化的长河。然后，一代一代，生生死死，由物界的凡躯进化到具有莫大智慧、无所不知、无所不在的宇宙生命。

人感觉到宇宙生命的存在，是为“觉”，待真正了解到其中的道理，则为“悟”。觉悟之后人又当如何自处呢？以宇宙的智慧而言，其动态的目标绝不是到此为止。人体仍在，感受依然，痛苦烦恼并不能避免。只是觉悟者多了一个“自由”的选择，他可以把这种觉悟当作一种自我的经验。有的人为了永远保持那一刹的经验，宁可弃绝人世，逃避到深山丛林中，自得其乐。也有人进而追求宗教上或思想上的支柱，在信仰或理性中达到精神的升华，浑忘痛苦烦恼的存在。

每个悟道者有其个人的因缘，担当着各自的角色。他们不必执着在某一演化的层次，不必为心与物所奴役，不再沉溺在人世生老病死的循环中。

老子是大智大慧者，佛也是大智大慧者。老子是由思维上着手，通过《道德经》的文字导引，阐释了宿命的觉悟之道。佛终生说法渡众，所禀持的是觉悟的机缘。佛因一大机缘而问世，甫生之初，一手指天，一手指地，言：“天上地下，唯‘我’独尊。”简简单单一句话，阐明了佛的基本精神，就是“我”！

很多大德把佛所说的“唯我独尊”视为佛的神通广大，这是小乘的看法，企图以神通诱人入信。此“我”实乃四大和合之“我”，盖人独立于佛性之外，私念顿萌，遂自迷于天地之我。佛即为破此我执而生，是先有我始有觉，先有觉才得悟之明证。

佛实际上是宇宙本体的总称，代表了由物及人，由人及我，由我而返归宇宙本体的过程。“我”的觉悟并不仅仅代表个人，而是全体人类，更是宇宙的芸芸众生。既然如此，这种过程必将永远不断地在物界、知界及智界交互发展下去。

根据《地藏王菩萨本愿经》所载，释迦牟尼成道以前，曾是一王国的国君。有另一国之王，常与之讨论人生的烦苦，释迦决定修身成佛，以渡众生。另一国王则许下宏愿：

“地狱不空，誓不成佛。”

此王即是地藏王菩萨，此心是佛心，此念是佛念，此愿即是佛愿。

释迦牟尼是佛修为的结果，以接引众生，而地藏王菩萨所发的誓语，是佛的本愿，陪伴众生。假如人人只想成佛而不顾地狱的苦难，此念此愿与追求一己之私何异？

于是，佛的二元观产生了。一是觉悟后，庄严的佛土，琉璃的宝地，佛高高在上。而在另一端，一个慈悲而卑微的佛性却长驻人间，扮演着推动人性向上升华的动力。我不想成佛，因在苦难中挣扎过，深知地狱的本貌。既然我侥幸有了今日之重生，必将以余生烙下地藏王菩萨的心印，甘沦地狱，洞彻九幽。

九华山是地藏王菩萨的道场，据报道，明朝时山上曾有一“无瑕和尚”，独自一人，以洞穴为居，草木为食，活了一百二十岁。最后被人发现时早已坐化，肉身未腐。他遗下“血经”多卷，是以无比愿力，自刺舌血所书。

见贤思齐，今后我决定禀持着地藏王菩萨的本愿，我给自己订下了三大目标：

一、不求名利：做自己该做的事，不计成败，不为他人左右。

二、刻苦耐劳：人弃我取，人争我离，苦事归我，好事给人。

三、博学深思：继续钻研真理，以为他人去疑解惑。

11 机缘

美工　机缘　演唱　古井

我决定重新返回人世，再世为人。我已经完全不是从前的我，虽然外形同相，肉体依旧，但所余的只有一个寄居体中的“愿心”。愿将自己渺小的生命，化为微弱的光明，贡献给无望、无助、求解脱的不幸的人们。

首先从身边的人开始，但是尼奥、东尼等并不需要我的帮助，我便退出了这个团体。而老马等中国朋友正在事业顺利当儿，他们需要的是做生意的门道，而非人生的忠告。瞻前顾后，看来看去，我没有任何理由再待在沙市。于是，随缘之所至，我又回到了圣保罗。

平安的心境，无欲无求，对一切也都不再挑剔。一到圣市，我找了一个大统舱式的公寓，一个房间内住了八个人，都是一些市井小民。在他们的建议下，我便从报纸的广告中，找寻合适的工作机会。

我选中了两个，其中一个离住处不远，是地毯工厂招聘绘图人员，颇能吸引我。另外一个很特殊，报上半页广告，所征求的是“有创意的人”。姑不论我是否有创意，这个广告本身就极具创意，所以我决定先去试试。

原来那是个推销图书的工作，我立刻打退堂鼓。主持的人口才很好，他说：“请不要对推销员有成见，请你告诉我，这世界上有谁不是推销员？人人都想引起他人的注意，把自己的长处表现出来。这难道不对吗？”

“我同意，问题在推销什么？人与人之间的相处，是为了双方的利益。但推销某些商品，则只是为了自我的利益。”我提出自己的看法。

“你错了，我们推销的是知识，知识是有利于大众的。”他说。

不错，他说得对，我为什么要预设立场呢？于是我接受了这个工作。与我同时来应征的，大约有十多个人，第二天起就开始受训。

这家公司名叫“四月文化出版公司”，是巴西政府在 1964 年 4 月革命成功后所成立的，其目的在于提高巴西人民的知识水平。这里有当时最新的第二代照相排版设备，全部员工有五千人，每周出版九十多种定期或不定期的杂志、报刊与各种书籍。

我们负责推销各种精装丛书，他们的口号是：“把客厅的酒瓶拿掉，用知识的宝库取代。”

在市中心有栋十层高的办公大厦，一楼是个旅行社，门外贴了不少标语。如“某甲免费环游欧洲”，或是“某乙游日本一周”等字样。

哪有这样做生意的？我看了百思不解，难道旅行社只为这些人服务？

一上二楼，谜底就揭晓了。主持人对我们说，那些幸运儿和我们一样都是推销员。任何人只要业绩到达某一规定的标准，就有各式各样的奖励，其中一项就是楼下所标榜的免费旅行。

二楼正面有一个木雕的高大架子，装饰得金碧辉煌，上有中式的双龙抱柱，威猛生动。架上挂着一面直径约两米的大铜锣，显得很有气派。主持人得意地告诉我们，能敲一下那个锣，可是天大的荣幸，因为每敲一下，整个大楼都会震动。

“敲它做什么？”有人问。

“权利和荣誉！要卖掉十套书才能敲一下！”主持人说。

我们的教室就在二楼，主持人说，这十层楼都是营业部门，且楼层越高，地位也越高。我们唯有在卖出成绩后，才能进入楼上的高级俱乐部。

我一听，就知道这种图书一定售价奇贵，否则怎么会有这么大的排场？

走道两边贴满了各种捷报，如“某人于一天之内卖了多少本书”之类的彩色字条，一副卖书像卖报纸一样容易的架式。我越看越是怀疑，这样容易就被录取，这样好的福利，又是这样容易卖出成绩，岂非黄金遍地？那么，有了这些“成功的推销员”，怎会还需要我们？其中必有诈。

果然，上完一天的课，我拿到报价表后，才知道原来玄机就在售价上。一套书大概等于普通工人一两个月的薪水，每卖一部的利润是百分之五十！也就是说，卖一套书就相当于别人辛苦工作一个月。

那怎么可能卖得好呢？主持人告诉我们，诀窍是标准大骗术！

“卖给你的亲戚，卖给你的朋友，卖给所有你最亲近的人！要知道，最信任你的人，通常最容易上当！”

所以，我放弃了第一志愿，决定老老实实地去画地毯。由于不常提画笔，也不知是否还能胜任，便连夜练习作画。

我先用静物练习，发觉虽然笔法生涩，但特征掌握得更好，颇有信心。在我作画时，同宿舍的巴西人都簇拥过来，在一旁品头论足，各有各的意见。

“你能不能画些别的？”突然有人问。

“画什么呢？”我过去很少做画，加上临摹惯了，从来没想过这个问题。

“想到什么画什么。”

我没有试过，也没有信心。突然，心中一亮，连一个普通的巴西工人都会提出这种问题，如果明天应征时遇到了，我该怎么应付？

反正是一个新的开始，自己为什么不先试试呢？以往我太好强，不敢做令自己难堪的事。如今连嬉皮都做过了，理应能摆脱这虚荣的桎梏。

要画不难，难在要有主题，然后逐步展开。我想了想，人们经常自以为是，其实错误百出。如果把这个当作主题，再来想用什么方法加以表达，应该不错。我知道自己绘图的技术并不成熟，根基也不够，又太依赖视觉，不能离开实体。现在要凭空幻想，没有素材，只好壮着胆子，赤膊上阵！

首先，我不求完美，只要能迈出第一步就够了。想了一会，以画人而言，眼睛眉毛鼻子等面部细节，不要说画得好，能画出来皆非易事。反复筹思之下，我记起卡通影片中的印第安人，一个大鹰钩鼻子很具特色，再如长发用一条布带绑起，连眼睛都可以不画。

根据想象中的印第安人，我画了一些动态的姿势，修修改改，倒也颇有漫画的味道。接着我便考虑如何以最简单的手法，表现前述的主题。想来想去，只有海滩的线条容易着手，而且海边椰子树的特征也很简明。于是，漫画背景就此定案。

假定有个印第安人，大热天在海边散步，不久便感到口渴不已。他看到一棵结实累累的椰子树，便试着去摇些椰子下来解渴。正在摇时，他突然看到附近有些美丽的少女，一时心花怒放，忘了身处何地。在幻想中，他走向前去偷看那些少女，不幸却被发现了，少女们拾起石头，愤怒追来。

印第安人美梦成空，刚好此时椰子被他摇落，正巧掉在他的头上。他以为是少女们追过来了，吓得不分东西南北，落荒而逃。

我将这个构想画为连续的短篇，自己也觉得效果不错。第二天就带着这篇作品，去应征画地毯的工作。

那是一间不太起眼的小工厂，老板约有五十多岁，见我是中国人，很觉亲

切。他说他是犹太人，而犹太人只佩服中国人，因为我们同是文明古国，也都同受外人的欺侮。唯一不同的是我们还有一个国家，而他们的以色列到今天还在苦苦挣扎。

他谈了半天，简直把我当成了好朋友。最后他才想起我是来应征工作的，我取出作品给他看。他看了后，立刻说："你不该来我这里！"话一出口，他发觉自己太过热心了，又忙着解释："我的意思是以你的才华我当然欢迎，更何况是中国人？但是画地毯太简单了，不需要多高的艺术水平。"

"可是为了生活，我现在需要工作。"我说。

"我知道，可是你应该去'四月文化公司'，去那里你可以学到很多东西。那里有全世界最了不起的艺术家，他们出版的卡通行销世界，在这里只会埋没你。"

四月公司，不正是我应征卖书的公司吗？我告诉他上次应征的故事。他说："那是为了要赚有钱人的钱，有钱人是很奇怪的族群，买东西只是为了炫耀钱多，越贵越好！我们犹太人最了解他们的心理了，所以我们才能生存。这样吧，你先在我这里工作，同时我给你一个地址，是四月公司招聘员工的地点。你去碰碰运气，若是考进了四月公司，你随时可以离开，不伤感情。"

我抱着姑且一试的心情，到那个办公处去，问他们需不需要"艺工"。到底我的巴西话还不够灵光，分不清"艺术工作"与"美工"，竟把它们当作一回事。

那个人给了我一张表，我照填不误。接着，他领我到一个很大的教室中，拿了些问卷给我。我以为要笔试，心想多半无望了。不料那些都是"智力测验"，总共有五六种之多，全是图形，完全不用文字。

考毕，那人又带我到另一间好像是医院的地方，里边有很多测量的仪器。不久来了一个护士，为我做了很多"稳定度"测验。整个考试花了差不多一整天的时间，足证他们要求的严格与态度的认真。

最后，他们叫我回家等候，并且说如果十天之后还没有消息，就表示没有录取。

我对测试成绩很有信心，但无把握。地毯工厂的老板听了，叫我放心，他说若有任何一科未通过，下一科免谈，能考一天，必将录取。

我一边工作，一边等待消息。不幸老板猜错了，一个月过去，依然音讯杳然。

在地毯厂工作的一个月中，我完全掌握了用座标纸绘图的技巧。这对后来

我从事的中文电脑工作，尤其是字库的设计，提供了极为有利的经验。由于心里很平安，工作得非常愉快，早和店里的工作人员打成一片，渐渐地就把应征四月公司的事忘了。

一天，我突然接到一份印着四月公司的通知，叫我三天之后到总公司报到。犹太老板知道了，比我还高兴，祝福了又祝福，一点也不以我离开他的工厂为忤。

四月公司的规模极大，各地都有不同功能的机构，总公司在北城的郊区，每天都有交通车接送。第一天报到，我就被它宏伟的气势震摄住了。原来它不仅是“出版社”之类的公司而已，它有自己的印刷厂、油墨厂、造纸厂，甚至有交通公司、旅行社等各式各样大约十几种大型的关系企业。

这还是受限于法规，为了避免资讯垄断，政府明文规定报纸、电台、电视等项目，四月公司不得经营。即使如此，其营业额之高与获利之丰，在当年巴西国内名列百大企业中的第三十名。

我到了接待室，一位明艳无比、态度大方的接待小姐详细地告诉我一应事宜。最后，她还跟我握握手，说：“欢迎新伙伴，我叫艾娃。”

我的部门在二楼，名称与英语一样，为“PASTE UP”，翻成中文是“用浆糊贴上去”！这是怎么回事？我考的是艺术，结果来做用浆糊贴上去的事？

好在我不加分辨，随遇而安，老天要我来这里，我来就是。

部门的负责人叫米朗达，约五十岁，留了一副大胡子，看起来很像斯大林。他见了我，很暧昧地望着我直笑，打量了半天，弄得我坐也不是，站也不是。

半晌，他问道：“你来这里干嘛？”

我正丈二金刚摸不着头，不知道这个部门做些什么。经他这一问，我更糊涂，大概我语言不通，走错了部门吧。

“我以为是要我来画画的。”

“啊？那你就错了，这里只是‘PASTE UP’，画画的在十二楼。”

于是我把桌上的资料拿起，准备上十二楼去。

米朗达很幽默地伸出一根指头，摇着说：“不行！不行！你报名时，报的就是我这个部门，别的地方你去不了。”

“我告诉他们，是报考‘艺术工作’呀。”于是，我取出那幅画给他看。

“啊！你搞错了，你想去画卡通，是不是？”

“是的。”总算澄清了。

“那么，我们这个工作，你是不想做了？”

“我倒无所谓，什么都可以。”

“什么叫什么都可以？”

“给我什么，我就做什么。”

“我们这里不画画。”

“那我不画就是。”

“真的？那你打算做多久？”

“只要你认为我还能做下去，我就继续做下去。”

“有意思！”他特别拉长了语音，把每个音节分开来说。

这场哑谜，直到工作了一年多后，当我表示想要回中国去研究中文打字机时，米朗达才为我解开。

缘因该公司有一套完整的人事制度，据说是从美国引进的最科学的管理方法。所有应征者均需做智力与性向测验，做完测验后，每一个与试者都会得到一个分数，而每个部门也都有录取分数的上下限。

因为我的得分远远高于他这个部门的上限，所以考过以后，人事部门认为不能录用。据他们的判断，像我这种人，往往不能屈就，在这里不可能待上一个月。

米朗达知道以后，对我产生了无比的兴趣。他一向不太赞成这种死板的制度，希望用我来测试，看我到底能做多久。为此他向人事部门力争，最后还劳动决策人士出面协调，所以前后拖了一个月。还好我也没有让他失望，直到我离开为止，我的出勤率与工作时数都比他们部门中的平均数好。

这个部门的工作，其实就是“美工完稿”，从版面编辑起，到内容校对、文字图形资料的剪贴，直至完成版面后交送印刷为止。

编辑工作人员共有十位，分成两组，我们这一组有七人，每周负责五十多种刊物；楼下还有一组三人，专门负责各种书籍以及周报等。

第一天，我只分到一本新闻性刊物，不到一个小时，我就做好了。第二天又增加了一份工作。一个月后，我一个人负责十五种杂志。其中技巧性最高的，是《天文》与一本《有机化学》，都要很细心地安排一些符号与图形。我从这些工作中所学到的工作观念，远比从学校课本中得到的为多。

工作稳定了，车子买了，我搬到公司附近的一所公寓中，有了自己生活的一片空间。这是有生以来第一次感到“家”的温馨，虽然家中冷冷清清的，只有一个人，却也有做不完的事。我还是保持着做嬉皮时的生活方式，房中只有一个床垫，一些泡沫塑料作为席地沙发。而我所忙的，是把在四月公司收集到

的一些旧杂志，拣取有意义的内容，自行编纂成为集锦，以便自我学习。

不过时间还是用不完，人的烦恼永远来自时间。时间不够时固然令人紧张、焦虑，时间太多也导致人们坐立不安，度日如年。

我深知其中道理，人想结婚，就是为了要打发这份过多的时间。可是等到新鲜感过去了，两个人生活在一起，时间依旧。这时不仅时间难打发，甚至连自由都赔了进去。如果家庭中又来了新的成员，小生命是另一种时间的消耗者，人被绑着动弹不得。但是在诸般忙碌下，总算能把时间难捱的苦恼，转换成另一种烦恼。

比如说，人们坐着经常交叉双腿，我发现这就是“相互绑住”的明证。因为坐时人的重心在双股，两条腿可以左右移动，即令两腿分明属于同一个人所有，因重心分配的不同，左右两腿的压力感受也就不同。这时，人不住地想动，却又得不到任何满意的感受。如果把腿相互交叉，两只腿都不能动，则不论压力如何，舒适与否，反正是不能动，腿也就不动了。一旦习惯养成，一坐下，双腿便自然而然地叠在一起了。

成家也是同一个道理，人若不设法把自己绑住，就会“不安于室”。

我不愿意被绑，至少在金光照顶后，我已经失去了以往那份憧憬。更何况我愿心太大，而时间太少，在各种不同的活动中，自己永远忙碌不堪。

我找到一所有合唱团的教堂，他们歌唱的水平自然比音乐学院差得多。我又变成了合唱团中的甘草，从男高音、男中音，一直唱到女中音、女高音。这一来，各个业余的合唱团，不断有人来邀请我参加。一个星期七天都排满了，我又怎忍心拒绝呢？甚至有个合唱团开给我的条件是练唱的时间由我来挑！

巴西人真爱音乐，但是不知道为什么，他们读谱能力就是不好。唯一的解释是他们把合唱当作消遣，当作交谊，不愿意下功夫。在练唱时，老曲子当然没有问题。可是要使新曲子变成老曲子，团员先要把乐谱记熟，这可就煞费乐团指挥的心血。

在“校对室”有位女同事法蒂玛，人长得非常漂亮，但是神情高傲，很少与同事来往。有一天，她突然主动过来找我，要请我喝咖啡。虽然我的人缘不错，但是对她的态度却也和其他同事一样，保持距离，以策安全。

我诚惶诚恐地接受了她的邀请，她开门见山，第一句话就是邀我参加她们的合唱团。我心上的大石放了下来，但因为时间早已排满，只得委婉地拒绝。

“你不能拒绝，因为我打听过，你是学音乐的！”

“可是我答应别的合唱团在先呀！”

“你称那些叫合唱团?”她真下了些功夫，竟把我所参加的团体都背了出来。

“为什么不是?”我不能不佩服她。

“我们是职业合唱团，和你们巴伊亚的‘牧歌’齐名!”

这下才让我刮目相看，当年没能参加牧歌合唱团，一直是我的心病。今天碰到这样好的机会，我怎能轻易放过?可是，我又不能失信于其他人，总不能说:“你们水平不够，我要转入职业合唱团!”

法蒂玛知道我的处境，她说:“其他合唱团的事，你不用操心，那些指挥都是费尔米的学生。我以前不知道你的事，还是他们向我推荐的哩!”

“费尔米是谁?”

“亏你还学音乐?连他都不认识!”

“我连本校同学和老师认识得都不多。”我说的是事实。

“费尔米是音乐界的泰斗，以前在国家剧院指挥过。”

“那应该很容易找到人呀，巴西人个个会唱。”

“我们一直缺少男低音，没有低音，费尔米不肯指挥。”

这话属实，男孩子都喜欢唱高音，而合唱团没有低音，就没有和弦的张力。尤其是巴西沿袭了欧洲风格，常采“无伴奏”清唱，无伴奏再无低音，就不能称为合唱了。我的音色不够低沉，可是有一点长处，就是音量大。我因练气的关系，曾经一口气唱过缓慢板八个小节的长音，一般乐团总是要用两组人，轮流换气来唱。

我最不好意思退出的，便是那个配合我改时间的合唱团。想不到大力推荐我的，正是那个指挥，他曾是法蒂玛团中的成员之一，也唱男低音。他甚至表示如果费尔米愿意出山，他也决定归队。

这个合唱团的名字我已经忘了，成员的姓名记得的更少，因为我们在一起时，很少叫各人的名字，只用音调来代表某一个人。我的名字就是中央 C 下面的 LA，当他们要叫我时，便压低嗓子，唱一声 LA。

最有趣的是有次公演后，大伙到一个酒吧去喝酒玩闹。我们照例 FA MI DO LA 地叫来叫去，不料，几个音符刚巧凑成了一首正在流行的热门歌曲，一时全场都唱了起来。我们笑成一堆，唱的人却是莫名其妙。

跟兴趣相投的人在一起，那种愉悦只能身临其境地感受，不是语言文字所能表达的。任何时刻，只要有人起了一个音，经常就有歌声相和下去。麻烦的是，有时几个人同时出声叫人，又恰巧组成了调性，就会有不识相的人胡乱地唱

将起来。不知道鸟儿相互呼唤的方式如何，可能也是如此，以致整天聒噪不休。

有一次，大家起哄，要我教他们烧中国菜。我是当仁不让，为了让他们心服口服，决定先教理论。他们都喜欢吃中国菜，尤其一听说还有理论，大伙都围了过来。

其实理论很简单，不外乎利用人的感觉，以视觉、嗅觉、味觉、温觉和齿感、舌感和喉感等四觉三感，与食物的性质做适当的调配。人的感觉阀常因刺激的重复而迟钝，调配就是在各种感官和食物的极限中，加以合理的变化。

在视觉上，除了食物本色外，要注意所加的颜色与人心理上的关系，如色深表示较咸，色浅表示清淡。

在嗅觉上，须知植物具有芳香烃，其香味则有些轻，有些重，轻者可以混合，重者应避免相混。要使香味浓郁，最好加上适量的调味酒，因酒于 70℃左右时，气体挥发迅速，有利于感觉。

在味觉上，甜味感觉厚，但多则腻，咸味应为主，若多则嫌苦，其他酸、辣、麻味则视人而异，是刺激的促进因素。由于肉与菜各有其结构特性，有的味道可以深入组织，有的仅能附着于表面，故宜视情况决定调味料，同时还要考虑火候与烹调方式等因素。

在温觉上，热食者以多香味者为宜，因热可使香味散发出来；冷食者以味重为宜，盖温度低时气味不易感觉，腥膻甜酸等味之食物最宜如此。

至于食物之烹调方式，无非使之熟透、入味、充分拌和并达到改变性质等作用。烹者必须先了解食物的各种性质，以求得所需之结果。食物的性质如软、硬、滑、脆、韧、绵、酥、融等八类，分别与上述三感有着密切的关系。

以上条件都了解了，再就是选择处理方式：炒、煎、烧、烤、炸、焖、煮、蒸、炖等，每种方法会产生不同的效应，与食物性质也有不可分离的关系。

最后是前后处理及火候，每种食物所需要的准备方式与浸泡、加热的时间不一。要能掌握形状、大小、烂度、浓度等因素，以决定理想的方式。

如果光说不练，不可能掌握得恰到好处，所以我大概地介绍了一下，便准备动手示范。讲理论时，男士们听得津津有味，女士们却早已个个跃跃欲试。一听到要动手，男士立刻跑光了，一派男儿本色。

因为人多，我同时教她们做两个菜，一个是辣子鸡丁，一个是罗宋汤，这是我找得到的现成材料。

我先烧一锅水，再教她们切菜的功夫，顺便把调味料备妥，放在一旁。说明了过程，然后分成两组，一组做汤，一组炒菜。

这时先前烧的水快开了，我把炒菜锅放在另一个炉上，加了菜油，准备让炒鸡丁的先上。再来教煮汤的如何下菜，才能做出色、香、味俱全的罗宋汤。

原定炒鸡丁的是唱女高音的法蒂玛与另外两位，她们的称呼正好是一组大和弦的主音，DO MI SOL，因为 MI 正好在我旁边，我当然先喊她，于是我说："现在 MI，SOL，DO，到……"

话未说完，隔壁的男声们一听，立刻随着 MI SOL DO 的旋律，唱起了威尔第的《凯旋进行曲》。刹时，一唱百和，而且慷慨激昂。

火还在炉子上烧着，油快烧热了。但是乐音一响，这边也有人嗓子发痒，连做菜都失去兴趣了，一个一个跑到隔壁，唱将起来了。

我连声大叫，恰似背景伴唱，更增加了音乐的气氛。左边的水开了，锅盖也好像受到音乐的鼓舞，一个劲地往上掀。右边锅中的热油则轰然一声，立刻燃烧起来。

这原本算不了什么，在餐馆的厨房中司空见惯。可是这是住家，外国住家厨房里没有抽油烟机，而且天花板很低，火苗一冒上去，瞬间满屋子便是乌烟瘴气。

我一边还在大叫，一边低下头去，想法子找火炉开关，一时手忙脚乱。隔壁正陶醉于盛大凯旋的声乐家们见到火光冲天，才知道大事不妙。等到火被扑灭时，屋顶已是一片焦黑。

我们那次盛大的演唱会，是在圣保罗的国家剧院公开演出的。仅仅剧院门前那幅海报，就有几层楼高。因为是费尔米复出的头一场演出，大家都很紧张，深怕出了纰漏。

费尔米年纪不过五十来岁，但却满头白发。他和威德曼是完全不同的两种典型，他的感情丰富，诠释方式也就显得十分戏剧化。有次在练唱的时候，为了达到一段音乐效果，他下令把室内的家具统统搬出去。搬完后，大家累得气都喘不过来，他却坚持马上开始练习。

法蒂玛连声抗议，费尔米无动于衷，迅速举起了指挥棒。结果小小的一段，练了两个钟头。大家抱怨不已，他一概不理，直等到他满意了，才说："你们要用'心'来听，是不是不一样？"

法蒂玛不客气地回嘴道："先前是因为搬东西，我们的'心'跳得太快，现在才恢复正常！"

"先不管那些，我只问你，是不是不一样？"

“当然不一样！”

“不一样在哪里？”

大家开始各陈己见，有一点是大家公认的，就是开始时呼吸不匀，很难唱好极轻音。他一直摇着头，不管答案如何，一概都说不是。

最后等大家都哑口无言了，他才说：“我是故意的，哪里需要把东西搬出去？演唱场所能够变吗？不变就不能唱吗？因为你们刚搬完东西，希望休息，而我不允许，于是心就不平，所以唱不好。为什么最后唱好了呢？是因为知道逃不掉，非唱不可，所以心终于定了下来。我当然知道你们越唱心里越烦，甚至比搬东西更不满，是不是？”

费尔米的话，字字都敲在心底。大家都没有话说，费尔米又接着说：“只有当人真正沉浸在音乐里，心才会平静，音乐的精髓才能流泻出来。我就是要你们亲身经验一下，也可以说是小小的考验，所幸两个小时之内尚能平静下来，表示你们是真正地喜欢音乐。否则，面对一大群叫春的野猫，我也懒得跟你们瞎混了。”

他说完，法蒂玛把舌头一伸，说：“原来你想把我们甩掉，居然用这种下流手段！”

费尔米突然把双手一抬，说：“第八小节，三、四……”手立刻向下一沉。我们本能地、异口同声、轻声细气地唱出那段悠美的旋律。

“怎么样？我说得不错吧！要知道，音乐是一切，是生命的真谛！”

为了使音乐流泻出来，我们苦练了半年，果然与在巴伊亚音乐学院的感受完全不同。可是我也付出了不少代价，他的节目单中，各国民谣都有。为此我必须练习各种文字的发音，而且要在完全不懂意义的情况下，活生生地把字符吞下肚里。

我们乐团共分四部，每部四人，共有十六人。那次的演出为期三天，每天一场，每场分两个部分，每部分约一个小时。

由于费尔米名气大，门票早就卖光，我们每个人发了一套新制服，很帅，也很实用。尤其是那条黑色的喇叭裤，不知是什么质料，夏天穿来凉爽爽的，很透风。后来，我将它从巴西穿回台湾，又穿去美国，直到穿到薄得透明，光线都能透过了，才让它光荣退休。

圣保罗剧院就在本市中央、市政府的右侧。那是一座18世纪的建筑，雕梁画栋，古色古香。内部真可谓是金碧辉煌，所有的椅子都是镶金的红木制成。当两脚踩着毛茸茸的地毯，就好像走在云端上一般。

为了了解剧场内的音效，我们分成两组，一组人在台上练唱，另一组则到每个角落仔细聆听。根据费尔米的说法，低音传得远，高音消逝得快，所以每个人都要实地感受一下，以便自行调整。

该剧院原是为了演唱歌剧而设计的，全场大约可容纳一千多人，仅仅后面的普通座就有上下四层，两侧还有包厢。我生平第一次坐在包厢，正准备慢慢欣赏台上的演出。

不料费尔米眼尖，大喝一声："中国人！你又不是贵族，过什么干瘾？快去找音效！"

他那一声断喝，全场清晰可闻，妙的是却无一丝回音，传真度极高。

等到我们这组试唱时，我才知道台上与台下的感受截然不同。从舞台传来的声音，在台下听起来很正常，便以为和平常练唱时没什么差别。等我到了台上开口一唱，声音竟然消逝得无影无踪，使人不由自主地，就想要提高音量。

"小心！小心！不要管你们的耳朵，否则便成吼叫了。等一会儿听众进场后，那些家伙就像吸音器一样，声音一出去就被吸光了，比现在更严重。所以千万注意，你们照平常练习一样唱，不要受环境的影响，否则便不是音乐，变成牛鸣了。"

他这些教诲都是宝贵的经验，我虽与音乐缘分不深，却也收获匪浅。

这次的演唱会很成功，我唱错了好几个地方，其他人也好不到哪里。但是报纸乐评人，都给了相当高的评价，费尔米兴奋得很，说要带我们去欧洲演唱。

可惜我没这份福气，没有多久，我因为决定回国研究中文而退出合唱团，着实被法蒂玛责备了一阵子。

在四月公司的那一段岁月，相当于我个人自我调适的阶段，由于心中平静，不忮不求，所以古井无波，日子过得也很平顺。

自己的问题没有了，这才看出人人都有问题，连米朗达也不例外。他喜欢找我聊天，因为我知道他心里想什么，也能旁敲侧击地安慰他。

米朗达的问题是想攀升，他在公司算是"老人"了，目前贵为经理，负责印刷部所有的业务，手下有一百多个工作人员。他所面临的问题不仅是要提防别人来抢这个职位，还要处心积虑地往上攀爬。整天生活在斗争中，烦恼不已。

我问他："你再升上去，会是什么职位？"

"出版事业部的协理。"

"那个位置是不是比较安全呢？"

“呵呵！你在说笑话吧！当然是越上面争得越厉害。”

“那你不是在自找烦恼吗？”

“可是，收入会多些，谁不想多赚些钱！”

“那么你认为钱能使你快乐了。”我问道。

“当然，难道你不是为了钱来工作的？”他反问我。接着又说：“有了钱，才有生活享受，你是不懂还是跟我抬杠？”

“享受什么呢？是钱还是生活？还是更多的烦恼？”我再问。

“当然是生活，可是该怎么办？等着别人把自己赶走？”

“不必，你只要向公司建议，自动减少薪水，增加工作量，看谁还会来抢！”

他是个聪明人，从此不再对我提这些事。

其他的同事也都有问题，不是金钱，便是感情。人总想要多得，却不知多得一分，就得多付出一分。获得的时候永远嫌少，在付出时却又吝惜得心痛不已，恰恰应了《红楼梦》书上所说的：“身后有余忘缩手，眼前无路想回头。”

有位同事，工作很努力，经常自动加班。加班时也常有一位貌美似花的姑娘陪着，羡煞办公室的其他同仁。

他因为想结婚，打算多赚些钱，好买栋房子。记得有次他拉着我去看房子，那是在公司附近的一个小公园旁，一处白墙红顶的别墅型社区。房子建得精巧，多数是三室两厅，最适合小家庭居住。

这里已经住了不少同事，四月公司为了安定员工，早与建筑公司谈妥，买房有长期低息贷款，还有折扣优待，非常理想。我们看了都很满意，他劝我也买一栋，我觉得自己方向未定，归属不知，买了恐怕成为负担。他则精挑细选，看中了一户面对公园的二楼双拼，兴冲冲地准备在星期天与他的未婚妻一同来办手续。

到了周一上班时，我看他一副很懊恼的样子，知道一定是买房子出了问题。

“签约了吗？”我问他。

“岂有此理！她不同意，她说离她上班的地方太远！”

圣市范围很大，有一千万人口，我们公司在西北端，他未婚妻则在市中心工作，从这儿开车过去，要花一个多小时。

“房子多得很，再另外找吧。”我安慰他。

“为什么她这样自私呢？只顾她自己？”

“你要同情她，每天在路上浪费两个小时，实在不值得。”

“谁叫她的工作那样远呢？如果离她近，我上班就远了。”

“她是女孩子，你应该体谅她！”

“她应该体谅我呀！我的工作比她辛苦。”

“为了爱情，牺牲一点吧。”人的私心不去，还谈什么爱呢？我不便拆穿他。

“为了爱情，她才应该牺牲！了不起我再找一个。”

我不再劝他了，有什么用呢？人如果没有判断力，让他去磨炼吧！

自此以后，我再也没见到他加班，自然也没再见到那位美丽姑娘的倩影。

在工作上，由于我效率太高的结果，大家不再像从前那样忙碌。奇怪的是有些同事过些时候就失踪了。这里待遇极好，福利也不错，是不是公司为了我而开除了别人？果真如此，那我又犯老毛病了。

我去问米朗达，他叹了口气，说：“他们都是自动辞职的，我们部门的流动性很大，近几年市面上各种杂志、书籍越来越多，会剪贴技术的人才奇缺。当初之所以不敢用你，也是怕你学会了就跳槽，那我们又多了一个敌人。放心，不是你抢了他们的饭碗，而是你帮我们解决了不少问题。现在只因你不是巴西人，所以升职的事还在考虑，迟早不会亏待你的。”

我倒不在乎工作职位，只要不是因为我害得别人失业就够了。不久，我被升为本组的小组长，统筹处理各种相应的工作。

我不敢再提高工作效率，但是又闲不下来。有天我们整理工作环境，发现有很多短小的铅笔，已经无法使用，丢掉又太可惜。我灵机一动，便利用多余的时间，用铅笔一端的木料，做人像的微雕。

这一来，我成了“抢手货”，每天都有人跑来找我要雕像。尤其是隔间“校对部”有好几十个人，他们除了核心组员外，其余大部分是兼差。有的是学校老师，有的还是自由作家或其他与文学有关的人士。

从事文学工作者大半为女性，而且大都灵秀可爱，所以我特别喜欢与他们部门来往。有一次，他们有个聚会，与会者多半是些作家，我也在被邀之列。当然，我很识趣，身上带了一把美工雕刀以及很多短铅笔。

当他们在讨论文学之时，我无缘置喙，便在一旁“速雕”。

后来，有人问我对文学的看法如何。我当然喜欢，但是限于语汇，他们又老是咬文嚼字的，教我难以启口。

我看过不少名著，但都是中文翻译本，连原名都不知道，更何况巴西文？有人说，没有关系，如果能用英语拼出来，他们或许能够猜到。

于是一场异国的元宵灯谜开始了，我能说得出来的几本，都不知如何启口。突然间我想到，英国的侦探名著《福尔摩斯探案集》应该很容易说，福尔摩斯必定是从“FORMOST”直接音译过来的。

因此，我说有部英国的侦探小说《福尔摩斯》，他们猜了半天，我则用各种想得到的方式，把“福”、“摩斯”的排列组合，一一念出，仍然没有人知道。他们叫我写出来，我却根本不知道原文为何。

第一个灯谜失败了，他们叫我再换一个，我想起大仲马的《三个火枪手》（或称《三剑客》《侠隐记》），大仲马是法国人，其子小仲马即《茶花女》的作者，父子二人皆属于文学史上浪漫时代。即使我说不清楚，至少他们可以猜出来。看看每一个人的神色，我知道，为了表示对我雕像的感激，他们很希望能猜对一题。

大仲马怎么拼呢？大小尚可以解释是父子二人，他们颇能领悟。大家互传，法国的父子二人，总算猜对了一半，大家都很兴奋。然后他们提了很多书名，很抱歉，我一个也听不懂。我告诉他们，有部作品，是斗剑的侠客，还表演了一下斗剑的动作，然后说有三个。他们更是高兴，“三”个“那样的”玩意，然后呢？大家依然讳莫如深。

回国后我才注意到中文的各种译名非常紊乱，“福尔摩斯”原名 Sherlock Holmes，与“FORMOST”毫无关连。至于仲马则为 Dumas，这种笑话实在让我自己都觉得丢人。

后来我到祖国大陆工作，在教学时便引用这段往事，目的在于强调：凡是没有把握的事，千万不要妄求表现。同时我也抱怨，巴西那些作家连《三个火枪手》这种名著都猜不到，枉费我表演了半天。我的结论是，人应该多一点想象力。

那时有个美国学生万华德也在深圳随我学习，在听了我以英语说的“三剑客”后，表情非常诧异，请我再说一遍。

我的英语原本不强，单词尤其记得不多，对这个字却是记忆犹深，便很有信心地说：“Three Mosquitos！”

他听了，失声大笑，笑得人仰马翻，笑到最后，居然跌落地上。

他一向对我尊敬无比，怎么会突然变得这样失态？人人惊愕之际，他也发觉了，只好必恭必敬地解释道：

“朱先生，Mosquito 是蚊子！”

“三只蚊子？那剑客呢？”难道是我记错了？

“剑客是 Musketeer。”

12 谷雨

电脑　中文　资料　回台

有一天，我在工作中目睹了一本书的出版经过，由原稿送进工作间，从打字、校对、完稿、印刷、装订到送到书摊销售，一共只花了12个小时！

这件事给我的冲击无与伦比，可以说彻底改变了人生的方向。如今回想起来，人的成长似乎有个严格的品管流程。一步跟着一步，一环紧扣一环，丝毫不爽。再要仔细分析下去，将不难发现人的判断力、意志力、创造力等都与心态建设的过程同步。

如果这件事发生在我觉悟以前，其结果与意义必然大不相同。人的心态成熟与否，端视所能从事的工作而定，小用小成，大用大成。古人说，“大器晚成”，晚成虽未必是大器，纵观历史，所有对后世影响深远的功业，无不是在人心智成熟以后之所作所为。

我很了解台湾出版界的窘况，由于中文字多，通常都采用铅字排版。排字间的面积要大，以便大量贮存铅字，甚至还要有铜模，随时铸造残缺不足的字型。铅字版则又笨又重，熟练的工人一天也排不了一版。再若要修改内容或调整章节，可是一等一的大功夫。因此一般文稿都要设法迁就版面，因陋就简。

一般说来，如果是一两百页的书籍，初排就要两三个月；校版一次又是两三个月。待全书排妥交印，直到印刷完成，大概要将近一年的时间。

如果中文也只需12小时，就能将最新的知识立刻传到大众的手中，使这世界上四分之一的人口，得免于无知、愚昧，那将是多么有意义的事！

那是一个早晨，当我到达办公室时，米朗达还没来。也难怪，自从我把所有责任一肩负起后，他要做的事就不太多了。

8时准，编辑部送来了份公文，附着厚厚的一叠打字稿，叫我签收。我签

了字，临去，那个人很慎重地又嘱咐了一句：

“别忘了，晚上 8 点要上市啊！”

幸亏他这一句话，竟为我开启了一扇天窗，从此进入了一个崭新的天地。

“什么？这本书晚上 8 点要上市？”我难以相信自己的耳朵。

“怎么？这是紧急要件！你难道不知道？你们主管呢？”

“今天该我负责。”我不好说米朗达来晚了。

“好！那你按照规定做就是。”

他走后，我赶紧去查作业手册，果然上面规定紧急件要在 12 小时内完成！我心中还在不停地想，怎么可能？但是上面的确是这样写的，白纸黑字，一点都没错！一定是我自扫门前雪，平时不关心所有事务，没有注意到全部的操作过程。

于是，我细心地记下全部的作业流程，全力追踪，一定要知道其中的奥妙。

根据流程，首先我到楼下的“打字间”。里面有 20 台电动打字机，每个座位上有一位打字小姐。我把公文带去，请打字间的负责人签了字，同时把稿子交给他。他好像司空见惯，一句话也没问，立刻叫所有的小姐把当前的工作停下来。然后将手上的稿子，随手东分一叠、西分一堆，直到稿子分完为止。

下一步，我应该先通知“校对间”，告诉他们有个 30 万字的急件，而且是小说。校对间一得知消息，立刻开始组织，要找谁？谁去找？等等。

第三步就是美工完稿，因为是书籍，这部分该由楼下的小组负责。我下去通知，他们即按照编辑部所规定的格式，先将封面、标条、页码等，预先贴在一大张有各种格式的透明亚克力版上。到时只要取得印制的“大样”，即可组版。

一切准备妥当，米朗达也来了，我向他报告后，他笑着说：

“看来我该退位了。”

上午 10 点不到，打字间的“校对稿”送来了一部分，约有 50 页。我立刻送校对间，他们已经安排好，一拿到稿子，便两人一组，一读一校，工作起来。

12 时，第一份大样已经制妥，我再送到楼下，立刻“制版”。所谓的制版，实际上是将原稿照相成为正片，印在一大张透明的赛璐璐版上。版上格式页码等皆已完成，只待美工人员对准各版的“十字”标记，贴在全开的母版上即可。

下午 4 时许，制版全部完毕，我再送到“印刷部”。直到负责人签收完毕，

我才松了一口气，对印刷部的头头说："晚上 8 点上市，看你的啰！"

公司 5 点半下班，吃过晚饭，我开车到离公司最近的一个书摊前等候，要看看 8 点钟这本书上市的情景。

其实，还没有到 8 点，一部公司的大卡车就轰轰隆隆地从远而近地驶来。眼看车子快到书摊前了，速度却一点也没有减慢。车尾有个人，双手拉着一根铁链，脚下躺着一捆书。就在车子开过书摊的当儿，猛然听到喇叭一声长鸣，随见那人用脚一蹬，书已落地。书摊上的人把那捆书捡起，我过去一看，一点不错，正是那本书！

这才是知识时代！谁都知道知识就是力量，应如何把知识转成力量呢？第一步一定要使知识成为多数人熟悉的工具，因为一个国家、一个民族，不能仅有少数的知识特权分子。否则，大多数知识缺乏的人就会成为少数知识特权拥有者的奴隶。

如何能使知识成为多数人使用的工具呢？想要获得知识，必须先投入时间精力。基于人性的特质，人做了投资就期望有所回收。唯有使知识本身具有价值，一旦人们可以借着知识获利，知识才会受到重视。

知识的价值有两种，一是实用价值，这点自是毋庸置疑。然而，个人生存的时空都受到限制，个人拥有的知识，其功效也必然有限。若能将知识转化为商品，亦即将知识记载下来，印刷成书，则人人皆可经由阅读而获得知识。而将知识记载成书的知识拥有者，亦能通过大量的行销而获得利益，这是知识的传播价值。

最后，最重要的根本问题浮上了台面，如果出版印刷的效率不高，上述的理想便是一场空话，窒碍难行！

从那时起，我下了不少功夫，彻底检讨问题所在，最后发现中文印刷的瓶颈完全在中文文字的检索系统上。我自己就是最好的例子，在学校读书时，最怕的便是查中文字典，十次总有八次不知从何查起。原因就在于中文没有"序位"的观念，至少，还没有人建立起中文的序位来。

拼音文字如英文，由于字母只有 26 个，其序位很容易记忆。再依照每个字母的前后关系来定顺序，则每一个由字母所组成的字汇，都有绝对的顺序。中文却不然，文字太多是因素之一；而文字自图形蜕变而来，虽然表意能力较强，但却难以归类。不仅在字典中的顺序很难排列，在排版时，由于铅字的检索全靠工人的死记，效率也低落不彰。

我相信只要有了中文文字的序列，其他的作业过程都可以迎刃而解。于是，我下定决心，如果找不到一种理想的解决方法，绝不停止。

在巴西，中文参考资料少得可怜，我仅能凭自己所知的文字，一一分析。我认为字母式的打字机键盘，几乎已经成为国际标准，中文文字序列绝不应该标新立异。另行设计不仅违背经济原则，也将导致未来沟通与兼容的困难。此外，在使用的过程中，数字与各种符号之重要性不下于文字，所以也不应随意占用。在这些条件的限制下，键盘上所能提供给中文编排序列的用键，仅限于26个字母键而已。

这是史无前例的挑战，好在我无视成败，不计己身的利害，心安理得地思考研究，每天不断地在文字间推敲，坦然无碍。

经过了几个月的摸索，只用一两千个字为例，我已经找到一种规则，可以用26个字母编码。虽然中文文字有几万个之多，但在目前因陋就简的环境下，已经有了一点起码的收获。我确信只要继续努力下去，不难获得理想的结果。

人只要有了一个长处，相对的也就有了一个短处，我知道得很清楚，可是自己无法改善。后来习惯了，只好自我安慰，能有一个长处已经不错了，人哪能十全十美呢？好在我也明白，我的缺点必须想办法弥补，否则得不偿失，原来具备的优点等于没有。

我的长处是反应快、想得远。缺点就是处理得马虎，细处照料不到。在处理细部事务时，就会自然而然地，再把细部放大。结果就失去了原来处理细部的目的，转而又把细部当作主体，使得问题越来越复杂。

我一直希望有个人能帮我处理细节，那我便能大刀阔斧、全力冲刺。可是谈何容易，有谁会愿意替我做这些收尾的工作呢？

就以对中文的研究而言，我发现有无数种编码方式，任意采用某一种字序，把文字分别排列，都可以达到一定的效果。因为我想得太快，所以强迫自己每次只用其中一种方法，把所有的文字从头到尾排列一次。甚至于还得把其他不同的方法都排列出来，然后再根据这些客观的证据，求得最理想的方式。

不幸，我就是做不到。因为每当我按捺着性子，一个字一个字地整理时，还没做到十分之一，我就又想到一种更好的方法。当然，在那时我的确有充分的理由，相信新方法绝对要比旧的来得好。可是，旧的方法还没有机会全部测试，又怎知没有可取之处呢？

这是自命“聪明人”最大的缺点，就像一部飞快的跑车，必须有一条笔直而平坦的跑道。在现实的人生中，哪里去找条现成的跑道呢？如果有，恐怕也

早已车满为患了。

不论如何，好在“心定”在先，改也好，不改也好，我每天一有空就做。不求急功，不求近利，无为而为。脑筋动得多了，自然而然就有一种力量油然而生，这种力量就是“潜意识”的判断力。

人的意识行为需要人“有意”的驱使才能运作，更唯有在养成习惯后，才能化为潜意识行为。潜意识是无所不在、无时不在的，不必指挥，不需控制，经常自动自发地根据已经习惯的过程，充分发挥。

十几年后，当我完成了很多令人不可思议的计划，经常就有人问我，是什么时候开始有那些想法的。老实说，我也不知道，如果一定要找点蛛丝马迹的话，我想在巴西编中文码的这一段时间，因为心如止水，一切观念遂日渐成型。

可惜的是在这段摸索期间，我没有留下任何记录和资料，因为想的比做的多。加以我对自己有信心，知道随时可以想到某种方法，用来解决某种问题。而且我也认为好的还在后面，既然如此，记它作啥？

在我的印象中，当时我有个理想，就是要把中国文字的几个优点统一浓缩在一种结构中。换句话说，就是要找到一种“百宝囊”，有什么放什么。这是我看太多武侠小说的结果，蜀山中的剑仙，人人都有这种百宝囊，可以纳须弥山于芥子中。只有这样，像我这种懒人才可以什么都不带，而一应俱有。

中国文字有哪些优点呢？第一是见图识字，中文宛似纸上电影，其表现的手法与电影上的“蒙太奇”如出一辙。顺着文字的先后顺序，从一个大的范围渐渐缩小，以界定所要表达的意义。这种表达方式虽然不够精确，却远比精确有效得多。

语言原本就不是为了追求精确，“精确”是人所假定的观念，宇宙中根本不存在精确的性质。比如说，“一个人”这三个字，应如何以精确的观念去认知？不错，其中必有一个身体，那是不是也包括人所穿的衣服呢？除了身体外，是否还涉及人的一切经验？而“一个人”并非指“某个人”，这又该从何精确区分？

宇宙万象变化万端，要想了解，唯有采用“以简驭繁”的策略，用最简单的文字符号，将各种异同的事象，直截了当地界定出来。同时，在界定的过程中，也只有完全符合自然规律，能将文字所代表的画面，一格一格地显现出来，才是最理想的文字符号。

其次，中文有字有音，根据六书的发展，在“约定俗成”下，“形声”法

则由字义分类与字音辅助所形成。时到今日，中文字百分之九十都是形声字，唯因地缘与环境的影响，很多字的原音已变，但尚保有百分之四十以上。

第三点，中国字方方正正，格式整齐。在书写的时候是一种艺术，对有些人说来可能有困难。然而在辨识上，根据心理学上的分析，在一固定范围内，其单位面积的信息量即为人类所可能认知之总和。换句话说，在一个格子中，笔画越复杂，所能代表的讯息越多，辨识起来也越容易。

因此，我只要想到一种法则，能将字音、字义、字辨、字形等，设计成为一种更简单的代表符号。利用这种符号作为索引，一定可以涵盖前述的全部功能。果真如此，即可赋予中文新的生命，使中文具有时代的意义。

一位姓项的朋友知道了以后，极力劝我回祖国大陆，他认为新中国朝气蓬勃，对我的研究必有帮助。我则想回台湾，因为祖国大陆人生地不熟，去了找谁都不知道。更何况要做研究，有谁会支持？

“放心，国家会支持你的。”老项肯定地说。

“国家又不认识我，难道说，我回去了，找到‘国家’，跟它说，我能做这件事，于是国家就相信我，给我资金、人员？这样简单？”

“你要知道，国家是为人民服务的，当然就是这样简单。”

“你有没有想过，国家是个抽象名称，谁能代表国家呢？”

“当然是官员，你只要找到负责的官员，就等于找到了国家。”他认为我在抬杠。

“问题是官员懂不懂我做的这些事呢？”

“当然懂，不然他怎么能做官？”

“这就是我所担心的了，如果他们真懂，问题早就解决了。如果他们不懂，那就很难沟通了。事实摆在眼前，祖国大陆在搞汉语拼音，意思就是说，国家的官员认为中国文字问题太大，解决不了。我则回去告诉他们可以解决，你想他们会相信吗？”

“当然会，你看，我不是相信了吗？”

“你相信，第一，因为我们是朋友，你认识我。第二点，是因为你不必负责任，假如说要你投资，你干吗？”

“为什么不？我只是力量不够而已。”

“如果不要多少钱呢？我就在这里做，我们合作。”

“喂！你到底要不要回去？”

“我只是让你了解，为什么回祖国大陆没有用。”

“回台湾就有用吗？”

“情形不一样，白天我可以找个工作，晚上做研究，自己投资自己。”

“现在我懂了，你打算做成功以后，好发大财。但是在祖国大陆就没有这种可能，你平常自吹有理想，这就是你的理想？”

“今天说什么都是大话，我做不做得出来，还是未知数，不论中国台湾还是祖国大陆，有人支持我，我就配合。万一做出来了，你也不妨看看，我绝对公开给社会，让大家自由使用。中国字又不是我发明的，中华文化也不应该是我的专利，我的理想是解决中文的困境，让中华文化得以发扬光大。”

“我同意，只怕在你成功以后，就忘了这些话了。”

老项来自台湾，却对“国民政府”深痛恶绝，经常提供一些祖国大陆的信息给我。我则对政治毫不关心，我们谈话没有交集，但因为他心中埋藏着一些伤痛，所以还是常陪他聊聊。他的意识形态很难改变，而我的立场也坚定异常，每次总要挖到根本问题，那就是人性。他认为人性可以通过政治与教育来改变，我则断定从古到今，人性不变。

圣保罗市有两份简陋得令人汗颜的《华文周报》，其“新闻”起码是一两个星期以前的“旧事”。那还不说，编辑的内容水平，较诸我当年在学校编的油印刊物还差。由于当时旅居巴西的国人不少，仅圣保罗一地就有两万多人。大家都很捧场，不外是期求有所改进，未来哪天总有份真的华文报纸可以看。

这两家周刊都是以卖广告来维持，也着实可怜，混了十多年，只有“寒酸”两字可以形容。两位老板虽自命为报人，其形象和地位与乞丐差不太多。

其中的一位报人不幸熬不过去，竟驾鹤赋归了，随即引发了一场报权争夺战。我有个朋友也想插上一脚，便来找我商量。我不明白这种事有什么好争的？报社全部的财产不过是一台破旧的中文打字机，和一台不值钱的圆盘油印机而已。

这位朋友说，其中还有隐情，其商机之大，无与伦比，只缘一般人不知道。原来报社虽小，却掌握了一项重要的“情报”，就是订户名单。去世的那位报人是个坚守原则的老顽固，把名单牢牢地掌握在手中。发报时总是自己贴名单，贴完就送到邮局寄发。

这份名单有什么用呢？这又是中国人奇怪之处，虽然有两万多华人，却没有人知道他们住在何处。如果有了名单，生意人就可以大做生意，听说连中国领事馆也很重视这份名单，又添加了几分政治色彩。

如同间谍电影一样，表面上是产权争夺，台面下争的则是这份情报。可是，这又与我有什么关系呢？原来是在好几个月以前，我曾想利用四月公司发行一份中文刊物。当时公司曾说，只要有一万个客户，公司就可以介入。

我在一次聚会中遇到这位朋友，便请他去做说客，想把那份周刊顶下来。据我所知，两家周刊起码有三千个客户，再努力推介一下，一万户可能会有希望。他后来没有给我回音，我也没有再进行。

这一次他逮到了机会，希望我能说服四月公司，将那周刊买下来。

四月公司所需要的不是名单，而是市场可行性分析，对这件事不可能有兴趣。我只在闲聊之中对米朗达略略提起，说中文刊物市场可能会有变化。

米朗达说："公司正在做第三代印刷系统的计划，我拿些资料给你看，说不定你可以想想，用第三代印刷系统发展中文印刷。如果成功了，不要说在我们巴西，在你们中国都可能用得着。"

这倒是一个好消息，他果真给了我一些资料。原来第三代印刷机的理念，是要用一种"终端机"，并以电子枪扫瞄的方式，将文字投影在屏幕上。这种方式可以省却铸造铅字、铅字排版等繁复的手续。

现代医学证明，工人如果经常接触铅字，很容易发生铅中毒现象。而印刷排版脱离不了铅，不仅危险大，成本高，铅版的保存也要占用很大的空间。第三代印刷机就是基于对这种现实环境的考量所做的改良。

我仔细研究了一下，发现这对中文极为有利，那种终端机是利用阴极电屏，把文字字形预设在阴极屏之上，相当于一个小型的铅字字模。

设计这个字模并不难，了不起比英文字模稍大些，问题在于如何以打字机的字键将字形的位置锁定。英文就是在打字机的基础上建立起其资讯系统的，如果能有中文打字机，则中文资讯系统的建立也是理所当然的事。因此，我立刻把我的字码观念转移到中文打字机的研究上，初步有了好几种构想。

我之所以从中文打字机下手，还有另一层原因，是源于我对电脑的恐惧。在米朗达给我的资料中，有一部分涉及电脑，我不懂，也不想去了解。

1967年当我还在美国时，适逢一部电影《2001：太空漫游》上映。首映时我就去观赏，片中有台"红眼睛"会说话的"电脑"，名叫HAL，它给予我极深的印象。那是一部科幻片，可是何为真？何为幻？有几分是真？又有几分是幻？我只是相信，有一天电脑必然会超过人脑，所以最好敬而远之。

由于有了方向，我日思夜想的，都是中文打字机。从机械结构想到键位编码，究竟如何才能与我原来的构想配合，用26个字母键，供作中文字的检索。

到了此时，眼前的景象才有了一个轮廓，我利用前些时所做的中文编码为检索，再假定有了一个终端机，其中有中文字模的阴极屏。并思考在中文字码输入后，如何有效地找到中文字形，并且投影出来。

在我的想象中，是把一张有中文字形的底片，视作阴极字屏。显然，中文的排列仅有纵横两个方向，因此编码不外乎以平面展开。但是，这种方法只能表达排列组合，而除了找得到文字以外，一个平面能代表的功能有限，尤其是中文字形很复杂，所占的空间太大，我立刻放弃了这个方法。

如果再增加一平面，就相当于增加一维的结构，这样字数可以增加，每一平面的负担也就相对减少了。这个想法虽有进步，但仍然不理想。假设在一个平面上，纵横向各设一百个字，同一平面有一万个字，以中文六万字而言，就需要六个终端机。

六个终端机代表的意义是中文的设备成本基本上就比英文的要高六倍，我不愿承认中文比英文差，至少在我死心以前，还要努力下去。

我不断地研究，把收集的文字反复推敲。渐渐地一种观念浮上了脑际，能不能利用形声结构，把中文字形也用组合的方式拼凑起来，这样空间不就精简得多了吗？我想到就做，剪了些字形拼来拼去，发现只有比例需要调整。这一点不难，阴极屏上的字形是以电子束射出的，我可以用偏磁性加以控制。

假定这个理论可行，下一步就是如何编码，以符合这种功能。一两千字的编码已经证明可行了，我就想加以扩充，起码要以字典上的一万多字为分析的范围。我到华文书店去找，店里却只有武侠与言情小说，竟看不到一本字典！

我问老板，他答得真妙："老兄，有谁买字典？不读书的看不懂，读了书的，怕都来不及！"

"中文真那么可怕吗？"

"我是不得已吃这碗饭，我儿子命好，我不许他学中文，省得痛苦。"

我相信大多数的中国人都有这种想法。

因此，我决定早些回国，在国外没有环境，不可能做出成绩来。于是我向米朗达说，这种工作难度极高，虽然有可行性，但在巴西的环境下，不可能完成。虽然目前还没有决定，然而迟早我必将回台湾去工作，希望他能谅解。

当我正式辞职回台湾时，不幸米朗达的经理位置，终于被人抢走了。新来了一位秃头的中年人，趾高气扬，目中无人，据说是总经理的女婿。那位帮了我极大忙的朋友，不仅没有见到最后一面，连他的去向都不知道。

老项经常来找我，力劝我回祖国大陆去做研究，我则告诉他一些工作的细节、工作的条件与环境需求。争了很久，最后他终于同意我的看法，就我的计划而言，回台湾成功的机率，要比去祖国大陆来得高。

当我们得到这个共识时，我对自己的计划越来越清楚，已经有了十足的把握。我一再考虑，又改变主意，认为该去祖国大陆。

“你是不是神经不正常？”

“或许吧。”

“为什么呢？我已同意你的说法，回台湾才能成功呀！”

“一点不错，但我又想到，中华文化的根在祖国大陆上。”

“你真是不可理喻！我们早就谈过这些了。”

“问题是台湾与祖国大陆相敌对，一边赞成，另一边就反对，是不是？”

“是又怎样？”

“万一我在台湾成功了，祖国大陆一定不会采用，那么文化的根怎么办？”

“算了！算了！我扯不过你，横有理，直也有理！随你去哪里！”

1973 年 5 月 22 日，我飞到东京，找到中国大使馆，希望能得到签证，重归阔别二十多年的祖国。一个现代的中国人，走到哪里都有“两个中国”的困扰。因为我所持的是“台湾护照”，驻巴西的中国使馆不肯发签证，老项便建议我取道日本试试。

很不巧，那天中国大使馆外聚集了不少示威人士，日本防暴警察设立拒马，戒备森严。由于我在日本只是过境停留三天，时间紧迫，不能耽搁。我穿过人群进入使馆，日本警察一拥而上，把我带进警局。一群人对我询问了大半天，后来证实我确实不是示威者，才送我到使馆去。

我说要回大陆做文字研究，与使馆人员交涉了两天，费尽唇舌，始终不能得到他们的同意。我详述了自己的计划，他们无不动容，纷表赞同，但是反而劝我回巴西去。

或许这就是机缘吧？后来我才知道，那时大陆正闹着“文化大革命”，一切瘫痪。即使回去，也可能会被打入牛棚，研究计划起码要延后十多年。

我对于“文化大革命”一无所知，但却感到十分好奇，为什么国家好不容易安定下来了，却又要闹革命呢？甚至于连文化也要闹革命！我一直在怀疑，中国人数千年来被熏陶成的平和的人生观，怎会在一夕之间转变得如此狂热、激烈？

站在中国人的立场来看，台湾在历史上的地位是不容置疑的……台湾自20世纪五六十年代起，将大量受过高等教育的人才精英，送到美国等工业发达国家，接受现代的科技知识。

表面看来，楚才晋用是国家民族的一大损失，教育出来的人才平白为美国社会服务。当年我持的就是这种论调，还曾经在报上为文，大声挞伐。殊不料这正是自然平衡的力量，人才的流向有多种因素的影响。设若台湾人人安居乐业，即使能够繁荣发达，但限于地缘与保守的习性，也很难培养出具有世界性气魄的人才来。

目前很多人才集中在美国，如果美国真有容人的雅量，为全人类希望所寄，美国的繁荣也将带动全世界的欣欣向荣。反之，美国人若只求自己的利益，歧视移民。总有一天，这些高科技人才都将一一返回自己的家园，协助其祖国的建设。

《金刚经》中，佛就说过："所有一切众生之类……我皆令入无余涅槃而灭度之，如是灭度无量、无数、无边众生，实无众生得灭者。"

这句话是说，佛有绝对的法力与神通，可以把所有的众生都带到西方极乐世界去。但是这样做的结果，并无法解除人心的痛苦烦恼。

为什么呢？佛解释说：因为人有"我心"，"我心"一生，原本没有分别的佛土，立刻化为自我的利害得失。人追求己利，就成为他人之害，而有一得，即有一失。这样一来，极乐西方世界还有什么意义呢？

我也曾想过，为什么佛不把人的"我心"化尽呢？答案是，人有选择的自由，人如果愿意把"我心"化除，就叫做回头是岸。若不愿意，何不让他继续在苦乐中历练？

我认为不论是从事什么工作，也不论是哪种行业，只要对象涉及人，都应该了解人性。人性是人体与人心所具有的特性，人体的功能是维持生存，为人之本性。以今天的知识条件来看，生存并不是真正的问题所在。真正的问题是人有了"心"，人心是不定的、难测的，真要了解人性，必须先了解人心的需求。

我认为人心所追求的是"真、善、美"，只是未必人人都能了解他自己的心，更遑论真、善、美了。"真"是所有事物的原来面目，与时间同存；"善"是符合整体利益的行为，使个体与个体配合无间；"美"则为感官所得到的信息，这种感觉能让人在经验世界中有一种平衡的折中，以致能诱发生活的憧憬。

在这三者之中，爱美是每一个人都具有的自我的“感性”。因为人全靠感官与外界接触，任何信息一经感官传入，自我的主观立刻会有所反应。为了适应生存，感官必须接纳身处的环境，由习惯而依赖，这样便形成了“美”感。“善”则介于感性与理性之间，也可以称之为知性，需要观察、感受，在足够的经验下，再加上理智的判断，才能知道事物行为是否有利于他人与自己。至于“真”完全是超越自我感知的“理性”，不经由理智的追求探讨，不摒除自我感性的需求，只凭感觉和体会是无法认知的。

从人对感性、知性与理性的态度，即可分析判断出一个人的心性和行为。这三种性质再加上生命体求生的本性，即全面涵盖了人类生活的一切，这就是所谓的“人性”。只是每一个人基于其生理条件与环境因素，对真、善、美的认知和执着程度不一，于是就有了境界高低的区别。

只要是人，一定具有这些特性；且不论对个人或者对全人类来说，其结构与比例都是由下而上，如同金字塔一样，以求生的本性为基础，上面是感性，再上是知性与理性。而且越是向上，其所占之比例值与全人类整体之比值越小。

绝大多数的人完全被感性所包围，为了生存，追求自我满足。这种人生存在世界上，浮沉在喜怒哀乐之中。他们多半没有机会学习新知，或者不愿意劳苦心志，训练自己的头脑。他们对外在环境无知无觉，仅以别人的意见为意见，本分地工作着，平淡地生活着。他们无大害，无大利，是社会结构中的主要分子。

少数人在知识学习中强化了知性，他们是后知后觉者，自认为很有理性，其实只是承袭前人的概念而已。他们以学习所得的知识谋生，是社会的主要动力，是领导者、执行者。他们是既有知识的信徒，能运用已知的知识，却排斥其所不知者。整个人类社会的演进史，就是这类人留下来的轨迹。

只有极少数的例外，一些人具有强烈的理性，他们在极端的时空变化中，因环境的冲击而被卷入风暴的核心。他们是时代的承接者，是人类观念的引领者，将人类的发展从一个阶段导向另一个必然到临的阶段。他们是先知先觉，只是，在知觉迟钝的人类社会上，往往要经历数代，他们的观念才能被大众所接受。

其实，理性是环境变化与人性应变的副产品，非一般人所能拥有，也与能力、知识无关。正因如此，有些人发现愚信盲从的人极多，便将一己的主观认知，渲染得天花乱坠，以谋取私利。更甚者，只要能唬得住人，他们就自命为

圣贤、先知，是非颠倒，黑白不分！

庄子早就看到这一点，他曾说："圣人不死，大盗不止。"正是指这些自命为圣贤的人，违反自然的法则，以其主观的"理想"强迫改变身处的环境，以致举世滔滔，民不聊生。不幸的是，在人类智力的分布上，总会有一些半懂不懂的人，在追求私利的驱使下，尝试着各种变化组合，使得世界动荡不止。

当这种动荡所带来的苦难严重地危害到人身心的平衡，摇撼了人性的认知时，自然而然，一种新的能量又将在绝望中冉冉升起，从而净化人性、振奋人心。在另一个时代，另一种观念，必将成为人类行为的新标准。

我们每每谈到利害关系时，常把自我感性的主观观念加入其中。其实从整个宇宙本体的巨观立场来看，人类社会的变迁，只是能的作用罢了。

不仅是人世，天上的浮云，海洋的波涛，以至日、月、星辰，又何曾安静过？圣人也好，大盗也好，都属于宇宙的一分子。只要宇宙存在一天，有一个人动了心，这些变化就将无休无止。

只有在绝对的理性中，没有知性与感性存在，那才是宇宙的真面目。身为一个有血有肉的人，我只要维持起码的生存，不被自我的感性所欺蒙，不用自我的知性去奴役他人。随时随地我可以回到理性的天地，如果有机会，有人在觉悟之余，愿意接受理性，我很乐意尽力效劳。此外，本来无一物，何必勤拂拭？

真要为中华文化效命，到哪里去工作又有什么分别？祖国大陆不能去，我还有台湾可以回。不过，当时台湾的政治环境不容有任何异议分子，我想去祖国大陆的事如果被查出来，很可能会被送到绿岛去。那我也不在意，只要能有本中文字典，在哪里我都无所谓。说得更露骨一点，坐牢也有好处，吃喝不愁，正好安心做研究。

因此，我在没有通知任何亲友的情况下，如同一片浮云，于 25 日飞抵台北。

这两年来饱经世事，终于找到了自己，是游子返家的时候了。回忆过去，想想自己的所行所为，委实没有尽到为人子的责任，今后应该好好赎罪。虽然我在离台赴巴时，曾为继母准备了半年的生活费，同时也请了中巴公司的股东江述凡兄代为照顾。但两年来我疏于写信问候，则是不争的事实。

过去的事已属过去，继母对丁丁所造成的伤害，又何尝不是丁丁之福呢？这次回来，我必须设法改善与继母的关系，先找个工作，安下心来。每天晚上

下班后，即全力着手研究中文打字机以及中文编码的问题。

大约是晚上 9 点钟，在细雨蒙蒙中，出租车从南京东路弯进了松江路。我往窗外一看，只觉得眼前所见尽是一幅陌生的景象，四周高楼林立，与原有的印象完全不符。

“先生，这是松江路吗？”

“当然是！”司机好像受到了侮辱。

“那么快停车，125 号应该就在这里。”

我下了车，冰凉的雨珠打在我的头上、身上，眼镜也是迷蒙一片。我赶紧擦干了镜片上的水汽，在霓虹灯的闪烁下，四周灰色丛林般的巨厦更令我惶惑，那些熟悉的、绿色的木造平房呢？怎会都失踪了？我不相信，不错，道路拓宽了，标志上也明明写着“松江路”，只是 125 号呢？

眼前是一栋七层楼高的建筑，上面还闪着“和泰汽车”四个斗大的霓虹灯！

这是和泰汽车，那，我的家呢？